제2판

소셜 네트워크분석

Social Network Analysis

곽기영

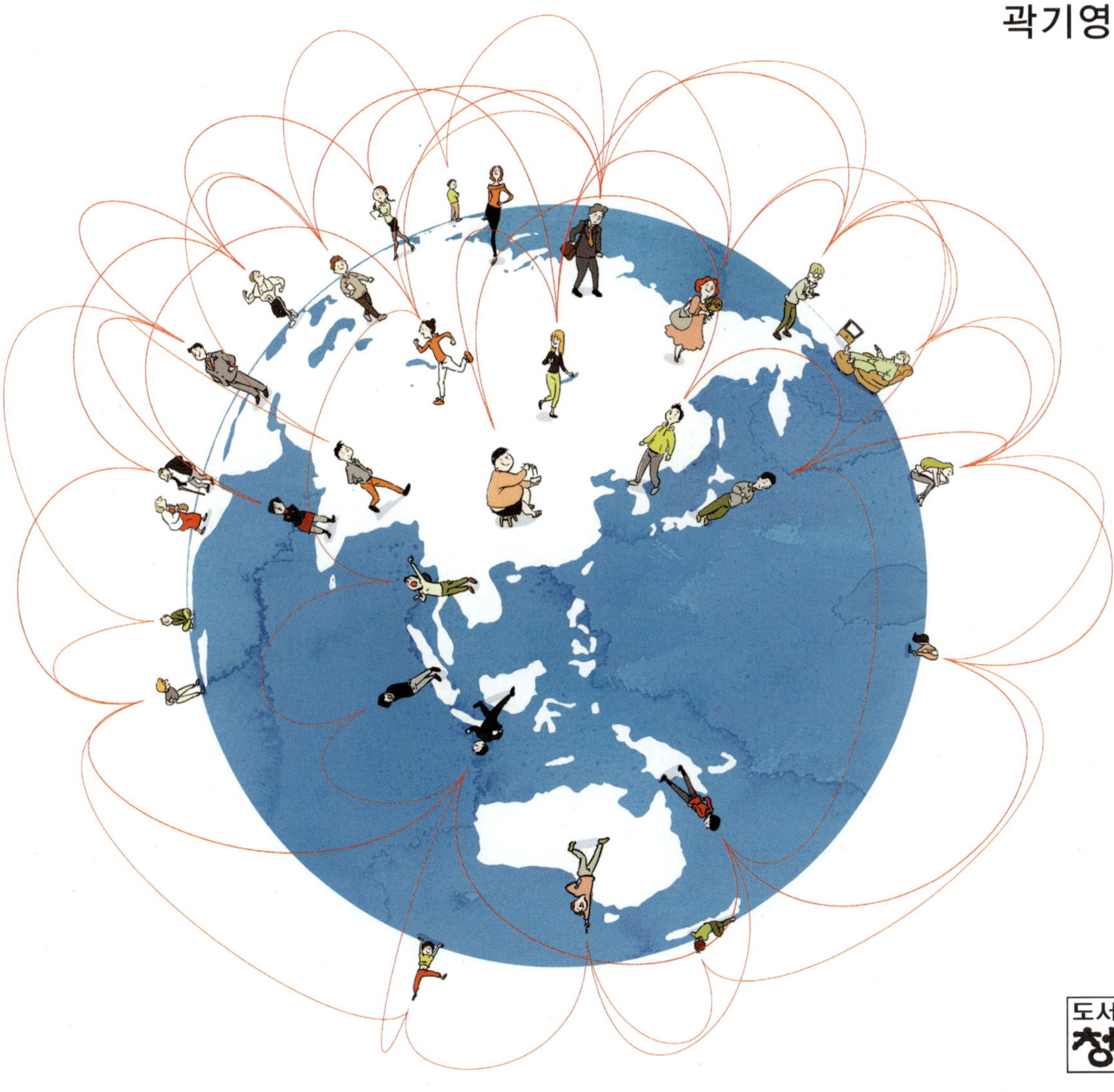

도서출판 청람

머리말

오늘날 우리는 네트워크 사회에 살고 있다. 세상의 많은 것들이 네트워크로 연결되어 있고 네트워크로 표현될 수 있다. 페이스북의 친구관계뿐만 아니라 국가 간 교역관계도 일종의 네트워크이며, 특허의 인용관계나 기업의 지분투자관계도 네트워크이다. 또한 질병을 유발하는 유전자 간의 관계나 페렴의 전염 과정도 네트워크로 설명할 수 있다. 네트워크는 이처럼 다양한 시스템을 움직이는 핵심적 환경을 제공하고 있기 때문에 네트워크에 대한 분석은 네트워크 구성요소 간 상호의존성의 이해를 통해 시스템 전체의 효율성 및 효과성을 증진하는 중요한 해결책을 제시할 수 있다. 소셜네트워크분석은 사회학, 경제학, 경영학을 비롯한 사회과학 분야에서뿐만 아니라 물리학, 의학, 생물학 등의 자연과학 분야에서도 최근 많은 주목을 받고 있다. 또한 정보통신기술 및 인터넷서비스의 발달로 인한 데이터의 증가 및 축적은 실무적으로도 네트워크 데이터의 활용 기회를 증대시키고 있다. 이 책은 네트워크로 표현된 다양한 현상 및 문제를 분석하고 이해하기 위한 소셜네트워크분석의 관점 및 기법을 소개한다. 이 책은 다음과 같은 특징을 갖는다.

첫째, 소셜네트워크분석의 이론적 설명과 실무적 응용이 서로 균형을 이룰 수 있도록 내용을 구성하였다. 다양한 네트워크분석 지표에 대한 이론적 설명을 바탕으로 네트워크분석 절차를 체계적으로 이해할 수 있도록 하였으며, 이를 실무적으로 활용할 수 있도록 하였다. 모든 설명에는 예제를 함께 제시하여 독자들이 소셜네트워크분석 기법을 이해하고 실제로 활용할 때 어려움이 없도록 하였다. 예제를 보여줄 수 없는 설명은 가능한 언급을 피하였다.

둘째, 각 장의 끝에는 사례연구와 연습문제를 수록하여 본문에서 학습한 내용을 스스로 점검할 수 있도록 하였다. 사례연구를 통해 가상의 상황이 아닌 실제 네트워크 데이터를 사용한 소셜네트워크분석 기법의 응용사례를 접할 수 있도록 하였다. 연습문제에는 설명의 흐름상 본문에서 직접 다루기 어렵거나, 추가적인 설명이 필요한 내용을 포함시킴으로써 연습문제가 또 하나의 본문 역할을 할 수 있도록 하였다.

셋째, 네트워크분석 소프트웨어를 이용하여 소셜네트워크분석을 수행하는 절차를 학습할 수 있도록 하였다. 소셜네트워크분석 기법을 연구 및 업무에 효과적으로 적용하기 위해서는 네트워크분석을 위한 소프트웨어의 사용이 불가피하다. 따라서 네트워크분석 소프트웨어의 활용법을 익히는 것은 소셜네트워크분석을 이해하고 활용하는 데 있어서 매우 중요하다. 현재 소셜네트워크분석 분야에서는 UCINET, Gephi, NodeXL, NetMiner, Pajek 등 다양한 네트워크분석 소프트웨어들이 널리 사용되고 있다. 이 책에서는 상대적으로 많은 사용자를 확보하고 있는 UCINET을 중심으로 소셜네트워크분석 기법을 설명하였고, 나머지 소프트웨어들(Gephi, NodeXL, NetMiner, Pajek)은 네트워크의 시각화 주제를 다루면서 주요 기능을 살펴보는 것으로 소개를 대신하였다. 각 장의 후반부에는 UCINET 활용방법을 자세히 기술하여 독자 스스로 네트워크 분석 도구를 활용할 수 있도록 하였다. 또한 UCINET에 대한 사용 설명과 UCINET을 이용한 데이터 입력방법을 별도로 부록에 포함시켜 독자가 이를 간단한 매뉴얼로서 사용할 수 있도록 하였다.

이 책이 집필되고 출간되기까지는 많은 사람들의 도움이 있었다. 이 책에 포함된 사례연구의 일부는 학생들과 함께 논문 작성과 과제 수행을 하면서 수집한 데이터를 기반으로 하였다. 도서출판 청람의 이수영 대표는 이 책이 출판될 수 있도록 아낌없는 지원을 하였으며, 편집부는 편집과 관련된 전문적 의견을 제시하여 필자가 내용을 가다듬는 데 보다 집중할 수 있도록 도움을 주었다. 집필 과정에서 의지할 수 있는 가족이 없었다면 이 책의 출간은 더욱 오랜 시간이 걸렸을지도 모른다. 끝으로 아내와 아들, 딸에게 고마움을 전한다.

2017년 3월

곽기영

소셜네트워크분석
Social Network Analysis

차례

차례

Chapter 8

지위와 역할

Chapter 9

2-모드 네트워크분석

차례

차례

01
CHAPTER

소셜네트워크분석
Social Network Analysis

소셜네트워크분석의 개요

- 왜 네트워크인가?
- 소셜네트워크란 무엇인가?
- 소셜네트워크분석의 관점
- 소셜네트워크분석의 유형
- 소셜네트워크분석의 발전과정

CHAPTER

01 소셜네트워크분석의 개요

소셜네트워크분석(social network analysis)은 사회학, 경제학, 경영학을 비롯한 사회과학 분야에서뿐만 아니라 물리학, 의학, 생물학 등의 자연과학 분야에서도 최근 많은 주목을 받고 있다. 또한 정보통신기술 및 인터넷서비스의 발달로 인한 데이터의 증가 및 축적은 실무적으로도 네트워크 데이터의 활용 기회를 증대시키고 있다. 사람들이 사회적 관계를 기반으로 상호작용을 통해 거미줄처럼 서로 엮여 있다는 개념은 개인적인 수준에서뿐만 아니라 조직 수준에서 발생하는 다양한 사회적 현상을 설명할 때 기존의 관점과는 다른 새로운 시각을 제공한다. 오늘날 소셜네트워크분석은 사람들 간의 사회적 관계를 분석하는 데 그치지 않고 다양한 유형의 네트워크 데이터를 분석하는 네트워크분석 도구로서 폭넓게 이용되고 있다. 여기에서는 소셜네트워크의 개념, 소셜네트워크분석의 관점, 소셜네트워크분석의 유형, 그리고 소셜네트워크분석의 발전과정 등을 살펴본다.

왜 네트워크인가?

사람들은 왜 네트워크 데이터를 분석하려고 하는가? 우리 주변에 존재하는 많은 것들이 네트워크 형태로 이미 구조화되어 있거나 구조화할 수 있기 때문에 사람들은 다양한 분야에서 네트워크 데이터를 분석할 필요성을 느낀다. 일단 네트워크 관점에서 세상을 바라보기 시작하면 이 세상의 많은 것들이 네트워크의 형태로 되어 있음을 깨닫게 된다. [그림 1-1]과 같은 다양한 형태의 네트워크를 우리는 주변에서 쉽게 찾아볼 수 있다. 생물학(돌고래무리관계도, 유전자관계도)에서부터 공중보건의료(결핵전염도), 사회(페이스북 친구관계도, 조직 내 인간관계도), 비즈니스/경제(국가 간 무역거래관계도, 지분투자관계도, 식재료관계도, 특허인용관계도), 문학(등장인물관계도), 범죄수사(테러리스트관계도), 월드와이드웹(블로그관계도)에 이르기까지 실로 다양하다. 이 밖에 항공기 노선, 전력망, 인터넷망, 지하철 노선, 도로망 등과 같은 물리적 환경 또한 네트워크로 표현할 수 있다. 이처럼 네트워크는 우리 주변에 언제나 존재하여 왔고 오늘날 사회 · 경제시스템을 움직이는 핵심적 환경을 제공하고 있기 때문에, 이에 대한 분석은 네트워크 구성요소 간 상호의존성을 이해하고 네트워크 전체의 효율성 및 효과성을 증진하는 중요한 해결책을 제시할 수 있다.

소셜네트워크이론에 따르면 일반적으로 네트워크 내에서 어떤 사람이 차지하는 위치는 그 사람이 마주치게 될 기회(opportunity)와 제약(constraint)을 결정하고, 따라서 그러한 위치를 알아내는 것은 네트워크 구성원의 성과나 행태 예측에서 중요한 역할을 하게 된다(Borgatti et al. 2013). 개인 수준에서뿐만 아니라 집단 수준에서도 유사한 얘기를 할 수 있다. 집단을 구성하는 구성원들 간의 연결관계 구조는 집단의 성과나 행태에 영향을 미친다. 예를 들어, 프로축구 팀의 주전 축구선수들은 각자 저마다 뛰어난 실력을 지니고 있으나, 그 실력을 충분히 발휘하여 팀이 좋은 성적을 내기 위해서는 모두 잘 협력할 필요가 있다. 이처럼 네트워크에서의 구조적 위치나 네트워크의 전체적 연결관계 구조를 파악하는 것은 개인 또는 집단의 행태나 성과를 예측할 때 중요한 단서를 제공하기 때문에 네트워크에 대한 분석은 이러한 인과관계 메커니즘을 이해하고 설명하는 새로운 접근법을 제시할 수 있다.

그림 1-1 | 네트워크 예

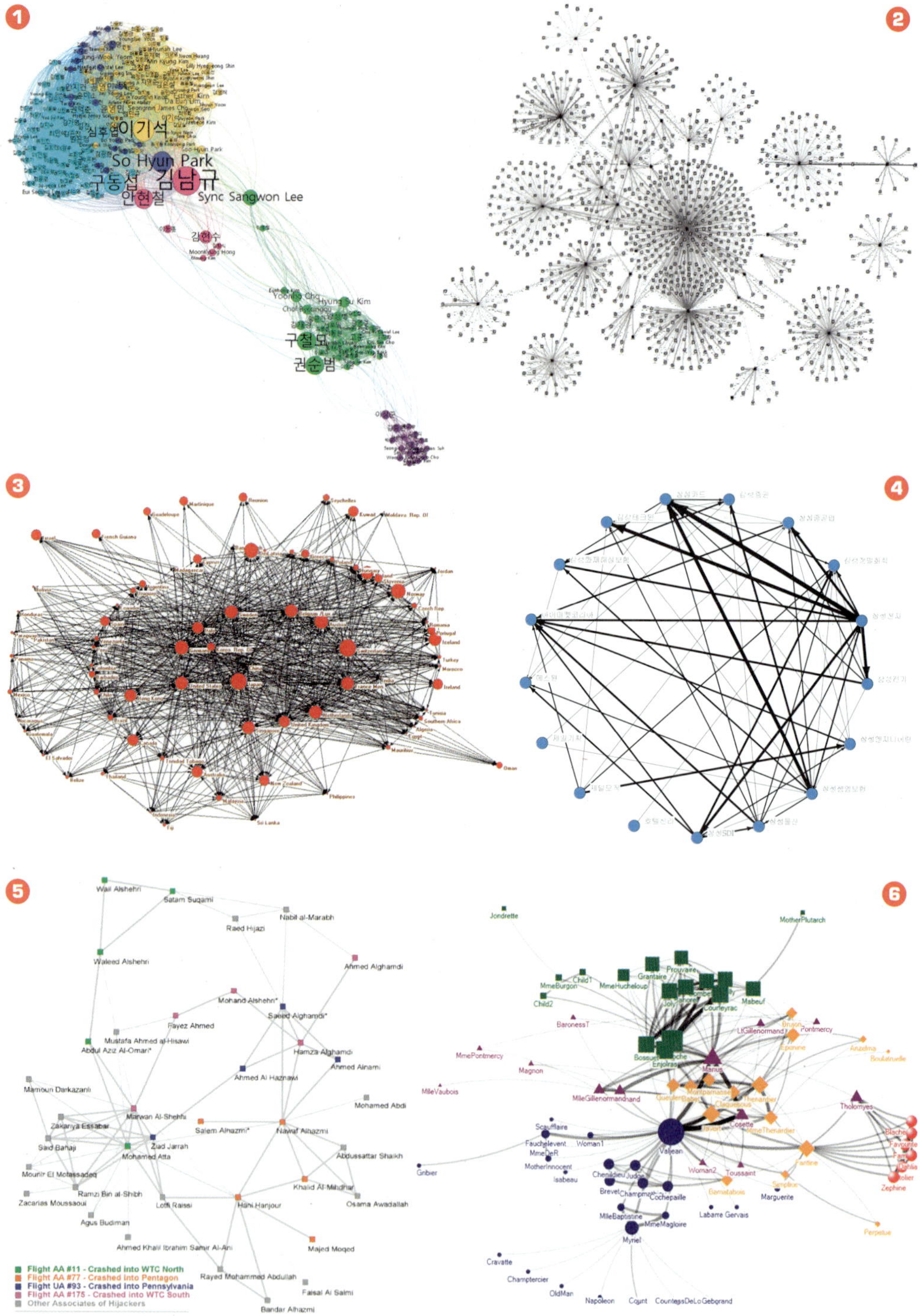
1
이기석
So Hyun Park
구동섭
김남규
안현철
Sync Sangwon Lee
강현수
구창모
권순범
2
3
4
5
Wail Alshehri
Satam Suqami
Nabil al-Marabh
Raed Hijazi
Waleed Alshehri
Ahmed Alghamdi
Mohand Alshehri*
Saeed Alghamdi*
Fayez Ahmed
Mustafa Ahmed al-Hisawi
Abdul Aziz Al-Omari*
Hamza Alghamdi
Ahmed Alnami
Ahmed Al Haznawi
Mamoun Darkazanli
Mohamed Abdi
Marwan Al-Shehhi
Zakariya Essabar
Salem Alhazmi*
Nawaf Alhazmi
Said Bahaji
Ziad Jarrah
Mohamed Atta
Abdussattar Shaikh
Mounir El Motassadeq
Khalid Al-Mihdhar
Ramzi Bin al-Shibh
Zacarias Moussaoui
Lotfi Raissi
Hani Hanjour
Osama Awadallah
Agus Budiman
Ahmed Khalil Ibrahim Samir Al-Ani
Majed Moqed
Rayed Mohammed Abdullah
Faisal Al Salmi
Bandar Alhazmi
Flight AA #11 - Crashed into WTC North
Flight AA #77 - Crashed into Pentagon
Flight UA #93 - Crashed into Pennsylvania
Flight AA #175 - Crashed into WTC South
Other Associates of Hijackers
6
Jondrette
MotherPlutarch
Marius
Valjean
Myriel
Cosette
Javert
Fantine
Tholomyes
Gribier
Cravatte
Champtercier
OldMan
Napoleon
Count
CountessDeLo
Geborand

7

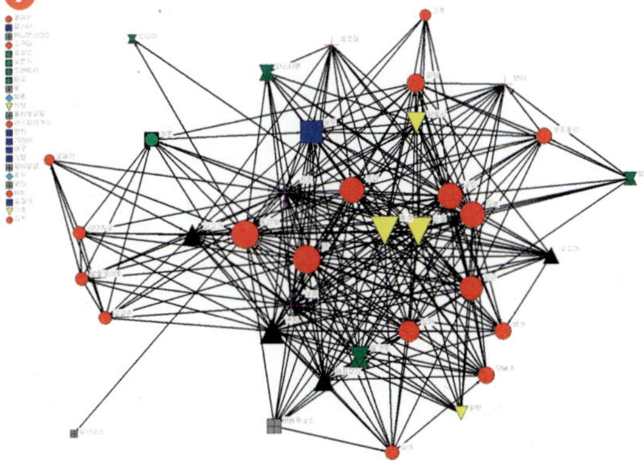

8

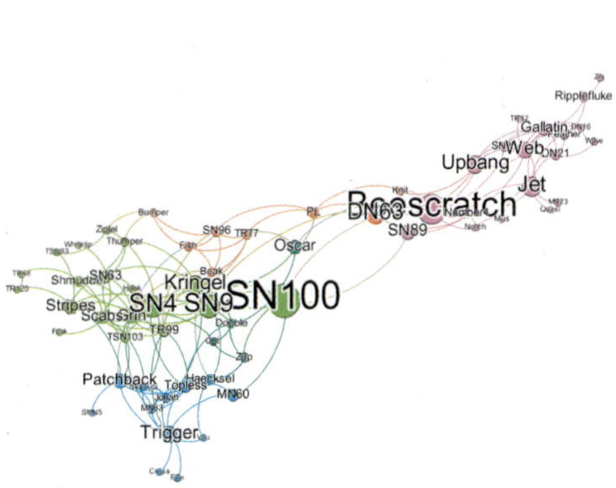

9

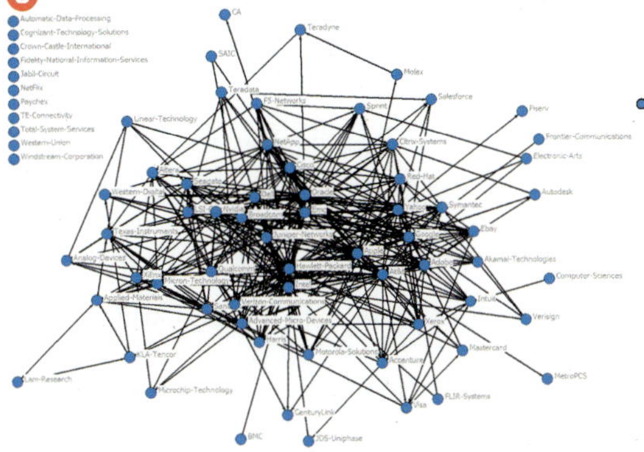

10

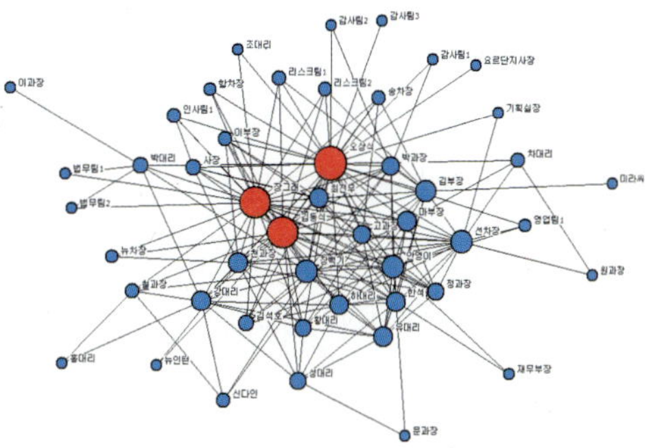

11

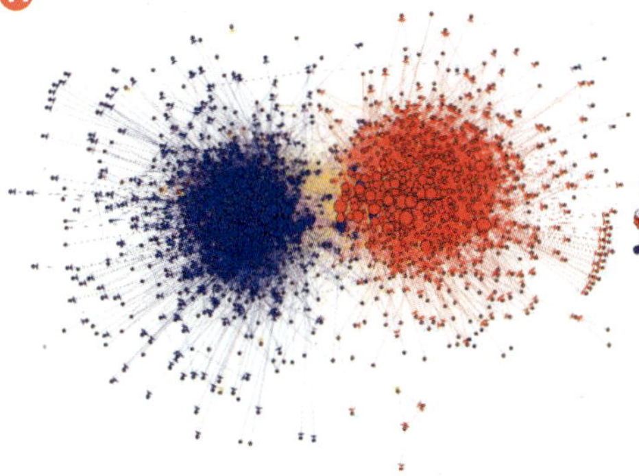

12

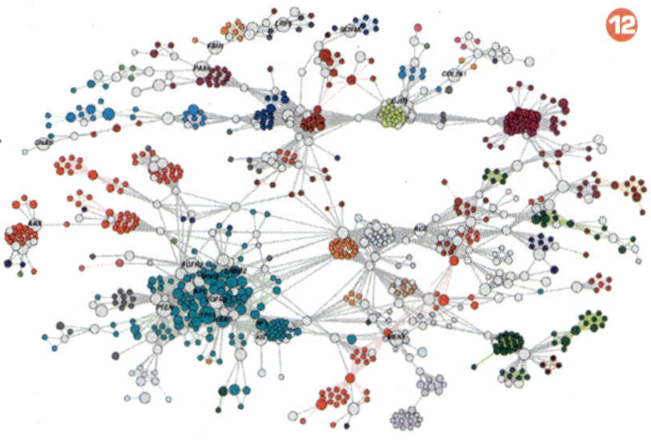

❶ 페이스북 친구관계도[1], ❷ 결핵전염도[2], ❸ 국가 간 무역거래관계도[3], ❹ 지분투자관계도 [4], ❺ 테러리스트관계도[5], ❻ 소설 〈레미제라블〉 등장인물관계도[6], ❼ 식재료관계도[7], ❽ 돌고래무리관계도[8], ❾ 특허인용관계도[9], ❿ 드라마 〈미생〉 인간관계도[10], ⓫ 블로그관계도[11], ⓬ 유전자관계도[12]

1 곽기영 페이스북.

2 Andre et al. 2006.

소셜네트워크란 무엇인가?

소셜네트워크는 액터(actor)라 불리는 엔티티(entity)와 그들 간의 관계(relationship)로 정의된다(Marin and Wellman 2011; Wasserman and Faust 1994). 소셜네트워크분석은 이러한 소셜네트워크가 소셜시스템(social system)을 형성하는 주요 구성요소라고 가정하고 있으며, 개별 구성원에 초점을 맞춘 기존의 관점과는 달리 구성원 간 관계의 관점에서 다양한 사회적 현상을 설명하려고 한다.

예를 들어, 실리콘밸리와 같은 고혁신 지역을 분석할 때 전통적 접근법은 지역 노동시장의 높은 교육 수준 및 전문성에 초점을 맞춘다. 여기에서 교육 수준과 전문성은 개별 구성원들의 특성을 나타낸다. 반면에 소셜네트워크 접근법은 이러한 동일한 현상을 이해하고자 할 때 구성원들을 통한 조직 간 연결관계에 주목한다(Fleming et al. 2011). 한 조직에서 다른 조직으로 직원이 이직하면 이직하는 사람들이 보유하고 있는 아이디어, 전문성, 지식 등도 함께 이동하게 된다. 그들은 또한 그동안 동료들과 맺었던 관계 역시 간직한 채 이동하게 된다. 이들 동료 중 일부도 아이디어, 전문성, 지식뿐만 아니라 관계도 간직한 채 새로운 조직으로 옮겨갈 수 있다. 따라서 이처럼 조직 구성원을 통해 다수의 여러 다른 조직과 연결되는 조직 간 연결관계의 패턴은 연결된 각 조직에게 다양한 지식의 원천을 이용할 수 있는 기회를 제공한다. 서로 떨어져 있던 아이디어를 결합하는 것은 혁신의 핵심이면서 동시에 유용한 문제해결전략이 될 수 있기 때문에 이러한 연결패턴은 혁신의 확산 및 가속화를 가져오게 된다.

소셜네트워크분석은 이처럼 사회 구성원(조직의 구성원이라고 할 수도 있다) 간의 관계에 분석의 초점을 맞추어 이들 관계의 패턴으로부터 의미 있는 시사점을 도출한다. 즉 소셜네트워크분석의 관점에서 볼 때, 사회적 환경은 상호작용하는 개체 간 관계의 패턴으로 표현

3 Nooy 2009; 제11장 소셜네트워크의 시각화 참고.
4 박병선 등 2012; 제2장 소셜네트워크의 표현 참고.
5 Krebs 2002.
6 Knuth 1993; 제11장 소셜네트워크의 시각화 참고.
7 제5장 중심성과 파워 참고.
8 Lusseau et al. 2003; 제11장 소셜네트워크의 시각화 참고.
9 박준형・곽기영 2013; 제10장 소셜네트워크의 통계적 검정 참고.
10 제4장 연결과 응집성 참고.
11 Lazer et al. 2009.
12 Goh et al. 2007.

된다. 소셜네트워크분석에서는 이러한 규칙적인 관계패턴을 구조(structure)라고 하며, 구조를 측정하고 분석하기 위한 다양한 개념과 방법을 제시한다. 따라서 관계패턴에 초점을 맞춘 소셜네트워크분석은 전통적인 통계데이터분석과는 다른 방법 및 분석적 개념을 필요로 한다.

액터와 관계

소셜네트워크는 하나 이상의 관계유형에 의해 연결된 액터들의 집합이다. 따라서 소셜네트워크분석에는 두 가지 중요한 개념이 존재한다. 하나는 액터이고 다른 하나는 관계로서, 소셜네트워크 데이터는 이 두 가지 개념에 의해서 정의된다(Wasserman and Faust 1994). 액터는 속성(attribute)이라고 부르는 특성으로 서로 구분되며, 성별처럼 범주형 속성을 갖기도 하고 나이처럼 연속형 속성을 갖기도 한다. 예를 들어, 춘향전 소셜네트워크에서 몽룡은 남자로서 31세이며 춘향은 여자로서 25세라고 할 때, 이는 두 액터의 속성을 나타낸다. 액터들 간에는 여러 유형의 관계가 동시에 존재할 수 있으며, 이들 관계 또한 특성을 가질 수 있다. 예를 들어, 몽룡과 춘향 간에는 결혼, 비즈니스, 조언관계가 공존할 수 있다. 이들 관계적 특성은 결혼한 지 3년이 되었다거나, 5년간 비즈니스관계를 유지했다거나, 한 달에 두 번 조언을 한다와 같이 수치로 표현될 수 있고, 이것이 경우에 따라서는 관계의 강도로 해석되기도 한다.

액터는 개인이나 조직, 또는 어떠한 형태의 사회 구성단위도 될 수 있다. 예를 들어, 액터는 부서 내의 개인, 기업의 부서, 도시의 공무원, UN에 소속된 국가 등이 될 수 있다. 개인이나 조직이 가장 흔한 유형의 액터이기는 하지만, 원칙적으로 네트워크의 노드로서 서로 연결될 수 있는 구성단위는 무엇이든 액터가 될 수 있다. 예를 들어, 웹페이지, 학술지의 논문, 특허, 주식 등도 액터가 될 수 있다. 액터는 개인 액터(individual actor)와 집단 액터(collectives actor)로 구분한다(Knoke and Yang 2008). 개인 액터의 예로는 놀이터에서 놀고 있는 아이, 신입생 환영회에 참석한 대학생, 기업 내 프로젝트 팀의 종업원, 양로원의 직원과 노인, 테러집단에서 활동하는 테러리스트를 들 수 있다. 집단 액터는 한 산업 내에서 경쟁하는 기업, 자선기금을 모금하는 자원봉사단체, 국회에 의석을 보유하고 있는 정당, 군사동맹을 맺은 국가가 될 수 있다. 소셜네트워크분석에서는 주로 같은 유형으로 구성된 액터 집합(예: 한 부서 내의 부서원)의 네트워크에 관심을 갖지만, 때로는 다른 유형으로 구성된 액터 집합(예: 기업과 문화재단)의 네트워크도 분석의 대상이 된다.

어떤 액터를 소셜네트워크에 포함시킬지를 정의하는 일은 소셜네트워크분석에 있어서 결정해야 할 중요한 과제 중의 하나이다. 예를 들어, 지금 심장질환을 연구하는 의사들의 소셜네트워크를 분석하려 한다고 가정해보자. 하지만 막상 심장질환을 연구하는 의사들의 소셜네트워크를 구성하고자 할 때, 이 분야의 의사로서 어떤 사람이 소셜네트워크에 포함되어야 할지 결정하는 일은 쉬운 일이 아니다. 세 가지 방법을 통해 이러한 소셜네트워크의 경계설정(boundary specification) 문제에 접근할 수 있다(Laumann et al. 1983). 첫째, 관련된 조직의 구성원이거나 공식적으로 정의된 특정 지위를 갖고 있는 액터를 소셜네트워크의 구성원으로 포함시키고 나머지는 제외한다(이를 '지위 접근법'이라고 한다). 예를 들어, 대학병원의 순환기내과에 소속된 의사나 심장병 전문의협회의 회원이 우리가 원하는 소셜네트워크의 액터가 된다. 둘째, 관련된 주요 이벤트에 참여하는 액터를 소셜네트워크에 포함시킨다(이를 '이벤트 접근법'이라고 한다). 예를 들어, 과거 3년 동안 2회 이상 심장병 관련 학술대회에 참여했던 의사가 우리가 원하는 소셜네트워크에 포함된다. 셋째, 관심의 대상인 모집단에 포함될 것으로 추정되는 몇 개의 액터를 시작으로 하여 소셜네트워크에 기 포함된 액터와 관계를 맺고 있는 다른 액터를 차례로 포함시켜 나간다(이를 '관계 접근법'이라고 한다). 예를 들어, 주요 심장병 관련 학술지에 논문을 발표한 의사들을 시작으로 하여 소셜네트워크에 이들을 우선 액터로 포함시키고, 차례로 이들과 함께 연구했던 공저자, 공저자의 공저자, 공저자의 공저자의 공저자 등으로 소셜네트워크를 확장한다. 이 세 가지 접근법은 상호 배타적인 것은 아니며, 하나 이상의 방법을 서로 조합하여 활용할 수 있다. 예를 들어, 순환기내과에 근무하면서 심장병 관련 학술대회에 과거 3년 동안 2회 이상 참여한 의사들만을 대상으로 소셜네트워크의 액터를 선정하는 것도 한 방법이다.

소셜네트워크의 액터들이 결정되면, 이어서 이들 액터들 간의 관계를 파악해야 한다. 액터는 사회적 관계에 의해 서로 연결된다. 관계는 일반적으로 특정 의미를 갖는 액터 간의 연결로서 정의된다. 관계는 '조언관계'처럼 방향을 가질 수도 있고(즉 한 액터는 조언을 구하고 다른 액터는 조언을 한다), '결혼관계'처럼 방향을 갖지 않을 수도 있다(즉 한 액터가 배우자이면 상대 액터 역시 배우자로서 액터 간 상호관계에 있어서 방향이 존재하지 않는다). 관계는 하나의 액터가 독자적으로 가질 수 있는 속성은 아니며, 두 액터가 모두 연결을 유지할 때만 존재하는 양자적(dyadic) 특성을 지닌다. 다양한 관계가 개인 액터와 집단 액터의 수준에서 나타날 수 있다. 개인 수준에서 보면 아이들은 함께 공부하고, 뛰놀며, 싸운다. 종업원들은 함께 일하고, 의논하고, 조언하고, 신뢰하고, 비난하고, 의지한다. 집단 수준에서 보면, 기업들은 재화와 서비스를 교환하고, 경쟁하고, 협력한다. 어떤 관계를 선택하느냐는 연구 목적에 달려 있다. 예를 들어, 커뮤니티의 네트워크를 조사하고자 한다면 커뮤니티 구성원들의 다양한 활동관계를 분석한다. 은행 네트워크의 연구는 금융거래관계에 초점을 맞춘다. 기업 내 구성원들 간의 조언관계, 친구관계, 보고관계와 같이 경우에 따라서는 복수의 관계를 분석해야 할 필요도 있다. 소셜네트워크분석에서는 분석 목적에 따라 다양한 의미를 갖는 다양한 형태의 관계가 조사된다. 예를 들어, 다음과 같은 관계가 존재할 수 있다: 타인에 의한 평가(우정, 좋아함, 존경), 자원의 이전(비즈니스 거래, 물건의 대여), 참여 또는 소속(이벤트에 함께 참여하기, 같은 동호회에 가입하기), 행태적 상호작용(대화하기, 메시지 보내기), 장소 또는 지위 간의 이동(이민, 사회적 또는 물리적 이동), 물리적 연결(도로, 강, 다리), 공식적 관계(상사/부하, 지휘권), 생물학적 관계(친족, 가계, 결혼)(Wasserman and Faust 1994).

분석 수준

소셜네트워크분석은 네트워크 수준(network level), 액터 수준(node level), 관계 수준(dyad level) 등 세 가지 수준에서 분석이 이루어질 수 있다(Borgatti et al. 2013). 첫째, 네트워크 수준에서는 네트워크 전체가 하나의 분석대상이 된다. 예를 들어, "잘 연결된 네트워크가 아이디어를 더 빨리 확산시키는가?"와 같은 문제가 주어진다. 네트워크 수준에서의 분석은 전체 네트워크를 대상으로 하기 때문에 분석대상의 개수는 1이 된다. 둘째, 액터 수준의 분석에서는 네트워크를 구성하는 액터 하나하나가 분석의 대상이 된다. "친구가 많은 사람이 더 나은 성과를 보이는가?"와 같은 문제를 액터 수준의 분석을 통해 해결한다. 네트

그림 1-2 ▌분석 수준과 액터의 유형

분석 수준 (크기)	액터의 유형	
	개인 액터	집단 액터
네트워크(1)	직원들 간에 많은 중복된 연결관계가 존재하면 이 네트워크는 구성원들의 이직으로 인한 업무중단 위험이 작아지는가?	기업들이 조밀하게 연결되어 있으면 이 네트워크는 연쇄효과로 인해 유사시 붕괴위험에 빠질 가능성이 높아지는가?
액터(n)	친구관계 네트워크에서 중심적 위치에 있는 직원은 다른 회사로 이직할 가능성이 낮은가?	다양한 기술 파트너를 갖고 있는 기업은 시장에 혁신적 제품을 내놓을 가능성이 높은가?
관계(n^2)	유사한 정치적 견해를 갖고 있는 사람들은 그렇지 않은 사람들보다 서로 친구가 될 가능성이 더 큰가?	유사한 기업문화를 갖고 있는 기업들은 그렇지 않은 기업들보다 서로 사업 파트너가 될 가능성이 더 큰가?

워크 내 액터의 개수가 n이면 분석대상의 개수는 n이 된다. 셋째, 관계 수준의 분석에서는 액터 간의 양자적 관계가 분석대상이 되며, "두 사람 간의 친구관계는 비즈니스관계로 발전할 가능성이 높은가?"와 같은 문제에 관심을 갖는다. 네트워크 내 액터의 개수가 n일 때 분석대상의 개수는 네트워크 내 액터쌍의 개수인 n^2이 된다. 액터의 유형과 분석 수준별로 해결하고자 하는 문제의 예를 [그림 1-2]와 같이 정리하였다.

관계 데이터

소셜네트워크분석을 위해서는 우선 소셜네트워크분석에 어떤 종류의 데이터가 적합한지 이해하는 것이 필요하다. 데이터는 크게 **속성 데이터(attribute data)**와 **관계 데이터(relational data)**로 구분할 수 있다(Scott 2012). 속성 데이터는 개인 또는 집단의 태도, 의견, 행태 등과 관련된 데이터로서 개인 또는 집단에 귀속되는 속성 또는 특성으로 간주된다. 예를 들어, 일반적인 사회과학 연구영역에서 서베이, 실험, 인터뷰 등을 통해 수집되는 데이터 항목은 개별 응답자의 속성으로 간주되며, 이들 속성은 계량화되어 통계 패키지를 통해 전통적인 데이터분석 절차에 따라 분석된다. 이와 같은 속성 데이터의 분석에 적합한 접근방법을 **변량분석(variable analysis)**이라고 한다. 변량분석에서는 속성이 변수의 값으로서 측정되고 분석된다.

관계 데이터는 연결, 접촉, 소속, 참여 등과 관련된 데이터로서 개인 또는 집단 간의 관계를 나타낸다. 따라서 관계 데이터는 단순히 특정 개인 또는 집단 자체의 속성으로 간주될 수 없다. 예를 들어, 사람들 간의 친구관계를 서베이나 인터뷰를 통해 수집한 관계 데이터는 개별 응답자의 속성이 아니라 개별 응답자들로 구성된 소셜시스템의 속성을 나타낸다. 응답자들의 연결관계는 하나의 사회적 관계시스템(즉 소셜네트워크)으로 이해될 수 있다. 이와 같은 관계 데이터의 분석에 적합한 접근방법을 **네트워크분석(network analysis)**이라고 한다. 네트워크분석에서는 액터의 속성이 아닌 액터 간 관계가 측정되고 분석된다.

전통적인 데이터분석에 사용되는 속성 데이터는 보통 직사각형 형태의 배열로 표현된다. 행은 케이스(즉 응답자)를 나타내며, 열은 응답자의 속성(즉 변수)을 나타낸다. 예를 들어, [그림 1-3]의 속성 데이터는 네 명의 응답자에 대한 이름, 나이, 성별, 학력의 속성값이다. 행의 관점에서 속성값들을 비교함으로써 우리는 각 응답자들이 속성을 기준으로 서로 얼마나 유사한지 혹은 상이한지 이해할 수 있다(곽기영 2017). 예를 들어, 방자와 몽룡은 30대이면서 남자이고, 향단과 춘향은 20대이면서 여자이다.

그림 1-3 ▎속성 데이터

이름	나이	성별	학력
방자	32	남자	고등학교
향단	23	여자	고등학교
몽룡	31	남자	대학원
춘향	25	여자	대학교

그림 1-4 ▎관계 데이터

	방자	향단	몽룡	춘향
방자	–	0	1	1
향단	1	–	0	1
몽룡	0	1	–	1
춘향	1	0	0	–

소셜네트워크분석에 사용되는 관계 데이터는 전통적인 속성 데이터와 달리 보통 정사각형 형태의 배열로 표현된다. 행은 케이스(즉 응답자, 소셜네트워크분석 용어로는 액터)를 나타내고 열 또한 동일한 응답자 케이스를 나타내기 때문에, 행과 열의 개수가 동일한 정방형의 매트릭스 형태가 된다. 예를 들어, [그림 1-4]의 관계 데이터는 네 명의 응답자 간의 친구관계 네트워크를 나타낸다. 1은 친구관계가 있음을 의미하며, 0은 친구관계가 없음을 나타낸다. 행은 응답자가 선택한 친구관계를 나타내며, 열은 응답자가 선택받은 친구관계를 나타낸다. 방자는 몽룡과 춘향을 친구로 선택하였으며, 향단을 친구로 선택하지 않고 있다. 방자는 또한 향단과 춘향으로부터 친구로 선택받고 있다. 춘향은 방자만을 친구로 선택하고 있음에도 불구하고, 나머지 세 사람은 춘향을 친구로 선택하고 있다. 이러한 관계 데이터를 [그림 1-5]와 같이 네트워크 그래프로 표현하는 것도 가능하다. 이 그래프에서 화살표의 방향은 친구로 선택하고 있음을 나타낸다.[13]

관계 데이터의 행을 비교함으로써 우리는 친구선택의 관점에서 각 응답자들이 다른 응답자와 얼마나 유사한지 혹은 상이한지 파악할 수 있다. 열을 보게 되면, 친구로 선택받는 관점에서 각 응답자들이 다른 응답자와 얼마나 유사한지 또는 상이한지 비교가 가능하다. 이

13 소셜네트워크분석에서는 관계 데이터의 매트릭스 표현을 소시오매트릭스(sociomatrix)라고 하며, 이에 대응되는 그래프를 소시오그램(sociogram)이라고 한다(제2장 소셜네트워크의 표현 참고).

그림 1-5 ▌관계 데이터의 그래프 표현

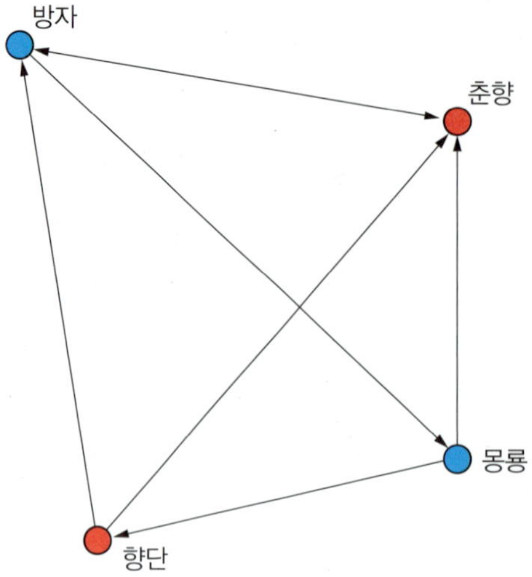

와 같은 비교를 통해, 우리는 각 개별 응답자들이 네트워크 내에서 차지하는 위치(position), 즉 지위를 파악할 수 있다. 예를 들어, 향단과 몽룡은 한 사람으로부터만 선택된 반면에, 춘향은 세 사람 모두로부터 친구로 선택되었다.[14] 따라서 춘향이 향단과 몽룡에 비해 네트워크 내에서 더 인기 있는 위치에 있음을 알 수 있다.

네트워크 내의 존재할 수 있는 가능한 관계 중에서 실제 형성된 관계를 파악함으로써, 우리는 관계 데이터를 전체 네트워크 관점에서 해석하는 것도 가능하다. 친구관계 네트워크 데이터를 살펴보면, 총 12개의 가능한 친구관계 중 일곱 개(1로 표시된 셀의 개수)의 관계가 실제로 형성되어 있다. 따라서 이 네트워크는 네트워크의 관계형성 수준이 58%$\left(=\frac{7}{12}\times 100\right)$ 정도 된다고 말할 수 있다.[15] 또한 대각선을 중심으로 위와 아래의 관계를 살펴보면, 친구관계가 서로 호혜적인지 여부를 확인할 수 있다. 향단은 방자를 친구로 선택한 반면, 방자는 향단을 친구로 선택하지 않았다. 반면 방자와 춘향은 서로를 친구로 선택함으로써 상호 호혜적 관계를 가지고 있다. 이런 식으로 전체 네트워크에서 상호 호혜적 관계가 차지하는 정도를 파악하는 것이 가능하다.[16]

14 소셜네트워크분석에서는 이를 내향 연결정도(indegree)라고 한다(제4장 연결과 응집성 참고).
15 소셜네트워크분석에서는 이를 밀도(density)라고 한다(제4장 연결과 응집성 참고).
16 소셜네트워크분석에서는 이를 호혜성(reciprocity)이라고 한다(제4장 연결과 응집성 참고).

그림 1-6 ▌관계 데이터가 포함된 속성 데이터

이름	나이	성별	학력	친구로 선택된 횟수
방자	32	남자	고등학교	2
향단	23	여자	고등학교	1
몽룡	31	남자	대학원	1
춘향	25	여자	대학교	3

변량분석은 속성을 강조하여 액터는 속성에 의해 설명된다. 대부분의 기존 사회과학 연구들은 서베이나 실험과 같은 데이터 수집 절차를 통해 분석단위로서의 액터의 속성을 측정하고 분석하는 데 관심을 갖는다. 반면에 네트워크분석은 관계에 초점을 맞추어 액터는 관계에 의해 설명된다. 이러한 강조점의 차이는 소셜네트워크분석을 전통적인 통계데이터분석과 구별하여 준다. 앞에서 살펴본 바와 같이 전통적 통계데이터분석에서의 '속성'과 소셜네트워크분석에서의 '관계'는 사람들의 사회적 행태를 분석할 때 개념적으로 서로 다른 접근법을 제공한다. 하지만 이 두 가지를 완전히 별개의 것으로 보아서는 안 된다. 예를 들어, 친구관계 네트워크에서 파악된 관계는 하나의 속성으로 간주될 수도 있다. [그림 1-6]은 친구관계의 관계 데이터로부터 친구로 선택받은 정도를 계산하여 이를 하나의 속성으로 표현하고 있다. 이는 개별 액터의 '인기도'를 반영한 속성으로 볼 수 있다.

액터 속성은 많은 경우 양자 간 관계로서 재개념화되기도 한다. 예를 들어, 한 국가의 수출액과 수입액은 국가경제를 나타내는 속성이면서, 동시에 세계경제의 국가 간 교환되는 재화와 서비스 금액(즉 수출액과 수입액)은 세계경제 교역 네트워크 구조를 나타낸다. 한 프로축구 팀의 승패 기록은 그 팀의 리그 성적이라는 속성을 나타낸다. 하지만 각 팀 간의 승패 비율은 리그에서의 팀 간의 역학관계를 나타내는 중요한 단서를 제공할 수 있는 관계 데이터이다. 성별은 액터의 중요한 속성 중의 하나이다. 성별 속성을 토대로 모든 액터쌍에 대해 동성/이성관계를 나타내는 관계 데이터를 생성하여 동성 혹은 이성 간의 행태(예: 친구, 협업)의 차이를 설명 또는 예측하는 데 활용할 수 있다.

구조적 관계는 액터의 속성으로는 설명할 수 없는 새로운 관점으로 개인의 행태와 전체 소셜시스템의 성과를 설명한다. 예를 들어, 기술혁신의 확산속도와 패턴은 액터의 나이, 교육 수준, 성별과 같은 속성을 통해서보다는 액터 간 커뮤니케이션 구조를 파악함으로써 더 잘 설명될 수 있다(Cowan and Jonard 2004). 신종플루나 HIV/AIDS 같은 전염성 질병의 확산에 대한 대응은 인구집단의 감염 취약성이나 저항력에 대한 추정보다는 친한 사람들 간의 연결구조의 파악을 통해 더욱 효과적으로 접근할 수 있다(Jolly et al. 2001). 따라서 다양한 사회적·조직적 행태를 설명할 때 액터의 속성에만 초점을 맞추게 되면, 소셜네트워크 관점이 제공하는 사회적·조직적 행태에 관한 많은 중요한 설명적 통찰력을 활용할 수 있는 기회를 놓칠 수 있다. 이처럼 소셜네트워크분석은 전통적 접근법에서 제공하지 못하는 차별화된 새로운 관점을 제시한다.

소셜네트워크분석의 관점

소셜네트워크분석은 사회과학 분야에서 전통적으로 사용되어 온 **개별적·변수중심적 접근법(individualistic, variable-centric approach)**과는 다른 관점을 갖는다(Knoke and Yang 2008). 사회과학에서는 일반적으로 사회적 개체는 다른 개체의 행동과는 독립적으로 의사결정하고 행동한다고 가정한다. 예를 들어, 효용극대화이론(utility-maximizing theory)에 따르면 사람들은 이성적 계산을 통해 효용을 극대화하는 행동을 추구한다. 또한 충동감소동기이론(drive-reduction motivation theory)에 따르면 사람들의 모든 행동은 욕구나 충동으로 인한 긴장을 감소시키는 방향으로 움직인다. 이처럼 전통적인 접근법에서는 사람들의 행동을 설명하는 데 있어서 주로 개인의 속성만을 고려하고 각 사회적 개체들이 연결되어 있는 더 넓은 범위의 상호작용 환경에 대해서는 관심을 기울이지 않는 경향이 있다. 반면에 소셜네트워크분석에서는 개별 사회적 개체들은 다른 개체들과 연결된 소셜시스템을 구성하고 소셜시스템 내에서 다른 개체들의 행동에 중요한 영향을 미치는 것으로 가정한다. 따라서 소셜네트워크분석의 **구조적·관계적 접근법(structural, relational approach)**은 사회적 개체 간 관계의 구조적 형태와 내용을 파악하고 이를 측정하여, 이러한 관계로부터 도출되는 가설을 검증하게 된다. 이러한 특성으로 인해 소셜네트워크분석은 기존의 개별적·변수중심적 분석방법과 구별된다.

개별 액터는 이론의 여지 없이 각각 고유의 속성을 지니고 있다. 성별, 교육 수준, 인종과 같은 속성은 액터 간이 아닌 액터 내에 내재되어 있다. 이러한 속성의 영향을 규명하기 위하여 연구자들은 액터들을 속성을 기반으로 구분하고, 특정 결과와 특정 속성을 갖는 액터들 간의 관계를 밝혀내고자 한다. 이러한 시도에는 공통의 속성을 갖는 액터들은 유사한 결과를 보일 것이라는 인과관계에 대한 가정이 바탕에 깔려 있다. 그러나 이와는 대조적으로 소셜네트워크분석은 인과관계의 작동 메커니즘을 개별 액터에게서 찾는 것이 아니라 사회적 구조에 의해 설명하려고 한다. 유사한 속성을 갖고 있는 사람들은 유사하게 행동할 수 있다. 하지만 공통의 속성을 통해 이들 유사성을 설명하는 것은 공통의 속성을 갖는 사람들이 종종 사회적 구조 내에서 유사한 위치를 차지하고 있다는 사실을 간과하고 있는 것일 수 있다. 즉 유사한 속성을 갖는 사람들은 대체로 소셜네트워크 내에서 유사한 위치를 차지하고 있으며, 따라서 유사한 결과는 유사한 속성에 기인한다기보다는 소셜네트워크 내의 이러한 유사한 위치에 의해 생성되는 기회와 제약에 의해 야기되는 것으로 이해할 수 있다.

소셜네트워크 내의 서로 연결된 액터들의 행태를 연구함으로써 특정 결과는 그러한 결과가 나오도록 서로에게 영향을 미치는 사람들의 행위패턴으로 설명하는 것이 가능하다. 예를 들어, 불경기에 지출을 줄이는 A, B, C 세 사람이 있다고 해보자. 속성을 기반으로 액터들의 행위를 설명하는 접근법에 따르면, 이들 세 사람은 서로에 대한 고려 없이 각각 독립적으로 주어진 경제적 환경과 자신들이 지닌 속성, 예를 들면, 순수입, 경제적 지식, 소비에 대한 태도 등에 따라 행동한다. 이와 대조적으로, 소셜네트워크분석에서는 이들 세 사람 간의 관계나 그 밖의 다른 사람들과의 관계가 현재 경제 상황에 대한 견해나 합리적 소비에 대한 생각에 영향을 미친다고 본다. 금융에 대한 지식이나 조언은 소셜네트워크의 구성원들로부터 쉽게 얻을 수 있으며(Chang 2005), 소셜네트워크를 기반으로 한 준거집단은 저축이나 소비에 대한 규범 형성에 영향을 미친다(Zelizer 1994). 경제적 선택은 속성과 밀접한 관련이 있을 수 있지만, 소셜네트워크분석에서는 이러한 관련성은 각 개인이 네트워크상에서 차지하는 특정 위치나 그 네트워크의 구조 때문이라고 가정한다.

소셜네트워크분석의 목적은 구조적 관계를 정확히 표현하고 측정하여 그러한 구조적 관계가 왜 발생하고 어떠한 결과를 가져오는지를 설명하는 것이다. 소셜네트워크분석은 구조적 관계와 그 관계의 영향에 관한 다음과 같은 몇 가지 전제를 기반으로 한다(Knoke and Yang 2008). 첫째, 구조적 관계는 사람들의 행동을 이해하는 데 있어서 나이, 성별, 태도, 가치관 등과 같은 개인적 속성보다 종종 더욱 중요한 역할을 한다. 속성은 대체로 사람들이 어떠한 사회적 환경에 참여하고 있건 변함이 없다. 예를 들어, 사람의 성별, 인종, 교육 수준과 같은 속성은 집에 있으나 직장에 있으나 혹은 축구 동호회 모임에 있으나 변하지 않는다. 이와 달리 구조적 관계는 참여자가 다른 환경에 있을 때 사라지거나 중단되는 특성을 보이기도 하고 특정 시간이나 장소와 관련된 상황에서만 존재하기도 한다. 예를 들어, 학생-교수관계는 학교 환경을 벗어나서는 그 관계가 갖는 본래의 의미가 더 이상 존재하지 않게 된다. 결혼관계는 배우자가 사망하거나 이혼을 하면 사라지게 된다. 직장에서는 평범한 사람이 동네 이웃들 간의 모임에서는 적극적인 리더 역할을 하기도 한다. 이러한 행태적 차이는 변하지 않는 성별, 나이, 직위 등과 같은 속성을 가지고는 설명하기 어려우며, 사람들의 구조적 관계가 그 사람이 참여하는 사회적 환경에 따라 급격하게 변할 수 있다는 사실을 받아들임으로써 이해가 가능하다.

둘째, 소셜네트워크는 사람들 간의 관계에 의해 형성되는 다양한 구조적 메커니즘을 통해 개인의 지각, 신념, 행동에 영향을 미친다. 직접적 접촉이나 강한 상호작용은 사람들에게 풍부한 정보를 갖게 하고, 주변 상황에 대해 더 잘 이해할 수 있게 해주며, 다른 사람들에게 영향을 미치거나 다른 사람들로부터 영향을 받을 가능성을 높여준다. 또한 중간 매개자를 통한 간접적 연결은 다른 사람들과의 광범위한 접촉을 통해 새로운 아이디어나 유용한 자원에 대한 접근을 가능하게 한다. 예를 들어, 구직자는 자주 만나는 가까운 친구들보다는 간혹 만나는 약한 연결관계를 갖고 있는 사람들로부터 더 유용한 정보를 얻을 수 있다. 왜냐하면 가까운 친구들은 이미 동일한 정보를 공유하고 있을 가능성이 높지만, 그저 얼굴 정도만 아는 지인은 자신이 속한 네트워크로부터 새로운 정보를 제공할 가능성이 크기 때문이다(Granovetter 1973).

셋째, 구조적 관계는 동적 프로세스(dynamic process)로 간주된다. 소셜네트워크는 정적인 구조가 아니며 네트워크를 구성하는 사회적 단위(예: 사람, 그룹, 조직) 간의 상호작용을 통해 지속적으로 변화한다. 예를 들어, 기업 간 커뮤니케이션 구조는 전략적 제휴의 선택에 영향을 미친다(Kenis and Knoke 2002). 이러한 기업 간 전략적 제휴관계는 이후 정보의 흐름을 변화시켜 커뮤니케이션 구조에 영향을 미치고 이는 미래 제휴관계에 대해 기회 또는 제약으로서 작용하게 된다.

소셜네트워크분석의 유형

소셜네트워크분석은 기술적 분석(descriptive analysis)과 추론적 분석(inferential analysis)으로 구분할 수 있다.[17] 기술적 분석은 다양한 네트워크 지표들을 도출하고 이를 해석하여, 현 상황을 진단하거나 문제해결을 위한 해결책을 제안한다. 네트워크 지표들은 네트워크 구

17 보가티 등(Borgatti et al. 2013, p. 6)은 이 두 가지 분석 유형을 각각 'applied research'와 'basic research'로 구분하고 있다. 그러나 여기에서는 기술적 분석과 추론적 분석이라는 용어를 사용하기로 한다. 이는 통계학에서 표본 데이터의 특성을 그대로 기술하는 기술통계(descriptive statistics)와 모집단의 특성을 추론하는 추론통계(inferential statistics)를 구분하는 것과 유사한 맥락에서 바라볼 수 있다.

조를 설명하거나 네트워크 내에서의 개별 액터 위치가 가져오는 여러 다양한 특성을 포착한다. 예를 들어, 혁신적인 신제품 출시를 앞두고 있는 기업은 얼리어답터(early adopter)들의 소셜미디어 네트워크에 대한 중심성 분석을 수행하여 가장 많은 사람들에게 가장 빨리 정보를 전파할 수 있는 잠재사용자들을 식별할 수 있고, 이들을 이용하여 효과적인 마케팅 활동을 수행할 수 있다. 기업 내의 정보흐름을 원활히 하고자 하는 경영자는 조직 내 커뮤니케이션 네트워크의 통로상에서 정보흐름의 병목현상을 일으키는 소수의 중개자들을 식별하고, 이들에 대한 커뮤니케이션 집중현상을 완화하기 위하여 대안 경로들이 포함된 조직개편을 단행할 수 있다. 이러한 기술적 분석은 기본적으로 일변량분석(univariate analysis)이기 때문에 하나의 네트워크 변수만이 측정된다. 다른 변수와의 연관성은 경험적으로 또는 기존 연구에 의해 암묵적으로 가정된다. 예를 들어, 네트워크 내에서 중심성이 높은 사람은 확산과정을 통해 다른 사람들의 행동에 영향을 미칠 가능성이 높다고 알려져 있기 때문에, 우리는 중심성이라는 네트워크 지표를 선택하여 마케팅활동의 효과성을 증진시킬 수 있다. 여기에서 네트워크 지표와 결과변수 간의 인과관계는 이미 존재한다고 가정한다. 따라서 기술적 분석에서는 관심 있는 변수로서 하나의 네트워크 지표만이 주로 측정대상이 된다. 기술적 분석은 대개 분석대상인 현재의 네트워크를 설명하고(즉 기술하고) 이에 한정된 결과를 제시하게 된다.

반면에 추론적 분석은 변수 간의 연관성을 규명하여 일반화된 관계를 예측하려고 한다. 네트워크 변수들은 독립변수(설명변수)가 될 수도 있고, 종속변수(결과변수)가 될 수도 있으며, 또는 두 가지 역할을 다 수행할 수도 있다. 따라서 주로 다변량분석(multivariate analysis)의 성격을 가지며, 어떤 변수의 변동성을 다른 변수의 함수로서 설명하려고 한다. 분석의 주요 목표는 독립변수와 종속변수 간의 인과관계 메커니즘을 규명하는 것이며, 이를 위해 변수들 간의 관계를 통계적 분석절차에 따라 검정한다. 예를 들어, 기업 내 구성원들의 중심성을 산출하고 이를 이용하여 구성원들의 성과를 예측할 수 있다. 여기에서 구성원들의 네트워크 지표인 중심성은 독립변수로서의 역할을 한다. 사람들 간의 유사성(예: 정치적 견해, 성별)을 이용하여 친구관계를 예측할 경우, 친구관계 네트워크는 종속변수로서의 역할을 한다. 네트워크, 액터, 관계 수준에 따라 네트워크 변수가 독립변수 또는 종속변수로 활용되는 예를 [그림 1-7]과 같이 정리하였다.[18]

18 '친구관계가 비즈니스관계에 미치는 영향'과 같이 독립변수와 종속변수가 모두 네트워크 변수인 경우도 빈번히 분석되는 연구문제이다. 그러나 [그림 1-7]의 예에서는 편의상 독립변수와 종속변수가 모두 네트워크 변수인 경우는 제시하지 않았다.

그림 1-7 ▌분석 수준과 네트워크 변수의 역할

분석 수준	독립변수로서의 네트워크 변수	종속변수로서의 네트워크 변수
네트워크	그룹의 문제해결능력을 예측하기 위한 커뮤니케이션 네트워크의 밀도	조직문화 유형(협업, 경쟁)에 따른 신뢰 네트워크의 밀도
액터	승진에 영향을 미치는 정보교환 네트워크에서의 액터의 중심성	액터의 성향(내향적, 외향적)에 따른 친구관계 네트워크에서의 액터의 중심성
관계	신약도입기간에 영향을 미치는 의사들 간 조언관계	취미의 유사성에 따라 형성되는 친구관계

소셜네트워크분석의 발전과정

여기에서는 소셜네트워크분석의 발전과정을 간단히 살펴본다(Borgatti et al. 2009). 1932년 가을 미국 뉴욕의 한 여학교에서 가출사건이 유행처럼 번졌다. 불과 2주 만에 14명의 여학생이 숙소를 나갔다. 통상적인 청소년 가출 통계에 비해 무려 30배나 높은 수치였다. 이 현상을 분석하던 정신과 의사인 모레노(Moreno)는 이러한 가출현상은 가출 여학생들의 성격과 같은 개인적 요인보다는 가출자 소셜네트워크에서의 가출 여학생들의 위치와 좀 더 밀접한 관련이 있다고 주장하였다(Moreno 1934). 이러한 주장을 입증하기 위하여 모레노는 사회적 관계를 측정하기 위한 계량적 방법으로서 소시오메트리(sociometry)를 제안하였으며, 사람을 나타내는 노드(node)와 관계를 나타내는 라인(line)을 이용하여 사회적 관계를 그래프로 표현하는 체계적 기법인 소시오그램(sociogram)을 개발하였다. 모레노는 학생들 간의 서로에 대한 주관적인 호감도를 소시오그램으로 표현하여 이들 간의 소셜네트워크를 구축하였다([그림 1-8]).

이 소셜네트워크에서 연결관계는 학생들 간의 사회적 영향과 생각이 전달되는 통로로서의 역할을 하였다. 가출 당사자들은 인지하지 못하고 있었을지 모르지만, [그림 1-8]의 소셜네트워크에서 볼 수 있는 것처럼 학생들의 가출 여부는 소셜네트워크에서 그들이 차지하고 있는 위치와 밀접한 관련이 있었다. 모레노는 이처럼 사회적 현상을 개인적 요소가 아닌 개인들이 속해 있는 사회적 환경의 구조에서 찾고자 하였다. 모레노는 소시오메트리 개념을 이용하여 이러한 추상적 사회 구조를 눈으로 확인할 수 있는 구체적인 유형의 대상으로 만들어냈다.

모레노 이후 1940년대와 1950년대에 들어서서 소셜네트워크분석은 여러 방향으로 발전을 거듭하였다. 주목할 만한 발전 가운데 하나는 매트릭스 연산과 그래프이론을 이용하여

그림 1-8 ▌모레노의 가출자 네트워크

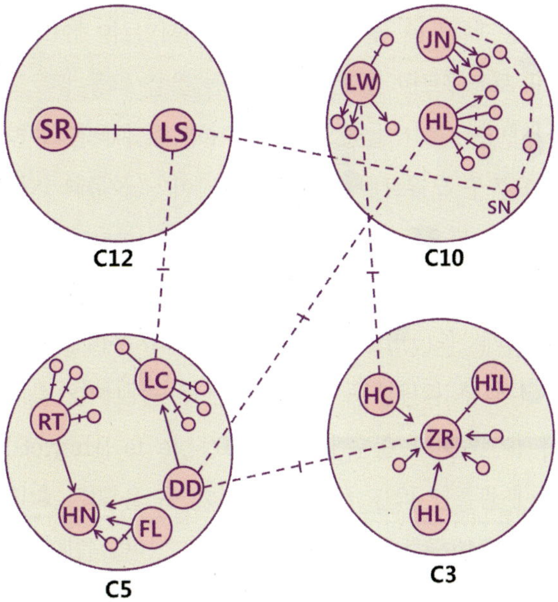

네 개의 큰 원(C12, C10, C5, C3)은 학생들이 살고 있던 숙소를 나타낸다. 숙소 내의 작은 원들은 각각의 학생을 나타내며, 14명의 가출 여학생들은 원 안에 이름의 머리글자로 표시되어 있다(예: SR). 임의의 두 학생 간의 실선으로 된 연결선은 서로 호감을 느끼는 관계를 나타내며, 방향 화살표가 있는 경우는 일방향의 호감을 나타내고 방향 화살표가 없는 경우는 서로 간의 양방향 호감을 나타낸다. 점선으로 된 연결선은 상호 반감을 갖고 있는 경우를 나타낸다.

집단이나 소셜서클(social circle)과 같은 기본적인 사회심리학적 개념들을 네트워크 용어로 표현한 것이었다. 매트릭스와 그래프를 활용하여 네트워크 데이터로부터 자발적으로 생성되는 자생 그룹들을 객관적으로 찾아낼 수 있었다(Luce and Perry 1949). 또 다른 발전으로는 네트워크에 대한 다양한 실험연구였다. MIT의 그룹네트워크실험실(Group Networks Laboratory) 연구자들은 커뮤니케이션 네트워크 구조가 그룹의 문제해결 속도와 정확성에 미치는 영향을 연구하였다.

[그림 1-9]와 같은 커뮤니케이션 네트워크 구조에 대한 실험에서, 서클(circle) 구조가 수학적으로는 이론상 가장 짧은 문제해결 시간이 소요됨에도 불구하고 스타(star) 구조와 같은 중앙집중화된 구조가 서클과 같은 분권화된 구조보다 더 나은 문제해결 성과를 보여주었다(Leavitt 1951). 서클 구조에서 수학적으로 최적해에 도달하기 위해서는 커뮤니케이션 네트워크에 포함된 노드들이 상당히 복잡한 순서의 정보교환 작업을 수행해야 하는데 이 과정에서 어떠한 노드도 정보통합자로서의 역할을 수행하기 어렵다. 하지만 사람들로 이루어진 휴먼 네트워크에서는 네트워크의 주변에 있는 사람(즉 [그림 1-9]의 스타, Y, 라인 네트

그림 1-9 ▌ 커뮤니케이션 네트워크

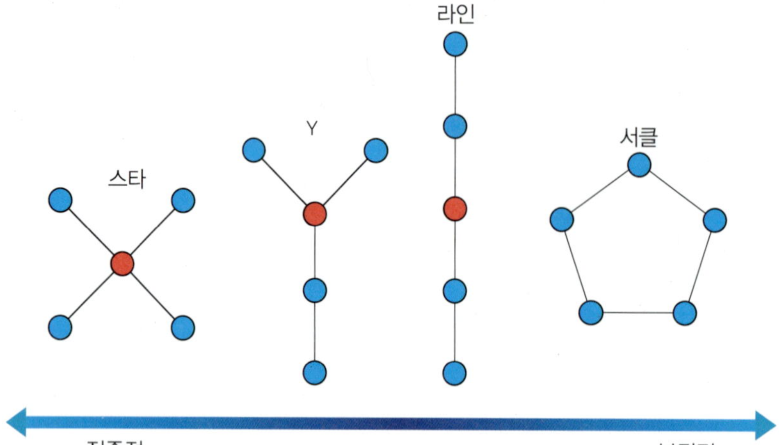

MIT에서 연구한 네 가지 네트워크 구조로 각 노드는 사람을 나타내며, 각 연결링크는 사람들 간의 잠재적 커뮤니케이션 경로를 나타낸다. 네트워크에서 가장 중심적 노드는 빨간색으로 표현되어 있다.

워크에서의 파란색 노드)은 중심에 있는 사람(즉 [그림 1-9]의 빨간색 노드)에게 정보를 전달하고 중심에 있는 사람은 무엇이 문제해결에 유용한 정보인지를 판단하여 이 정보를 다른 사람들에게 다시 전달한다. 이러한 이유로, 가장 빠르게 주어진 과업을 수행한 네트워크 구조는 정보통합자(즉 중심에 있는 노드)로부터 모든 노드까지의 거리가 가장 짧은 네트워크인 스타 구조였다.[19]

MIT에서 이루어진 이러한 실험은 심리학, 정치학, 경제학 등 수많은 분야의 연구에 영향을 미쳤다. 1950년대 수학자인 코헨(Kochen)과 정치학자인 풀(Pool)은 오늘날 스몰월드(small world) 문제로 알려진 주제에 관심을 가졌다(Pool and Kochen 1978). 이는 한 모집단으로부터 무작위적으로 두 사람을 선택하였을 때 그들이 자신들을 모두 알고 있는 공통의 친구를 갖고 있을 확률은 얼마인가에 관한 문제였다. 이를 좀 더 일반화시켜 이야기하면, 이 문제는 이 두 사람을 연결하기 위해서는 몇 개의 연결고리, 즉 몇 명의 중간 연결자가 필요한가에 관한 문제가 된다. 수학적 모델을 토대로, 이 두 학자는 미국과 같은 인구 구조를 갖는 나라에서 임의로 선택된 두 사람의 쌍 중 최소 50%는 두 사람만 거치면 서로 연결될 수 있다는 가설을 제시하였다. 그로부터 20년 가까이 지난 후 밀그램(Milgram)은 이들의 가설을 실증적으로 검증하였고 이 가설은 6단계 분리이론(six degrees of separation theory)

19 제5장 중심성과 파워 참고.

이라는 이름으로 사람들에게 널리 알려지게 되었다(Milgram 1967).[20]

이 기간 동안 일부 사회학자들은 도시의 변화하는 사회적 구조를 연구하는 데 소셜네트워크분석을 활용하기도 하였다. 당시에는 도시화가 커뮤니티를 파괴하고 도시가 이러한 현상에 있어서 중심 역할을 하고 있다는 믿음이 팽배해 있었다. 이러한 현상을 설명하기 위하여 사회학자들은 사람들 간의 구체적인 관계(사랑, 미움, 지지 등)를 커뮤니티의 기본 요소로 보고, 소셜네트워크를 이용하여 사람들 간의 관계를 기반으로 커뮤니티 구조를 표현하고자 하였다. 예를 들어, 연구자들은 미국 북부 캘리포니아 지역에서 다양한 도시화 수준을 갖는 50개 커뮤니티에 거주하는 1,050명의 성인을 대상으로 한 인터뷰를 통해 그들의 사회적 관계를 조사하였다(Fischer 1948). 응답자들[21]에게 여러 가지 형태로 관계를 맺고 있는 다른 사람들[22]을 열거하도록 하고, 또한 그렇게 파악된 다른 사람들끼리의 관계에 대해서도 응답하도록 하여 소셜네트워크 데이터를 수집하였다.[23] 분석 결과, 도시화는 실제로 네트워크 밀도(network density)를 감소시켰고, 이는 차례로 만족도와 전반적 행복도에 부정적 영향을 미쳤다. 약 10,000명의 주민들이 거주하는 미국 중서부 지역 한 마을의 13세에서 19세 사이의 369명의 소년과 366명의 소녀를 대상으로 한 유사한 연구에서도, 청소년들의 행위는 그들이 속한 소집단[24]에 의해 강하게 영향을 받았다(Hollingshead 1949). 커뮤니티 네트워크 구조의 표현과 분석은 오늘날 사회과학 분야의 소셜네트워크 연구에 있어서도 여전히 중요한 영역으로 남아 있으며, 최근 들어서는 이를 통해 인터넷 기반 가상커뮤니티 구조를 이해하려는 노력이 이루어지고 있다.

소셜네트워크분석은 이후 1960년대에 이르기까지 인류학 분야에서 널리 활용되었다. 브라운(Brown 1952)의 선도적 연구를 시작으로 크게 세 가지 연구의 흐름이 존재하였다. 첫째, 개념적 수준에서, 나델(Nadel)과 같은 인류학자들은 사회를 획일적인 독립체가 아니라 서로에 대해 역할을 수행하는 액터 간의 관계패턴 또는 관계네트워크로 파악하였다(Nadel 1957). 둘째, 인류학자 레비스트로스(Levi-Strauss)의 연구를 기초로 일부 연구자들은 관계대수(relational algebra)로 혈족관계(kinship system)를 나타내기 시작하였다. 예를 들

20 이 이론에 따르면 임의로 선택된 두 사람은 다섯 사람을 거치면 6단계 만에 서로 연결될 수 있다.

21 소셜네트워크분석에서는 이를 에고(ego)라고 한다.

22 소셜네트워크분석에서는 이를 알터(alter)라고 한다.

23 소셜네트워크분석에서는 이런 방식으로 구축한 네트워크를 에고 네트워크(ego network)라고 한다(제2장 소셜네트워크의 표현 참고).

24 소셜네트워크분석에서는 서로와 서로가 모두 연결된 응집력 강한 소집단을 클릭(clique)이라고 한다(제7장 서브그룹 참고).

어, 부모관계(parent of), 결혼관계(married to)와 같은 생성관계(generating relations)뿐만 아니라 장인, 장모 등의 인척관계(in-law)나 사촌관계(cousin)와 같은 파생관계(derived relations)도 관계대수를 통하여 표현하였다(White 1963). 셋째, 많은 사회인류학자들은 좀 더 다양한 현상을 설명하기 위하여 소셜네트워크를 활용하기 시작하였다. 예를 들어, 보트(Bott 1957)는 영국의 도시에 거주하는 20개 가구를 조사하여 남편과 아내가 가족으로서의 역할을 수행하는 방식에 있어서 어떠한 차이가 있는지 설명하려고 하였다. 어떤 가구에서는 가사노동 분담이 엄격하게 이루어져, 남편과 아내는 서로 구별되는 가사업무를 각자 독립적으로 수행하였다. 반면에 다른 가구에서는 남편과 아내가 가사업무를 공유하였고 서로 동등한 가족 구성원으로서 상호 교류하였다. 분석 결과, 남편과 아내의 역할관계에 있어서의 구분 정도는 가족의 소셜네트워크의 연결정도(즉 밀도)와 직접적으로 관련이 있었다. 밀도가 높은, 즉 연결관계가 많은 네트워크에 포함된 부부일수록 전통적인 남편과 아내의 역할 분리가 유지될 가능성이 더 높았다. 이를 통해 네트워크 구조가 부부 간의 관계와 행동에 영향을 미칠 수 있음을 보여주었다.

1970년대에 들어서 소셜네트워크 연구의 무게중심은 사회학으로 이동하였다. 로랭과 화이트(Lorrain and White 1971)는 구조적으로 동등한 위치, 즉 사회적으로 동등한 지위에 있는 노드들[25]의 공통된 구조적 특성을 추출함으로써, 네트워크의 구성요소인 노드들이 개별 사람이 아닌 구조적 지위로 구성된 단순화된 형태의 새로운 네트워크를 도출하였다. 이러한 개념은 사회적 구조를 개인이 아닌 역할(role)의 네트워크로 바라보는 인류학자들의 관점과 잘 부합하였고 미국 경제구조의 분석(Burt 1983)과 같은 다른 분야에서의 역할분석에 폭넓게 적용될 수 있었다. 이러한 연구들을 통해 구조적으로 등위적인 개인은 서로 유사한 사회적 환경에 접하게 되고, 따라서 태도 또는 행동에 있어서 서로 유사한 반응을 보인다는 것을 알 수 있었다.

이 시기에 이루어진 중요한 또 다른 발전은 그래노베터(Granovetter 1973)에 의해 제안된 **약한 연결의 힘이론(strength of weak ties theory)**이었다. 강한 연결관계를 갖는 사람들은 그들 간에 서로 알고 지내는 경우가 많다는 점에서 서로 뭉쳐 있는 경향이 있다. 따라서 그들이 주는 정보는 중복되는 경우가 많다. A로부터 듣는 것은 B로부터 들었던 것과 동일한 것일 가능성이 높다. 이와는 반대로, 약하게 연결된 사람들(예: 단지 안면이 있는 알고 지내

25 소셜네트워크분석에서는 이러한 노드들을 구조적으로 등위적(structurally equivalent)이라고 하며, 구조적으로 등위적인 노드들은 들어오는 연결링크와 나가는 연결링크의 패턴이 서로 유사한 특성을 갖는다(제8장 지위와 역할 참고).

는 사람)은 소셜네트워크 내의 다른 사람들과 연결되어 있지 않을 가능성이 높다. 따라서 이들은 신선한 새로운 정보의 원천이 될 가능성이 크기 때문에 강한 연결보다 오히려 더 유용할 수 있다. 20여 년 후 이 이론은 **구조적 공백이론(structural hole theory)**으로 발전하여 사회적 자본이론의 한 축을 형성하였다.[26] 이 이론에 따르면 사람들이 누구와 연결되고 이들 연결된 사람들이 서로 어떻게 연결되는가에 따라 사람들은 다른 사람들이 접근할 수 없는 자원에 접근할 수 있게 되고 이는 궁극적으로 더 나은 성과(예: 더 나은 직업, 더 빠른 승진)를 달성할 수 있게 한다(Burt 1992).

1990년대 말에서 2000년대 초에 걸쳐 수리적인 네트워크 모델을 이용하여 현실 세계의 네트워크 구조와 생성과정을 설명하려는 시도가 이루어졌다. 와츠와 스트로가츠(Watts and Strogatz 1998)는 밀그램의 6단계 분리이론으로 대표되는 스몰월드현상을 설명할 수 있는 네트워크 생성원리를 발견하고 이러한 원리에 의해 생성된 네트워크를 **스몰월드 네트워크(small-world network)**라고 명명하였다. 스몰월드 네트워크는 규칙적인 연결관계 구조를 갖는 정규 네트워크(regular network)와 완전 무작위적 연결관계 구조를 갖는 무작위 네트워크(random network)의 특성을 모두 갖고 있다.

[그림 1-10]을 보면, 정규 네트워크는 인접한 노드들이 정확하게 똑같은 수의 링크를 갖는 네트워크 구조이다. 이런 네트워크에서 멀리 있는 노드까지 메시지를 전달하기 위해서는 여러 단계를 거쳐야 한다. 각 노드들은 주변의 노드들과는 클러스터링(clustering)되어 있지만 그 밖의 노드들과는 직접 연결되어 있지 않기 때문이다. 반면에 무작위 네트워크는 노드들 간의 연결이 순전히 우연에 의해서, 예를 들면 주사위를 던져서 확률적으로 결정되는 네트워크 구조이다. 무작위적이므로(다시 말해 확률적이므로) 너무 많은 링크를 가지거나 전혀 링크가 없는 극단적인 경우는 거의 발생하지 않는다. 이런 네트워크에서 메시지의 전달은 상대적으로 빠른 경향이 있다. 하지만 노드들 간 클러스터링 구조는 존재하지 않는다.

그런데 우리는 분명 가족, 학교친구, 직장동료, 동호회 회원, 이웃사람 등과 클러스터링 구조를 형성하면서도 동시에 6단계 분리이론이 적용되는 좁은 세상에 살고 있다. 끼리끼리 뭉쳐 있으면서도(정규 네트워크) 멀리 떨어져 있는 사람과는 짧은 단계만에 연결되어야 하는

26 구조적 공백은 네트워크 내에서 액터들 간에 연결을 형성하지 못하여 구조적으로 비어 있는(즉 연결이 단절된) 공간을 얘기한다. 이러한 구조적 공백을 이어줄 수 있는 위치에 있는 액터는 정보를 통제하거나 중복되지 않는 정보를 독점함으로써 차별화된 경쟁적 우위를 누릴 수 있다(제6장 구조적 공백과 중개자 참고).

그림 1-10 ▎스몰월드 네트워크

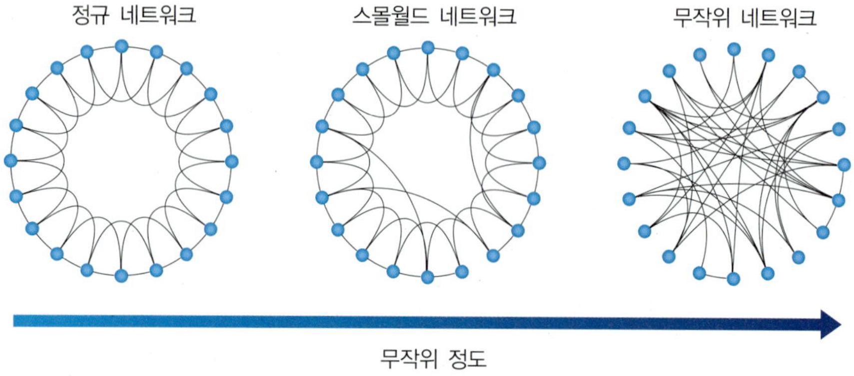

(무작위 네트워크). 얼핏 보기에는 두 개의 서로 대립되는 목표를 달성하는 네트워크에서 살고 있는 것이다. 따라서 정규 네트워크와 무작위 네트워크는 모두 우리가 살고 있는 실제 세상의 절반밖에 설명하지 못한다. 와츠와 스트로가츠는 컴퓨터 시뮬레이션을 통해 정규 네트워크에 몇 개의 무작위 연결을 추가하면 노드 간 연결거리가 현저하게 줄어든다는 것을 발견하고 이러한 네트워크가 우리가 살고 있는 좁은 세상을 설명할 수 있다는 것을 보여주었다. 스몰월드 네트워크는 무작위성(randomness)의 관점에서 볼 때 완전히 규칙적이지도 않고 완전히 무작위적이지도 않은 중간 정도에 있다. 그런데 이 소수의 무작위 연결의 추가만으로 네트워크의 직경은 급격하게 작아진다. 즉 모든 노드들 간의 연결단계가 급속하게 줄어든다.

와츠와 스트로가츠가 스몰월드현상을 설명하는 스몰월드 네트워크를 제안한 것과 거의 비슷한 시기에 바라바시와 앨버트(Barabasi and Albert 1999)는 새로운 관점에서 스몰월드 현상을 설명하였다. 단순 무작위에 의해서가 아니라 노드의 선호에 의해서 링크가 형성될 경우 네트워크의 크기가 점차 커짐에 따라 평균 연결 이상으로 매우 많은 링크를 가진 노드, 즉 허브(hub)가 출현하게 되고 이 허브를 통해 네트워크 내의 모든 노드들 간의 연결단계는 매우 짧아지게 된다는 것이다. 이러한 특성을 보이는 네트워크를 바라바시와 앨버트는 **척도 없는 네트워크(scale-free network)**라고 명명하였다.[27] [그림 1-11]의 하단에서 보듯이 척도

27 척도가 없다는 말은 네트워크를 대표할 전형적인 크기가 없다는 뜻이다. 예를 들어, [그림 1-11] 상단의 네트워크는 각 노드의 연결 개수가 정규분포와 유사한 분포를 띠고 있으므로 '평균적으로' 연결 개수가 얼마인지를 얘기하는 것이 가능하다. 하지만 [그림 1-11] 하단의 척도 없는 네트워크에서는 오른쪽으로 매우 꼬리가 긴 분포(이를 멱함수분포(power law distribution)라고 한다)를 따르므로 연결 개수가 현저하게 많은 허브 노드들과 나머지 평범한 노드들의 평균 연결 개수가 네트워크를 대표하는 노드의 연결

그림 1-11 ▌척도 없는 네트워크

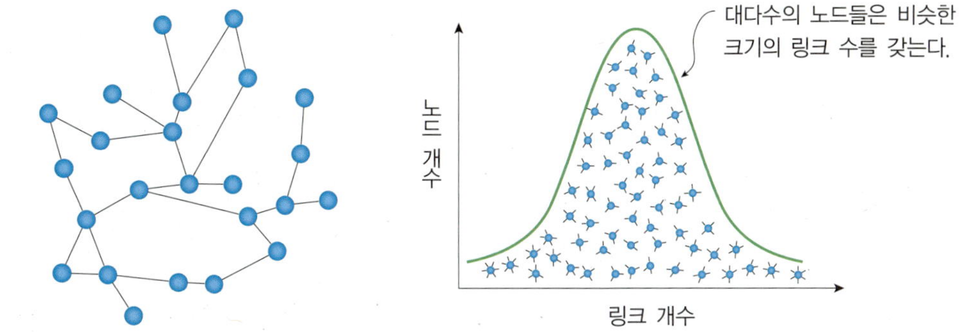

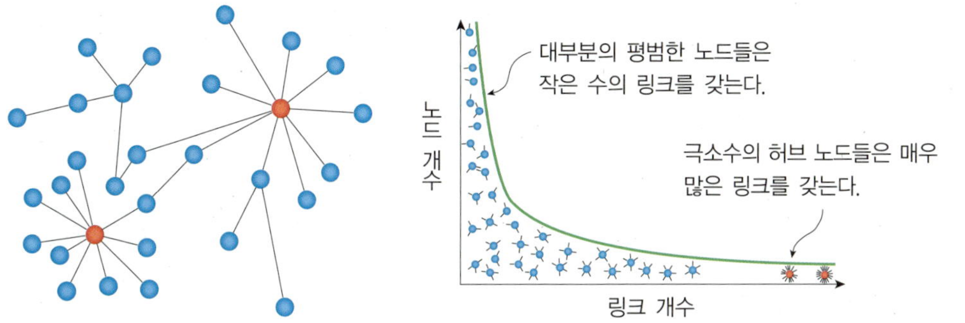

없는 네트워크에서는 대부분의 평범한 노드는 매우 제한된 개수의 연결관계만을 가지나, 아주 극소수의 허브 노드는 매우 많은 연결관계를 갖는다. 이러한 소수의 허브에 의존하는 척도 없는 네트워크는 사람들 간의 소셜네트워크에서뿐만 아니라 웹페이지 네트워크, 항공망 네트워크, 세포 내 대사 네트워크, 신경망 네트워크, 영화배우 네트워크 등 실생활에서 접할 수 있는 많은 네트워크에서 흔히 관찰할 수 있다(Barabasi and Bonabeau 2003).

소셜네트워크분석은 현재 사회과학 내에서 하나의 영역으로서 확고히 자리를 잡고 있다. 전문가들이 참여하는 조직(INSNA: International Network for Social Network Analysis)을 갖추었으며, 학술대회(Sunbelt)가 매년 정기적으로 개최되고, 특화된 전용 소프트웨어(UCINET, NetMiner 등)가 개발되었으며, 전문 학술지(Social Networks, Connections 등)가 발간되고 있다. 1990년대를 지나면서, 소셜네트워크분석은 경영컨설팅(Cross and

개수라고 얘기할 수 없고, 따라서 이러한 의미에서 네트워크를 대표할 만한 척도가 존재하지 않는다고 얘기하는 것이다.

Parker 2004), 공중보건(Levy and Pescosolido 2002), 범죄 · 전쟁 방지(Sageman 2004) 등의 분야를 포함한 수많은 다양한 분야로 그 응용 범위를 넓혀 나갔다. 경영학 및 MIS(Management Information Systems) 분야에서 소셜네트워크분석은 종종 조직진단 및 지식경영의 분야에 적용된다.[28] 이를 통해 조직은 조직 구성원들 간에 분산되어 있는 지식과 역량을 더 잘 이용할 수 있는 기회를 포착할 수 있다. 공중보건 분야에서 소셜네트워크분석은 전염성 질병의 확산을 막거나 더 나은 의료서비스 및 사회적 지원을 제공하는 중요한 역할을 한다. 범죄수사요원들, 특히 조직범죄를 수사하는 수사요원들은 벽면 가득히 범죄조직관계도를 그리면서 오랜 세월 동안 범죄수사에 네트워크적 시각을 활용하여 왔다. 테러리스트 그룹은 흔히 네트워크로 인식되며, 따라서 이러한 네트워크를 어떻게 중단시킬 것인가에 대한 연구도 소셜네트워크분석에서 중요한 관심사 중의 하나이다.

28 경영학 분야에서는 소셜네트워크분석의 개념이 경영 환경과 관련된 다양한 주제에 적용되고 있다. 예를 들면, 업무성과(김효준 · 곽기영 2011; Ahuja et al. 2003; Sparrow et al. 2001), 이직(Kilduff and Krackhardt 1994), 승진(Burt 1992), 혁신(Obstfeld 2005; Schilling and Phelps 2007), 창의성(Burt 2004), 비윤리적 행동(Brass et al. 1998), 지식경영(강민형 · 허용석 2012; 김창식 · 곽기영 2015; Kang et al. 2010; Cross et al. 2006), 기술변화에 대한 적응(Kwahk 2011), 기업 웹사이트 회원관리(강은영 · 곽기영 2011), 기업성과(김창식 · 곽기영 2011; 박병선 등 2012; 박준형 · 곽기영 2013; 전수현 · 곽기영 2016), 정보시스템 수용(Sykes et al. 2009), 고객관계관리(조윤호 · 방정혜 2011; 최슬비 등 2016; 최일영 · 김재경 2009), 금융시장(김대식 · 곽기영 2013) 등을 이해하기 위하여 사용되어 왔다. 또한 경영 컨설팅 분야에서는 소셜네트워크분석이 조직의 진단과 처방을 위한 도구로서 활용되고 있다(Anklam 2007; Cross et al. 2000).

사례연구

우리는 살아가면서 세상이 참 좁다고 느낄 때가 종종 있다. 낯선 곳에 여행을 가서 우연히 함께 식사를 하게 된 사람과 대화를 나누다가 그 사람이 내가 아는 누군가를 알고 있다는 사실을 알았을 때 좁은 세상을 실감하게 된다. 이러한 현상을 '스몰월드효과(small world effect)'라고 하며, 1967년 하버드대학의 심리학자 밀그램(Milgram)의 실험을 통해 재조명되었다(Milgram 1967).

밀그램은 캔자스주 위치타(Wichita, Kansas)와 네브래스카주 오마하(Omaha, Nebraska)에 사는 296명의 사람들에게 지리적으로 멀리 떨어져 있는 매사추세츠주 보스턴(Boston, Massachusetts)에 사는 증권브로커에게 편지를 전달해 달라고 부탁하였다. 이때 밀그램은 목표로 하는 사람을 알면 그 사람에게 바로 편지를 전달하고 그렇지 않으면 편지를 최종목적지에 가장 잘 전달해 줄 것으로 생각되는 사람에게 전달해 달라고 당부하였다. 편지를 전달받은 사람들은 자신들이 생각하기에 편지를 가장 잘 전달해 줄 것으로 생각되는 사람에게 연쇄적으로 편지를 전달하게 되고, 최종적으로 그 증권브로커가 편지를 전달받거나 그렇지 못하게 되면 실험은 종료된다. 밀그램은 이러한 실험을 통해 편지가 전달되기 위해 필요한 중간 단계의 수가 약 5.5단계라는 것을 알았다.[29] 이것은 예상 밖으로 작은 수치였으며, 이로부터 임의로 선택된 두 사람은 여섯 단계 만에 서로 연결될 수 있다는 6단계 분리이론이 나오게 되었다.

그림 1-12 ▌밀그램의 실험 : 오마하에서 보스턴까지 편지 전달

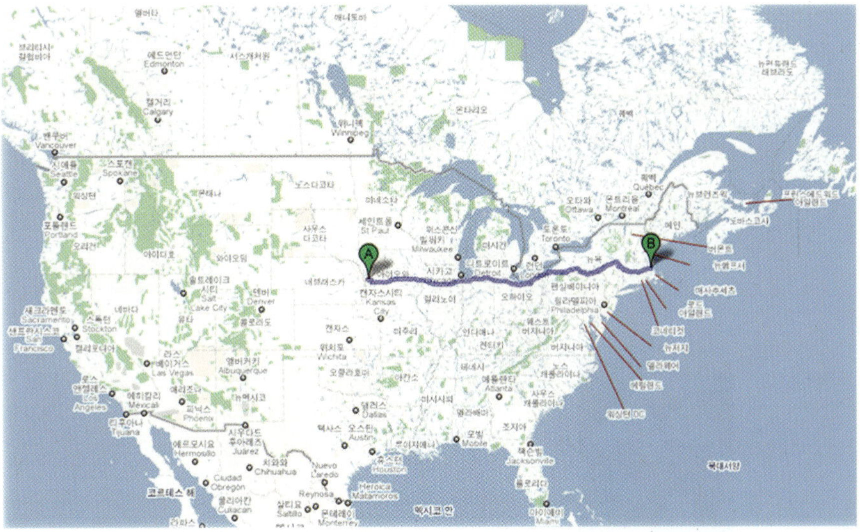

29 여기에서 계산된 5.5단계는 도착한 64개의 편지만을 대상으로 한 것이다. 296개의 편지 중 약 80%인 232개는 목표 인물에 도착하지 못하였다.

이러한 스몰월드효과와 6단계 분리이론을 영화배우 간에 적용한 것이 케빈 베이컨 게임(Kevin Bacon game)이다. 이 게임의 규칙은 간단하다. 영화에 함께 출연한 관계를 1단계라고 했을 때, 다른 영화배우들이 케빈 베이컨과 몇 단계 만에 연결될 수 있는가를 찾는 게임이다. 케빈 베이컨에 도달하기 위하여 거쳐야 되는 단계의 수를 베이컨 수(Bacon number)라고 한다. 예를 들어, 아만다 사이프리드(Amanda Seyfried)는 〈레미제라블(Les Miserables)〉에서 휴 잭맨(Hugh Jackman)과 함께 주연을 맡았고, 휴 잭맨은 케빈 베이컨과 〈엑스맨 퍼스트클래스(X-Men: First Class)〉에 함께 출연했으므로, 아만다 사이프리드는 케빈 베이컨과 두 단계 만에 연결된다. 즉 아만다 사이프리드의 베이컨 수는 2이다. 이 게임의 목표는 케빈 베이컨에 도달하는 가장 빠른 경로를 찾는 것이다. 그런데 이 게임에서 대부분의 영화배우들은 6단계 이내, 평균적으로는 2.8단계 만에 케빈 베이컨과 연결되기 때문에, 많은 단계를 거치는 경로를 찾는 것이 사실 더 어렵다. 서로 다른 시기에 활동했던 찰리 채플린(Charles Chaplin)조차 케빈 베이컨과 두 단계 만에 연결된다.

케빈 베이컨 게임은 인터넷 웹사이트(http://www.oracleofbacon.org)에서 수행할 수 있다. 이 웹사이트를 통해 알아본 우리나라의 미남·미녀 영화배우 이병헌과 전지현의 베이컨 수는 2이다. 케빈 베이컨 게임은 스몰월드효과와 여섯 단계만 거치면 지구상의 모든 사람들과 연결될 수 있다는 6단계 분리이론을 다시 한 번 확인시켜 준다.

그림 1-13 ▌케빈 베이컨 게임

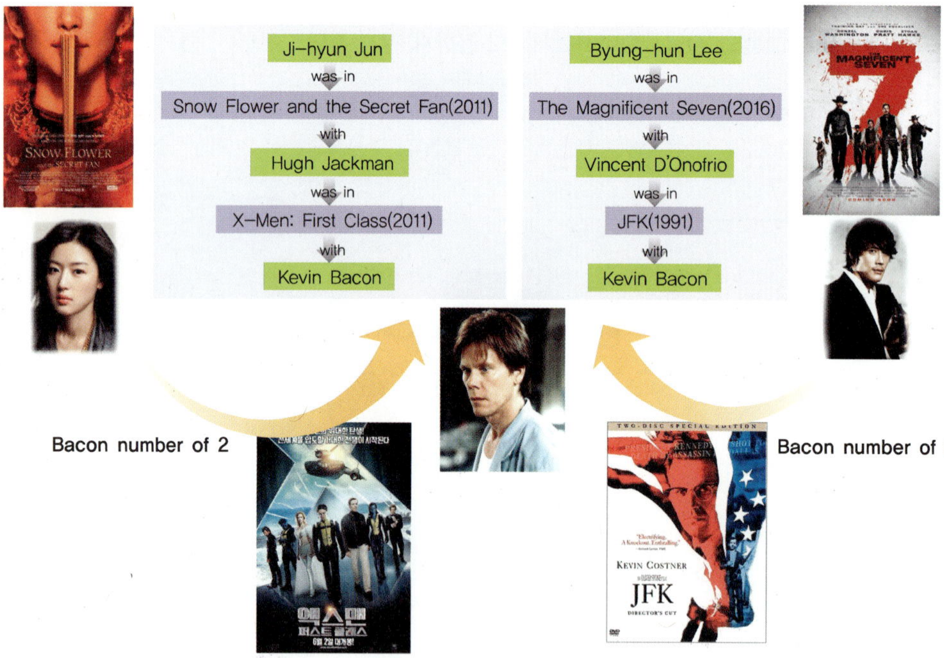

자료: http://www.oracleofbacon.org

UCINET 활용

01 UCINET 설치하기

- 본 교재에서 사용한 UCINET과 동일한 버전의 소프트웨어를 이용하려면 책과 함께 제공되는 소프트웨어를 설치한다.
- 최신 버전의 UCINET 소프트웨어를 이용하려면 Analytic Technologies의 웹사이트(http://www.analytictech.com)를 방문하여 최신 UCINET 소프트웨어를 다운로드하여 설치한다.
- 설치파일을 실행하면 소셜네트워크분석 도구인 UCINET과 소셜네트워크 시각화 도구인 NetDraw가 함께 설치된다.

연습문제

01 웹사이트를 검색하여 우리 주변에서 관찰할 수 있는 다양한 네트워크 유형을 찾아보시오.

02 좋아하는 국내외 영화배우들과 케빈 베이컨이 몇 단계 만에 연결되는지 케빈 베이컨 게임을 통해 확인해보시오. 베이컨 수가 큰 영화배우들을 찾아보고 그 이유를 생각해보시오.

02
CHAPTER

소셜네트워크분석
Social Network Analysis

소셜네트워크의 표현

- 그래프와 매트릭스
- 1-모드 네트워크와 2-모드 네트워크
- 에고 네트워크와 전체 네트워크

CHAPTER

02 소셜네트워크의 표현

소셜네트워크의 기본 아이디어는 매우 단순하다. 소셜네트워크는 액터와 액터 간 관계의 집합으로 이루어져 있다. 따라서 소셜네트워크를 보다 잘 이해하기 위해서는 이들 구성요소에 대한 효과적인 표현방법을 이해하는 것이 필요하다. 여기에서는 소셜네트워크를 표현하는 방법과 분석 관점에 따른 네트워크 유형에 대해 살펴본다.

그래프와 매트릭스

소셜네트워크분석은 액터 간의 관계패턴에 대한 정보를 표현하기 위하여 수학 분야로부터 **그래프(graph)**와 **매트릭스(matrix)**라는 두 종류의 도구를 빌려와 활용한다. 그래프는 소셜네트워크를 시각화하여 직관적으로 이해하는 데 도움을 준다. 반면에 매트릭스는 소셜네트워크를 수학적으로 표현하여 다양한 분석을 가능하게 한다. 소셜네트워크를 표현하기 위하여 어느 방법이든 사용할 수 있지만, 두 방법 모두 나름대로의 장점과 단점을 가지고 있다. 그래프는 소셜네트워크 구조에 대한 강력한 시각적 설명력을 제공하지만 수학적 처리를 지원하지 않는다. 매트릭스는 관련 지식이 없는 사람은 접근하기가 쉽지는 않지만 소셜네트워크 데이터를 이용한 정교한 수학적 분석 및 컴퓨터 활용을 용이하게 해준다(Hanneman and Riddle 2005; Knoke and Yang 2008).

그래프

우선 그래프를 이용하여 소셜네트워크 데이터를 어떻게 표현하는지 살펴보자. 소셜네트워크에서는 **노드(node, point, vertex)**를 이용하여 액터를 표현하고 **라인(line, arc, edge)**을 이용

>>> 그림 2-1 ▌노드

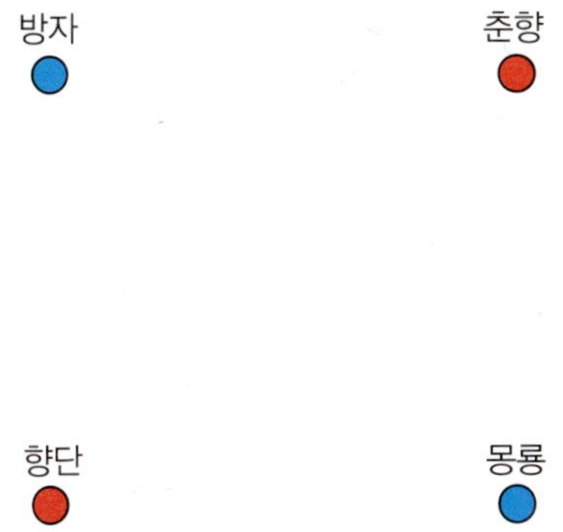

하여 관계를 나타낸다. 이러한 노드와 라인으로 이루어진 그래프를 소셜네트워크에서는 소시오그램(sociogram)이라고 부른다(Moreno 1934). 소시오그램은 회사의 한 부서와 같이 하나의 제한된 경계를 갖는 소셜시스템 내에서 액터 간의 관계를 보여주는 이차원 그래프이다. 예를 들어, 네 명의 사람들(방자, 향단, 몽룡, 춘향) 사이에서 누가 누구를 친구로 선택하는지를 소시오그램으로 표현해보자. 이를 위해 우선 각 액터를 레이블(label)이 달린 노드로 나타낸다. 노드는 보통 원으로 표현하며 경우에 따라서는 노드를 나타내는 원 안에 노드의 레이블을 포함시키기도 한다. 레이블은 노드를 식별할 수 있는 명칭을 말하며, 숫자 또는 문자를 사용한다. 개별 노드의 속성을 나타내기 위하여 색상, 모양, 크기 등을 이용할 수 있다. 예를 들어, [그림 2-1]은 노드에 서로 다른 색을 부여함으로써 각 노드의 속성을 표현하였다. 여기에서 파란색(방자와 몽룡)은 남자를 나타내며 빨간색(춘향과 향단)은 여자를 나타낸다.

친구관계 데이터를 수집하기 위하여 방자, 향단, 몽룡, 춘향 네 명 각각에게 이들 이름이 모두 포함된 명단을 보여주고 '친구'라고 생각되는 사람을 선택하라고 요청한다. 각 참여자는 아무도 선택하지 않을 수도 있고 자신을 제외한 나머지 세 사람을 모두 선택할 수도 있다. 여기에서 방자는 춘향과 몽룡을 친구로 지명하였으며, 춘향은 방자를, 몽룡은 춘향과 향단을, 향단은 방자와 춘향을 친구로 선택하였다. 이러한 친구관계를 '선택한 사람'으로부터 '선택받은 사람'으로 향하는 화살표를 이용하여 [그림 2-2]와 같이 나타낼 수 있다. 이러한 화살표가 노드 간의 관계를 나타내는 라인이 된다. 방자와 춘향의 관계처럼 서로를 친구로 선택했을 경우에는 양쪽 화살표를 이용하여 이러한 양방향의 관계를 표현할 수 있다. 관계의 유형이나 강도와 같은 라인의 속성은 선의 색상이나 모양, 두께를 달리하여 표현할 수 있다.

그림 2-2 **친구관계 소시오그램**

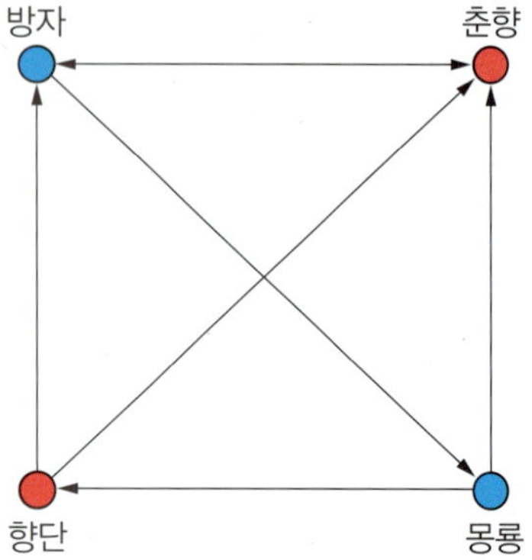

관계를 나타내는 라인의 성격에 따라 그래프의 종류가 구분된다. 우선 라인에 방향성이 존재하는지의 여부에 따라 **방향 그래프(directed graph, digraph)**와 **비방향 그래프(nondirected graph)**로 나누어볼 수 있다. 방향 그래프는 화살표를 이용하여 관계의 방향을 표현할 수 있다. [그림 2-2]의 친구관계 그래프는 방향 그래프이다. 조언을 주고받는 조언관계 그래프도 방향 그래프의 예가 될 수 있다. 비향향 그래프는 관계의 방향에는 관심이 없으며, 단지 관계의 존재에만 초점을 맞춘다. 예를 들어, 회사에서 함께 일하는 동료가 누구인지를 조사하여 동료관계를 그래프로 표현하면 비방향 그래프가 된다. 기업 간의 사외이사 공유관계 역시 비방향 그래프로 표현할 수 있다.

또한 라인이 단순히 관계의 존재 유무에 관한 정보만 포함하고 있는지 관계의 강도까지 고려하는지에 따라 **이진 그래프(binary graph)**와 **계량 그래프(valued graph)**로 구분할 수 있다. 친구관계가 존재하지 않는 경우에는 관계를 나타내는 라인이 존재하지 않기 때문에 이진 그래프나 계량 그래프는 서로 차이가 없다. 그러나 친구관계가 존재할 때 이진 그래프는 단순히 존재만을 나타낼 수 있으나 계량 그래프는 그 관계의 강도를 표현할 수 있다. 예를 들어, 사람들에게 동료들의 이름이 적혀 있는 명부를 주고, 명부에 있는 각 사람에 대해 "이 사람이 친구입니까?"라고 물어서 그 응답에 따라 관계의 존재 여부를 그래프로 표현하면 이 그래프는 이진 그래프가 된다. 여기에서 한 발 더 나아가 친구라고 표시된 사람에 대해 "얼마나 가까운 사이입니까?"라고 물어 그 가까움의 정도를 5점 척도(1: 다소 가까움 ~ 5: 매우 가까움)로 표시하여 그래프로 표현하면 계량 그래프를 얻을 수 있다. 또는 "얼마나 자주 만나서 시간을 보냅니까?"라는 질문을 이용하여 만나는 빈도를 5점 척도(1: 일주일에 한 번

이하 ~ 5: 일주일에 다섯 번 이상)로 측정하여 가까움의 정도를 계량 그래프로 나타낼 수 있다.

조언관계 역시 관계의 강도를 반영한 계량 그래프로 표현할 수 있다. 조언관계의 강도를 5점 척도로 구분하여 1점에서 5점 사이의 값으로 측정한다. 예를 들면, 가장 빈번하게 도움을 요청하는 관계를 5, 가끔 도움을 구하는 관계를 1, 중간 정도의 도움을 요청하는 관계를 3으로 표현하여 조언관계의 강도를 구분할 수 있다. 때로는 관계의 수를 기반으로 계량 그래프가 표현되기도 한다. 예를 들어, 두 스포츠 동아리가 세 명의 회원을 공통으로 보유하고 있다면, 두 동아리 간의 관계의 강도는 3으로 표현될 수 있다. 다섯 명의 회원을 공통으로 보유하고 있는 두 동아리 간의 관계는 5로 표현된다. 여기에서 우리는 5의 강도를 갖는 동아리 간의 관계가 3의 강도를 갖는 동아리 간의 관계보다 더 강한 관계를 갖고 있다고 가정할 수 있다. 계량 그래프에서는 이러한 관계의 강도를 나타내는 숫자를 라인 위에 표시한다. 지금까지 살펴본 소시오그램의 유형을 [그림 2-3]과 같이 정리하였다.

그림 2-3 ▎ 소시오그램의 유형

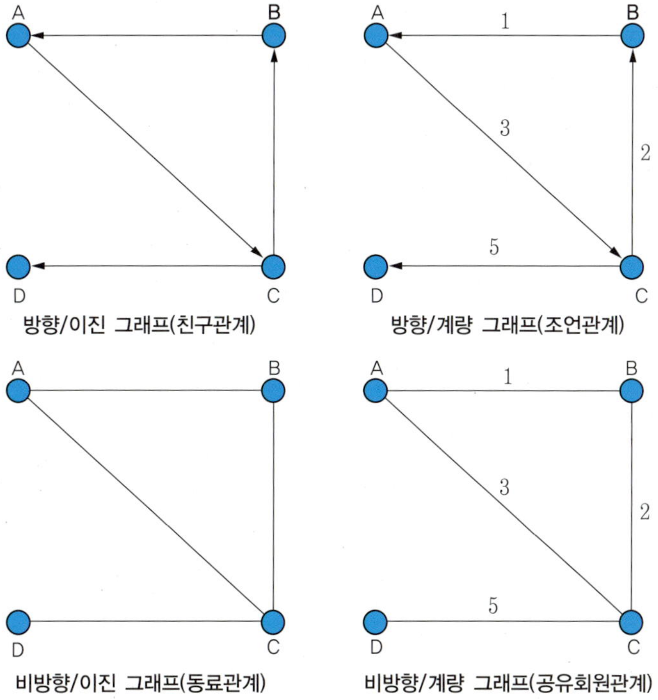

방향/이진 그래프(친구관계) 방향/계량 그래프(조언관계)

비방향/이진 그래프(동료관계) 비방향/계량 그래프(공유회원관계)

그래프는 소셜네트워크 구조의 중요한 특징들을 즉각적으로 포착할 수 있다. 모든 액터들이 연결되어 있는지, 액터들 간의 연결관계가 많은지 혹은 적은지, 끼리끼리 뭉쳐 있는 서브그룹들이 존재하는지, 연결관계가 상대적으로 많은 액터와 그렇지 않은 액터가 존재하는지 등을 시각적으로 쉽게 확인할 수 있다. 잘 그려진 그래프는 또한 어느 한 액터가 이웃 액터들과 어떻게 연결되어 있는지를 파악할 수 있게 한다. 이를 통해 그 액터가 직면하고 있는 구조적 기회와 제약을 더 잘 이해할 수 있다.

그림 2-4 ▌피렌체 가문의 결혼관계 네트워크

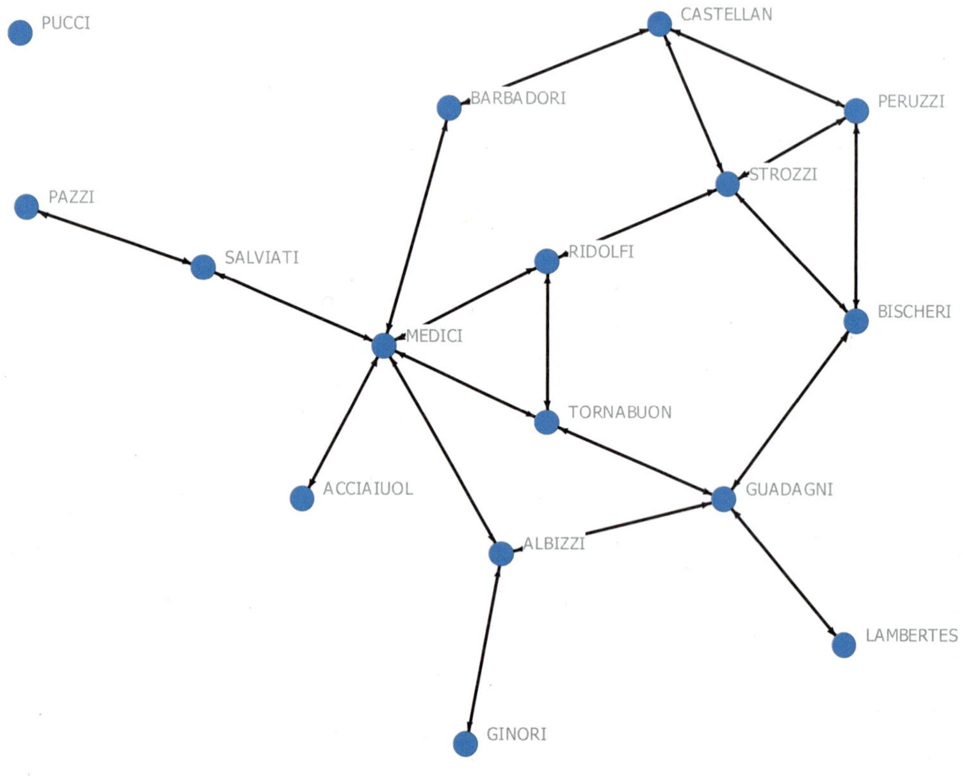

UCINET 메뉴에서 『Visualize>NetDraw』를 선택한다. NetDraw 메뉴에서 『File>Open>Ucinet Dataset>Network』를 선택한다. 『Open Data File』 대화상자에서 분석대상 관계 데이터(여기에서는 Padgett.##h)를 선택하고 『OK』 버튼을 클릭한다. 『Layout』 메뉴를 이용하여 다양한 방식으로 그래프상의 노드들을 재배치할 수 있다. NetDraw는 비방향 그래프의 경우 기본적으로 양방향 화살표로 노드 간 관계를 나타낸다. 화면 우측 상단의 『Rels』 탭에서 현재 분석하고자 하는 관계가 체크되어 있는지를 확인한다. 피렌체 가문 네트워크 데이터는 두 가지 유형의 연결관계—결혼관계(PADGM으로 표시)와 비즈니스관계(PADGB로 표시)—를 포함하고 있다.

[그림 2-4]는 15세기 무렵 이탈리아 피렌체에서 활동하던 16개 가문 간의 결혼관계 네트워크이다(Padgett and Ansell 1993; Wasserman and Faust 1994; Padgett.##h, Padgett-Attr.##h 파일). [그림 2-4]의 소시오그램은 비방향/이진 그래프로서 이 소셜 네트워크에서는 피렌체의 가문들이 액터 역할을 한다. 한 가문의 구성원이 다른 가문의 구

그림 2-5 **부의 크기가 표현된 피렌체 가문의 결혼관계 네트워크**

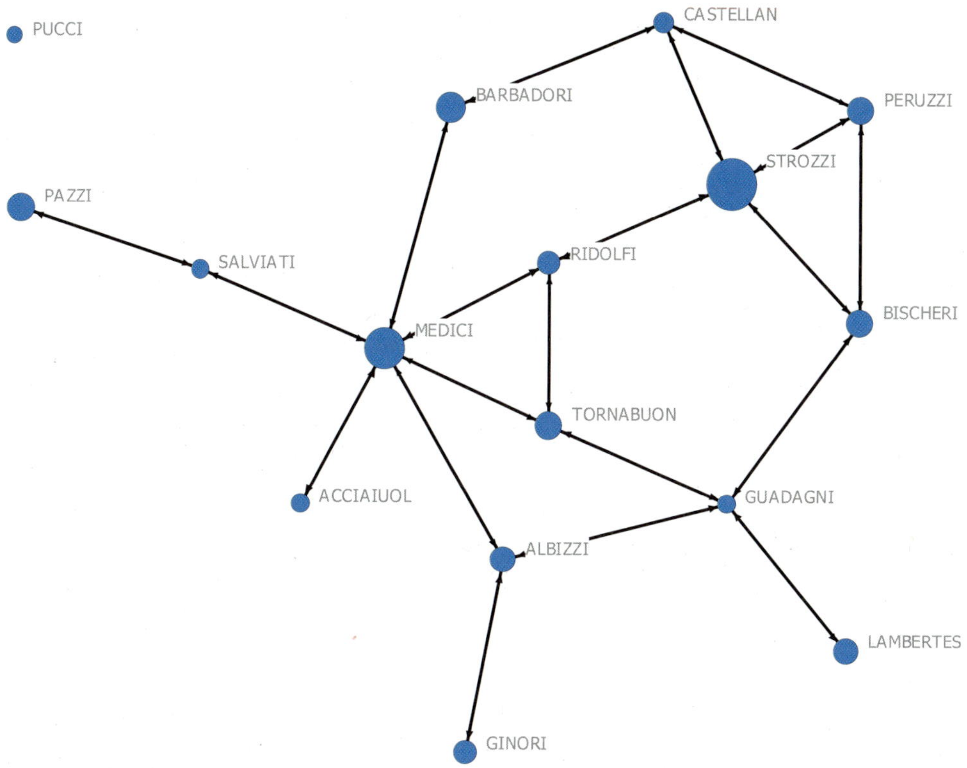

노드의 속성을 그래프상에 표현하기 위해서는 속성 데이터 파일을 오픈한다. 이때 관계 데이터 파일은 이미 오픈되어 있어야 한다. NetDraw 메뉴에서 『File>Open>Ucinet Dataset>Attribute Data』를 선택한다. 『Open Data File』 대화상자에서 분석대상 네트워크 데이터와 관련된 속성 데이터(여기에서는 Padgett-Attr.##h)를 선택하고 『OK』 버튼을 클릭한다. 『Properties>Nodes>Symbols>Size>Attribute-based』를 선택한다. 『Set Size of Node Symbols by Attribute』 대화상자의 『Select Attribute』 리스트박스에서 표현하고자 하는 속성을 선택한다. 여기에서는 부의 크기를 나타내는 WEALTH를 선택한다. 피렌체 가문 네트워크 데이터는 WEALTH 이외에 두 가지 속성을 더 포함하고 있다: 수도원장의 수(#PRIORS)와 전체 116개 가문들과 맺은 결혼관계와 비즈니스관계의 수(#TIES). 부의 총액을 기준으로 노드의 상대적 크기를 표현하기 위해서는 『Sizing』에서 'Minimum Size'와 'Maximum Size'를 지정한 후 『Apply』 버튼을 클릭한다.

성원과 결혼하면 그 두 가문 간에는 연결관계가 존재하는 것으로 간주한다. 예를 들어, Medici 가문은 여섯 개의 다른 가문과 혼인관계로 얽혀 있다. 네트워크를 전체적 시각에서 살펴보면, 액터들이 모두 고르게 연결되어 있는 것은 아니라는 것을 알 수 있다. Medici 가문과 Strozzi 가문은 다른 가문들과 비교적 많은 혼인관계를 유지하고 있는 반면, Pucci 가문은 소셜네트워크에 포함된 16개 가문 중 어떤 가문과도 혼인관계를 갖고 있지 않다.

노드의 색상, 모양, 크기 등을 이용하여 각 노드가 어떠한 속성을 갖는 액터인지 표현하면 시각적으로 유용한 정보를 제공할 수 있다. [그림 2-5]의 그래프에는 15세기 당시(1427년) 각 가문이 보유하고 있던 부의 총액을 기준으로 노드의 크기가 다르게 표현되었다. 노드의

그림 2-6 ▌피렌체 가문의 비즈니스관계 네트워크

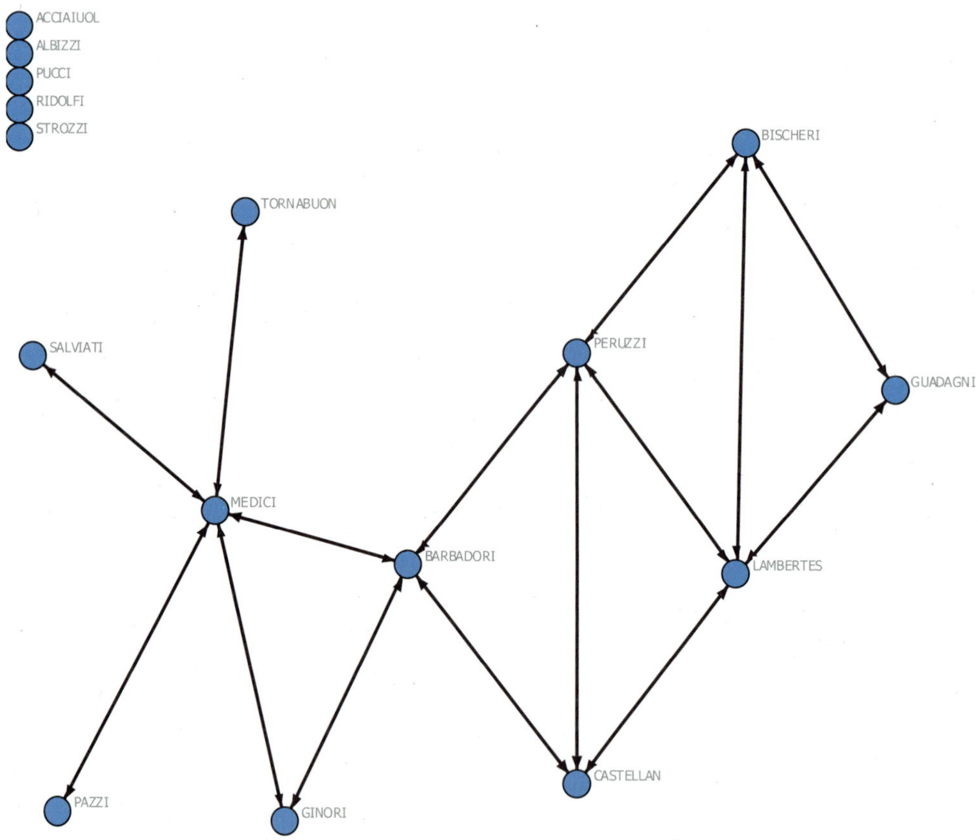

크기를 비교하면 각 가문이 축적한 부의 상대적 크기를 짐작해볼 수 있다. Medici 가문과 Strozzi 가문의 노드의 크기가 상대적으로 큰 것을 알 수 있으며, 홀로 떨어져 있는 Pucci 가문의 노드는 상대적으로 작은 것을 알 수 있다. Strozzi 가문의 노드 크기가 Medici 가문의 노드 크기보다 큰 것으로 보아, Strozzi 가문의 부의 총액이 가장 많은 것으로 보여진다.

소셜네트워크에서 액터 간에는 하나의 연결관계만 존재하는 것은 아니다. 예를 들어, 피렌체 가문 간에는 결혼관계뿐만 아니라 [그림 2-6]과 같은 비즈니스관계도 존재한다. 이처럼 복수의 연결관계가 존재할 경우, 라인의 속성을 달리하여 이러한 다중관계를 하나의 소셜네트워크로 표현할 수 있다. [그림 2-7]에는 가문 간 결혼관계 이외에 가문 간의 비즈니스관계가 동시에 표현되어 있다. 빨간색은 결혼관계를 나타내며, 파란색은 비즈니스관계를

그림 2-7 ▌ 다중관계가 표현된 피렌체 가문의 결혼관계 및 비즈니스관계 네트워크

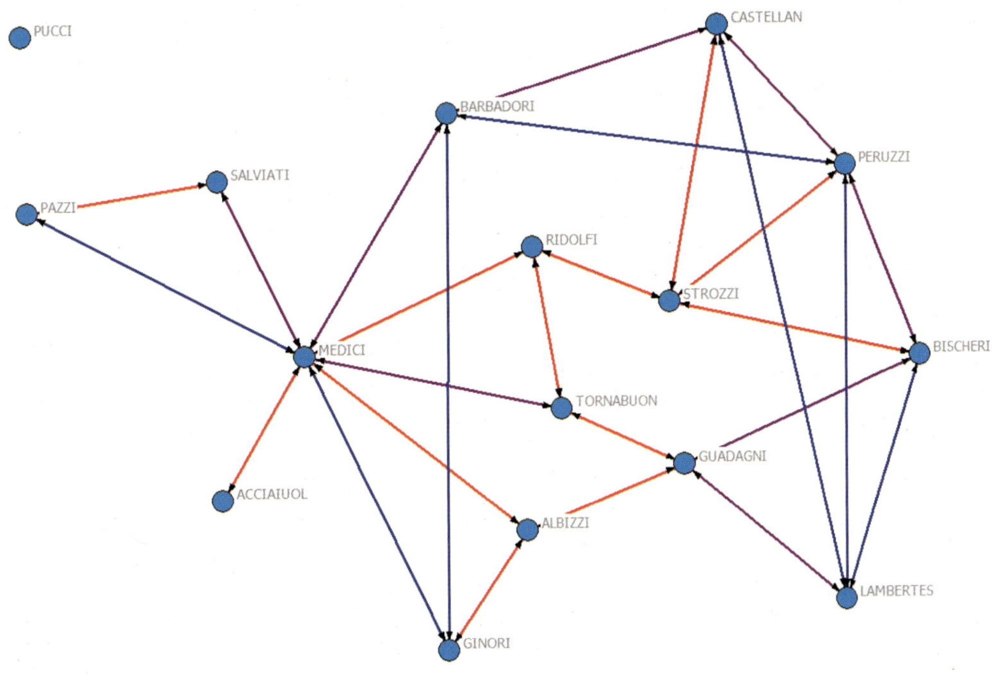

다중관계를 표현하기 위해서는 먼저 화면 오른쪽 상단의 『Rels』 탭에서 현재 분석하고 있는 관계 이외의 추가관계를 체크하여 복수의 관계가 하나의 그래프에 표현되도록 한다. 라인에 색상을 지정하기 위해서는 『Properties>Lines>Color>Relation』을 선택한다. 『Line Colors by Relation』 대화상자에서 관계를 나타내는 선의 색상을 지정한다.

나타낸다. 그리고 보라색은 결혼관계와 비즈니스관계가 동시에 존재하는 경우를 나타낸다. 예를 들어, Medici 가문은 Albizzi 가문과 결혼관계를 가지고 있으며(비즈니스관계는 없이), Pazzi 가문과는 비즈니스관계를 유지하고 있다(결혼관계는 없이). 또한 Medici 가문은 Salviati 가문과는 결혼관계와 비즈니스관계를 동시에 맺고 있다.

매트릭스

그래프는 소셜네트워크에 대한 정보를 제공하는 매우 유용한 방법임에는 틀림없다. 그러나 액터의 수나 관계의 수가 증가하면, 그래프가 너무 복잡해져서 패턴을 찾기가 쉽지 않다. 매트릭스를 이용하면 소시오그램에 포함된 모든 수치적 정보를 표현할 수 있으며, 동시에 그래프로 할 수 있는 것보다 훨씬 방대한 분석을 수행할 수 있다. 예를 들어, [그림 2-2]의 친구관계 소시오그램은 [그림 2-8]과 같은 매트릭스로 변환이 가능하다. 각 셀의 1 또는 0의 값은 행의 액터가 열의 액터를 친구로 선택한 친구관계의 유무를 나타낸다.

수학적 분석을 위한 소셜네트워크 데이터의 기본 형태는 테이블 형태의 매트릭스이며, 이를 **소시오매트릭스(sociomatrix)**라고 한다. 소시오매트릭스는 보통 동일한 개수의 행과 열로 구성된 정방형 매트릭스(square matrix) 형태를 갖는다. $X(N, N)$를 N개의 행과 N개의 열을 갖는 소시오매트릭스 X라고 하면, 이 매트릭스의 N^2개의 셀은 N개 액터 간의 관계에 관한 정보를 담고 있다. 정방형 매트릭스이기 때문에 액터들의 순서는 행과 열에서 모두 동일하다. 일반적으로 셀의 값은 x_{ij}로 나타내며, 첨자 i와 j는 i번째 행과 j번째 열을 의미한다. 예를 들어, x_{23}는 두 번째 행과 세 번째 열이 교차하는 셀의 값을 나타낸다. 소셜네트워크분석에서 소시오매트릭스의 대각선의 셀 값(즉 i번째 행과 i번째 열이 교차하는 셀의

그림 2-8 ▌친구관계 소시오매트릭스

	방자	향단	몽룡	춘향
방자	0	0	1	1
향단	1	0	0	1
몽룡	0	1	0	1
춘향	1	0	0	0

그림 2-9 ▌ 소시오매트릭스의 유형

	A	B	C	D
A	0	0	1	0
B	1	0	0	0
C	0	1	0	1
D	0	0	0	0

방향/이진 매트릭스(친구관계)

	A	B	C	D
A	0	0	3	0
B	1	0	0	0
C	0	2	0	5
D	0	0	0	0

방향/계량 매트릭스(조언관계)

	A	B	C	D
A	0	1	1	0
B	1	0	1	0
C	1	1	0	1
D	0	0	1	0

비방향/이진 매트릭스(동료관계)

	A	B	C	D
A	0	1	3	0
B	1	0	2	0
C	3	2	0	5
D	0	0	5	0

비방향/계량 매트릭스(공유회원관계)

값)은 대부분 의미가 없다. 예를 들어, 친구관계 소시오매트릭스에서 대각선의 셀은 자기가 자기 자신을 친구로 선택하는 것을 나타낸다. 그러나 이러한 선택관계가 갖는 실질적 의미는 없으므로, 이 경우 대각선 셀은 분석에서 제외된다. 따라서 N개의 액터를 갖는 소시오매트릭스에서 유효한 셀 개수는 일반적으로 $N^2-N(=N(N-1))$개가 된다.

소시오그램은 동일한 의미를 갖는 소시오매트릭스로 변환이 가능하며, 따라서 소시오매트릭스는 소시오그램의 유형을 결정하는 두 가지 기준, 즉 관계 방향과 관계 정도 표현방법에 따라 [그림 2-9]와 같이 네 가지 유형으로 구분해볼 수 있다.

소시오매트릭스의 셀 값은 해당 행과 열에 대응되는 두 액터 간의 관계를 나타낸다. 방향성이 있는 관계의 경우, 행의 액터는 관계의 출발점(즉 관계의 송신자)이 되고 열의 액터는 관계의 도착점(즉 관계의 수신자)이 된다. 예를 들어, 친구관계 **방향 매트릭스(directed matrix)**에서 x_{23}는 두 번째 사람이 세 번째 사람을 친구로 선택하는 관계를 나타낸다. 방향 그래프에서 관계는 반드시 상호 호혜적(reciprocal) 관계일 필요는 없기 때문에 대부분 비대칭 매트릭스(asymmetric matrix)로 표현된다. 예를 들어, 친구관계에 있어서 몽룡이 춘향을 친구로 선택하였다고 하더라도 춘향은 몽룡을 친구로 선택하지 않을 수 있다. 비방향 그래프에서는 $x_{ij}=x_{ji}$이기 때문에, 이를 매트릭스로 표현한 **비방향 매트릭스(nondirected matrix)**는 대칭 매트릭스(symmetric matrix)가 된다. 즉 대각선을 중심으로 아랫부분과 윗부분의 셀 값은 동일하다. 예를 들어, 같은 사무실에서 함께 일하는 동료를 표현한 동료관계에 있어서 방자의 입장에서 몽룡이 함께 일하는 동료라면 몽룡의 입장에서도 역시 방자는 함께 일하는 동료이며 이러한 사실은 누구의 시각에서건 동일하다.

관계의 정도 관점에서 소시오매트릭스의 셀은 단순히 관계의 존재 유무를 나타내거나 좀 더 복잡하게는 관계의 강도를 표현할 수 있다. 가장 단순한 형태의 셀 값을 갖는 매트릭스는 연결의 존재 유무를 1과 0으로만 나타내는 **이진 매트릭스(binary matrix)**이다. 이는 이진 그래프를 매트릭스로 표현한 것으로 1은 관계가 존재함을 나타내고 0은 관계가 없음을 의미한다. 따라서 방향성이 존재할 때 이진 매트릭스의 셀 값 $x_{ij}=1$은 액터 i에서 액터 j로 향한 관계가 존재함을 나타내며, $x_{ji}=0$은 액터 j에서 액터 i로 향하는 관계가 존재하지 않음을 나타낸다. 소시오매트릭스는 이진형 값뿐만 아니라 관계의 강도를 반영한 보다 다양한 값을 나타낼 수 있다. 계량 그래프를 매트릭스로 표현하면 **계량 매트릭스(valued matrix)**가 된다. 계량 매트릭스의 셀 값은 0에서부터 특정 관계에서 가질 수 있는 최대값까지 나타낼 수 있다. 때로는 소수점을 포함한 실수값을 가질 수 있으며, 혹은 '싫어함', '비우호적임' 등과 같은 부정적 관계를 나타내기 위해 음수로 표현할 수도 있다. 계량 매트릭스의 셀 값을 0 또는 1의 이진값으로 대체하게 되면 계량 매트릭스는 이진 매트릭스로 변환된다. 계량 매트릭스를 이진 매트릭스로 변환하기 위해서는 대개 **기준값(cut-off value)**을 이용한다. 연구자가 미리 설정한 기준값을 이용하여 기준값 이상의 경우에만 유효한 관계가 존재하는 것으로 가정한다. 기준값 이상의 셀은 1로 변환하고 기준값 미만의 값은 0으로 대체한다. 기준값을 이용하여 계량 매트릭스를 이진 매트릭스로 변환할 때는 불가피하게 정보의 손실이 발생한다.

지금까지 살펴본 정방형 매트릭스가 소셜네트워크분석에서 가장 흔히 사용되는 매트릭스 형태이기는 하지만, 때로는 비정방형 매트릭스(nonsquare matrix), 즉 장방형 매트릭스(rectangular matrix)를 이용하여 액터 속성이나 액터의 특정 이벤트에의 참여를 나타낼 수 있다. $Z(N, M)$는 N개의 액터와 M개의 사건·속성·소속·활동·이벤트·위치 등을 갖는 장방형 매트릭스를 나타낸다. 예를 들면, 6개월 동안 매달 개최된 취업박람회에 참석한 10명의 구직자를 관찰하여 기록하면 10명의 액터와 6개의 사건으로 이루어진 장방형 매트릭스 $Z(10, 6)$을 얻을 수 있다. 이 매트릭스에서 $z_{ij}=1$이 의미하는 바는 액터(즉 구직자)

i가 사건(즉 취업박람회) j에 참여하고 있음을 나타낸다. 이러한 장방형 매트릭스로 표현되는 네트워크에 대해서는 다음 섹션(1-모드 네트워크와 2-모드 네트워크)에서 좀 더 자세히 살펴본다.

매트릭스 곱셈 매트릭스 곱셈(matrix multiplication)은 소셜네트워크분석에서 매우 중요한 역할을 한다. 왜냐하면 소셜네트워크의 중요한 특성들은 액터들이 서로 어떻게 연결되어 있는지와 관련되어 있고, 이러한 연결의 특성은 수학적으로 매트릭스의 곱을 통해 도출될 수 있기 때문이다(Borgatti et al. 2013).

우선 기본적인 매트릭스 곱셈방법에 대해 살펴보자. 두 개의 매트릭스를 곱하기 위해서는 첫 번째 매트릭스의 행의 개수와 두 번째 매트릭스의 열의 개수가 서로 일치해야 한다. 매트릭스 A와 B가 이러한 요건을 충족하면 두 매트릭스를 곱할 수 있고 두 매트릭스의 곱 $C=AB$는 산식 (1)과 같이 계산된다. C 매트릭스의 첫 번째 셀 c_{11}은 A 매트릭스의 첫 번째 행의 각 셀 값과 B 매트릭스의 첫 번째 열의 각 셀 값을 차례로 곱한 후 더해서 구한다. C 매트릭스의 나머지 셀에 대해서도 동일한 계산을 수행한다. 곱셈의 결과인 C 매트릭스의 행의 개수는 A 매트릭스의 행의 개수와 일치하고, 열의 개수는 B 매트릭스의 열의 개수와 일치한다. 예를 들어, [그림 2-10]과 같이 3×2 매트릭스와 2×3 매트릭스의 곱은 매트릭스 곱셈 연산과정을 통해 3×3 매트릭스를 생성한다.

$$c_{ij} = \sum_{k=1}^{n} a_{ik} b_{kj} \tag{1}$$

여기서 c_{ij}: 매트릭스 C의 (i, j) 셀 값

a_{ik}: 매트릭스 A의 (i, k) 셀 값

b_{kj}: 매트릭스 B의 (k, j) 셀 값

매트릭스 곱셈은 복합적 관계구조를 파악하는 데 이용될 수 있다. 하나의 관계 매트릭스에 자기 자신을 곱하여 만들어지는 복합적 관계구조는 종종 유용한 정보를 제공한다. 예를 들어, 친구관계 매트릭스 F에 F 자신을 다시 곱하여 얻어지는 $F^2=FF$ 매트릭스는 친구의 친구를 나타낸다. F^2 매트릭스의 (i, j)셀이 0보다 큰 값을 가지면, 이는 액터 i는 j를 친구로 갖는 친구를 한 명 이상 갖고 있다는 것을 나타낸다. F^2 매트릭스의 (i, j)셀 값은 j를 친구로 갖는 액터 i의 친구 수를 의미한다. 다시 말해 F^2 매트릭스는 액터 i에서 j로 두 단

그림 2-10 ▌ 매트릭스 곱셈 예

$$\begin{bmatrix} 0 & 2 \\ 1 & 3 \\ 2 & 0 \end{bmatrix} \times \begin{bmatrix} 3 & 2 & 1 \\ 1 & 1 & 0 \end{bmatrix} = \begin{bmatrix} 2 & 2 & 0 \\ 6 & 5 & 1 \\ 6 & 4 & 2 \end{bmatrix}$$

$(0\times3)+(2\times1)$	$(0\times2)+(2\times1)$	$(0\times1)+(2\times0)$
$(1\times3)+(3\times1)$	$(1\times2)+(3\times1)$	$(1\times1)+(3\times0)$
$(2\times3)+(0\times1)$	$(2\times2)+(0\times1)$	$(2\times1)+(0\times0)$

계를 거쳐 도달할 수 있는 액터의 중복이 허용되는 경로를 의미한다.[1] 마찬가지로 F^2 매트릭스에 F 매트릭스를 다시 곱하여 얻어지는 F^3 매트릭스는 액터 i에서 j로 세 단계를 거쳐 도달할 수 있는 중복이 허용된 경로를 나타낸다.

이를 일반화시키면 F^k 매트릭스는 행의 액터에서 시작하여 열의 액터로 끝나는 길이 k를 갖는 경로의 개수를 나타낸다. 여기에서 얘기하는 경로는 출발 액터에서 도착 액터에 이르기까지 이미 거쳐 왔던 액터가 다시 나타나도 되는 중복이 허용되는 경로를 의미한다. 예를 들어, F^3 매트릭스의 $(i,\ j)$셀의 값이 2라는 것은 액터 i에서 출발하여 액터 j에 도착하는 길이 3을 갖는 경로가 두 개 있다는 것을 나타낸다. 이 경로는 경로상에 액터의 중복이 허용되기 때문에 $i-k-i-j$일 수도 있고, 혹은 $i-k-m-j$일 수도 있다. 이 두 경로는 모두 길이 3을 갖는다.

다른 액터들에 도달할 수 있는 경로를 많이 갖고 있는 액터는 그렇지 않은 액터들에 비해 네트워크 내에서 좀 더 큰 영향력을 행사할 가능성이 높다. 다른 액터들에 이를 수 있는 경로길이가 상대적으로 짧은 액터 또한 네트워크 내에서 중심적 역할을 수행할 가능성이 높다. 이런 의미에서 네트워크 내 경로의 개수와 길이는 액터의 기회와 제약을 이해하는 데 있어서 매우 중요하다. 이 책에서 다루고 있는 많은 소셜네트워크분석 지표들, 예를 들면, 중심성, 클러스터링, 서브그룹 등과 관련된 지표들은 액터 간 최단경로의 길이나 액터 간 경로의

1 소셜네트워크분석에서는 이를 워크(walk)라고 하며, 액터의 중복이 허용되지 않는 경로(path)와 구별한다(제4장 연결과 응집성 참고).

그림 2-11 ▌피렌체 가문의 결혼관계 및 비즈니스관계 소시오매트릭스

Matrix PADGM

	1 ACCIAIUOL	2 ALBIZZI	3 BARBADORI	4 BISCHERI	5 CASTELLAN	6 GINORI	7 GUADAGNI	8 LAMBERTES	9 MEDICI	10 PAZZI	11 PERUZZI	12 PUCCI	13 RIDOLFI	14 SALVIATI	15 STROZZI	16 TORNABUON
1 ACCIAIUOL									1							
2 ALBIZZI						1	1		1							
3 BARBADORI					1				1							
4 BISCHERI							1				1				1	
5 CASTELLAN			1								1				1	
6 GINORI		1														
7 GUADAGNI		1		1				1								1
8 LAMBERTES							1									
9 MEDICI	1	1	1										1	1		1
10 PAZZI														1		
11 PERUZZI				1	1										1	
12 PUCCI																
13 RIDOLFI									1						1	1
14 SALVIATI									1	1						
15 STROZZI				1	1						1		1			
16 TORNABUON							1		1				1			

16 rows, 16 columns, 2 levels.

Matrix PADGB

	1 ACCIAIUOL	2 ALBIZZI	3 BARBADORI	4 BISCHERI	5 CASTELLAN	6 GINORI	7 GUADAGNI	8 LAMBERTES	9 MEDICI	10 PAZZI	11 PERUZZI	12 PUCCI	13 RIDOLFI	14 SALVIATI	15 STROZZI	16 TORNABUON
1 ACCIAIUOL																
2 ALBIZZI																
3 BARBADORI					1	1			1		1					
4 BISCHERI							1	1			1					
5 CASTELLAN			1					1			1					
6 GINORI			1						1							
7 GUADAGNI				1				1								
8 LAMBERTES				1	1		1				1					
9 MEDICI			1			1				1				1		1
10 PAZZI									1							
11 PERUZZI			1	1	1			1								
12 PUCCI																
13 RIDOLFI																
14 SALVIATI									1							
15 STROZZI																
16 TORNABUON									1							

16 rows, 16 columns, 2 levels.

UCINET 메뉴에서 『Data>Display』를 선택한다. 『Display Data as Text』 대화상자의 『InputFn』에서 분석대상 관계 데이터(여기에서는 Padgett.##h)를 선택하고 『OK』 버튼을 클릭한다. 『Matrix Browser』(『Data>Browse』) 대화상자를 통해서도 네트워크 데이터 매트릭스를 확인할 수 있다.

개수 등을 토대로 측정한다. 대부분의 분석은 UCINET와 같은 소셜네트워크분석 소프트웨어를 통해 수행되기 때문에 연구자가 직접 매트릭스 연산을 수행하지는 않지만 소셜네트워크분석 과정을 보다 잘 이해하기 위해서는 기본적인 매트릭스 연산과정을 이해하는 것이 중요할 수 있다.

앞서 살펴보았던 15세기 피렌체의 16개 가문 네트워크를 매트릭스로 표현하면 [그림 2-11]과 같은 비방향/이진 소시오매트릭스가 된다. [그림 2-11]의 매트릭스는 행과 열의 개수가 동일한 정방형의 대칭 매트릭스로서 관계의 유무만을 나타내는 이진 매트릭스이다. 첫 번째 매트릭스는 결혼관계를 나타내며, 두 번째 매트릭스는 비즈니스관계를 나타낸다. 예를 들어, 첫 번째 매트릭스에서 $x_{91}=x_{19}=1$로서 Medici 가문과 Acciaiuoli 가문 간의 결혼관계가 존재함을 나타낸다. 대각선을 중심으로 위쪽과 아래쪽의 삼각형 영역은 서로 동일한 값을 갖는다.

소셜네트워크분석에서는 액터들의 속성을 나타내는 속성 매트릭스가 이용되기도 한다. [그림 2-12]는 16개 피렌체 가문에 대한 세 가지 속성을 보여준다. 'WEA'는 부의 크기

그림 2-12 ▌피렌체 가문의 속성 소시오매트릭스

```
                 1   2   3
               WEA #PR #TI
               LTH IOR  ES
                     S
               --- --- ---
 1 ACCIAIUOL    10  53   2
 2   ALBIZZI    36  65   3
 3 BARBADORI    55   0  14
 4  BISCHERI    44  12   9
 5 CASTELLAN    20  22  18
 6    GINORI    32   0   9
 7  GUADAGNI     8  21  14
 8 LAMBERTES    42   0  14
 9    MEDICI   103  53  54
10     PAZZI    48   0   7
11   PERUZZI    49  42  32
12     PUCCI     3   0   1
13   RIDOLFI    27  38   4
14  SALVIATI    10  35   5
15   STROZZI   146  74  29
16 TORNABUON    48   0   7

16 rows, 3 columns, 1 levels.
```

UCINET 메뉴에서 『Data>Display』를 선택한다. 『Display Data as Text』 대화상자의 『InputFn』에서 분석대상 속성 데이터(여기에서는 Padgett-Attr.##h)를 선택하고 『OK』 버튼을 클릭한다.

(wealth), '#PR'는 배출된 수도원장의 수(priorate), '#TI'는 전체 116개 가문들과 맺은 결혼관계와 비즈니스관계의 수(ties)를 나타낸다.

1-모드 네트워크와 2-모드 네트워크

소셜네트워크분석에는 다양한 유형의 네트워크가 분석에 이용된다. 모드(mode)의 개념을 이용하여 네트워크의 유형을 분류해볼 수 있다. 네트워크의 모드란 관계 데이터 측정의 대상이 되는 서로 구별되는 소셜엔티티(social entity, 소셜네트워크를 구성하는 주체로서 네트워크상에 노드로 표현됨)의 집합으로 정의된다. 하나의 소셜엔티티 집합으로부터 측정된 관계 데이터는 1-모드 네트워크(1-mode network)를 생성한다. 예를 들어, 친구라는 하나의 소셜엔티티 집합으로부터 도출된 친구관계 네트워크는 1-모드 네트워크이다. 앞서 살펴본 피렌체 가문 간의 결혼관계 및 비즈니스관계 네트워크는 1-모드 네트워크에 해당된다. 1-모드 네트워크는 가장 일반적인 유형의 네트워크로서 대부분의 소셜네트워크분석에서 널리 이용된다.

그러나 연구하고자 하는 문제에 따라서는 두 종류의 소셜엔티티 집합에 대한 분석 및 데이터 수집이 필요한 경우가 있다. 서로 다른 유형의 조직 간의 관계, 조직과 조직에 속한 조직구성원 간의 관계, 이벤트와 그 이벤트에 참여하는 참석자 간의 관계 등이 이러한 경우에 해당한다. 2-모드 네트워크(2-mode network)는 두 개의 소셜엔티티 집합, 예를 들면, 기업과 문화재단, 동호회와 회원, 구직자와 취업박람회, 영화와 영화배우 간의 관계 데이터로부터 생성된다. 2-모드 네트워크에는 두 종류의 노드가 포함되며 같은 종류의 노드 간에는 직접적 연결관계가 없는 것으로 가정한다. 연결관계는 오직 다른 종류의 노드 간에만 발생한다.

1-모드 네트워크는 2-모드 네트워크로부터 생성될 수 있다. 함께 공유하는 구성원이라든가 함께 참석하는 이벤트 등을 이용하여 두 네트워크 유형 간의 변환이 가능하다. 예를 들어, 하나의 모드는 영화배우이고 또 하나의 모드는 영화인 2-모드 네트워크가 있다고 가정하자. 즉 이 네트워크는 영화배우와 그 사람이 출연한 영화 간의 연결관계를 나타낸다. 이 2-모드 네트워크에서 함께 출연한 영화를 연결고리로 한 영화배우들 간의 관계를 파악할 수 있다. 그러면 이렇게 도출된 관계는 함께 출연한 영화를 매개로 한 영화배우들 간의 1-모드 네트워크가 된다. 여기에서 영화배우들은 함께 출연한 영화를 통해서 서로 연결관

그림 2-13 | 기업/문화재단 2-모드 네트워크

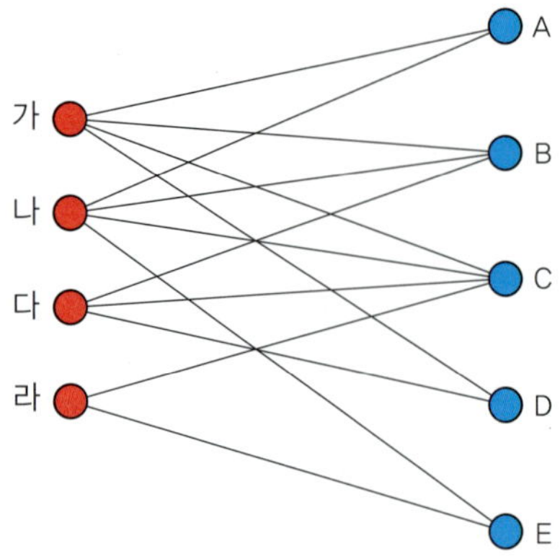

계를 갖는 것으로 가정된다. 마찬가지 방식으로 영화들 간의 관계 또한 함께 출연한 영화배우들을 매개로 하여 파악할 수 있으며, 이를 통해 영화들 간의 1-모드 네트워크를 도출할 수 있다.

1-모드 네트워크와 2-모드 네트워크 간의 관계를 좀 더 자세히 살펴보자. 하나의 소셜엔티티 집합은 기업으로 구성되어 있고 또 다른 소셜엔티티 집합은 비영리 문화재단으로 구성되어 있는 두 개의 서로 다른 소셜엔티티 집합으로 구성된 네트워크가 있다고 가정한다. 여기에서 기업으로부터 비영리 문화재단으로의 후원금 흐름을 측정하면 2-모드 네트워크를 도출할 수 있다. [그림 2-13]은 네 개의 기업 '가', '나', '다', '라'와 다섯 개의 문화재단 'A', 'B', 'C', 'D', 'E' 간의 후원관계를 나타낸 2-모드 네트워크이다. 연결관계를 살펴보면, 기업 '가'는 문화재단 'A', 'B', 'C', 'D'를, 기업 '나'는 문화재단 'A', 'B', 'C', 'E'를, 기업 '다'는 문화재단 'B', 'C', 'D'를, 기업 '라'는 문화재단 'C', 'E'를 각각 지원하고 있다. [그림 2-13]과 같은 형태의 그래프는 노드들이 두 개의 서로 다른 집합으로 이분되어 있어서 **이분 그래프(bipartite graph)**라고도 한다.

이러한 2-모드 네트워크를 매트릭스로 표현하면 [그림 2-14]와 같이 서로 다른 소셜엔티티 집합의 구성요소들이 각각 행과 열을 나타내게 된다. 2-모드 네트워크의 가장 일반적인 매트릭스 형태는 소셜엔티티 집합이 각각 케이스와 사건으로 구성된 **케이스/사건 매트릭스(case/incidence matrix)**이다(Scott 2012). 여기에서 케이스는 액터를 의미하며, 사건은 소속·활동·이벤트 등 다양한 의미를 갖는다. 케이스는 행에 배치되고 사건은 열에 위치한다. 이러한 매트릭스는 행과 열이 서로 다른 데이터 집합을 나타내기 때문에, 행의 개수와

그림 2-14 ▌기업/문화재단 2-모드 매트릭스

	A	B	C	D	E
가	1	1	1	1	0
나	1	1	1	0	1
다	0	1	1	1	0
라	0	0	1	0	1

열의 개수는 일반적으로 서로 다르다. 따라서 2-모드 케이스/사건 매트릭스는 일반적으로 장방형의 매트릭스로 표현된다.

일반적인 장방형 2-모드 매트릭스로부터 두 종류의 정방형 1-모드 매트릭스를 생성할 수 있다([그림 2-15]). 행으로부터 **케이스/케이스 매트릭스(case/case matrix)**가 생성되고 열로부터 **사건/사건 매트릭스(incidence/incidence matrix)**가 생성된다(Scott 2012). 케이스/케이스 매트릭스에서 행과 열은 각각 동일한 케이스(즉 액터)를 나타내고 각 셀은 공통의 사건을 매개로 한 액터 간의 관련성을 보여준다. 액터들이 공통의 사건을 더 많이 공유할수록 더 강한 관계를 갖는 것으로 해석할 수 있다. 사건/사건 매트릭스는 행과 열에 각각 동일한 사건이 배열되고 각 셀은 사건들이 공통의 액터를 통하여 어떻게 관련되어 있는지를 보여준다. 2-모드 매트릭스의 행과 열로부터 생성된 두 종류의 1-모드 매트릭스는 행의 개수와 열의 개수가 동일하기 때문에 정방형 매트릭스를 형성한다.

장방형 2-모드 매트릭스인 케이스/사건 매트릭스는 간단히 **사건 매트릭스(incidence matrix)**라고 불리며, 정방형 1-모드 매트릭스는 **인접 매트릭스(adjacency matrix)**[2]라고 불린다. 소셜네트워크분석에서 다루고 있는 대부분의 분석기법은 인접 매트릭스를 분석대상으로 한다. 따라서 사건 매트릭스 형태로 수집된 관계 데이터는 경우에 따라서는 두 종류의 인접 매트릭스로 변환될 필요가 있다.

2 어느 노드가 어느 노드에 인접해 있는지를 나타낸다 하여 붙여진 이름이다.

그림 2-15 ▌2-모드 매트릭스로부터 1-모드 매트릭스의 생성

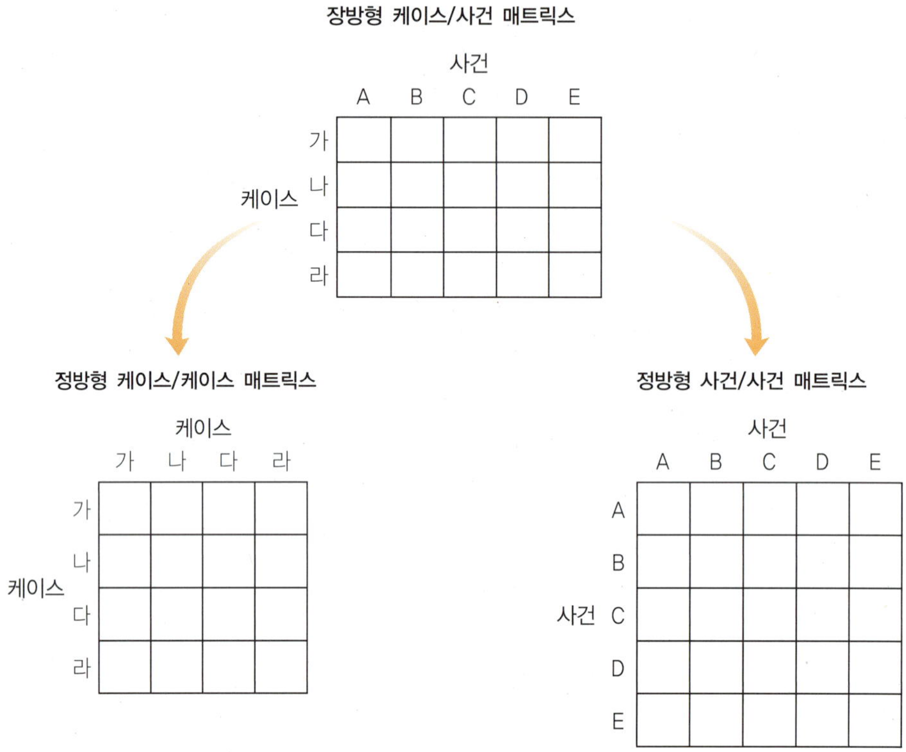

예를 통해 사건 매트릭스 및 인접 매트릭스 간의 관계를 살펴보자. [그림 2-16]은 기업과 지원하는 문화재단 간의 관계 데이터를 두 종류의 매트릭스를 이용하여 표현하고 있다. 우선 상단의 기업/문화재단 사건 매트릭스를 보면, 어느 기업이 어느 문화재단을 지원하는지를 나타낸다. 매트릭스의 각 셀은 1 또는 0의 값으로 각 기업의 각 문화재단에 대한 지원 여부를 나타낸다. '가' 기업은 네 곳의 문화재단('A', 'B', 'C', 'D')을 지원하고 있고 '나' 기업 역시 네 곳의 문화재단('A', 'B', 'C', 'E')을 지원하고 있다. '가' 기업과 '나' 기업은 이들 지원 문화재단 중 공통적으로 세 곳의 문화재단('A', 'B', 'C')을 지원하고 있다. 다시 말해 'A', 'B', 'C' 문화재단은 '가' 기업과 '나' 기업으로부터 동시에 지원을 받고 있다. 이는 공통적으로 지원하는 문화재단을 통해 기업 '가'와 기업 '나'가 서로 연결되어 있다는 의미로 해석할 수도 있다.

그림 2-16 ▌기업 및 문화재단의 사건 매트릭스와 인접 매트릭스

기업/문화재단 사건 매트릭스

기업 \ 문화재단	A	B	C	D	E
가	1	1	1	1	0
나	1	1	1	0	1
다	0	1	1	1	0
라	0	0	1	0	1

기업/기업 인접 매트릭스

기업 \ 기업	가	나	다	라
가	4	3	3	1
나	3	4	2	2
다	3	2	3	1
라	1	2	1	2

문화재단/문화재단 인접 매트릭스

문화재단 \ 문화재단	A	B	C	D	E
A	2	2	2	1	1
B	2	3	3	2	1
C	2	3	4	2	2
D	1	2	2	2	0
E	1	1	2	0	2

네 개 기업 간에 존재하는 이러한 종류의 연결관계는 [그림 2-16] 하단의 기업/기업 인접 매트릭스를 통해 확인할 수 있다. 여기에서 주목해야 할 점은 이러한 연결관계가 기업 간의 직접적인 상호작용을 통해서가 아니라 지원하는 문화재단을 통해서 인위적으로 설정되었다는 것이다. 이처럼 직접적인 상호작용이 없더라도 다른 유형의 소셜엔티티 집합을 통해서 인위적으로 관계설정된 네트워크를 **의사 네트워크(quasi-network)**라고 한다. 기업/기업 인접 매트릭스에서 대각선의 셀을 제외한 각 셀의 값은 단순히 연결관계의 존재 유무만을 나타내는 것이 아니라 연결관계의 강도로 해석될 수 있다. 연결관계의 강도는 각 기업 간의 공통적인 지원 문화재단의 숫자로 표현된다. 기업 '가'와 기업 '라'는 하나의 문화재단(문화재단 'C')만을 공통적으로 지원하는 반면, 기업 '가'와 기업 '다'는 세 개의 문화재단(문화재단 'B', 'C', 'D')을 공통적으로 지원하고 있다. '가'행과 '라'열이 만나는 셀의 값 1과, '가'행과 '다'열이 만나는 셀의 값 3이 이를 나타낸다. 이는 기업/문화재단 사건 매트릭스의 열을 살펴봄으로써 구체적으로 확인할 수 있다: '가' 기업과 '라' 기업 사이에는 문화재단 'C'만이

공통적으로 자리하고 있으며, '가' 기업과 '다' 기업 사이에는 문화재단 'B', 'C', 'D'가 공통적으로 자리하고 있다. 따라서 기업 '가'는 기업 '라'보다는 기업 '다'와 좀 더 강한 연결관계를 갖고 있다고 생각할 수 있다.

이처럼 각 기업이 공통적으로 지원하는 문화재단의 숫자를 기업 간 관계의 강도로서 해석할 때, 가장 강한 관계는 모두 세 개의 공통지원 문화재단을 갖고 있는 기업 '가'와 '나' 그리고 기업 '가'와 '다' 사이에 존재한다. 가장 약한 관계는 하나의 문화재단만을 공통적으로 지원하고 있는 기업 '가'와 '라', 기업 '다'와 '라'에서 찾아볼 수 있다. 대각선의 셀 값은 비대각선의 셀 값과 달리 각 기업이 지원하는 문화재단의 총개수를 나타낸다. 대각선의 셀 값 4, 4, 3, 2는 각각 기업 '가', '나', '다', '라'가 지원하는 문화재단의 개수를 나타내며, 이는 기업/문화재단 사건 매트릭스의 각 행을 합산해서도 구할 수 있다.

문화재단/문화재단 인접 매트릭스도 기업/기업 인접 매트릭스와 동일한 방식으로 해석할 수 있다. 문화재단 'A'와 'B'는 두 개의 기업('가', '나')으로부터 동시에 지원을 받고 있으며, 문화재단 'B'와 'C'는 세 개의 기업('가', '나', '다')으로부터 동시에 지원을 받고 있다. 이는 기업/문화재단 사건 매트릭스의 행을 살펴봄으로써 구체적으로 확인할 수 있다. 가장 강한 관계는 문화재단 'B'와 'C' 간에 존재하며(세 개의 공유기업), 가장 약한 관계는 문화재단 간에 지원기업으로서 공유하는 기업이 전혀 없는 문화재단 'D'와 'E' 간의 관계이다. 대각선의 셀 값은 각 문화재단을 지원하는 기업의 총개수를 나타낸다. 대각선의 셀 값 2, 3, 4, 2, 2는 각각 문화재단 'A', 'B', 'C', 'D', 'E'를 지원하는 기업의 개수를 나타내며, 이는 기업/문화재단 사건 매트릭스의 각 열을 합산해서도 구할 수 있다.

기업/문화재단 사건 매트릭스와 기업/기업 인접 매트릭스 및 문화재단/문화재단 인접 매트릭스는 [그림 2-17]과 같은 소시오그램으로 표현할 수 있다. [그림 2-17] 상단의 기업/문화재단 소시오그램은 두 개의 소셜엔티티 집합 간의 연결관계를 표현한 2-모드 네트워크이며, 중간의 기업 및 문화재단 소시오그램은 하나의 소셜엔티티 집합만으로 이루어진 1-모드 네트워크를 나타낸다. 소시오그램을 이용하면 [그림 2-17]에서 볼 수 있는 것처럼 기업 및 문화재단 간 관계를 시각적으로 쉽게 파악할 수 있다. 분석의 목적에 따라서는 계량 그래프를 관계의 유무만이 관심의 대상인 이진 그래프로 변환할 필요가 있다. 이 경우 기준값을 이용하여 계량 매트릭스를 이진 매트릭스로 변환한다. 예를 들어, [그림 2-17]의 하단과 같이 기준값을 1로 정하고, 이보다 큰 값을 갖는 관계만 그래프상에 나타낼 수 있다.

그림 2-17 ▌기업 및 문화재단 소시오그램

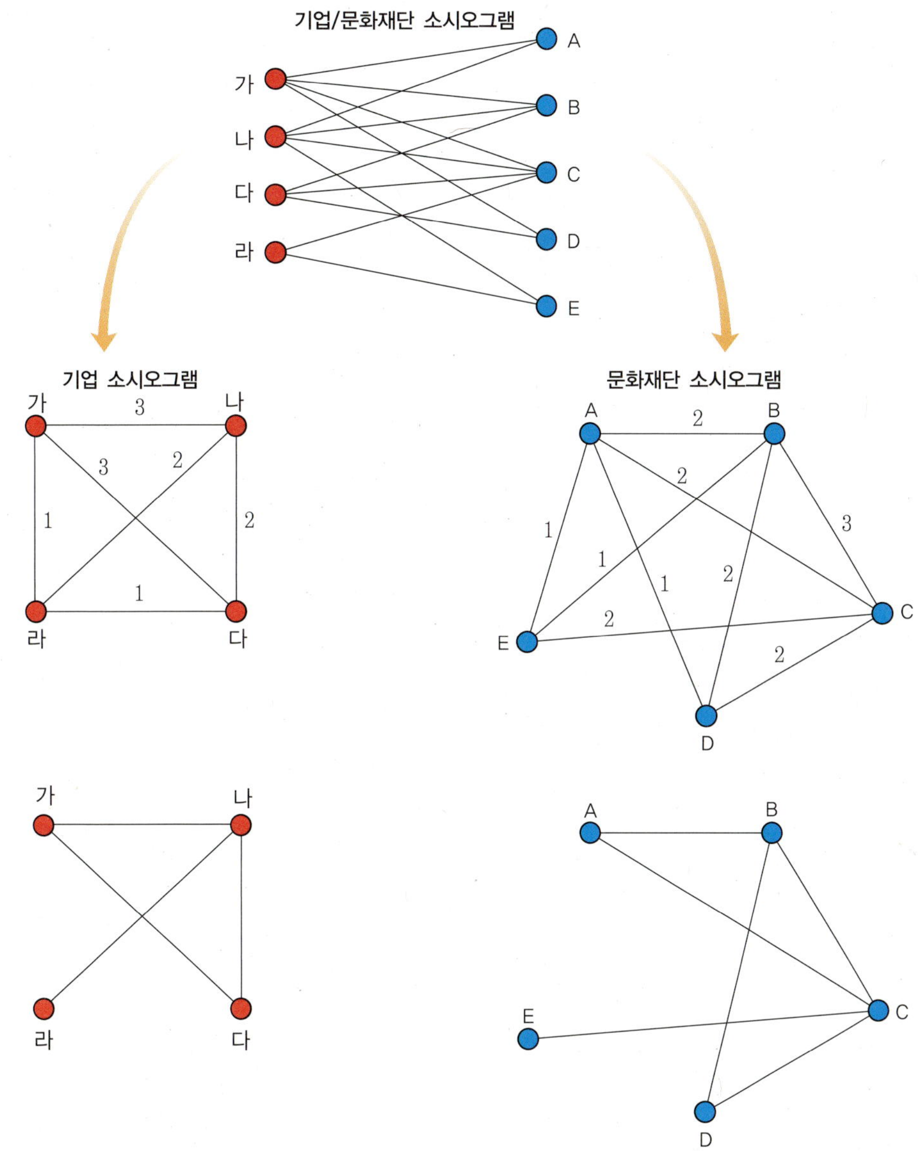

[그림 2-18]은 미국 미니애폴리스-세인트폴(Minneapolis-St. Paul) 지역에 본사를 두고 있는 주요 기업의 CEO들과 그들이 가입하여 활동하고 있는 각종 클럽 간의 관계를 나타낸 2-모드 매트릭스이다(Galaskiewicz 1985; Wasserman and Faust 1994; Galask.##h 파일). 매트릭스의 행은 첫 번째 모드를 나타내는 26명의 CEO로 구성되어 있으며, 매

그림 2-18 ▎CEO/클럽 2-모드 매트릭스

	1	2	3	4	5	6	7	8	9	10	11	12	13	14	15
1			1	1					1						
2			1		1		1								
3			1									1			
4		1	1												1
5			1										1	1	
6		1	1											1	
7			1	1						1	1				
8				1			1			1					
9	1			1				1		1					
10			1						1						
11		1	1						1						
12				1			1								
13			1	1	1				1						
14		1	1	1							1	1	1		1
15		1	1			1							1		1
16		1	1			1		1						1	
17		1	1		1						1	1			1
18				1					1			1	1		1
19	1		1	1			1		1						
20		1	1	1							1				1
21			1	1				1							
22			1					1							1
23		1	1			1									1
24	1		1	1		1									1
25		1	1										1		
26		1	1									1			

UCINET 메뉴에서 『Data>Display』를 선택한다. 『Display Data as Text』 대화상자의 『InputFn』에서 분석대상 관계 데이터(여기에서는 Galask.##h)를 선택하고 『OK』 버튼을 클릭한다.

트릭스의 열은 CEO들이 가입되어 있는 15개 클럽으로 두 번째 모드를 나타낸다.[3] 이 데이터는 어느 CEO가 어느 클럽에서 활동하고 있는지를 보여주고 있다(1978년 ~ 1981년 기간 동안의 기록).

[그림 2-18]의 매트릭스를 그래프로 나타내면 [그림 2-19]와 같다. 원형은 CEO를 나타내며 사각형은 클럽을 나타낸다. 이 그래프는 방향/이진 그래프로서 화살표의 방향은 특정 CEO가 특정 클럽에서 활동하고 있음을 나타낸다. 예를 들어, 좌측 상단의 9번 CEO는 1, 4, 8, 10 클럽의 회원이다.

[그림 2-19] CEO/클럽 네트워크는 [그림 2-20]과 같이 이분 그래프 형태로 나타낼 수도 있다. [그림 2-19]에서와 마찬가지로 원형은 CEO를 나타내며 사각형은 클럽을 나타낸다. 이분 그래프 형태로 그래프를 표현하게 되면, 두 소셜엔티티 집합 간의 연결관계를 시각적으로 쉽게 확인할 수 있다.

3 여기에서 클럽은 컨트리클럽, 사교클럽, 문화기관, 이사회 등을 의미한다.

그림 2-19 ▌ CEO/클럽 2-모드 네트워크

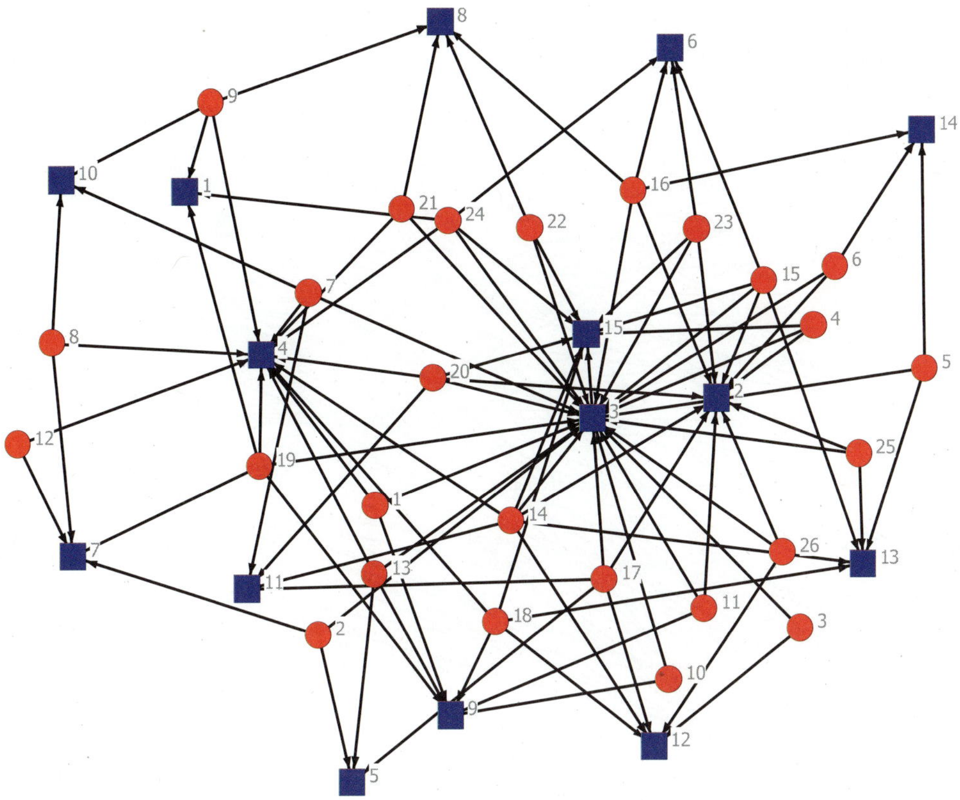

> UCINET 메뉴에서 『Visualize>NetDraw』를 선택한다. NetDraw 메뉴에서 『File>Open>Ucinet Dataset>Network』를 선택한다. 『Open Data File』 대화상자에서 분석대상 관계 데이터(여기에서는 Galask.##h)를 선택하고 『OK』 버튼을 클릭한다.

[그림 2-18]의 CEO/클럽 2-모드 매트릭스는 CEO 간에 공통으로 가입하고 있는 클럽의 개수나 클럽 간에 공통으로 보유하고 있는 회원수를 바탕으로 두 개의 1-모드 매트릭스로 변환될 수 있다. [그림 2-21] 및 [그림 2-22]는 CEO/클럽 2-모드 매트릭스로부터 생성된 CEO 1-모드 매트릭스와 클럽 1-모드 매트릭스이다. [그림 2-21]의 CEO 매트릭스를 보면, 예를 들어, 1번 CEO는 8번 CEO와 한 개의 클럽(4번 클럽: [그림 2-18] 및 [그림 2-19]에서 확인할 수 있음)에 공통으로 가입되어 있으며 13번 CEO와는 세 개의 클럽(3, 4, 9번 클럽)에서 함께 활동하고 있다. 따라서 1번 CEO는 8번 CEO 및 13번 CEO와 클럽

그림 2-20 ▌CEO/클럽 2-모드 이분 그래프

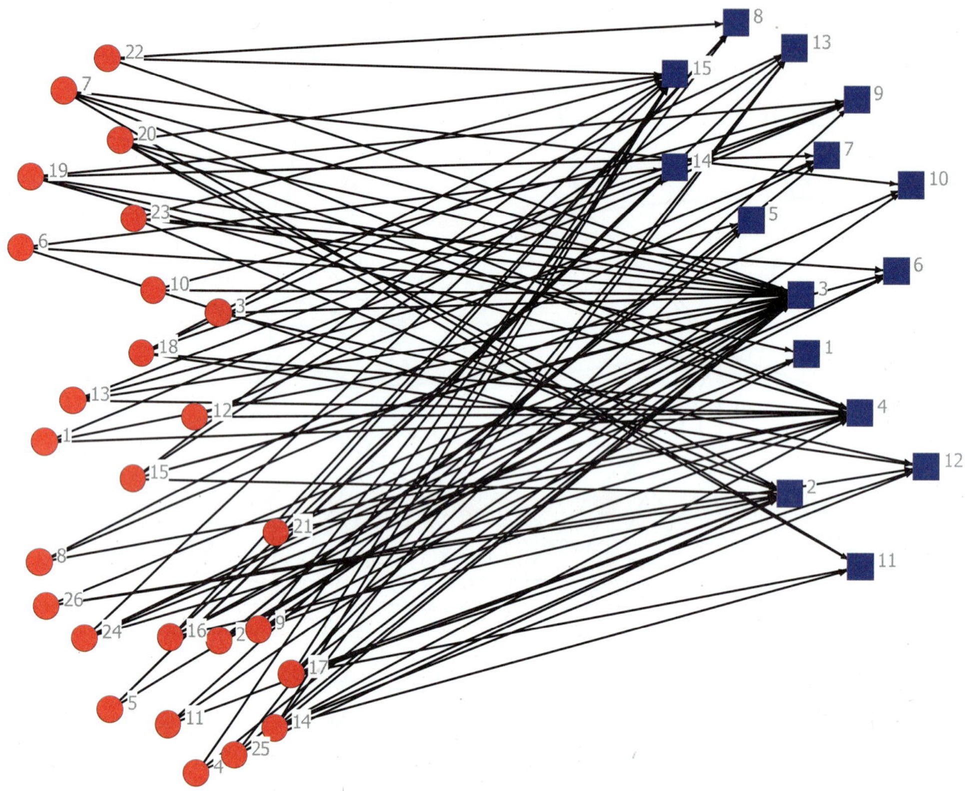

NetDraw 메뉴에서 『Layout>Group By Attribute>Categorical Attribute』를 선택한다. 『Group By Categorical Attribute』 대화상자에서 그룹화에 사용할 Attribute(여기에서는 *Mode)를 선택하고 『Go!』 버튼을 클릭한다. 『Layout>Move/Rotate』를 선택한 후 『Move』 대화상자에서 『Flip』, 『Rotate』, 『Shift Network』 등을 이용하여 그래프를 재배치할 수 있다.

을 통해 연결관계를 유지하고 있다고 볼 수 있다. 여기에서 조금 더 나아가 함께 활동하는 클럽의 개수를 기준으로 연결관계의 강도를 측정한다면, 1번 CEO는 8번 CEO보다는 13번 CEO와 좀 더 강한 연결관계를 가지고 있다고 말할 수 있다. [그림 2-21]에서 대각선은 각 CEO가 소속되어 있는 클럽의 개수를 나타낸다. 가장 많은 클럽에서 활동하고 있는 CEO는 14번 CEO로서 모두 일곱 개의 클럽에 소속되어 있다.

[그림 2-22]의 클럽 매트릭스를 보면, 예를 들어, 2번 클럽은 1번 클럽과 서로 공유하는 회원이 없으나, 2번 클럽은 3번 클럽과는 11명의 회원을 공유하고 있다. 따라서 2번 클럽은

그림 2-21 ▌CEO 1-모드 매트릭스

	1	2	3	4	5	6	7	8	9	10	11	12	13	14	15	16	17	18	19	20	21	22	23	24	25	26
1	3	1	1	1	1	1	2	1	1	2	2	1	3	2	1	1	1	2	3	2	2	1	1	2	1	1
2	1	3	1	1	1	1	1	1		1	1	1	2	1	1	1	2		2	1	1	1	1	1	1	1
3	1	1	2	1	1	1	1			1	1		1	2	1	1	2	1	1	1	1	1	1	1	1	2
4	1	1	1	3	1	2	1			1	2		1	3	3	2	3	1	1	3	1	2	3	2	2	2
5	1	1	1	1	3	2	1			1	1		1	2	2	2	1	1	1	1	1	1	1	1	2	1
6	1	1	1	2	2	3	1			1	2		1	2	2	3	2		1	2	1	1	2	1	2	2
7	2	1	1	1	1	1	4	2	2	1	1	1	2	3	1	1	2	1	2	3	2	1	1	2	1	1
8	1	1					2	3	2			2	1	1				1	2	1	1			1		
9	1						2	2	4			1	1	1		1		1	2	1	2	1		2		
10	2	1	1	1	1	1	1			2	2		2	1	1	1	1	1	2	1	1	1	1	1	1	1
11	2	1	1	2	1	2	1			2	3		2	2	2	2	2	1	2	2	1	1	2	1	2	2
12	1	1					1	2	1			2	1	1				1	2	1	1			1		
13	3	2	1	1	1	1	2	1	1	2	2	1	4	2	1	1	2	2	3	2	2	1	1	2	1	1
14	2	1	2	3	2	2	3	1	1	1	2	1	2	7	4	2	5	4	2	5	2	2	3	3	3	3
15	1	1	1	3	2	2	1			1	2		1	4	5	3	3	2	1	3	1	2	4	3	3	2
16	1	1	1	2	2	3	1		1	1	2		1	2	3	5	2		1	2	2	2	3	2	2	2
17	1	2	2	3	1	2	2			1	2		2	5	3	2	6	2	1	4	1	2	3	2	2	3
18	2		1	1	1		1	1	1	1	1	1	2	4	2		2	5	2	2	1	1	1	2	1	1
19	3	2	1	1	1	1	2	2	2	2	2	2	3	2	1	1	1	2	5	2	2	1	1	3	1	1
20	2	1	1	3	1	2	3	1	1	1	2	1	2	5	3	2	4	2	2	5	2	2	3	3	2	2
21	2	1	1	1	1	1	2	1	2	1	1	1	2	2	1	2	1	1	2	2	3	2	1	2	1	1
22	1	1	1	2	1	1	1		1	1	1		1	2	2	2	2	1	1	2	2	3	2	2	1	1
23	1	1	1	3	1	2	1			1	2		1	3	4	3	3	1	1	3	1	2	4	3	2	2
24	2	1	1	2	1	1	2	1	2	1	1	1	2	3	3	2	2	2	3	3	2	2	3	5	1	1
25	1	1	1	2	2	2	1			1	2		1	3	3	2	2	1	1	2	1	1	2	1	3	2
26	1	1	2	2	1	2	1			1	2		1	3	2	2	3	1	1	2	1	1	2	1	2	3

UCINET 메뉴에서 『Data>Affiliations(2-mode to 1-mode)』를 선택한다. 『Affiliations: Convert 2-mode to 1-mode Data』 대화상자의 『Files』에서 'Input Dataset'(여기에서는 Galask.##h)과 'Output Dataset'(여기에서는 Galask-Aff-CEO.##h)을 지정한다. 『Mode』(여기에서는 'Rows'), 『Opposite Mode Normalization』(여기에서는 'None'), 『Method』(여기에서는 'Sums of Cross-Products(Overlaps)')를 차례로 지정한 후 『OK』 버튼을 클릭한다.

1번 클럽과 연결관계가 존재하지 않는다고 볼 수 있으며, 반면에 3번 클럽과는 매우 강한 연결관계를 유지하고 있는 것으로 볼 수 있다. [그림 2-22]의 대각선은 각 클럽이 공통으로 보유하고 있는 회원수를 나타낸다. 3번 클럽은 26명의 CEO 중 22명을 회원으로 보유하여 가장 인기 있는 클럽이다.

[그림 2-23] 및 [그림 2-24]는 각각 대응되는 1-모드 매트릭스를 바탕으로 그린 1-모드 네트워크이다. 이들 네트워크는 노드 간의 직접적인 연결관계를 통해서 구축된 것은 아니며 앞서 살펴본 것처럼 각각 상대 모드, 즉 [그림 2-23]의 CEO 네트워크는 공유클럽을 통해서, [그림 2-24]의 클럽 네트워크는 공유회원을 통해서 인위적으로 생성된 의사 네트워크이다.

그림 2-22 ▌클럽 1-모드 매트릭스

	1	2	3	4	5	6	7	8	9	10	11	12	13	14	15
1	3		2	3		1	1	1	1	1					1
2		11	11	2	1	3		1	1		3	3	3	2	6
3	2	11	22	8	3	4	2	3	5	1	4	4	4	3	8
4	3	2	8	12	1	1	3	2	4	3	3	2	2		4
5		1	3	1	3		1		1		1	1			1
6	1	3	4	1		4		1					1	1	3
7	1		2	3	1		4		1	1					
8	1	1	3	2		1		4		1				1	1
9	1	1	5	4	1		1		6			1	1		1
10	1		1	3			1	1		3	1				
11		3	4	3	1					1	4	2	1		3
12		3	4	2	1				1		2	5	2		3
13		3	4	2		1			1		1	2	5	1	3
14		2	3			1		1					1	3	
15	1	6	8	4	1	3		1	1		3	3	3		9

UCINET 메뉴에서 『Data > Affiliations(2–mode to 1–mode)』를 선택한다. 『Affiliations: Convert 2–mode to 1–mode Data』 대화상자의 『Files』에서 'Input Dataset'(여기에서는 Galask.##h)과 'Output Dataset'(여기에서는 Galask–Aff–Club.##h)을 지정한다. 『Mode』(여기에서는 'Columns'), 『Opposite Mode Normalization』(여기에서는 'None'), 『Method』(여기에서는 'Sums of Cross–Products(Overlaps)')를 차례로 지정한 후 『OK』 버튼을 클릭한다.

그림 2-23 ▌CEO 1-모드 네트워크

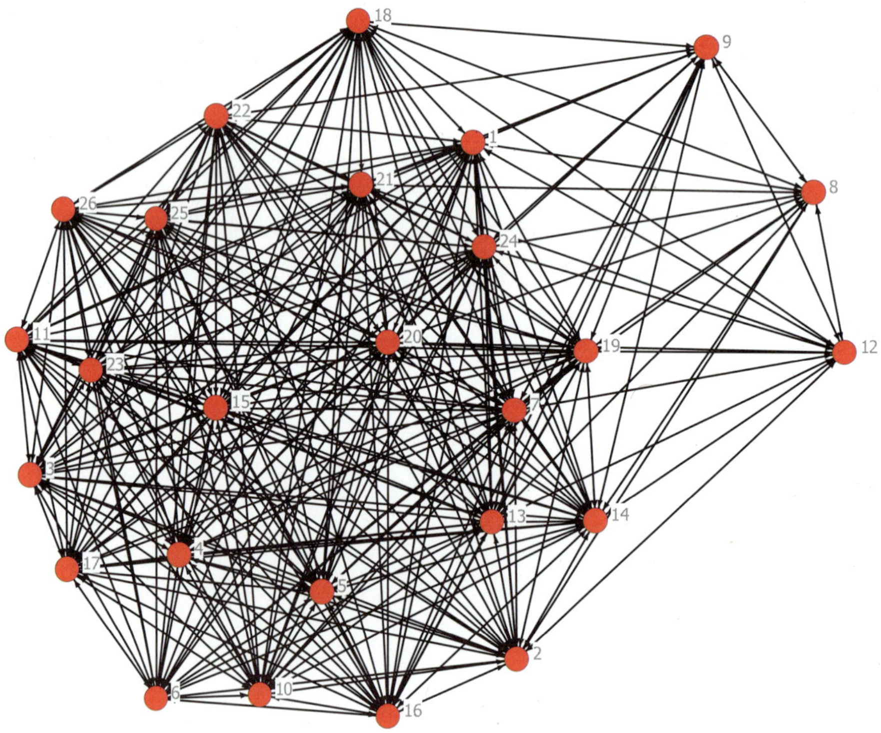

>>> 그림 2-24 ▌클럽 1-모드 네트워크

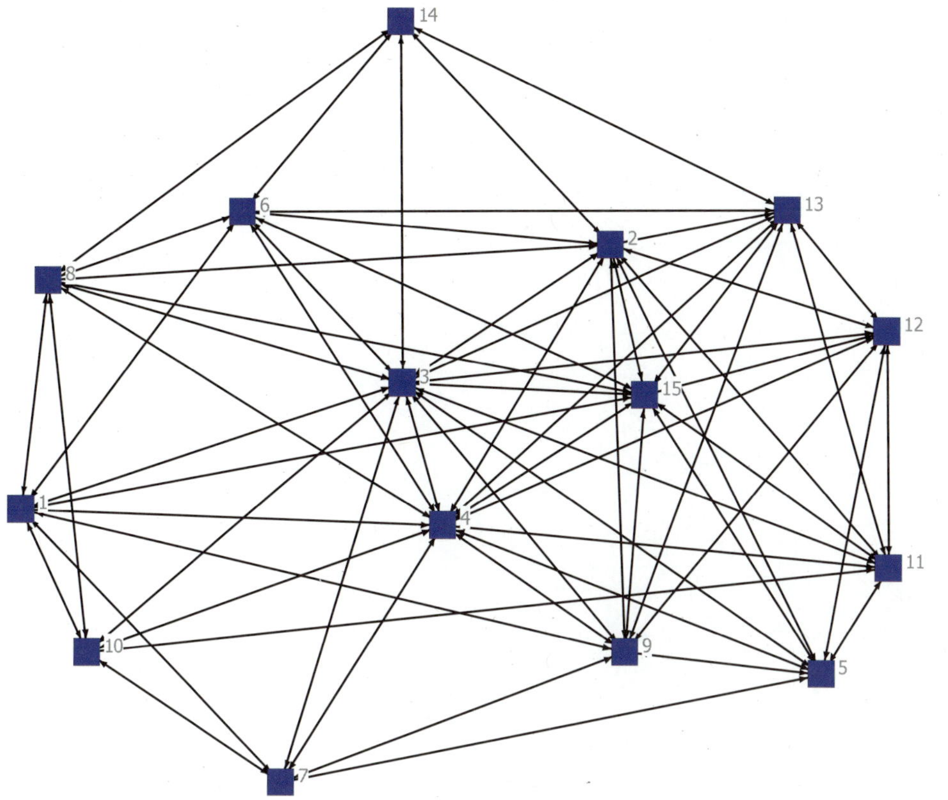

2-모드 네트워크로부터 생성된 1-모드 네트워크는 연결관계의 강도를 라인의 값으로 갖는 계량 그래프이다. [그림 2-23]의 CEO 네트워크에 연결관계의 강도를 표시하면 [그림 2-25]와 같다.

그림 2-25 ▎CEO 1-모드 네트워크(계량 그래프)

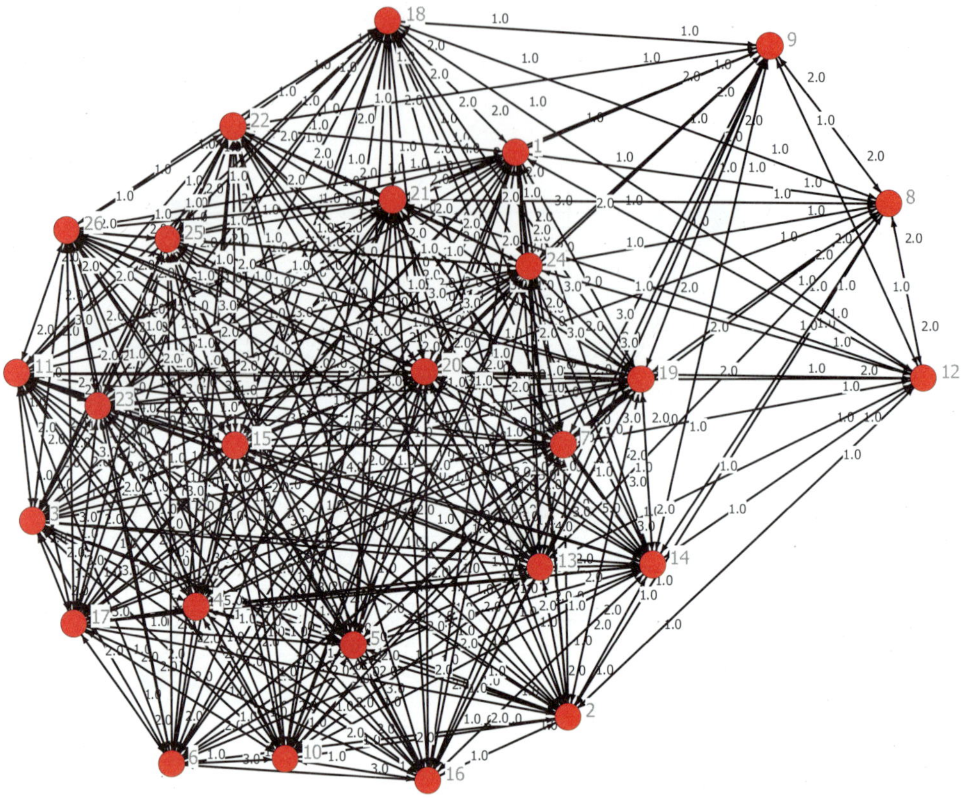

NetDraw 메뉴에서 『Properties>Lines>Labels(Weights)>Labels Visible』을 선택한다.

분석의 목적에 따라서는 [그림 2-25]와 같은 계량 그래프를 관계의 유무만이 관심의 대상인 이진 그래프로 변환할 필요가 있다. 이를 위해 기준값을 이용하여 계량 매트릭스를 이진 매트릭스로 변환한 후 이진 그래프를 그린다. 예를 들어, 공통으로 활동하는 클럽의 개수가 2보다 큰 경우(즉 3 이상인 경우)만 연결관계가 존재하는 것으로 가정하면 2를 초과하는 셀은 1로 변환하고 그 이하인 셀은 0으로 대체하여 이진 매트릭스를 생성할 수 있다. [그림 2-26]은 이러한 기준에 따라 변환된 이진 매트릭스이며 [그림 2-27]은 변환된 이진 매트릭스를 이용하여 새롭게 그린 CEO 네트워크이다.

그림 2-26 ▌이진 매트릭스로 변환된 CEO 1-모드 매트릭스

	1	2	3	4	5	6	7	8	9	10	11	12	13	14	15	16	17	18	19	20	21	22	23	24	25	26
1													1						1							
2																										
3																										
4														1	1		1			1			1			
5																										
6																1										
7														1						1						
8																										
9																										
10																										
11																										
12																										
13	1																		1							
14				1			1								1		1	1		1			1	1	1	1
15				1										1		1	1			1			1	1	1	
16						1									1								1			
17				1										1	1					1			1			1
18														1												
19	1												1											1		
20				1			1							1	1		1						1	1		
21																										
22																										
23				1										1	1	1	1			1				1		
24														1	1				1	1			1			
25														1	1											
26														1			1									

UCINET 메뉴에서 『Transform>Dichotomize』를 선택한다. 『Dichotomize』 대화상자의 『Files』에서 'Input Dataset'(여기에서는 Galask-Aff-CEO.##h)과 'Output Dataset'(여기에서는 Galask-Aff-CEO_GT_2.##h)을 지정한다. 『Dichotomization Rule』에 변환조건 및 기준값을 지정(여기에서는 Greater Than, 2)한 후 『OK』 버튼을 클릭한다.

그림 2-27 | 이진 그래프로 변환된 CEO 1-모드 네트워크

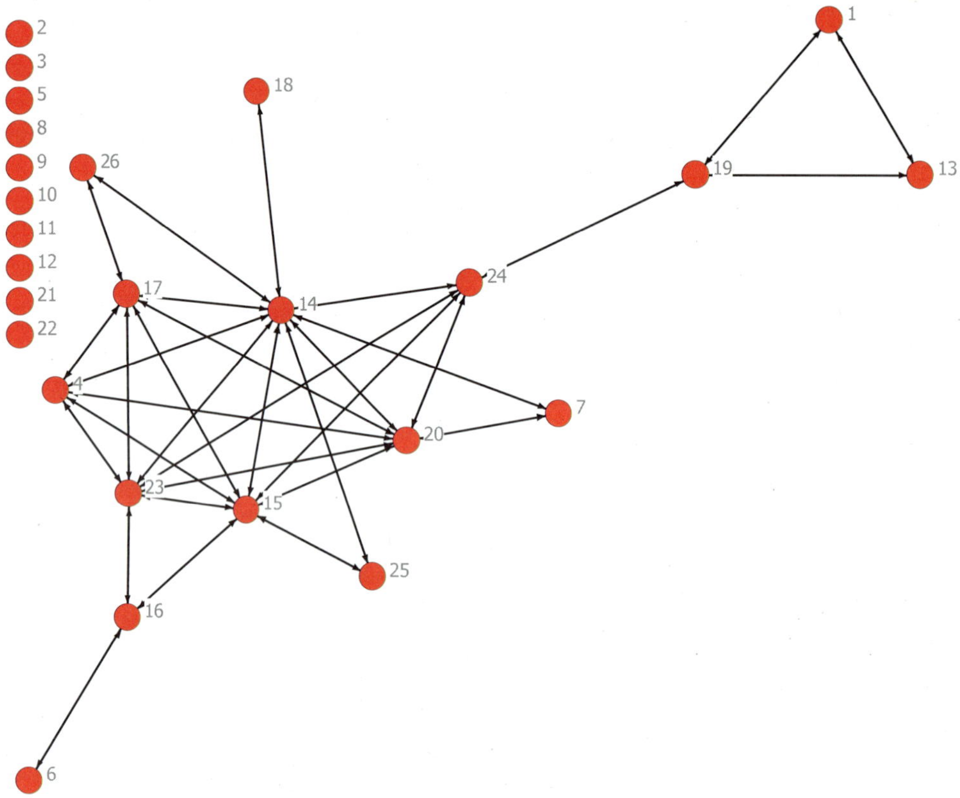

에고 네트워크와 전체 네트워크

소셜네트워크는 분석의 초점에 따라서 [그림 2-28]처럼 **에고 네트워크(egocentric network)**와 **전체 네트워크(whole network)** 또는 **완전 네트워크(complete network)**로 분류해볼 수 있다.

에고 네트워크는 **에고(ego)**라 불리는 하나의 중심이 되는 액터와 그 액터와 연결된 **알터(alter)**라 불리는 다른 액터들, 그리고 이들 알터들 간의 연결로 구성된다. 예를 들어, 설문조사를 통하여 사람들의 개인적 인맥 네트워크를 조사할 때, 각 응답자에게 자신(즉 에고)과 연결관계를 갖고 있는 사람들(즉 알터들)을 열거하게 하고 그 열거된 사람들 간의 관계(즉 알터들 간 연결관계)를 설명하게 하면 응답자별 에고 네트워크를 구축할 수 있다. 미국의 성인을 대상으로 정기적으로 실시되는 종합사회조사(GSS: General Social Survey)에서는

그림 2-28 ▮ 에고 네트워크와 전체 네트워크

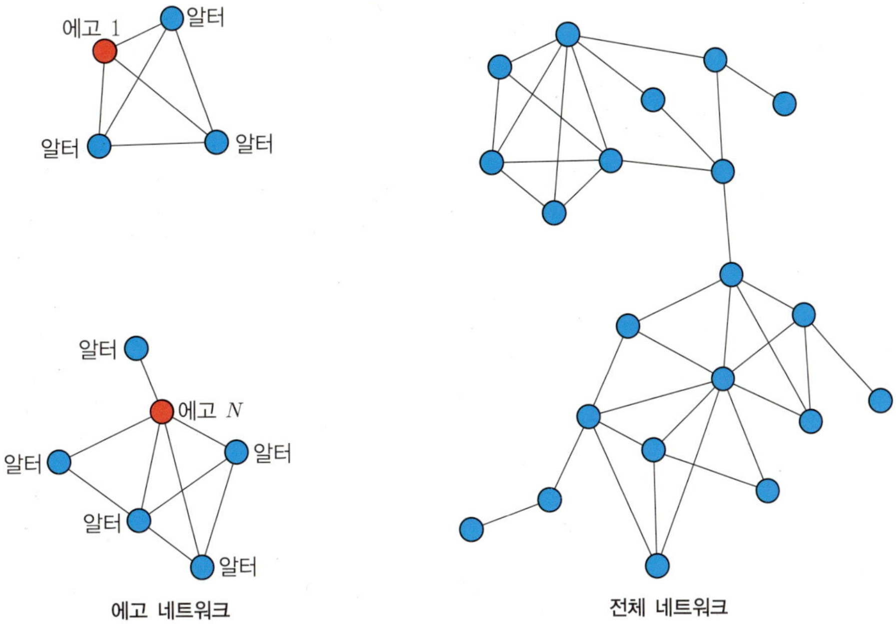

응답자의 주변 사람들에 대한 연결관계 정보를 파악하기 위하여 이러한 에고 네트워크분석을 활용한다(Marsden 1987). 이 조사에서는 각 응답자들에게 "지난 6개월간을 돌아볼 때, 당신은 중요한 문제를 누구와 상의하였습니까?"라는 질문을 한 후, 응답자들이 지목하여 열거한 사람들 간의 친분관계의 정도를 추가적으로 물어봄으로써 응답자 중심의 에고 소셜네트워크를 파악한다.

N개의 에고 액터가 있다면, 에고 네트워크에 대한 분석은 N개의 분석단위를 갖게 된다. 각 에고 액터는 보유한 알터의 개수나 알터 간 연결의 다양한 특성, 예를 들면, 알터 간의 연결의 밀도나 상호 호혜적 관계의 비율 등에 의해 설명될 수 있다. 이런 측면에서 볼 때, 에고 네트워크의 분석은 전형적인 속성 기반의 서베이 연구와 닮은 점이 있다. 즉 에고 네트워크의 밀도와 같은 응답자의 네트워크 연결관계 특성을 성별, 나이, 교육 수준 등과 같은 응답자의 개별적 특성과 함께 속성으로 취급하여 분석할 수 있다. 에고 네트워크는 에고들 간의 연결은 고려하지 않기 때문에 그 성격상 응답자들 간에 서로 접촉할 가능성이 작은 경우의 분석에 보다 적합하다.

에고 네트워크가 개별 액터 차원의 마이크로 수준의 분석에 초점을 맞춘 것이라면, 전체 네트워크는 네트워크 차원의 매크로 수준의 분석을 강조한다. 전체 네트워크에서는 분석에 포함된 전체 N개 액터들 간의 관계에 대한 정보를 바탕으로 네트워크 전체를 표현하고 설명한다. 예를 들어, 전체 네트워크를 대상으로 분석할 때 주요한 관심사 중의 하나는 네트워크 내에서 뚜렷이 구별되는 지위 또는 역할을 파악하고,[4] 이들 지위 간 또는 지위 내에서의 연결관계 패턴을 이해하는 것이다. 전체 네트워크는 N개의 액터와 N^2-N개의 관계(자기 자신과의 관계는 제외)를 갖고 있기는 하지만, 이들 요소들은 대체로 개별적으로 분석되지 않고 전체 시스템의 관점에서 분석된다. 전체 네트워크는 각 응답자 중심의 네트워크가 아닌 모든 액터 사이의 관계를 보여주므로 한 집단의 구조를 완벽하게 표현할 수 있다. 하지만 관계설정의 대상이 명확히 한정되어 있을 경우에만 네트워크 생성을 위한 데이터를 수집할 수 있기 때문에 전체 네트워크는 기업 내의 부서처럼 경계가 명확한 집단에 대한 분석 시 유용하게 활용될 수 있다. 전체 네트워크 데이터로부터 에고 네트워크 데이터의 추출도 가능하다. 하나의 액터를 선택하고 이 액터와 연결된 다른 액터들을 추출하면 그 특정 액터에 대한 에고 네트워크가 도출된다. 전체 네트워크에 포함된 N개의 액터에 대해 연결된 액터들을 차례로 추출하게 되면 모두 N개의 에고 네트워크가 생성된다.

[그림 2-29] 상단의 소셜네트워크는 앞서 살펴보았던 이탈리아 피렌체의 가문 간 결혼관계 네트워크이다. 이 네트워크는 모두 16개의 액터로 구성된 전체 네트워크이다. [그림 2-29]의 하단은 이로부터 도출된 Medici 가문과 Strozzi 가문의 에고 네트워크이다. Medici 가문은 모두 여섯 개의 알터를 갖고 있고, Strozzi 가문은 네 개의 알터를 갖고 있다.

일반적으로 에고 네트워크는 [그림 2-29]의 하단에서 볼 수 있는 것처럼 에고, 에고와 직접 연결된 알터들, 그리고 그 알터들 간의 연결관계로 구성된다. 이러한 에고 네트워크를 '1차 에고 네트워크(first-order ego network)'라고 하며 1차 에고 네트워크의 네트워크 범위를 '1차 구역(first zone)'이라고 한다. 1차 구역을 넘어서 알터의 알터(즉 친구의 친구)까지 포함시키면 '2차 에고 네트워크(second-order ego network)'가 생성된다. 이런 방식으로 에고 네트워크를 계속 확장할 수는 있지만, 일반적으로 분석에 가장 흔히 사용되는 에고 네트워크는 [그림 2-29]의 하단과 같은 1차 에고 네트워크이다.

4 지위 또는 역할은 유사한 관계패턴을 공유하는 액터들의 집합을 통해 파악된다(제8장 지위와 역할 참고).

>>> 그림 2-29 ▌ 피렌체 가문의 결혼관계 전체 네트워크와 에고 네트워크

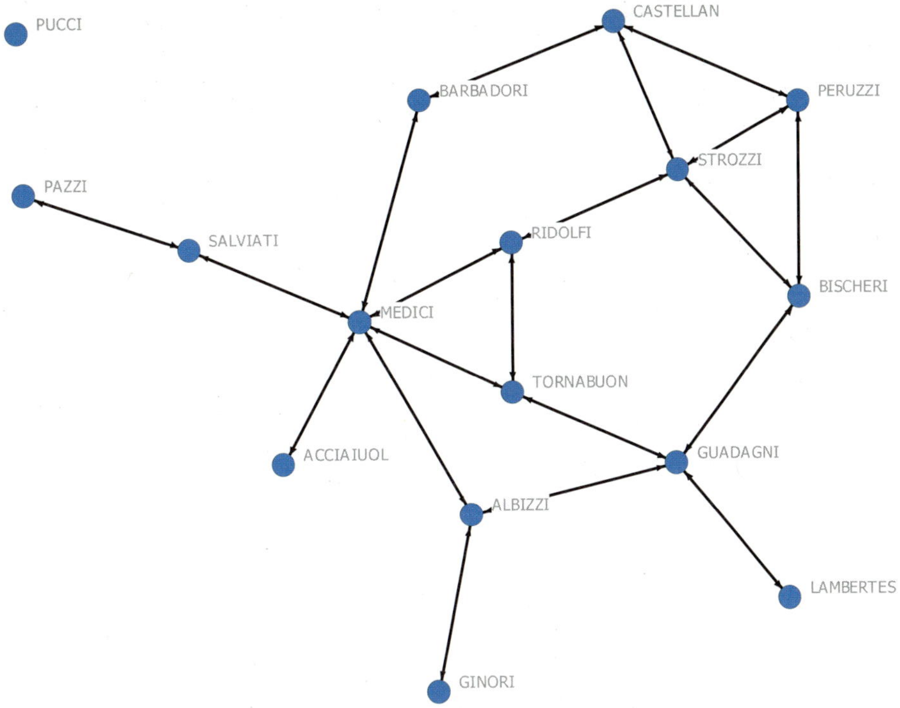

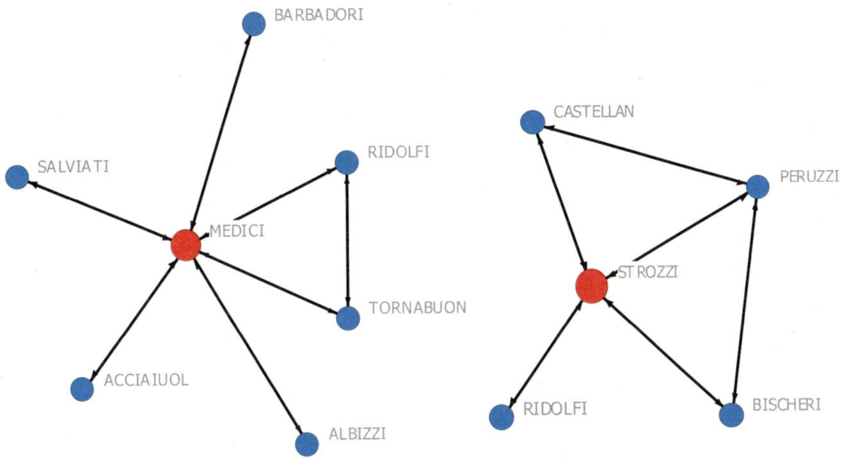

UCINET 메뉴에서 『Visualize>NetDraw』를 선택한다. NetDraw 메뉴에서 『File>Open>Ucinet Dataset> Network』를 선택한다. 『Open Data File』 대화상자에서 분석대상 관계 데이터(여기에서는 Padgett.##h)를 선택하고 『OK』 버튼을 클릭한다. NetDraw 메뉴에서 『Ego』 아이콘을 클릭한다. 『Ego Network Viewer』 대화상자에서 에고로 사용하고자 하는 액터를 선택한다. 『Define Ego Network』에서 에고 네트워크의 범위를 설정할 수 있으며, 『Options』에서 에고 및 알터 노드의 크기 및 색상을 지정할 수 있다.

사례연구

BS경제연구소에서는 대규모 기업집단 내 계열사 간의 지배구조에 관한 분석을 위해 공시자료를 이용하여 그룹 내 계열사 간 지분현황을 조사하였다. 우선 가장 큰 대규모 기업집단인 삼성그룹에 대해 조사하기로 하고 2009년 현재 삼성그룹 내 계열기업 간 지분관계 데이터를 수집하였다. BS경제연구소는 지배구조분석에 소셜네트워크분석 기법을 이용하기 위하여 수집된 지분관계 데이터를 소셜네트워크로 표현하였다 (박병선 등 2012; Share.##h 파일).

기업 간 지분관계는 방향/계량 매트릭스 형태로 표현되었다. 즉 (A, B)셀의 수치는 A기업이 B기업에 대해 갖고 있는 지분 비율을 나타내며, (B, A)셀의 수치는 B기업이 A기업에 투자한 지분 비율을 의미한다. 예를 들어, 삼성생명보험은 삼성물산, 삼성전자, 삼성중공업, 삼성증권, 삼성카드, 삼성테크윈, 삼성화재해상보험, 삼성SDI, 에스원 등 아홉 개 회사의 지분을 각각 4.79%, 7.21%, 3.38%, 11.38%, 26.41%, 0.55%, 10.36%, 0.02%, 5.34% 보유하고 있다.

그림 2-30 ▌지분관계 매트릭스

	삼성물산	삼성생명보	삼성엔지니	삼성전기	삼성전자	삼성정밀회	삼성중공업	삼성증권	삼성카드	삼성테크윈	삼성화재해	삼성SDI	아이마켓코	에스원	제일기획	제일모직	호텔신라
삼성물산	0	0	0	0	3.480	5.590	0	0.270	2.390	4.280	0	0	14.100	0	0	0	0
삼성생명보	4.790	0	0	0	7.210	0	3.380	11.380	26.410	0.550	10.360	0.020	0	5.340	0	0	0
삼성엔지니	0	0	0	0	0	0.850	0.130	0	0	0	0	0	7.050	0	0	0	0
삼성전기	0	0.600	0	0	0	0.260	2.380	0	3.590	0	0	0	13.360	0	0	0	0
삼성전자	0	0	0	22.800	0	8.390	17.600	0	35.290	25.460	0	19.680	14.100	0	0	0	0
삼성정밀회	0	0.470	0	0	0	0	0	0	0	0	0	0	0	0	0	0	0
삼성중공업	0	0	0	0	0	0	0	0	0.030	0	0	0	9.650	0	0	0	0
삼성증권	0	0	0	0	0	0	0	0	0	1.950	0	0	0	1.300	0	0	0
삼성카드	0	0	1.760	0	0	3.100	0	4.700	0	0	4.850	0	0	1.900	0	0	0
삼성테크윈	0	0	0	0	0	0	0.070	0	0	0	0	0	0	0	0	0	0
삼성화재해	0	0	0	0	12.600	0	0	7.730	0	0	0	0	0	0.970	0	0	0
삼성SDI	7.400	0	5.100	0	0	11.500	0	0	0	0	0	0	7.400	11	0	0	0
아이마켓코	0	0	0	0	0	0	0	0	0	0	0	0	0	0	0	0	0
에스원	0	0	0	0	0	0	0	0	0	0	0	0	0	0	0	0	0
제일기획	0	0.210	0	0	0	0	0.130	0	0	0	0	0	0	0	0	0	0
제일모직	0	0	13.100	0	0	3.160	0.400	0	0	0.100	0	0	3.700	0	0	0	0
호텔신라	0	0	0	0	0	2.200	0	0	0	0	0	0	0	0	0	0	0

그림 2-31 ▌ 지분관계 네트워크 : 계량 그래프

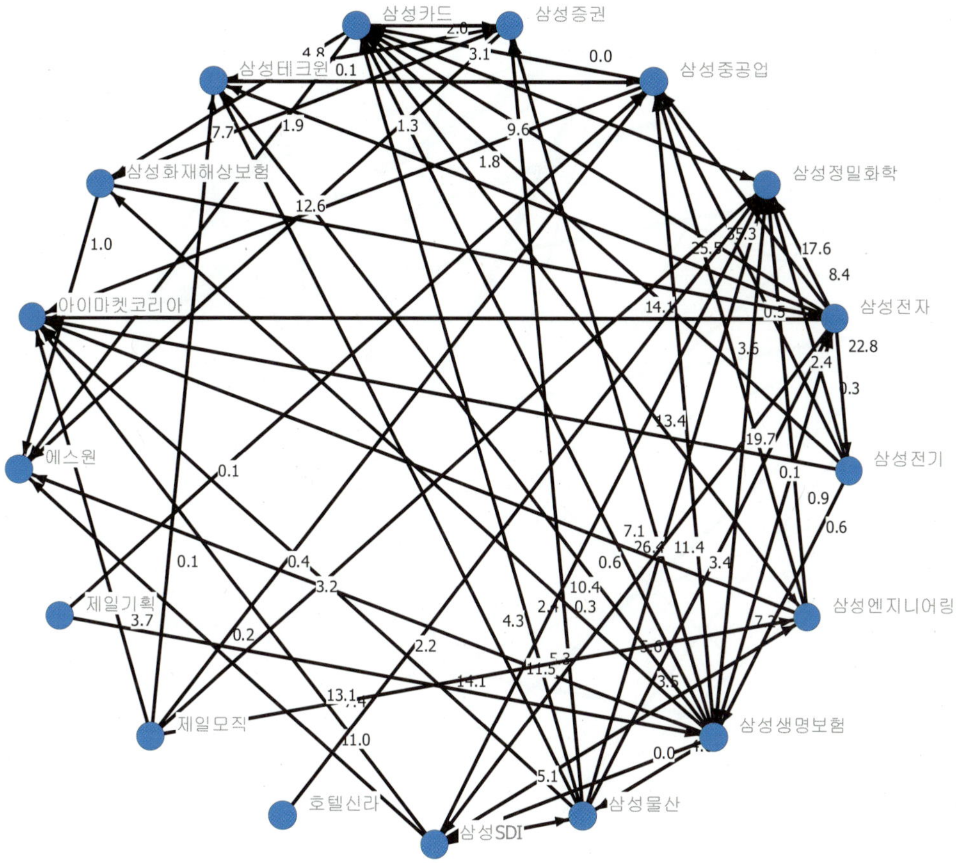

방향/계량 매트릭스 형태로 표현된 지분관계 매트릭스를 그래프로 표현하여 지분관계를 시각적으로 나타냈다. 화살표 시작 위치의 기업은 지분을 투자한 기업을 의미하며 화살표 끝 위치의 기업은 지분을 투자받은 기업을 나타낸다. 화살표상의 수치는 지분 비율을 나타낸다. 예를 들어, 삼성화재해상보험에서 삼성전자에 이르는 화살표는 삼성화재해상보험이 삼성전자의 지분을 갖고 있다는 것을 나타내며, 화살표상의 수치 12.6은 지분 비율을 의미한다.

그림 2-32 ▌지분관계 네트워크 : 라인의 두께로 지분 비율 표현

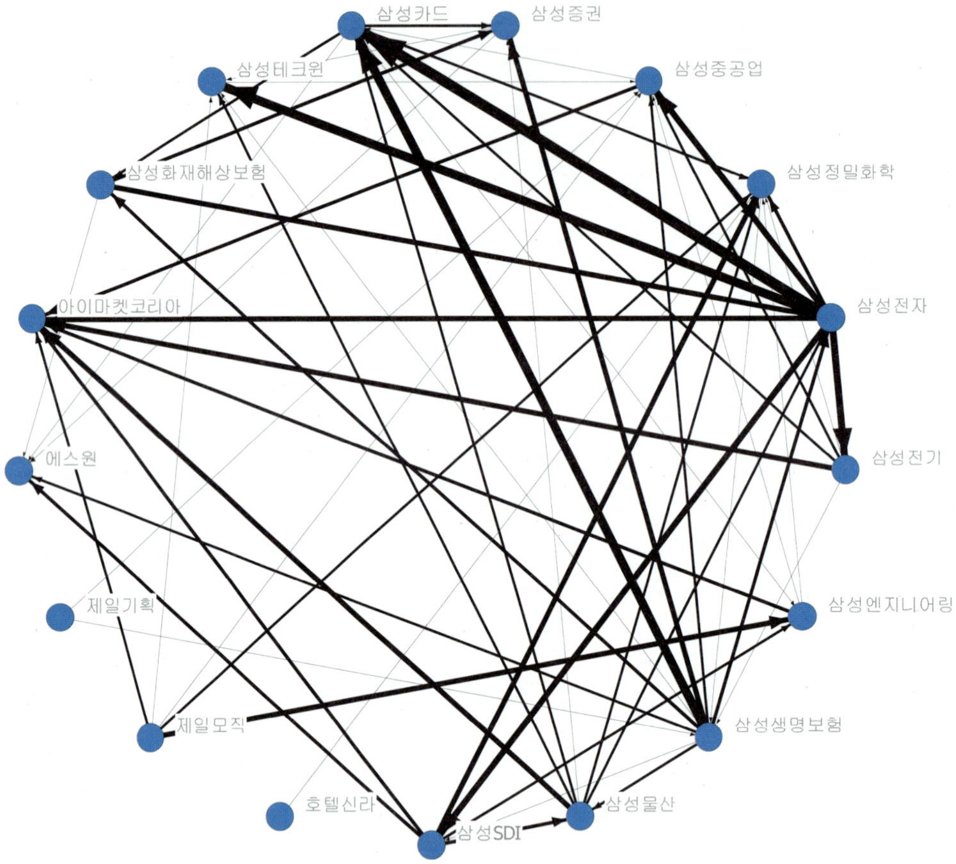

지분 비율의 정도에 따라 화살표의 두께를 달리함으로써 기업들 간의 지분 투자관계의 정도를 시각적으로 구별할 수 있다. 예를 들면, 삼성전자와 삼성카드, 삼성테크윈, 삼성전기 간의 상대적으로 두꺼운 화살표는 삼성전자가 이들 기업에 대해 상대적으로 많은 지분을 갖고 있다는 것을 나타낸다.

그림 2-33 ▌ 에고 네트워크 : 삼성전자

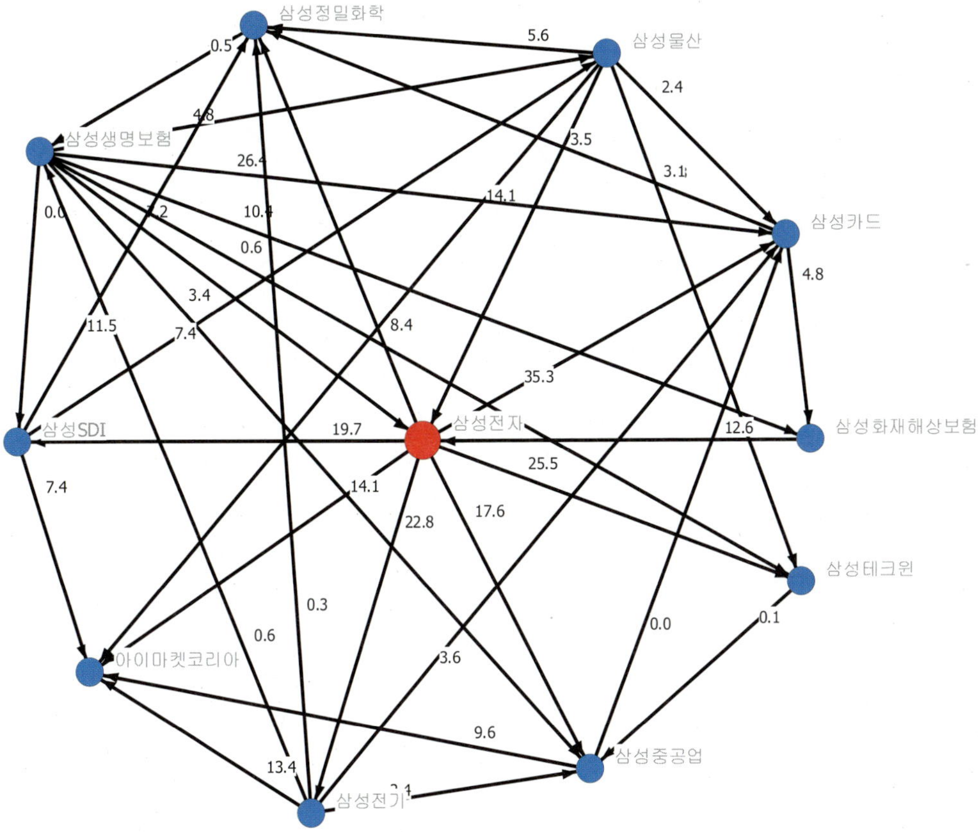

삼성전자를 에고로 한 에고 네트워크를 그려보면 삼성전자의 지분관계를 좀 더 자세히 관찰할 수 있다. 삼성전자는 모두 10개의 기업과 지분관계를 유지하고 있어 10개의 알터를 갖고 있다. 삼성전자는 이 가운데 삼성정밀화학, 삼성SDI, 아이마켓코리아, 삼성전기, 삼성중공업, 삼성테크윈, 삼성카드 등 일곱 개의 기업에는 지분을 투자하고 있으며, 삼성물산, 삼성생명보험, 삼성화재해상보험 등 세 개 기업으로부터는 지분투자를 받고 있다. 또한 삼성전자의 10개 알터들 간에도 서로 지분관계를 유지하고 있다.

>>> 그림 2-34 ▌ 지분관계 네트워크 : 이진 그래프

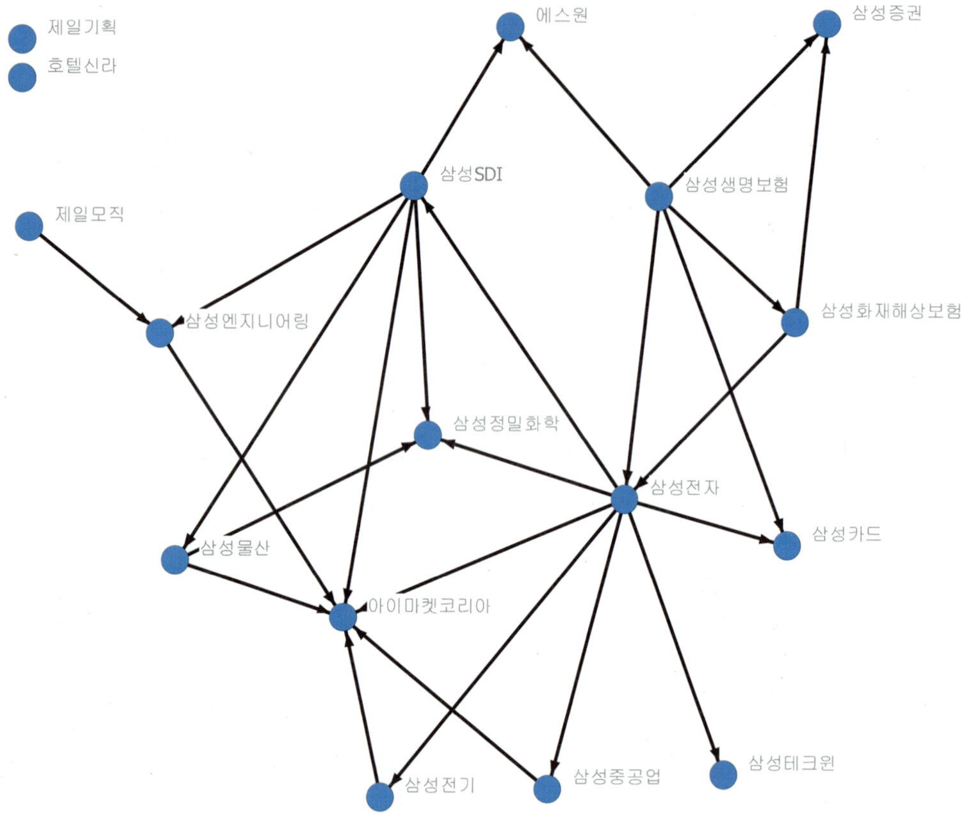

주요한 지분관계만이 드러나도록 지분 비율이 5%를 초과하는 기업들 간의 연결관계만을 네트워크로 표현하였다(Share_GT_5.##h 파일). 주요한 연결관계만이 나타난 이진 그래프는 앞서 살펴본 계량 그래프에 비해 시각적으로 단순해졌다.

UCINET 활용

01 그래프 그리기

- 『Visualize > NetDraw』를 선택한다.
- NetDraw 메뉴에서 『File > Open > Ucinet Dataset > Network』를 선택한다.
- 『Open Data File』 대화상자에서 분석대상 관계 데이터를 선택하고 『OK』 버튼을 클릭한다. 『Layout』 메뉴를 이용하여 다양한 방식으로 그래프상의 노드들을 배치할 수 있다.

그림 2-35 ▌『Open Data File』 대화상자 : 관계 데이터 열기

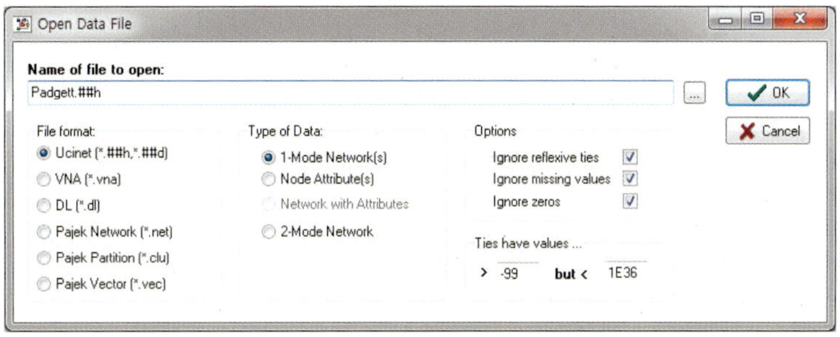

- 『Properties』 메뉴에서 노드 및 라인의 색상, 모양, 크기 등을 설정할 수 있다.

그림 2-36 ▌『Properties』 메뉴

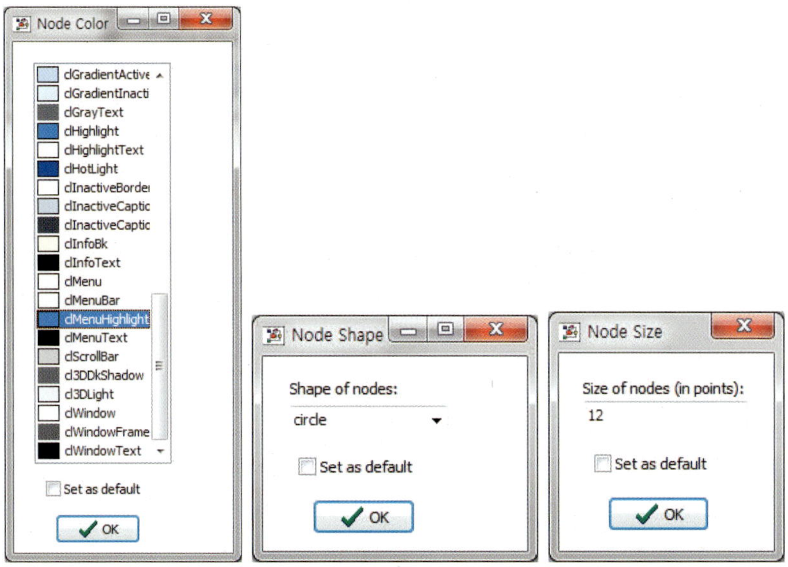

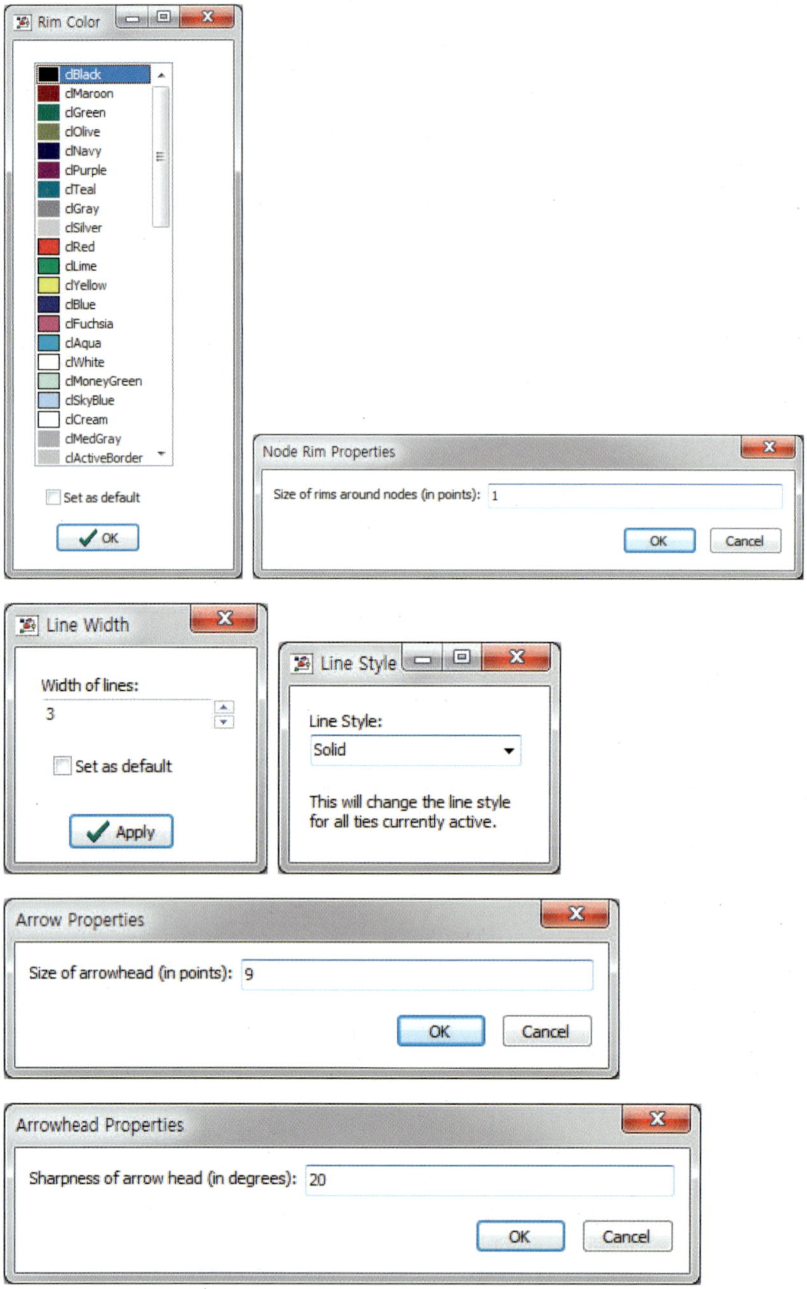
Rim Color
clBlack
clMaroon
clGreen
clOlive
clNavy
clPurple
clTeal
clGray
clSilver
clRed
clLime
clYellow
clBlue
clFuchsia
clAqua
clWhite
clMoneyGreen
clSkyBlue
clCream
clMedGray
clActiveBorder
Set as default
OK
Node Rim Properties
Size of rims around nodes (in points): 1
OK
Cancel
Line Width
Width of lines:
3
Set as default
Apply
Line Style
Line Style:
Solid
This will change the line style for all ties currently active.
Arrow Properties
Size of arrowhead (in points): 9
OK
Cancel
Arrowhead Properties
Sharpness of arrow head (in degrees): 20
OK
Cancel

- 화면 오른쪽 상단의 『Rels』 탭에서 현재 분석하고자 하는 관계가 체크되어 있는지를 확인한다.

그림 2-37 ▌『Rels』 탭 : 단일관계

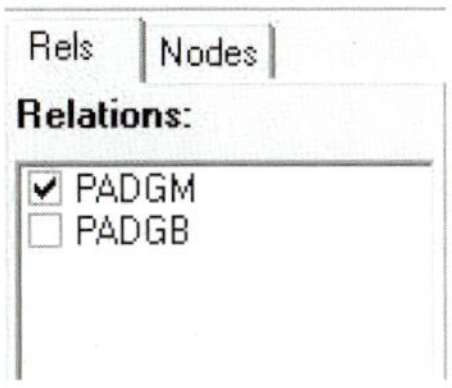

02 그래프상에 노드 속성 표현하기 : 노드의 속성설정

- 노드의 속성을 표현하기 위해서는 먼저 속성 파일을 오픈한다.
- NetDraw 메뉴에서 『File>Open>Ucinet Dataset>Attribute Data』를 선택한다. 『Open Data File』 대화상자에서 분석대상 네트워크 데이터와 관련된 속성 데이터를 선택하고 『OK』 버튼을 클릭한다.

그림 2-38 ▌『Open Data File』 대화상자 : 속성 데이터 열기

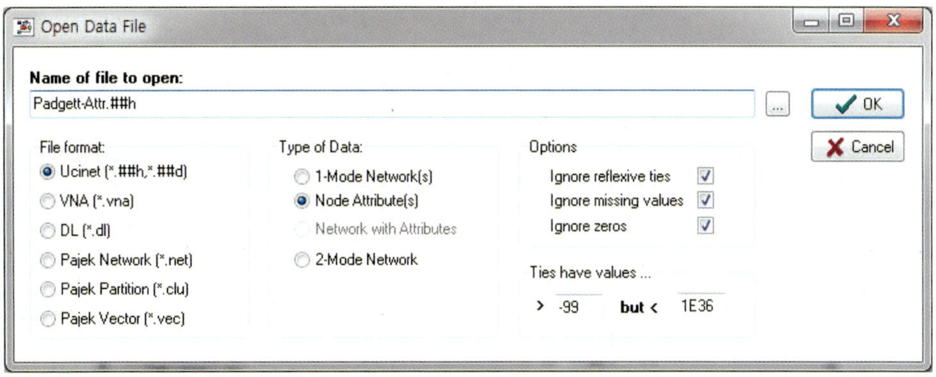

- 『Properties>Nodes>Symbols>Size>Attribute-based』를 선택한다.
- 『Set Size of Node Symbols by Attribute』 대화상자의 『Select Attribute』 리스트박스에서 표현하고자 하는 속성을 선택한다. 『Sizing』에서 'Minimum Size'와 'Maximum Size'를 지정한 후 『Apply』 버튼을 클릭한다.

그림 2-39 ▌『Set Size of Node Symbols by Attribute』 대화상자

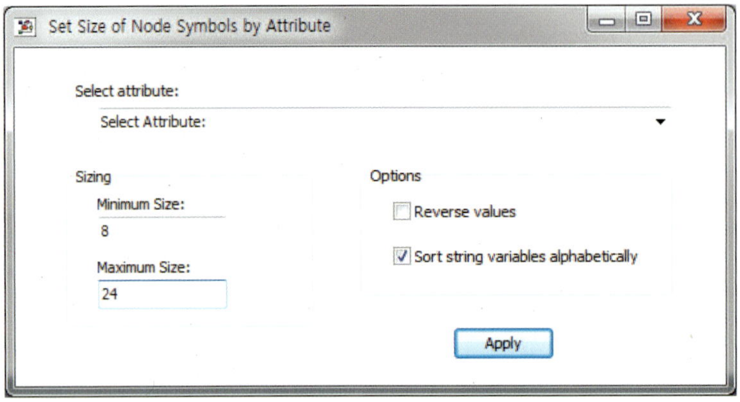

03 데이터 매트릭스 보기

- 『Data>Display』를 선택한다.
- 『Display Data as Text』 대화상자의 『InputFn』에서 분석대상 관계 데이터를 선택하고 『OK』 버튼을 클릭한다.
- 『Show Zeroes As』에 '0' 값을 어떻게 나타낼지 지정할 수 있다.

그림 2-40 ▌『Display Data as Text』 대화상자

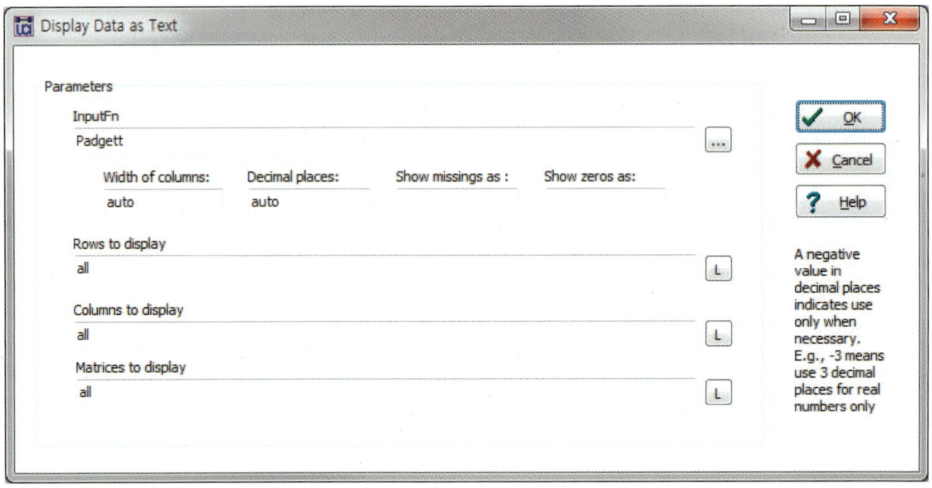

- 『Matrix Browser』(『Data>Browse』)를 통해서도 네트워크 데이터 매트릭스를 확인할 수 있다.

그림 2-41 ▌『Matrix Browser』 대화상자

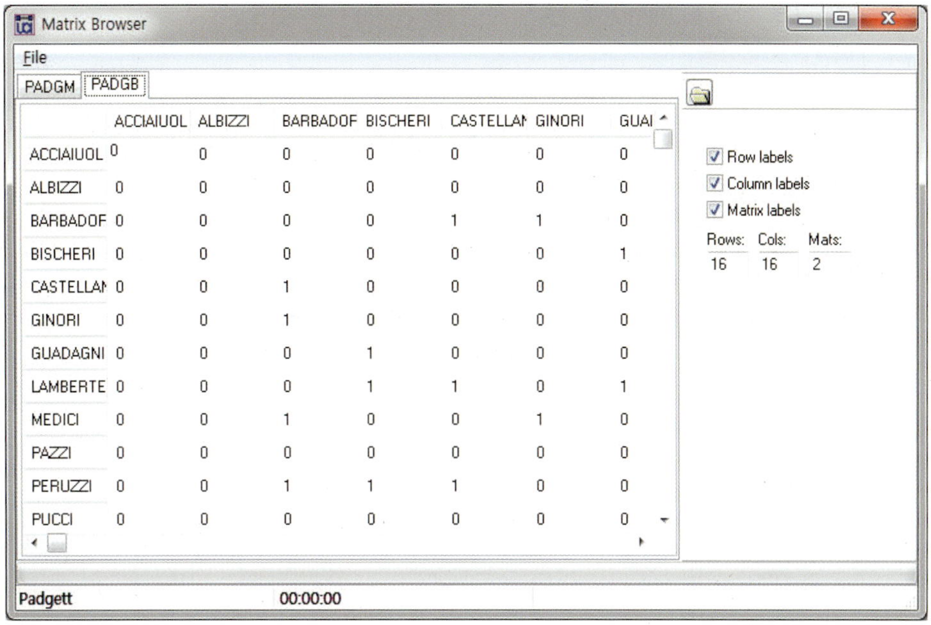

04 이분 그래프 그리기

- NetDraw 메뉴에서 『Layout>Group By Attribute>Categorical Attribute』를 선택한다.
- 『Group By Categorical Attribute』 대화상자에서 그룹화 기준으로 사용할 Attribute(여기에서는 *Mode)를 선택하고 『Go!』 버튼을 클릭한다.

그림 2-42 ▌『Group By Categorical Attribute』 대화상자

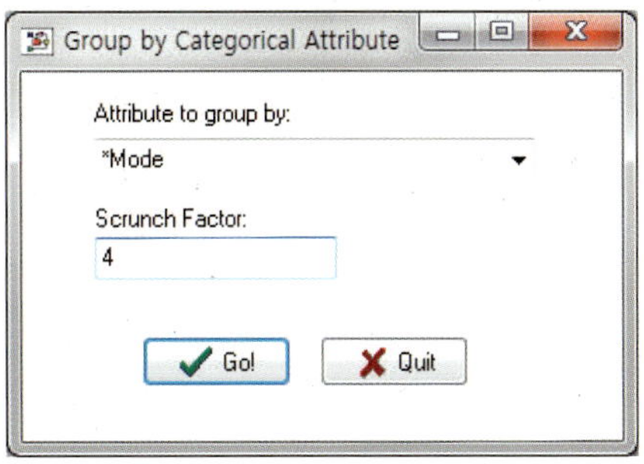

- 『Layout>Move/Rotate』를 선택한 후 『Move』 대화상자에서 『Flip』, 『Rotate』, 『Shift Network』 등을 이용하여 그래프를 재배치할 수 있다.

그림 2-43 『Move』 대화상자

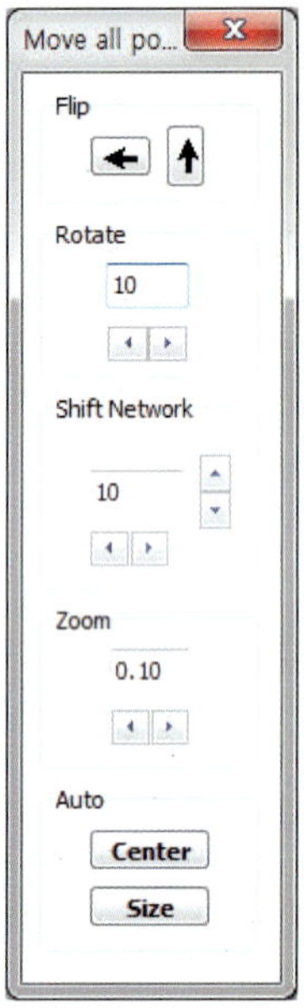

05 2-모드 매트릭스를 1-모드 매트릭스로 변환하기

- 『Data>Affiliations(2-mode to 1-mode)』를 선택한다.
- 『Affiliations: Convert 2-mode to 1-mode Data』 대화상자의 『Files』에서 'Input Dataset', 'Output Dataset'을 지정한다. 『Mode』, 『Opposite Mode Normalization』, 『Method』를 차례로 지정한 후 『OK』 버튼을 클릭한다.
- 『Mode』에서 'Rows'를 선택하면 행의 액터를 노드로 한 1-모드 매트릭스가 생성되며, 'Columns'를 선택하면 열의 액터를 노드로 한 1-모드 매트릭스가 생성된다.

그림 2-44 ❚ 『Affiliations: Convert 2-mode to 1-mode Data』 대화상자

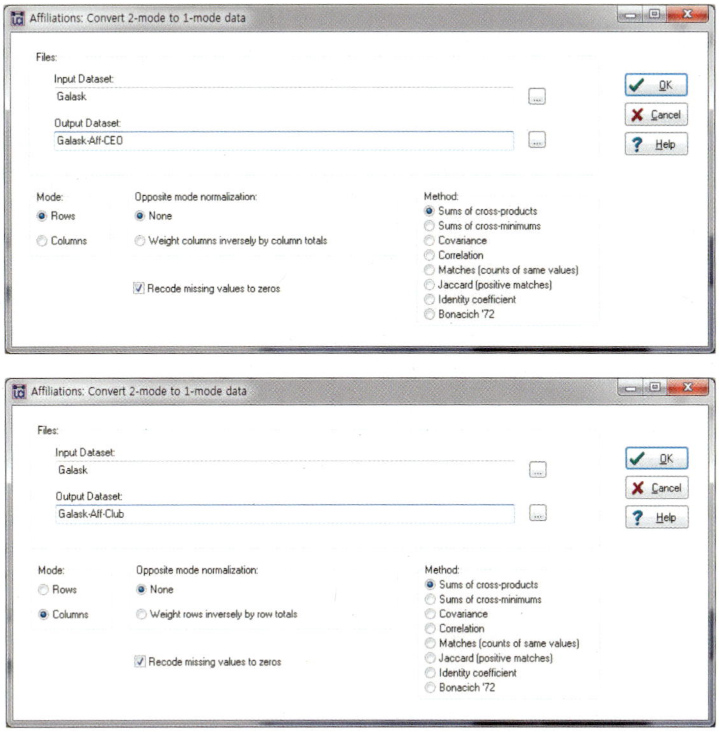

06 계량 매트릭스를 이진 매트릭스로 변환하기

- 『Transform>Dichotomize』를 선택한다.
- 『Dichotomize』 대화상자의 『Files』에서 'Input Dataset'과 'Output Dataset'을 지정한다. 『Dichotomization Rule』에 변환 조건 및 기준값을 지정한 후 『OK』 버튼을 클릭한다.

그림 2-45 ❚ 『Dichotomize』 대화상자

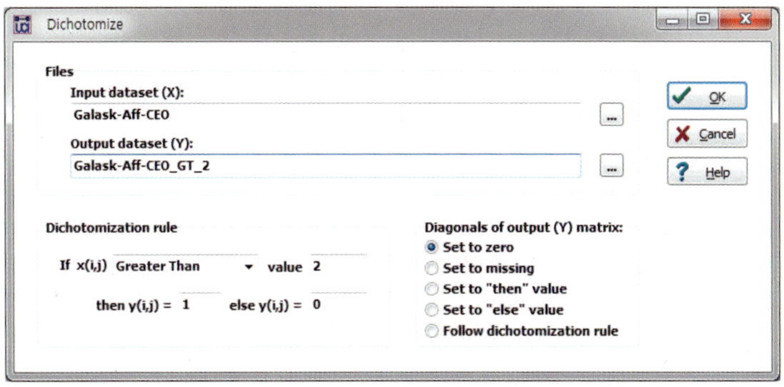

07 전체 네트워크로부터 에고 네트워크 추출하기

- 전체 네트워크가 그려진 상태에서 NetDraw 메뉴의 『Ego』 아이콘을 클릭한다.
- 『Ego Network Viewer』 대화상자에서 에고로 사용하고자 하는 액터를 선택한다.
- 『Define Ego Network』에서 에고 네트워크의 범위를 설정할 수 있으며, 『Options』에서 에고 및 알터 노드의 크기 및 색상을 지정할 수 있다.

그림 2-46 ▌『Ego Network Viewer』 대화상자

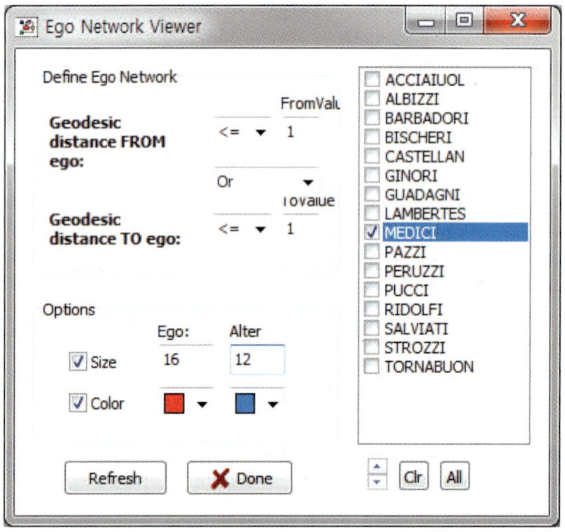

연습문제

01 춘향전에 등장하는 네 명의 주요 인물(춘향, 몽룡, 향단, 방자) 간의 가상의 친구관계 네트워크를 구축하였다(Choonhyang.##h, Choonhyang-Attr.##h 파일: 속성 데이터 파일에는 나이, 성별(남자 1, 여자 2), 학력(고등학교 1, 대학교 2, 대학원 3)의 세 가지 속성이 포함되어 있다). 다음 질문에 답하시오.
① 친구관계 소시오매트릭스(네트워크 데이터와 속성 데이터)를 제시하시오.
② 친구관계 소시오그램을 그리시오.
③ 액터의 속성에 따라 노드의 색상, 모양, 크기 등이 다르게 표현된 친구관계 소시오그램을 그리시오.

02 기업 및 문화재단 간의 가상의 후원관계 네트워크를 구축하였다(Company-Culture.##h 파일). 다음 질문에 답하시오.
① 기업 및 문화재단 간의 후원관계 2-모드 매트릭스 및 네트워크를 제시하시오.
② 기업 및 문화재단 2-모드 매트릭스 및 네트워크를 기반으로 기업의 1-모드 매트릭스 및 네트워크를 도출하시오.
③ 기업 및 문화재단 2-모드 매트릭스 및 네트워크를 기반으로 문화재단의 1-모드 매트릭스 및 네트워크를 도출하시오.

03 피렌체 가문의 비즈니스관계 전체 네트워크를 그리고, Medici 가문과 Peruzzi 가문의 에고 네트워크를 도출하시오(PadgettBiz.##h 파일).

03
CHAPTER

소셜네트워크분석
Social Network Analysis

소셜네트워크 데이터의 수집

- 네트워크 유형
- 데이터 수집 원천 및 수집 도구
- 데이터 수집 범위
- 데이터 수집 기법

CHAPTER

03 소셜네트워크 데이터의 수집

소셜네트워크를 표현하는 관계 데이터를 수집하기 위해서는 네트워크 유형, 데이터 수집 원천 및 수집 도구, 데이터 수집 범위, 데이터 수집 기법 등 상호 관련된 다양한 이슈들을 고려할 필요가 있다. 여기에서는 네트워크 데이터 수집과 관련된 이슈 및 기법들에 대해 살펴본다.

네트워크 유형

네트워크는 분석 초점에 따라 전체 네트워크와 에고 네트워크로 구분해볼 수 있다. 따라서 소셜네트워크분석은 사용하고자 하는 네트워크 유형에 따라 이에 대응되는 두 가지 연구설계(research design), 즉 **전체 네트워크 연구설계(whole network research design)**와 **에고 네트워크 연구설계(ego network research design)**를 바탕으로 수행된다(Borgatti et al. 2013). 소셜네트워크 데이터의 수집방법은 네트워크 연구설계 유형에 따라 달라질 수 있기 때문에 어떤 유형의 네트워크가 분석대상인지 먼저 결정할 필요가 있다. 우리가 보통 네트워크분석이라고 얘기할 때는 전체 네트워크를 대상으로 한 분석을 의미한다. 전체 네트워크 연구설계에서는 액터 집합 내에 포함된 모든 액터쌍 간의 연결관계를 대상으로 연구를 수행한다. 예를 들어, 한 부서 내에서 모든 구성원들 간에 누가 누구의 친구인지 조사하여 이를 분석에 활용한다. 전체 네트워크 연구설계에서는 모든 액터쌍 간의 연결관계를 관계변수(dyadic variable)로서 측정하고 이를 관계 데이터로서 수집한다. 예를 들어, 친구관계 네트워크에서 모든 액터쌍 간의 연결관계를 나타내는 관계변수는 친구인지 아닌지에 따라 1 또는 0의 값을 갖는다(또는 관계강도를 측정할 경우에는 0, 1, 2, 3, 4, 5 등의 값을 가질 수 있다).

에고 네트워크 연구설계에서는 에고라고 불리는 주분석대상인 액터의 집합이 있고, 이들 에고와 알터라고 불리는 다른 액터들 간의 연결관계가 관계 데이터로서 수집된다. 예를 들어, 무작위로 추출한 300명의 직장인에게 힘든 일에 처했을 때 정서적으로 도움을 주는 사람들을 열거하게 하여 각 개별 응답자의 연결관계를 조사하고 이를 분석한다. 여기에서 에고 네트워크 연구설계의 목적은 에고 각각의 사회적 환경(즉 특정 유형의 연결관계)를 이해하고자 하는 것이지, 표본으로 선정한 300명 직장인들 간의 네트워크를 분석하고자 하는 것도 아니고 한 에고의 알터들과 다른 에고의 알터들 간의 연결관계를 조사하고자 하는 것도 아니다. 사실 에고 네트워크 연구설계에서는 에고들 간의 연결관계를 가정하지 않기 때문에 에고들로 구성된 전체 네트워크는 생성할 수 없으며, 알터들의 이름도 식별이 되지 않기 때문에 알터들 간의 연결관계도 파악할 수 없다.

대부분의 네트워크 지표 및 분석 기법은 전체 네트워크를 가정한다. 예를 들어, 중심성분석과 같이 전체 네트워크 내에서의 액터의 위치를 기반으로 한 분석은 전체 네트워크가 이용 가능하다는 것을 전제로 한다. 전체 네트워크 연구설계를 채택하면 거의 모든 네트워크 지표 및 분석 기법을 활용할 수 있다는 이점이 있다. 그러나 전체 네트워크 연구설계를 위한 데이터 수집은 네트워크 크기가 커지면 그 비용이 기하급수적으로 증가한다. 네트워크 데이터를 수집하는 과정에는 연구자의 시간과 노력뿐만 아니라, 설문을 사용할 경우 설문 답변에 대한 응답자(즉 액터)의 부담도 수반된다. 따라서 대상 액터의 수가 커지면 불가피하게 설문의 문항수를 축소해야 할 수 있으며, 그렇게 되면 액터 및 액터 간 관계에 관한 풍부한 데이터를 확보하지 못할 수도 있다. 이런 관점에서 보면 에고 네트워크 연구설계는 액터의 인접한 주변 네트워크 환경에 대한 보다 풍부하고 보다 상세한 데이터를 제공한다는 이점이 있다. 그러나 그 대가로 전체 네트워크의 연결관계 구조에 대한 데이터는 기대할 수 없다. 에고 네트워크 연구설계는 또한 프라이버시 관점에서 중요한 장점을 갖는다. 에고 네트워크 설문은 에고에 대해서는 완전히 익명으로 처리할 수 있고, 에고가 열거하는 알터의 이름 역시 실명일 필요가 없기 때문이다. 이러한 설문의 익명성은 데이터의 품질을 높이는 부수적인 효과도 기대할 수 있게 한다.

데이터 수집 원천 및 수집 도구

네트워크 데이터는 1차 데이터 원천(primary data source)이나 2차 데이터 원천(secondary data source)으로부터 수집할 수 있다. 1차 데이터는 연구자가 연구문제 해결을 위해 직접 수집한 데이터를 말한다. 1차 데이터 수집을 위해서는 연구자가 직접 사람들에게 설문조사 또는 인터뷰를 하거나 그들의 행태를 관찰한다. 설문이나 관찰 내용은 연구목적에 의해 결정된다. 1차 데이터 원천을 이용할 경우 연구자는 분석하고자 하는 관계의 유형이나 수집하고자 하는 액터의 속성을 비교적 자유롭게 결정할 수 있다. 2차 데이터는 누군가에 의해 만들어져 어딘가에 이미 존재하는 데이터로서 연구자가 직접 만들지는 않았지만 현재의 연구문제를 해결하는 데 이용할 수 있는 데이터를 의미한다. 종이문서 형태(예: 편지, 결혼기록)로 존재할 수도 있고, 전자적 형태(예: 이메일, 소셜미디어)로 존재할 수도 있다. 2차 데이터 원천을 이용할 경우 네트워크 데이터를 빠르고 쉽게 수집할 수 있는 장점이 있으나, 2차 데이터는 기본적으로 연구자의 연구목적을 위해 생성된 데이터가 아니기 때문에 분석하고자 하는 관계유형에 강한 제약이 존재할 수밖에 없는 한계를 지닌다. 페이스북 같은 소셜미디어나 이메일 시스템에 의해 생성되는 전자적 형태의 데이터는 1차 데이터와 2차 데이터의 중간적인 형태를 띤다고도 볼 수 있다. 1차 데이터처럼 연구자가 직접 수집하지만, 2차 데이터처럼 연구를 위해 사용 가능한 관계의 유형이 제한되기 때문이다(Borgatti et al. 2013).

사회과학 분야에서의 대부분의 연구는 1차 데이터를 기반으로 한다. 이들 중 대부분은 설문조사나 인터뷰를 바탕으로 하고 있으며, 관찰을 통한 데이터 수집도 종종 이루어지고 있다. 최근 들어서는 2차 데이터의 사용이 증가하고 있다. 2차 데이터의 사용이 증가한 이유 중 하나는 전자적 형태로 기록된 데이터를 이용할 수 있는 기회가 증가하고 있기 때문이다. 인용 데이터(어떤 특허가 어떤 특허를 인용하고 있는지), 멤버십 데이터(누가 어떤 영화에 출연했는지), 소셜미디어 데이터(트위터상에서 누가 누구를 팔로우하는지) 등의 관계 데이터를 비교적 쉽게 전자적 형태로 제공받을 수 있다. 또 다른 이유는 종단연구(longitudinal study)의 중요성이 증가하고 있는 데서 찾아볼 수 있다. 종단연구는 시간의 흐름에 따라 관계의 변화를 추적해야 하므로 이를 위한 네트워크 데이터는 2차 데이터 원천을 통해서만 수집 가능할 수도 있다.

여기에서는 1차 데이터 수집을 위한 설문서, 인터뷰, 관찰 등의 데이터 수집 도구와 2차 데이터 수집을 위한 기록문서/데이터베이스 등의 데이터 수집 도구에 대해 좀 더 자세히 살펴본다(Prell 2012; Wasserman and Faust 1994).

설문서

설문서(questionnaire)는 가장 널리 사용되는 네트워크 데이터 수집 도구이다. 설문서는 대개 다른 사람들과의 연결관계에 대한 질문으로 구성된다. 설문서는 응답자가 현재 연구대상인 관계유형에 대해 적절하게 응답할 수 있을 때 유용하게 사용될 수 있다. 예를 들어, 누구를 좋아하는지, 누구와 대화하는지, 조언을 얻기 위해 누구를 찾아가는지 등의 질문을 통해 다른 사람들과의 특정 관계유형을 파악한다. 설문서는 또한 액터가 사람이 아닌 회사와 같은 집단일 경우에도 사용된다. 이 경우 집단을 대표하는 개인이 집단의 연결관계에 대해 응답하게 된다. 예를 들어, 기업과 공익단체 간의 기부 네트워크를 조사하기 위하여 기업의 기부 담당자에게 공익단체에 대한 기부 여부를 질문할 수 있다(Galaskiewicz 1985).

인터뷰

면대면 또는 전화를 통한 인터뷰(interview)는 설문을 통한 데이터 수집이 불가능하거나 어려운 경우 네트워크 데이터 수집을 위해 종종 이용된다. 예를 들어, 딱딱한 설문서보다는 면대면 상황을 선호하는 CEO들을 대상으로 네트워크 데이터를 수집하기 위하여 인터뷰가 이용되기도 하였다(Galaskiewicz 1985). 인터뷰는 에고 네트워크의 응답자들로부터 네트워크 데이터를 수집하는 데 광범위하게 이용되고 있다. 인터뷰를 이용한 네트워크 데이터의 수집은 본질적으로 설문서를 이용하는 것과 동일하다. 차이점은 질문이 처리되는 방식이다. 설문서 방식은 응답자에게 설문서가 배포되고 응답자에게 설문서에 대한 응답을 작성하도록 하는 반면에, 인터뷰 방식은 연구자가 응답자와 마주 앉아서 미리 준비된 질문지를 이용하여 질문하고 답변을 기록한다.

관찰

네트워크 데이터는 액터들 간의 상호작용을 관찰(observation)하여 수집할 수 있다. 액터들 간 상호작용의 존재는 둘 간에 연결관계가 있다는 것을 의미한다. 관찰은 면대면 상호작용을 하는 상대적으로 작은 규모의 집단을 연구할 때 광범위하게 활용된다. 관찰을 통한 네트워크 데이터의 수집은 기본적으로 사람들로부터 서면이나 구두에 의한 응답을 요구하지 않고 단지 사람들 간 상호작용의 관찰을 통해 수집되므로, 설문서나 인터뷰를 통해 데이터를 수집하기 어려운 상황일 때 매우 유용하다. 그러나 관찰을 통해 네트워크 데이터를 수집하기 위해서는 사람들 간의 다양한 상호작용을 코딩할 수 있는 일관되고 명료한 방법이 필요하다. 즉 무엇이 사람들 간의 '상호작용'을 의미하는지 명확해야 한다. 예를 들어, 두 사람이 함께 활동하는 것을 상호작용으로 간주할지, 서로 대화를 나누는 것을 상호작용으로 간주할지, 단지 같은 방 안에 있는 것만으로도 이것을 상호작용으로 간주할지 등을 명확히 정의할 필요가 있다. 일단 상호작용을 정의하고 관찰하기 위한 방법이 결정되면, 관찰대상 사람들이 위치한 장소로 가서 사전에 정의된 기간 동안 그들의 행태를 관찰하고 그들 간의 상호작용의 횟수(또는 시간)를 기록한다. 예를 들어, 한 연구에서는 해변가에서 54명의 윈드서퍼들을 31일간 하루 2시간 30분씩 관찰하여 이들 간의 접촉시간을 기록하고 상호작용의 패턴을 도출하기도 하였다(Freeman et al. 1989).

기록문서/데이터베이스

기록문서(archival document)/데이터베이스(database)는 기본적으로 네트워크 연구를 위해 수집된 데이터는 아니다. 하지만 기록문서/데이터베이스는 종종 소셜네트워크분석을 위한 유용한 데이터가 된다. 설문조사에 비해 기록문서/데이터베이스 데이터는 상대적으로 비용이 저렴하고, 정보제공자의 시간과 노력에 대한 부담이 없으며, 일정 기간별로 축적된 데이터일 경우 고품질의 시계열 정보를 제공한다. 기록문서/데이터베이스 데이터는 서신, 특허인용, 책이나 논문의 참고문헌, 신문, 역사기록, 회의록, 인터넷 웹페이지, 이메일 로그, 소셜미디어 포스팅 등 다양한 형태를 갖는다. 예를 들어, 15세기 무렵 이탈리아 피렌체에서 활동하던 16개 가문 간의 결혼관계 네트워크는 수많은 역사적 기록을 바탕으로 도출되었다(Padgett and Ansell 1993). 인터넷과 다양한 정보통신기술을 통한 네트워크 데이터의 수집이 점차 증가하고 있다. 예를 들어, 소셜네트워크 연구자들 간에 주고받은 이메일 데이터를 바탕으로 이메일 교환관계와 이러한 교환관계의 시간에 따른 변화과정을 파악한 연구가 이루어지기도 하였다(Freeman 1986). 위키피디아(Wikipedia) 같은 협업 웹사이트로부터 수집한 로그 데이터, 예를 들면, 어떤 사용자가 어떤 주제에 대해 기여하는가를 기록한 데이터를 이용하여 지식 기여자와 주제 간의 2-모드 이분 네트워크를 도출하기도 하였다(Brandes and Lerner 2008). 페이스북(Facebook) 이나 트위터(Twitter) 같은 소셜네트워크서비스(SNS: Social Network Service)의 데이터 역시 소셜네트워크 데이터를 수집하는 중요한 원천으로 활용되고 있다. 예를 들어, 페이스북으로부터 11,000명의 대학교 신입생들의 네트워크 데이터가 추출되기도 하였다(Lewis et al. 2008).

데이터 수집 범위

네트워크 데이터를 수집하여 소셜네트워크분석을 수행하기 위해서는 어떤 액터들이 분석에 포함되어야 하는지를 결정해야 한다. 이는 목표로 하는 모집단(population)과 이 모집단으로부터 분석에 포함될 표본(sample)을 결정하는 일이라 할 수 있다. 회사의 한 부서와 같이 액터가 명확한 작은 규모의 네트워크에서는 이러한 결정이 상대적으로 쉬울 수 있다. 하지만 일반적으로 목표로 하는 액터 집합의 범위를 설정하는 것은 그리 간단한 일이 아니다. 소셜네트워크에서 액터 간 관계 데이터의 수집 범위를 결정하는 것을 **경계설정(boundary specification)**이라고 한다.

에고 네트워크에서 모집단과 표본의 결정은 일반적인 설문조사방법과 동일하다. 에고 네트워크 데이터는 목표로 하는 모집단으로부터 원하는 숫자만큼의 에고를 무작위로 추출하여 수집한다. 이것은 전통적인 설문조사 기반 연구에서 모집단으로부터 분석에 필요한 숫자만큼의 응답자를 무작위로 추출하는 것과 동일하다. 일단 에고 표본(즉 개별 응답자들)이 결정되면 이들 응답자 각각에 대해 에고 네트워크 데이터를 수집한다. 이렇게 수집된 데이터는 에고 액터들 간의 연결을 나타내는 전체 네트워크 데이터는 아니기 때문에 전체 네트워크 데이터를 대상으로 한 분석(예: 네트워크의 집중화 정도, 네트워크의 밀도)에는 이용될 수 없다. 그리고 에고 네트워크 데이터에는 추가적인 경계설정 문제가 수반된다. 즉 에고 네트워크에 포함되는 알터 액터들의 수를 결정해야 하며, 이를 위해서는 별도의 절차가 필요하다.[1]

전체 네트워크의 경우에는 모집단과 표본을 결정하는 일이 에고 네트워크에 비해 좀 더 복잡하다. 전체 네트워크 경계는 특정 연구문제와 관련된 모든 액터들이 포함된 완전한 액터 집합을 의미한다. 따라서 네트워크 경계를 결정하는 것이 연구의 모집단을 결정하는 것과 동일한 의미일 수도 있다. 경우에 따라서는 네트워크 경계를 결정하는 일은 매우 간단할 수 있다. 예를 들어, 실리콘밸리에 있는 한 벤처기업을 대상으로 구성원 간 커뮤니케이션관계를 분석한다면 그 벤처기업의 구성원이 네트워크에 포함될 액터 집합이 되고, 자연스럽게

1 알터 액터 수는 에고 네트워크 데이터를 수집하는 데 많이 이용되는 '이름생성기'를 통해 주로 결정된다. 이름생성기에 대해서는 이 장의 데이터 수집 기법 섹션에서 별도로 다룬다.

이 액터들로 네트워크 경계가 설정된다. 그러나 어떤 경우에는 네트워크 경계를 설정하는 것이 애초부터 불가능할 수도 있다. 예를 들어, 사람들의 사회적 영향관계가 소비자의 구매 행태에 미치는 영향에 관심이 있다면, 대한민국의 모든 소비자들 간의 전체 네트워크를 구축해야 하지만 이는 현실적으로 불가능한 일이다. 편의상 우리가 살고 있는 도시의 일부 시민들을 표본으로 추출하여 이들로 구성된 네트워크를 생성할 수는 있다. 그러나 문제는 우리가 어떤 액터를 선택하더라도 사회적 영향을 미칠 수 있는 사람들은 언제든지 네트워크 경계 밖에 있을 수 있다는 것이다.

그런데 여기에서 네트워크 경계설정의 문제는 본질적으로 네트워크 크기의 문제라기보다는 연구목적과 관련된 문제라는 것에 주목할 필요가 있다. 예를 들어, 사회적 관계가 의사결정에 미치는 영향을 규명하는 것이 연구목적이라면, 앞에서 언급한 실리콘밸리 예에서의 경계설정은 더 이상 간단한 문제가 될 수 없다. 이직을 한다거나 부서를 옮긴다거나 하는 중요 의사결정에 가장 크게 영향을 미치는 사람은 회사 외부에 있을 수 있기 때문이다. 구성원의 의사결정 행동에 영향력을 행사하는 사람은 가족일 수도 있으며, 동일한 업계의 전문가일 수도 있다. 어떤 알려진 집단에 소속된 액터만으로 네트워크의 경계를 설정할 것인지, 혹은 집단을 벗어나는 액터까지도 네트워크의 경계 내에 포함시킬 것인지는 이처럼 해결하고자 하는 연구문제(research question)와 밀접한 관련을 갖는다. 네트워크 경계를 결정할 때 나타날 수 있는 이 같은 어려움을 해결하기 위하여 네트워크 경계를 설정할 수 있는 다양한 방법들이 시도되고 있다. 라우만 등(Laumann et al. 1983, 1989)은 네트워크 경계설정을 위한 방법으로서 사실주의 접근법과 명목주의 접근법을 제시하였다.

사실주의 접근법

사실주의 접근법(realist approach)은 사회적으로 실제 존재하는 집단을 대상으로 네트워크의 범위를 결정한다. 네트워크를 구성하는 액터 집합은 액터 자신들의 식별에 의해 결정되며, 액터가 경험적으로 알고 있는 경계에 대한 액터 자신의 주관적 인식을 바탕으로 네트워크 경계가 결정된다. 따라서 어떤 액터가 네트워크 경계 내에 포함될지 여부는 다른 액터들이 그 액터를 구성원으로서 네트워크 내에 포함시키는 것이 적절한지를 판단하여 결정한다. 예를 들어, 동양미술 전문가들의 소셜네트워크를 분석하고자 할 때 사실주의 접근법에 따른 동양미술 전문가라는 네트워크의 경계는 구성원들이 그 전문가 그룹에 속한다고 인정하는 사람들의 집합으로 결정된다. 구성원들이 자신과 같은 그룹에 속한다고 생각하지 않는 사람은 네트워크 경계 안에 포함되지 않는다.

어떤 집단의 내부 네트워크를 분석하는 것이 연구목적이라면 사실주의 접근법에 의해 집단의 내・외부를 구분하는 네트워크 경계를 정확히 결정하는 것이 중요하다. 집단 내의 중요한 액터를 네트워크에서 누락시켜도 안 되고, 비구성원을 포함시켜도 안 되기 때문이다. 이러한 오류는 연구의 타당성을 심각하게 위협할 수 있다. 사실주의 접근법에서는 누가 목표 모집단에 대한 핵심 정보제공자(key informants)인지를 파악하는 것이 중요하다. 연구자에게 네트워크에 대한 정보를 제공해 주는 사람은 연구대상 네트워크에 대해 잘 알고 있어야 하며 그 네트워크의 구성원들에 대한 정확한 정보를 제공할 수 있어야 한다. 따라서 사실주의 접근법에서는 핵심 정보제공자가 누구인지를 찾는 것 자체가 어려운 과제일 수 있다.

명목주의 접근법

명목주의 접근법(nominalist approach)은 연구목적에 따라 명목상의 집단을 정의하고 이 정의에 부합하는 액터 집합을 대상으로 네트워크의 범위를 결정한다. 네트워크의 경계는 연구자가 도입한 개념적 프레임워크(conceptual framework)를 바탕으로 설정된다. 예를 들어, 특정 주제에 대해 연구하는 학자들의 소셜네트워크를 분석하고자 할 때 과거 5년 동안 그 주제에 대해 논문을 발표한 학자들의 집합을 네트워크 경계 결정을 위한 개념적 프레임워크로 설정할 수 있다. 이러한 개념적 프레임워크로부터 도출된 액터들의 집합이 네트워크 경계가 된다. 이 경계 내에 속한 학자들은 사실주의 접근법과 달리 그들이 같은 네트워크 경계 내에 속하여 있다는 사실을 인지하지 못할 수도 있다. 명목주의 접근법에서는 어떤 부서에 속한 종업원이라든지, 한 단과대학에 소속된 학생이라든지, 변호사협회에 등록된 회원 변호사와 같이 대개의 경우 법적 또는 공식적 멤버십 요건을 통해 명확한 경계를 도출할 수 있다. 액터의 식별에 의존하는 사실주의 접근법과 달리 명목주의 접근법은 개념적 프레임워크에 대한 연구자의 이론적 근거(theoretical justification)에 의존한다. 따라서 명목주의 접근법에서는 네트워크 경계에 대한 근거를 충분히 정당화할 수 있어야 한다.

라우만 등(Laumann et al. 1983, 1989)이 네트워크 경계설정을 위한 방법으로서 명목주의 접근법과 사실주의 접근법을 제시한 이후, 이어진 후속 연구들에서 이 두 가지 접근법을 바탕으로 지위 접근법, 관계 접근법, 이벤트 접근법 등 세 가지 구체적 경계설정방법들이 제시되었다(Knoke and Yang 2008; Prell 2012).

지위 접근법

지위 접근법(positional approach)은 네트워크의 경계를 설정할 때 잘 정의된 지위의 개념을 이용한다. 여기에서 지위란 특정 역할, 기능, 권한과 관련된 사회적 위치를 의미한다. 지위 접근법은 공식적인 사회구조에서 유사한 지위를 점유하는 액터들의 집합을 도출한다. 이 접근법은 관심의 대상인 지위를 먼저 식별하고, 그 다음 그 지위를 차지하고 있는 사람을 액터 집합에 포함시키는 방식으로 네트워크 경계를 설정한다. 예를 들어, 기업의 엘리트 네트워크를 연구하기 위하여 '이사'라는 직위를 이용하여 네트워크의 범위를 결정할 수 있다. 유심(Useem 1979)의 연구에서는 797개 미국 대기업에서 이사 직위를 갖고 있는 사람을 기업의 엘리트로 정의하고, 총 8,623명의 이사 직위를 갖는 액터 집합을 도출하였다. 기업 간 전략적 제휴 네트워크의 연구에 'Fortune 500'과 같은 기업 리스트를 이용하는 것도 지위 접근법을 이용한 경계설정이다. 노키(Knoke 2001)는 1989년부터 1998년 사이에 Fortune 500, Fortune 1000, Global 500에 이름이 올라 있는 기업들 간의 전략적 제휴를 분석하였다. 지위 접근법을 이용하여 소셜네트워크의 경계를 설정하는 경우, 네트워크 연구자는 특정 지위를 포함시키거나 배제하는 데 대한 명확한 이유를 제시하여 그에 대한 정당성을 확보해야 한다.

지위 접근법은 일반적으로 목표집단 전체를 포함하는 명부를 필요로 한다. 그러나 때때로 이러한 명부는 조직의 멤버십 리스트가 오래되었거나 구성원의 일부가 누락되어 있을 경우, 불완전하거나 부정확할 수 있다. 이럴 경우 자체적인 조사를 수행하여 완벽한 멤버십 리스트를 확보할 필요가 있다. 지위는 어느 사회구조에나 존재하기 때문에 지위 접근법을 이용하게 되면 그 적정성 여부에 관계없이 공식적 사회구조 내에서 유사한 지위를 차지하고 있는 액터들의 집합이 도출된다. 따라서 지위 접근법을 이용하여 네트워크 경계를 설정할 때, 연구자들은 지위를 기반으로 도출된 네트워크 구조가 연구하고자 하는 네트워크를 얼마나 잘 대표하는지 그 적정성을 주의 깊게 살펴볼 필요가 있다. 또한 지위 접근법을 기반으로 도출된 네트워크에서는 액터들이 종종 서로 연결되지 않는 경우도 발생하기 때문에, 연구자들은 조밀하게 연결된 소규모의 서브네트워크들이 서로 단절된 채 하나의 큰 네트워크를 구성할 수 있다는 점도 염두에 둘 필요가 있다.

관계 접근법

관계 접근법(relational approach)은 네트워크 내에 포함될 액터를 선정하기 위하여 연구대상이 되고 있는 네트워크에 대해 잘 알고 있는 정보제공자나 네트워크 내에 이미 포함되어 있는 다른 액터들을 이용한다. 명성법과 스노우볼 샘플링법 등의 경계설정방법이 관계 접근법의 범주에 속한다.

명성법 명성법(reputational method)을 이용하는 경우, 연구자는 연구대상이 되고 있는 네트워크에 대해 가장 잘 알고 있는 정보제공자나 그 분야 전문가에게 액터들을 지명해 줄 것을 요청한 후 식별된 액터들을 이용하여 네트워크의 경계를 설정한다. 예를 들어, 정보제공자에게 "커뮤니티 내에서 영향력이 있는 사람은 누구인가?", "우리 분야에서 권위자는 누구인가?" 등과 같은 질문을 한 후 이러한 질문을 통해 식별된 사람들의 리스트를 목표로 하는 액터 집합으로 간주한다. 명성법은 관련된 지위를 이용할 수 없거나, 모든 액터들이 열거된 액터 명부가 존재하지 않거나, 네트워크의 범위를 결정할 때 액터 자체의 지식이 중요한 경우 등에 이용할 수 있다. 명성법은 정보제공자를 통해 네트워크에 관한 정보를 얻기 때문에, 유효한 네트워크 참여자를 열거할 수 있는 적절한 정보제공자를 확보하는 것이 중요하다(Scott 2012). 선택된 정보제공자에 따라 네트워크 내에 포함되는 액터들은 서로 상이할 수 있으며 이는 후속 분석에 영향을 미치는 결과를 가져올 수 있다(Morrissey et al. 1985). 따라서 연구자는 항상 자신이 선택한 정보제공자에 대해 신뢰할 만한 이론적·실증적 근거를 제시할 수 있어야 한다(Scott 2012).

스노우볼 샘플링법 스노우볼 샘플링법(snowball sampling method)에서는, 우선 소수의 액터들을 선정하고 그들에게 그들과 관계를 맺고 있는 다른 액터들을 지명할 것을 요청한다. 그런 다음 이렇게 도출된 액터들에게 앞서와 마찬가지로 다른 액터들을 지명할 것을 요청한다. 이런 식으로 더 이상 추가되는 액터가 없거나 그 수가 현저히 줄어들 때까지 이 과정을 반복한다(Wasserman and Faust 1994). 스노우볼 샘플링법은 액터들의 관계를 이용하여 네트워크를 구축하기 때문에 지명단계를 거칠 때마다 기존 액터와 관계를 갖는 새로운 액터들이 등장한다. 그래서 스노우볼 샘플링법은 대개 강하게 연결된 네트워크를 도출하게 된다. 스노우볼 샘플링법은 마약판매상이나 마약중독자, 불법체류자와 같이 쉽게 접근하기 어려운 모집단의 구성원들을 찾아내는 데 특히 효과적이다. 이러한 숨겨진 모집단에 대해서는 전통적인 표본추출방법으로는 충분한 수의 케이스를 확보하기가 어려울 수 있다. 반면에 스노우볼 샘플링법은 마약중독자 치료소나 마약중독자들이 많은 특정 지역에서 몇몇 중독자들과의 인터뷰를 시작으로 하여 그들과 관계를 맺고 있는 다른 액터들, 그리고 그 액터들과 관계를 맺고 있는 또 다른 액터들을 차례로 찾아감으로써 비교적 충분한 수의 액터를 확보할 수 있다.

스노우볼 샘플링법에 의해 수집된 네트워크 데이터는 최초로 선정한 액터들에 의해 영향을 받을 수 있다는 문제가 있다(Scott 2012). 연구자가 처음 선정한 액터 집합이 달라지면 수집한 네트워크 데이터 역시 달라질 가능성이 높다. 스노우볼 샘플링법이 갖고 있는 또 다른 문제는 완벽하게 잘 정의된 네트워크 경계를 도출할 때까지 많은 시간이 소요될 수 있다는 것이다. 이러한 이유로 '구역(zone)'의 관점에서 스노우볼 샘플을 정의하고 구역을 확장해 가면서 어느 단계에서 데이터 수집을 멈출 것인지를 결정하는 방법이 제안되었다(Knoke and Kuklinski 1982). 첫 번째 구역은 최초로 선정된 소수의 액터들과 그들이 지명한 액터들로 구성된다. 두 번째 구역은 첫 번째 구역에서 지명된 액터들이 지명한 액터들로 구성된다. 이런 방식으로 계속 구역을 확장할 수 있지만, 대부분의 소셜네트워크 연구에서는 시간과 비용을 고려하여 처음 몇 단계의 구역에서 멈출 것을 권고하고 있다(Knoke and Kuklinski 1982; Prell 2012).

이벤트 접근법

이벤트 접근법(event-based approach)은 특정 시간과 장소에서 발생하는 이벤트(또는 활동)에 참여하는 액터들을 네트워크에 포함시킴으로써 네트워크의 경계를 설정한다(Marsden 2005). 예를 들어, 동네공원에서 발생하는 다양한 이벤트(예: 운동하기)에 참여하는 규칙적인 공원 방문자들(예: 일주일에 세 번 이상 방문하는 사람)을 대상으로 동네공원 방문자 네트워크의 경계를 설정할 수 있다. 이벤트 참여를 기반으로 한 경계설정 규칙은 액터들의 행태를 고려한다는 점에서 앞서 살펴본 지위 접근법이나 관계 접근법과는 차별화된다.

이벤트 접근법은 특정 이벤트를 기반으로 네트워크의 경계를 설정하기 때문에 이벤트를 적절히 범주화하는 것이 중요하며 이벤트 선정 시 이에 대한 충분한 근거를 제시할 필요가 있다. 이벤트 접근법은 중요한 이벤트나 액터를 간과함으로써 불완전한 네트워크 데이터를 만들어 낼 수도 있다. 이 문제는 특히 하나의 이벤트를 이용하여 네트워크 경계를 설정할 경우 나타날 가능성이 높다. 왜냐하면 중요한 액터들이 그 하나의 특정 이벤트에 참여하지 않을 수도 있고, 그렇게 되면 그 액터들은 네트워크에 포함되지 못하기 때문이다. 따라서 복수의 이벤트를 이용하여 모든 이벤트별 참여자들을 종합하면 보다 포괄적인 네트워크를 생성할 수 있다. 예를 들어, 대학교 기숙사에서 학생들의 친구관계 네트워크를 조사하고자 할 때, 기숙사 사교모임과 식당 두 환경에서 학생들을 관찰하는 것이 어느 한편만 관찰하는 것보다 좀 더 종합적인 네트워크를 생성해줄 것으로 기대된다(Freeman and Webster 1994).

데이터 수집 기법

연구목적 및 연구환경에 따라 소셜네트워크 데이터는 다양한 기법 및 절차에 의해 수집된다. 특히 설문서나 인터뷰는 소셜네트워크 데이터를 수집하기 위한 도구로서 가장 폭넓게 사용되고 있으므로, 이를 이용한 네트워크 데이터 수집 기법에 대한 충분한 이해가 필요하다. 여기에서는 설문서나 인터뷰를 이용한 네트워크 데이터 수집 기법을 비롯하여 다양한 네트워크 데이터 수집 기법들에 대해 살펴본다(Borgatti et al. 2013; Marsden 2011; Prell 2012; Wasserman and Faust 1994).

소시오메트리

소시오메트리(sociometry)는 모레노(Moreno 1934)에 의해 개발된 이래 소셜네트워크 데이터 수집을 위하여 널리 사용되고 있다. 기본적인 아이디어는 주어진 관계유형에 대해 설문서나 인터뷰를 통해 네트워크 구성원 상호 간의 선택과 비선택관계를 파악함으로써 네트워크의 구조를 이해하는 것이다. 네트워크 내 연결관계의 파악에는 다양한 기준이 적용될 수 있다.

단일관계/다중관계 소셜네트워크 데이터는 기본적으로 네트워크 내의 각 개인에게 연결관계(예: 친구관계, 조언관계)를 맺고 있는 사람들을 식별하도록 요청함으로써 수집된다. 이때 **단일관계(single-criterion recognition)**를 이용한 설문은 하나의 관계유형에 대한 데이터를 수집하는 반면, **다중관계(multiple-criterion recognition)**를 이용한 설문은 여러 개의 관계유형에 대한 데이터를 수집한다. 예를 들어, 버크하트(Burkhardt 1994)는 정부기관의 직원들을 대상으로 업무와 관련하여 의견을 교환하는 하나의 관계유형을 분석하였다. 키팅 등(Keating et al. 2007)은 의사들을 대상으로 본인의 의학적 견해에 영향을 미치는 관계를 조사하여 의사들 간의 영향 네트워크를 분석하였다.

> 단일관계(Keating et al. 2007)
> 지난 6개월간 다음 각 의사와 나눴던 대화 가운데 여성의 건강문제에 대한 당신의 생각에 영향을 미친 대화의 개수에 동그라미를 치시오.
> [알파벳순으로 된 의사의 이름과 세 개의 응답 범주(0, 1~3 ≥4)가 주어짐]

반면에 싱글톤과 애셔(Singleton and Asher 1977)는 다중관계를 사용한 설문을 이용하여 초등학교 학생들을 대상으로 한 두 가지 관계유형(누구와 놀고 싶은지, 누구와 공부하고 싶은지)에 대한 조사를 바탕으로 친구관계 네트워크를 분석하였다.

> 다중관계(Singleton and Asher 1977)
> 1. 이 친구와 얼마만큼 함께 놀고 싶은가?
> 2. 이 친구와 얼마만큼 함께 공부하고 싶은가?
> [알파벳순으로 된 학급 학생들의 이름과 찡그린 얼굴로 표현된 1부터 웃는 얼굴로 표현된 5까지의 응답 범주가 주어짐]

세 개 이상의 관계유형이 관심의 대상일 수도 있다. 예를 들면, 브라스(Brass 1985)는 설문을 이용하여 신문사의 직원들을 대상으로 업무, 커뮤니케이션, 친구 등 세 가지 관계를 조사하였다. 보가티와 크로스(Borgatti and Cross 2003)는 다국적 제약회사에 근무하는 연구원들을 대상으로 인지, 평가, 접근, 비용, 정보교환 등 다섯 가지의 관계를 조사하였으며, 이바라(Ibarra 1993)는 광고회사의 직원을 대상으로 커뮤니케이션, 조언, 지지, 영향, 친구 등 다섯 가지의 관계유형을 도출하였다.

> 다중관계(Borgatti and Cross 2003)
> 1. (인지) 나는 이 사람이 어떤 스킬을 가지고 있고 어떤 전문지식을 보유하고 있는지 알고 있다.
>   1=전혀 동의하지 않음, 5=전적으로 동의함, 0=이 사람을 모름
> 2. (평가) 나는 이 사람이 나의 업무와 관련된 중요한 영역에서 전문성을 가지고 있다고 생각한다.
>   1=전혀 동의하지 않음, 5=전적으로 동의함, 0=이 사람을 모름

3. (접근) 나는 정보나 조언이 필요할 때 적시에 이 사람의 도움을 받을 수 있다.
   1=전혀 동의하지 않음, 5=전적으로 동의함, 0=이 사람을 모름
4. (비용) 나는 이 사람으로부터 정보를 얻거나 조언을 구하는 것이 많은 대가나 희생을 수반한다고 생각한다.
   1=매우 그렇다, 5=전혀 그렇지 않다, 0=이 사람을 모름
5. (정보받기) 나는 최근 3개월간 이 사람으로부터 업무와 관련된 정보와 지식을 얻었다.
   1=전혀 아님, 5=매우 많음, 0=이 사람을 모름
   (정보주기) 나는 최근 3개월간 이 사람에게 업무와 관련된 정보와 지식을 제공했다.
   1=전혀 아님, 5=매우 많음, 0=이 사람을 모름

다중관계(Ibarra 1993)

다음에 해당하는 사람을 열거하시오.

1. (커뮤니케이션) 회사에서 일어나는 일을 함께 의논한다.
2. (조언) 업무와 관련된 문제에 직면하거나 의사결정 시 충고가 필요할 때 전문적인 조언을 구한다.
3. (지지) 위기에 직면했을 때 의지할 수 있다.
4. (영향) 중요한 의사결정에 영향을 미칠 수 있다.
5. (친구) 업무를 떠나 함께 사교활동을 하는 가까운 친구이다.

명부/자유회상 설문서나 인터뷰를 이용하여 네트워크 데이터를 수집할 때 고려해야 할 것 중의 하나는 각 응답자에게 연구대상인 액터들의 이름이 모두 포함된 명부(roster)를 제공하는지의 여부이다. 명부는 연구자가 데이터 수집 전에 연구대상인 액터 집합의 구성원들을 모두 알고 있을 경우에 작성될 수 있다. 예를 들어, 대학강좌의 수강생 명부를 사용하여 수강생 간의 친구관계에 관한 데이터를 수집할 수 있다(Krackhardt and Stern 1988; Kwahk 2011). 각 수강생은 제시된 명단을 보고 명단에 열거된 동료 수강생에 대해 친구관계의 친밀도 정도를 평가한다. 보가티와 크로스(Borgatti and Cross 2003)는 다국적 제약회사 두 곳에 근무하는 연구원 37명과 35명의 명부를 이용하여 이들 연구원들 간의 관계 데이터를 수집하였다.

> **명부(Krackhardt and Stern 1988)**
> 명단에 있는 각 사람들과 당신 간의 관계를 가장 잘 설명하고 있는 범주에 체크하시오. [모든 수강생들의 이름과 응답자들이 선택할 수 있는 다섯 가지 범주가 주어짐: '친구로서 신뢰함', '잘 알고 있음', '가볍게 알고 지냄', '얼굴과 이름을 알고 있음', '전혀 모름']

자유회상(free recall)을 이용하여 네트워크 데이터를 수집할 경우에 연구자는 응답자에게 모든 액터들의 이름이 포함된 별도의 명부를 제공하지 않는다. 설문서에는 "당신이 (_____)하는(좋아하는, 가깝다고 생각하는, 어려울 때 조언을 구하는 등 특정 관계를 설명) 사람의 이름을 제시하시오"와 같은 질문이 포함되며 응답자는 자유롭게 기억을 떠올려 응답을 하게 된다. 예를 들어, 교내에서의 친구관계 네트워크를 조사할 때 각 응답자에게 자신이 가장 좋아하는 친구를 친한 순서대로 열거하라고 요청할 수 있다. 이때 설문서에는 참고할 수 있는 별도의 명부가 제공되지 않는다. 라포포트와 호바스(Rapoport and Horvath 1961)는 자유회상 방식을 이용하여 중학교 두 곳에서의 친구관계 네트워크를 조사하였다. 콜먼(Coleman 1961) 역시 자유회상 방식을 이용하여 고등학교에서의 친구관계 네트워크를 조사하였다.

> **자유회상(Rapoport and Horvath 1961)**
> 자신의 이름, 나이, 학년, 학급을 적고 다음 문장의 공란을 채우시오.
> 1. (   ) 중학교에서 나의 가장 친한 친구는 (   )이다.
> 2. (   ) 중학교에서 나의 두 번째로 친한 친구는 (   )이다.
> ⋮
> 8. (   ) 중학교에서 나의 여덟 번째로 친한 친구는 (   )이다.

> **자유회상(Coleman 1961)**
> 학교에서 가장 자주 어울리는 친구는 누구인가(성과 이름을 쓰시오)?

고정선택/자유선택 설문서나 인터뷰를 통해 네트워크 데이터를 수집할 때, 응답자가 열거하는 사람들을 모두 허용할지 혹은 응답자가 열거하는 사람의 숫자를 제한할지를 결정하는 것 또한 고려해야 할 중요한 결정사항 중의 하나이다. **고정선택(fixed choice)**을 이용할 경우 각 응답자는 제한된 숫자의 액터에 대해서만 연결관계 정보를 제공한다. 예를 들어, 직장에서 어려울 때 도움을 요청하는 조언관계 네트워크를 조사하고자 할 때, 각 응답자에게 자신이 도움이 필요할 때 도움을 요청하는 동료 세 명을 열거하도록 질문을 구성한다. 이 경우 각 응답자는 최대 세 개의 연결관계만을 갖는 것으로 네트워크가 제한된다. 콜먼 등(Coleman et al. 1966)은 신약의 확산에 관한 연구에서 인터뷰를 통해 의사들에게 세 가지 질문을 하였다. 여기에서 의사들은 세 개의 관계유형 각각에 대해 최대 세 개의 연결관계만을 갖는 것으로 자신들의 소셜네트워크가 제한되었다.

> 고정선택(Coleman et al. 1966)
>
> 1. 정보와 조언을 얻기 위하여 누구와 가장 자주 상의하는가?
> 2. 환자진료에 관하여 누구와 가장 자주 의견교환을 하는가?
> 3. 가장 자주 어울리는 친구는 누구인가?
>
> [세 가지 질문에 대하여 각각 세 명의 의사 이름을 얘기하도록 요청함]

반면에 **자유선택(free choice)**은 연결관계 정보를 제공하는 데 어떠한 제약도 가하지 않는다. 예를 들어, 직장에서 도움이 필요할 때 도움을 요청하는 조언관계 네트워크 조사에서 도움을 요청하는 동료의 숫자에 제한을 하지 않고 자유롭게 열거하도록 질문을 구성한다. 앞서 살펴보았던 크랙하트와 스턴(Krackhardt and Stern 1988)에 의한 수강자들 간의 친구관계 연구가 자유선택 방식에 해당한다. 응답자들은 자신들이 선택할 수 있는 친구의 숫자에 어떠한 제약도 갖지 않는다.

고정선택 방식에 의한 액터 수의 제한은 응답자가 수행해야 할 네트워크 데이터 추출과정을 단순화시켜 응답자의 부담을 줄여주는 실무적 장점을 갖는다. 또한 시간과 자원에 있어서 제약이 존재하거나 설문서가 상대적으로 길다면, 불가피하게 응답자의 액터 수에 제한을 두는 것이 현실적인 대안일 수 있다. 하지만 고정선택 방식에는 측정오류(measurement error)가 발생할 가능성이 높다는 비판도 있다. 모든 응답자가 고정선택 방식에 의해 지정된 숫자만큼의 알터로 구성된 소셜네트워크를 갖고 있는 것은 아니기 때문에 불완전하거나 부정확한 데이터를 얻게 될 가능성이 높다. 어떤 응답자는 실제 보유한 액터 수가 지정된 액터 수를 초과하여 실제보다 적은 연결관계만을 드러낼 수밖에 없는 반면, 어떤 응답자는 지정한 액터 수를 채우지 못하기도 한다. 실제로 응답자의 약 20% 정도는 지정된 숫자만큼의 액터를 열거하지 못한다(Wasserman and Faust 1994).

절대평가/상대평가 관계의 강도나 접촉의 빈도를 표현하는 계량 네트워크를 구축할 때는 연결관계의 강도를 어떻게 측정할지 결정해야 한다. 절대평가(rating)를 이용할 경우 각 응답자는 액터 간 연결관계에 대해 각각 절대적인 척도로 평가값을 부여한다. 예를 들어, 절대평가를 이용하여 조언관계의 강도를 측정할 경우 5점 등간척도(1: 거의 조언을 구하지 않음 ~ 3: 보통의 빈도로 조언을 구함 ~ 5: 매우 빈번히 조언을 구함)로 각 관계에 대한 개별적인 관계강도를 평가할 수 있다. 또는 '한 달에 한 번', '일주일에 한 번', '매일' 등과 같이 일정 기간 동안의 상호작용 빈도로 관계강도를 측정하기도 한다. 그러나 이 방법을 사용할 경우에는 사전 조사를 통해 적정한 기간 단위를 선택하는 것이 중요하다. 만약 하루에도 몇 번씩 발생할 수 있는 상호작용 패턴이라면 거의 모든 응답자가 '매일'을 선택할 수도 있기 때문에 액터 간 관계강도를 적절히 식별하기 어렵다.

상대평가(complete ranking)를 이용할 경우 각 응답자는 다른 액터들과의 모든 연결관계를 대상으로 상대적 순위를 산정하여 평가값을 결정한다. 상대평가 데이터를 쉽게 확보할 수 있는 방법 가운데 하나는 카드를 이용하는 것이다. 한 사무실 내 구성원 간의 커뮤니케이션 정도를 조사하기 위하여 각 구성원에게 다른 구성원의 이름이 쓰여져 있는 카드를 나누어주고 이들 카드를 커뮤니케이션의 빈도수에 따라 순서대로 배열하게 하여 각 커뮤니케이션관계에 대한 상대적 순위를 부여한다.

인지사회구조

소셜네트워크 데이터를 수집하기 위해서는 일반적으로 설문서나 인터뷰 등을 통해 응답자에게 자신과 연결된 다른 사람과의 관계에 대한 정보를 제시하도록 한다. 이를 확장하여 각 응답자에게 자신과 연결된 사람뿐만 아니라 연결되지 않은 다른 사람들 간의 관계에 대해서도 정보를 제시하도록 요청할 수 있다. 즉 네트워크 내에 포함되어 있는 모든 양자 간 관계를 주관적 견해를 바탕으로 측정하는 것이다. 이처럼 각 개인이 지각하는 다른 모든 사람들 간의 관계를 인지사회구조(cognitive social structure)라고 한다. 모든 액터쌍들이 포함된 리스트를 이용하여 각 응답자에게 각 액터쌍의 연결관계에 대한 주관적인 생각을 응답하게 하면 이러한 네트워크 데이터를 얻을 수 있다. N명의 액터로 구성된 네트워크가 있을 경우, 인지사회구조 데이터 집합은 N명의 각 참여자의 관점에서 연결관계를 보여주는 총 N개의 인지

맵(cognitive map)으로 구성된다. 각 인지맵은 각 참여자 관점에서의 N개의 액터로 구성된 소시오그램으로 표현되거나 $N\times N$의 소시오매트릭스로 나타난다. 각 참여자는 방향성이 있는 모든 양자관계에 대해 N^2-N개의 평가를 해야 하기 때문에 이러한 데이터 집합을 도출하기 위해서는 상당한 시간과 노력이 소요된다. 따라서 인지사회구조 데이터 수집은 종종 매우 작은 네트워크나 제한된 범위를 갖는 경우에 주로 활용된다.

예를 들어, 21명의 관리자로부터 조언관계와 친구관계에 대해 인지사회구조 방식으로 네트워크 데이터를 수집한 한 연구에서는 21개의 조언관계 인지맵과 21개의 친구관계 인지맵을 도출하였고, 각 인지맵에는 $420(=21^2-21)$개의 연결관계가 표현되었다(Krackhardt 1987). 에고 네트워크는 에고 역할을 하는 한 구성원이 자신과 직접 연결된 다른 사람들 간의 지각된 관계를 기술한다는 점에서 다른 모든 네트워크 구성원들 간의 관계를 표현하는 인지사회구조의 한 특별한 경우라고 할 수 있다. 인지사회구조를 바탕으로 수집된 데이터는 액터들이 자기 자신의 연결관계뿐만 아니라 다른 모든 액터들 간의 연결관계에 대한 생각까지 반영하기 때문에 다른 데이터 수집 방법을 이용하여 수집된 네트워크 데이터보다 더 많은 정보를 제공한다.

인지사회구조의 네트워크 데이터는 다음과 같은 두 가지 방식에 의해 수집될 수 있다. 첫째, 각 액터의 외향 연결관계(outgoing ties)를 액터별로 별개의 설문을 통해 수집한다(Krackhardt 1987). 크랙하트와 포터(Krackhardt and Porter 1985)는 이러한 절차를 이용하여 레스토랑에서의 종업원들 간의 지각된 친구관계 네트워크 데이터를 수집하였다.

> **인지사회구조(Krackhardt and Porter 1985)**
>
> 설문서의 각 페이지에는 모든 종업원의 명단이 제공된다. 첫 번째 페이지에서 응답자는 종업원 #1(예: '해리')이 친구로 여긴다고 생각되는 사람의 이름을 명단에서 찾아 체크한다. 두 번째 페이지에서 응답자는 종업원 #2(예: '론')가 친구로 여긴다고 생각되는 사람을 체크한다. 이런 과정을 모든 종업원에 대해 반복하여, 마지막 페이지에서 응답자는 종업원 #N(예: '헤르미온느')이 친구로 여긴다고 생각되는 사람을 체크한다.

둘째, 각 액터에게 모든 액터들 간의 관계를 나타낸 매트릭스를 완성하게 한다(Casciaro et al. 1999). 카시아로 등(Casciaro et al. 1999)은 이러한 절차에 따라 친구관계를 나타내는 인지사회구조를 도출하였다.

> 인지사회구조(Casciaro et al. 1999)
> 당신이 생각하기에 행에 열거된 사람이 열에 열거된 사람을 친구로 여기면 매트릭스의 해당 셀에 '×' 표시를 하시오. 예를 들어, 당신이 생각하기에 J가 N을 친구로 여긴다면 매트릭스의 셀 (J, N)(즉 J행과 N열이 만나는 셀)에 '×' 표시를 하시오.
> [사람들의 이름이 행과 열에 동일하게 나열된 정방형 매트릭스가 주어지며, 자기 자신과의 관계를 나타내는 대각선에는 빗금이 쳐짐]

인지사회구조 방식을 적용하게 되면 각 연결관계에 대해 복수의 평가 결과 $\{a_{ij}^{(k)}\}$가 산출된다. 여기에서 $a_{ij}^{(k)}$는 k번째 응답자에 의한 (i, j)쌍 간의 관계에 대한 평가를 나타낸다. 이들 k개의 복수의 평가를 결합하여 전체 네트워크에서 각 (i, j)쌍 간의 관계에 대한 하나의 측정값을 구하는 방법은 다음과 같은 두 가지가 있을 수 있다(Krackhardt 1987). 첫째, 단순히 $a_{ij} = a_{ij}^{(i)}$로 평가한다. 이는 i번째 응답자의 판단을 (i, j)쌍 간의 관계에 대한 단일의 평가로 받아들인다는 의미이다. 따라서 전체의 합의가 아닌 부분적으로 통합된 구조를 만들어 내며, 본질적으로는 소시오메트리기법을 토대로 각 액터에 대한 설문이나 인터뷰를 통해 얻어지는 네트워크 데이터와 동일하다. 둘째, 복수의 평가 결과를 더해서 평가자 수로 나누어 평균하면 어느 정도는 전체적으로 합의된 구조를 만들어 낼 수 있다. 즉 $a_{ij} = \frac{1}{k}\sum_k a_{ij}^{(k)}$로 평가한다(여기에서 k는 전체 평가 개수). 연구목적에 따라서는 이렇게 구해진 결과값에 일정 기준값을 적용하여 관계의 존재 유무만을 나타내는 이진 매트릭스로 변환한다.

인지사회구조 데이터는 다음과 같은 두 가지 측면에서 활용이 가능하다. 첫째, 참여자들에 의해 지각된 네트워크 구조의 일치(consensus) 정도를 평가할 수 있다. 일치란 네트워크 내의 연결관계에 대한 정보제공자 간의 판단 또는 평가의 동의 정도를 의미한다. 여기에서 유사한 속성(예: 성별, 나이)이나 유사한 관계적 패턴(예: 네트워크에서의 위치)을 갖는 사람들 간의 일치 정도가 그렇지 않은 경우보다 더 높은지가 주요 관심사일 수 있다. 둘째, 일정 기준 대비 지각된 네트워크 구조의 편향(bias) 정도를 평가할 수 있다. 편향이란 특정 기준과 비교하여 정보제공자의 네트워크 내의 연결관계에 대한 지각의 정확성 정도를 나타낸다. 다른 모든 참여자들로부터 도출된 네트워크를 총합하여 얻어진 네트워크가 비교를 위한 하나의 기준이 될 수 있다. 이러한 비교를 통해 인지사회구조는 응답자의 자기보고적 응답에서 발생하는 체계적 인지오류(systematic perceptual error)을 파악하는 데 도움을 준다. 참여자의 행동을 직접 관찰하여 얻어진 관계 데이터 또한 편향 정도를 이해하기 위한 하나의 비교기준으로 활용될 수 있다. 응답자들이 제시한 관계 데이터는 종종 사회적 관계에 대한 객관적인 사실로 받아들여지는 경향이 있다. 그러나 자기보고(self-reports) 방식으로 측정된 관계 데이터와 실제로 발생하는 액터들 간의 상호작용 행동 간에는 차이가 존재할 수 있다. 예를 들어, 쿰바사르 등(Kumbasar et al. 1994)은 25명의 컴퓨터 하드웨어 엔지니어를 인터뷰하여 친구관계를 나타내는 인지사회구조를 도출하였다. 도출된 25개의 인지맵은 하나의 글로벌 네트워크로 통합되었다. 이 글로벌 친구 네트워크와 각 엔지니어의 개별적인 지각된 친구 네트워크를 비교함으로써, 사람들은 글로벌 네트워크에 비해 본인이 지각한 네트워크에서 자신이 네트워크의 중심에 좀 더 가까이 있는 것으로 생각하는 경향이 있음을 알 수 있었다.

사회인지매핑과 카드분류

사회인지매핑 사회인지매핑(socio-cognitive mapping)은 인지사회구조 방법과 마찬가지로 응답자의 주관적 판단에 의해 네트워크 내 다른 모든 사람들 간의 관계 데이터를 수집한다. 이 방법은 인지사회구조 방법에 비해 응답자의 부담이 현저히 줄어든다는 장점이 있다. 사회인지매핑은 설문을 통해 우선 집단에 대한 응답자의 주관적 견해를 추출하고 이를 바탕으로 사람들 간의 관계를 도출한다. 사회인지매핑은 자유회상 방식을 이용하여 응답자들에게 '함께 어울려 다니는 사람들'의 그룹을 찾아내도록 요청한다. 예를 들어, 케언스 등(Cairns et al. 1985)은 이 방법을 이용하여 함께 어울리는 사람들의 집단을 확인하였다.

> 사회인지매핑(Cairns et al.1985)
>
> 1. 함께 자주 어울려 다니는 사람들이 있습니까? 그들은 누구입니까?
> 2. 함께 어울려 다니지 않는 사람들이 있습니까? 그들은 누구입니까?

사회인지매핑 방식을 통해 추출한 데이터는 어떤 사람이 어떤 그룹에 속하는지를 나타내는 이진 매트릭스를 구성한다. 각 액터별로 추출된 이 이진 매트릭스들을 결합하면 전체 네트워크에서의 통합된 관계를 도출할 수 있다. 동일한 그룹에 속해 있는 두 사람은 서로 연결관계를 가지고 있는 것으로 볼 수 있으며 두 사람 간의 연결관계의 강도는 그 두 사람을 하나의 그룹에 할당한 액터들의 수로 나타낼 수 있다. 이렇게 얻어진 계량 매트릭스에 관계 유무의 판단기준으로 사용할 기준값을 적용하면 이진값으로 표현된 이진 매트릭스를 생성할 수 있다.

카드분류 **카드분류(pile sort)**는 사회인지매핑과 마찬가지로 응답자가 지각하는 집단을 도출한다. 카드분류에서는 우선 각 응답자에게 액터들의 이름이 포함되어 있는 카드를 제공한다. 그런 다음 그 카드들을 서로 가깝거나 서로 빈번하게 접촉하는 사람들끼리 묶어서 서로 중복되지 않는 카드 묶음을 만들게 한다. 그러면 사회인지매핑에서와 마찬가지로 어떤 사람이 어떤 그룹에 속하는지를 나타내는 이진 매트릭스를 구성할 수 있고, 각 액터별로 추출된 이 이진 매트릭스들을 결합하여 전체 네트워크에서의 통합된 관계를 도출할 수 있다.

이름생성기와 이름해석기

이름생성기(name generator)와 **이름해석기(name interpreter)**를 통한 네트워크 데이터 수집은 대부분 에고 네트워크의 연구에서 활용된다. 연구자는 두 단계의 설문조사 절차를 통해 각 응답자(즉 에고)로부터 응답자와 직접 연결된 다른 사람들(즉 알터들) 간의 연결관계에 관한 정보를 수집한다(Marsden 1987). 이름생성기와 이름해석기를 이용한 설문조사에서는 응답자가 그를 둘러싸고 있는 에고 네트워크에 대한 데이터를 제공하는 정보제공자로 간주되기 때문에, 알터에게 직접 설문하거나 인터뷰하지는 않는다.

이름생성기 설문을 통해 응답자인 에고의 알터들을 파악하고, 이름해석기 설문을 통해 각 알터, 알터 간의 관계, 그리고 알터와 에고 간의 관계에 대한 정보를 수집한다(Marsden 2005). 일반적인 절차는 다음과 같다. 우선 각 응답자에게 자신과 특정 연결관계(연구자가 관심을 갖고 있는 관계)를 맺고 있는 사람을 제시하도록 요청한다. 그런 다음 제시된 사람들에 대한 나이, 성별, 교육 수준 등과 같은 정보를 제공하도록 한다. 이어서 응답자와 제시된 사람들과의 관계 특성, 그리고 제시된 사람들 간의 관계에 대해 응답하도록 한다.

이름생성기는 응답자의 에고 네트워크를 구성하는 알터를 식별하여 네트워크의 경계를 설정한다. 이름생성기는 소시오메트리의 설문항목과 매우 유사하다. 하지만 이름생성기는 일반적으로 응답자의 기억에 의존하는 자유회상 방식으로 알터를 식별한다. 왜냐하면 에고 네트워크에서는 대체로 알터들의 명부가 존재하지 않기 때문이다. 이름생성기의 응답을 토대로 이름해석기는 개별 알터의 속성이나 이들 간의 관계에 대해 조사한다. 연구자는 이름생성기와 이름해석기로부터 수집한 데이터를 바탕으로 다양한 에고 네트워크 속성을 분석한다.

이름생성기 소시오메트리 설문과 마찬가지로 이름생성기 설문에는 어떠한 관계를 조사하고자 하는지가 표현되어야 한다. 즉 알터들과 어떠한 역할관계(예: 친구, 이웃, 조언자)를 갖는지가 이름생성기 설문에 포함된다. 때로는 연구의 목적에 따라 두 개 이상의 이름생성기가 이용되기도 한다. 이를 **다중 이름생성기(multiple name generator)**라고 한다. **단일 이름생성기(single name generator)**는 알터의 이름을 식별하기 위하여 하나의 설문항목에 의존하는 반면, 다중 이름생성기는 복수의 설문항목을 사용한다. 미국에서 정기적으로 실시하는 종합사회조사에서는 응답자의 핵심 네트워크에 있는 알터들을 도출하기 위한 단일 이름생성기 설문이 사용되었다(Burt 1985; Davis et al. 2007).

> 단일 이름생성기(Burt 1985; Davis et al. 2007)
>
> 사람들은 종종 다른 사람들과 중요한 문제를 상의합니다. 지난 6개월을 돌아볼 때, 당신은 당신에게 중요한 문제를 누구와 상의하였습니까? 그들의 이름 또는 이름의 약자를 얘기해주시오.
>
> [언급한 사람 수가 다섯 명보다 작으면, 보충 질문: 다른 사람은 더 없으신가요?]

미국의 종합사회조사에서는 '중요한 문제를 상의'하는 관계가 조사되었다. 이러한 관계유형은 조사하고자 하는 주제에 따라 적절히 변형된다. 예를 들어, 헉펠트와 스프라그(Huckfeldt and Sprague 1995)는 응답자가 "누구와 지난 선거에 대해 가장 많이 이야기를 나누었는가"를 조사하였다.

이어지는 이름해석기 설문의 원활한 진행을 위해 이름생성기는 대개 응답자에게 이름 또는 이름의 약자로 알터를 식별하도록 요청한다. 에고 네트워크에서는 고유의 이름을 가지고 알터들을 연결시킬 필요는 없기 때문에, 알터의 정확한 성과 이름은 필요로 하지 않는다. 이름해석기를 통해 알터들에 대한 추가적인 질문이 가능한 수준에서 이름 또는 이름의 약자만을 이용하여 알터를 식별한다. 충분한 알터가 확보되지 않은 경우 응답자에게 추가적인 알터를 생각해내도록 요청할 수 있다(예: 미국 종합사회조사에서의 "다른 사람은 더 없으신가요?"). 추가 요청은 응답자가 잊고 있었던 알터를 새롭게 떠올릴 수 있게 하여 에고 네트워크의 크기를 획기적으로 증가시킬 수 있다.

에고와 특정 관계를 갖는 알터를 식별할 때 단일 이름생성기에 의해 포착되는 핵심적인 활동을 넘어서 종종 좀 더 다양하고 일상적인 활동에 관심을 가질 수 있다. 앞서 소개했던 미국의 종합사회조사에서처럼 '중요한 문제를 상의하는' 사람을 '친구'로 생각할 수도 있지만 훨씬 다양한 활동에 대해 친구라는 용어를 사용할 수 있다. 사람들은 실제로 친구라는 용어를 이용하여 매우 다양한 서로 다른 관계를 설명한다(Fischer 1982). 예를 들어, 사람들은 '집안일 도와주기', '돈 빌려주기', '쇼핑 등 사회적 교류활동 함께 하기', '업무 관련하여 상의하기', '취미활동 함께 하기', '사적인 문제 상의하기', '조언 구하기' 등과 같은 다양한 활동과 관련하여 친구관계를 정의하기도 한다. 다중 이름생성기를 이용하면 이러한 다양한 관계를 물어보는 설문항목을 제시하여 단일 이름생성기를 이용할 때보다 풍부한 친구관계 알터를 추출할 수 있다. 예를 들어, 사회적 지지 네트워크를 도출하기 위한 다음과 같은 다중 이름생성기는 다섯 가지의 사회적 지지 관계유형(사소한 도움, 조언, 사교활동, 개인적 문제 상의, 중대한 도움)을 이용하였다(Kogovšek et al. 2002).

다중 이름생성기(Kogovšek et al. 2002)

1. 사람들은 때때로 다른 사람에게 공구와 같은 작은 물건을 빌리거나 소소한 집안일을 부탁합니다. 당신은 누구에게 이런 종류의 도움을 요청합니까?
2. 사람들은 때때로 이직이나 심각한 사고와 같은 인생에 있어서 중요한 변화가 일어날 때 다른 사람에게 조언을 구합니다. 당신은 인생에 있어서 그와 같은 중요한 변화가 발생할 때 누구에게 조언을 구합니까?
3. 사람들은 때때로 서로의 집을 방문하거나 함께 여행을 가거나 함께 식사를 하는 등 다른 사람과 사교활동을 합니다. 당신은 누구와 이런 종류의 사교활동을 합니까?
4. 사람들은 때때로 가까운 사람과의 다툼이나 직장에서의 문제와 같은 중요한 개인적 문제를 다른 사람과 상의합니다. 당신은 당신에게 중요한 개인적 문제를 누구와 상의합니까?
5. 당신은 지금 상당히 많은 돈(예: 6개월치 월급에 해당하는 돈)이 필요하며 지금

당장 그만한 돈을 갖고 있지 않다고 가정합니다. 당신은 누구에게(은행과 같은 기관이 아닌 사람) 돈을 빌려달라고 부탁할 것입니까?

이름생성기는 응답자가 얘기할 수 있는 알터의 수에 제한을 가하기도 하고(고정선택) 아무런 제한을 두지 않기도 한다(자유선택). 예를 들어, 라우만(Laumann 1973)은 응답자에게 세 명의 가장 친한 친구를 요청하였으며, 헉펠트와 스프라그(Huckfeldt and Sprague 1995)는 정치문제에 대해 함께 토론하는 사람 세 명을, 그리고 웰먼(Wellmann 1979)은 응답자가 가깝다고 느끼는 여섯 사람을 제시하도록 하였다. '중요한 문제를 상의'하는 관계를 조사한 미국 종합사회조사는 알터의 수에 제한을 두지는 않았으나, 다섯 명 미만의 사람이 제시되었을 때 추가적으로 더 요청하도록 설계되었다. 앞서 살펴본 코고브셰크 등(Kogovšek et al. 2002)의 연구를 비롯한 많은 연구에서는 알터의 수에 제한을 두지 않는다. 그러나 알터 개수의 상한선을 지정하기도 한다. 크로스와 커밍스(Cross and Cummings 2004)는 석유화학회사의 엔지니어와 전략컨설팅회사의 컨설턴트들을 대상으로 알터 개수의 최대값을 지정한 이름생성기 설문을 이용하여 정보교환 네트워크를 도출하였다.

> **단일 이름생성기: 알터수 제한(Cross and Cummings 2004)**
> 업무와 관련된 정보를 제공하거나 복잡한 문제의 해결을 도와주는 사람들을 20명까지 제시하시오. 이 사람들은 당신과 정기적으로 의사소통을 하는 사람일 수도 있고 아닐 수도 있습니다. 이 사람들은 같은 회사 사람일 수도 있고 외부 사람(예: 고객, 친구, 옛 동료, 가족)일 수도 있습니다.

이름해석기 이름생성기가 응답자의 에고 네트워크에 대한 경계를 확정하고 나면, 이어서 이름해석기 설문을 이용하여 알터와 에고 네트워크의 구조에 관한 정보를 수집한다. 이름해석기를 이용한 추가적인 데이터 수집 작업으로 인해 에고 네트워크 데이터 수집은 전체 네트워크 데이터 수집에 비해 응답자에게 더 많은 부담을 주게 된다. 이름해석기 질문은 크게 세 가지 유형으로 나누어볼 수 있다(Marsden 2011).

첫째, 알터의 속성에 대해서 조사한다. 미국의 종합사회조사에서는 응답자에게 알터의 성별, 인종, 교육 수준, 나이, 종교 등을 물어본다(Burt 1985; Davis et al. 2007).

▶ 이름해석기: 알터 속성(Burt 1985; Davis et al. 2007)

1. (이름)은 아시안입니까? 흑인입니까? 히스패닉입니까? 백인입니까? 아니면 그 밖의 다른 인종입니까?
   [열거된 모든 이름에 대해 질문하시오]
2. (이름)은 몇 살입니까?
   [보충 질문: 최대한 추측해보시오]
   [열거된 모든 이름에 대해 질문하시오]

둘째, 에고-알터 간 연결관계의 특성에 대해 조사한다. 여기에는 정서적 가까움 정도, 갈등/불편함 정도, 알고 지냈던 기간, 접촉 빈도 등이 포함된다. 예를 들어, 미국의 국가사회생활건강노화프로젝트(NSHAP: National Social Life, Health and Aging Project)는 응답자들이 알터와 건강에 대해 얘기를 나누는 정도에 대해 조사하였으며(Cornwell et al. 2009), 선거에 관한 한 연구에서는 응답자들이 알터들과 정치적 문제에 대해 토론하는 빈도를 물어보았다(Huckfeldt and Sprague 1995). 미국의 종합사회조사에서는 응답자들은 각 알터와 얼마나 오랫동안 알고 지내는 사이인지, 얼마나 자주 이야기를 나누는지, 어떠한 역할관계(배우자, 부모, 자식, 이웃, 직장동료, 친구, 조언자 등)를 갖고 있는지 등에 대해 질문하였다(Davis et al. 2007).

▶ 이름해석기: 에고-알터 간 연결관계 특성(Kogovšek et al. 2002)

1. 당신은 이 사람과 얼마나 가깝습니까?
   [1부터 5까지의 척도를 이용하여 당신이 가깝다고 느끼는 정도를 표시하시오: 1은 '전혀 가깝지 않다'를, 5는 '매우 가깝다'를 나타냅니다]
2. 당신은 이 사람으로 인해 힘들었던 적이 있습니까?
   ['종종', '이따금', '드물게', '전혀 없음'으로 나타내시오]

셋째, 알터들 간의 관계에 대해 조사한다. 이를 통해 에고 네트워크의 밀도를 비롯한 에고 네트워크의 다양한 특성을 분석할 수 있다. 미국의 종합사회조사에서는 응답자들이 생각하는 알터들 간의 관계에 대해 이들이 전혀 모르는 관계일 경우 0으로, 아주 가까운 관계일 경우 1로, 기타 응답은 0.5로 기록하였다(Burt 1985; Davis et al. 2007; Marsden 1987).

이름해석기: 알터 간 관계(Burt 1985; Davis et al. 2007)

당신이 언급한 사람들 간의 관계에 대해 생각해보겠습니다. 이 사람들은 거리에서 만나도 서로를 알아보지 못할 정도로 완전히 서로 모르는 사람일 수 있습니다. 또는 그들은 당신과 가까운 만큼 혹은 그 이상으로 서로 매우 가까운 사이일 수도 있습니다.

우선 (이름 1)과 (이름 2)에 대해 생각해보겠습니다.

1. (이름 1)과 (이름 2)는 완전히 서로 모르는 사이입니까?
   [‘그렇다’고 대답하면 두 개씩 짝지은 다음 이름쌍으로 이동하시오]
2. 그들은 얼마나 가까운 사이입니까?
   [보충 질문: 그들은 당신이 그들과 가까운 만큼 혹은 그 이상으로 더 가까운 사이입니까?]

[모든 이름쌍에 대해 반복하시오]

지위생성기와 자원생성기

지위생성기와 자원생성기는 이름생성기처럼 에고와 연결된 알터 집합을 추출한다. 그러나 이름생성기와 달리 에고 주변에 어떤 ‘유형’의 사람이 있는지를 추출한다. 예를 들어, 응답자에게 직업이 의사인 사람(특정 사회적 지위)을 알고 있는지, 혹은 가전제품 수리를 해줄 수 있는 사람(특정 자원의 통제)을 알고 있는지 물어본다.

지위생성기 이름생성기가 응답자와 특정 알터 간의 연결관계를 식별하는 반면, **지위생성기(positional generator)**는 응답자와 알터가 갖고 있는 특정 사회적 지위 간의 관계를 측정한다(Lin et al. 2001). 사회적으로 좀 더 명망 있는 직업을 갖는 알터가 좀 더 가치 있는 사회적 자본(social capital)에 접근할 수 있게 해준다는 사회적 자본의 이론적 틀 내에서 개발된 지위생성기는 대개 다양한 수준의 사회경제적 평판을 갖는 직업적 지위와의 연결관계를 평가한다.

지위생성기를 이용하는 연구자는 응답자에게 특정 사회적 지위의 리스트를 제공하고 각 사회적 지위에 대해 개인적 친분관계가 있는 사람들을 제시하도록 하여 네트워크 데이터를 수집한다. 각 응답자에게 리스트상의 특정 직업(예: 변호사)을 갖고 있는 사람을 알고 있는지 물어본다. 응답자가 그러한 직업을 갖고 있는 사람을 안다고 대답하면, 그 사람과의 친분관계 정도에 대해 응답하도록 한다. 이런 식으로 응답자에 대한 네트워크 데이터를 수집한다. 지위는 계층적 조직/사회구조에서 사회적 자원을 나타내는 타당한 지표로 간주될 수 있으므로 네트워크 데이터는 개별 응답자의 사회적 자본의 정도를 측정하는 데 활용될 수 있다. 또한 개인적 연결관계를 다양한 지위의 관점에서 조사하면 사람들이 어떤 유형의 사회적 자원에 접근하는지뿐만 아니라 사람들이 어떤 경로를 통해 이들 자원에 접근하는지를 알 수 있다.

예를 들어, 몇몇 연구에서는 구직자가 특정 직업을 갖게 되는 경로를 파악하는 데 지위생성기를 활용하였다(Lin and Dumin 1986; Lin et al. 2001). 린과 듀민(Lin and Dumin 1986)은 대표적 직업 20개를 선정한 후, 응답자와 개인적 친분관계를 갖고 있는 사람들이 어떤 직업을 갖고 있는지 조사하였다. 그런 다음 친분관계를 강한 연결관계(친척, 친구)와 약한 연결관계(지인)로 나누고 연결관계의 강도와 소위 사회적으로 인정받는 명망 있는 직업으로의 진입 간의 관계를 분석하였다. 분석 결과, 연결관계의 강도와 명망 있는 직업으로의 진입 간의 관계는 응답자의 출신지위(아버지의 직업으로 나타낸)에 따라 결정되었다. 응답자 집안의 지위가 높을 경우에는 강한 연결과 약한 연결 모두 명망 있는 직업에 대한 동등한 접근성을 제공하였지만, 응답자의 출신지위가 낮을 경우에는 약한 연결이 강한 연결보다 명망 있는 직업에 더 잘 진입할 수 있도록 해주었다.

지위생성기(Lin et al. 2001)

당신의 친척, 친구, 지인 가운데 다음과 같은 직업을 갖고 있는 사람이 있습니까?

1. 고등학교 선생님
2. 전기기술자
3. 중소기업 경영자
4. 간호사

⋮

[응답자가 '그렇다'고 대답한 직업에 대해 다음을 질문하시오]

그 직업을 갖고 있는 사람과의 관계는 어떻게 됩니까?

1. 친척
2. 친구
3. 지인

[응답자가 주어진 직업을 갖고 있는 사람을 한 명 이상 알고 있다면, 마음속에 떠오르는 첫 번째 사람에 대해 답하도록 하시오]

자원생성기 지위생성기는 다양한 지위(주로 직업)에 대한 개인적 연결관계를 나타내는 에고 네트워크를 생성한다. 그러나 사람들은 지위생성기에 의해 식별된 제한된 직업을 갖는 사람들 이외의 그 밖의 다른 다양한 사람들로부터 여러 형태의 도움, 즉 자원을 제공받는다. 연구자들은 사회적 자원을 종종 사람들이 주변 사람들로부터 제공받을 수 있는 모든 형태의 도움으로 폭넓게 정의한다. 사회적 자원을 이렇게 정의할 경우 개인의 소셜네트워크는 이러한 도움, 즉 자원을 제공하는 사람들의 관점에서 구성할 수 있다. 지위생성기가 선택된 직업을 갖고 있는 사람을 알고 있는지를 물어보는 것이라면, **자원생성기(resource generator)**는 특정 자원을 확보하기 위해(또는 특정 도움을 받기 위해) 필요한 사람을 알고 있는지를 조사한다. 예를 들어, 자원생성기를 이용한 한 연구에서는 35개의 다양한 도움항목(예: 자전거 수리하기, 이삿짐 옮겨주기)을 정의하고 이러한 도움을 줄 수 있는 사람을 알고 있는지를 조사하였다(Van der Gaag and Snijders 2005).

> 자원생성기(Van der Gaag and Snijders 2005)

당신은 다음과 같은 사람을 알고 있습니까?

1. 자동차나 자전거 등을 수리할 수 있는 사람
2. 가전제품 수리에 능숙한 사람
3. 정부의 법규에 대해 잘 알고 있는 사람
4. 입사지원을 할 때 추천서를 잘 써줄 수 있는 사람

⋮

[주: 어떤 사람을 '알고' 있다는 것은 응답자가 길에서 우연히 그 사람을 만났을 때 그 사람의 이름을 알고 있고 양자가 서로 대화를 시작할 수 있다는 것으로 정의된다]

[응답자가 '그렇다'고 대답한 항목에 대해 다음을 질문하시오]

그 사람과의 관계는 어떻게 됩니까?

1. 가족 구성원
2. 친구
3. 지인

[응답자가 주어진 항목에 해당되는 사람을 한 명 이상 알고 있다면, 가족 구성원, 친구, 지인의 순서로 가장 강한 관계 하나만 표시하도록 하시오]

곽기영(Kwahk 2011)의 연구를 토대로 지금까지 살펴본 네트워크 데이터 수집 기법 및 절차에 대해 좀 더 자세히 알아보도록 한다. 곽기영(Kwahk 2011)은 개인이 소셜네트워크에서 차지하는 위치 및 소셜네트워크의 특성이 개인의 신기술 적응력 및 성과에 미치는 영향을 연구하였다. 이를 위해 대학에서 자바(Java) 프로그래밍 언어를 처음 접하는 수강생 85명을 대상으로 에고 네트워크 데이터와 전체 네트워크 데이터를 수집하였다. 에고 네트워크에서는 정보를 교환하는 관계와 정서적 지지관계를 조사하였고, 전체 네트워크에서는 도움을 주는 관계와 도움을 받는 관계를 조사하였다. 먼저 에고 네트워크를 살펴보자.

에고 네트워크를 구성하는 알터를 추출하기 위하여 정보교환관계와 정서지지관계를 물어보는 다음과 같은 두 개의 이름생성기를 도입하여 85명을 대상으로 설문조사를 수행하였다. 자유롭게 기억을 떠올려 최대 20명까지 알터들을 제시하도록 하였다.

> 정서지지관계에 대한 이름생성기

다음의 표에 귀하가 힘들고 어려운 일이 있을 때, 의지할 수 있는 사람의 이름, 성별, 나이, 관계를 써주시기 바랍니다. 그 사람은 누구이든 관계없으며 실명이 아니어도 괜찮습니다(서로 구분이 될 수 있도록 작성하시면 됩니다).

이름	성별	나이	관계*
1.			
2.			
3.			
4.			
5.			
6.			
7.			
8.			
9.			
10.			
11.			
12.			
13.			
14.			
15.			
16.			
17.			
18.			
19.			
20.			

* 1 = 가족, 2 = 이 수업을 같이 수강하는 동료/친구, 3 = 그 외의 동료/친구, 4 = 선후배

정보교환관계에 대한 이름생성기

다음의 표에 자바(Java) 프로그래밍 수업과 관련하여 귀하에게 필요한 유익한 정보를 가지고 있었던 사람의 이름, 성별, 나이, 관계를 써주시기 바랍니다. 그 사람은 누구이든 관계없으며 실명이 아니어도 괜찮습니다(서로 구분이 될 수 있도록 작성하시면 됩니다).

이름	성별	나이	관계*
1.			
2.			
3.			
4.			
5.			
6.			
7.			
8.			
9.			
10.			
11.			
12.			
13.			
14.			
15.			
16.			
17.			
18.			
19.			
20.			

* 1 = 가족, 2 = 이 수업을 같이 수강하는 동료/친구, 3 = 그 외의 동료/친구, 4 = 선후배

이름생성기를 통해 두 가지 관계에 대한 알터를 조사한 후, 이어서 각 에고와 알터 간의 관계의 강도와 알터 간의 연결관계를 파악하기 위하여 다음과 같은 이름해석기 설문을 수행하였다. 이름생성기를 통해 식별된 알터 중 처음 다섯 명에 대해서 자신과 교류하는 정도, 자신과 가까운 정도, 그리고 알터들 간의 교류 정도가 조사되었다. 에고 네트워크 데이터는 추후 분석을 위하여 마이크로소프트 엑셀에 정리하였다(Kwahk-Egonetwork.xlsx 파일).

정서지지관계에 대한 이름해석기

정서지지관계를 갖는다고 제시한 명단에서 상위 1번부터 5번까지 다섯 명의 사람들에 대한 정보를 해당란에 기입 또는 표시(✓)하여 주시기 바랍니다.

이름	나이	당신은 이 사람과 얼마나 자주 교류하십니까?*							당신과 이 사람 간의 관계는 얼마나 가깝습니까?**							이 사람이 앞서 제시한 정서지지 관계 명단에 있는 사람들과 교류하고 있는 사람은 몇 명입니까?
		1	2	3	4	5	6	7	1	2	3	4	5	6	7	
1.																명
2.																명
3.																명
4.																명
5.																명

* 1 = 1년에 10번 이하, 2 = 한 달에 한 번, 3 = 한 달에 2~3번, 4 = 일주일에 한 번, 5 = 일주일에 다수, 6 = 하루에 한 번, 7 = 하루에 다수

** 1 = 전혀 가깝지 않다 ~ 7 = 매우 가깝다

정보교환관계에 대한 이름해석기

정보교환관계를 갖는다고 제시한 명단에서 상위 1번부터 5번까지 다섯 명의 사람들에 대한 정보를 해당란에 기입 또는 표시(✓)하여 주시기 바랍니다.

이름	나이	당신은 이 사람과 얼마나 자주 교류하십니까?*							당신과 이 사람 간의 관계는 얼마나 가깝습니까?**							이 사람이 앞서 제시한 정보교환 관계 명단에 있는 사람들과 교류하고 있는 사람은 몇 명입니까?
		1	2	3	4	5	6	7	1	2	3	4	5	6	7	
1.																명
2.																명
3.																명
4.																명
5.																명

* 1 = 1년에 10번 이하, 2 = 한 달에 한 번, 3 = 한 달에 2~3번, 4 = 일주일에 한 번, 5 = 일주일에 다수, 6 = 하루에 한 번, 7 = 하루에 다수

** 1 = 전혀 가깝지 않다 ~ 7 = 매우 가깝다

전체 네트워크 데이터는 수강생 85명 전체를 네트워크 경계로 설정하여 수집되었다. 수강생들 간의 도움을 받는 관계와 도움을 주는 관계를 조사하였다. 다음과 같은 소시오메트리 설문이 사용되었으며 구성원에 대해 두 가지 관계(도움을 받는 관계와 도움을 주는 관계)를 묻는 다중관계기준 방식을 채택하였다. 또한 별도의 명단은 주어지지 않고 자유롭게 기억에 의존하여 액터를 도출하게 한 자유회상 방식으로 응답하게 하였다. 액터 수를 지정하는 고정선택 방식으로 최대 다섯 명의 액터를 제시하도록 하였다. 도움을 받는 정도, 도움을 주는 정도, 관계의 친밀함 정도 등은 1점에서 5점 또는 1점에서 7점 사이의 척도를 이용하여 응답자가 열거한 액터별로 독립적으로 절대평가하였다.

도움을 받는 관계에 대한 소시오메트리

다음은 자신이 자바(Java) 프로그래밍 수업과 관련하여 동급생으로부터 도움을 받는 정도를 묻는 설문입니다. 자바 프로그래밍 수업과 관련하여 자신이 도움을 받았던 동급생 다섯 명을 써 주십시오. 그 다음, 이들로부터 도움을 받는 정도와 이들과 자신과의 친밀함의 정도를 해당란에 표시(✓)하여 주시기 바랍니다.

이름	아래의 각 사람들로부터 자신이 도움을 받는 정도*					아래의 각 사람들과 자신과의 친밀함의 정도**						
	1	2	3	4	5	1	2	3	4	5	6	7
1.												
2.												
3.												
4.												
5.												

* 1 = 한 달에 한 번 이하, 2 = 한 달에 2~3번, 3 = 일주일에 한 번, 4 = 하루에 한 번, 5 = 하루에 여러 번
** 1 = 전혀 친하지 않다 ~ 7 = 매우 친하다

도움을 주는 관계에 대한 소시오메트리

다음은 자신이 자바(Java) 프로그래밍 수업과 관련하여 동급생에게 도움을 주는 정도를 묻는 설문입니다. 자바 프로그래밍 수업과 관련하여 자신이 도움을 주었던 동급생 다섯 명을 써 주십시오. 그 다음, 자신이 이들에게 도움을 주는 정도와 이들과 자신과의 친밀함의 정도를 해당란에 표시(✓)하여 주시기 바랍니다.

이름	아래의 각 사람들에게 자신이 도움을 주는 정도*					아래의 각 사람들과 자신과의 친밀함의 정도**						
	1	2	3	4	5	1	2	3	4	5	6	7
1.												
2.												
3.												
4.												
5.												

* 1 = 한 달에 한 번 이하, 2 = 한 달에 2~3번, 3 = 일주일에 한 번, 4 = 하루에 한 번, 5 = 하루에 여러 번
** 1 = 전혀 친하지 않다 ~ 7 = 매우 친하다

그림 3-1 ▌'도움을 받는 관계' 전체 네트워크

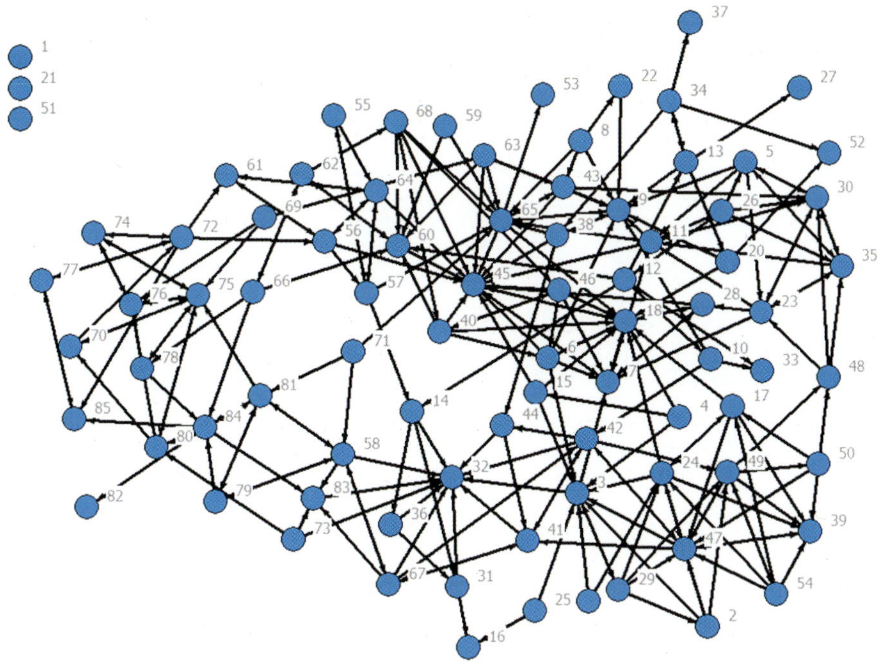

UCINET에 데이터를 입력하는 방법은 여러 가지가 있다. 여기에서는 DL(Data Language) 형식을 이용하여 네트워크 데이터를 입력한 후 이를 UCINET 데이터로 변환하였다. 먼저 DL 형식의 파일을 작성한다(여기에서는 Kwahk-Get-Help-Strength.txt). 이를 UCINET 메뉴 『Data>Import Text File>DL』을 통해 불러들인 후 UCINET 데이터로 저장한다(여기에서는 Kwahk-Get-Help-Strength.##h).
네트워크 그래프를 그리기 위해서는 UCINET 메뉴에서 『Visualize>NetDraw』를 선택한다. NetDraw 메뉴에서 『File>Open>Ucinet Dataset>Network』를 선택한다. 『Open Data File』 대화상자에서 분석대상 관계 데이터(여기에서는 Kwahk-Get-Help-Strength.##h)를 선택하고 『OK』 버튼을 클릭한다.

소시오메트리 설문을 통해 수집된 네트워크 데이터는 DL(Data Language) 형식으로 입력하여 UCINET 데이터로 변환되었다(부록 B UCINET 데이터 입력 참고). [그림 3-1]은 수집된 네트워크 데이터 중 '도움을 받는 관계' 네트워크이다(Kwahk 2011; Kwahk-Get-Help-Strength.txt 파일, Kwahk-Get-Help-Strength.##h 파일).

사례연구

업무와 관련된 중요한 노하우나 전문지식을 갖고 있는 사람은 지식공유활동에 적극적으로 참여하고 높은 업무성과를 달성할 가능성이 높다. 전문성 네트워크 내에서 차지하는 우월한 위치가 지식공유 및 업무성과에 미치는 영향을 분석하기 위하여 IT기업 내 한 부서를 대상으로 전문성 네트워크 데이터를 수집하였다(김창식·곽기영 2015). 부서원 42명을 대상으로 부서원 전체의 명단이 포함된 명부를 이용하여 소시오메트리 설문을 수행하였다.

그림 3-2 ▌전문성 네트워크 : 설문서

다음 설문은 귀하의 업무 추진에 도움이 되는 부서 동료들의 전문성을 묻는 질문입니다. 제시된 리스트 중에서 관련 전문성이 전혀 없다고 판단되는 경우나, (모르는 사람이라서) 판단이 불가능한 경우는 제외하고 답변해주십시오.

소속	이름	(　　)는 귀하의 업무와 연관된 분야의 중요한 노하우나 전문지식을 많이 가지고 있습니까? 그렇지 않다 ←→ 그렇다				
IT컨설팅 팀	K01	(1)	(2)	(3)	(4)	(5)
IT컨설팅 팀	K02	(1)	(2)	(3)	(4)	(5)
IT컨설팅 팀	K03	(1)	(2)	(3)	(4)	(5)
IT컨설팅 팀	K04	(1)	(2)	(3)	(4)	(5)
IT컨설팅 팀	K05	(1)	(2)	(3)	(4)	(5)
IT컨설팅 팀	K06	(1)	(2)	(3)	(4)	(5)
IT컨설팅 팀	K07	(1)	(2)	(3)	(4)	(5)
IT컨설팅 팀	K08	(1)	(2)	(3)	(4)	(5)
IT컨설팅 팀	K09	(1)	(2)	(3)	(4)	(5)
IT컨설팅 팀	K10	(1)	(2)	(3)	(4)	(5)
IT컨설팅 팀	K11	(1)	(2)	(3)	(4)	(5)
IT컨설팅 팀	K12	(1)	(2)	(3)	(4)	(5)
IT컨설팅 팀	K13	(1)	(2)	(3)	(4)	(5)
IT컨설팅 팀	K14	(1)	(2)	(3)	(4)	(5)
IT컨설팅 팀	K15	(1)	(2)	(3)	(4)	(5)
IT컨설팅 팀	K16	(1)	(2)	(3)	(4)	(5)
IT컨설팅 팀	K17	(1)	(2)	(3)	(4)	(5)
IT컨설팅 팀	K18	(1)	(2)	(3)	(4)	(5)
IT컨설팅 팀	K19	(1)	(2)	(3)	(4)	(5)

IT컨설팅 팀	K20	(1)	(2)	(3)	(4)	(5)
IT컨설팅 팀	K21	(1)	(2)	(3)	(4)	(5)
IT컨설팅 팀	K22	(1)	(2)	(3)	(4)	(5)
IT컨설팅 팀	K23	(1)	(2)	(3)	(4)	(5)
IT컨설팅 팀	K24	(1)	(2)	(3)	(4)	(5)
IT컨설팅 팀	K25	(1)	(2)	(3)	(4)	(5)
IT컨설팅 팀	K26	(1)	(2)	(3)	(4)	(5)
IT컨설팅 팀	K27	(1)	(2)	(3)	(4)	(5)
IT컨설팅 팀	K28	(1)	(2)	(3)	(4)	(5)
IT컨설팅 팀	K29	(1)	(2)	(3)	(4)	(5)
IT컨설팅 팀	K30	(1)	(2)	(3)	(4)	(5)
IT컨설팅 팀	K31	(1)	(2)	(3)	(4)	(5)
IT컨설팅 팀	K32	(1)	(2)	(3)	(4)	(5)
IT컨설팅 팀	K33	(1)	(2)	(3)	(4)	(5)
IT컨설팅 팀	K34	(1)	(2)	(3)	(4)	(5)
IT컨설팅 팀	K35	(1)	(2)	(3)	(4)	(5)
IT컨설팅 팀	K36	(1)	(2)	(3)	(4)	(5)
IT컨설팅 팀	K37	(1)	(2)	(3)	(4)	(5)
IT컨설팅 팀	K38	(1)	(2)	(3)	(4)	(5)
IT컨설팅 팀	K39	(1)	(2)	(3)	(4)	(5)
IT컨설팅 팀	K40	(1)	(2)	(3)	(4)	(5)
IT컨설팅 팀	K41	(1)	(2)	(3)	(4)	(5)
IT컨설팅 팀	K42	(1)	(2)	(3)	(4)	(5)

설문서를 통해 수집한 데이터는 DL 언어를 이용하여 텍스트 파일(Expertise.txt 파일)로 코딩하였고, UCINET을 이용하여 UCINET 데이터 파일로 변환하였다(Expertise.##h 파일). 설문서는 명부에 포함된 부서원들 각각에 대해 노하우나 전문지식의 정도를 1에서 5까지의 점수로 평가하도록 요청하고 있기 때문에, 수집된 네트워크 데이터는 방향/계량 매트릭스 형태를 갖는다.

그림 3-3 ▌전문성 네트워크 : 방향/계량 매트릭스

	1 K01	2 K02	3 K03	4 K04	5 K05	6 K06	7 K07	8 K08	9 K09	10 K10	11 K11	12 K12	13 K13	14 K14	15 K15	16 K16	17 K17	18 K18	19 K19	20 K20	21 K21	22 K22	23 K23	24 K24	25 K25	26 K26	27 K27	28 K28	29 K29	30 K30	31 K31	32 K32	33 K33	34 K34	35 K35	36 K36	37 K37	38 K38	39 K39	40 K40	41 K41	42 K42
1 K01	0	5	4	2	2	5	5	3	2	3	2	2	5	2	5	5	5	5	5	4	3	3	5	4	4	4	4	4	5	5	5	5	5	5	3	3	3	2	2	3	2	2
2 K02	5	0	4	2	2	5	5	3	3	4	2	3	4	2	4	4	4	5	5	4	3	3	3	3	3	3	2	2	3	2	2	1	2	1	1	1	1	1	1	1	1	1
3 K03	4	4	0	2	2	3	3	3	3	4	2	2	3	3	4	4	4	4	4	3	3	2	3	3	2	3	3	3	4	0	0	0	0	0	0	0	0	0	0	0	0	0
4 K04	5	5	4	0	3	4	4	4	4	4	3	3	4	3	4	4	4	0	4	4	3	3	4	3	4	4	4	4	5	0	0	0	0	0	0	0	0	0	0	0	0	0
5 K05	5	5	5	3	0	5	5	5	5	5	3	5	5	5	5	5	5	0	5	5	5	4	5	5	5	5	5	5	5	5	0	0	0	0	0	5	0	0	0	0	0	0
6 K06	5	5	4	2	2	0	5	3	3	5	3	3	4	2	5	5	5	5	5	4	2	1	5	5	3	3	3	1	5	0	0	0	0	0	0	0	0	0	0	0	0	0
7 K07	4	4	4	2	2	4	0	3	3	4	2	3	4	3	5	5	5	5	4	4	0	0	4	4	3	3	3	3	4	0	0	0	0	0	0	0	0	0	0	0	0	0
8 K08	5	5	5	4	4	5	5	0	4	5	4	4	5	5	5	5	5	5	5	5	5	5	5	5	5	5	5	5	5	1	1	1	1	1	1	1	1	1	1	1	3	1
9 K09	4	4	4	3	4	5	5	5	0	5	3	4	4	4	5	5	5	0	5	5	4	4	5	4	4	5	5	5	5	0	0	5	0	0	0	5	0	0	0	4	4	4
10 K10	4	4	4	3	3	4	4	4	3	0	3	3	4	3	4	4	4	4	4	4	3	3	4	4	3	4	4	3	4	2	2	2	2	2	2	2	2	2	2	2	2	2
11 K11	5	4	5	1	1	4	4	4	4	5	0	4	4	4	5	4	4	0	4	4	4	4	4	4	4	4	4	4	4	0	0	0	0	0	0	0	0	0	0	0	0	0
12 K12	5	5	5	3	3	5	5	5	3	4	3	0	2	3	5	5	5	5	3	5	3	3	3	5	5	5	5	3	5	3	3	3	3	3	3	3	3	3	3	3	3	3
13 K13	5	4	5	3	4	5	5	4	5	4	3	4	0	5	3	3	3	3	5	4	2	3	5	5	3	5	3	5	5	1	1	1	1	1	1	1	1	1	0	1	1	1
14 K14	4	3	3	2	2	4	4	0	4	3	2	2	5	0	0	0	0	0	0	4	0	0	3	3	0	4	0	4	0	0	0	0	0	0	0	0	0	0	0	0	0	0
15 K15	3	3	3	3	3	4	4	3	3	3	3	3	3	3	0	4	4	4	3	3	3	3	3	3	3	3	3	3	3	0	0	0	0	0	0	0	0	0	0	0	0	0
16 K16	3	4	4	2	2	5	5	2	3	5	2	2	5	3	5	0	5	5	4	3	0	0	0	4	0	4	0	0	5	0	0	5	0	0	0	0	0	0	0	0	0	0
17 K17	3	3	0	0	0	3	3	0	3	3	0	0	0	0	5	5	0	5	0	3	0	0	0	0	0	0	0	0	4	0	0	0	0	0	0	0	0	0	0	0	0	0
18 K18	3	4	4	1	1	4	4	3	1	3	1	2	3	1	5	5	5	0	4	4	2	2	4	4	3	4	2	1	5	4	3	1	3	4	1	1	1	1	1	1	1	1
19 K19	0	4	4	2	2	4	4	3	2	4	2	2	4	2	4	4	4	4	0	4	2	2	4	3	3	4	3	3	4	0	0	0	0	0	0	0	0	0	0	0	0	0
20 K20	0	0	3	0	0	0	0	0	0	0	0	0	0	0	0	0	0	0	3	0	0	0	4	3	4	4	0	2	3	0	0	0	0	0	0	0	0	0	0	0	0	0
21 K21	3	4	3	4	4	3	3	3	3	3	3	3	4	2	3	2	2	4	4	4	0	3	3	4	3	4	2	2	2	0	0	0	0	0	0	0	0	0	0	0	0	0
22 K22	3	4	5	1	2	4	4	4	4	4	1	1	4	1	1	1	1	1	4	5	5	0	4	5	5	5	4	5	5	0	0	0	0	0	0	0	0	0	0	0	0	0
23 K23	4	4	4	3	3	5	4	3	3	4	3	3	5	3	5	5	4	5	5	5	4	3	0	5	4	5	4	3	5	0	0	0	0	0	0	0	0	0	0	0	0	0
24 K24	2	1	2	2	1	5	5	4	3	2	1	1	5	2	3	5	3	4	4	5	2	2	4	0	1	2	4	3	3	0	0	0	0	0	0	0	0	0	0	0	0	0
25 K25	4	4	4	4	3	4	4	4	3	4	3	4	4	3	4	4	4	5	4	5	4	4	4	5	0	4	4	4	5	0	0	0	0	0	0	0	0	0	0	0	0	0
26 K26	0	3	3	0	2	3	3	0	2	4	3	3	4	2	0	0	0	0	0	4	3	4	4	3	0	0	2	2	4	0	0	0	0	0	0	0	0	0	0	0	0	0
27 K27	5	4	3	1	1	4	4	3	1	5	2	2	4	3	5	5	5	5	4	4	2	1	4	3	3	4	0	3	5	0	0	0	0	0	0	0	0	0	0	0	0	0
28 K28	0	0	0	0	0	5	5	5	4	5	0	0	5	4	0	0	0	0	0	4	0	4	4	4	0	5	0	0	0	0	0	0	0	0	0	0	0	0	0	0	0	0
29 K29	5	5	5	3	3	5	5	4	3	4	3	3	5	3	5	5	5	5	5	5	4	4	5	4	4	5	5	4	0	0	0	0	0	0	0	0	0	0	0	0	0	0
30 K30	0	0	0	0	0	0	0	0	0	0	0	0	0	0	0	0	0	0	0	0	0	0	0	0	0	0	0	0	0	0	5	5	5	4	5	3	3	3	3	3	3	3
31 K31	4	3	0	0	0	3	0	0	0	0	0	0	4	0	4	0	0	0	0	0	0	0	0	0	0	0	0	0	0	4	0	5	5	3	4	3	4	3	3	3	3	3
32 K32	4	0	3	0	0	3	0	0	2	0	0	0	3	0	0	0	0	0	0	0	0	0	0	0	0	0	0	0	0	4	5	0	4	4	5	4	4	3	1	4	1	2
33 K33	2	2	2	0	0	2	2	2	0	2	0	2	2	0	2	2	2	1	0	0	0	0	0	0	0	0	0	0	0	5	5	4	0	5	4	4	4	4	3	4	4	3
34 K34	0	0	0	0	0	0	0	0	0	0	0	0	0	0	0	0	0	0	0	0	0	0	0	0	0	0	0	0	0	5	5	5	5	0	4	2	4	4	4	4	2	3
35 K35	3	0	4	0	0	4	4	0	0	3	0	0	3	0	4	0	0	0	0	0	0	0	0	0	0	0	0	0	0	4	5	5	4	2	0	4	0	3	3	4	2	4
36 K36	4	3	3	2	3	3	3	3	3	0	0	0	3	0	4	3	0	0	0	0	0	0	0	0	0	0	0	0	0	5	5	5	5	5	5	0	4	4	3	4	2	4
37 K37	5	4	4	0	0	4	4	4	3	4	0	0	5	0	0	0	0	0	0	0	0	0	0	0	0	0	0	0	0	5	5	5	5	5	5	4	0	3	3	4	2	5
38 K38	0	0	0	0	0	0	0	0	0	0	0	0	0	0	0	0	0	0	0	0	0	0	0	0	0	0	0	0	0	5	5	5	5	5	5	4	4	0	4	4	3	4
39 K39	0	0	0	0	0	0	0	0	0	0	0	0	0	0	0	0	0	0	0	0	0	0	0	0	0	0	0	0	0	4	5	0	0	0	5	0	0	0	0	0	0	5
40 K40	0	0	0	0	0	0	0	0	0	0	0	0	0	0	0	0	0	0	0	0	0	0	0	0	0	0	0	0	0	3	4	4	2	3	3	3	2	2	1	0	1	3
41 K41	0	0	0	0	0	0	0	0	0	0	0	0	0	0	0	0	0	0	0	0	0	0	0	0	0	0	0	0	0	4	4	5	5	5	5	5	4	5	4	4	0	4
42 K42	0	0	0	0	0	0	0	0	0	0	0	0	0	0	0	0	0	0	0	0	0	0	0	0	0	0	0	0	0	5	5	5	4	4	5	4	5	4	5	5	3	0

관계강도가 3을 초과하는 관계, 즉 관계강도가 4 또는 5인 경우에 대해서만 연결관계가 존재하는 것으로 가정하여 방향/계량 매트릭스를 방향/이진 매트릭스로 변환하였다(Expertise_GT_3.##h 파일). 이렇게 변환된 네트워크 데이터는 전문성 네트워크 내에서 차지하는 위치적 우위와 지식공유 및 업무성과 간의 관계를 분석하기 위한 연구에 활용되었다(김창식 · 곽기영 2015).

그림 3-4 ▌전문성 네트워크 : 방향/이진 매트릭스

	1 K01	2 K02	3 K03	4 K04	5 K05	6 K06	7 K07	8 K08	9 K09	10 K10	11 K11	12 K12	13 K13	14 K14	15 K15	16 K16	17 K17	18 K18	19 K19	20 K20	21 K21	22 K22	23 K23	24 K24	25 K25	26 K26	27 K27	28 K28	29 K29	30 K30	31 K31	32 K32	33 K33	34 K34	35 K35	36 K36	37 K37	38 K38	39 K39	40 K40	41 K41	42 K42
1 K01	0	1	1	0	0	1	1	0	0	0	0	0	1	0	1	1	1	1	1	1	0	0	1	1	1	1	1	1	1	1	1	1	1	1	0	0	0	0	0	0	0	0
2 K02	1	0	1	0	0	1	1	0	0	1	0	0	1	0	1	1	1	1	1	1	0	0	0	0	0	0	0	0	0	0	0	0	0	0	0	0	0	0	0	0	0	0
3 K03	1	1	0	0	0	0	0	0	0	1	0	0	0	0	1	1	1	1	1	0	0	0	0	0	0	0	0	0	1	0	0	0	0	0	0	0	0	0	0	0	0	0
4 K04	1	1	1	0	0	1	1	1	1	1	0	0	1	0	1	1	1	0	1	1	0	0	1	0	1	1	1	1	1	0	0	0	0	0	0	0	0	0	0	0	0	0
5 K05	1	1	1	0	0	1	1	1	1	1	0	1	1	1	1	1	1	0	1	1	1	1	1	1	1	1	1	1	1	1	0	0	0	0	0	1	0	0	0	0	0	0
6 K06	1	1	1	0	0	0	1	0	0	1	0	0	1	0	1	1	1	1	1	1	0	0	1	1	0	0	0	0	1	0	0	0	0	0	0	0	0	0	0	0	0	0
7 K07	1	1	1	0	0	1	0	0	0	1	0	0	1	0	1	1	1	1	1	1	0	0	1	1	0	0	0	0	1	0	0	0	0	0	0	0	0	0	0	0	0	0
8 K08	1	1	1	1	1	1	1	0	1	1	1	1	1	1	1	1	1	1	1	1	1	1	1	1	1	1	1	1	1	0	0	0	0	0	0	0	0	0	0	0	0	0
9 K09	1	1	1	0	1	1	1	1	0	1	0	1	1	1	1	1	1	0	1	1	1	1	1	1	1	1	1	1	1	0	0	1	0	0	0	1	0	0	0	1	1	1
10 K10	1	1	1	0	0	1	1	1	0	0	0	0	1	0	1	1	1	1	1	1	0	0	1	1	0	1	1	0	1	0	0	0	0	0	0	0	0	0	0	0	0	0
11 K11	1	1	1	0	0	1	1	1	1	1	0	1	1	1	1	1	1	0	1	1	1	1	1	1	1	1	1	1	1	0	0	0	0	0	0	0	0	0	0	0	0	0
12 K12	1	1	1	0	0	1	1	1	0	1	0	0	0	0	1	1	1	1	0	1	0	0	0	1	1	1	1	0	1	0	0	0	0	0	0	0	0	0	0	0	0	0
13 K13	1	1	1	0	1	1	1	1	1	1	0	1	0	1	0	0	0	0	1	1	0	0	1	1	0	1	0	1	1	0	0	0	0	0	0	0	0	0	0	0	0	0
14 K14	1	0	0	0	0	1	1	0	1	0	0	0	1	0	0	0	0	0	0	1	0	0	0	0	0	1	0	1	0	0	0	0	0	0	0	0	0	0	0	0	0	0
15 K15	0	0	0	0	0	1	1	0	0	0	0	0	0	0	0	1	1	1	0	0	0	0	0	0	0	0	0	0	0	0	0	0	0	0	0	0	0	0	0	0	0	0
16 K16	0	1	1	0	0	1	1	0	0	1	0	0	1	0	1	0	1	1	1	0	0	0	0	1	0	1	0	0	1	0	0	1	0	0	0	0	0	0	0	0	0	0
17 K17	0	0	0	0	0	0	0	0	0	0	0	0	0	0	1	1	0	1	0	0	0	0	0	0	0	0	0	0	1	0	0	0	0	0	0	0	0	0	0	0	0	0
18 K18	0	1	1	0	0	1	1	0	0	0	0	0	0	0	1	1	1	0	1	1	0	0	1	1	0	1	0	0	1	1	0	0	0	1	0	0	0	0	0	0	0	0
19 K19	0	1	1	0	0	1	1	0	0	1	0	0	1	0	1	1	1	1	0	1	0	0	1	0	0	1	0	0	1	0	0	0	0	0	0	0	0	0	0	0	0	0
20 K20	0	0	0	0	0	0	0	0	0	0	0	0	0	0	0	0	0	0	0	0	0	0	1	0	1	1	0	0	0	0	0	0	0	0	0	0	0	0	0	0	0	0
21 K21	0	1	0	1	1	0	0	0	0	0	0	0	1	0	0	0	0	1	1	1	0	0	0	1	0	1	0	0	0	0	0	0	0	0	0	0	0	0	0	0	0	0
22 K22	0	1	1	0	0	1	1	1	1	1	0	0	1	0	0	0	0	0	1	1	1	0	1	1	1	1	1	1	1	0	0	0	0	0	0	0	0	0	0	0	0	0
23 K23	1	1	1	0	0	1	1	0	0	1	0	0	1	0	1	1	1	1	1	1	1	0	0	1	1	1	1	0	1	0	0	0	0	0	0	0	0	0	0	0	0	0
24 K24	0	0	0	0	0	1	1	1	0	0	0	0	1	0	0	1	0	1	1	1	0	0	1	0	0	0	1	0	0	0	0	0	0	0	0	0	0	0	0	0	0	0
25 K25	1	1	1	1	0	1	1	1	0	1	0	1	1	0	1	1	1	1	1	1	1	1	1	1	0	1	1	1	1	0	0	0	0	0	0	0	0	0	0	0	0	0
26 K26	0	0	0	0	0	0	0	0	0	1	0	0	1	0	0	0	0	0	0	1	0	1	1	0	0	0	0	0	1	0	0	0	0	0	0	0	0	0	0	0	0	0
27 K27	1	1	0	0	0	1	1	0	0	1	0	0	1	0	1	1	1	1	1	1	0	0	1	0	0	1	0	0	1	0	0	0	0	0	0	0	0	0	0	0	0	0
28 K28	0	0	0	0	0	1	1	1	1	1	0	0	1	1	0	0	0	0	0	1	0	1	1	1	0	1	0	0	0	0	0	0	0	0	0	0	0	0	0	0	0	0
29 K29	1	1	1	0	0	1	1	1	0	1	0	0	1	0	1	1	1	1	1	1	1	1	1	1	1	1	1	1	0	0	0	0	0	0	0	0	0	0	0	0	0	0
30 K30	0	0	0	0	0	0	0	0	0	0	0	0	0	0	0	0	0	0	0	0	0	0	0	0	0	0	0	0	0	0	1	1	1	1	1	0	0	0	0	0	0	0
31 K31	1	0	0	0	0	0	0	0	0	0	0	0	1	0	1	0	0	0	0	0	0	0	0	0	0	0	0	0	0	1	0	1	1	0	1	0	1	0	0	0	0	0
32 K32	1	0	0	0	0	0	0	0	0	0	0	0	0	0	0	0	0	0	0	0	0	0	0	0	0	0	0	0	0	1	1	0	1	1	1	1	1	0	0	1	0	0
33 K33	0	0	0	0	0	0	0	0	0	0	0	0	0	0	0	0	0	0	0	0	0	0	0	0	0	0	0	0	0	1	1	1	0	1	1	1	1	1	0	1	1	0
34 K34	0	0	0	0	0	0	0	0	0	0	0	0	0	0	0	0	0	0	0	0	0	0	0	0	0	0	0	0	0	1	1	1	1	0	1	0	1	1	1	1	0	0
35 K35	0	0	1	0	0	1	1	0	0	0	0	0	0	0	1	0	0	0	0	0	0	0	0	0	0	0	0	0	0	1	1	1	1	0	0	1	0	0	0	1	0	1
36 K36	1	0	0	0	0	0	0	0	0	0	0	0	0	0	1	0	0	0	0	0	0	0	0	0	0	0	0	0	0	1	1	1	1	1	1	0	1	1	0	1	0	1
37 K37	1	1	1	0	0	1	1	1	0	1	0	0	1	0	0	0	0	0	0	0	0	0	0	0	0	0	0	0	0	1	1	1	1	1	1	1	0	0	0	1	0	1
38 K38	0	0	0	0	0	0	0	0	0	0	0	0	0	0	0	0	0	0	0	0	0	0	0	0	0	0	0	0	0	1	1	1	1	1	1	1	1	0	1	1	0	1
39 K39	0	0	0	0	0	0	0	0	0	0	0	0	0	0	0	0	0	0	0	0	0	0	0	0	0	0	0	0	0	1	1	0	0	0	1	0	0	0	0	0	0	1
40 K40	0	0	0	0	0	0	0	0	0	0	0	0	0	0	0	0	0	0	0	0	0	0	0	0	0	0	0	0	0	0	1	1	0	0	0	0	0	0	0	0	0	0
41 K41	0	0	0	0	0	0	0	0	0	0	0	0	0	0	0	0	0	0	0	0	0	0	0	0	0	0	0	0	0	1	1	1	1	1	1	1	1	1	1	1	0	1
42 K42	0	0	0	0	0	0	0	0	0	0	0	0	0	0	0	0	0	0	0	0	0	0	0	0	0	0	0	0	0	1	1	1	1	1	1	1	1	1	1	1	0	0

그림 3-5 ▌ 전문성 네트워크 : 방향/이진 그래프

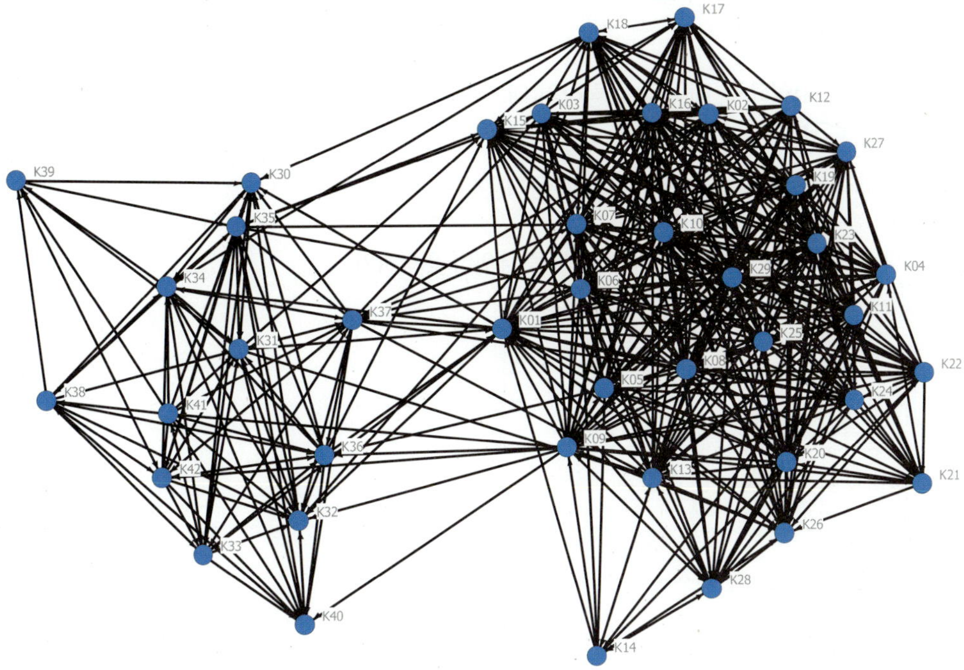

UCINET 활용

01 DL 파일 형식으로 데이터 입력하기(DL 파일 형식에 대해서는 부록 B UCINET 데이터 입력 참고)

> 워드프로세서(예 : 메모장, UltraEdit)를 이용하여 DL 파일 형식으로 네트워크 데이터를 입력한다.

그림 3-6 ▌ 메모장에 DL 형식으로 데이터 입력하기

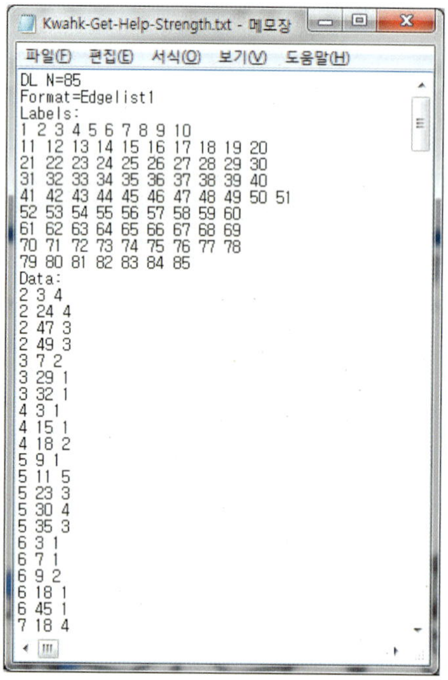

02 DL 파일 형식의 데이터를 UCINET 데이터로 변환하기

> 『Data>Import Text File>DL』을 통해 불러들인 후 UCINET 데이터로 저장한다.

그림 3-7 ▌ 『Import DL Text Flie』 대화상자

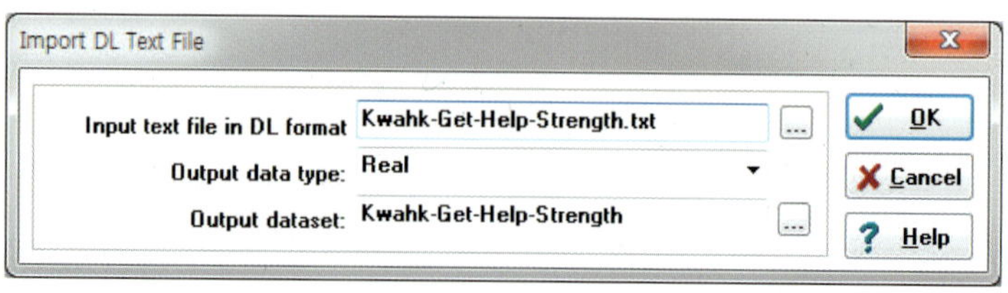

연습문제

01 기업 간 전략적 제휴관계를 조사하여 아래와 같은 네트워크를 구축하였다. 다음 질문에 답하시오.

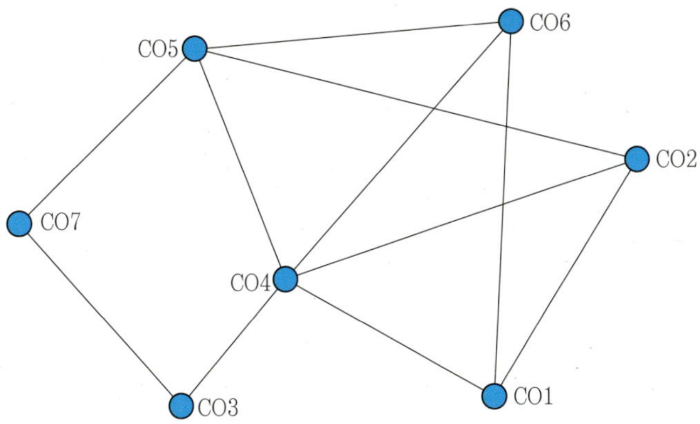

① 기업 간 전략적 제휴관계 네트워크를 DL 노드리스트 형식으로 표현하시오.
② 기업 간 전략적 제휴관계 네트워크를 DL 엣지리스트 형식으로 표현하시오.

02 기업의 한 부서에서 동료들로부터 업무상 도움을 받는 관계를 조사하여 아래와 같은 관계강도가 반영된 네트워크 데이터를 수집하였다. 다음 질문에 답하시오.

	AJ	BS	CH	DK	EJ	FR	GY	HJ	ID	JH
AJ	–	0	0	2	3	5	3	3	0	0
BS	0	–	3	0	0	0	1	0	3	4
CH	0	2	–	0	5	0	0	0	0	0
DK	4	0	0	–	5	0	0	3	2	0
EJ	0	0	0	0	–	0	0	0	0	0
FR	3	0	2	0	5	–	0	5	0	0
GY	0	3	0	0	3	0	–	3	0	0
HJ	0	0	0	0	3	0	0	–	0	0
ID	0	5	0	3	5	0	0	0	–	0
JH	0	1	0	0	0	0	0	0	0	–

① 도움을 받는 관계 네트워크 데이터를 DL 형식으로 표현하시오.
② 도움을 받는 관계 네트워크를 그리시오.

03 인터넷 서점으로부터 고객의 책 구매기록 데이터를 수집하였다. 다음 질문에 답하시오.

고객ID	서적ID	구매일	가격
C001	B001	2013.01.04	10,000
C001	B002	2013.01.04	20,000
C001	B003	2013.01.15	30,000
C001	B006	2013.02.15	20,000
C002	B004	2013.04.21	30,000
C002	B005	2013.05.19	30,000
C003	B002	2013.07.10	20,000
C003	B004	2013.07.10	30,000
C004	B003	2013.08.15	30,000
C004	B005	2013.08.15	30,000
C004	B006	2013.12.02	20,000
C004	B007	2013.12.17	10,000
C005	B002	2013.03.29	20,000
C005	B006	2013.06.01	20,000
C006	B003	2013.11.11	30,000
C007	B001	2013.04.15	10,000
C007	B002	2013.04.15	20,000
C007	B003	2013.04.15	30,000
C007	B004	2013.10.16	30,000
C007	B006	2013.11.23	20,000
C008	B001	2013.05.03	10,000
C008	B007	2013.09.12	10,000
C009	B003	2013.07.15	30,000
C009	B006	2013.08.21	20,000
C010	B001	2013.01.10	10,000
C010	B003	2013.01.10	30,000
C010	B005	2013.09.15	30,000
C010	B007	2013.09.15	10,000

① 고객과 책 간 네트워크를 DL 노드리스트 형식으로 표현하시오.
② 고객과 책 간 네트워크를 DL 엣지리스트 형식으로 표현하시오.
③ 고객과 책 간 네트워크를 그리시오.

04
CHAPTER

소셜네트워크분석
Social Network Analysis

연결과 응집성

- 연결
- 밀도
- 호혜성과 이행성
- 거리

CHAPTER

04 연결과 응집성

소셜네트워크분석에서는 액터의 행위를 그 액터가 네트워크 내에서 어떻게 자리 잡고 있는지의 관점에서 바라본다. 액터 간의 차이는 네트워크의 구조적 환경이 액터의 행위에 대해 기회를 제공하거나 제약을 가함으로써 발생하는 것으로 간주하며, 네트워크의 구조는 액터 간의 연결에 기반을 둔 상호작용에 뿌리를 두고 있는 것으로 이해한다. 소셜네트워크분석에서는 이러한 구조와 행위 간의 관련성을 다양한 네트워크 개념과 지표를 이용하여 접근한다. 여기에서는 연결과 관련된 개념 및 지표에 대해 살펴본다.

연결

소셜네트워크분석에서 중요한 개념 중의 하나는 액터 간의 연결(connection)이다. 우리는 하나의 소셜네트워크 내에서 어떤 사람들은 많은 연결관계를 가지고 있는 반면, 다른 사람들은 그렇지 못한 경우를 종종 관찰할 수 있다. 또한 어떤 네트워크는 잘 연결되어 있는(즉 잘 결합되어 있는) 반면, 다른 네트워크는 그렇지 못한 경우도 있다.

사람들 간의 연결정도의 차이는 사람들의 행태를 이해하고자 할 때 매우 중요한 역할을 한다(Hanneman and Riddle 2005). 많은 연결관계를 가지고 있다는 것은 종종 많은 다양한 정보에 노출되어 있다는 것을 의미한다. 매우 잘 연결된 사람은 다른 사람에 대해 좀 더 많은 영향력을 행사할 수 있으며 동시에 다른 사람으로부터 좀 더 많은 영향을 받을 수도 있다. 네트워크의 관점에서 전체 구성원들 간의 연결정도의 차이 또한 매우 중요한 의미를 갖는다. 예를 들어, 잘 연결된 네트워크에서는 질병과 루머 등이 빠르게 확산되며 유용한 정보나 새로운 기술도 쉽게 전파된다. 잘 연결된 응집성(cohesion) 높은 네트워크는 그렇지 않은 네트워크에 비해 전체 구성원들의 보유 자원을 보다 잘 동원할 수 있으며 다양한 관점을 문제해결에 보다 잘 활용할 수 있다.

소셜네트워크는 액터와 액터 간 연결관계로 정의되기 때문에, 우선 이들 두 구성요소(즉 액터와 관계)의 관점에서 전체 네트워크의 구조를 살펴보는 것이 유용하다. 액터의 관점에서 보면, 포함된 액터의 수로 나타내는 네트워크의 크기는 소셜네트워크분석에서 중요한 변수 중의 하나이다. 구성원의 수가 작은 그룹과 구성원의 수가 큰 그룹은 여러 측면에서 서로 다른 성격을 갖는다. 관계의 관점에서 보면, 네트워크 내에서 액터들 간의 연결관계의 정도는 네트워크의 응집성, 밀도, 복잡성 등을 나타내는 중요한 지표로 해석될 수 있다. 액터는 저마다 연결관계의 개수에 있어서 차이가 존재한다. 액터는 연결관계의 송신자로서의 역할을 할 수도 있고, 수신자로서의 역할을 할 수도 있으며, 때로는 두 역할을 모두 수행할 수도 있다. 액터들이 갖고 있는 이러한 연결관계 개수와 성격의 차이는 액터들 간의 유사성을 판단하는 기준으로 활용될 수 있으며, 또한 액터의 행위 및 영향력을 이해하는 중요한 단서를 제공한다.

네트워크 규모

네트워크 규모(network size) 또는 네트워크 크기는 종종 매우 중요한 의미를 갖는다. 10명의 학생들로 구성된 대학원 세미나 수업과 300명의 수강생으로 이루어진 학부의 교양수업이 있다고 가정해보자. 10명의 세미나 수업에서는 학생들이 서로에 대해 잘 알게 될 가능성이 높으며, 노트를 빌려 보거나 학습 정보를 공유하는 등의 교환관계 네트워크가 쉽게 구축될 수 있다. 반면에 300명의 대형강좌에서는 학생들이 서로에 대해 알기가 어렵고, 10명의 대학원 세미나 수업에서처럼 학생들 간의 단일 네트워크를 구축하는 것은 사실상 불가능하다. 연결관계를 구축하고 유지하기 위한 액터의 자원과 능력이 제한적이기 때문에 네트워크의 규모는 사회적 관계구조 형성에서 중요한 역할을 한다. 네트워크의 규모는 네트워크 내의 액터(즉 노드)의 수로써 측정한다. 액터의 수가 10개라면 네트워크의 규모는 10이 된다.

N개의 액터를 갖는 네트워크에서 가능한 액터 간의 연결관계는 $N \times (N-1) = N^2 - N$개이다. 10개의 액터를 갖는 네트워크라면 총 90개의 가능한 관계가 존재한다. 연결관계의 방향성을 고려하지 않는다면(A에서 B로 가는 관계와 B에서 A로 가는 관계를 동일하게 본다면) 총 45개의 관계가 있을 수 있다. 만약 액터의 수가 10개에서 11개로 한 개 증가하면

그림 4-1 ▌노드와 연결관계의 개수

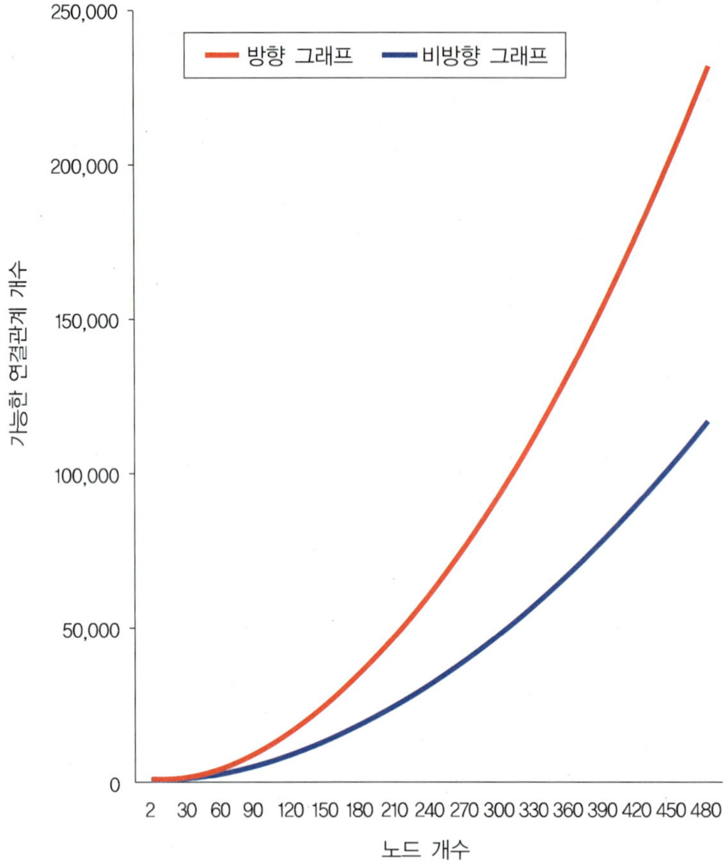

가능한 관계의 수는 90개에서 110개로 20개 증가한다. 즉 [그림 4-1]에서 볼 수 있는 것처럼, 액터의 수가 선형함수적으로 증가할 때 가능한 관계의 수는 지수함수적으로 증가한다. 이를 네트워크 구조의 복잡성(complexity)이 지수함수적으로 증가한다고 표현하기도 한다.

연결정도

노드의 **연결정도(degree)**는 노드의 총연결관계 개수를 의미하며, 노드에 연결된 라인의 개수로 측정한다(Knoke and Yang 2008; Wasserman and Faust 1994). 연결정도는 최소 0에서(해당 노드와 연결된 노드가 하나도 없는 경우) 최대 $(g-1)$까지의 값(총 g개의 노드가 있고, 해당 노드가 다른 모든 노드와 연결된 경우)을 갖는다. 연결정도가 0인 노드를 **고립노드(isolate)**라고 한다.

노드의 연결정도는 단순하고 계산하기 쉬우면서도 유용한 정보를 제공한다. 예를 들어, 아이들을 노드로 나타내고, 놀고 있는 아이들을 관찰하여 함께 놀고 있는 아이들의 쌍을 라인으로 표현한다고 해보자. 이때 작은 연결정도를 갖는 노드는 함께 놀고 있는 친구의 수가 작은 아이를 나타내고, 큰 연결정도를 갖는 노드는 많은 친구들과 놀고 있는 아이를 나타낸다. 즉 노드의 연결정도는 그 노드가 나타내는 액터의 활동성(activity)을 의미한다. 노드의 연결정도는 네트워크 내에서의 액터의 중심성을 나타내는 중요한 지표 중의 하나이다.

네트워크 내 모든 액터의 연결정도를 평균하면 네트워크 내 액터들의 평균적인 활동성을 나타내는 연결정도 평균을 얻을 수 있다. 연결정도 평균은 액터들의 평균적인 연결 개수를 의미하며 네트워크 내 각 노드의 연결정도를 더한 후 노드의 개수로 나누어서 구한다. 하나의 라인은 두 노드에 의해 공유되기 때문에 연결정도의 합은 네트워크 내의 라인 개수에 두 배를 해서 구할 수 있다.

$$\overline{d} = \frac{\sum_{i=1}^{g} d(N_i)}{g} = \frac{2L}{g} \tag{1}$$

여기서 $\overline{d}$: 연결정도 평균
g: 노드의 개수
$d(N_i)$: i번째 노드의 연결정도
L: 라인의 개수

연결정도 분산은 네트워크 내 액터들의 균등성(uniformity)의 정도를 나타낸다. 노드의 연결정도 분산은 각 노드의 연결정도와 연결정도 평균 간의 편차 제곱합을 노드의 개수로 나누어 구한다.

$$s_d^2 = \frac{\sum_{i=1}^{g} (d(N_i) - \overline{d})^2}{g} \tag{2}$$

여기서 s_d^2: 연결정도 분산
$\overline{d}$: 연결정도 평균
g: 노드의 개수
$d(N_i)$: i번째 노드의 연결정도

연결정도 분산은 네트워크 내 액터들의 활동성의 차이를 보여준다. 어떤 네트워크 내의 모든 노드의 연결정도가 동일하다면, 연결정도의 분산은 0이 되며 그 네트워크는 노드들이 서로 균등하게 연결되어 있다는 것을 의미하고 액터 간 활동성에 있어서 차이가 없다는 것을 나타낸다. 연결정도의 분산은 네트워크의 집중도를 나타내는 중요한 지표 중의 하나이다. 연결정도는 관계의 방향(방향 또는 비방향)과 관계의 정도(이진 또는 계량)에 따라 다르게 정의된다(Knoke and Yang 2008).

비방향/이진 그래프 우선 가장 단순한 형태인 비방향/이진 그래프 경우의 연결정도는 각 노드에 연결된 라인의 개수를 세어서 간단히 구할 수 있다. 따라서 앞서 설명한 연결정도의 일반적 정의는 비방향/이진 그래프의 경우에 해당한다. [그림 4-2]의 비방향/이진 그래프에서 각 액터의 연결정도는 $d(N_A)=4$, $d(N_B)=d(N_C)=d(N_D)=d(N_E)=3$으로 계산된다. 각 액터의 연결정도는 인접 매트릭스의 행의 합계 또는 열의 합계와 같다. 이 인접 매트릭스는 대칭 매트릭스이기 때문에 각 액터의 행의 합계와 열의 합계는 일치한다. 전체 행의 합계와 열의 합계 역시 동일하다. 전체 네트워크의 연결정도 평균은 각 연결정도의 합을 노드의 개수인 5로 나눈 $\bar{d}=\dfrac{4+3+3+3+3}{5}=3.2$가 된다.

그림 4-2 ▌비방향/이진 그래프 연결정도

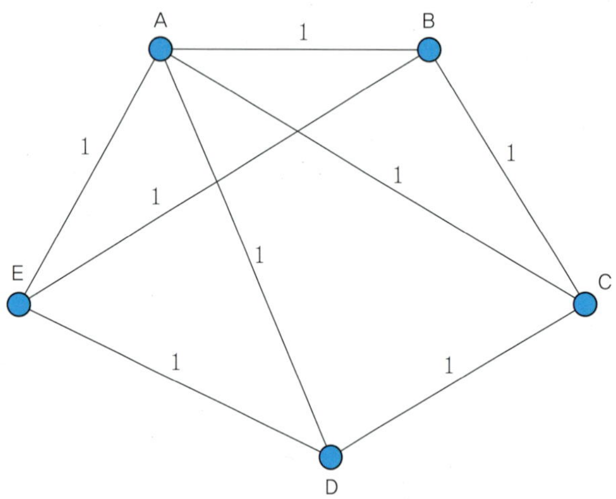

	A	B	C	D	E	
A	–	1	1	1	1	4
B	1	–	1	0	1	3
C	1	1	–	1	0	3
D	1	0	1	–	1	3
E	1	1	0	1	–	3
	4	3	3	3	3	16

방향/이진 그래프 방향 그래프의 경우에는 비방향 그래프와 달리 연결의 방향성을 고려해야 한다. 따라서 노드의 연결정도는 **내향 연결정도(indegree)**와 **외향 연결정도(outdegree)**로 구분할 필요가 있다. 내향 연결정도는 화살표의 방향이 다른 액터로부터 자신으로 향하는 라인의 개수를 말하며, 외향 연결정도는 화살표의 방향이 다른 액터로 향하는 라인의 개수를 의미한다. [그림 4-3]의 방향/이진 그래프를 친구관계 소시오그램이라고 가정해보자. 액터 A는 B, C, D, E를 친구로 선택한 반면, 어느 누구도 A를 친구로 선택하고 있지는 않다. 따라서 A의 내향 연결정도는 0이고 외향 연결정도는 4가 된다. 개별 액터 차원의 내향 연결정도와 외향 연결정도는 다르더라도, 전체 네트워크 차원의 내향 연결정도와 외향 연결정도의 합은 항상 일치한다. 왜냐하면 전체 네트워크 관점에서 볼 때 어떤 액터의 내향 연결정도는 항상 대응되는 다른 액터의 외향 연결정도가 되기 때문이다. 따라서 들어가는 라인의 개수와 나오는 라인의 개수를 모든 액터들에 대해 더하면 두 종류의 라인의 개수의 합은 항상 일치한다.

[그림 4-3]의 액터 A, B, C, D, E의 내향 연결정도는 $d_i(N_A)=0$, $d_i(N_B)=2$, $d_i(N_C)=2$, $d_i(N_D)=2$, $d_i(N_E)=3$이고, 외향 연결정도는 $d_o(N_A)=4$, $d_o(N_B)=1$, $d_o(N_C)=1$, $d_o(N_D)=2$, $d_o(N_E)=1$이다. 내향 연결정도와 외향 연결정도의 합은 모두 9로서 동일하며, 따라서 전체 네트워크의 연결정도 평균은 $\bar{d}=\frac{9}{5}=1.8$이 된다. 인접 매트릭스에서 외향 연결정도는 각 액터의 행의 합계로 나타나며, 내향 연결정도는 각 액터의 열의 합계로 표

그림 4-3 ▌방향/이진 그래프 연결정도

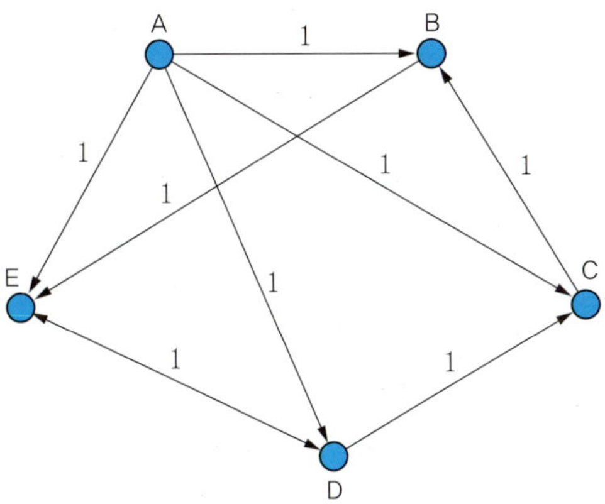

	A	B	C	D	E	out
A	–	1	1	1	1	4
B	0	–	0	0	1	1
C	0	1	–	0	0	1
D	0	0	1	–	1	2
E	0	0	0	1	–	1
in	0	2	2	2	3	9

현된다. 외향 연결정도는 일반적으로 액터의 개방적 성향(expansiveness)을 나타내며 내향 연결정도는 액터의 인기(popularity)를 반영한다(Wasserman and Faust 1994). 액터 A는 다른 사람을 친구로 선택하려 하는 개방적 성향이 강한 반면(외향 연결정도 4), 네트워크 내에서의 인기는 가장 낮다(내향 연결정도 0). 액터 E는 네트워크 내에서 가장 인기가 높은 반면(내향 연결정도 3), 개방적 성향은 다소 낮아 보인다(외향 연결정도 1).

비방향/계량 그래프 관계의 강도가 표현된 계량 그래프의 경우에는 관계의 존재 유무만 표현된 이진 그래프와 달리 연결정도의 계산이 다소 복잡해진다. 가장 간단한 방법은 관계의 강도를 무시하는 것이다. 즉 0보다 큰 연결관계의 값을 모두 1로 대체하여 계량 그래프를 이진 그래프로 변환하고 이진 그래프에서와 동일한 방법으로 연결정도를 산출한다. 이 방법은 간단하긴 하지만 계량 그래프의 관계강도를 나타내는 정보를 반영하지 못하기 때문에 계량 그래프의 진정한 연결정도라고는 할 수 없다. 따라서 관계강도의 값을 반영할 수 있는 새로운 계산법이 필요하다. 비방향/계량 그래프의 경우, 액터에 연결된 모든 라인의 값을 합산하거나 평균함으로써 연결정도를 구할 수 있다.

[그림 4-4]의 비방향/계량 그래프에 있어서, 합산에 의해 연결정도를 구해보면 각 액터의 연결정도는 $d(N_A)=12$, $d(N_B)=12$, $d(N_C)=10$, $d(N_D)=8$, $d(N_E)=12$가 된다. 이렇게 구해진 연결정도는 액터가 갖고 있는 연결관계의 수가 아니라 관계강도의 양을 나타낸다. 전체 네트워크의 연결정도 평균은 합산한 연결정도를 액터의 수로 나누어 $\bar{d}=\frac{12+12+10+8+12}{5}=10.8$과 같이 구할 수 있다. 이 경우 연결정도 평균은 액터의 평균 관계강도를 의미한다.

합산에 의해 연결정도를 구할 경우 나타날 수 있는 문제 중의 하나는 어떤 액터가 높은 연결정도를 가질 때 이것이 연결된 라인의 수가 많아서 그런 것인지, 아니면 라인의 수는 적더라도 관계강도가 높아서 그런 것인지 구분이 되지 않는다는 점이다. 예를 들어, 친구관계의 강도가 라인의 값으로 표현된 친구관계 네트워크에서 어떤 두 사람의 연결정도가 동일한 값을 가질 때 두 가지 가능성이 존재한다. 하나는 평범한 관계의 친구를 많이 갖고 있는 경우이고(강도는 낮고 연결의 수는 많음), 또 다른 경우는 소수의 아주 가까운 친구를 두고 있는 경우이다(강도는 높고 연결의 수는 적음). 합산에 의한 연결정도의 계산은 위의 두 가지 경우가 구분되지 않으나, 연결정도를 구할 때 라인의 개수를 고려하면 둘 간의 차이를 구분할 수 있다. 평균에 의한 연결정도는 합산된 라인의 값을 라인의 개수로 나누어서 구한다.

예를 들어, 몽룡은 관계강도 1을 갖는 평범한 친구 다섯 명을 알고 있고, 방자는 관계강도 2와 3을 갖는 친한 친구 두 명만을 알고 있다고 가정해보자. 합산방법에 의한 연결정도는 몽룡과 방자 모두 5라는 동일한 값이다. 하지만 평균방법에 의하면 몽룡의 연결정도는 $\frac{1+1+1+1+1}{5}=1$이 되고, 방자의 연결정도는 $\frac{2+3}{2}=2.5$가 되어 몽룡과 방자 간의 차이를 보여준다. 방자의 높은 연결정도는 방자가 몽룡보다 평균적으로 더 강한 친구관계를 갖고 있음을 나타낸다.

[그림 4-4]의 비방향/계량 그래프의 각 액터에 대해 평균방법을 이용하여 연결정도를 구해보면 각 액터의 연결정도는 $d(N_A)=3.0$, $d(N_B)=4.0$, $d(N_C)=3.3$, $d(N_D)=2.7$, $d(N_E)=4.0$이 된다. 합산방법에 의하면 액터 A와 B가 연결정도 12로서 동일한 관계강도를 갖지만, 평균방법을 사용하면 액터 A의 연결정도는 3으로서 액터 B의 연결정도 4보다 낮은 관계강도를 갖는다. 이는 평균방법이 연결된 모든 관계에 대한 관계강도의 단순합계에 초점을 맞추기보다는 관계강도의 평균적 개념을 강조하기 때문이다. 연구자는 이 두 방법 중 어느 방법으로든 연결정도를 계산할 수 있으나, 각 방법의 강조점의 차이를 인식하고 결과의 해석 시 주의를 기울일 필요가 있다.

그림 4-4 | 비방향/계량 그래프 연결정도

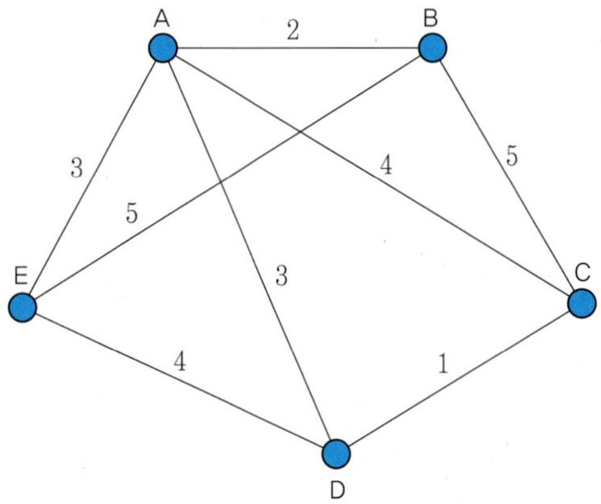

	A	B	C	D	E	합산	평균
A	–	2	4	3	3	12	3.0
B	2	–	5	0	5	12	4.0
C	4	5	–	1	0	10	3.3
D	3	0	1	–	4	8	2.7
E	3	5	0	4	–	12	4.0
합산	12	12	10	8	12	54	–
평균	3.0	4.0	3.3	2.7	4.0	–	–

방향/계량 그래프 [그림 4-5]와 같은 방향/계량 그래프의 경우에는 관계의 방향성을 고려하여 노드의 내향 연결정도와 외향 연결정도를 구분할 필요가 있다. 계량 그래프이기 때문에 연결정도 계산 시 앞의 경우와 마찬가지로 합산방법과 평균방법을 적용할 수 있다. 평균방법을 적용할 경우 액터 B, C, E는 동일한 내향 연결정도 4를 갖는다. 따라서 이들 세 액터는 이 네트워크 내에서 동등한 수준의 인기도를 갖고 있다고 볼 수 있다. 그러나 이와는 대조적으로 합산방법을 적용할 경우에는 세 액터 간에 내향 연결정도에 있어서 뚜렷한 차이가 나타난다. 즉 액터 E가 가장 큰 내향 연결정도 12를 갖고, 이어서 액터 B는 내향 연결정도 8, 액터 C는 내향 연결정도 4를 갖는다. 따라서 합산방법에 의하면 액터 E가 가장 인기있는 액터라 할 수 있다. 평균방법에 따르면 액터 C가 비록 한 명의 친구로부터만 선택받았지만 그 친구와 강한 관계를 갖고 있기 때문에, 액터 C는 이처럼 액터 B나 액터 E와 동등한 인기도를 갖고 있는 것으로 간주된다. 계량 그래프의 연결정도를 측정할 때 평균의 개념을 사용할지 혹은 합산의 개념을 사용할지는 연구자가 이 중 어느 것이 연구목적에 가장 잘 부합하는지를 검토하여 결정한다.

[그림 4-6]은 15세기 무렵 이탈리아 피렌체에서 활동하던 16개 가문 간의 결혼관계 및 비즈니스관계 연결정도 관련 지표이다(Padgett and Ansell 1993; Wasserman and Faust

그림 4-5 ▌방향/계량 그래프 연결정도

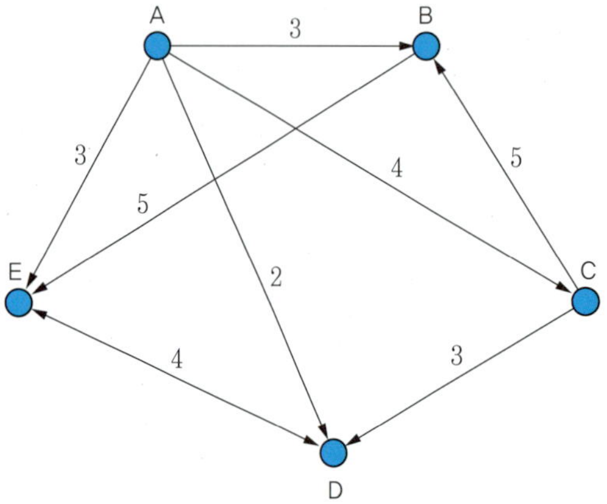

	A	B	C	D	E	out합산	out평균
A	–	3	4	2	3	12	3.0
B	0	–	0	0	5	5	5.0
C	0	5	–	3	0	8	4.0
D	0	0	0	–	4	4	4.0
E	0	0	0	4	–	4	4.0
in합산	0	8	4	9	12	33	–
in평균	0	4.0	4.0	3.0	4.0	–	–

1994; Padgett.##h 파일). [그림 4-6]의 첫 번째 매트릭스는 네트워크 전체에 대한 연결정도 지표를 나타내며, 두 번째와 세 번째 매트릭스는 각각 결혼관계와 비즈니스관계 네트워크에서의 개별 액터에 대한 연결정도 지표이다. 피렌체 가문 네트워크는 비방향/이진 그래프로서 16개의 노드($g=16$)를 갖고 있다. 결혼관계 네트워크에서 연결정도의 합은 40이다(첫 번째 매트릭스의 'PADGM' 열의 'Sum' 행). 따라서 연결정도 평균은 2.5가 된다 $\left(\bar{d}=\frac{\sum_{i=1}^{g} d(N_i)}{g}=\frac{2L}{g}=\frac{40}{16}=2.5\right)$. 이는 이들 16개 피렌체 가문들이 평균적으로 2~3개의 결혼관계로 서로 엮여 있음을 의미한다. 비즈니스관계 네트워크의 연결정도의 합은 30(첫 번째 매트릭스의 'PADGB' 열의 'Sum' 행)이므로 연결정도 평균은 1.9$\left(=\frac{30}{16}\right)$가 된다. 이는 결혼관계 네트워크의 연결정도 평균 2.5에 비해 다소 낮은 수치이다.

모든 가능한 연결관계 개수(첫 번째 매트릭스의 'Observations' 행) 대비 실제 연결관계 개수(첫 번째 매트릭스의 'Sum' 행)의 비율은 결혼관계 네트워크의 경우 0.167$\left(=\frac{40}{240}\right)$, 비즈니스관계 네트워크의 경우 0.125$\left(=\frac{30}{240}\right)$이다(첫 번째 매트릭스의 'Average' 행). 이는 곧 살펴보게 될 밀도의 개념으로서, 완벽하게 서로 연결된 네트워크 대비 실제로 연결된 정도가 16.7%, 12.5%라는 것을 나타낸다. 이 수치 역시 비즈니스관계 네트워크가 결혼관계 네트워크에 비해 낮은 것을 알 수 있다. 결혼관계 네트워크에서는 고립노드가 한 개 있으나, 비즈니스관계 네트워크에서는 이보다 훨씬 많은 다섯 개가 고립노드이다. 이러한 차이가 두 네트워크 간의 연결정도의 차이를 일부 설명해준다. 비즈니스관계 네트워크의 표준편차는 0.331로서 결혼관계 네트워크의 표준편차 0.373에 비해 작다(첫 번째 매트릭스의 'Standard Deviation' 행). 이는 액터들 간의 비즈니스 연결관계가 결혼관계에 비해 비교적 균등하게 연결되어 있어 상대적으로 덜 집중화되어 있다는 것을 보여준다.

[그림 4-6]의 두 번째와 세 번째 매트릭스를 통해 각 가문의 연결정도 관련 지표를 살펴보면, Guadagni 가문과 Strozzi 가문은 평균보다 약간 많은 네 개의 결혼관계를 갖고 있으며, Medici 가문은 이보다 많은 여섯 개의 결혼관계를 갖고 있다(두 번째 매트릭스의 'Sum' 열). Pucci 가문처럼 어느 가문과도 결혼관계를 갖고 있지 않은 고립노드도 존재한다. 크기가 다른 네트워크 간의 연결정도를 비교하기 위해서는 표준화된 연결정도가 필요하다. 자기 자신을 제외한 나머지 노드의 개수(두 번째 매트릭스의 'Observations' 열)로 연결정도를 나눈 비율은 네트워크의 크기를 고려한 표준화된 연결정도가 된다. 예를 들어, Medici 가문은 자신을 제외한 나머지 15개 가문들 가운데 여섯 개 가문과 결혼관계를 맺고 있어

40%$\left(=\dfrac{6}{16-1}\times 100\right)$의 높은 결혼관계 점유율을 보인다(두 번째 매트릭스의 'Average' 열). 이 수치는 다른 네트워크에 속한 액터와 연결정도의 상대적 크기를 비교하는 데 유용하게 사용될 수 있다. 결혼관계 네트워크에서 가장 많은 연결관계를 가지고 있던 Medici 가문은 비즈니스관계에서도 다섯 개의 연결관계를 가지고 있어서 가장 높은 연결정도를 보여주고 있다.

그림 4-6 ▌피렌체 가문의 결혼관계 및 비즈니스관계 네트워크의 연결정도 관련 지표

Statistics

		1 PADGM	2 PADGB
1	Observations	240	240
2	Missing	0	0
3	Minimum	0	0
4	Maximum	1	1
5	Sum	40	30
6	Average	0.167	0.125
7	SSQ	40	30
8	Standard Deviation	0.373	0.331
9	Variance	0.139	0.109
10	MCSSQ	33.333	26.250
11	Euclidean Norm	6.325	5.477

11 rows, 2 columns, 1 levels.

Matrix: PADGM
Statistics

		1 Observations	2 Missing	3 Minimum	4 Maximum	5 Sum	6 Average	7 SSQ	8 Standard Deviation	9 Variance	10 MCSSQ	11 Euclidean Norm
1	ACCIAIUOL	15	0	0	1	1	0.067	1	0.249	0.062	0.933	1
2	ALBIZZI	15	0	0	1	3	0.200	3	0.400	0.160	2.400	1.732
3	BARBADORI	15	0	0	1	2	0.133	2	0.340	0.116	1.733	1.414
4	BISCHERI	15	0	0	1	3	0.200	3	0.400	0.160	2.400	1.732
5	CASTELLAN	15	0	0	1	3	0.200	3	0.400	0.160	2.400	1.732
6	GINORI	15	0	0	1	1	0.067	1	0.249	0.062	0.933	1
7	GUADAGNI	15	0	0	1	4	0.267	4	0.442	0.196	2.933	2
8	LAMBERTES	15	0	0	1	1	0.067	1	0.249	0.062	0.933	1
9	MEDICI	15	0	0	1	6	0.400	6	0.490	0.240	3.600	2.449
10	PAZZI	15	0	0	1	1	0.067	1	0.249	0.062	0.933	1
11	PERUZZI	15	0	0	1	3	0.200	3	0.400	0.160	2.400	1.732
12	PUCCI	15	0	0	0	0	0	0	0	0	0	0
13	RIDOLFI	15	0	0	1	3	0.200	3	0.400	0.160	2.400	1.732
14	SALVIATI	15	0	0	1	2	0.133	2	0.340	0.116	1.733	1.414
15	STROZZI	15	0	0	1	4	0.267	4	0.442	0.196	2.933	2
16	TORNABUON	15	0	0	1	3	0.200	3	0.400	0.160	2.400	1.732

16 rows, 11 columns, 2 levels.

Matrix: PADGB
Statistics

	1 Observations	2 Missing	3 Minimum	4 Maximum	5 Sum	6 Average	7 SSQ	8 Standard Deviation	9 Variance	10 MCSSQ	11 Euclidean Norm
1 ACCIAIUOL	15	0	0	0	0	0	0	0	0	0	0
2 ALBIZZI	15	0	0	0	0	0	0	0	0	0	0
3 BARBADORI	15	0	0	1	4	0.267	4	0.442	0.196	2.933	2
4 BISCHERI	15	0	0	1	3	0.200	3	0.400	0.160	2.400	1.732
5 CASTELLAN	15	0	0	1	3	0.200	3	0.400	0.160	2.400	1.732
6 GINORI	15	0	0	1	2	0.133	2	0.340	0.116	1.733	1.414
7 GUADAGNI	15	0	0	1	2	0.133	2	0.340	0.116	1.733	1.414
8 LAMBERTES	15	0	0	1	4	0.267	4	0.442	0.196	2.933	2
9 MEDICI	15	0	0	1	5	0.333	5	0.471	0.222	3.333	2.236
10 PAZZI	15	0	0	1	1	0.067	1	0.249	0.062	0.933	1
11 PERUZZI	15	0	0	1	4	0.267	4	0.442	0.196	2.933	2
12 PUCCI	15	0	0	0	0	0	0	0	0	0	0
13 RIDOLFI	15	0	0	0	0	0	0	0	0	0	0
14 SALVIATI	15	0	0	1	1	0.067	1	0.249	0.062	0.933	1
15 STROZZI	15	0	0	0	0	0	0	0	0	0	0
16 TORNABUON	15	0	0	1	1	0.067	1	0.249	0.062	0.933	1

16 rows, 11 columns, 2 levels.

연결정도 관련 지표를 계산하기 위해서는 UCINET 메뉴에서 『Tools>Univariate Statistics』를 선택한다. 『Univariate Statistics』 대화상자에서 분석대상 관계 데이터(여기에서는 Padgett.##h)를 선택한 후 『OK』 버튼을 클릭한다. 『Options』에서 'Levels/Layers/Matrices'를 선택하면 네트워크 전체에 대한 지표가 계산되며(첫 번째 출력물), 'Rows'를 선택하면 외향 연결정도 지표가 계산된다(두 번째 및 세 번째 출력물). 'Columns'를 선택하면 내향 연결정도 지표가 계산된다.

밀도

밀도(density)는 네트워크에서 노드 간의 전반적인 연결정도 수준을 나타낸다. 완벽하게 연결된 네트워크에서는 모든 노드가 서로 이웃하게 되며, 각 노드는 네트워크 내의 다른 모든 노드와 직접 연결된다. 반면에 완벽하게 단절된 네트워크에서는 모든 노드가 서로 떨어져 있어 어느 노드도 서로 이웃하지 않는다. 이러한 두 종류의 극단적인 네트워크는 현실적으로 흔치 않으며, 우리가 측정하고자 하는 네트워크는 대부분 이러한 두 종류의 네트워크 사이에 존재한다. 네트워크 내의 노드 간 연결이 많을수록 우리는 그 네트워크의 밀도가 높다고 말한다([그림 4-7]). 따라서 네트워크의 밀도는 네트워크 내의 라인의 개수(즉 연결정도)로 측정할 수 있으며, 라인의 개수가 많을수록 그 네트워크의 밀도는 높다. 하지만 네트워크의 밀도를 단순히 라인의 개수만으로 측정하게 되면 네트워크의 크기를 반영할 수 없어 네트워크 간의 비교가 어려워진다. 이러한 단점을 보완하기 위하여 밀도는 일반적으로 네트워크 내에 존재하는 최대 가능한 라인의 개수 대비 실제 존재하는 라인의 개수의 비율로 측정

▶ 그림 4-7 ▌ 높은 밀도와 낮은 밀도의 네트워크

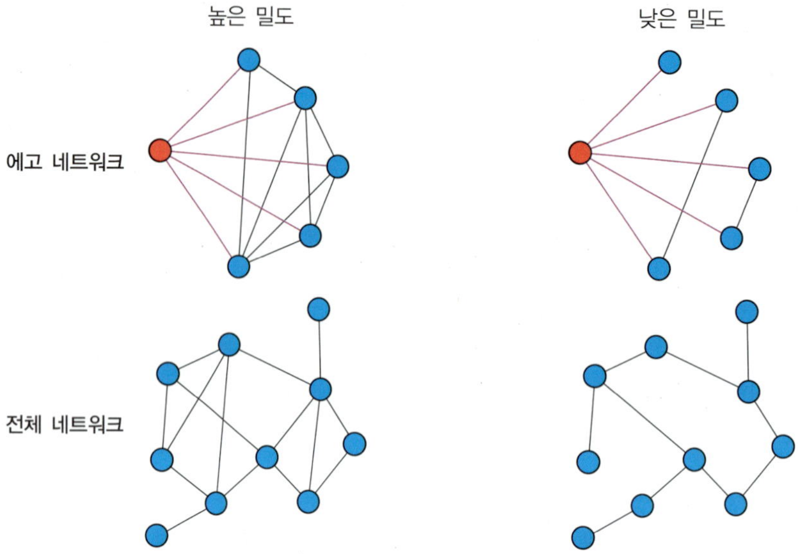

한다. 밀도가 높은 네트워크에 대해 우리는 일반적으로 응집성이 높다고 이야기한다.

에고 네트워크의 밀도

에고 네트워크에서의 밀도는 에고 네트워크 내의 g개의 알터들이 서로 연결되어 있는 정도를 나타낸다. 에고 네트워크의 정의상 에고와 알터는 직접 연결되어 있기 때문에 에고 네트워크에서의 밀도의 계산 시 에고와 알터 간의 연결은 제외한다. 밀도는 관계의 방향(방향 또는 비방향)과 관계의 정도(이진 또는 계량)에 따라 다르게 정의된다(Knoke and Yang 2008).

비방향/이진 그래프 에고 네트워크가 비방향/이진 그래프인 경우, 밀도는 알터 간에 존재하는 실제 연결관계의 개수를 알터 간 최대 가능한 연결관계의 개수로 나누어 구한다. 여기에서 g개 알터 간의 최대 가능한 연결관계의 개수는 결국 g개의 알터 중에서 두 개의 알터를 선택하는 경우의 수 ${}_gC_2$를 구하는 것과 같다. 비방향 그래프이므로 A→B는 B→A와 동일한 관계로 간주한다.

$$D = \frac{L}{{}_gC_2} = \frac{L}{\frac{g(g-1)}{2}} \quad (3)$$

여기서 D: 밀도

L: 라인의 개수

g: 알터의 개수

${}_gC_2 = \frac{g!}{(g-2)! \times 2!} = \frac{g(g-1)}{2}$

연결정도의 합 $\sum_{i=1}^{g} d(N_i) = 2L$이기 때문에, 각 알터의 연결정도 관점에서 보면 산식 (3)은 다음과 같이 나타낼 수도 있다.

$$D = \frac{L}{\frac{g(g-1)}{2}} = \frac{2L}{g(g-1)} = \frac{\sum_{i=1}^{g} d(N_i)}{g(g-1)} \quad (4)$$

여기서 D: 밀도

L: 라인의 개수

g: 알터의 개수

$d(N_i)$: i번째 노드의 연결정도

예를 들어, 다섯 명의 알터가 있고 이들 알터 간에 세 개의 연결관계가 있는 친구관계 에고 네트워크를 가정해보자. 최대 가능한 연결관계의 개수는 $10\left(= \frac{5(5-1)}{2}\right)$이고 실제 연결 관계의 개수, 즉 라인의 개수는 3이기 때문에 이 친구관계 에고 네트워크의 밀도는 $0.3\left(= \frac{3}{10}\right)$이 된다. 이를 각 알터의 연결정도 관점에서 보면, 연결정도 합은 6(=2×3)이므로 연결정도를 이용하여 계산된 밀도 역시 $0.3\left(= \frac{6}{5(5-1)} = \frac{6}{20}\right)$이 된다.

방향/이진 그래프 연결관계가 방향/이진 그래프로 표현된 네트워크의 경우, 밀도는 산식 (5)와 같이 구한다.

$$D = \frac{L}{{}_gC_2 \times 2} = \frac{L}{g(g-1)} \quad (5)$$

여기서 D: 밀도

L: 라인의 개수

g: 알터의 개수

산식 (5)는 비방향/이진 그래프에서 밀도를 계산하는 것과 다음과 같은 차이가 있다. 우선 방향성이 있는 그래프의 경우에는 보내는 관계와 받는 관계가 서로 다른 별개의 관계로 간주되기 때문에 분모에 해당하는 최대 가능한 연결관계의 개수는 비방향 그래프보다 두 배 많게 된다(A→B는 B→A와 다른 관계로 간주한다). 마찬가지 논리로 분자의 실제 연결된 라인의 개수를 산정할 때 역시 두 방향의 관계를 별개의 라인으로 간주하여 계산한다.

비방향/계량 그래프 비방향/계량 그래프의 경우, 에고 네트워크의 밀도는 산식 (6)과 같이 계산한다.

$$D = \frac{\sum L_v}{{}_gC_2} = \frac{\sum L_v}{\frac{g(g-1)}{2}} \tag{6}$$

여기서 D: 밀도
L_v: 라인의 관계강도
g: 알터의 개수

이진 그래프의 경우와 비교하여 달라진 것은 분자가 라인의 개수가 아니라 라인의 값, 즉 관계강도의 합이라는 점이다. 비방향/계량 그래프로 표현된 에고 네트워크의 밀도는 연결된 모든 라인의 관계강도를 합산하고 이를 최대 가능한 연결관계 라인 수로 나누어 구한다. 이진 그래프의 밀도가 알터들 간 연결관계의 개수에 초점을 맞춘 것과 달리, 계량 그래프의 경우 밀도는 최대 가능한 연결관계 개수로 표준화한 알터들 간의 평균 관계강도를 나타낸다. 예를 들어, 다섯 명의 알터들(A, B, C, D, E) 간의 관계에 친한 정도(즉 관계강도)에 따라 1에서 3까지 값을 부여한다고 하자. 에고가 다섯 명의 알터들 간의 총 세 개의 연결관계에 대해, A와 B는 3의 관계강도를 갖고, B와 D는 2의 관계강도를, A와 E는 1의 관계강도를 갖는 것으로 응답했다고 하면, 이 에고 네트워크의 밀도는 $0.6\left(=\frac{3+2+1}{10}\right)$이 된다.

방향/계량 그래프 마지막으로 방향/계량 그래프로 표현된 에고 네트워크의 밀도는 산식 (7)과 같이 구한다.

그림 4-8 ▌네트워크 유형과 밀도

	비방향	방향	
이진	$D=\dfrac{L}{g(g-1)/2}$	$D=\dfrac{L}{g(g-1)}$	➡ 연결관계의 비율
계량	$D=\dfrac{\sum L_v}{g(g-1)/2}$	$D=\dfrac{\sum L_v}{g(g-1)}$	➡ 평균 관계강도

D: 밀도, L: 라인의 개수, g: 알터의 개수, L_V: 라인의 관계강도

$$D=\frac{\sum L_v}{{}_gC_2\times 2}=\frac{\sum L_v}{g(g-1)} \tag{7}$$

여기서 D: 밀도
L_v: 라인의 관계강도
g: 알터의 개수

분모의 최대 가능한 연결관계의 개수가 비방향 그래프의 두 배로 바뀌었으며, 분자는 비방향/계량 그래프와 마찬가지로 관계강도의 합을 나타낸다. 방향/계량 그래프 형태의 에고 네트워크 밀도는 비방향/계량 그래프에서와 마찬가지로 알터들 간 평균 관계강도를 나타낸다.

네트워크 유형별 밀도 산출방식과 의미를 [그림 4-8]과 같이 정리하였다. 관계의 존재 유무만을 나타내는 이진 그래프로 표현된 에고 네트워크의 밀도는 0에서 1 사이의 값을 갖는다. 분자의 실제 라인의 개수는 분모의 최대 가능한 라인의 개수를 초과할 수 없기 때문이다. 밀도 0은 알터들 간에 아무런 연결관계도 없다는 것을 나타내며($L=0$), 밀도 1은 모든 알터들이 서로 직접 연결되어 있다는 것을 의미한다($L=\dfrac{g(g-1)}{2}$ 또는 $L=g(g-1)$). 반면에 관계의 강도를 나타내는 계량 그래프로 표현된 에고 네트워크의 밀도는 1을 초과할 수 있다. 왜냐하면 관계강도를 나타내는 값에는 특별한 제약이 없고 연구설계에 따라서 언제든 1을 초과하는 값을 가질 수 있기 때문이다.

전체 네트워크의 밀도

에고 네트워크는 에고와 직접 연결관계를 갖고 있는 알터들과 그들 알터들 간의 관계를 파

악함으로써 구축된다. 표본의 크기가 N이라면(즉 에고 역할을 하는 N개의 응답자가 있다면) 총 N개의 에고 네트워크가 분석대상이 되고, 따라서 N개의 밀도가 계산된다. 일반적으로 에고와 알터들이 서로 모두 잘 연결된 조밀한 커뮤니티로부터 액터들이 추출되지 않는 한, 에고의 알터들은 다른 에고의 알터들과 서로 겹치는 일이 드물며 에고 간의 연결도 거의 나타나지 않는다. 따라서 이렇게 계산된 N개의 밀도는 각 응답자(즉 에고)의 고유한 속성처럼 취급될 수 있다. 하지만 에고 네트워크에 대한 분석과는 달리, 전체 네트워크를 대상으로 한 연구에서는 연구자가 사전에 명확한 네트워크 경계를 설정하고 그 경계 내의 액터들에 대해서 전체적인 관점에서의 연결관계에 초점을 맞춘다. 따라서 전체 네트워크에서는 표본의 크기에 관계없이(즉 N의 크기에 관계없이) 네트워크를 대표하는 하나의 밀도만을 계산한다. 이처럼 에고 네트워크와 전체 네트워크는 분석 수준에 있어서 차이를 보인다. 하지만 N개의 밀도를 계산하든(에고 네트워크) 한 개의 밀도를 계산하든(전체 네트워크) 앞서 다루었던 네 가지 유형의 밀도에 대한 계산방식은 두 유형의 네트워크에 대해서 동일하게 적용된다.

포괄성

네트워크 내의 액터들의 연결정도는 연결된 라인의 관점에서뿐만 아니라 연결된 노드의 관점에서도 정의할 수 있다. **포괄성(inclusiveness)**은 네트워크 내의 연결된 노드의 개수를 나타낸다. 네트워크의 포괄성은 그 네트워크에 포함된 총노드의 개수에서 고립노드(연결관계가 없는 노드)의 개수를 빼서 구한다. 하지만 이러한 방식은 네트워크의 크기가 다를 때 네트워크 간 비교를 어렵게 만드는 단점이 있다. 따라서 서로 크기가 다른 다양한 네트워크를 비교하기 위해서는 총노드의 개수 대비 연결된 노드의 개수로 포괄성을 구하는 것이 하나의 대안이 될 수 있다.

$$I = \frac{g_c}{g} \qquad (8)$$

여기서 I: 포괄성

g_c: 연결된 노드의 개수

g: 총노드의 개수

예를 들어, 20개의 노드로 구성된 네트워크에서 여섯 개의 고립노드가 존재하는 경우, 연결된 노드의 절대 개수로 표현된 포괄성은 14이고 비율로 표현된 포괄성은 $0.7\left(=\frac{20-6}{20}\right)$이다. 네트워크의 포괄성이 높을수록(즉 고립노드의 개수가 작을수록) 네트워크 내의 액터들의 연결정도는 높다고 말할 수 있다.

하지만 네트워크 내 액터들의 연결정도 수준을 설명할 때 노드를 기반으로 한 포괄성의 개념과 라인을 기반으로 한 밀도의 개념이 항상 일치하는 것은 아니다. 예를 들어, 연결된 노드의 개수가 동일하다 하더라도(즉 동일한 포괄성 수준을 갖는다 하더라도), 어떤 네트워크에서는 노드들 간에 조밀하게 연결되어 있는 반면, 다른 네트워크에서는 노드들이 최소한의 연결만 유지한 채 성기게 연결되어 있을 수 있다. 반대로 연결된 라인의 개수가 동일하다 하더라도(즉 동일한 밀도를 갖는다 하더라도), 어떤 네트워크에서는 노드들이 넓은 범위에 걸쳐 다른 노드들과 연결관계를 갖고 있는 반면, 다른 네트워크에서는 노드들이 국지적 범위의 일부 노드들하고만 연결관계를 유지하고 있을 수 있다. [그림 4-9]에서 볼 수 있듯이, 상단의 두 네트워크는 연결된 노드의 개수가 다섯 개로서 동일한 포괄성을 갖고 있지만 밀도는 두 배 차이가 난다. 하단의 두 네트워크는 반대로 밀도는 동일하지만, 연결된 노드의 개수는 일곱 개와 네 개로서 서로 다른 포괄성을 갖는다.

지금까지 살펴본 라인을 기반으로 한 밀도의 개념과 노드를 기반으로 한 포괄성의 개념을

그림 4-9 ▌포괄성과 밀도

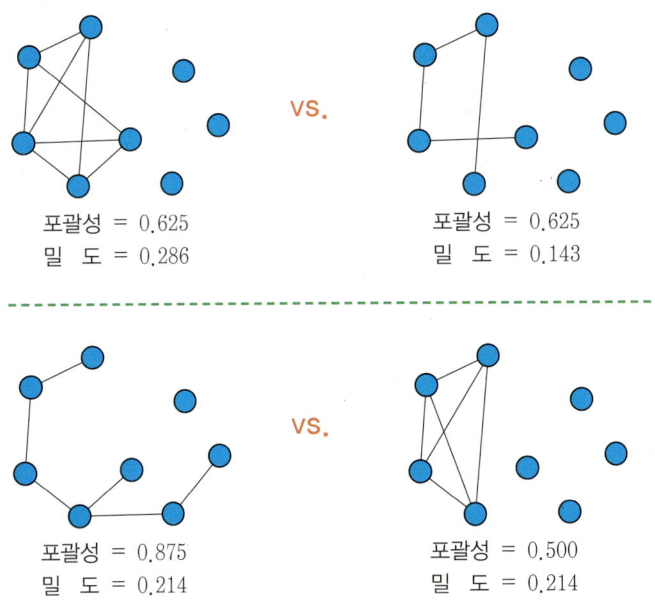

그림 4-10 **포괄성과 밀도의 비교**

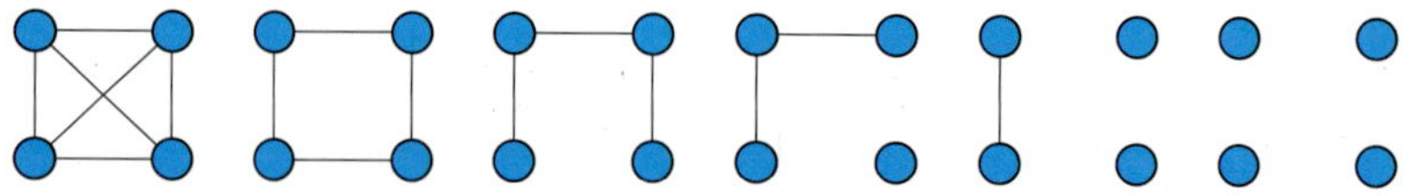

연결된 노드의 개수	4	4	4	3	2	0
포괄성	1.0(4/4)	1.0(4/4)	1.0(4/4)	0.75(3/4)	0.5(2/4)	0
라인의 개수	6	4	3	2	1	0
밀도	1.0(6/6)	0.67(4/6)	0.5(3/6)	0.33(2/6)	0.17(1/6)	0

[그림 4-10]의 네 개 노드를 갖는 가상의 네트워크를 통해 정리해본다(Scott 2012). [그림 4-10]의 네트워크는 네 개의 노드를 갖고 있기 때문에 연결 가능한 라인의 최대 개수는 6이다. [그림 4-10]의 첫 번째 네트워크는 네 개의 노드가 서로 완벽하게 연결되어 있어 포괄성 및 밀도는 1.0으로 동일하다. 반면에 두 번째와 세 번째 네트워크는 네 개의 노드 모두가 서로 연결되어 있어 포괄성은 1.0으로 첫 번째 네트워크와 동일하지만, 여섯 개의 연결 가능한 라인 중 네 개와 세 개만이 연결되어 있어 밀도에 있어서는 차이를 보인다. 이처럼 포괄성과 밀도는 개념상 차이로 인하여 서로 정확히 일치하지는 않지만, [그림 4-10]에서 볼 수 있는 것처럼, 포괄성 수준이 변해 감에 따라 밀도의 수준 역시 같은 방향으로 변해 가는 것을 확인할 수 있다. 따라서 두 지표 모두 네트워크에서 노드 간의 전반적인 연결정도의 수준을 나타내는 유용한 지표임을 알 수 있다.

[그림 4-11]은 피렌체의 16개 가문 간 결혼관계 네트워크와 비즈니스관계 네트워크에서의 각 가문별 에고 네트워크 밀도이다(Padgett.##h 파일). 'Size'는 에고 네트워크의 크기, 즉 알터의 개수를 나타낸다. 결혼관계 네트워크에서 Medici 가문은 여섯 개, Strozzi 가문은 네 개의 알터를 갖고 있다. 'Avg Deg'는 알터들의 연결정도 평균을 나타낸다. Medici 가문의 여섯 알터들 간의 연결정도 합은 2이고 알터의 개수는 6이므로 연결정도 평균은 0.333 $\left(=\frac{2}{6}\right)$이 된다.[1] 마찬가지로 Strozzi 가문은 네 개의 알터들 간의 연결정도 합이 4이므로 연결정도 평균은 $1\left(=\frac{4}{4}\right)$이 된다. 'Density'는 각 액터별 밀도를 보여준다. Medici 가문의 에고 네트워크 밀도는 $0.067\left(=\frac{2}{6\times 5}\right)$이고, Strozzi 가문의 에고 네트워크 밀도는 0.333 $\left(=\frac{4}{4\times 3}\right)$이다. Medici 가문의 낮은 에고 네트워크 밀도는 Medici 가문이 16개의 피렌체

1 에고 네트워크에서 연결정도의 합은 『Network > Ego Networks > Egonet Basic Measures』를 통해 알 수 있다. 출력 결과에서 'Ties' 열이 알터들 간의 연결정도 합을 나타낸다.

가문 가운데 다른 가문과 가장 많은 결혼관계를 갖고 있는 가문이지만 Medici 가문과 결혼관계를 맺고 있는 가문들 간에는 결혼으로 맺어진 관계가 매우 작음을 보여준다.

그림 4-11 ▌피렌체 가문의 결혼관계 및 비즈니스관계 에고 네트워크 밀도

Matrix: PADGM

		1 Size	2 Avg Deg	3 Density
1	ACCIAIUOL	1.000	0.000	
2	ALBIZZI	3.000	0.000	0.000
3	BARBADORI	2.000	0.000	0.000
4	BISCHERI	3.000	0.667	0.333
5	CASTELLAN	3.000	0.667	0.333
6	GINORI	1.000	0.000	
7	GUADAGNI	4.000	0.000	0.000
8	LAMBERTES	1.000	0.000	
9	MEDICI	6.000	0.333	0.067
10	PAZZI	1.000	0.000	
11	PERUZZI	3.000	1.333	0.667
12	PUCCI	0.000		
13	RIDOLFI	3.000	0.667	0.333
14	SALVIATI	2.000	0.000	0.000
15	STROZZI	4.000	1.000	0.333
16	TORNABUON	3.000	0.667	0.333

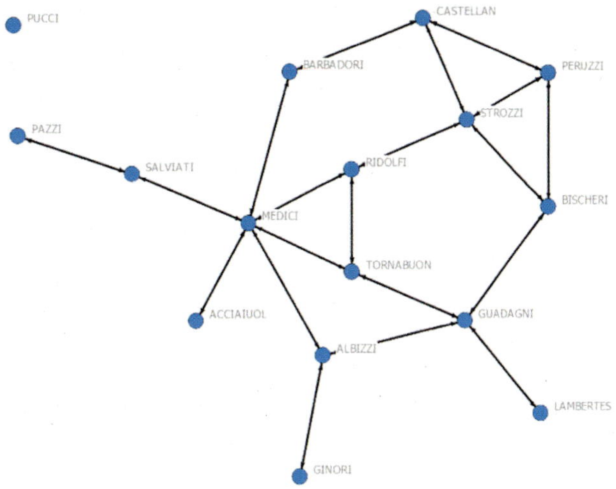

Matrix: PADGB

		1 Size	2 Avg Deg	3 Density
1	ACCIAIUOL	0.000		
2	ALBIZZI	0.000		
3	BARBADORI	4.000	1.000	0.333
4	BISCHERI	3.000	1.333	0.667
5	CASTELLAN	3.000	1.333	0.667
6	GINORI	2.000	1.000	1.000
7	GUADAGNI	2.000	1.000	1.000
8	LAMBERTES	4.000	1.500	0.500
9	MEDICI	5.000	0.400	0.100
10	PAZZI	1.000	0.000	
11	PERUZZI	4.000	1.500	0.500
12	PUCCI	0.000		
13	RIDOLFI	0.000		
14	SALVIATI	1.000	0.000	
15	STROZZI	0.000		
16	TORNABUON	1.000	0.000	

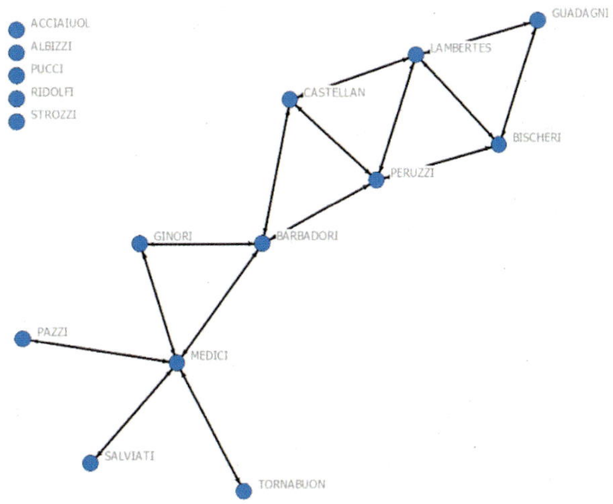

> UCINET 메뉴에서 『Network > Ego Networks > Egonet Density』를 선택한다. 『Egonet Density』 대화상자에서 분석대상 관계 데이터(여기에서는 Padgett.##h)를 선택하고 『OK』 버튼을 클릭한다.

그림 4-12 ▌피렌체 가문의 결혼관계 및 비즈니스관계 전체 네트워크 밀도

	1 Density	2 No. of Ties	3 Std Dev	4 Avg Degree	5 Alpha
1 PADGM	0.167	40	0.373	2.500	0.762
2 PADGB	0.125	30	0.331	1.875	0.696

UCINET 메뉴에서 『Network>Cohesion>Density>Density Overall』을 선택한다. 『Overall Network Density』 대화상자에서 분석대상 관계 데이터(여기에서는 Padgett.##h)를 선택하고 『OK』 버튼을 클릭한다.

[그림 4-12]는 피렌체의 16개 가문 간의 결혼관계 네트워크와 비즈니스관계 네트워크에 대한 전체 네트워크 밀도를 계산한 결과이다(Padgett.##h 파일). 결혼관계 네트워크의 밀도는 $0.167\left(=\frac{40}{16\times15}\right)$로서 모든 가능한 연결관계 중 16.7%의 연결관계가 실제로 연결되어 있음을 나타낸다. 비즈니스관계 네트워크의 밀도는 $0.125\left(=\frac{30}{16\times15}\right)$로서 결혼관계 네트워크에 비해 다소 밀도가 낮다.

호혜성과 이행성

호혜성

연결관계의 방향성이 존재하는 네트워크에서는 액터들 간 연결관계의 상호 호혜성(reciprocity) 정도가 종종 관심의 대상이 된다. A에서 B로 향하는 연결관계가 존재하고 동시에 B에서 A로 향하는 연결관계가 존재하면, 이 연결관계는 호혜적 관계라고 한다. 호혜성은 네트워크 내 액터들 간 관계가 얼마나 강한지를 보여준다는 점에서 네트워크의 응집성 정도를 나타낸다. 네트워크 간 호혜성의 차이는 종종 네트워크 구조의 계층적 특성, 힘이나 부의 불균형, 문화적 차이 등에 의해 설명된다(Borgatti et al. 2013). 호혜성의 정도는 크게 두 가지 방법으로 측정한다. [그림 4-13]과 같은 네트워크를 이용하여 두 가지 방식의 호혜성 정의를 살펴보자.

그림 4-13 ▌ 호혜성 측정

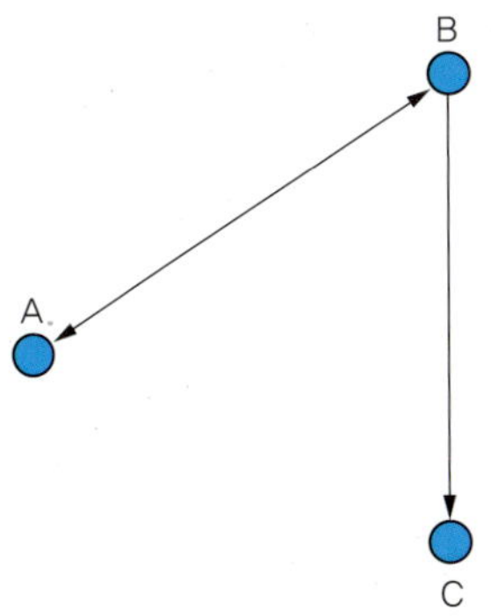

첫 번째 방법은 양자관계(dyad), 즉 액터쌍에 초점을 맞춰서 호혜성을 측정하는 방식이다. 즉 전체 연결된 액터쌍 대비 호혜적 액터쌍의 비율을 측정한다. [그림 4-13]에는 두 개의 연결된 액터쌍(AB, BC)이 존재하고 이 중 호혜적 액터쌍(AB)의 개수는 한 개이다. 따라서 호혜성 비율은 $0.5\left(=\frac{1}{2}\right)$이다. 두 번째 방법은 선택관계(arc)에 초점을 맞춰서 호혜성을 측정한다. 즉 방향성을 고려한 선택관계 대비 호혜적 관계구조를 형성하는 라인의 비율을 측정한다. [그림 4-13]에서 방향성을 고려한 선택관계는 세 개(AB, BA, BC)가 존재하고 그 중 두 개(AB, BA)가 상호 호혜적 관계구조를 형성한다. 따라서 이런 방식으로 측정한 호혜성 비율은 $0.667\left(=\frac{2}{3}\right)$이다.

다섯 명으로 구성된 프로젝트 팀에서의 조언관계 네트워크를 대상으로 [그림 4-14]와 같이 호혜성을 분석하였다(Triad.##h 파일). 여기에서는 양자관계를 기준으로 호혜성 정도를 측정하였다. 이 네트워크에는 총 여섯 개의 액터쌍이 존재하고 그 중 호혜적 액터쌍은 두 개(AB, CD)이다. 따라서 호혜성 비율은 $0.333\left(=\frac{2}{6}\right)$이다('Dyad-based Reciprocity'). 전체 네트워크의 호혜성 비율뿐만 아니라 액터별로도 호혜성 비율을 계산할 수 있다. 인접한 액터쌍 가운데 호혜적 액터쌍의 비율을 계산하여 액터 수준에서의 호혜성 비율을 산출한다('Node-level Reciprocity Statistics'). 예를 들어, 액터 B의 경우 총 세 개의 인접한 액터쌍(BA, BC, BD)이 있으며, 이 중 한 개(BA)가 호혜적 액터쌍이다. 따라서 액터 B의 호혜성 비율은 $0.333\left(=\frac{1}{3}\right)$이다('Symmetric' 열).

그림 4-14 ▌ 호혜성 분석

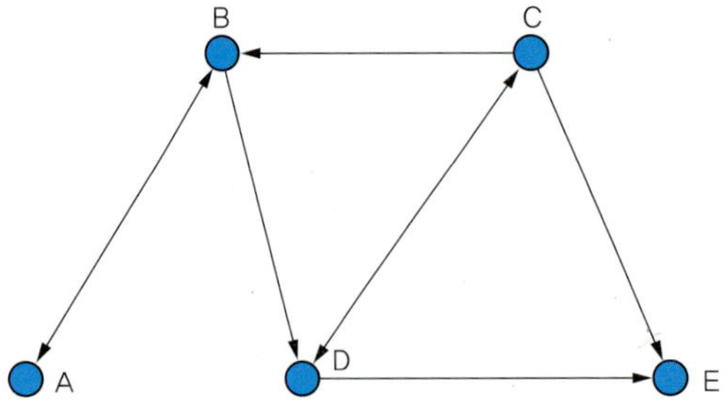

Dyad-based Reciprocity: 0.3333

In the dyad-based method, the reciprocity value indicates the prop. of dyads that are reciprocal.
I.e., Num(Xij>0 and Xji>0)/Num(Xij>0 or Xji>0)

Node-level Reciprocity Statistics -- All values are Proportions

	1 Symmetric	2 Non-Symme	3 Out/NonSy	4 In/NonSym	5 Sym/Out	6 Sym/In
1 A	1.000	0.000			1.000	1.000
2 B	0.333	0.667	0.500	0.500	0.500	0.500
3 C	0.333	0.667	1.000	0.000	0.333	1.000
4 D	0.333	0.667	0.500	0.500	0.500	0.500
5 E	0.000	1.000	0.000	1.000		0.000

UCINET 메뉴에서 『Network > Cohesion > Reciprocity』를 선택한다. 『Reciprocity』 대화상자에서 분석대상 관계 데이터(여기에서는 Triad.##h)와 측정방법(Method, 여기에서는 'Dyad-based')을 선택하고 『OK』 버튼을 클릭한다.

이행성과 삼자관계

호혜성은 두 액터 간의 관계로부터 정의되는 반면, 이행성(transitivity)은 세 액터 간의 관계인 삼자관계(triad)를 기반으로 한다. 삼자관계는 세 개의 액터와 그 액터들 간의 연결관계로 구성된다. 삼자관계에 대한 분석은 기본적으로 방향/이진 그래프를 대상으로 한다. A가 B에 연결되어 있고 B는 C에 연결되어 있을 때 A가 C에 대해 연결관계를 가지면 이 삼자관계는 이행성을 충족한다고 얘기한다. 다시 말해 나의 친구의 친구가 나의 친구이면 이행성을 충족하는 삼자관계가 성립된다. 네트워크 내에 이행성을 충족하는 삼자관계가 많을수록 그 네트워크는 '덩어리' 구조(clumpy structure)를 갖게 되는 경향이 있다. 즉 그러한 네트워크는 노드들이 서로 모두 연결된 서브그룹을 다수 포함하게 된다. 따라서 이런 의미에서 이행성은 네트워크의 군집화 및 구조적 균형의 정도를 나타낸다.

삼자관계는 [그림 4-15]와 같이 총 16가지 유형으로 분류해볼 수 있으며 이렇게 분류된 삼자관계 유형은 네트워크의 구조적 특징 및 이행성 정도를 측정하는 데 활용된다(Holland

그림 4-15 ▌ 삼자관계 유형

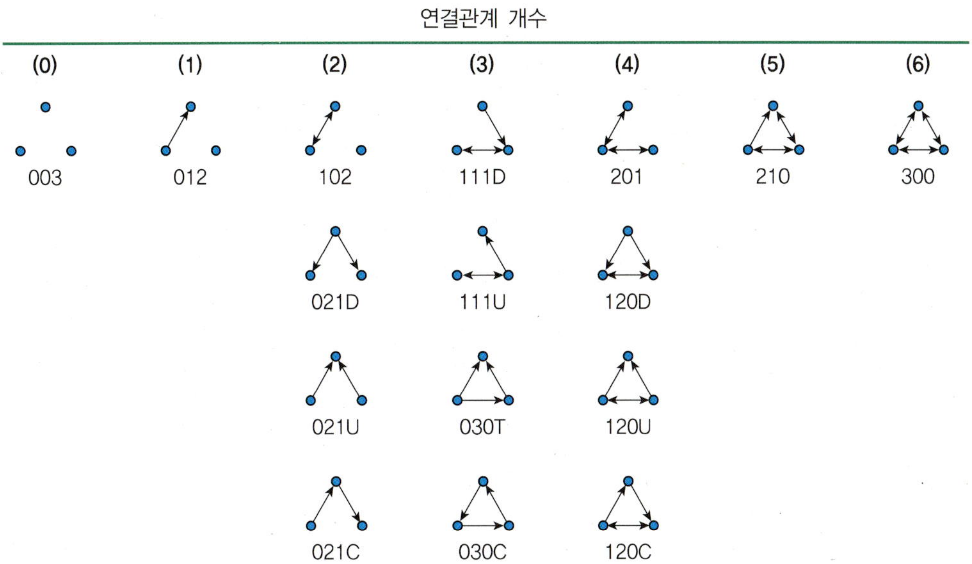

MAN 표기법: 000(D)=# of Mutual, Asymmetric, Null, (Direction); Direction: U=Up, D=Down, T=Transitive, C=Cyclic

and Leinhardt 1970; Wasserman and Faust 1994). 네트워크 내에 삼자관계 각 유형이 어느 정도 출현하는지를 조사하여 네트워크의 구조적 특성을 이해하는 것을 **삼자관계 센서스(triad census)**라고 한다. 삼자관계는 세 개의 숫자와 이어지는 한 개의 문자로 구성된 **MAN**이라는 표기법을 사용하여 나타낸다. MAN에서 'M'은 'mutual'을 의미하며 두 액터쌍 간의 연결관계가 상호 호혜적 관계임을 나타낸다. 'A'는 'asymmetric'을 의미하며 두 액터쌍 간의 연결관계가 비호혜적 관계임을 나타낸다. 'N'은 'null'의 약자로 두 액터쌍 간에 연결관계가 없음을 나타낸다. MAN 표기법에 따른 삼자관계의 이름은 삼자관계에 포함된 'M', 'A', 'N'의 개수에 의해 결정된다. 예를 들어, '003'은 호혜적 관계가 없고(M=0), 비호혜적 관계도 없으며(A=0), 세 개의 비연결관계(N=3)가 존재한다는 것을 나타낸다. 즉 이는 세 개의 고립노드를 의미한다. 숫자 뒤에 문자가 나타나는 경우도 있다. 이 문자는 'M', 'A', 'N'의 개수가 동일할 때 화살표의 방향으로 각 삼자관계를 구별하기 위하여 사용된다. 'U'는 'up'을 의미하며, 'D'는 'down'을, 'T'는 'transitive'를, 'C'는 'cyclic'을 나타낸다. 예를 들어, '021D'는 호혜적 관계가 없고(M=0), 두 개의 비호혜적 관계가 있으며(A=2), 한 개의 비연결관계(N=1)가 존재한다는 것을 나타낸다. 동시에 동일한 MAN 구조를 갖는 다른 삼자관계('021U'와 '021C')와 구별하기 위하여 두 개의 비호혜적 관계의 화살표

그림 4-16 ▌ 삼자관계 추출

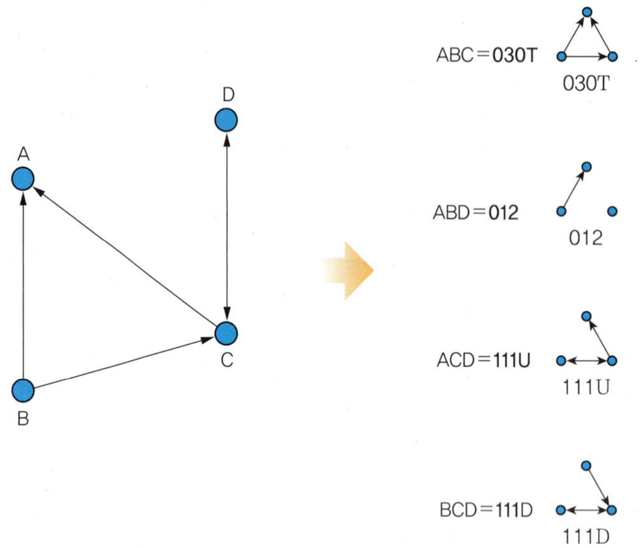

가 아래로 향하고 있음을 'D'로 나타낸다.

네트워크 내에서의 삼자관계분석은 세 액터 간의 모든 삼자관계 조합을 추출하고 이들 액터 간의 상호작용관계를 16개 삼자관계 유형을 토대로 분석함으로써 이루어진다. 예를 들어, [그림 4-16]과 같은 네트워크에는 ABC, ABD, ACD, BCD 등 총 네 개의 삼자관계가 존재하며, 이들 네 개의 삼자관계는 각각 030T, 012, 111U, 111D 유형에 해당한다.

이행성 비율은 삼자관계 내에 존재하는 이행성 요건을 충족하는 **트리플렛(triplet)**을 파악함으로써 계산된다. 트리플렛은 삼자관계 내에 존재하는 액터들의 중복되지 않는 고유한 노드 배열을 의미한다. 하나의 삼자관계(ABC)에는 세 개의 양자관계(AB, BC, CA)가 존재하므로, 삼자관계는 각 양자관계의 연결관계 방향에 따라 모두 여섯 개의 트리플렛으로 분해된다(① A→B, A→C, B→C; ② A→B, A→C, C→B; ③ B→A, B→C, A→C; ④ B→A, B→C, C→A; ⑤ C→A, C→B, A→B; ⑥ C→A, C→B, B→A).[2]

트리플렛의 이행성 요건은 연결관계의 선택 순서가 고려되어야 한다. 트리플렛의 이행성

2 여섯 개의 트리플렛은 다음과 같이 파악할 수 있다. 먼저 A에서 나머지 두 노드 B와 C로 향하는 연결관계를 고정시킨다: A→B, A→C. 그러면 양자관계 BC는 연결관계 방향에 따라 두 가지 경우의 수가 발생한다: B→C 또는 C→B. 따라서 이들 연결관계를 결합하면 A로부터 시작하는 트리플렛은 'A→B, A→C, B→C'와 'A→B, A→C, C→B'가 된다. 이와 동일한 방식으로 나머지 노드 B와 C에 대해서도 B와 C로부터 시작하는 각각 두 개의 트리플렛을 찾을 수 있다.

그림 4-17 ▌삼자관계와 트리플렛 이행성

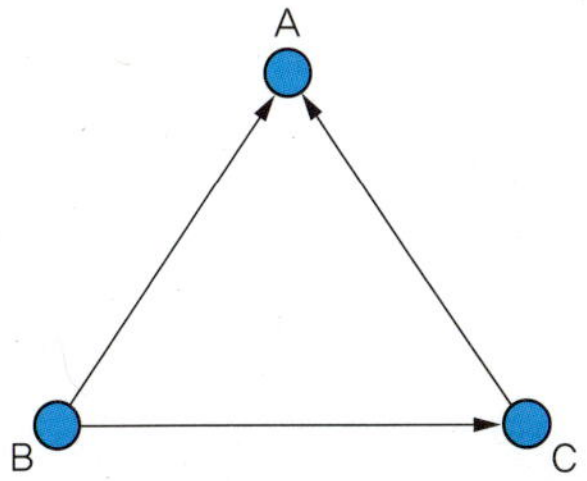

트리플렛 1:	트리플렛 3:	트리플렛 5:
A ↛ B B → C A ↛ C	B → A A ↛ C B → C	C → A A ↛ B C ↛ B
트리플렛 2:	**트리플렛 4:**	**트리플렛 6:**
A ↛ C C ↛ B A ↛ B	B → C C → A B → A	C ↛ B B → A C → A

은 다음 세 가지 질문에 대해 '예'라는 답을 할 수 있을 때 충족된다.

- Q1. 첫 번째 노드는 두 번째 노드에 연결되는가?
- Q2. 두 번째 노드는 세 번째 노드에 연결되는가?
- Q3. 첫 번째 노드는 세 번째 노드에 연결되는가?

예를 들어, 삼자관계 030T를 [그림 4-17]과 같이 여섯 개 트리플렛의 이행성 관점에서 분석해볼 수 있다. 연결관계의 선택순서를 고려한 여섯 개의 트리플렛은 노드 A, B, C를 각각 차례로 첫 번째 노드의 위치에 배치함으로써 도출된다. 트리플렛 1과 2는 노드 A가 첫 번째 노드에 위치하는 경우이다. 트리플렛 3과 4는 노드 B가 첫 번째 노드에 위치하는 경우이며, 트리플렛 5와 6은 노드 C를 첫 번째 노드에 위치시킨 경우이다.

[그림 4-17]의 트리플렛 1의 경우에는 노드 A가 첫 번째 노드의 위치를 차지하고 있고, 노드 B가 두 번째 노드의 위치를 차지하고 있으며, 노드 C가 세 번째 노드의 위치를 차지하고 있다. 여기에서 첫 번째 질문에 대한 답은 '아니오'이고, 두 번째 질문에 대한 답은 '예'이며, 끝으로 세 번째 질문에 대한 답은 '아니오'이다. 따라서 트리플렛 1은 이행성의 요건을 충족하지 못한다. 트리플렛 4의 경우에는 노드 B가 첫 번째 노드의 위치를 차지하고 있고,

노드 C가 두 번째 노드의 위치를 차지하고 있으며, 노드 A가 세 번째 노드의 위치를 차지하고 있다. 이 경우에는 세 가지 질문 모두 '예'라고 답할 수 있다. 따라서 트리플렛 4는 이행성의 요건을 충족한다. 트리플렛의 이행성은 다음과 같이 세 가지로 분류된다.

- 이행적(transitive) : 첫 번째 노드가 두 번째 노드에 연결되고 두 번째 노드가 세 번째 노드에 연결되면, 첫 번째 노드가 세 번째 노드에 연결되는 경우(A→B & B→C이면 A→C).
- 비이행적(intransitive) : 첫 번째 노드가 두 번째 노드에 연결되고 두 번째 노드가 세 번째 노드에 연결되나, 첫 번째 노드는 세 번째 노드에 연결되지 않은 경우(A→B & B→C이나 A↛C).
- 불완전 이행적(vacuous, or vacuously transitive) : 첫 번째 노드가 두 번째 노드에 연결되지 않거나, 두 번째 노드가 세 번째 노드에 연결되지 않은 경우(A↛B 또는 B↛C). 즉 이행적/비이행적 여부를 판단하기 위한 전제 조건이 충족되지 않은 경우로서 이행적도 비이행적도 아님. 따라서 첫 번째 노드가 세 번째 노드에 연결되는지를 고려할 필요가 없으며 이행적/비이행적 여부를 평가할 수 없음.

[그림 4-17]의 삼자관계 030T에 포함된 여섯 개의 트리플렛 중 다섯 개는 불완전 이행적이며, 트리플렛 4만이 이행성 요건을 충족한다.

삼자관계의 이행성은 그 안에 포함된 트리플렛의 이행성을 기초로 정의된다. 구체적으로 삼자관계의 이행성은 트리플렛 이행성을 이용하여 다음과 같이 정의될 수 있다(Holland and Leinhardt 1970).

- 삼자관계가 '불완전 이행적 트리플렛'으로만 구성되어 있으면, 그 삼자관계는 불완전 이행적이다.
- 삼자관계에 포함된 '불완전 이행적이 아닌 트리플렛(non-vacuous triplets)'이 모두 이행적이면, 그 삼자관계는 이행적이다.
- 삼자관계에 포함된 '불완전 이행적이 아닌 트리플렛' 중 하나라도 비이행적이면, 그 삼자관계는 비이행적이다.

16개 삼자관계 유형 각각에 포함된 트리플렛의 이행성과 이를 포함한 삼자관계의 이행성을 앞서 정의한 규칙에 따라 분석하면 [그림 4-18]과 같다. 예를 들어, 아무런 연결관계가 존재하지 않는 삼자관계 003은 여섯 개의 불완전 이행적 트리플렛을 갖고 있고, 따라서 불완전 이행적 삼자관계로 분류된다. 반면에 삼자관계 300은 노드들 간 모든 방향으로 연결되어 있기 때문에 여섯 개의 이행적 트리플렛을 갖고 있고, 따라서 이행적 삼자관계로 분류된다. 삼자관계 030T는 [그림 4-17]에서 본 것처럼 한 개의 이행적 트리플렛과 다섯 개의 불완전 이행적 트리플렛을 갖고 있으므로, 이행적 삼자관계로 분류된다.[3] 여기에서 삼자관계 120C와 210에 주목해보자. 이 두 삼자관계는 비이행적 트리플렛을 갖고 있기 때문에 규칙에 따라 비이행적 삼자관계로 분류되기는 하지만, 이 두 삼자관계는 또한 이행적 트리플렛을 갖고 있다. 따라서 이 삼자관계는 이행적 특성과 비이행적 특성을 동시에 갖고 있다고 볼 수 있다.

그림 4-18 ❙ 트리플렛과 삼자관계의 이행성

	트리플렛			삼자관계		
	이행적	비이행적	불완전	이행적	비이행적	불완전
003	0	0	6			✓
012	0	0	6			✓
102	0	0	6			✓
021D	0	0	6			✓
021U	0	0	6			✓
021C	0	1	5		✓	
111D	0	1	5		✓	
111U	0	1	5		✓	
030T	1	0	5	✓		
030C	0	3	3		✓	
201	0	2	4		✓	
120D	2	0	4	✓		
120U	2	0	4	✓		
120C	1	2	3		✓	
210	3	1	2		✓	
300	6	0	0	✓		

3 여기에서 '불완전 이행적이 아닌 트리플렛'은 오로지 이행적 트리플렛밖에 없다. 따라서 삼자관계 이행성의 두 번째 규칙에 의해 030T는 이행적 삼자관계로 분류된다.

[그림 4-19]는 다섯 명으로 구성된 프로젝트 팀에서의 조언관계 네트워크를 대상으로 이행성과 삼자관계 센서스를 분석한 결과이다(Triad.##h 파일). 네트워크의 이행성 비율은 이행적 삼자관계를 기준으로 계산할 수도 있으며 이행적 트리플렛을 기준으로 산출할 수도 있다. 먼저 이행적 트리플렛 기준을 살펴보자. 이행적 트리플렛의 개수는 모두 세 개로서 식별된 10개의 삼자관계('Triad Census for dataset Triad') 중 120U로부터 두 개, 그리고 120C로부터 한 개 도출되었다. 비이행적 트리플렛의 개수는 모두 다섯 개로서 021C,

그림 4-19 ▌이행성 비율과 삼자관계 센서스

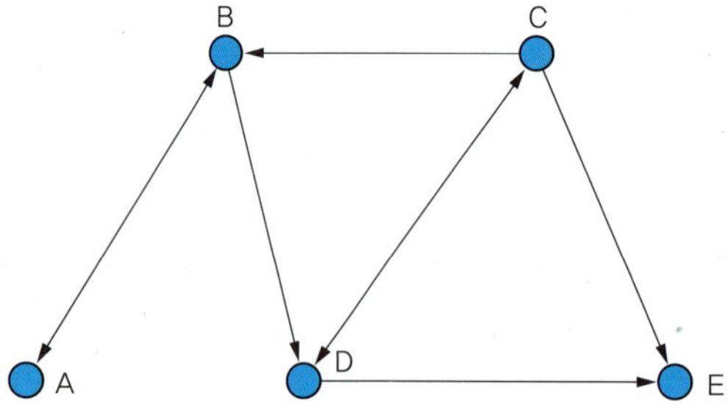


```
Triplet Transitivity   Triad Transitivity

          1                     1
      -----                 -----
  1 0.375               1 0.200

Triad Census for dataset Triad

                  Triad
              ---------
  1   003             0
  2   012             2
  3   102             2
  4  021D             1
  5  021U             0
  6  021C             1
  7  111D             1
  8  111U             1
  9  030T             0
 10  030C             0
 11   201             0
 12  120D             0
 13  120U             1
 14  120C             1
 15   210             0
 16   300             0
```

UCINET 메뉴에서 『Network>Cohesion>Transitivity』를 선택한다. 『Transitivity』 대화상자에서 분석대상 관계 데이터(여기에서는 Triad.##h)를 선택하고 『OK』 버튼을 클릭한다. 이행성 비율은 이행적 삼자관계 또는 이행적 트리플렛을 기준으로 계산할 수 있다. 『Method』에서 'Triads' 또는 'Triplets'을 선택한다.
삼자관계 센서스를 수행하기 위해서는 『Network>Triad Census』를 선택하고 『Triad Counts』 대화상자에서 분석대상 관계 데이터(여기에서는 Triad.##h)를 선택한다.

111D, 111U로부터 각각 한 개, 그리고 120C로부터 두 개 도출되었다. 10개의 삼자관계에 포함된 이행적 트리플렛과 비이행적 트리플렛 개수는 모두 여덟 개이고 이 가운데 이행적 트리플렛의 개수는 세 개이므로 이행성 비율은 37.5%$\left(=\frac{3}{8}\times 100\right)$가 된다('Triplet Transitivity'). 이번에는 이행적 삼자관계를 기준으로 네트워크의 이행성을 계산해보자. 이행적 삼자관계와 비이행적 삼자관계는 모두 다섯 개(021C, 111D, 111U, 120U, 120C)이고, 이 중 이행적 삼자관계는 120U 한 개이므로 이행성 비율은 20.0%$\left(=\frac{1}{5}\times 100\right)$가 된다('Triad Transitivity').

미국 서부 해안지역에 위치한 소규모 하이테크 제조기업의 네트워크 데이터를 이용하여 이행성 비율을 계산하고 삼자관계 센서스분석을 수행해보자(Krackhardt 1987; Wasserman and Faust 1994; Krack-High-Tech.##h 파일). 하이테크 기계류를 생산하는 이 기업에는 약 100명의 종업원과 21명의 관리자가 일하고 있다. 21명의 관리자를 대상으로 이들 간의 조언관계, 친구관계, 보고관계 네트워크 데이터를 수집하였다. 이 데이터는 방향/이진 매트릭스로 표현되어 있으며, 각 셀은 행에 있는 액터가 열에 있는 액터에 대해 친구로 선택하고, 조언을 구하고, 보고하는 관계를 나타낸다.

[그림 4-20]의 분석 결과를 보면 트리플렛 기반 이행성 비율은 조언관계의 경우 66.4%, 친구관계의 경우 46.1%로 나타나 상당히 높은 정도의 이행성 구조를 보여주고 있다. 반면에 보고관계는 이행적 연결관계가 전혀 없는 것으로 나타났다. 따라서 조언관계 네트워크에서 관리자들 간의 군집화 정도가 가장 크다. 삼자관계를 기반으로 한 이행성분석에서도 트리플렛 기반의 이행성분석 결과와 유사하게 조언관계가 가장 큰 이행성 비율을 나타냈다.

이어서 조언관계, 친구관계, 보고관계의 세 가지 관계유형별 삼자관계의 개수를 삼자관계 센서스를 통해 분석하였다. 세 가지 관계유형별로 삼자관계의 분포가 많이 다른 것을 알 수 있다. 예를 들어, 관리자들 간의 상호작용이 전혀 없는 003 유형은 조언관계에서 가장 적게 나타났으며 보고관계에서 가장 많이 나타났다. 보고관계에는 상사와 부하 간의 계층적 연결관계 구조를 나타내는 012, 021U, 021C 유형만이 나타났다. 그 중 일반적 일대일 보고관계를 나타내는 012 유형이 가장 많이 나타난 것을 확인할 수 있다. 이행적 삼자관계인 030T는 조언관계에서 가장 많이 나타났다. 이는 조언관계 연결고리에서 다단계적인 조언관계를 의미한다. 즉 A가 B에게 조언하고, B는 C에게 조언하고, A는 다시 C에게 조언하는 관계로서, 두 계층에 걸쳐 조언행위가 발생하는 관계를 나타낸다. 상호 호혜적 삼자관계 유형인 102, 201, 300 등도 조언관계 및 친구관계 네트워크에서 관찰할 수 있다.

그림 4-20 | 하이테크 제조기업의 이행성 비율과 삼자관계 센서스

```
Triplet Transitivity          Triad Transitivity

          1     2     3                  1     2     3
      ----- ----- -----              ----- ----- -----
    1 0.664 0.461                  1 0.469 0.236

Triad Census for dataset Krack-High-Tech

                   1         2         3
              ADVICE FRIENDSHI REPORTS_T
           --------- --------- ---------
 1  003           74       376      1003
 2  012          153       366       274
 3  102           90       143         0
 4 021D          160       114         0
 5 021U           86        34        37
 6 021C           49        35        16
 7 111D           59        39         0
 8 111U          101       101         0
 9 030T          190        23         0
10 030C            2         0         0
11  201           72        20         0
12 120D           62        16         0
13 120U           78        25         0
14 120C           17         9         0
15  210          107        23         0
16  300           30         6         0
```

UCINET 메뉴에서 『Network>Cohesion>Transitivity』를 선택한다. 『Transitivity』 대화상자에서 분석대상 관계 데이터(여기에서는 Krack-High-Tech.##h)를 선택하고 『OK』 버튼을 클릭한다. 삼자관계 센서스는 『Network>Triad Census』 메뉴에서 수행한다.

클러스터링 계수

비방향 네트워크의 군집화 정도는 클러스터링 계수(clustering coefficient)를 통해서 측정할 수 있다(Watts and Strogatz 1998). 클러스터링 계수는 네트워크 내의 노드들이 서로 무리 지어 모여 있는 정도를 나타낸다. 따라서 클러스터링 계수는 네트워크가 높고 낮은 밀도 영역을 갖고 있는 정도를 보여준다. 클러스터링 계수는 개별 액터의 군집화 정도를 나타내는 로컬 클러스터링 계수와 네트워크 전체의 군집화 정도를 나타내는 글로벌 클러스터링 계수로 구분된다. 글로벌 클러스터링 계수는 로컬 클러스터링 계수를 토대로 산출된다. 로컬 클러스터링 계수는 각 노드에 연결된 알터 노드들이 서로 간에 연결되어 있는 정도를 의미하며, 이는 결국 각 개별 액터의 에고 네트워크 밀도를 의미한다. 예를 들어, 어떤 노드에 세 개의 노드가 연결되어 있고 이 세 노드들이 또한 서로 간에 모두 연결되어 있으면 그 노드의 로컬 클러스터링 계수는 $1\left(=\frac{3}{3}\right)$이다. 만일 세 개의 노드들 중 두 노드 간에만 서로 연결관계를 가지면 로컬 클러스터링 계수는 $0.333\left(=\frac{1}{3}\right)$이 된다.

글로벌 클러스터링 계수는 이렇게 계산된 각 개별 로컬 클러스터링 계수를 평균하여 구한다. 즉 각 개별 로컬 클러스터링 계수를 모두 더한 후 이 값을 노드의 개수로 나누면 글로벌 클러스터링 계수를 얻을 수 있다. 그러나 노드마다 연결된 알터 노드의 개수가 다르다는 점을 고려하면, 단순평균이 아닌 각 노드의 에고 네트워크 크기가 반영된 가중평균으로 글로벌 클러스터링 계수를 산출하는 것이 네트워크의 군집화 정도를 보다 적절히 나타내 줄 수 있다(Borgatti et al. 2013). 즉 각 개별 로컬 클러스터링 계수에 에고 네트워크의 가능한 연결관계의 개수를 가중치로 곱한 후 이를 모두 더하여 가중치의 합으로 나눈다. 에고 네트워크의 알터의 개수가 g라면 $\frac{g(g-1)}{2}$이 가중치로 사용된다. 이웃 노드의 개수가 많을수록 글로벌 클러스터링 계수 계산 시 더 큰 가중치를 갖게 된다. 규모가 큰 네트워크는 규모가 작은 네트워크에 비해 이웃 노드들의 연결 밀도가 작기 때문에 일반적으로 많은 이웃 노드를 갖는 액터의 로컬 클러스터링 계수는 작아지는 경향이 있다. 따라서 네트워크의 규모를 반영하는 가중평균 방식은 큰 규모의 네트워크를 갖는 액터로부터 계산된 작은 로컬 클러스터링 계수에 더 큰 가중치를 부여하게 되므로(또한 작은 규모의 네트워크를 갖는 액터로부터 계산된 큰 로컬 클러스터링 계수에는 더 작은 가중치가 적용되므로), 가중치를 사용하지 않는 단순평균 방식에 비해 글로벌 클러스터링 계수값은 작아진다. 이렇게 구해진 가중평균 글로벌 클러스터링 계수는 비방향 네트워크의 경우 앞에서 정의된 이행성 비율과 동일한 값을 갖는다(Borgatti et al. 2013). 따라서 클러스터링 계수는 비방향 네트워크의 경우 노드 주변의 이행성 정도를 측정하는 지표이기도 하다.[4] 이런 의미에서 비방향 네트워크에서 이행성 비율과 클러스터링 계수는 모두 네트워크의 군집화 정도를 나타낸다.

[그림 4-21]은 15세기 무렵 이탈리아 피렌체 16개 가문의 결혼관계 네트워크를 대상으로 클러스터링 계수와 이행성 비율을 계산한 결과이다(PadgettMrg.##h 파일). 가중평균 클러스터링 계수('Weighted overall graph clustering coefficient')는 0.191로서 단순평균에 의한 클러스터링 계수('Overall graph clustering coefficient') 0.218에 비해 약간 낮은 값을 갖는다. 또한 가중평균 클러스터링 계수는 이행성 비율 0.191과 일치하는 것을 확인할 수 있다('Triplet Transitivity').

4 비방향 네트워크에서 삼자관계는 세 노드가 모두 연결되어 있으면 이행적이고, 어느 두 노드만 연결되어 있으면 비이행적이다.

그림 4-21 ▌피렌체 가문 결혼관계 네트워크의 클러스터링 계수와 이행성 비율

```
Overall graph clustering coefficient: 0.218
Weighted Overall graph clustering coefficient: 0.191

Node Clustering Coefficients

                          1          2
                   Clus Coef     nPairs
                   ---------  ---------
  1  ACCIAIUOL                    0.000
  2    ALBIZZI         0.000      3.000
  3  BARBADORI         0.000      1.000
  4   BISCHERI         0.333      3.000
  5  CASTELLAN         0.333      3.000
  6     GINORI                    0.000
  7   GUADAGNI         0.000      6.000
  8  LAMBERTES                    0.000
  9     MEDICI         0.067     15.000
 10      PAZZI                    0.000
 11    PERUZZI         0.667      3.000
 12      PUCCI                    0.000
 13    RIDOLFI         0.333      3.000
 14   SALVIATI         0.000      1.000
 15    STROZZI         0.333      6.000
 16  TORNABUON         0.333      3.000

Triplet Transitivity

          1
      -----
    1 0.191
```

> 클러스터링 계수를 구하기 위해서는 UCINET 메뉴에서 『Network>Cohesion>Clustering Coefficient』를 선택한다. 『Clustering Coefficient』 대화상자에서 분석대상 관계 데이터(여기에서는 PadgettMrg.##h)를 선택하고 『OK』 버튼을 클릭한다. 이행성 비율은 『Network>Cohesion>Transitivity』에서 구한다.

거리

연결정도나 이를 바탕으로 한 밀도와 같이 바로 인접한 액터와의 직접적 연결만을 분석하는 것은 네트워크 내 액터의 상대적 위치나 네트워크 자체를 이해하는 데 있어서 충분하지 않을 수 있다. 왜냐하면 사람들은 대개 네트워크 내 다른 사람들과 직접 연결되어 있기보다는 대다수의 사람들과 간접적 연결관계를 갖고 있기 때문이다. 친구에게 메시지를 전달하고, 그 친구는 그 메시지를 다른 친구에게 전달하고, 그 친구는 또 다른 친구에게 전달하고, 이런 식으로 다양한 사람들에게 그 메시지가 전달된다. 그런데 네트워크 내의 이러한 간접적 연결관계는 사람들마다 상이하다. 어떤 사람은 네트워크 내의 다른 사람들에게 작은 노력만으로도 도달할 수 있다. 반면에 어떤 사람은 네트워크 내의 다른 사람들에게 메시지를 전달하는 데 있어서 어려움을 겪을 수 있다. 그 사람 역시 친구들에게 메시지를 전달하긴 하지만

그 친구들이 다른 사람들과 잘 연결되어 있지 않으면 결국 그 메시지는 멀리 가지 못한다. 나의 친구들이 모두 서로만을 친구로 갖는다면, 예를 들어, 내가 알고 있는 다섯 명의 친구 각자가 나와 내가 알고 있는 친구들 이외에는 다른 친구가 없다면 친구가 많다 하더라도 나의 네트워크는 매우 제한적일 수밖에 없는 것이다. 그러나 나의 친구들이 서로 겹치지 않는 많은 연결관계를 갖는다면, 예를 들어, 내가 알고 있는 다섯 명의 친구 각자가 다시 다섯 명의 새로운 친구를 알고 있다면 나의 연결의 범위는 기하급수적으로 확장된다. 이처럼 '친구의 친구'가 네트워크 내에서 액터의 지위를 결정하는 데 있어서 중요한 역할을 할 수 있다 (Hanneman and Riddle 2005).

네트워크 내에서의 액터들의 이러한 상대적 차이를 이해하기 위한 방법 중의 하나가 액터 간의 **거리(distance)**를 측정하는 것이다. 거리는 단어의 의미상 액터 간에 서로 얼마나 떨어져 있는지를 나타내며, 이는 역으로 말하면 액터 간에 서로 얼마나 가깝게 위치하는가를 의미하기도 한다. 두 액터 간의 거리는 한 액터에서 다른 액터까지 몇 단계를 거쳐 도달하는지로 측정된다. 예를 들어, A, B 두 액터가 서로 인접해 있으면 두 액터 간의 거리는 1이다. A와 B가 연결되어 있고 B와 C가 연결되어 있으면(A와 C는 연결되어 있지 않다) A와 C 간의 거리는 2가 된다. 여기에서는 거리와 관련된 다양한 개념들을 살펴본다.

임의의 두 노드는 하나의 라인에 의해 직접 연결될 수도 있으나 일련의 연속된 라인과 노드를 통해서 간접적으로 연결될 수도 있다. 이러한 일련의 연속된 노드와 라인의 집합을 **워크(walk)**라고 한다. 워크는 두 노드 간의 연결과정을 나타내는 가장 일반적인 형태로서 특별한 제약은 없다. 워크에는 동일한 노드와 라인이 여러 번 중복되어 포함될 수 있다. **워크길이(walk length)**는 워크에 포함된 라인의 개수로 나타낸다. 워크상에 라인의 중복이 허용되기 때문에 워크의 길이는 중복되는 라인의 개수까지 포함하여 계산된다. **경로(path)**는 노드와 라인의 중복이 없는 워크로 정의된다. 즉 경로에는 어떠한 노드나 라인도 최대 한 번 포함된다. **경로길이(path length)**는 워크에서와 마찬가지로 경로에 포함된 라인의 개수로 측정된다. 두 노드가 하나 이상의 경로에 의해 연결될 경우 이 두 노드는 **도달가능(reachable)**하다고 한다. 네트워크 내의 일부 액터들이 다른 액터들에 도달할 수 없다면 네트워크가 분할되어 있을 가능성이 있다. 이는 현재 네트워크에서 다루고 있는 모집단이 실제로는 두 개 이상의 다른 모집단으로 구성되어 있다는 것을 의미하는 것일 수 있다.

두 노드 간에 복수의 경로가 있을 경우 가장 짧은 경로를 **최단경로(geodesic)**라 하며, 일반적으로 거리라고 할 때는 이 최단경로의 길이인 **최단경로거리(geodesic distance)**를 의미한다. 최단경로 개념은 네트워크분석에서 폭넓게 이용된다. 네트워크 내의 두 액터 간에는 여러 연결경로가 있을 수 있지만, 두 액터 간의 관계가 어떻게 기회와 제약을 주는지의 관점에서 볼 때 이들 연결경로가 모두 동일하게 중요한 것은 아니다. 예를 들어, A라는 사람이 C라는 사람에게 메시지를 전달하려고 한다. A는 C의 이메일 주소를 알고 있기 때문에 C에게 직접 메시지를 보낼 수 있다(경로길이 1). A는 또한 B를 알고 있고 B 역시 C의 이메일 주소를 알고 있다는 것을 안다. 그러면 A는 메시지를 B에게 보내고, B에게 이 메시지를 C에게 전달해 달라고 부탁할 수 있다(경로길이 2). 이러한 두 가지 대안이 있을 경우 A는 C에게 직접 메시지를 보내는 최단경로를 택할 가능성이 높다. 왜냐하면 이것이 덜 수고스럽고 더 빠르며 또한 제3자인 B에게 의존하지 않아도 되기 때문이다. 즉 최단경로가 일반적으로 두 액터 간에 최적의 통로, 즉 가장 효율적인 연결을 제공한다. 이런 이유로 네트워크분석에서는 여러 대안이 존재할 경우 액터들은 그 중에서 최단경로를 이용할 것이라고 가정한다. 네트워크 내의 임의의 두 노드 간의 최단경로거리 중 가장 긴 거리를 그 네트워크의 **직경(diameter)**이라 한다. 직경은 네트워크의 한쪽 끝에서 다른 쪽 끝까지 몇 단계 만에 연결되는지를 보여준다는 점에서 네트워크가 얼마나 큰가를 나타내는 지표이다. 워크 및 경로와 같은 거리와 관련된 개념은 네트워크 내에서 액터가 갖게 되는 다양한 기회와 제약을 이해하는 데 있어서 중요한 역할을 한다. 짧은 거리로 연결된 액터들은 상호작용의 빈도와 강도가 크기 때문에 그렇지 않은 액터들에 비해 더 강한 연결관계를 갖는다.

네트워크를 분석할 때 얼마나 다양한 경로를 통해 두 액터가 연결될 수 있는지가 관심의 대상이 될 수도 있다. 왜냐하면 어떤 두 액터가 서로에게 도달하는 복수의 연결경로를 갖는다면 이 두 액터는 서로 간의 연결이 단절될 가능성이 작고, 이는 좀 더 안정적이고 신뢰성 높은 관계를 유지하고 있음을 의미한다. 따라서 이러한 액터 간의 관계는 하나의 연결경로만을 갖고 있는 액터 간의 관계보다 더 강한 연결관계를 갖고 있다고 해석할 수 있다. 이런 의미에서 때로는 두 액터 간의 효율적 경로(즉 최단경로)보다는 두 액터를 연결하는 연결경로가 얼마나 많은지가 중요해진다. 예를 들어, 내가 어떤 정보를 전달할 때 그 정보는 가장 빠른 경로로만 전달되는 것이 아니라 네트워크 내의 모든 가능한 경로를 통해서 전달된다. 나의 정보를 전달받은 사람은 그 정보가 얼마나 빨리 도착했는지보다는 그 정보를 얼마나 많은 사람을 통해서 반복적으로 들었는지가 정보의 신뢰성 결정에 더 중요할 수 있다. 두 액터를 연결하는 중복되지 않는 라인으로 구성된 연결경로를 **플로우(flow)**라고 한다. 한 액터에서 다른 액터로 이르는 플로우의 개수가 많을수록 두 액터는 대안적 경로가 많아지므로 두 액터 간의 커뮤니케이션 가능성은 증대하게 되고 두 액터 간의 연결관계는 강해진다. 플로우는 **라인연결성(line connectivity, edge connectivity)**의 개념과 밀접한 관련을 갖는다. 두 액터 간의 라인연결성은 두 액터 간의 연결경로를 없애려면 제거되어야 하는 최소 라인 개수로 정의된다. 이는 중복되지 않는 라인으로 구성된 연결경로의 개수를 뜻하므로, 두 액터 간의 라인연결성은 두 액터 간의 **최대플로우(maximum flow)**를 의미한다.

비방향 그래프의 거리

[그림 4-22]의 다섯 개 노드로 이루어진 비방향 그래프를 살펴보자. 이 네트워크에는 무수히 많은 워크가 존재한다. 예를 들어, 액터 A에서 액터 C로 가는 워크를 구해보면, 길이 2를 갖는 워크는 하나(A–B–C)가 있으며, 길이 3을 갖는 워크도 역시 하나(A–B–D–C)가 존재한다. 길이 4의 워크는 여러 개가 있다(A–B–E–D–C, A–B–D–B– C, A–B–E–B–C, A–B–A–B–C). 사실 워크에는 별다른 제약이 없기 때문에 워크길이에 특별한 제한을 가하지 않는 한 무한히 많은 워크를 구할 수 있다. 반면에 액터 A에서 액터 C에 이르는 경로는 제한적이다. 여기에는 경로길이 2부터 4까지 모두 세 개의 경로가 존재한다. A–B–C 경로는 경로길이 2를 가지며, A–B–D–C는 경로길이 3, A–B–E–D–C는 경로길이 4를 갖는다. 이 중 최단경로의 길이는 2이기 때문에 액터 A와 액터 C 간의 거리는 2가 된다. 마찬가지로 액터 A와 액터 D 간의 거리와 액터 A와 액터 E 간의 거리도 2이다. 액터 A와 액터 B, 그리고 나머지 액터 B, C, D, E 간의 거리는 모두 1이다. 네트워크 내의 액터는 모두 서로 도달가능하며, 임의의 두 액터 간의 최단경로거리 중 가장 긴 거리는 2이므로 전체 네트워크 직경은 2가 된다.

그림 4–22 ▌비방향 그래프의 거리

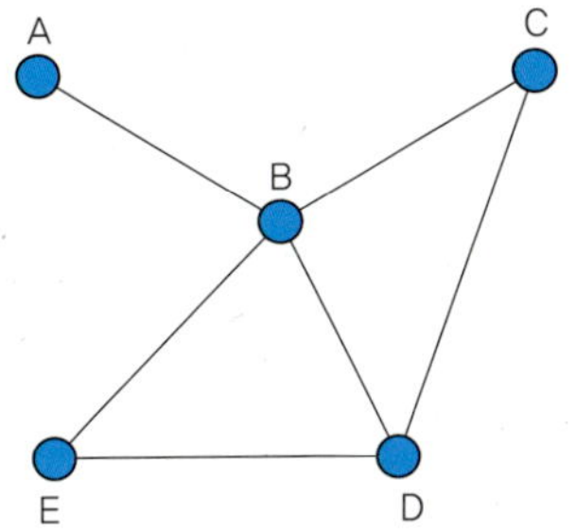

방향 그래프의 거리

네트워크에 방향이 있는 경우에는 워크와 경로를 파악할 때 라인의 방향을 고려해야 한다. [그림 4-23]의 방향 그래프를 살펴보자. 앞의 비방향 그래프에서와 마찬가지로 액터 A에서 액터 C로 가는 다양한 워크를 찾아볼 수 있다. 예를 들면, A-B-C, A-B-D-C, A-B-E-D-C, A-B-D-B-C 등이 존재한다. 하지만 이 네트워크상의 어느 노드로부터도 A로 가는 워크는 존재하지 않는다. 왜냐하면 방향을 고려해야 하기 때문이다. 이 네트워크에서 액터 A에서 액터 C에 이르는 경로는 모두 세 개가 있다: A-B-C, A-B-D-C, A-B-E-D-C. 이 중 최단경로는 A-B-C로서 경로길이 2이기 때문에 액터 A와 액터 C 간의 거리는 2가 된다. 이 네트워크 내에는 서로 도달가능하지 않은 액터가 존재한다. 예를 들어, 액터 C에서는 어느 액터에도 도달할 수 없다. 임의의 두 액터 간의 최단경로거리 중 가장 긴 거리는 2이므로 전체 네트워크 직경은 2가 된다.

[그림 4-24]는 피렌체의 16개 가문 간의 결혼관계 네트워크 및 비즈니스관계 네트워크로부터 계산된 가문들 간의 도달가능성(reachability)이다(Padgett.##h 파일). 결혼관계 네트워크에서는 고립노드인 Pucci 가문을 제외하고는 모두 서로 도달가능하다(Matrix #1). 비즈니스관계 네트워크 역시 고립노드인 다섯 개 가문(Acciaiuoli, Albizzi, Pucci, Ridolfi, Strozzi)을 제외하고는 모두 서로 도달가능하다(Matrix #2).

[그림 4-25]는 피렌체 가문의 결혼관계 네트워크와 비즈니스관계 네트워크에서 가문들 간의 최단경로의 경로길이를 보여준다(Padgett.##h 파일). 예를 들어, 비즈니스관계 네트워크에서의 최단경로를 보면(PADGB 매트릭스), Medici 가문과 Bischeri 가문 간에는 경로길이 3을 갖는 최단경로가 존재한다(즉 Medici-Barbadori-Peruzzi-Bischeri). 이 네트워크에서 최단경로거리의 최대값은 5로서, Guadagni 가문과 Pazzi, Salviati, Tornabuoni

그림 4-23 ▌방향 그래프의 거리

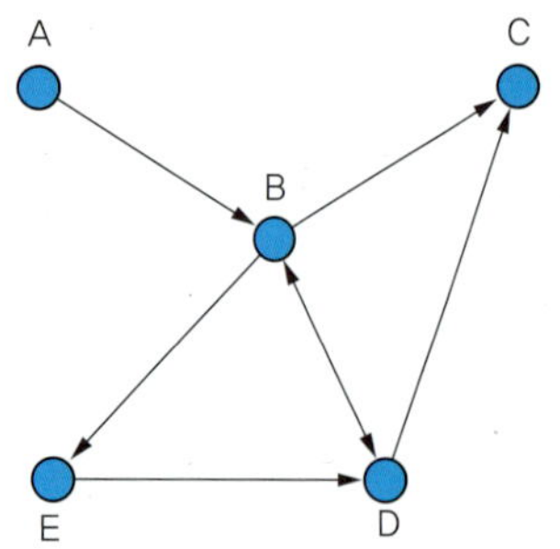

그림 4-24 ▌피렌체 가문의 결혼관계 및 비즈니스관계 네트워크의 도달가능성

```
Matrix #1

                          1 1 1 1 1 1 1
              1 2 3 4 5 6 7 8 9 0 1 2 3 4 5 6
              A A B B C G G L M P P P R S S T
              - - - - - - - - - - - - - - - -
 1 ACCIAIUOL  0 1 1 1 1 1 1 1 1 1 1 0 1 1 1 1
 2   ALBIZZI  1 0 1 1 1 1 1 1 1 1 1 0 1 1 1 1
 3 BARBADORI  1 1 0 1 1 1 1 1 1 1 1 0 1 1 1 1
 4  BISCHERI  1 1 1 0 1 1 1 1 1 1 1 0 1 1 1 1
 5 CASTELLAN  1 1 1 1 0 1 1 1 1 1 1 0 1 1 1 1
 6    GINORI  1 1 1 1 1 0 1 1 1 1 1 0 1 1 1 1
 7  GUADAGNI  1 1 1 1 1 1 0 1 1 1 1 0 1 1 1 1
 8 LAMBERTES  1 1 1 1 1 1 1 0 1 1 1 0 1 1 1 1
 9    MEDICI  1 1 1 1 1 1 1 1 0 1 1 0 1 1 1 1
10     PAZZI  1 1 1 1 1 1 1 1 1 0 1 0 1 1 1 1
11   PERUZZI  1 1 1 1 1 1 1 1 1 1 0 0 1 1 1 1
12     PUCCI  0 0 0 0 0 0 0 0 0 0 0 0 0 0 0 0
13   RIDOLFI  1 1 1 1 1 1 1 1 1 1 1 0 0 1 1 1
14  SALVIATI  1 1 1 1 1 1 1 1 1 1 1 0 1 0 1 1
15   STROZZI  1 1 1 1 1 1 1 1 1 1 1 0 1 1 0 1
16 TORNABUON  1 1 1 1 1 1 1 1 1 1 1 0 1 1 1 0

Matrix #2

                          1 1 1 1 1 1 1
              1 2 3 4 5 6 7 8 9 0 1 2 3 4 5 6
              A A B B C G G L M P P P R S S T
              - - - - - - - - - - - - - - - -
 1 ACCIAIUOL  0 0 0 0 0 0 0 0 0 0 0 0 0 0 0 0
 2   ALBIZZI  0 0 0 0 0 0 0 0 0 0 0 0 0 0 0 0
 3 BARBADORI  0 0 0 1 1 1 1 1 1 1 1 0 0 1 0 1
 4  BISCHERI  0 0 1 0 1 1 1 1 1 1 1 0 0 1 0 1
 5 CASTELLAN  0 0 1 1 0 1 1 1 1 1 1 0 0 1 0 1
 6    GINORI  0 0 1 1 1 0 1 1 1 1 1 0 0 1 0 1
 7  GUADAGNI  0 0 1 1 1 1 0 1 1 1 1 0 0 1 0 1
 8 LAMBERTES  0 0 1 1 1 1 1 0 1 1 1 0 0 1 0 1
 9    MEDICI  0 0 1 1 1 1 1 1 0 1 1 0 0 1 0 1
10     PAZZI  0 0 1 1 1 1 1 1 1 0 1 0 0 1 0 1
11   PERUZZI  0 0 1 1 1 1 1 1 1 1 0 0 0 1 0 1
12     PUCCI  0 0 0 0 0 0 0 0 0 0 0 0 0 0 0 0
13   RIDOLFI  0 0 0 0 0 0 0 0 0 0 0 0 0 0 0 0
14  SALVIATI  0 0 1 1 1 1 1 1 1 1 1 0 0 0 0 1
15   STROZZI  0 0 0 0 0 0 0 0 0 0 0 0 0 0 0 0
16 TORNABUON  0 0 1 1 1 1 1 1 1 1 1 0 0 1 0 0
```

> UCINET 메뉴에서 『Network > Cohesion > Reachability』를 선택한다. 『Reachability』 대화상자에서 분석대상 관계 데이터(여기에서는 Padgett.##h)를 선택한 후 『OK』 버튼을 클릭한다. 도달가능하면 1, 그렇지 않으면 0으로 표시된다.

가문 간의 최단경로가 이 길이로 연결되어 있다. 따라서 이 네트워크의 직경은 5이다. 결혼관계 네트워크의 경우(PADGM 매트릭스), Pazzi 가문과 Bischeri, Lambertes, Peruzzi 가문 간의 최단경로가 길이 5로서 이 네트워크에서 가장 긴 경로길이를 보여주고 있고, 따라서 결혼관계 네트워크의 직경은 5이다.

그림 4-25 피렌체 가문의 결혼관계 및 비즈니스관계 네트워크의 최단경로거리

PADGM

Frequencies

		1 Freq	2 Prop
1	1	40	0.167
2	2	70	0.292
3	3	64	0.267
4	4	30	0.125
5	5	6	0.025
6	NA	30	0.125

6 rows, 2 columns, 1 levels.

Average: :2.5
Std Dev: :1.0

	1 ACCIAIUOL	2 ALBIZZI	3 BARBADORI	4 BISCHERI	5 CASTELLAN	6 GINORI	7 GUADAGNI	8 LAMBERTES	9 MEDICI	10 PAZZI	11 PERUZZI	12 PUCCI	13 RIDOLFI	14 SALVIATI	15 STROZZI	16 TORNABUON
1 ACCIAIUOL	0	2	2	4	3	3	3	4	1	3	4		2	2	3	2
2 ALBIZZI	2	0	2	2	3	1	1	2	1	3	3		2	2	3	2
3 BARBADORI	2	2	0	3	1	3	3	4	1	3	2		2	2	2	2
4 BISCHERI	4	2	3	0	2	3	1	2	3	5	1		2	4	1	2
5 CASTELLAN	3	3	1	2	0	4	3	4	2	4	1		2	3	1	3
6 GINORI	3	1	3	3	4	0	2	3	2	4	4		3	3	4	3
7 GUADAGNI	3	1	3	1	3	2	0	1	2	4	2		2	3	2	1
8 LAMBERTES	4	2	4	2	4	3	1	0	3	5	3		3	4	3	2
9 MEDICI	1	1	1	3	2	2	2	3	0	2	3		1	1	2	1
10 PAZZI	3	3	3	5	4	4	4	5	2	0	5		3	1	4	3
11 PERUZZI	4	3	2	1	1	4	2	3	3	5	0		2	4	1	3
12 PUCCI												0				
13 RIDOLFI	2	2	2	2	2	3	2	3	1	3	2		0	2	1	1
14 SALVIATI	2	2	2	4	3	3	3	4	1	1	4		2	0	3	2
15 STROZZI	3	3	2	1	1	4	2	3	2	4	1		1	3	0	2
16 TORNABUON	2	2	2	2	3	3	1	2	1	3	3		1	2	2	0

16 rows, 16 columns, 2 levels.

```
------------------------------------------------------------------------
PADGB
------------------------------------------------------------------------

Frequencies

               1       2
            Freq    Prop
         ------- -------
  1  1        30   0.125
  2  2        36   0.150
  3  3        22   0.092
  4  4        16   0.067
  5  5         6   0.025
  6 NA       130   0.542

6 rows, 2 columns, 1 levels.


Average: :2.4
Std Dev: :1.2


               1  2  3  4  5  6  7  8  9 10 11 12 13 14 15 16
              AC AL BA BI CA GI GU LA ME PA PE PU RI SA ST TO
              CI BI RB SC ST NO AD MB DI ZZ RU CC DO LV RO RN
              AI ZZ AD HE EL RI AG ER CI  I ZZ  I LF IA ZZ AB
              UO  I OR RI LA    NI TE        I     I TI  I UO
               L     I     N        S                       N
              -- -- -- -- -- -- -- -- -- -- -- -- -- -- -- --
 1  ACCIAIUOL  0
 2    ALBIZZI     0
 3  BARBADORI        0  2  1  1  3  2  1  2  1        2     2
 4   BISCHERI        2  0  2  3  1  1  3  4  1        4     4
 5  CASTELLAN        1  2  0  2  2  1  2  3  1        3     3
 6     GINORI        1  3  2  0  4  3  1  2  2        2     2
 7   GUADAGNI        3  1  2  4  0  1  4  5  2        5     5
 8  LAMBERTES        2  1  1  3  1  0  3  4  1        4     4
 9     MEDICI        1  3  2  1  4  3  0  1  2        1     1
10      PAZZI        2  4  3  2  5  4  1  0  3        2     2
11    PERUZZI        1  1  1  2  2  1  2  3  0        3     3
12      PUCCI                                   0
13    RIDOLFI                                      0
14   SALVIATI        2  4  3  2  5  4  1  2  3        0     2
15    STROZZI                                            0
16 TORNABUON         2  4  3  2  5  4  1  2  3        2     0

16 rows, 16 columns, 2 levels.
```

UCINET 메뉴에서 『Network > Cohesion > Geodesic Distances』를 선택한다. 『Geodesic Distances』 대화상자에서 분석대상 관계 데이터(여기에서는 Padgett.##h)를 선택한 후 『OK』 버튼을 클릭한다. UCINET에서는 연결되지 않은 액터 간의 최단경로거리를 나타내는 방법으로 'Missing values', 'N(number of nodes)', 'Largest distance + 1' 등 세 가지를 제공한다(여기에서는 'Missing values'가 선택되었다).

경우에 따라서는 연결의 중복이 네트워크 구조의 중요한 특성일 수 있다. 두 액터를 연결하는 효율적 경로가 많이 존재하면 두 액터 간의 정보의 흐름이 향상될 가능성이 커진다. 이러한 가능성의 정도를 나타내는 지표로 [그림 4-26]과 같은 최단경로의 개수를 이용한다(Padgett.##h 파일). 만일 두 액터가 직접 연결되어 있다면 그 경로가 유일한 최단경로가 되며 최단경로의 개수는 1이 된다. [그림 4-26]의 피렌체 가문 비즈니스관계 네트워크에서의 최단경로개수 계산 결과를 보면(두 번째 매트릭스), Medici 가문과 Guadagni 가문 간에는 경로길이 4를 갖는 세 개의 최단경로가 존재한다(즉 Medici-Barbadori-Castellan-Lambertes-Guadagni, Medici-Barbadori-Peruzzi-Bischeri-Guadagni, Medici-Barbadori-Peruzzi-Lambertes-Guadagni). 이 두 가문 간의 정보의 흐름은 단절될 가능성이 작다. 왜냐하면 복수 개의 경로가 존재하기 때문이다. 또한 두 가문 사이에 존재하는 어떠한 가문도 강력한 '중개자'로서의 역할을 수행하기가 어렵다. 왜냐하면 두 가문 사이에는 그 중개자를 우회할 수 있는 다른 효율적 대안경로가 존재하기 때문이다.

그림 4-26 ▌피렌체 가문의 결혼관계 및 비즈니스관계 네트워크의 최단경로개수

```
# of Geodesic Paths

                                   1 1 1 1 1 1 1
                 1 2 3 4 5 6 7 8 9 0 1 2 3 4 5 6
                 A A B B C G G L M P P P R S S T
                 - - - - - - - - - - - - - - - -
 1 ACCIAIUOL     1 1 1 3 1 1 2 2 1 1 2 0 1 1 1 1
 2   ALBIZZI     1 1 1 1 1 1 1 1 1 1 1 0 1 1 2 2
 3 BARBADORI     1 1 1 2 1 1 2 2 1 1 1 0 1 1 1 1
 4  BISCHERI     3 1 2 1 2 1 1 1 3 3 1 0 1 3 1 1
 5 CASTELLAN     1 1 1 2 1 1 2 2 1 1 1 0 1 1 1 2
 6    GINORI     1 1 1 1 1 1 1 1 1 1 1 0 1 1 2 2
 7  GUADAGNI     2 1 2 1 2 1 1 1 2 2 1 0 1 2 1 1
 8 LAMBERTES     2 1 2 1 2 1 1 1 2 2 1 0 1 2 1 1
 9    MEDICI     1 1 1 3 1 1 2 2 1 1 2 0 1 1 1 1
10     PAZZI     1 1 1 3 1 1 2 2 1 1 2 0 1 1 1 1
11   PERUZZI     2 1 1 1 1 1 1 1 2 2 1 0 1 2 1 2
12     PUCCI     0 0 0 0 0 0 0 0 0 0 0 1 0 0 0 0
13   RIDOLFI     1 1 1 1 1 1 1 1 1 1 1 0 1 1 1 1
14  SALVIATI     1 1 1 3 1 1 2 2 1 1 2 0 1 1 1 1
15   STROZZI     1 2 1 1 1 2 1 1 1 1 1 0 1 1 1 1
16 TORNABUON     1 2 1 1 2 2 1 1 1 1 2 0 1 1 1 1
```

```
# of Geodesic Paths

                                   1 1 1 1 1 1 1
                 1 2 3 4 5 6 7 8 9 0 1 2 3 4 5 6
                 A A B B C G G L M P P P R S S T
                 - - - - - - - - - - - - - - - -
 1 ACCIAIUOL     1 0 0 0 0 0 0 0 0 0 0 0 0 0 0 0
 2   ALBIZZI     0 1 0 0 0 0 0 0 0 0 0 0 0 0 0 0
 3 BARBADORI     0 0 1 1 1 1 3 2 1 1 1 0 0 1 0 1
 4  BISCHERI     0 0 1 1 2 1 1 1 1 1 1 0 0 1 0 1
 5 CASTELLAN     0 0 1 2 1 1 1 1 1 1 1 0 0 1 0 1
 6    GINORI     0 0 1 1 1 1 3 2 1 1 1 0 0 1 0 1
 7  GUADAGNI     0 0 3 1 1 3 1 1 3 3 2 0 0 3 0 3
 8 LAMBERTES     0 0 2 1 1 2 1 1 2 2 1 0 0 2 0 2
 9    MEDICI     0 0 1 1 1 1 3 2 1 1 1 0 0 1 0 1
10     PAZZI     0 0 1 1 1 1 3 2 1 1 1 0 0 1 0 1
11   PERUZZI     0 0 1 1 1 1 2 1 1 1 1 0 0 1 0 1
12     PUCCI     0 0 0 0 0 0 0 0 0 0 0 1 0 0 0 0
13   RIDOLFI     0 0 0 0 0 0 0 0 0 0 0 0 1 0 0 0
14  SALVIATI     0 0 1 1 1 1 3 2 1 1 1 0 0 1 0 1
15   STROZZI     0 0 0 0 0 0 0 0 0 0 0 0 0 0 1 0
16 TORNABUON     0 0 1 1 1 1 3 2 1 1 1 0 0 1 0 1
```

UCINET 메뉴에서 『Network>Cohesion>No. of Geodesics』를 선택한다. 『Number of Geodesics』 대화상자에서 분석대상 관계 데이터(여기에서는 PadgettMrg.##h와 PadgettBiz.##h)를 선택한 후 『OK』 버튼을 클릭한다.

두 액터 간에 중복되지 않는 대안경로가 얼마나 존재하는지는 플로우에 대한 분석을 통해 수행한다. [그림 4-27]은 피렌체 가문의 결혼관계 네트워크 및 비즈니스관계 네트워크에서의 각 가문별 플로우개수이다(PadgettMrg.##h, PadgettBiz.##h 파일). 예를 들어, [그림 4-27]의 피렌체 가문의 결혼관계 네트워크에서의 플로우 계산 결과를 보면(첫 번째 매트릭스), Medici 가문은 Acciaiuoli 가문과 하나의 경로로만 연결되어 있는 반면, Strozzi 가문과는 중복되지 않는 세 개의 대안경로를 가지고 있다(즉 Medici–Ridolfi–Strozzi, Medici–Barbadori–Castellan–Strozzi, Medici–Tornabuoni–Guadagni–Bischeri–Strozzi). 따라서 Medici 가문은 중복되지 않는 대안적 경로를 통해 Strozzi 가문과 상대적으로 안정적인 연결관계를 유지할 수 있다.

그림 4-27 ▌피렌체 가문의 결혼관계 및 비즈니스관계 네트워크의 플로우개수

	1 AC	2 AL	3 BA	4 BI	5 CA	6 GI	7 GU	8 LA	9 ME	10 PA	11 PE	12 PU	13 RI	14 SA	15 ST	16 TO
1 ACCIAIUOL	16	1	1	1	1	1	1	1	1	1	1	0	1	1	1	1
2 ALBIZZI	1	16	2	2	2	1	2	1	2	1	2	0	2	1	2	2
3 BARBADORI	1	2	16	2	2	1	2	1	2	1	2	0	2	1	2	2
4 BISCHERI	1	2	2	16	3	1	3	1	3	1	3	0	3	1	3	3
5 CASTELLAN	1	2	2	3	16	1	3	1	3	1	3	0	3	1	3	3
6 GINORI	1	1	1	1	1	16	1	1	1	1	1	0	1	1	1	1
7 GUADAGNI	1	2	2	3	3	1	16	1	3	1	3	0	3	1	3	3
8 LAMBERTES	1	1	1	1	1	1	1	16	1	1	1	0	1	1	1	1
9 MEDICI	1	2	2	3	3	1	3	1	16	1	3	0	3	1	3	3
10 PAZZI	1	1	1	1	1	1	1	1	1	16	1	0	1	1	1	1
11 PERUZZI	1	2	2	3	3	1	3	1	3	1	16	0	3	1	3	3
12 PUCCI	0	0	0	0	0	0	0	0	0	0	0	16	0	0	0	0
13 RIDOLFI	1	2	2	3	3	1	3	1	3	1	3	0	16	1	3	3
14 SALVIATI	1	1	1	1	1	1	1	1	1	1	1	0	1	16	1	1
15 STROZZI	1	2	2	3	3	1	3	1	3	1	3	0	3	1	16	3
16 TORNABUON	1	2	2	3	3	1	3	1	3	1	3	0	3	1	3	16

	1 AC	2 AL	3 BA	4 BI	5 CA	6 GI	7 GU	8 LA	9 ME	10 PA	11 PE	12 PU	13 RI	14 SA	15 ST	16 TO
1 ACCIAIUOL	16	0	0	0	0	0	0	0	0	0	0	0	0	0	0	0
2 ALBIZZI	0	16	0	0	0	0	0	0	0	0	0	0	0	0	0	0
3 BARBADORI	0	0	16	2	2	2	2	2	2	1	2	0	0	1	0	1
4 BISCHERI	0	0	2	16	3	2	2	3	2	1	3	0	0	1	0	1
5 CASTELLAN	0	0	2	3	16	2	2	3	2	1	3	0	0	1	0	1
6 GINORI	0	0	2	2	2	16	2	2	2	1	2	0	0	1	0	1
7 GUADAGNI	0	0	2	2	2	2	16	2	2	1	2	0	0	1	0	1
8 LAMBERTES	0	0	2	3	3	2	2	16	2	1	3	0	0	1	0	1
9 MEDICI	0	0	2	2	2	2	2	2	16	1	2	0	0	1	0	1
10 PAZZI	0	0	1	1	1	1	1	1	1	16	1	0	0	1	0	1
11 PERUZZI	0	0	2	3	3	2	2	3	2	1	16	0	0	1	0	1
12 PUCCI	0	0	0	0	0	0	0	0	0	0	0	16	0	0	0	0
13 RIDOLFI	0	0	0	0	0	0	0	0	0	0	0	0	16	0	0	0
14 SALVIATI	0	0	1	1	1	1	1	1	1	1	1	0	0	16	0	1
15 STROZZI	0	0	0	0	0	0	0	0	0	0	0	0	0	0	16	0
16 TORNABUON	0	0	1	1	1	1	1	1	1	1	1	0	0	1	0	16

UCINET 메뉴에서 『Network>Cohesion>Line Connectivity/Maximum Flow』를 선택한다. 『Maximum Flow(Edge Connectivity)』 대화상자에서 분석대상 관계 데이터(여기에서는 PadgettMrg.##h와 PadgettBiz.##h)를 선택한 후 『OK』 버튼을 클릭한다.

사례연구

드라마 〈미생〉은 윤태호 작가의 동명의 웹툰을 원작으로 한 TV 드라마로서 종합상사 원인터내셔널이라는 가상의 기업을 배경으로 그 안에서 벌어지는 다양한 에피소드를 현실적이면서도 흥미진진하게 그려내 높은 시청률을 기록하였다. 사회문화연구소에서는 드라마 〈미생〉에 등장하는 인물들 간의 인간관계 네트워크를 분석하려고 한다. 이를 위해 1화부터 20화 최종회까지의 드라마를 씬(scene) 단위로 분석하였다. 한 씬에 같이 등장하여 대화를 나누었을 경우 그 둘 사이에 상호작용을 통한 인지관계가 있다고 정의하였다. 액터는 원인터내셔널과 업무적으로 관련성이 있는 사람으로 한정하였으며, 따라서 가족, 친지 등은 배제하였다. 이러한 과정을 통해 총 48명의 미생 등장인물 간의 비방향/이진 네트워크를 구축하였다(Misaeng.##h 파일).

그림 4-28 ▌미생 네트워크

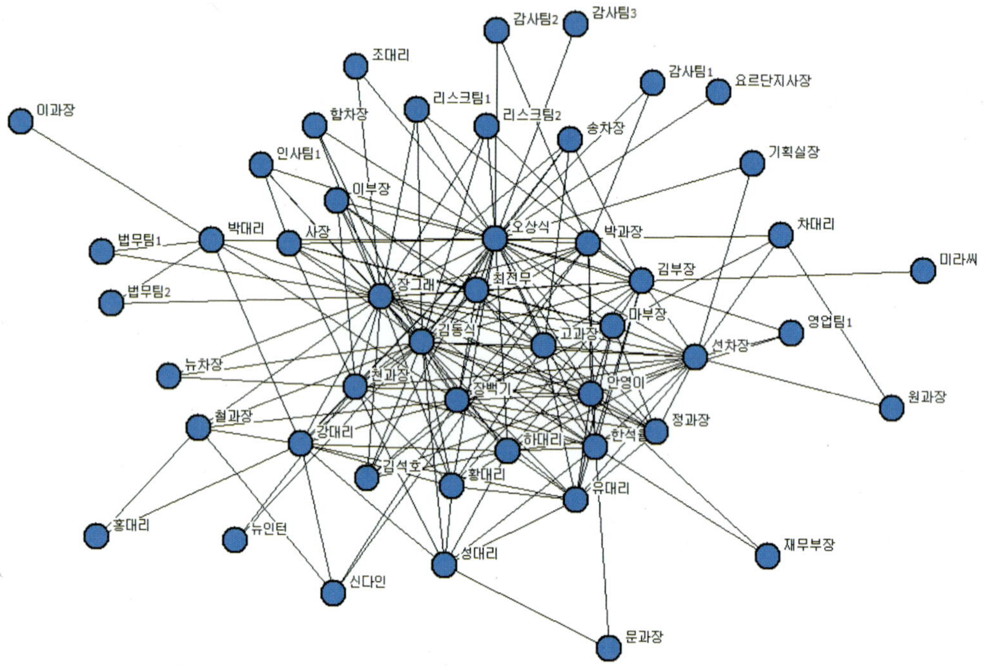

그림 4-29 ▌연결정도 지표: 전체 네트워크

```
Statistics

                                 1
                          --------
 1        Observations        2256
 2             Missing           0
 3             Minimum           0
 4             Maximum           2
 5                 Sum         392
 6             Average       0.174
 7                 SSQ         396
 8  Standard Deviation       0.381
 9            Variance       0.145
10               MCSSQ     327.887
11      Euclidean Norm      19.900
```

이 네트워크에는 48개의 노드와 196개의 라인이 포함되어 있으며, 총 392개의 연결관계가 존재한다. 모든 가능한 연결관계의 수가 2,256개이므로 네트워크의 밀도는 17.4%(=392/2,256)이다.

그림 4-30 ▌연결정도 지표 : 개별 액터

Statistics

		1 Observations	2 Missing	3 Minimum	4 Maximum	5 Sum	6 Average	7 SSQ	8 Standard Deviation	9 Variance	10 MCSSQ	11 Euclidean Norm
1	장그래	47	0	0	1	30	0.638	30	0.480	0.231	10.851	5.477
2	오상식	47	0	0	1	33	0.702	33	0.457	0.209	9.830	5.745
3	김동식	47	0	0	1	28	0.596	28	0.491	0.241	11.319	5.292
4	천과장	47	0	0	1	14	0.298	14	0.457	0.209	9.830	3.742
5	안영이	47	0	0	1	16	0.340	16	0.474	0.225	10.553	4
6	장백기	47	0	0	1	17	0.362	17	0.480	0.231	10.851	4.123
7	한석율	47	0	0	1	14	0.298	14	0.457	0.209	9.830	3.742
8	김석호	47	0	0	1	7	0.149	7	0.356	0.127	5.957	2.646
9	하대리	47	0	0	1	14	0.298	14	0.457	0.209	9.830	3.742
10	유대리	47	0	0	1	12	0.255	12	0.436	0.190	8.936	3.464
11	강대리	47	0	0	1	13	0.277	13	0.447	0.200	9.404	3.606
12	차대리	47	0	0	1	4	0.085	4	0.279	0.078	3.660	2
13	황대리	47	0	0	1	10	0.213	10	0.409	0.167	7.872	3.162
14	성대리	47	0	0	1	8	0.170	8	0.376	0.141	6.638	2.828
15	조대리	47	0	0	1	2	0.043	2	0.202	0.041	1.915	1.414
16	박대리	47	0	0	1	7	0.149	7	0.356	0.127	5.957	2.646
17	고과장	47	0	0	1	11	0.234	11	0.423	0.179	8.426	3.317
18	박과장	47	0	0	1	11	0.234	11	0.423	0.179	8.426	3.317
19	정과장	47	0	0	1	10	0.213	10	0.409	0.167	7.872	3.162
20	철과장	47	0	0	2	7	0.149	9	0.411	0.169	7.957	3
21	이과장	47	0	0	1	1	0.021	1	0.144	0.021	0.979	1
22	문과장	47	0	0	1	2	0.043	2	0.202	0.041	1.915	1.414
23	선차장	47	0	0	1	17	0.362	17	0.480	0.231	10.851	4.123
24	송차장	47	0	0	1	5	0.106	5	0.308	0.095	4.468	2.236
25	함차장	47	0	0	1	3	0.064	3	0.244	0.060	2.809	1.732
26	마부장	47	0	0	1	12	0.255	12	0.436	0.190	8.936	3.464
27	재무부장	47	0	0	1	2	0.043	2	0.202	0.041	1.915	1.414
28	이부장	47	0	0	1	6	0.128	6	0.334	0.111	5.234	2.449
29	김부장	47	0	0	1	15	0.319	15	0.466	0.217	10.213	3.873
30	최전무	47	0	0	1	12	0.255	12	0.436	0.190	8.936	3.464
31	사장	47	0	0	1	7	0.149	7	0.356	0.127	5.957	2.646
32	요르단지사장	47	0	0	1	1	0.021	1	0.144	0.021	0.979	1
33	미라씨	47	0	0	1	1	0.021	1	0.144	0.021	0.979	1
34	신다인	47	0	0	1	4	0.085	4	0.279	0.078	3.660	2
35	법무팀1	47	0	0	1	2	0.043	2	0.202	0.041	1.915	1.414
36	법무팀2	47	0	0	1	2	0.043	2	0.202	0.041	1.915	1.414
37	감사팀1	47	0	0	1	2	0.043	2	0.202	0.041	1.915	1.414
38	감사팀2	47	0	0	1	2	0.043	2	0.202	0.041	1.915	1.414
39	리스크팀1	47	0	0	1	4	0.085	4	0.279	0.078	3.660	2
40	리스크팀2	47	0	0	1	4	0.085	4	0.279	0.078	3.660	2
41	감사팀3	47	0	0	1	1	0.021	1	0.144	0.021	0.979	1
42	뉴차장	47	0	0	1	3	0.064	3	0.244	0.060	2.809	1.732
43	뉴인턴	47	0	0	1	2	0.043	2	0.202	0.041	1.915	1.414
44	홍대리	47	0	0	2	3	0.064	5	0.320	0.102	4.809	2.236
45	원과장	47	0	0	1	2	0.043	2	0.202	0.041	1.915	1.414
46	영업팀1	47	0	0	1	3	0.064	3	0.244	0.060	2.809	1.732
47	기획실장	47	0	0	1	2	0.043	2	0.202	0.041	1.915	1.414
48	인사팀1	47	0	0	1	4	0.085	4	0.279	0.078	3.660	2

개별 액터들의 연결정도를 살펴보면, 오상식 차장이 가장 많은 연결관계를 갖고 있는 것으로 나타났다(연결정도 33). 그 뒤를 이어 장그래 사원과 김동식 대리가 높은 연결정도를 갖고 있다(각각 연결정도 30과 28).

>>> 그림 4-31 ▌ 미생 네트워크 : 연결정도

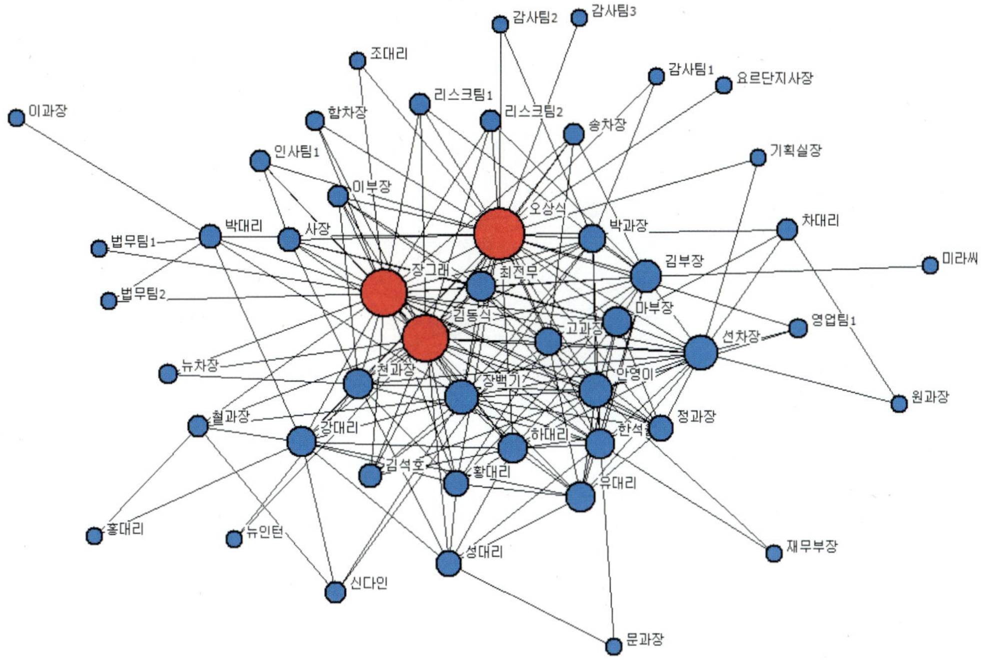

연결정도의 값에 따라 노드의 크기를 달리하여 네트워크를 그리면 이러한 액터별 연결관계의 정도를 시각적으로 좀 더 명확히 확인할 수 있다. 연결정도가 큰 오상식 차장, 장그래 사원, 김동식 대리의 노드가 가장 크게 표현되었다.

그림 4-32 ▌선 차장의 에고 네트워크

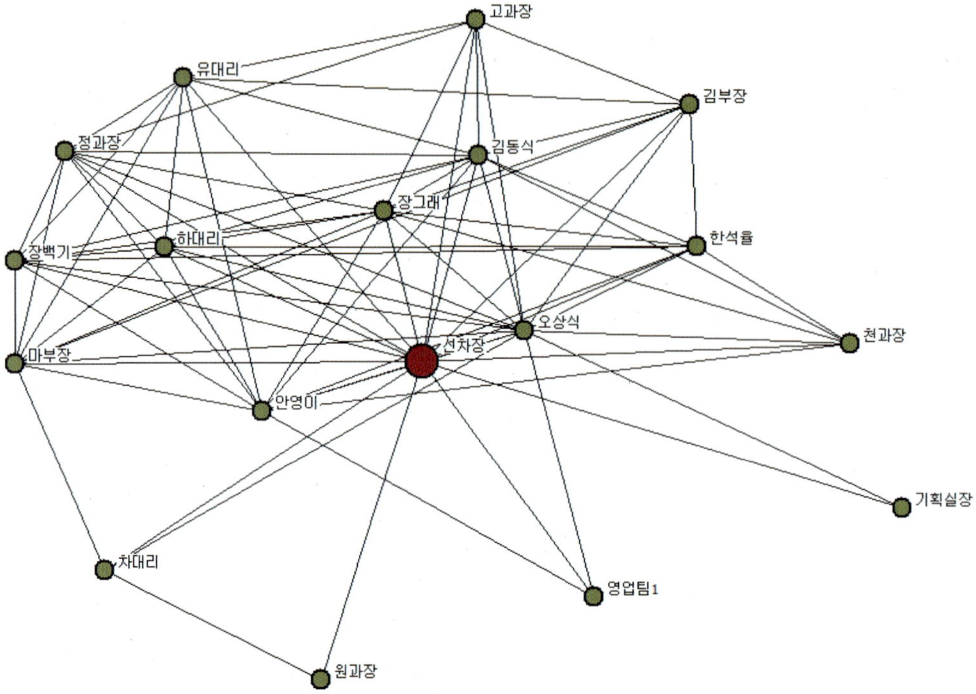

주요 등장인물들 이외에 연결정도가 큰 인물로는 선 차장이 눈에 띈다. 연결정도 17로 오상식, 장그래, 김동식 등의 극 중 중심인물을 제외하고는 가장 많은 연결관계를 갖고 있다. 실제로 선 차장의 에고 네트워크를 통해 확인하면 선 차장은 신입사원부터 부장 직급까지 다양한 인물들과 관계를 맺고 있는 것을 볼 수 있다.

UCINET 활용

01 연결정도 등 연결관계 지표 도출하기

- 『Tools>Univariate Statistics』를 선택한다.
- 『Univariate Statistics』 대화상자에서 분석대상 관계 데이터를 선택하고 『Options』의 선택항목 가운데 하나를 선택한 후 『OK』 버튼을 클릭한다.
- 'Columns'는 내향 연결정도에 대한 지표를 보여주며 상단의 첫 행에 노드 이름이 나타나고 좌측 첫 열에 각종 지표 이름이 나타난다. 'Rows'는 외향 연결정도에 대한 지표를 보여주며 상단의 첫 행에 각종 지표 이름이 나타나고 좌측 첫 열에 노드 이름이 나타난다. 비방향 그래프(즉 대칭 매트릭스)의 경우는 내향 연결정도와 외향 연결정도의 구분이 없기 때문에 'Columns'를 선택하나 'Rows'를 선택하나 동일한 정보를 보여준다. 'Levels/Layers/Matrices'는 네트워크 전체에 대한 연결정도 지표를 보여준다.

그림 4-33 ▌『Univariate Statistics』 대화상자

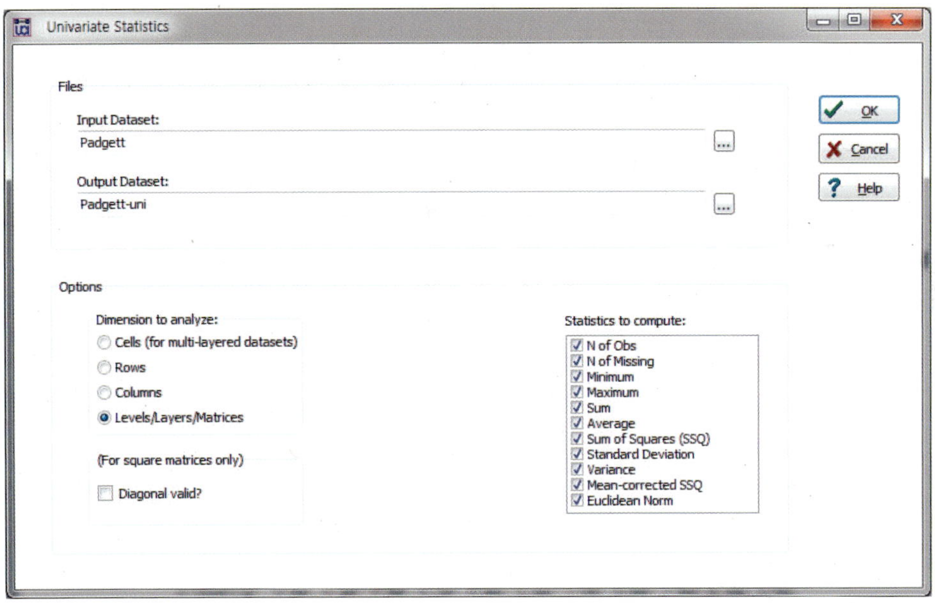

02 밀도 계산하기

- 에고 네트워크 밀도를 계산하기 위해서는 『Network>Ego Networks>Egonet Density』를 선택한다.
- 『Egonet Density』 대화상자에서 분석대상 관계 데이터를 선택한 후 『OK』 버튼을 클릭한다.

그림 4-34 ▌『Egonet Density』 대화상자

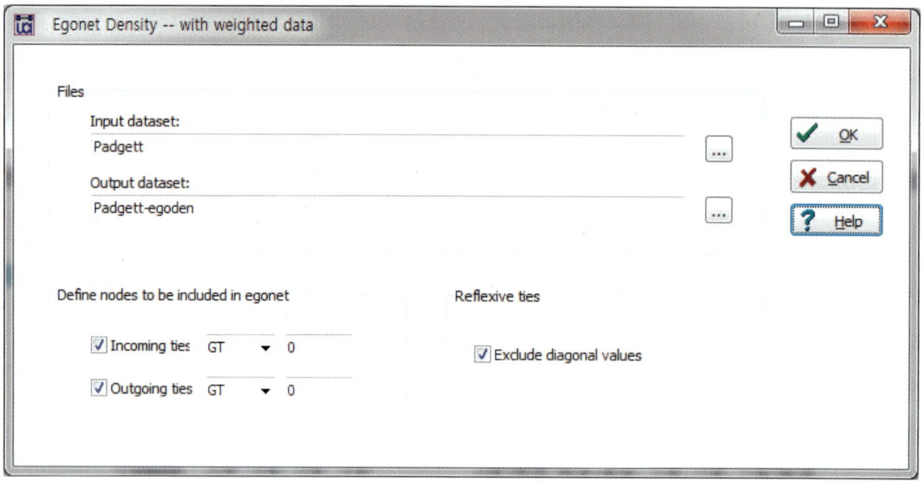

- 전체 네트워크 밀도를 계산하기 위해서는 『Network > Cohesion > Density > Density Overall』을 선택한다.
- 『Overall Network Density』 대화상자에서 분석대상 관계 데이터를 선택한 후 『OK』 버튼을 클릭한다.

그림 4-35 ▌『Overall Network Density』 대화상자

03 호혜성 계산하기

- 『Network > Cohesion > Reciprocity』를 선택한다.
- 『Reciprocity』 대화상자에서 분석대상 관계 데이터를 선택하고 『Method』의 선택항목 가운데 하나를 선택한 후 『OK』 버튼을 클릭한다.
- 'Dyad-based', 'Arc-based', 'Hybrid' 세 가지 호혜성 계산방식이 제공된다.

>>> 그림 4-36 ▌『Reciprocity』 대화상자

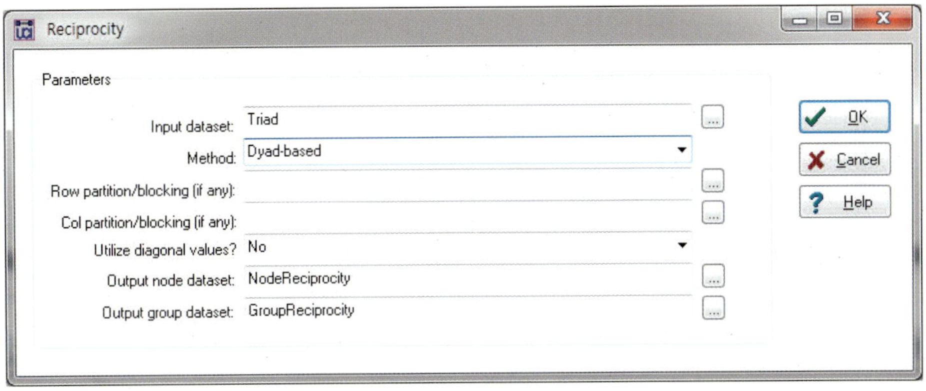

04 이행성 계산하기

- 『Network > Cohesion > Transitivity』를 선택한다.
- 『Transitivity』 대화상자에서 분석대상 관계 데이터를 선택한 후 『OK』 버튼을 클릭한다.
- 네트워크의 이행성은 이행적 삼자관계 또는 이행적 트리플렛을 기준으로 계산할 수 있다. 『Method』에서 'Triads' 또는 'Triplets'을 선택한다.

>>> 그림 4-37 ▌『Transitivity』 대화상자

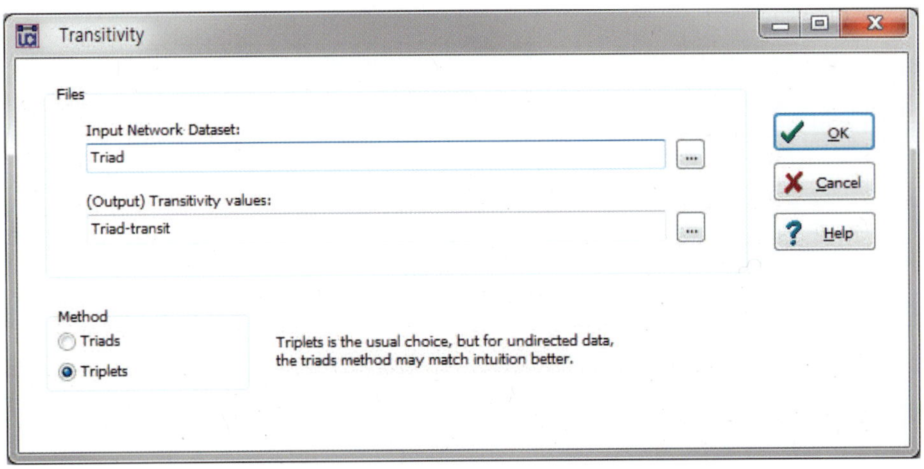

05 삼자관계 센서스 계산하기

- 『Network > Triad Census』를 선택한다.
- 『Triad Counts』 대화상자에서 분석대상 관계 데이터를 선택한 후 『OK』 버튼을 클릭한다.

그림 4-38 ▌『Triad Counts』 대화상자

06 클러스터링 계수 계산하기

- 『Network > Cohesion > Clustering Coefficient』를 선택한다.
- 『Clustering Coefficient』 대화상자에서 분석대상 관계 데이터를 선택한 후 『OK』 버튼을 클릭한다.

그림 4-39 ▌『Clustering Coefficient』 대화상자

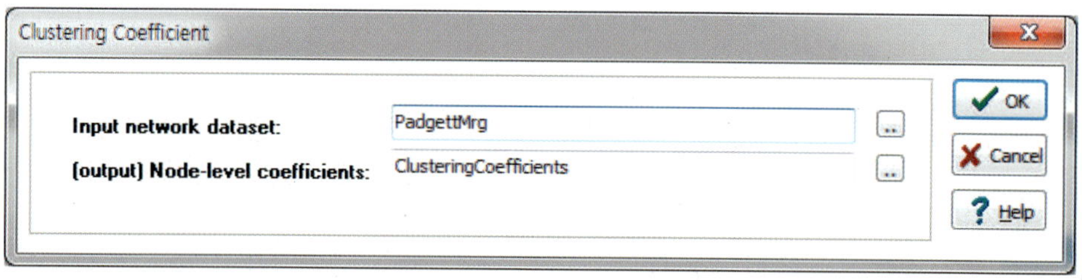

07 도달가능성 계산하기

- 『Network > Cohesion > Reachability』를 선택한다.
- 『Reachability』 대화상자에서 분석대상 관계 데이터를 선택한 후 『OK』 버튼을 클릭한다.

그림 4-40 ▌『Reachability』 대화상자

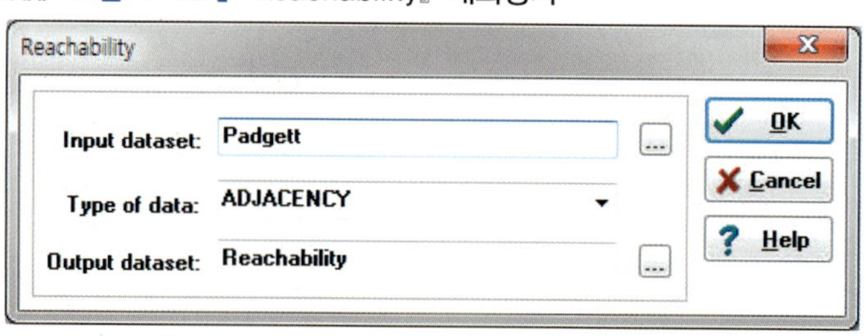

08 최단경로의 경로길이 계산하기

- 『Network > Cohesion > Geodesic Distances』를 선택한다.
- 『Geodesic Distances』 대화상자에서 분석대상 관계 데이터를 선택한 후 『OK』 버튼을 클릭한다.

그림 4-41 ▌『Geodesic Distances』 대화상자

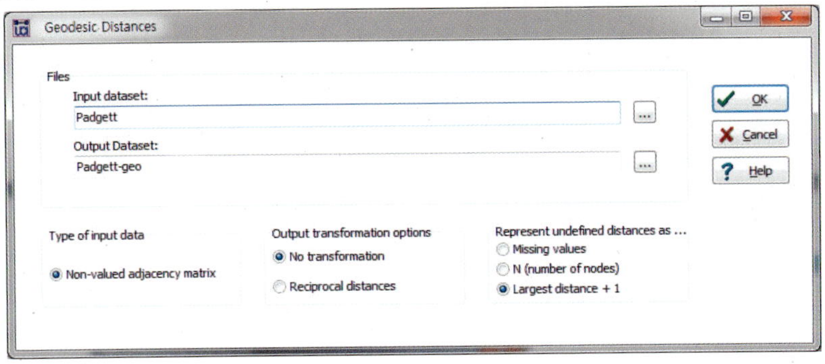

- UCINET은 연결되지 않은 액터 간의 최단경로거리를 나타내는 방법으로 'Missing values', 'N(number of nodes)', 'Largest distance + 1' 등 세 가지를 제공한다.

그림 4-42 ▌연결되지 않은 액터 간의 최단경로거리 표현방법

Missing values

Undefined distances: Missing values

PADGM

	1 A	2 A	3 B	4 B	5 C	6 G	7 G	8 L	9 M	10 P	11 P	12 P	13 R	14 S	15 S	16 T
1 ACCIAIUOL	0	2	2	4	3	3	3	4	1	3	4		2	2	3	2
2 ALBIZZI	2	0	2	2	3	1	1	2	1	3	3		2	2	3	2
3 BARBADORI	2	2	0	3	1	3	3	4	1	3	2		2	2	2	2
4 BISCHERI	4	2	3	0	2	3	1	2	3	5	1		2	4	1	2
5 CASTELLAN	3	3	1	2	0	4	3	4	2	4	1		2	3	1	3
6 GINORI	3	1	3	3	4	0	2	3	2	4	4		3	3	4	3
7 GUADAGNI	3	1	3	1	3	2	0	1	2	4	2		2	3	2	1
8 LAMBERTES	4	2	4	2	4	3	1	0	3	5	3		3	4	3	2
9 MEDICI	1	1	1	3	2	2	2	3	0	2	3		1	1	2	1
10 PAZZI	3	3	3	5	4	4	4	5	2	0	5		3	1	4	3
11 PERUZZI	4	3	2	1	1	4	2	3	3	5	0		2	4	1	3
12 PUCCI												0				
13 RIDOLFI	2	2	2	2	2	3	2	3	1	3	2		0	2	1	1
14 SALVIATI	2	2	2	4	3	3	3	4	1	1	4		2	0	3	2
15 STROZZI	3	3	2	1	1	4	2	3	2	4	1		1	3	0	2
16 TORNABUON	2	2	2	2	3	3	1	2	1	3	3		1	2	2	0

PADGB

	1 A	2 A	3 B	4 B	5 C	6 G	7 G	8 L	9 M	10 P	11 P	12 P	13 R	14 S	15 S	16 T
1 ACCIAIUOL	0															
2 ALBIZZI		0														
3 BARBADORI			0	2	1	1	3	2	1	2	1			2		2
4 BISCHERI			2	0	2	3	1	1	3	4	1			4		4
5 CASTELLAN			1	2	0	2	2	1	2	3	1			3		3
6 GINORI			1	3	2	0	4	3	1	2	2			2		2
7 GUADAGNI			3	1	2	4	0	1	4	5	2			5		5
8 LAMBERTES			2	1	1	3	1	0	3	4	1			4		4
9 MEDICI			1	3	2	1	4	3	0	1	2			1		1
10 PAZZI			2	4	3	2	5	4	1	0	3			2		2
11 PERUZZI			1	1	1	2	2	1	2	3	0			3		3
12 PUCCI												0				
13 RIDOLFI													0			
14 SALVIATI			2	4	3	2	5	4	1	2	3			0		2
15 STROZZI															0	
16 TORNABUON			2	4	3	2	5	4	1	2	3			2		0

N(Number of nodes)

Undefined distances: N (number of nodes)

PADGM

	1 AC	2 AL	3 BA	4 BI	5 CA	6 GI	7 GU	8 LA	9 ME	10 PA	11 PE	12 PU	13 RI	14 SA	15 ST	16 TO
1 ACCIAIUOL	0	2	2	4	3	3	3	4	1	3	4	16	2	2	3	2
2 ALBIZZI	2	0	2	2	3	1	1	2	1	3	3	16	2	2	3	2
3 BARBADORI	2	2	0	3	1	3	3	4	1	3	2	16	2	2	2	2
4 BISCHERI	4	2	3	0	2	3	1	2	3	5	1	16	2	4	1	2
5 CASTELLAN	3	3	1	2	0	4	3	4	2	4	1	16	2	3	1	3
6 GINORI	3	1	3	3	4	0	2	3	2	4	4	16	3	3	4	3
7 GUADAGNI	3	1	3	1	3	2	0	1	2	4	2	16	2	3	2	1
8 LAMBERTES	4	2	4	2	4	3	1	0	3	5	3	16	3	4	3	2
9 MEDICI	1	1	1	3	2	2	2	3	0	2	3	16	1	1	2	1
10 PAZZI	3	3	3	5	4	4	4	5	2	0	5	16	3	1	4	3
11 PERUZZI	4	3	2	1	1	4	2	3	3	5	0	16	2	4	1	3
12 PUCCI	16	16	16	16	16	16	16	16	16	16	16	0	16	16	16	16
13 RIDOLFI	2	2	2	2	2	3	2	3	1	3	2	16	0	2	1	1
14 SALVIATI	2	2	2	4	3	3	3	4	1	1	4	16	2	0	3	2
15 STROZZI	3	3	2	1	1	4	2	3	2	4	1	16	1	3	0	2
16 TORNABUON	2	2	2	2	3	3	1	2	1	3	3	16	1	2	2	0

PADGB

	1 AC	2 AL	3 BA	4 BI	5 CA	6 GI	7 GU	8 LA	9 ME	10 PA	11 PE	12 PU	13 RI	14 SA	15 ST	16 TO
1 ACCIAIUOL	0	16	16	16	16	16	16	16	16	16	16	16	16	16	16	16
2 ALBIZZI	16	0	16	16	16	16	16	16	16	16	16	16	16	16	16	16
3 BARBADORI	16	16	0	2	1	1	3	2	1	2	1	16	16	2	16	2
4 BISCHERI	16	16	2	0	2	3	1	1	3	4	1	16	16	4	16	4
5 CASTELLAN	16	16	1	2	0	2	2	1	2	3	1	16	16	3	16	3
6 GINORI	16	16	1	3	2	0	4	3	1	2	2	16	16	2	16	2
7 GUADAGNI	16	16	3	1	2	4	0	1	4	5	2	16	16	5	16	5
8 LAMBERTES	16	16	2	1	1	3	1	0	3	4	1	16	16	4	16	4
9 MEDICI	16	16	1	3	2	1	4	3	0	1	2	16	16	1	16	1
10 PAZZI	16	16	2	4	3	2	5	4	1	0	3	16	16	2	16	2
11 PERUZZI	16	16	1	1	1	2	2	1	2	3	0	16	16	3	16	3
12 PUCCI	16	16	16	16	16	16	16	16	16	16	16	0	16	16	16	16
13 RIDOLFI	16	16	16	16	16	16	16	16	16	16	16	16	0	16	16	16
14 SALVIATI	16	16	2	4	3	2	5	4	1	2	3	16	16	0	16	2
15 STROZZI	16	16	16	16	16	16	16	16	16	16	16	16	16	16	0	16
16 TORNABUON	16	16	2	4	3	2	5	4	1	2	3	16	16	2	16	0

Largest distance + 1

Undefined distances: Largest distance + 1

PADGM

	1 A	2 A	3 B	4 B	5 C	6 G	7 G	8 L	9 M	10 P	11 P	12 P	13 R	14 S	15 S	16 T
1 ACCIAIUOL	0	2	2	4	3	3	3	4	1	3	4	6	2	2	3	2
2 ALBIZZI	2	0	2	2	3	1	1	2	1	3	3	6	2	2	3	2
3 BARBADORI	2	2	0	3	1	3	3	4	1	3	2	6	2	2	2	2
4 BISCHERI	4	2	3	0	2	3	1	2	3	5	1	6	2	4	1	2
5 CASTELLAN	3	3	1	2	0	4	3	4	2	4	1	6	2	3	1	3
6 GINORI	3	1	3	3	4	0	2	3	2	4	4	6	3	3	4	3
7 GUADAGNI	3	1	3	1	3	2	0	1	2	4	2	6	2	3	2	1
8 LAMBERTES	4	2	4	2	4	3	1	0	3	5	3	6	3	4	3	2
9 MEDICI	1	1	1	3	2	2	2	3	0	2	3	6	1	1	2	1
10 PAZZI	3	3	3	5	4	4	4	5	2	0	5	6	3	1	4	3
11 PERUZZI	4	3	2	1	1	4	2	3	3	5	0	6	2	4	1	3
12 PUCCI	6	6	6	6	6	6	6	6	6	6	6	0	6	6	6	6
13 RIDOLFI	2	2	2	2	2	3	2	3	1	3	2	6	0	2	1	1
14 SALVIATI	2	2	2	4	3	3	3	4	1	1	4	6	2	0	3	2
15 STROZZI	3	3	2	1	1	4	2	3	2	4	1	6	1	3	0	2
16 TORNABUON	2	2	2	2	3	3	1	2	1	3	3	6	1	2	2	0

PADGB

	1 A	2 A	3 B	4 B	5 C	6 G	7 G	8 L	9 M	10 P	11 P	12 P	13 R	14 S	15 S	16 T
1 ACCIAIUOL	0	6	6	6	6	6	6	6	6	6	6	6	6	6	6	6
2 ALBIZZI	6	0	6	6	6	6	6	6	6	6	6	6	6	6	6	6
3 BARBADORI	6	6	0	2	1	1	3	2	1	2	1	6	6	2	6	2
4 BISCHERI	6	6	2	0	2	3	1	1	3	4	1	6	6	4	6	4
5 CASTELLAN	6	6	1	2	0	2	2	1	2	3	1	6	6	3	6	3
6 GINORI	6	6	1	3	2	0	4	3	1	2	2	6	6	2	6	2
7 GUADAGNI	6	6	3	1	2	4	0	1	4	5	2	6	6	5	6	5
8 LAMBERTES	6	6	2	1	1	3	1	0	3	4	1	6	6	4	6	4
9 MEDICI	6	6	1	3	2	1	4	3	0	1	2	6	6	1	6	1
10 PAZZI	6	6	2	4	3	2	5	4	1	0	3	6	6	2	6	2
11 PERUZZI	6	6	1	1	1	2	2	1	2	3	0	6	6	3	6	3
12 PUCCI	6	6	6	6	6	6	6	6	6	6	6	0	6	6	6	6
13 RIDOLFI	6	6	6	6	6	6	6	6	6	6	6	6	0	6	6	6
14 SALVIATI	6	6	2	4	3	2	5	4	1	2	3	6	6	0	6	2
15 STROZZI	6	6	6	6	6	6	6	6	6	6	6	6	6	6	0	6
16 TORNABUON	6	6	2	4	3	2	5	4	1	2	3	6	6	2	6	0

09 최단경로의 개수 계산하기

- 『Network＞Cohesion＞No. of Geodesics』를 선택한다.
- 『Number of Geodesics』 대화상자에서 분석대상 관계 데이터를 선택한 후 『OK』 버튼을 클릭한다.

그림 4-43 ▌『Number of Geodesics』 대화상자

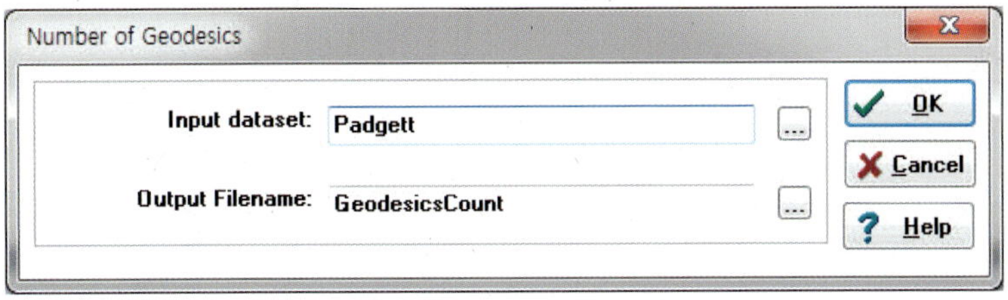

10 플로우의 개수 계산하기

- 『Network＞Cohesion＞Line Connectivity/Maximum Flow』를 선택한다.
- 『Maximum Flow(Edge Connectivity)』 대화상자에서 분석대상 관계 데이터를 선택한 후 『OK』 버튼을 클릭한다.

그림 4-44 ▌『Maximum Flow(Edge Connectivity)』 대화상자

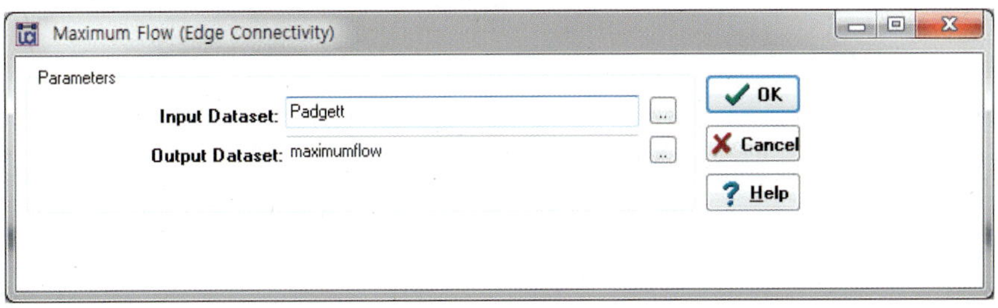

연습문제

01 기업 간 상호출자관계를 조사하여 아래와 같은 네트워크를 구축하였다. 다음 질문에 답하시오.

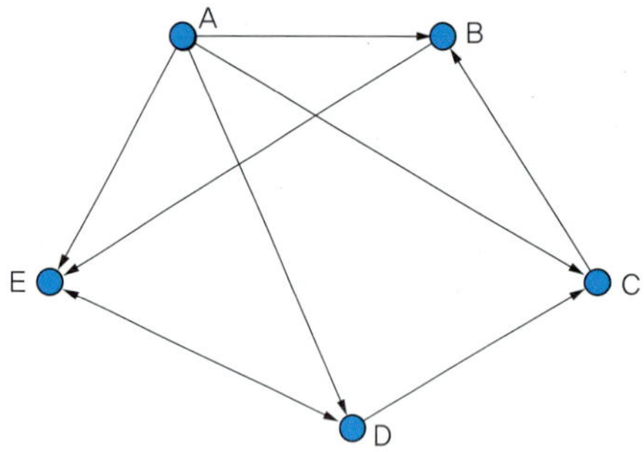

① 기업 간 상호출자관계 네트워크를 DL 형식으로 표현하시오.
② 기업 간 상호출자관계에 대한 주요 연결정도 지표를 제시하고 이를 설명하시오.

02 아래와 같은 두 개의 에고 네트워크에 대해 에고 A와 에고 B의 밀도를 계산하시오.

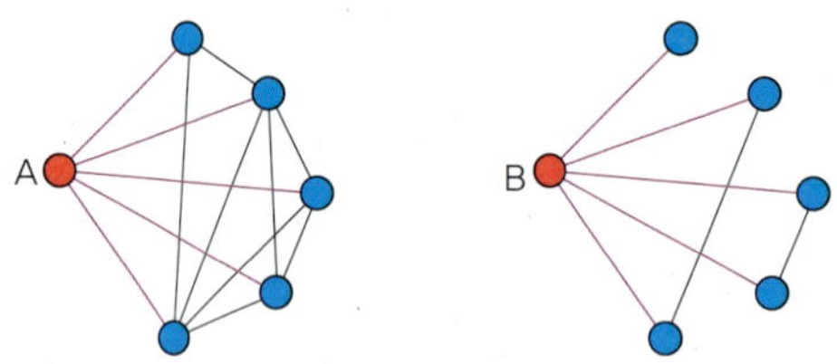

03 하이테크 제조기업의 21명의 관리자들로부터 아래와 같은 친구관계 네트워크를 구축하였다(Krack-High-Tech-Fri.##h 파일). 이 네트워크에 대한 도달가능성, 최단경로거리, 최단경로개수, 플로우개수 등의 거리 관련 지표를 제시하시오.

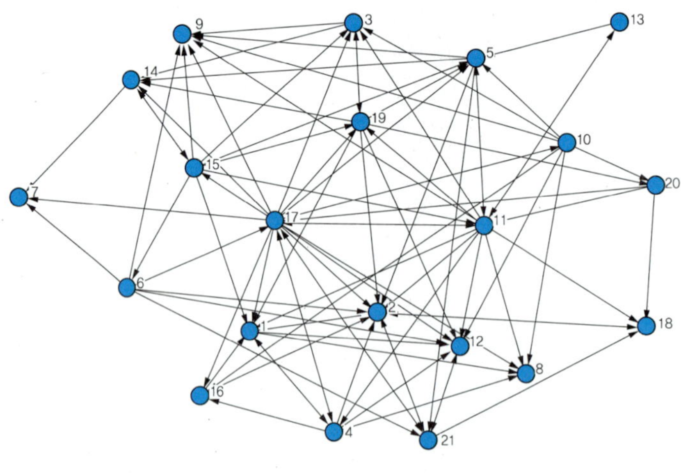

05
CHAPTER

소셜네트워크분석
Social Network Analysis

중심성과 파워

- 중심성의 개념
- 연결중심성
- 근접중심성
- 매개중심성
- 스타 · 서클 · 라인 네트워크에서의 중심성 비교
- 중심성 개념의 확장

CHAPTER

05 중심성과 파워

소셜네트워크분석의 관점은 파워(power)가 본질적으로 관계적 특성을 갖고 있다는 것을 강조한다. 에고의 파워는 알터의 의존(dependence)으로부터 발생된다. 이처럼 파워를 액터들 간 관계패턴의 결과물로 본다면 사회구조에서의 파워의 크기는 네트워크 내에서 액터가 차지하는 위치 또는 상황에 따라 달라질 수 있다. 여기에서 소개할 중심성(centrality)의 개념은 "누가 이 네트워크 내에서 중요한 사람인가?"를 네트워크 내에서 액터가 차지하는 중심적 위치의 관점에서 설명한다.

중심성의 개념

소셜네트워크분석의 관점에서 보면 네트워크 내에서 액터가 차지하고 있는 위치는 액터에게 기회를 제공하거나 제약을 가져다준다. 다른 사람들보다 더 많은 기회를 갖고 있고 더 적은 제약에 직면한 사람들은 그렇지 않은 사람들보다 더 유리한 구조적 위치에 놓여 있다. 어떤 액터가 유리한 위치를 차지한다는 것은 그 액터가 교환관계에 있어서 더 나은 협상을 이끌어 낼 수 있고, 더 강한 영향력을 행사하며, 존경과 주목의 대상이 된다는 것을 의미한다. 이는 결국 그 액터가 파워를 가지고 있는 것으로 해석할 수 있으며, 더 많은 기회와 더 적은 제약을 가져다주는 '유리한 구조적 위치'가 파워를 결정한다. 중심성은 이 밖에 독립성(independence), 자율성(autonomy), 지배력(dominace), 영향력(influence) 등으로 해석되기도 한다. 네트워크 내에서의 유리한 구조적 위치는 몇 가지 관점에서 바라볼 수 있다. [그림 5-1]의 '스타(star)' 네트워크를 통해 유리한 구조적 위치가 의미하는 바를 살펴보자(Hanneman and Riddle 2005).

그림 5-1 ▌ 스타 네트워크와 중심성

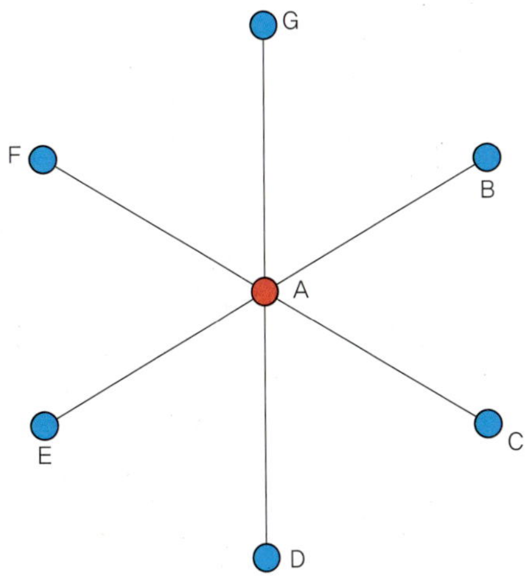

[그림 5-1]의 스타 네트워크가 자원교환관계를 나타낸다고 가정할 때, 언뜻 살펴봐도 액터 A는 명백히 유리한 구조적 위치를 차지하고 있는 것처럼 보인다. 이 네트워크에서 액터 A는 다음과 같은 세 가지 관점에서 다른 액터에 비해 이점을 갖는다.

- **연결(degree)**: 스타 네트워크에서 액터 A는 다른 액터들과 많은 연결관계를 갖고 있다. 이로 인해 다른 액터보다 더 많은 기회와 대안을 갖는다. 만일 액터 B가 액터 A에게 자원을 제공하지 않기로 결정해도, 액터 A는 다른 다섯 명의 액터들로부터 자원을 제공받을 수 있다. 반면에 액터 B는 유일하게 연결된 액터 A와 관계를 유지하지 않으면 네트워크 내에서 어떠한 자원교환도 할 수 없다. 여기에서 액터 A는 연결정도 6을 갖고 있고, 다른 액터들은 모두 연결정도 1을 갖는다. 즉 연결정도가 큰 액터일수록, 다시 말해 연결관계가 많을수록 더 많은 기회를 갖게 되며, 다른 액터에 대해 덜 종속적이 되고, 이러한 자율성은 그 액터에게 더 큰 파워를 갖게 한다. 따라서 액터 연결정도의 관점에서 액터의 유리한 구조적 위치를 평가할 수 있다.
- **근접(closeness)**: 스타 네트워크에서 액터 A는 다른 액터들과 가장 가까이 위치해 있다. 파워는 다른 액터들이 자신들을 평가하는 기준으로 삼는 준거점이 되거나, 다른 액터들이 견해를 경청하는 주목받는 중심점이 됨으로써 갖게 된다. 파워는 또한 직접적 협상과 교환을 통해 행사된다. 다른 액터들과 인접해 있을수록 이렇게 될 가

능성은 커진다. 만일 내가 짧은 경로거리로 다른 액터에 도달할 수 있다면(혹은 다른 액터들이 짧은 경로거리로 나에게 도달가능하다면) 나는 파워의 보유 및 행사에 유리한 위치를 갖게 된다. 여기에서 액터 A는 다른 액터들로부터 경로거리 1을 가지며, A를 제외한 나머지 액터들은 다른 액터들로부터 경로거리 2를 갖는다. 즉 액터 A처럼 다른 액터들과 근접한 액터일수록 더 큰 파워를 갖게 된다. 따라서 액터 간 거리의 근접성 관점에서 액터의 유리한 구조적 위치를 평가할 수 있다.

- 매개(betweenness): 스타 네트워크에서 액터 A는 다른 모든 액터들 사이에 위치하며, 액터 A를 제외한 어떠한 액터도 액터 A와 다른 액터 사이에 위치하지 않는다. 액터 A가 액터 E와 접촉하길 원하면 언제든 그렇게 할 수 있다. 하지만 액터 E가 액터 C와 접촉하려면 반드시 액터 A를 경유해야 한다. 이러한 구조적 위치는 다른 액터들 간의 중개를 통하여 이득을 얻거나, 다른 액터들을 소외시켜 접촉을 방해할 수 있는 능력을 액터 A에게 제공한다. 즉 액터들 사이에서 중개자적 위치에 있을수록 더 큰 파워를 갖게 된다. 따라서 이러한 매개성 관점에서 액터의 유리한 구조적 위치를 평가할 수 있다.

파워를 가져다주는 유리한 구조적 위치에 대한 연결, 근접, 매개 관점을 소셜네트워크분석에서는 중심성의 개념으로 설명한다. 다시 말해 소셜네트워크분석에서는 네트워크 내에서의 액터의 '중심적'인 정도를 이들 세 개의 관점에 따른 액터의 위치로 설명한다. 여기에서는 이들 세 개의 관점에 따른 중심성의 정의 및 측정방법을 살펴본다(Freeman 1979; Knoke and Yang 2008; Scott 2012; Wasserman and Faust 1994). 이들 중심성 지표의 측정방법은 방향 그래프인지 비방향 그래프인지에 따라 차이가 있으며, 액터 수준인지 그룹 수준(전체 네트워크 수준)인지에 따라서도 상이하다.

연결중심성

다른 액터들과 많은 연결관계를 가지고 있는 액터는 여러 가지 측면에서 위치적 우위를 갖는다. 많은 연결관계를 가지고 있기 때문에 요구를 충족시킬 대안들을 많이 가지고 있으며, 따라서 주변 다른 액터들에 덜 의존적이다. 많은 연결관계를 가지고 있기 때문에 네트워크 내의 자원에 쉽게 접근할 수 있으며 더 많은 자원을 요청할 수 있다. 많은 연결관계를 가지고 있기 때문에 거래를 원하는 다양한 액터들을 연결시킬 수 있으며 이로부터 이익을 취할 수 있다. 연결관계가 많은 액터는 일반적으로 조직 내에서 쉽게 주목을 받으며 중요한 사람으로 인식되는 경향이 있다. 따라서 이런 이유로 액터의 연결정도는 액터의 파워에 대한 가장 간단하면서도 효과적인 지표로서 유용하게 활용될 수 있다. 이러한 연결정도를 기반으로 한 중심성을 **연결중심성(degree centrality)**이라고 한다.

연결중심성은 연결관계의 성격에 따라서 앞서 언급한 관점 이외에 다양한 방식으로 해석될 수 있다(Borgatti et al. 2013). 예를 들어, 연결관계가 친구관계를 의미한다면 연결중심성은 액터가 갖고 있는 친구의 수를 나타내며, 이는 그 사람이 보유한 정서적 자원의 양이나 각종 사교모임에 참여할 기회의 양으로 해석될 수 있다. 연결관계가 신뢰관계를 의미한다면 연결정도는 액터가 직접적으로 영향을 미칠 수 있는 위치에 있는 사람 수와 연관지어 생각할 수 있다. 연결관계를 정보나 전염병 등이 흘러다니는 통로로 생각할 수도 있다. 연결관계를 이처럼 무언가가 흘러다니는 통로로 가정한다면 연결중심성은 네트워크 내에 액터가 노출되는 정도로 해석될 수 있다. 즉 이는 네트워크를 통해 흘러다니는 무언가에 노출되는 기회 또는 위험을 나타낸다. 그 무언가는 조직 내의 비공식 커뮤니케이션 네트워크에서 떠돌아다니는 취업 정보일 수도 있고 전염 네트워크에서 흘러다니는 감기 바이러스일 수도 있다.

액터 연결중심성(actor degree centrality)은 액터가 소셜네트워크 내의 다른 액터에 연결되어 있는 정도를 측정한다. g개의 액터를 갖는 비방향/이진 그래프에서 액터 i의 연결중심성은 액터 i가 나머지 $(g-1)$개의 다른 액터와 맺고 있는 연결관계의 개수를 합산하여 구한다. 이를 수식으로 표현하면 산식 (1)과 같다(Freeman 1979).

$$C_D(N_i) = \sum_{j=1}^{g} x_{ij},\ i \neq j \tag{1}$$

여기서 $C_D(N_i)$: 액터 i의 액터 연결중심성

g: 액터의 개수

$\sum_{j=1}^{g} x_{ij}$: 액터 i가 $(g-1)$개의 다른 액터와 갖는 연결관계의 개수, $x_{ij}=0$ 또는 1

산식 (1)에 따른 액터 연결중심성은 네트워크의 크기에 영향을 받는다. 즉 큰 네트워크에 속한 액터는 작은 네트워크에 속한 액터에 비해 더 많은 액터와 연결될 가능성이 커지기 때문에 네트워크의 크기가 커지면 최대 가능한 연결중심성 값 역시 증가한다. 따라서 작은 네

트워크에서 조밀하게 연결된 액터와 큰 네트워크에서 느슨하게 연결된 액터는 동일한 연결중심성 값을 가질 수 있기에 어느 액터가 더 중심적인지를 산식 (1)로부터 계산된 액터 연결중심성만으로는 판단하기 어렵다. 액터 간 비교를 위해서는 네트워크 크기가 연결중심성에 미치는 영향을 제거할 필요가 있다. 액터 연결중심성을 네트워크 크기를 고려하여 표준화하면 산식 (2)와 같다(Wasserman and Faust 1994). 이를 **표준화 액터 연결중심성(standardized actor degree centrality)**이라고 한다.

$$C'_D(N_i) = \frac{C_D(N_i)}{g-1} \qquad (2)$$

여기서 $C'_D(N_i)$: 액터 i의 표준화 액터 연결중심성
$C_D(N_i)$: 액터 i의 액터 연결중심성
g: 액터의 개수

액터 i의 표준화 액터 연결중심성은 액터 i의 액터 연결중심성 값을 가능한 연결관계의 최대값(=g −1)으로 나누어 구한다. 이는 액터 i와 직접적 연결관계를 갖는 액터의 비율을 나타낸다. 표준화된 연결중심성은 0(연결관계가 없는 경우, 즉 고립노드)에서 1(네트워크 내의 모든 액터와 연결관계를 갖는 경우) 사이의 값을 갖는다. 표준화 액터 연결중심성은 액터가 얼마나 많은 관계에 관여하는지를 나타내며, 표준화 액터 연결중심성 값이 1에 가까워질수록 액터의 네트워크 내에서의 관여도는 커진다.

그룹 연결집중성(group degree centralization)은 소셜네트워크 내의 액터들이 개별 연결중심성에 있어서 서로 얼마나 다른지를 나타낸다. 그룹 연결집중성은 통계학에서의 분산의 개념과 유사하며, 개념적으로 산식 (3)과 같이 표현할 수 있다(Freeman 1979).

$$C_D = \frac{\sum_{i=1}^{g}[C_D(N^*) - C_D(N_i)]}{max\sum_{i=1}^{g}[C_D(N^*) - C_D(N_i)]} \qquad (3)$$

여기서 C_D: 그룹 연결집중성
$C_D(N^*)$: 가장 큰 액터 연결중심성
$C_D(N_i)$: 액터 i의 액터 연결중심성
g: 액터의 개수

산식 (3)에서 분자는 네트워크 내의 가장 큰 액터 연결중심성과 나머지 $(g-1)$개 다른 액터들의 액터 연결중심성 간의 차이를 합산한 것이다. 분모는 이론적으로 가능한 이러한 차이합의 최대값을 나타낸다. 이의 구체적 측정을 위하여 산식 (4)와 같이 변환한다(Wasserman and Faust 1994).

$$C_D = \frac{\sum_{i=1}^{g}[C_D(N^*) - C_D(N_i)]}{(g-2)(g-1)} \quad (4)$$

여기서 C_D: 그룹 연결집중성

$C_D(N^*)$: 가장 큰 액터 연결중심성

$C_D(N_i)$: 액터 i의 액터 연결중심성

g: 액터의 개수

산식 (4)는 산식 (3)에서와 마찬가지로 분자는 가장 큰 연결중심성을 갖는 액터와 나머지 액터 간의 중심성 차이의 합을 나타내며, 분모는 이론적으로 최대 가능한 액터 연결중심성 차이의 합을 의미한다. 이론적으로 최대 가능한 액터 연결중심성 차이의 합은 스타 네트워크에서 나타나기 때문에 스타 네트워크를 이용하여 분모를 계산한다. 즉 가장 큰 액터 간 연결중심성 차이가 나타나는 스타 네트워크를 기준으로 네트워크의 상대적인 액터 간 연결중심성 차이를 평가한다. 모든 노드와 연결관계를 갖고 있는 스타 네트워크의 중앙에 위치한 노드는 가장 큰 연결중심성 $(g-1)$을 가지며, 나머지 노드들은 모두 1의 연결중심성을 갖는다. 따라서 가장 큰 연결중심성과 나머지 노드들의 연결중심성의 차이는 $(g-1)-1=g-2$이다. 스타 네트워크에서 이 차이는 $(g-1)$번 나타나므로(즉 중앙의 노드를 제외한 $(g-1)$개의 노드에 대해 더하면), 분모의 최대 가능한 연결중심성 차이의 합은 $(g-2)(g-1)$이 된다.

[그림 5-2]와 같은 일곱 개의 액터로 이루어진 스타 네트워크에서 그룹 연결집중성을 구해보자. 최대 중심성 노드와 그 밖의 개별 노드 간의 중심성 차이의 합을 구해보면 $(g-2)(g-1)=(7-2)(7-1)=30$이다. 이 값이 이론적으로 가능한 최대 액터 연결중심성 차이의 합이 된다. 이 값은 또한 일곱 개의 액터로 이루어진 스타 네트워크에서의 액터 연결중심성 차이의 합이다. 따라서 스타 네트워크에서의 그룹 연결집중성은 1이 된다.

그룹 연결집중성은 0에서 1 사이의 값을 가질 수 있다. 소셜네트워크 내의 개별 액터들의 연결중심성이 균등하게 분포되어 있을 때, 즉 모든 노드가 동일한 연결중심성을 가지면 $\sum_{i=1}^{g}[C_D(N^*) - C_D(N_i)]$는 0이 될 것이고, 따라서 그룹 연결집중성은 0이 된다. 반면에

그림 5-2 ▌스타 네트워크에서의 그룹 연결집중성

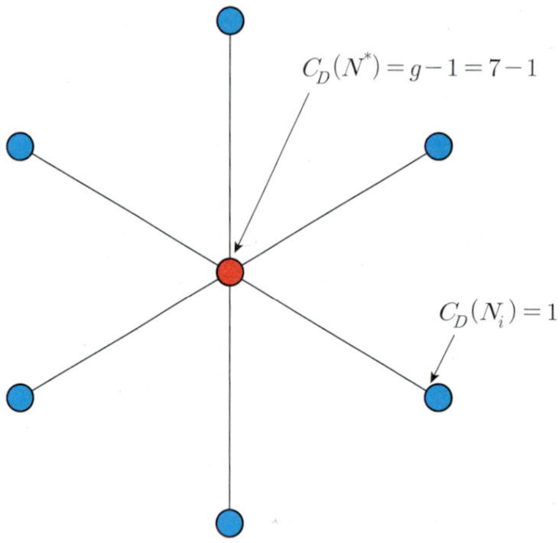

최대 중심성과 개별 중심성의 차이=$(g-1)-1=g-2=7-2$
최대 중심성과 개별 중심성 차이 합=$(g-2)\times(g-1)=(7-2)\times(7-1)=30$
그룹 연결집중성=30/30=1

소셜네트워크 내의 하나의 액터가 연결중심성의 최대값인 $(g-1)$을 갖고 나머지 모든 액터가 1의 연결중심성을 가지면, 소셜네트워크 내의 연결중심성은 가장 불균등하게 분포하고 있는 상태가 된다(이는 바로 앞서 살펴본 스타 네트워크이다). 이 경우 분자는 분모와 같게 되고 $(\sum_{i=1}^{g}[C_D(N^*)-C_D(N_i)]=(g-2)(g-1))$, 그룹 연결집중성은 1이 된다. 그룹 연결집중성이 1에 근접할수록, 소셜네트워크 내의 액터들의 연결중심성은 불균등한 계층적 분포를 보인다.

비방향 네트워크에서는 내향 연결정도와 외향 연결정도의 구별이 없기 때문에 단순히 액터들이 얼마나 많은 연결관계를 가지고 있는지로 중심성이 평가된다. 하지만 방향 네트워크에서는 내향 연결정도를 기반으로 한 중심성과 외향 연결정도를 기반으로 한 중심성을 구분할 필요가 있다. 어떤 액터가 높은 내향 연결중심성을 가지면, 그 액터는 '중요한(prominent)' 액터라고 이야기하며 높은 '명망(prestige)' 및 '인기(popularity)'를 갖고 있다고 한다. 반면에 높은 외향 연결정도를 갖는 액터는 많은 다른 액터들과 의견을 나눌 수 있고 다른 액터들에게 자신의 견해를 전파할 수 있다. 그래서 높은 외향 연결중심성을 보이는 액터는 '영향력 있는(influential)' 액터라고 이야기하며 높은 '개방성(expansiveness)'과 '사교성(gregariousness)'을 갖고 있다고 한다.

16개의 액터로 구성된 가상의 네트워크(Scott 2012)에 대해 액터 연결중심성, 표준화 액

그림 5-3 ▌ 16액터 네트워크에서의 연결중심성

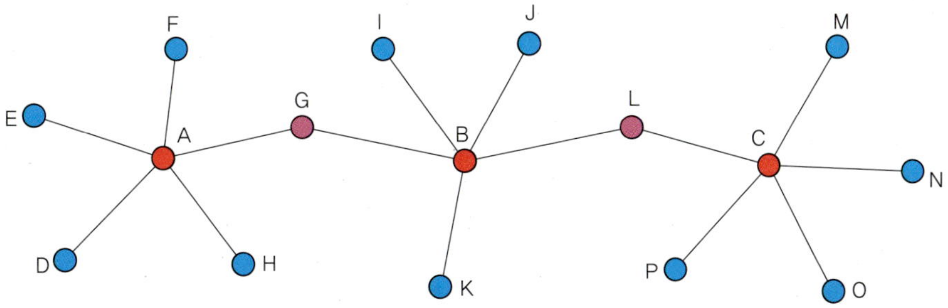

연결중심성	A, B, C	G, L	나머지
$C_D(N_i)$: 액터	5	2	1
$C'_D(N_i)$: 표준화	0.33(=5/15)	0.13(=2/15)	0.07(=1/15)
C_D : 그룹	0.238(=[3(5−5)+2(5−2)+11(5−1)]/(16−2)(16−1))		

터 연결중심성, 그룹 연결집중성을 구해보면 [그림 5-3]과 같다. 액터 A, B, C는 모두 이웃 노드와 다섯 개씩의 연결관계를 가지고 있어 가장 높은 액터 연결중심성을 보인다. 액터의 수로 표준화한 표준화 액터 연결중심성 역시 액터 A, B, C가 가장 큰 값을 나타내고 있다. 따라서 연결정도 관점에서 볼 때 16개 액터 가운데 이 세 액터가 가장 중심적이다.

[그림 5-4]는 이탈리아 피렌체에서 활동하던 16개 가문 간의 결혼관계와 비즈니스관계 네트워크(Padgett and Ansell 1993; Wasserman and Faust 1994; Padgett.##h 파일)에서의 연결중심성이다. [그림 5-4]의 첫 번째 매트릭스에서 볼 수 있는 것처럼 Medici 가문이 연결정도 관점에서 볼 때 결혼관계 네트워크에서 가장 중심적인 가문이다. Medici 가문의 표준화 액터 연결중심성은 0.400으로서 네트워크에 포함된 나머지 15개 가문 가운데 여섯 개 가문과 결혼관계를 맺고 있다('Degree' 및 'nDegree' 열). Guadagni 가문과 Strozzi 가문은 표준화 액터 연결중심성 0.267로서 Medici 가문 다음으로 높은 중심성을 갖는다. 이어서 여섯 개 가문이 0.200의 표준화 액터 연결중심성을 갖고 있고, 나머지 가문은 그 뒤를 이어 상대적으로 작은 연결중심성을 갖는다. [그림 5-4]의 두 번째 매트릭스는 비즈니스관계 네트워크에서의 연결중심성이다. 결혼관계 네트워크에서와 마찬가지로 Medici 가문의 연결중심성이 가장 높다(액터 연결중심성 5, 표준화 액터 연결중심성 0.333). 결혼관계 네트워크에서 그룹 연결집중성은 0.2667, 비즈니스 관계에서는 0.2381로 나타났다('Graph Centralization').

▶ 그림 5-4 ▌피렌체 가문의 결혼관계 및 비즈니스관계 네트워크 연결중심성

```
Degree Measures

Matrix: PADGM

                  1     2
              Degre nDegr
                  e    ee
              ----- -----
  1 ACCIAIUOL 1.000 0.067
  2   ALBIZZI 3.000 0.200
  3 BARBADORI 2.000 0.133
  4  BISCHERI 3.000 0.200
  5 CASTELLAN 3.000 0.200
  6    GINORI 1.000 0.067
  7  GUADAGNI 4.000 0.267
  8 LAMBERTES 1.000 0.067
  9    MEDICI 6.000 0.400
 10     PAZZI 1.000 0.067
 11   PERUZZI 3.000 0.200
 12     PUCCI 0.000 0.000
 13   RIDOLFI 3.000 0.200
 14  SALVIATI 2.000 0.133
 15   STROZZI 4.000 0.267
 16 TORNABUON 3.000 0.200

Matrix: PADGB

                  1     2
              Degre nDegr
                  e    ee
              ----- -----
  1 ACCIAIUOL 0.000 0.000
  2   ALBIZZI 0.000 0.000
  3 BARBADORI 4.000 0.267
  4  BISCHERI 3.000 0.200
  5 CASTELLAN 3.000 0.200
  6    GINORI 2.000 0.133
  7  GUADAGNI 2.000 0.133
  8 LAMBERTES 4.000 0.267
  9    MEDICI 5.000 0.333
 10     PAZZI 1.000 0.067
 11   PERUZZI 4.000 0.267
 12     PUCCI 0.000 0.000
 13   RIDOLFI 0.000 0.000
 14  SALVIATI 1.000 0.067
 15   STROZZI 0.000 0.000
 16 TORNABUON 1.000 0.067

16 rows, 2 columns, 2 levels.

Graph Centralization -- as proportion, not percentage

                1
           Degree
           ------
  1 PADGM 0.2667
  2 PADGB 0.2381

2 rows, 1 columns, 1 levels.
```

UCINET 메뉴에서 『Network>Centrality and Power>Degree』를 선택한다. 『Degree』 대화상자에서 분석 대상 관계 데이터(여기에서는 Padgett.##h)를 선택한 후 『OK』 버튼을 클릭한다.

근접중심성

연결중심성은 종종 액터가 가지고 있는 인접한 연결관계만을 고려한다는 비판을 받는다. 어떤 액터는 다른 액터와 많은 연결관계를 가지고 있긴 하지만(즉 연결중심성이 높긴 하지만) 전체 네트워크에서 주변부에 위치해 있을 수 있다. 이와 같은 경우, 그러한 액터는 분명히 국지적으로 중심적이기는 하나, 전체 네트워크 관점에서는 중심적이라고 보기 어려울 수 있다. 근접중심성(closeness centrality)은 연결중심성과는 달리 네트워크 내에서의 간접적 연결까지 고려하여 전체 네트워크에서의 한 액터와 다른 모든 액터 간의 거리를 강조한다. 그래서 중심성을 정의하는 데 있어서, 연결중심성이 액터의 활동성(activity)을 강조한 것이라면, 근접중심성은 액터의 독립성(independence)을 강조한다. 어떤 액터가 네트워크 내 액터들과 많이 떨어져 있다면 그 액터는 다른 액터에 의지하여 메시지를 전달해야만 한다. 따라서 네트워크 내의 많은 액터들에 근접해 있는 액터는 매우 독립적인 액터라고 할 수 있다. 왜냐하면 그 액터는 다른 액터들에 크게 의존하지 않고도 신속하게 네트워크 내 액터들에 도달할 수 있기 때문이다. 높은 근접중심성을 갖는 액터는 네트워크 내의 모든 사람에게 쉽게 도달할 수 있기 때문에 네트워크 내에서 협상과 조정 역할을 수행하게 되며, 이를 통해 파워를 획득할 수 있다. 네트워크를 흐름의 관점에서 보면 근접중심성은 네트워크를 통해 흘러다니는 무언가가 도착할 때까지 걸리는 최소 시간으로 해석할 수 있다. 따라서 높은 근접중심성을 갖는 액터는 네트워크 내에 흘러다니는 정보를 신속히 접할 수 있다. 또한 정보의 전파과정은 여러 단계를 거치면 왜곡될 가능성이 커지기 때문에 높은 근접중심성을 갖는 액터는 상대적으로 더 높은 정확도를 갖는 정보를 받을 수 있다는 장점을 갖는다.

액터 근접중심성(actor closeness centrality)은 소셜네트워크 내에서 한 노드가 다른 노드들과 얼마나 가까이 있는지를 측정한다. '근접'이란 한 액터가 다른 액터들과 직접적으로 또는 소수의 중개자를 통해 얼마나 빨리 소통할 수 있는지를 나타낸다. 액터의 근접중심성은 다른 모든 액터들과의 최단경로거리의 함수이다. g개의 액터가 있을 때 액터 i의 액터 근접중심성은 액터 i와 나머지 $(g-1)$ 액터 간 최단경로거리 합의 역수로서 정의된다. 이를 산식으로 표현하면 산식 (5)와 같다.

$$C_C(N_i) = \frac{1}{[\sum_{j=1}^{g} d(N_i, N_j)]}, \quad i \neq j \qquad (5)$$

여기서 $C_C(N_i)$: 액터 i의 액터 근접중심성

$\sum_{j=1}^{g} d(N_i, N_j)$: 액터 i와 액터 j 간의 최단경로거리의 합

g: 액터의 개수

산식 (5)의 분모는 0의 값을 가질 수 없기 때문에 액터 근접중심성은 거리를 정의할 수 없는 고립노드에 대해서는 계산될 수 없다. 따라서 이 측정 지표는 연결된 네트워크를 형성하는 노드에 대해서만 적용된다. 산식 (5)에 따르면 어떤 액터의 다른 액터들과의 거리가 작으면 이 액터의 근접중심성 값은 커지며, 이는 액터 간 거리의 관점에서 이 액터가 중심적이라는 것을 나타낸다.

액터 근접중심성은 네트워크의 크기에 영향을 받는다. 즉 네트워크의 크기가 커지면 액터 간 거리의 합은 상대적으로 커지게 되고, 이는 낮은 액터 근접중심성으로 나타난다. 반면에 네트워크의 크기가 작아지면 액터 간 거리의 합은 상대적으로 작아지게 되고, 이는 높은 액터 근접중심성을 의미한다. 네트워크의 크기가 이처럼 근접중심성 값에 영향을 미치기 때문에 네트워크 크기가 다를 경우 어느 액터가 더 중심적인지를 산식 (5)로부터 계산된 액터 근접중심성만으로 판단하기는 어렵다. 따라서 서로 다른 네트워크에 있는 액터들을 비교하기 위해서는 네트워크의 규모를 통제하여 표준화할 필요가 있다.

이론상 가질 수 있는 가장 큰 액터 근접중심성을 이용하여 개별 액터의 근접중심성을 표준화한다. 가장 큰 근접중심성은 한 액터가 다른 모든 액터에 인접해 있을 때, 즉 한 액터가 네트워크 내의 모든 액터와 직접적 연결관계를 가지고 있을 때 나타난다(즉 스타 네트워크). g개의 액터가 있을 때 이 경우의 근접중심성 값은 $C_C(N_i) = \frac{1}{g-1}$이 되며, 이 값은 네트워크의 크기에 따라 달라진다. 따라서 이 값으로 액터 근접중심성을 나누면 액터 간 비교가 가능한 **표준화 액터 근접중심성(standardized actor closeness centrality)**을 계산할 수 있다. 이와 같은 방식으로 액터 근접중심성을 네트워크 크기를 고려하여 표준화하면 산식 (6)과 같다(Beauchamp 1965; Freeman 1979).

$$C'_C(N_i) = (g-1)(C_C(N_i)) \tag{6}$$

여기서 $C'_C(N_i)$: 액터 i의 표준화 액터 근접중심성

$C_C(N_i)$: 액터 i의 액터 근접중심성

g: 액터의 개수

그림 5-5 ▌ 액터 근접중심성과 표준화 액터 근접중심성의 비교

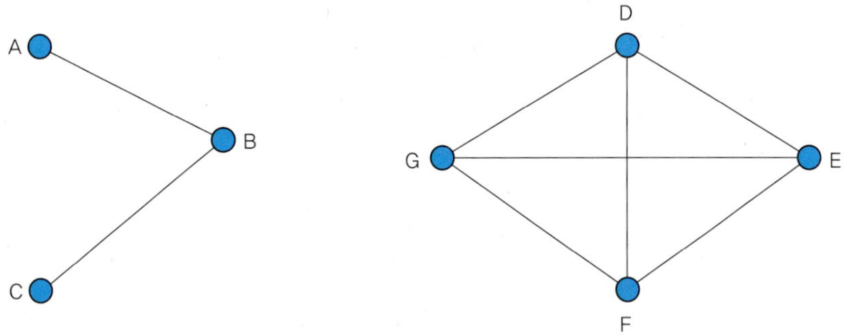

$C_c(A) = \frac{1}{1+2} = \frac{1}{3} = 0.33$ $\qquad C_c(D) = \frac{1}{1+1+1} = \frac{1}{3} = 0.33$

$C'_c(A) = (3-1)\frac{1}{3} = \frac{2}{3} = 0.67$ $\qquad C'_c(D) = (4-1)\frac{1}{3} = 1$

[그림 5-5]의 예를 통해 액터 근접중심성과 표준화 액터 근접중심성을 비교해보자(Knoke and Yang 2008). 왼쪽의 세 개의 액터로 이루어진 네트워크에서 액터 A는 액터 B와 경로길이 1로서 직접 연결되어 있고 액터 C와는 경로길이 2로서 간접적 연결관계를 가지고 있다. 따라서 액터 A에 대한 근접중심성은 $\frac{1}{1+2} = \frac{1}{3} = 0.33$이 된다. 오른쪽의 네트워크에서는 네 개 액터가 모두 직접 연결되어 있다. 즉 액터 D는 나머지 액터 E, F, G와 경로길이 1로서 직접적 연결관계를 갖는다. 따라서 액터 D에 대한 근접중심성은 $\frac{1}{1+1+1} = \frac{1}{3} = 0.33$이 된다. 액터 D는 액터 A보다 더 많은 직접적 연결관계를 가지고 있음에도 불구하고 두 액터의 액터 근접중심성은 동일하다. 이는 액터 D가 속해 있는 네트워크가 액터 A가 속해 있는 네트워크보다 단순히 더 크기 때문에 발생하는 현상이다.

하지만 표준화된 액터 근접중심성은 네트워크의 크기를 고려함으로써 이러한 네트워크 간의 차이를 반영한다. 액터 A에 대한 표준화 액터 근접중심성은 $(3-1) \times \frac{1}{3} = 0.67$인 반면, 액터 D에 대한 표준화 액터 근접중심성은 $(4-1) \times \frac{1}{3} = 1$로서 액터 D가 더 높은 값을 갖는다. 액터의 근접중심성이 높을수록 다른 액터들에 가까이 위치하고 있음을 나타낸다. 표준화된 액터 근접중심성은 단순히 더 짧은 경로를 통해 다른 액터들에 도달할 수 있는지만을 보는 것이 아니라 가까운 경로로 얼마나 많은 액터들에 도달할 수 있는지까지 고려한다. 따라서 표준화 액터 근접중심성이 높은 액터는 그렇지 않은 액터에 비해 더 짧은 경로를 통해 더 많은 다른 액터들에 도달할 수 있고, 이를 통해 더욱 독립적이 되며 더욱 강한 영향력을

행사할 수 있다.

그룹 근접집중성(group closeness centralization)은 소셜네트워크 내의 액터들이 개별 근접중심성에 있어서 서로 얼마나 다른지를 나타낸다. 즉 이는 근접중심성의 분산정도를 나타내며, 산식 (7)과 같이 계산할 수 있다(Freeman 1979).

$$C_c = \frac{\sum_{i=1}^{g}[C_c'(N^*) - C_c'(N_i)]}{(g-2)(g-1)/(2g-3)} \tag{7}$$

여기서 C_c: 그룹 근접집중성

$C_C'(N^*)$: 가장 큰 표준화 액터 근접중심성

$C_C'(N_i)$: 액터 i의 표준화 액터 근접중심성

g: 액터의 개수

산식 (7)에서 분자는 가장 큰 표준화 액터 근접중심성을 갖는 액터와 나머지 $(g-1)$개 다른 액터들의 근접중심성 간의 차이의 합을 나타내며, 분모는 그러한 분자의 값 중 이론적으로 가장 큰 값을 의미한다. 이론적으로 최대 가능한 액터 근접중심성 차이의 합은 스타 네트워크에서 나타난다. 모든 노드와 직접 연결된 스타 네트워크의 중앙 노드는 나머지 $(g-1)$개 다른 노드들과 경로길이 1을 가지므로 최단경로거리의 합은 $(g-1)$이고, 따라서 표준화 액터 근접중심성은 $1\left(=(g-1)\times\frac{1}{g-1}\right)$이 된다. 나머지 노드들은 중앙의 노드와 경로길이 1, 다른 노드들과 경로길이 2를 가지므로 최단경로거리의 합은 $(2g-3)(=1+2(g-2))$이고, 따라서 표준화 액터 근접중심성은 $\frac{g-1}{2g-3}\left(=(g-1)\times\frac{1}{2g-3}\right)$이 된다. 가장 큰 표준화 액터 근접중심성과 나머지 노드들의 표준화 액터 근접중심성의 차이는 $\left(1-\frac{g-1}{2g-3}\right)$이고 스타 네트워크에서 이 차이는 $(g-1)$번 나타나므로(즉 중앙의 노드를 제외한 $(g-1)$개의 노드에 대해 더하면), 분모의 최대 가능한 근접중심성 차이의 합은 $\frac{(g-2)(g-1)}{2g-3}$로 계산된다.[1]

그룹 근접집중성은 최대 1에서 최소 0까지의 값을 가질 수 있다. 그룹 근접집중성의 최대값 1은 하나의 액터가 최대 근접중심성을 갖고 나머지 모든 액터들이 최소 근접중심성을 갖는 네트워크에서 발생하며 개별 액터들의 근접중심성이 가장 불균등하게 분포하는 네트워크를 나타낸다(이는 바로 앞서 살펴본 스타 네트워크이다). 이와는 대조적으로 모든 액터가 같

1 $\left(1-\frac{g-1}{2g-3}\right)\times(g-1)=\frac{(g-2)(g-1)}{2g-3}$

그림 5-6 ▌16액터 네트워크에서의 근접중심성

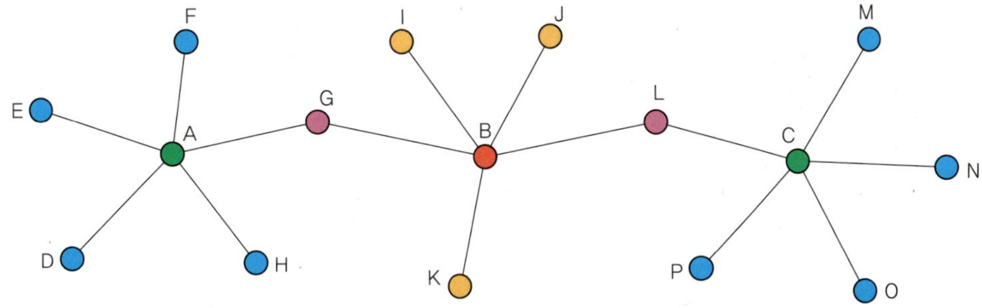

근접중심성	B	G, L	A, C	I, J, K	나머지
$C_C(N_i)$: 액터	0.0303(=1/33)	0.0270(=1/37)	0.0233(=1/43)	0.0213(=1/47)	0.0175(=1/57)
$C'_C(N_i)$: 표준화	0.455(=15/33)	0.405(=15/37)	0.349(=15/43)	0.319(=15/47)	0.263(=15/57)
C_C : 그룹	0.312(=[1(0.455−0.455)+2(0.455−0.405)+2(0.455−0.349)+3(0.455−0.319)+8(0.455−0.263)]/[(16−2)(16−1)/(32−3)])				

은 근접중심성을 가지면 그룹 근접집중성은 최소값 0이 된다.

앞서 살펴본 16개의 액터로 구성된 가상의 네트워크에 대해 액터 근접중심성, 표준화 액터 근접중심성, 그룹 근접집중성을 구해보면 [그림 5-6]과 같다. 동일한 연결중심성을 보였던 액터 A, B, C는 근접중심성의 관점에서는 중심성의 정도에 있어서 차이가 나타났다. 액터 B는 16개의 액터 중 가장 큰 표준화 액터 근접중심성(0.455)을 보였다. 그래프를 보면, 액터 A, B, C는 모두 국지적으로는 중심적 위치를 차지하고 있는 것처럼 보인다. 하지만 네트워크 전체적으로 보면 중앙에 위치한 액터 B가 네트워크의 좌우에 위치한 액터 A 및 액터 C에 비해 보다 중심적 위치에 있다. 그리고 연결중심성 관점에서 액터 G 및 액터 L보다 더 높은 중심성을 보였던 액터 A 및 액터 C는 근접중심성 관점에서는 오히려 더 낮은 중심성을 보였다(G, L 0.405 vs. A, C 0.349).

[그림 5-7]은 이탈리아 피렌체에서 활동하던 16개 가문 간의 결혼관계와 비즈니스관계 네트워크에서의 근접중심성이다(Padgett.##h 파일). 세 가지 방식으로 표준화 액터 근접중심성이 계산되었다. 'FreeClo'는 앞에서 설명한 방식으로 계산된 표준화 액터 근접중심성이다. 예를 들어, 첫 번째 매트릭스를 보면 결혼관계 네트워크에서 Medici 가문의 표준화 액터 근접중심성은 0.366이다. 이는 Medici 가문의 근접중심성이 이론상 가질 수 있는 최대 근접중심성 값의 36.6% 정도임을 나타낸다. 이 네트워크에는 하나의 고립노드(Pucci)가 포

그림 5-7 ❙ 피렌체 가문의 결혼관계 및 비즈니스관계 네트워크 근접중심성

```
Matrix: PADGM

                  1     2     3
              FreeC ValCl Recip
                 lo     o   Clo
              ----- ----- -----
 1 ACCIAIUOL  0.278 0.833 0.394
 2   ALBIZZI  0.333 0.871 0.522
 3 BARBADORI  0.313 0.858 0.472
 4  BISCHERI  0.294 0.846 0.480
 5 CASTELLAN  0.288 0.842 0.461
 6    GINORI  0.259 0.817 0.356
 7  GUADAGNI  0.326 0.867 0.539
 8 LAMBERTES  0.254 0.813 0.358
 9    MEDICI  0.366 0.887 0.633
10     PAZZI  0.231 0.788 0.318
11   PERUZZI  0.278 0.833 0.452
12     PUCCI  0.063 0.000 0.000
13   RIDOLFI  0.341 0.875 0.533
14  SALVIATI  0.288 0.842 0.439
15   STROZZI  0.313 0.858 0.522
16 TORNABUON  0.333 0.871 0.522

Matrix: PADGB

                  1     2     3
              FreeC ValCl Recip
                 lo     o   Clo
              ----- ----- -----
 1 ACCIAIUOL  0.063 0.000 0.000
 2   ALBIZZI  0.063 0.000 0.000
 3 BARBADORI  0.155 0.637 0.456
 4  BISCHERI  0.143 0.604 0.361
 5 CASTELLAN  0.150 0.625 0.400
 6    GINORI  0.147 0.617 0.361
 7  GUADAGNI  0.134 0.575 0.296
 8 LAMBERTES  0.144 0.608 0.394
 9    MEDICI  0.152 0.629 0.461
10     PAZZI  0.139 0.592 0.291
11   PERUZZI  0.152 0.629 0.433
12     PUCCI  0.063 0.000 0.000
13   RIDOLFI  0.063 0.000 0.000
14  SALVIATI  0.139 0.592 0.291
15   STROZZI  0.063 0.000 0.000
16 TORNABUON  0.139 0.592 0.291

16 rows, 3 columns, 2 levels.
```

> UCINET 메뉴에서 『Network>Centrality and Power>Closeness Measures』를 선택한다. 『Closeness Centrality』 대화상자에서 분석대상 관계 데이터(여기에서는 Padgett.##h)를 선택한 후 『OK』 버튼을 클릭한다. 고립노드의 경우처럼 정의되지 않는 거리는 네트워크 노드의 개수, 최대거리에 1을 더한 값, 0(zero) 등으로 대체할 수 있다. 여기에서는 『N(number of nodes)』(네트워크 노드의 개수)을 선택한다.

함되어 있다. 고립노드는 원칙적으로 네트워크 내의 다른 어떤 노드와도 거리를 정의할 수 없기 때문에 고립노드 자체의 근접중심성은 계산할 수 없다. 그러나 고립노드로부터의 거리를 몇 가지 기준에 따라 정의함으로써 근접중심성을 계산하기도 한다. 예를 들어, 여기에서는 전체 노드의 개수를 거리로 정의하여 고립노드에 대한 근접중심성을 도출하였다. 또한 고립노드가 포함된 네트워크에서는 그룹 근접집중성 역시 계산할 수 없다.[2] 비즈니스관계 네트워크에서의 근접중심성을 보면, 결혼관계 네트워크에서 가장 높은 근접중심성을 보여주었던 Medici 가문은 Barbadori 가문에 이어 두 번째 높은 근접중심성을 갖는다. 비즈니스 관계 네트워크에는 모두 다섯 개의 고립노드가 존재하며 이들에 대한 근접중심성은 노드 간 거리를 전체 노드의 개수로 정의함으로써 계산되었다.

매개중심성

매개중심성(betweenness centrality)은 직접 연결되어 있지 않은 액터들 간 관계를 통제 또는 중개하는 정도를 나타낸다. 매개중심성은 인접한 네트워크가 아닌 전체 네트워크를 대상으로 계산되며, 네트워크 내 어디에 위치하고 있는지가 중심성을 결정하는 중요한 요소로 고려된다. 매개중심성은 액터가 소셜네트워크 내 액터쌍 간의 최단경로상에 위치하는 정도(즉 횟수)로 측정한다. 매개중심성은 네트워크 내의 정보교환 또는 자원흐름에 대한 통제능력을 나타내는 중요한 지표이다.

매개중심성의 관점에서는 어떤 액터가 네트워크 내 액터쌍 간의 최단경로상에 위치할 경우 그 액터는 구조적으로 유리한 위치에 있는 것으로 간주한다. 즉 사람들이 다른 사람들과의 연결을 위해 나에게 의존할수록 나는 더 많은 파워를 갖게 된다. 만일 두 액터가 하나 이상의 최단경로에 의해 연결되어 있고 내가 그 모든 경로상에 위치하고 있다면, 나는 두 액터에 대해 막강한 파워를 행사할 수 있다. 예를 들어, 액터 j가 액터 k와 정보교환을 위해서는 액터 i를 통해야 한다면, 액터 i는 액터 j와 k 사이에서 메시지 내용과 시점에 대한 통제력을 행사할 수 있다. 액터 i가 액터쌍 간의 최단경로상에 빈번히 등장할수록 액터 i의 네트워크 상호작용을 통제하는 잠재력은 더욱 커지게 된다. 어떤 의미에서 보면 매개중심성은 네트워크를 위협하는 위치로 해석될 수도 있다. 매개중심성이 높은 액터는 정보가 지나갈 때 정보를 거르고 왜곡할 수 있는 위치에 있기 때문에 활동을 방해하거나 중단시킬 수 있는 잠재력을 지닌다.

액터 매개중심성(actor betweenness centrality)은 산식 (8)과 같이 측정할 수 있다 (Freeman 1979).

2 UCINET의 『Network > Centrality and Power > Closeness Measures』 메뉴에서는 그룹 근접집중성을 계산할 수 없다. 그룹 근접집중성을 계산하기 위해서는 『Network > Centrality and Power > Closeness(old)』를 선택한다.

$$C_B(N_i) = \sum_{j<k} \frac{g_{jk}(N_i)}{g_{jk}},\ i \neq j \neq k \tag{8}$$

여기서 $C_B(N_i)$: 액터 i의 액터 매개중심성

g_{jk}: 두 액터 j와 k 간의 최단경로의 개수

$g_{jk}(N_i)$: 두 액터 j와 k 간의 최단경로 가운데 액터 i를 포함하고 있는 경로의 개수

산식 (8)에 따르면 액터 i의 액터 매개중심성은 네트워크 내의 모든 액터쌍 간의 최단경로 가운데 액터 i가 포함되어 있는 경로의 비율을 나타낸다. 액터 i가 나머지 $(g-1)$개 액터가 만들어 내는 모든 액터쌍 간의 최단경로상의 어디에도 포함되지 않는 경우 액터 i의 액터 매개중심성은 0이 된다. 반면에 각 액터쌍이 하나의 최단경로만을 갖고 액터 i가 네트워크 내 액터쌍의 모든 최단경로상에 위치한다면 액터 i의 액터 매개중심성은 최대값 $\frac{(g-1)(g-2)}{2}$가 된다. 각 액터쌍이 하나의 최단경로만을 갖는다고 가정하면 액터 i가 네트워크 내 액터쌍의 모든 최단경로상에 위치하게 되는 액터 i의 이론상 가능한 최대 액터 매개중심성은 결국 액터 i를 제외한 $(g-1)$개 액터 간에 만들어지는 경로의 개수를 구하는 것과 같다. 따라서 이 개수는 ${}_{g-1}C_2 = \frac{(g-1)!}{(g-1-2)! \times 2!} = \frac{(g-1)(g-2)}{2}$이다.

표준화 액터 매개중심성(standardized actor betweenness centrality)은 액터 매개중심성을 이론상의 액터 매개중심성 최대값인 $\frac{(g-1)(g-2)}{2}$로 나누어서 산식 (9)와 같이 구할 수 있다(Freeman 1979; Wasserman and Faust 1994).

$$C'_B(N_i) = \frac{C_B(N_i) \times 2}{(g-1)(g-2)} \tag{9}$$

여기서 $C'_B(N_i)$: 액터 i의 표준화 액터 매개중심성

$C_B(N_i)$: 액터 i의 액터 매개중심성

g: 액터의 개수

표준화 액터 매개중심성은 0에서 1 사이의 값을 갖는다. 액터 매개중심성이 0이면 표준화 액터 매개중심성 또한 0이 된다. 액터 i가 나머지 $(g-1)$개 액터가 만들어 내는 모든 액터쌍 간의 모든 최단경로상에 위치한다면 $C_B(N_i) = \frac{(g-1)(g-2)}{2}$이므로 표준화 액터 매개중심성은 최대값 1이 된다. 표준화 액터 매개중심성이 1에 가까워질수록 액터의 중개 또는 통제능력은 증대한다.

그룹 매개집중성(group betweenness centralization)은 소셜네트워크 내의 액터들이 개별 매개중심성에 있어서 서로 얼마나 다른지를 나타낸다. 즉 이는 매개중심성의 분산정도를 나타내며, 산식 (10)과 같이 계산할 수 있다(Freeman 1979; Wasserman and Faust 1994).

$$C_B = \frac{\sum_{i=1}^{g}[C_B(N^*) - C_B(N_i)]}{\frac{(g-1)^2(g-2)}{2}} \tag{10}$$

여기서 C_B: 그룹 매개집중성

$C_B(N^*)$: 가장 큰 액터 매개중심성

$C_B(N_i)$: 액터 i의 액터 매개중심성

g: 액터의 개수

분자는 가장 큰 매개중심성을 갖는 액터와 나머지 $(g-1)$개 다른 액터들 간의 매개중심성 차이의 합을 나타내며, 분모는 이론적으로 가능한 매개중심성 차이 합의 최대값을 의미한다. 분모에서 이론적으로 가능한 매개중심성 차이 합이 최대가 되는 경우는 하나의 액터가 이론상의 최대 액터 매개중심성 값을 갖고 나머지 액터들은 0의 액터 매개중심성 값을 갖는 경우이다. 앞서 살펴보았듯이 액터 매개중심성의 최대값은 $\frac{(g-1)(g-2)}{2}$이므로, 분모의 매개중심성 차이의 합은 $\left(\frac{(g-1)(g-2)}{2} - 0\right)$을 $(g-1)$번 더하는 것이다. 따라서 g개의 액터를 갖는 네트워크에 대한 이론적 최대 매개중심성 차이의 합은 $\frac{(g-1)^2(g-2)}{2}$가 된다. 그룹 매개집중성은 표준화 액터 매개중심성을 이용하여 산식 (11)과 같이 산출할 수도 있다.

$$C_B = \frac{\sum_{i=1}^{g}[C_B(N^*) - C_B(N_i)]}{\frac{(g-1)^2(g-2)}{2}} = \frac{\frac{2}{(g-1)(g-2)}\sum_{i=1}^{g}[C_B(N^*) - C_B(N_i)]}{g-1}$$

$$= \frac{\sum_{i=1}^{g}[C'_B(N^*) - C'_B(N_i)]}{g-1} \tag{11}$$

여기서 C_B: 그룹 매개집중성

g: 액터의 개수

$C_B(N^*)$: 가장 큰 액터 매개중심성

$C_B(N_i)$: 액터 i의 액터 매개중심성
$C'_B(N^*)$: 가장 큰 표준화 액터 매개중심성
$C'_B(N_i)$: 액터 i의 표준화 액터 매개중심성

그룹 매개집중성은 매개역할을 하는 하나의 강력한 액터가 나머지 모든 액터들 간의 모든 최단경로상에 자리 잡고 있을 경우 1이 된다. 반면에 모든 액터가 동일한 매개중심성을 갖는 네트워크에서는 그룹 매개집중성은 0이 된다(분자가 0이므로). 따라서 그룹 매개집중성이 1에 가까울수록 네트워크 내의 개별 액터의 매개중심성은 보다 불균등하게 분포되어 있다는 것을 나타낸다.

앞서 살펴본 16개의 액터로 구성된 가상의 네트워크에 대해 액터 매개중심성, 표준화 액터 매개중심성, 그룹 매개집중성을 구해보면 [그림 5-8]과 같다. 액터 B는 자기 자신을 제외한 15개 액터들 간에 만들어지는 75개의 최단경로상에 위치하여 가장 큰 액터 매개중심성을 보였다.[3] 가장 큰 근접중심성을 보여주었던 액터 B는 매개중심성 관점에서도 역시 가장 중심적인 액터로 나타났다. 여기에서 액터 A와 액터 C에 주목해보자. 이 두 액터는 근접중심성 관점에서는 액터 G 및 액터 L에 비해 낮은 중심성을 보였으나, 매개중심성 관점에서

그림 5-8 ▌ 16액터 네트워크에서의 매개중심성

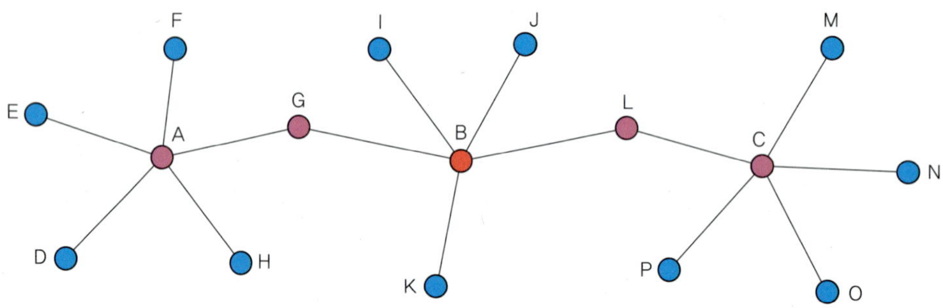

매개중심성	B	A, C, G, L	나머지
$C_B(N_i)$: 액터	75	50	0
$C'_B(N_i)$: 표준화	0.714(=75/[(16−1)(16−2)/2])	0.476(=50/105)	0
C_B: 그룹	0.587(=[1(0.714−0.714)+4(0.714−0.476)+11(0.714−0)]/(16−1))		

3 A, D, E, F, G, H와 C, L, M, N, O, P 간에 B를 경유하는 36개의 경로, A, D, E, F, G, H와 I, J, K간에 B를 경유하는 18개의 경로, C, L, M, N, O, P와 I, J, K 간에 B를 경유하는 18개의 경로, 그리고 I, J, K 간에 B를 경유하는 3개의 경로가 있다.

그림 5-9 ❚ 6액터 네트워크에서의 매개중심성

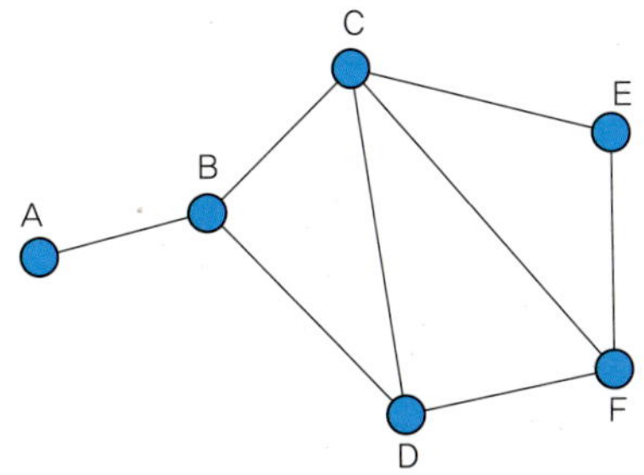

매개중심성	B	C	D	F	A, E
$C_B(N_i)$: 액터	4.0	3.5	1.0	0.5	0
$C'_B(N_i)$: 표준화	0.40(=4/[(6−1)(6−2)/2])	0.35(=3.5/10)	0.10(=1/10)	0.05(=0.5/10)	0
C_B: 그룹	0.300(=[1(0.4−0.4)+1(0.4−0.35)+1(0.4−0.1)+1(0.4−0.05)+2(0.4−0)]/(6−1))				

는 동일한 중심성을 나타냈다.

지금까지는 액터쌍 간의 최단경로가 한 개인 경우에 한정하여 살펴보았다. 매개중심성의 개념을 일반화하기 위하여 액터쌍 간의 최단경로가 두 개 이상인 경우를 살펴보자. [그림 5-9]는 여섯 개의 액터로 구성된 네트워크에 대한 액터 매개중심성, 표준화 액터 매개중심성, 그룹 매개집중성 계산 결과이다. 액터 B의 매개중심성이 가장 크다. 액터 B는 액터 A에서 네 개의 액터 C, D, E, F에 이르는 모든 최단경로상에 위치하기 때문에 액터 매개중심성 값은 4가 된다. 여기에서 액터 C와 F의 액터 매개중심성에 주목해보자. 액터 C와 F는 액터 D와 E를 연결하는 두 개의 최단경로상에 위치한다. 즉 액터 C는 액터 D와 E 간의 두 최단경로 가운데 한 곳에서만 매개 역할을 할 수 있다. 액터 F 역시 액터 D와 E 간의 두 최단경로 가운데 한 곳에서만 매개 역할을 할 수 있다. 따라서 액터 D와 E 간의 최단경로만 보았을 때, 이 경로를 매개하는 액터 C와 F의 매개중심성 값은 각각 $0.5\left(=\frac{g_{jk}(N_i)}{g_{jk}}=\frac{1}{2}\right)$가 된다.

액터 C의 액터 매개중심성을 구해보자. 액터 C는 액터 A에서 E로 가는 최단경로와 액터 B에서 E로 가는 최단경로상에 위치하고 있다(A−B−C−E와 B−C−E). 또한 액터 C는 액터 A에서 F로 가는 두 개의 최단경로(A−B−C−F와 A−B−D−F) 중 한 곳에 위치하고 있으며 동시에 액터 B에서 F로 가는 두 개의 최단경로(B−C−F와 B−D−F) 중 한 곳에 위치하고 있다. 액터 C는 앞에서 살펴본 것처럼 액터 D에서 E에 이르는 두 개의 최단경로(D−C−E와

그림 5-10 ▌ 피렌체 가문의 결혼관계 네트워크 매개중심성

```
Un-normalized centralization: 604.000

                        1            2
              Betweenness nBetweenness
              ------------ ------------
 9     MEDICI       47.500       45.238
 7   GUADAGNI       23.167       22.063
 2    ALBIZZI       19.333       18.413
14   SALVIATI       13.000       12.381
13    RIDOLFI       10.333        9.841
 4   BISCHERI        9.500        9.048
15    STROZZI        9.333        8.889
 3  BARBADORI        8.500        8.095
16  TORNABUON        8.333        7.937
 5  CASTELLAN        5.000        4.762
11    PERUZZI        2.000        1.905
10      PAZZI        0.000        0.000
12      PUCCI        0.000        0.000
 6     GINORI        0.000        0.000
 1  ACCIAIUOL        0.000        0.000
 8  LAMBERTES        0.000        0.000

DESCRIPTIVE STATISTICS FOR EACH MEASURE

                        1            2
              Betweenness nBetweenness
              ------------ ------------
 1       Mean        9.750        9.286
 2    Std Dev       11.910       11.343
 3        Sum      156.000      148.571
 4   Variance      141.847      128.660
 5        SSQ     3790.555     3438.146
 6      MCSSQ     2269.556     2058.554
 7   Euc Norm       61.567       58.636
 8    Minimum        0.000        0.000
 9    Maximum       47.500       45.238
10   N of Obs       16.000       16.000

Network Centralization Index = 38.35%
```

UCINET 메뉴에서 『Network>Centrality and Power>Freeman Betweenness>Node Betweenness』를 선택한다. 『Freeman(point) Betweenness』 대화상자에서 분석대상 관계 데이터(여기에서는 PadgettMrg.##h)를 선택한 후 『OK』 버튼을 클릭한다.

D-F-E) 중 한 곳에 위치하고 있다. 따라서 이들 경로상에서 발생하는 매개중심성 값을 모두 더하면 액터 C의 액터 매개중심성은 3.5(=1+1+0.5+0.5+0.5)가 된다. 액터 F의 경우는 액터 D와 E 간의 두 개의 최단경로(D-C-E와 D-F-E) 중 한 곳에만 위치하므로 0.5의 액터 매개중심성을 갖는다. 이처럼 매개중심성 지표가 정수가 아닌 분수의 값이 될 경우, 이러한 값은 두 액터 간 통제 확률로서 해석될 수 있다. 즉 액터 C와 F는 액터 D로부터 액터 E로 가는 정보의 흐름을 통제할 확률이 50 대 50, 반반 정도 된다.

[그림 5-10]은 이탈리아 피렌체에서 활동하던 16개 가문 간의 결혼관계 네트워크에서의 매개중심성이다(PadgettMrg.##h 파일). Medici 가문의 매개중심성이 가장 크며(표준화 매개중심성 45.238%, 'nBetweenness' 열), 고립노드인 Pucci 가문을 포함한 총 다섯 개

가문이 어떠한 매개 역할도 수행하지 않고 있다. 매개중심성이 다른 두 가지 중심성 지표와는 다소 다른 결과를 보여준다는 것을 주목할 필요가 있다. 예를 들어, 중간 이상의 연결중심성과 근접중심성을 갖는 Barbadori 가문이나 Tornabuoni 가문은 오히려 상대적으로 낮은 매개중심성을 보이고 있다. 또한 높은 연결중심성을 갖는 Strozzi 가문 역시 상대적으로 낮은 매개중심성을 나타내고 있다. 따라서 이러한 차이는 매개중심성이 연결중심성이나 근접중심성과는 다른 특성을 갖는 중심성 지표라는 것을 보여준다(Wasserman and Faust 1994).

중심성에 관한 연구에 따르면 매개중심성은 네트워크 내의 중요한 액터, 즉 리더나 영향력 있는 구성원을 가장 잘 포착하는 것으로 알려져 있다(Prell 2012). 이는 매개중심성 지표가 다른 중심성 지표에 비해 액터들 간의 중심성 정도의 편차를 더 크게 만들어 주기 때문이다. 즉 네트워크 내 액터들 간의 매개중심성 정도에 있어서의 차이(즉 분산도)는 다른 중심성 지표보다 상대적으로 큰 경향이 있다(Freeman 1979; Wasserman and Faust 1994). [그림 5-10]을 보면, 피렌체 가문의 결혼관계 네트워크의 그룹 매개집중성은 38.35%로 다른 집중성 지표에 비해 큰 값을 나타냈다(그룹 연결집중성은 26.67%, 그룹 근접집중성은 고립노드로 인해 계산불가). 이는 매개중심성 지표가 한 네트워크 내에서 중심적인 액터와 그렇지 않은 액터를 보다 명확히 구분한다는 것을 의미한다. 예를 들어, 표준화된 세 중심성 지표별로 가장 중심적 액터와 두 번째 중심적 액터 간의 지표값의 차이를 보면, 연결중심성의 경우는 13.3%(=40.0−26.7), 근접중심성의 경우는 2.5%(=36.6−34.1), 매개중심성의 경우는 23.1%(=45.2−22.1)로서, 매개중심성이 액터 간의 차이를 가장 명확히 드러낸다. 이런 관점에서 보면 네트워크 내에서 누가 중요한 액터인지는 다른 중심성 지표보다는 매개중심성 지표에서 가장 분명하게 나타난다.

[그림 5-11]은 피렌체 16개 가문 간의 비즈니스관계 네트워크에서의 매개중심성이다(PadgettBiz.##h 파일). 결혼관계 네트워크에서 가장 높은 근접중심성을 보여주었던 Medici 가문은 Barbadori 가문에 이어 두 번째 높은 매개중심성을 갖는다. 이 네트워크에서는 16개 가문 중 여섯 개 가문만이 매개 역할을 수행하고 있다.

그림 5-11 ▌피렌체 가문의 비즈니스관계 네트워크 매개중심성

```
Un-normalized centralization: 324.000

                                1             2
                      Betweenness nBetweenness
                      ------------ ------------
   3 BARBADORI             25.000        23.810
   9    MEDICI             24.000        22.857
  11   PERUZZI             13.500        12.857
   8 LAMBERTES              6.000         5.714
   5 CASTELLAN              5.000         4.762
   4  BISCHERI              2.500         2.381
   2    ALBIZZI             0.000         0.000
   6     GINORI             0.000         0.000
   1 ACCIAIUOL              0.000         0.000
  10      PAZZI             0.000         0.000
   7  GUADAGNI              0.000         0.000
  12      PUCCI             0.000         0.000
  13   RIDOLFI              0.000         0.000
  14  SALVIATI              0.000         0.000
  15   STROZZI              0.000         0.000
  16 TORNABUON              0.000         0.000

DESCRIPTIVE STATISTICS FOR EACH MEASURE

                              1             2
                    Betweenness nBetweenness
                    ------------ ------------
   1      Mean            4.750         4.524
   2   Std Dev            8.252         7.859
   3       Sum           76.000        72.381
   4  Variance           68.094        61.763
   5       SSQ         1450.500      1315.646
   6     MCSSQ         1089.500       988.209
   7  Euc Norm           38.085        36.272
   8   Minimum            0.000         0.000
   9   Maximum           25.000        23.810
  10  N of Obs           16.000        16.000

Network Centralization Index = 20.57%
```

UCINET 메뉴에서 『Network > Centrality and Power > Freeman Betweenness > Node Betweenness』를 선택한다. 『Freeman(point) Betweenness』 대화상자에서 분석대상 관계 데이터(여기에서는 PadgettBiz.##h)를 선택한 후 『OK』 버튼을 클릭한다.

스타 · 서클 · 라인 네트워크에서의 중심성 비교

지금까지 살펴본 중심성 지표들 간의 차이를 [그림 5-12]의 세 가지 그래프를 통해 정리해 보자. 이들 세 가지 그래프는 포함되어 있는 액터들의 중심성 및 네트워크의 집중성 정도에 있어서 현저한 차이를 보여준다. 예를 들어, 스타 네트워크에서는 하나의 액터가 나머지 액터들보다 명백히 우월한 중심적 위치에 있는 반면, 나머지 액터들은 서로 동등한 대체 가능한 자리를 차지하고 있다. 서클 네트워크에서 모든 액터는 절대적 우위가 없는 서로 대체 가능한 위치에 있으며, 따라서 이들 액터는 모두 동등한 중심성을 보인다. 라인 네트워크에서

그림 5-12 | 스타 · 서클 · 라인 네트워크

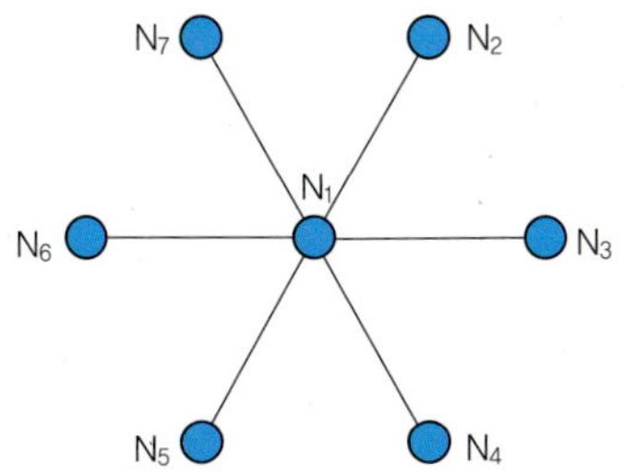

스타 네트워크

	N_1	N_2	N_3	N_4	N_5	N_6	N_7
N_1	0	1	1	1	1	1	1
N_2	1	0	0	0	0	0	0
N_3	1	0	0	0	0	0	0
N_4	1	0	0	0	0	0	0
N_5	1	0	0	0	0	0	0
N_6	1	0	0	0	0	0	0
N_7	1	0	0	0	0	0	0

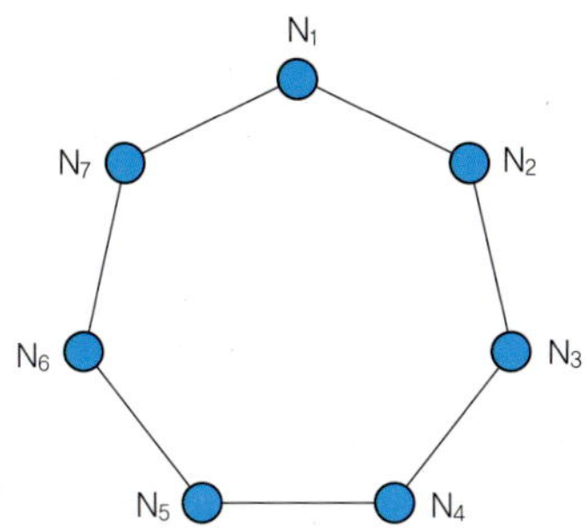

서클 네트워크

	N_1	N_2	N_3	N_4	N_5	N_6	N_7
N_1	0	1	0	0	0	0	1
N_2	1	0	1	0	0	0	0
N_3	0	1	0	1	0	0	0
N_4	0	0	1	0	1	0	0
N_5	0	0	0	1	0	1	0
N_6	0	0	0	0	1	0	1
N_7	1	0	0	0	0	1	0

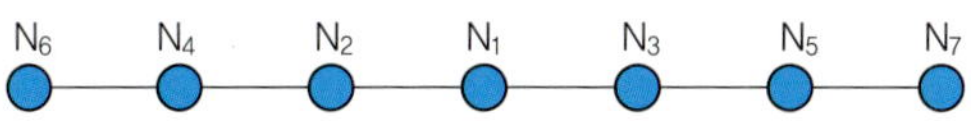

라인 네트워크

	N_1	N_2	N_3	N_4	N_5	N_6	N_7
N_1	0	1	1	0	0	0	0
N_2	1	0	0	1	0	0	0
N_3	1	0	0	0	1	0	0
N_4	0	1	0	0	0	1	0
N_5	0	0	1	0	0	0	1
N_6	0	0	0	1	0	0	0
N_7	0	0	0	0	1	0	0

각 액터의 중심성 정도는 가운데에 위치한 액터 N_1부터 시작하여 N_2 및 N_3, 그리고 N_4 및 N_5, 끝으로 N_6 및 N_7 순으로 점차 작아진다.

[그림 5-12]의 세 네트워크에 대한 연결중심성을 살펴보자. 스타 네트워크에서 액터 N_1에 대한 연결정도는 6이며 나머지 액터들($N_2 \sim N_7$)은 모두 연결정도 1을 갖는다. 표준화 액터 연결중심성을 계산하기 위한 분모는 $g-1=6$이며, 따라서 표준화 액터 연결중심성은 각 액터 연결중심성 값을 6으로 나누어 구한다. 액터 N_1은 $1\left(=\frac{6}{6}\right)$, 나머지는 $0.167\left(=\frac{1}{6}\right)$의 표준화 액터 연결중심성을 갖는다. 이처럼 스타 네트워크에서는 하나의 강력한 중심적 액터와 나머지 주변적 액터가 확연히 구별된다. 그룹 연결집중성은 최대값 1로서 이러한 액터 간 중심성의 불균등을 반영하고 있다. 서클 네트워크에서는 모든 액터가 동일한 연

그림 5-13 ▌스타 · 서클 · 라인 네트워크에서의 연결중심성

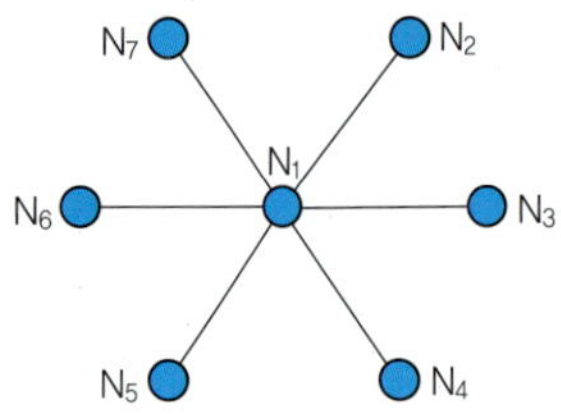

연결중심성	N_1	$N_2 \sim N_7$
$C_D(N_i)$: 액터	6	1
$C'_D(N_i)$: 표준화	1.0(=6/6)	0.167(=1/6)
C_D: 그룹	1(=[1(6−6)+6(6−1)]/[(7−2)(7−1)])	

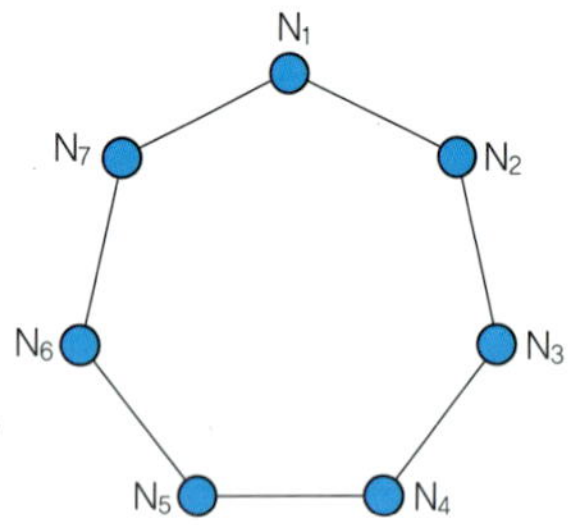

연결중심성	모든 액터
$C_D(N_i)$: 액터	2
$C'_D(N_i)$: 표준화	0.333(=2/6)
C_D: 그룹	0(=7(2−2)/[(7−2)(7−1)])

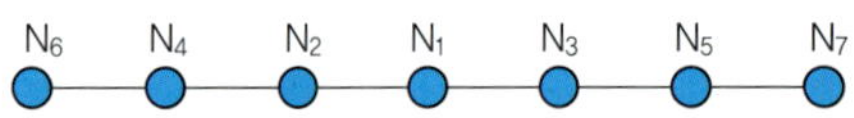

연결중심성	$N_1 \sim N_5$	N_6, N_7
$C_D(N_i)$: 액터	2	1
$C'_D(N_i)$: 표준화	0.333(=2/6)	0.167(=1/6)
C_D: 그룹	0.067(=[5(2−2)+2(2−1)]/[(7−2)(7−1)])	

결정도 2를 가지며, 따라서 표준화 액터 연결중심성 역시 모든 액터가 $0.333\left(=\frac{2}{6}\right)$의 동일한 값을 갖는다. 그룹 연결집중성이 갖는 최소값 0은 모든 액터들의 이러한 동일한 중심성을 반영하고 있다. 라인 네트워크에서는 액터 $N_1 \sim N_5$가 모두 연결정도 2를 가지므로 이들 액터의 표준화 액터 연결중심성은 $0.333\left(=\frac{2}{6}\right)$의 동일한 값을 갖는다. 반면에 양끝에 있는 액터 N_6와 N_7은 연결정도 1로서 $0.167\left(=\frac{1}{6}\right)$의 표준화 액터 연결중심성을 가지며, 액터 $N_1 \sim N_5$에 비해 덜 중심적이다. [그림 5-13]에 세 네트워크에 대한 연결중심성을 정리하였다.

[그림 5-12]의 세 네트워크에 대한 근접중심성을 계산해보자. 스타 네트워크에서 액터 N_1은 모든 액터에 대한 최단경로거리가 1이므로 최단경로거리의 합은 6이 된다. 따라서 액터 근접중심성은 $0.167\left(=\frac{1}{6}\right)$이고, 표준화된 근접중심성은 $1\left(=\frac{6}{6}\right)$이다. 반면에 다른 액터들은 모든 이웃 액터에 대한 최단경로거리가 11(N_1에 대해서 1, 나머지 다섯 개 액터에 대해 2)이므로 액터 근접중심성은 $0.0971\left(=\frac{1}{11}\right)$이고, 표준화된 근접중심성은 $0.545\left(=\frac{6}{11}\right)$이다. 서클 네트워크에서는 모든 액터에 대해 액터 간 최단경로거리의 합은 12로 동일하다.

그림 5-14 스타 · 서클 · 라인 네트워크에서의 근접중심성

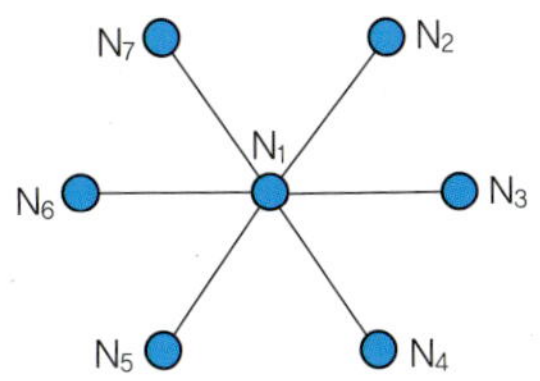

근접중심성	N_1	N_2 ~ N_7
$C_C(N_i)$: 액터	0.167(=1/6)	0.091(=1/11)
$C'_C(N_i)$: 표준화	1.0(=6/6)	0.545(=6/11)
C_C: 그룹	1(=[1(1−1)+6(1−0.545)]/[(7−2)(7−1)/(14−3)])	

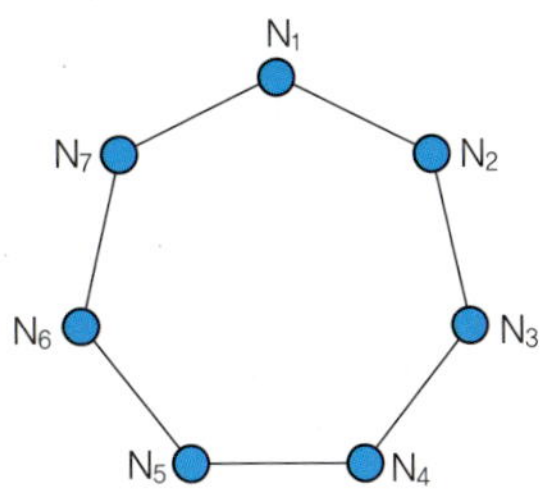

근접중심성	모든 액터
$C_C(N_i)$: 액터	0.083(=1/12=1/[2(1+2+3)])
$C'_C(N_i)$: 표준화	0.5(=6/12)
C_C: 그룹	0(=7(0.5−0.5)/[(7−2)(7−1)/(14−3)])

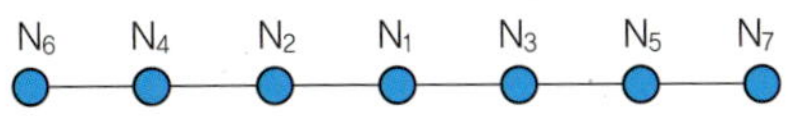

근접중심성	N_1	N_2, N_3	N_4, N_5	N_6, N_7
$C_C(N_i)$: 액터	0.083(=1/12)	0.077(=1/13)	0.063(=1/16)	0.047(=1/21)
$C'_C(N_i)$: 표준화	0.5(=6/12)	0.462(=6/13)	0.375(=6/16)	0.286(=6/21)
C_C: 그룹	0.276(=[1(0.5−0.5)+2(0.5−0.462)+2(0.5−0.375)+2(0.5−0.286)]/[(7−2)(7−1)/(14−3)])			

예를 들어, N_1의 최단경로거리의 합은 N_2와의 거리 1, N_3와의 거리 2, N_4와의 거리 3, 그리고 N_5와의 거리 3, N_6와의 거리 2, N_7과의 거리 1을 모두 더한 12가 된다. 따라서 액터 근접중심성은 $0.083\left(=\frac{1}{12}\right)$이고, 표준화된 근접중심성은 $0.5\left(=\frac{6}{12}\right)$이다. 라인 네트워크는 액터별로 좀 더 다양한 근접중심성을 갖는다. 예를 들어, 액터 N_2는 이웃한 다른 액터들과의 최단경로거리의 합이 13이므로 액터 근접중심성은 $0.077\left(=\frac{1}{13}\right)$이고, 표준화된 근접중심성은 $0.462\left(=\frac{6}{13}\right)$이다. 액터 N_3는 N_2와 대칭적인 위치에 있으므로 N_2와 같은 중심성 값을 갖는다. 세 네트워크에 대한 근접중심성을 정리하면 [그림 5-14]와 같다.

다음으로 [그림 5-12]의 세 네트워크에 대한 매개중심성을 살펴보자. 스타 네트워크에서 액터 N_1은 나머지 액터들 간의 모든 경로상에 놓여 있으므로 액터 매개중심성은 액터 N_1을 제외한 나머지 액터들의 액터쌍의 개수와 일치한다. 따라서 액터 N_1의 액터 매개중심성은 $15\left(={}_{7-1}C_2=\frac{(7-1)(7-2)}{2}\right)$이고, 표준화 액터 매개중심성은 1이다. 액터 N_1을 제외한 나머지 액터들은 어느 액터도 매개할 수 없으므로 매개중심성은 0이다. 하나의 액터만이 최대의 매개중심성을 갖고 있고 나머지는 최소의 매개중심성을 가지므로 스타 네트워크는 가장 불균등한 그룹 매개집중성을 보인다. 즉 그룹 매개집중성은 1이다. 서클 네트워크의 경우에는 모든 액터들이 동등한 위치에 있으므로 모두 동일한 매개중심성 3을 갖는다. 예를 들어, 액터 N_1은 액터 N_2와 액터 N_7 간, 액터 N_2와 액터 N_6 간, 그리고 액터 N_7과 액터 N_3 간의 최단경로상에 놓여 있어 이들 액터들을 매개한다. 이를 최대 매개중심성 값으로 나누면 표준화 액터 매개중심성은 모든 액터에 대해 $0.2\left(=\frac{3}{15}\right)$가 된다. 모든 액터들의 매개중심성이 동일하므로 서클 네트워크는 가장 균등한 그룹 매개집중성을 보인다. 즉 그룹 매개집중성은 0이다. 라인 네트워크는 액터별로 다양한 매개중심성 값을 갖는다. 예를 들어, 액터 N_1은 왼쪽의 액터 N_2, N_4, N_6와 오른쪽의 액터 N_3, N_5, N_7 간의 아홉 개의 최단경로상에 위치해 있다. 따라서 액터 매개중심성은 9이고, 표준화된 액터 매개중심성은 $0.6\left(=\frac{9}{15}\right)$이다. 세 네트워크에 대한 매개중심성을 정리하면 [그림 5-15]와 같다.

그림 5-15 ▌ 스타 · 서클 · 라인 네트워크에서의 매개중심성

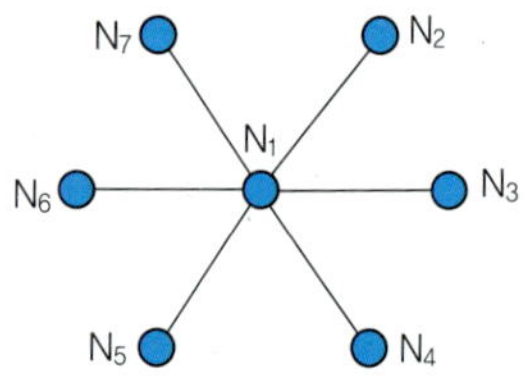

매개중심성	N_1	N_2 ~ N_7
$C_B(N_i)$: 액터	15(=(7−1)(7−2)/2)	0
$C'_B(N_i)$: 표준화	1.0(=15/[(7−1)(7−2)/2])	0
C_B: 그룹	1(=[1(1−1)+6(1−0)]/(7−1))	

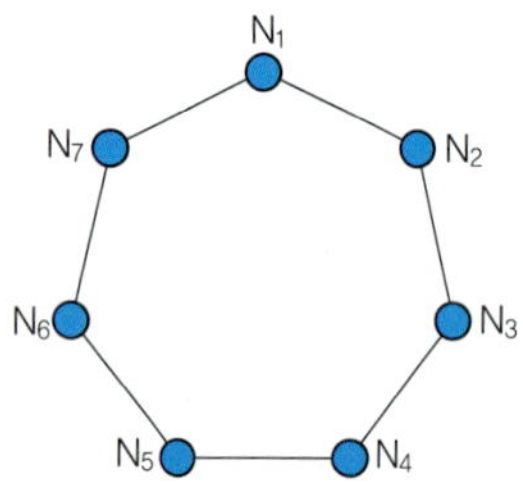

매개중심성	모든 액터
$C_B(N_i)$: 액터	3
$C'_B(N_i)$: 표준화	0.2(=3/[(7−1)(7−2)/2])
C_B: 그룹	0(=7(0.2−0.2)/(7−1))

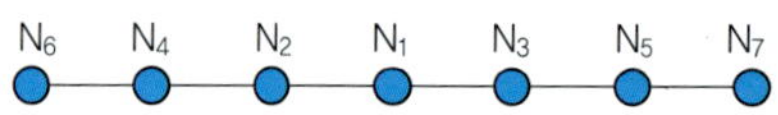

매개중심성	N_1	N_2, N_3	N_4, N_5	N_6, N_7
$C_B(N_i)$: 액터	9	8	5	0
$C'_B(N_i)$: 표준화	0.6(=9/15)	0.533(=8/15)	0.333(=5/15)	0
C_B: 그룹	0.311(=[1(0.6−0.6)+2(0.6−0.533)+2(0.6−0.333)+2(0.6−0)]/(7−1))			

중심성 개념의 확장

아이겐벡터중심성

연결중심성은 액터의 로컬 네트워크 크기, 즉 액터에 직접 연결된 다른 액터의 개수에 초점을 맞춘다. 아이겐벡터중심성(eigenvector centrality)은 연결된 액터의 개수뿐만 아니라 연결된 액터가 얼마나 중요한지도 함께 고려함으로써 연결중심성의 개념을 확장한다(Bonacich 1987; Bonacich 2007). 연결된 액터가 얼마나 중요한 액터인지는 그 액터의 중심성 정도로 평가한다. 즉 액터의 아이겐벡터중심성은 연결된 다른 액터의 중심성을 가중치(weighted centrality)로 하여 계산된 연결관계 정도이다. 어떤 액터와 연결된 다른 액터의 중심성이 높을수록 그 액터의 아이겐벡터중심성은 커진다. 매우 강력한 영향력을 가진 한 사람을 알고 있는 것이 경우에 따라서는 다른 여러 평범한 사람들을 알고 있는 것보다 자신의 파워를 증가시키는 데 더 유용할 수 있다는 것이 아이겐벡터중심성이 말하고자 하는 것이다.

액터의 아이겐벡터중심성은 산식 (12)와 같이 측정한다.[4] 각 액터의 아이겐벡터중심성 값은 그 액터에 연결된 알터들의 중심성 값의 합에 비례하여 결정된다. 아이겐벡터중심성은 단순하게 하나의 산식을 계산하여 산출되지는 않으며, 다소 복잡한 반복적인 단계별 계산과정이 필요하다. 우선 각 액터의 1단계 중심성 값은 해당 액터의 모든 알터들의 연결정도의 합으로 계산된다.[5] 이는 바로 인접한 알터들이 얼마나 많은 친구들과 잘 연결되어 있는지를 보여준다. 2단계 중심성 값은 각 액터의 알터들의 1단계 중심성 값의 합으로 계산된다. 즉 이 값은 액터의 알터의 알터들이 얼마나 잘 연결되어 있는지를 나타낸다. 각 액터의 3단계 중심성 값은 해당 액터의 알터들의 2단계 중심성 값의 합으로 계산된다. 이러한 단계별 계산과정은 중심성 값이 더 이상 변화하지 않을 때까지, 즉 중심성 값이 수렴할 때까지 반복하여 수행된다.

4 액터 i의 아이겐벡터중심성 $C_E(N_i)$는 단위 아이겐벡터(unit eigenvector) e의 i번째 요소이다. 여기에서 e는 x_{ij}를 요소로 갖는 인접 매트릭스의 가장 큰 아이겐값(eigenvalue)을 나타낸다. e는 방정식 $Xe=\lambda e$를 풀어서 구한다. 여기에서 e는 단위 벡터이기 때문에 e의 각 요소의 값은 벡터 내 각 요소의 제곱의 합이 1이 되도록 정해진다. X는 x_{ij}를 요소로 갖는 인접 매트릭스이며, λ는 아이겐값들의 배열이다.

5 이진 그래프의 경우는 연결정도의 합을 의미하며, 계량 그래프의 경우에는 여기에 연결강도가 가중치로 주어진다.

$$C_E(N_i) = \lambda \sum_{j}^{g} x_{ij} C_E(N_j),\ i \neq j \quad (12)$$

여기서 $C_E(N_i)$: 액터 i의 액터 아이겐벡터중심성
λ: 아이겐값
g: 액터의 개수
x_{ij}: 액터 i와 j 간 연결관계의 이진값 또는 계량값

[그림 5-16]의 여섯 개의 액터로 이루어진 네트워크로부터 아이겐벡터중심성을 구하는 과정을 살펴보자(Centrality6node.##h 파일). 어떤 액터의 1단계 아이겐벡터중심성 값은 그 액터와 연결된 알터의 연결정도를 기초로 계산되므로, 이는 결국 액터가 인접 알터의 알터까지 두 번만에 도달할 수 있는 횟수를 의미한다. 예를 들어, 액터 A는 액터 B와만 연결되어 있으므로 액터 A의 1단계 아이겐벡터중심성 값은 액터 B의 연결정도인 3이 되며, 이

그림 5-16 ▌6액터 네트워크에서의 아이겐벡터중심성

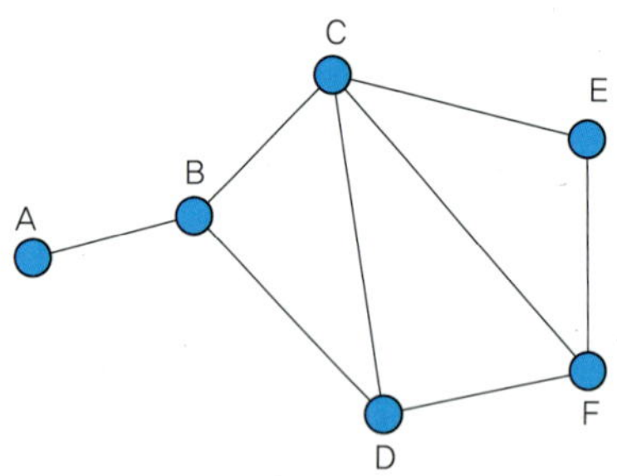


```
Eigenvectors of Centrality6node

            1
        Eigen
        vecto
            r
        -----
  1 A 0.129
  2 B 0.383
  3 C 0.549
  4 D 0.465
  5 E 0.336
  6 F 0.453
```

UCINET 메뉴에서 『Network > Centrality and Power > Eigenvector Centrality』를 선택한다. 『Eigenvector Centrality』 대화상자에서 분석대상 관계 데이터(여기에서는 Centrality6node.##h)를 선택한 후 『OK』 버튼을 클릭한다. 아이겐벡터중심성을 계산하기 위해서는 네트워크 데이터는 이진형 또는 계량형 연결관계를 갖는 대칭 매트릭스이어야 한다.

는 액터 A가 자기 자신을 포함한 다른 모든 액터에 거리 2로 연결될 수 있는 경우의 수와 일치한다(A–B–C, A–B–D, A–B–A). 즉 액터 A의 1단계 아이겐벡터중심성 값은 워크길이(walk length) 2를 갖는 액터 A의 모든 워크의 개수를 의미한다.

인접 매트릭스를 k제곱한 매트릭스의 (i, j) 셀은 액터 i에서 액터 j에 이르는 길이 k를 갖는 워크의 개수를 나타내므로, 1단계 아이겐벡터중심성 값은 인접 매트릭스를 제곱한 매트릭스의 행의 합으로 구할 수 있다. 2단계 아이겐벡터중심성 값은 1단계 중심성 값의 합으로 계산되므로, 인접 매트릭스를 세제곱한 매트릭스를 이용하여 마찬가지 방식으로 구할 수 있다. 동일한 방식으로 3단계 아이겐벡터중심성 값은 인접 매트릭스를 네제곱하여 계산할 수 있다. 이러한 방식으로 단계를 반복하여 각 액터별 아이겐벡터중심성 값에 있어서 변화가 없으면 계산과정을 중단한다(EigenvectorCentrality–Calculation.xlsx 파일).[6] 각 단계에서 계산하는 것은 결국 각 액터가 네트워크 내의 나머지 액터에 해당 단계의 거리로 연결될 수 있는 워크의 개수이다. 예를 들어, 2단계에서는 거리 3으로 연결될 수 있는 워크의 개수를 측정하며, 3단계에서는 거리 4로 연결될 수 있는 워크의 개수를 측정한다. 워크의 개수가 많다는 것은 액터를 둘러싼 주변의 가깝고 먼 이웃 액터들이 그만큼 다양하고 풍부한 많은 연결관계를 갖고 있다는 것을 나타낸다.

높은 아이겐벡터중심성을 갖는 액터는 연결된 액터들이 많은 연결관계를 갖고 있다. 아이겐벡터중심성은 많은 사람들과의 연결관계뿐만 아니라 많은 '잘 연결된' 사람들과의 연결관계를 강조한다. 이런 점에서 아이겐벡터중심성은 종종 인기도(popularity) 또는 지위(status)로 해석된다. 낮은 연결정도를 갖는 액터라도 친구들이 매우 잘 연결되어 있으면 그렇지 못한 높은 연결정도를 갖는 액터보다 아이겐벡터중심성이 더 클 수 있다. 아이겐벡터중심성은 또한 위험을 나타내는 지표로서 해석될 수 있다. 아이겐벡터중심성이 높은 액터는 아이겐벡터중심성이 낮은 액터에 비해 인접한 알터의 개수가 동일하다 하더라도 위험에 노출될 가능성이 더 높다. 예를 들어, 전염 네트워크에서 아이겐벡터중심성이 높은 사람은 다른 조건이 동일하다면 그렇지 않은 사람에 비해 감기 바이러스에 노출될 가능성이 더 크다.

아이겐벡터중심성은 연결중심성의 개념이 확장된 것이기 때문에 두 중심성 값은 경우에 따라서는 일치하기도 한다. 예를 들어, 네트워크 내의 모든 액터가 모두 정확히 동일한 연결

6 단계를 거듭할수록, 즉 다른 액터에 도달하기까지 요구되는 워크길이를 증가시킬수록 가능한 워크의 개수는 증가한다. 따라서 이 값은 수렴할 수가 없다. 각 단계마다 액터별로 1로 표준화한 중심성 값을 구한 후(즉 액터별 워크 개수를 전체 워크 개수의 합으로 나눔) 다음 단계에서 이 값의 변화가 없으면 계산과정을 중단한다. 자세한 계산과정은 엑셀 파일(EigenvectorCentrality–Calculation.xlsx)을 참고한다.

중심성을 갖는다면, 이들 액터들은 모두 동일한 아이겐벡터중심성을 갖게 될 것이다. 아이겐벡터중심성은 액터들 간의 연결중심성에 있어서의 차이가 중심성에 영향을 미친다는 개념을 바탕으로 하기 때문에 네트워크 내의 모든 액터들이 같은 연결중심성을 가지면 아이겐벡터중심성은 그러한 차이를 중심성의 차이로 반영할 수 없게 된다.

아이겐벡터중심성은 낮은 연결중심성을 갖는 액터가 높은 연결중심성을 갖는 액터와 연결될 때, 또는 그 반대로 높은 연결중심성을 갖는 액터가 낮은 연결중심성을 갖는 액터와 연결될 때 민감하게 변화한다. 그러한 상황에서 액터의 중심성에 가장 큰 영향을 미치는 것은 바로 그 액터가 갖고 있는 친구들의 연결관계 정도이다. 예를 들어, 어떤 액터가 연결중심성은 높으나 아이겐벡터중심성은 낮다고 하면, 그 액터의 영향력은 크지 않다고 볼 수 있다. 왜냐하면 그 액터는 많은 사람들과 연결은 되어 있으나 그와 연결된 사람들이 인기가 있거나, 영향력이 크거나, 메시지를 외부로 잘 전달할 수 있는 사람이 아니기 때문이다. 이러한 특성을 갖고 있는 사람이 전달하는 메시지는 외부로 널리 확산되지 않기 때문에 이들의 노력은 투입한 만큼 효과가 나타나지 않는 낮은 효율성을 보이게 된다. 좀 다른 관점의 얘기이기는 하지만, 온라인 환경에서 보면 높은 연결중심성과 낮은 아이겐벡터중심성의 조합은 스패머(spammer)일 가능성이 높다(Barash and Golder 2011). 인터넷 보안 담당자라면 아이겐벡터중심성을 이용하여 누가 이메일이나 소셜미디어 네트워크를 이용하여 스팸 메시지를 보내는지 탐색해볼 수 있을 것이다.

[그림 5-17]은 15개의 액터로 구성된 네트워크를 이용하여 계산된 아이겐벡터중심성이다(Prell 2012; Centrality15node.##h 파일). 액터 A와 C는 연결정도 6으로서 가장 높은 연결중심성을 갖고 있으며, 나머지 액터들은 연결정도 1 또는 2로서 모두 비슷한 낮은 수준의 연결중심성을 갖고 있다. 그러나 아이겐벡터중심성의 관점에서 보면, 이러한 액터들의 중심성의 정도는 달라진다. 왜냐하면 아이겐벡터중심성에서는 액터가 얼마나 많은 연결관계를 가지고 있는지뿐만 아니라 액터와 연결된 다른 액터들 또한 얼마나 많은 연결관계를 유지하고 있는지도 고려하기 때문이다. 액터 B를 보자. 액터 B의 연결중심성은 2에 불과하지만 아이겐벡터중심성은 전체 15개 액터 중 상위 세 번째 해당할 만큼 높다(0.363). 이는 액터 B가 이 네트워크 내에서 비록 두 액터와 단지 두 개의 연결관계만을 가지고 있지만 연결된 이 두 액터가 이 네트워크 내에서 가장 중심적인 액터라는 데서 그 이유를 찾아볼 수 있다. 액터 B의 두 이웃 액터(액터 A 및 C)가 액터 B의 중심성을 크게 증대시킨다.

그림 5-17 ▌15액터 네트워크에서의 아이겐벡터중심성

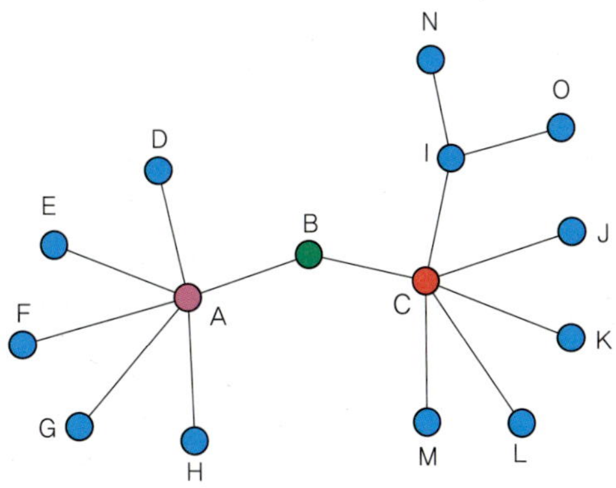


```
Eigenvectors of Centrality15node

               1
           Eigen
           vecto
               r
           -----
  1 A  0.441
  2 B  0.363
  3 C  0.534
  4 D  0.164
  5 E  0.164
  6 F  0.164
  7 G  0.164
  8 H  0.164
  9 I  0.275
 10 J  0.199
 11 K  0.199
 12 L  0.199
 13 M  0.199
 14 N  0.102
 15 O  0.102
```

UCINET 메뉴에서 『Network > Centrality and Power > Eigenvector Centrality』를 선택한다. 『Eigenvector Centrality』 대화상자에서 분석대상 관계 데이터(여기에서는 Centrality15node.##h)를 선택한 후 『OK』 버튼을 클릭한다.

베타중심성

지금까지 소셜네트워크분석에서 널리 사용되는 네트워크 중심성 지표들을 살펴보았다. 이들 중심성 지표들은 네트워크의 중심성에 대한 여러 다른 다양한 측면들을 강조한다. 연결중심성은 직접적 연결관계를 강조하고, 근접중심성은 액터들을 연결하는 경로길이를 강조하며, 매개중심성은 액터들 간 최단경로상에 위치하는지가 관심사이다. 아이겐벡터중심성은 연결된 액터의 연결정도에 초점을 맞춘다. 이들 중심성 지표들은 '중심적'이라는 것의 의미에 대

해 서로 다른 관점을 가지고 있기는 하지만, 중심성 지표들은 모두 어떤 액터가 네트워크에서 중요한(important) 또는 강력한 파워를 갖고 있는(powerful) 액터인지를 규명하기 위한 공통의 목표를 가지고 있다(Prell 2012).

그러나 연구에 따르면 중심성 지표들은 일관되지 않는 결과를 가져오기도 하였다. 어떤 경우에는 가장 큰 중심성을 갖는 액터가 네트워크에서 가장 중요한 또는 가장 강력한 파워를 갖는 액터와 일치한 반면, 다른 상황에서는 가장 강력한 액터가 중심적이 아닌 주변부의 액터로 나타났다(Cook et al. 1983). 연구 결과, 이러한 액터의 중심성과 액터의 중요성 또는 파워 간의 불일치는 네트워크를 구성하는 관계의 성격과 밀접한 관련이 있었다. 소셜네트워크가 커뮤니케이션 네트워크와 같이 포지티브(positive), 즉 보완적 관계로 구성되어 있으면 중심성 지표는 대개 일관되게 네트워크 내의 가장 강력한 액터를 찾아주었다. 반면에 소셜네트워크가 자원교환 네트워크와 같이 네거티브(negative), 즉 경쟁적 관계로 구성되어 있으면 중심성 지표들은 종종 일관되지 않은 결과를 가져왔다.

보나시치(Bonacich 1987)는 이러한 중심성 측정 지표들의 문제점을 인식하고 새로운 중심성 지표로서 **베타중심성(beta centrality)**이라는 개념을 제시하였다. 보나시치는 액터의 중심성을 계산할 때 네트워크의 전체적 구조를 얼마나 고려하는지에 따라 중심성 측정값들이 달라진다는 것에 주목하였다. 즉 액터가 가지고 있는 파워는 자신의 바로 인접 동료로부터뿐만 아니라 멀리 떨어져 있는 동료의 친구들, 즉 더 넓은 네트워크 구조로부터도 발생한다. 액터의 베타중심성은 산식 (13)과 같이 측정한다(Borgatti et al. 2013).

$$C_\beta = \sum_{k=1}^{\infty} \beta^{k-1} X^k 1 = \alpha(X1 + \beta X^2 1 + \beta^2 X^3 1 + \cdots) \tag{13}$$

여기서 C_β: 액터 베타중심성 열 벡터
β: 액터와의 거리에 따른 가중치 패러미터
X: x_{ij}를 요소로 갖는 인접 매트릭스
α: 중심성 값을 표준화하기 위한 패러미터
1: 1로 구성된 열 벡터

산식 (13)은 인접 매트릭스의 거듭제곱으로 구성되어 있다. 인접 매트릭스를 k제곱한 매트릭스의 (i, j)셀 값은 액터 i에서 액터 j에 이르는 길이 k를 갖는 워크의 개수를 나타낸다. 산식 (13)에서 패러미터 β는 연구자가 지정하며, 액터와 떨어져 있는 정도(즉 워크길이)를

얼마나 중요하게 고려할 것인지를 나타내는 가중치로서 사용된다. 따라서 인접 매트릭스 제곱의 합은 액터쌍 간에 나타날 수 있는 모든 가능한 워크의 개수(예: X^2, X^3, X^4)에 패러미터 β 가중치(예: β, β^2, β^3)를 부여하여 계산한 총워크의 개수를 나타낸다.

$\beta=0$일 때 베타중심성은 연결중심성이 된다. 왜냐하면 0의 거듭제곱은 0이므로 β 가중치가 부여된 일련의 매트릭스 항은 모두 없어지기 때문이다. 남겨진 인접 매트릭스와 1 열 벡터의 곱($X1$)은 인접 매트릭스의 행의 합을 요소로 갖는 열 벡터를 나타내고, 이는 곧 연결중심성을 의미한다.

β값을 증가시키게 되면 액터로부터의 거리가 중심성 값에 반영되기 시작한다. 예를 들어, $\beta=0.3$이면 길이 3의 워크는 $0.3^2=0.09$의 가중치가 부여되고, 길이 4의 워크는 $0.3^3=0.027$의 가중치가 부여된다. 워크의 길이가 길어질수록 가중치는 급격히 줄어들게 되어, 예를 들어, 워크길이가 11인 경우에는 $0.3^{10}=0.0000059$로 거의 무시해도 될 정도로 작은 가중치를 갖게 된다. 액터에서 액터로의 워크를 잠재적인 간접적 영향경로로 생각한다면 β는 한 액터가 다른 액터에 미치는 영향의 정도를 측정할 때 액터 간 거리가 미치는 영향을 어느 정도나 계산에 포함시킬지를 결정하는 역할을 한다. 따라서 베타중심성은 한 액터가 다른 모든 액터에 직접적·간접적 경로를 통해 미치는 잠재적 영향의 총량을 나타내는 지표로 볼 수 있으며, 여기에서 간접적 경로는 길이에 의해 역의 가중치가 부여된다(즉 길이가 길수록 가중치가 작아진다). 작은 β값을 지정하면 에고를 둘러싼 로컬 네트워크 구조에 좀 더 가중치를 부여한다는 의미이고, 큰 β값을 지정하면 에고와 간접적으로 연결되는 더 넓은 네트워크 구조에 좀 더 가중치를 부여한다는 것을 뜻한다.

β값은 인접 매트릭스로부터 계산된 최대 아이겐값의 역수($\frac{1}{\lambda}$, λ는 최대 아이겐값)보다 클 수 없다. 이 값보다 큰 β값을 지정하면 산식 (13)은 계산될 수 없으며 수렴하지 않는다. β값을 $\frac{1}{\lambda}$을 초과하지 않는 아주 근접한 값으로 지정하면 베타중심성 값은 아이겐벡터 중심성 값에 근접하게 된다. 따라서 액터 간 거리의 영향을 얼마나 반영하느냐에 따라 베타 중심성은 연결중심성($\beta=0$, 긴 워크의 영향을 전혀 반영하지 않음)과 아이겐벡터중심성($\beta \approx \frac{1}{\lambda}$, 긴 워크의 영향을 최대로 반영함) 간의 연속선상에서 결정된다.

베타중심성은 현재 수행 중인 연구 및 분석환경에서 긴 영향경로를 얼마나 중요하게 고려할 것인지에 따라 β값을 선택할 수 있다는 장점이 있다. 그런데 문제는 그 값이 얼마여야 하는지를 결정할 수 있는 체계적 방법이 존재하지 않는다는 것이다. 어떤 법칙이 있어서 이러한 상황에서는 β값이 얼마여야 한다라고 말할 수 있으면 좋겠지만, 불행히도 그러한 법칙

그림 5-18 | 9액터 정보교환 네트워크

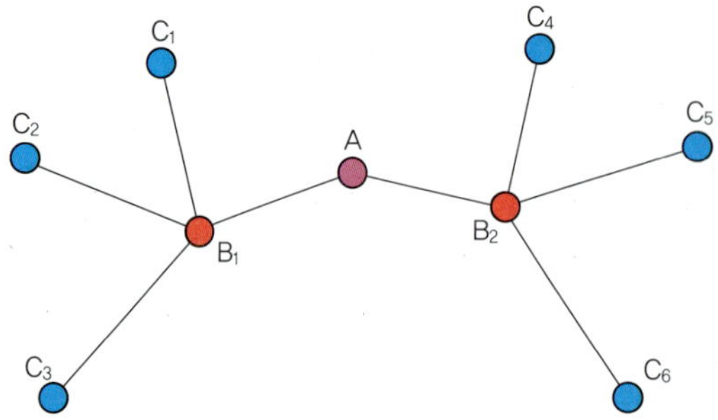

은 존재하지 않는다. 대신에 중심성의 예측력이 최대화되도록 β값을 정하는 방법을 시도해 볼 수 있다(Borgatti et al. 2013). 예를 들어, 어떤 조직 내에서의 조직 구성원의 중심적 위치와 조직 구성원이 보유하게 되는 정보의 양 간의 관련성을 분석하고 있다고 하자. 그러면 T 시점에서 프로젝트 팀 내의 소셜네트워크 연결관계를 조사하고 T+1 시점에서 팀원이 획득한 정보의 정도를 측정한다. 그런 다음 0에서부터 $\frac{1}{\lambda}$에 약간 못 미치는 값까지 다양한 β값에 따른 베타중심성을 계산하고 베타중심성 값과 정보량 간의 상관관계를 분석한다. 분석 결과, 가장 큰 상관계수를 보여주는 β값이 우리가 선택하게 될 β가 된다. 그런 다음 그 β값이 어떤 범위 내에 위치하는지를 보고 그 값의 의미를 해석한다. β값이 0에 가까우면 현재의 분석환경은 액터 간의 직접적 연결관계(즉 짧은 거리)가 중요한 현상을 다루고 있는 것이다. 반면에 β값이 $\frac{1}{\lambda}$에 가까우면 액터 간의 간접적 연결관계(즉 긴 거리)가 현재의 현상을 잘 설명해 주는 문제를 다루고 있는 것이다.

β값은 음수가 될 수 있다. β값이 음수일 경우 산식 (13)이 의미하는 바는 β로 가중치가 부여된 홀수 길이(예: X, X^3, X^5)를 갖는 워크의 개수에서 β로 가중치가 부여된 짝수 길이(예: X^2, X^4, X^6)를 갖는 워크의 개수를 뺀 워크의 총합이다. 따라서 [그림 5-18]과 같은 정보교환 네트워크에서 β가 양수일 때 액터 A는 액터 B_1과 B_2보다 더 높은 베타중심성 값을 갖게 되나, β가 음수일 때 액터 A는 액터 B_1과 B_2보다 더 낮은 베타중심성 값을 갖게 된다. 왜냐하면 액터 A로부터 짝수 거리인 거리 2로 매우 많은 액터들(C_1 ~ C_6)이 연결되어 있어서 이들이 베타중심성의 값을 상대적으로 크게 낮춰 주기 때문이다.

β가 음수일 경우의 베타중심성은 액터의 파워가 (1) 액터와 연결된 알터의 개수와 (2) 액터의 알터들이 갖는 대안의 부족 정도에 의해 결정되는 파워 생태계 환경을 반영한다. 즉 β

가 음수일 경우의 베타중심성은 어떤 액터가 많은 알터를 갖고 있고 알터들이 그 액터 이외에는 다른 대안이 별로 없는 상황에서 그 액터의 파워가 커지는 경우를 잘 설명해준다. 반대로 이러한 파워 환경에서는 알터들이 그 액터 이외에 다른 대안이 존재할 경우 액터의 파워는 약화된다. 어떤 액터로부터 짝수 길이를 갖는 워크의 개수는 이러한 알터들이 가질 수 있는 대안을 의미한다.[7] 따라서 이로부터 생성되는 파워의 값을 액터의 파워 값으로부터 빼주는 것은 액터의 파워가 약화되는 현상을 적절히 반영한다. 예를 들어, 무역거래 상황을 가정해보자. 거래할 상대가 많이 있고 그 상대는 오직 당신만을 거래 파트너로 갖고 있다면, 당신은 상황을 주도할 수 있는 완전한 파워를 갖게 된다. 하지만 당신의 거래 파트너가 당신 이외에 다른 파트너와 연결관계를 유지하고 있다면, 당신은 그렇지 않은 경우에 비해 파워가 약화된다. 당신이 두 단계를 거쳐 연결될 수 있는 액터의 개수는 당신의 거래 파트너가 당신 이외에 선택할 수 있는 대안의 개수와 일치하기 때문에, 당신의 완전한 파워 점수로부터 이 값을 빼서 그러한 약화된 파워의 정도를 반영하게 된다. 음의 β값은 베타중심성 값 자체를 음수로 만들기도 한다. 이는 액터가 어떠한 연결관계도 갖지 않는 것이 더 좋다는 것을 의미한다. 이러한 상황은 발생할 수는 있으나 드물게 일어나며, 따라서 이런 경우가 발생하면 β값을 증가시켜 음의 중심성 값을 제거하는 것이 바람직할 수 있다.

β값이 양수인지 음수인지는 중요한 의미를 갖는다. 양수 β값은 액터가 중심성이 높은, 즉 많은 연결관계를 갖고 있는 다른 액터들에게 연결되는 것이 좋은 의미라는 것을 나타낸다. 이것은 앞서 설명한 아이겐벡터중심성의 기본 아이디어와 매우 유사하다. 음수 β값은 액터가 중심성이 높은, 즉 많은 연결관계를 갖고 있는 다른 액터들에게 연결되는 것이 그 액터에게 불리하게 작용한다는 것을 의미한다. 네트워크 내에서 다른 액터의 영향력이 긍정적·보완적 의미를 가지면 β값을 양의 값으로 설정하며, 다른 액터의 영향력이 부정적·경쟁적 의미를 가지면 β값을 음의 값으로 설정한다.

β에 양수가 지정되면 현재 분석대상인 네트워크는 **포지티브 네트워크(positive network)**로 간주된다. 반면에 β가 음수이면 현재 분석대상인 네트워크는 **네거티브 네트워크(negative network)**로 간주된다. 네거티브 네트워크는 네거티브 관계(negative relation)로 구성된 네트워크를 말하며, 네거티브 관계는 파워가 제로-섬(zero-sum) 원칙을 따르는 경우이다. 한 액터의 이득은 다른 액터의 손실을 가져온다. 네거티브 관계에서는, 어떤 액터가 자신보

7 예를 들어, 나와 홍길동, 전우치가 일렬로 나란히 연결되어 있을 때, 나와 두 단계에 걸쳐 연결되어 있는 전우치는 나의 알터인 홍길동에게 있어서 나 이외의 다른 대안이 된다.

다 낮은 지위를 갖는 액터와 연결될 때, 즉 그다지 많은 연결관계를 갖고 있지 않아 대안이 별로 없는 액터와 연결될 때 그 액터는 파워를 갖게 된다. 교환관계 네트워크나 협상에 기반한 네트워크가 이러한 네거티브 관계를 갖는 네트워크에 해당한다. 포지티브 네트워크는 포지티브 관계(positive relation)로 구성된 네트워크를 말하며, 포지티브 관계는 네거티브 관계와 달리 제로-섬 교환관계를 기반으로 하지 않는다. 액터는 다른 액터들의 희생 없이도 다른 액터들과 연결관계를 통하여 강력한 파워를 획득할 수 있다. 사람들끼리 서로 간에 잘 모르는 환경에서 내가 주변 사람들과 직·간접적으로 잘 연결된다면 나는 사람들에 대해 파워를 행사할 수 있는 유리한 지위를 차지할 수 있다. 포지티브 관계에서는 어떤 액터가 자신보다 높은 지위를 갖는 액터와 연결될 때, 즉 많은 연결관계를 갖고 있는 액터와 연결될 때 그 액터는 파워를 갖게 된다. 커뮤니케이션 네트워크나 영향관계 네트워크가 포지티브 네트워크에 해당한다.

[그림 5-19]는 10개의 액터로 구성된 교환관계 네트워크이다(Cook et al. 1983). 따라서 이는 네거티브 관계를 갖는 네트워크이다. 기존의 중심성 지표를 이용하여 이 네트워크를 분석하면 액터 A가 이 네트워크 내에서 가장 중심적인 액터로 나타난다. 하지만 이 네트워크를 분석한 연구에 따르면 이 네트워크 내에서 실제로 가장 강력한 파워를 갖고 있는 액

그림 5-19 ▌10액터 네트워크에서의 베타중심성

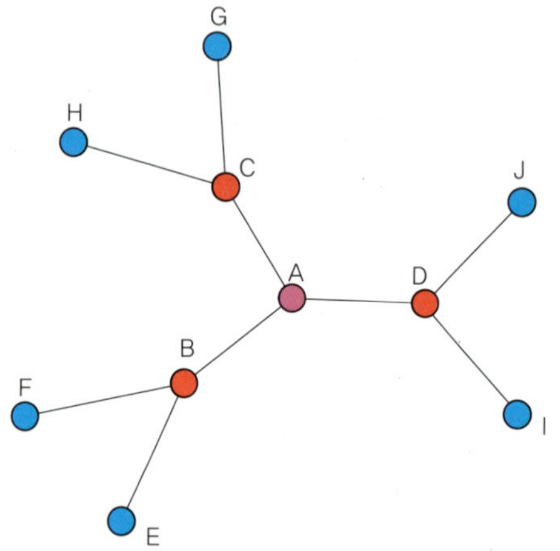

β값	액터 A	액터 B, C, D
−0.4	−3.000	5.000
−0.3	0.545	2.727
−0.2	1.500	2.500
−0.1	2.211	2.632
0	3.000	3.000
0.1	4.105	3.684
0.2	6.000	5.000
0.3	10.364	8.182
0.4	33.000	25.000

UCINET 메뉴에서 『Network > Centrality and Power > Bonacich Power(Beta Centrality)』를 선택한다. 『Beta Centrality/Bonacich Power』 대화상자에서 분석대상 관계 데이터(여기에서는 Centrality10node.##h)를 선택한다. 『Beta Coefficient』에서 β값을 지정한 후 『OK』 버튼을 클릭한다.

터는 액터 B, C, D로 관찰되었다(Cook et al. 1983). 이는 기존의 중심성 개념이 파워를 제대로 반영하지 못한다는 것을 의미한다. 이 연구에서 파워는 인접한 액터들과의 협상을 통하여 얼마나 많은 이득을 얻는가로 측정되었다. 보나시치는 이 동일한 네트워크를 대상으로 베타중심성 개념을 이용하여 액터들의 중심성을 측정하고 이를 분석하였다(Bonacich 1987).

[그림 5-19]의 매트릭스는 보나시치의 이러한 분석 결과를 요약한 것이다(Centrality 10node.##h 파일). [그림 5-19]에서 볼 수 있는 것처럼 기본적으로 β값이 음수일 때 액터 B, C, D는 액터 A에 비해 높은 중심성 값을 나타냈다. 이는 네트워크의 성격에 따라 적절한 β값을 선택하게 되면 베타중심성 지표는 액터들의 파워 구조를 보다 잘 설명해 줄 수 있다는 것을 의미한다. 이처럼 보나시치의 베타중심성은 중심성을 분석하는 데 있어서 유연성을 제공한다. 특히 연구자가 중심성을 이용하여 액터의 파워를 파악하고자 할 때 이러한 유연성은 더욱 유용하다. 베타중심성에서는 다른 액터들과의 직접적 연결관계를 바탕으로 액터의 중심성을 평가하기를 원하는지, 혹은 더 넓은 네트워크 구조를 기반으로 중심성을 평가하기를 원하는지를 선택할 수 있다(작은 β값 vs. 큰 β값). 또한 베타중심성에서는 높은 지위를 갖는 사람(즉 잘 연결된 사람)과 연결되는 것이 액터의 이득을 의미하는지, 혹은 낮은 지위를 갖는 사람(즉 연결이 빈약한 사람)과 연결되는 것이 액터의 이득을 의미하는지를 선택할 수 있다(양수 β값 vs. 음수 β값).

사례연구

패밀리 레스토랑 아웃도어 스테이크하우스 기획팀에서는 식재료를 관리하고 신메뉴를 개발하기 위하여 소셜네트워크분석 기법을 활용하기로 하였다. 이를 위해 61개의 식재료와 이를 사용한 30개 메뉴 간의 비방향/이진 2-모드 네트워크를 구축하였다. 식재료와 메뉴 간의 네트워크 데이터와 함께 식재료의 유형에 관한 속성 데이터도 수집하였다. 식재료 유형은 채소(1), 해산물(2), 축산물(3), 소스(4), 조미료(5), 과일(6), 견과(7), 유제품(8), 곡물(9)로 분류하였다(Flavor.##h, Flavor-Attr.##h 파일). 식재료와 메뉴 간의 2-모드 네트워크를 그래프로 시각화하였다. 원형의 노드는 식재료를 나타내며, 사각형의 노드는 메뉴를 의미한다.

식재료와 메뉴 간의 2-모드 네트워크는 식재료/식재료, 메뉴/메뉴 1-모드 네트워크로 변환할 수 있다. 아웃도어 스테이크하우스 기획팀에서는 우선 식재료 네트워크에 초점을 맞추기로 하고, 식재료를 액터로 갖는 1-모드 네트워크를 생성하였다(Flavor-Ingredient_Valued.##h 파일). 식재료 1-모드 네트워크는 식재료 간에 공유하는 메뉴의 개수가 식재료 간의 관계강도를 나타내는 비방향/계량 그래프이므로, 추가적 분석을 위하여 비방향/이진 그래프로 변환하였다(Flavor-Ingredient_GT_2.##h 파일). 공유하는 메뉴의 개

그림 5-20 ▌ 식재료/메뉴 2-모드 네트워크

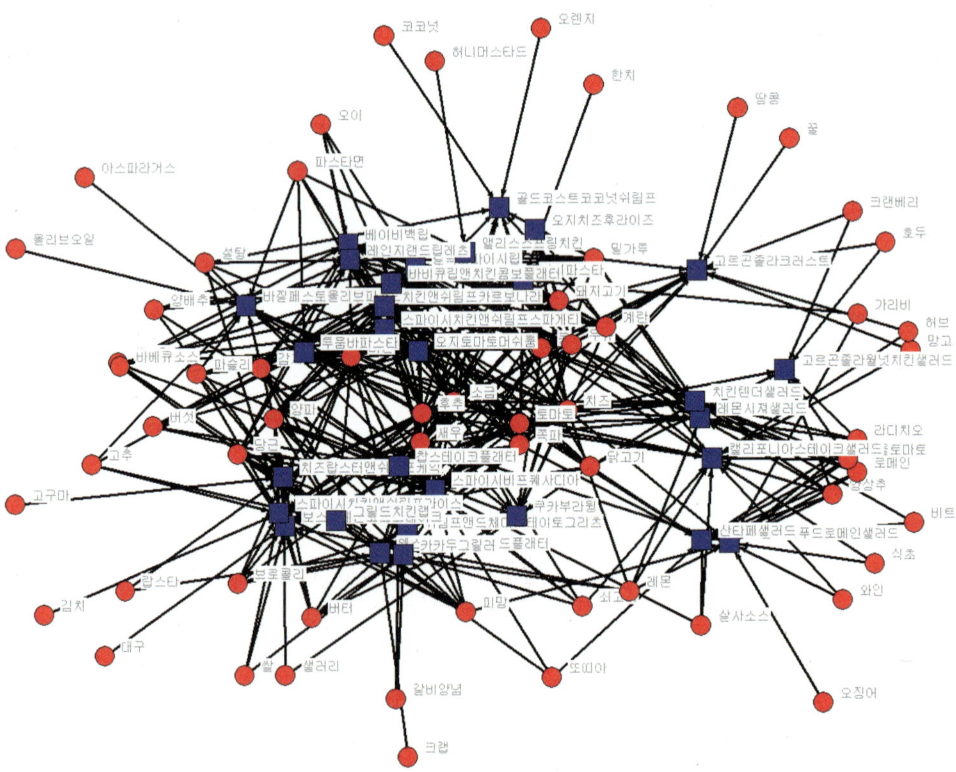

그림 5-21 ▌ 식재료 1-모드 네트워크: 식재료 유형

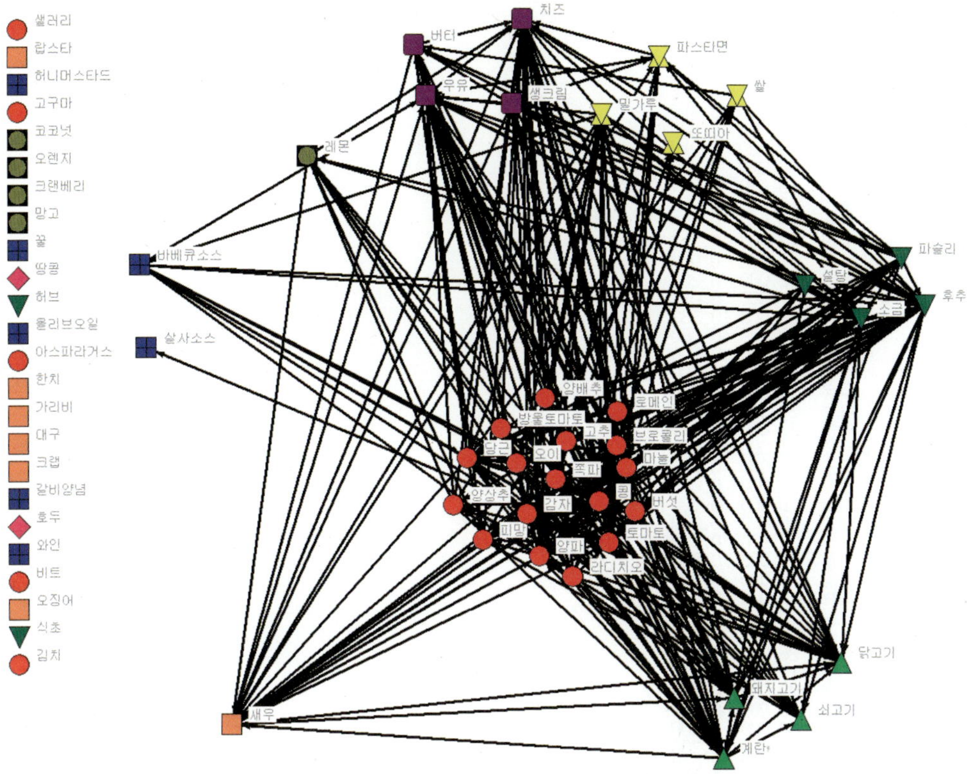

수가 2보다 큰(즉 3 이상) 링크는 1로 변환하여 식재료 간 연결관계가 존재하는 것으로 간주하였으며, 그렇지 않은 경우에는 연결관계가 존재하지 않는 것으로 보았다. 이렇게 생성한 식재료 네트워크를 식재료의 아홉 가지 유형에 따라 노드의 모양 및 색상을 달리하여 그래프로 나타냈다. 예를 들면, 그래프 중앙의 원형 노드는 채소, 왼쪽의 박스형 노드는 소스, 상단의 둥근사각형 노드는 유제품, 오른쪽의 아랫삼각형 노드는 조미료, 오른쪽 하단의 윗삼각형 노드는 축산물을 나타낸다.

식재료 가운데 가장 영향력 있는 중요한 역할을 하는 재료를 찾기 위하여 중심성분석을 수행하였다. 중심성분석은 식재료 간의 연결관계 개수를 바탕으로 한 연결중심성을 이용하였다. 연결중심성 상위 20개까지를 분석한 결과 토마토, 콩, 후추, 소금, 치즈, 마늘, 양파, 우유, 쪽파, 계란, 당근, 새우, 감자, 밀가루, 돼지고기, 닭고기, 파슬리, 피망, 버섯, 양배추 등이 다른 식재료와 가장 많은 연결관계를 갖는 음식 재료인 것으로 파악되었다. 이 중 가장 많은 식재료 유형은 20개 식재료 중 절반을 차지하는 채소인 것으로 나타났으며, 이어서 축산물, 조미료, 유제품 순이었다. 해산물 중에서는 유일하게 새우가 영향력 있는 식재료로 포함되었다. 상위 다섯 개 식재료 가운데 조미료 2종(후추, 소금)을 제외하면 토마토, 콩, 치즈가 가장 널리 사용되는 식재료인 것으로 분석되었다. 연결중심성의 크기에 따라 노드의 상대적 크기를 달리하면 이러한 식재료 간 영향력의 차이를 시각적으로 확인할 수 있다.

그림 5-22 ▌식재료 연결중심성

		1 Degree	2 nDegree
1	샐러리	0.000	0.000
2	피망	17.000	0.283
3	양파	27.000	0.450
4	랍스타	0.000	0.000
5	닭고기	19.000	0.317
6	허니머스타드	0.000	0.000
7	돼지고기	19.000	0.317
8	버섯	14.000	0.233
9	치즈	29.000	0.483
10	쇠고기	13.000	0.217
11	또띠아	2.000	0.033
12	파스타면	12.000	0.200
13	살사소스	1.000	0.017
14	감자	20.000	0.333
15	고구마	0.000	0.000
16	토마토	30.000	0.500
17	콩	30.000	0.500
18	우유	27.000	0.450
19	새우	22.000	0.367
20	계란	25.000	0.417
21	코코넛	0.000	0.000
22	레몬	11.000	0.183
23	오렌지	0.000	0.000
24	크랜베리	0.000	0.000
25	망고	0.000	0.000
26	마늘	27.000	0.450
27	꿀	0.000	0.000
28	땅콩	0.000	0.000
29	허브	0.000	0.000
30	올리브오일	0.000	0.000
31	아스파라거스	0.000	0.000
32	쪽파	26.000	0.433
33	버터	13.000	0.217
34	소금	30.000	0.500
35	설탕	10.000	0.167
36	후추	30.000	0.500
37	생크림	12.000	0.200
38	한치	0.000	0.000
39	가리비	0.000	0.000
40	브로콜리	13.000	0.217
41	당근	24.000	0.400
42	쌀	8.000	0.133
43	대구	0.000	0.000
44	고추	7.000	0.117
45	양배추	14.000	0.233
46	크랩	0.000	0.000
47	오이	11.000	0.183
48	바베큐소스	11.000	0.183
49	갈비양념	0.000	0.000
50	파슬리	19.000	0.317
51	호두	0.000	0.000
52	밀가루	19.000	0.317
53	와인	0.000	0.000
54	양상추	10.000	0.167
55	로메인	6.000	0.100
56	비트	0.000	0.000
57	방울토마토	10.000	0.167
58	오징어	0.000	0.000
59	식초	0.000	0.000
60	김치	0.000	0.000
61	라디치오	10.000	0.167

그림 5-23 ▌식재료 1-모드 네트워크 : 연결중심성

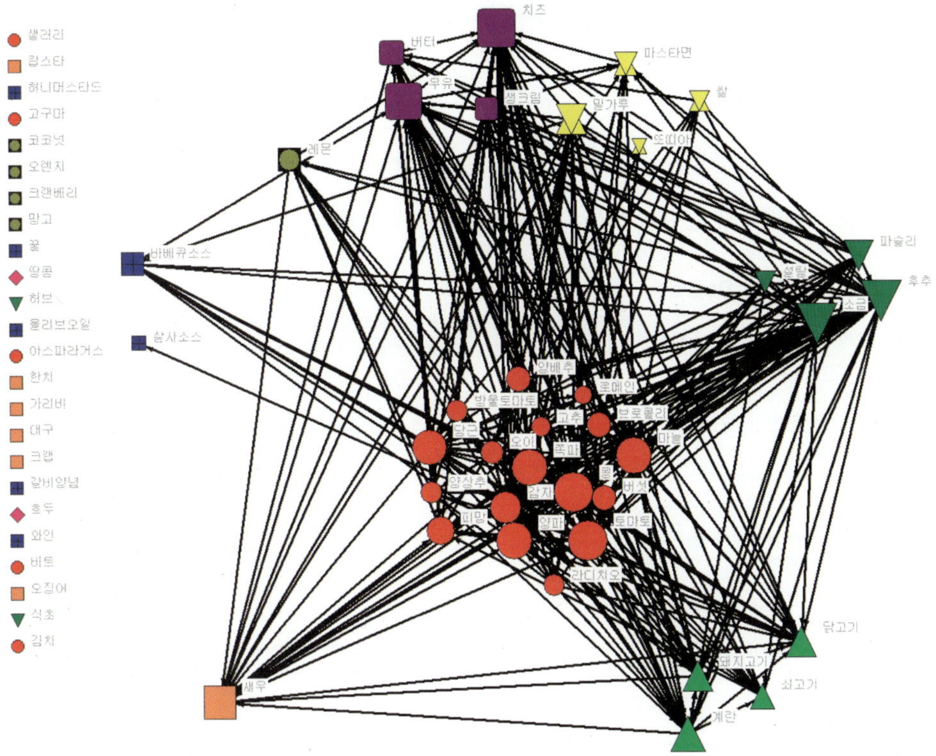

UCINET 활용

01 연결중심성 계산하기

- 『Network > Centrality and Power > Degree』를 선택한다.
- 『Degree Centrality』 대화상자에서 분석대상 관계 데이터를 선택한 후 『OK』 버튼을 클릭한다.

그림 5-24 ▌『Degree Centrality』 대화상자

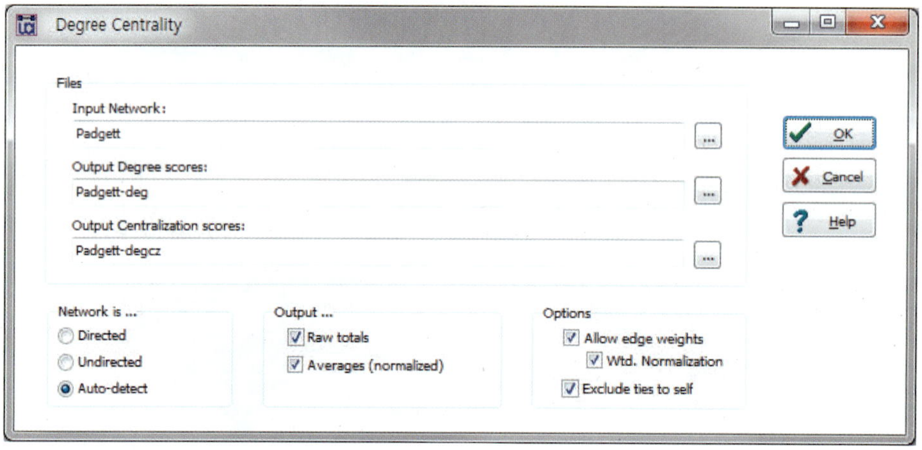

02 근접중심성 계산하기

- 『Network > Centrality and Power > Closeness Measures』를 선택한다. 『Closeness Centrality』 대화상자에서 분석대상 관계 데이터를 선택한 후 『OK』 버튼을 클릭한다.
- 고립노드의 경우처럼 정의되지 않는 거리는 네트워크 내의 노드의 개수, 최대거리에 1을 더한 값, 0(zero) 등으로 대체할 수 있다.

그림 5-25 ▎『Closeness Centrality』 대화상자

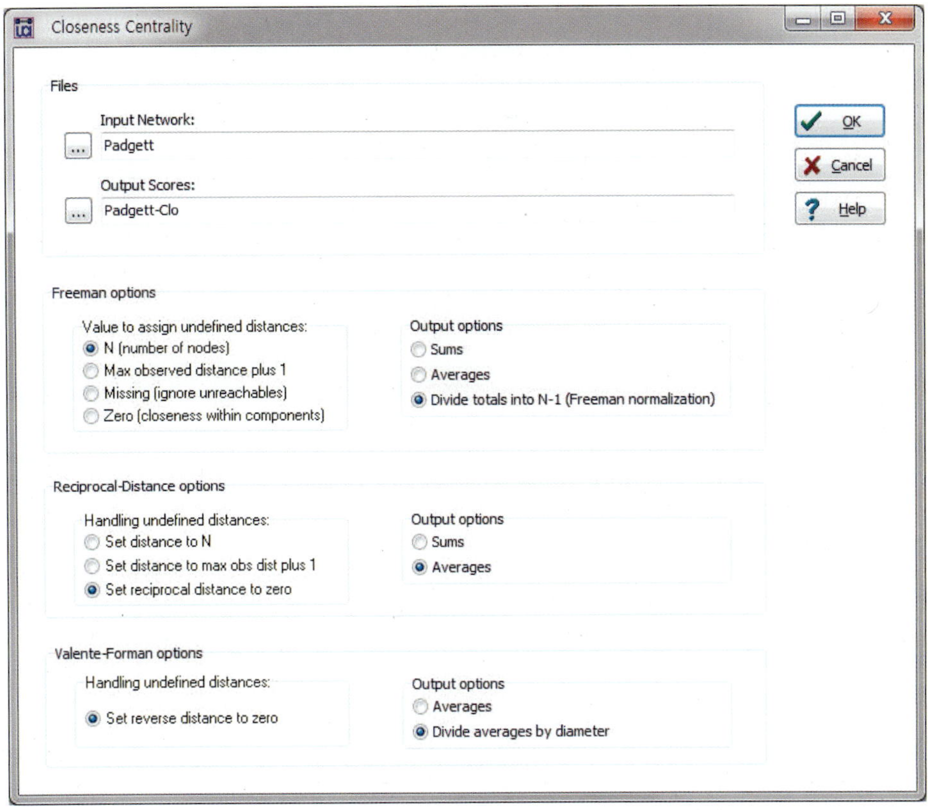

03 매개중심성 계산하기

- 『Network > Centrality and Power > Freeman Betweenness > Node Betweenness』를 선택한다.
- 『Freeman(point) Betweenness』 대화상자에서 분석대상 관계 데이터를 선택한 후 『OK』 버튼을 클릭한다.

그림 5-26 ▎『Freeman(point) Betweenness』 대화상자

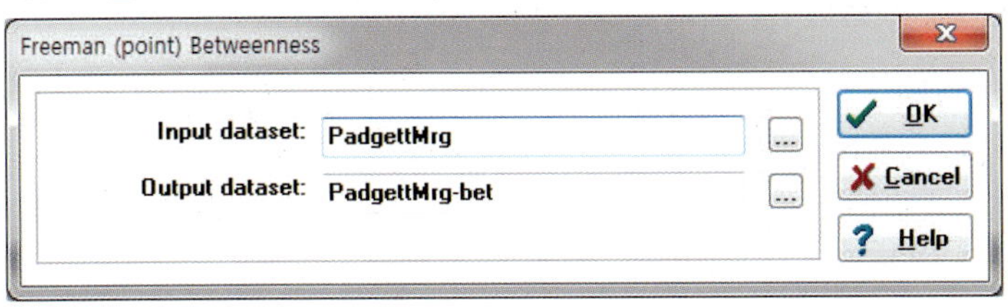

04 아이겐벡터중심성 계산하기

- 『Network > Centrality and Power > Eigenvector Centrality』를 선택한다.
- 『Eigenvector Centrality』 대화상자에서 분석대상 관계 데이터를 선택한 후 『OK』 버튼을 클릭한다.
- 아이겐벡터중심성을 계산하기 위해서는 네트워크 데이터는 이진형 또는 계량형 연결관계를 갖는 대칭 매트릭스이어야 한다. 네트워크 데이터를 대칭형으로 만들기 위해서는 『Transform > Symmetrize』를 이용한다.

그림 5-27 ▌『Eigenvecotr Centrality』 대화상자

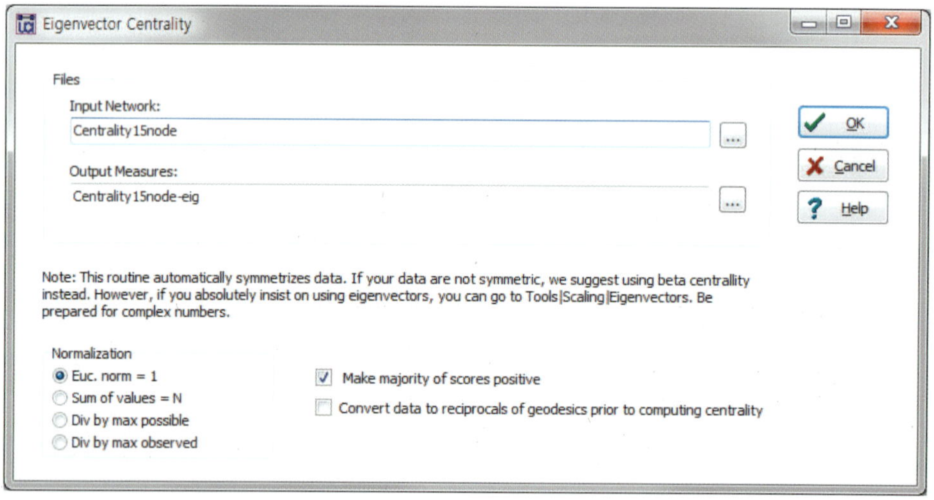

05 베타중심성 계산하기

- 『Network > Centrality and Power > Bonacich Power(Beta Centrality)』를 선택한다.
- 『Beta Centrality/Bonacich Power』 대화상자에서 분석대상 관계 데이터를 선택한다.
- 『Beta Coefficient』에서 β값을 지정한 후 『OK』 버튼을 클릭한다. β값은 최대 아이겐값의 역수를 초과할 수 없다.
- 『Get Beta』 버튼을 클릭하면 최대 아이겐값과 최대 아이겐값의 역수를 계산하여 주고 'Enter Value'에 최대 가능한 β값보다 0.5% 작은 값을 입력하여 준다. 'Standard(0.995/maxeigen)'를 선택하면 최대 아이겐값의 역수보다 0.5% 작은 값을 β값으로 사용한다.

그림 5-28 『Beta Centrality/Bonacich Power』 대화상자

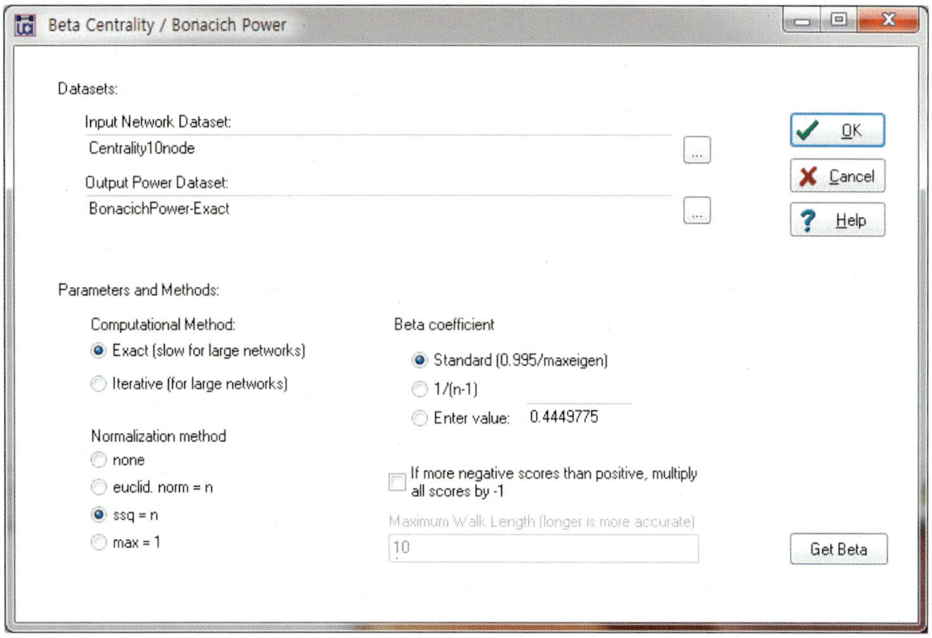

연습문제

01 16명으로 구성된 팀 구성원들 간의 지식 및 정보교환관계를 조사하여 아래와 같은 네트워크를 구축하였다. 다음 질문에 답하시오.

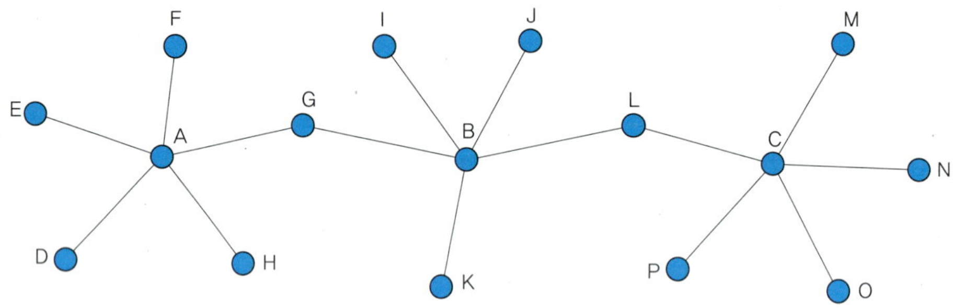

① 팀원들 간의 지식 및 정보교환 네트워크를 DL 형식으로 표현하시오.
② 연결중심성을 제시하시오.
③ 근접중심성을 제시하시오.
④ 매개중심성을 제시하시오.

02 여섯 명으로 구성된 대학 동창들 간의 친구관계 네트워크를 구축하였다. 다음 질문에 답하시오.

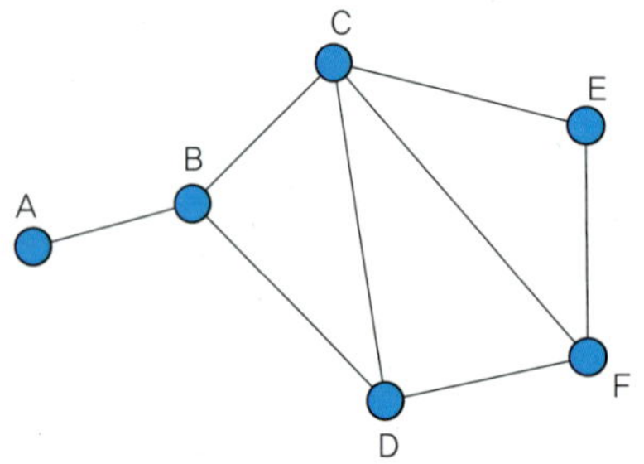

① 친구관계 네트워크를 DL 형식으로 표현하시오.
② 매개중심성을 제시하시오.

03 일곱 개의 액터로 구성된 스타 · 서클 · 라인 네트워크에 대하여 다음 질문에 답하시오.

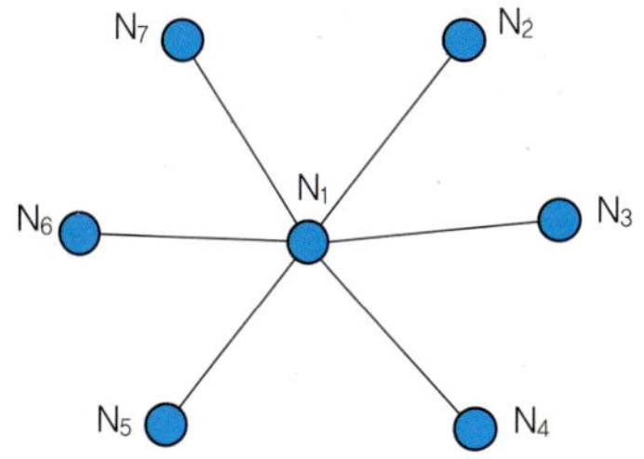

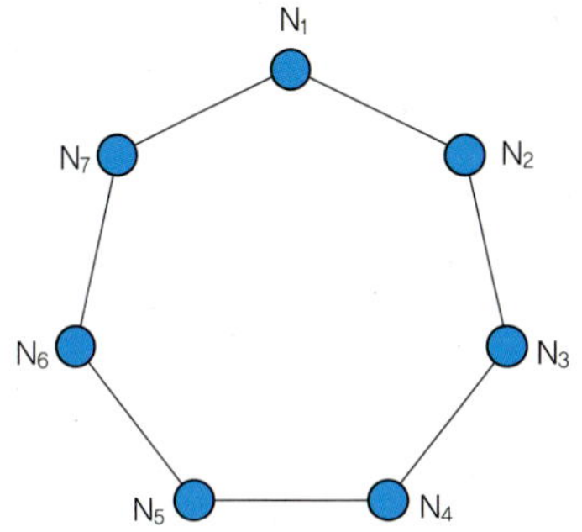

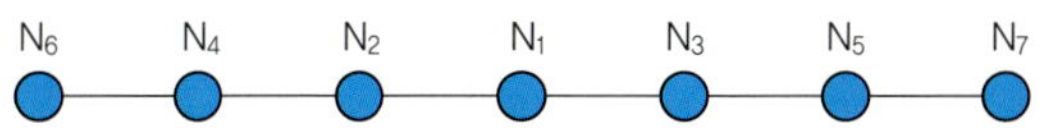

① 스타 · 서클 · 라인 네트워크를 DL 형식으로 표현하시오.
② 연결중심성을 제시하시오.
③ 근접중심성을 제시하시오.
④ 매개중심성을 제시하시오.

04 15명으로 구성된 팀 내의 조언관계 네트워크를 구축하였다. 다음 질문에 답하시오.

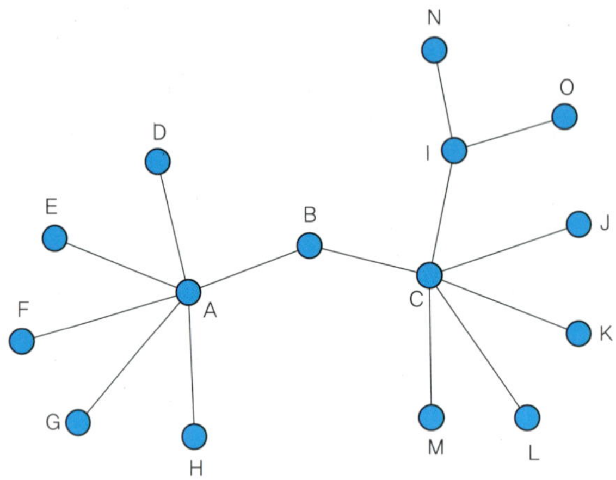

① 팀 내 조언관계 네트워크를 DL 형식으로 표현하시오.
② 연결중심성을 제시하시오.
③ 근접중심성을 제시하시오.
④ 매개중심성을 제시하시오.
⑤ 아이겐벡터중심성을 제시하시오.

05 10명으로 구성된 팀 내의 지식교환관계 네트워크를 구축하였다. 다음 질문에 답하시오.

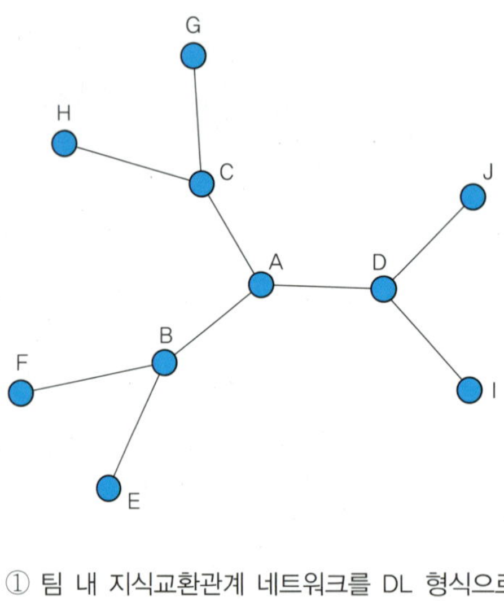

① 팀 내 지식교환관계 네트워크를 DL 형식으로 표현하시오.
② $\beta=0$과 $\beta=-0.4$일 경우의 베타중심성을 제시하시오.

06
CHAPTER

소셜네트워크분석
Social Network Analysis

구조적 공백과 중개자

- 구조적 공백
- 중개자

CHAPTER

06 구조적 공백과 중개자

네트워크는 구성원들에게 **정보효익**(information benefit)과 **통제효익**(control benefit)이라는 두 가지 유형의 이점을 제공한다. 정보효익은 얼마나 많은 정보를 알고 있고 얼마나 신속하게 정보를 획득하는가와 관련된 이점을 의미한다. 다양한 정보의 원천을 가지고 있는 사람은 일반적으로 어떤 주제에 대해 더 많이 알게 되고, 또한 더 빨리 알게 된다. 통제효익은 다른 구성원들과 협상하는 데 있어서의 이점을 의미한다. 네트워크 내에서 다양한 선택 대안을 갖고 있는 중개적 위치에 있는 구성원은 그렇지 않은 다른 사람들보다 강한 교섭력을 갖게 되고, 이는 네트워크 내의 정보의 흐름을 통제할 수 있다는 뜻이기도 하다. 네트워크가 제공하는 이러한 두 가지 효익은 여기에서 살펴볼 구조적 공백과 이를 통한 중개자 역할의 관점에서 설명할 수 있다.

구조적 공백

구조적 공백(structural hole)은 '사회적 구조 내에 존재하는 빈 공간(the empty spaces in social structure)'이다(Burt 2005). 이러한 빈 공간은 연결관계를 갖지 않는 액터들로부터 발생한다. 구조적 공백은 다른 말로 '비중복 액터들 간의 분리(the separation between nonredundant contacts)'를 의미한다(Burt 1992). 여기에서 비중복 액터들이란 서로 중복되지 않는 정보의 원천으로서, 이들 액터들은 서로 중첩되지 않는 추가적인 정보를 제공한다. 버트(Burt 1992)는 구조적 공백의 개념을 이용하여 네트워크 구조가 어떻게 사람들에게 차별화된 경쟁적 우위를 제공하는지를 설명하였다.

구조적 공백은 네트워크 구조를 분석하는 데 있어서 연결을 형성하지 못한 '공백' 또는 '틈

그림 6-1 ▌ 구조적 공백

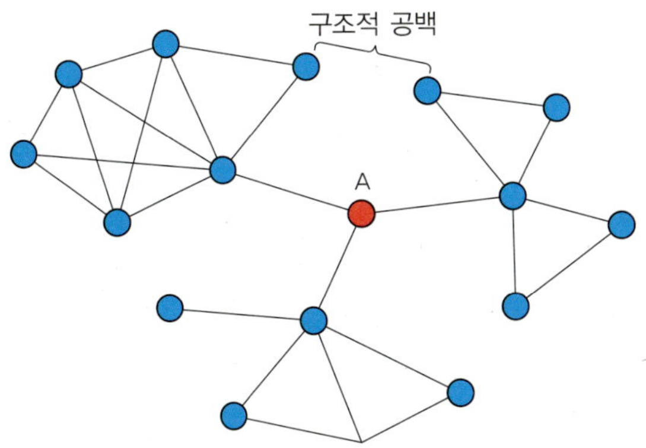

새'에 초점을 맞춘다. 구조적 공백은 특정 구조적 위치를 차지하고 있는 액터에게 서로 접촉할 기회가 없거나 적은 이질적인 액터들을 연결하는 중개자 역할의 기회를 제공한다. 이러한 중개자의 위치는 네트워크 내의 분리된 여러 부분으로부터 다양한 정보를 획득할 수 있게 하며 여러 부분 간의 정보의 흐름을 통제한다. [그림 6-1]의 A와 같은 액터는 연결된 세 개의 서로 다른 로컬 네트워크로부터 다양한 정보를 접할 수 있으며, 이들 세 개 네트워크 간의 정보의 흐름을 통제할 수 있는 유리한 위치에 있다. 이러한 위치적 이점은 액터 A에게 차별화된 경쟁적 우위를 제공한다.

구조적 공백이 제공하는 통제효익의 기회에 대해 살펴보자. 세 개의 액터로 구성된 [그림 6-2]와 같은 '정보교환' 네트워크가 있다. [그림 6-2]의 왼쪽 네트워크는 액터들이 모두 서로 연결되어 있다. 여기에서 해리는 론과 헤르미온느가 서로 정보를 교환하고자 할 때 이들 두 액터에 영향을 미치고 싶어 한다고 가정하자. 하지만 해리는 이 네트워크에서 강한 영향력(또는 교섭력)을 발휘하지 못한다. 왜냐하면 론과 헤르미온느는 서로 직접 연결되어 있기

그림 6-2 ▌ 구조적 공백 : 통제효익

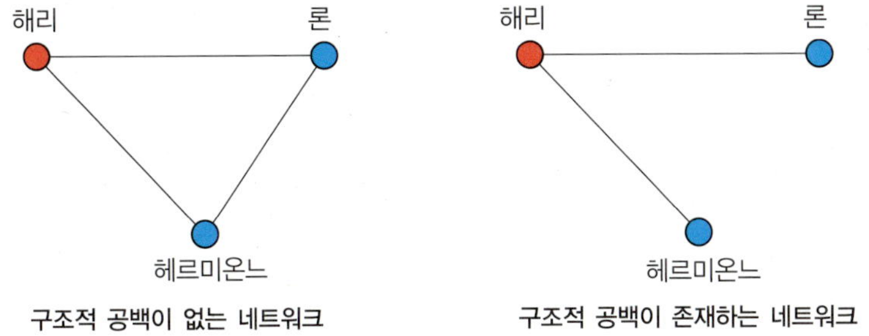

때문이다. 해리를 통하지 않고도 정보교환의 목적을 달성할 수 있다.

이제 [그림 6-2]의 왼쪽 네트워크에서 론과 헤르미온느 사이에 '구조적 공백'을 만들어 본다. 그러면 론과 헤르미온느 사이에 직접적 연결관계가 없는 [그림 6-2]의 오른쪽과 같은 네트워크가 만들어지며, 이제 더 이상 론과 헤르미온느는 서로 직접 정보를 교환할 수 없다.[1] 이러한 상황에서 이제 해리는 론과 헤르미온느 사이의 구조적 공백으로부터 발생하는 위치적 우위를 갖게 된다. 론과 헤르미온느는 해리와만 연결되어 있어서, 이 두 액터가 정보를 교환하려면 반드시 해리를 경유해야 하기 때문이다. 그러면 해리는 네트워크에서의 이러한 위치적 이점을 이용하여 정보의 흐름을 통제할 수 있다.

구조적 공백이 제공하는 정보효익의 이점은 [그림 6-3]과 같은 '업무상 조언 구하기' 네트워크를 통해서 살펴보자. [그림 6-3]의 두 네트워크는 동일한 크기(네 명의 알터)를 갖는 에고 네트워크로서, 서로 다른 밀도를 갖고 있다. 해리의 네트워크에서는 모든 알터쌍들이 서로 연결되어 있으나, 춘향의 네트워크에서는 어느 알터쌍도 서로 연결되어 있지 않다. 춘향은 자신의 에고 네트워크에 존재하는 네 개의 구조적 공백으로 인한 틈새를 연결하고 있는 반면, 해리의 에고 네트워크에는 해리가 연결할 구조적 공백이 존재하지 않는다.

구조적 공백이론에 따르면 춘향의 네트워크가 해리의 네트워크보다 훨씬 다양한 정보를 보유한다. 왜냐하면 동일한 액터들이 서로 중첩하여 연결관계를 가질 때 불필요한 정보 중복이 발생하기 때문이다. 예를 들어, 해리의 네트워크에서는 론, 헤르미온느, 네빌, 지니 네 명 모두 조언을 얻기 위하여 서로 교류하며 의사소통을 한다. 이러한 사실은 많은 동일한 정

그림 6-3 ▌구조적 공백: 정보효익

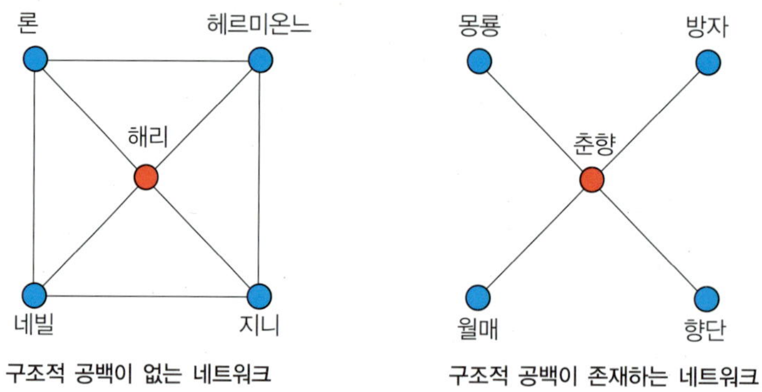

1 실제 현실에서는 어떤 두 액터가 서로를 모르거나 서로를 알더라도 정보교환에 따른 거래비용이 상당히 높을 때 이러한 구조적 공백이 생길 수 있다.

보와 조언이 이들 네 명 사이에 돌아다닌다는 것을 의미한다. 이 네트워크에서는 같은 종류의 정보와 조언을 반복적으로 듣고 또 듣게 될 가능성이 높다. 반면에 춘향의 네트워크에서는 몽룡, 방자, 월매, 향단 등 알터 네 명 중 어느 누구도 정보나 조언을 얻기 위하여 서로를 접촉하지 않는다. 이들은 서로 연결되어 있지 않기 때문에 이들 각자가 춘향에게 서로 다른 견해를 전달하거나 조언을 하게 될 가능성이 매우 높다. 왜냐하면 춘향의 알터들은 서로 접촉하는 일이 없기에 그들이 동일한 정보를 알고 있을 가능성은 매우 작기 때문이다. 그래서 춘향은 서로 연결되지 않은 사람들과의 연결을 통하여 중복되지 않는 정보에 접하게 된다. 해리에게 있어서는 이와 정반대의 상황이 벌어진다. 해리의 알터들은 모두 서로 연결되어 있기 때문에 같은 정보를 반복하여 재활용하게 될 가능성이 높다. 그래서 해리는 춘향만큼 다양하고 많은 조언을 얻을 가능성이 낮아지게 된다. 구조적 공백으로부터 발생하는 이와 같은 정보 원천의 다양성의 차이로 인해 춘향은 해리보다 업무에 있어서 더 나은 의사결정을 할 수 있게 된다. 이는 구조적 공백의 관점에서 볼 때, 춘향이 더 풍부한 정보의 원천에 노출될 수 있는 위치에 있기 때문에 나타나는 현상으로 해석할 수 있다.

구조적 공백의 개념은 매개중심성 및 밀도의 개념과 밀접한 관련이 있다. 매개중심성은 기본적으로 구조적 공백과 매우 유사한 아이디어를 바탕으로 한다. 서로 단절된 액터들을 얼마나 매개하는지가 매개중심성 개념의 핵심이며, 이는 구조적 공백의 관점에서 단절된 액터들 간의 공백이 제공하는 중개자 역할과 개념상 동일하다. 이 두 개념 간의 가장 큰 차이는 대상으로 하는 네트워크의 유형이 다르다는 것이다. 구조적 공백은 에고 네트워크에 초점을 맞춘 반면, 매개중심성은 전체 네트워크를 대상으로 한다. 대상으로 하는 네트워크에 있어서의 이러한 차이로 인해 두 개념 간에는 의미 해석상 혼동이 발생할 수 있다. 매개중심성에서는 네트워크 내 액터쌍들 간의 최단경로상에 액터가 위치하는 횟수로 액터의 매개 정도를 측정한다. 이러한 매개중심성 측정방식으로 인해 생길 수 있는 문제는 최단경로가 한 줄로 아주 길게 형성되어 있는 네트워크 구조 내에 액터가 위치할 경우 그 액터는 다양한 여러 정보 원천을 갖는 다른 액터들을 매개하고 있지 않음에도 불구하고 상당히 높은 매개중심성 지표값이 도출될 가능성이 높다는 것이다. 이럴 경우 높은 매개중심성을 갖는 액터는 많은 액터들을 중개하는 역할을 하고 있는 것은 맞지만, 이 액터가 반드시 다양한 액터들을 중개한다고 볼 수는 없다. 따라서 어떤 액터가 높은 매개중심성을 보이고 있다는 사실만으로는 그 액터가 많은 구조적 공백을 갖고 있다고 단정하기 어렵다.

이러한 매개중심성과 구조적 공백 간의 괴리는 매개중심성을 에고 네트워크를 대상으로 할 경우 자연스럽게 해소된다(Marsden 2002). 에고 네트워크는 그 특성상 긴 거리를 갖는 최단경로를 가질 수 없다(에고 네트워크는 그 정의상 에고와 알터 간의 최단경로거리가 1이다). 따라서 에고 네트워크를 대상으로 매개중심성을 계산하면 에고에 대한 높은 매개중심성은 에고의 네트워크가 많은 구조적 공백을 포함하고 있다는 의미를 나타내는 지표로서의 역할을 할 수 있게 된다. 예를 들어, [그림 6-3]에서 해리의 액터 매개중심성은 $0.67\left(=\frac{1}{3}+\frac{1}{3}\right)$이고, 춘향의 액터 매개중심성은 $6.00\left(={}_4C_2=\frac{4!}{(4-2)!\times 2!}=\frac{4\times 3}{2}\right)$이다. 춘향이 더 높은 매개중심성을 갖고 있으며, 이는 앞서 살펴본 대로 춘향의 에고 네트워크가 해리의 에고 네트워크에 비해 더 많은 구조적 공백을 가지고 있다는 사실과도 일치한다.

구조적 공백은 밀도의 개념과도 밀접한 관련을 갖고 있다. 그 논리는 비교적 단순하다. 밀도가 높은 에고 네트워크는 에고 네트워크 밀도의 정의상(알터들이 서로 연결되어 있는 정도) 많은 구조적 공백을 가질 수 없다. 따라서 에고의 높은 밀도 지표값은 그 에고의 네트워크가 많은 구조적 공백을 가지고 있지 않다는 것을 나타낸다. 예를 들어, [그림 6-3]에서 춘향의 밀도는 0이다. 반면에 해리의 밀도는 $0.67\left(=\frac{L}{{}_gC_2}=\frac{4}{4(4-1)/2}\right)$이다. 이는 춘향의 에고 네트워크가 해리의 에고 네트워크에 비해 좀 더 많은 구조적 공백을 포함하고 있다는 것을 뜻한다. 이처럼 구조적 공백은 매개중심성 및 밀도의 개념을 통해 간접적으로 설명하는 것이 가능하다. 구조적 공백의 개념을 처음 제안한 버트는 구조적 공백을 통해 획득할 수 있는 네트워크 내에서의 위치적 우위를 중복성과 제약성이라는 두 가지 개념을 바탕으로 직접적으로 측정하는 방법을 제시하였다(Burt 1992; Burt 1995).

중복성

중복성(redundancy)은 에고와 연결된 알터들이 서로 간에 또다시 연결관계를 가짐으로써 이미 연결되어 있는 에고와 알터 간의 연결관계가 중복이 되는 정도를 나타낸다. 예를 들어, [그림 6-2]의 왼쪽 네트워크를 보면, 해리는 론과 헤르미온느에 연결되어 있고 론은 또한 헤르미온느에 연결되어 있다. 해리를 에고로 보면, 론과 헤르미온느는 알터가 된다. 여기에서 에고인 해리의 알터 론에 대한 연결은 중복이다. 왜냐하면 해리는 또 다른 알터인 헤르미온느를 통해 론에 연결될 수 있기 때문이다. 중복성은 에고의 이웃에 있는(즉 직접 연결되어 있는) 각 알터가 역시 에고의 이웃에 있는 다른 알터들과 얼마나 많이 연결되어 있는지로 측정된다. 특정 알터와 연결되어 있는 이웃한 알터들(이들 역시 에고와 연결되어 있다)이 많아질수록 에고의 그 알터에 대한 직접적 연결의 중복성은 커지게 된다. 에고의 중복성이 증가하면 구조적 공백에 따른 위치적 우위는 감소한다. 반면 에고의 중복성이 감소하면, 다시 말해 에고의 비중복성이 커지면 에고는 단절된 알터들을 연결하여 구조적 공백을 메워줌으로써 위치적 우위가 증가한다.

에고 네트워크의 중복성의 정도는 에고 네트워크의 **유효규모(effective size)**로 나타낼 수 있다. 유효규모는 에고 네트워크가 가지고 있는 비중복 액터의 수를 말하며, 에고 네트워크의 실제규모(에고와 연결된 액터의 개수, 즉 알터의 개수)에서 네트워크의 중복정도를 차감하여 측정된다. 네트워크의 유효규모를 실제 네트워크 규모로 나누면 표준화된 네트워크의 유효규모를 구할 수 있으며, 이를 **효율성(efficiency)**이라고 한다. 즉 효율성은 에고와 알터 간 연결관계의 비중복 비율을 나타낸다.

[그림 6-4]를 통해 에고의 중복성, 즉 유효규모를 구하는 과정을 살펴보자. [그림 6-4]에서 액터 i는 에고를 나타내고, 액터 j는 에고 i와 직접적 연결관계를 갖고 있는 알터를 의미하며, 액터 q는 액터 i와 j를 제외한 제3의 알터(역시 에고 i와 연결)를 나타낸다. 여기에서 에고 i를 나라고 했을 때, 나는 나와 연결된 알터 j가 나와 연결된 또 다른 알터들과 얼마나 많은 연결관계를 갖고 있는지를 측정하여 나의 중복성의 정도를 평가한다(Burt 1992). 내가 액터 j를 통해 얻는 정보는 (1) 내가 또 다른 액터 q와의 관계에 많은 시간과 노력을

그림 6-4 | 에고 i의 중복성

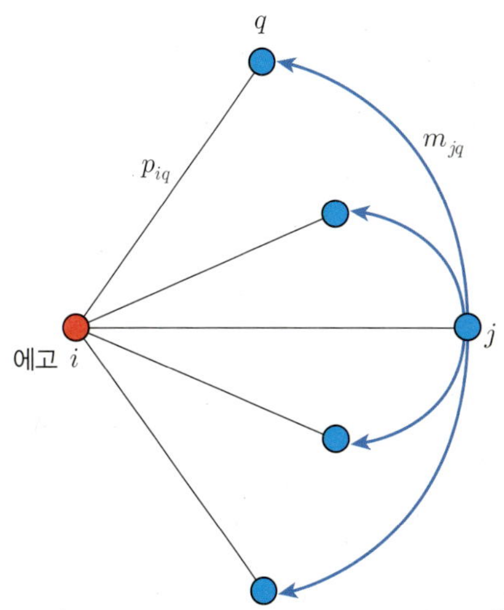

"중복 액터는 다른 액터들과 연결되어 있다."

투자하고 있고, (2) 그 액터 q가 또한 액터 j와 강한 연결관계를 가지고 있을 경우 중복적일 가능성이 높다. 따라서 나와 알터 j의 관계에 대한 중복정도는 위의 두 가지 요소(내가 액터 q와의 관계에 투자하는 시간과 노력의 정도와 액터 q와 액터 j 간의 관계강도)에 의해 결정된다.

에고 i의 중복성은 다음과 같은 산식 (1)에 의해서 산출된다.

$$R_i = \sum_j R_{ij} = \sum_j \left(\sum_q p_{iq} m_{jq} \right), \ q \neq i, j \qquad (1)$$

여기서 R_i: 에고 i의 중복성

R_{ij}: $(i,\ j)$ 연결관계의 중복정도

p_{iq}: i의 연결관계 중 q와의 직접적인 접촉에 투자된 관계의 비율

m_{jq}: $(j,\ q)$ 연결관계의 한계강도$\left(= \frac{(j,\ q)\text{ 연결관계의 강도}}{j\text{의 가장 강한 연결관계 강도}} \right)$

에고 i의 중복성을 구하는 과정을 좀 더 자세히 살펴보면 다음과 같다.

- 에고 i의 연결관계 중에서 제3의 액터 q와의 직접적인 접촉에 투자된 관계의 비율을 구한다(p_{iq}). 연결관계를 1과 0으로 나타낸 이진 네트워크의 경우에 $p_{iq} = \frac{1}{\text{에고 네트워크의 크기(알터의 개수)}}$ 이다.
- 제3의 액터 q와 액터 j 간의 연결관계의 강도를 액터 j가 가지고 있는 가장 강한 연결관계 강도로 나누어 $(j,\ q)$ 간의 한계강도(marginal strength)를 구한다(m_{jq}). 이진 네트워크의 경우 가장 강한 연결관계의 강도는 항상 1이므로 이 값은 1 또는 0이 된다. 즉 $(j,\ q)$ 간의 연결관계가 존재하면 $m_{jq} = 1$이 되고 그렇지 않으면 $m_{jq} = 0$이 된다.
- 에고 i와 연결된 모든 제3의 액터 q에 대하여 같은 방식으로 두 값 p_{iq}와 m_{jq}를 구하여 곱한 후 모든 q에 대하여 더한다($\sum_q p_{iq} m_{jq}$). 이렇게 구해진 $p_{iq} m_{jq}$의 합 R_{ij}는 에고 i가 알터 j와 맺고 있는 관계가 알터 j가 에고 i의 다른 알터들(q)과 맺고 있는 관계로 인해 중복이 되는 비율을 나타낸다.
- 에고 i와 직접적으로 연결된 모든 알터 j에 대하여 합산하여($\sum_j R_{ij}$) 에고 i의 중복성을 산출한다.

에고 i와 알터 j 간 관계의 비중복 비율은 1에서 $(i,\ j)$ 연결관계의 중복 비율을 빼서 구할 수 있다$(1-R_{ij})$. 이 값을 모든 알터(즉 모든 j)에 대해 더하면 에고 i의 에고 네트워크 유효규모가 산출된다.

에고 i의 에고 네트워크 유효규모는 다음과 같은 산식 (2)에 의해서 산출된다.

$$ES_i = \sum_j (1-R_{ij}) = n - R_i,\ q \neq i, j \tag{2}$$

여기서 ES_i: i 에고 네트워크의 유효규모

R_{ij}: (i, j) 연결관계의 중복정도

R_i: 에고 i의 중복성

n: i 에고 네트워크 실제규모(즉 알터의 개수)

유효규모를 구하는 과정을 좀 더 자세히 살펴보면 다음과 같다.

- 에고 i에 대한 액터 j의 중복정도인 R_{ij}를 1에서 차감하여$(1-R_{ij})$, 관계의 비중복 비율을 구한다.
- 에고 i와 직접적으로 연결된 모든 알터 j에 대하여 합산하여$(\sum_j (1-R_{ij}))$, 액터 i를 에고로 한 에고 네트워크의 비중복 액터의 개수, 즉 유효규모를 산출한다.
- 유효규모는 일반적으로 실제규모(즉 알터의 개수)에서 에고 i의 중복성을 차감하여 산출한다$(n-R_i)$.

만일 에고 i의 알터들이 서로 연결관계가 전혀 없다면 에고 i의 중복성은 0이다. 따라서 이 경우 유효규모는 실제규모인 알터의 개수 n이 된다. 이는 액터 하나하나가 모두 네트워크 내에서 에고에게 하나의 온전한 비중복 접촉을 제공한다는 것을 의미한다. 만일 에고 i의 알터들이 모두 서로 연결관계를 갖는다면 중복성은 $(n-1)$이다. 왜냐하면 액터 j가 에고 i의 다른 알터들과 모두 연결관계를 갖는다면 액터 j에 의한 중복은 $\frac{1}{n} \times (n-1)$이 되고 이러한 액터 j와 같은 알터가 모두 n개만큼 있기 때문이다.[2] 따라서 이 경우 유효규모는 실제규모

2 액터 j가 에고의 다른 알터들과 모두 연결되어 있을 경우, 에고 i와 액터 j 간의 중복정도는 에고 i가 각 알터에 투자한 관계비율 $\frac{1}{n}$, 즉 $p_{iq} = \frac{1}{n}$에 액터 j가 에고 i와 중복하여 관계하고 있는 다른 모든 알터의 개수, 즉 $(n-1)$을 곱한 $\frac{1}{n} \times (n-1)$만큼 된다($m_{jq} = 1$인 다른 알터 q가 $(n-1)$개 있으므로). 따라서 중복성 총합은 개별 중복성 값을 n개의 액터에 대해 더한 $(n-1)$이 된다.

인 알터의 개수 n에서 모든 알터로부터의 중복성 $(n-1)$을 뺀 1이 된다. 이는 에고 i의 네트워크에 있는 액터 각각이 다른 액터들과 완전히 중복되는 경우를 나타낸다.

이처럼 에고 네트워크의 유효규모는 1에서부터 네트워크 내의 알터의 개수(즉 에고와 연결된 액터의 개수)까지의 값을 갖는다. 유효규모가 1이라는 것은 알터들이 완전히 중복되어 있기 때문에 에고는 어느 하나의 알터만을 통해서도 다른 모든 알터에 도달할 수 있다는 것을 나타내고(즉 에고 네트워크가 에고에게 제공하는 실질적인 유효한 알터의 수는 하나이다), 유효규모가 알터의 개수라는 것은 네트워크 내의 모든 알터가 비중복이기 때문에 각 알터는 에고에 대해 고유한 정보제공 원천으로서의 역할을 한다는 것을 의미한다(즉 에고 네트워크가 에고에게 제공하는 실질적인 유효한 알터의 수는 관측된 알터의 수와 동일하다). 따라서 유효규모를 실제 관측된 네트워크 규모로 나눈 효율성은 네트워크 내의 모든 알터들이 비중복일 경우 최대 1의 값을 가지며, 네트워크 내의 모든 알터들이 중복일 경우에는 $\frac{1}{\text{알터의 개수}}$의 값을 갖게 된다. 효율성은 산식 (3)에 의해 계산된다.

$$EF_i = \frac{ES_i}{n} \tag{3}$$

여기서 EF_i: i 에고 네트워크의 효율성
ES_i: i 에고 네트워크의 유효규모
n: i 에고 네트워크의 실제규모(즉 알터의 개수)

[그림 6-5]의 다섯 개의 액터로 구성된 네트워크를 이용하여 중복성 및 유효규모를 계산해보자.

그림 6-5 ▌ 5액터 네트워크

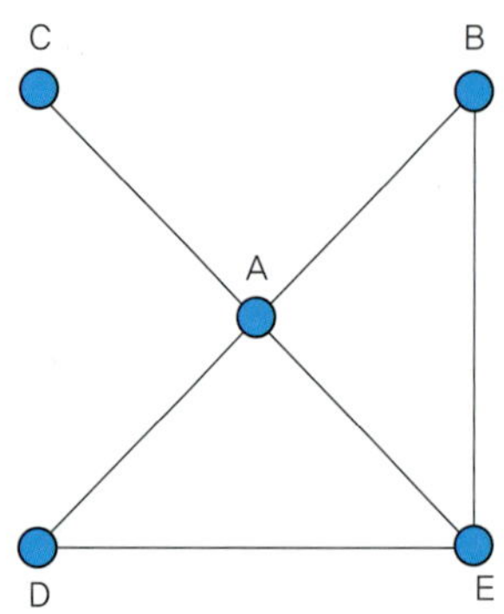

	A	B	C	D	E
A	0	1	1	1	1
B	1	0	0	0	1
C	1	0	0	0	0
D	1	0	0	0	1
E	1	1	0	1	0

액터 A를 에고로 하여 에고 네트워크의 중복성을 구해보면 [그림 6-6]과 같다. P 매트릭스는 액터 q에 투자된 액터 i의 관계의 비율 p_{iq}를 나타낸다(매트릭스의 각 셀은 p_{iq}). 예를 들어, 액터 A는 액터 B, C, D, E 총 네 개의 액터와 관계를 유지하고 있기 때문에 각 액터에 투자된 액터 A의 관계비율은 $\frac{1}{4}$ 씩이다$\left(p_{AB}=p_{AC}=p_{AD}=p_{AE}=\frac{1}{4}\right)$. PM_i 매트릭스는 액터 i가 에고일 경우 각 알터 j가 가지는 중복을 나타낸다(매트릭스의 각 셀은 $p_{iq}m_{jq}$). 예를 들어, 액터 A가 에고일 경우($i=$A)의 PM_A 매트릭스를 보면, 알터 B($j=$B)는 다른 알터 E와 연결관계를 가지고 있기 때문에 에고 A가 알터 E에 투자한 관계비율 $\frac{1}{4}$ 만큼의 중복이 존재한다$\left(R_{AB}=p_{AC}m_{BC}+p_{AD}m_{BD}+p_{AE}m_{BE}=\frac{1}{4}\times 0+\frac{1}{4}\times 0+\frac{1}{4}\times 1=\frac{1}{4}\right)$. 알터 D($j=$D)의 경우도 알터 E와 연결되어 있기 때문에 알터 B와 마찬가지로 $\frac{1}{4}$ 만큼의 중복을 갖는다$\left(R_{AD}=p_{AB}m_{DB}+p_{AC}m_{DC}+p_{AE}m_{DE}=\frac{1}{4}\times 0+\frac{1}{4}\times 0+\frac{1}{4}\times 1=\frac{1}{4}\right)$. 알터 E($j=$E)는 알터 B와 D 두 명의 알터와 연결관계를 가지므로 에고 A가 알터 B와 D에 투자한 $\frac{2}{4}$ 만큼의 중복이 생긴다$\left(R_{AE}=p_{AB}m_{EB}+p_{AC}m_{EC}+p_{AD}m_{ED}=\frac{1}{4}\times 1+\frac{1}{4}\times 0+\frac{1}{4}\times 1=\frac{2}{4}\right)$.

그림 6-6 ▌액터 A의 에고 네트워크 : 중복성

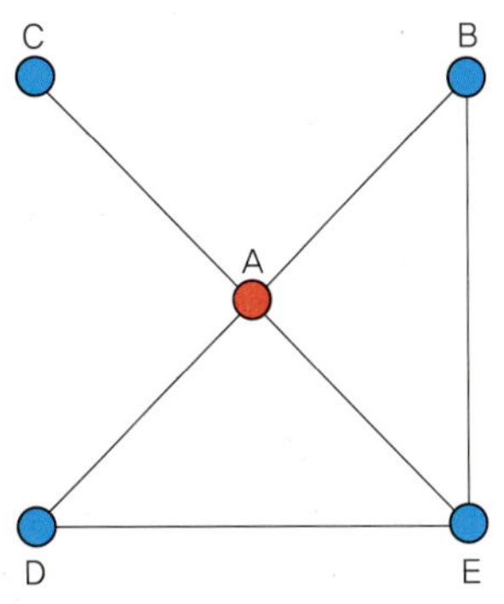

중복성=1(=1/4+0+1/4+2/4)
유효규모=3(=4−1)
효율성=0.75(=3/4)

P 매트릭스

	A	B	C	D	E
A	0	1/4	1/4	1/4	1/4
B	1/2	0	0	0	1/2
C	1/1	0	0	0	0
D	1/2	0	0	0	1/2
E	1/3	1/3	0	1/3	0

PM_A 매트릭스

	A	B	C	D	E
A	−	−	−	−	−
B	−	0	0	0	1/4
C	−	0	0	0	0
D	−	0	0	0	1/4
E	−	1/4	0	1/4	0
R_{Aj}	−	1/4	0	1/4	2/4

그림 6-7 ▌액터 E의 에고 네트워크 : 중복성

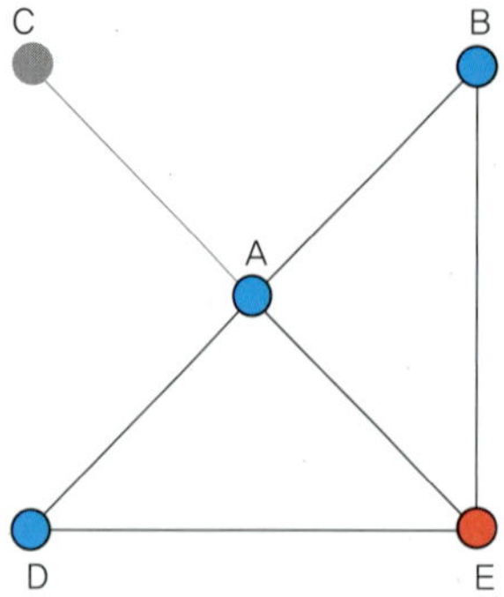

중복성=1.33(=2/3+1/3+1/3)
유효규모=1.67(=3-1.33)
효율성=0.56(=1.67/3)

P 매트릭스

	A	B	D	E
A	0	1/3	1/3	1/3
B	1/2	0	0	1/2
D	1/2	0	0	1/2
E	1/3	1/3	1/3	0

PM_E 매트릭스

	A	B	D	E
A	0	1/3	1/3	–
B	1/3	0	0	–
D	1/3	0	0	–
E	–	–	–	–
R_{Ej}	2/3	1/3	1/3	–

연결된 알터가 없는 알터 C(j=C)의 경우에는 에고 A와의 관계만 유지되고 있기 때문에 중복이 존재하지 않는다$\left(R_{AC}=p_{AB}m_{CB}+p_{AD}m_{CD}+p_{AE}m_{CE}=\frac{1}{4}\times 0+\frac{1}{4}\times 0+\frac{1}{4}\times 0=0\right)$. 이렇게 알터별로 구해진 중복을 모두 더하면($\sum_j R_{ij}=\sum_j\sum_q p_{iq}m_{jq}$) 1이 되며, 이 값이 에고 A의 중복성이 된다. 따라서 이를 실제 관측된 알터의 수 4에서 빼면 액터 A의 에고 네트워크의 유효규모는 3이 되고, 이 에고 네트워크의 비중복 정도를 나타내는 효율성은 0.75가 된다.

액터 E를 에고로 하여 에고 네트워크의 중복성을 구해보면 [그림 6-7]과 같다. 액터 E를 중심으로 한 에고 네트워크에는 액터 C가 알터로 포함되지 않기 때문에 P 매트릭스 및 PM_E 매트릭스에 액터 C는 포함되지 않는다. 액터 E를 중심으로 한 에고 네트워크는 액터 A의 에고 네트워크에 비해 효율성이 낮으며(에고 A의 효율성 0.75, 에고 E의 효율성 0.56), 이는 액터 E의 에고 네트워크가 액터 A의 에고 네트워크에 비해 연결관계의 중복이 더 크다는 것을 의미한다. 따라서 액터 E는 액터 A에 비해 구조적 공백을 활용할 위치적 이점이 더 작다.

[그림 6-8]에 각 액터별로 에고 네트워크의 중복성을 정리하였다. 하나의 연결관계만을 가지고 있는 액터 C를 제외하면 액터 A의 효율성이 가장 크며 액터 E가 그 뒤를 이어 높은

그림 6-8 **5액터 네트워크 : 중복성**

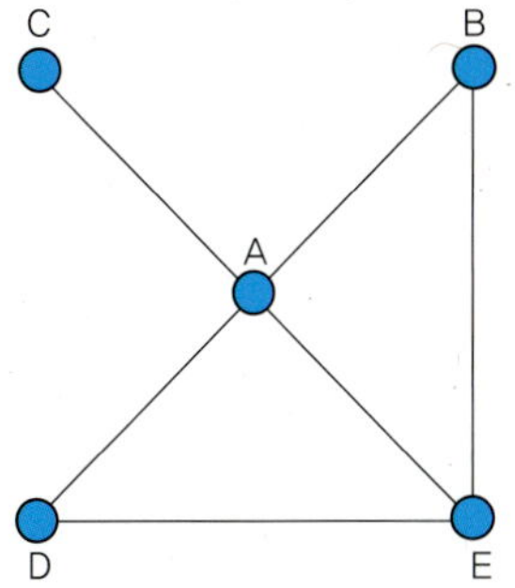

에고	관측규모	유효규모	효율성
A	4	3	0.75
B	2	1	0.50
C	1	1	1.00
D	2	1	0.50
E	3	1.67	0.56

효율성을 보여주고 있다.

중복성은 기본적으로 에고 네트워크의 알터들 간의 연결관계를 바탕으로 정의된 개념이기 때문에 알터들의 연결정도를 이용하여 계산할 수 있다. 중복성은 알터들의 연결정도 평균과 일치한다. 연결정도 평균은 산식 (4)와 같이 네트워크 내 모든 노드의 연결정도를 더한 후 노드의 개수로 나누어서 구한다. 에고 네트워크에서는 연결정도 산정 시 에고와의 연결은 제외한다. 하나의 라인은 두 노드에 의해 공유되기 때문에 연결정도의 합은 네트워크 내의 라인 개수에 두 배를 한 것과 같다.

$$\bar{d} = \frac{\sum_{i=1}^{n} d(N_i)}{n} = \frac{2L}{n} \tag{4}$$

여기서 $\bar{d}$: 연결정도 평균
n: 알터의 개수
$d(N_i)$: 알터 i의 연결정도
L: 라인의 개수

에고 네트워크의 중복성과 유효규모는 연결정도 평균을 이용하여 산식 (5) 및 산식 (6)과 같이 계산한다. 산식 (5)를 보면 중복성은 알터의 개수에 반비례한다. 다시 말해 알터가 많아지면 중복성은 작아지고, 이는 유효규모가 커진다는 것을 의미한다.

$$\text{중복성} = \frac{2L}{n} \tag{5}$$

$$\text{유효규모} = n - \frac{2L}{n} \tag{6}$$

[그림 6-6] 액터 A의 에고 네트워크에 적용해보면, 에고 A를 제외한 나머지 알터들(알터 B, C, D, E)의 연결정도는 각각 1, 0, 1, 2이고 이를 평균하면 $1\left(=\dfrac{1+0+1+2}{4}\right)$이 된다. 이는 앞서 구했던 중복성 값과 일치한다. 에고와의 연결을 제외한 라인의 개수가 2이므로 두 배를 하여 알터의 개수 4로 나누면 역시 동일한 중복성 값 $1\left(=\dfrac{2\times 2}{4}\right)$을 구할 수 있다.

중복성은 밀도의 개념과도 밀접한 관련을 갖는다. 왜냐하면 중복성을 나타내는 네트워크의 연결정도 평균은 네트워크의 밀도를 이용하여 나타낼 수 있기 때문이다. 사실 연결정도 평균은 산식 (7)과 같이 '밀도 ×(알터의 개수 − 1)'로 구할 수 있다. 따라서 중복성은 네트워크 규모(즉 알터의 개수)로 조정된 에고 네트워크 밀도라고 말할 수 있다. 산식 (7)을 보면 중복성은 밀도에 비례하여 커진다. 즉 밀도가 커지면 중복성도 증가하고 유효규모는 작아진다.

$$D\times(n-1)=\frac{2L}{n}\text{(=중복성)} \tag{7}$$

여기서 $D=\dfrac{L}{{}_nC_2}=\dfrac{L}{n(n-1)/2}$

D: 밀도

L: 라인의 개수

n: 알터의 개수

$${}_nC_2=\frac{n!}{(n-2)!\times 2!}=\frac{n(n-1)}{2}$$

[그림 6-9]의 일곱 개의 액터로 구성된 네트워크를 통해 에고의 네트워크 내 위치에 따라 중복성, 유효규모, 효율성 등이 어떻게 변화하는지 좀 더 살펴보자(Burt 1995). 이 네트워크에서 우선 액터 G가 에고인 경우에 초점을 맞추어 보자([그림 6-10]). 에고 G는 여섯 명의 알터들과 연결되어 있고, 따라서 각 알터는 에고가 관계에 투입하는 총투자의 $\frac{1}{6}$씩을 차지하고 있다. 이제 에고의 중복성을 파악하기 위하여 이들 여섯 명의 알터 간의 관계를 살펴보자. 알터 A는 에고의 다른 알터 세 명(B, E, F)과 연결관계를 갖고 있다. 따라서 에고 G는 알터 A와의 연결을 통해 다른 알터 B, E, F에 도달할 수 있으므로 에고와 연결된 알터 B, E, F에 대한 투자 $\frac{3}{6}$은 중복이다. 알터 B는 에고 G의 알터 두 명(A, D)과 연결되어 있으므로, 에고 G는 이미 연결된 알터 A와 D에 대해 $\frac{2}{6}$만큼의 중복 투자를 하고 있다. 에고 G를 중심으로 각 알터로 인해 발생하는 중복은 [그림 6-10]과 같다.

그림 6-9 ▌ 7액터 네트워크

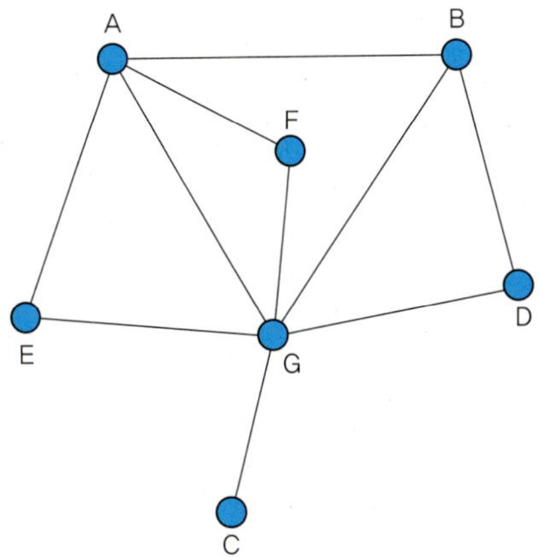

	A	B	C	D	E	F	G
A	0	1	0	0	1	1	1
B	1	0	0	1	0	0	1
C	0	0	0	0	0	0	1
D	0	1	0	0	0	0	1
E	1	0	0	0	0	0	1
F	1	0	0	0	0	0	1
G	1	1	1	1	1	1	0

그림 6-10 ▌ 액터 G의 에고 네트워크 : 중복성

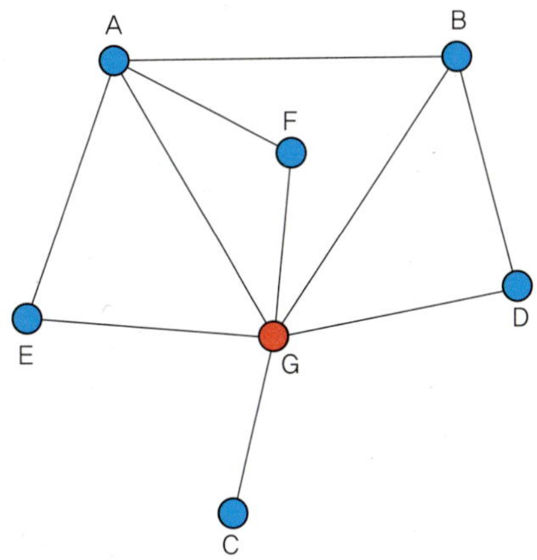

중복성=1.33(=3/6+2/6+0+1/6+1/6+1/6)
유효규모=4.67(=6−1.33)
효율성=0.78(=4.67/6)

P 매트릭스

	A	B	C	D	E	F	G
A	0	1/4	0	0	1/4	1/4	1/4
B	1/3	0	0	1/3	0	0	1/3
C	0	0	0	0	0	0	1/1
D	0	1/2	0	0	0	0	1/2
E	1/2	0	0	0	0	0	1/2
F	1/2	0	0	0	0	0	1/2
G	1/6	1/6	1/6	1/6	1/6	1/6	0

PM_G 매트릭스

	A	B	C	D	E	F	G
A	0	1/6	0	0	1/6	1/6	−
B	1/6	0	0	1/6	0	0	−
C	0	0	0	0	0	0	−
D	0	1/6	0	0	0	0	−
E	1/6	0	0	0	0	0	−
F	1/6	0	0	0	0	0	−
G	−	−	−	−	−	−	−
R_{Gj}	3/6	2/6	0	1/6	1/6	1/6	

각 알터로부터 발생하는 중복을 모두 합하면 에고 G의 네트워크에 대한 중복성은 1.33이 된다. 이를 알터의 개수 6에서 빼면 유효규모는 4.67이다. 만일 에고의 알터들이 서로 연결관계를 하나도 갖고 있지 않다면, 이 에고 네트워크의 중복성은 0이 되므로 유효규모는 6이 될 것이다. 따라서 유효규모 4.67은 중복이 전혀 없는 유효규모 6 대비 78%$\left(=\frac{4.67}{6}\times 100\right)$의 효율성, 즉 비중복 비율을 나타낸다.

이번에는 다른 액터를 에고로 하여 중복성을 계산해보자. 액터 A가 에고인 경우 총 네 명의 알터(B, E, F, G)가 존재한다. 따라서 각 알터는 에고의 관계에 대한 총투자의 $\frac{1}{4}$씩을 점유하고 있다. 중복성을 계산하기 위하여 이들 네 명의 알터들이 자신을 제외한 나머지 세 명의 알터들과 얼마나 연결되어 있는지 살펴보자. 알터 B는 한 명의 알터(G)와 연결되어 있다. 알터 E와 알터 F 역시 한 명의 알터(G)와 연결되어 있다. 알터 G는 나머지 세 명의 알터(B, E, F) 모두와 연결되어 있다. 따라서 알터 B, E, F, G는 에고 A에 대해 각각 $\frac{1}{4}$, $\frac{1}{4}$, $\frac{1}{4}$, $\frac{3}{4}$만큼의 중복을 가져오게 된다. 에고 A에 대해 각 알터로부터 발생하는 중복은 [그림 6-11]과 같다.

그림 6-11 | 액터 A의 에고 네트워크 : 중복성

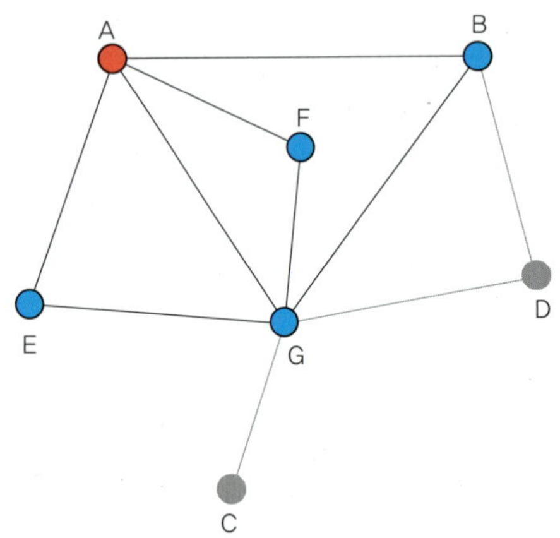

중복성=1.50(=1/4+1/4+1/4+3/4)
유효규모=2.50(=4−1.50)
효율성=0.63(=2.50/4)

P 매트릭스

	A	B	E	F	G
A	0	1/4	1/4	1/4	1/4
B	1/2	0	0	0	1/2
E	1/2	0	0	0	1/2
F	1/2	0	0	0	1/2
G	1/4	1/4	1/4	1/4	0

PM_A 매트릭스

	A	B	E	F	G
A	−	−	−	−	−
B	−	0	0	0	1/4
E	−	0	0	0	1/4
F	−	0	0	0	1/4
G	−	1/4	1/4	1/4	0
R_{Aj}	−	1/4	1/4	1/4	3/4

네 명의 알터로부터 발생하는 중복을 모두 합하면 에고 A의 에고 네트워크에 대한 중복성은 1.50이다. 따라서 유효규모는 2.50(= 4−1.50)이 된다. 유효규모 2.50은 중복이 전혀 없는 유효규모 4 대비 63%$\left(= \frac{2.50}{4} \times 100\right)$의 효율성, 즉 비중복 비율을 나타낸다.

제약성

구조적 공백을 통해 획득할 수 있는 네트워크 내에서의 위치적 우위를 설명하는 또 다른 개념인 제약성(constraint)은 에고에 이웃해 있는 알터들 간의 관계가 에고를 제약하는 정도를 나타낸다. 예를 들어, 액터 A는 액터 B와 연결되어 있고 액터 A와 연결된 다른 액터들이 역시 액터 B와 연결되어 있다면, 위치적 이점을 이용하려는 액터 A의 행동은 액터 B에 의해 제약을 받을 가능성이 높다. 제약성은 개념적으로 에고가 네트워크 내에서 구조적 공백을 이용할 여지를 얼마나 갖고 있는가를 나타낸다. 나의 거래 파트너들이 서로 간에도 거래 파트너라면 나의 행동은 상당히 제약받을 것이다. 반면에 나의 거래 파트너들이 나 이외에는 다른 대안이 없다면 나의 거래 파트너들은 나를 제약할 수 없다. 즉 제약성은 다른 사람들과 많은 연결관계를 갖고 있는 사람은 연결된 그 사람들이 서로 또 얼마나 잘 연결되어 있느냐에 따라 행동의 자유를 잃게 될 가능성이 있다는 것을 의미한다.

[그림 6−12]를 통해 에고의 제약성을 구하는 과정을 살펴보자. [그림 6−12]에서 액터 i는 에고를 나타내고, 액터 j는 에고 i와 직접적 연결관계를 갖고 있는 알터를 의미하며, 액터 q는 액터 i와 j를 제외한 제3의 알터(역시 에고 i와 연결)를 나타낸다. 여기에서 에고 i를 나라고 했을 때, 나는 나와 연결된 알터 j가 나와 연결된 또 다른 알터들과 얼마나 많은 연결관계를 갖고 있는지를 측정하여 알터 j가 나를 제약하는 정도를 평가한다. (1) 내가 액터 j와의 관계에 많은 시간과 노력을 투자하고 있고, (2) 액터 j의 주변에는 구조적 공백이 거의 없어서 내가 유리한 협상을 이끌 수 있는 위치적 이점이 적은 경우, 액터 j는 나의 수익 획득 기회(entrepreneurial opportunities)를 제약한다(Burt 1992). 액터 j의 주변에 구조적 공백이 거의 없다는 것은 (1) 내가 또 다른 액터 q와의 관계에 많은 시간과 노력을 투자하고 있고, (2) 그 액터 q가 또한 액터 j와의 관계에 많은 시간과 노력을 투자하고 있는 경우를 의미한다. 즉 액터 j는 에고 i와 연결된 다른 알터들(q)과 역시 연결되어 있다는 의미이며, 이로 인해 에고 i는 정보통제 및 중개역할을 통해 이득을 취할 수 있는 기회가 제약된다. 에고의 제약성이 증가하면 구조적 공백에 따른 위치적 우위가 감소하게 된다. 따라서 알터 j가 나를 제약하는 정도는 위의 두 가지 요소(내가 액터 j와의 관계에 직접적으로 투자

그림 6-12 ▌에고 i의 제약성

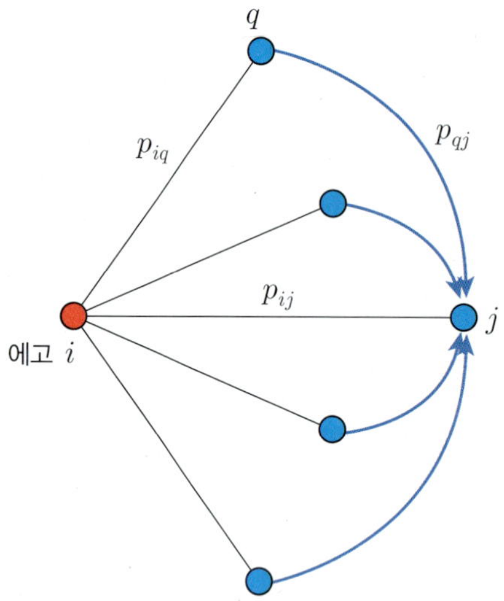

"제약 액터에 다른 액터들은 의존한다."

하는 시간과 노력의 정도와 내가 액터 q를 통해 액터 j와의 관계에 간접적으로 투자하는 시간과 노력의 정도)에 의해 결정된다.

에고 i와 직접적 연결관계를 갖는 액터들이 에고 i를 제약하는 정도는 산식 (8)에 의해서 산출된다.

$$C_i = \sum_j C_{ij} = \sum_j \left(p_{ij} + \sum_q p_{iq}\, p_{qj}\right)^2,\ q \neq i, j \tag{8}$$

여기서 C_i: 에고 i의 제약성

C_{ij}: i에 대한 j의 제약정도

p_{ij}: i의 연결관계 중 j와의 직접적 접촉에 투자된 관계의 비율

$\sum_q p_{iq} p_{qj}$: i의 q를 통한 j에 대한 간접적 접촉에 투자된 관계의 비율

에고 i의 제약성을 구하는 과정을 좀 더 자세히 살펴보면 다음과 같다.

- 에고 i의 연결관계 중 액터 j와의 직접적인 접촉에 투자된 관계의 비율을 구한다(p_{ij}). 연결관계를 1과 0으로 나타낸 이진 네트워크의 경우 $p_{ij} = \dfrac{1}{\text{에고 네트워크의 크기(알터의 개수)}}$ 이다.

- 에고 i의 연결관계 중 제3의 액터 q와의 직접적인 접촉에 투자된 관계의 비율(p_{iq})을 구하고 액터 q의 연결관계 중 액터 j와의 직접적인 접촉에 투자된 관계의 비율(p_{qj})을 구한 후 이 두 값을 곱하여 모든 제3의 액터들에 대해서 더한다($\sum_q p_{iq} p_{qj}$). 이 값은 에고 i의 제3의 액터 q를 통한 액터 j와의 간접적 접촉에 투자된 관계의 비율을 나타낸다.
- 이렇게 구해진 두 개의 값을 합산한 후 제곱한다($(p_{ij} + \sum_q p_{iq} p_{qj})^2$).
- 이를 모든 액터 j에 대해 더한다($\sum_j (p_{ij} + \sum_q p_{iq} p_{qj})^2$).

에고 i의 제3의 액터 q를 통한 액터 j와의 간접적 접촉에 투자된 관계의 비율($\sum_q p_{iq} p_{qj}$)은 에고 i의 액터 q와의 관계에 대한 투자가 액터 j에 대한 투자로 전이되는 과정을 나타낸다. 이 비율이 높아지면 에고 i의 액터 j와의 관계에 대한 투자비율은 더욱 증가하게 되고 액터 q와 액터 j 간 구조적 공백의 생성 가능성은 낮아진다. 제약성을 구하는 산식 (8)은 에고 i의 액터 j와의 관계에 대한 시간과 노력의 직접적·간접적 투자비율이다. 에고 i가 액터 j와의 관계에 직접적·간접적 경로를 통해 시간과 노력을 투자하면 할수록 에고 i는 기 투입된 투자로 인해 액터 j에 대한 의존성이 커지게 되고 액터 j의 요구를 거부하기 어렵게 된다. 즉 액터 j는 에고 i의 행동을 제약하게 된다. 또한 제약성이 크다는 것은 에고 i와 연결된 다른 알터들이 액터 j와 연결관계를 많이 갖고 있다는 것을 의미하므로, 액터 j로부터의 요구에 반하여 에고 i를 도와줄 수 있는 액터를 찾기는 어려워진다. 반면에 제약성이 작으면 에고는 주변의 구조적 공백을 활용하여 다른 대안적 액터를 갖게 되므로 액터 j의 요구를 쉽게 거부할 수 있다. 만일 에고 i의 알터들이 서로 연결관계가 전혀 없다면 알터의 개수가 n일 경우 에고 i의 제약성은 $\frac{1}{n}$이다. 이는 에고 i의 각 알터에 대한 최소한의 관계투자 비율로서, 각 알터들의 에고에 대한 제약이 최소인 상태를 의미한다.

[그림 6-5]의 다섯 개의 액터로 구성된 네트워크를 다시 보도록 하자. 여기에서 액터 A를 에고로 했을 때의 에고 네트워크를 이용하여 제약성을 계산해보면 [그림 6-13]과 같다. P 매트릭스는 액터 j에 투자된 액터 i의 관계의 비율 p_{ij}를 나타낸다(매트릭스의 각 셀은 p_{ij}). 예를 들어, 액터 A는 액터 B, C, D, E 총 네 개의 액터와 관계를 유지하고 있기 때문에, 각 액터에 투자된 액터 A의 관계비율은 $\frac{1}{4}$씩이다$\left(p_{AB} = p_{AC} = p_{AD} = p_{AE} = \frac{1}{4}\right)$. 이를 토대로 먼저 액터 B가 에고 A를 제약하는 정도를 계산해보자. 에고 A의 액터 B와의 관계에

그림 6-13 ▌ 액터 A의 에고 네트워크 : 제약성

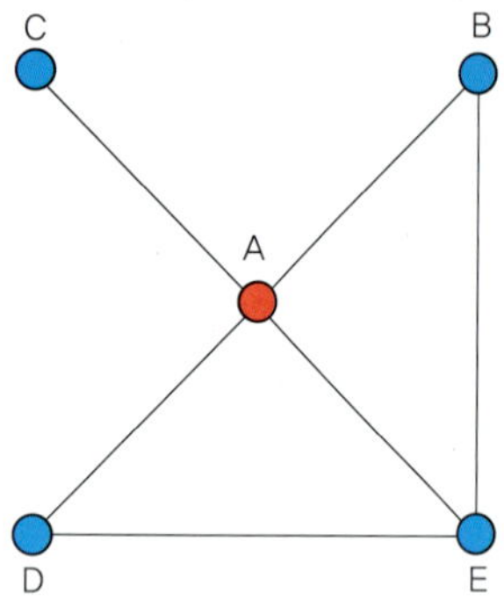

제약성=0.535

P 매트릭스

	A	B	C	D	E
A	0	1/4	1/4	1/4	1/4
B	1/2	0	0	0	1/2
C	1/1	0	0	0	0
D	1/2	0	0	0	1/2
E	1/3	1/3	0	1/3	0

액터	C_{Aj}	계산
B	0.111	$\{1/4+(1/4)\times(1/3)\}^2$
C	0.063	$\{1/4\}^2$
D	0.111	$\{1/4+(1/4)\times(1/3)\}^2$
E	0.250	$\{1/4+(1/4)\times(1/2)+(1/4)\times(1/2)\}^2$
C_A	0.535	

대한 직접적 투자의 비율은 $\frac{1}{4}$ 이다$\left(p_{AB}=\frac{1}{4}\right)$. 액터 B는 에고 A의 또 다른 알터인 액터 E와 연결되어 있고 액터 E는 액터 B와의 관계에 자신의 시간과 노력의 $\frac{1}{3}$ 을 투자하고 있으므로, 에고 A의 액터 B에 대한 간접적 투자의 비율은 $\frac{1}{4}\times\frac{1}{3}$ 이 된다$\left(p_{AE}\times p_{EB}=\frac{1}{4}\times\frac{1}{3}\right)$. 따라서 에고 A가 액터 B에 투자한 총관계비율은 $\frac{1}{4}+\frac{1}{4}\times\frac{1}{3}$ 이 되고 이를 제곱한 $\left(\frac{1}{4}+\frac{1}{4}\times\frac{1}{3}\right)^2$ 이 액터 B의 에고 A에 대한 제약정도이다.[3] 최소 제약성을 나타낸 액터 C를 보자. 액터 C는 에고 A 외에는 다른 어떤 액터하고도 관계를 맺고 있지 않으므로 액터 C에 투자된 에고 A의 관계비율 $\frac{1}{4}$ 을 제곱한 $\left(\frac{1}{4}\right)^2$ 이 액터 C의 에고 A에 대한 제약정도가 된다.

매트릭스 연산을 이용하여 제약성을 구해보자. 액터 간의 직접적 접촉에 투자된 관계의 비율을 나타내는 P 매트릭스가 주어졌을 때, 임의의 두 액터 간의 간접적 접촉에 투자된 관

3 총관계비율을 제곱하는 이유를 최소 제약성 값이 도출되는 과정을 통해 생각해보자. 에고의 알터들이 서로 연결관계가 전혀 없다면 에고에 대한 알터들의 제약은 미미할 것이다. 그렇다고 해서 에고와 알터 간에 제약이 전혀 없는 것은 아니다. 왜냐하면 에고와 알터 간에는 직접적 연결관계는 존재하므로 이로부터 최소한의 제약은 발생한다. 알터의 개수가 n일 경우 에고의 최소 제약성은 직접적 관계투자 비율인 $\frac{1}{n}$ 이 되어야 하며, 이를 위해서는 n개 알터 각각의 제약성은 $\left(\frac{1}{n}\right)^2$ 이 되어야 한다.

계의 비율은 2단계 경로를 이용하여 구할 수 있다. 예를 들어, 액터 B에 대한 액터 A의 간접적 접촉은 액터 A에서 임의의 다른 액터를 거쳐 두 단계 만에 액터 B에 이르는 경로를 의미한다. P 매트릭스를 제곱하면 두 액터 간 2단계 경로를 통한 간접적 관계비율이 계산된다.[4] 따라서 제약성의 계산과정은 산식 (9)와 같은 매트릭스 연산형태로 표현할 수 있다.

$$C = (P + P^2)\#\#2 \qquad (9)$$

여기서 C : 제약성

P : 직접투자

P^2 : 간접투자

##2: 매트릭스 셀 값의 제곱

이러한 절차에 따라 액터 A의 에고 네트워크의 제약성을 구해보면 [그림 6-14]와 같다

그림 6-14 ▌ 액터 A의 에고 네트워크 : 제약성(매트릭스 계산)

P 매트릭스

	A	B	C	D	E
A	0.000	0.250	0.250	0.250	0.250
B	0.500	0.000	0.000	0.000	0.500
C	1.000	0.000	0.000	0.000	0.000
D	0.500	0.000	0.000	0.000	0.500
E	0.333	0.333	0.000	0.333	0.000

P^2 매트릭스

	A	B	C	D	E
A	–	0.083	0.000	0.083	0.250
B	0.167	–	0.125	0.292	0.125
C	0.000	0.250	–	0.250	0.250
D	0.167	0.292	0.125	–	0.125
E	0.333	0.083	0.083	0.083	–

$P + P^2$ 매트릭스

	A	B	C	D	E
A	–	0.333	0.250	0.333	0.500
B	0.667	–	0.125	0.292	0.625
C	0.000	0.250	–	0.250	0.250
D	0.667	0.292	0.125	–	0.625
E	0.666	0.416	0.083	0.416	–

C 매트릭스

	A	B	C	D	E	C_A
A	–	0.111	0.063	0.111	0.250	0.535
B	0.444	–	0.016	0.085	0.391	
C	1.000	0.063	–	0.063	0.063	
D	0.444	0.085	0.016	–	0.391	
E	0.444	0.173	0.007	0.173	–	

4 예를 들어, [그림 6-14]의 P^2 매트릭스의 (A, E)셀 값 0.250은 P 매트릭스의 A행과 E열에 대한 매트릭스 곱셈 연산을 이용하여 다음과 같이 계산된다: (0×0.250)+(0.250×0.500)+(0.250×0)+(0.250×0.500)+(0.250×0)=0.250.

(StructuralHole-Constraint.xlsx 파일). C 매트릭스의 첫 번째 행(액터 A)을 보면 액터 A의 알터인 액터 B, C, D, E가 액터 A를 제약하는 정도를 확인할 수 있다. 이 값들을 모두 더한 값이 액터 A의 제약성이다.

액터 E의 에고 네트워크의 제약성을 구해보면 [그림 6-15]와 같다. 여기에서 액터 C는 액터 E의 알터가 아니기 때문에 액터 E의 에고 네트워크를 대상으로 한 제약성분석에는 액터 C가 포함되지 않는다. 따라서 에고 E는 알터 A, B, D 총 세 개의 액터와 관계를 유지하게 되고, 각 액터에 투자된 에고 E의 관계비율은 $\frac{1}{3}$ 씩이 된다. 액터 A가 에고 E를 제약하는 정도를 계산해보자. 에고 E의 액터 A와의 관계에 대한 직접적 투자의 비율은 $\frac{1}{3}$ 이다$\left(p_{EA}=\frac{1}{3}\right)$. 액터 A는 에고 E의 또 다른 알터인 액터 B와 연결되어 있고 액터 B는 액터 A와의 관계에 자신의 시간과 노력의 $\frac{1}{2}$ 을 투자하고 있으므로, 에고 E의 액터 B를 통한 액터 A에 대한 간접적 투자의 비율은 $\frac{1}{3}\times\frac{1}{2}$ 이 된다$\left(p_{EB}\times p_{BA}=\frac{1}{3}\times\frac{1}{2}\right)$. 액터 A는 에고 E의 또 다른 알터인 액터 D와도 연결되어 있으므로 마찬가지 방식으로 에고 E의 액터 D를 통한 액터 A에 대한 간접적 투자의 비율을 구해보면 $\frac{1}{3}\times\frac{1}{2}$ 이 된다$\left(p_{ED}\times p_{DA}=\frac{1}{3}\times\frac{1}{2}\right)$. 따라서 에고 E가 액터 A에 투자한 총관계비율은 $\frac{1}{3}+\frac{1}{3}\times\frac{1}{2}+\frac{1}{3}\times\frac{1}{2}$ 이 되고 이를 제곱한 $\left(\frac{1}{3}+\frac{1}{3}\times\frac{1}{2}+\frac{1}{3}\times\frac{1}{2}\right)^2$ 이 액터 A의 에고 E에 대한 제약정도이다.

액터 E의 에고 네트워크의 제약성을 매트릭스 연산을 이용하여 구해보면 [그림 6-16]과

그림 6-15 ▌액터 E의 에고 네트워크 : 제약성

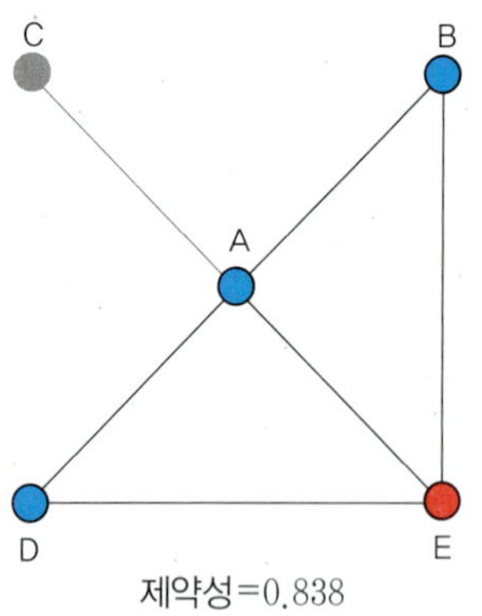

P 매트릭스

	A	B	D	E
A	0	1/3	1/3	1/3
B	1/2	0	0	1/2
D	1/2	0	0	1/2
E	1/3	1/3	1/3	0

액터	C_{Ej}	계산
A	0.444	$\{1/3+(1/3)\times(1/2)+(1/3)\times(1/2)\}^2$
B	0.197	$\{1/3+(1/3)\times(1/3)\}^2$
D	0.197	$\{1/3+(1/3)\times(1/3)\}^2$
C_E	0.838	

그림 6-16 | 액터 E의 에고 네트워크 : 제약성(매트릭스 계산)

P 매트릭스

	A	B	D	E
A	0.000	0.333	0.333	0.333
B	0.500	0.000	0.000	0.500
D	0.500	0.000	0.000	0.500
E	0.333	0.333	0.333	0.000

P^2 매트릭스

	A	B	D	E
A	–	0.111	0.111	0.333
B	0.167	–	0.333	0.167
D	0.167	0.333	–	0.167
E	0.333	0.111	0.111	–

$P+P^2$ 매트릭스

	A	B	D	E
A	–	0.444	0.444	0.666
B	0.667	–	0.333	0.667
D	0.667	0.333	–	0.667
E	0.666	0.444	0.444	–

C 매트릭스

	A	B	D	E	C_E
A	–	0.197	0.197	0.444	
B	0.444	–	0.111	0.444	
D	0.444	0.111	–	0.444	
E	0.444	0.197	0.197	–	0.838

같다(StructuralHole-Constraint.xlsx 파일). C 매트릭스에서 액터 E 행이 에고 E가 다른 알터들로부터 받는 제약정도이다. 액터 A, B, D의 에고 E에 대한 제약성은 각각 0.444, 0.197, 0.197이고, 이를 모두 합한 0.838이 에고 E가 갖는 제약성이다. [그림 6-17]에 각 액터별로 에고 네트워크의 제약성을 정리하였다. 액터 A의 제약성이 가장 낮았으며, 액터 B와 D가 가장 큰 제약성을 갖고 있는 것으로 나타났다.

[그림 6-9]의 일곱 개의 액터로 구성된 네트워크를 이용하여 제약성의 개념을 좀 더 살펴보자. 액터 G가 에고일 경우의 제약성을 구해보면 [그림 6-18]과 같다. 각 액터별로 에고 G에 대한 제약을 구하여 모두 합하면, 에고 G의 제약성은 0.402가 된다. 액터 A가 가장

그림 6-17 | 5액터 네트워크 : 제약성

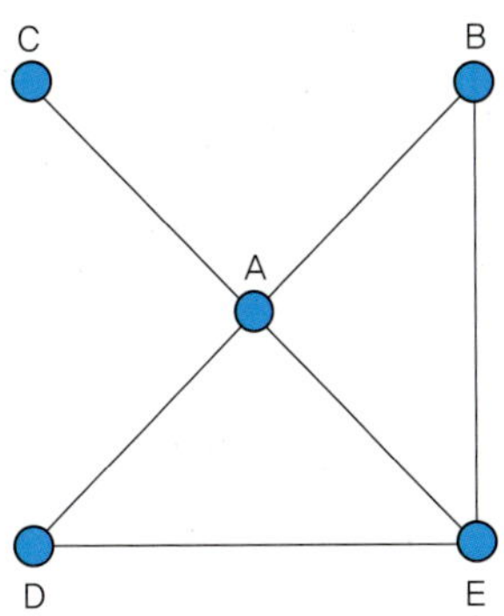

에고	제약성
A	0.535
B	1.125
C	1.000
D	1.125
E	0.838

강한 제약을 주고 있으며(0.152), 반면에 액터 C는 가장 작은 제약을 발생시킨다(0.028). 액터 A는 네트워크 내의 다른 액터들과 가장 많이 연결되어 있기 때문에 에고의 입장에서 볼 때 액터 A로부터의 요구를 회피하거나 이에 대해 협상하기가 쉽지 않다. 하지만 액터 C는 에고 G와만 연결관계를 유지하고 있고 네트워크 내의 다른 액터들과는 완전히 단절되어 있기 때문에 액터 C로부터의 요구는 가장 협상의 여지가 크다.

유사한 제약정도를 보여주고 있는 액터 D, E, F에 주목해보자. 액터 D의 제약은 0.050으로서 액터 E 및 F의 제약 0.044보다 약간 더 큰 수준이다. 이들 세 개의 액터는 각각 하나의 다른 액터를 통해 에고 G와 연결되어 있다는 공통점을 가지고 있다. 즉 액터 D는 액터 B를 통해, 그리고 액터 E 및 F는 액터 A를 통해 에고 G와 연결되어 있다. 차이가 있다면, 액터 D와 연결된 액터 B는 세 개의 연결관계를 가지고 있고, 액터 E 및 F와 연결된 액터 A는 액터 B에 비해 좀 더 많은 네 개의 연결관계를 갖고 있다는 점이다. 이로 인해 액터 B의 액터 D에 대한 관계투자 비율$\left(p_{BD} = \frac{1}{3}\right)$은 액터 A의 액터 E 및 F에 대한 관계투자 비율

그림 6-18 ▌액터 G의 에고 네트워크 : 제약성

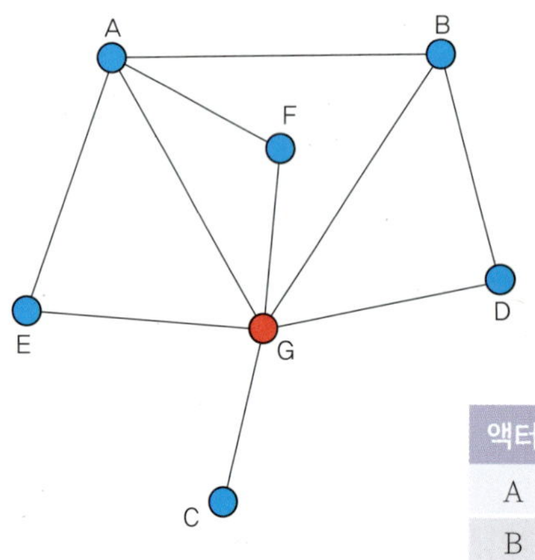

제약성=0.402

P 매트릭스

	A	B	C	D	E	F	G
A	0	1/4	0	0	1/4	1/4	1/4
B	1/3	0	0	1/3	0	0	1/3
C	0	0	0	0	0	0	1/1
D	0	1/2	0	0	0	0	1/2
E	1/2	0	0	0	0	0	1/2
F	1/2	0	0	0	0	0	1/2
G	1/6	1/6	1/6	1/6	1/6	1/6	0

액터	C_{Gj}	계산
A	0.152	$\{1/6+(1/6)\times(1/3)+(1/6)\times(1/2)+(1/6)\times(1/2)\}^2$
B	0.085	$\{1/6+(1/6)\times(1/4)+(1/6)\times(1/2)\}^2$
C	0.028	$\{1/6\}^2$
D	0.050	$\{1/6+(1/6)\times(1/3)\}^2$
E	0.044	$\{1/6+(1/6)\times(1/4)\}^2$
F	0.044	$\{1/6+(1/6)\times(1/4)\}^2$
C_G	0.402	

그림 6-19 ▌ 액터 G의 에고 네트워크 : 제약성(매트릭스 계산)

P 매트릭스

	A	B	C	D	E	F	G
A	0.000	0.250	0.000	0.000	0.250	0.250	0.250
B	0.333	0.000	0.000	0.333	0.000	0.000	0.333
C	0.000	0.000	0.000	0.000	0.000	0.000	1.000
D	0.000	0.500	0.000	0.000	0.000	0.000	0.500
E	0.500	0.000	0.000	0.000	0.000	0.000	0.500
F	0.500	0.000	0.000	0.000	0.000	0.000	0.500
G	0.167	0.167	0.167	0.167	0.167	0.167	0.000

P^2 매트릭스

	A	B	C	D	E	F	G
A	–	0.042	0.042	0.125	0.042	0.042	0.333
B	0.056	–	0.056	0.056	0.139	0.139	0.250
C	0.167	0.167	–	0.167	0.167	0.167	0.000
D	0.250	0.084	0.084	–	0.084	0.084	0.167
E	0.084	0.209	0.084	0.084	–	0.209	0.125
F	0.084	0.209	0.084	0.084	0.209	–	0.125
G	0.223	0.125	0.000	0.056	0.042	0.042	–

$P+P^2$ 매트릭스

	A	B	C	D	E	F	G
A	–	0.292	0.042	0.125	0.292	0.292	0.583
B	0.389	–	0.056	0.389	0.139	0.139	0.583
C	0.167	0.167	–	0.167	0.167	0.167	1.000
D	0.250	0.584	0.084	–	0.084	0.084	0.667
E	0.584	0.209	0.084	0.084	–	0.209	0.625
F	0.584	0.209	0.084	0.084	0.209	–	0.625
G	0.390	0.292	0.167	0.223	0.209	0.209	–

C 매트릭스

	A	B	C	D	E	F	G	C_G
A	–	0.085	0.002	0.016	0.085	0.085	0.340	
B	0.151	–	0.003	0.151	0.019	0.019	0.340	
C	0.028	0.028	–	0.028	0.028	0.028	1.000	
D	0.063	0.340	0.007	–	0.007	0.007	0.444	
E	0.340	0.043	0.007	0.007	–	0.043	0.391	
F	0.340	0.043	0.007	0.007	0.043	–	0.391	
G	0.152	0.085	0.028	0.050	0.044	0.044	–	0.402

$\left(p_{AE}=p_{AF}=\frac{1}{4}\right)$에 비해 크다. 다시 말해 이는 액터 D의 액터 B와의 관계를 통한 협상능력이 액터 E 및 F의 액터 A와의 관계를 통한 협상능력보다 강하다는 것을 나타낸다. 따라서 액터 D는 액터 E 및 F에 비해 에고에 대한 제약이 더 강하게 된다.

매트릭스 계산절차에 따라 액터 G의 에고 네트워크의 제약성을 구해보면 [그림 6-19]와 같다(StructuralHole-Constraint.xlsx 파일). C 매트릭스의 마지막 행(액터 G)을 더하여 액터 G의 제약성을 계산할 수 있다. C 매트릭스의 마지막 행을 보면 액터 G의 알터인 액터 A, B, C, D, E, F가 액터 G를 제약하는 정도를 확인할 수 있으며, 각각 0.152, 0.085, 0.028, 0.050, 0.044, 0.044로 계산되었다. 이 값들을 모두 더한 값 0.402가 액터 G의 에고 네트워크가 갖고 있는 제약성이 된다.

액터 A를 에고로 한 에고 네트워크에 대한 제약성은 [그림 6-20] 및 [그림 6-21]과 같이 계산된다(StructuralHole-Constraint.xlsx 파일). 여기에서 액터 C와 D는 액터 A의 알터가 아니기 때문에 액터 A의 제약성 계산 시 제외된다.

그림 6-20 ▌액터 A의 에고 네트워크 : 제약성

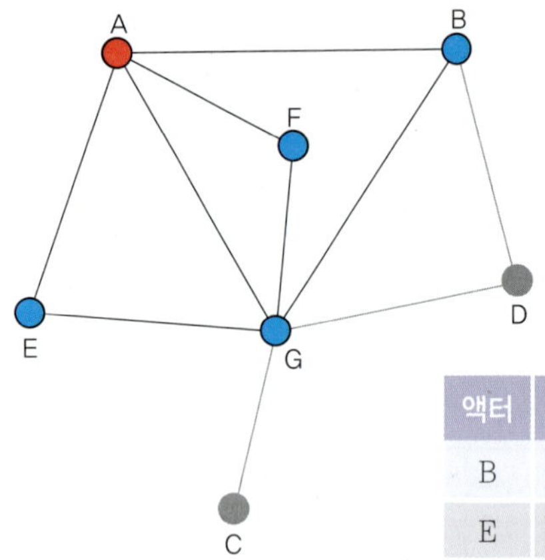

제약성=0.684

P 매트릭스

	A	B	E	F	G
A	0	1/4	1/4	1/4	1/4
B	1/2	0	0	0	1/2
E	1/2	0	0	0	1/2
F	1/2	0	0	0	1/2
G	1/4	1/4	1/4	1/4	0

액터	C_{Aj}	계산
B	0.098	$\{1/4+(1/4)\times(1/4)\}^2$
E	0.098	$\{1/4+(1/4)\times(1/4)\}^2$
F	0.098	$\{1/4+(1/4)\times(1/4)\}^2$
G	0.390	$\{1/4+(1/4)\times(1/2)+(1/4)\times(1/2)+(1/4)\times(1/2)\}^2$
C_A	0.684	

그림 6-21 ▌액터 A의 에고 네트워크 : 제약성(매트릭스 계산)

P 매트릭스

	A	B	E	F	G
A	0.000	0.250	0.250	0.250	0.250
B	0.500	0.000	0.000	0.000	0.500
E	0.500	0.000	0.000	0.000	0.500
F	0.500	0.000	0.000	0.000	0.500
G	0.250	0.250	0.250	0.250	0.000

P^2 매트릭스

	A	B	E	F	G
A	–	0.063	0.063	0.063	0.375
B	0.125	–	0.250	0.250	0.125
E	0.125	0.250	–	0.250	0.125
F	0.125	0.250	0.250	–	0.125
G	0.375	0.063	0.063	0.063	–

$P+P^2$ 매트릭스

	A	B	E	F	G
A	–	0.313	0.313	0.313	0.625
B	0.625	–	0.250	0.250	0.625
E	0.625	0.250	–	0.250	0.625
F	0.625	0.250	0.250	–	0.625
G	0.625	0.313	0.313	0.313	–

C 매트릭스

	A	B	E	F	G	C_A
A	–	0.098	0.098	0.098	0.391	0.684
B	0.391	–	0.063	0.063	0.391	
E	0.391	0.063	–	0.063	0.391	
F	0.391	0.063	0.063	–	0.391	
G	0.391	0.098	0.098	0.098	–	

구조적 공백의 측정 지표인 중복성(또는 유효규모)과 제약성은 에고의 연결정도 및 에고 네트워크의 밀도와 밀접한 관련을 갖는다. 연결정도가 크고 밀도가 작을수록 중복성과 제약성은 작아진다. 따라서 구조적 공백을 활용하여 사회적 자본을 증가시킬 수 있는 기회는 에고가 보유한 알터의 수(즉 연결정도)에 비례하여 증가하고 알터들 간에 서로 연결되어 있는 정도(즉 밀도)에 비례하여 감소한다. 중복성과 제약성이 작을수록 구조적 공백을 활용할 기회는 커지고 액터의 위치적 우위는 증가한다는 구조적 공백이론이 옳다면, 연결정도는 성과와 정(positive)의 관련성을 갖게 되고 밀도는 성과에 부(negative)의 영향을 미치게 된다(Borgatti et al. 2013).

[그림 6-22]는 피렌체의 16개 가문 간의 비즈니스관계 네트워크에서 구조적 공백 관련 지표를 분석한 결과이다(Padgett and Ansell 1993; Wasserman and Faust 1994; PadgettBiz.##h 파일). 'Structural Hole Measures'에는 각 에고별 다양한 지표들이 포함되어 있다. Medici 가문의 에고 네트워크 규모는 5이다('Degree' 열). 중복을 제외한 유효규모는 4.6('EffSize' 열)이고, 그래서 효율성은 0.92$\left(=\frac{4.6}{5}\right)$('Efficienc' 열)가 된다. 또한 제약성은 0.3('Constrain' 열)이다. 'Hierarchy'는 에고에 대한 제약의 특성을 설명하는 지표이다. 에고의 제약성이 하나의 액터로부터 비롯된다면 'Hierarchy'는 높은 값을 나타낸다. 반대로 에고가 에고의 다른 이웃 액터들로부터 좀 더 고르게 제약을 받는다면 'Hierarchy'는 낮은 값을 보인다. 'Hierarchy'는 그 자체로 제약성의 정도를 평가하지는 않는다. 그러나 에고를 제약하는 알터들 간의 불균형 정도, 즉 에고의 제약성이 특정 알터로부터 편중되어 발생하는 정도를 측정하는 중요한 지표이다.

'Dyadic Redundancy'는 에고의 이웃에 있는 각 알터들이 같은 이웃에 있는 다른 알터들과 얼마나 많은 연결관계를 갖고 있는지를 보여준다. 주어진 알터에 연결된 다른 알터 액터들이 많을수록 에고와 그 알터 간의 연결의 중복성은 커진다. 예를 들어, Castellan 가문과 Peruzzi 가문 간의 연결은 상당이 중복적이다. 왜냐하면 Castellan 가문의 이웃 가문들 가운데 67%(세 개의 가문 중 두 개)가 Peruzzi 가문과 연결관계를 공유하고 있기 때문이다. 행의 값을 모두 더하면 에고에 대한 중복성이 된다. Castellan 가문은 Barbadori, Lambertes, Peruzzi 가문과 각각 0.33, 0.33, 0.67만큼의 중복을 가지고 있으며, 이를 모두 더한 1.33이 Castellan 가문의 중복성이다. 'Dyadic Constraint'는 에고의 이웃에 있는 각 알터들이 에고를 얼마나 제약하는지를 보여준다. 행은 제약을 받는 정도를 나타내며, 열은 제약을 가하는 정도를 보여준다. Medici 가문은 연결된 다섯 개 다른 가문에 비교

그림 6-22 ▌ 피렌체 가문의 비즈니스관계 네트워크 구조적 공백 지표

Structural Hole Measures

	1 Degree	2 EffSize	3 Efficienc	4 Constrain	5 Hierarchy	6 EgoBet	7 Ln(Constr	8 Indirects	9 Density	10 Numholes
1 ACCIAIUOL	0.000	0.000				0.000		0.000		0.000
2 ALBIZZI	0.000	0.000				0.000		0.000		0.000
3 BARBADORI	4.000	3.000	0.750	0.563	0.000	8.000	-0.575	0.500	0.333	8.000
4 BISCHERI	3.000	1.667	0.556	0.840	0.074	1.000	-0.175	0.556	0.667	2.000
5 CASTELLAN	3.000	1.667	0.556	0.840	0.074	1.000	-0.175	0.556	0.667	2.000
6 GINORI	2.000	1.000	0.500	1.125	0.000	0.000	0.118	0.500	1.000	0.000
7 GUADAGNI	2.000	1.000	0.500	1.125	0.000	0.000	0.118	0.500	1.000	0.000
8 LAMBERTES	4.000	2.500	0.625	0.642	0.035	4.000	-0.443	0.583	0.500	6.000
9 MEDICI	5.000	4.600	0.920	0.300	0.050	18.000	-1.204	0.200	0.100	18.000
10 PAZZI	1.000	1.000	1.000	1.000	1.000	0.000	0.000	0.000		0.000
11 PERUZZI	4.000	2.500	0.625	0.642	0.035	4.000	-0.443	0.583	0.500	6.000
12 PUCCI	0.000	0.000				0.000		0.000		0.000
13 RIDOLFI	0.000	0.000				0.000		0.000		0.000
14 SALVIATI	1.000	1.000	1.000	1.000	1.000	0.000	0.000	0.000		0.000
15 STROZZI	0.000	0.000				0.000		0.000		0.000
16 TORNABUON	1.000	1.000	1.000	1.000	1.000	0.000	0.000	0.000		0.000

Dyadic Redundancy

	1	2	3	4	5	6	7	8	9	10	11	12	13	14	15	16
1 ACCIAIUOL	0.00	0.00	0.00	0.00	0.00	0.00	0.00	0.00	0.00	0.00	0.00	0.00	0.00	0.00	0.00	0.00
2 ALBIZZI	0.00	0.00	0.00	0.00	0.00	0.00	0.00	0.00	0.00	0.00	0.00	0.00	0.00	0.00	0.00	0.00
3 BARBADORI	0.00	0.00	0.00	0.00	0.25	0.25	0.00	0.00	0.25	0.00	0.25	0.00	0.00	0.00	0.00	0.00
4 BISCHERI	0.00	0.00	0.00	0.00	0.00	0.00	0.33	0.67	0.00	0.00	0.33	0.00	0.00	0.00	0.00	0.00
5 CASTELLAN	0.00	0.00	0.33	0.00	0.00	0.00	0.00	0.33	0.00	0.00	0.67	0.00	0.00	0.00	0.00	0.00
6 GINORI	0.00	0.00	0.50	0.00	0.00	0.00	0.00	0.00	0.50	0.00	0.00	0.00	0.00	0.00	0.00	0.00
7 GUADAGNI	0.00	0.00	0.00	0.50	0.00	0.00	0.00	0.50	0.00	0.00	0.00	0.00	0.00	0.00	0.00	0.00
8 LAMBERTES	0.00	0.00	0.00	0.50	0.25	0.00	0.25	0.00	0.00	0.00	0.50	0.00	0.00	0.00	0.00	0.00
9 MEDICI	0.00	0.00	0.20	0.00	0.00	0.20	0.00	0.00	0.00	0.00	0.00	0.00	0.00	0.00	0.00	0.00
10 PAZZI	0.00	0.00	0.00	0.00	0.00	0.00	0.00	0.00	0.00	0.00	0.00	0.00	0.00	0.00	0.00	0.00
11 PERUZZI	0.00	0.00	0.25	0.25	0.50	0.00	0.00	0.50	0.00	0.00	0.00	0.00	0.00	0.00	0.00	0.00
12 PUCCI	0.00	0.00	0.00	0.00	0.00	0.00	0.00	0.00	0.00	0.00	0.00	0.00	0.00	0.00	0.00	0.00
13 RIDOLFI	0.00	0.00	0.00	0.00	0.00	0.00	0.00	0.00	0.00	0.00	0.00	0.00	0.00	0.00	0.00	0.00
14 SALVIATI	0.00	0.00	0.00	0.00	0.00	0.00	0.00	0.00	0.00	0.00	0.00	0.00	0.00	0.00	0.00	0.00
15 STROZZI	0.00	0.00	0.00	0.00	0.00	0.00	0.00	0.00	0.00	0.00	0.00	0.00	0.00	0.00	0.00	0.00
16 TORNABUON	0.00	0.00	0.00	0.00	0.00	0.00	0.00	0.00	0.00	0.00	0.00	0.00	0.00	0.00	0.00	0.00

Dyadic Constraint

	1 ACCI	2 ALBI	3 BARB	4 BISC	5 CAST	6 GINO	7 GUAD	8 LAMB	9 MEDI	10 PAZZ	11 PERU	12 PUCC	13 RIDO	14 SALV	15 STRO	16 TORN
1 ACCIAIUOL	0.00	0.00	0.00	0.00	0.00	0.00	0.00	0.00	0.00	0.00	0.00	0.00	0.00	0.00	0.00	0.00
2 ALBIZZI	0.00	0.00	0.00	0.00	0.00	0.00	0.00	0.00	0.00	0.00	0.00	0.00	0.00	0.00	0.00	0.00
3 BARBADORI	0.00	0.00	0.00	0.00	0.14	0.14	0.00	0.00	0.14	0.00	0.14	0.00	0.00	0.00	0.00	0.00
4 BISCHERI	0.00	0.00	0.00	0.00	0.00	0.00	0.20	0.44	0.00	0.00	0.20	0.00	0.00	0.00	0.00	0.00
5 CASTELLAN	0.00	0.00	0.20	0.00	0.00	0.00	0.00	0.20	0.00	0.00	0.44	0.00	0.00	0.00	0.00	0.00
6 GINORI	0.00	0.00	0.56	0.00	0.00	0.00	0.00	0.00	0.56	0.00	0.00	0.00	0.00	0.00	0.00	0.00
7 GUADAGNI	0.00	0.00	0.00	0.56	0.00	0.00	0.00	0.56	0.00	0.00	0.00	0.00	0.00	0.00	0.00	0.00
8 LAMBERTES	0.00	0.00	0.00	0.21	0.11	0.00	0.11	0.00	0.00	0.00	0.21	0.00	0.00	0.00	0.00	0.00
9 MEDICI	0.00	0.00	0.09	0.00	0.00	0.09	0.00	0.00	0.00	0.04	0.00	0.00	0.00	0.04	0.00	0.04
10 PAZZI	0.00	0.00	0.00	0.00	0.00	0.00	0.00	0.00	1.00	0.00	0.00	0.00	0.00	0.00	0.00	0.00
11 PERUZZI	0.00	0.00	0.11	0.11	0.21	0.00	0.00	0.21	0.00	0.00	0.00	0.00	0.00	0.00	0.00	0.00
12 PUCCI	0.00	0.00	0.00	0.00	0.00	0.00	0.00	0.00	0.00	0.00	0.00	0.00	0.00	0.00	0.00	0.00
13 RIDOLFI	0.00	0.00	0.00	0.00	0.00	0.00	0.00	0.00	0.00	0.00	0.00	0.00	0.00	0.00	0.00	0.00
14 SALVIATI	0.00	0.00	0.00	0.00	0.00	0.00	0.00	0.00	1.00	0.00	0.00	0.00	0.00	0.00	0.00	0.00
15 STROZZI	0.00	0.00	0.00	0.00	0.00	0.00	0.00	0.00	0.00	0.00	0.00	0.00	0.00	0.00	0.00	0.00
16 TORNABUON	0.00	0.00	0.00	0.00	0.00	0.00	0.00	0.00	1.00	0.00	0.00	0.00	0.00	0.00	0.00	0.00

UCINET 메뉴에서 『Network>Ego Networks>Structural Holes』를 선택한다. 『Structural Holes』 대화상자에서 분석대상 관계 데이터(여기에서는 PadgettBiz.##h)를 선택한 후 『OK』 버튼을 클릭한다.

적 큰 제약을 가하고 있다. Medici 열을 보면 Medici 가문은 Barbadori, Ginori, Pazzi, Salviati, Tornabuoni 등 연결된 다섯 개 가문에 각각 0.14, 0.56, 1, 1, 1의 제약을 가하고 있다. 반면에 Medici 가문은 이들 다섯 개 가문들로부터 거의 제약을 받지 않고 있다.

Medici 행을 보면 이들 다섯 개 가문들로부터 0.09 0.09, 0.04, 0.04, 0.04의 상대적으로 미미한 제약을 받고 있음을 볼 수 있다. 이러한 상황이 발생한 이유는 Medici 가문은 다른 가문들과 많은 연결관계를 유지하고 있으나, Medici 가문과 연결된 다른 가문들은 대부분 Medici 가문 이외의 다른 정보의 원천을 갖고 있지 않기 때문이다. 행의 값을 모두 더하면 에고가 갖고 있는 제약성이 된다. 따라서 Medici 가문의 제약성은 다섯 개 가문들로부터 받는 제약을 모두 더한 0.3이다.

중개자

구조적 공백은 에고 액터가 연결되지 않은 두 알터 액터 사이를 중개함으로써 얻을 수 있는 이점에 초점을 맞춘다. 굴드와 페르난데스(Gould and Fernandez 1989)는 이러한 중개의 개념을 확장하여 그룹 내 혹은 그룹 간을 연결하는 **중개자(broker)**의 다양한 역할을 분석하였다. 즉 그룹 내 혹은 그룹 간의 관계에서 중개자로서 행동하는 에고와 에고의 이웃과의 관계를 분석한다. 중개자는 속한 그룹 및 역할에 따라 다섯 가지 유형으로 분류할 수 있다(Gould and Fernandez 1989; Hanneman and Riddle 2005; Prell 2012).

그룹 내 중개자 역할

그룹 내 중개자 역할은 에고가 동일한 그룹에 속한 두 알터 사이를 중개한다고 가정한다. 그룹 내 중개자 역할에 속하는 첫 번째 유형으로 **조정자(coordinator)**는 중개자 역할을 하는 액터 B와 출발점과 도착점 역할을 하는 액터 A 및 액터 C가 모두 같은 그룹의 구성원인 경우이다([그림 6-23]). 이들 세 액터가 모두 같은 그룹에 속하기 때문에 중개자는 국지적 중개자(local broker)로서의 역할을 수행한다. 즉 이 액터 B는 중개자 그룹의 구성원들 간에 발

그림 6-23 ▌조정자

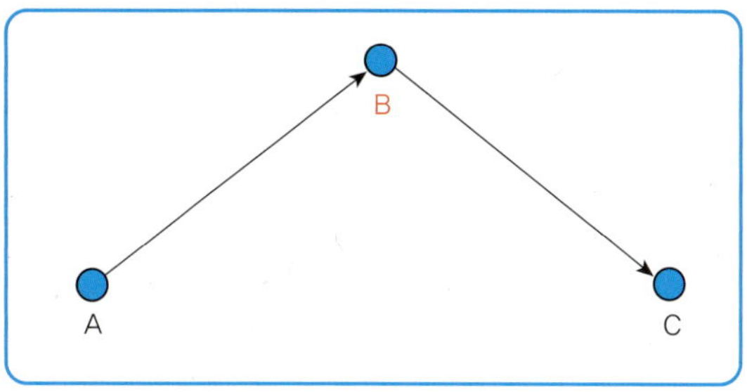

>>> 그림 6-24 ▌컨설턴트

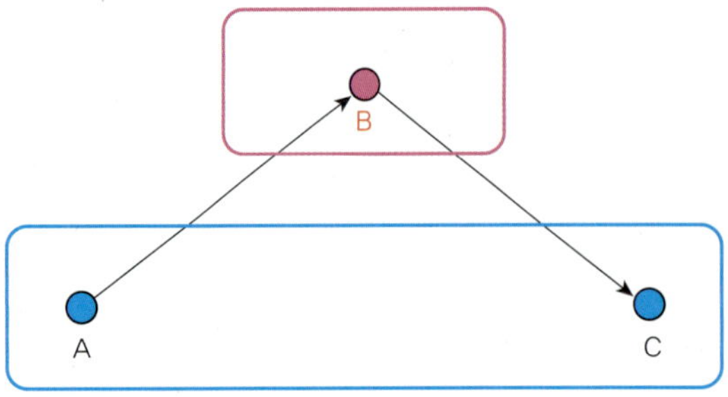

생하는 각종 이벤트의 조정자로서의 역할을 한다. 예를 들어, 기업 내 부서의 관리자는 부하 직원들 사이의 업무흐름을 중개함으로써 조정자의 역할을 수행한다.

그룹 내 중개자 역할의 두 번째 유형은 **컨설턴트(consultant)**이다([그림 6-24]). 이 유형에서 액터 A와 C는 동일한 그룹에 속하나, 중개자 B는 이들과는 다른 그룹 소속이다. 예를 들어, 주식 중개인은 매도자 및 매수자 그룹과는 구분되기 때문에 컨설턴트의 역할을 수행한다. 주식 중개인의 관점에서 보면, 매도자와 매수자는 동일한 부류에 속하기 때문에 주식 중개인은 이 둘 사이를 중개하는 컨설턴트로서의 역할을 한다.

그룹 간 중개자 역할

그룹 간 중개자 역할은 에고가 동일한 그룹에 속하지 않는 두 알터 사이를 중개한다고 가정한다. 그룹 간 중개자 역할에 속하는 첫 번째 유형의 중개자는 **대표자(representative)**이다([그림 6-25]). 이 유형에서 액터 A와 B는 같은 그룹에 속한다. 중개자인 액터 B는 액터 A를 대신하여 액터 C와 협상을 한다. 이 과정에서 액터 B는 액터 A의 이익을 대변하게 된다. 예를 들어, 정당은 정당의 구성원 중 한 명을 선발하여 다른 정당의 구성원과 협상을 벌

>>> 그림 6-25 ▌대표자

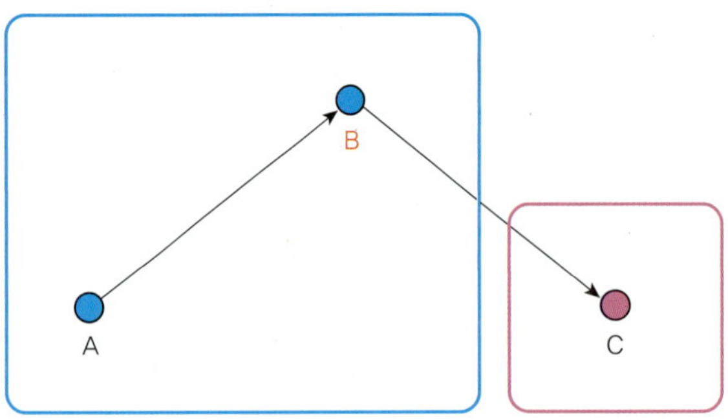

이도록 할 수 있다. 이때 협상을 하는 중개자는 다른 정당과의 협상과정에서 자신의 정당을 대표하게 된다.

그룹 간 중개자 역할의 두 번째 유형은 문지기(gatekeeper)이다([그림 6-26]). 이 유형에서 액터 A는 중개자인 액터 B와 또 다른 액터 C가 속한 그룹과는 다른 그룹에 속한다. 액터 B는 문지기로서 액터 A가 액터 C에 접근하도록 허용할지 여부를 결정한다. 예를 들어, 다양한 원천으로부터 수집한 정보를 모으고 처리하는 통계청은 이 정보를 다른 정부기관에 전달하는 문지기 역할을 수행한다.

그룹 간 중개자 역할의 세 번째 유형은 연락자(liaison)이다([그림 6-27]). 이 유형에서 액터 A, B, C는 모두 다른 그룹에 속한다. 여기에서 중개자인 액터 B는 다소 중립적인 역할을 한다. 예를 들어, 메이저리그 프로야구 에이전트는 프로야구 선수와 구단 사이에서 연락자의 역할을 수행한다. 에이전트는 프로야구 선수의 세계에 속하지 않으며 프로야구 구단의 세계에도 속하지 않는다. 어느 세계에도 속하지 않는 연락자로서 에이전트는 이들 두 세계 사이에서 협상안을 이끌어 낼 수 있다.

그림 6-26 ▌문지기

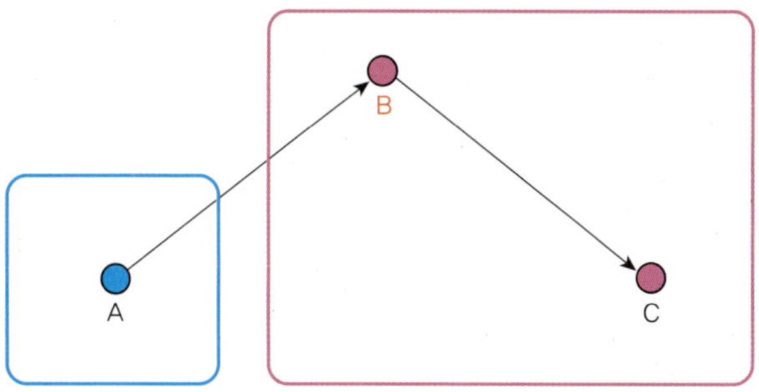

그림 6-27 ▌연락자

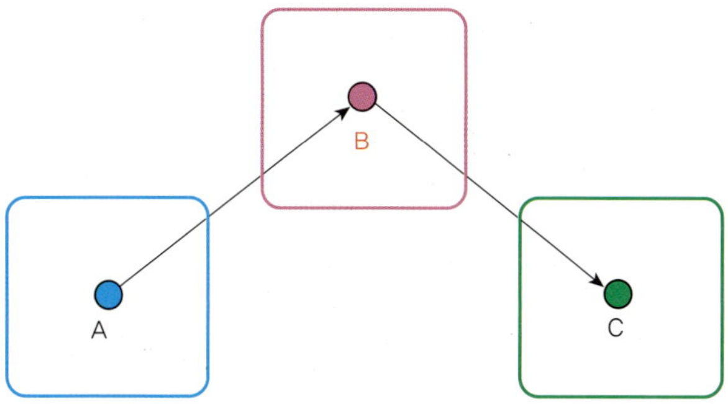

이러한 다섯 가지 중개자 유형은 중개자의 개념을 다섯 개의 서로 다른 역할로 구분해준다. 중개자 역할은 연결의 방향성을 고려한다는 점에 주목할 필요가 있다.

[그림 6-28]의 네트워크 데이터를 이용하여 중개자 역할에 대해 좀 더 살펴보자. [그림 6-28]은 미국 서부 해안지역에 위치한 소규모 하이테크 제조기업의 네트워크 데이터이다(Krackhardt 1987; Wasserman and Faust 1994; Krack-High-Tech-Adv.##h, Krack-High-Tech-Attr.##h 파일). 하이테크 기계류를 생산하는 이 기업에는 약 100명의 종업원과 21명의 관리자가 일하고 있다. 21명의 관리자를 대상으로 이들 간의 조언관계,

그림 6-28 하이테크회사의 조언관계 네트워크 데이터

	1	2	3	4	5	6	7	8	9	10	11	12	13	14	15	16	17	18	19	20	21
1		1		1				1								1		1			1
2						1	1														1
3	1	1		1		1	1	1	1	1	1	1		1			1	1		1	1
4	1	1				1		1		1	1	1				1	1	1		1	1
5	1	1				1	1	1		1	1		1	1		1	1	1	1	1	1
6																					1
7		1				1					1	1		1			1	1			1
8		1		1		1	1			1	1							1			1
9	1	1				1	1	1		1	1	1		1		1	1	1			1
10	1	1	1	1	1			1			1		1		1	1	1	1	1	1	
11	1	1					1														
12							1														1
13	1	1			1				1					1				1			
14		1					1											1			1
15	1	1	1	1	1	1	1	1	1	1	1	1	1	1		1	1	1	1	1	1
16	1	1								1								1			
17	1	1		1			1														1
18	1	1	1	1	1		1	1	1	1	1		1	1	1	1			1	1	1
19	1	1	1		1		1			1	1			1	1			1		1	
20	1	1				1		1			1	1		1	1	1	1	1			1
21		1	1	1		1	1	1				1		1			1	1		1	

	1 AGE	2 TENURE	3 LEVEL	4 DEPT
1	33	9.333	3	4
2	42	19.583	2	4
3	40	12.750	3	2
4	33	7.500	3	4
5	32	3.333	3	2
6	59	28	3	1
7	55	30	1	
8	34	11.333	3	1
9	62	5.417	3	2
10	37	9.250	3	3
11	46	27	3	3
12	34	8.917	3	1
13	48	0.250	3	2
14	43	10.417	2	2
15	40	8.417	3	2
16	27	4.667	3	4
17	30	12.417	3	1
18	33	9.083	2	3
19	32	4.833	3	2
20	38	11.667	3	2
21	36	12.500	2	1

친구관계, 보고관계 네트워크 데이터를 수집하였다. [그림 6-28]의 상단 매트릭스는 이러한 세 가지 연결관계 중 조언관계에 대한 네트워크 데이터이다. 이 소시오매트릭스는 방향/이진 매트릭스로서 각 셀은 행에 있는 액터가 열에 있는 액터에 조언을 구하는 관계를 나타낸다. 예를 들어, (2, 6)셀과 (6, 2)셀을 보면, 액터 2는 액터 6에 조언을 구하는 반면 액터 6은 액터 2에 조언을 구하지 않는다. [그림 6-28]의 하단 매트릭스는 이 네트워크에 대한

그림 6-29 ▎하이테크회사의 조언관계 네트워크 그래프

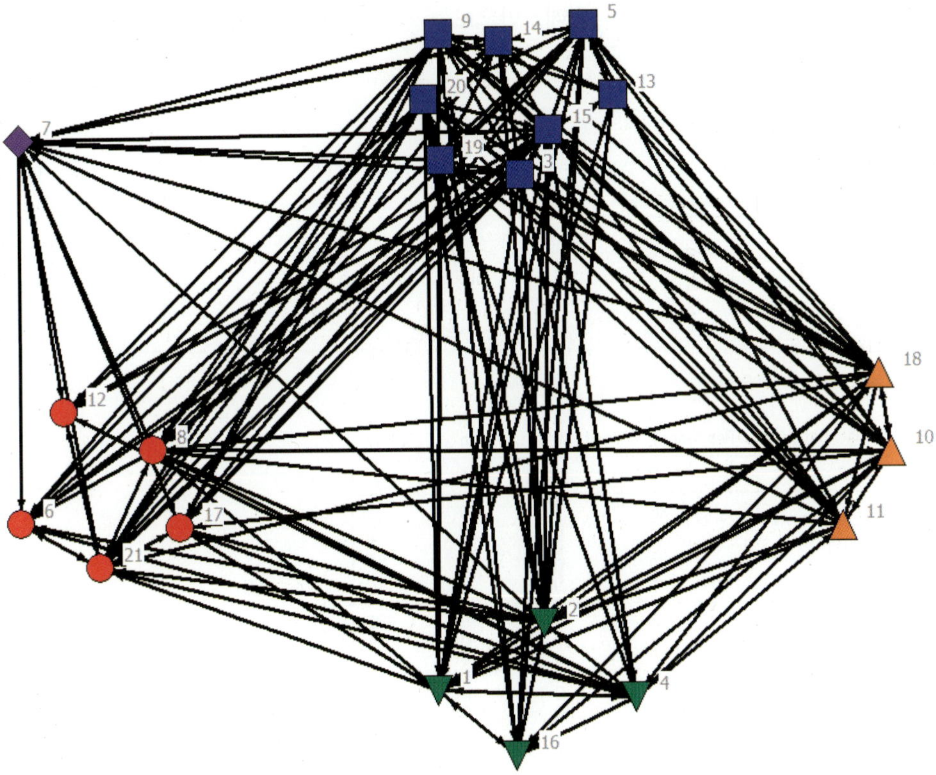

UCINET 메뉴에서 『Visualize>NetDraw』를 선택한다. NetDraw 메뉴에서 『File>Open>Ucinet Dataset>Network』를 선택한다. 『Open Data File』 대화상자에서 분석대상 관계 데이터(여기에서는 Krack-High-Tech-Adv.##h)를 선택하고 『OK』 버튼을 클릭한다. 노드의 속성을 표현하기 위해서는 속성 데이터 파일을 오픈한다. NetDraw 메뉴에서 『File>Open>Ucinet Dataset>Attribute Data』를 선택한다. 『Open Data File』 대화상자에서 분석대상 네트워크 데이터와 관련된 속성 데이터(여기에서는 Krack-High-Tech-Attr.##h)를 선택하고 『OK』 버튼을 클릭한다. 『Properties>Nodes>Symbols>Shape>Attribute-based』와 『Properties>Nodes>Symbols >Color>Attribute-based』를 이용하여 각 액터의 소속 부서가 도형과 색상에 의해 서로 구별되도록 그래프를 수정한다. 『Layout>Group by Attribute>Categorical Attribute』를 이용하여 부서별로 액터들을 배치할 수 있다.

속성 데이터이다. 여기에는 네 개의 속성이 포함되어 있다: 나이('AGE'), 근속연수('TENURE'), 직위('LEVEL'), 부서('DEPT'). 직위는 세 개의 계층으로 구분되어 1은 CEO, 2는 부사장, 3은 관리자를 나타낸다. 총 네 개의 부서가 1, 2, 3, 4로 구분되어 있으며, CEO의 부서는 0으로 코딩되어 있다.

[그림 6-28]의 네트워크 데이터를 그래프로 표현하면 [그림 6-29]와 같다. 21명 관리자들의 소속 부서별로 도형의 모양과 색상을 달리하여 부서 내 및 부서 간 커뮤니케이션 구조를 시각적으로 표현하였다. 그래프를 통하여 대략적인 커뮤니케이션 구조를 파악할 수 있기는 하지만 그래프가 너무 복잡하여 이 그래프만으로는 각 관리자들의 중개자 역할을 구체적으

그림 6-30 ▌ 중개역할 점수

Here is a translation table:

Old Code		New Code	Frequency
0	=>	1	1
1	=>	2	5
2	=>	3	8
3	=>	4	3
4	=>	5	4

Number of classes: 5

Un-normalized Brokerage Scores

	1 Coordinat	2 Gatekeepe	3 Represent	4 Consultan	5 Liaison	6 Total
7	0	0	0	7	31	38
21	11	15	20	7	19	72
8	0	4	2	0	10	16
6	0	0	0	0	0	0
12	0	0	0	0	2	2
17	0	1	1	0	8	10
5	3	1	13	0	5	22
14	0	0	4	0	0	4
9	0	0	10	0	3	13
3	1	3	6	0	10	20
13	1	2	0	0	0	3
20	2	4	8	0	9	23
15	7	2	10	0	7	26
19	2	1	0	0	1	4
11	0	0	1	0	4	5
18	0	11	4	32	74	121
10	0	1	1	15	28	45
2	0	0	6	1	13	20
4	0	6	6	5	13	30
16	0	0	1	0	1	2
1	1	11	2	2	8	24

UCINET 메뉴에서 『Network>Ego Networks>G&F Brokerage Roles』를 선택한다. 『Gould & Fernandez Brokerage』 대화상자에서 분석대상 관계 데이터(여기에서는 Krack-High-Tech-Adv.##h)와 속성 데이터의 그룹 정보(여기에서는 Krack-High-Tech-Attr.##h와 Dept)를 지정한 후 『OK』 버튼을 클릭한다.

로 파악하기는 어렵다.

[그림 6-30]의 중개역할 점수는 각 액터들이 다섯 가지 중개역할을 각각 몇 번 수행하고 있는지를 구체적으로 보여준다. 각 액터는 액터의 소속 부서별로 구분되어 있다. 예를 들어, 액터 21, 8, 6, 12, 17은 모두 '부서 1' 소속의 구성원들이다. 액터 7은 CEO로서 혼자 하나의 그룹을 형성하고 있다. 매트릭스의 행은 각 액터가 전체 네트워크에서 다섯 가지 중개역할을 수행하는 횟수를 나타낸다. 예를 들어, 액터 18과 액터 21은 각각 121회, 72회로 가장 많은 중개역할을 수행하고 있어 부서 내 및 부서 간 연결관계의 주요 원천임을 알 수 있다.

각 액터가 수행하고 있는 중개역할의 구체적 내용은 [그림 6-31]의 각 노드(액터)별 중개역할 매트릭스를 통해 파악할 수 있다. 예를 들어, 액터 1('Node 1'으로 표시)은 자신의 부서('group 4'로 표시) 내에서 한 차례 조정자 역할을 수행하고 있다(셀 (4, 4)). 또한 액터 1은 부서 1의 구성원 간의 중개역할을 수행함으로써 컨설턴트의 역할을 수행한다(셀 (1,1)). 부서 3에 대해서도 동일한 컨설턴트 역할을 수행한다(셀 (3, 3)). 부서 2 및 부서 3으로부터 자신의 부서인 부서 4로 가는 경로를 중개함으로써 문지기 역할을 수행하기

그림 6-31 ▌중개역할 매트릭스

```
Group to Group Brokering for each Node

Node 1 (group 4)

       0 1 2 3 4
       - - - - -
   0   0 0 0 0 0
   1   0 1 0 1 1
   2   0 4 0 0 8
   3   0 3 0 1 2
   4   0 2 0 0 1

Node 2 (group 4)

       0 1 2 3 4
       - - - - -
   0   0 0 0 0 0
   1   0 1 0 0 0
   2   2 5 0 0 0
   3   1 5 0 0 0
   4   3 3 0 0 0

Node 3 (group 2)

       0 1 2 3 4
       - - - - -
   0   0 0 0 0 0
   1   0 0 1 2 1
   2   0 5 1 0 1
   3   1 6 2 0 0
   4   0 0 0 0 0

  ...
```

그림 6-32 ▌중개역할 점수 기대값

G&F Expected values given randomization model

	1 Coordinat	2 Gatekeepe	3 Represent	4 Consultan	5 Liaison	6 Total
7	2.029	6.476	6.476	6.476	16.543	38.000
21	3.844	12.271	12.271	12.271	31.344	72.000
8	0.854	2.727	2.727	2.727	6.965	16.000
6	0	0	0	0	0	0
12	0.107	0.341	0.341	0.341	0.871	2.000
17	0.534	1.704	1.704	1.704	4.353	10.000
5	1.174	3.749	3.749	3.749	9.577	22.000
14	0.214	0.682	0.682	0.682	1.741	4.000
9	0.694	2.216	2.216	2.216	5.659	13.000
3	1.068	3.409	3.409	3.409	8.707	20.000
13	0.160	0.511	0.511	0.511	1.306	3.000
20	1.228	3.920	3.920	3.920	10.013	23.000
15	1.388	4.431	4.431	4.431	11.319	26.000
19	0.214	0.682	0.682	0.682	1.741	4.000
11	0.267	0.852	0.852	0.852	2.177	5.000
18	6.459	20.622	20.622	20.622	52.676	121.000
10	2.402	7.669	7.669	7.669	19.590	45.000
2	1.068	3.409	3.409	3.409	8.707	20.000
4	1.602	5.113	5.113	5.113	13.060	30.000
16	0.107	0.341	0.341	0.341	0.871	2.000
1	1.281	4.090	4.090	4.090	10.448	24.000

그림 6-33 ▌중개역할 점수 표준화값

Relative Brokerage (raw scores divided by expected values given group sizes)

	1 Coordinat	2 Gatekeepe	3 Represent	4 Consultan	5 Liaison	6 Total
7	0	0	0	1.081	1.874	1.000
21	2.862	1.222	1.630	0.570	0.606	1.000
8	0	1.467	0.733	0	1.436	1.000
6	0	0	0	0	0	0
12	0	0	0	0	2.297	1.000
17	0	0.587	0.587	0	1.838	1.000
5	2.554	0.267	3.467	0	0.522	1.000
14	0	0	5.868	0	0	1.000
9	0	0	4.514	0	0.530	1.000
3	0.937	0.880	1.760	0	1.149	1.000
13	6.244	3.912	0	0	0	1.000
20	1.629	1.020	2.041	0	0.899	1.000
15	5.043	0.451	2.257	0	0.618	1.000
19	9.366	1.467	0	0	0.574	1.000
11	0	0	1.174	0	1.838	1.000
18	0	0.533	0.194	1.552	1.405	1.000
10	0	0.130	0.130	1.956	1.429	1.000
2	0	0	1.760	0.293	1.493	1.000
4	0	1.174	1.174	0.978	0.995	1.000
16	0	0	2.934	0	1.149	1.000
1	0.781	2.689	0.489	0.489	0.766	1.000

도 한다(셀 (2, 4) 및 (3, 4)). 자신의 부서인 부서 4와 부서 1 간의 협상에서 대표자 역할을 수행하며(셀 (4, 1)), 부서 2 및 부서 3을 부서 1과 연결시켜 주는 연락자의 역할을 수행한다(셀 (2, 1) 및 (3, 1)). 액터 1은 이처럼 다섯 개의 역할을 모두 수행하고 있다.

중개역할을 파악하게 되면 그룹이 보유한 자원에 접근하는 데 있어서 각 액터가 갖고 있는 차별적 기회와 제약을 이해할 수 있다. 하지만 어느 모집단이든 구성원들을 몇 개의 그룹으로 분할하면 그러한 분할이 의미가 없거나 완전히 무작위적이라 하더라도 구성원들의 그룹 내 및 그룹 간 중개역할은 발생하기 마련이다. 따라서 우리가 현재 실제 네트워크 데이터에서 관찰할 수 있는 패턴이 이러한 무작위적 중개역할의 패턴과 다르다고 할 수 있는지를 살펴보는 것은 의미 있는 일이다. [그림 6-32]는 가상의 무작위적 상황에서 기대할 수 있는 각 액터별 중개 유형의 개수이다. 이는 각 액터의 소속 그룹과 연결관계 개수를 실제 데이터와 동일하게 유지한 상태에서, 액터들 간의 연결관계만이 무작위적으로 결정될 경우에 기대할 수 있는 중개역할의 개수이다.

실제 관측된 중개역할 개수([그림 6-30])를 이렇게 구해진 무작위적 상황에서 얻어진 중개역할 개수([그림 6-32])로 나누어 그 비율을 구하면 액터의 중개역할이 의미 있는지에 대한 단서를 포착할 수 있다. [그림 6-33]은 이렇게 계산된 액터별 중개역할별 관측값 대 기대값의 비율이다. 이 수치가 크다면 그러한 관계패턴은 우연에 의한 것이 아니며 어떤 의미 있는 중개역할의 패턴이 실제로 존재하는 것을 나타낸다. 예를 들어, 액터 21은 실제 11회의 조정자 역할을 하고 있다([그림 6-30]). 그러나 확률적으로 기대할 수 있는 조정자 역할은 3.844회에 불과하다([그림 6-32]). 따라서 기대값에 비해 약 세 배(정확히는 2.862배: [그림 6-33])가 많은 액터 21의 조직 내에서의 조정자 역할은 우연에 의한 것이라고 보기 어렵다고 결론 내릴 수 있다.

사례연구

㈜와플전자의 연구소에는 총 35명의 연구원이 차세대 모바일 기술을 연구하고 있다. ㈜와플전자는 조직 내 구성원들의 정보의 흐름 및 커뮤니케이션 관계를 분석하기 위하여 연구소 연구원들을 대상으로 업무상 조언을 주고받는 조언관계 네트워크를 조사하였다. 35명의 연구원 모두의 명부가 포함된 설문서를 이용하여 조언관계에 대한 방향/이진 네트워크 데이터가 수집되었다. 네트워크 데이터와 함께 각 연구원들의 성별과 소속된 연구팀이 조사되었다. 성별('Gender')은 남자는 1, 여자는 2로 코딩되었으며, 연구원이 소속된 총 다섯 개의 연구팀('Dept')은 각각 1, 2, 3, 4, 5로 나타냈다(R&D-Adv.##h, R&D-Attr.##h 파일).

우선 구조적 공백과 관련된 지표를 계산하였다. 유효규모 측면에서 볼 때 KDW, KJK, KHJ 등 세 명의 연구원이 상대적으로 높은 유효규모(각각 14.708, 10.889, 10.647)를 보여주었으며, 이들은 제약성 측면에서도 상대적으로 낮은 제약성(각각 0.201, 0.255, 0.255)을 나타냈다. 따라서 이들 세 연구원은 다른 연구원들에 비하여 구조적 공백의 관점에서 상대적으로 우월한 지위를 갖고 있는 것으로 판단된다. 유효규모의 값에 따라 노드의 크기를 달리하여 그래프로 그려보면 KDW, KJK, KHJ 연구원의 노드 크기가 다른 액터에 비해 큰 것을 시각적으로 확인할 수 있다.

그림 6-34 ▌구조적 공백 지표

Structural Hole Measures

	1 Degree	2 EffSize	3 Efficienc	4 Constrain	5 Hierarchy	6 EgoBet	7 Ln(Constr	8 Indirects	9 Density	10 Numholes
1 KJS	10.000	6.964	0.696	0.353	0.134	33.300	-1.042	0.738	0.256	67.000
2 KJC	7.000	4.500	0.643	0.470	0.026	10.500	-0.756	0.790	0.429	24.000
3 SJI	13.000	8.632	0.664	0.275	0.076	32.067	-1.291	0.795	0.321	106.000
4 WDP	11.000	7.441	0.676	0.307	0.070	56.700	-1.181	0.749	0.327	74.000
5 IJC	3.000	1.625	0.542	0.952	0.210	0.500	-0.049	0.592	0.500	3.000
6 KYS	8.000	4.944	0.618	0.450	0.112	7.083	-0.799	0.793	0.357	36.000
7 KKH	9.000	6.107	0.679	0.373	0.092	19.750	-0.986	0.741	0.333	48.000
8 KHJ	13.000	10.647	0.819	0.255	0.137	101.500	-1.365	0.675	0.154	132.000
9 KDW	19.000	14.708	0.774	0.201	0.101	87.350	-1.602	0.811	0.196	275.000
10 KJE	5.000	3.000	0.600	0.633	0.040	3.500	-0.457	0.750	0.500	10.000
11 KHI	3.000	1.500	0.500	1.042	0.210	0.000	0.041	0.667	0.667	2.000
12 OYK	8.000	3.250	0.406	0.453	0.060	3.200	-0.791	0.840	0.625	21.000
13 LYL	10.000	7.150	0.715	0.345	0.069	19.000	-1.064	0.784	0.300	63.000
14 JHS	3.000	1.833	0.611	0.945	0.098	0.000	-0.056	0.639	0.500	3.000
15 KKY	5.000	1.643	0.329	0.668	0.023	0.333	-0.403	0.811	0.850	3.000
16 KKS	2.000	1.000	0.500	1.235	0.057	0.000	0.211	0.556	1.000	0.000
17 PMR	7.000	3.333	0.476	0.500	0.072	5.250	-0.694	0.797	0.571	18.000
18 SJE	10.000	6.676	0.668	0.328	0.034	36.417	-1.114	0.774	0.367	57.000
19 LES	11.000	6.605	0.600	0.306	0.058	37.700	-1.184	0.766	0.373	69.000
20 LJH	9.000	6.750	0.750	0.335	0.066	31.500	-1.092	0.672	0.236	55.000
21 HSB	6.000	3.929	0.655	0.524	0.093	11.167	-0.647	0.697	0.433	17.000
22 KJK	14.000	10.889	0.778	0.255	0.107	73.083	-1.368	0.750	0.181	149.000
23 KDS	4.000	1.500	0.375	0.844	0.011	0.000	-0.169	0.831	0.833	2.000
24 KSH	8.000	4.458	0.557	0.428	0.098	8.667	-0.848	0.752	0.375	35.000
25 LKW	10.000	6.933	0.693	0.324	0.091	23.000	-1.128	0.703	0.244	68.000
26 LHJ	6.000	2.778	0.463	0.564	0.083	3.000	-0.573	0.765	0.533	14.000
27 LSH	4.000	1.300	0.325	0.817	0.061	0.000	-0.203	0.769	0.750	3.000
28 YYI	5.000	1.600	0.320	0.703	0.006	0.000	-0.352	0.871	0.850	3.000
29 KYS	2.000	1.000	0.500	1.125	0.000	0.000	0.118	0.500	0.500	1.000
30 KJD	10.000	7.393	0.739	0.340	0.149	21.500	-1.078	0.684	0.211	71.000
31 MSH	8.000	5.308	0.663	0.422	0.127	14.833	-0.863	0.706	0.304	39.000
32 SJH	4.000	1.750	0.438	0.842	0.039	0.000	-0.172	0.810	0.750	3.000
33 GKS	5.000	3.200	0.640	0.583	0.034	2.500	-0.539	0.683	0.300	14.000
34 KMJ	4.000	2.429	0.607	0.651	0.105	3.000	-0.430	0.552	0.417	7.000
35 PSS	2.000	1.000	0.500	1.235	0.057	0.000	0.211	0.556	1.000	0.000

그림 6-35 ▌조언관계 네트워크 : 유효규모

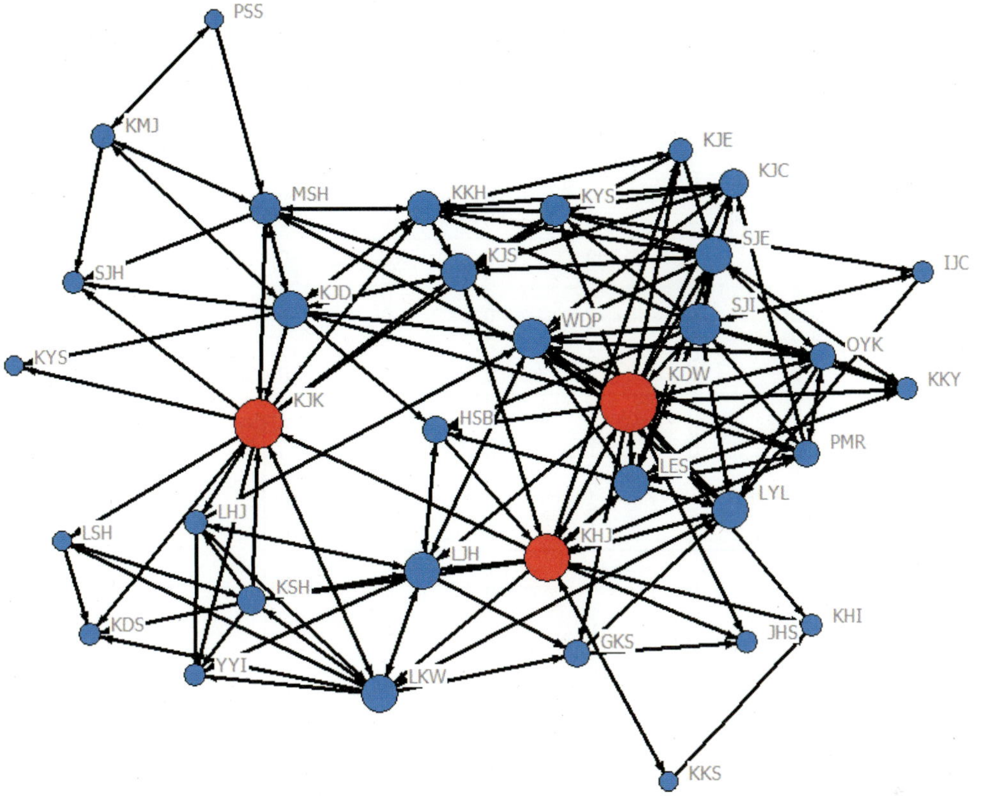

각 연구원들의 다섯 가지 중개역할을 분석하였다. 연구원 KDW, KHJ, KJK는 다른 액터들에 비하여 상대적으로 많은 중개역할을 수행하고 있다(각각 57, 50, 47). 이들 액터들은 구조적 공백의 관점에서 높은 위치적 우위를 보인 액터라는 공통점이 있으며, 실제로 이들 액터들은 연구소 내 액터들 간에 다섯 가지 유형의 중개자 역할을 모두 수행하고 있다.

대부분의 액터들은 서로 다른 그룹(연구팀)에 속한 액터들을 중개하는 연락자의 역할을 수행하고 있는 반면, 동일한 그룹에 속한 액터들을 중개하는 조정자의 역할은 상대적으로 적다. 각 연구팀 내의 연구원들 간에는 서로 직접적인 교류가 많기 때문에 같은 그룹에 속한 액터들 간의 중개역할이 적게 나타난 것으로 보여진다. 모양과 색상으로 구별하여 액터들이 속한 그룹을 표현한 그래프를 통해 이러한 그룹 내 및 그룹 간의 중개역할을 시각적으로 확인할 수 있다(노드의 크기는 유효규모를 나타낸다).

그림 6-36 ▌중개역할 점수

Un-normalized Brokerage Scores

	1 Coordinat	2 Gatekeepe	3 Represent	4 Consultan	5 Liaison	6 Total
1 KJS	0	7	5	2	15	29
2 KJC	3	0	0	0	0	3
3 SJI	5	11	15	5	3	39
4 WDP	0	7	6	9	15	37
5 IJC	0	0	1	0	0	1
6 KYS	1	8	0	0	0	9
7 KKH	1	5	8	0	12	26
8 KHJ	4	17	9	8	12	50
9 KDW	1	17	10	9	20	57
10 KJE	0	0	5	0	0	5
11 KHI	0	0	0	0	0	0
12 OYK	0	4	0	4	1	9
13 LYL	0	0	4	3	5	12
14 JHS	0	0	0	0	0	0
15 KKY	0	0	1	0	0	1
16 KKS	0	0	0	0	0	0
17 PMR	0	0	1	3	6	10
18 SJE	1	8	8	12	11	40
19 LES	5	11	7	4	17	44
20 LJH	0	5	6	1	18	30
21 HSB	1	2	1	0	2	6
22 KJK	3	17	18	1	8	47
23 KDS	0	0	0	0	0	0
24 KSH	4	8	2	0	0	14
25 LKW	3	9	10	2	2	26
26 LHJ	0	1	4	0	0	5
27 LSH	0	0	0	0	0	0
28 YYI	0	0	0	0	0	0
29 KYS	0	0	0	0	0	0
30 KJD	2	9	7	2	7	27
31 MSH	2	8	6	0	5	21
32 SJH	0	0	0	0	0	0
33 GKS	0	0	0	0	3	3
34 KMJ	4	0	0	0	0	4
35 PSS	0	0	0	0	0	0

그림 6-37 ▎조언관계 네트워크 : 액터의 소속 그룹

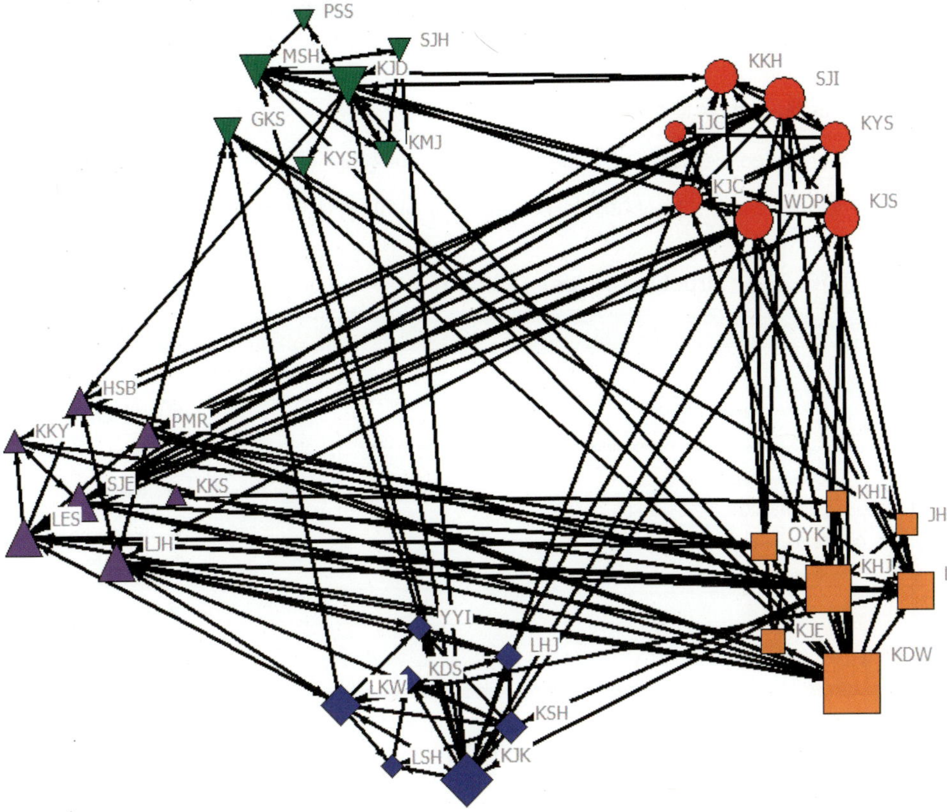

UCINET 활용

01 구조적 공백 지표 도출하기

- 『Network > Ego Networks > Structural Holes』를 선택한다.
- 『Structural Holes』 대화상자에서 분석대상 관계 데이터를 선택한 후 『OK』 버튼을 클릭한다.

그림 6-38 ▌『Structural Holes』 대화상자

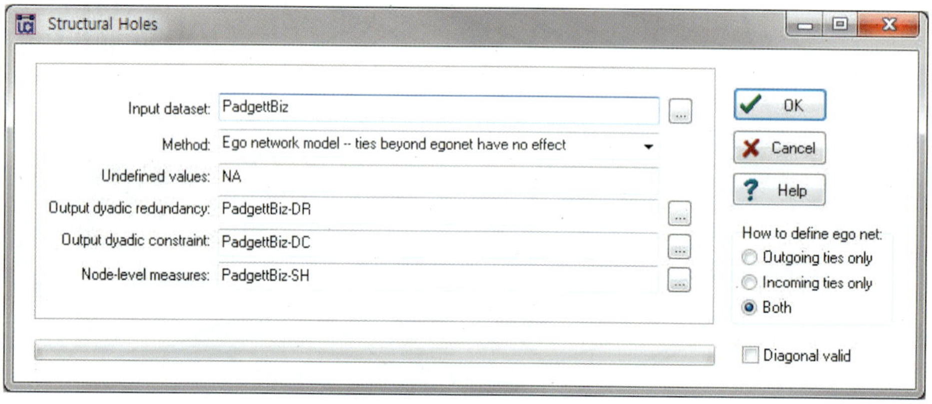

02 중개자 지표 도출하기

- 『Network > Ego Networks > G&F Brokerage Roles』를 선택한다.
- 『Gould & Fernandez Brokerage』 대화상자에서 분석대상 관계 데이터와 속성 데이터를 선택한 후 『OK』 버튼을 클릭한다.
- 『Network Data Set』에 관계 데이터를 지정하며, 『Attribute Data Set』에 속성 데이터를 지정한다. 『Columns』에는 그룹을 나타내는 열을 지정한다.
- 『Method for Valued Ties』는 'Unweighted'와 'Weighted'를 선택할 수 있다. 액터 B가 액터 A와 C 사이를 '연락자'로서 중개하고 있다고 가정하자. 여기에서 이 상황만을 가정하면 어느 Method를 사용하나 결과는 동일하다. 그런데 여기에서 액터 D가 또다시 액터 A와 C 사이를 '연락자'로서 중개하고 있는 추가적 상황을 가정하면 어느 Method를 적용하느냐에 따라 결과는 달라진다. 이 경우 'Weighted'를 적용할 경우에는 액터 B와 D 모두 연락자 역할에 대해 $\frac{1}{2}$씩의 역할만이 인정된다. 'Unweighted'를 선택할 경우에는 액터 B와 D 모두 연락자 역할에 대해 완전한 하나의 역할로 간주된다. 중개역할분석에서는 일반적으로 에고의 관계에 초점이 맞추어지기 때문에 'Unweighted'가 주로 선택된다.

그림 6-39 『Gould & Fernandez Brokerage』 대화상자

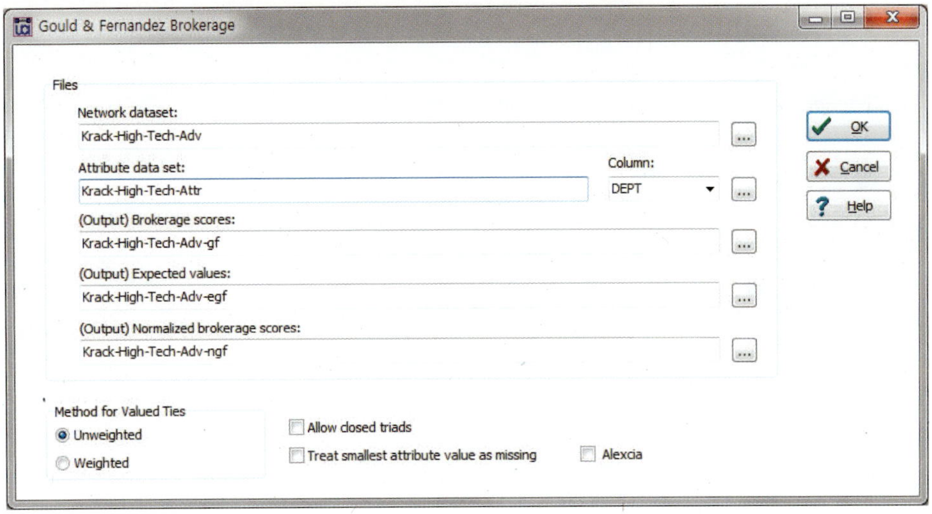

연습문제

01 다섯 명으로 구성된 아래와 같은 소셜네트워크를 구축하였다. 다음 질문에 답하시오.

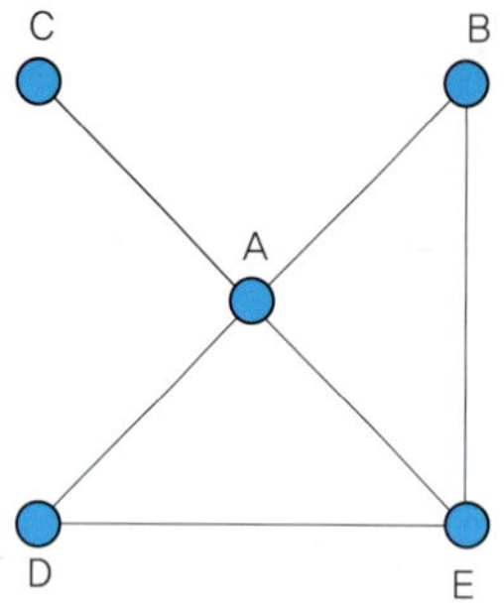

① 네트워크를 DL 형식으로 표현하시오.
② 구조적 공백 지표를 제시하시오.

02 일곱 명으로 구성된 아래와 같은 소셜네트워크를 구축하였다. 다음 질문에 답하시오.

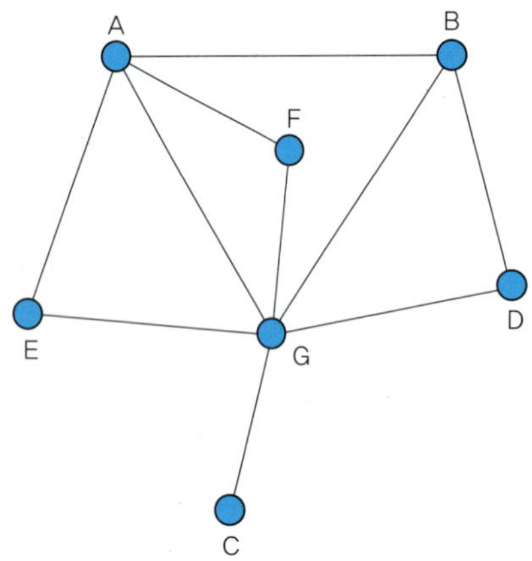

① 네트워크를 DL 형식으로 표현하시오.
② 구조적 공백 지표를 제시하시오.

03 피렌체 가문의 결혼관계 네트워크(PadgettMrg.##h 파일)에 대한 구조적 공백 지표를 계산하고 Medici 가문의 중복성, 유효규모, 효율성, 제약성을 제시하시오.

07

CHAPTER

소셜네트워크분석
Social Network Analysis

서브그룹

- 응집적 서브그룹
- 컴포넌트
- 컴포넌트 네스팅과 k-코어
- 클릭
- n-클릭
- n-클랜
- k-플렉스
- 람다집합
- 팩션분석
- 거번-뉴먼 알고리즘

CHAPTER

07 서브그룹

우리는 주변에서 서로 빈번히 상호작용하는 액터들의 집단을 쉽게 찾아볼 수 있다. 함께 놀러 다니는 가까운 친구들, 동일한 프로야구 팀을 응원하는 회사 동료들, 동일한 목적을 위해 하나의 기업처럼 움직이는 기업군 등이 여기에 해당한다. 소셜네트워크분석에서는 이러한 액터들의 집단을 **서브그룹(subgroup)**[1]이라고 한다. 소셜네트워크 내에 존재하는 액터들의 다양한 서브그룹을 파악하는 것은 소셜네트워크분석의 중요한 관심사 중의 하나이다. 네트워크를 분할하는 서브그룹의 파악은 네트워크의 특성 및 액터의 행태를 이해하는 데 중요한 역할을 한다.

응집적 서브그룹

한 소셜그룹(social group) 내에 포함되어 있는 구성원들 간의 두텁고 친밀한 관계는 응집성(cohesion)이라는 개념과 밀접한 관련이 있다. **응집적 서브그룹(cohesive subgroup)**은 상대적으로 강하고, 직접적이고, 상호 호혜적이고, 빈번한 연결관계를 갖는 액터들의 집합을 의미한다(Borgatti et al. 2013; Hanneman and Riddle 2005; Prell 2012; Wasserman and Faust 1994). 응집성은 그룹에 대한 소속감이나 그룹과 동일시하는 감정을 강조하는 심리적 관점에서부터 사람들을 하나로 묶는 유대관계를 강조하는 관계적 관점까지 다양하게 정의된다(Moody and White 2003). 하지만 어딘가에 속해 있다는 심리적 감정에는 대체로 사람들 간 유대관계를 토대로 한 관계적 속성이 수반되며, 관계적으로 함께 연결된 그룹은 대개 유사한 신념과 가치를 공유하는 사람들로 구성된다. 따라서 응집성을 정의하는 이

1 클러스터(cluster), 커뮤니티(community)라는 용어를 사용하기도 한다.

두 가지 관점은 서로 밀접하게 관련되어 있다.

응집성이 강한 서브그룹 내의 액터들은 직접적이며 상호 호혜적인 관계를 통해 정보를 공유하고 결속을 강화하며 집단적으로 행동한다. 그룹 내의 구성원 간에는 많은 직접적 접촉을 가지면서 동시에 그룹 외의 사람들과는 거의 연결관계를 갖지 않거나 소수의 연결관계만을 유지함으로써 이들 그룹 구성원들은 동질적인 사고와 정체성을 갖는다. 따라서 서브그룹 내의 구성원들은 서브그룹 밖의 액터들에 대해 쉽게 부정적 태도를 표출하며, 여러 개의 서브그룹으로 분할된 네트워크는 파벌들 간의 다툼으로 인해 분열을 겪기도 한다.

응집적 서브그룹에 속한 액터들은 규범을 공유하고 공통의 목표를 지향하는 경향이 있다. 그래서 응집적 서브그룹의 액터들은 종종 구성원들로 하여금 공유된 규범을 따르도록 동료로서의 사회적 압력(peer pressure)을 행사한다. 이는 응집적 서브그룹의 액터들이 행태, 태도, 혁신 수용 등의 관점에서 유사성을 보인다는 것을 의미한다. 따라서 네트워크 내의 응집적 서브그룹을 파악함으로써 네트워크 내에서 벌어지는 어떤 현상을 이해하거나 그 원인을 설명할 수 있다. 또한 응집적 서브그룹의 파악을 통해 서브그룹 내 또는 서브그룹 간 액터들의 역할을 이해할 수 있다. 서브그룹 내에는 그룹 내 다른 액터들의 역할 모델을 제공하는 그룹 리더가 존재하여 이들이 그룹의 규범과 태도를 따르도록 이끌기도 한다. 반면에 어떤 액터들은 서브그룹과 서브그룹 간에 걸쳐 있어서 정보흐름의 중요한 통로를 제공하거나 그룹 간 중개자로서의 역할을 수행하기도 한다.

서브그룹과 관련된 구조적 정보만으로는 이와 같은 이슈들을 모두 이해할 수는 없으나, 서브그룹의 파악을 통해 적어도 어디에 초점을 맞추어야 하는지는 알 수 있다. 또한 서브그룹 구성원들이 규범을 공유하고 유사한 행태를 보이고 나아가서 유사한 결과를 나타낸다면 우리는 응집적 서브그룹 내의 액터들을 하나의 커다란 액터로 보는 것도 가능하다. 서브그룹 내의 구성원들을 하나의 가상의 커다란 액터로 대체하면 네트워크의 크기와 복잡성을 획기적으로 줄일 수 있고 네트워크의 시각화와 분석이 보다 용이해진다.

서브그룹분석은 일반적으로 액터들 간의 연결관계를 바탕으로 네트워크 내에 존재하는 서브그룹을 파악하는 것으로부터 시작된다. 네트워크를 그래프로 그려 시각화하면 서브그룹을 쉽게 파악할 수 있을 것처럼 보이지만 현실은 그렇지 못하다. 노드와 라인의 수가 증가하면 시각적인 확인을 통해 서브그룹을 파악하는 것은 거의 불가능하다. 그래서 서브그룹을 파악하기 위한 다양한 서브그룹의 정의 및 컴퓨터 알고리즘이 소셜네트워크분석에서 활용되고 있다. 서브그룹을 파악하고 나면 파악된 서브그룹 내 구성원들의 공통적 특성을 살펴보고 그 액터들이 왜 그 서브그룹의 구성원인지 설명할 수 있는 타당한 이유를 찾아본다. 그렇게 찾아진 서브그룹의 특성은 서브그룹에 속한 액터들의 행위를 이해하는 데 유용한 정보를 제공한다. 예를 들어, 어떤 서브그룹이 알코올에 매우 의존적인 사람들로 구성되어 있다면, 이러한 서브그룹과 관련된 정보는 알코올 중독자를 줄이고자 하는 보건 당국의 각종 프로그램 개발에 유용하게 활용될 수 있다.

응집성이 강한 서브그룹은 구성원들 간의 도달가능성이 크고, 서브그룹 구성원들 간의 연결관계 빈도가 많으며, 서브그룹 비구성원들 간의 연결관계 빈도에 비해 서브그룹 구성원들 간의 연결관계 빈도가 상대적으로 높은 특성을 지닌다(Wasserman and Faust 1994). 이러한 특성들은 서브그룹을 식별하기 위한 다양한 소셜네트워크분석 기법들과 직접적인 관련을 갖는다. 여기에서 다루는 주요 서브그룹의 종류 및 식별 방법은 다음과 같다.

- 서브그룹 내에서 구성원들이 서로 도달할 수 있는 정도: 컴포넌트
- 서브그룹 내에서 구성원들 간의 직접적 또는 간접적 연결관계의 수: 클릭과 n-클릭
- 서브그룹의 파편화, 즉 분열에 취약한 정도: k-코어
- 서브그룹 내부 및 외부 구성원들 간의 상대적 연결정도: 람다집합, 팩션, 거번-뉴먼 알고리즘

컴포넌트

컴포넌트(component)는 응집적 서브그룹이 되기 위한 최소한의 요건이다(Moody and White 2003). 컴포넌트는 모든 액터들이 서로 최소 하나의 경로로 연결되는 서브그룹을 의미한다. 컴포넌트는 최대 연결 서브그래프(maximal connected subgraph)로 정의된다(Scott 2012). 서브그래프의 모든 노드가 경로를 통해 서로 연결될 때 그 서브그래프는 '연결'되었다고 얘기한다. 연결된 서브그래프 안의 모든 노드는 하나 이상의 경로를 통해 서로에게 도달할 수 있으나, 서브그래프 밖의 노드와는 아무런 연결관계를 갖지 않는다. 즉 컴포넌트 안에서 모든 노드는 경로를 통해 연결되나, 어떠한 경로도 컴포넌트 밖의 노드로 연결되지는 않는다. 서브그래프에 새로운 노드를 추가하고자 할 때 연결성의 조건이 위배되어 더 이상 새로운 노드를 추가할 수 없을 경우, 그 서브그래프는 '최대'라고 얘기한다. 예를 들어, 고립노드는 기존 컴포넌트의 구성원으로 추가될 수 없다. 왜냐하면 고립노드는 기존 컴

포넌트의 노드들과 어떠한 연결관계도 가지고 있지 않기 때문에 고립노드를 추가할 경우 기존 컴포넌트는 연결성의 조건을 위배하게 되어 더 이상 컴포넌트가 될 수 없기 때문이다.

컴포넌트는 스노우볼링(snowballing) 방법을 통해 찾아낼 수 있다. 우선 네트워크 내의 임의의 한 노드에서 시작하여 그 노드와 직접적으로 연결된 다른 노드들을 찾아내고 그 노드들의 연결고리를 탐색한다. 그런 다음 찾아낸 노드들로부터 시작하여 연결된 모든 노드들을 찾는 위의 과정을 반복한다. 더 이상 새로운 노드가 컴포넌트에 추가될 수 없을 때 위의 과정을 중단한다. 컴포넌트에 포함된 노드 이외에 다른 노드들이 네트워크 내에 남아 있으면, 그 노드들에 대해 동일한 절차를 반복하여 새로운 컴포넌트의 존재를 파악한다.

이런 의미에서 볼 때 컴포넌트는 연속된 연결고리를 통해 서로 연결된 노드들의 집합이라고 볼 수 있다. 노드를 연결하는 경로는 컴포넌트의 경계가 정해질 때까지 계속 탐색된다. 전체가 하나로 연결된 네트워크는 그 자체로 하나의 컴포넌트를 구성하지만, 하나의 네트워크는 일반적으로 [그림 7-1]과 같이 하나 이상의 독립된 컴포넌트와 다수의 고립노드(이것도 컴포넌트이다)로 구성된다. 한 컴포넌트의 구성원들은 직접적으로 또는 중간매개자 연결고리를 통해 의사소통을 할 수 있다. 반면에 거기에 속하지 못한 사람들(즉 고립노드)은 그러한 기회를 갖지 못한다. 따라서 하나의 네트워크 내에서 찾아볼 수 있는 컴포넌트의 구조, 즉 컴포넌트의 수와 규모는 네트워크 내 자원의 흐름과 의사소통에 대한 기회와 제약을 나타내는 지표로 해석할 수 있다. 그러나 이러한 컴포넌트를 기반으로 한 접근은 분석대상의 네트워크가 [그림 7-1]과 같이 여러 개의 서로 다른 컴포넌트로 분할된 경우에만 의미를 갖는다. 네트워크가 완전히 서로 연결되어서 하나의 단일 컴포넌트를 형성하는 경우에는 네트워크 내의 서브그룹을 발견하기 위한 다른 대안적 기법을 이용할 필요가 있다(Prell 2012).

그림 7-1 ▌네트워크 내의 컴포넌트

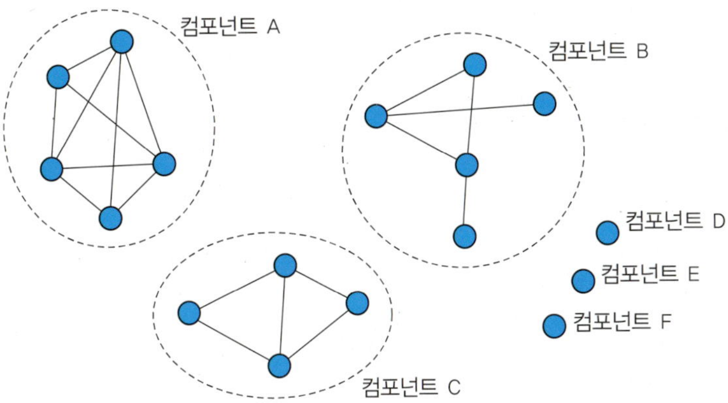

방향 그래프에서 컴포넌트는 강한 컴포넌트와 약한 컴포넌트 두 가지 유형으로 구분된다. 우선 **강한 컴포넌트(strong component)**는 경로를 구성하는 라인의 방향이 연속된 일련의 연결고리의 방향과 일치하는 컴포넌트이다. 이러한 조건을 충족하지 못하는 경로는 컴포넌트에 포함되지 않는다. 라인의 방향은 돈, 권력, 정보 등과 같은 자원의 흐름을 나타낸다고 가정되기 때문에 컴포넌트 구성요건으로 라인의 방향을 고려하는 것은 설득력이 있다. 자원의 흐름이 중단 없이 계속되기 위해서는 경로상의 라인이 일정한 방향으로 흘러야 한다. 따라서 강한 컴포넌트는 그 안에서의 자원의 흐름이 자유롭고 용이한 액터들의 집합을 나타낸다. 강한 컴포넌트와 달리, **약한 컴포넌트(weak component)**는 단순히 연결된 노드들의 집합을 말하며, 라인의 방향은 고려하지 않는다. 약한 컴포넌트는 방향에 대한 고려를 하지 않더라도 연결관계의 존재만으로도 의사소통의 가능성이 열려 있다는 가정을 기반으로 한다. [그림 7-2]에서 액터 B, C, D, E는 강한 컴포넌트를 구성하고 있으며, 모든 액터가 포함된 전체 네트워크는 약한 컴포넌트를 형성한다. 방향 그래프에서의 약한 컴포넌트는 연결관계의 유무만을 고려한다는 점에서 비방향 그래프에서의 컴포넌트와 개념상으로 동일하다.

하나의 컴포넌트에는 컴포넌트를 유지시키는 데 중요한 역할을 하는 노드가 존재할 수 있으며, 이러한 노드의 파악은 컴포넌트의 내부구조를 이해하는 데 유용한 정보를 제공한다. 이러한 노드를 **컷포인트(cut-point)**라고 한다(Hage and Harary 1983). 컷포인트를 제거하면 서브그래프는 서로 연결관계를 갖지 않는 둘 이상의 서브그래프로 분할되고 컴포넌트의 개수는 증가한다. 즉 컷포인트는 네트워크 내의 취약한 지점을 나타낸다고 할 수 있으며, 이는 단절될 수 있는 네트워크를 연결해주는 중요한 액터를 의미한다. 예를 들어, [그림 7-3]의 왼쪽 서브그래프에서 노드 B는 컷포인트이다. 노드 B의 제거는 [그림 7-3]의 오른

그림 7-2 ▌강한 컴포넌트와 약한 컴포넌트

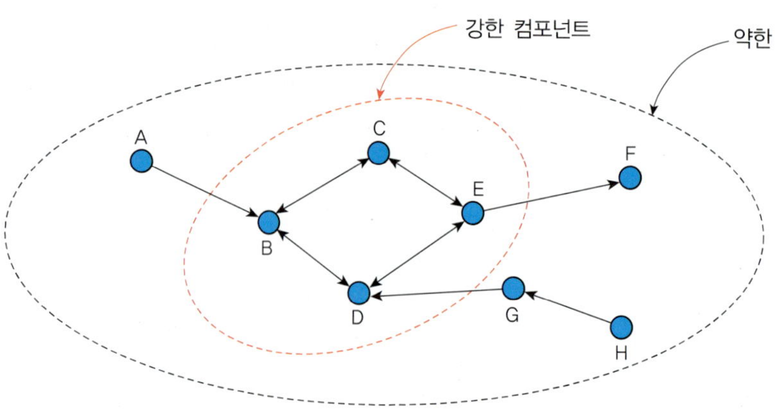

그림 7-3 ▌노트와 컷포인트

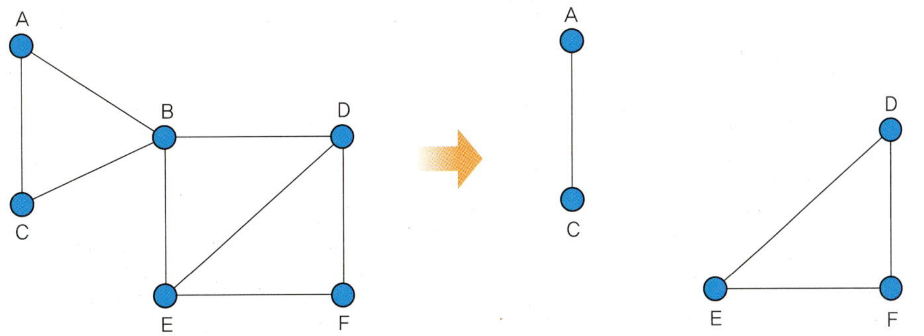

쪽 서브그래프에서 보여지는 것처럼 두 개의 서로 단절된 컴포넌트를 생성한다. 컷포인트 및 이와 함께 컴포넌트를 구성하는 요소들을 합쳐 **노트(knot)**라고 한다(Scott 2012). 이를 **블록(block)** 또는 **바이컴포넌트(bi-component)**라고 부르기도 한다. [그림 7-3]의 왼쪽 서브그래프는 두 개의 노트 {A, B, C}와 {B, D, E, F}를 포함하고 있다. 따라서 컷포인트는 노트를 구성하는 노드 중의 하나이며, 노트 간의 중복 노드가 컷포인트가 된다. 컷포인트인 액터는 국지적 중심성을 나타내는 것으로 해석할 수 있다.

[그림 7-4]는 이탈리아 피렌체에서 활동하던 16개 가문 간의 결혼관계 네트워크(Padgett and Ansell 1993; Wasserman and Faust 1994; PadgettMrg.##h 파일)에 존재하는 컴포넌트이다. 이 네트워크는 Pucci 가문을 제외한 나머지 15개 가문이 모두 서로 연결되어 있기 때문에 고립노드로 구성된 컴포넌트 한 개와 15개 가문으로 구성된 컴포넌트 한 개 등 총 두 개의 컴포넌트를 갖는다.

[그림 7-5]에서 볼 수 있는 것처럼 피렌체 가문의 결혼관계 네트워크에서는 총 여섯 개의 노트와 네 개의 컷포인트가 발견되었다(PadgettMrg.##h 파일). 예를 들어, Albizzi 가문은 블록 1과 블록 3에 동시에 포함되어 있으며 Albizzi 가문을 이 네트워크에서 제거할 경우 블록 1에 함께 포함되어 있는 Ginori 가문은 네트워크로부터 분리되어 고립노드가 된다. 따라서 Albizzi 가문은 컷포인트로서의 역할을 수행한다. [그림 7-5] 하단의 소시오그램에서 삼각형으로 표시된 네 개의 컷포인트 및 이들을 포함하는 여섯 개의 블록을 시각적으로 확인할 수 있다. [그림 7-4]와 같은 컴포넌트분석은 네트워크 내에서 연결이 단절된 부분을 찾을 수 있게 해주며, [그림 7-5]와 같은 바이컴포넌트(노트, 블록)분석은 네트워크 내의 취약한 부분을 찾아준다.

그림 7-4 ▌ 피렌체 가문의 결혼관계 네트워크에서의 컴포넌트

```
--------------------------------------------------------------------
Matrix PADGM
--------------------------------------------------------------------

Component Sizes

              1       2
           Size    Prop
         ------  ------
    1 1      15   0.938
    2 2       1   0.063

2 rows, 2 columns, 1 levels.

Component ratio: :                        0.0667
Heterogeneity: :                          0.1172
Normalized heterogeneity: :               0.1250
Entropy: :                                0.2338
Normalized entropy: :                     0.0843

Normalized heterogeneity equals fragmentation in undirected graphs.

                  1
                  c
                  P
                  A
                  D
                  G
                  M
                  -
    1 ACCIAIUOL 1
    2   ALBIZZI 1
    3 BARBADORI 1
    4  BISCHERI 1
    5 CASTELLAN 1
    6    GINORI 1
    7  GUADAGNI 1
    8 LAMBERTES 1
    9    MEDICI 1
   10     PAZZI 1
   11   PERUZZI 1
   12     PUCCI 2
   13   RIDOLFI 1
   14  SALVIATI 1
   15   STROZZI 1
   16 TORNABUON 1

16 rows, 1 columns, 1 levels.
```

UCINET 메뉴에서 『Network>Regions>Components>Binary Graphs』를 선택한다. 『Components』 대화상자에서 분석대상 관계 데이터(여기에서는 PadgettMrg.##h)를 선택한 후 『OK』 버튼을 클릭한다. 방향을 갖는 데이터의 경우 『For Directed Data』에서 'Weak Components' 또는 'Strong Components'를 선택하여 약한 컴포넌트 또는 강한 컴포넌트를 탐색한다. 비방향 데이터의 경우에는 어느 것을 선택하든 동일한 컴포넌트를 추출한다. 만일 네트워크 내에 여러 개의 컴포넌트가 포함되어 있고 액터들이 모두 연결된 네트워크를 필요로 하는 분석(예: 근접중심성)을 해야 할 경우에는, 네트워크에 대한 메인 컴포넌트(main component)를 먼저 추출하고 추출된 메인 컴포넌트를 대상으로 분석을 수행하는 것이 바람직하다. 이를 위해서는 UCINET 메뉴에서 『Data>Filter/Extract>Main Component』를 선택한다.

그림 7-5 ▌ 피렌체 가문의 결혼관계 네트워크에서의 노트(블록)와 컷포인트

```
6 blocks found.

BLOCKS:

Block    1:  ALBIZZI GINORI
Block    2:  GUADAGNI LAMBERTES
Block    3:  ALBIZZI BARBADORI BISCHERI CASTELLAN GUADAGNI MEDICI PERUZZI RIDOLFI STROZZI TORNABUON
Block    4:  PAZZI SALVIATI
Block    5:  MEDICI SALVIATI
Block    6:  ACCIAIUOL MEDICI

Articulation points

                         1
                  CutPoint
                  --------
   1  ACCIAIUOL          0
   2    ALBIZZI          1
   3  BARBADORI          0
   4   BISCHERI          0
   5  CASTELLAN          0
   6     GINORI          0
   7   GUADAGNI          1
   8  LAMBERTES          0
   9     MEDICI          1
  10      PAZZI          0
  11    PERUZZI          0
  12      PUCCI          0
  13    RIDOLFI          0
  14   SALVIATI          1
  15    STROZZI          0
  16  TORNABUON          0
```

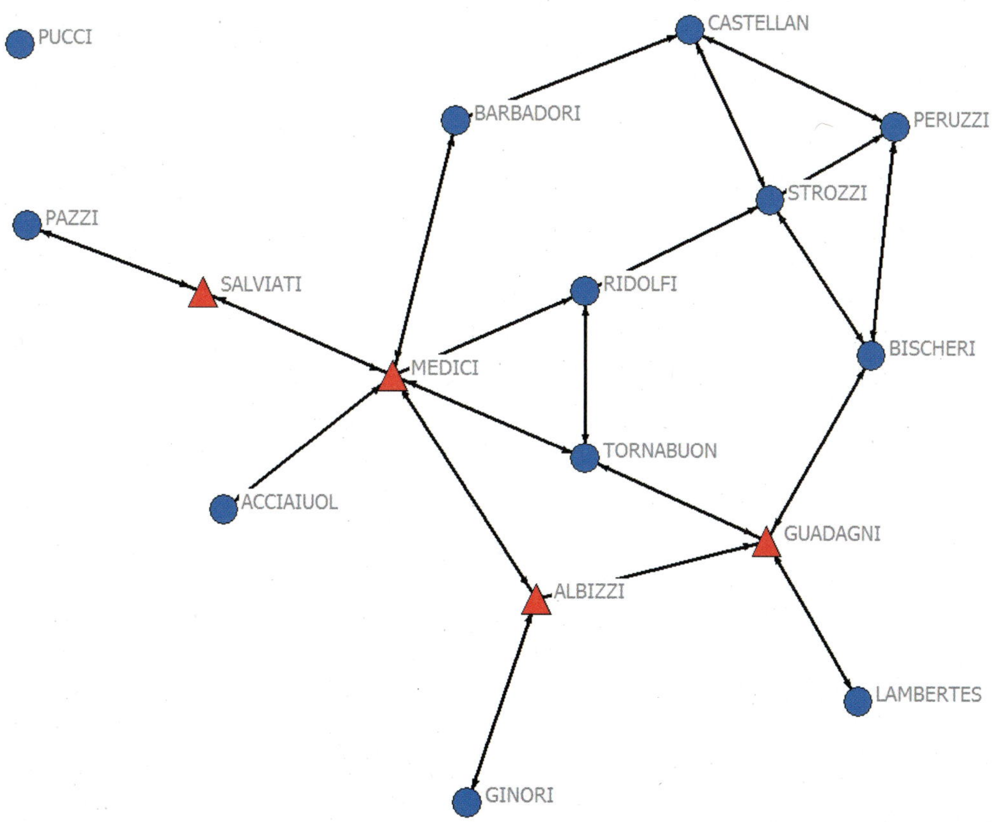

UCINET 메뉴에서 『Network>Regions>Bi-Component』를 선택한다. 『Bi-Components(Blocks)』 대화상자에서 분석대상 관계 데이터(여기에서는 PadgettMrg.##h)를 선택한 후 『OK』 버튼을 클릭한다. NetDraw에서 노드의 색상 및 모양으로 컷포인트를 표현하기 위해서는 먼저 네트워크 그래프를 생성한 후 『Analysis>Blocks & Cutpoints』를 선택한다. 『Properties>Nodes>Symbols>Color>Attribute-based』와 『Properties>Nodes>Symbols>Shape>Attribute-based』를 선택한 후 『Select Attribute』에서 'Cutpoints'를 선택하여 노드의 색상 및 모양을 수정할 수 있다.

컴포넌트 네스팅과 k-코어

컴포넌트의 계층적 내부구조를 분석하는 것을 컴포넌트 네스팅(component nesting)이라고 한다. 컴포넌트 네스팅은 컴포넌트 내의 액터들에 대해 연결정도 또는 연결강도의 수준을 바탕으로 점진적으로 계층화된 경계를 설정해 나가는 방법이다. 이렇게 도출된 컴포넌트 내부의 경계를 그림으로 표현하여 하나로 결합하면 동심원 내에 중첩되어 포함되는 액터들의 집합을 도출할 수 있다. 하나의 컴포넌트 내에 일군의 액터 집합이 포함되고 그 액터 집합 내에 또 다른 더 작은 규모의 액터 집합이 포함되고 그 액터 집합 내에 또다시 더 작은 규모의 액터 집합이 포함된다. 이러한 방식으로 하나의 컴포넌트 내의 액터들을 응집성(연결정도 또는 연결강도) 정도에 따라 몇 개의 집합으로 분류할 수 있고, 이러한 액터들의 집합은 내부적으로 중첩된다. 가운데의 강하게 연결되어 있는 응집성 강한 액터 집합을 중심으로 하여 그 주변으로 응집성의 수준이 약해지면서 컴포넌트의 경계가 점차 확대되고 경계 내에 포함되는 액터들의 수는 점점 많아진다. 최종적으로 가장 바깥의 경계 내에는 가장 약한 수준의 연결을 갖는 액터들의 집합이 자리 잡게 되며, 연결된 모든 액터들은 이 단계에서 모두 하나의 단일 컴포넌트에 포함된다.

[그림 7-6]과 같이 소셜네트워크 내에 두 개의 컴포넌트가 있다고 가정해보자. 집합 A에 속한 액터들은 가장 단단히 연결되어 있으며, 컴포넌트의 코어(core)를 형성한다. 집합 B의 경계는 집합 A보다 더 약한 연결기준(즉 집합 A에 속한 액터들보다 연결정도가 낮은)을 적용하여 그려진다. 따라서 집합 A에 속한 액터들과 이보다 약한 수준에서 연결된 추가적인 액터들이 집합 B에 포함된다. 가장 바깥쪽의 경계를 갖는 집합 C는 가장 약한 연결기준에 의해 경계가 결정된다. 따라서 연결된 모든 액터들이 집합 C에 포함되며, 이는 곧 현재 분석 대상으로 하고 있는 컴포넌트와 일치한다. 오른쪽의 컴포넌트에 있는 액터 집합 D, E, F도 마찬가지 방식으로 해석될 수 있다. 따라서 소셜네트워크 내의 각 컴포넌트는 다양한 수준의

그림 7-6 | 컴포넌트 네스팅

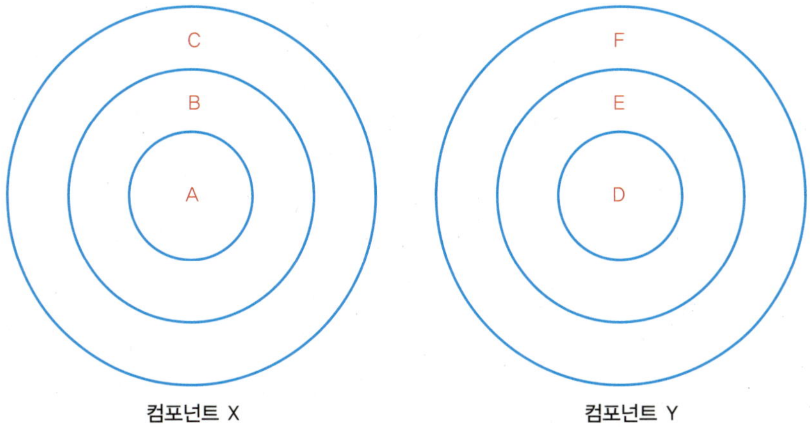

컴포넌트로 분해될 수 있으며, 각 경계선에서 확인된 컴포넌트를 파악함으로써 [그림 7-6]과 같은 소셜네트워크의 각 컴포넌트에 대한 등고선 다이어그램(contour diagram)을 그릴 수 있다. 등고선 다이어그램은 중앙의 높은 응집성을 갖는 액터 집합으로부터 주변의 낮은 응집성을 갖는 액터 집합으로 액터들의 집합이 변해 가는 모습을 보여준다.

컴포넌트 네스팅은 두 가지 방법을 이용하여 수행할 수 있다. 컴포넌트의 경계를 설정할 때 노드의 연결정도를 기준으로 하는 방법과 라인의 강도를 기준으로 하는 방법이 있다. 노드 연결정도를 기준으로 한 방법에 의해 생성되는 컴포넌트를 **k-코어(k-core)**라고 하며, 라인 강도를 기준으로 생성되는 컴포넌트를 **m-코어(m-core)**라고 한다. 이 중 일반적으로 많이 사용되는 k-코어에 대해 알아보자.

k-코어는 각 노드가 최소 k개의 다른 노드와 연결되는 최대 서브그래프(maximal subgraph)로 정의된다(Seidman 1983; Scott 2012). 즉 k-코어 내의 모든 노드는 k보다 크거나 같은 연결정도를 갖는다. 이는 k-코어 내의 모든 노드는 k보다 크거나 같은 연결중심성을 갖는다는 의미이기도 하다(Prell 2012). k의 값이 작아지면 포함되는 액터의 수가 많아지므로 서브그룹의 크기는 커진다. 반면에 k의 값이 커지면 조건을 충족하는 액터의 수가 작아지므로 보다 작은 규모의 서브그룹이 생성된다. 이처럼 k값이 작아지고 커짐에 따라 서브그룹들은 크기가 변화하는 계층적 구조를 형성한다. 그래서 k-코어 서브그룹은 서로 내포된(즉 네스팅된) 구조를 갖게 된다. 예를 들어, 한 액터가 4-코어의 구성원이면 그 액터는 3-코어의 구성원이면서 동시에 2-코어의 구성원이기도 하다. 이러한 계층적 구조는 높은 수준의 k-코어에 포함된 액터는 네트워크를 응집력 있게 만드는 중요한 액터라는 것을

나타낸다. 또한 낮은 수준의 k-코어들은 높은 수준의 k-코어들(즉 밀도가 높은 서브그룹들)을 연결시켜 주기 때문에 이러한 계층적 구조는 전체 네트워크에서 서브그룹들의 응집성 수준을 파악하는 데 유용하다. k-코어에 대한 분석을 수행한 후 네트워크가 분할될 때까지 낮은 수준의 k-코어를 제거해 나가게 되면 응집성이 높은 서브그룹들을 파악할 수 있다. 이러한 접근법은 네트워크가 매우 클 때 특히 유용하다.

최대 연결 서브그래프로 정의되는 일반적 컴포넌트는 1-코어이다. 컴포넌트의 정의에 의해 모든 노드는 서로 연결되어 있고, 따라서 최소 1의 연결정도를 갖고 있기 때문이다. 2-코어는 연결정도 1을 갖는 노드를 제외하고 남는 나머지 연결정도 2 이상인 노드들로 구성된다. 3-코어는 연결정도 1 및 2를 갖는 노드들을 제거하고 남는 노드들 가운데 연결정도 3 이상인 노드들로부터 찾아낼 수 있다. 이런 식으로 k 미만의 연결정도를 갖는 노드를 제거시켜 가며 k-코어를 확인할 수 있다. 예를 들어, [그림 7-7]의 네트워크는 모든 노드가 최소 3의 연결정도를 갖고 있기 때문에 3-코어이다(Scott 2012). 하지만 이 네트워크는 4-코어는 될 수 없다. 왜냐하면 연결정도 3 이하의 노드들을 제거하고 남는 노드들은 최소 연결정도 4 이상으로 연결될 수 없기 때문이다. k-코어를 형성하기 위해서는 적어도 $k+1$개의 노드가 구성원으로서 필요하다.

그림 7-7 ▎3-코어 네트워크

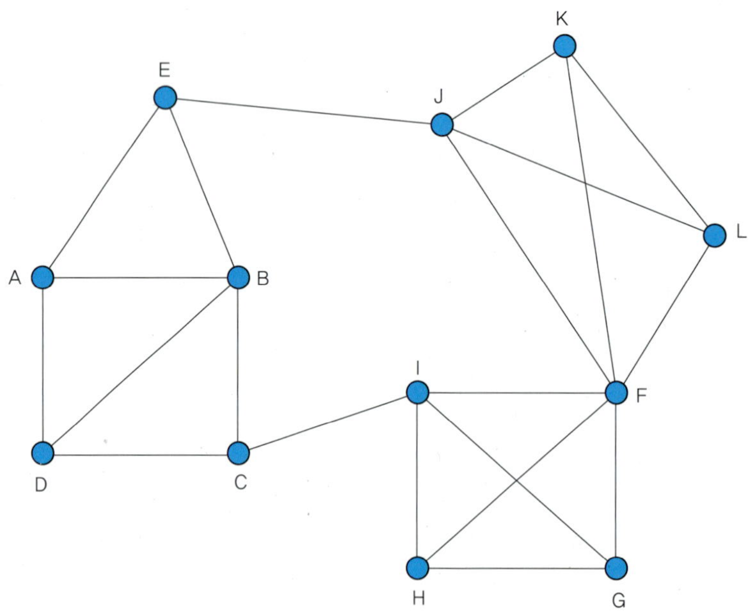

컴포넌트 네스팅은 네트워크의 전반적인 파편화(fragmentation)정도를 이해하는 데 유용하게 활용될 수 있다(Seidman 1983). 컴포넌트 네스팅을 기반으로 네트워크의 파편화 과정을 분석하는 절차를 **코어소멸과정분석(core collapse sequence analysis)**이라고 한다. k-코어의 노드는 $k+1$ 코어에 속하는 노드와 그렇지 않은 노드의 두 집합으로 나누어 볼 수 있다. 이 중 후자의 집합에 속하는 노드를 k-잔류노드(k-remainder)라고 한다. k-잔류노드는 k값을 1만큼 증가시킬 때 $k+1$ 코어에 포함되지 못하고 사라지는 노드를 말한다(즉 현재의 k-코어에 잔류하는 노드). k가 증가함에 따라 이들 상대적으로 덜 연결된 노드들은 점차 코어로부터 사라지게 되어 코어를 구성하는 노드들이 단계적으로 줄어들게 되고 궁극적으로는 상위 단계의 코어를 구성하지 못하는 코어소멸 상태에 이르게 된다.

[그림 7-8]의 네트워크를 통해 코어소멸과정분석을 좀 더 자세히 살펴보자(Scott 2012). 여섯 개의 노드가 모두 연결되어 있으므로 k를 0에서 1로 증가시키면 모든 노드는 1-코어를 형성하여 1-코어에 속하지 않고 사라지는 노드는 존재하지 않는다. 따라서 k=0에서 잔류노드 개수는 0이 된다. k=1에서 모든 노드는 하나의 코어에 포함된다. 여기에서 k를 2로 증가시키면 2-코어에서 노드 A와 F는 사라지게 되고, 따라서 k=1일 경우의 잔류노드는 두 개가 된다. 이때의 잔류노드의 비율은 $0.33\left(=\frac{2}{6}\right)$이 된다. k=2에서는 노드 B, C, D, E가 연결정도 2 이상의 연결관계를 가지므로 2-코어를 형성한다. 여기에서 k를 3으로 증가시키면 노드 B, C, D, E는 모두 연결정도 3 이상의 연결관계를 갖는 3-코어를 형성하므로

그림 7-8 ▍코어소멸과정분석

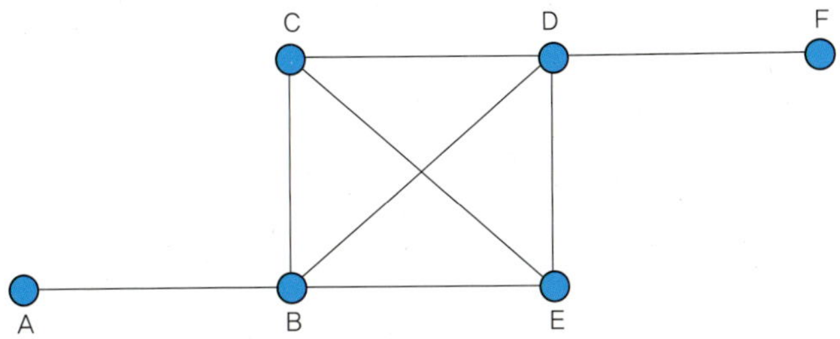

k	k-코어	잔류노드	잔류노드 비율
0	{A, B, C, D, E, F}	0	0
1	{A, B, C, D, E, F}	2(A, F)	0.33
2	{B, C, D, E}	0	0
3	{B, C, D, E}	4(B, C, D, E)	0.67

그림 7-9 ▌피렌체 가문의 결혼관계 네트워크에서의 k-코어

```
K-CORE PARTITIONING

           A   B   C T                 L
           C   A B A O G               A   S
           C A R I S R U   P R S       M   A
           I L B S T N A M E I T G B   L
           A B A C E A D E R D R I E P V P
           I I D H L B A D U O O N R A I U
           U Z O E L U G I Z L Z O T Z A C
           O Z R R A O N C Z F Z R E Z T C
           L I I I N N I I I I I I S I I I

                     1     1 1 1     1 1 1
Degree     1 2 3 4 5 6 7 9 1 3 5 6 8 0 4 2
------     - - - - - - - - - - - - - - - -
     2     . XXXXXXXXXXXXXXXXXXXXX . . . . .
     1     XXXXXXXXXXXXXXXXXXXXXXXXXXXXXXX .
```

```
Coreness values for each node

                    P
                    -
 1  ACCIAIUOL       1
 2    ALBIZZI       2
 3  BARBADORI       2
 4   BISCHERI       2
 5  CASTELLAN       2
 6     GINORI       1
 7   GUADAGNI       2
 8  LAMBERTES       1
 9     MEDICI       2
10      PAZZI       1
11    PERUZZI       2
12      PUCCI       0
13    RIDOLFI       2
14   SALVIATI       1
15    STROZZI       2
16  TORNABUON       2
```

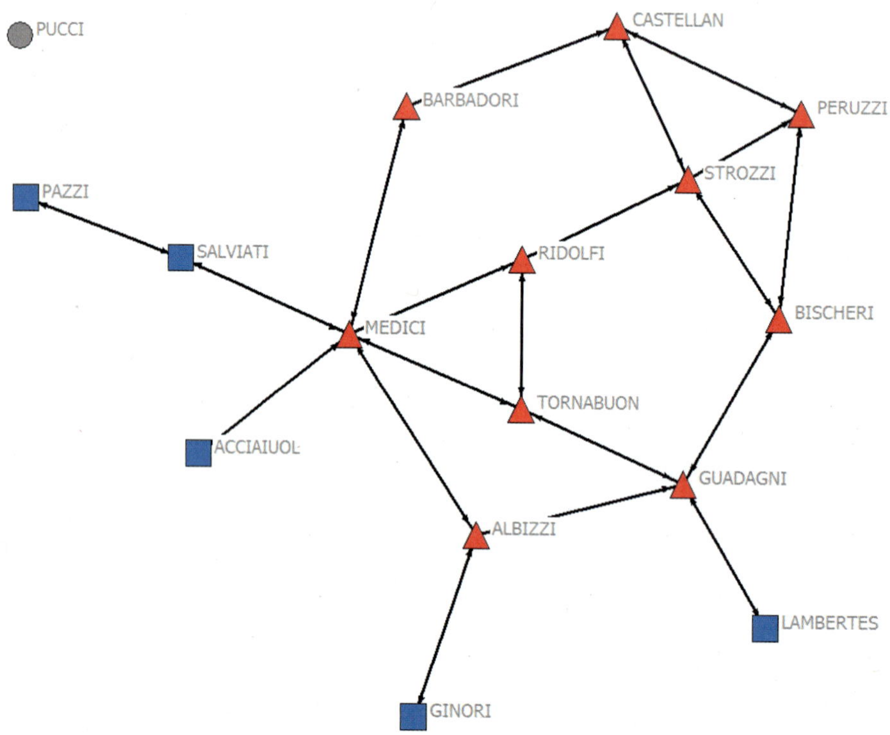

UCINET 메뉴에서 『Network > Regions > K-Core』를 선택한다. 『K-Cores』 대화상자에서 분석대상 관계 데이터(여기에서는 PadgettMrg.##h)를 선택한 후 『OK』 버튼을 클릭한다. k-코어분석을 수행하려면 네트워크 데이터는 이진형 및 대칭형이어야 한다. NetDraw에서 노드의 색상 및 모양으로 k-코어를 표현하기 위해서는 먼저 네트워크 그래프를 생성한 후 『Analysis > K-cores』를 선택한다. 『Properties > Nodes > Symbols > Color > Attribute-based』와 『Properties > Nodes > Symbols > Shape > Attribute-based』를 선택한 후 『Select Attribute』에서 'K-core'를 선택하여 노드의 색상 및 모양을 수정할 수 있다.

$k=2$일 경우의 잔류노드는 없게 된다. 하지만 $k=3$일 경우에 k를 4로 증가시키면 어떤 노드도 4-코어에 합류하지 못하고 사라지게 되므로 3-코어의 모든 노드 B, C, D, E는 그대로 잔류하게 된다. 따라서 잔류노드의 비율은 $0.67\left(=\frac{4}{6}\right)$이 된다.

$k=0$에서부터 잔류노드의 비율을 차례대로 배열하여 그 변화과정을 살펴보면 컴포넌트 내부의 밀도구조를 파악할 수 있다. 잔류노드 비율이 규칙적으로 배열된 경우는 코어의 점진적 소멸을 의미하며, 이는 네트워크의 전반적인 균일성(uniformity)을 나타낸다. 또한 높은 k값에 이를 때까지 잔류노드 비율 0이 지속되는 경우에도 컴포넌트 내부구조가 균일하다는 것으로 해석할 수 있다. 반면에 잔류노드 비율이 불규칙적으로 배열된 경우에는 컴포넌트 내에 상대적으로 높은 밀도를 갖는 부분이 존재한다는 것을 나타낸다. 특히 낮은 k값에서의 잔류노드 비율 0은 이후 단계에 높은 밀도를 갖는 그룹이 존재한다는 것을 의미한다. 예를 들어, [그림 7-8]의 네트워크는 잔류노드 비율이 (0, 0.33, 0, 0.67)로 불규칙하게 배열되어 있고, 특히 $k=2$에서의 잔류노드 비율은 0으로서 이 단계 이후에 높은 밀도를 갖는 그룹이 형성된다는 것을 암시한다.

피렌체 가문의 결혼관계 네트워크에서의 k-코어는 [그림 7-9]와 같다(PadgettMrg.##h 파일). 1-코어에 고립노드인 Pucci 가문을 제외한 15개 노드가 모두 포함되었으며, 2-코어에서 다섯 개 노드가 1-코어에 잔류하고 10개 노드가 합류하였다. 이 네트워크에서는 3-코어 이상은 형성되지 않았다(2-코어의 노드들을 제거하고 나면 연결정도 3 이상으로 연결되는 노드는 존재하지 않는다). [그림 7-9] 하단의 그래프는 0-코어에서의 잔류노드는 원형, 1-코어에서의 잔류노드는 사각형, 2-코어에서의 잔류노드는 삼각형으로 나타내어 시각적으로 k-코어의 형성 및 분화과정을 보여준다.

클릭

클릭(clique)은 세 개 이상의 노드로 구성된 최대 완전 서브그래프(maximal complete subgraph)로 정의된다(Harary 1969; Knoke and Yang 2008; Scott 2012). 최대 완전 서브그래프란 서브그래프 내의 모든 노드가 서로 직접 연결되어 있고 네트워크 내의 다른 어떤 노드도 서브그래프 내의 노드와는 직접 연결관계를 갖지 않는 서브그래프를 의미한다. '완전'은 클릭 내의 모든 가능한 노드쌍이 직접 연결되어 있다는 것을 의미한다. '최대'란 클릭인 서브그래프는 다른 어떤 클릭 내에 포함되어서는 안 된다는 것을 의미하며, 이는 클릭인 서브그래프는 '완전'의 조건을 충족하면서 동시에 서브그래프에 새로운 노드를 추가시킬 수 없다는 것을 나타낸다. 클릭 내의 모든 노드쌍은 서로 직접 연결되어 있기 때문에 클릭을 구성하는 노드들의 각 노드쌍에 대한 최단경로의 길이는 1이 된다. 컴포넌트는 최대 연결 서브그래프(모든 노드는 여러 경로를 통해 서로 연결)인 반면, 클릭은 최대 완전 서브그래프(모든 노드는 직접 서로 연결)이다.

[그림 7-10]의 여섯 개의 액터로 구성된 비방향/이진 그래프를 통해 클릭의 개념을 좀 더 살펴보자(Knoke and Yang 2008). [그림 7-10]에는 모두 두 개의 서브그래프(ABE와 BCDE)가 클릭 성립을 위한 요건을 충족하고 있다. 액터 F는 액터 A 및 C와 직접 연결관계를 가지고 있기는 하지만 이들 세 액터는 클릭을 형성하지 못한다. 왜냐하면 액터 A와 C는 서로 직접적 연결관계를 가지고 있지 않기 때문이다. 즉 서브그래프 ACF는 '완전' 연결관계를 갖지 못한다. 클릭 BCDE 주변의 세 개 액터로 구성된 그룹(BCD, CDE, DEB, EBC) 역시 클릭을 구성하지 못한다. 왜냐하면 이들 그룹에 하나의 액터를 추가하게 되면 그 액터는 이들 그룹의 세 액터와 직접적으로 연결된 좀 더 큰 규모의 클릭을 형성하기 때문이다. 즉 이들 세 개 액터로 구성된 서브그래프는 '최대' 요건을 충족하지 못한다. 예를 들어, 서브그래프 BCD는 클릭이 아니다. 왜냐하면 액터 E는 액터 B, C, D와 직접적 연결관계를 갖기 때문에, 액터 E를 이 서브그래프에 추가하게 되면 더 큰 서브그래프 BCDE가 클릭의 요건을 충족하게 되기 때문이다. 그래서 서브그래프 BCDE만이 '최대 완전 서브그래프'로서 클릭의 요건을 충족한다. 각 액터는 액터 B와 E처럼 하나 이상의 클릭에 포함될 수 있으며, 액터 F처럼 어느 클릭에도 포함되지 않을 수 있다.

그림 7-10 ▎비방향/이진 그래프에서의 클릭

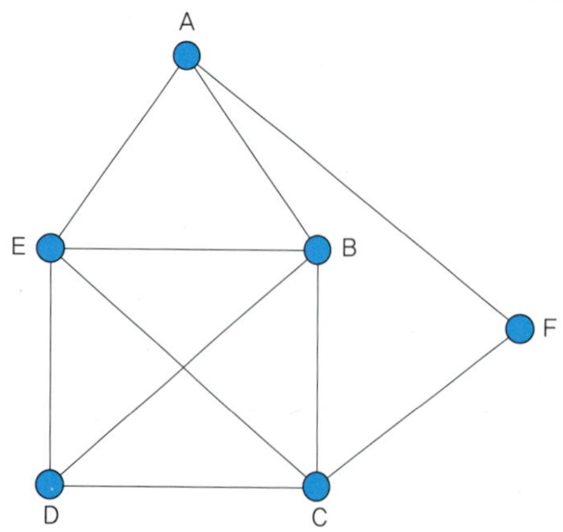

방향 그래프는 관계의 송신자와 수신자를 구분한다. 따라서 방향 그래프에서의 클릭은 관계의 호혜성 요건이 추가된다. 비방향 그래프에 대해 적용된 클릭의 엄격한 정의를 확장하면, 방향 그래프에서의 클릭은 모든 노드가 서로 직접 연결되어 있는 세 개 이상의 노드로 구성된 서브그래프이고, 이들의 연결관계는 상호 호혜적이다(즉 양방향 연결관계). [그림 7-11]의 여섯 개의 액터로 구성된 방향/이진 그래프를 살펴보자(Knoke and Yang 2008). [그림 7-11]의 방향 그래프에는 세 개의 클릭이 존재한다(ABE, BDE, BCD). 액터 E와 C 간의 관계가 양방향적 관계가 아니므로, BCDE는 클릭을 형성하지 못한다. 액터 A와 C 간에 직접적 연결관계가 없으므로, AFC 역시 클릭을 구성하지 못한다.

최대 완전 서브그래프라는 클릭의 정의는 매우 엄격하여 활용하는 데 몇 가지 제약이 있을 수 있다. 첫째, 클릭 형성에 대해 이러한 엄격한 기준을 적용할 경우 낮은 밀도를 갖는 현실의 실제 네트워크에서는 큰 규모의 클릭을 발견하기가 매우 어렵다(Wasserman and Faust 1994). 실제 네트워크에서 클릭이 드문 이유 중의 하나는 네트워크 데이터 수집방법에서 찾아볼 수 있다. 예를 들어, 고정선택 접근법은 "당신의 친구 세 명의 이름을 제시하시오"와 같은 설문을 통해 응답자들에게 알터의 개수를 제한하도록 한다. 이럴 경우 클릭을 형성하는 액터의 개수는 연구자가 부여하는 어떤 기준값(제한된 알터의 개수)을 초과할 수 없다. 둘째, 클릭의 정의는 또한 응집성 강한 서브그룹 내의 구성원들과 외부의 그 밖의 사람들을 엄격하게 이분법적으로 구분한다. 그래서 중심적인 액터로부터 주변적인 액터로 또는 그 반대로의 서브그룹의 점진적인 형성과정을 파악할 수 없다. 클릭의 경계가 일단 설정되면, 클릭 구성원과 비클릭 구성원 간의 좀 더 세부적인 구별은 더 이상 이루어질 수 없다.

그림 7-11 ▌방향/이진 그래프에서의 클릭

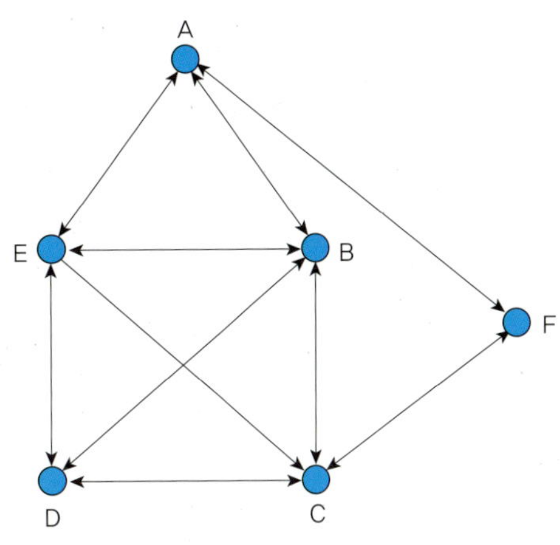

클릭의 정의에 따른 이러한 단순한 이분화는 액터 그룹 간 중요하면서도 미묘한 응집성의 차이를 반영하지 못하기 때문에 종종 그 활용도가 떨어진다. 셋째, 클릭의 개수는 또한 네트워크의 크기와 밀접한 관련을 갖는다. 작은 네트워크는 클릭을 드물게 생성하는 반면, 큰 네트워크는 종종 서로 중첩되는 수많은 작은 규모의 클릭을 만들어낸다. 따라서 하나의 독립적인 클릭을 찾기보다는 복수의 서로 중첩되는 클릭에 초점을 맞추는 것이 보다 유용할 수 있다.

피렌체 가문의 결혼관계 네트워크에는 [그림 7-12]와 같이 총 세 개의 클릭이 존재한다(PadgettMrg.##h 파일). 전체 16개 가문 가운데 일곱 개 가문이 세 개 클릭 가운데 하나에 속해 있다. 클릭 2와 클릭 3은 두 개의 가문(Peruzzi와 Strozzi 가문)을 공통으로 갖고 있다. 클릭 2와 클릭 3에 속한 네 개 가문은 Bischeri 가문과 Castellan 가문 간의 결혼관계가 없기 때문에 하나의 클릭을 형성하지 못하고 두 개의 별도의 클릭을 형성하고 있다.

클릭분석에는 클릭중복(clique overlap)이라는 문제가 발생한다(Everett and Borgatti 1998). 클릭중복은 한 클릭 소속의 액터가 다른 클릭에도 동시에 포함되는 것을 말한다. 피렌체 가문의 결혼관계 네트워크에서는 클릭 2와 클릭 3에서 이런 클릭중복이 발생하였다. 클릭에서의 이러한 공유 멤버십(co-membership)은 여러 그룹에 공통으로 소속된 액터들이 그룹 간을 연결하는 다리 역할을 수행함으로써 좀 더 큰 사회적 수준에서의 응집력을 구축하는 데 일조한다(Granovetter 1973; Prell 2012). 그러나 이러한 공유 멤버십, 즉 클릭중복은 클릭분석의 결과를 해석하는 데 있어서 혼란을 야기할 수 있다. 왜냐하면 그러한 결과가 네트워크 내에 존재하는 서브그룹의 구조를 제대로 파악할 수 없게 하기 때문이다.

하지만 이러한 공유 멤버십 정보를 이용하여 중복되지 않는 서브그룹을 도출할 수 있다.

그림 7-12 | 피렌체 가문의 결혼관계 네트워크에서의 클릭

```
3 cliques found.

  1:  MEDICI RIDOLFI TORNABUON
  2:  BISCHERI PERUZZI STROZZI
  3:  CASTELLAN PERUZZI STROZZI
```

UCINET 메뉴에서 『Network>Subgroups>Cliques』를 선택한다. 『Cliques』 대화상자에서 분석대상 관계데이터(여기에서는 PadgettMrg.##h)를 선택한 후 『OK』 버튼을 클릭한다. 클릭분석을 수행하려면 네트워크 데이터는 이진형 및 대칭형이어야 한다. 『Minimum Size』에는 클릭으로서의 자격을 인정하는 서브그룹의 최소 노드 개수를 지정한다(기본값은 3). 『Analyze Pattern of Overlaps』에서 'Yes'를 선택할 경우 클릭에 대한 공유 멤버십과 군집(clustering)에 대한 분석이 추가로 이루어진다. 『Diagram Type』에서는 군집 도표를 그리는 방식('Tree Diagram'과 'Dendrogram')을 선택할 수 있다.

클릭분석을 통해 파악된 공유 멤버십을 액터쌍 간의 유사도로 간주하고 이를 근접 매트릭스(proximity matrix)로 활용하여 군집분석(cluster analysis)을 수행하는 것이 하나의 방법이다. 군집분석은 개별 케이스(소셜네트워크분석 관점에서는 액터)들을 서로 간의 상호 관련성을 토대로 동질적인 집단으로 묶어주는 통계기법이다(곽기영 2017). 군집분석은 관측된 특성을 토대로 수행되며, 서로 유사한 특성을 지닌 케이스들을 동일한 집단으로 분류한다. 분석대상들에 대해 군집분석을 하고 나면, 특정 군집 내의 분석대상들은 서로 동질적인 특성을 갖는 반면, 군집 간에는 서로 이질적인 모습을 보이게 된다.

액터 A와 액터 B가 다수의 클릭에 중복되어 있다면 액터 A와 액터 B는 가까운 사이라고 가정할 수 있다. 네트워크에 있는 모든 액터쌍들에 대해 동일한 클릭에 소속되는 횟수를 측정한 후 이를 군집분석을 위한 근접 매트릭스로 활용한다. [그림 7-13]의 액터 간 공유 멤버십 매트릭스는 각 액터쌍이 동시에 소속되어 있는 클릭의 개수를 보여준다. 예를 들어, 액터 11 Peruzzi 가문과 액터 15 Strozzi 가문은 전체 네트워크에서 유일하게 두 개의 클릭을 공유하고 있다. 이 두 액터는 전체 네트워크에 존재하는 세 개의 클릭 가운데 두 개의 클릭에서 멤버십을 보유하고 있기 때문에, 이런 관점에서 볼 때 이 두 액터는 '가장 가까운' 사이라고 볼 수 있다. 이러한 액터 간 공유 멤버십 매트릭스를 근접 매트릭스로 활용하여 군집분석을 수행하고 나면, 중복되지 않는 액터 군집(cluster)이 유사도 수준에 따라 계층적으로 도출된다. [그림 7-13]의 하단은 이러한 계층적 군집화(hierarchical clustering)과정을 보여준다. 액터 11 Peruzzi와 액터 15 Strozzi는 두 개의 클릭을 공유하고 있기에 유사도를 기반으로 한 군집분석을 수행한 결과 Level 2에서 가장 먼저 결합하였다. 군집분석 결과 Level 0.75에서 두 개의 중복되지 않는 서브그룹이 형성되었다.[2] 하나는 Peruzzi, Strozzi, Bischeri, Castellan 가문으로 구성되어 있으며, 다른 하나는 Medici, Ridolfi, Tornabuoni 가문으로 구성되어 있다. 첫 번째 서브그룹은 클릭중복이 발생했던 클릭 2와 클릭 3이 합쳐진 것과 같은 결과이고, 두 번째 서브그룹은 클릭 1과 일치한다. 공유 멤버십을 기반으로 한 군집화과정은 [그림 7-14]의 덴드로그램을 통해서도 확인할 수 있다.

액터 간의 공유 멤버십 정보를 이용하여 군집분석을 수행한 것과 동일한 방식으로 클릭 간

2 여기에서 'Level'은 군집 간의 유사도를 나타낸다. 예를 들어, 'Level 2'는 두 군집 간의 유사도가 2라는 것을 나타내며, 이는 Peruzzi 가문과 Strozzi 가문 간의 근접 매트릭스(여기에서는 공유 멤버십 매트릭스) 셀 값 2와 같다. 이 두 가문은 공유 멤버십의 관점에서 가장 큰 유사도를 보이고 있기 때문에 가장 먼저 군집으로 결합하였다. 군집분석은 군집 간의 유사도를 바탕으로 유사도가 큰 액터 및 군집부터 차례로 군집화를 진행한다.

그림 7-13 ▌ 피렌체 가문의 결혼관계 네트워크에서의 액터 간 공유 멤버십과 군집화

```
Actor-by-Actor Clique Co-Membership Matrix

                                   1 1 1 1 1 1 1
                 1 2 3 4 5 6 7 8 9 0 1 2 3 4 5 6
                 A A B B C G G L M P P P R S S T
                 - - - - - - - - - - - - - - - -
  1 ACCIAIUOL    0 0 0 0 0 0 0 0 0 0 0 0 0 0 0 0
  2   ALBIZZI    0 0 0 0 0 0 0 0 0 0 0 0 0 0 0 0
  3 BARBADORI    0 0 0 0 0 0 0 0 0 0 0 0 0 0 0 0
  4  BISCHERI    0 0 0 1 0 0 0 0 0 0 1 0 0 0 1 0
  5 CASTELLAN    0 0 0 0 1 0 0 0 0 0 1 0 0 0 1 0
  6    GINORI    0 0 0 0 0 0 0 0 0 0 0 0 0 0 0 0
  7  GUADAGNI    0 0 0 0 0 0 0 0 0 0 0 0 0 0 0 0
  8 LAMBERTES    0 0 0 0 0 0 0 0 0 0 0 0 0 0 0 0
  9    MEDICI    0 0 0 0 0 0 0 0 1 0 0 0 1 0 0 1
 10     PAZZI    0 0 0 0 0 0 0 0 0 0 0 0 0 0 0 0
 11   PERUZZI    0 0 0 1 1 0 0 0 0 0 2 0 0 0 2 0
 12     PUCCI    0 0 0 0 0 0 0 0 0 0 0 0 0 0 0 0
 13   RIDOLFI    0 0 0 0 0 0 0 0 1 0 0 0 1 0 0 1
 14  SALVIATI    0 0 0 0 0 0 0 0 0 0 0 0 0 0 0 0
 15   STROZZI    0 0 0 1 1 0 0 0 0 0 2 0 0 0 2 0
 16 TORNABUON    0 0 0 0 0 0 0 0 1 0 0 0 1 0 0 1

HIERARCHICAL CLUSTERING OF OVERLAP MATRIX

        A   B     L       C           T
        C   A   G A     S A B         O
        C A R   U M     A S I P S   R R
        I L B G A B     L T S E T M I N
        A B A I D E P P V E C R R E D A
        I I D N A R A U I L H U O D O B
        U Z O O G T Z C A L E Z Z I L U
        O Z R R N E Z C T A R Z Z C F O
        L I I I I S I I I N I I I I I N

                    1 1 1     1 1   1 1
Level   1 2 3 6 7 8 0 2 4 5 4 1 5 9 3 6
-----   - - - - - - - - - - - - - - - -
2.000   . . . . . . . . . . . XXX . . .
1.000   . . . . . . . . . . XXXXX XXXXX
0.750   . . . . . . . . . XXXXXXX XXXXX
0.000   XXXXXXXXXXXXXXXXXXXXXXXXXXXXXXX
```

그림 7-14 ▌ 피렌체 가문의 결혼관계 네트워크에서의 군집화 도표(덴드로그램)

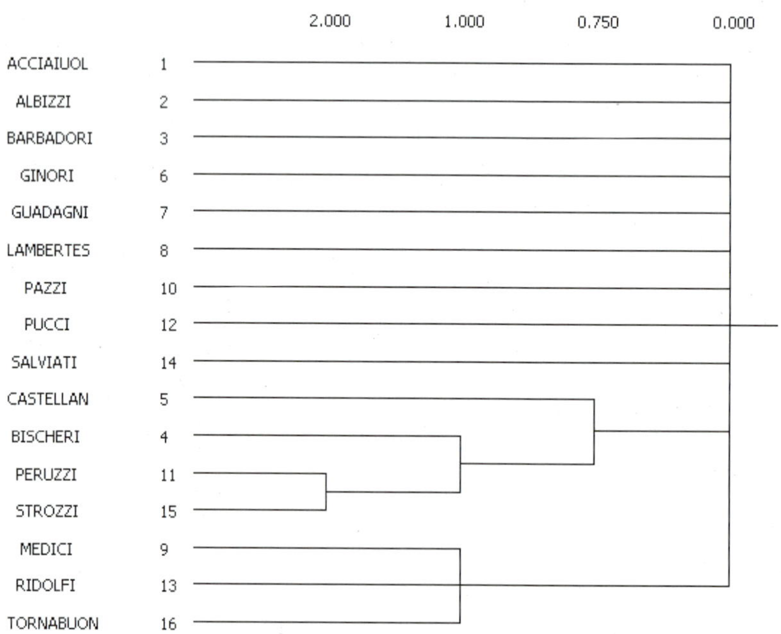

그림 7-15 ▌피렌체 가문의 결혼관계 네트워크에서의 클릭 간 공유 멤버십과 군집화

```
Clique-by-Clique Actor Co-membership matrix

       1 2 3
       - - -
   1   3 0 0
   2   0 3 2
   3   0 2 3

HIERARCHICAL CLUSTERING OF OVERLAP MATRIX

Level   1 2 3
-----   - - -
2.000   . XXX
0.000   XXXXX
```

의 공유 멤버십 정보를 이용하여 군집분석을 수행하고 중복되지 않는 서브그룹을 도출할 수 있다. 여기에서 클릭 간 공유 멤버십 매트릭스는 함께 공유하는 구성원 수로 정의된다. 군집분석을 수행하면 클릭들로 구성된 중복되지 않는 서브그룹 군집들이 도출된다. 그러나 액터들은 하나 이상의 클릭에 포함될 수 있기 때문에 클릭의 군집들은 하나 이상의 클릭에 속하는 액터들로 구성될 수 있다. [그림 7-15]는 클릭 간 공유 멤버십 매트릭스와 이를 기반으로 한 군집화과정을 보여준다. 클릭 2와 클릭 3이 두 액터를 공유하고 있으며, Level 2에서 가장 먼저 결합하였다. 여기에서는 클릭 1만으로 구성된 하나의 단독 군집과 클릭 2 및 3으로 구성된 또 하나의 군집 등 총 두 개의 군집이 도출되었다. 즉 클릭 1인 Medici, Ridolfi, Tornabuoni 가문과 클릭 2와 클릭 3인 Peruzzi, Strozzi, Bischeri, Castellan 가문으로 구성된 두 개의 서브그룹이 확인되었다. 이는 액터 간 공유 멤버십 정보를 이용하여 수행한 군집분석의 결과와 일치한다.

앞서의 두 가지 방법과 다르게 액터와 클릭을 동시에 고려하여 중복되지 않는 서브그룹을 추출할 수 있다(Everett and Borgatti 1998). 이를 위해서 우선 액터가 행이고 클릭이 열인 클릭참여 매트릭스(clique participation matrix)라는 2-모드 매트릭스를 구축한다. 셀 값은 액터가 클릭의 구성원이 되기 위한 요건에 근접한 정도를 나타낸다. 어떤 액터가 클릭 구성원이면 클릭참여 비율은 1의 값을 갖게 되고, 클릭의 구성원과 연결관계가 없으면 0이 된다. 액터가 클릭과 얼마나 근접해 있는지에 따라 0과 1 사이의 값이 결정된다. 클릭참여 비율은 액터가 클릭과 연결된 연결관계의 개수를 액터가 클릭의 구성원이 되기 위해 필요한 연결관계의 개수로 나누어 구한다. 예를 들어, 어떤 액터가 네 명의 클릭 구성원 중 한 명과 연결되어 있으면, 클릭참여 비율은 클릭의 구성원이 되기 위해 필요한 연결관계의 개수 4 대비 실제 연결관계의 개수 1의 비율인 $0.25\left(=\frac{1}{4}\right)$가 된다. [그림 7-16]은 클릭참

그림 7-16 ▌ 피렌체 가문의 결혼관계 네트워크에서의 클릭참여 매트릭스

Clique Participation Scores: Prop. of clique members that each node is adjacent to

	1	2	3
ACCIAIUOL	0.333	0.000	0.000
ALBIZZI	0.333	0.000	0.000
BARBADORI	0.333	0.000	0.333
BISCHERI	0.000	1.000	0.667
CASTELLAN	0.000	0.667	1.000
GINORI	0.000	0.000	0.000
GUADAGNI	0.333	0.333	0.000
LAMBERTES	0.000	0.000	0.000
MEDICI	1.000	0.000	0.000
PAZZI	0.000	0.000	0.000
PERUZZI	0.000	1.000	1.000
PUCCI	0.000	0.000	0.000
RIDOLFI	1.000	0.333	0.333
SALVIATI	0.333	0.000	0.000
STROZZI	0.333	1.000	1.000
TORNABUON	1.000	0.000	0.000

여 매트릭스로서 각 액터(행)가 각 클릭(열)에 얼마나 근접해 있는가를 보여준다. 예를 들어, Acciaiuoli 가문은 클릭 1에 속한 세 개 가문 가운데 Medici 가문과 결혼관계를 맺고 있어서 33.3%$\left(=\frac{1}{3}\right)$의 클릭참여 비율을 갖는다. 이는 Acciaiuoli 가문이 클릭 1에 33% 정도 근접해 있다는 의미이며, 온전히 클릭 1에 속하기 위해서는 두 개의 추가적 연결관계가 필요하다는 것을 나타낸다.

클릭참여 매트릭스는 시각화를 통해 서브그룹 식별에 활용된다. [그림 7-17]의 그래프는 클릭참여 매트릭스를 2-모드 네트워크로 시각화한 것이다. 원형은 액터를 의미하며 사각형은 클릭을 나타낸다. 라인의 굵기는 클릭참여 매트릭스의 셀 값을 나타내며, 큰 값이 굵은 선으로 표현되었다. 클릭 2와 클릭 3이 서로 가까이 위치하고 있으면서 클릭 1과 거리를 두고 있다. 크게 두 개의 액터 그룹이 그래프상에 보인다. 하나의 그룹은 오른쪽 상단에 모여 있는 액터들이고 다른 하나의 그룹은 왼쪽 하단에 모여 있는 액터들이다. 이 두 개의 그룹 사이에 Guadagni, Strozzi, Ridolfi, Barbadori 등 네 개의 가문이 다리 역할을 하고 있다. 하지만 라인의 두께를 보면 Strozzi 가문은 오른쪽 상단의 그룹에 좀 더 가깝고 Ridolfi 가문은 왼쪽 하단의 그룹에 좀 더 가깝다.[3] 따라서 Strozzi 가문은 오른쪽 상단의 그룹에 포함시키고 Ridolfi 가문은 왼쪽 하단의 그룹에 포함시킬 수 있다. 이와 같은 방식으로 고립노드인 네 개 가문을 제외하고 16개 가문 가운데 12개 가문을 두 개의 서브그룹으로 분류할 수 있다.

3 Guadagni와 Barbadori 가문은 어느 그룹에 가까운지 판단하기 어려우며, 따라서 어느 그룹에든 포함될 수 있다.

그림 7-17 ▌ 피렌체 가문의 결혼관계 네트워크에서의 클릭참여 매트릭스 시각화

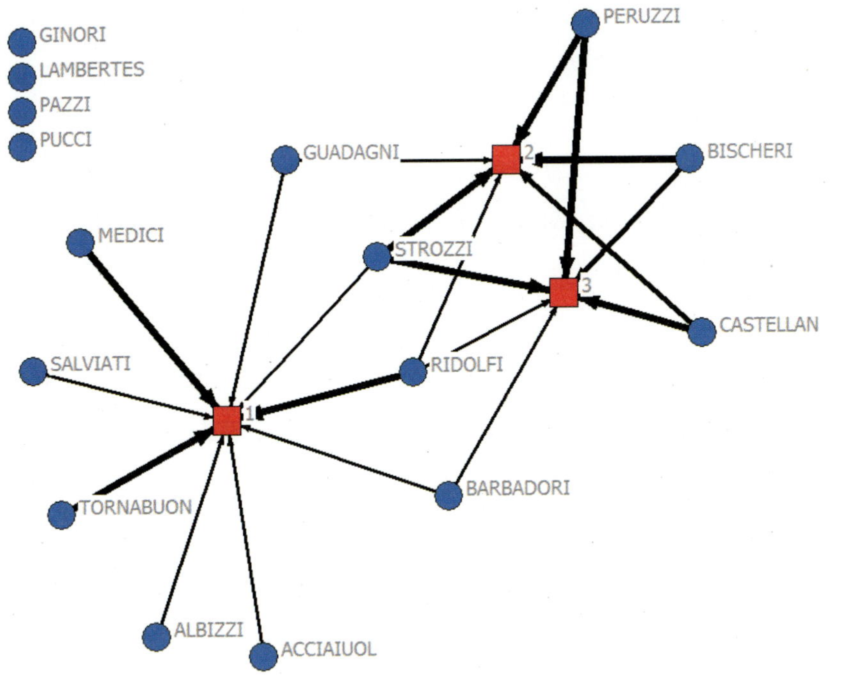

UCINET을 이용하여 클릭분석을 수행하면 클릭참여 매트릭스가 'CliqueParticipation.##h'라는 이름으로 생성된다. UCINET 메뉴에서 『Visualize>NetDraw』를 선택한 후 이 데이터 매트릭스를 그래프로 그린다. 클릭참여 비율에 비례하여 선의 굵기를 조정하려면 NetDraw 메뉴에서 『Properties>Lines>Size>Tie Strength』를 선택한다. 이어서 나타나는 『Set Width of Lines by Tie Strength』 대화상자의 『Select Relation』에서 'CliqueParticipation'을 선택한다.

n-클릭

n-클릭(n-clique)은 모든 액터 간의 경로길이가 1이라는 클릭의 엄격한 요건을 완화한다. 모든 액터들은 서로 직접 연결되어야 한다는 요건을 완화하여 n-클릭에서는 모든 액터 간의 최대 최단경로거리를 n으로 정의한다. 즉 n-클릭 내의 액터는 n-클릭을 구성하는 다른 모든 액터로부터 n개의 라인을 초과하여 연결되어서는 안 된다. 예를 들어, n=2인 2-클릭은 클릭 내의 모든 액터 간 최단경로거리가 2보다 작거나 같다(2 이하). 동시에 네트워크 내의 나머지 다른 모든 액터는 3보다 크거나 같은(3 이상) 최단경로거리로 2-클릭과 연결된다. 앞서 살펴보았듯이, [그림 7-10]의 비방향/이진 그래프에서 액터 F는 클릭을 형성하지 못

하였다. 하지만 최단경로거리를 1에서 2로 완화시키게 되면 모든 액터는 하나의 2-클릭(전체 그래프인 ABCDEF)을 형성할 수 있으며, 여기에는 액터 F가 포함된다. 2-클릭에서는 F를 비롯한 모든 액터가 최단경로거리 2 이하로 모든 2-클릭 구성원들과 연결된다. n의 값을 변화시킴으로써 강한 응집성을 갖는 서브그룹(작은 n)과 약한 응집성을 갖는 서브그룹(큰 n)을 구별할 수 있다. 일반적으로 n값이 클수록 n-클릭은 더 많은 액터를 포함하게 되며, 구성원들 간의 응집성은 작아진다. 최대 완전 서브그래프라는 클릭의 엄격한 정의는 n이 1인 n-클릭의 특별한 경우이다.

n-클릭의 개념은 두 가지 한계점을 갖는다. 우선 경로거리가 2를 초과하는 경우는 현실적으로 해석상에 어려움이 있다. 경로거리 2의 관계는 중개자의 역할을 하는 이웃을 공유하는 관계로 쉽게 해석될 수 있다. 하지만 2보다 큰 경로거리는 다소 멀고 약한 연결관계를 의미한다. 클릭이 상대적으로 가까운 연결관계를 나타내는 개념이라는 점을 생각하면, 이러한 멀고 약한 연결고리가 클릭의 애초 정의와 부합하는지는 의문이다. 따라서 1 또는 2 이외의 n값을 갖는 n-클릭을 찾는 것의 유용성을 정당화하기는 쉽지 않다. n-클릭이 갖는 두 번째 한계점은 n-클릭의 경로상에 존재하는 중개 노드는 클릭의 구성원이 아닐 수도 있다는 점이다. 예를 들어, [그림 7-18]에서 액터 A, B, C, D, E는 2-클릭을 형성한다. 그런데 여기에서 주목해야 할 것은 액터 D와 E는 F를 통해 경로거리 2로 연결되어 있어서 2-클릭에 속하나 정작 액터 F는 2-클릭의 구성원이 아니라는 것이다. 그래서 액터 집

그림 7-18 ▌ n-클릭의 한계점

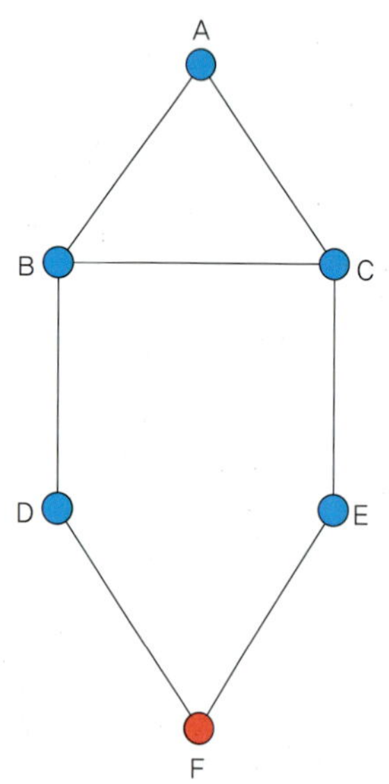

그림 7-19 ▌피렌체 가문의 결혼관계 네트워크에서의 2-클릭

```
13 2-cliques found.

   1:  ACCIAIUOL ALBIZZI BARBADORI MEDICI RIDOLFI SALVIATI TORNABUON
   2:  BARBADORI MEDICI RIDOLFI STROZZI TORNABUON
   3:  BARBADORI CASTELLAN MEDICI RIDOLFI STROZZI
   4:  GUADAGNI MEDICI RIDOLFI STROZZI TORNABUON
   5:  ALBIZZI GUADAGNI MEDICI RIDOLFI TORNABUON
   6:  ALBIZZI GINORI GUADAGNI MEDICI
   7:  MEDICI PAZZI SALVIATI
   8:  BISCHERI GUADAGNI PERUZZI RIDOLFI STROZZI
   9:  BISCHERI GUADAGNI RIDOLFI STROZZI TORNABUON
  10:  ALBIZZI BISCHERI GUADAGNI RIDOLFI TORNABUON
  11:  ALBIZZI BISCHERI GUADAGNI LAMBERTES TORNABUON
  12:  BISCHERI CASTELLAN PERUZZI RIDOLFI STROZZI
  13:  BARBADORI CASTELLAN PERUZZI RIDOLFI STROZZI

                 1  2  3  4  5  6  7  8  9 10 11 12 13 14 15 16
                AC AL BA BI CA GI GU LA ME PA PE PU RI SA ST TO
                -- -- -- -- -- -- -- -- -- -- -- -- -- -- -- --
  1 ACCIAIUOL    1  1  1  0  0  0  0  0  1  0  0  0  1  1  0  1
  2   ALBIZZI    1  5  1  2  0  1  4  1  3  0  0  0  3  1  0  4
  3 BARBADORI    1  1  4  0  2  0  0  0  3  0  1  0  4  1  3  2
  4  BISCHERI    0  2  0  5  1  0  4  1  0  0  2  0  4  0  3  3
  5 CASTELLAN    0  0  2  1  3  0  0  0  1  0  2  0  3  0  3  0
  6    GINORI    0  1  0  0  0  1  1  0  1  0  0  0  0  0  0  0
  7  GUADAGNI    0  4  0  4  0  1  7  1  3  0  1  0  5  0  3  5
  8 LAMBERTES    0  1  0  1  0  0  1  1  0  0  0  0  0  0  0  1
  9    MEDICI    1  3  3  0  1  1  3  0  7  1  0  0  5  2  3  4
 10     PAZZI    0  0  0  0  0  0  0  0  1  1  0  0  0  1  0  0
 11   PERUZZI    0  0  1  2  2  0  1  0  0  0  3  0  3  0  3  0
 12     PUCCI    0  0  0  0  0  0  0  0  0  0  0  0  0  0  0  0
 13   RIDOLFI    1  3  4  4  3  0  5  0  5  0  3  0 10  1  7  6
 14  SALVIATI    1  1  1  0  0  0  0  0  2  1  0  0  1  2  0  1
 15   STROZZI    0  0  3  3  3  0  3  0  3  0  3  0  7  0  7  3
 16 TORNABUON    1  4  2  3  0  0  5  1  4  0  0  0  6  1  3  7

HIERARCHICAL CLUSTERING OF OVERLAP MATRIX

              A   L C   B             T
              C S A A   A         B   G O
              C A M S P R   S R I A U R
          G   I L B T E B M T I S L A N
        P I P A V E E R A E R D C B D A
        U N A I I R L U D D O O H I A B
        C O Z U A T L Z O I Z L E Z G U
        C R Z O T E A Z R C Z F R Z N O
        I I I L I S N I I I I I I I I N

        1   1   1     1     1 1       1
Level   2 6 0 1 4 8 5 1 3 9 5 3 4 2 7 6
-----   - - - - - - - - - - - - - - - -
7.000   . . . . . . . . . . XXX . . . .
5.000   . . . . . . . . . . XXX . . XXX
4.000   . . . . . . . . . . XXX . XXXXX
3.667   . . . . . . . . . XXXXX . XXXXX
3.250   . . . . . . . . XXXXXXX . XXXXX
3.000   . . . . . . . . XXXXXXX XXXXXXX
2.680   . . . . . . . . XXXXXXXXXXXXXXX
2.000   . . . . . . XXX XXXXXXXXXXXXXXX
1.022   . . . . . . XXXXXXXXXXXXXXXXXXX
1.000   . . . XXX . XXXXXXXXXXXXXXXXXXX
0.667   . . XXXXX . XXXXXXXXXXXXXXXXXXX
0.556   . . XXXXX XXXXXXXXXXXXXXXXXXXXX
0.382   . . XXXXXXXXXXXXXXXXXXXXXXXXXXX
0.210   . XXXXXXXXXXXXXXXXXXXXXXXXXXXXX
0.000   XXXXXXXXXXXXXXXXXXXXXXXXXXXXXXX
```

UCINET 메뉴에서 『Network>Subgroups>N-Cliques』를 선택한다. 『N-Clique』 대화상자에서 분석대상 관계 데이터(여기에서는 PadgettMrg.##h)를 선택한 후 『OK』 버튼을 클릭한다. n-클릭분석을 수행하려면 네트워크 데이터는 이진형 및 대칭형이어야 한다. 『Value of N』에서 n-클릭으로 허용할 경로길이 n(여기에서는 $n=2$)을 지정한다.

합 {A, B, C, D, E}는 2-클릭으로서 액터 간 최대 최단경로거리가 2이지만, 클릭 내에서 액터 D와 E는 경로거리 3으로 연결되므로(액터 F가 클릭의 구성원이 아니기 때문에) 클릭의 직경은 3이 된다. 이처럼 클릭의 직경(가장 멀리 떨어져 있는 두 구성원 간의 최단경로거리)이 클릭을 정의하기 위해 사용되는 n값보다 큰 값을 가지는 경우가 생길 수 있다. 따라서 n-클릭에서는 클릭 내의 구성원이 경로거리 n에서 서로 연결되지 않는 경우가 발생한다(Scott 2012).

피렌체 가문의 결혼관계 네트워크에 대해 '친구의 친구'까지를 클릭으로 허용하는 2-클릭을 도출하면 [그림 7-19]와 같다(PadgettMrg.##h 파일). 총 13개의 2-클릭이 확인되었다. 액터 13 Ridolfi 가문과 액터 15 Strozzi 가문이 일곱 개의 2-클릭을 공유함으로써 공유 멤버십을 기반으로 한 군집화과정에서 가장 먼저 결합되는 것을 볼 수 있다.

n-클랜

n-클릭은 n-클릭의 구성원들을 연결해주는 액터가 클릭의 구성원이 아닐 수 있다는 한계점을 갖고 있다. n-클랜(n-clan)은 이러한 n-클릭의 한계점을 극복하기 위하여 n을 n-클릭의 직경으로 제한한다(Mokken 1974). 다시 말해 n-클랜에서는 클릭 내의 구성원들은 최단경로거리 n 이내로 연결되어야 하며, 동시에 클릭의 직경은 n보다 커서는 안 된다. 이 방법은 n-클릭 구성원들 간의 모든 연결은 n-클릭 내의 구성원들을 통해서 이루어지도록 제약하는 효과를 가져온다. [그림 7-20]의 두 네트워크를 구성하는 다섯 액터는 2-클랜을

그림 7-20 ▌2-클랜

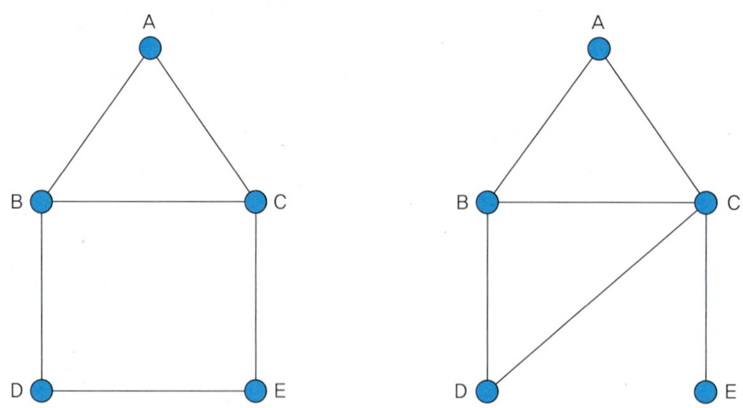

그림 7-21 ▌ 피렌체 가문의 결혼관계 네트워크에서의 2-클랜

```
8 2-clans found.

   1:  ACCIAIUOL ALBIZZI BARBADORI MEDICI RIDOLFI SALVIATI TORNABUON
   2:  BARBADORI CASTELLAN MEDICI RIDOLFI STROZZI
   3:  ALBIZZI GUADAGNI MEDICI RIDOLFI TORNABUON
   4:  ALBIZZI GINORI GUADAGNI MEDICI
   5:  MEDICI PAZZI SALVIATI
   6:  BISCHERI GUADAGNI RIDOLFI STROZZI TORNABUON
   7:  ALBIZZI BISCHERI GUADAGNI LAMBERTES TORNABUON
   8:  BISCHERI CASTELLAN PERUZZI RIDOLFI STROZZI


                                   1 1 1 1 1 1 1
                 1 2 3 4 5 6 7 8 9 0 1 2 3 4 5 6
                 A A B B C G G L M P P P R S S T
                 - - - - - - - - - - - - - - - -
   1 ACCIAIUOL   1 1 1 0 0 0 0 0 1 0 0 0 1 1 0 1
   2   ALBIZZI   1 4 1 1 0 1 3 1 3 0 0 0 2 1 0 3
   3 BARBADORI   1 1 2 0 1 0 0 0 2 0 0 0 2 1 1 1
   4  BISCHERI   0 1 0 3 1 0 2 1 0 0 1 0 2 0 2 2
   5 CASTELLAN   0 0 1 1 2 0 0 0 1 0 1 0 2 0 2 0
   6    GINORI   0 1 0 0 0 1 1 0 1 0 0 0 0 0 0 0
   7  GUADAGNI   0 3 0 2 0 1 4 1 2 0 0 0 2 0 1 3
   8 LAMBERTES   0 1 0 1 0 0 1 1 0 0 0 0 0 0 0 1
   9    MEDICI   1 3 2 0 1 1 2 0 5 1 0 0 3 2 1 2
  10     PAZZI   0 0 0 0 0 0 0 0 1 1 0 0 0 1 0 0
  11   PERUZZI   0 0 0 1 1 0 0 0 0 0 1 0 1 0 1 0
  12     PUCCI   0 0 0 0 0 0 0 0 0 0 0 0 0 0 0 0
  13   RIDOLFI   1 2 2 2 2 0 2 0 3 0 1 0 5 1 3 3
  14  SALVIATI   1 1 1 0 0 0 0 0 2 1 0 0 1 2 0 1
  15   STROZZI   0 0 1 2 2 0 1 0 1 0 1 0 3 0 3 1
  16 TORNABUON   1 3 1 2 0 0 3 1 2 0 0 0 3 1 1 4

HIERARCHICAL CLUSTERING OF OVERLAP MATRIX

                L A   B C             T
                A C S A A B         G O
              P M C A R S I S   R A U R
            G E B I L B T S T M I L A N
        P P I R E A V A E C R E D B D A
        U A N U R I I D L H O D O I A B
        C Z O Z T U A O L E Z I L Z G U
        C Z R Z E O T R A R Z C F Z N O
        I I I I S L I I N I I I I I I N

        1 1   1     1       1   1     1
Level   2 0 6 1 8 1 4 3 5 4 5 9 3 2 7 6
-----   - - - - - - - - - - - - - - - -
3.000   . . . . . . . . . . . XXX XXXXX
2.444   . . . . . . . . . . . XXXXXXXXX
2.000   . . . . . . . . . XXX XXXXXXXXX
1.667   . . . . . . . . XXXXX XXXXXXXXX
1.190   . . . . . . . . XXXXXXXXXXXXXXX
1.001   . . . . . . . XXXXXXXXXXXXXXXXX
1.000   . . . . . XXX XXXXXXXXXXXXXXXXX
0.671   . . . . . XXXXXXXXXXXXXXXXXXXXX
0.448   . . . . XXXXXXXXXXXXXXXXXXXXXXX
0.289   . . . XXXXXXXXXXXXXXXXXXXXXXXXX
0.181   . . XXXXXXXXXXXXXXXXXXXXXXXXXXX
0.124   . XXXXXXXXXXXXXXXXXXXXXXXXXXXXX
0.000   XXXXXXXXXXXXXXXXXXXXXXXXXXXXXXX
```

UCINET 메뉴에서 『Network>Subgroups>N-Clan』을 선택한다. 『N-Clan』 대화상자에서 분석대상 관계 데이터(여기에서는 PadgettMrg.##h)를 선택한 후 『OK』 버튼을 클릭한다. n-클랜분석을 수행하려면 네트워크 데이터는 이진형 및 대칭형이어야 한다. 『Value of N』에서 n-클랜으로 허용할 경로길이 n(여기에서는 n=2)을 지정한다.

형성한다(Scott 2012).

피렌체 가문의 결혼관계 네트워크에 대해 2-클랜을 구해보면 [그림 7-21]과 같다(PadgettMrg.##h 파일). 2-클릭이 13개의 서브그룹을 도출한 반면, 서브그룹 내의 구성원들 간 연결관계만을 허용하도록 제약한 2-클랜은 2-클릭보다 작은 여덟 개의 서브그룹을 식별하고 있다.

k-플렉스

클릭의 엄격한 요건을 완화한 또 다른 형태로 *k*-플렉스(*k*-plex)가 있다(Seidman and Foster 1978). *k*-플렉스를 구성하는 각 노드는 k개 노드를 제외한 모든 노드와 직접적 연결관계를 갖는다. 즉 서브그룹에 n개의 노드가 있을 경우 *k*-플렉스에 포함되는 각 노드는 적어도 $(n-k)$개의 다른 노드와 직접적 연결관계를 가지면 된다. 이는 모든 액터들은 서로 직접 연결되어야 한다는 클릭의 요건을 완화한 것이다. *k*-플렉스에서는 k의 값이 증가함에 따라 연결되어야 하는 노드의 수가 감소한다. k=1인 1-플렉스의 각 노드는 $(n-1)$개의 다른 노드와 직접 연결관계를 가지므로 1-플렉스는 1-클릭, 즉 클릭과 동일한 노드 집합을 갖는다. *n*-클릭과 *k*-플렉스는 일치할 수도 있고 일치하지 않을 수도 있다. [그림 7-22] 네트워크의 모든 노드는 경로거리 3 이하로 연결되어 있기 때문에 하나의 3-클릭을 형성한다. 하지만 3-플렉스는 아니다. 왜냐하면 3-플렉스가 되기 위해서는 모든 노드가 세 개(=

그림 7-22 ▌3-클릭이나 3-플렉스는 아닌 네트워크

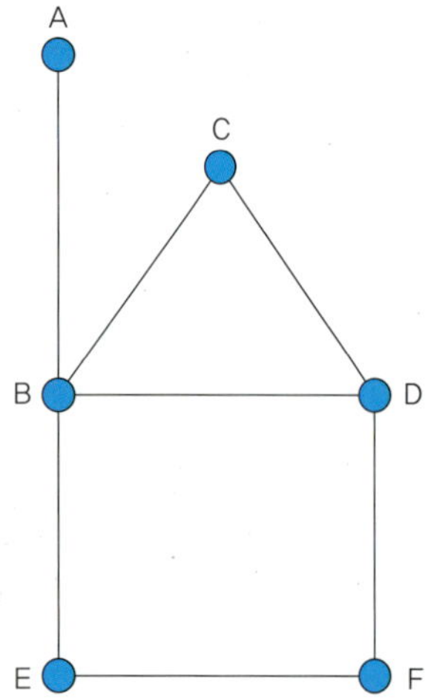

6-3) 이상의 노드와 직접적으로 연결되어야 하나, 이 네트워크에서 노드 A, C, E, F는 하나 또는 두 개의 노드하고만 직접적 연결관계를 갖기 때문이다. 반면에 [그림 7-23] 네트워크의 여섯 개 노드는 3-클릭이면서 동시에 3-플렉스의 요건을 충족한다(Scott 2012).

피렌체 가문의 결혼관계 네트워크에서 k-플렉스를 찾아보자(PadgettMrg.##h 파일). 1-플렉스는 클릭과 동일하기 때문에 2-플렉스를 찾아본다. 또한 2-플렉스에서 k=2는 두 개의 노드와는 직접적 연결관계가 없어도 된다는 의미이기 때문에 2-플렉스 내에서 절반 정도

그림 7-23 ▌ 3-클릭이면서 3-플렉스인 네트워크

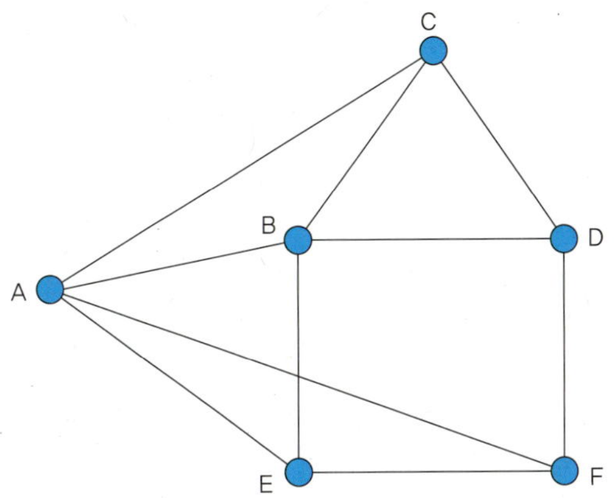

그림 7-24 ▌ 피렌체 가문의 결혼관계 네트워크에서의 2-플렉스(n=4)

		1	2
1	ACCIAIUOL	0	0
2	ALBIZZI	1	0
3	BARBADORI	0	0
4	BISCHERI	0	1
5	CASTELLAN	0	1
6	GINORI	0	0
7	GUADAGNI	1	0
8	LAMBERTES	0	0
9	MEDICI	1	0
10	PAZZI	0	0
11	PERUZZI	0	1
12	PUCCI	0	0
13	RIDOLFI	0	0
14	SALVIATI	0	0
15	STROZZI	0	1
16	TORNABUON	1	0

UCINET 메뉴에서 『Network>Subgroups>K-Plexes』를 선택한다. 『K-Plexes』 대화상자에서 분석대상 관계 데이터(여기에서는 PadgettMrg.##h)를 선택한 후 『OK』 버튼을 클릭한다. k-플렉스분석을 수행하려면 네트워크 데이터는 이진형 및 대칭형이어야 한다. 『Value of K』와 『Minimum Size to Keep』에서 각각 k와 n(여기에서는 k=2와 n=4)을 지정한다.

는 직접적 연결관계가 유지되도록 k-플렉스에 최소 네 개의 가문은 포함되도록 한다.[4] 이는 서브그룹으로서의 자격을 인정하는 서브그룹의 최소 노드 개수를 4로 지정한다는 의미이다. n이 4일 경우의 2-플렉스를 구해보면 [그림 7-24]와 같다. 총 여덟 개 가문이 포함된 두 개의 2-플렉스가 식별되었다.

람다집합

응집적 서브그룹은 액터 간 연결성 관점에서 정의될 수 있다. 만일 어떤 서브그룹이 응집적이라면 연결경로 한두 개가 단절되더라도 쉽게 그 결속력이 무너져서는 안 된다. 두 액터가 서로 잘 연결되어 있다면 그 둘을 연결하는 경로는 하나 이상 있을 가능성이 높다. 따라서 이들 경로 중의 하나가 제거되더라도 그 두 액터는 여전히 연결관계를 유지하게 되고, 이런 의미에서 그러한 연결성이 높은 액터들로 구성된 서브그룹은 응집적이라고 할 수 있다.

람다집합(Lambda set)은 이러한 액터들 간 연결성을 바탕으로 정립된 개념으로서, 서브그룹 내에서의 연결정도를 서브그룹 외부와의 연결정도와 비교한다. 두 액터 i와 j를 연결하는 경로의 개수가 i와 외부의 액터 k 간 연결경로의 개수 또는 j와 외부의 액터 k 간 연결경로의 개수보다 큰 경우, 두 액터 i와 j는 같은 람다집합에 속하게 된다. 즉 그룹 내 액터 간의 라인연결성이 그룹 내 액터와 그룹 외 액터 간의 라인연결성보다 큰 특성을 갖는 액터의 집합을 람다집합이라고 정의한다. 람다집합은 두 액터 간의 연결경로를 없애려면 제거되어야 하는 최소 라인 개수를 의미하는 라인연결성, 다른 말로 두 액터 간의 최대플로우를 이용하여 식별된다.[5]

람다집합을 정의하기 위해 사용되는 라인연결성 또는 최대플로우를 람다값(Lambda value)이라고 한다. 람다집합은 람다값에 따라 계층적으로 정의될 수 있다. 람다값은 두 액터를 연결하는 데 필요한 중복되지 않는 독립적인 경로의 개수를 의미하므로, 두 액터 간 람다값이 작을수록 라인의 제거에 의해 두 액터 간 경로가 단절될 가능성이 커진다. 반면에 두 액터 간 람다값이 크면 두 액터 간 경로를 제거하기 위해서는 더 많은 라인의 제거가 필요하므로 람다값이 클수록 두 액터 간 단절의 가능성은 작아진다. 람다값이 커지게 되면 람다집합에 속하는 액터의 개수는 줄어들게 된다. 왜냐하면 높은 람다값은 두 액터를 연결하는 데

4 즉 $n-k=2$에서 $k=2$이므로 $n=4$가 되도록 한다.

5 라인연결성과 최대플로우에 대한 설명은 제4장 연결과 응집성을 참고한다.

많은 독립적인 경로가 필요하다는 것을 뜻하고 이러한 요건을 충족하는 액터는 적을 것이기 때문이다. 높은 람다값을 갖는 람다집합은 네트워크 내의 중요한 액터를 파악할 수 있게 해준다. 그러한 람다집합에 속하는 액터는 네트워크 내의 많은 정보나 자원의 흐름을 담당하고 있고, 따라서 만일 제거되면 네트워크가 붕괴될지도 모른다. 람다집합의 분석을 통해 이러한 역할을 담당하는 취약한 브릿지(bridge)를 확인할 수 있으며, 높은 람다값을 갖는 람다집합에서 브릿지 역할을 하는 연결경로가 제거되면 네트워크의 와해 가능성은 증가한다.

피렌체 가문의 결혼관계 네트워크를 대상으로 한 람다집합분석은 [그림 7-25]와 같다(PadgettMrg.##h 파일). Castellan, Guadagni, Medici, Peruzzi, Ridolfi, Bischeri,

그림 7-25 ▌피렌체 가문의 결혼관계 네트워크에서의 람다집합

```
HIERARCHICAL LAMBDA SET PARTITIONS

            A   L       B C             T
            C   A   S   A A G       B   O
            C   M   A A R S U   P R I S R
            I G B   L L B T A M E I S T N
          P A I E P V B A E D E R D C R A
          U I N R A I I D L A D U O H O B
          C U O T Z A Z O L G I Z L E Z U
          C O R E Z T Z R A N C Z F R Z O
          I L I S I I I I N I I I I I I N

          1       1 1           1 1   1 1
Lambda    2 1 6 8 0 4 2 3 5 7 9 1 3 4 5 6
------    - - - - - - - - - - - - - - - -
     3    . . . . . . . . XXXXXXXXXXXXXXX
     2    . . . . . . XXXXXXXXXXXXXXXXXXX
     1    . XXXXXXXXXXXXXXXXXXXXXXXXXXXXX
     0    XXXXXXXXXXXXXXXXXXXXXXXXXXXXXXX
```

Maximum Flow Between Pairs of Nodes

		12 PU	1 AC	6 GI	8 LA	10 PA	14 SA	2 AL	3 BA	5 CA	7 GU	9 ME	11 PE	13 RI	4 BI	15 ST	16 TO
12	PUCCI	16	0	0	0	0	0	0	0	0	0	0	0	0	0	0	0
1	ACCIAIUOL	0	16	1	1	1	1	1	1	1	1	1	1	1	1	1	1
6	GINORI	0	1	16	1	1	1	1	1	1	1	1	1	1	1	1	1
8	LAMBERTES	0	1	1	16	1	1	1	1	1	1	1	1	1	1	1	1
10	PAZZI	0	1	1	1	16	1	1	1	1	1	1	1	1	1	1	1
14	SALVIATI	0	1	1	1	1	16	1	1	1	1	1	1	1	1	1	1
2	ALBIZZI	0	1	1	1	1	1	16	2	2	2	2	2	2	2	2	2
3	BARBADORI	0	1	1	1	1	1	2	16	2	2	2	2	2	2	2	2
5	CASTELLAN	0	1	1	1	1	1	2	2	16	3	3	3	3	3	3	3
7	GUADAGNI	0	1	1	1	1	1	2	2	3	16	3	3	3	3	3	3
9	MEDICI	0	1	1	1	1	1	2	2	3	3	16	3	3	3	3	3
11	PERUZZI	0	1	1	1	1	1	2	2	3	3	3	16	3	3	3	3
13	RIDOLFI	0	1	1	1	1	1	2	2	3	3	3	3	16	3	3	3
4	BISCHERI	0	1	1	1	1	1	2	2	3	3	3	3	3	16	3	3
15	STROZZI	0	1	1	1	1	1	2	2	3	3	3	3	3	3	16	3
16	TORNABUON	0	1	1	1	1	1	2	2	3	3	3	3	3	3	3	16

UCINET 메뉴에서 『Network>Subgroups>Lambda Set』를 선택한다. 『Lambda Sets』 대화상자에서 분석 대상 관계 데이터(여기에서는 PadgettMrg.##h)를 선택한 후 『OK』 버튼을 클릭한다. 람다집합분석을 수행하려면 네트워크 데이터는 이진형 및 대칭형이어야 한다.

Strozzi, Tornabuoni 가문(액터 5, 7, 9, 11, 13, 4, 15, 16) 등 여덟 개 가문이 가장 큰 람다값을 갖는 하나의 람다집합을 구성하고 있다. 이들 여덟 개 가문이 가장 높은 연결성을 보이고 있는 것으로 나타났다. 나머지 가문들은 대체로 이들 가문 주위에서 이들 가문과의 연결을 통해 서로 연결관계를 갖는다.

지금까지 살펴본 서브그룹의 탐색은 서브그룹의 정의를 바탕으로 네트워크 데이터에 포함된 서브그룹을 탐색한다. 예를 들어, 클릭이라는 서브그룹은 '최대 완전 서브그래프'라는 클릭이 되기 위한 명확한 정의가 존재하고, 우리는 네트워크 데이터로부터 이러한 정의를 충족하는 클릭을 탐색한다. 서브그룹의 개념적 정의로부터 출발하는 이러한 접근법과 다르게 지금부터 소개하는 방법은 특정 최적화 알고리즘의 결과로서 응집적 서브그룹을 정의한다. 여기에서는 이러한 접근법을 채택한 팩션분석과 거번-뉴먼 알고리즘에 대해 살펴본다.

팩션분석

팩션분석(faction analysis)은 서브그룹 내에는 밀도가 높고 서브그룹 간에는 밀도가 낮도록 네트워크를 지정한 숫자만큼의 서브그룹으로 분할한다. 팩션분석은 네트워크를 '분할'하기 때문에 모든 액터는 반드시 하나의 서브그룹에만 할당되어야 한다. 이는 클릭분석과 다른 점이다. 클릭분석에서는 액터들이 하나 이상의 클릭에 포함될 수 있으며 또한 클릭에 소속되지 않는 것도 허용된다. 클릭분석과 또 다른 점은 서브그룹의 개수를 사전에 정해야 한다는 것이다. 팩션분석에 적용되는 알고리즘은 액터들을 서브그룹으로 할당하고 이러한 서브그룹 할당이 얼마나 성공적으로 이루어졌는지를 측정한 후 반복적 비교를 통하여 최적의 서브그룹 분할을 도출한다. 이러한 반복적 비교가 가능하기 위해서는 서브그룹 분할의 개수가 동일해야 하며, 따라서 알고리즘을 적용하기 전에 추출할 서브그룹의 개수를 사전에 결정해야 한다(Borgatti et al. 2013).

팩션분석을 수행하기 위해서는 우선 서브그룹 분할이 얼마나 잘 이루어졌는지를 측정하는 방법이 있어야 한다. 이를 측정하는 한 가지 방법은 분할된 서브그룹 구조를 이상적 서브그룹 구조(ideal subgroup structure)와 비교하여 이상적 서브그룹 구조와 얼마나 유사한지를 측정하는 것이다. 여기에서 이상적 서브그룹 구조란 각 액터가 자신이 속한 서브그룹의 구성원들과는 모두 연결되어 있고 다른 서브그룹의 구성원들과는 전혀 연결관계가 없는 경우를 말한다. 이는 네트워크 내의 모든 서브그룹이 클릭이면서 동시에 각각 하나의 컴포넌트라는 것을 의미한다. 예를 들어, 12개의 액터로 구성된 어떤 네트워크가 세 개의 서브그룹을 갖고 있는 것으로 알려져 있다고 하자. 그러면 우리는 이 정보를 이용하여 이상적 서브그룹 구조를 생성할 수 있다. 12개의 액터로 구성된 네트워크를 세 개의 서브그룹으로 분할하고 각 서브그룹에 세 개, 네 개, 다섯 개의 액터를 할당한다. 편의상 액터 A, B, C는 첫 번째 서브그룹에 속하고, 액터 D, E, F, G는 두 번째 서브그룹에 속하며, 나머지 액터 H, I, J, K, L은 세 번째 서브그룹에 속한다고 가정하자. 그러면 [그림 7-26]과 같은 그래프와 이에 대응되는 인접 매트릭스를 생성할 수 있으며, 이것이 이상적 서브그룹 구조가 된다. 그러나 대부분의 실제 네트워크는 이러한 이상적 구조와는 차이가 있다. 따라서 서브그룹 내에서는 완전한 연결구조를 갖고 서브그룹 간에는 완전한 비연결구조를 갖는 이러한 서브그룹 분할의 이상적 구조는 네트워크의 실제 분할구조를 평가하는 하나의 기준으로 활용될 수 있다.

이제 우리는 서브그룹 분할 작업을 수행하여 생성한 실제 데이터 매트릭스를 이 이상적 구조를 갖는 데이터 매트릭스와 비교하여 현재의 서브그룹 구조가 이상적 구조에 얼마나 근접하는지를 측정할 수 있다. 매트릭스 비교를 통한 이러한 측정방식을 일반적으로 **비용함수(cost function)**라고 부르며, 측정된 비용함수 값을 **적합도(fit)**라고 한다. 적합도를 계산하는 방법은 크게 두 가지가 있다. 하나의 방법은 단순히 실제 데이터 매트릭스와 이상적 구조 매

그림 7-26 ▌이상적 서브그룹 구조

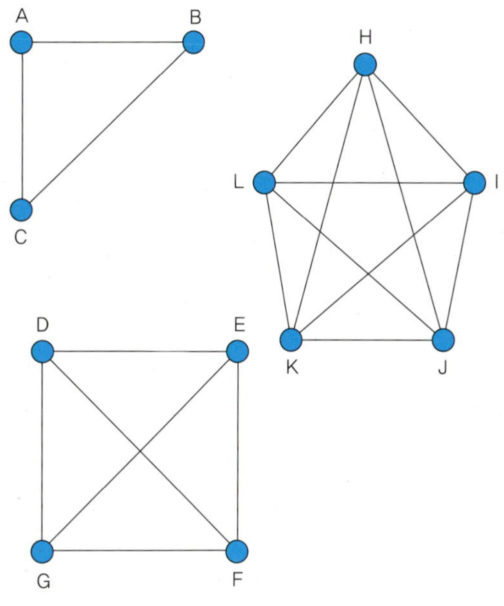

	A	B	C	D	E	F	G	H	I	J	K	L
A	0	1	1	0	0	0	0	0	0	0	0	0
B	1	0	1	0	0	0	0	0	0	0	0	0
C	1	1	0	0	0	0	0	0	0	0	0	0
D	0	0	0	0	1	1	1	0	0	0	0	0
E	0	0	0	1	0	1	1	0	0	0	0	0
F	0	0	0	1	1	0	1	0	0	0	0	0
G	0	0	0	1	1	1	0	0	0	0	0	0
H	0	0	0	0	0	0	0	0	1	1	1	1
I	0	0	0	0	0	0	0	1	0	1	1	1
J	0	0	0	0	0	0	0	1	1	0	1	1
K	0	0	0	0	0	0	0	1	1	1	0	1
L	0	0	0	0	0	0	0	1	1	1	1	0

트릭스 간의 서로 다른 값을 갖는 셀의 개수를 세는 것이다. 이상적 구조 매트릭스의 대각선 블록에는 1의 값들로 채워져 있으며 비대각선 블록에는 0의 값들로 채워져 있다. 일치하는 셀의 비율이 높을수록 적합도는 커지고 서브그룹 분할이 성공적으로 이루어진 것으로 평가한다. 또 다른 방법은 두 매트릭스 간의 상관계수를 계산하는 것이다.[6] 두 매트릭스 간의 상관계수가 높을수록 적합도는 커진다. 이렇게 계산된 적합도를 이용하면 어떤 서브그룹 분할이 다른 서브그룹 분할보다 이상적 구조에 더 가까운지 여부를 평가할 수 있다. 새로운 서브그룹 분할을 만들면 액터들의 서브그룹 할당이 달라진다. 따라서 그때마다 그에 대응되는 새로운 이상적 매트릭스를 생성해야 하고 이 매트릭스가 새로운 비용함수 기준으로 이용된다.

팩션분석은 다음과 같은 절차에 따라 수행된다. 우선 필요로 하는 서브그룹의 개수를 지정한다. 지정된 개수만큼의 서브그룹을 생성하여 모든 액터들을 서브그룹 중의 하나에 임의로 할당하고 적합도를 계산한다. 그런 다음 일부 액터를 다른 서브그룹으로 이동한 후 적합도를 다시 계산하여 적합도가 증가하는지 살펴본다. 적합도의 개선이 이루어지지 않을 때까지 이 과정을 반복 수행한다. 더 이상 적합도의 개선이 이루어지지 않으면 그 단계에서 생성된 서브그룹 분할 결과가 우리가 찾는 서브그룹이 된다.

팩션분석은 사용하고 있는 알고리즘의 특성 때문에 서브그룹 탐색 결과를 해석할 때 약간의 주의가 필요하다. 왜냐하면 팩션분석을 수행하면 네트워크는 언제나 지정된 개수만큼의 서브그룹으로 분할이 이루어지기 때문이다. 즉 네트워크 내에 실제로 존재하는 서브그룹이 전혀 없다 하더라도, 팩션분석은 무조건 정해진 숫자만큼의 서브그룹을 생성한다. 생성된 서브그룹이 의미가 있건 없건 관계없이 네트워크 데이터는 정해진 개수만큼의 서브그룹으로 분할된다. 예를 들어, 모든 액터가 서로 연결되어 있는 네트워크를 생각해보자. 이 네트워크에 대해 서브그룹 개수를 3으로 지정하면 팩션분석은 세 개의 서브그룹을 생성해줄 것이다. 그런데 모든 액터들이 서로 연결되어 있기 때문에 어떠한 서브그룹 분할이든 모두 같은 적합도를 갖게 되어, 어떠한 서브그룹 분할도 모두 타당한 분할이 된다. 사실 이 네트워크는 오직 하나의 서브그룹만이 실제로 존재하지만, 팩션분석은 요청한 대로 세 개 서브그룹을 생성한다. 팩션분석과 관련된 또 다른 한계점은 최대 적합도를 갖는 하나 이상의 서브그룹 분할이 존재할 수 있다는 점이다. 즉 팩션분석은 유일한 하나의 서브그룹 분할을 보장하지 못하는 한계를 갖는다.

6 매트릭스의 행들을 한 줄로 연결하면 하나의 긴 벡터를 만들 수 있다. 두 매트릭스로부터 이러한 방식으로 두 개의 긴 벡터를 만들고 이 두 벡터 간의 피어슨 상관계수(Pearson correlation coefficient)를 계산한다.

피렌체 가문의 결혼관계 네트워크를 대상으로 팩션분석을 적용하면 [그림 7-27]과 같다(PadgettMrg.##h 파일). 서브그룹의 개수를 2로 지정하여 네트워크는 두 개의 서브그룹으로 분할되었다. 'Grouped Adjacency Matrix'를 보면 서브그룹 내 및 서브그룹 간 연결관계를 확인할 수 있다. 이상적 구조 매트릭스에서 대각선 블록은 모두 1로 채워져야 하며 비

그림 7-27 ▌ 피렌체 가문의 결혼관계 네트워크에서의 팩션분석

```
Initial correlation: 0.169

...Badness of fit: 0.687
...Badness of fit: 0.687
...Badness of fit: 0.701

Final correlation (phi): 0.313

Group Assignments:

    1:  BARBADORI BISCHERI CASTELLAN PERUZZI PUCCI STROZZI
    2:  ACCIAIUOL ALBIZZI GINORI GUADAGNI LAMBERTES MEDICI PAZZI RIDOLFI SALVIATI TORNABUON

Grouped Adjacency Matrix

                     1 1 1         1     1 1   1
               5 4 3 2 5 1   2 6 1 0 9 8 3 4 7 6
               C B B P S P   A G A P M L R S G T
              -------------------------------------
 5 CASTELLAN |     1   1 1 |                     |
 4  BISCHERI |         1 1 |                 1   |
 3 BARBADORI | 1           |         1           |
12     PUCCI |             |                     |
15   STROZZI | 1 1       1 |             1       |
11   PERUZZI | 1 1     1   |                     |
             ---------------------------------------
 2   ALBIZZI |             |   1     1       1   |
 6    GINORI |             | 1                   |
 1 ACCIAIUOL |             |         1           |
10     PAZZI |             |               1     |
 9    MEDICI |     1       | 1   1       1 1   1 |
 8 LAMBERTES |             |                 1   |
13   RIDOLFI |         1   |         1         1 |
14  SALVIATI |             |       1 1           |
 7  GUADAGNI |   1         | 1         1       1 |
16 TORNABUON |             |         1   1   1   |
              -------------------------------------


Density Table

         1    2
      ---- ----
  1   0.40 0.05
  2   0.05 0.24
```

UCINET 메뉴에서 『Network > Subgroups > Factions』를 선택한다. 『Factions』 대화상자의 『Parameters』 탭에서 분석대상 관계 데이터(여기에서는 PadgettMrg.##h)를 선택한다. 『Number of Blocks』에 생성할 서브그룹의 개수를 지정(여기에서는 2)한 후 『OK』 버튼을 클릭한다. 『Additional』 탭에서 적합도 측정기준을 선택할 수 있다. 'Hamming'을 선택하면 데이터 매트릭스와 이상적 구조 매트릭스 간의 불일치 셀의 개수를 측정한다. 즉 대각선 블록에 있는 0의 개수와 비대각선 블록에 있는 1의 개수를 센다. 'Phi'를 선택하면 상관계수를 측정한다(여기에서는 'Phi').

대각선 블록은 모두 0으로 채워져야 한다. 'Density Table'을 보면 현재의 서브그룹 구조가 그러한 이상적 구조를 얼마나 달성하고 있는지를 알 수 있다. 대각선 블록의 밀도는 1에 가까운 값을 가질수록, 그리고 비대각선 블록의 밀도는 0에 가까울수록 서브그룹이 이상적 구조에 가까움을 나타낸다.

거번-뉴먼 알고리즘

거번-뉴먼 알고리즘(Girvan-Newman algorithm)은 노드를 연결하는 라인에 대한 정보를 바탕으로 네트워크를 응집적 서브그룹으로 분할한다. 거번-뉴먼 알고리즘은 서브그룹을 직접 탐색하지 않는다. 대신에 제거될 경우 네트워크의 분할을 가져오는 구조적으로 중요한 라인을 찾는다. 이러한 라인은 그 특성상 응집적 서브그룹 내에 있을 수 없으며 반드시 응집적 서브그룹 간에 존재해야 한다. 따라서 이러한 라인들을 제거하게 되면 네트워크 내에는 응집적 서브그룹들만이 남게 된다(Girvan and Newman 2002).

거번-뉴먼 알고리즘은 서브그룹 간을 매개하는 라인의 파악과 제거를 통해 서브그룹을 탐색한다. 라인매개성은 노드의 매개중심성과 유사하게 정의된다. 라인매개성은 라인이 노드쌍 간의 최단경로상에 위치하는 횟수로 정의된다. 높은 라인매개성을 갖는 라인들을 제거해 나가면 네트워크 내의 컴포넌트 개수는 증가하게 되고, 네트워크의 분할은 가속화된다. 이러한 과정을 반복하게 되면, 컴포넌트 개수는 계속 증가하게 되고 결국에는 고립노드들만이 남게 된다. 서브그룹 탐색과정은 찾고자 하는 컴포넌트 개수에 도달할 때까지 이러한 과정을 반복하여 수행한다.

거번-뉴먼 알고리즘은 다음과 같은 절차에 따라 수행된다. 우선 찾고자 하는 최대 응집적 서브그룹의 개수를 결정한다. 그런 다음 네트워크 내 각 라인별로 라인매개성을 계산하여 가장 높은 라인매개성을 갖는 라인을 찾는다. 그러한 라인을 제거한 후 남겨진 컴포넌트 개수를 센다. 남겨진 컴포넌트 개수가 애초에 지정한 응집적 서브그룹의 개수보다 크면 서브그룹 탐색과정을 멈추고, 그렇지 않으면 네트워크 내의 라인매개성을 다시 계산하여 최대 라인매개성을 갖는 라인을 제거하고 남겨진 컴포넌트를 확인하는 과정을 반복한다. 거번-뉴먼 알고리즘은 서브그룹 분할 결과에 대해 적합도를 계산한다. 이를 Q값이라고 하며 식별된 서브그룹 내부의 라인의 개수와 네트워크 내 라인들이 무작위적으로 연결될 경우 서브그룹에서 기대할 수 있는 라인의 개수를 비교하여 구한다. 높은 Q값은 알고리즘이 좀 더 유의한 서브그룹을 발견했다는 것을 뜻한다. 음의 Q값도 가능하며, 이는 알고리즘을 통해 도출한 서브그룹이 완전히 무작위적으로 할당된 것보다 덜 응집적이라는 것을 의미한다.

피렌체 가문의 결혼관계 네트워크를 대상으로 거번-뉴먼 알고리즘을 적용하면 [그림 7-28]과 같다(PadgettMrg.##h 파일). 최대 10개까지 서브그룹을 생성하도록 지정하였으며, 총 여섯 개의 서브그룹 분할이 도출되었다(C3, C4, C5, C7, C8, C10). 서브그룹 분할 결과에서 볼 수 있는 것처럼 알고리즘이 반복 적용될 때마다 서브그룹 분할이 하나씩 일정하게 증가하는 것은 아니다. 왜냐하면 최대 라인매개성을 갖는 라인은 하나 이상 있을 수 있기 때문이다.

NetDraw는 [그림 7-29]와 같이 거번-뉴먼 알고리즘 결과를 각 서브그룹 분할에 대한 Q값과 함께 시각적으로 보여준다. 네 개의 서브그룹을 갖는 분할이 Q=0.398로서 가장 높은 적합도를 보이는 것으로 나타났다.[7]

그림 7-28 ▌ 피렌체 가문의 결혼관계 네트워크에서의 거번-뉴먼 알고리즘분석

```
GIRVAN-NEWMAN PARTITIONS

        A T           L B   C
        C O         G A A B A       S
        C R R   A   U M R I S P S   A
        I N I M L G A B B S T E T   L
        A A D E B I D E A C E R R P V P
        I B O D I N A R D H L U O A I U
        U U L I Z O G T O E L Z Z Z A C
        O O F C Z R N E R R A Z Z Z T C
        L N I I I I I S I I N I I I I I

          1 1                 1 1 1 1 1
Level   1 6 3 9 2 6 7 8 3 4 5 1 5 0 4 2
-----   - - - - - - - - - - - - - - - -
  C10   . XXXXX XXX XXX . . . XXX XXX .
   C8   . XXXXX XXX XXX . XXXXXXX XXX .
   C7   XXXXXXX XXX XXX . XXXXXXX XXX .
   C5   XXXXXXX XXXXXXX XXXXXXXXX XXX .
   C4   XXXXXXXXXXXXXXX XXXXXXXXX XXX .
   C3   XXXXXXXXXXXXXXXXXXXXXXXXX XXX .
```

UCINET 메뉴에서 『Network>Subgroups>Girvan-Newman』을 선택한다. 『Girvan-Newman Clustering』 대화상자에서 분석대상 관계 데이터(여기에서는 PadgettMrg.##h)를 선택한다. 『Options』에 도출할 서브그룹의 최대 개수(여기에서는 10)를 지정한 후 『OK』 버튼을 클릭한다.

7 NetDraw에서는 고립노드를 서브그룹 분할에 포함시키지 않는다. 여기에서 Pucci 가문은 고립노드로서 서브그룹 분할에 포함되지 않았다. 반면에 UCINET은 고립노드를 단독 서브그룹으로서 서브그룹 분할에 포함시킨다. 따라서 다섯 개의 서브그룹을 갖는 UCINET의 C5 분할은 NetDraw의 네 개의 서브그룹 분할과 같다.

그림 7-29 거번-뉴먼 알고리즘분석 결과의 시각화

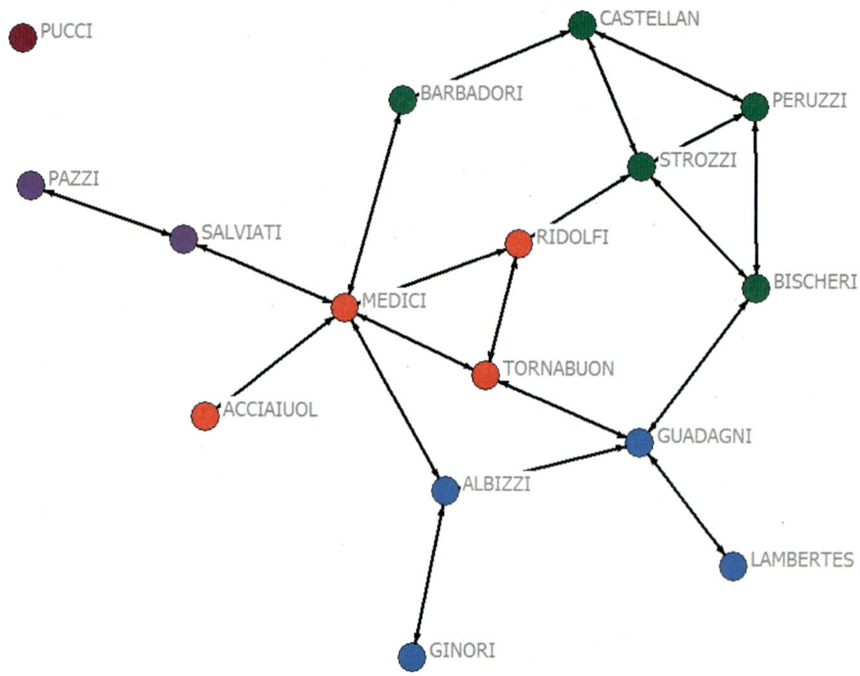

Partition information:
Partition w/ 2 clusters: Q = 0.089
Partition w/ 3 clusters: Q = 0.351
Partition w/ 4 clusters: Q = 0.398
Partition w/ 6 clusters: Q = 0.355
Partition w/ 7 clusters: Q = 0.320
Partition w/ 9 clusters: Q = 0.184

NetDraw 메뉴에서 분석대상 관계 데이터를 오픈한다(여기에서는 PadgettMrg.##h). 『Analysis>Subgroups>Girvan-Newman』을 선택한다. 『Girvan-Newman Clustering』 대화상자에서 생성할 서브그룹의 최소 및 최대 개수를 지정한 후 『Run』 버튼을 클릭한다(여기에서는 최소 2, 최대 10). 『Properties>Nodes>Symbols>Color>Attribute-based』를 선택하여 원하는 서브그룹 분할을 색상으로 나타낸다(여기에서는 네 개의 서브그룹으로 분할된 *ngPart_4 선택).

사례연구

전략 컨설팅 전문기업인 메칸더 컨설팅에서는 컨설팅 프로젝트의 효과성 및 효율성을 증진시키기 위하여 지식공유 프로그램의 도입을 준비 중이다. 이를 위한 기초 정보를 수집하기 위하여 메칸더 컨설팅의 대표는 프로젝트 팀원들 간의 지식교환 네트워크를 분석하기로 하였다. 시범적으로 회사 내 두 개 프로젝트(프로젝트 Y와 프로젝트 P)를 대상으로 프로젝트 팀 내의 지식교환 네트워크 데이터를 수집하였다(Project-Y.##h, Project-P.##h. 파일). 각 프로젝트 팀에는 12명씩의 팀원이 포함되어 있으며, 면대면 설문 인터뷰를 통해 데이터를 수집하였다.

Y 프로젝트 12명 팀원들의 지식교환 네트워크는 액터 B, C를 제외하고 모두 서로 연결되어 있지만, 몇 개의 소규모 서브그룹들로 분산되어 있는 형태를 보이고 있다. 크게 {A, D, E, F, G}, {H, I, J, K, L}, {B, C} 등 세 개의 소그룹이 형성되어 있는 것을 시각적으로 확인할 수 있다.

그림 7-30 ▌ 프로젝트 Y

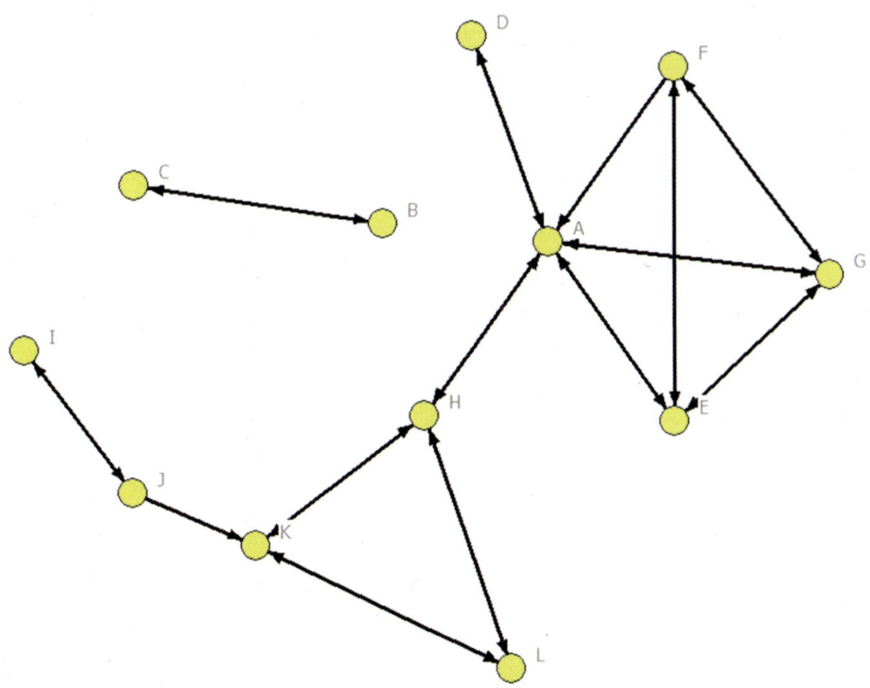

노트(블록)와 컷포인트에 대한 분석 결과를 보면 액터 A와 액터 H는 컷포인트로서 네트워크 내의 서로 다른 서브그룹들을 연결시켜 주는 역할을 하고 있다. 즉 팀원 A와 팀원 H는 이 네트워크의 전체적 지식교환관계를 유지하는 데 있어서 중요한 역할을 함과 동시에 지식교환을 활성화하는 데 있어서 가장 취약한 부분을 나타낸다고 볼 수 있다. 팀원 A와 팀원 H의 매개중심성 지표값이 다른 팀원들에 비해 상대적으로 매우 높은 것은 두 팀원의 이러한 역할을 반영한다.

그림 7-31 ▌프로젝트 Y : 노트와 컷포인트

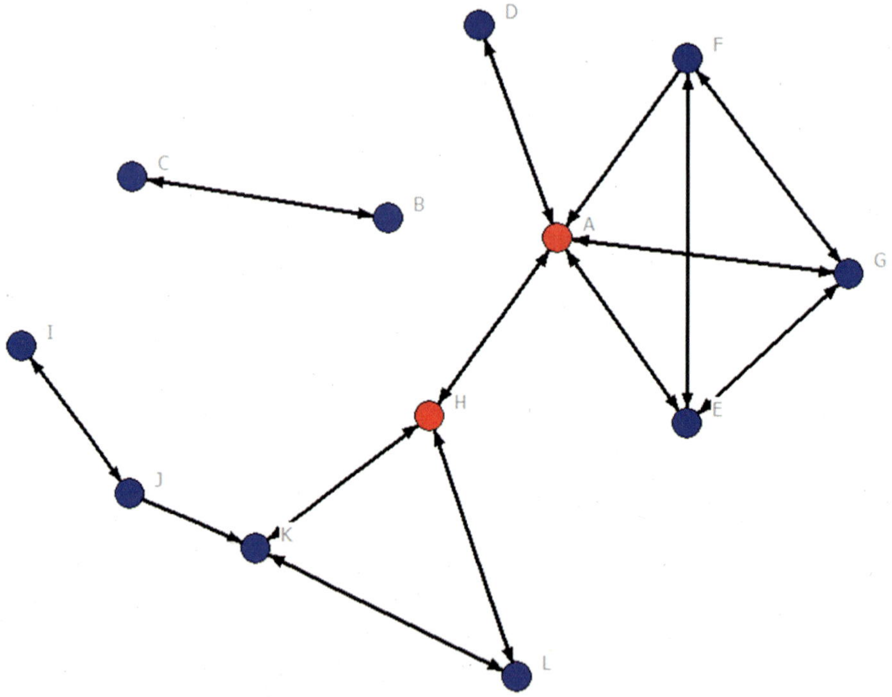

그림 7-32 ▌프로젝트 Y : 매개중심성

		1 Betweenness	2 nBetweenness
1	A	38.000	34.545
8	H	30.000	27.273
11	K	14.000	12.727
10	J	8.000	7.273
7	G	3.500	3.182
5	E	3.500	3.182
3	C	0.000	0.000
6	F	0.000	0.000
9	I	0.000	0.000
4	D	0.000	0.000
2	B	0.000	0.000
12	L	0.000	0.000

k-코어분석을 통해 네트워크 구조를 확인하였다. {A, E, F, G}가 3-코어를 형성하고 있으며, {H, K, L}이 2-코어를 구성하고 있다. 이 두 개 계층구조를 연결하는 데 있어서 액터 A와 액터 H가 역시 중요한 역할을 하고 있음을 다시 확인할 수 있다.

그림 7-33 ▌ 프로젝트 Y : k-코어

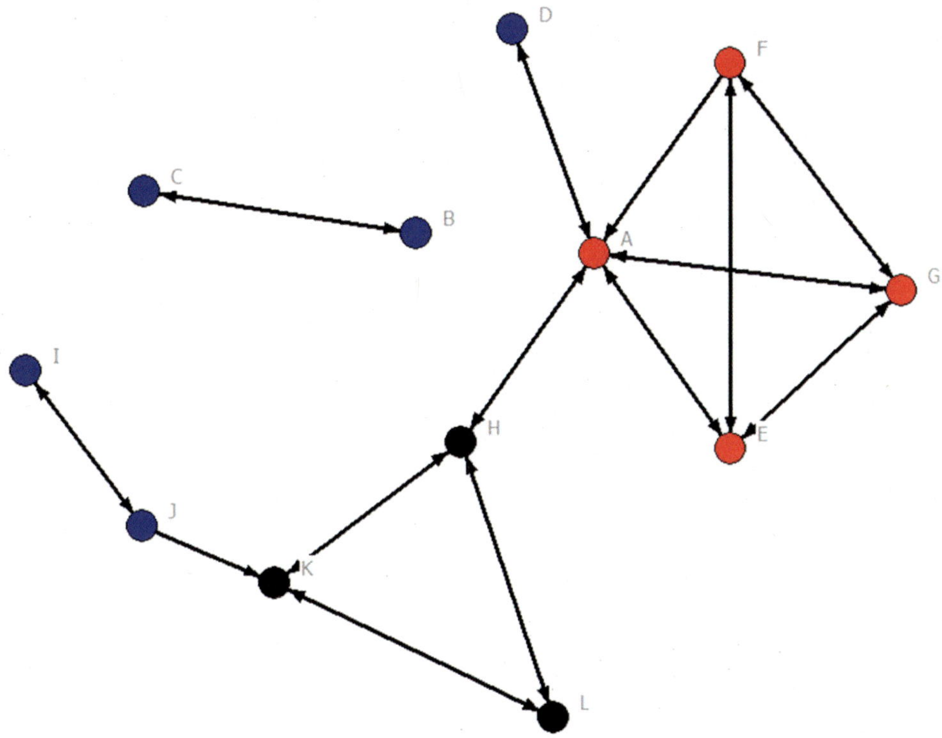

클릭분석을 통해 응집적 서브그룹을 식별한 결과는 [그림 7-34]와 같다. {A, E, F, G}와 {H, K, L}이 클릭을 형성하고 있다.

그림 7-34 ▌프로젝트 Y: 클릭분석

```
2 cliques found.

   1:  A E F G
   2:  H K L

Clique Participation Scores: Prop. of clique members that each node is adjacent to

            1     2
          ----- -----
   1 A   1.000 0.333
   2 B   0.000 0.000
   3 C   0.000 0.000
   4 D   0.250 0.000
   5 E   1.000 0.000
   6 F   1.000 0.000
   7 G   1.000 0.000
   8 H   0.250 1.000
   9 I   0.000 0.000
  10 J   0.000 0.333
  11 K   0.000 1.000
  12 L   0.000 1.000


Actor-by-Actor Clique Co-Membership Matrix

                                 1 1 1
             1 2 3 4 5 6 7 8 9 0 1 2
             A B C D E F G H I J K L
             - - - - - - - - - - - -
   1   A     1 0 0 0 1 1 1 0 0 0 0 0
   2   B     0 0 0 0 0 0 0 0 0 0 0 0
   3   C     0 0 0 0 0 0 0 0 0 0 0 0
   4   D     0 0 0 0 0 0 0 0 0 0 0 0
   5   E     1 0 0 0 1 1 1 0 0 0 0 0
   6   F     1 0 0 0 1 1 1 0 0 0 0 0
   7   G     1 0 0 0 1 1 1 0 0 0 0 0
   8   H     0 0 0 0 0 0 0 1 0 0 1 1
   9   I     0 0 0 0 0 0 0 0 0 0 0 0
  10   J     0 0 0 0 0 0 0 0 0 0 0 0
  11   K     0 0 0 0 0 0 0 1 0 0 1 1
  12   L     0 0 0 0 0 0 0 1 0 0 1 1

HIERARCHICAL CLUSTERING OF OVERLAP MATRIX

        B C D A E F G I J H K L

                          1   1 1
Level   2 3 4 1 5 6 7 9 0 8 1 2
-----   - - - - - - - - - - - -
1.000   . . . XXXXXXX . . XXXXX
0.000   XXXXXXXXXXXXXXXXXXXXXXX
```

클릭분석의 결과로 생성된 클릭참여 매트릭스를 이용하여 [그림 7-35]와 같이 클릭에 포함되지 않았던 D와 J를 포함하는 두 개의 서브그룹 {A, D, E, F, G}와 {H, J, K, L}을 식별할 수 있었다.

그림 7-35 ▌프로젝트 Y : 클릭참여 매트릭스를 이용한 서브그룹 식별

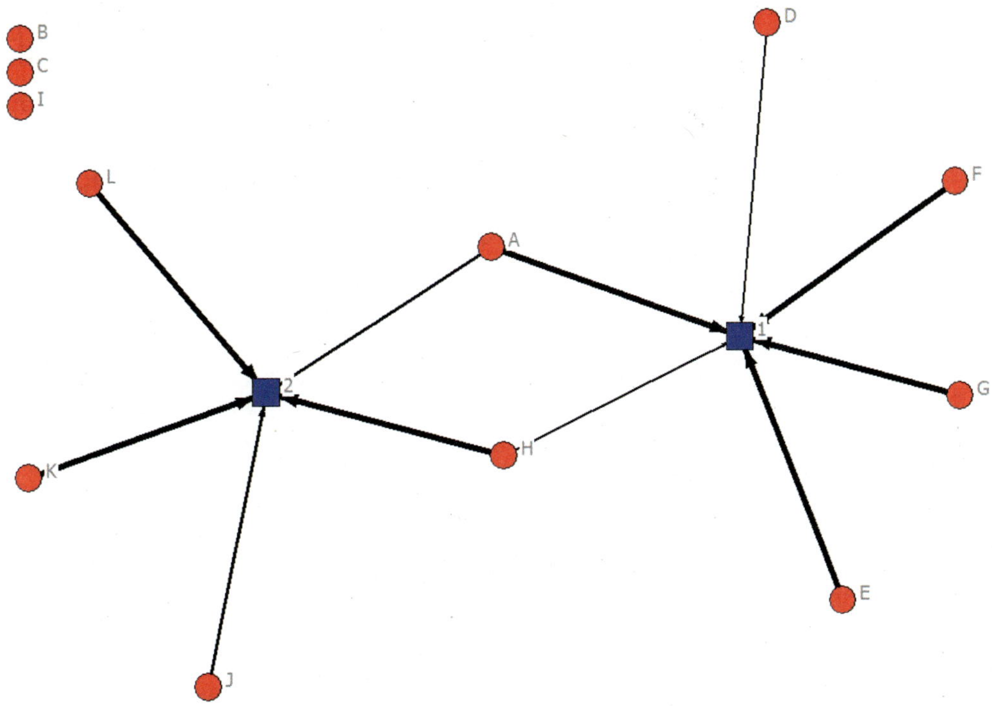

>>> 그림 7-36 ▌ 프로젝트 P

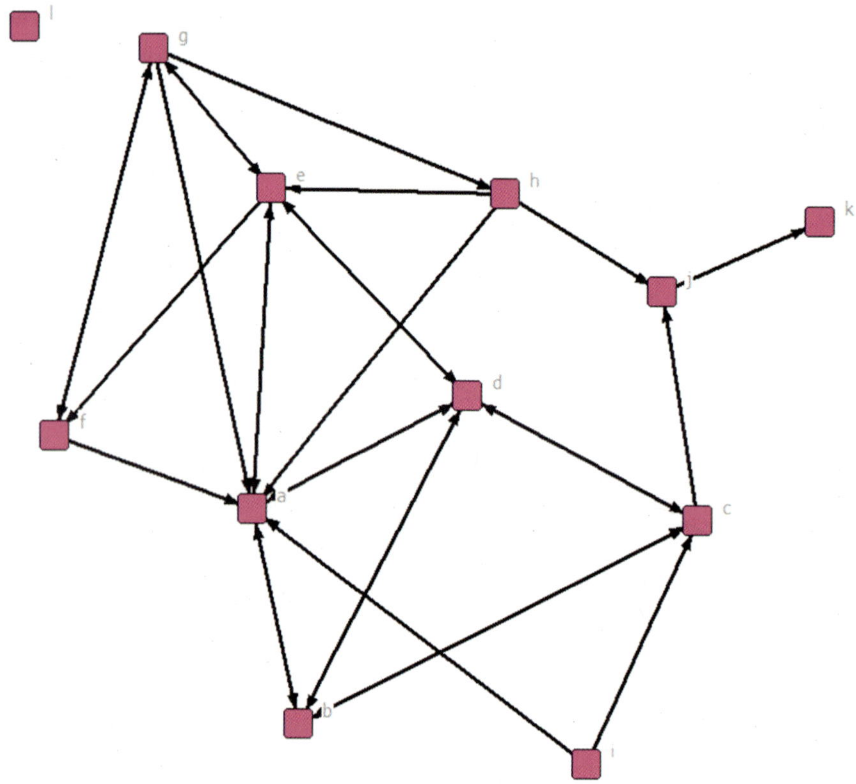

P 프로젝트를 수행하는 12명 팀원들의 지식교환관계 네트워크는 비록 한 명의 고립노드(액터 l)가 있기는 하지만, Y 프로젝트 팀에 비해 서로 잘 연결되어 있다.

k-코어분석을 통해 네트워크 구조를 확인해보면, {a, e, f, g, h}가 3-코어를 형성하고 있으며, {b, c, d, i, j}가 2-코어를 구성하고 있다. P 프로젝트 팀은 Y 프로젝트 팀에 비해 코어의 구성원 수가 더 많으며, 이는 팀원들이 Y 프로젝트 팀에 비해 더 많이 서로 직접 연결되어 있다는 것을 의미한다. 또한 P 프로젝트 팀에서 가장 높은 매개중심성 지표값을 보이는 팀원 e는 Y 프로젝트에서의 팀원 A나 H에 비해서 상대적으로 매개중심성 우위성이 높지 않다. 즉 P 프로젝트 팀은 Y 프로젝트 팀에 비해 지식교환관계 형성에 있어서 특정 팀원에 의존하는 경우가 상대적으로 작다고 유추해볼 수 있다.

그림 7-37 ▌ 프로젝트 P : k-코어분석

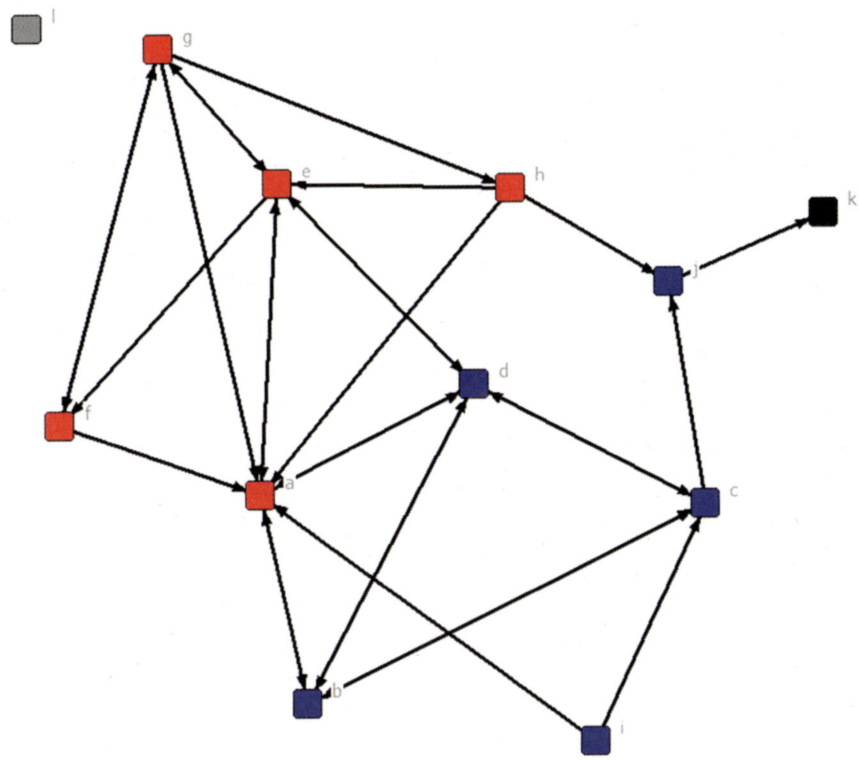

그림 7-38 ▌ 프로젝트 P : 매개중심성

	1 Betweenness	2 nBetweenness
5 e	18.667	16.970
1 a	15.333	13.939
4 d	12.333	11.212
7 g	10.500	9.545
3 c	10.000	9.091
10 j	9.000	8.182
8 h	5.000	4.545
2 b	3.167	2.879
6 f	0.000	0.000
9 i	0.000	0.000
11 k	0.000	0.000
12 l	0.000	0.000

클릭분석을 통해 응집적 서브그룹을 식별한 결과는 [그림 7-39]와 같다. 모두 다섯 개의 클릭이 도출되었다.

그림 7-39 ▌프로젝트 P: 클릭분석

5 cliques found.

```
   1:  a e f g
   2:  a e g h
   3:  a d e
   4:  a b d
   5:  b c d
```

Clique Participation Scores: Prop. of clique members that each node is adjacent to

	1	2	3	4	5
1 a	1.000	1.000	1.000	1.000	0.667
2 b	0.250	0.250	0.667	1.000	1.000
3 c	0.000	0.000	0.333	0.667	1.000
4 d	0.500	0.500	1.000	1.000	1.000
5 e	1.000	1.000	1.000	0.667	0.333
6 f	1.000	0.750	0.667	0.333	0.000
7 g	1.000	1.000	0.667	0.333	0.000
8 h	0.750	1.000	0.667	0.333	0.000
9 i	0.250	0.250	0.333	0.333	0.333
10 j	0.000	0.250	0.000	0.000	0.333
11 k	0.000	0.000	0.000	0.000	0.000
12 l	0.000	0.000	0.000	0.000	0.000

Actor-by-Actor Clique Co-Membership Matrix

		1 a	2 b	3 c	4 d	5 e	6 f	7 g	8 h	9 i	10 j	11 k	12 l
1	a	4	1	0	2	3	1	2	1	0	0	0	0
2	b	1	2	1	2	0	0	0	0	0	0	0	0
3	c	0	1	1	1	0	0	0	0	0	0	0	0
4	d	2	2	1	3	1	0	0	0	0	0	0	0
5	e	3	0	0	1	3	1	2	1	0	0	0	0
6	f	1	0	0	0	1	1	1	0	0	0	0	0
7	g	2	0	0	0	2	1	2	1	0	0	0	0
8	h	1	0	0	0	1	0	1	1	0	0	0	0
9	i	0	0	0	0	0	0	0	0	0	0	0	0
10	j	0	0	0	0	0	0	0	0	0	0	0	0
11	k	0	0	0	0	0	0	0	0	0	0	0	0
12	l	0	0	0	0	0	0	0	0	0	0	0	0

HIERARCHICAL CLUSTERING OF OVERLAP MATRIX

```
        c b d f a e g h i j k l

                            1 1 1
Level   3 2 4 6 1 5 7 8 9 0 1 2
-----   - - - - - - - - - - - -
3.000   . . . . XXX . . . . . .
2.000   . XXX . XXXXX . . . . .
1.000   XXXXX XXXXXXX . . . . .
0.800   XXXXX XXXXXXXXX . . . .
0.107   XXXXXXXXXXXXXXX . . . .
0.000   XXXXXXXXXXXXXXXXXXXXXXX
```

클릭분석의 결과로 생성된 클릭참여 매트릭스를 이용하여 [그림 7-40]과 같이 중복되지 않는 두 개의 서브그룹 {a, e, f, g, h}와 {b, c, d, i, j}를 식별할 수 있었다(앞서 k-코어분석을 통해 식별한 3-코어, 2-코어와 각각 일치한다). {a, e, f, g, h}는 클릭 1, 2, 3, 4와 밀접한 관련을 갖고 있는 것으로 보았고, {b, c, d, i, j}는 클릭 5와 상대적으로 가까운 것으로 간주하였다.

그림 7-40 ▌ 프로젝트 P: 클릭참여 매트릭스를 이용한 서브그룹 식별

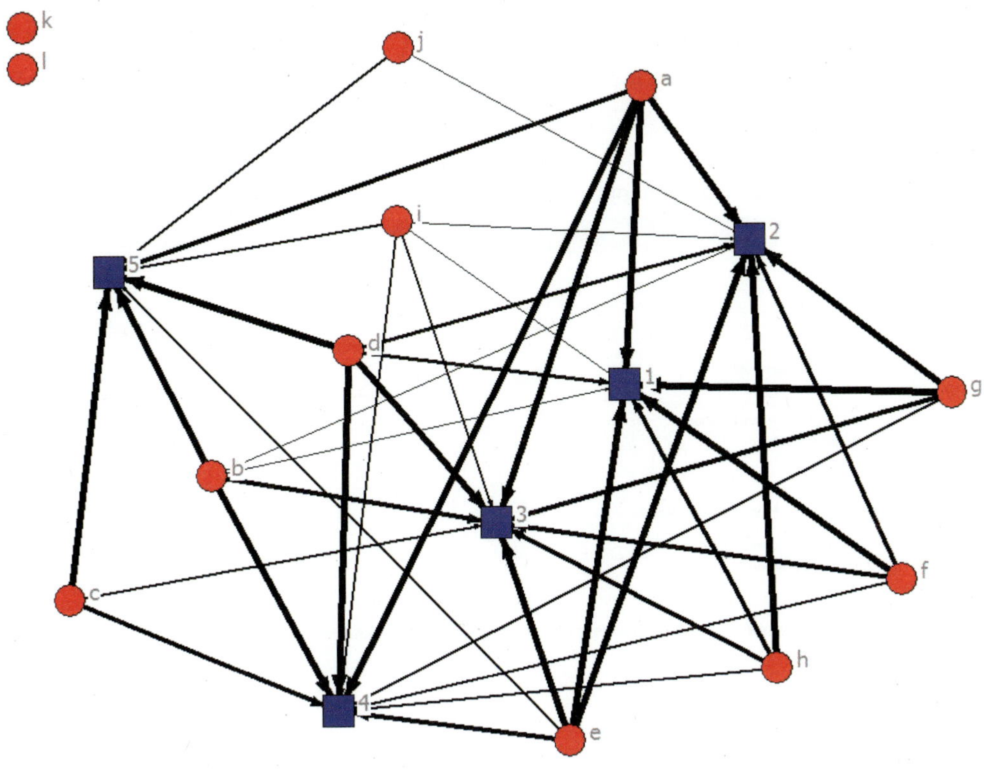

UCINET 활용

01 컴포넌트

- 『Network>Regions>Components>Binary Graphs』를 선택한다. 『Components』 대화상자에서 분석대상 관계 데이터를 선택한 후 『OK』 버튼을 클릭한다.
- 방향을 갖는 데이터의 경우 『For Directed Data』에서 'Weak Components' 또는 'Strong Components'를 지정하여 약한 컴포넌트 또는 강한 컴포넌트를 탐색한다. 비방향 데이터의 경우에는 어느 것을 선택하든 동일한 컴포넌트를 추출한다.

그림 7-41 ▌『Components』 대화상자

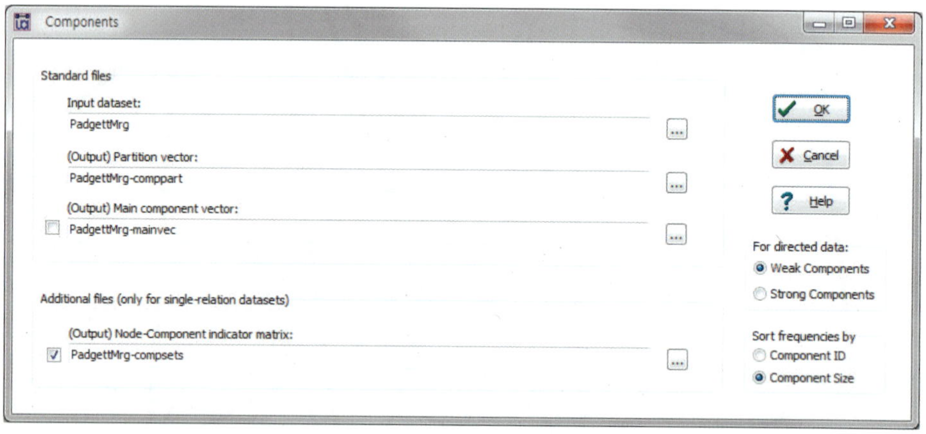

02 메인 컴포넌트

- 『Data>Filter/Extract>Main Component』를 선택한다.

그림 7-42 ▌『Extract Main Components』 대화상자

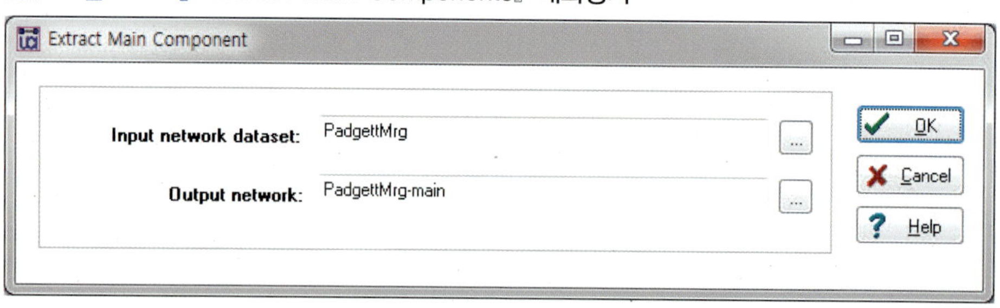

03 노트(블록, 바이컴포넌트)

- 『Network > Regions > Bi-Component』를 선택한다.
- 『Bi-Components(Blocks)』 대화상자에서 분석대상 관계 데이터를 선택한 후 『OK』 버튼을 클릭한다.

그림 7-43 ▌『Bi-Components(Blocks)』 대화상자

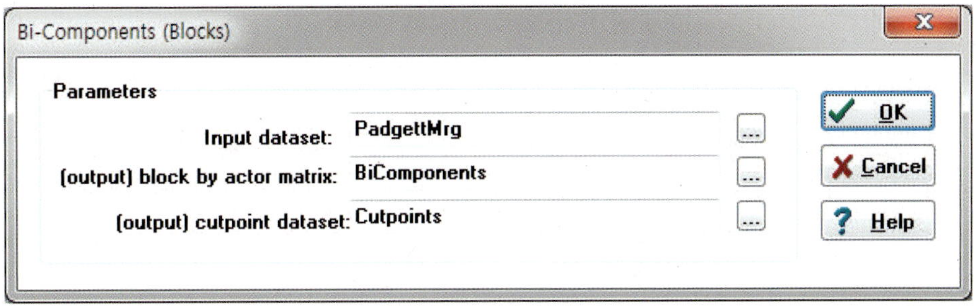

04 k-코어

- 『Network > Regions > K-Core』를 선택한다.
- 『K-Cores』 대화상자에서 분석대상 관계 데이터를 선택한 후 『OK』 버튼을 클릭한다.

그림 7-44 ▌『K-Cores』 대화상자

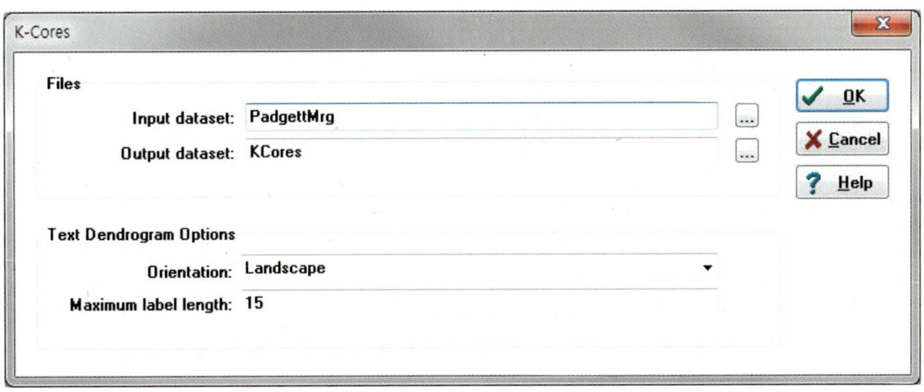

05 클릭

- 『Network > Subgroups > Cliques』를 선택한다.
- 『Cliques』 대화상자에서 분석대상 관계 데이터를 선택한 후 『OK』 버튼을 클릭한다.
- 『Minimum Size』에는 서브그룹으로서의 자격을 인정하는 서브그룹의 최소 노드 개수를 지정한다(기본값은 3). 『Analyze Pattern of Overlaps』에서 'Yes'를 선택할 경우 서브그룹에 대한 공유 멤버십과 군집(clustering)에 대한 분석이 추가로 이루어진다. 『Diagram Type』에서는 군집 도표를 그리는 방식('Tree Diagram'과 'Dendrogram')을 선택할 수 있다.

그림 7-45 ▎『Cliques』 대화상자

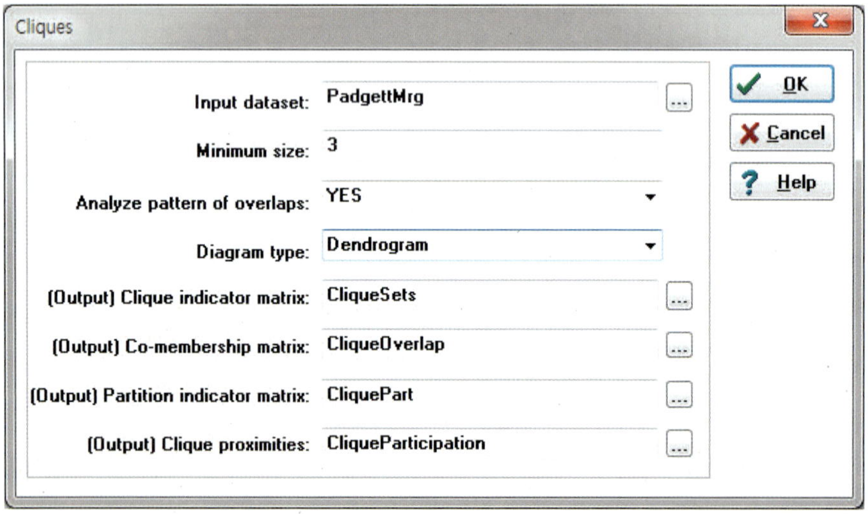

06 n-클릭

- 『Network > Subgroups > N-Cliques』를 선택한다.
- 『N-Clique』 대화상자에서 분석대상 관계 데이터를 선택한 후 『OK』 버튼을 클릭한다.
- 『Value of N』에서 n-클릭으로 허용할 경로길이 n을 지정한다. 『Minimum Size』에는 서브그룹으로서의 자격을 인정하는 서브그룹의 최소 노드 개수를 지정한다(기본값은 3). 『Analyze Pattern of Overlaps』에서 'Yes'를 선택할 경우 서브그룹에 대한 공유 멤버십과 군집에 대한 분석이 추가로 이루어진다. 『Diagram Type』에서는 군집 도표를 그리는 방식('Tree Diagram'과 'Dendrogram')을 선택할 수 있다.

그림 7-46 ▌『N-Clique』 대화상자

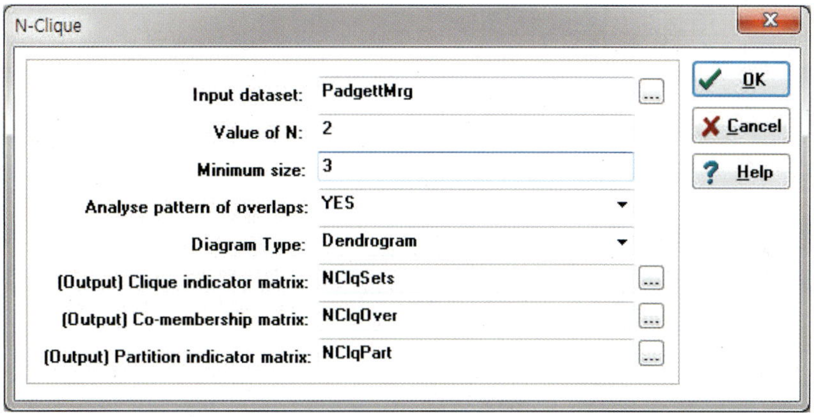

07 *n*-클랜

- 『Network > Subgroups > N-Clan』을 선택한다.
- 『N-Clan』 대화상자에서 분석대상 관계 데이터를 선택한 후 『OK』 버튼을 클릭한다.
- 『Value of N』에서 n-클랜으로 허용할 경로길이 n을 지정한다. 『Minimum Size』에는 서브그룹으로서의 자격을 인정하는 서브그룹의 최소 노드 개수를 지정한다(기본값은 3). 『Analyze Pattern of Overlaps』에서 'Yes'를 선택할 경우 서브그룹에 대한 공유 멤버십과 군집에 대한 분석이 추가로 이루어진다. 『Diagram Type』에서는 군집 도표를 그리는 방식('Tree Diagram'과 'Dendrogram')을 선택할 수 있다.

그림 7-47 ▌『N-Clan』 대화상자

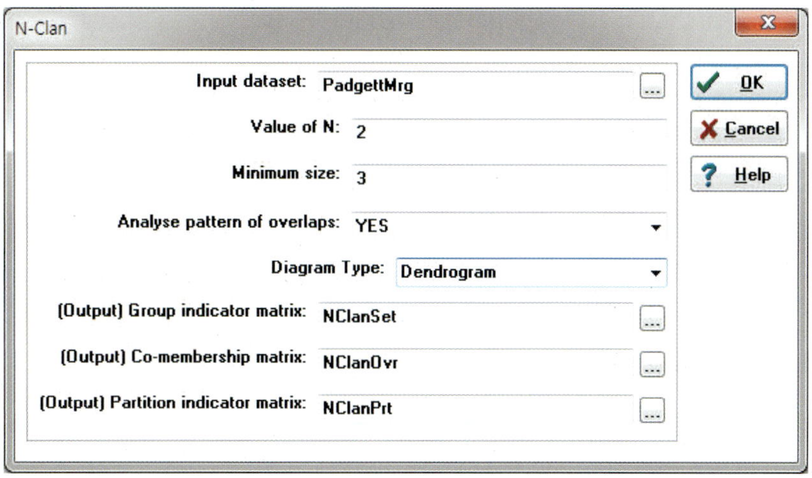

08 k-플렉스

- 『Network > Subgroups > K-Plexes』를 선택한다.
- 『K-Plexes』 대화상자에서 분석대상 관계 데이터를 선택한 후 『OK』 버튼을 클릭한다.
- 『Value of K』에서 k를 지정한다. 『Minimum Size to Keep』에는 서브그룹으로서의 자격을 인정하는 서브그룹의 최소 노드 개수를 지정한다(기본값은 3).

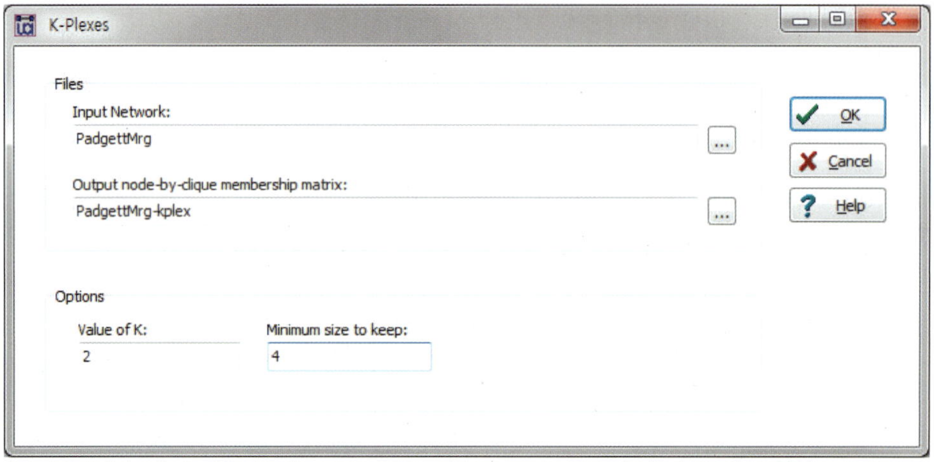

그림 7-48 ▌『K-Plexes』 대화상자

09 람다집합

- 『Network > Subgroups > Lambda Set』를 선택한다.
- 『Lambda Sets』 대화상자에서 분석대상 관계 데이터를 선택한 후 『OK』 버튼을 클릭한다.

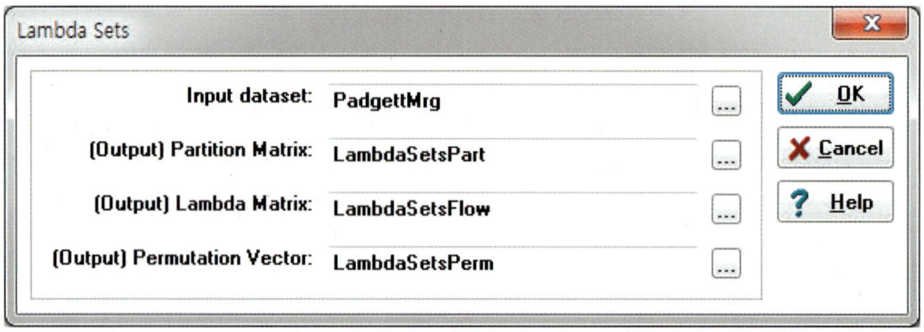

그림 7-49 ▌『Lambda Sets』 대화상자

10 팩션

- 『Network > Subgroups > Factions』를 선택한다.
- 『Factions』 대화상자의 『Parameters』 탭에서 분석대상 관계 데이터를 선택한다. 『Number of Blocks』에 생성할 서브그룹의 개수를 지정한 후 『OK』 버튼을 클릭한다.
- 『Additional』 탭에서 적합도 측정기준을 선택할 수 있다. 'Hamming'을 선택하면 데이터 매트릭스와 이상적 구조 매트릭스 간의 불일치 셀의 개수를 측정한다. 즉 대각선 블록에 있는 0의 개수와 비대각선 블록에 있는 1의 개수를 센다. 'Phi'를 선택하면 상관계수를 측정한다.

그림 7-50 | 『Factions > Parameters』 대화상자

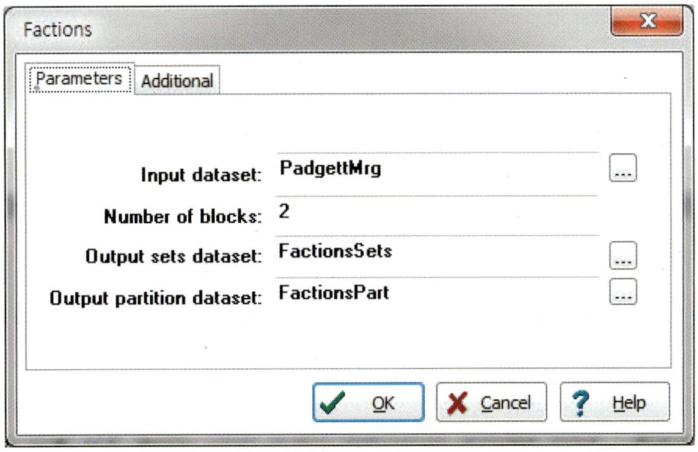

그림 7-51 | 『Factions > Additional』 대화상자

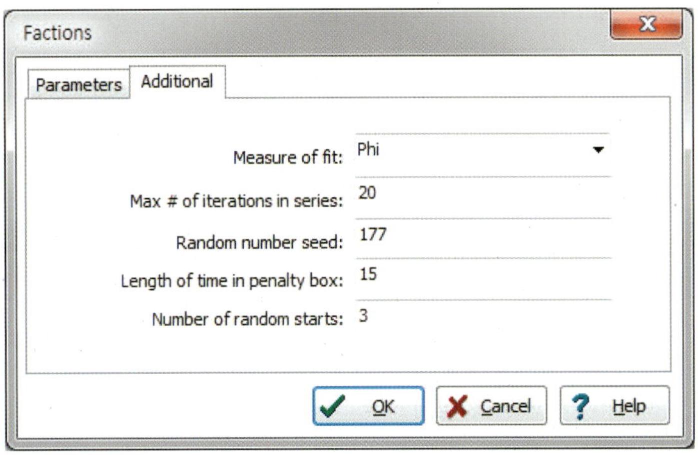

11 거번–뉴먼 알고리즘

- 『Network > Subgroups > Girvan–Newman』을 선택한다.
- 『Girvan–Newman Clustering』 대화상자에서 분석대상 관계 데이터를 선택한다.
- 『Options』에 식별할 서브그룹의 최대 개수를 지정한 후 『OK』 버튼을 클릭한다.

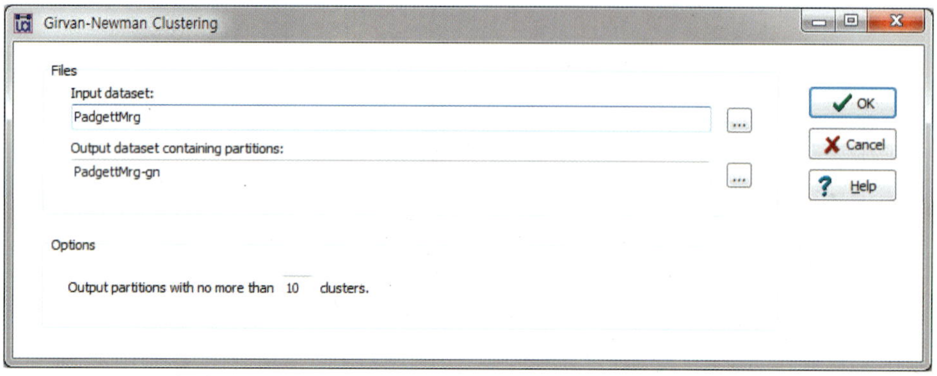

그림 7–52 『Girvan–Newman Clustering』 대화상자

연습문제

01 여섯 명으로 구성된 아래와 같은 소셜네트워크에 대해 다음 질문에 답하시오.

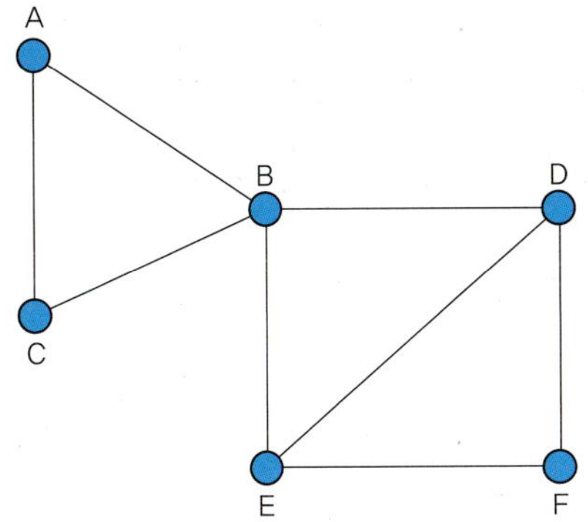

① 네트워크를 DL 형식으로 표현하시오.
② 노트와 컷포인트를 제시하시오.
③ 노트와 컷포인트를 그래프로 나타내시오.

02 여섯 명으로 구성된 아래와 같은 소셜네트워크에 대해 다음 질문에 답하시오.

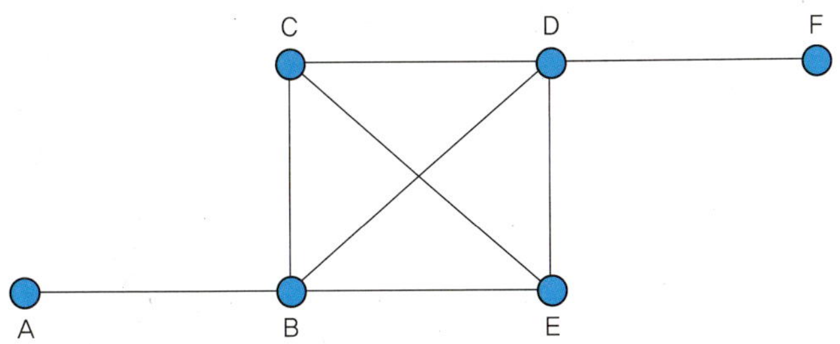

① 네트워크를 DL 형식으로 표현하시오.
② k-코어분석을 수행하시오.

03 여섯 명으로 구성된 아래와 같은 소셜네트워크에 대해 다음 질문에 답하시오.

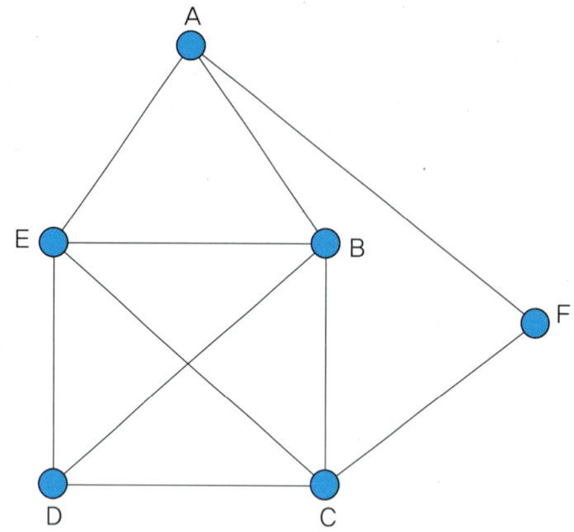

① 네트워크를 DL 형식으로 표현하시오.
② 클릭분석을 수행하시오.

04 여섯 명으로 구성된 아래와 같은 소셜네트워크에 대해 다음 질문에 답하시오.

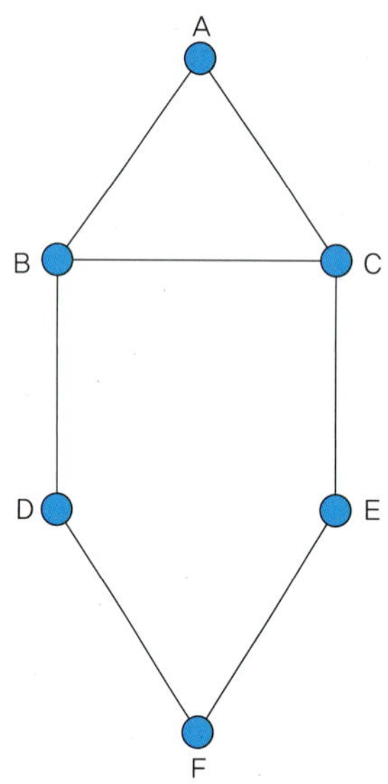

① 네트워크를 DL 형식으로 표현하시오.
② 2-클릭분석을 수행하시오.
③ 2-클랜분석을 수행하시오.

05 피렌체 가문의 비즈니스관계 네트워크에 대한 람다집합분석을 수행하시오(PadgettBiz.#h 파일).

08
CHAPTER

소셜네트워크분석
Social Network Analysis

지위와 역할

- 지위 및 역할의 정의
- 등위계층
- 등위성의 유형
- 구조적 등위성
- 동형적 등위성
- 보편적 등위성
- 지위 및 역할분석
- 중심-주변모델

CHAPTER

08 지위와 역할

지금까지 살펴본 소셜네트워크의 구조에 대한 분석은 주로 액터 간의 연결관계를 기초로 한 액터 응집성(actor cohesion)에 초점이 맞추어져 있다. 밀도, 중심성, 구조적 공백, 서브그룹 등은 모두 액터 간의 연결관계를 토대로 액터가 가지고 있는 기회와 제약을 설명한다. 여기에서는 액터 등위성(actor equivalence)의 관점에서 액터 간의 직접적 연결관계가 아닌 제3의 다른 액터와의 관계패턴에 초점을 맞춘다. 동일한 지위를 갖는 액터들은 수행하는 사회적 역할의 관점에서 서로 등위적이다. 이들 등위적인 액터들은 개별 액터로서가 아니라 액터들의 집합, 즉 하나의 등위적인 계층으로서 동일한 또는 유사한 기회와 제약을 공유한다.

지위 및 역할의 정의

지위(position)와 역할(role)은 별개의 독립된 개념은 아니며 이들 두 개념은 내부적으로 서로 밀접하게 연결되어 있다(Prell 2012). 지위는 한 개인이 집단 내에서 차지하고 있는 위치로서, 유사한 관계구조(structure of relationships)를 공유함으로써 네트워크 내에 유사하게 위치하게 되는 액터들의 계층을 의미한다. 유사한 관계구조를 공유하는 액터들의 그룹을 블록(block)이라고 하며, 액터의 지위는 블록에 의해 결정된다. 역할은 사회가 어떤 지위에 대하여 기대하는 행동양식이다. 소셜네트워크분석의 관점에서 역할은 블록 간의 관계패턴(pattern of relationships)에 의해 정의된다. 예를 들어, 어떤 블록이 다른 블록과 매우 활발한 조언관계로 연결되어 있다면, 이 블록에 속한 액터들은 적극적인 조언 요청자와 조언 제공자로서의 역할을 하고 있는 것으로 이해된다.

소셜네트워크분석에서는 일반적으로 지위분석(positional analysis)을 먼저 수행하고 이를 바탕으로 역할분석(role analysis)을 한다. 지위분석을 위해 우선 액터들을 블록이라 부르는 계층, 즉 서브그룹으로 분류한다. 동일한 계층으로 분류된 서브그룹 내의 액터들은 다른 서브그룹 내의 액터들과 연결관계 패턴이 유사하다는 특성을 갖는다. 직접적 연결관계를 기초로 한 응집적 서브그룹은 액터들이 서브그룹 내에서 서로 얼마나 긴밀한 유대관계를 갖고 있는지에 의해 정의되는 반면, 지위를 기반으로 한 서브그룹은 서브그룹 내의 액터들이 서브그룹 외부의 액터들과 서로 어떻게 연결되어 있는지를 바탕으로 도출된다. 지위분석을 통해 계층, 즉 지위가 식별되면 역할은 이들 지위 간의 상호작용 관계에 의해 정의된다. 지위 간의 관계패턴을 해석 가능한 형태로 추상화 또는 단순화시키고 속성을 함께 고려하여 역할에 대한 분석 및 해석 작업을 수행한다.

우리는 다양한 사회적 지위(social position)와 사회적 역할(social role)을 표현하기 위하여 사회 또는 조직의 구성원들을 범주화한다. 예를 들어, 노동자 계급, 중산층, 보수층 등은 사회적 지위 및 역할을 설명하는 그러한 범주화된 계층을 나타낸다. 이러한 계층의 개념은 그 계층에 속한 사람들의 사회적 행태를 이해하고 예측하기 위한 목적으로 이용될 수 있다. 일반적으로 사회 또는 조직의 구성원들은 공통적인 개별 액터들의 속성을 기반으로 범주화할 수 있다. 만일 "대학을 졸업하고 나이가 45세에서 55세 사이이며 도시에서 거주하는 남성은 상대적으로 높은 소득을 가질 가능성이 크다"라고 말한다면, 이는 인구통계학적으로 유사한 사람들의 집단에 대해서 말하고 있는 것이다. 즉 이러한 집단에 속하는 사람들은 학력, 나이, 거주지역, 성별이라는 특정 속성을 공유한다. 여기에서 다루고 있는 사회적 지위 및 역할에 대한 구조적 분석은 이와 같은 개별속성의 유사성을 기반으로 한 범주화와는 다른 접근법을 제공한다. 사회적 지위 및 역할에 대한 구조적 분석은 액터의 속성보다는 액터 간의 관계패턴의 유사성의 관점에서 계층을 정의한다. 즉 한 계층의 정의는 다른 계층과의 관계에 의해 결정된다. 따라서 사회적 지위 및 역할은 본질적으로 '관계적(relational)'인 특성을 갖는다. 예를 들어, '남편'이라는 사회적 지위 및 역할은 '아내'라는 다른 유형의 사회적 범주에 속하는 구성원과의 정형화된 상호작용이라는 관점에서 바라볼 수 있다. 남편과 아내라는 이 두 계층은 상대방 계층에 속하는 구성원과의 관계패턴의 규칙성에 의해서만 정의될 수 있다. 이 두 계층 간에는 경제적 관계, 정서적 관계, 법률적 관계 등 다양한 유형의 관계가 존재한다. 이와 같이 남편이나 아내처럼 동등한 지위를 갖고 동등한 역할을 수행하는 계층을 소셜네트워크분석에서는 **등위계층(equivalence class)**이라고 부른다.

등위계층

어떤 두 액터가 등위적이라는 것은 그 두 액터가 네트워크 내의 다른 액터들과 동일한 또는 매우 유사한 관계를 맺고 있다는 것을 의미하며, 등위성(equivalence)은 액터 간의 그러한 등위적 상태를 나타낸다. 액터 등위성의 관점에서 액터는 개별적인 고유한 특성을 갖는 개인으로서가 아니라 등위계층(즉 등위적이라고 정의된 액터들의 집합)에 속하는 구성원으로서의 공통적 특성을 지니는 것으로 간주된다. 어떤 두 사람이 각각 비슷한 유형의 다른 사람들과 연결관계를 맺고 있을 때, 그 두 사람은 서로 전혀 모르는 사이라 하더라도 그 두 사람이 다른 사람들과 맺고 있는 관계의 유형은 유사할 수 있다. 예를 들어, 두 명의 아버지가 있을 때, 이들은 각자의 자녀들과 '아버지와 자식관계'를 유지하고 있다. 두 아버지는 서로 모를 뿐만 아니라 자식 간에도 서로 알지 못한다. 하지만 이 두 아버지는 각자의 자녀에 대해 아버지로서의 유사한 행동양식을 보인다. 이 경우 이 두 아버지는 서로에 대해 구조적으로 등위적이라고 한다. 이들은 '아버지'라는 동일한 사회적 지위를 차지하고 있고, 따라서 아버지의 역할이라는 관점에서 볼 때 상호교환이 가능하다.

같은 등위계층에 속한 액터들은 응집적 서브그룹에 속한 액터들과 마찬가지로 동질적인 특성을 갖는다. 그러나 동질적인 특성을 갖게 되는 메커니즘은 다를 수 있다(Borgatti et al. 2013). 응집적 서브그룹의 경우 액터들은 서로 간의 상호작용을 통해 서로의 생각이나 의견에 노출되어 동질적이 되어 간다. 이것은 일종의 전염과정으로 볼 수 있다. 반면에 서로 모르는 사이일 수도 있는 등위적 액터들의 경우에 있어서는 액터들이 처한 유사한 환경이 액터들의 유사한 특성을 이끌어낸다고 본다.

어떤 액터 A와 액터 B가 서로 유사한 행동양식을 보이는 데는 액터들이 직접적인 연결통로를 통해 서로에게 영향을 미치기 때문만은 아니다. 액터 A와 액터 B가 서로 직접적 연결관계를 갖지 않더라도 이 두 액터가 비슷한 유형의 제3자 액터 그룹과 연결관계를 가지면 두 액터는 서로 유사한 행태를 보일 수 있다. 즉 그 두 액터는 유사한 환경에 있기 때문에 서로 닮아가게 된다. 예를 들어, A, B 두 사람이 모두 공통적으로 남의 말 하기 좋아하는 수다스러운 사람들을 동료로 두고 있다면, 이 두 사람은 아마도 사무실 내에서 좀처럼 입을 열려고 하지 않을 것이다. 자신의 얘기가 다른 사람들의 입에 오르내리게 하고 싶지 않기 때문이다. 이러한 행동 경향은 응집적 서브그룹의 구성원들이 서로에 영향을 미쳐 유사한 행동을 하는 전염과정 메커니즘으로는 설명하기 어렵다. 왜냐하면 전염과정 메커니즘에 따르면 그들이 과묵한 것은 그의 친구들이 과묵하기 때문이어야 하기 때문이다. 전염과정 메커니즘에 의하면 수다스러운 친구가 있다는 것은 나 역시 수다스러운 행태를 보이게 된다는 것을 의미한다. 따라서 여기에서 두 사람의 과묵한 행동은 그 사람들이 동일한 환경, 즉 남의 말 하기 좋아하는 매우 수다스러운 동료들에 둘러싸인 상황에 적응한 결과로 설명된다. 액터들의 태도는 그들을 둘러싼 환경에 의해 형성되며, 따라서 같은 등위계층에 속함으로써 유사한 환경을 갖게 된 액터들은 비록 그들이 서로 모르는 사이라 할지라도 유사한 반응을 보일 가능성이 높아진다.

등위적인 액터들은 다른 액터들과의 관계패턴이 구조적으로 유사하기 때문에 서로 구별하기 어렵고, 따라서 서로 대체 가능하다. 예를 들어, 어떤 병원에서 한 간호사가 출근을 못해 그 간호사의 역할을 동료 간호사가 넘겨받았다고 하자. 그러면 보고해야 하는 상사(의사, 수간호사), 함께 일하는 동료 간호사, 그리고 보살펴야 할 환자들의 관점에서 볼 때 새로운 간호사는 병원 내의 모든 구성원들과의 관계구조에 있어서 기존 간호사와 차이가 없다. 새로운 간호사와 기존 간호사는 직장의 업무 네트워크에서 정확히 동일한 연결관계를 가지며, 이는 두 간호사가 서로 등위적이라는 것을 의미한다. 따라서 이런 의미에서 등위적인 액터들은 대체 가능하다. 등위적인 액터들은 서로 대체 가능하기 때문에 일반적으로 화합적인 관계가 아닌 경쟁적인 관계를 갖는 경향이 있다(Knoke and Yang 2008). 예를 들어, 동일한 두부공장에 콩을 납품하는 콩 재배농가들은 서로 구조적으로 등위적이고 콩을 팔기 위해 서로 치열한 경쟁관계를 갖는다. 콩 재배농가 한 곳이 두부공장에의 납품을 중단하면 구조적으로 등위적인 다른 농가가 쉽게 그 자리를 차지할 수 있으며 두부공장과 콩 재배농가 간의 본질적인 네트워크 구조는 영향을 받지 않는다. 소셜네트워크에서의 이러한 완벽한 대체 가능성은 종종 네트워크 내의 다른 참여자로부터 우호적인 반응을 얻기 위한 치열한 경쟁을 낳게 된다.

일단 등위계층을 식별하면 이를 이용하여 네트워크의 관계구조를 단순화시킬 수 있는 장점이 있다. 등위계층을 하나의 커다란 노드로 대체하여 네트워크 관계구조에 대한 본질적인 정보 손실 없이도 네트워크의 크기와 복잡성을 획기적으로 줄일 수 있다. 등위계층 간의 관계패턴의 파악은 네트워크 내의 관계구조를 개별 노드 수준이 아닌 보다 고차원의 상위 수준에서 이해할 수 있는 기회를 제공한다.

등위성의 유형

지위와 역할이 액터 간의 관계에 의해 정의되기 때문에 우리는 네트워크 데이터를 이용하여 소셜네트워크 내의 다양한 사회적 지위와 역할을 파악할 수 있다. 두 액터가 다른 액터와 갖고 있는 관계패턴이 유사하거나 같을 때, 즉 등위적일 때 우리는 이들 두 액터가 동일한 지위 또는 역할을 갖는다고 얘기한다. 등위성은 엄격성의 정도에 따라 구조적 등위성, 동형적 등위성, 보편적 등위성 등 세 가지 방식으로 정의할 수 있다. [그림 8-1]과 같은 네트워크를 통해 이들 등위성의 개념을 살펴보자(Hanneman and Riddle 2005; Wasserman and Faust 1994).

구조적 등위성

두 액터가 다른 모든 액터에 대해 완전히 동일한 연결관계를 가지면 그 두 액터는 **구조적 등위성(structural equivalence)**을 갖는다고 얘기한다(Lorraine and White 1971). 구조적으로 등위적(structurally equivalent)이기 위해서는 두 액터는 완전히 서로 대체 가능해야 한다. [그림 8-1]의 네트워크에는 다음과 같이 총 일곱 개의 구조적 등위계층이 존재한다({A}, {B}, {C}, {D}, {E, F}, {G}, {H, I}).

그림 8-1 ▌등위성 네트워크

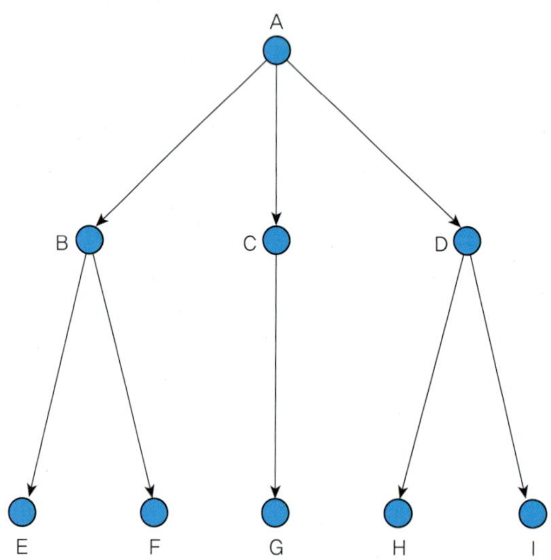

- 액터 A와 정확히 동일한 연결관계(액터 B, C, D와의 연결)를 갖고 있는 다른 액터는 없으므로 액터 A는 그 자신을 구성원으로 갖는 하나의 등위계층을 형성한다.
- 액터 B, C, D 각각과 정확히 동일한 연결관계를 갖고 있는 다른 액터는 존재하지 않는다. 즉 B, C, D 각 액터는 각자 다른 관계패턴을 가지고 있으므로, 각각 하나의 구성원을 갖는 모두 세 개의 구조적 등위계층을 형성한다.
- 액터 E와 F는 각각 액터 B와 연결된 하나의 연결관계를 갖고 있다. 액터 E와 F는 다른 모든 액터와 완전히 동일한 관계패턴을 가지므로(즉 액터 B와는 연결, 나머지 모든 액터와는 비연결) 이 두 액터는 구조적으로 등위적이다.
- 액터 G와 정확히 동일한 연결관계를 갖고 있는 다른 액터는 없으므로 액터 G는 그 자신을 구성원으로 갖는 하나의 등위계층을 형성한다.
- 액터 H와 I는 각각 액터 D와 연결된 하나의 연결관계를 갖고 있다. 액터 H와 I는 다른 모든 액터와 완전히 동일한 관계패턴을 가지므로 이 두 액터는 구조적으로 등위적이다.

구조적으로 등위적인 액터들은 그래프상에서 동일한 구조적 위치를 차지한다. 이는 한 계층에 속하는 구성원에 적용되는 기회와 제약이 동일한 계층에 속하는 다른 구성원에게도 마찬가지로 존재한다는 것을 의미한다. 구조적 등위계층에 있는 액터들은 다른 모든 액터들에 대해 동일한 관계구조를 갖는 것으로 간주된다. 구조적 등위성이 갖고 있는 '동일한 타인에 대한 동일한 연결관계'라는 요건으로 인해 구조적 등위성의 개념은 종종 일상생활에서 우리가 경험하는 지위 및 역할의 개념과 차이가 있다. 예를 들어, 병원에서 환자를 간호하는 간호사는 같은 병원에 있는 다른 간호사와 매우 유사한 역할을 수행한다. 간호해야 할 환자가 있고 이들 환자와 유사한 방식으로 관계를 유지한다는 사실만으로도 두 간호사는 병원에서 동일한 역할을 수행하는 것으로 볼 수 있다. 하지만 이 두 간호사는 정확히 동일한 환자들을 보살피지는 않는다. 구조적 등위성의 엄격한 정의에 따르면, 두 간호사는 정확히 동일한 환자를 간호하지 않기 때문에 이 두 간호사는 동일한 지위를 공유하지 않고 있고, 따라서 동일한 역할을 수행하지 않는다. 하지만 이는 분명히 우리가 직관적으로 알고 있는 사회에서 통용되고 있는 간호사의 역할과는 동떨어져 있다. 이처럼 현실세계의 네트워크 구조에서는 완벽한 구조적 등위성이 나타날 가능성이 작기 때문에(특히 네트워크의 규모가 클 경우), 단순히 완벽한 구조적 등위성의 존재 유무만을 파악하기보다는 구조적 등위성에 근접한 정도를 조사하는 것이 네트워크의 구조를 이해하는 데 더욱 유용할 수 있다.

동형적 등위성

구조적 등위성은 등위성의 개념 중 가장 제약성이 강한 형태로서 이보다 등위성의 요건을 약화시키면 흥미로우면서 좀 더 현실적인 다른 형태의 등위성을 파악하는 것도 가능하다. 예를 들어, 앞서 살펴본 [그림 8-1]의 그래프가 김밥 체인점의 네트워크를 나타낸다고 가정해보자. 여기에서 액터 A는 본점의 관리자이고, 액터 B, C, D는 세 개 지점의 관리자를 나타낸다. 액터 E와 F는 관리자 B가 운영하는 첫 번째 지점의 종업원이고, 액터 G는 관리자 C가 운영하는 두 번째 지점의 종업원이며, 액터 H와 I는 관리자 D가 운영하는 세 번째 지점의 종업원이다. 여기에서 관리자 B와 D는 구조적으로 등위적이지 않다. 왜냐하면 비록 동일한 본점 관리자 A와 연결되어 있기는 하지만, 각각 서로 다른 종업원과 연결관계를 가지고 있기 때문이다. 하지만 이 두 관리자는 조금 다른 관점에서 보면 등위적이라고도 볼 수 있다. 관리자 B와 D는 한 명의 본점 관리자에게 보고하고 있으며 동일한 숫자(두 명)의 종업원들을 고용하고 있다. 이들 두 명의 관리자들을 서로 바꾸고 동시에 네 명의 종업원들을 서로 바꾸어도 액터들 간의 모든 거리는 정확히 동일하게 된다. 이러한 특성을 갖는 등위성을 **동형적 등위성(automorphic equivalence)**이라고 하며, 이런 관점에서 관리자 B와 D는 등위적이라고 할 수 있다.

[그림 8-1]의 네트워크에는 {B, D}를 포함하여 {A}, {C}, {E, F, H, I}, {G} 등 총 다섯 개의 동형적 등위계층이 존재한다. 이들 등위계층은 구성원들이 서로 교환되어도 다른 모든 액터로부터의 거리가 동일하게 유지되는 집단이다. 동형적 등위성은 동일한 운영시스템을 갖는 김밥 체인점과 같이 각 체인점 구성원들의 면면은 다르나 체인점의 구조는 동일한 구조적 복제(structural replication) 또는 평행구조(parallel structure)를 파악할 수 있게 해준다. 동형적 등위성은 요건을 완화하여 복잡성을 줄여줌으로써 구조적 등위성에 비해 계층의 수가 줄어든다.

보편적 등위성

두 액터가 보편적으로 등위적이기 위해서는 이 두 액터가 역시 보편적으로 등위적인 다른 액터 집합의 구성원들과 동일한 관계패턴을 가지면 된다(White and Reitz 1983). 예를 들어, 두 엄마는 보편적으로 등위적이다. 이들 두 엄마는 동일한 자녀들과 연결관계를 갖고 있는 것은 아니기 때문에 구조적으로 등위적이지는 않다. 또한 이들 두 엄마는 동일한 숫자의 자녀들과 연결관계를 갖는다고 가정되지는 않기 때문에 동형적으로 등위적이라고 말할 수 없다. 그러나 이들 두 엄마는 자녀라는 계층의 구성원들과 동일한 유형의 연결관계를 유지하고 있기 때문에 유사한 계층에 속한다고 할 수 있으며, 이러한 관점에서 두 엄마는 등위적이다. 이처럼 상대계층과의 연결관계 유사성만을 바탕으로 정의된 등위성을 **보편적 등위성(regular equivalence)**이라고 한다. 이들 두 엄마는 보편적으로 등위적이며, 동시에 자녀계층 역시 엄마라는 계층과의 연결관계의 유사성 때문에 보편적으로 등위적이다. 보편적 등위성은 일반적인 사회적 제도 속에 내재되어 있는 보편적 의미에서의 사회적 역할 개념을 가장 잘 설명해준다. 보편적으로 등위적인 액터들은 개별적인 액터 차원에서 동일한 관계를 가질 필요는 없으며 다른 액터 계층의 구성원들과 같은 '종류'의 관계를 가지면 된다.

[그림 8-1]의 네트워크에는 {A}, {B, C, D}, {E, F, G, H, I} 등 총 세 개의 보편적 등위계층이 존재한다. 우선 {E, F, G, H, I}의 각 액터는 첫 번째 계층의 어떤 액터(즉 A)와도 연결관계를 가지고 있지 않고 동시에 두 번째 계층의 액터(즉 B, C, D)와는 연결관계를 가지고 있기 때문에 다른 두 계층에 있는 액터들과 동일한 관계패턴을 갖는다. 따라서 이들 액터들은 보편적 등위계층이다. 액터 집합 {B, C, D}의 각 액터는 첫 번째 계층의 액터(즉 A)와 연결관계를 가지고 있고 동시에 세 번째 계층의 액터(즉 E, F, G, H, I)와 역시 연결관계를 가지고 있기 때문에 다른 두 계층에 있는 액터들과 동일한 관계패턴을 갖는다. 따라서 이들 액터들 역시 보편적 등위계층이다. 사실 액터 B와 D는 세 번째 계층의 두 액터와 연결관계를 가지고 있고, 반면에 액터 C는 세 번째 계층의 하나의 액터와만 연결관계를 가지고 있어 개별 액터 관점에서는 다른 연결관계 패턴을 보인다. 하지만 보편적 등위성 관점에서는 구성원의 수는 중요하지 않으며 다른 계층의 구성원과의 연결관계가 있느냐가 보편적 등위성을 정의하는 데 있어서 중요한 고려요소가 된다. 액터 A는 두 번째 계층과 연결관계를 갖고 세 번째 계층과는 연결관계를 갖지 않는 그 자신을 구성원으로 하는 하나의 독자적인 등위계층을 형성한다. 그래서 액터 집합 {A} 역시 보편적 등위계층이다. 보편적 등위성은 동형적 등위성에 비해 역시 계층의 수가 줄어든 것을 알 수 있다.

등위성 유형의 비교

구조적 등위성의 개념은 소셜네트워크에서 지위 및 역할을 파악하기 위한 기본적인 아이디어를 제공한다. 그러나 동일한 다른 액터들에 대해 똑같은 관계패턴을 가져야 한다는 구조적 등위성의 요건은 지나치게 엄격하여 현실적으로 활용하기 어렵다. 관계적 유사성을 허용하여 기준을 완화시킴으로써 구조적 등위성의 활용 가능성을 높일 수는 있지만, 구조적 등위성의 개념은 여전히 엄격한 제약조건을 수반한다.

동형적 등위성에서는 같은 지위를 갖는 두 액터는 동일한 다른 액터들에 대해 똑같은 연결관계 패턴을 갖는다는 구조적 등위성의 엄격한 요건이 일부 완화된다. 같은 지위를 갖는 동형적으로 등위적인 두 액터는 구조적 등위성에서처럼 동일한 역할을 수행하는 다른 액터들과 똑같은 연결관계 패턴을 가지나, 구조적 등위성과는 달리 연결관계의 대상이 되는 액터들이 서로 일치할 필요는 없다. 동형적으로 등위적인 액터들은 액터의 이름표가 제거되면 구분이 되지 않는 특성이 있으며 서브그래프는 서로 완전히 대체 가능하다. 예를 들어, 두 명의 관리자가 구조적으로 등위적인 지위를 갖기 위해서는 두 관리자는 동일한 사원들에 대해 동일한 유형의 관리-보고 관계를 유지하고 있어야 한다. 그러나 두 관리자가 동형적으로 등위적인 지위를 갖기 위해서는 두 관리자와 관리-보고 관계를 갖는 사원들이 동일 인물일 필요는 없으며 다만 사원이라는 역할을 수행하는 동일한 숫자의 사람들과 동일한 관계패턴을 가지면 된다.

보편적 등위성은 세 가지 등위성의 개념 가운데 가장 덜 제약적이다. 하나의 지위를 공유하는 보편적으로 등위적인 액터들은 다른 지위를 갖는 보편적으로 등위적인 다른 액터들에 대해 같은 유형의 관계패턴을 갖는다. 다시 말해 어떤 지위 P_1에 속하는 액터 X가 다른 지위 P_2에 속하는 누군가와 연결관계를 가질 경우, 액터 Y가 액터 X와 보편적으로 등위적이기 위해서는 지위 P_2에 속하는 다른 누군가와 연결관계를 가지면 된다. 보편적 등위성에서는 구조적 등위성에서처럼 같은 액터들과 연결관계를 가져야 할 필요는 없다. 또한 보편적 등위성에서는 동형적 등위성에서처럼 동일한 숫자의 액터들과 연결관계를 가져야 할 필요도 없으며, 따라서 액터의 이름표를 제거하더라도 액터들은 서로 구별 가능하고 서브그래프는 대체 가능하지 않다. 예를 들어, 자녀가 있는 아버지는 자녀가 몇 명이든 관계없이 모두 보편적으로 등위적이며 팀원이 있는 팀장은 팀원의 수가 몇 명이든 관계없이 모두 보편적으로 등위적이다. 마찬가지로 의사는 만나는 환자와 배정된 간호사의 수에 있어서는 서로 다르지만, 환자와 간호사라는 지위에 대해 보편적으로 등위적인 지위를 갖는다. 보편적 등위성은 소셜네트워크에서의 사회적 지위 및 역할을 포착하는 데 있어서 가장 일반화된 등위성의 개념을 제공한다.

그림 8-2 ▌등위성 유형의 비교

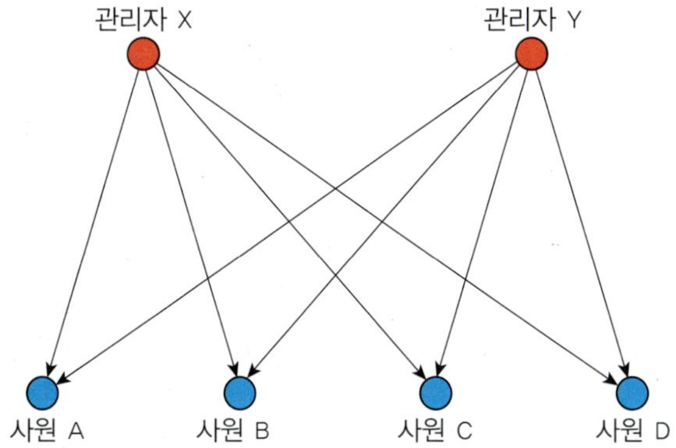

	X	Y	A	B	C	D
X	0	0	1	1	1	1
Y	0	0	1	1	1	1
A	0	0	0	0	0	0
B	0	0	0	0	0	0
C	0	0	0	0	0	0
D	0	0	0	0	0	0

구조적 등위성

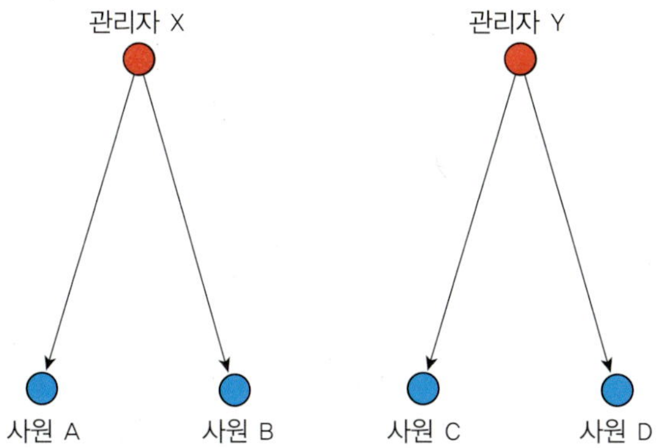

	X	Y	A	B	C	D
X	0	0	1	1	0	0
Y	0	0	0	0	1	1
A	0	0	0	0	0	0
B	0	0	0	0	0	0
C	0	0	0	0	0	0
D	0	0	0	0	0	0

동형적 등위성

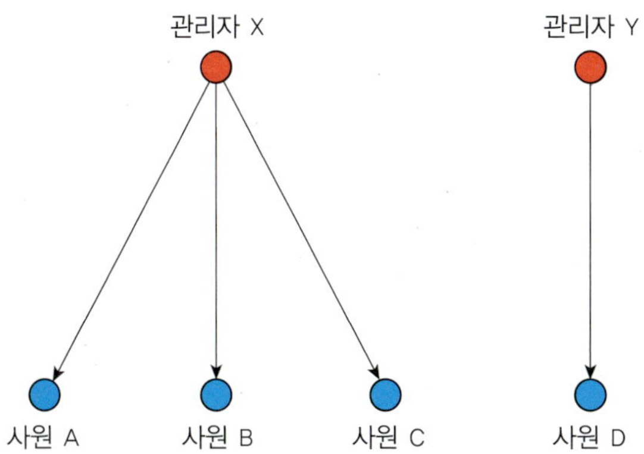

	X	Y	A	B	C	D
X	0	0	1	1	1	0
Y	0	0	0	0	0	1
A	0	0	0	0	0	0
B	0	0	0	0	0	0
C	0	0	0	0	0	0
D	0	0	0	0	0	0

보편적 등위성

[그림 8-2]는 세 등위성 유형 간의 개념적 차이를 보여준다. 관리자로부터 사원으로 연결된 화살표는 관리-보고 관계를 나타낸다. 관리자 X와 관리자 Y가 구조적으로 등위적이기 위해서는 사원 A, B, C, D 모두와 연결관계를 가져야 하는 엄격한 요건을 충족해야 한다. 인접 매트릭스를 구조적으로 등위적인 계층으로 분할해보면 블록들이 모두 0 또는 1로 채워지는 특성을 갖는다. 즉 1이 있는 블록은 모든 셀이 1이어야 한다. 동형적인 등위성으로 조건을 완화하면, 관리자 X와 관리자 Y는 사원 A, B, C, D 모두와 연결관계를 가질 필요는 없다. 단지 동일한 역할을 수행하는 동일한 숫자의 사원들(관리자 X는 사원 A 및 B, 관리자 Y는 사원 C 및 D)과 각각 연결관계를 유지하면 등위성의 조건을 충족한다. 동형적 등위성 그래프에서 각 노드의 이름표를 제거하면 관리자 X와 관리자 Y를 구별할 수 없으며, 따라서 수행하는 역할의 관점에서 볼 때 두 관리자가 포함된 서브그래프는 서로 완전히 대체 가능하다. 동형적으로 등위적인 계층으로 분할된 블록은 1이 있는 블록의 1의 분포가 동일한 특성을 갖는다. 구조적 등위성처럼 1이 있는 블록 내 모든 셀이 1로 채워질 필요는 없다. 보편적 등위성 그래프에서 관리자 X와 관리자 Y는 소속된 사원이 서로 다를 뿐만 아니라 구성원의 수에 있어서도 차이가 있지만, 이 두 관리자는 사원 계층과 동일한 유형의 연결관계를 가지므로 보편적으로 등위적이다. 보편적으로 등위적인 계층으로 분할된 인접 매트릭스에서 1이 있는 블록은 각 행과 열에 적어도 하나의 1만을 가지면 된다. 구조적 등위성에서처럼 1이 있는 블록들이 모든 행과 열에 1을 가질 필요가 없으며, 동형적 등위성에서처럼 1의 분포가 동일할 필요도 없다. 세 가지 등위성 유형에 대한 구체적 정의와 측정 및 식별 절차에 대해 살펴보자.

구조적 등위성

구조적 등위성의 정의

어떤 두 액터가 정확히 동일한 다른 액터들과 정확히 동일한 연결관계를 가지면 이 두 액터들은 구조적으로 등위적이다(Lorraine and White 1971; Prell 2012). 예를 들어, [그림 8-3]의 네트워크에는 구조적으로 등위적인 액터들이 포함되어 있다. [그림 8-3]에서 액터 A와 D는 구조적으로 등위적이다. 액터 B, C, E 역시 구조적으로 등위적이다. [그림 8-3]의 소시오매트릭스를 보면 액터 A와 D는 동일한 셀 값들을 갖고 있으며, 액터 B, C, E 역시 셀 값들이 동일하다. 구조적으로 등위적인 액터들은 소시오매트릭스에서의 행과 열에 대

그림 8-3 ▌구조적 등위성 네트워크

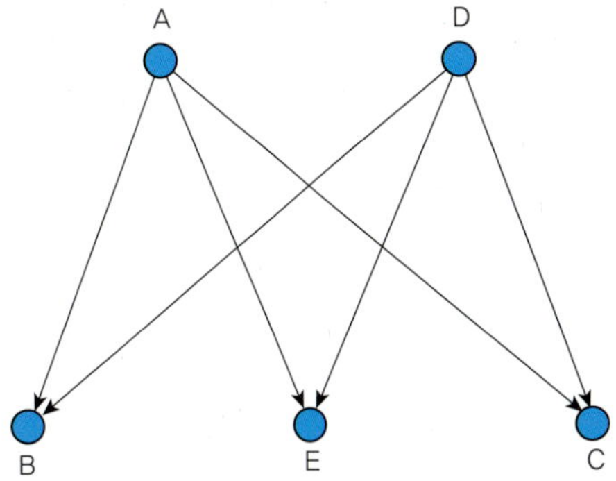

	A	B	C	D	E
A	0	1	1	0	1
B	0	0	0	0	0
C	0	0	0	0	0
D	0	1	1	0	1
E	0	0	0	0	0

해 정확히 동일한 셀 값들을 갖는다. 이는 다시 말해 구조적으로 등위적인 액터들은 다른 액터들과 완전히 동일한 관계패턴을 갖는다는 것을 의미한다.

구조적 등위성을 갖는 액터들은 또한 동일한 방향성을 갖는다. 예를 들어, 액터 D와 액터 B를 연결하는 라인의 방향이 반대로 되어 액터 B가 액터 D를 선택하는 관계로 바뀌면, 이 네트워크에서는 액터 C와 E만이 구조적으로 등위적이 된다. 액터 A와 D는 더 이상 구조적으로 등위적이 아니며, 액터 B, C, E 역시 마찬가지로 등위적이 아니게 된다. 만약 연결강도가 반영된 계량 그래프의 경우라면, 어떤 두 액터가 구조적으로 등위적이 되려면 그 액터들과 연결된 다른 모든 액터들과의 연결관계가 모두 일치해야 할 뿐만 아니라 관계강도 역시 모두 동일해야 한다. 따라서 어떤 두 액터가 구조적으로 등위적이려면, 동일한 다른 액터들과 동일한 연결관계를 갖고 있어야 하며, 또한 동일한 관계방향과 관계강도를 가지고 있어야 한다.

구조적 등위성은 네트워크의 유형에 따라 다음과 같이 정의될 수 있다(Wasserman and Faust 1994). 우선 방향/이진 그래프의 경우에 있어서, 어떤 두 액터가 네트워크 내의 다른 모든 액터와 주고받는 연결관계의 패턴이 완전히 일치할 경우 그 두 액터는 그 특정 관계에 있어서 완벽히 구조적으로 등위적이라고 이야기한다. 즉 네트워크 내에 있는 모든 노드 k에 대해(노드 i와 j 제외), (1) 노드 i는 노드 k로 향하는 연결관계를 가지고 있고 동시에 노드 j 역시 노드 k로 향하는 연결관계를 가지고 있거나, (2) 노드 i는 노드 k로부터 들어오는 연결관계를 가지고 있고 동시에 노드 j 역시 노드 k로부터 들어오는 연결관계를 가지고 있으면, 노드 i와 노드 j는 구조적으로 등위적이다. 여기에서 주목해야 할 점은 노드 i와 j 간의 직접적인 연결관계가 존재하는지의 여부는 구조적 등위성의 판단에 영향을 미치지 않는다는 점이다. 임의의 두 노드 간의 구조적 등위성은 두 노드와 그 두 노드를 제외한 나머지 노드들 간의 관계패턴에 의해서 결정된다.

비방향/이진 그래프에서는 나가는 관계와 들어오는 관계를 구분하지 않기 때문에, 앞서 살펴본 방향 그래프에서의 정의를 기반으로 다음과 같이 구조적 등위성을 정의할 수 있다. 네트워크 내에 있는 모든 노드 k에 대해(노드 i와 j 제외), 노드 i는 노드 k와 연결관계를 가지고 있고 동시에 노드 j 역시 노드 k와 연결관계를 가지고 있으면, 노드 i와 노드 j는 구조적으로 등위적이다. 구조적 등위성의 개념은 앞서 언급했듯이 계량 그래프에도 적용될 수 있다. 즉 두 노드가 네트워크 내의 다른 모든 노드에 대한 모든 연결관계에 있어서 완전히 동일한 값을 가질 때, 이 두 노드는 구조적으로 등위적이라고 얘기한다.

지금까지 살펴본 구조적 등위성의 정의는 실제 현실에서의 소셜네트워크분석 시 적용하기에는 지나치게 엄격할 수 있다. 실제 네트워크 데이터에서는 그러한 엄격한 조건을 충족하는 노드 간의 관계를 찾기가 쉽지 않기 때문이다. 그러나 어떤 노드들은 완벽하지는 않더라도 어느 정도 구조적 등위성을 가질 수 있다. 어떤 두 노드가 갖고 있는 다른 노드들과의 관계패턴이 앞서의 정의처럼 완벽하게 동일하지는 않더라도 상당히 유사할 경우, 우리는 그러한 두 노드가 근사적으로 구조적 등위성을 갖는다고 말한다. 이러한 근사적인 구조적 등위성의 정도는 관계적 유사성을 나타내는 척도를 이용하여 측정한다. 어떤 두 노드가 네트워크 내의 다른 모든 노드와 갖고 있는 연결관계 패턴의 유사성이 클수록, 그 두 노드의 구조적 등위성의 정도는 크다고 말할 수 있다.

구조적 등위성의 측정

관계적 유사성을 기반으로 한 구조적 등위성의 측정은 다른 액터와의 연결관계 패턴의 유사성 정도로써 평가한다. 방향/이진 그래프를 가정할 때, 어떤 두 액터가 구조적으로 등위적일수록 소시오매트릭스의 대응되는 행과 열의 셀 값 1과 0들은 서로 유사하게 배열된다. 반면에 어떤 두 액터의 구조적 등위성 정도가 작을수록 소시오매트릭스에서 두 액터에 대응되는 행과 열의 셀 값들의 배열의 상이성 정도는 커진다. 따라서 우리는 액터쌍들 간의 구조적 등위성 정도의 차이를 이러한 셀 값들 간의 차이를 비교함으로써 파악할 수 있다. 예를 들어, 액터 i와 j는 다른 액터들과 동일한 연결관계를 서로 많이 공유하고 있으나(즉 일치하는 셀들이 많다) 액터 k와 l은 다른 액터들과 각자 서로 다른 연결관계를 많이 갖고 있다면(즉 일치하는 셀들이 적다), 우리는 액터 i와 j가 액터 k와 l보다 구조적으로 더 등위적이라고 얘기할 수 있다.

그림 8-4 ▌ 구조적 등위성의 측정

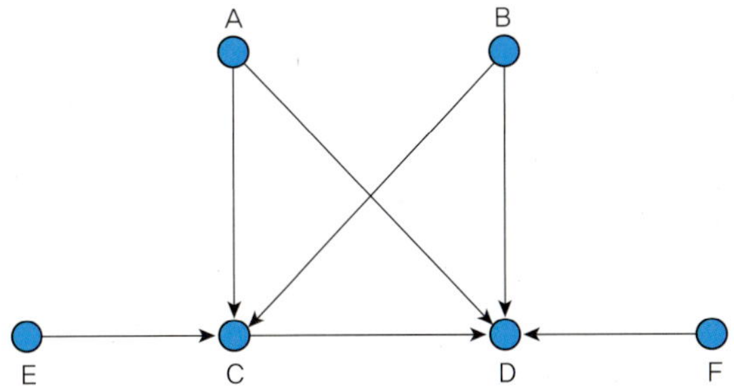

	A	B	C	D	E	F
A	0	0	1	1	0	0
B	0	0	1	1	0	0
C	0	0	0	1	0	0
D	0	0	0	0	0	0
E	0	0	1	0	0	0
F	0	0	0	1	0	0

어떤 액터쌍이 구조적으로 등위적인지를 알기 위해서는 액터들이 누구에게 직접 연결되어 있는지를 알기만 하면 된다. 따라서 에고 네트워크의 데이터만으로 구조적 등위성을 측정할 수 있다. 인접 매트릭스의 행과 열은 특정 액터의 알터들과의 관계를 나타낸 에고 네트워크 정보를 담고 있다. 이를 그 액터의 프로필(profile)이라고 한다. 비방향 그래프에서 액터 i의 프로필은 단순히 인접 매트릭스의 i번째 행(또는 열)을 의미한다. 방향 그래프에서는 액터 i의 프로필은 i번째 행과 이에 대응되는 i번째 열이 된다. 예를 들어, [그림 8-4]의 인접 매트릭스에서 액터 A를 보자. 액터 A의 행은 (0, 0, 1, 1, 0, 0)이고 열은 (0, 0, 0, 0, 0, 0)이다. 따라서 액터 A의 프로필은 액터 A의 행과 열을 차례로 배열한 (0, 0, 1, 1, 0, 0, 0, 0, 0, 0, 0, 0)이 된다.

소셜네트워크분석 소프트웨어(예: UCINET)는 각 액터의 프로필을 매트릭스 형태로 구축하여 분석을 수행한다. 예를 들어, 이는 [그림 8-5]와 같이 행의 벡터와 열의 벡터를 나란히 붙여서 액터의 프로필을 열의 데이터로 나타내는 것을 의미한다. 이렇게 구축된 매트릭스에서 각 액터의 열은 그 액터의 프로필을 나타낸다. 매트릭스 연산의 관점에서 보면, 이러한 프로필 매트릭스는 원래 매트릭스의 전치행렬(transposed matrix, 행과 열을 바꾼 행렬)을 구한 후 여기에 원래 매트릭스를 나란히 붙여 놓음으로써 구축된다. 이렇게 만들어진 프로필 매트릭스는 액터의 수가 g개 있을 경우 $2g \times g$의 크기를 갖게 된다.

이제 우리는 액터들의 프로필을 비교하여 액터들 간의 구조적 등위성의 정도를 측정할 수 있다. 완벽히 구조적으로 등위적인 두 액터의 프로필은 두 액터에 대응되는 항을 제외한 모든 항들이 완전히 동일할 것이다. 액터 i와 j 간의 직접적인 연결관계가 존재하는지의 여부는 구조적 등위성의 판단에 영향을 미치지 않기 때문에 비방향 그래프의 경우 프로필에서 자기 자신 및 상대 액터와의 연결관계를 나타내는 i번째와 j번째 항은 비교대상에서 제외된

그림 8-5 ❙ 프로필 매트릭스

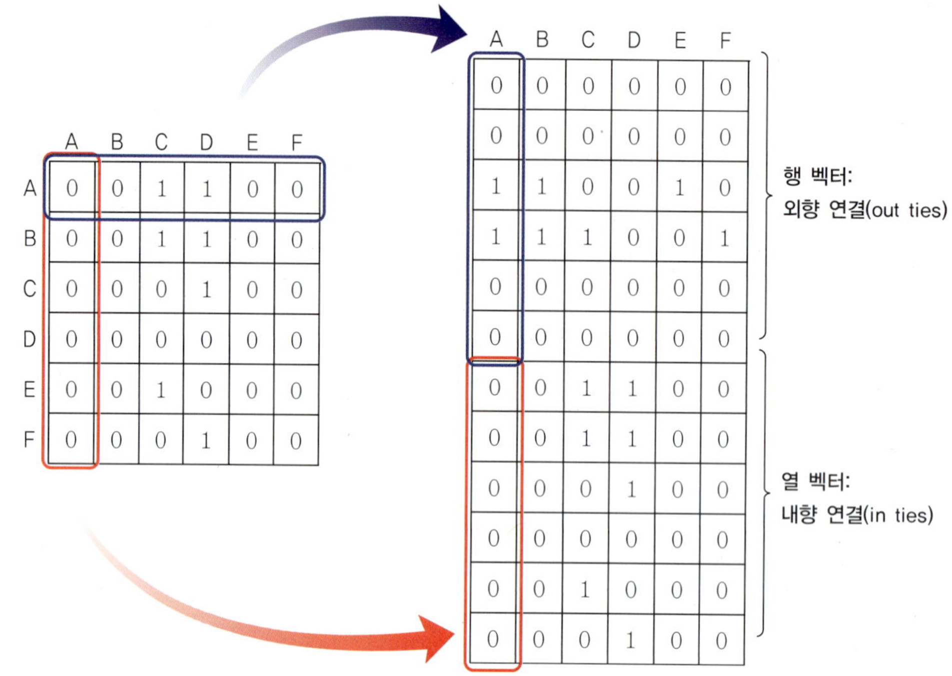

다.[1] 두 프로필이 동일하지 않으면 두 액터는 완벽한 구조적 등위성을 갖지 못한다. 현실세계의 네트워크 데이터에서 완벽한 구조적 등위성을 발견하는 것은 흔한 일이 아니기 때문에 완벽한 구조적 등위성을 충족하는 액터들을 찾기보다는 액터들 간의 구조적 등위성의 근접 정도를 파악하는 것이 오히려 실무적으로 더 유용하다. 이를 위해 프로필 벡터들을 비교하는 다양한 방법들을 적용할 수 있다. 유클리드 거리, 상관계수, 매칭 등의 방법이 구조적 등위성 관점에서 액터들 간의 유사성 정도를 측정하는 데 이용될 수 있다. 모든 액터쌍들의 프로필 벡터에 대한 비교가 이루어지고 나면 이 결과를 바탕으로 구조적 등위성 매트릭스(structural equivalence matrix)를 생성한다. 이 매트릭스의 (i, j)셀은 액터 i와 액터 j 간의 프로필 유사성 정도를 나타낸다. 구조적 등위성 매트릭스는 행과 열의 개수가 네트워크 데이터의 액터 개수인 대칭형 매트릭스이다. 우리는 이 매트릭스를 근접 매트릭스(proximity matrix)로 이용하여 네트워크 내의 등위계층을 식별할 수 있다. 여기에서는 우선 유클리드 거리, 상관계수, 매칭을 이용한 구조적 등위성 측정방법에 대해 살펴보자.

1 방향 그래프에서는 행과 열이 모두 프로필에 포함되기 때문에 행과 열 각각의 i번째와 j번째 항이 비교대상에서 제외된다.

유클리드 거리 구조적 등위성의 특성을 **유클리드 거리(Euclidean distance)**의 개념을 이용하여 나타내면 액터 i와 액터 j의 관계적 유사도는 구조적 등위성의 정의를 바탕으로 산식 (1)과 같이 측정할 수 있다(Burt 1978; Knoke and Yang 2008; Wasserman and Faust 1994).

$$d_{ij} = \sqrt{\sum_{k=1}^{g} [(x_{ik} - x_{jk})^2 + (x_{ki} - x_{kj})^2]},\ i \neq j \neq k \qquad (1)$$

여기서 d_{ij}: 액터 i와 j 간의 유클리드 거리
g: 노드의 개수
$x_{..}$: 관계강도(이진 그래프의 경우 1 또는 0)

액터 i와 j가 제3의 액터 k에 대해 완전히 동일한 연결관계 패턴을 가지면 $x_{ik} = x_{jk}$이고 $x_{ki} = x_{kj}$이므로, $(x_{ik} - x_{jk})$와 $(x_{ki} - x_{kj})$는 0이 된다. 따라서 두 액터 i와 j가 완벽한 구조적 등위성을 갖게 되면 유클리드 거리 $d_{ij} = 0$이 된다. 하지만 현실세계의 네트워크에서는 이러한 완벽한 구조적 등위성은 찾아보기 힘들다. 따라서 대개의 경우 d_{ij}는 0보다 크며, 관계적 유사성의 정도에 따라 다른 값을 갖게 된다. 유클리드 거리는 실제로 액터쌍 간의 비유사도, 즉 상이도를 측정하기 때문에 d_{ij}가 클수록 액터 i와 j 간의 구조적 등위성 정도는 낮아진다. 방향/이진 그래프의 경우 d_{ij}의 최대값은 $d_{ij} = \sqrt{2(g-2)}$ 가 된다.[2]

비방향 그래프는 관계의 방향성이 존재하지 않기 때문에 유클리드 거리는 산식 (2)와 같이 단순화될 수 있다.

$$d_{ij} = \sqrt{\sum_{k=1}^{g} \left[(x_{ik} - x_{jk})^2\right]},\ i \neq j \neq k \qquad (2)$$

여기서 d_{ij}: 액터 i와 j 간의 유클리드 거리
g: 노드의 개수
$x_{..}$: 관계강도(이진 그래프의 경우 1 또는 0)

2 d_{ij}의 최대값은 액터 i와 j가 제3의 액터 k에 대해 완전히 상이한 연결관계 패턴을 가지는 경우에 발생한다. 따라서 이 경우 $d_{ij} = \sqrt{\Sigma_{k=1}^{g}[(x_{ik} - x_{jk})^2 + (x_{ki} - x_{kj})^2]}$ 에서 $(x_{ik} - x_{jk})^2 = 1$, $(x_{ki} - x_{kj})^2 = 1$ 이므로 최대값 d_{ij}는 $d_{ij} = \sqrt{\Sigma_{k=1}^{g}(1+1)} = \sqrt{2(g-2)}$ 가 된다.

두 개 이상의 관계유형에 대해서는 산식 (3)과 같이 산식 (1)의 유클리드 거리 산식을 확장할 수 있다. 즉 모든 관계유형에 대하여 유클리드 거리를 계산한다. 복수의 관계유형이 포함되는 방향/이진 그래프에서 d_{ij}의 최대값은 $d_{ij} = \sqrt{2R(g-2)}$ 가 된다

$$d_{ij} = \sqrt{\sum_{r=1}^{R}\sum_{k=1}^{g}\left[(x_{ikr} - x_{jkr})^2 + (x_{kir} - x_{kjr})^2\right]}\ ,\ i \neq j \neq k \tag{3}$$

여기서 d_{ij}: 액터 i와 j 간의 유클리드 거리

R: 관계유형의 개수

g: 노드의 개수

$x_{..r}$: 관계유형 r에서의 관계강도(이진 그래프의 경우 1 또는 0)

[그림 8-4]의 여섯 개의 액터로 이루어진 네트워크를 대상으로 유클리드 거리를 이용하여 구조적 등위성을 측정해보자. 우선 그래프를 통해 시각적으로 살펴보면, [그림 8-4]의 네트워크에서 액터 A와 액터 B는 완벽한 구조적 등위성을 보여준다. 두 액터는 액터 C 및 D와 직접 연결되어 있으면서 동시에 네트워크 내의 나머지 액터 E 및 F와는 연결관계를 갖고 있지 않기 때문에 완전히 동일한 연결관계 패턴을 갖는다. 그러나 액터 C와 액터 D는 구조적으로 등위적이지 않다. 두 액터 C와 D는 액터 A와 B로부터 들어오는 공통된 직접적 연결관계를 가지고 있기는 하지만, 액터 C는 액터 E로부터 들어오는, 그리고 액터 D는 액터 F로부터 들어오는 서로 상이한 연결관계를 가지고 있다. 또한 액터 D는 아무런 외향 연결관계도 가지고 있지 않다. 따라서 액터 C와 액터 D 두 액터는 동일한 연결관계 패턴을 보여주지는 않는다.

[그림 8-4]의 네트워크 데이터를 이용하여 유클리드 거리를 구해보면 다음과 같다. 액터 A와 액터 B 간의 유클리드 거리 d_{AB}는 0으로서 두 액터는 완벽히 구조적으로 등위적 위치에 있음을 보여준다.

$$d_{AB} = \sqrt{\begin{matrix}[(x_{AC} - x_{BC})^2 + (x_{CA} - x_{CB})^2] + [(x_{AD} - x_{BD})^2 + (x_{DA} - x_{DB})^2] + \\ [(x_{AE} - x_{BE})^2 + (x_{EA} - x_{EB})^2] + [(x_{AF} - x_{BF})^2 + (x_{FA} - x_{FB})^2]\end{matrix}}$$

$$= \sqrt{\begin{matrix}[(1-1)^2 + (0-0)^2] + [(1-1)^2 + (0-0)^2] + \\ [(0-0)^2 + (0-0)^2] + [(0-0)^2 + (0-0)^2]\end{matrix}} = 0$$

액터 C와 액터 D 간의 유클리드 거리 d_{CD}는 다음과 같다. d_{CD}는 1.414로서 앞서 그래프를 통해 시각적으로 확인한 대로 두 액터는 완벽히 구조적으로 등위적이지는 않다는 것을 알 수 있다.

$$d_{CD} = \sqrt{\begin{matrix}[(x_{CA} - x_{DA})^2 + (x_{AC} - x_{AD})^2] + [(x_{CB} - x_{DB})^2 + (x_{BC} - x_{BD})^2] + \\ [(x_{CE} - x_{DE})^2 + (x_{EC} - x_{ED})^2] + [(x_{CF} - x_{DF})^2 + (x_{FC} - x_{FD})^2]\end{matrix}}$$

$$= \sqrt{\begin{matrix}[(0-0)^2 + (1-1)^2] + [(0-0)^2 + (1-1)^2] + \\ [(0-0)^2 + (1-0)^2] + [(0-0)^2 + (0-1)^2]\end{matrix}} = \sqrt{2} = 1.414$$

프로필을 바탕으로 유클리드 거리를 계산해보자(StructuralEquiv-Measure.xlsx 파일). 액터 A의 프로필은 $Profile_A$=(0, 0, 1, 1, 0, 0, 0, 0, 0, 0, 0, 0)이고 액터 B의 프로필은 $Profile_B$=(0, 0, 1, 1, 0, 0, 0, 0, 0, 0, 0, 0)이다. 여기에서 액터 A 및 액터 B 자신과의 관계 및 상대방과의 관계를 나타내는 1, 2, 7, 8항을 제외하고 나머지 여덟 개 항에 대해 유클리드 거리를 계산하면 d_{AB}=0으로서 앞에서 계산한 결과와 일치한다.

$$d_{AB} = \sqrt{(1-1)^2 + (1-1)^2 + (0-0)^2 + (0-0)^2 + (0-0)^2 + (0-0)^2 + (0-0)^2 + (0-0)^2}$$
$$= 0$$

이번에는 액터 C와 액터 D의 유클리드 거리를 프로필을 바탕으로 계산해보자. 액터 C의 프로필은 $Profile_C$=(0, 0, 0, 1, 0, 0, 1, 1, 0, 0, 1, 0)이고 액터 D의 프로필은 $Profile_D$=(0, 0, 0, 0, 0, 0, 1, 1, 1, 0, 0, 1)이므로 액터 C 및 액터 D 자신과의 관계 및 상대방과의 관계를 나타내는 3, 4, 9, 10항을 제외하고 나머지 여덟 개 항에 대해 유클리드 거리를 계산하면 유클리드 거리 d_{CD}=1.414라는 앞서와 동일한 결과를 얻는다.

$$d_{CD} = \sqrt{(0-0)^2 + (0-0)^2 + (0-0)^2 + (0-0)^2 + (1-1)^2 + (1-1)^2 + (1-0)^2 + (0-1)^2}$$
$$= 1.414$$

상관계수 상관계수(correlation coefficient) 역시 두 액터 간 관계적 유사성을 측정하기 위하여 널리 사용된다. 상관계수는 −1에서 +1 사이의 값을 갖는다. 두 액터 간 상관계수가 −1이라는 것은 두 액터가 다른 액터들과 완전히 정반대의 연결관계 패턴을 갖는다는 것을 의미한다. 두 액터 간 상관계수가 +1이라는 것은 두 액터가 다른 액터들과 완전히 동일한 연결관계 패턴을 갖는다는 것을 의미하며, 이는 완벽한 구조적 등위성을 나타낸다. 액터 i와 액터 j 간 구조적 등위성의 측정을 위한 상관계수에는 일반적으로 피어슨 상관계수(Pearson correlation coefficient)가 사용된다. 방향 그래프를 가정할 경우 상관계수는 소시오매트릭스의 행과 열 모두에 대해 계산된다. 액터 i와 액터 j 간의 상관계수 r_{ij}는 산식 (4)와 같이 구할 수 있다. 액터 i와 액터 j의 상관계수 r_{ij}는 i번째 행/열과 j번째 행/열 간의 상관관계를 나타낸다. 즉 액터 i와 액터 j의 프로필에 대한 상관관계를 의미한다.

$$r_{ij} = \frac{\sum_{k=1}^{g}(x_{ki}-\bar{x}_{.i})(x_{kj}-\bar{x}_{.j})+\sum_{k=1}^{g}(x_{ik}-\bar{x}_{i.})(x_{jk}-\bar{x}_{j.})}{\sqrt{\sum_{k=1}^{g}(x_{ki}-\bar{x}_{.i})^2+\sum_{k=1}^{g}(x_{ik}-\bar{x}_{i.})^2}\sqrt{\sum_{k=1}^{g}(x_{kj}-\bar{x}_{.j})^2+\sum_{k=1}^{g}(x_{jk}-\bar{x}_{j.})^2}},$$

$$i \neq j \neq k \qquad (4)$$

여기서 r_{ij}: 액터 i와 j 간의 상관계수

g: 노드의 개수

$x_{..}$: 관계강도(이진 그래프의 경우 1 또는 0)

$\bar{x}_{.i}$, $\bar{x}_{.j}$: i열 및 j열 셀 값들의 평균(i, j 셀은 제외)

$\bar{x}_{i.}$, $\bar{x}_{j.}$: i행 및 j행 셀 값들의 평균(i, j 셀은 제외)

두 개 이상의 관계유형에 대해서는 산식 (5)와 같이 상관계수 산식을 확장할 수 있다. 즉 모든 관계유형에 대하여 상관계수를 계산한다. 산식 (5)는 전치행렬을 이용하여 산식 (4)를 좀 더 단순화시킨 형태이다(R=1이면 산식 (5)는 산식 (4)와 동일하다). 계산식에 전치행렬을 포함시키면 하나의 매트릭스에서 나가는 연결관계와 들어오는 연결관계를 동시에 고려할 수 있다.

$$r_{ij} = \frac{\sum_{r=1}^{2R}\sum_{k=1}^{g}(x_{ikr}-\bar{x}_{i.})(x_{jkr}-\bar{x}_{j.})}{\sqrt{\sum_{r=1}^{2R}\sum_{k=1}^{g}(x_{ikr}-\bar{x}_{i.})^2}\sqrt{\sum_{r=1}^{2R}\sum_{k=1}^{g}(x_{jkr}-\bar{x}_{j.})^2}}, \quad i \neq j \neq k \qquad (5)$$

여기서 r_{ij}: 액터 i와 j 간의 상관계수

R: 관계유형의 개수

g: 노드의 개수

$x_{..r}$: 관계유형 r에서의 관계강도(이진 그래프의 경우 1 또는 0)

[그림 8-4]의 네트워크 데이터를 이용하여 프로필을 바탕으로 상관계수를 구해보면 액터 A와 액터 B 간의 상관계수는 1로서 두 액터는 완벽히 구조적으로 등위적 위치에 있음을 보여준다(StructuralEquiv-Measure.xlsx 파일). 반면에 액터 C와 액터 D 간의 상관계수는 0.47로서 액터 A와 액터 B 간의 관계에 비해서는 상대적으로 구조적 등위성의 정도가 약하다는 것을 알 수 있다.

매칭 앞서 살펴본 두 가지 유사도 측정방법(유클리드 거리와 상관계수)은 단순히 관계의 존재 유무만을 나타내는 이진형 네트워크 데이터에서보다는 관계강도가 포함된 계량형 네트워크 데이터일 때 보다 더 유용하다. 네트워크 데이터가 이진형일 경우에도 물론 유클리드 거리나 상관계수를 이용하여 유사도를 측정할 수 있다. 하지만 이진형 데이터의 경우 두 액터 간의 유사도는 행 또는 열의 셀 값 1과 0들이 서로 얼마나 일치되는지를 보는 것으로 충분할 수 있다. 이를 **매칭(matching)** 방법이라고 한다.

가장 단순하고 효과적인 매칭 방법은 액터의 프로필을 토대로 두 액터 간 일치하는 연결관계의 개수를 세어서 이를 가능한 연결관계 개수 대비 비율로 나타내는 것이다. 즉 액터 A의 알터에 대한 연결관계가 액터 B의 알터에 대한 연결관계와 일치하는 횟수를 세어서 이를 액터 A와 B를 제외하고 연결관계를 가질 수 있는 가능한 액터의 개수로 나누어 매칭되는 비율을 계산한다. [그림 8-4]의 네트워크 데이터를 이용하여 액터 A와 액터 B 간의 매칭 비율을 구해보자. 나가는 연결관계를 기준(행 기준)으로 하면, 액터 A와 B는 알터 C 및 D와 연결관계를 갖고 있으면서, 동시에 알터 E 및 F와는 연결관계가 없다. 따라서 액터 A와 B는 알터 C, D, E, F와 맺을 수 있는 가능한 연결관계에서 완벽히 일치하는 연결관계 패턴을 보이고 있다. 들어오는 연결관계를 기준(열)으로 하면, 액터 A와 B는 어떤 알터와도 연결관계를 갖고 있지 않아서 모든 알터에 대해 서로 일치하는 연결관계 패턴을 보인다. 매칭 비율 $1\left(=\frac{8}{8}\right)$은 이러한 완벽히 일치하는 연결관계 패턴을 나타낸다. 프로필을 바탕으로 계산하면 좀 더 용이하게 매칭 비율을 구할 수 있다. 액터 A의 프로필은 $Profile_A$=(0, 0, 1, 1, 0, 0, 0, 0, 0, 0, 0, 0)이고 액터 B의 프로필은 $Profile_B$=(0, 0, 1, 1, 0, 0, 0, 0, 0, 0, 0, 0)이므로 두 프로필의 해당되는 각 원소가 모두 완벽하게 일치하는 것을 확인할 수 있다.

이러한 단순 매칭 방법은 개념이 단순하여 적용하기 쉬운 장점이 있기는 하지만, 네트워크의 규모가 커서 규모에 비해 연결관계가 많지 않은 경우에는 액터 간의 유사도를 측정하는 적절한 척도가 되지 못할 수 있다. 왜냐하면 단순 매칭 방법은 연결관계가 존재하는 경우로서의 일치와 연결관계가 존재하지 않는 경우로서의 일치를 구분하지 않기 때문이다. 따라서 만일 규모가 매우 큰 집단에서의 사적인 친분관계 네트워크의 경우처럼 네트워크 매트릭스가 일부 아는 사람들 간의 관계를 제외하고는 대부분 0으로 채워진다면, 단순 매칭 방법을 사용할 경우 비연결관계에서의 일치가 큰 비중을 차지하기 때문에 액터들 간의 차이가 거의 드러나지 않을 뿐만 아니라 종종 왜곡된 결과가 나타날 가능성도 있다. 예를 들어, [그림 8-4]의 네트워크 데이터에서 액터 A와 액터 E 간의 매칭 비율은 $0.875\left(=\frac{7}{8}\right)$이다. 총 여덟 개의 관계 중 액터 D와의 나가는 연결관계만 불일치하고(액터 A는 액터 D와 연결관계를 가지나 액터 E는 액터 D와 연결관계가 없다) 나머지 일곱 개의 관계는 일치하고 있다. 하지만 일곱 개의 매칭된 내용을 들여다보면, 연결관계가 존재하는 경우로서의 일치는 액터 C와의 관계뿐이고 나머지 여섯 개의 관계, 즉 액터 B 및 F와의 나가는 연결관계와 액터 B, C, D, F와의 들어오는 연결관계는 연결관계가 존재하지 않는 경우로서의 일치이다. 따라서 관점에 따라서는 이것이 액터들 간의 유사도를 나타내는 적절한 지표인지에 대한 의문이 생길 수 있다.

이와 같은 단순 매칭 방법의 문제를 해결하기 위해서 두 액터 모두 연결관계가 없는 경우를 제외하고 일치 정도를 계산한다. 이러한 매칭 방법을 **자카드(Jaccard)** 방법이라고 한다. 자카드 방법에 의해 액터 A와 액터 E 간의 매칭 비율을 계산하면 $0.5\left(=\frac{1}{2}\right)$가 된다. 단순 매칭 방법에 비해 매칭 정도의 비율이 작아졌다. 연결관계가 존재하지 않는 액터 B 및 F와의 두 개의 나가는 연결관계와 액터 B, C, D, F와의 네 개의 들어오는 연결관계가 매칭 비율 계산 시 제외되었기 때문이다. 액터 A와 액터 E는 액터 C 또는 액터 D와 관계를 맺고 있으며, 이 두 액터와의 관계 중 액터 C하고만 공통적인 연결관계를 유지하고 있다. 따라서 자카드 방법에 의한 매칭 비율은 0.5가 된다.

구조적 등위성의 식별

구조적으로 등위적인 액터들은 다른 액터들과 완전히 동일한 연결관계를 갖는다. 하지만 현실세계에서 이러한 완벽한 구조적 등위성은 드물다. 따라서 완벽한 구조적 등위성을 찾기보다는 어느 정도 구조적 등위성에 근사한 계층을 파악하는 것이 네트워크를 이해하는 데 있어서 보다 유용하다. 구조적으로 등위적인 계층의 식별은 앞에서 살펴본 연결관계 패턴의 유사도/상이도 척도를 토대로 하는 방법과 최적화 알고리즘을 이용하여 직접 탐색하는 방법 등 두 가지 접근법이 있다. 여기에서는 첫 번째 접근법으로 군집분석과 CONCOR, 그리고 두 번째 접근법으로 타부탐색 최적화 방법에 대해 살펴본다(Hanneman and Riddle 2005; Wasserman and Faust 1994).

군집분석 군집분석(cluster analysis)은 구조적 등위성을 분석하기 위한 가장 자연스럽고도 유용한 방법 중의 하나이다. 왜냐하면 군집분석은 개별 케이스(소셜네트워크분석 관점에서는 액터)들을 서로 간의 상호 관련성을 토대로 동질적인 집단으로 묶어주는 통계기법이기 때문이다(곽기영 2017). 군집분석을 수행하게 되면, 다른 액터들과 유사한 관계패턴을 갖는 액터들은 동일한 군집으로 분류되며, 계층적 군집화(hierarchical clustering)과정을 통해 모든 액터들이 차례대로 군집화가 되어 가는 과정을 확인할 수 있다.

[그림 8-6]은 [그림 8-4]의 네트워크 데이터를 이용하여 군집분석을 수행한 결과이다(StructuralEquiv6node.##h 파일). [그림 8-6]의 'Structural Equivalence Matrix'는 액터쌍 간의 유사성 정도를 나타내는 구조적 등위성 매트릭스이다. 여기에서는 유클리드 거리를 이용하여 유사도를 측정했기 때문에 이 수치는 실제로 액터쌍 간의 상이성 정도를 나타내며 작을수록 유사도가 큰 것으로 해석된다.[3] [그림 8-6]의 'Hierarchical Clustering of Equivalence Matrix'에서는 구조적 등위성 매트릭스를 바탕으로 한 액터들의 군집화과정을 볼 수 있다. 액터 A와 액터 B가 가장 먼저 하나의 군집을 형성하였으며, 이어서 액터 E와 액터 F가 차례대로 그 군집에 포함되었다. 이어서 별도로 형성된 액터 C와 액터 D의 군집이 기존의 군집과 결합함으로써 군집화과정이 종료된다. 'Level'은 군집(혹은 액터) 간 거리를 나타낸다. 액터 A와 액터 B 간의 거리는 0이므로, 이 두 액터는 완벽한 구조적 등위성을 보여준다. Level 1.414에서 {A, B, E, F}와 {C, D} 두 개의 군집이 형성되었다. 이러한 군집화과정은 [그림 8-6]의 덴드로그램에서 시각적으로 확인할 수 있다.

3 이진형 관계 데이터는 최단경로거리 매트릭스로 변환하여 유사도 계산에 이용하기도 한다. 최단경로거리 매트릭스를 이용하면 액터 간 유사도를 계산할 때 액터의 바로 인접한 이웃과의 연결관계뿐만 아니라 전체 네트워크 관점에서 이웃 액터들과 얼마나 잘 연결되어 있는지를 반영할 수 있는 장점이 있다.

그림 8-6 ▌군집분석(구조적 등위성 탐색)

```
Structural Equivalence Matrix

        1     2     3     4     5     6
        A     B     C     D     E     F
      ----- ----- ----- ----- ----- -----
 1 A  0.00  0.00  1.41  2.00  1.00  1.00
 2 B  0.00  0.00  1.41  2.00  1.00  1.00
 3 C  1.41  1.41  0.00  1.41  1.73  1.73
 4 D  2.00  2.00  1.41  0.00  2.24  1.73
 5 E  1.00  1.00  1.73  2.24  0.00  1.41
 6 F  1.00  1.00  1.73  1.73  1.41  0.00

HIERARCHICAL CLUSTERING OF EQUIVALENCE MATRIX

        C D B A E F

Level   3 4 2 1 5 6
-----   - - - - - -
0.000   . . XXX . .
1.000   . . XXXXX .
1.249   . . XXXXXXX
1.414   XXX XXXXXXX
1.831   XXXXXXXXXXX
```

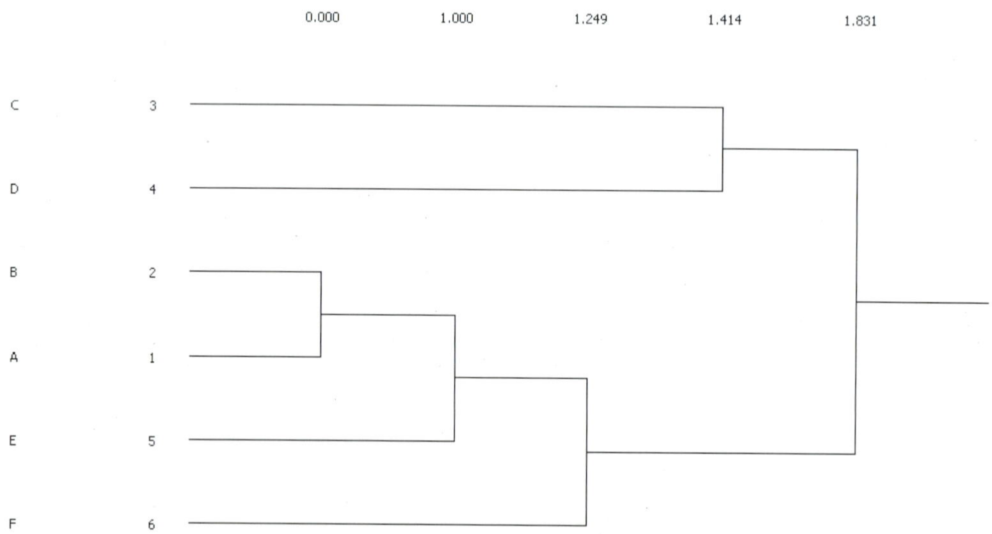

UCINET 메뉴에서 『Network > Roles & Positions > Structural > Profile』을 선택한다. 『Structural Equivalence via Profile Similarity』 대화상자에서 분석대상 관계 데이터(여기에서는 StructuralEquiv6node.##h)를 선택한 후 『OK』 버튼을 클릭한다. 『Include Transpose in Calculations』에서 전치행렬을 포함시키거나 포함시키지 않을 수 있다. 데이터가 대칭 매트릭스(즉 비방향 그래프)일 경우, 전치행렬은 원래의 행렬과 동일하므로 포함되어서는 안 된다. 비대칭 매트릭스(즉 방향 그래프)의 경우, 전치행렬이 포함되지 않으면 행(즉 나가는 연결관계)에 대한 유사도를 계산한다. 나가는 연결관계와 들어오는 연결관계 모두를 대상으로 유사도를 계산하고자 한다면 'Yes'를 선택하여 전치행렬을 포함시킨다(여기에서는 'Yes' 선택). 『Measure of Profile Similarity/Distance』에는 유사도/상이도 측정방법(여기에서는 'Euclidean Distance')을 선택한다. 『For Binary Data: Convert to Geodesic Distances』에 'Yes'를 지정하면 이진형 관계 데이터를 최단경로거리로 변환한 후 이를 이용하여 구조적 등위성 매트릭스를 생성한다.

CONCOR CONCOR(convergence of iterated correlations)를 이용한 구조적 등위성분석은 각 액터쌍 간의 상관계수를 토대로 수행된다. 상관계수는 두 액터 간의 관계적 유사성을 측정하기 위한 척도의 하나로서 앞에서 이미 설명한 바 있지만, CONCOR 수행의 관점에서 여기에서 다시 소개한다. CONCOR는 행이나 열 또는 행과 열에 대해 동시에 상관계수를 계산함으로써 시작된다. 네트워크 데이터가 대칭 매트릭스인 경우에는 행 또는 열에 대한 상관계수를 계산하며, 비대칭 매트릭스인 경우에는 행과 열에 대한 상관계수를 동시에 계산한다(즉 나가는 연결관계와 들어오는 연결관계에 대해 모두 계산한다). 이는 액터의 프로필에 대해 상관계수를 구하는 것을 의미한다. 대칭 매트릭스인 경우를 가정하여 CONCOR 수행 절차를 살펴보자. CONCOR는 우선 $g \times g$ 이진 소시오매트릭스의 모든 행의 쌍에 대해 피어슨 상관계수를 계산한다(대칭 매트릭스의 나가는 연결관계 기준). 즉 한 액터의 행 벡터와 또 다른 액터의 행 벡터 간의 피어슨 상관계수를 계산한다. 액터의 행 벡터는 그 액터와 다른 모든 액터 간의 연결관계를 나타내므로 이를 다른 액터의 행 벡터와 비교하면 두 액터 간의 다른 액터들에 대한 관계패턴의 유사성을 확인할 수 있다. 이때 두 행 벡터에서 현재 상관계수를 계산 중인 두 액터 간의 직접연결은 제외된다. 왜냐하면 두 액터 간의 구조적 등위성은 두 액터와 나머지 $(g-2)$ 액터 간의 연결관계를 통해서만 결정되기 때문이다. 액터 i와 액터 j가 다른 모든 액터와 정확히 동일한 연결관계를 갖는다면(즉 액터 i의 행 벡터와 액터 j의 행 벡터가 동일하면), 이들 간의 상관계수는 $r_{ij}=+1$이 된다. 반대로 두 액터가 완전히 반대의 연결패턴을 가지면, 이들 간의 상관계수는 $r_{ij}=-1$이 된다. 하지만 실제 네트워크 데이터에서 이러한 극단적인 경우는 드물며, 대부분의 상관계수는 이들 두 값 사이의 값을 갖는다.

이와 같은 방식으로 상관계수 매트릭스를 구한 후, 이 상관계수 매트릭스를 대상으로 위와 동일한 과정을 반복하여 새로운 상관계수 매트릭스를 도출한다. 즉 전 단계에서 생성된 상관계수를 이용하여 다시 상관분석을 수행한다. 이는 액터 i의 상관계수 벡터가 액터 j의 상관계수 벡터와 얼마나 유사한지를 파악하는 것을 의미한다. 이러한 과정을 통해 반복적으로 생성되는 상관계수('iterated correlations') 매트릭스의 셀 값들이 +1 또는 −1에 수렴('convergence')할 때까지 이 과정은 반복된다. 다시 말해 이 과정은 최종 상관계수 매트릭스가 +1과 −1만을 가질 때까지 계속된다. 이 과정이 완료되면 상관계수 매트릭스는 수렴한 것으로 간주되고, 매트릭스의 모든 셀 값은 이제 +1 또는 −1 값만을 갖는다. 그러면 이 수렴된 상관계수 매트릭스는 네트워크를 두 개의 블록으로 나누는 데 이용된다. 즉 각 블록

그림 8-7 ▌CONCOR(구조적 등위성 탐색)

```
Initial Correlation Matrix

          1     2     3     4     5     6
          A     B     C     D     E     F
      ----- ----- ----- ----- ----- -----
 1 A   1.00  1.00  0.49 -0.29  0.65  0.65
 2 B   1.00  1.00  0.49 -0.29  0.65  0.65
 3 C   0.49  0.49  1.00  0.47  0.00  0.38
 4 D  -0.29 -0.29  0.47  1.00 -0.38  0.00
 5 E   0.65  0.65  0.00 -0.38  1.00 -0.14
 6 F   0.65  0.65  0.38  0.00 -0.14  1.00


PARTITION DIAGRAM

        A B F E D C

Level   1 2 6 5 4 3
-----   - - - - - -
    2   XXXXXXX XXX
    1   XXXXXXX XXX


Relation 1
Blocked Matrix

        4 3   2 1 5 6
        D C   B A E F
      ---------------
 4 D |     |         |
 3 C | 1   |         |
      ---------------
 2 B | 1 1 |         |
 1 A | 1 1 |         |
 5 E |   1 |         |
 6 F | 1   |         |
      ---------------


Density Matrix

            1     2
        ----- -----
    1   0.500 0.000
    2   0.750 0.000
```

UCINET 메뉴에서 『Network>Roles & Positions>Structural>Concor>Standard』를 선택한다. 『CONCOR』 대화상자에서 분석대상 관계 데이터(여기에서는 StructuralEquiv6node.##h)를 선택한 후 『OK』 버튼을 클릭한다. 방향 그래프의 경우 나가는 연결관계와 들어오는 연결관계를 동시에 고려하기 위해서는 『Include Transpose』에서 'Yes'를 선택한다(여기에서는 'Yes'). 『Max Depth of Splits(Not Blocks)』에는 분할 횟수를 지정한다. 예를 들어, 2를 지정하면 최대 2회의 분할이 이루어진다. 『Convergence Criteria』에는 수렴으로 인정할 상관계수 값의 허용오차(tolerance)를 지정한다. 기본값은 0.2로서 상관계수가 −0.8 ~ 0.8의 범위에 있으면 수렴된 것으로 간주한다. 『Interactive』에 체크하게 되면 각 분할단계에서 어느 블록을 더 분할할지 또는 분할을 중단할지를 결정할 수 있다.

안의 액터들 간에는 +1의 상관계수를 갖고 동시에 두 블록 간의 모든 상관계수는 −1을 갖도록 액터들의 행과 열을 재배치(permutation)하여 두 개의 블록을 형성한다. 이러한 앞서의 절차를 반복함으로써 CONCOR는 최초의 블록 두 개를 각각 다시 두 개의 블록으로 분할할 수 있고, 이러한 분할과정은 더 이상 블록을 분할할 수 없을 때까지 반복 수행된다. 따라서 어느 시점에서 분할과정을 멈추고 최종적으로 몇 개의 블록을 도출할지를 결정할 필요가 있다.

[그림 8-7]은 [그림 8-4]의 네트워크 데이터를 이용하여 CONCOR분석을 수행한 결과이다(StructuralEquiv6node.##h 파일). [그림 8-7]의 상단 'Initial Correlation Matrix'는 최초의 액터 간 프로필 상관계수 매트릭스이다. 현재의 네트워크는 방향 그래프이기 때문에 상관계수 계산 시 전치행렬을 포함시킴으로써, 나가는 연결관계와 들어오는 연결관계를 동시에 고려하였다. 이어지는 'Partition Diagram'에서 액터들이 두 개의 등위적 계층으로 분할된 것을 볼 수 있다. 두 개의 그룹 {A, B, E, F}와 {C, D}가 도출되었다. 'Blocked Matrix'에서는 원래의 데이터를 분할된 그룹, 즉 블록별로 재배열하여 보여준다. 'Density Matrix'는 블록의 밀도를 보여준다. 밀도는 관측된 연결관계의 개수(즉 1의 개수)를 가능한 연결관계의 개수로 나누어서 구한다. CONCOR분석을 통해 등위적 계층을 파악할 수 있을 뿐만 아니라 등위적인 액터들의 관계 형태를 알 수 있다. 예를 들어, 첫 번째 블록 {C, D}의 액터들은 두 번째 블록 {A, B, E, F}의 액터들로부터 연락받을 가능성이 높은 반면, 두 번째 블록의 액터들에게 연락할 가능성은 작다. 또한 두 번째 블록의 액터들은 내부적 연결관계를 가질 가능성이 상대적으로 작다.

타부탐색 최적화 앞서 살펴본 군집분석과 CONCOR는 프로필 비교를 통해 구조적 등위성 정도를 나타내는 유사도 또는 상이도 행렬을 구축한 후 이를 근접 매트릭스로 이용하여 등위적 계층에 속하는 액터들의 블록을 탐색한다. **타부탐색 최적화(tabu search optimization)** 방법은 이러한 구조적 등위성 측정과정 없이 최적화 알고리즘을 통하여 직접 등위적 블록을 찾아준다.

타부탐색 최적화 방법은 분할된 블록 구조가 이상적 블록 구조와 얼마나 유사한지를 평가하고 이러한 블록 분할 및 평가 작업을 반복적으로 수행하여 이상적 블록 구조에 가장 근접하는 블록 분할을 생성한다. 여기에서 이상적 블록 구조란 완벽한 구조적 등위성을 보이는 관계패턴을 갖는 구조를 말하며, 각 블록은 모두 0 또는 1로만 구성된다. 생성된 블록 분할

그림 8-8 | 타부탐색 최적화(구조적 등위성 탐색)

```
Initial partition

Number of errors: 6
R-square = 0.337
Iteration 2 Number of errors: 6
Iteration 3 Number of errors: 3
Iteration 4 Number of errors: 3
Iteration 5 Number of errors: 3

Results

Number of errors: 3
R-square = 0.627

Errors per block

         1 2
         - -
    1    1 0
    2    2 0


Block Assignments:

    1:   C D
    2:   A B E F

Blocked Adjacency Matrix

         4 3   2 1 5 6
         D C   B A E F
        ---------------
  4 D |     |         |
  3 C | 1   |         |
        ---------------
  2 B | 1 1 |         |
  1 A | 1 1 |         |
  5 E |   1 |         |
  6 F | 1   |         |
        ---------------


Density Table

            1    2
         ---- ----
    1    0.50 0.00
    2    0.75 0.00
```

UCINET 메뉴에서 『Network>Roles & Positions>Structural>Optimization>Binary』를 선택한다. 『Structural Equivalence Blockmodel』 대화상자에서 분석대상 관계 데이터(여기에서는 StructuralEquiv6node.##h)를 선택한 후 『OK』 버튼을 클릭한다. 『Number of Blocks』에는 액터들이 할당될 블록의 개수를 지정한다(여기에서는 2).

에 대한 평가는 이상적인 구조적 등위성 블록 구조를 갖기 위해서 변경이 필요한 셀의 개수로 측정된다. 즉 현재의 블록 구조에서 모두 0 또는 1을 갖는 블록 구조가 되기 위해서는 몇 개의 셀이 0 또는 1로 바뀌어야 하는지를 측정한다. 변경되어야 하는 셀의 개수가 작을수록 블록 분할이 성공적으로 이루어진 것으로 평가된다. 이상적인 구조와의 비교를 통해 불일치하는 셀의 개수를 측정하는 이러한 측정방식을 일반적으로 비용함수(cost function)라고 부르며, 측정된 비용함수 값을 적합도(fit)라고 한다. 타부탐색 최적화 방법은 적합도를 최적화시키는 등위적 블록 분할을 탐색한다.

[그림 8-8]은 [그림 8-4]의 네트워크 데이터를 이용하여 타부탐색 최적화분석을 수행한 결과이다(StructuralEquiv6node.##h 파일). CONCOR분석과 동일한 블록 분할이 이루어졌다. 완벽한 구조적 등위성을 갖는 경우 각 블록은 모두 0 또는 1의 값으로 채워져야 한다. 'Errors per Block'은 해당 블록을 모두 0 또는 1로 만들려고 할 때 변경될 필요가 있는 셀의 개수를 나타낸다. 분할된 모든 블록들의 'Errors'의 합은 구조적 등위성 정도에 대한 지표로서 해석될 수 있으며, 타부탐색 최적화 방법은 이 에러의 합을 최소화시키는 액터 분할을 찾아준다.

동형적 등위성

동형적 등위성의 정의

관계적 유사성을 정의하는 데 있어서 동형적 등위성은 구조적 등위성만큼 엄격한 기준을 적용하지는 않으나, 보편적 등위성에 비해서는 강한 기준을 갖는다. 네트워크 내의 모든 액터들 간의 거리에 영향을 미치지 않으면서 액터들 간의 위치 교환을 통해 네트워크를 재배치할 수 있다면 그 액터들은 동형적으로 등위적이라고 얘기한다. 어떤 두 액터의 동형적 등위성 여부를 판단하려면, 우선 네트워크 내에서 그 두 액터의 위치를 교환한다. 그런 다음 그 두 액터와 연결된 다른 액터들을 추가적으로 교환하여 모든 액터들 간의 거리가 원래의 네트워크에서의 거리와 일치하는 새로운 네트워크를 만들어 낼 수 있는지를 검토한다. 위치 교환 후에도 모든 액터들 간의 거리가 종전과 동일하다면 그 두 액터는 동형적으로 등위적이다.

예를 들어, 김밥천국 정릉점에 다섯 명의 종업원과 한 명의 관리자가 있고 김밥천국 신촌점에 역시 다섯 명의 종업원과 한 명의 관리자가 있다고 가정하자. 만약 김밥천국 본사에서 정릉점의 관리자를 신촌점의 관리자로 보내고 신촌점의 관리자를 정릉점의 관리자로 보내는 인사이동을 하게 되면 각 지점 내의 네트워크 관계에는 변화가 발생한다. 그러나 김밥천국 본사에서 관리자와 종업원 모두를 동시에 상대방 체인점으로 이동시키면 네트워크 관계는 아무런 영향을 받지 않는다. 이런 의미에서 한 지점의 '관리자'는 다른 지점의 관리자로 대체 가능하므로 관리자들은 등위적이다. 또한 한 지점의 '종업원'은 다른 지점의 종업원으로 대체 가능하므로 종업원들은 등위적이다. 이와 같은 관리자와 종업원의 동시 이동은 네트워크 관점에서 볼 때, 액터들 간의 모든 거리를 이동 전과 동일하게 만드는 그래프의 재배치를 의미하며, 이러한 그래프의 재배치가 가능한 액터들의 집합은 동형적 등위성을 갖는다.

동형적 등위성은 다른 서브그래프를 대체할 수 있는 액터 집합으로서의 서브그래프에 초점을 맞춘다. 사회구조 내에는 서로 등위적인 하부구조들이 존재한다. 매우 규모가 크고 복잡해 보이는 사회구조라 하더라도 실제로는 다수의 동일한 하부구조로 구성되어 있을 수 있다. 이러한 하부구조들은 김밥천국 지점인 정릉점과 신촌점의 관리자 그룹과 종업원 그룹처럼 종종 서로 대체 가능하다. 따라서 그러한 하부구조의 개수나 유형, 그리고 하부구조 간의 관계를 살펴보는 것은 네트워크를 분석하는 데 있어서 흥미로운 주제가 될 수 있다.

동형적 등위성의 식별

동형적 등위성의 정의를 충족하는 액터 집합을 탐색하기 위해 다양한 알고리즘이 활용되고 있다. 동형적 등위성을 식별하기 위한 기본적인 아이디어는 다음과 같다. 노드들을 교환하여 새로운 그래프를 생성한다. 그런 다음 모든 노드들 간의 거리를 계산하여 원래 그래프에서의 거리와 비교한다. 새로운 그래프와 원래의 그래프에서 노드들 간의 거리가 같으면 그 두 그래프는 동일한 구조를 갖는다고 볼 수 있다. 따라서 교환된 노드들은 동일한 구조를 갖는 서브그래프를 형성하는 것으로 볼 수 있고, 이 노드들은 동형적 등위계층을 형성한다. 여기에서는 퍼뮤테이션 방법과 타부탐색 최적화 방법에 대해 살펴본다(Hanneman and Riddle 2005; Wasserman and Faust 1994).

퍼뮤테이션 그래프 내의 동형성은 그래프 내의 모든 노드들을 차례로 모두 서로 교환해 보는 전수적 치환 방식을 통해 확인할 수 있다. 이러한 방법을 **퍼뮤테이션(all permutations)** 방법이라 한다. 이 방법은 그래프의 규모가 작다면 효과적인 접근방법이 될 수 있다. 그러나 작은 규모의 그래프라 하더라도 비교해야 할 퍼뮤테이션(순열)의 개수는 매우 커진다는 한계가 있다.[4]

4 다섯 개의 노드를 갖는 작은 그래프라 하더라도 가능한 순열의 개수는 120개($5! = 5 \times 4 \times 3 \times 2 \times 1 = 120$)나 된다.

▶▶ 그림 8-9 ▌ 퍼뮤테이션(동형적 등위성 탐색)

```
Number of permutations examined:  362880
Number of automorphisms found:         8
Hit rate:                           0.002205%

ORBITS:

Orbit #1:  A
Orbit #2:  B D
Orbit #3:  C
Orbit #4:  E F H I
Orbit #5:  G
```

UCINET 메뉴에서 『Network>Roles & Positions>Automorphic>All Permutations』를 선택한다. 『All Permutations』 대화상자에서 분석대상 관계 데이터(여기에서는 StructuralEquiv9node.##h)를 선택한 후 『OK』 버튼을 클릭한다.

[그림 8-1]의 아홉 개의 액터로 구성된 네트워크를 대상으로 퍼뮤테이션 방법을 이용하여 동형적 등위성을 찾아보면 [그림 8-9]와 같다(StructuralEquiv9node.##h 파일). 362,880개(=9!)의 모든 가능한 퍼뮤테이션을 탐색한 끝에 'Orbit'이라고 불리는 총 다섯 개의 동형적으로 등위적인 계층을 발견하였다. 액터 A, C, G는 그 자신을 구성원으로 갖는 하나의 동형적 계층 {A}, {C}, {G}를 형성한다. 액터 B와 D는 연결된 다른 계층의 구성원들이 교환될 경우 서로 교환 가능한 등위계층 {B, D}를 형성하고 있으며, 액터 E, F, H, I 역시 교환 가능한 등위계층 {E, F, H, I}를 형성한다.

타부탐색 최적화 규모가 큰 그래프라면 동형적 등위성을 식별할 때 모든 경우의 수를 일일이 직접 탐색하는 것은 현실적이지 못하다. 왜냐하면 계산에 너무 많은 시간이 소요될 뿐만 아니라, 완전히 등위적인 액터들을 발견할 가능성도 작기 때문이다. 타부탐색 최적화 방법은 연구자가 원하는 블록의 개수를 지정하면 그 숫자만큼의 최적의 등위적 블록을 찾아준다. 따라서 연구자는 블록의 개수를 변동시켜 가면서 최적의 동형적 등위성 계층을 탐색할 수 있다. 타부탐색 최적화 방법은 우선 네트워크 매트릭스를 연구자가 지정한 개수만큼의 블록으로 분할한 후 블록들에 무작위적으로 노드들을 할당한다. 어떤 네트워크 분할이 동형적으로 등위적이려면 블록 내의 액터들은 교환이 가능해야 하기 때문에 블록 내의 행과 열의 셀 값들은 동일하게 분포되어야 한다. 즉 연결관계 프로필의 분포가 동일해야 한다. 따라서 네트워크 내 블록들이 동형적 등위성을 충족하는 정도는 이러한 셀 값들의 분포가 유사한 정도로 측정할 수 있다.

셀 값들의 분포가 유사한 정도는 다음과 같이 측정한다. 우선 모든 블록 내의 각 행과 각 열에 대한 제곱합(sum of squares)을 계산하고 이들 제곱합의 분산을 산출한다. 여기에서 행에 대한 제곱합은 각 행의 셀 값과 행 평균 간의 편차를 제곱한 값을 합산하여 구하며, 열에 대한 제곱합은 각 열의 셀 값과 열 평균 간의 편차를 제곱한 값을 합산하여 계산한다. 그런 다음 이렇게 계산된 블록별 분산을 모두 합산한다. 분산의 총합은 현재 블록 분할의 동형적 등위성에 대한 적합도 정도를 나타낸다. 한 블록 내의 액터들이 다른 블록 내의 액터들과 유사한 연결관계를 갖고 있다면 소속 액터들의 프로필은 서로 유사할 것이고, 블록의 분산 정도는 작을 것이다. 따라서 분산이 작을수록 네트워크의 블록 분할은 성공적으로 이루어졌다고 평가한다. 타부탐색 최적화 방법은 적합도를 나타내는 블록 분산의 합을 최소화하는 지정된 블록 개수만큼의 최적의 액터 분할을 찾는다. 연구자는 이 지표값을 최소화하는 액터 분할을 찾을 때까지 탐색을 계속한다.

타부탐색 최적화 방법은 블록 내 행과 열의 셀 값들의 변동성이 유사한 액터들을 하나의 등위적 집단으로 분류한다. 유사한 변동성을 갖는 액터들은 블록 내 그리고 블록 간에 나가고 들어오는 연결관계의 분포, 즉 프로필이 유사할 것으로 기대할 수 있다. 이들 액터들은 동일한 액터들과 동일한 연결관계를 갖지는 않더라도, 다른 블록의 액터들과 동일한 거리의 연결관계를 가질 가능성은 높다.

[그림 8-10]은 [그림 8-1]의 아홉 개의 액터로 구성된 네트워크를 대상으로 타부탐색 최적화 방법을 이용하여 동형적 등위성을 탐색한 결과이다(StructuralEquiv9node.##h 파일). 분할의 개수를 두 개에서 다섯 개까지 변화시켜 가며 타부탐색 최적화를 수행하였다. 'Block Assignments'와 'Blocked Adjacency Matrix'에서 각 블록에 할당된 액터 집합을 확인할 수 있다. 이와 함께 'Fit'에서는 이들 액터 분할에 대한 적합도 지표를 볼 수 있다.[5] 블록의 개수를 몇 개로 할 것인가에 대한 정답은 없다. 연구자는 분석의 목적에 가장 적합하다고 판단되는 의미 있는 분할의 개수를 정한다. 적합도 값이 급격히 하락하는 지점에서 분할의 개수를 정하는 것도 한 방법이다. 그 지점에서의 분할이 등위성의 정도를 큰 폭으로 증가시켜 주기 때문이다. 이 예에서는 블록을 다섯 개로 하였을 경우, 'Fit' 값이 0인 완벽한 동형적 등위성이 발견되었다.

5 사실 이 값은 클수록 적합도가 좋지 않은 것을 나타낸다. 따라서 엄밀히 얘기하면 이는 비적합성(badness of fit) 정도를 의미한다. 적합성 지표와 분할의 결과는 최적화 알고리즘을 실행할 때마다 달라질 수 있다.

그림 8-10 ▌타부탐색 최적화(동형적 등위성 탐색)

```
Fit: 1.825

Block Assignments:

    1:  B C D E F G H I
    2:  A

Blocked Adjacency Matrix

         5 2 3 4 9 6 7 8   1
         E B C D I F G H   A
        --------------------
  5 E |                 |   |
  2 B | 1         1     |   |
  3 C |             1   |   |
  4 D |         1     1 |   |
  9 I |                 |   |
  6 F |                 |   |
  7 G |                 |   |
  8 H |                 |   |
      ----------------------
  1 A |   1 1 1         |   |
       ---------------------
```

```
Fit: 1.643

Block Assignments:

    1:  A B C E F G
    2:  D
    3:  H I

Blocked Adjacency Matrix

         1 2 3 6 5 7   4   8 9
         A B C F E G   D   H I
        ----------------------
  1 A |   1 1       | 1 |     |
  2 B |       1 1   |   |     |
  3 C |           1 |   |     |
  6 F |             |   |     |
  5 E |             |   |     |
  7 G |             |   |     |
      ------------------------
  4 D |             |   | 1 1 |
      ------------------------
  8 H |             |   |     |
  9 I |             |   |     |
       -----------------------
```

```
Fit: 0.471

Block Assignments:

    1:  B C D
    2:  E H
    3:  A
    4:  F G I

Blocked Adjacency Matrix

         3 2 4   5 8   1   7 6 9
         C B D   E H   A   G F I
        ------------------------
  3 C |       |     |   | 1     |
  2 B |       | 1   |   |   1   |
  4 D |       |   1 |   |     1 |
      --------------------------
  5 E |       |     |   |       |
  8 H |       |     |   |       |
      --------------------------
  1 A | 1 1 1 |     |   |       |
      --------------------------
  7 G |       |     |   |       |
  6 F |       |     |   |       |
  9 I |       |     |   |       |
       -------------------------
```

```
Fit: 0.000

Block Assignments:

    1:  B D
    2:  E F H I
    3:  C
    4:  G
    5:  A

Blocked Adjacency Matrix

         2 4   5 9 6 8   3   7   1
         B D   E I F H   C   G   A
        --------------------------
  2 B |     | 1   1   |   |   |   |
  4 D |     |   1   1 |   |   |   |
      ----------------------------
  5 E |     |         |   |   |   |
  9 I |     |         |   |   |   |
  6 F |     |         |   |   |   |
  8 H |     |         |   |   |   |
      ----------------------------
  3 C |     |         |   | 1 |   |
      ----------------------------
  7 G |     |         |   |   |   |
      ----------------------------
  1 A | 1 1 |         | 1 |   |   |
       ---------------------------
```

UCINET 메뉴에서 『Network > Roles & Positions > Exact > Optimization』을 선택한다. 『Tabu Search』 대화상자에서 분석대상 관계 데이터(여기에서는 StructuralEquiv9node.##h)를 선택한 후 『OK』 버튼을 클릭한다. 『Number of Blocks』에 액터들이 할당될 블록의 개수를 지정한다(여기에서는 2부터 5까지 지정).

보편적 등위성

보편적 등위성의 정의

세 가지 등위성 유형 간에는 계층적 구조가 존재한다. 어떤 두 액터가 구조적 등위성의 조건을 충족하면 그 액터들은 또한 동형적 등위성과 보편적 등위성의 자격을 갖는다. 동형적 등위성을 갖는 액터 집합은 역시 보편적 등위성의 요건을 충족한다. 하지만 그 반대는 성립하지 않는다. 보편적 등위성이 반드시 동형적 등위성이나 구조적 등위성을 의미하지는 않으며, 동형적 등위성을 갖는 액터들은 반드시 구조적으로 등위적이지는 않다.

보편적 등위성은 세 가지 등위성 유형 가운데 가장 제약이 적은 등위성 유형이다. 그러나 어쩌면 가장 유용한 등위성 개념일지 모른다. 왜냐하면 보편적 등위성은 사회적 역할의 개념과 매우 밀접한 관련이 있기 때문이다. 보편적 등위성 계층에 속하는 구성원들은 다른 보편적 등위성 계층의 구성원들과 유사한 관계를 갖는다. 보편적 등위성의 개념에는 특정 다른 액터들과의 연결관계(구조적 등위성)나 유사한 서브그래프의 존재(동형적 등위성)와 같은 조건이 따르지 않는다. 보편적 등위성의 액터들은 다른 액터 집합의 구성원들과 유사한 연결관계를 갖는 것만으로 등위성의 요건을 충족한다.

예를 들어, 홍길동은 홍 판서의 아들이고 이몽룡은 이 부사의 아들이다. 여기에서 홍길동과 이몽룡은 보편적 등위계층을 형성한다. 왜냐하면 이 두 사람은 모두 동일한 유형의 다른 집합의 구성원과 연결관계를 가지고 있기 때문이다. 홍 판서와 이 부사 역시 보편적 등위계층을 형성한다. 왜냐하면 이 두 사람 역시 모두 동일한 유형의 다른 집합의 구성원과 연결관계를 가지고 있기 때문이다. 여기에서 우리는 누가 누구의 아들이고 아버지인지는 관심이 없다. 보편적 등위성에 의해 확인되는 것은 '아버지'와 '아들'이라는 두 집합의 존재이고 이들 두 집합은 각각 대응되는 다른 집합과의 관계에 의해서 정의된다. 아버지는 아들이 있기 때문에 아버지이며, 아들은 아버지가 존재하기 때문에 아들이다. 의사와 환자, 남편과 아내, 교수와 학생 등 일반적으로 통용되는 역할의 개념은 이처럼 두 집합 간의 관계에 의해서 정의된다.

가장 유연한 형태의 등위성인 보편적 등위성과 가장 엄격한 제약을 갖는 구조적 등위성 간에는 다음과 같은 개념상의 차이가 존재한다(Borgatti and Everett 1992; Prell 2012). 첫째, 구조적 등위성은 작은 범위의 로컬 구조에 초점을 맞추는 반면, 보편적 등위성은 더 넓은 범위의 글로벌 구조를 강조한다. 구조적 등위성이 로컬 개념이라는 것은 어떤 두 액터가 구조적으로 등위적인지 여부를 판단하기 위해서 액터들의 에고 네트워크들이 비교된다는 의미이다. 이러한 구조적 등위성의 로컬 개념은 다음과 같은 의미를 갖는다.

- 구조적 등위성은 전체 네트워크 구조를 고려하지 않는다.
- 구조적으로 등위적인 액터들은 동일한 컴포넌트 내에 위치한다. 따라서 서로 연결되지 않은 다른 컴포넌트 소속의 액터들은 구조적으로 등위적일 수 없다.
- 구조적으로 등위적인 액터들은 동일한 컴포넌트 내에 위치하기 때문에 구조적 등위성은 응집성과 밀접한 관련을 갖는다. 구조적으로 등위적인 액터들은 응집적 서브그룹의 한 형태로 간주될 수 있다.

보편적 등위성은 구조적 등위성과 달리 액터들 간의 근접성을 기반으로 하지 않는다. 따라서 보편적 등위성 액터들은 직접적으로든 간접적으로든 서로 연결되지 않을 수 있다. 또한 경우에 따라서는 서로 다른 컴포넌트에 속해 있어서 서로 간에 전혀 도달 가능하지 않을 수도 있다.

둘째, 구조적 등위성은 엄밀함을 요구하는 반면, 보편적 등위성은 보다 추상적이다. 구조적 등위성은 두 교수가 '교수'로 불리기 위해서는 동일한 학생들과 동일한 연결관계를 공유해야 한다. 하지만 보편적 등위성은 두 교수가 자신이 가르치는 학생들과 같은 유형의 연결관계(즉 사제관계)만을 공유하면 된다. 또한 보편적 등위성에서는 교수가 갖고 있는 연결관계의 개수는 다를 수 있다. 하지만 구조적 등위성에서는 연결관계의 개수가 동일해야 한다.

보편적 등위성의 식별

앞서 살펴본 것처럼 어떤 두 액터가 다른 보편적 등위계층에 속한 액터들과 유사한 연결관계 패턴을 가지면 그 두 액터는 보편적으로 등위적이다. 예를 들어, 어떤 두 사람이 있다고 하자. 그 두 사람에게는 각자 치료해야 하는 환자들이 있다. 그리고 그 두 사람에게는 각각 자신들의 진료 업무를 도와주는 간호사가 있다. 환자 범주에 속하는 구성원들 각각은 의사와 간호사라는 범주의 구성원들에게 진료와 간호를 받는다. 간호사들에게는 또한 각각 함께 진료 업무를 수행하는 의사와 돌봐야 하는 환자가 있다. 이러한 관계구조에 있어서 어떤 액터들이 '의사'의 범주에 속하는지 식별하기 위해서는 그 범주 내 구성원들 간의 관계는 중요하지 않다. 중요한 것은 각 액터가 적어도 하나의 연결관계를 간호사 범주에 있는 사람과 유지하고 있고, 동시에 적어도 하나의 연결관계를 환자 범주에 있는 사람과 유지하고 있는지이다. 즉 이 두 사람이 의사로서 서로 등위적인 이유는 두 사람 모두 간호사 집합 구성원들 및 환자 집합 구성원들과 연결관계를 가지고 있기 때문이다.

이처럼 어떤 액터들이 보편적 등위계층인지 식별하기 위해서는 해당 액터들이 다른 보편적 등위계층의 액터들과 하나 이상의 연결관계를 갖는지 살펴보면 된다. 하지만 언뜻 단순해 보이는 이러한 보편적 등위성의 정의를 충족하는 액터 집합을 찾는 작업은 그리 간단하지 않다. 왜냐하면 각 계층의 등위성 여부가 등위적인 다른 계층과의 관계에 의해 결정된다면 어디서부터 등위성 여부를 판단해야 하는지 명확하지 않기 때문이다. 어떤 액터 집합이 보편적 등위계층이 되기 위해서는 그 액터 집합과 연결된 액터 집합이 보편적 등위계층이 되어야 하고 이를 확인하기 위해서는 그 액터 집합과 연결된 다른 액터 집합 역시 보편적 등위계층이 되어야 한다. 이는 반복적인 탐색과정을 통해 등위성을 확인할 필요가 있다는 의미이다. 따라서 보편적 등위계층은 다른 액터들과의 직접적 연결관계를 바탕으로 연결관계의 유사성을 비교하는 구조적 등위성에 비해 다소 복잡한 탐색과정을 거쳐야 한다. 계층 간 연결관계의 패턴을 반복적으로 탐색하여 전체적 시각에서 등위계층을 식별한다.

보편적 등위성의 정의를 충족하는 액터 집합을 탐색하기 위해 가장 널리 사용되는 방법은 이웃탐색(neighborhood search)이다(Hanneman and Riddle 2005; Wasserman and Faust 1994). 보편적 등위성의 식별은 동일한 계층의 액터들이 다른 동일한 계층의 액터들에 의해 둘러싸여 있는 구조를 탐색하는 과정으로 이해할 수 있다. 이웃탐색 방법은 액터들을 연결관계 유형에 따라 세 가지 역할로 분류하고 이들 역할들 간의 관계를 차례로 탐색함으로써 전체적인 등위계층 구조를 파악한다. 이를 위해 우선 각 액터를 '소스(source)', '리피터(repeater)', '싱크(sink)'의 역할로 구분한다. 소스는 나가는 연결관계는 있으나 들어오는 연결관계가 없는 액터를 나타낸다. 리피터는 들어오는 연결관계와 나가는 연결관계를 모두 갖고 있으며 전달하는 역할을 한다. 싱크는 들어오는 연결관계는 있으나 나가는 연결관계는 존재하지 않는 액터를 의미한다. 이웃탐색 방법은 방향 그래프에서만 적용할 수 있으며, 소스 또는 싱크 가운데 적어도 하나는 포함하고 있어야 한다.

[그림 8-1]의 네트워크를 대상으로 이웃탐색 방법을 이용하여 보편적으로 등위적인 계층을 찾아보자. [그림 8-1]의 네트워크에서 소스는 A이고, 리피터는 B, C, D이며, E, F, G, H, I는 싱크에 해당한다. 이 세 가지 '역할'이 보편적 등위계층을 식별하기 위한 출발점이

된다. 우선 소스를 살펴보면, 소스에 해당하는 액터는 A 하나밖에 없다. 따라서 그 자신이 소스 역할로서 하나의 등위적 계층을 형성한다. 리피터의 경우를 살펴보자. 리피터 B의 이웃에는 소스와 싱크가 연결되어 있다. 리피터 C와 D의 경우에도 마찬가지로 이웃에 소스와 싱크가 있다. 리피터 B, C, D는 비록 연결되어 있는 개수도 다르고 동일한 액터도 아니지만 소스와 싱크 역할을 하는 등위계층 액터들을 이웃에 공통적으로 갖고 있다. 따라서 집합 {B, C, D}는 리피터 역할로서 하나의 등위적 계층을 형성한다.[6] 마지막으로 싱크의 경우, 싱크 E, F, G, H, I는 동일한 소스는 아니지만 각각 대응되는 하나의 소스와 연결되어 있다.[7] 이미 우리는 이들 소스들(액터 B, C, D)이 보편적 등위계층이라는 것을 확인했다. 따라서 액터 E, F, G, H, I는 등위적인 다른 계층과 연결되어 있는 또 하나의 등위적 집합이라는 것을 알 수 있다. 이상의 분석과정을 통해 도출된 세 개의 집합 {A}, {B, C, D}, {E, F, G, H, I}는 집합 내의 각 액터가 다른 집합에 있는 액터들과 동일한 패턴의 연결관계를 갖는다는 보편적 등위성의 조건을 충족한다. [그림 8-11]은 이들 세 개의 계층으로 분할된 인접 매트릭스이다.

그림 8-11 ▌보편적 등위성 계층의 인접 매트릭스

	A	B	C	D	E	F	G	H	I
A	0	1	1	1	0	0	0	0	0
B	0	0	0	0	1	1	0	0	0
C	0	0	0	0	0	0	1	0	0
D	0	0	0	0	0	0	0	1	1
E	0	0	0	0	0	0	0	0	0
F	0	0	0	0	0	0	0	0	0
G	0	0	0	0	0	0	0	0	0
H	0	0	0	0	0	0	0	0	0
I	0	0	0	0	0	0	0	0	0

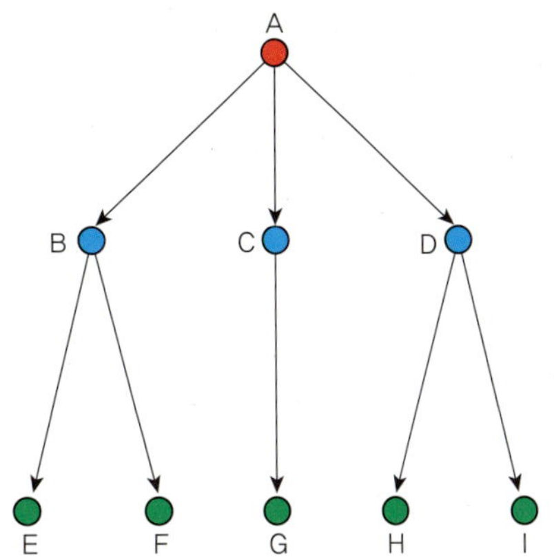

6 여기에서 집합 {B, C, D}의 소스는 한 개뿐이고 싱크는 더 이상의 연결관계를 가지고 있지 않기 때문에 집합 {B, C, D}에 연결된 소스와 싱크는 더 이상 다른 역할을 가질 수 없다. 따라서 집합 {B, C, D}의 역할은 소스나 싱크로서 새롭게 정의될 수 없고, 현재 상태 그대로 리피터 역할로서 하나의 등위계층을 형성한다.

7 액터 B, C, D는 전체 네트워크에서는 리피터 역할이지만, 액터 E, F, G, H, I 관점에서 볼 때 소스로서의 역할을 수행한다.

여기에서는 지금까지 살펴본 이웃탐색 알고리즘을 기초로 한 REGE(REGular Equivalence) 방법과 최적화 알고리즘을 이용한 직접 탐색 방법에 대해 살펴본다(White and Reitz 1983; Borgatti and Everett 1993).

범주형 REGE 범주형 REGE(categorical REGE)는 네트워크 관계가 이진형으로 측정되고 방향이 있는 경우 적합하다. 범주형 REGE 방법은 이웃 노드들을 차례대로 탐색해 가면서 연결관계의 패턴이 서로 일치하는 등위계층을 찾는다. 우선 첫 번째 단계에서, 모든 노드들을 소스, 리피터, 싱크의 범주로 분류한다. 이어서 다음 단계에서 각 노드의 이웃 노드들을 모두 조사하여 범주 분류를 조정한다. 예를 들어, 어떤 노드 X의 이웃이 속한 범주에 다른 노드 Y의 이웃이 속하면 그 두 노드 X와 Y는 같은 범주로 분류되고, 그렇지 않으면 다른 범주로 분류된다. 다음 단계에서는 전 단계의 이웃 분류를 토대로 노드들을 다시 분류한다.

그림 8-12 ▌범주형 REGE(보편적 등위성 탐색)

```
Number of unique bundles of relationships: 2

HIERARCHICAL CLUSTERING

         A B C D E F G H I

Level    1 2 3 4 5 6 7 8 9
-----    - - - - - - - - -
    2    . XXXXX XXXXXXXXX
    1    XXXXXXXXXXXXXXXXX


Actor-by-actor similarities

          1 2 3 4 5 6 7 8 9
          A B C D E F G H I
          - - - - - - - - -
     1 A  2 1 1 1 1 1 1 1 1
     2 B  1 2 2 2 1 1 1 1 1
     3 C  1 2 2 2 1 1 1 1 1
     4 D  1 2 2 2 1 1 1 1 1
     5 E  1 1 1 1 2 2 2 2 2
     6 F  1 1 1 1 2 2 2 2 2
     7 G  1 1 1 1 2 2 2 2 2
     8 H  1 1 1 1 2 2 2 2 2
     9 I  1 1 1 1 2 2 2 2 2
```

UCINET 메뉴에서 『Network > Roles & Positions > Maximal Regular > CATREGE』를 선택한다. 『Categorical』 대화상자에서 분석대상 관계 데이터(여기에서는 StructuralEquiv9node.##h)를 선택한 후 『OK』 버튼을 클릭한다. 『Convert Data to Geodesic Distances』에 원래의 인접 매트릭스를 사용할지('No' 선택) 혹은 최단 경로거리 매트릭스를 사용할지('Yes' 선택)를 지정한다(여기에서는 'No').

더 이상 노드들을 분류할 수 없는 안정된 상태에 이를 때까지 이 과정은 반복된다(n개의 노드를 갖는 그래프에는 최대 n개의 범주가 가능하다).

[그림 8-12]는 [그림 8-1]의 아홉 개의 액터로 구성된 네트워크에 범주형 REGE 방법을 적용한 결과이다(StructuralEquiv9node.##h 파일). 'Hierarchical Clustering'을 보면, Level 2에서 {A}, {B, C, D}, {E, F, G, H, I} 등 세 개의 등위계층이 탐색된 것을 확인할 수 있다.

그림 8-13 ▌ 비방향 그래프와 범주형 REGE(보편적 등위성 탐색)

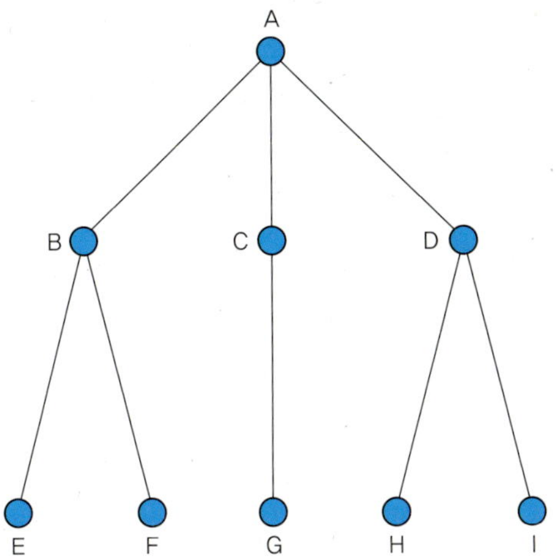


```
Number of unique bundles of relationships: 1
HIERARCHICAL CLUSTERING

        A B C D E F G H I

Level   1 2 3 4 5 6 7 8 9
-----   - - - - - - - - -
    1   XXXXXXXXXXXXXXXXX


Actor-by-actor similarities

          1 2 3 4 5 6 7 8 9
          A B C D E F G H I
          - - - - - - - - -
      1 A 1 1 1 1 1 1 1 1 1
      2 B 1 1 1 1 1 1 1 1 1
      3 C 1 1 1 1 1 1 1 1 1
      4 D 1 1 1 1 1 1 1 1 1
      5 E 1 1 1 1 1 1 1 1 1
      6 F 1 1 1 1 1 1 1 1 1
      7 G 1 1 1 1 1 1 1 1 1
      8 H 1 1 1 1 1 1 1 1 1
      9 I 1 1 1 1 1 1 1 1 1
```

범주형 REGE 방법은 비방향 데이터에 대한 보편적 등위성 탐색에는 제대로 동작하지 않는다. [그림 8-13]은 [그림 8-1]의 아홉 개의 액터로 구성된 방향/이진 그래프를 비방향/이진 그래프로 변환한 후 이에 대해 범주형 REGE 방법을 적용한 결과이다(StructuralEquiv9nodeNon.##h 파일). 액터들 간의 등위성이 전혀 식별되지 않았다. 왜냐하면 비방향 그래프에서 모든 액터들은 모두 동일한 계층으로 간주되기 때문이다. [그림 8-13]에서 보듯이 그래프 내 모든 액터들은 연결관계의 방향성이 없기 때문에 들어오는 연결관계와 나가는 연결관계를 모두 갖는 전달자(즉 리피터)의 위치에 있다고 볼 수 있고 이 역할로서 모두 서로 등위적이다.

비방향 그래프에서의 이러한 문제를 해결하기 위하여 범주형 REGE 방법 적용 시 최단경로거리 매트릭스를 사용한다. 최단경로거리 매트릭스의 셀 값들은 연결관계의 '유형'을 나타내는 것으로 간주된다. 따라서 다른 최단경로거리를 갖는 액터는 다른 유형에 속하는 액터로 해석된다. 어떤 두 액터가 각각 이웃에 같은 유형의 액터를 두고 있으면 그 두 액터는

그림 8-14 ▌최단경로거리를 이용한 범주형 REGE(보편적 등위성 탐색)

```
Number of unique bundles of relationships: 4

HIERARCHICAL CLUSTERING

        A B D C E F I H G

Level   1 2 4 3 5 6 9 8 7
-----   - - - - - - - - -
    4   . XXX . XXXXXXX .
    3   . XXXXX XXXXXXX .
    2   . XXXXX XXXXXXXXX
    1   XXXXXXXXXXXXXXXXX


Actor-by-actor similarities

         1 2 3 4 5 6 7 8 9
         A B C D E F G H I
         - - - - - - - - -
   1 A   4 1 1 1 1 1 1 1 1
   2 B   1 4 3 4 1 1 1 1 1
   3 C   1 3 4 3 1 1 1 1 1
   4 D   1 4 3 4 1 1 1 1 1
   5 E   1 1 1 1 4 4 2 4 4
   6 F   1 1 1 1 4 4 2 4 4
   7 G   1 1 1 1 2 2 4 2 2
   8 H   1 1 1 1 4 4 2 4 4
   9 I   1 1 1 1 4 4 2 4 4
```

UCINET 메뉴에서 『Network >Roles & Positions >Maximal Regular >CATREGE』를 선택한다. 『Categorical』 대화상자에서 분석대상 관계 데이터(여기에서는 StructuralEquiv9nodeNon.##h)를 선택한 후 『OK』 버튼을 클릭한다. 『Convert Data to Geodesic Distances』에 최단경로거리 매트릭스 사용을 지정한다(여기에서는 'Yes').

등위적이라고 본다. 다시 말해 두 액터가 그들로부터 같은 최단경로거리(즉 같은 '유형')에 있는 액터를 갖고 있으면 그 두 액터는 등위적이다.

[그림 8-14]는 원래의 인접 매트릭스를 최단경로거리 매트릭스로 변환한 후 범주형 REGE 방법을 적용한 결과이다(StructuralEquiv9nodeNon.##h 파일). [그림 8-13]과 달리 단계별로 다양한 등위적 계층이 탐색되었다. 예를 들면, Level 2에서는 {A}, {B, C, D}, {E, F, G, H, I}의 세 개의 등위계층이 발견되었으며, Level 4에서는 {A}, {B, D}, {C}, {E, F, H, I}, {G} 등 다섯 개의 등위계층이 형성되었다.

연속형 REGE 네트워크 데이터가 연속형 값을 갖는 경우 연속형 REGE(continuous REGE) 방법을 적용한다. 비방향 그래프에 대해 연속형 REGE 방법을 적용할 경우에는 최단경로거리 매트릭스를 사용한다. 이 경우 셀 값들은 범주형 REGE 방법에서와 달리 연결관계의 유형이 아닌 연결관계의 '강도'를 나타내는 것으로 해석된다. 어떤 두 액터가 이웃에 유사한 최단경로거리의 액터를 갖고 있으면 그 두 액터는 등위적이다. 여기에서 유사하다는 것은

그림 8-15 ▌ 최단경로거리를 이용한 연속형 REGE(보편적 등위성 탐색)

```
REGE similarities (3 iterations)

          1   2   3   4   5   6   7   8   9
          A   B   C   D   E   F   G   H   I
        --- --- --- --- --- --- --- --- ---
   1 A  100  88  86  88  75  75  71  75  75
   2 B   88 100 100 100  90  90  88  90  90
   3 C   86 100 100 100  91  91  89  91  91
   4 D   88 100 100 100  90  90  88  90  90
   5 E   75  90  91  90 100 100 100 100 100
   6 F   75  90  91  90 100 100 100 100 100
   7 G   71  88  89  88 100 100 100 100 100
   8 H   75  90  91  90 100 100 100 100 100
   9 I   75  90  91  90 100 100 100 100 100

HIERARCHICAL CLUSTERING OF EQUIVALENCE MATRIX

          A B C D E F G H I

  Level   1 2 3 4 5 6 7 8 9
--------  - - - - - - - - -
100.000   . XXXXX XXXXXXXXX
 90.198   . XXXXXXXXXXXXXXX
 78.330   XXXXXXXXXXXXXXXXX
```

UCINET 메뉴에서 『Network>Roles & Positions>Maximal Regular>REGE』를 선택한다. 『Rege (Continuous)』 대화상자에서 분석대상 관계 데이터(여기에서는 StructuralEquiv9nodeNon.##h)를 선택한 후 『OK』 버튼을 클릭한다. 『Convert Data to Geodesic Distances』에 원래의 인접 매트릭스를 사용할지('No' 선택) 혹은 최단경로거리 매트릭스를 사용할지('Yes' 선택)를 지정한다(여기에서는 'Yes').

양적인 것으로 해석되며, 따라서 최단경로거리 5인 액터는 최단경로거리 7인 액터보다 최단경로거리 4인 액터에 대해 더 유사하다.

[그림 8-15]는 [그림 8-13]의 비방향/이진 그래프의 인접 매트릭스를 최단경로거리 매트릭스로 변환한 후 연속형 REGE 방법을 적용한 결과이다(StructuralEquiv9nodeNon.##h 파일). [그림 8-15] 상단의 'REGE Similarities'는 액터쌍 간의 유사도를 매트릭스 형태로 보여준다. 매트릭스의 셀 값은 0에서 100 사이의 값을 갖는다. 100은 완벽한 보편적 등위성을 갖는다는 것을 나타낸다. 이 유사도 매트릭스를 토대로 탐색한 하단의 군집화 결과를 보면 {A}, {B, C, D}, {E, F, G, H, I}의 세 개의 보편적 등위계층이 발견되었다.

타부탐색 최적화 타부탐색 최적화는 최적화 알고리즘을 이용하여 보편적 등위계층을 직접 탐색한다. 두 계층 간의 연결관계가 전혀 없거나 한 계층의 각 구성원이 다른 계층의 구성원과 최소한 하나의 연결관계를 갖는 이상적인 보편적 등위계층 구조에 근접하도록 네트워크를 지정된 개수만큼의 블록으로 분할한다. 타부탐색 최적화 방법은 분할된 블록 구조가

그림 8-16 ▌ 타부탐색 최적화(보편적 등위성 탐색)

```
RESULTS:
  No. of errors: 0.000

Block Assignments:

   1:  A
   2:  B C D
   3:  E F G H I

Blocked Adjacency Matrix

      1   2 3 4   5 6 7 8 9
      A   B C D   E F G H I
     ------------------------
1 A |   | 1 1 1 |           |
     ------------------------
2 B |   |       | 1 1       |
3 C |   |       |     1     |
4 D |   |       |       1 1 |
     ------------------------
5 E |   |       |           |
6 F |   |       |           |
7 G |   |       |           |
8 H |   |       |           |
9 I |   |       |           |
     ------------------------
```

UCINET 메뉴에서 『Network>Roles & Positions>Maximal Regular>Optimization』을 선택한다. 『Tabu Search』 대화상자에서 분석대상 관계 데이터(여기에서는 StructuralEquiv9node.##h)를 선택한 후 『OK』 버튼을 클릭한다. 『Number of Blocks』에 탐색할 블록의 개수를 지정한다(여기에서는 3).

이상적 블록 구조와 얼마나 유사한지를 평가하고 이러한 블록 분할 및 평가 작업을 반복적으로 수행하여 이상적 블록 구조에 가장 근접하는 블록 분할을 생성한다. 여기에서 이상적 블록 구조란 완벽한 보편적 등위성을 보이는 관계패턴을 갖는 구조를 말하며, 각 블록은 모두 0으로 구성되거나, 또는 모든 행과 모든 열에 적어도 하나의 1을 포함한다. 생성된 블록 분할에 대한 평가는 이상적인 보편적 등위성 블록 구조를 갖기 위해서 변경이 필요한 셀의 개수로 측정된다. 변경되어야 하는 셀의 개수가 작을수록 블록 분할이 성공적으로 이루어진 것으로 평가된다.

[그림 8-16]은 [그림 8-1]의 아홉 개의 액터로 구성된 네트워크에 타부탐색 최적화 방법을 적용한 결과이다(StructuralEquiv9node.##h 파일). 'Block Assignments'와 'Blocked Adjacency Matrix'를 보면, {A}, {B, C, D}, {E, F, G, H, I} 등 세 개의 등위계층이 탐색된 것을 확인할 수 있다.

지위 및 역할분석

구조적으로 등위적인 계층을 식별하면 이를 통해 등위계층 내 또는 등위계층 간의 관계구조를 이해할 수 있다. 등위계층 간 관계구조를 바탕으로 전체 네트워크의 지위 및 역할구조를 파악하는 것을 **지위 및 역할분석(position and role analysis)**이라고 한다. 지위 및 역할분석은 단일 관계뿐만 아니라 복수의 관계를 대상으로도 수행할 수 있다. 교수는 '강의'를 통해 학생들과 연결관계를 갖지만, 교수는 또한 학생들에게 학교 생활이나 인생에 대해 '조언'을 하는 연결관계를 갖는다. 복수의 관계에 대한 분석은 액터의 역할에 관한 보다 풍부한 그림을 제공할 수 있다.

블록모델링(block modeling) 기법은 액터들 간 관계의 유사성을 이용하여 액터들을 구조적으로 동등한 서브그룹으로 분류하는 기법으로서 지위 및 역할분석에 널리 활용된다 (Boorman and White 1976). 구조적 등위성을 식별하는 과정은 이러한 블록모델링 과정으로 이해할 수 있다. 지위 및 역할분석에서 블록모델링의 목적은 규모가 큰 네트워크를 좀 더 작고 단순한 형태로 축소하여 지위와 역할이 쉽게 파악될 수 있도록 하는 것이다. 블록모델링은 관계 네트워크를 구성하는 액터들의 소시오매트릭스를 블록이라 불리는 두 개 이상의 서브그룹으로 분할한다. 블록 내의 액터들은 다른 블록에 속한 액터들과 매우 유사한 (동일하지는 않더라도) 관계패턴을 갖는 구조적으로 동등한 정방형 서브매트릭스(square submatrix)를 형성한다. 블록모델은 네트워크 내 액터들의 분할된 블록과 블록 내 액터들 및 블록 간 액터들의 연결관계로 구성된다. 이러한 블록모델을 단순화된 **이미지 매트릭스(image matrix)**로 변환하면 등위적 계층 간 관계패턴이 좀 더 분명히 드러난다. 이미지 매트릭스에서 등위계층 블록은 블록 내 연결관계의 밀도에 따라 0 또는 1로 표현된다. 이미지 매트릭스에서 블록이 0으로 표현된 블록을 0-블록(0-block)이라 하고, 1로 표현된 블록을 1-블록(1-block)이라 한다. 이렇게 정의된 이미지 매트릭스는 이미지 그래프(image graph)를 이용하여 블록 간의 관계만을 나타내는 단순화된 그래프로 표현하여 분석에 활용할 수 있다.

지위 및 역할분석은 다음과 같은 절차로 수행할 수 있다(Prell 2012; Wasserman and Faust 1994).

- 지위를 파악하기 위한 등위성 유형을 선택한다. 액터의 지위(즉 소속 블록)를 파악하는 것이 우선 수행되어야 할 과제이므로, 액터의 소속 블록을 결정할 때 기준으로 사용할 적절한 등위성의 유형을 선택한다. 즉 구조적 등위성, 동형적 등위성, 보편적 등위성 중 연구목적에 적합한 등위성 유형을 선택한다.
- 선택한 등위성 유형을 바탕으로 각 액터들의 지위를 파악한다. 즉 블록모델링 과정을 통해 액터들의 소속 블록을 식별한다. 예를 들어, 군집분석, CONCOR, 타부탐색 최적화, REGE 등의 기법을 블록모델링에 적용할 수 있다.
- 지위 간의 관계를 단순화시킬 수 있는 도구를 이용하여 역할분석을 수행한다. 이미지 매트릭스와 이미지 그래프가 지위들을 단순화시키고 지위들이 서로 어떻게 관련되어 있는지를 보여주는 도구로서 널리 이용된다. 이를 통해 역할에 대한 분석을 수행할 수 있다.
- 역할분석 결과를 해석한다. 이미지 매트릭스와 이미지 그래프로부터 전체적인 네트워크의 역할구조를 파악한다. 역할을 보다 더 잘 이해하기 위하여 나이, 성별, 근속기간과 같은 개별 액터의 속성 데이터를 추가로 활용하기도 한다.

여기에서는 미국 서부 해안지역에 위치한 소규모 하이테크 제조기업의 네트워크 데이터를 이용하여 지위 및 역할분석 절차를 살펴본다(Krackhardt 1987; Wasserman and Faust 1994; Krack-High-Tech.##h, Krack-High-Tech-AdvFri.##h, Krack-High-

Tech-Attr.##h 파일). 이 기업은 하이테크 기계류를 생산하며 약 100명의 종업원과 21명의 관리자를 보유하고 있다. 21명의 관리자를 대상으로 이들 간의 조언관계, 친구관계, 보고관계 네트워크 데이터를 수집하였다. 이들 관계는 방향/이진 매트릭스로 표현되었다. 이 네트워크 데이터에는 나이, 근속연수, 직위, 부서 등 네 개의 속성이 포함되어 있다. 직위는 세 개의 계층으로 구분되어 1은 CEO, 2는 부사장, 3은 관리자를 나타낸다. 총 네 개의 부서가 1, 2, 3, 4로 구분되어 있으며 CEO의 부서는 0으로 표현되었다. 여기에서는 세 개 관계 중 조언관계와 친구관계를 기반으로 지위 및 역할분석을 수행한다. 이 두 관계는 비공식적 관계이기에 이로부터 파악된 지위 및 역할을 속성 데이터에 포함된 공식적인 계층구조나 부서, 나이, 근속연수 등의 관점에서 해석해보는 것은 흥미로울 것이다.

그림 8-17 | CONCOR 피어슨 상관계수 매트릭스(하이테크 제조기업)

Initial Correlation Matrix

	1	2	3	4	5	6	7	8	9	10	11	12	13	14	15	16	17	18	19	20	21
1	1.00	0.40	0.14	0.40	0.11	0.18	0.11	0.43	0.18	0.26	0.26	0.22	0.15	0.31	-0.02	0.48	0.20	0.23	0.02	0.24	0.17
2	0.40	1.00	-0.02	0.10	-0.06	0.31	0.34	0.41	0.08	-0.16	0.21	0.51	-0.02	0.38	-0.22	0.34	0.15	0.28	-0.13	0.15	0.32
3	0.14	-0.02	1.00	0.38	0.63	-0.08	0.31	0.43	0.64	0.19	0.05	0.07	0.32	0.31	0.67	0.17	-0.05	0.25	0.41	0.58	0.12
4	0.40	0.10	0.38	1.00	0.25	0.12	0.24	0.49	0.39	0.28	0.06	0.15	0.12	-0.03	0.17	0.39	0.11	0.14	0.12	0.38	0.30
5	0.11	-0.06	0.63	0.25	1.00	0.03	0.08	0.19	0.57	0.22	0.17	-0.01	0.40	0.20	0.60	0.18	-0.04	0.20	0.43	0.45	-0.02
6	0.18	0.31	-0.08	0.12	0.03	1.00	0.28	0.24	0.02	0.08	0.35	0.44	-0.10	0.39	-0.23	0.18	0.38	0.11	-0.08	0.09	0.41
7	0.11	0.34	0.31	0.24	0.08	0.28	1.00	0.31	0.40	0.13	0.00	0.10	0.14	0.42	0.08	0.09	-0.10	0.11	-0.03	0.43	0.49
8	0.43	0.41	0.43	0.49	0.19	0.24	0.31	1.00	0.40	0.20	0.18	0.47	0.22	0.34	0.14	0.62	0.22	0.34	0.11	0.42	0.26
9	0.18	0.08	0.64	0.39	0.57	0.02	0.40	0.40	1.00	0.18	0.03	0.15	0.28	0.34	0.39	0.21	-0.06	0.20	0.25	0.51	0.24
10	0.26	-0.16	0.19	0.28	0.22	0.08	0.13	0.20	0.18	1.00	0.18	-0.18	0.24	0.03	0.33	0.24	0.07	0.36	0.32	0.37	0.09
11	0.26	0.21	0.05	0.06	0.17	0.35	0.00	0.18	0.03	0.18	1.00	0.22	0.19	0.35	0.05	0.26	0.39	0.04	0.33	0.15	0.10
12	0.22	0.51	0.07	0.15	-0.01	0.44	0.10	0.47	0.15	-0.18	0.22	1.00	-0.12	0.28	-0.13	0.28	0.43	0.05	-0.15	0.11	0.20
13	0.15	-0.02	0.32	0.12	0.40	-0.10	0.14	0.22	0.28	0.24	0.19	-0.12	1.00	0.15	0.40	0.32	0.10	0.30	0.51	0.35	0.00
14	0.31	0.38	0.31	-0.03	0.20	0.39	0.42	0.34	0.34	0.03	0.35	0.28	0.15	1.00	0.07	0.21	0.20	0.20	0.27	0.30	0.23
15	-0.02	-0.22	0.67	0.17	0.60	-0.23	0.08	0.14	0.39	0.33	0.05	-0.13	0.40	0.07	1.00	0.07	-0.01	0.23	0.48	0.39	-0.09
16	0.48	0.34	0.17	0.39	0.18	0.18	0.09	0.62	0.21	0.24	0.26	0.28	0.32	0.21	0.07	1.00	0.17	0.24	0.26	0.31	0.17
17	0.20	0.15	-0.05	0.11	-0.04	0.38	-0.10	0.22	-0.06	0.07	0.39	0.43	0.10	0.20	-0.01	0.17	1.00	-0.08	0.18	-0.05	0.06
18	0.23	0.28	0.25	0.14	0.20	0.11	0.11	0.34	0.20	0.36	0.04	0.05	0.30	0.20	0.23	0.24	-0.08	1.00	0.14	0.30	0.25
19	0.02	-0.13	0.41	0.12	0.43	-0.08	-0.03	0.11	0.25	0.32	0.33	-0.15	0.51	0.27	0.48	0.26	0.18	0.14	1.00	0.23	-0.02
20	0.24	0.15	0.58	0.38	0.45	0.09	0.43	0.42	0.51	0.37	0.15	0.11	0.35	0.30	0.39	0.31	-0.05	0.30	0.23	1.00	0.23
21	0.17	0.32	0.12	0.30	-0.02	0.41	0.49	0.26	0.24	0.09	0.10	0.20	0.00	0.23	-0.09	0.17	0.06	0.25	-0.02	0.23	1.00

UCINET 메뉴에서 『Network >Roles & Positions >Structural >Concor >Standard』를 선택한다. 『CONCOR』 대화상자에서 분석대상 관계 데이터(여기에서는 Krack-High-Tech-AdvFri.##h)를 선택한 후 『OK』 버튼을 클릭한다. 방향 그래프의 경우 『Include Transpose』에서 'Yes'를 선택한다(여기에서는 'Yes'). 『Max Depth of Spilis(Not Blocks)』에는 분할 횟수를 지정한다. 예를 들어, 2를 지정하면 2회의 분할이 이루어진다. 『Interactive』에 체크하게 되면 각 분할단계에서 어느 블록을 더 분할할지 또는 분할을 중단할지를 결정할 수 있다.

복수의 관계를 포함하고 있는 데이터 파일은 『Data >Unpack』 명령어를 이용하여 단일 관계를 갖는 데이터 파일로 변환할 수 있다. 단일 관계를 갖는 데이터 파일은 『Data >Join』 명령어를 이용하여 복수 관계를 포함하는 데이터 파일로 변환할 수 있다. 여기에서는 세 개의 관계를 포함하고 있는 Krack-High-Tech.##h 파일을 각각 하나씩의 관계만을 갖는 세 개의 파일로 분할한 후('Unpack'), 조언관계와 친구관계 두 개의 관계를 포함하는 새로운 파일 Krack-High-Tech-AdvFri.##h를 생성하였다('Join').

그림 8-18 ▌CONCOR 분할도(하이테크 제조기업)

```
PARTITION DIAGRAM

          1   1 1 1 1         2     1     1 1 1 2 1
Level   1 2 8 6 7 1 4 2 7 6 1 3 5 0 9 4 3 8 5 0 9
-----   - - - - - - - - - - - - - - - - - - - - -
    2   XXXXXXXXXXX XXXXXXXXX XXXXXXXXXXXXXXXXXXX
    1   XXXXXXXXXXXXXXXXXXXXX XXXXXXXXXXXXXXXXXXX
```

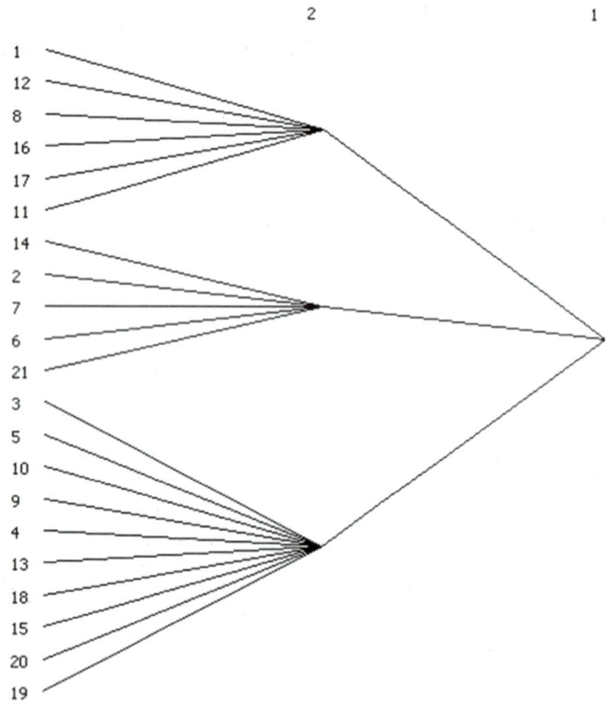

『CONCOR』 분석 중 『Interactive』에 체크한 후 두 번에 걸쳐 총 세 개의 블록을 생성한다(여기에서는 두 번째 분할에서 11개의 액터로 이루어진 블록을 한 번 더 분할하였다).

지위 및 역할분석을 수행하기 위해서는 먼저 등위성의 유형을 결정해야 한다. 여기에서는 구조적 등위성 계층을 파악해본다. 이를 위해 CONCOR 방법을 이용한 블록모델링을 수행한다. [그림 8-17]은 CONCOR에서 등위성 측정에 사용된 초기 피어슨 상관계수 매트릭스이다.

[그림 8-18]은 두 번의 분할과정이 있었음을 보여준다. 첫 번째 분할에서 각각 11개와 10개의 액터를 갖는 두 개의 블록이 형성되었다. 두 번째 분할에서 앞서 형성된 블록 가운데 하나(11개 액터 블록)를 다시 분할하여 여기에서는 최종적으로 총 세 개의 블록을 도출하였다.

그림 8-19 ▌ CONCOR 조언관계 및 친구관계 블록 매트릭스(하이테크 제조기업)

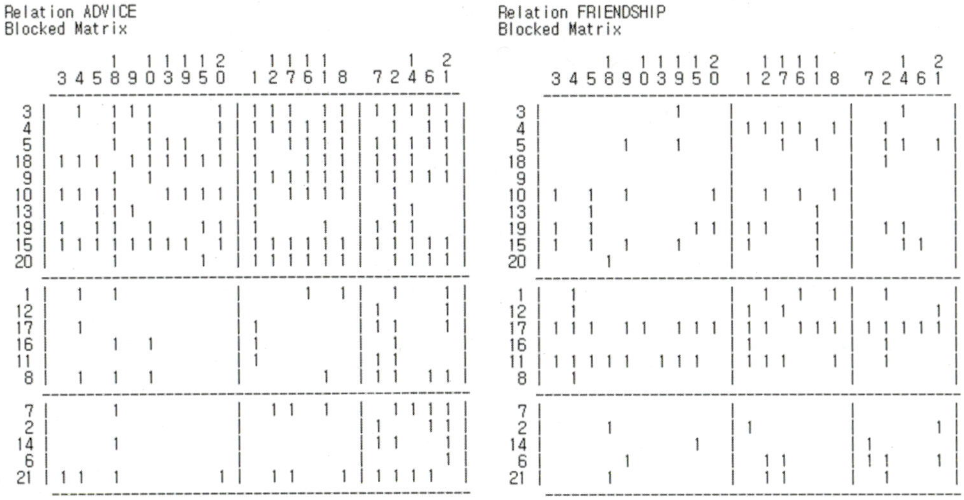

Density Matrix (Relation ADVICE)

	1	2	3
1	0.578	0.767	0.740
2	0.133	0.200	0.467
3	0.120	0.200	0.750

Density Matrix (Relation FRIENDSHIP)

	1	2	3
1	0.189	0.283	0.200
2	0.317	0.500	0.300
3	0.080	0.167	0.300

[그림 8-19]의 상단은 최종 형성된 3×3 블록 매트릭스('Blocked Matrix')로서, 각 블록은 네트워크 내의 분할, 즉 지위를 나타낸다. 이들 블록 β_1, β_2, β_3는 다음과 같은 액터들로 구성되어 있다.

β_1 = 액터 3, 4, 5, 9, 10, 13, 15, 18, 19, 20

β_2 = 액터 1, 8, 11, 12, 16, 17

β_3 = 액터 2, 6, 7, 14, 21

블록들을 관찰해보면, 어떤 블록은 다른 블록에 비해 밀도가 더 높다. 즉 어떤 블록은 다른 블록보다 더 많은 1을 포함하고 있다. 또한 이러한 밀도의 차이는 두 관계유형에 대해서도 나타났다. 예를 들면, β_1은 친구관계('FRIENDSHIP')에서보다 조언관계('ADVICE')에서 더 많은 1을 갖고 있다. 이는 [그림 8-19] 하단의 밀도 매트릭스('Density Matrix')에서 확인할 수 있다. 밀도 매트릭스는 관측된 연결관계의 개수(즉 1의 개수)를 가능한 연결관계의 개수로 나누어서 구한다. 조언관계에 대해 β_1의 밀도는 0.578인 반면, 친구관계에서의 β_1의 밀도는 0.189이다. β_1의 지위에 있는 액터들은 친구보다는 조언에 따라서 좀 더 조밀한 유대관계를 형성하고 있다. 이와는 대조적으로, β_2의 지위에 있는 액터들은 조언(0.200)보다는 친구(0.500)에 따라서 좀 더 조밀한 유대관계를 형성하고 있다. β_3는 β_1과 마찬가지로 조언관계(0.750)가 친구관계(0.300)보다 더 높은 밀도를 갖는다.

CONCOR를 통해 블록 매트릭스가 도출되었고 각 액터들은 특정 블록에 할당되어 네트워크상에서 하나의 '지위'를 부여받았다. 즉 네트워크 내에서 동등한 지위를 공유하는 액터들의 집단을 확인하였다. 지금까지의 이러한 과정이 지위에 대한 분석이었다면, 이후 단계에서는 이러한 지위분석의 결과를 이용하여 역할분석을 수행한다. 역할분석은 블록모델링을 통해 파악된 블록들이 서로 어떻게 연관되어 있는지를 관찰함으로써 시작한다. 이를 위해 이러한 블록 간의 관계를 단순화시킬 수 있는 두 가지 도구, 즉 이미지 매트릭스와 이를 그래프로 표현한 이미지 그래프를 활용한다. 이미지 매트릭스는 밀도 매트릭스의 각 셀 값을 낮은 밀도에 대해서는 0으로, 높은 밀도에 대해서는 1로 대체하여 생성한다. 이때 0으로 변환된 블록은 0-블록이라고 하며 1로 대체된 블록은 1-블록이라 한다.

이미지 매트릭스 셀 값은 두 가지 방법을 이용하여 결정할 수 있다(Knoke and Yang 2008). 첫째, 액터들 간에 아무런 연결관계가 없는 셀은 0으로 대체하고, 적어도 하나의 연결관계라도 존재하면 해당 블록은 1로 변환한다. 둘째, 연구자가 기준값(cut-off value)을 선택하여 밀도 매트릭스의 셀 값이 이 값보다 작으면 0으로, 이 값보다 크거나 같으면 1로 대체한다. 첫 번째 방법은 현실적인 대안이 되기 어렵다. 왜냐하면 연결관계가 거의 없는 네트워크가 아니라면 밀도 0인 블록은 발생하기 어렵고, 따라서 이럴 경우 이미지 매트릭스는 모든 셀에 1값만을 갖게 되기 때문이다. 두 번째 방법이 이미지 매트릭스 변환을 위해 가장

그림 8-20 ▌조언관계 및 친구관계 네트워크의 밀도(하이테크 제조기업)

	1 Density	2 No. of Ties	3 Std Dev	4 Avg Degree	5 Alpha
1 ADVICE	0.452	190	0.498	9.048	0.945
2 FRIENDSHIP	0.243	102	0.429	4.857	0.871

UCINET 메뉴에서 『Network>Cohesion>Density>Density Overall』을 선택한다. 『Overall Network Density』 대화상자에서 분석대상 관계 데이터(여기에서는 Krack-High-Tech-AdvFri.##h)를 선택하고 『OK』 버튼을 클릭한다.

널리 사용된다. 보통 전체 매트릭스의 밀도가 기준값으로 사용된다. 그러나 기준값을 선택하는 것은 불가피하게 연구자의 주관적 판단이 수반되기 때문에 자의적이라는 비판으로부터 자유롭지 못하다. 따라서 연구자는 특정 기준값을 선택한 이유를 이론적 또는 실증적 관점에서 정당화할 필요가 있다(Knoke and Yang 2008; Scott 2012).

[그림 8-20]은 조언관계 및 친구관계 네트워크에 대한 전체 밀도이다. 이 밀도를 기준값으로 이용하여 밀도 매트릭스를 이미지 매트릭스로 변환한다. 따라서 조언관계 네트워크에서는 0.452가 기준값이 되며, 친구관계 네트워크에서는 0.243이 기준값이 된다. 생성된 이미지 매트릭스는 이미지 그래프를 이용하여 시각적으로 표현한다. 이미지 매트릭스와 이미지 그래프를 통해 블록들이 서로 어떻게 관련되어 있는지를 쉽게 파악할 수 있고, 이를 토대로 네트워크 내에서의 각 블록들의 역할에 대한 분석을 수행할 수 있다.

[그림 8-21]은 조언관계와 친구관계 밀도 매트릭스로부터 생성된 이미지 매트릭스와 이미지 그래프이다. 조언관계를 살펴보면, β_1과 β_3는 매우 밀도가 높다. 따라서 이 두 블록은 응집력이 높은 서브그룹이라고 볼 수 있다. 또한 β_1은 블록 내뿐만 아니라 다른 두 블록에게도 많은 조언을 구한다. 하지만 β_3는 그러한 행태를 보이지 않는다. β_3의 사람들은 자기 집단 내에서만 조언을 구하고 네트워크 내의 다른 집단의 액터들에게는 의지하지 않는 것으로

그림 8-21 ▌이미지 매트릭스와 이미지 그래프(하이테크 제조기업)

	밀도 매트릭스				이미지 매트릭스*				이미지 그래프
		β_1	β_2	β_3		β_1	β_2	β_3	
조언관계	β_1	0.578	0.767	0.740	β_1	1	1	1	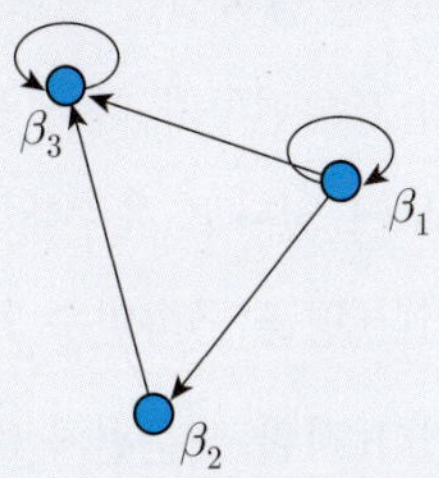
	β_2	0.133	0.200	0.467	β_2	0	0	1	
	β_3	0.120	0.200	0.750	β_3	0	0	1	
		β_1	β_2	β_3		β_1	β_2	β_3	
친구관계	β_1	0.189	0.283	0.200	β_1	0	1	0	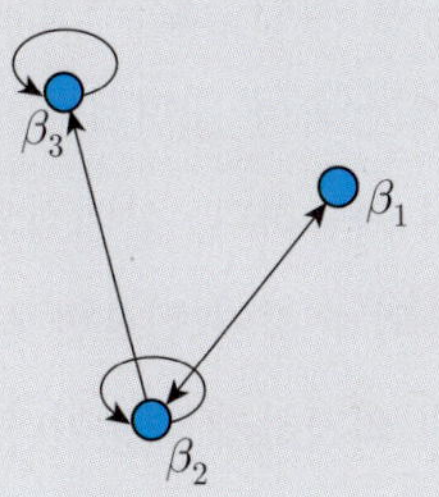
	β_2	0.317	0.500	0.300	β_2	1	1	1	
	β_3	0.080	0.167	0.300	β_3	0	0	1	

* 조언관계 기준값 0.452; 친구관계 기준값 0.243

>>> 그림 8-22 ▌블록별 속성 요약(하이테크 제조기업)

블록	나이	근속연수	직위	부서
β_1	39.5(9.3)	7.3(3.8)	3.0(0.0)	2.4(0.7)
β_2	34.0(6.5)	12.3(7.7)	3.0(0.0)	2.3(1.5)
β_3	47.0(9.6)	20.1(8.8)	2.0(0.7)	1.6(1.5)
전체	39.7(9.3)	11.7(7.8)	2.7(0.5)	2.2(1.1)

주 1. 평균(표준편차)
2. 직위: 1(=CEO), 2(=부사장), 3(=관리자)
3. 부서: 0(=CEO), 1, 2, 3, 4

생각된다. 하지만 β_3는 다른 두 블록이 조언을 구하는 가장 인기 있는 집단이다. 즉 β_1과 β_2는 조언을 구하기 위하여 β_3를 선택하고 있다. β_3는 친구관계에 있어서도 유사한 관계패턴을 보인다. 조언관계에서와 마찬가지로 자신의 블록 내에서만 주로 친구를 선택하고 있다. 이와 대조적으로 β_2의 액터들은 자기 자신의 블록뿐만 아니라 다른 두 블록의 액터들도 친구로 선택하고 있다.

블록 간의 연결관계에 대한 분석과 함께 블록 간 액터의 속성을 비교하면 네트워크 내의 구조적으로 동등한 지위가 보여주는 역할에 대한 좀 더 풍부한 이해를 할 수 있다. 세 개 블록에 포함된 액터 간 속성을 비교하기 위하여 [그림 8-22]와 같이 세 개 블록별로 각 속성에 대한 평균과 표준편차를 계산하였다. 세 개 블록을 속성 데이터와 함께 비교해보면, β_1과 β_2 블록에는 관리자('3') 직위를 가진 사람들로 구성되어 있음을 알 수 있다. β_1은 부서의 표준편차가 다른 블록에 비해 작으므로(부서 표준편차 0.7) 동일한 부서 사람들이 많이 모여 있다고 유추해볼 수 있으며, 이들 구성원들의 근속연수는 상대적으로 짧은 것으로 보인다(평균 근속연수 7.3년). 이에 비해 β_3의 구성원은 직위나 부서가 상대적으로 다양해 보인다(직위 표준편차 0.7, 부서 표준편차 1.5). 또한 β_3는 상대적으로 나이가 많고 오래 근속한 직원들로 구성되어 있다(평균 나이 47.0세, 평균 근속연수 20.1년).

이들 속성 데이터를 이미지 매트릭스와 이미지 그래프와 함께 보면 좀 더 풍부한 역할분석이 가능하다. 상대적으로 젊고 근속연수가 짧은 β_1의 관리자들은 조언이 필요할 때 가장 도움의 손길이 필요한 사람들처럼 보인다. 왜냐하면 이들은 도움이 필요할 때 β_2와 β_3 모두에게 의지하기 때문이다. 또한 β_3에 속한 사람들은 주로 조언을 해주는 역할을 담당하고 있는 것 같으며, 이는 이들의 나이나 근속연수가 다른 블록의 액터들에 비해 더 많다는 것과 무관하지 않아 보인다. β_2에 속한 액터들은 이 네트워크에서 중개자의 역할을 한다. 다른 두 블록의 액터들과 친구관계를 형성하고 있으며 β_1의 액터들에게는 조언을 하고 β_3의 액터들에게는 조언을 구한다. 이 네트워크에서는 β_1 블록이 다른 블록에 대해 가장 종속적인 것으로 보이며, 이러한 종속성은 이 블록에 속한 액터들의 특성과 밀접한 관련이 있어 보인다.

블록모델링은 식별된 서브그룹 또는 계층 간의 상호작용을 바탕으로 네트워크 내의 의미 있는 관계구조를 탐색할 때 매우 유용하다. 종종 블록모델링을 통해 특정 구조와 일치하는 관계패턴을 찾는다. 잘 알려진 관계패턴 중의 하나는 이미지 매트릭스의 대각선에 1-블록을 갖는 구조이다. 이러한 대각선 블록은 응집적 서브그룹에 해당하며, 팩션분석 방법에 의해 식별되는 서브그룹과 정확히 일치한다.[8] 중심-주변(core-periphery)의 관계패턴 역시 많은 사람들이 관심을 갖는 서브그룹 또는 계층 간 관계구조이다. 여기에서는 중심-주변의 관계구조에 대해서 좀 더 자세히 살펴본다.

중심-주변모델

중심-주변구조(core-periphery structure)는 매우 밀도가 높은 중심적인 액터계층과 이러한 중심적인 계층과 느슨하게 연결되어 있으면서 동시에 자신들끼리는 잘 연결되어 있지 않은 주변적인 액터계층으로 구성된 네트워크 구조를 말한다. 이러한 네트워크 관계구조는 사회, 경제, 통상, 정치외교 분야에서 종종 관찰되어 왔다(Rombach et. al. 2014). 예를 들어, 국가 간 무역 거래에서는 이러한 중심-주변구조에 따른 국가 간 재화의 흐름이 흔히 나타난다(Krugman 1991; Snyder and Kick 1979).

중심-주변모델(core-periphery model)은 네트워크 내의 노드들을 중심-주변구조를 갖는 두 개의 서브그룹, 즉 중심노드와 주변노드로 분할한다(Borgatti and Everett 1999). 이러한 분할은 [그림 8-23]과 같은 네 개의 블록을 생성한다. 블록모델의 대각선에는 중심블록과 주변블록이 위치한다. 중심블록은 중심노드와 중심노드 간의 연결관계를 나타내고, 주변블록은 주변노드와 주변노드 간의 연결관계를 나타낸다. 블록모델의 비대각선에는 중심노드와 주변노드 간의 상호작용을 나타내는 중심-주변블록과 주변-중심블록이 위치한다. 비방향 네트워크일 경우 비대각선의 두 블록은 동일한 연결관계를 나타내게 된다.

8 팩션분석은 제7장 서브그룹을 참고한다.

중심-주변모델에서 중심노드는 다른 중심노드와 서로 잘 연결되어 있는 노드를 의미한다. 또한 주변노드는 다른 주변노드와 연결관계가 없는 것으로 가정한다. 따라서 이상적인 중심-주변구조에서는 중심블록은 1-블록이 되고 주변블록은 0-블록이 된다. 중심-주변블록(또는 주변-중심블록)은 0-블록도 될 수 있고 1-블록도 될 수 있다. 그런데 중심-주변블록이 만약 0-블록이면 중심-주변모델은 중심노드들이 하나의 클릭을 구성하고 주변노드

그림 8-23 ▌중심-주변모델 구조

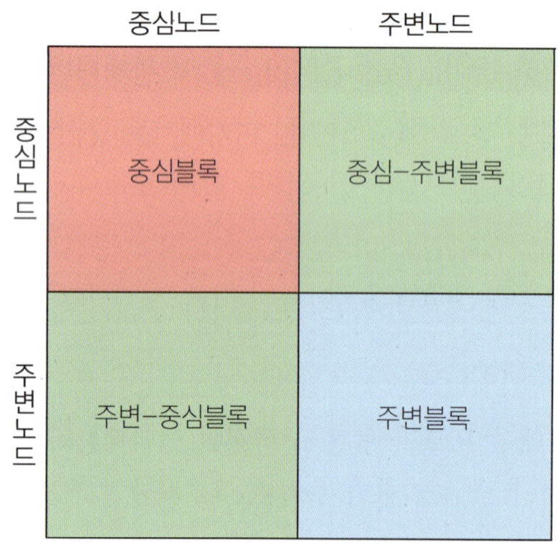

그림 8-24 ▌이상적인 중심-주변모델 구조 예

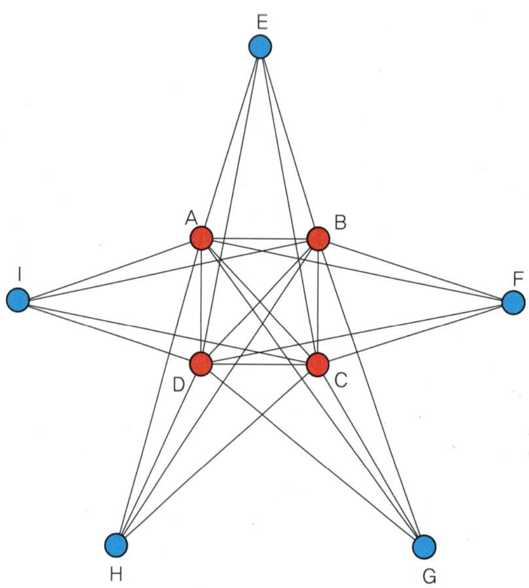

	A	B	C	D	E	F	G	H	I
A	0	1	1	1	1	1	1	1	1
B	1	0	1	1	1	1	1	1	1
C	1	1	0	1	1	1	1	1	1
D	1	1	1	0	1	1	1	1	1
E	1	1	1	1	0	0	0	0	0
F	1	1	1	1	0	0	0	0	0
G	1	1	1	1	0	0	0	0	0
H	1	1	1	1	0	0	0	0	0
I	1	1	1	1	0	0	0	0	0

들은 모두 고립노드인 구조를 갖게 된다. 하지만 이는 우리가 일반적으로 탐색하고자 하는 중심-주변모델의 개념적 구조와는 다소 차이가 있다. 왜냐하면 중심-주변모델에서는 주변노드들이 중심노드들과 어느 정도 연결관계를 가질 것을 기대하기 때문이다. 만일 중심-주변블록이 1-블록이라면 이는 우리가 일반적으로 기대하는 중심-주변모델의 개념적 구조와 일치한다. 다만 모든 주변노드가 모든 중심노드와 연결관계를 가져야 한다는 다소 엄격한 조건이 따른다. [그림 8-24]는 이러한 이상적인 중심-주변모델구조이다. 여기에서는 노드 A, B, C, D가 중심노드이고 나머지 노드들이 주변노드이다. 중심노드는 자기들끼리 서로 완벽하게 연결관계를 유지하고 있으며, 주변노드는 중심노드들과 완벽한 연결관계를 갖고 있는 반면 자기들끼리는 연결관계가 전혀 없다.

[그림 8-24]와 같은 중심-주변모델의 이상적인 구조는 현실의 실제 네트워크 데이터에서는 발생할 가능성이 매우 작다. 실제 네트워크 데이터 매트릭스를 이러한 이상적 구조 매트릭스와 비교함으로써 가장 근접한 중심-주변구조를 식별한다. 노드들을 무작위로 중심노드와 주변노드에 할당하고 이에 대응되는 이상적인 중심-주변구조와 일치하는 정도, 즉 적합도를 측정한다. 적합도가 더 이상 개선되지 않을 때까지 노드 할당과정을 반복하여 이상적인 구조와 가장 근접한 중심노드 집합과 주변노드 집합을 찾는다. 적합도는 다양한 방법

그림 8-25 ▌국가 간 무역거래 네트워크 데이터

		1 Algeria	2 Argentina	3 Brazil	4 China	5 Czechoslovakia	6 Ecuador	7 Egypt	8 Ethiopia	9 Finland	10 Honduras	11 Indonesia	12 Israel	13 Japan	14 Liberia	15 Madagascar	16 NewZealand	17 Pakistan	18 Spain	19 Switzerland	20 Syria	21 Thailand	22 UK	23 US	24 Yugoslavia
1	Algeria				1	1								1											1
2	Argentina	1		1	1		1			1		1	1	1				1	1	1		1		1	
3	Brazil	1	1		1	1	1	1		1	1	1	1	1	1		1	1	1	1	1	1	1	1	1
4	China	1	1	1		1		1	1	1	1	1		1	1	1	1	1	1	1	1	1	1	1	1
5	Czechoslovakia	1	1	1	1		1	1	1	1	1	1		1	1		1	1	1	1	1	1	1	1	1
6	Ecuador			1																				1	
7	Egypt					1			1	1				1					1	1			1	1	1
8	Ethiopia																		1				1		
9	Finland	1	1	1	1	1	1	1	1		1	1	1	1			1	1	1	1	1	1	1	1	1
10	Honduras																							1	
11	Indonesia	1			1	1		1		1				1			1	1	1	1		1	1	1	1
12	Israel		1						1	1				1			1		1	1		1	1	1	1
13	Japan	1	1	1	1	1	1	1	1	1	1	1	1		1	1	1	1	1	1	1	1	1	1	1
14	Liberia																								
15	Madagascar																						1		
16	NewZealand	1			1			1				1		1				1	1			1	1	1	1
17	Pakistan				1	1				1		1		1	1		1		1	1	1	1	1	1	
18	Spain	1	1	1	1	1	1	1		1	1	1	1	1	1	1	1	1		1	1	1	1	1	1
19	Switzerland	1	1	1	1	1	1	1	1	1	1	1	1	1	1	1	1	1	1		1	1	1	1	1
20	Syria																								
21	Thailand			1	1					1		1	1	1			1	1	1	1	1		1	1	1
22	UK	1		1	1	1	1	1	1	1	1	1	1	1	1	1	1	1	1	1	1	1		1	1
23	US	1	1	1	1	1	1	1	1	1	1	1	1	1	1	1	1	1	1	1	1	1	1		1
24	Yugoslavia	1	1		1	1		1	1	1		1	1	1			1	1	1	1	1	1	1	1	

으로 측정할 수 있다. 예를 들면, 일치하는 셀의 개수, 중심블록의 밀도, 상관계수 등을 이용할 수 있다. 상관계수는 계량형 데이터에도 적용할 수 있기 때문에 가장 널리 사용되는 적합도 측정방법이다. 실제 데이터 매트릭스와 이상적 구조 매트릭스 간 상관계수 값을 최대화하는 중심노드와 주변노드의 분할을 찾는다. 이러한 접근법을 **이산형 중심-주변모델(discrete core-periphery model)**이라고 한다. 이산형 중심-주변모델은 노드들을 두 개의 계층구조, 즉 중심노드 집합과 주변노드 집합으로 분할하는 중심-주변구조를 탐색한다.

24개 국가 간 공산품 무역거래 데이터를 이용하여 중심-주변구조를 탐색해보자(Wasserman and Faust 1994; Trade-ManufacturedGoods.##h 파일). 데이터 매트릭스는 [그림

그림 8-26 ▎국가 간 무역거래 네트워크의 이산형 중심-주변모델

```
Correlation = 0.8913

Core/Periphery Class Memberships:

      Core:  Brazil China Czechoslovakia Finland Indonesia Japan Pakistan Spain Switzerland Thailand UK US Yugoslavia
 Periphery:  Algeria Argentina Ecuador Egypt Ethiopia Honduras Israel Liberia Madagascar NewZealand Syria

                    1       1 1 1 1   2 2 2 2         1       1 1 1 2 1
                    3 5 3 4 1 8 9 7 9 2 3 4 1   1 2 6 8 6 7 4 5 0 0 2
                    J C B C I S S P F U U Y T   A A N E E E L M H S I
                    -----------------------------------------------------
13          Japan |   1 1 1 1 1 1 1 1 1 1 1 1 | 1 1 1 1 1 1 1 1 1 1 1 |
 5 Czechoslovakia | 1   1 1 1 1 1 1 1 1 1 1 1 | 1 1 1 1 1 1 1   1 1   |
 3         Brazil | 1 1   1 1 1 1 1 1 1 1 1 1 | 1 1 1   1 1 1   1 1 1 |
 4          China | 1 1 1   1 1 1 1 1 1 1 1 1 | 1 1 1 1   1 1 1 1 1   |
11      Indonesia | 1 1   1   1 1 1 1 1 1 1 1 | 1   1     1           |
18          Spain | 1 1 1 1 1   1 1 1 1 1 1 1 | 1 1 1   1 1 1 1 1 1 1 |
19    Switzerland | 1 1 1 1 1 1   1 1 1 1 1 1 | 1 1 1 1 1 1 1 1 1 1 1 |
17       Pakistan | 1 1   1 1 1 1   1 1 1   1 |     1       1     1   |
 9        Finland | 1 1 1 1 1 1 1 1   1 1 1 1 | 1 1 1 1 1 1     1 1 1 |
22             UK | 1 1 1 1 1 1 1 1 1   1 1 1 | 1   1 1 1 1 1 1 1 1 1 |
23             US | 1 1 1 1 1 1 1 1 1 1   1 1 | 1 1 1 1 1 1 1 1 1 1 1 |
24     Yugoslavia | 1 1   1 1 1 1 1 1 1 1   1 | 1 1 1 1   1       1 1 |
21       Thailand | 1   1 1 1 1 1 1 1 1 1 1   |     1             1 1 |
                  -------------------------------------------------------
 1        Algeria | 1 1   1               1   |                       |
 2      Argentina | 1   1 1 1 1 1 1 1   1   1 | 1       1           1 |
16     NewZealand | 1     1 1 1   1   1 1 1 1 | 1         1           |
 8       Ethiopia |           1       1       |                       |
 6        Ecuador |     1               1     |                       |
 7          Egypt | 1 1       1 1   1 1 1 1   |       1               |
14        Liberia |                           |                       |
15     Madagascar |                   1       |                       |
10       Honduras |                     1     |                       |
20          Syria |                           |                       |
12         Israel | 1         1 1   1 1 1 1 1 |   1 1 1               |
                    -----------------------------------------------------
```

UCINET 메뉴에서 『Network>Core/Periphery>Categorical』을 선택한다. 『Categorical Core/Periphery Model』 대화상자에서 분석대상 관계 데이터(여기에서는 Trade-ManufacturedGoods.##h)를 선택한 후 『OK』 버튼을 클릭한다. 이상적 블록구조의 중심-주변블록 또는 주변-중심블록에 대한 연결관계 정도를 지정하려면 『Desired Density for Core to Periphery Ties』나 『Desired Density for Periphery to Core Ties』에 밀도를 지정한다(예를 들면, 0.5). 아무것도 지정하지 않거나 'NA'를 지정하면 비대각선 블록은 결측값으로 처리되어, 비대각선 블록의 연결관계는 무시한 채 중심블록의 밀도를 최대화하고 주변블록의 밀도를 최소화하는 블록구조를 탐색한다(여기에서는 'NA' 지정). 일반적으로 이론적으로나 실무적으로 중심-주변블록과 주변-중심블록에 대한 적정한 밀도를 선택하는 것이 어렵기 때문에 비대각선 블록은 결측값으로 처리하는 것이 바람직할 수 있다.

8-25]와 같다. 무역거래 네트워크는 방향/이진 그래프로서, 데이터 매트릭스의 셀 값은 행의 국가에서 열의 국가로의 무역거래를 나타낸다.

[그림 8-26]은 중심-주변모델분석 결과이다. 데이터 매트릭스와 이상적 블록구조 간 상관계수는 0.89로서 국가 간 무역거래에 있어서 강한 중심-주변구조가 존재하고 있다는 것을 보여준다. 중심블록의 국가들은 다른 중심블록의 국가들과 많은 교역관계를 갖고 있는 반면, 주변블록의 국가들은 다른 주변블록의 국가들과 거의 무역관계를 갖고 있지 않다. 또한 우상단과 좌하단의 비대각선 블록을 보면 중심국가에서 주변국가로의 무역거래가 주변국가에서 중심국가로의 무역거래에 비해 훨씬 많다. 이는 국가 간 무역거래에 있어서 계층적 구조가 있음을 보여준다. 중심블록과 주변블록의 분할 결과는 별도의 출력 파일로도 제공된다(여기에서는 Trade-ManufacturedGoods-catcp.##h 파일). 이를 이용하면 [그림 8-27]과 같이 중심노드와 주변노드를 색상과 모양을 달리하여 그래프로 표현할 수 있다.

지금까지 살펴본 이산형 중심-주변모델은 노드들을 이분법적으로 중심노드나 주변노드 둘 중 하나에 할당함으로써 이상적 블록구조를 지나치게 단순화시킨다는 한계를 갖고 있다. **연속형 중심-주변모델(continuous core-periphery model)**은 이러한 문제를 극복하기 위하여 노드들이 네트워크 중심에 근접한 정도를 바탕으로 중심-주변구조를 탐색한다. 노드가 중심(core)에 근접한 정도를 측정한 척도를 중심점수(coreness score)라고 하며, 이는 유클리드 척도 관점에서 보면 블록 내 중심(centroid)으로부터의 거리에 해당한다. 연속형 중심-주변모델은 실제 데이터 매트릭스와 이상적인 중심-주변구조 매트릭스 간의 적합도가 최대화되는 중심점수를 추정하고, 이를 바탕으로 중심-주변구조를 탐색한다.

이상적인 중심-주변구조 매트릭스 Δ는 중심점수 벡터 c를 이용하여 다음과 같이 생성한다(여기에서 c^T는 벡터 c를 전치시킨 행벡터). 즉 이상적인 중심-주변구조 매트릭스 Δ의 (i, j)셀 값은 노드 i의 중심점수 c_i와 노드 j의 중심점수 c_j의 곱으로 계산된다.

$$\Delta = cc^T$$

중심점수 벡터 c는 이상적인 중심-주변구조 매트릭스 Δ가 실제 데이터 매트릭스에 최대한 근접하도록 결정된다. 근접한 정도, 즉 적합도는 일반적으로 상관계수를 이용하여 측정한다.

이상적인 중심-주변구조 매트릭스 Δ의 (i, j)셀 값은 노드 i의 중심점수 c_i와 노드 j의

그림 8-27 ▌국가 간 무역거래 네트워크의 이산형 중심-주변모델 그래프

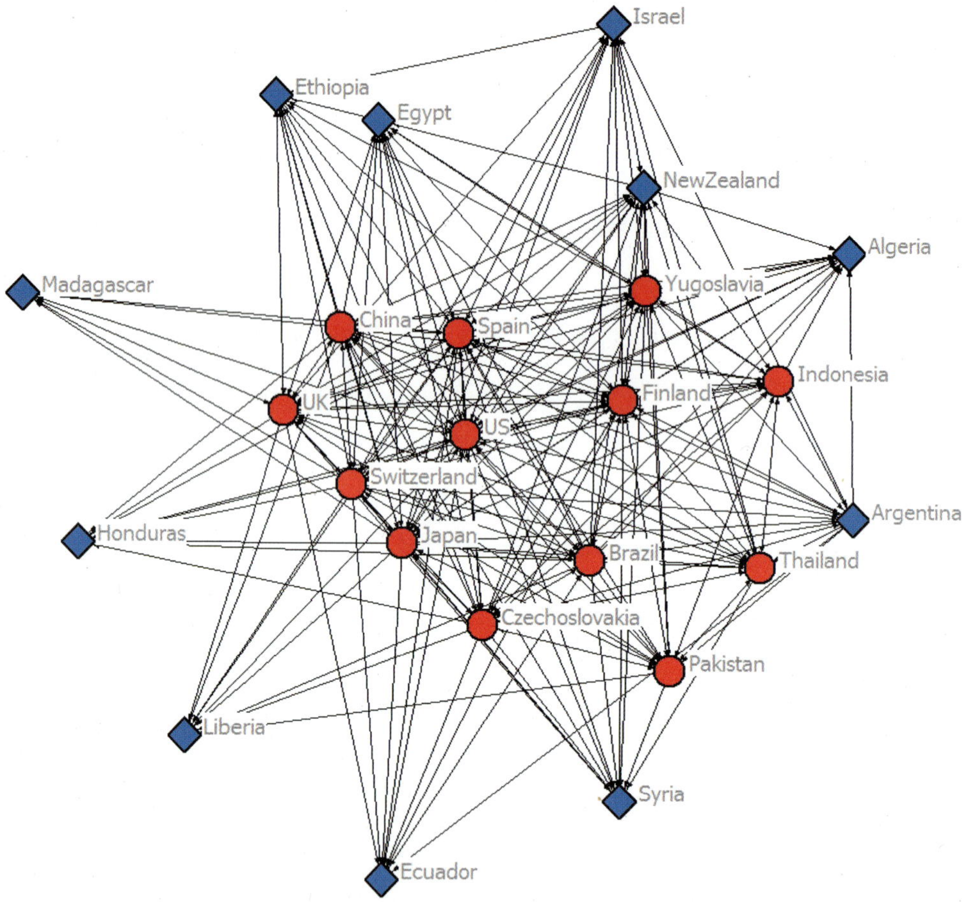

NetDraw 메뉴에서 분석대상 관계 데이터를 오픈한다(여기에서는 Trade-ManufacturedGoods.##h). 분할정보를 담고 있는 속성 데이터를 오픈한다(여기에서는 Trade-ManufacturedGoods-catcp.##h). 『Properties > Nodes > Symbols > Color > Attribute-based』와 『Properties > Nodes > Symbols > Shape > Attribute-based』를 선택하여 중심노드와 주변노드의 색상 및 모양을 지정한다.

중심점수 c_j에 의해 결정된다. 두 노드가 모두 높은 중심점수를 가지면 그 곱은 커지고 이상적 구조 매트릭스 Δ의 대응되는 셀 값은 높은 값을 갖게 된다. 두 노드의 중심점수가 모두 낮으면 그 곱은 작아지고 대응되는 이상적 구조 매트릭스 Δ의 셀 값은 낮은 값을 갖게 된다. 만일 한 노드의 중심점수는 높고 다른 노드의 중심점수는 낮으면 대응되는 이상적 구조 매트릭스 Δ의 셀 값은 중간 정도의 값을 갖게 된다. 벡터 c를 구성하는 중심점수를 0 또는

그림 8-28 ▌국가 간 무역거래 네트워크의 연속형 중심-주변모델

Multiplicative Coreness

		1 Corene
23	US	0.240
13	Japan	0.239
18	Spain	0.239
19	Switzerland	0.238
22	UK	0.234
9	Finland	0.233
4	China	0.232
24	Yugoslavia	0.225
5	Czechoslovakia	0.224
3	Brazil	0.218
21	Thailand	0.210
11	Indonesia	0.208
17	Pakistan	0.205
16	NewZealand	0.202
2	Argentina	0.194
7	Egypt	0.189
12	Israel	0.188
1	Algeria	0.177
8	Ethiopia	0.165
20	Syria	0.163
6	Ecuador	0.161
10	Honduras	0.159
14	Liberia	0.153
15	Madagascar	0.147

Concentration scores for different sizes of core

	1 Diff	2 nDiff	3 Corr	4 Ident	5 CoreDen	6 PerDen	7 DenDiff
1	0.217	0.217	0.258	0.166		0.532	
2	0.221	0.313	0.370	0.306	1.000	0.500	0.500
3	0.237	0.410	0.461	0.426	1.000	0.467	0.533
4	0.258	0.516	0.540	0.528	1.000	0.432	0.568
5	0.254	0.568	0.604	0.612	1.000	0.389	0.611
6	0.256	0.626	0.663	0.685	1.000	0.350	0.650
7	0.302	0.799	0.722	0.748	1.000	0.305	0.695
8	0.270	0.762	0.762	0.797	1.000	0.267	0.733
9	0.306	0.919	0.805	0.840	1.000	0.219	0.781
10	0.322	1.019	0.835	0.873	0.989	0.170	0.819
11	0.292	0.970	0.850	0.896	0.982	0.135	0.847
12	0.300	1.039	0.864	0.914	0.977	0.106	0.871
13	0.310	1.118	0.877	0.929	0.968	0.082	0.886
14	0.336	1.257	0.886	0.939	0.951	0.067	0.884
15	0.329	1.273	0.881	0.942	0.914	0.028	0.887
16	0.309	1.235	0.868	0.941	0.883	0.018	0.865
17	0.372	1.533	0.859	0.939	0.853	0.000	0.853
18	0.377	1.600	0.824	0.929	0.814	0.000	0.814
19	0.318	1.386	0.756	0.911	0.763	0.000	0.763
20	0.312	1.396	0.682	0.893	0.718	0.000	0.718
21	0.311	1.423	0.602	0.875	0.676	0.000	0.676
22	0.342	1.603	0.512	0.857	0.636	0.000	0.636
23	0.340	1.632	0.374	0.835	0.599		-1.0E+0038

Recommended core membership: top 14 nodes (concentration = 0.886).

Expected Values

		1 Alger	2 Argen	3 Brazi	4 China	5 Czech	6 Ecuad	7 Egypt	8 Ethio	9 Finla	10 Hondu	11 Indon	12 Israe	13 Japan	14 Liber	15 Madag	16 NewZe	17 Pakis	18 Spain	19 Switz	20 Syria	21 Thail	22 UK	23 US	24 Yugos
1	Algeria	0.031	0.034	0.039	0.041	0.040	0.028	0.033	0.029	0.041	0.028	0.037	0.033	0.042	0.027	0.026	0.036	0.036	0.042	0.042	0.029	0.037	0.041	0.042	0.040
2	Argentina	0.034	0.038	0.042	0.045	0.044	0.031	0.037	0.032	0.045	0.031	0.040	0.037	0.046	0.030	0.028	0.039	0.040	0.046	0.046	0.032	0.041	0.046	0.047	0.044
3	Brazil	0.039	0.042	0.048	0.051	0.049	0.035	0.041	0.036	0.051	0.035	0.045	0.041	0.052	0.033	0.032	0.044	0.045	0.052	0.052	0.036	0.046	0.051	0.052	0.049
4	China	0.041	0.045	0.051	0.054	0.052	0.037	0.044	0.038	0.054	0.037	0.048	0.044	0.056	0.035	0.034	0.047	0.048	0.055	0.055	0.038	0.049	0.054	0.056	0.052
5	Czechoslovakia	0.040	0.044	0.049	0.052	0.050	0.036	0.042	0.037	0.052	0.036	0.047	0.042	0.054	0.034	0.033	0.045	0.046	0.054	0.053	0.037	0.047	0.053	0.054	0.050
6	Ecuador	0.028	0.031	0.035	0.037	0.036	0.026	0.030	0.027	0.037	0.026	0.034	0.030	0.039	0.025	0.024	0.032	0.033	0.039	0.038	0.026	0.034	0.038	0.039	0.036
7	Egypt	0.033	0.037	0.041	0.044	0.042	0.030	0.036	0.031	0.044	0.030	0.039	0.036	0.045	0.029	0.028	0.038	0.039	0.045	0.045	0.031	0.040	0.044	0.045	0.042
8	Ethiopia	0.029	0.032	0.036	0.038	0.037	0.027	0.031	0.027	0.038	0.026	0.034	0.031	0.039	0.025	0.024	0.033	0.034	0.039	0.039	0.027	0.035	0.039	0.040	0.037
9	Finland	0.041	0.045	0.051	0.054	0.052	0.037	0.044	0.038	0.054	0.037	0.048	0.044	0.056	0.035	0.034	0.047	0.048	0.056	0.055	0.038	0.049	0.055	0.056	0.052
10	Honduras	0.028	0.031	0.035	0.037	0.036	0.026	0.030	0.026	0.037	0.025	0.033	0.030	0.038	0.024	0.023	0.032	0.033	0.038	0.038	0.026	0.033	0.037	0.038	0.036
11	Indonesia	0.037	0.040	0.045	0.048	0.047	0.034	0.039	0.034	0.048	0.033	0.043	0.039	0.050	0.032	0.031	0.042	0.043	0.050	0.049	0.034	0.044	0.049	0.050	0.047
12	Israel	0.033	0.037	0.041	0.044	0.042	0.030	0.036	0.031	0.044	0.030	0.039	0.035	0.045	0.029	0.028	0.038	0.039	0.045	0.045	0.031	0.040	0.044	0.045	0.042
13	Japan	0.042	0.046	0.052	0.056	0.054	0.039	0.045	0.039	0.056	0.038	0.050	0.045	0.057	0.036	0.035	0.048	0.049	0.057	0.057	0.039	0.050	0.056	0.057	0.054
14	Liberia	0.027	0.030	0.033	0.035	0.034	0.025	0.029	0.025	0.035	0.024	0.032	0.029	0.036	0.023	0.022	0.031	0.031	0.036	0.036	0.025	0.032	0.036	0.037	0.034
15	Madagascar	0.026	0.028	0.032	0.034	0.033	0.024	0.028	0.024	0.034	0.023	0.031	0.028	0.035	0.022	0.022	0.030	0.030	0.035	0.035	0.024	0.031	0.034	0.035	0.033
16	NewZealand	0.036	0.039	0.044	0.047	0.045	0.032	0.038	0.033	0.047	0.032	0.042	0.038	0.048	0.031	0.030	0.041	0.041	0.048	0.048	0.033	0.042	0.047	0.048	0.045
17	Pakistan	0.036	0.040	0.045	0.048	0.046	0.033	0.039	0.034	0.048	0.033	0.043	0.039	0.049	0.031	0.030	0.041	0.042	0.049	0.049	0.033	0.043	0.048	0.049	0.046
18	Spain	0.042	0.046	0.052	0.055	0.054	0.039	0.045	0.039	0.056	0.038	0.050	0.045	0.057	0.036	0.035	0.048	0.049	0.057	0.057	0.039	0.050	0.056	0.057	0.054
19	Switzerland	0.042	0.046	0.052	0.055	0.053	0.038	0.045	0.039	0.055	0.038	0.049	0.045	0.057	0.036	0.035	0.048	0.049	0.057	0.057	0.039	0.050	0.056	0.057	0.053
20	Syria	0.029	0.032	0.036	0.038	0.037	0.026	0.031	0.027	0.038	0.026	0.034	0.031	0.039	0.025	0.024	0.033	0.033	0.039	0.039	0.027	0.034	0.038	0.039	0.037
21	Thailand	0.037	0.041	0.046	0.049	0.047	0.034	0.040	0.035	0.049	0.033	0.044	0.040	0.050	0.032	0.031	0.042	0.043	0.050	0.050	0.034	0.044	0.049	0.050	0.047
22	UK	0.041	0.046	0.051	0.054	0.053	0.038	0.044	0.039	0.055	0.037	0.049	0.044	0.056	0.036	0.034	0.047	0.048	0.056	0.056	0.038	0.049	0.055	0.056	0.053
23	US	0.042	0.047	0.052	0.056	0.054	0.039	0.045	0.040	0.056	0.038	0.050	0.045	0.057	0.037	0.035	0.048	0.049	0.057	0.057	0.039	0.050	0.056	0.058	0.054
24	Yugoslavia	0.040	0.044	0.049	0.052	0.050	0.036	0.042	0.037	0.052	0.036	0.047	0.042	0.054	0.034	0.033	0.045	0.046	0.054	0.053	0.037	0.047	0.053	0.054	0.050

```
Core/Periphery partition of Trade-ManufacturedGoods.##h

                     1
                     -
 1        Algeria
 2      Argentina
 3         Brazil 1
 4          China 1
 5 Czechoslovakia 1
 6        Ecuador
 7          Egypt
 8       Ethiopia
 9        Finland 1
10       Honduras
11      Indonesia 1
12         Israel
13          Japan 1
14        Liberia
15     Madagascar
16     NewZealand 1
17       Pakistan 1
18          Spain 1
19    Switzerland 1
20          Syria
21       Thailand 1
22             UK 1
23             US 1
24     Yugoslavia 1
```

UCINET 메뉴에서 『Network > Core/Periphery > Continuous』를 선택한다. 『Coreness』 대화상자에서 분석대상 관계 데이터(여기에서는 Trade-ManufacturedGoods.##h)를 선택한 후 『OK』 버튼을 클릭한다. 『Algorithm』에는 적합도 계산에 사용할 척도를 지정한다(여기에서는 상관계수를 나타내는 Corr). 중심블록과 주변블록의 분할 결과는 별도로 생성되는 출력 파일에서 확인할 수 있다(여기에서는 Trade-ManufacturedGoods-CorenessPart.##h). .

1로만 제한하면 이상적인 중심-주변구조 매트릭스 Δ는 [그림 8-23]의 중심-주변구조와 일치한다. 벡터 c에서 1 값에 대응되는 노드는 중심노드가 되고 0 값에 대응되는 노드는 주변노드가 된다. 따라서 앞에서 살펴본 이산형 중심-주변모델은 실제 데이터 매트릭스와 이상적 구조 매트릭스 Δ 간 상관계수를 최대화하는 이진 벡터 c(1과 0으로만 구성)를 찾는 과정으로 이해할 수 있다. 여기에서 벡터 c가 이진값이라는 조건을 어떠한 값이라도 가질 수 있도록 완화한 것이 연속형 중심-주변모델이다. 벡터 c의 값들은 1 또는 0이 아닌 연속형 값을 가지며, 각 노드가 중심노드에 근접한 정도를 나타내게 된다.

이렇게 계산된 중심점수와 이상적인 중심점수 간 상관계수를 바탕으로 중심블록과 주변블록을 결정한다. 이상적인 중심점수는 중심노드가 중심점수 1을 갖고 주변노드가 중심점수 0을 가질 때이다. 중심블록의 크기를 1에서 $(n-1)$까지 변화시켜 가며 상관계수를 계산한다. 먼저 가장 큰 중심점수를 갖는 노드를 중심블록에 할당하고 나머지 모든 노드는 주변블록에 할당한 후 상관계수를 계산한다. 이어서 그 다음으로 높은 중심점수를 갖는 노드를 주변블록에서 중심블록으로 이동시킨 후 다시 상관계수를 계산한다. 이러한 과정은 주변블록에 하나의 노드만 남을 때까지 반복된다. 이렇게 계산된 $(n-1)$개의 상관계수는 네트워크 데이터가 중심-주변구조에 얼마나 근접한지 보여주는 척도로 사용될 수 있으며, 따라서 이 가운데 가장 큰 값을 보여주는 블록 분할이 최적의 중심-주변구조로 선택된다.

국가 간 무역거래 네트워크에 적용한 연속형 중심-주변모델분석 결과는 [그림 8-28]과 같다. 분석 결과를 보면 각 노드의 중심점수가 먼저 출력되었다('Multiplicative coreness'). 이어서 나타난 테이블('Concentration scores for different sizes of core')은 중심블록의 크기별로 실제 데이터가 중심-주변구조와 일치하는 정도를 나타내는 지표들이다. 여기에서는 가장 큰 상관계수('concentration=0.886'; 'Corr' 열)를 보여주는 상위 14개의 노드가

그림 8-29 ▌ 국가 간 무역거래 네트워크에 대한 연속형 중심-주변모델의 MDS

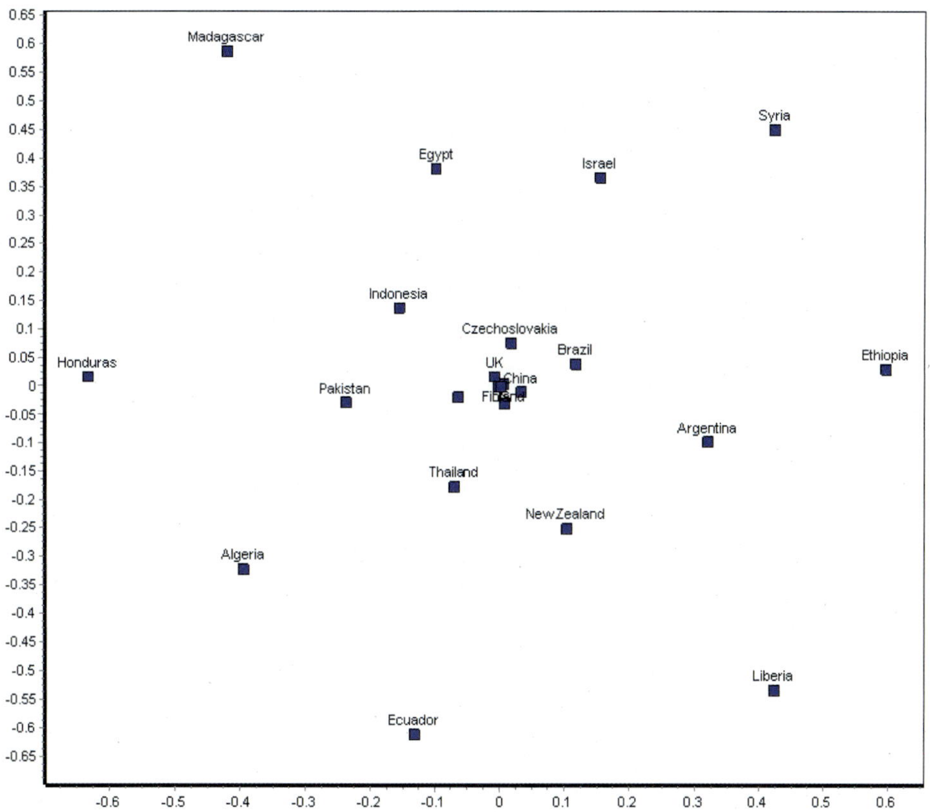

UCINET 메뉴에서 『Tools>Scaling/Decomposition>Metric MDS』를 선택한다. 『Metric MDS』 대화상자에서 분석대상 관계 데이터(여기에서는 expected.##h)를 선택한 후 『OK』 버튼을 클릭한다. 『No of Dimensions』에는 2를 지정한다.

중심노드로 추천되었다. 이어서 각 노드의 중심점수 곱으로 생성되는 매트릭스 Δ가 출력된다('Expected values'). Δ 매트릭스는 별도의 출력 파일에서도 확인할 수 있다(expected.##h 파일). 중심블록과 주변블록의 분할 결과는 각 노드별로 1(중심블록)과 0(주변블록)으로 출력된다('Core/Periphery partition of Trade-ManufacturedGoods.##h'). 분할 결과는 별도의 출력 파일에서 확인할 수 있다(여기에서는 Trade-ManufacturedGoods-CorenessPart.##h 파일).

Δ 매트릭스는 중심점수의 곱으로 생성되기 때문에 그 값이 높은 노드쌍은 중심에 근접한

그림 8-30 ▌국가 간 무역거래 네트워크의 연속형 중심-주변모델 그래프

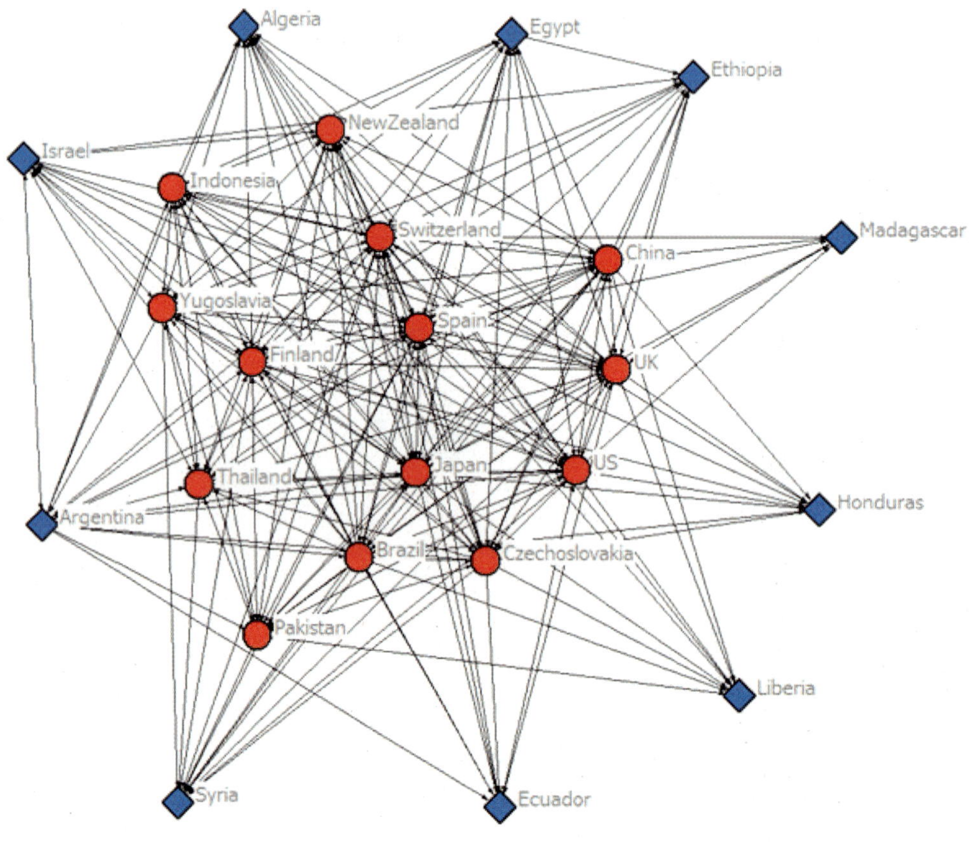

NetDraw 메뉴에서 분석대상 관계 데이터를 오픈한다(여기에서는 Trade-ManufacturedGoods.##h). 분할정보를 담고 있는 속성 데이터를 오픈한다(여기에서는 Trade-ManufacturedGoods-CorenessPart.##h). 『Properties>Nodes>Symbols>Color>Attribute-based』와 『Properties>Nodes>Symbols>Shape>Attribute-based』를 선택하여 중심노드와 주변노드의 색상 및 모양을 지정한다.

노드라는 관점에서 유사도가 높은 노드들로 볼 수 있다. 따라서 Δ 매트릭스를 이용하여 두 개의 차원을 갖는 MDS(Multi-Dimensional Scaling)분석을 수행하면, 네트워크 내에서 중심에 가까이 있는 노드는 그래프의 중앙에 배치되고 주변에 있는 노드는 그 바깥쪽에 위치하게 된다. 그러면 노드들이 단지 중심노드인지 주변노드인지뿐만 아니라 중심의 경계선에 있는지 중심과 주변의 어딘가에 위치하고 있는지 등을 연속선상에서 관찰할 수 있다. [그림 8-29]는 Δ 매트릭스를 이용하여 MDS분석을 수행한 결과이다(expected.##h 파일). 중앙에 14개 국가가 모여 있고, 그 주변을 10개 국가가 둘러싸고 있다. 주변노드인 Argentina 노드는 다른 주변노드들에 비해 상대적으로 중심블록에 가까이 위치하고 있다.

중심블록과 주변블록의 분할 결과는 별도의 출력 파일로도 제공된다(여기에서는 Trade-ManufacturedGoods-CorenessPart.##h 파일). 이를 이용하면 [그림 8-30]과 같이 중심노드와 주변노드를 색상과 모양을 달리하여 그래프로 표현할 수 있다. 이산형 중심-주변 모델에서 주변노드였던 New Zealand는 연속형 중심-주변모델에서는 중심블록으로 이동하였다.

사례연구

사람들은 직장에서 업무와 관련된 중요한 노하우나 전문지식을 갖고 있는 사람들로부터 도움을 받거나 또는 자신이 그러한 노하우나 지식을 가지고 동료에게 도움을 주기도 한다. IT 기업 내 한 부서를 대상으로 직원들 간에 도움을 주고받는 관계를 나타내는 네트워크 데이터를 수집하였다(김창식 · 곽기영 2015). 이 네트워크 데이터에서 $(i,\ j)$셀은 액터 i가 액터 j에게 도움을 받는 관계를 나타낸다(Get-Help.##h 파일). 이는 액터 j가 액터 i에게 도움을 준다는 의미이기도 하다. 이 데이터를 기반으로 지위 및 역할분석을 수행하였다.

여기에서는 피어슨 상관계수를 기반으로 한 CONCOR 방법을 이용한 블록모델링을 수행한다. 총 42명으로 구성된 부서원이 두 번의 분할을 거쳐 네 개의 블록에 할당되었다. 편의상 이들 블록을 차례대로 각각 β_1, β_2, β_3, β_4로 명명한다.

그림 8-31 CONCOR 분할도

```
PARTITION DIAGRAM

        K K K K K K K K K K K K K K K K K K K K K K K K K K K K K K K K K K K K K K K K K K
        0 0 0 0 0 4 1 1 0 1 0 1 1 0 0 1 1 1 1 2 1 2 2 2 2 2 2 2 3 2 2 3 3 3 3 3 3 3 3 4 4 3
        1 2 3 4 5 2 7 4 8 0 6 2 3 9 7 6 9 8 1 0 5 2 3 4 5 6 7 8 0 1 9 1 3 4 5 6 7 8 9 0 1 2

                  4 1 1   1   1 1     1 1 1 1 2 1 2 2 2 2 2 2 2 3 2 2 3 3 3 3 3 3 3 3 4 4 3
Level   1 2 3 4 5 2 7 4 8 0 6 2 3 9 7 6 9 8 1 0 5 2 3 4 5 6 7 8 0 1 9 1 3 4 5 6 7 8 9 0 1 2
-----   - - - - - - - - - - - - - - - - - - - - - - - - - - - - - - - - - - - - - - - - - -
    2   XXXXXXXXXXXXXXX XXXXXXXXXXXXXXXXXXXXX XXXXXXXXXXXXXXXXXXXXX XXXXXXXXXXXXXXXXXXXXXXX
    1   XXXXXXXXXXXXXXXXXXXXXXXXXXXXXXXXXXXXX XXXXXXXXXXXXXXXXXXXXXXXXXXXXXXXXXXXXXXXXXXXXX
```

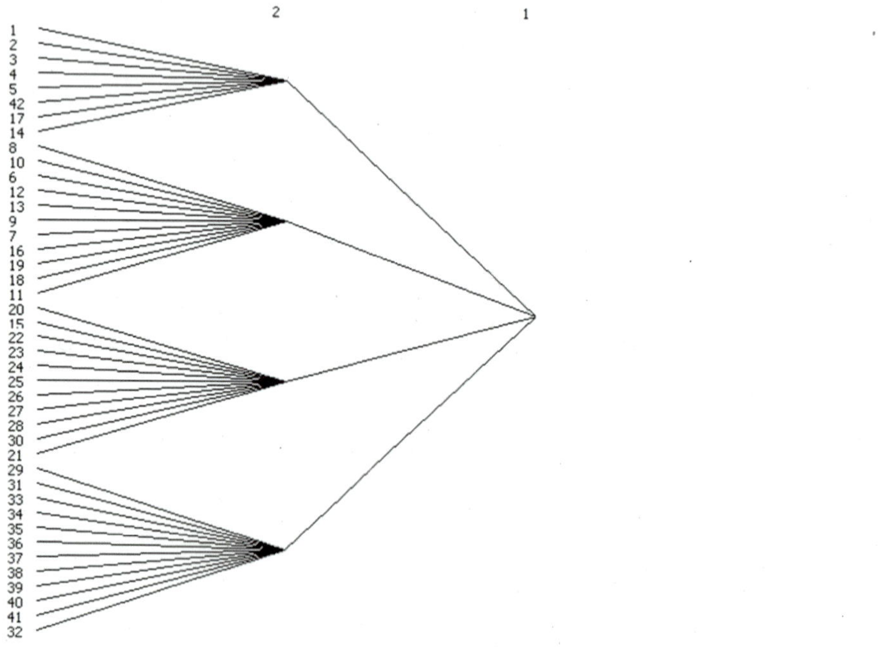

블록 매트릭스를 관찰해보면, β_2, β_3, β_4의 액터들은 β_1의 액터들로부터 도움을 받고 있다. β_1의 액터들은 β_2의 액터들로부터 도움을 받기도 하여 이 두 블록은 상호 호혜적 관계를 갖고 있는 것으로 보인다. β_2, β_3는 β_1으로부터뿐만 아니라 β_4로부터도 도움을 받고 있다.

그림 8-32 ▌블록 매트릭스

```
Relation 1
Blocked Matrix

                   4 1 1     1   1 1         1 1 1 1   2 1 2 2 2 2 2 2 2 3 2   2 3 3 3 3 3 3 3 3 4 4 3
         1 2 3 4 5 2 7 4   8 0 6 2 3 9 7 6 9 8 1   0 5 2 3 4 5 6 7 8 0 1   9 1 3 4 5 6 7 8 9 0 1 2
         K K K K K K K K   K K K K K K K K K K K   K K K K K K K K K K K   K K K K K K K K K K K K
        ------------------------------------------------------------------------------------------
 1 K01 |   1     1     1 |     1 1   1           |                 1     | 1 1                     |
 2 K02 | 1     1 1       | 1       1           1 |                       |                         |
 3 K03 | 1 1             | 1 1 1     1     1   1 |                       |                   1 1   |
 4 K04 | 1   1   1   1   |           1 1   1     |     1     1         1 |                 1 1 1   |
 5 K05 | 1 1 1 1     1   | 1   1     1 1         |       1 1             |               1 1   1   |
42 K42 |                 |                       |                       |                         |
17 K17 | 1 1             |     1 1   1           |                   1   |   1             1 1 1   |
14 K14 |                 |     1 1               |                       |                         |
        ------------------------------------------------------------------------------------------
 8 K08 | 1 1 1 1 1   1 1 |   1 1 1 1 1 1 1 1 1 1 | 1 1                 1 |           1     1 1 1   |
10 K10 |     1   1   1 1 |     1   1 1 1 1 1 1   |   1                   |     1 1 1 1   1 1 1 1   |
 6 K06 | 1   1 1     1 1 |   1   1 1 1 1     1 1 |       1               |             1 1     1   |
12 K12 |   1 1 1 1   1 1 |         1             |   1                   |   1   1 1 1   1 1   1 1 |
13 K13 |                 |   1 1       1 1     1 |   1                   |         1   1       1   |
 9 K09 | 1           1 1 |                 1   1 |                       |       1 1     1 1 1     |
 7 K07 |     1       1   | 1 1 1   1 1   1 1 1 1 |     1                 |           1 1 1 1 1 1   |
16 K16 | 1 1 1 1         | 1 1       1 1         |               1 1     |   1     1     1   1 1 1 |
19 K19 |       1         |             1         |                       |                         |
18 K18 | 1 1     1       | 1                   1 |                       |           1         1   |
11 K11 | 1 1 1       1 1 | 1             1   1   |   1                   |     1 1   1 1 1 1 1   1 |
        ------------------------------------------------------------------------------------------
20 K20 |     1           |     1                 |       1               |                 1 1 1   |
15 K15 | 1 1 1           |                       |                 1 1   | 1 1 1   1 1 1   1   1 1 |
22 K22 |   1 1 1         |     1                 |           1 1       1 | 1     1 1   1 1 1 1   1 |
23 K23 | 1 1 1           |     1                 |         1 1           |   1   1   1   1         |
24 K24 |                 |                 1     |       1   1   1     1 | 1 1     1 1 1 1 1 1 1   |
25 K25 | 1 1 1 1         |                       |             1         | 1         1     1       |
26 K26 |     1       1   |                   1   |     1 1   1     1 1 1 | 1 1 1   1       1 1 1   |
27 K27 | 1 1             |                       | 1   1 1 1       1   1 |       1       1 1 1 1   |
28 K28 | 1           1   |               1 1 1   | 1 1 1 1 1 1 1 1   1 1 | 1 1 1 1 1 1 1 1 1 1 1 1 |
30 K30 | 1 1 1       1   |                       |         1 1           |                     1   |
21 K21 | 1 1 1 1 1       |                       |     1 1   1           |                   1     |
        ------------------------------------------------------------------------------------------
29 K29 |                 |                       |                       |                         |
31 K31 | 1 1 1 1 1       | 1   1     1 1       1 |                       |                   1 1   |
33 K33 | 1 1 1 1 1       | 1           1         |                       |               1 1 1 1   |
34 K34 | 1   1 1         |     1                 |                       |             1 1 1 1     |
35 K35 | 1 1 1 1 1       |     1       1         |                       |           1   1 1 1 1   |
36 K36 | 1 1             |     1                 |                       |         1   1 1 1 1 1   |
37 K37 | 1               |                       |                       |       1 1 1   1 1 1 1   |
38 K38 | 1 1   1         |                       |                       |       1                 |
39 K39 |     1           |                       |                       |     1   1 1 1 1       1 |
40 K40 |   1             |                       |                       |   1 1 1 1 1 1 1 1   1 1 |
41 K41 | 1               |                       |                   1   |   1   1 1 1 1 1 1 1   1 |
32 K32 | 1 1 1 1 1       | 1     1       1     1 |   1 1                 |                 1 1 1   |
        ------------------------------------------------------------------------------------------


Density Matrix

             1     2     3     4
         ----- ----- ----- -----
    1    0.339 0.273 0.080 0.146
    2    0.455 0.464 0.091 0.402
    3    0.330 0.066 0.364 0.470
    4    0.333 0.114 0.023 0.432
```

네트워크 전체의 밀도를 기준값으로 하여 밀도 매트릭스를 이미지 매트릭스로 변환하면 이러한 블록 간의 관계를 좀 더 쉽게 파악할 수 있다. 네트워크 밀도 0.270보다 큰 셀은 1로 대체하고 그렇지 않은 셀은 0으로 대체한다. 생성된 이미지 매트릭스를 이미지 그래프를 이용하여 시각적으로 표현하였다. 이미지 매트릭스와 이미지 그래프를 통해 블록들이 서로 어떻게 관련되어 있는지를 쉽게 파악할 수 있다.

그림 8-33 ▌ 네트워크 밀도

```
                   1       2       3       4       5
             Density No. of  Std Dev Avg Deg   Alpha
                        Ties             ree
             ------- ------- ------- ------- -------
 1 Get-Help    0.270     465   0.444  11.071   0.940
```

그림 8-34 ▌ 이미지 매트릭스와 이미지 그래프

	밀도 매트릭스					이미지 매트릭스*					이미지 그래프
도움받기		β_1	β_2	β_3	β_4		β_1	β_2	β_3	β_4	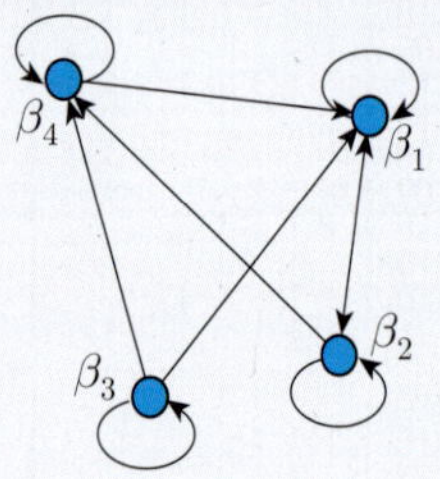
	β_1	0.339	0.273	0.080	0.146	β_1	1	1	0	0	
	β_2	0.455	0.464	0.091	0.402	β_2	1	1	0	1	
	β_3	0.330	0.066	0.364	0.470	β_3	1	0	1	1	
	β_4	0.333	0.114	0.023	0.432	β_4	1	0	0	1	

*기준값 0.270

UCINET 활용

01 군집분석(구조적 등위성 탐색)

- 『Network > Roles & Positions > Structural > Profile』을 선택한다.
- 『Structural Equivalence via Profile Similarity』 대화상자에서 분석대상 관계 데이터를 선택한 후 『OK』 버튼을 클릭한다.
- 『Include Transpose in Calculations』에서 전치행렬을 포함시키거나 포함시키지 않을 수 있다. 데이터가 대칭 매트릭스(즉 비방향 그래프)일 경우, 전치행렬은 원래의 매트릭스와 동일하므로 포함돼서는 안 된다. 비대칭 매트릭스(즉 방향 그래프)의 경우, 전치행렬이 포함되지 않으면 행(즉 나가는 연결관계)에 대한 유사성을 계산한다. 나가는 연결관계와 들어오는 연결관계 모두를 대상으로 유사성을 계산하고자 한다면 'Yes'를 선택하여 전치행렬을 포함시킨다.
- 『Measure of Profile Similarity/Distance』에는 유사성/상이성 측정방법을 선택한다.
- 『For Binary Data: Convert to Geodesic Distances』에 'Yes'를 지정하면 이진형 관계 데이터를 최단경로거리로 변환한 후 이를 이용하여 구조적 등위성 매트릭스를 생성한다.

그림 8-35 ▌『Structural Equivalence via Profile Similarity』 대화상자

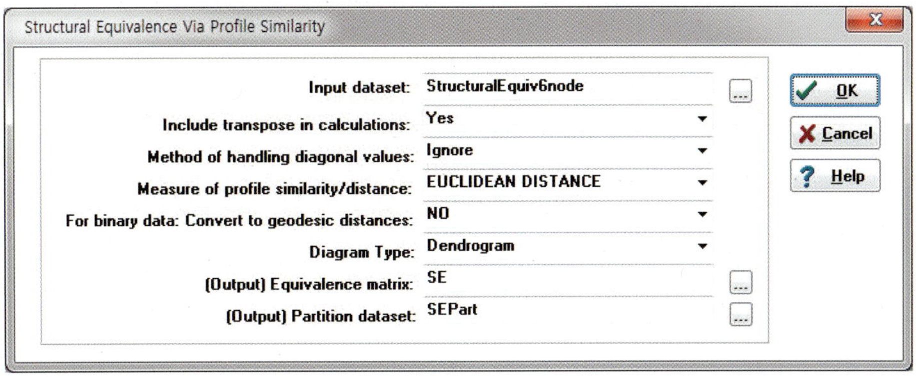

02 CONCOR(구조적 등위성 탐색)

- 『Network > Roles & Positions > Structural > Concor > Standard』를 선택한다.
- 『CONCOR』 대화상자에서 분석대상 관계 데이터를 선택한 후 『OK』 버튼을 클릭한다.
- 방향 그래프의 경우 나가는 연결관계와 들어오는 연결관계를 동시에 고려하기 위해서는 『Include Transpose』에서 'Yes'를 선택한다. 『Max Depth of Splits(Not Blocks)』에는 분할 횟수를 지정한다. 예를 들어, 2를 지정하면 2회의 분할이 이루어진다. 『Convergence Criteria』에는 수렴으로 인정할 상관계수 값의 허용오차(tolerance)를 지정한다. 기본값은 0.2로서 상관계수가 −0.8 ~

0.8의 범위에 있으면 수렴된 것으로 인정한다.

- 『Interactive』에 체크하게 되면 『Split Blocks』 대화상자에서 어느 블록을 더 분할할지 또는 분할을 중단할지를 결정할 수 있다.

>>> 그림 8-36 ▌『CONCOR』 대화상자

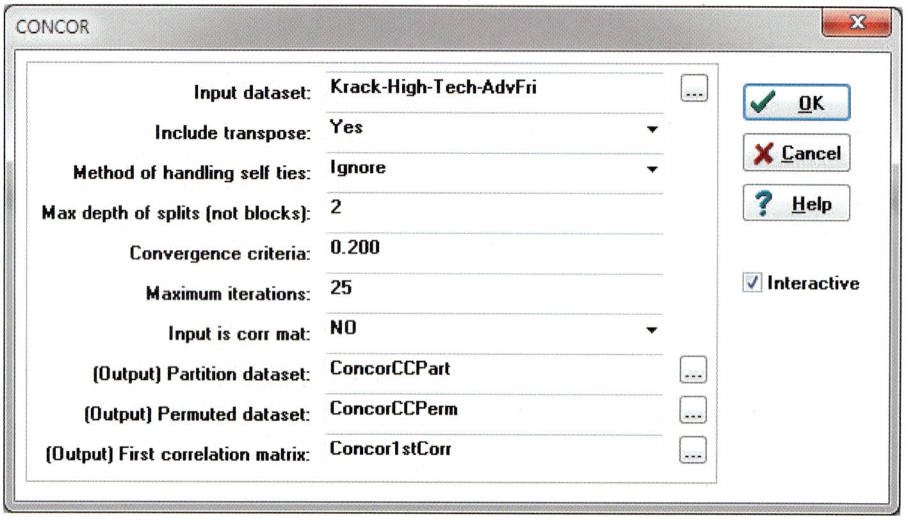

>>> 그림 8-37 ▌『Split Blocks』 대화상자

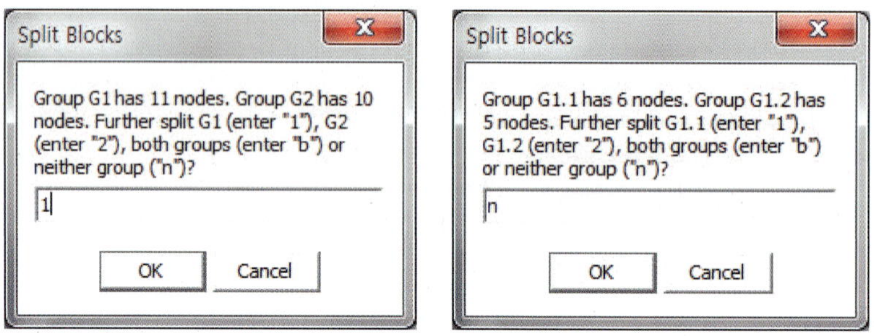

03 타부탐색 최적화(구조적 등위성 탐색)

- 『Network>Roles & Positions>Structural>Optimization>Binary』를 선택한다.
- 『Structural Equivalence Blockmodel』 대화상자에서 분석대상 관계 데이터를 선택한 후 『OK』 버튼을 클릭한다.
- 『Number of Blocks』에 액터들이 할당될 블록의 개수를 지정한다.

>>> 그림 8-38 ▌『Structural Equivalence Blockmodel』 대화상자

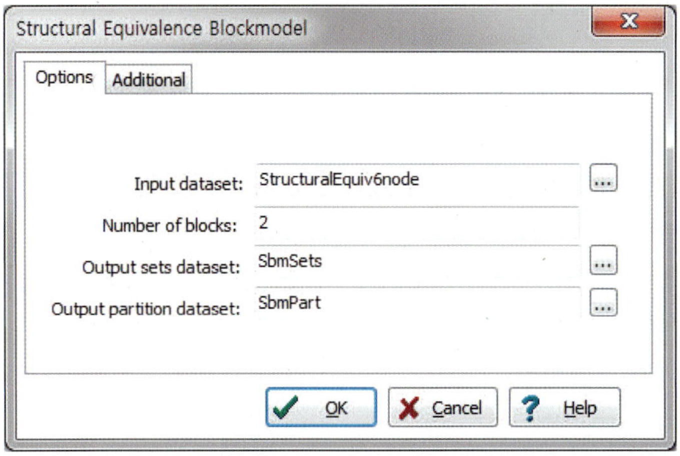

04 퍼뮤테이션(동형적 등위성 탐색)

- 『Network > Roles & Positions > Automorphic > All Permutations』를 선택한다.
- 『All Permutations』 대화상자에서 분석대상 관계 데이터를 선택한 후 『OK』 버튼을 클릭한다.

>>> 그림 8-39 ▌『All Permutations』 대화상자

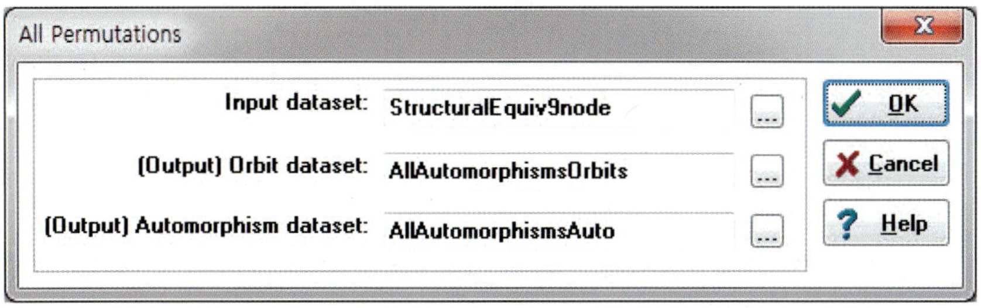

05 타부탐색 최적화(동형적 등위성 탐색)

- 『Network > Roles & Positions > Exact > Optimization』을 선택한다.
- 『Tabu Search』 대화상자에서 분석대상 관계 데이터를 선택한 후 『OK』 버튼을 클릭한다.
- 『Number of Blocks』에 액터들이 할당될 블록의 개수를 지정한다.

>>> 그림 8-40 ▌『Tabu Search』 대화상자(동형적 등위성)

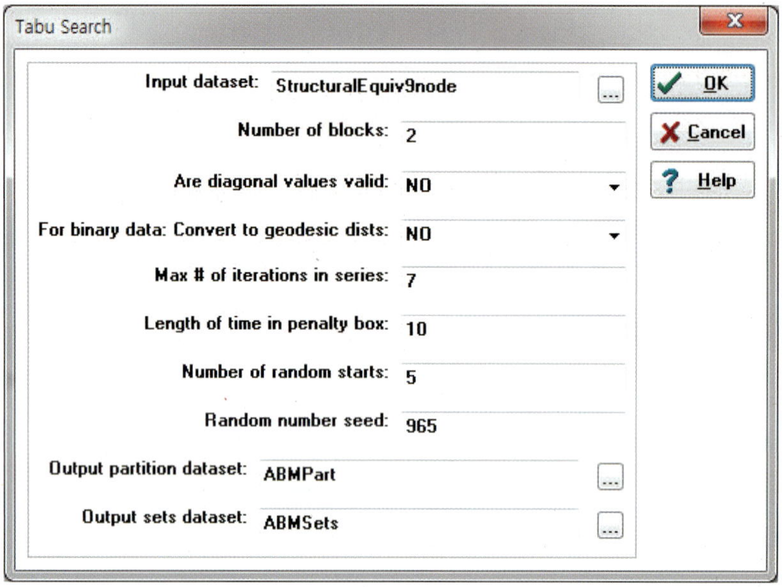

06 범주형 REGE(보편적 등위성 탐색)

- 『Network > Roles & Positions > Maximal Regular > CATREGE』를 선택한다.
- 『Categorical』 대화상자에서 분석대상 관계 데이터를 선택한 후 『OK』 버튼을 클릭한다.
- 『Convert Data to Geodesic Distances』에 원래의 인접 매트릭스를 사용할지('No' 선택) 혹은 최단경로거리 매트릭스를 사용할지('Yes' 선택)를 지정한다.

>>> 그림 8-41 ▌『Categorical』 대화상자

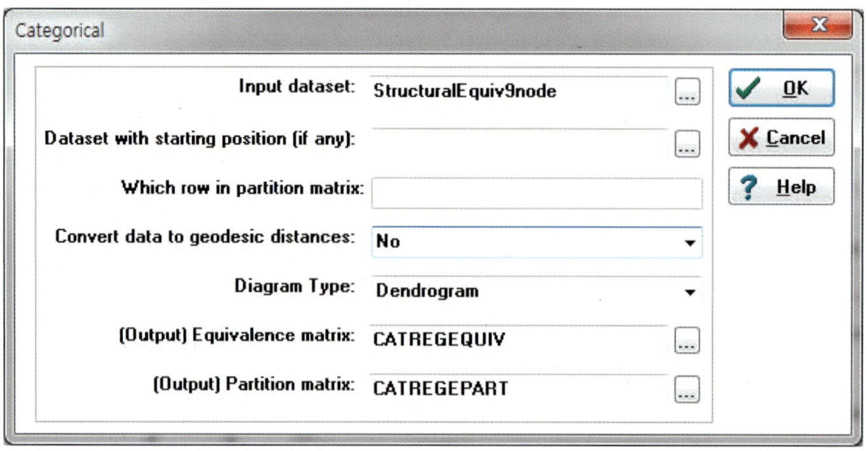

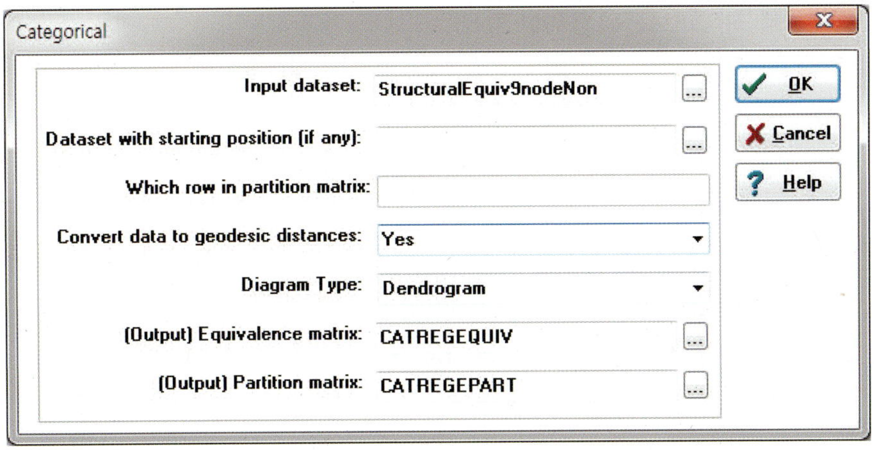

07 연속형 REGE(보편적 등위성 탐색)

- 『Network > Roles & Positions > Maximal Regular > REGE』를 선택한다.
- 『Rege(Continuous)』 대화상자에서 분석대상 관계 데이터를 선택한 후 『OK』 버튼을 클릭한다.
- 『Convert Data to Geodesic Distances』에 원래의 인접 매트릭스를 사용할지('No' 선택) 혹은 최단경로거리 매트릭스를 사용할지('Yes' 선택)를 지정한다.

그림 8-42 ▎『Rege(Continuous)』 대화상자

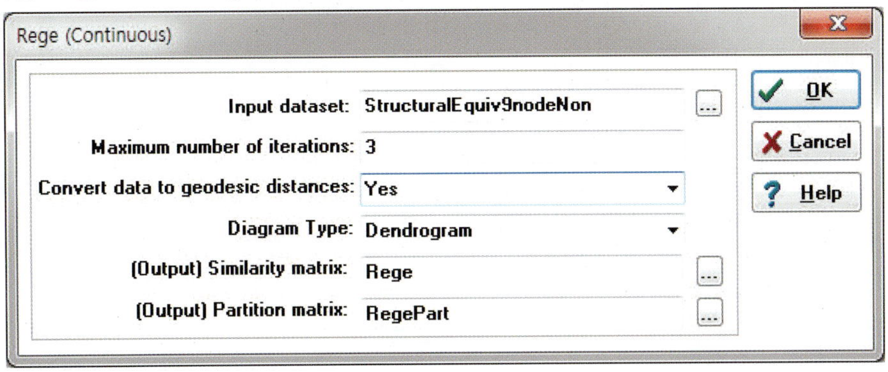

08 타부탐색 최적화(보편적 등위성 탐색)

- 『Network > Roles & Positions > Maximal Regular > Optimization』을 선택한다.
- 『Tabu Search』 대화상자에서 분석대상 관계 데이터를 선택한 후 『OK』 버튼을 클릭한다.
- 『Number of Blocks』에 액터들이 할당될 블록의 개수를 지정한다.

그림 8-43 『Tabu Search』 대화상자(보편적 등위성)

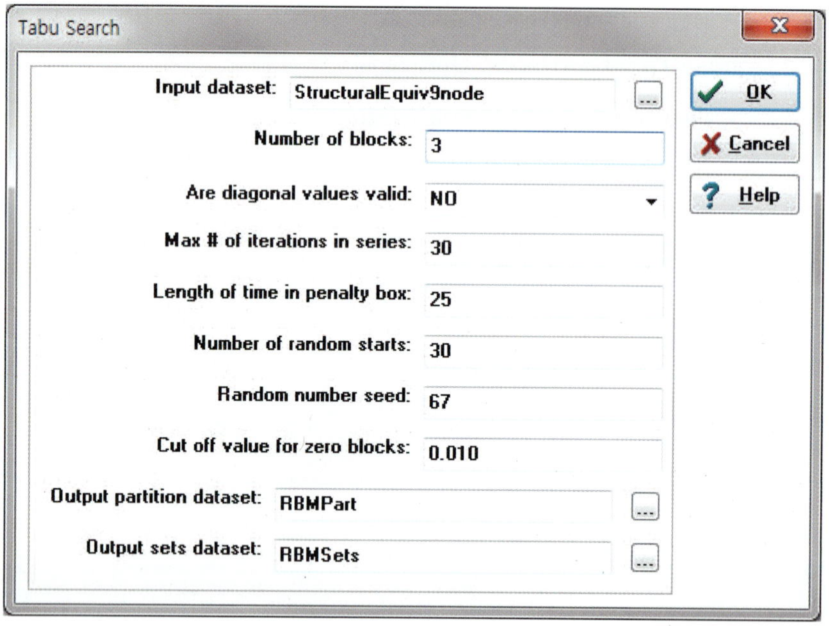

09 이산형(범주형) 중심-주변모델 탐색

- 『Network > Core/Periphery > Categorical』을 선택한다.
- 『Categorical Core/Periphery Model』 대화상자에서 분석대상 관계 데이터를 선택한 후 『OK』 버튼을 클릭한다.
- 이상적 블록구조의 중심-주변블록 또는 주변-중심블록에 대한 연결관계 정도를 지정하려면 『Desired Density for Core to Periphery Ties』나 『Desired Density for Periphery to Core Ties』에 밀도를 지정한다(예를 들면, 0.5). 아무것도 지정하지 않거나 'NA'를 지정하면 비대각선 블록은 결측값으로 처리되어, 비대각선 블록의 연결관계는 무시한 채 중심블록의 밀도를 최대화하고 주변블록의 밀도를 최소화하는 블록구조를 탐색한다.

그림 8-44 ▌『Categorical Core/Periphery Model』 대화상자(이산형 중심-주변모델)

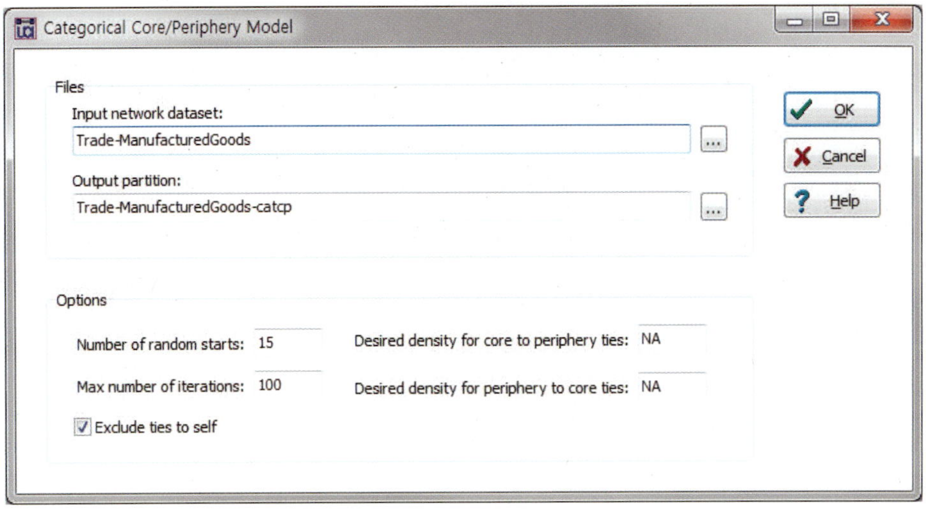

10 연속형 중심-주변모델 탐색

- 『Network > Core/Periphery > Continuous』를 선택한다.
- 『Coreness』 대화상자에서 분석대상 관계 데이터를 선택한 후 『OK』 버튼을 클릭한다.
- 『Algorithm』에는 적합도 계산에 사용할 척도를 지정한다.

그림 8-45 ▌『Coreness』 대화상자(연속형 중심-주변모델)

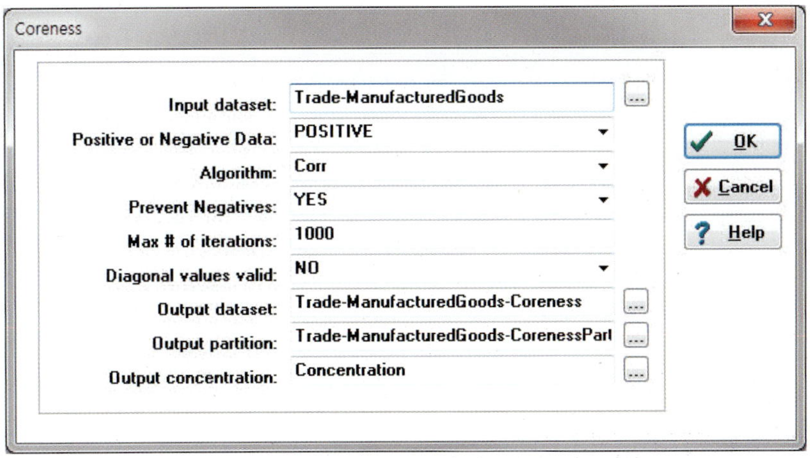

11 데이터 파일의 분할 또는 병합하기

- 복수의 관계를 포함하고 있는 데이터 파일은 『Data>Unpack』 명령어를 이용하여 단일 관계를 갖는 데이터 파일들로 변환할 수 있다.

그림 8-46 ▌『Unpack』 대화상자

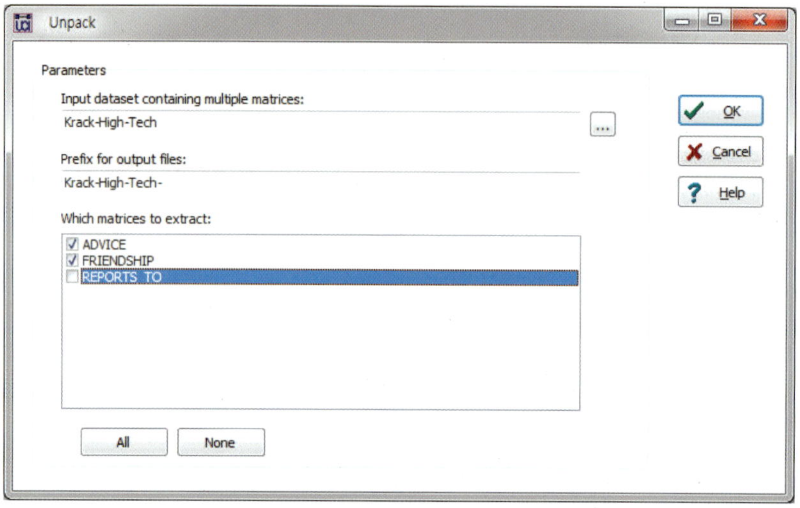

- 단일 관계를 갖는 데이터 파일들은 『Data>Join>Join Matrices』 명령어를 이용하여 복수 관계를 포함하는 데이터 파일로 변환할 수 있다.

그림 8-47 ▌『Join Multiple Datasets as Matrices』 대화상자

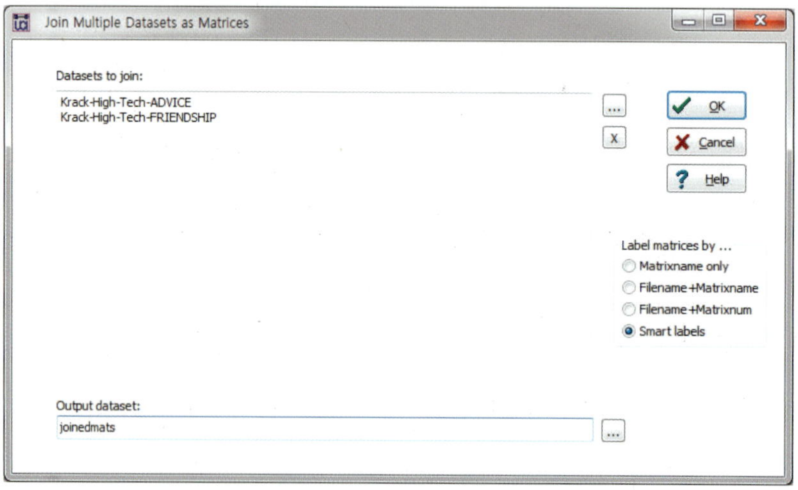

연습문제

01 15명으로 구성된 아래와 같은 소셜네트워크에 대해 다음 질문에 답하시오.

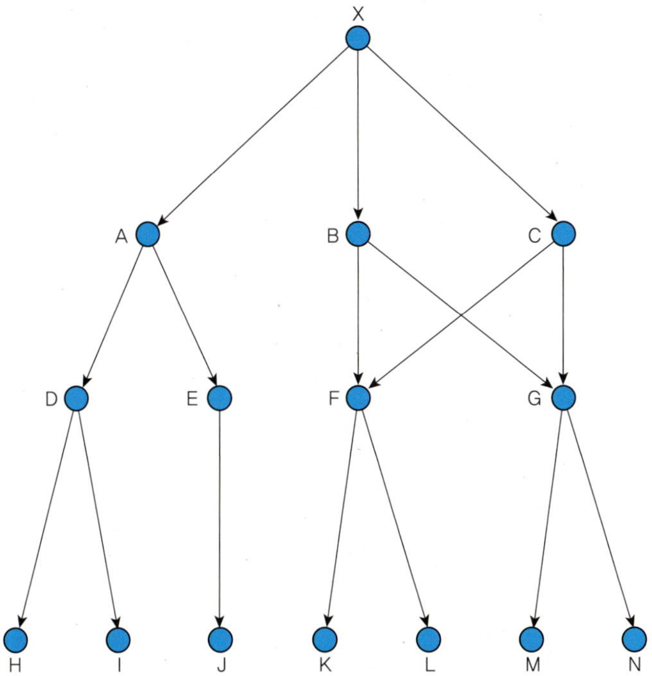

① 네트워크를 DL 형식으로 표현하시오.
② 군집분석을 이용하여 구조적 등위성 계층을 탐색하시오.
③ 범주형 REGE를 이용하여 보편적 등위성 계층을 탐색하시오.

02 다섯 명으로 구성된 아래와 같은 소셜네트워크에 대해 다음 질문에 답하시오.

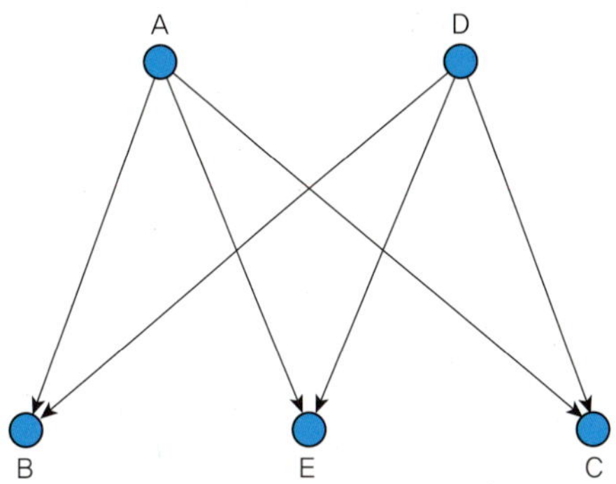

① 네트워크를 DL 형식으로 표현하시오.
② 군집분석을 이용하여 구조적 등위성 계층을 탐색하시오.
③ CONCOR를 이용하여 구조적 등위성 계층을 탐색하시오.
④ 타부탐색 최적화를 이용하여 구조적 등위성 계층을 탐색하시오.

03 여섯 명으로 구성된 아래와 같은 소셜네트워크에 대해 다음 질문에 답하시오.

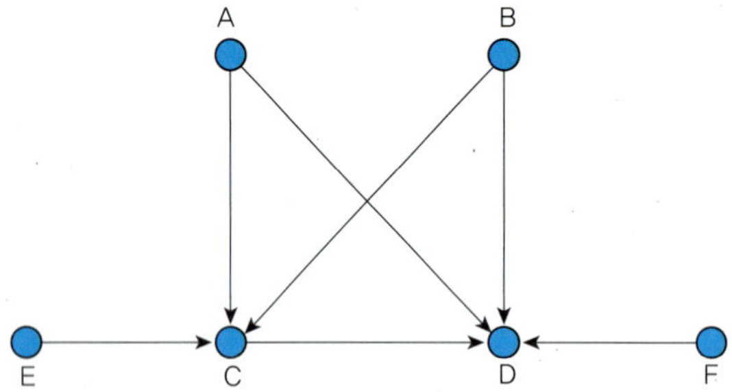

① 네트워크를 DL 형식으로 표현하시오.
② 퍼뮤테이션 방법을 이용하여 동형적 등위성 계층을 탐색하시오.

04 24개 국가 간 원료 무역거래 네트워크에서 중심-주변구조를 탐색하시오(Trade-CrudeMaterials.##h 파일).

09
CHAPTER

소셜네트워크분석
Social Network Analysis

2-모드 네트워크분석

- 2-모드 데이터
- 단일모드 접근법
- 이분모드 접근법

CHAPTER

09 2-모드 네트워크분석

소셜네트워크분석은 대부분 한 가지 유형의 액터 집합과 그들 간의 관계를 분석한다. 즉 한 가지 유형의 액터에 초점이 맞추어진 1-모드 네트워크 데이터를 대상으로 한다. 1-모드 데이터는 일반적으로 액터로부터 직접 수집하거나, 기 작성된 문서 또는 데이터베이스로부터 2차 데이터 형태로 수집한다. 그러나 이러한 1-모드 데이터의 수집이 용이하지 않은 경우도 종종 있다. 그럴 경우에는 2-모드 데이터로부터 액터 간 관계를 간접적으로 유추할 필요가 있다. 또는 서로 다른 두 가지 유형의 액터 간 관계에 분석의 초점이 있어서 애초부터 2-모드 네트워크 데이터를 분석해야 하는 경우도 있다. 여기에서는 2-모드 네트워크를 분석하기 위한 다양한 접근법을 살펴본다.

2-모드 데이터

두 가지 서로 다른 유형의 액터 간 관계를 표현한 데이터를 2-모드 데이터라고 한다. 2-모드 데이터에서는 각 유형 내의 액터 간 연결관계는 존재하지 않는 것으로 가정하며, 오로지 서로 다른 두 유형 간 연결관계에만 관심을 갖는다. 예를 들어, 영화배우와 영화 간의 관계 데이터는 전형적인 2-모드 데이터이다. 서로 다른 모드에 속하는 영화배우와 영화 간 관계가 측정된다. 동일 모드 내의 영화배우와 영화배우 간 관계나 영화와 영화 간 관계는 서로 다른 모드에 속하는 영화와 영화배우를 통해 간접적으로 유추될 수 있다.

2-모드 데이터는 일반적으로 비방향 네트워크로 간주된다. 예를 들어, 영화배우와 출연하는 영화로 구성된 2-모드 네트워크라면 영화를 선택하는 것은 영화배우이고 그 반대로의 방향은 존재하지 않는다. 즉 이 네트워크에는 실제로 방향이 존재한다. 그러나 모든 연결관

계가 이처럼 영화배우에서 영화로 한 방향으로만 향한다면 연결관계의 방향을 유지함으로써 얻을 수 있는 이득은 거의 없다. 반면에 이렇게 연결관계의 방향을 유지하면 앞으로 논의하게 될 분석방법들을 적용할 때 많은 제약이 따르게 된다.

[그림 9-1]은 여성과 이들이 참여하는 사회적 활동 간의 관계를 보여주는 2-모드 데이터의 예이다(Davis et al. 1941; Davis.##h 파일). 데이비스 등(Davis et al. 1941)은 18명의 여성들을 9개월 동안 추적 관찰하여 이들이 참여하는 14개의 다양한 사회적 활동(사교모임, 교회 활동, 파티 등의 사회적 이벤트)을 기록하고 이를 2-모드 네트워크 데이터 형태로 기록하였다. 행은 18명의 여성을 나타내고, 열은 14개의 사회적 활동을 나타낸다.

2-모드 데이터를 수집할 때 분석의 초점은 대개 두 모드 중 어느 한쪽 모드의 액터에 맞춰지는 경우가 많다. 예를 들어, [그림 9-1]의 2-모드 데이터는 여성들의 사회적 관계를 이해하기 위해 수집되었다. 구체적으로 데이비스 등(Davis et al. 1941)은 이 데이터를 이용하여 여성들 간의 사회적 연결관계와 이들이 속한 사회적 계층 간의 관련성을 분석하였다. 반면에 분석의 초점이 어느 한쪽 모드에 있지 않고, 두 모드 간의 대응관계에 있는 경우도 있다. 예를 들어, 종합상사 예비 주재원들에게 근무하고 싶은 나라를 복수로 선택하게 하여 주재원과 희망 국가로 구성된 2-모드 네트워크를 구축할 수 있다. 이 경우 분석의 목적은 주재원이 국가를 통해서 서로 어떻게 연결되어 있는지도 아니고 국가가 주재원을 통해 서로 어떻게 연결되어 있는지도 아니다. 여기에서 2-모드 네트워크의 주요 분석 목적은 주재원과 희망하는 근무 국가 간의 관계구조를 파악하는 것이다. 이를 통해 주재원의 불만은 최소

그림 9-1 ▌여성과 사회적 활동 간의 2-모드 데이터

		1 E1	2 E2	3 E3	4 E4	5 E5	6 E6	7 E7	8 E8	9 E9	10 E1 0	11 E1 1	12 E1 2	13 E1 3	14 E1 4
1	EVELYN	1	1	1	1	1	1		1	1					
2	LAURA	1	1	1		1	1	1	1						
3	THERESA		1	1	1	1	1	1	1	1					
4	BRENDA	1		1	1	1	1	1	1						
5	CHARLOTTE			1	1	1		1							
6	FRANCES			1		1	1		1						
7	ELEANOR					1	1	1	1						
8	PEARL						1		1	1					
9	RUTH					1		1	1	1					
10	VERNE							1	1	1			1		
11	MYRNA								1	1	1		1		
12	KATHERINE								1	1	1		1	1	1
13	SYLVIA							1	1	1	1		1	1	1
14	NORA						1	1		1	1	1	1	1	1
15	HELEN							1	1		1	1	1		
16	DOROTHY								1	1					
17	OLIVIA									1		1			
18	FLORA									1		1			

화하면서 동시에 모든 국가에는 주재원이 충원될 수 있도록 주재원과 국가 간의 최적의 할당을 찾아볼 수 있을 것이다.

2-모드 네트워크 데이터를 다루는 방법은 두 모드를 하나씩 독립적으로 분석하는지 또는 두 모드를 동시에 분석하는지에 따라 단일모드 접근법과 이분모드 접근법으로 나누어볼 수 있다(Borgatti et al. 2013; Borgatti and Everett 1997; Borgatti and Halgin 2011).

단일모드 접근법

2-모드 데이터를 분석하는 단일모드 접근법(unimodal approach)은 2-모드 데이터를 두 개의 1-모드 데이터로 변환하여 각각의 모드를 독립적으로 분석한다. 이러한 접근법은 주로 두 모드 가운데 어느 한 모드에 관심이 있을 때 사용할 수 있다. 단일모드 접근법은 동일한 이벤트에 참여한다는 것이 액터 간 사회적 관계 형성의 징후이거나, 최소한 사회적 관계로 발전할 잠재적 기회라고 가정한다.[1] 이벤트를 공유하는 정도에 따라 액터 간 관계의 유무나 강도가 결정된다.

[그림 9-2]는 [그림 9-1]의 2-모드 데이터로부터 생성한 여성 간의 1-모드 데이터이다. 행과 열은 모두 여성을 나타내며, 매트릭스의 셀 값은 관련된 두 여성이 함께 참여하는 사회적 활동의 개수를 의미한다.

액터 i가 이벤트 j에 참여하면 $x_{ij}=1$이고 그렇지 않으면 $x_{ij}=0$인 2-모드 매트릭스 X가 있다고 할 때, 이로부터 액터들 간의 1-모드 매트릭스 A는 다음과 같이 생성할 수 있다. 행렬 연산의 관점에서 보면 이는 2-모드 매트릭스 X에 그 전치행렬 X^T를 곱해서 구하는 것과 같다. 이렇게 생성한 1-모드 매트릭스 A의 셀 값 a_{ij}는 액터 i와 액터 j가 함께 참여하는 이벤트의 개수를 나타낸다. 대각선의 셀 값은 각 액터가 참여하는 총 이벤트 개수이다.[2]

1 여기에서는 편의상 한 모드는 액터로, 다른 모드는 이벤트로 부른다.

2 2-모드 네트워크가 계량 그래프일 경우에 이러한 방식으로 1-모드 네트워크로 변환하면 해석상의 어려움이 있을 수 있다. 좀 더 해석이 용이한 방법은 두 셀 값의 곱의 합을 구하는 대신에 최소값의 합을 계산하는 것이다. 예를 들어, 컨설턴트와 참여 프로젝트 간의 2-모드 네트워크에서 셀 값이 참여시간을 나타낸다면, 최소값 방법을 이용한 컨설턴트 간 1-모드 네트워크의 셀 값은 두 컨설턴트가 함께 투입할 수 있는 최대 가능한 시간을 나타낸다. UCINET을 이용하여 변환할 경우 『Method』에 'Sums of Cross-Minimums'를 지정한다.

그림 9-2 ▌여성 간의 1-모드 데이터

		1 EVELYN	2 LAURA	3 THERESA	4 BRENDA	5 CHARLOTTE	6 FRANCES	7 ELEANOR	8 PEARL	9 RUTH	10 VERNE	11 MYRNA	12 KATHERINE	13 SYLVIA	14 NORA	15 HELEN	16 DOROTHY	17 OLIVIA	18 FLORA
1	EVELYN	8	6	7	6	3	4	3	3	3	2	2	2	2	2	1	2	1	1
2	LAURA	6	7	6	6	3	4	4	2	3	2	1	1	2	2	2	1		
3	THERESA	7	6	8	6	4	4	4	3	4	3	2	2	3	3	2	2	1	1
4	BRENDA	6	6	6	7	4	4	4	2	3	2	1	1	2	2	2	1		
5	CHARLOTTE	3	3	4	4	4	2	2		2	1			1	1	1			
6	FRANCES	4	4	4	4	2	4	3	2	2	1	1	1	1	1	1	1		
7	ELEANOR	3	4	4	4	2	3	4	2	3	2	1	1	2	2	2	1		
8	PEARL	3	2	3	2		2	2	3	2	2	2	2	2	2	1	2	1	1
9	RUTH	3	3	4	3	2	2	3	2	4	3	2	2	3	2	2	2	1	1
10	VERNE	2	2	3	2	1	1	2	2	3	4	3	3	4	3	3	2	1	1
11	MYRNA	2	1	2	1		1	1	2	2	3	4	4	4	3	3	2	1	1
12	KATHERINE	2	1	2	1		1	1	2	2	3	4	6	6	5	3	2	1	1
13	SYLVIA	2	2	3	2	1	1	2	2	3	4	4	6	7	6	4	2	1	1
14	NORA	2	2	3	2	1	1	2	2	2	3	3	5	6	8	4	1	2	2
15	HELEN	1	2	2	2	1	1	2	1	2	3	3	3	4	4	5	1	1	1
16	DOROTHY	2	1	2	1		1	1	2	2	2	2	2	2	1	1	2	1	1
17	OLIVIA	1		1					1	1	1	1	1	1	2	1	1	2	2
18	FLORA	1		1					1	1	1	1	1	1	2	1	1	2	2

UCINET 메뉴에서 『Data>Affiliations(2-mode to 1-mode)』를 선택한다. 『Affiliations: Convert 2-mode to 1-mode Data』 대화상자의 『Files』에서 'Input Dataset'(여기에서는 Davis.##h)과 'Output Dataset'(여기에서는 Davis-Woman.##h)을 지정한다. 『Mode』에는 'Rows'(액터) 또는 'Columns'(이벤트)를 지정할 수 있다(여기에서는 'Rows'). 『Method』에는 1-모드 매트릭스의 셀 값을 계산하는 방법을 지정한다. 여기에서는 'Sums of Cross-Products(Overlaps)'를 지정하였다. 이 방법은 함께 참여하는 이벤트 개수를 계산한다. 이 밖에도 다양한 방법을 지정할 수 있다. 예를 들어, 참여하는 이벤트의 총개수에 있어서 액터 간 편차가 클 경우 이러한 액터 간 차이에 따른 왜곡을 완화하기 위하여 이를 그대로 사용하지 않고 정규화할 수 있다('Bonacich 72' 지정). 매칭 방식을 이용하여 셀 값을 결정할 수도 있다. 전체 이벤트 개수 대비 일치하는 열의 비율로 셀 값을 결정하거나('Matches(Counts of Same Values)' 지정), 일치하는 열의 비율을 계산할 때 (0, 0)으로 일치하는 경우를 제외할 수도 있다('Jaccard(positive matches)' 지정).

$$a_{ij} = \sum_k x_{ik} x_{jk}$$

$$A = XX^T$$

복잡한 산식을 사용하지 않고 얘기하자면, 2-모드 매트릭스 X의 i 행과 j 행에서 셀 값이 동시에 1인 열의 개수를 세면 이것이 곧 액터 i와 액터 j가 함께 참여하는 이벤트의 개수가 된다. 예를 들어, Evelyn 행과 Laura 행을 보면 동시에 1인 열의 개수는 여섯 개이고, 이는 이들이 여섯 개의 이벤트(E1, E2, E3, E5, E6, E8)를 함께 하고 있다는 것을 의미한다. 반면에 Olivia 행과 Theresa 행을 보면 동시에 1인 열이 하나밖에 없으며, 이는 이들이 하나의 이벤트(E9)만을 공유한다는 것을 나타낸다. Olivia 행과 Laura 행처럼 동시에 1인 열이 하나도 없는 경우도 있으며, 이는 이들 두 사람은 함께 하는 이벤트가 전혀 없다는 것을 나타낸다. 이렇게 만들어진 1-모드 매트릭스는 액터 간의 유사도 매트릭스(similarity matrix) 또는 근접 매트릭스(proximity matrix)로 볼 수 있으며, 셀 값은 관계강도로 해석할 수 있다. 공유하는 이벤트가 많을수록 두 액터는 서로 유사하며 서로 간의 거리는 가깝다. [그림 9-3]은 이렇게 생성한 1-모드 네트워크 그래프이다. 관계강도 3 이상의 연결관계만를 나타냈으며, 함께 참여하는 이벤트의 개수에 비례하여 라인의 굵기를 조정하였다. 왼쪽과 오른쪽으로 크게 두 개의 서브그룹이 형성되어 있으며, Dorothy, Olivia, Flora는 이들 두 서브그룹과는 단절되어 있는 것을 볼 수 있다.

그림 9-3 ▌ 여성 간의 1-모드 네트워크

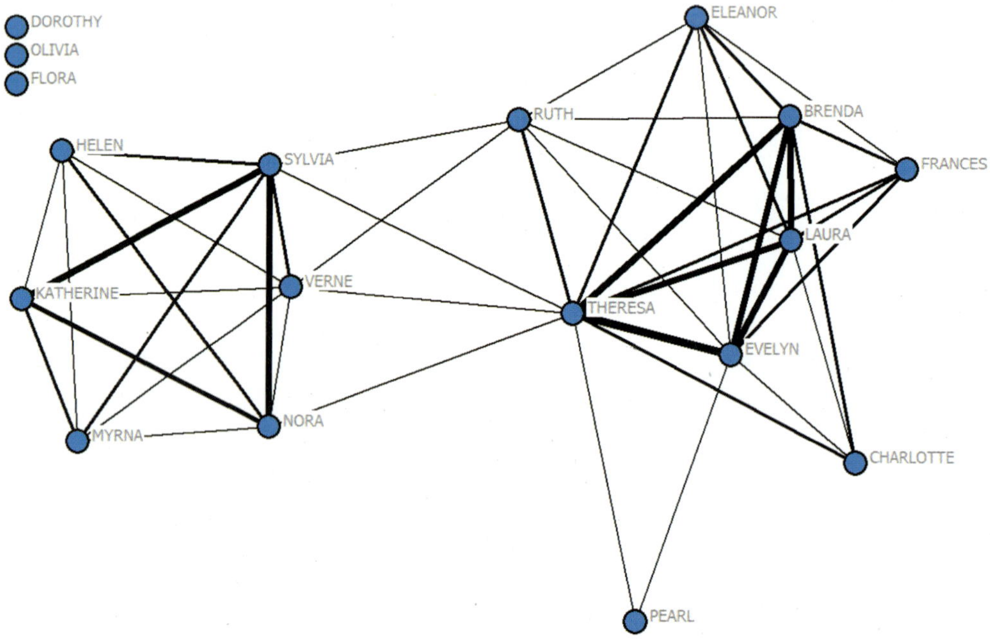

먼저 관계강도 3 이상으로만 구성된 네트워크 데이터를 생성한다. UCINET 메뉴에서 『Transform>Recode』를 선택한다. 『Recode Matrix Values』 대화상자의 『Files』 탭에서 'Input Dataset'(여기에서는 Davis.##h)과 'Output Dataset'(여기에서는 Davis-Woman-GT_3.##h)을 지정한다. 『Recode』 탭에 0부터 2까지의 값을 0으로 재코딩하도록 지정한 후 『Add』 버튼을 클릭한다. 『Recode Matrix Values』 대화상자로 돌아와서 『OK』 버튼을 클릭한다. 이제 이렇게 생성한 데이터를 NetDraw를 이용하여 그래프로 그린다. 함께 참여하는 이벤트 개수에 비례하여 선의 굵기를 조정하려면 NetDraw 메뉴의 『Properties>Lines>Size>Tie Strength』를 이용한다.

그림 9-4 ▌사회적 활동 간의 1-모드 데이터

		1 E1	2 E2	3 E3	4 E4	5 E5	6 E6	7 E7	8 E8	9 E9	10 E10	11 E11	12 E12	13 E13	14 E14
1	E1	3	2	3	2	3	3	2	3	1					
2	E2	2	3	3	2	3	3	2	3	2					
3	E3	3	3	6	4	6	5	4	5	2					
4	E4	2	2	4	4	4	3	3	3	2					
5	E5	3	3	6	4	8	6	6	7	3					
6	E6	3	3	5	3	6	8	5	7	4	1	1	1	1	1
7	E7	2	2	4	3	6	5	10	8	5	3	2	4	2	2
8	E8	3	3	5	3	7	7	8	14	9	4	1	5	2	2
9	E9	1	2	2	2	3	4	5	9	12	4	3	5	3	3
10	E10						1	3	4	4	5	2	5	3	3
11	E11						1	2	1	3	2	4	2	1	1
12	E12						1	4	5	5	5	2	6	3	3
13	E13						1	2	2	3	3	1	3	3	3
14	E14						1	2	2	3	3	1	3	3	3

여성과 사회적 활동 간의 2-모드 네트워크로부터 여성 간의 1-모드 네트워크를 생성한 것과 유사한 방식으로 사회적 활동 간의 1-모드 네트워크를 생성할 수 있다. 이번에는 2-모드 매트릭스 X의 i 열과 j 열에서 셀 값이 동시에 1인 행의 개수를 세면 이것이 곧 이벤트 i와 이벤트 j에 함께 참여하는 액터의 개수가 된다.[3] 대각선의 셀 값은 각 이벤트에 참여하는 총 액터 수가 된다. [그림 9-4]는 이런 방식으로 생성한 사회적 활동 간의 1-모드 데이터이다.

그런데 이러한 방식으로의 변환에는 한 가지 생각해보아야 할 문제가 있다. 예를 들어, [그림 9-4]의 이벤트 간 1-모드 데이터에서, 이벤트 E7, E8, E9은 다른 이벤트에 비해 연결관계가 많은 편이며, 특히 자기들끼리 많은 연결관계를 갖고 있다. 이는 물론 많은 액터들이 이들 이벤트에 참여하고 있기 때문이다. 그런데 이렇게 이벤트의 규모가 크면 액터들이 무작위적으로 이벤트에 참여한다 하더라도 이들 규모가 큰 이벤트에는 액터들이 함께 참여할 가능성이 그렇지 않은 이벤트에 비해 더 커질 것이다. 어떤 경우에는 이것이 우리가 알고자 하는 연결관계 구조일 수 있다. 예를 들어, 우리가 만약 질병의 확산과정을 연구하고 있다면 질병을 다른 많은 이벤트에 전파할 수 있는 규모가 큰 이벤트(즉 많은 사람들이 참여하고 있는 이벤트)에 관심을 갖는 것이 옳은 접근이다. 그러나 또 다른 관점에서 보면, 규모의 차이는 단지 이벤트 간 순수한 관계강도를 왜곡하는 요인일 수 있다. 변환된 1-모드 매트릭스에서 행 또는 열의 합, 즉 각 액터가 참여하는 이벤트 수나 각 이벤트에 참여하는 액터

3 이는 행렬 연산의 관점에서 보면 2-모드 매트릭스 X의 전치행렬 X^T에 원래의 2-모드 매트릭스 X를 곱한 것과 같다: $A = X^TX$.

그림 9-5 ▮ 사회적 활동 간의 1-모드 데이터(정규화 적용)

		1 E1	2 E2	3 E3	4 E4	5 E5	6 E6	7 E7	8 E8	9 E9	10 E10	11 E11	12 E12	13 E13	14 E14
1	E1	1	0.841	1	0.783	1	1	0.569	1	0.299	0	0	0	0	0
2	E2	0.841	1	1	0.783	1	1	0.569	1	0.500	0	0	0	0	0
3	E3	1	1	1	1	1	0.795	0.586	0.564	0.240	0	0	0	0	0
4	E4	0.783	0.783	1	1	1	0.699	0.634	0.475	0.387	0	0	0	0	0
5	E5	1	1	1	1	1	0.776	0.680	0.634	0.205	0	0	0	0	0
6	E6	1	1	0.795	0.699	0.776	1	0.564	0.634	0.333	0.316	0.366	0.274	0.431	0.431
7	E7	0.569	0.569	0.586	0.634	0.680	0.564	1	0.536	0.274	0.531	0.464	0.586	0.569	0.569
8	E8	1	1	0.564	0.475	0.634	0.634	0.536	1	0.436	0.523	0.138	0.564	0.414	0.414
9	E9	0.299	0.500	0.240	0.387	0.205	0.333	0.274	0.436	1	0.613	0.564	0.654	1	1
10	E10	0	0	0	0	0	0.316	0.531	0.523	0.613	1	0.657	1	1	1
11	E11	0	0	0	0	0	0.366	0.464	0.138	0.564	0.657	1	0.613	0.586	0.586
12	E12	0	0	0	0	0	0.274	0.586	0.564	0.654	1	0.613	1	1	1
13	E13	0	0	0	0	0	0.431	0.569	0.414	1	1	0.586	1	1	1
14	E14	0	0	0	0	0	0.431	0.569	0.414	1	1	0.586	1	1	1

UCINET 메뉴에서 『Data>Affiliations(2-mode to 1-mode)』를 선택한다. 『Method』에 'Bonacich 72'를 지정하여 1-모드 매트릭스의 셀 값을 정규화한다.

수에 있어서 편차가 클 경우에 액터 간 또는 이벤트 간 연결관계의 정도가 왜곡될 수 있다. 규모가 클수록 액터들이 공동으로 참여할 가능성이 커지기 때문이다. 따라서 이벤트의 규모 차이로 인해 이벤트 간 연결관계의 강도가 실제보다 크게 해석될 가능성이 있다. 이러한 왜곡 문제는 일반적으로 정규화 방식을 채택하여 해결한다. 이벤트의 크기는 고려하지 않은 채 얼마나 많은 액터들이 함께 참여하고 있는지를 평가하는 것이 아니라, 이벤트 크기 대비 얼마나 많은 액터들이 참여하고 있는지를 측정한다.

[그림 9-5]는 정규화과정을 거친 1-모드 데이터이고, [그림 9-6]은 이를 그래프로 나타낸 것이다. 관계강도에 비례하여 라인의 굵기를 조정하였다. 사회적 활동 간 네트워크에는 크게 두 개의 서브그룹이 존재하며, 이벤트 E7, E8, E9이 이 두 개 서브그룹 간의 중개역할을 하고 있다. 정규화과정을 거친 후, 이벤트 E7, E8, E9 간의 관계강도는 이벤트 E1 ~ E5 간의 관계강도나, 이벤트 E12 ~ E14 간의 관계강도에 비해 작아진 것을 확인할 수 있다.

일단 2-모드 데이터가 1-모드 데이터로 변환되면 그 이후의 분석과정은 일반적인 계량 그래프를 분석하는 것과 동일하다. 일반적으로 기준값을 설정하여 이진 그래프로 변환한 후 앞장에서 살펴본 다양한 소셜네트워크분석 기법들을 적용한다.

그림 9-6 ▌사회적 활동 간의 1-모드 네트워크(정규화 적용)

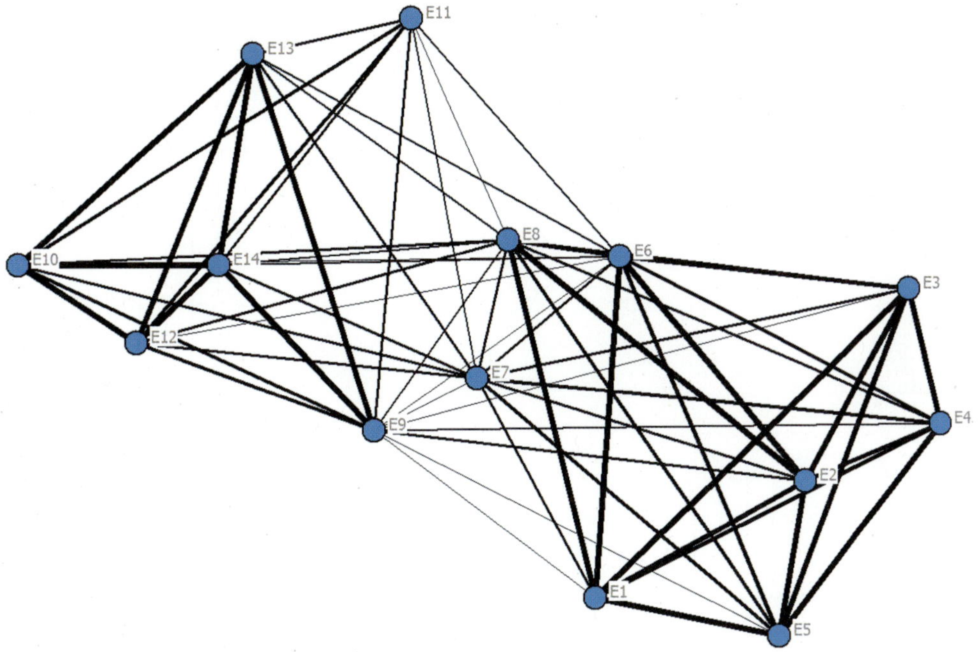

이분모드 접근법

2-모드 데이터를 1-모드 데이터로 변환하는 단일모드 접근법은 기본적으로 정보의 손실이라는 문제를 가지고 있다. 예를 들어, 어떤 두 액터가 공동으로 참여하는 이벤트 수가 다른 두 액터가 공동으로 참여하는 이벤트 수와 동일할 수 있지만, 이들 두 쌍의 액터가 각각 공동으로 참여하는 이벤트는 완전히 다를 수 있다. 그러나 2-모드 데이터로부터 변환된 1-모드 데이터로는 이러한 차이가 드러나지 않는다. **이분모드 접근법(bimodal approach)**은 이러한 한계를 극복하기 위하여 두 개 모드를 동시에 분석한다.

이를 위해 행에는 액터가, 열에는 이벤트가 배치된 2-모드 매트릭스를 액터와 이벤트가 모두 동시에 행과 열에 포함되는 **이분 매트릭스(bipartite matrix)**로 변환한다. 액터의 개수가 n_1이고 이벤트의 개수가 n_2이면 이렇게 생성된 이분 매트릭스의 행과 열의 개수는 각각 동일하게 n_1+n_2가 된다. 예를 들어, 여성과 사회적 활동 간의 2-모드 매트릭스로부터 변환된 이분 매트릭스의 행은 18명의 여성과 14개의 사회적 활동으로 구성되며, 열 또한 동일한 방식으로 구성된다. 따라서 이렇게 생성된 이분 매트릭스는 [그림 9-7]과 같이 32×32의

>>> 그림 9-7 ▌여성과 사회적 활동 간의 이분 데이터

		1 EVELYN	2 LAURA	3 THERESA	4 BRENDA	5 CHARLOTTE	6 FRANCES	7 ELEANOR	8 PEARL	9 RUTH	10 VERNE	11 MYRNA	12 KATHERINE	13 SYLVIA	14 NORA	15 HELEN	16 DOROTHY	17 OLIVIA	18 FLORA	19 E1	20 E2	21 E3	22 E4	23 E5	24 E6	25 E7	26 E8	27 E9	28 E10	29 E11	30 E12	31 E13	32 E14
1	EVELYN																			1	1	1	1	1	1		1	1					
2	LAURA																			1	1	1		1	1	1	1						
3	THERESA																				1	1	1	1	1	1	1	1					
4	BRENDA																			1		1	1	1	1	1	1						
5	CHARLOTTE																					1	1	1		1							
6	FRANCES																					1		1	1		1						
7	ELEANOR																							1	1	1	1						
8	PEARL																								1		1	1					
9	RUTH																							1		1	1	1					
10	VERNE																									1	1	1			1		
11	MYRNA																										1	1	1		1		
12	KATHERINE																										1	1	1		1	1	1
13	SYLVIA																									1	1	1	1		1	1	1
14	NORA																								1	1		1	1	1	1	1	1
15	HELEN																									1	1		1	1	1		
16	DOROTHY																										1	1					
17	OLIVIA																											1		1			
18	FLORA																											1		1			
19	E1	1	1		1																												
20	E2	1	1	1																													
21	E3	1	1	1	1	1	1																										
22	E4	1		1	1	1																											
23	E5	1	1	1	1	1	1	1		1																							
24	E6	1	1	1	1		1	1	1						1																		
25	E7		1	1	1	1		1		1	1			1	1	1																	
26	E8	1	1	1	1		1	1	1	1	1	1	1	1		1	1																
27	E9	1		1					1	1	1	1	1	1	1		1	1	1														
28	E10											1	1	1	1	1																	
29	E11														1	1		1	1														
30	E12										1	1	1	1	1	1																	
31	E13												1	1	1																		
32	E14												1	1	1																		

정방형 매트릭스가 된다(Davis-Bipartite.##h 파일). 여성과 여성, 이벤트와 이벤트 간에는 어떠한 연결관계도 없으며, 모든 연결관계는 여성과 이벤트 간에만 존재한다. 이분 매트릭스는 네 개의 블록으로 구성되며, 원래의 2-모드 매트릭스 X는 오른쪽 상단의 블록을 구성하고 그 전치행렬 X^T는 왼쪽 하단의 블록을 구성한다. 대각선 블록은 모든 셀 값이 0인 0-블록을 형성한다.

이분 매트릭스를 그래프로 표현하면 [그림 9-8]과 같다. 이를 이분 그래프 또는 이분 네트워크, 또는 단순히 2-모드 네트워크라고 한다.[4] 노드의 모드를 구별하기 위하여 여성은 빨간색 원형으로, 사회적 활동은 파란색 사각형으로 나타냈다. 라인은 원형 노드와 사각형 노드 간에만 존재하며, 원형 노드쌍 또는 사각형 노드쌍을 연결하는 라인은 존재하지 않는다.

이분 네트워크도 일종의 네트워크이기 때문에 원칙적으로 지금까지 앞장에서 다룬 다양한

4 여기에서는 이분 그래프, 이분 네트워크, 2-모드 네트워크를 모두 같은 의미로 사용한다. 이분 그래프를 그릴 때 여성을 그래프의 한쪽에 배치하고 사회적 활동을 그 반대편에 배치할 수 있다(제2장 소셜네트워크의 표현 참고). 이렇게 배치된 그래프에는 라인이 양쪽 모드를 가로질러 나타나기 때문에 모드 간 연결관계가 보다 명확히 드러난다.

>>> 그림 9-8 ▌ 여성과 사회적 활동 간의 이분 네트워크

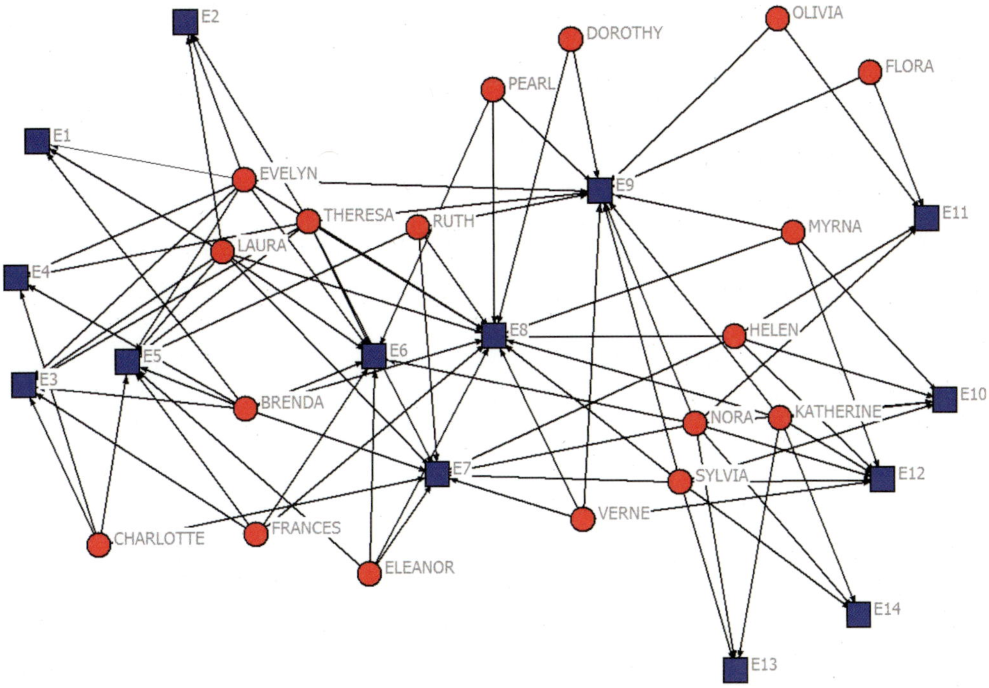

NetDraw는 원래의 2-모드 데이터(여기에서는 Davis.##h)를 이용하여 이분 그래프를 생성한다.

소셜네트워크분석 기법들을 모두 그대로 적용할 수 있다. 하지만 이분 네트워크에서는 동일 모드 내 연결관계는 발생할 수 없다. 따라서 각종 네트워크분석을 수행할 때 이러한 제약이 고려되어야 하며, 분석방법은 이에 맞춰 조정되어야 할 필요가 있다. 예를 들어, 이분 네트워크에서는 이행성을 충족하는 삼자관계를 찾을 수 없다. 이분 네트워크에서는 모드 간에만 연결관계가 존재하기 때문에 'a→b, b→c'이면 a와 c는 같은 모드이어야만 하고 a와 c가 같은 모드이면 이분 네트워크의 정의상 연결관계를 가질 수 없다. 이는 결국 이행성 조건('a→b, b→c, a→c')을 충족시킬 수 있는 삼자관계는 존재하지 않는다는 것을 의미한다. 이 때 이행성의 정의를 사자관계(quadruple)를 바탕으로 'a→b, b→c, c→d, a→d'로 수정하면 이분 네트워크에서 이행성 요건을 충족하는 노드들을 찾을 수 있고 네트워크의 이행성 비율을 계산할 수 있다. 여기에서는 이러한 2-모드 네트워크의 특성을 고려한 이분모드 접근법에 따른 분석방법을 살펴본다.

연결과 응집성

네트워크의 응집 정도를 나타내는 대표적인 지표는 밀도이다. 밀도는 노드 간에 존재하는 실제 연결관계의 개수를 최대 가능한 연결관계의 개수로 나누어서 구한다. 동일 모드 내에서의 연결관계는 존재하지 않기 때문에, n_1개의 액터와 n_2개의 이벤트로 구성된 이분 네트워크에서 최대 가능한 연결관계의 개수는 n_1n_2가 된다. 따라서 네트워크 내에 존재하는 라인의 개수를 L이라고 할 때, 2-모드 네트워크의 밀도는 다음과 같은 산식으로 표현할 수 있다.

$$D=\frac{L}{n_1n_2}$$

여기서 D: 밀도
L: 라인의 개수
n_1: 액터 모드의 노드 개수
n_2: 이벤트 모드의 노드 개수

앞에서 다룬 여성과 사회적 활동 간 2-모드 네트워크에 대한 밀도는 다음과 같다.[5]

$$D=\frac{89}{18\times14}=0.353$$

평균 최단경로거리나 직경처럼 최대 가능한 값의 비율로서 나타내지 않는 네트워크 응집성 지표들은 산출된 값 그 자체로 해석 가능하기 때문에 별도의 조정 작업이 필요하지 않다. 그러나 네트워크들을 비교할 때는 2-모드 네트워크가 다른 보통의 단일모드 네트워크와 구조적 특성이 다르다는 것을 인식하고 주의를 기울일 필요가 있다. 예를 들어, 2-모드 네트워크로부터 계산된 평균 최단경로거리와 단일모드의 네트워크로부터 산출한 평균 최단경로거리를 직접 비교하는 것은 적절하지 않다. [그림 9-9]는 여성과 사회적 활동 간 2-모드 네트워크로부터 산출된 연결과 응집성 관련 지표이다.

5 2-모드 네트워크의 라인 개수 및 최대 가능한 연결관계 개수는 『Tools>Univariate Statistics』에서 확인할 수 있다. 『Files』의 'Input Dataset'에 2-모드 데이터셋(여기에서는 Davis.##h)을 지정하고 『Options』에서 'Levels/Layers/Matrices'를 선택한다. 출력 결과에서 'Sum'은 라인 개수이고 'Observatrions'는 최대 가능한 연결관계 개수이다. 'Average'는 여기에서 구하고자 하는 2-모드 네트워크의 밀도이다.

그림 9-9 ▌2-모드 네트워크의 연결과 응집성 지표

2-Mode Cohesion Measures for Davis dataset.

	1 Density	2 Avg Dist	3 Radius	4 Diameter	5 Fragmenta	6 Transitiv	7 Norm Dist
Matrix 1	0.353	2.306	3.000	4.000	0.000	0.619	0.647

UCINET 메뉴에서 『Network > 2-Mode Netowrks > 2-Mode Cohesion』을 선택한다. 『2-Mode Cohesion』 대화상자의 『Input 2-Mode Incidence Matrix』에 2-모드 데이터셋(행은 액터로, 열은 이벤트로 구성된 2-모드 데이터로서, 여기에서는 Davis.##h)을 지정하고 『OK』 버튼을 클릭한다.

중심성

연결중심성 연결중심성은 인접한 다른 노드들과의 연결관계 개수로 정의된다. 중심성 지표들은 일반적으로 네트워크 크기로 표준화한다. 표준화된 연결중심성은 연결중심성을 최대 가능한 연결관계 개수로 나누어서 구할 수 있다. 네트워크 내에 n개의 노드가 있을 경우에는 $(n-1)$개의 노드가 최대 가능한 연결관계의 개수가 된다. 그러나 이러한 표준화과정은 네트워크 내의 모든 노드가 원칙적으로 모두 연결될 수 있다는 가정을 바탕으로 하기 때문에 2-모드 네트워크에는 그대로 적용할 수 없다. 예를 들어, 여성과 사회적 활동 간 2-모드 네트워크에서 Eleanor는 네 개의 연결관계를 갖고 있기 때문에 표준화 연결중심성은 4를 네트워크 크기에서 1을 뺀 31로 나눈 $0.129\left(=\frac{4}{31}\right)$가 된다. 그러나 Eleanor는 실제로 최대 14개 사회적 활동에만 참여할 수 있고, 따라서 표준화 연결중심성의 정의에 따라 Eleanor의 표준화 연결중심성은 실제로는 $0.286\left(=\frac{4}{14}\right)$이 되어야 한다.

이처럼 2-모드 네트워크에서는 네트워크 내의 모든 노드가 아닌 오로지 상대 모드의 노드하고만 연결관계를 가질 수 있기 때문에 최대 가능한 연결관계 개수는 상대 모드의 개수로 제한된다. 따라서 여기의 예에서 여성에 대한 최대 가능한 연결관계 개수는 사회적 활동의 총개수가 되고, 사회적 활동에 대한 최대 가능한 연결관계 개수는 여성의 총인원수가 된다. 2-모드 네트워크에서의 표준화 연결중심성은 다음과 같은 산식으로 표현할 수 있다.

$$C'_D(N_i) = \frac{C_D(N_i)}{n_2}, \text{ for } N_i \in A$$

$$C'_D(N_j) = \frac{C_D(N_j)}{n_1}, \text{ for } N_j \in E$$

여기서 $C'_D(N_i)$, $C'_D(N_j)$: 노드 N_i, N_j의 표준화 연결중심성
$C_D(N_i)$, $C_D(N_j)$: 노드 N_i, N_j의 연결중심성
n_1: 액터 모드 집합 A의 노드 개수
n_2: 이벤트 모드 집합 E의 노드 개수

근접중심성 근접중심성은 네트워크 내 다른 모든 노드들과의 최단경로거리 합의 역수로서 정의된다. 근접중심성을 이론상 가질 수 있는 가장 큰 근접중심성으로 나누면 네트워크 크기를 반영한 표준화 근접중심성을 구할 수 있다. 최대 근접중심성은 한 노드가 다른 모든 노드와 인접해 있을 때(즉 최단경로거리 1을 갖는 스타 네트워크의 중앙 노드) 나타나며, 이때의 최단경로거리의 합은 n개의 노드가 있을 경우 $(n-1)$이므로 이론상의 최대 근접중심성은 $\frac{1}{n-1}$이 된다.

2-모드 네트워크에서 이론상 가질 수 있는 최대 근접중심성은 상대 모드의 모든 노드들과 최단경로거리 1로서 연결되고(인접한 노드는 상대 모드에 있는 노드들뿐), 동일한 모드에 속하는 다른 노드들과는 최단경로거리 2로서 연결되는(상대 모드의 노드를 거쳐서 두 단계만에 연결) 경우에 발생한다. 이때의 최단경로거리의 합은 두 모드의 노드 개수가 각각 n_1과 n_2일 때, $n_2+2(n_1-1)$ 또는 $n_1+2(n_2-1)$이 된다. 따라서 2-모드 네트워크에서의 표준화 근접중심성은 다음과 같은 산식으로 나타낼 수 있다.

$$C'_C(N_i) = \frac{n_2 + 2(n_1 - 1)}{C_c(N_i)}, \text{ for } N_i \in A$$

$$C'_C(N_j) = \frac{n_1 + 2(n_2 - 1)}{C_c(N_j)}, \text{ for } N_j \in E$$

여기서 $C'_C(N_i)$, $C'_C(N_j)$: 노드 N_i, N_j의 표준화 근접중심성
$C_C(N_i)$, $C_C(N_j)$: 노드 N_i, N_j의 근접중심성
n_1: 액터 모드 집합 A의 노드 개수
n_2: 이벤트 모드 집합 E의 노드 개수

매개중심성 매개중심성은 모든 노드쌍 간의 최단경로 가운데 주어진 노드가 포함되어 있는 경로의 비율을 나타낸다. 표준화 매개중심성은 이론상 최대 가능한 매개중심성으로 나누어서 구할 수 있다. 최대 매개중심성은 스타 네트워크의 중앙 노드에서 나타나며, n개의 노드가 있을 경우 최대 매개중심성은 $\frac{(n-1)(n-2)}{2}$이다. 그런데 이렇게 구한 최대 매개중심성은 2-모드 네트워크에서는 한 모드가 오직 하나의 노드로만 구성된 경우에만 유효하다. 한 모드의 노드 집합이 오직 하나의 노드로만 구성되지 않는 한, 2-모드 네트워크는 그러한 이론상의 최대 매개중심성에 도달할 수 없다. 2-모드 네트워크에서 최대 가능한 매개중심성은 다음 산식과 같이 두 모드 노드 집합의 상대적 크기에 의해 제약을 받는다.[6]

$$C_B(A^*) = \frac{n_2^2(s+1)^2 + n_2(s+1)(2t-s-1) - t(2s-t+3)}{2}$$

$$s = (n_1 - 1)\ div\ n_2,\ t = (n_1 - 1)\ mod\ n_2$$

$$C_B(E^*) = \frac{n_1^2(p+1)^2 + n_1(p+1)(2r-p-1) - r(2p-r+3)}{2}$$

$$p = (n_2 - 1)\ div\ n_1,\ r = (n_2 - 1)\ mod\ n_1$$

여기서 $C_B(A^*)$: 액터 모드 A의 최대 매개중심성
$C_B(E^*)$: 이벤트 모드 E의 최대 매개중심성
n_1: 액터 모드 집합 A의 노드 개수
n_2: 이벤트 모드 집합 E의 노드 개수
$x\ div\ y$: $\frac{x}{y}$의 몫
$x\ mod\ y$: $\frac{x}{y}$의 나머지

최대 가능한 매개중심성이 이와 같이 주어지면, 2-모드 네트워크의 표준화 매개중심성은 다음과 같이 매개중심성을 최대 매개중심성으로 나누어서 구할 수 있다.

6 보다 자세한 내용은 Borgatti(2008), Borgatti and Everett(1997), Borgatti and Halgin(2011) 등을 참고한다. $n_1 = 1$일 경우(즉 액터 모드의 노드가 하나뿐인 경우), $C_B(A^*) = \frac{(n-1)(n-2)}{2}$ (여기서, $n = n_1 + n_2$)이 되어 일반적인 스타 네트워크에서의 최대 매개중심성과 일치한다.

$$C'_B(N_i) = \frac{C_B(N_i)}{C_B(A^*)}, \text{ for } N_i \in A$$

$$C'_B(N_j) = \frac{C_B(N_j)}{C_B(E^*)}, \text{ for } N_j \in E$$

여기서 $C'_B(N_i)$, $C'_B(N_j)$: 노드 N_i, N_j의 표준화 매개중심성

그림 9-10 ▌2-모드 네트워크의 중심성 지표

2-Mode Centrality Measures for ROWS of Davis

		1 Degree	2 2-Local	3 Eigenvect	4 Closeness	5 Betweenne
1	EVELYN	0.571	0.230	0.335	0.800	0.097
2	LAURA	0.500	0.206	0.309	0.727	0.051
3	THERESA	0.571	0.258	0.371	0.800	0.088
4	BRENDA	0.500	0.210	0.313	0.727	0.049
5	CHARLOTTE	0.286	0.111	0.168	0.600	0.011
6	FRANCES	0.286	0.143	0.209	0.667	0.011
7	ELEANOR	0.286	0.159	0.228	0.667	0.009
8	PEARL	0.214	0.135	0.180	0.667	0.007
9	RUTH	0.286	0.175	0.236	0.706	0.017
10	VERNE	0.286	0.167	0.218	0.706	0.016
11	MYRNA	0.286	0.147	0.187	0.686	0.016
12	KATHERINE	0.429	0.171	0.220	0.727	0.047
13	SYLVIA	0.500	0.210	0.277	0.774	0.072
14	NORA	0.571	0.202	0.264	0.800	0.113
15	HELEN	0.357	0.155	0.201	0.727	0.042
16	DOROTHY	0.143	0.103	0.131	0.649	0.002
17	OLIVIA	0.143	0.063	0.070	0.585	0.005
18	FLORA	0.143	0.063	0.070	0.585	0.005

2-Mode Centrality Measures for COLUMNS of Davis

		1 Degree	2 2-Local	3 Eigenvect	4 Closeness	5 Betweenne
1	E1	0.167	0.028	0.142	0.524	0.002
2	E2	0.167	0.028	0.150	0.524	0.002
3	E3	0.333	0.111	0.253	0.564	0.018
4	E4	0.222	0.049	0.176	0.537	0.008
5	E5	0.444	0.198	0.322	0.595	0.038
6	E6	0.444	0.198	0.328	0.688	0.065
7	E7	0.556	0.309	0.384	0.733	0.130
8	E8	0.778	0.605	0.507	0.846	0.244
9	E9	0.667	0.444	0.379	0.786	0.226
10	E10	0.278	0.077	0.170	0.550	0.011
11	E11	0.222	0.049	0.090	0.537	0.020
12	E12	0.333	0.111	0.203	0.564	0.018
13	E13	0.167	0.028	0.113	0.524	0.002
14	E14	0.167	0.028	0.113	0.524	0.002

The 2-local measure is the sum of normalized degree of a node's alters.

UCINET 메뉴에서 『Network>2-Mode Netowrks>2-Mode Centrality』를 선택한다. 『2-Mode Centrality』 대화상자의 『Input 2-Mode Matrix』에 2-모드 데이터셋(행은 액터로, 열은 이벤트로 구성된 2-모드 데이터로서, 여기에서는 Davis.##h)을 지정하고 『OK』 버튼을 클릭한다.

$C_B(N_i)$, $C_B(N_j)$: 노드 N_i, N_j의 매개중심성
$C_B(A^*)$: 액터 모드 A의 최대 매개중심성
$C_B(E^*)$: 이벤트 모드 E의 최대 매개중심성

[그림 9-10]은 여성과 사회적 활동 간 2-모드 네트워크로부터 산출된 중심성 지표이다.

서브그룹

클릭 클릭은 최대 완전 서브그래프(maximal complete subgraph)로 정의된다. 즉 클릭 내의 모든 노드는 경로거리 1로 서로 직접 연결된다. 그러나 2-모드 네트워크에서는 동일 모드 내의 노드들은 서로 연결될 수 없기 때문에 이와 같은 일반적인 클릭의 정의를 충족하는 서브그룹은 존재하지 않는다. 하지만 2-모드 네트워크의 구조적 특성을 고려하여 클릭을 '최대 완전 이분 서브그래프(maximal complete bipartite subgraph)'로 새롭게 정의하면 클릭의 원래의 개념적 정의에 충실한 서브그룹을 찾을 수 있다. 최대 완전 이분 서브그래프 내에서는 동일 모드 내의 노드 간 연결관계는 고려하지 않으며, 한 모드에 속한 모든 노드는 다른 모드에 속한 모든 노드와 경로거리 1로 서로 직접 연결된다. 이러한 정의하에서 추출한 서브그룹을 바이클릭(biclique)이라고 한다.

그런데 이러한 바이클릭의 정의에 따른 서브그룹은 사실 이분 그래프상의 2-클릭과 일치한다. 2-클릭을 구성하는 노드들은 최소 2단계만에 모두 연결되므로, 2-모드 네트워크의

그림 9-11 ▌2-모드 네트워크에서의 바이클릭(빨간색 노드)

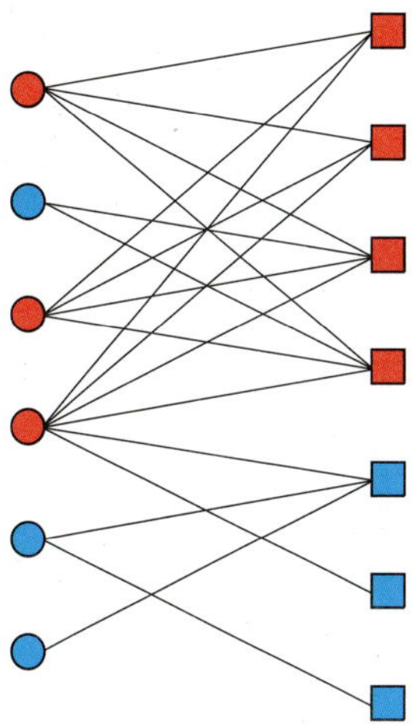

경우 2-클릭의 요건을 충족하는 서브그룹 내에서는 한 모드의 모든 노드는 상대 모드의 모든 노드와 직접 연결관계를 갖고 이들 상대 모드의 노드들을 통해 동일 모드 내의 노드 간에는 2단계로 연결된다. 즉 2-클릭의 요건을 충족하는 서브그룹(다시 말해, 바이클릭) 내에서는 [그림 9-11]에서 볼 수 있는 것처럼 서브그룹 내의 모든 노드는 최단경로거리 2 이하에서 서로 모두 연결된다. 이런 의미에서 2-모드 네트워크에서의 2-클릭은 원래의 클릭의 개념을 충실히 반영하고 있다고 볼 수 있다.

여성과 사회적 활동 간 2-모드 네트워크에서는 [그림 9-12]와 같이 68개의 바이클릭이 발견되었다. 탐색된 바이클릭을 토대로 액터 간 공유 멤버십 매트릭스를 구축하고 이를 근접 매트릭스로 이용하여 군집분석을 수행할 수 있다. 군집분석 결과를 보면 크게 두 개의 군집이 형성되어 있는 것을 확인할 수 있다.

그림 9-12 ▌여성과 사회적 활동 간 2-모드 네트워크에서의 바이클릭분석

```
68 2-cliques found.

  1:  E1 E2 E3 E4 E5 E6 E7 E8 E9
  2:  THERESA E2 E3 E4 E5 E6 E7 E8 E9
  3:  E6 E7 E8 E9 E10 E11 E12 E13 E14

 ...

 66:  NORA OLIVIA FLORA E9 E11
 67:  NORA HELEN E7 E10 E11 E12
 68:  NORA HELEN OLIVIA FLORA E11
```

		1 EV	2 LA	3 TH	4 BR	5 CH	6 FR	7 EL	8 PE	9 RU	10 VE	11 MY	12 KA	13 SY	14 NO	15 HE	16 DO	17 OL	18 FL	19 E1	20 E2	21 E3	22 E4	23 E5	24 E6	25 E7	26 E8	27 E9	28 E1	29 E1	30 E1	31 E1	32 E1
1	EVELYN	24	13	20	14	4	10	8	9	9	6	5	5	6	6	4	5	2	2	4	4	10	5	14	13	0	15	7	0	0	0	0	0
2	LAURA	13	24	20	20	6	10	14	4	9	5	2	2	5	5	5	2	0	0	4	4	10	0	16	13	11	15	0	0	0	0	0	0
3	THERESA	20	20	36	22	8	10	14	9	16	10	5	5	10	10	6	5	2	2	0	4	12	6	20	16	16	20	11	0	0	0	0	0
4	BRENDA	14	20	22	26	8	10	14	4	9	5	2	2	5	5	5	2	0	0	4	0	12	6	18	13	12	15	0	0	0	0	0	0
5	CHARLOTTE	4	6	8	8	8	3	4	0	4	2	0	0	2	2	2	0	0	0	0	0	4	2	6	0	4	0	0	0	0	0	0	0
6	FRANCES	10	10	10	10	3	10	8	4	5	3	2	2	3	3	3	2	0	0	0	0	2	0	5	4	0	5	0	0	0	0	0	0
7	ELEANOR	8	14	14	14	4	8	14	4	9	5	2	2	5	5	5	2	0	0	0	0	0	0	6	5	6	7	0	0	0	0	0	0
8	PEARL	9	4	9	4	0	4	4	9	5	5	5	5	5	5	3	5	2	2	0	0	0	0	0	4	0	4	4	0	0	0	0	0
9	RUTH	9	9	16	9	4	5	9	5	16	10	5	5	10	6	6	5	2	2	0	0	0	0	6	0	7	8	6	0	0	0	0	0
10	VERNE	6	5	10	5	2	3	5	5	10	18	9	9	18	10	10	5	2	2	0	0	0	0	0	0	8	8	8	0	0	8	0	0
11	MYRNA	5	2	5	2	0	2	2	5	5	9	13	13	13	7	7	5	2	2	0	0	0	0	0	0	0	6	6	4	0	8	0	0
12	KATHERINE	5	2	5	2	0	2	2	5	5	9	13	15	15	8	7	5	2	2	0	0	0	0	0	0	0	7	8	6	0	10	2	2
13	SYLVIA	6	5	10	5	2	3	5	5	10	18	13	15	28	15	14	5	2	2	0	0	0	0	0	0	12	13	14	10	0	18	4	4
14	NORA	6	5	10	5	2	3	5	5	6	10	7	8	15	23	10	3	4	4	0	0	0	0	0	5	10	0	11	7	4	11	3	3
15	HELEN	4	5	6	5	2	3	5	3	6	10	7	7	14	10	17	3	2	2	0	0	0	0	0	0	8	7	0	6	3	10	0	0
16	DOROTHY	5	2	5	2	0	2	2	5	5	5	5	5	5	3	3	5	2	2	0	0	0	0	0	0	0	2	2	0	0	0	0	0
17	OLIVIA	2	0	2	0	0	0	0	2	2	2	2	2	2	4	2	2	4	4	0	0	0	0	0	0	0	0	2	0	2	0	0	0
18	FLORA	2	0	2	0	0	0	0	2	2	2	2	2	2	4	2	2	4	4	0	0	0	0	0	0	0	0	2	0	2	0	0	0
19	E1	4	4	0	4	0	0	0	0	0	0	0	0	0	0	0	0	0	0	8	4	8	4	8	8	4	8	2	0	0	0	0	0
20	E2	4	4	4	0	0	0	0	0	0	0	0	0	0	0	0	0	0	0	4	8	8	4	8	8	4	8	4	0	0	0	0	0
21	E3	10	10	12	12	4	2	0	0	0	0	0	0	0	0	0	0	0	0	8	8	20	10	20	16	10	16	4	0	0	0	0	0
22	E4	5	0	6	6	2	0	0	0	0	0	0	0	0	0	0	0	0	0	4	4	10	10	10	8	5	8	4	0	0	0	0	0
23	E5	14	16	20	18	6	5	6	0	6	0	0	0	0	0	0	0	0	0	8	8	20	10	28	18	14	22	6	0	0	0	0	0
24	E6	13	13	16	13	0	4	5	4	0	0	0	0	0	5	0	0	0	0	8	8	16	8	18	26	13	21	9	2	2	2	2	2
25	E7	0	11	16	12	4	0	6	0	7	8	0	0	12	10	8	0	0	0	4	4	10	5	14	13	32	19	12	8	4	12	4	4
26	E8	15	15	20	15	0	5	7	4	8	8	6	7	13	0	7	2	0	0	8	8	16	8	22	21	19	39	15	7	2	11	3	3
27	E9	7	0	11	0	0	0	0	4	6	8	6	8	14	11	0	2	2	2	2	4	4	4	6	9	12	15	26	8	3	12	6	6
28	E10	0	0	0	0	0	0	0	0	0	0	4	6	10	7	6	0	0	0	0	0	0	0	0	2	8	7	8	14	4	14	6	6
29	E11	0	0	0	0	0	0	0	0	0	0	0	0	0	4	3	0	2	2	0	0	0	0	0	2	4	2	3	4	6	4	2	2
30	E12	0	0	0	0	0	0	0	0	0	8	8	10	18	11	10	0	0	0	0	0	0	0	0	2	12	11	12	14	4	22	6	6
31	E13	0	0	0	0	0	0	0	0	0	0	0	2	4	3	0	0	0	0	0	0	0	0	0	2	4	3	6	6	2	6	6	6
32	E14	0	0	0	0	0	0	0	0	0	0	0	2	4	3	0	0	0	0	0	0	0	0	0	2	4	3	6	6	2	6	6	6

```
HIERARCHICAL CLUSTERING OF OVERLAP MATRIX

                C                                     K
                H                                     A
          D     A     F E         T                   T
          O O   R     R L     E   H B                 H         S
        P R L F L     A E     V L E R             H M E       V Y
        E O I L O     N A R   E A R E             E Y R   N   E L
        A T V O T     C N U   L U E N           E L R I E O   R V E E E
        R H I R T E E E O T E Y R S D E E E E E 1 E N N 1 R E N I 1 1 1
        L Y A A E 2 1 S R H 4 N A A A 7 3 6 5 8 1 N A E 0 A 9 E A 2 3 4

          1 1 1   2 1       2         2 2 2 2 2 2 1 1 1 2 1 2 1 1 3 3 3
 Level  8 6 7 8 5 0 9 6 7 9 2 1 2 3 4 5 1 4 3 6 9 5 1 2 8 4 7 0 3 0 1 2
------  - - - - - - - - - - - - - - - - - - - - - - - - - - - - - - - -
22.000  . . . . . . . . . . . . . XXX . . . XXX . . . . . . . . . . . .
20.000  . . . . . . . . . . . . XXXXX . . XXXXX . . . . . . . . . . . .
18.000  . . . . . . . . . . . . XXXXX . . XXXXX . . . . . . . XXX . . .
17.000  . . . . . . . . . . . . XXXXX . XXXXXXX . . . . . . . XXX . . .
15.250  . . . . . . . . . . . XXXXXXX . XXXXXXX . . . . . . . XXX . . .
15.000  . . . . . . . . . . . XXXXXXX XXXXXXXXX . . . . . . . XXX . . .
14.667  . . . . . . . . . . . XXXXXXX XXXXXXXXX . . . . . . . XXXXX . .
14.033  . . . . . . . . . . . XXXXXXXXXXXXXXXXX . . . . . . . XXXXX . .
13.000  . . . . . . . . . . . XXXXXXXXXXXXXXXXX . . XXX . . . XXXXX . .
12.000  . . . . . . . . . . . XXXXXXXXXXXXXXXXX . . XXX . . XXXXXXX . .
11.747  . . . . . . . . . . . XXXXXXXXXXXXXXXXX . . XXX . XXXXXXXXX . .
 9.878  . . . . . . . . . . . XXXXXXXXXXXXXXXXX . . XXX XXXXXXXXXXX . .
 9.000  . . . . . . . . XXX . XXXXXXXXXXXXXXXXX . . XXX XXXXXXXXXXX . .
 8.975  . . . . . . . . XXX . XXXXXXXXXXXXXXXXX . . XXXXXXXXXXXXXXX . .
 8.288  . . . . . . . . XXX . XXXXXXXXXXXXXXXXX . XXXXXXXXXXXXXXXXX . .
 7.069  . . . . . . . . XXX XXXXXXXXXXXXXXXXXXX . XXXXXXXXXXXXXXXXX . .
 6.245  . . . . . . . . XXXXXXXXXXXXXXXXXXXXXXX . XXXXXXXXXXXXXXXXX . .
 6.000  . . . . . . . . XXXXXXXXXXXXXXXXXXXXXXX . XXXXXXXXXXXXXXXXX XXX
 5.143  . . . . . . . XXXXXXXXXXXXXXXXXXXXXXXXX . XXXXXXXXXXXXXXXXX XXX
 5.000  XXX . . . . . XXXXXXXXXXXXXXXXXXXXXXXXX . XXXXXXXXXXXXXXXXX XXX
 4.675  XXX . . . . XXXXXXXXXXXXXXXXXXXXXXXXXXX . XXXXXXXXXXXXXXXXX XXX
 4.464  XXX . . . XXXXXXXXXXXXXXXXXXXXXXXXXXXXX . XXXXXXXXXXXXXXXXX XXX
 4.000  XXX XXX . XXXXXXXXXXXXXXXXXXXXXXXXXXXXX . XXXXXXXXXXXXXXXXX XXX
 3.703  XXX XXX . XXXXXXXXXXXXXXXXXXXXXXXXXXXXX . XXXXXXXXXXXXXXXXXXXXX
 3.126  XXX XXX XXXXXXXXXXXXXXXXXXXXXXXXXXXXXXX . XXXXXXXXXXXXXXXXXXXXX
 2.188  XXX XXX XXXXXXXXXXXXXXXXXXXXXXXXXXXXXXX XXXXXXXXXXXXXXXXXXXXXXX
 2.000  XXXXXXX XXXXXXXXXXXXXXXXXXXXXXXXXXXXXXX XXXXXXXXXXXXXXXXXXXXXXX
 1.788  XXXXXXX XXXXXXXXXXXXXXXXXXXXXXXXXXXXXXXXXXXXXXXXXXXXXXXXXXXXXXX
 0.860  XXXXXXXXXXXXXXXXXXXXXXXXXXXXXXXXXXXXXXXXXXXXXXXXXXXXXXXXXXXXXXX
```

UCINET 메뉴에서 『Network>Subgroups>N-Cliques』를 선택한다. 『N-Clique』 대화상자에서 분석대상 관계 데이터(여기에서는 Davis-Bipartite.##h)를 선택한 후 『OK』 버튼을 클릭한다. 여기에서는 2-클릭을 찾는 것이 목적이므로 『Value of N』에 2를 지정한다.

[그림 9-13], [그림 9-14], [그림 9-15]와 같이 바이클릭 멤버십 프로필을 이용하여 2-모드 네트워크의 서브그룹 구조를 그래프로 나타낼 수 있다. 바이클릭 멤버십 프로필로부터 액터 간 상관계수 매트릭스를 구축한 후 이를 이진화하여 그래프를 생성한다. [그림 9-15]의 그래프를 보면, 왼쪽과 오른쪽으로 여성들이 두 개의 그룹으로 나누어져 있는 것을 볼 수 있다. 또한 이들 두 여성 그룹 옆에는 이들과 관련된 두 개의 사회적 활동 그룹이 보인다. 두 여성 그룹 간에는 Ruth와 Pearl이 다리 역할을 하고 있다.

그림 9-13 ▌바이클릭 멤버십 프로필 매트릭스

		1	2	3	4	5	6	7	8	9	10	11	12	13	14	15	…	50	51	52	53	54	55	56	57	58	59	60	61	62	63	64	65	66	67	68
1	EVELYN								1	1				1	1	1		1														1	1			
2	LAURA																														1	1				
3	THERESA		1		1			1	1	1				1	1			1						1						1	1	1	1			
4	BRENDA																														1	1				
5	CHARLOTTE																																			
6	FRANCES																															1				
7	ELEANOR																														1	1				
8	PEARL								1	1								1														1	1			
9	RUTH				1			1	1						1			1						1												
10	VERNE				1	1			1		1							1	1	1				1	1	1										
11	MYRNA								1		1	1						1	1	1	1	1														
12	KATHERINE								1		1	1	1					1	1	1	1	1	1													
13	SYLVIA				1	1	1		1		1	1	1					1	1	1	1	1	1	1	1	1	1	1								
14	NORA																	1	1	1	1	1	1	1	1	1	1	1	1	1	1	1	1	1	1	1
15	HELEN																		1			1			1			1							1	1
16	DOROTHY								1									1																		
17	OLIVIA																	1																1		1
18	FLORA																	1																1		1
19	E1	1														1																				
20	E2	1	1											1		1																				
21	E3	1	1											1		1																				
22	E4	1	1											1		1																				
23	E5	1	1					1						1	1	1																				
24	E6	1	1	1						1				1		1													1	1	1	1	1			
25	E7	1	1	1	1	1	1	1																1	1	1	1	1	1	1	1				1	
26	E8	1	1	1	1	1	1	1	1	1	1	1	1	1	1	1																				
27	E9	1	1	1	1	1	1	1	1	1	1	1	1	1	1	1		1		1	1		1	1		1	1		1	1			1	1		
28	E10			1			1					1	1								1	1	1				1	1	1						1	
29	E11			1																									1					1	1	1
30	E12			1		1	1				1	1	1						1	1	1	1	1		1	1	1	1	1						1	
31	E13			1			1						1										1				1		1							
32	E14			1			1						1										1				1		1							

UCINET 메뉴의 『Network > Subgroups > N-Cliques』를 통해 n-클릭분석을 수행하면 액터와 n-클릭 간의 인접 매트릭스가 별도의 파일로 생성된다(NClqSets.##h). 행에는 액터(여기에서는 여성과 사회적 활동)가, 열에는 n-클릭(여기에서는 2-클릭)이 배치되며 셀 값 1은 해당 액터가 해당 n-클릭의 구성원이라는 것을 나타낸다.

그림 9-14 ▌바이클릭 멤버십 프로필을 이용한 상관계수 매트릭스

		1 EVELYN	2 LAURA	3 THERES	4 BRENDA	5 CHARLO	6 FRANCE	7 ELEANO	…	25 E7	26 E8	27 E9	28 E10	29 E11	30 E12	31 E13	32 E14
1	EVELYN	1.000	0.292	0.450	0.305	0.112	0.562	0.233		-0.696	0.077	-0.138	-0.376	-0.230	-0.511	-0.230	-0.230
2	LAURA	0.292	1.000	0.450	0.685	0.303	0.562	0.689		-0.018	0.077	-0.581	-0.376	-0.230	-0.511	-0.230	-0.230
3	THERESA	0.450	0.450	1.000	0.499	0.344	0.391	0.480		-0.056	-0.039	-0.168	-0.540	-0.330	-0.734	-0.330	-0.330
4	BRENDA	0.305	0.685	0.499	1.000	0.464	0.528	0.647		-0.014	0.005	-0.619	-0.401	-0.245	-0.544	-0.245	-0.245
5	CHARLOTTE	0.112	0.303	0.344	0.464	1.000	0.235	0.266		0.022	-0.423	-0.287	-0.186	-0.114	-0.253	-0.114	-0.114
6	FRANCES	0.562	0.562	0.391	0.528	0.235	1.000	0.610		-0.391	-0.062	-0.327	-0.211	-0.129	-0.287	-0.129	-0.129
7	ELEANOR	0.233	0.689	0.480	0.647	0.266	0.610	1.000		-0.043	-0.076	-0.401	-0.259	-0.158	-0.352	-0.158	-0.158
8	PEARL	0.529	0.075	0.368	0.050	-0.143	0.328	0.230		-0.368	-0.102	0.050	-0.199	-0.121	-0.270	-0.121	-0.121
9	RUTH	0.243	0.243	0.523	0.206	0.228	0.259	0.489		-0.037	-0.082	-0.008	-0.282	-0.173	-0.384	-0.173	-0.173
10	VERNE	-0.025	-0.094	0.031	-0.129	-0.012	0.033	0.107		-0.031	-0.157	0.077	-0.306	-0.187	0.155	-0.187	-0.187
11	MYRNA	0.032	-0.203	-0.141	-0.229	-0.178	0.009	-0.063		-0.458	-0.110	0.079	0.122	-0.151	0.303	-0.151	-0.151
12	KATHERINE	-0.022	-0.244	-0.209	-0.273	-0.194	-0.021	-0.095		-0.502	-0.115	0.165	0.255	-0.165	0.390	0.085	0.085
13	SYLVIA	-0.243	-0.305	-0.289	-0.351	-0.120	-0.094	-0.057		-0.070	-0.185	0.203	0.313	-0.260	0.571	0.161	0.161
14	NORA	-0.138	-0.203	-0.136	-0.243	-0.068	-0.034	0.020		-0.051	-0.829	0.141	0.174	0.216	0.236	0.106	0.106
15	HELEN	-0.142	-0.071	-0.204	-0.105	0.000	0.048	0.126		0.000	-0.189	-0.454	0.210	0.180	0.327	-0.180	-0.180
16	DOROTHY	0.381	0.028	0.266	0.010	-0.103	0.201	0.135		-0.266	-0.099	0.010	-0.143	-0.088	-0.195	-0.088	-0.088
17	OLIVIA	0.077	-0.185	-0.015	-0.197	-0.091	-0.104	-0.127		-0.236	-0.290	0.061	-0.127	0.363	-0.173	-0.078	-0.078
18	FLORA	0.077	-0.185	-0.015	-0.197	-0.091	-0.104	-0.127		-0.236	-0.290	0.061	-0.127	0.363	-0.173	-0.078	-0.078
19	E1	0.112	0.112	-0.387	0.088	-0.133	-0.152	-0.186		0.022	0.315	-0.099	-0.186	-0.114	-0.253	-0.114	-0.114
20	E2	0.112	0.112	-0.022	-0.287	-0.133	-0.152	-0.186		0.022	0.315	0.088	-0.186	-0.114	-0.253	-0.114	-0.114
21	E3	0.199	0.199	0.091	0.289	0.165	-0.086	-0.329		0.038	0.296	-0.242	-0.329	-0.201	-0.446	-0.201	-0.201
22	E4	0.128	-0.307	0.059	0.186	0.106	-0.172	-0.211		0.024	0.190	0.015	-0.211	-0.129	-0.287	-0.129	-0.129
23	E5	0.257	0.383	0.310	0.448	0.251	0.074	0.017		0.049	0.359	-0.289	-0.426	-0.260	-0.579	-0.260	-0.260
24	E6	0.242	0.242	0.136	0.190	-0.287	0.015	-0.026		0.046	0.373	-0.059	-0.251	-0.031	-0.415	-0.031	-0.031
25	E7	-0.696	-0.018	-0.056	-0.014	0.022	-0.391	-0.043		1.000	0.039	-0.014	0.103	0.122	0.104	0.122	0.122
26	E8	0.077	0.077	-0.039	0.005	-0.423	-0.062	-0.076		0.039	1.000	0.005	-0.076	-0.151	-0.103	-0.046	-0.046
27	E9	-0.138	-0.581	-0.168	-0.619	-0.287	-0.327	-0.401		-0.014	0.005	1.000	0.198	0.075	0.232	0.395	0.395
28	E10	-0.376	-0.376	-0.540	-0.401	-0.186	-0.211	-0.259		0.103	-0.076	0.198	1.000	0.355	0.736	0.611	0.611
29	E11	-0.230	-0.230	-0.330	-0.245	-0.114	-0.129	-0.158		0.122	-0.151	0.075	0.355	1.000	0.228	0.269	0.269
30	E12	-0.511	-0.511	-0.734	-0.544	-0.253	-0.287	-0.352		0.104	-0.103	0.232	0.736	0.228	1.000	0.450	0.450
31	E13	-0.230	-0.230	-0.330	-0.245	-0.114	-0.129	-0.158		0.122	-0.046	0.395	0.611	0.269	0.450	1.000	1.000
32	E14	-0.230	-0.230	-0.330	-0.245	-0.114	-0.129	-0.158		0.122	-0.046	0.395	0.611	0.269	0.450	1.000	1.000

UCINET 메뉴의 『Tools>Similarities & Distances』를 선택한다. 『Similarites/Dissimlarites』 대화상자에서 분석대상 관계 데이터(여기에서는 NClqSets.##h)를 선택한 후 『OK』 버튼을 클릭한다. 『Similarity Measures』에는 'Pearson Correlation'을 선택하고, 『Mode』에는 'Rows'를 선택한다. 상관계수 매트릭스는 별도의 파일(NClqSets-Pea-R.##h)로 생성된다.

그림 9-15 ▌2-모드 네트워크에서의 노드 간 상관계수 매트릭스를 이용한 그래프

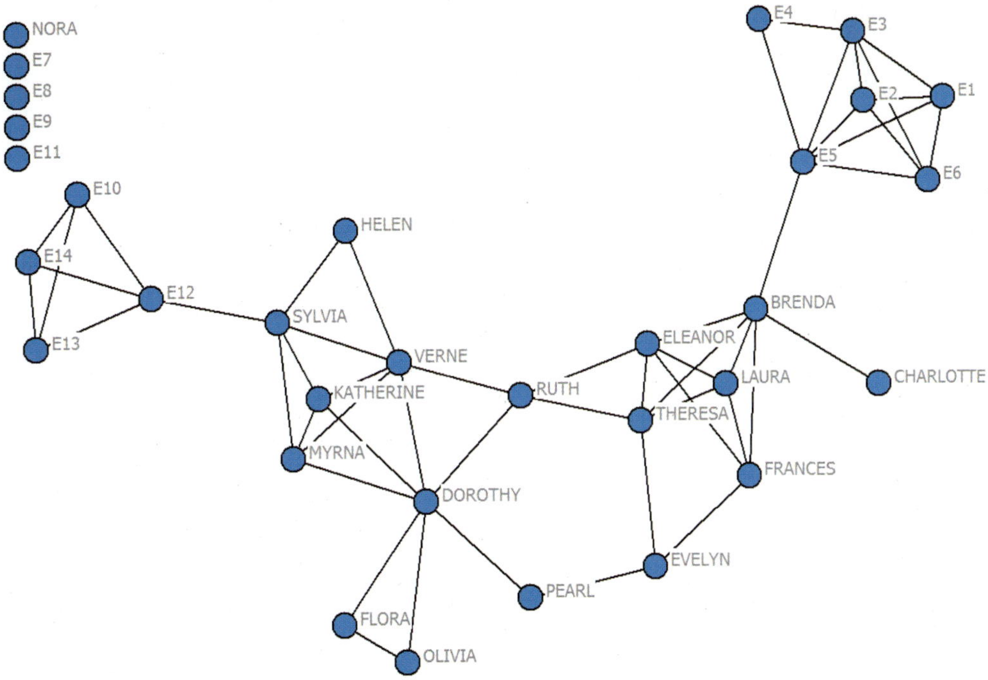

UCINET 메뉴의 『Transform>Dichotomize』를 이용하여 [그림 9-14]의 상관계수 매트릭스(여기에서는 NClqSets-Pea-R.##h)를 0.4를 기준으로 이진화한 후 그래프를 생성한다(즉 상관계수가 0.4보다 크면 1, 아니면 0).

팩션 팩션분석을 통한 응집적 서브그룹의 탐색은 1-모드 네트워크에서와 동일한 방식으로 수행할 수 있다. 즉 서브그룹 내에는 높은 밀도를 갖고 서브그룹 간에는 낮은 밀도를 갖는 서브그룹 분할을 탐색한다. 주어진 데이터 매트릭스와 이상적 구조(서브그룹 내에의 밀도는 100%이고, 서브그룹 간 밀도는 0%)의 데이터 매트릭스 간의 상관계수를 측정하고, 이를 적합도 기준으로 사용하여 가장 높은 적합도를 보여주는 블록 분할을 찾는다. [그림

▶ 그림 9-16 ▌여성과 사회적 활동 간 2-모드 네트워크에서의 팩션분석

```
Starting fitness: 0.000
Final fitness: 0.490
Correlation to ideal: 0.490

Blocked Adjacency Matrix

                                    1 1 1 1 1
                1 2 3 4 5 6 7 8   9 0 1 2 3 4
                E E E E E E E E   E E E E E E
               ------------------------------
 1     EVELYN | 1 1 1 1 1 1   1 | 1           |
 2      LAURA | 1 1 1   1 1 1 1 |             |
 3    THERESA |   1 1 1 1 1 1 1 | 1           |
 4     BRENDA | 1   1 1 1 1 1 1 |             |
 5  CHARLOTTE |     1 1 1   1   |             |
 6    FRANCES |     1   1 1   1 |             |
 7    ELEANOR |         1 1 1 1 |             |
 8      PEARL |           1   1 | 1           |
 9       RUTH |         1   1 1 | 1           |
               -------------------------------
10      VERNE |             1 1 | 1     1     |
11      MYRNA |               1 | 1 1   1     |
12  KATHERINE |               1 | 1 1   1 1 1 |
13     SYLVIA |             1 1 | 1 1   1 1 1 |
14       NORA |           1 1   | 1 1 1 1 1 1 |
15      HELEN |             1 1 |   1 1 1     |
16    DOROTHY |               1 | 1           |
17     OLIVIA |                 | 1   1       |
18      FLORA |                 | 1   1       |
               ------------------------------
```

```
Density matrix

             1     2
         ----- -----
    1    0.625 0.074
    2    0.153 0.537
```

UCINET 메뉴에서 『Network>2-Mode Netowrks>2-Mode Factions』를 선택한다. 『2-Mode Factions』 대화상자에서 『Parameters』의 'Input Dataset'에 2-모드 데이터셋(행은 액터로, 열은 이벤트로 구성된 2-모드 데이터로서, 여기에서는 Davis.##h)을 지정하고 『OK』 버튼을 클릭한다.

9-16]은 여성과 사회적 활동 간 2-모드 네트워크에 대한 팩션분석을 수행한 결과이다. 하나의 서브그룹은 1번 ~ 9번 여성(Evelyn ~ Ruth)과 1번 ~ 8번 사회적 활동(E1 ~ E8)으로 구성되어 있고, 나머지 서브그룹은 10번 ~ 18번 여성(Verne ~ Flora)과 9번 ~ 14번 사회적 활동(E9 ~ E14)으로 구성되어 있다. 이는 앞서의 바이클릭분석 결과와 매우 유사하다.

중심-주변모델

중심-주변구조는 밀도가 높은 중심적인 계층과 밀도가 낮은 주변적인 계층으로 구성된 이상적인 네트워크 블록구조이다. 데이터 매트릭스의 관점에서 보면, 대각선 블록 가운데 한

블록은 매우 밀도가 높은 블록(즉 중심블록)을 형성하고, 대각선 블록의 나머지 블록은 매우 밀도가 낮은 블록(즉 주변블록)을 형성한다. 비대각선 블록에 대해서는 일반적으로 특별한 제약이 없으며, 중심블록과 주변블록 간의 상호작용 패턴을 관찰할 수 있다.

단일모드 네트워크에서의 중심-주변구조는 2-모드 네트워크로 자연스럽게 일반화될 수 있다. 액터와 이벤트는 각각 중심적인 그룹과 주변적인 그룹으로 분할된다. 중심블록은 중심적인 그룹에 속하는 중심액터(core actor)와 중심이벤트(core event)로 구성되고, 주변블록은 주변적인 그룹에 속하는 주변액터(peripheral actor)와 주변이벤트(peripheral event)로 구성된다. 중심블록에서는 중심액터들이 중심이벤트에 빈번히 함께 참여함으로써 하나의 응집적인 서브그룹을 형성한다. 반면에 주변블록에 있는 액터들은 공통적으로 참여하는 이벤트가 적으며 동시에 이 블록에 속한 이벤트들은 동일한 액터를 거의 공유하지 않는다.

[그림 9-17]은 여성과 사회적 활동 간 2-모드 네트워크에 대한 중심주변모델분석을 수행한 결과이다. 14개의 코어액터와 3개의 코어이벤트가 식별되었다. 중심이벤트는 10명 이상의 여성들이 참여하는 인기 있는 사회적 활동들이고, 반면에 주변이벤트에는 8명 이하의 여성들이 참여하고 있다. 중심액터는 다소 복잡한 구조를 갖는다. 중심액터가 되기 위해서는 3개의 중심이벤트에 참여하거나, 2개의 중심이벤트에 참여하면서 2개 이상의 주변이벤트에 참여하거나, 1개의 중심이벤트에 참여하면서 3개 이상의 주변이벤트에 참여해야 한다.

그림 9-17 여성과 사회적 활동 간 2-모드 네트워크에서의 중심-주변모델분석

```
Starting fitness: 0.572
Initial partition

                           1         1 1 1 1
               8 9 3 7 5 6 0   1 2 4 1 2 3 4
               E E E E E E E   E E E E E E E
              -------------------------------
 1     EVELYN | 1 1 1   1 1   | 1 1 1         |
 2      LAURA | 1   1 1 1 1   | 1 1           |
 3    THERESA | 1 1 1 1 1 1   |   1 1         |
 4     BRENDA | 1   1 1 1 1   | 1   1         |
14       NORA |   1   1   1 1 |       1 1 1 1 |
15      HELEN | 1     1     1 |       1 1     |
11      MYRNA | 1 1         1 |         1     |
12  KATHERINE | 1 1         1 |         1 1 1 |
13     SYLVIA | 1 1   1     1 |         1 1 1 |
              ---------------------------------
10      VERNE | 1 1   1       |         1     |
 7    ELEANOR | 1     1 1 1   |               |
 8      PEARL | 1 1       1   |               |
 9       RUTH | 1 1   1 1     |               |
 5  CHARLOTTE |     1 1 1     |     1         |
 6    FRANCES | 1   1   1 1   |               |
16    DOROTHY | 1 1           |               |
17     OLIVIA |   1           |       1       |
18      FLORA |   1           |       1       |
               --------------------------------
```

```
Final fitness: 0.664

Blocked Adjacency Matrix -- Final

                                          1 1 1 1 1
                 8 9 7   3 5 6 4 1 2 0 1 2 3 4
                 E E E   E E E E E E E E E E E
                 ------------------------------
 1     EVELYN | 1 1   | 1 1 1 1 1 1           |
 2      LAURA | 1   1 | 1 1 1   1 1           |
 3    THERESA | 1 1 1 | 1 1 1 1   1           |
 4     BRENDA | 1   1 | 1 1 1 1 1             |
 5  CHARLOTTE |     1 | 1 1   1               |
 6    FRANCES | 1     | 1 1 1                 |
 7    ELEANOR | 1   1 |   1 1                 |
12  KATHERINE | 1 1   |             1   1 1 1 |
 9       RUTH | 1 1 1 |   1                   |
10      VERNE | 1 1 1 |                 1     |
11      MYRNA | 1 1   |             1   1     |
14       NORA |   1 1 |     1       1 1 1 1 1 |
13     SYLVIA | 1 1 1 |             1   1 1 1 |
15      HELEN | 1   1 |             1 1 1     |
                 ------------------------------
 8      PEARL | 1 1   |     1                 |
16    DOROTHY | 1 1   |                       |
17     OLIVIA |   1   |               1       |
18      FLORA |   1   |               1       |
                 ------------------------------


Density matrix

              1     2
          ----- -----
    1     0.700 0.287
    2     0.455 0.068
```

UCINET 메뉴에서 『Network > 2-Mode Netowrks > Categorical Core/Periphery』를 선택한다. 『2-Mode Categorical Core/Periphery Model』 대화상자에서 『Parameters』의 'Input Dataset'에 2-모드 데이터셋(행은 액터로, 열은 이벤트로 구성된 2-모드 데이터로서, 여기에서는 Davis.##h)을 지정하고 『OK』 버튼을 클릭한다.

사례연구

오늘날의 대한민국이 있기까지는 일제강점기에 기꺼이 희생을 감수했던 수많은 독립운동가들이 있었다. 독립운동가들은 크고 작은 독립운동단체를 결성하여 조직적으로 독립운동을 전개하였다. 고등학교 교과서에 등장하는 주요 독립운동가들을 바탕으로 이들이 활동하던 독립운동단체를 독립기념관 웹사이트(http://search.i815.or.kr/main.do)를 통해 파악하여 독립운동가와 그들이 활동하던 독립운동단체 간의 2-모드 네트워크 데이터를 수집하였다.

전처리 작업을 거친 후 최종적으로 45인의 독립운동가와 101개의 독립운동단체 간의 45×101 크기의 2-모드 네트워크 데이터가 수집되었다. 이 네트워크 데이터에서 행은 독립운동가를 나타내며 P01 ~ P45로 코딩하였고, 열은 활동하던 독립운동단체를 나타내며 A001 ~ A101로 입력하였다(Independence.##h 파일). 독립운동가와 독립운동단체 간의 네트워크는 [그림 9-18] 및 [그림 9-19]와 같다. 독립운동가는 원형으로, 독립운동단체는 사각형으로 나타냈다.

그림 9-18 ▌독립운동가와 독립운동단체 간의 2-모드 네트워크

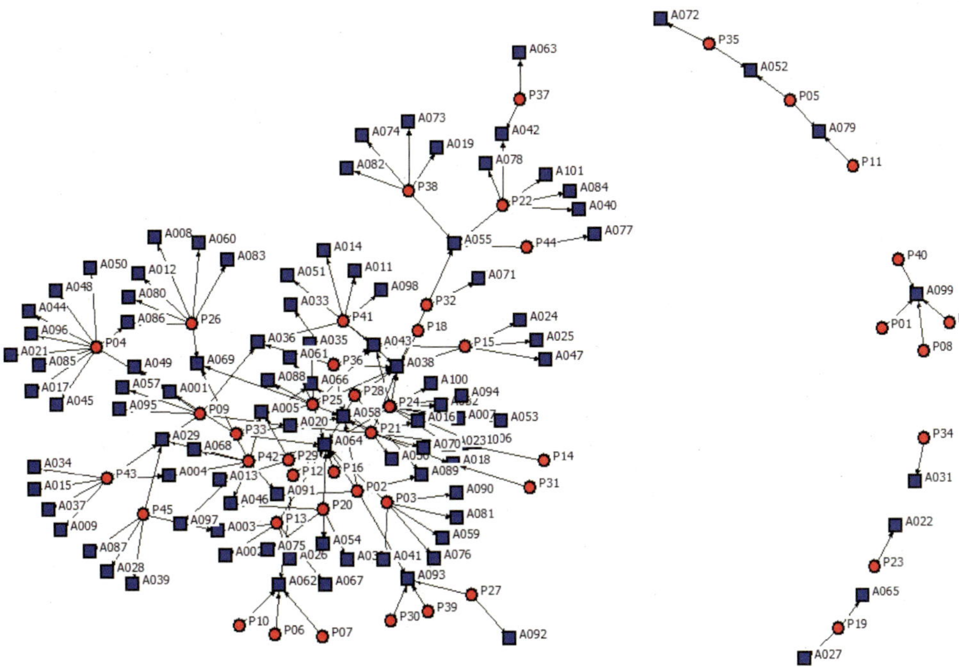

그림 9-19 ▌독립운동가와 독립운동단체 간의 이분 그래프

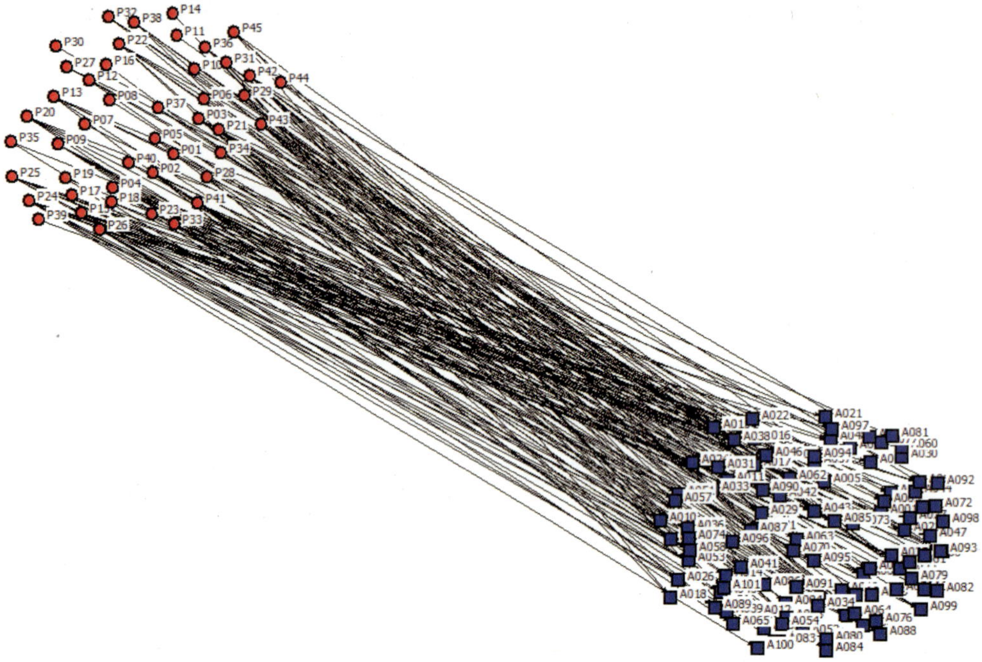

그림 9-20 | 독립운동가의 연결중심성 및 매개중심성

Degree Measures

		1 Degree	2 nDegree
1	P01	3.000	0.017
2	P02	22.000	0.125
3	P03	12.000	0.068
4	P04	2.000	0.011
5	P05	2.000	0.011
6	P06	3.000	0.017
7	P07	3.000	0.017
8	P08	3.000	0.017
9	P09	6.000	0.034
10	P10	3.000	0.017
11	P11	1.000	0.006
12	P12	15.000	0.085
13	P13	13.000	0.074
14	P14	1.000	0.006
15	P15	13.000	0.074
16	P16	12.000	0.068
17	P17	3.000	0.017
18	P18	13.000	0.074
19	P19	0.000	0.000
20	P20	13.000	0.074
21	P21	29.000	0.165
22	P22	4.000	0.023
23	P23	0.000	0.000
24	P24	30.000	0.170
25	P25	34.000	0.193
26	P26	3.000	0.017
27	P27	3.000	0.017
28	P28	21.000	0.119
29	P29	15.000	0.085
30	P30	3.000	0.017
31	P31	1.000	0.006
32	P32	11.000	0.063
33	P33	19.000	0.108
34	P34	0.000	0.000
35	P35	1.000	0.006
36	P36	20.000	0.114
37	P37	1.000	0.006
38	P38	3.000	0.017
39	P39	3.000	0.017
40	P40	3.000	0.017
41	P41	15.000	0.085
42	P42	23.000	0.131
43	P43	4.000	0.023
44	P44	3.000	0.017
45	P45	4.000	0.023

Un-normalized centralization: 4696.000

		1 Betweenness	2 nBetweenness
32	P32	120.000	12.685
21	P21	109.169	11.540
2	P02	94.643	10.005
12	P12	93.000	9.831
42	P42	54.795	5.792
25	P25	52.866	5.588
28	P28	33.199	3.509
24	P24	33.199	3.509
22	P22	33.000	3.488
33	P33	30.226	3.195
36	P36	15.970	1.688
13	P13	11.879	1.256
9	P09	11.752	1.242
41	P41	4.720	0.499
26	P26	3.417	0.361
5	P05	1.000	0.106
45	P45	0.833	0.088
4	P04	0.333	0.035
7	P07	0.000	0.000
18	P18	0.000	0.000
16	P16	0.000	0.000
17	P17	0.000	0.000
1	P01	0.000	0.000
8	P08	0.000	0.000
3	P03	0.000	0.000
15	P15	0.000	0.000
27	P27	0.000	0.000
6	P06	0.000	0.000
29	P29	0.000	0.000
30	P30	0.000	0.000
31	P31	0.000	0.000
10	P10	0.000	0.000
11	P11	0.000	0.000
34	P34	0.000	0.000
35	P35	0.000	0.000
14	P14	0.000	0.000
37	P37	0.000	0.000
38	P38	0.000	0.000
39	P39	0.000	0.000
40	P40	0.000	0.000
19	P19	0.000	0.000
20	P20	0.000	0.000
43	P43	0.000	0.000
44	P44	0.000	0.000
23	P23	0.000	0.000

독립운동가와 독립운동단체 간의 2-모드 데이터로부터 독립운동가 간의 1-모드 데이터를 추출하였다(Independence-Fighter.##h 파일). [그림 9-20]은 독립운동가 간의 1-모드 네트워크로부터 계산한 연결중심성과 매개중심성이다. P25, P24, P21의 순으로 연결중심성이 높은 것으로 나타났으며, 매개중심성은 P32, P21, P02 순으로 높게 나타났다. 독립운동가 P21은 연결중심성과 매개중심성에서 모두 높은 중심적 위치를 차지하고 있다.[7]

7 여기에서 P25는 양기탁, P24는 안창호, P21은 신채호, P32는 이상재, P02는 김구이다.

그림 9-21 ▌2-모드 네트워크에서의 독립운동가의 중심성 지표

2-Mode Centrality Measures for ROWS of Independence

	1 Degree	2 2-Local	3 Eigenvect	4 Closeness	5 Betweenne
1 P01	0.010	0.000	0.000	27.000	0.000
2 P02	0.050	0.002	0.225	0.382	0.070
3 P03	0.059	0.004	0.134	0.373	0.060
4 P04	0.099	0.010	0.015	0.281	0.097
5 P05	0.020	0.000	0.000	21.000	0.001
6 P06	0.010	0.000	0.005	0.250	0.000
7 P07	0.010	0.000	0.005	0.250	0.000
8 P08	0.010	0.000	0.000	27.000	0.000
9 P09	0.059	0.004	0.054	0.332	0.056
10 P10	0.010	0.000	0.005	0.250	0.000
11 P11	0.010	0.000	0.000	12.600	0.000
12 P12	0.020	0.000	0.114	0.371	0.047
13 P13	0.050	0.002	0.130	0.377	0.058
14 P14	0.010	0.000	0.015	0.280	0.000
15 P15	0.050	0.002	0.165	0.338	0.036
16 P16	0.010	0.000	0.109	0.366	0.000
17 P17	0.010	0.000	0.000	27.000	0.000
18 P18	0.020	0.000	0.146	0.335	0.000
19 P19	0.020	0.000	0.000	94.500	0.000
20 P20	0.050	0.002	0.140	0.371	0.040
21 P21	0.099	0.010	0.376	0.445	0.146
22 P22	0.059	0.004	0.005	0.255	0.083
23 P23	0.010	0.000	0.000	189.000	0.000
24 P24	0.109	0.012	0.443	0.434	0.124
25 P25	0.089	0.008	0.435	0.445	0.147
26 P26	0.069	0.005	0.036	0.331	0.081
27 P27	0.020	0.000	0.010	0.256	0.012
28 P28	0.030	0.001	0.211	0.419	0.033
29 P29	0.030	0.001	0.157	0.368	0.005
30 P30	0.010	0.000	0.009	0.256	0.000
31 P31	0.010	0.000	0.015	0.280	0.000
32 P32	0.030	0.001	0.093	0.355	0.181
33 P33	0.040	0.002	0.212	0.390	0.100
34 P34	0.010	0.000	0.000	189.000	0.000
35 P35	0.020	0.000	0.000	17.182	0.000
36 P36	0.050	0.002	0.246	0.382	0.034
37 P37	0.020	0.000	0.000	0.191	0.012
38 P38	0.050	0.002	0.005	0.253	0.048
39 P39	0.010	0.000	0.009	0.256	0.000
40 P40	0.010	0.000	0.000	27.000	0.000
41 P41	0.069	0.005	0.193	0.359	0.058
42 P42	0.099	0.010	0.260	0.414	0.156
43 P43	0.059	0.004	0.028	0.289	0.048
44 P44	0.020	0.000	0.004	0.251	0.012
45 P45	0.050	0.002	0.022	0.292	0.039

이번에는 원래의 독립운동가와 독립운동단체 간의 2-모드 네트워크에서 독립운동가의 중심성 지표를 계산하였다. [그림 9-21]은 2-모드 네트워크에서의 중심성 지표 계산 결과이다. P24, P04, P21, P42의 연결중심성이 높은 것으로 나타났다. 그런데 P04는 단일모드 네트워크에서는 그다지 중심적이지 않았던 인물이다. 매개중심성 관점에서는 P32, P42, P25, P21 등이 중심적인 인물로 드러났다. 이들은 단일모드 네트워크에서도 매개중심성의 상위에 위치하고 있다.[8]

8 여기에서 P04는 김동삼, P42는 지청천이다.

그림 9-22 | 바이클릭분석으로부터 추출한 서브그룹

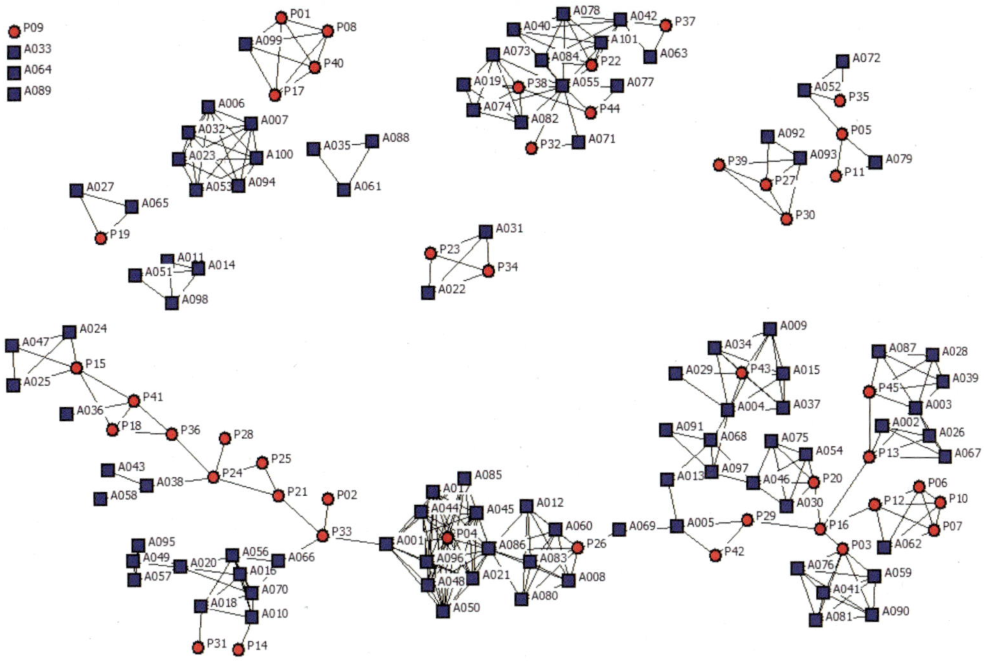

바이클릭분석을 수행하여 바이클릭 공유 멤버십을 기반으로 서브그룹을 탐색하였다. [그림 9-22]에서 볼 수 있는 것처럼 그래프 하단에 하나의 커다란 서브그래프가 도출되었다.[9] 하단의 서브그래프는 왼쪽과 오른쪽으로 크게 두 개의 서브그룹을 포함하고 있다. 그 두 그룹 사이에 P04와 P26이 다리 역할을 하고 있다.[10]

9 바이클릭 멤버십 프로필을 이용한 상관계수 매트릭스(Independence-Pea-R.##h 파일)로부터 상관계수 0.4를 기준으로 이진화하여 그래프르 생성하였다(Independence-Pea-R_GT_0p4.##h 파일).

10 여기에서 P26은 양세봉이다.

UCINET 활용

01 2-모드 매트릭스를 1-모드 매트릭스로 변환하기

- 『Data>Affiliations(2–mode to 1–mode)』를 선택한다.
- 『Affiliations: Convert 2–mode to 1–mode Data』 대화상자의 『Files』에서 'Input Dataset'과 'Output Dataset'을 지정한다. 『Mode』, 『Opposite Mode Normalization』, 『Method』를 차례로 지정한 후 『OK』 버튼을 클릭한다.
- 『Mode』에서 'Rows'를 선택하면 행의 액터를 노드로 한 1–모드 매트릭스가 생성되며, 'Columns'를 선택하면 열의 액터를 노드로 한 1–모드 매트릭스가 생성된다. 『Method』에는 1–모드 매트릭스의 셀 값을 계산하는 방법을 지정할 수 있다.

그림 9–23 ▌『Affiliations: Convert 2–mode to 1–mode Data』 대화상자

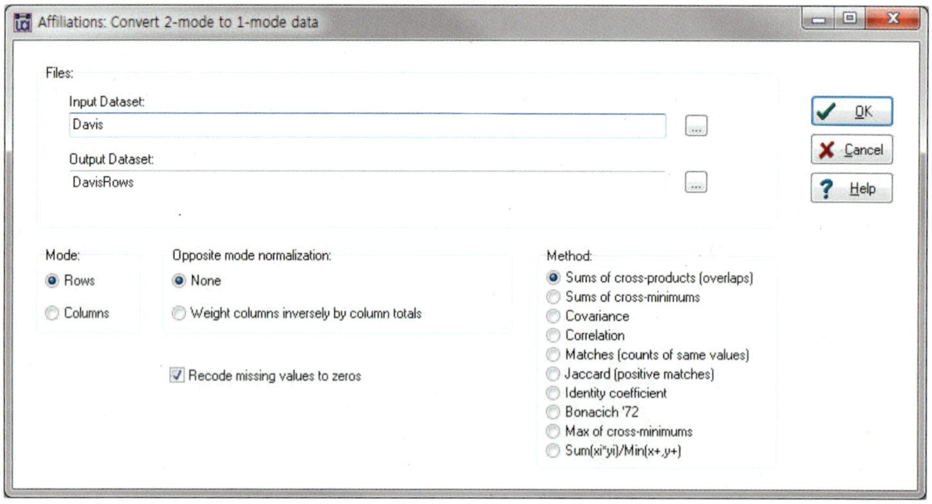

02 연결과 응집성 관련 지표 계산하기

- 『Network＞2-Mode Netowrks＞2-Mode Cohesion』을 선택한다.
- 『2-Mode Cohesion』 대화상자의 『Input 2-Mode Incidence Matrix』에 2-모드 데이터셋(행은 액터로, 열은 이벤트로 구성된 2-모드 데이터셋)을 지정하고 『OK』 버튼을 클릭한다.

그림 9-24 ❙ 『2-Mode Cohesion』 대화상자

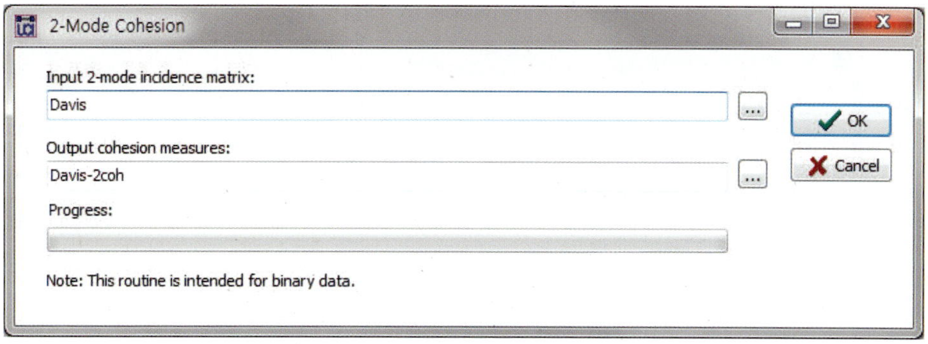

03 중심성 지표 계산하기

- 『Network＞2-Mode Netowrks＞2-Mode Centrality』를 선택한다.
- 『2-Mode Centrality』 대화상자의 『Input 2-Mode Matrix』에 2-모드 데이터셋(행은 액터로, 열은 이벤트로 구성된 2-모드 데이터셋)을 지정하고 『OK』 버튼을 클릭한다.

그림 9-25 ❙ 『2-Mode Centrality』 대화상자

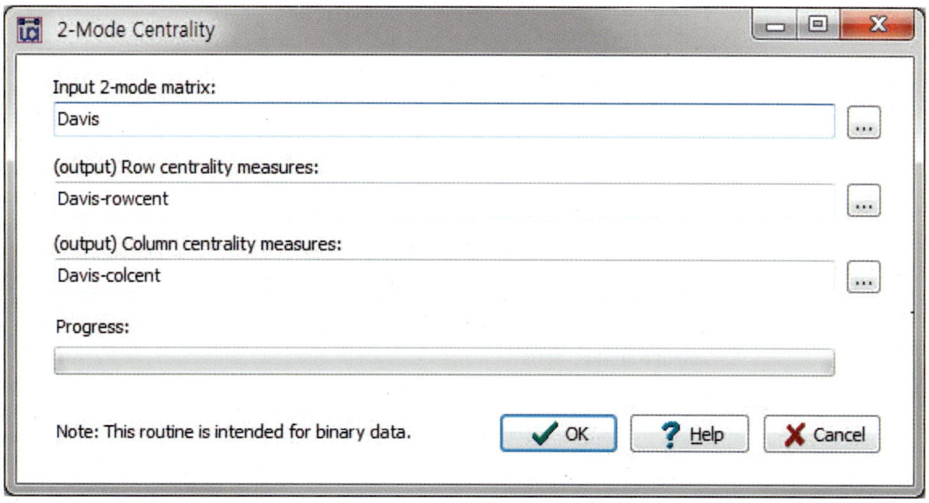

04 근접 매트릭스 생성하기

- 『Tools>Similarities & Distances』를 선택한다.
- 『Similarites/Dissimlarites』 대화상자에서 분석대상 관계 데이터를 선택한 후 『OK』 버튼을 클릭한다. 『Similarity Measures』 또는 『Dissimilarity Measures』에 유사도 또는 거리를 계산하는 방법을 지정한다.

그림 9-26 ▌『Similarites/Dissimlarites』 대화상자

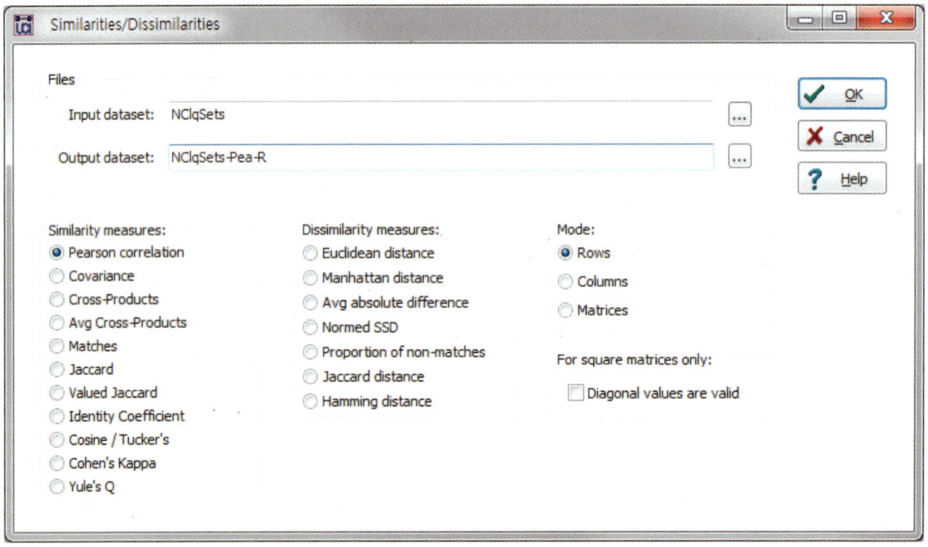

05 팩션분석 수행하기

- 『Network>2-Mode Netowrks>2-Mode Factions』를 선택한다.
- 『2-Mode Factions』 대화상자에서 『Parameters』의 'Input Dataset'에 2-모드 데이터셋(행은 액터로, 열은 이벤트로 구성된 2-모드 데이터셋)을 지정하고 『OK』 버튼을 클릭한다.

그림 9-27 ▌『2-Mode Factions』 대화상자

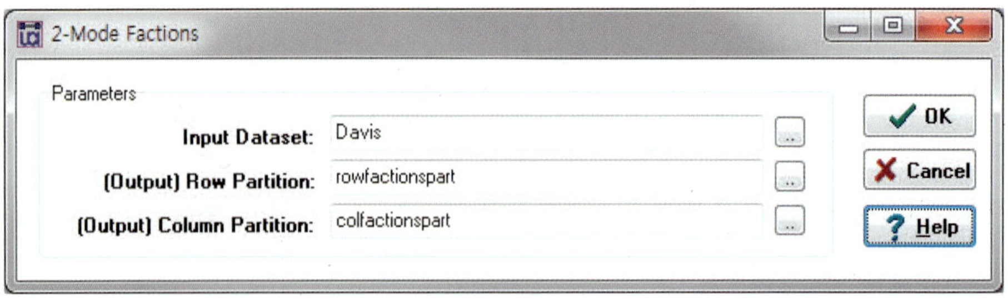

06 중심-주변모델분석 수행하기

- 『Network>2-Mode Netowrks>Categorical Core/Periphery』를 선택한다.
- 『2-Mode Categorical Core/Periphery Model』 대화상자에서 『Parameters』의 'Input Dataset'에 2-모드 데이터셋(행은 액터로, 열은 이벤트로 구성된 2-모드 데이터셋)을 지정하고 『OK』 버튼을 클릭한다.

그림 9-28 ▌『2-Mode Categorical Core/Periphery Model』 대화상자

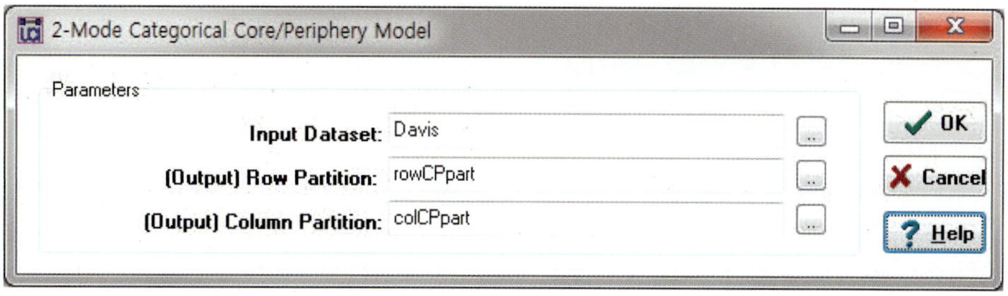

연습문제

01 인터넷 서점으로부터 고객의 책 구매 기록 데이터를 수집하여 고객과 도서 간 2-모드 네트워크를 구축하였다. 2-모드 네트워크 중심성을 구하시오(Customer-Book(edgelist).##h 파일).

02 26명의 CEO와 15개 이벤트 간 2-모드 네트워크를 구축하였다. 다음 질문에 답하시오(Galask##h 파일).

① 2-모드 네트워크 중심성을 구하시오.
② 2-모드 네트워크에 대한 팩션분석을 수행하여 CEO와 이벤트로 구성된 서브그룹을 탐색하시오.

03 세계 55개 도시와 46개 글로벌 기업 오피스 간 2-모드 네트워크를 구축하였다. 셀 값은 오피스의 크기 및 중요성에서 따라 1(minor), 2(major), 3(prime)의 값을 갖는다(0은 자격을 갖춘 오피스가 없음을 나타냄). 다음 질문에 답하시오(Taylor and Walker 2016; Global.##h 파일).

① 도시 간 1-모드 네트워크를 생성하시오('Sums of Cross-Minimums' 방법 이용).
② 셀 값 25 이상을 기준으로 이진화한 후 이를 이용하여 연결중심성과 매개중심성을 계산하시오.
③ 2-모드 네트워크 중심성을 구하시오.

10

CHAPTER

소셜네트워크분석
Social Network Analysis

소셜네트워크의 통계적 검정

- 통계적 유의성과 네트워크 데이터에 대한 통계적 검정
- 일표본 평균검정
- 대응표본 평균검정
- 두 집단 평균검정
- 다중 집단 평균검정
- 상관분석과 회귀분석
- 동종선호검정

CHAPTER

10 소셜네트워크의 통계적 검정

지금까지 살펴본 소셜네트워크의 구조에 대한 분석은 수집된, 즉 관측된 네트워크 데이터 표본에 한정된 분석이었다. 이를 모집단으로 확장하면 관측된 소셜네트워크의 구조를 일반화시키고 이를 통해 소셜네트워크의 구조를 예측 또는 추론할 수 있다. 예를 들면, 조직 내에서의 중심성을 바탕으로 조직 구성원의 성과를 예측할 수 있을 것인가? 친구관계 네트워크를 분석하였더니 이성 간보다는 동성 간에 친하게 지내는 것으로 나타났다면 이를 일반화시킬 수 있을 것인가? 기업 간에 공유하는 특허 수를 바탕으로 이들 간의 비즈니스관계를 추론할 수 있을 것인가? 추론통계(inferential statistics)는 일반적으로 이러한 질문에 대한 답을 제공한다. 추론통계를 활용하면 표본으로부터 관측된 패턴이 모집단에서도 일반적으로 관찰될 수 있는 일상적인 것인지를 통계적으로 설명할 수 있다. 하지만 일반적인 추론통계의 방법은 네트워크 데이터에 직접 적용할 수 없다. 왜냐하면 표준오차를 추정하고 검정통계량을 계산하여 귀무가설을 검정하는 표준적인 기법 및 절차를 적용하기 위해서는 관측값들이 모집단으로부터의 무작위 표본이고 독립적이어야 하나, 네트워크 데이터에서의 관측값들은 그러한 요건을 충족하지 못하기 때문이다. 따라서 네트워크 데이터에 적용할 수 있는 별도의 통계적 기법 및 절차가 요구된다. 여기에서는 소셜네트워크 내에서의 관계 또는 소셜네트워크 간의 관계를 모집단으로 일반화시켜 통계적으로 검정하는 기법 및 절차에 대해서 살펴본다.[1]

1 이 장의 학습을 위해서는 통계학이나 연구방법론에 대한 기초 지식이 필요할 수 있다. 전통적인 통계적 기법 및 절차에 관한 보다 자세한 내용은 통계학이나 연구방법론을 다룬 전문서적을 참고하기 바란다.

통계적 유의성과 네트워크 데이터에 대한 통계적 검정

우리는 어떤 데이터를 분석하여 결과를 얻었을 때, 그 결과가 "통계적으로 유의하다(statistically significant)"라는 표현을 사용한다. 이는 우리의 분석으로부터 얻은 결과가 극히 드문 경우여서 우연에 의해서 그러한 결과가 나타날 가능성이 매우 희박하기 때문에 그러한 결과는 확률적으로 의미 있다는 것을 나타낸다(곽기영 2017). 그래서 우리가 관측한 데이터는 우연에 의한 것이 아니라 어떤 특별한 현상 또는 우리가 제시한 가설을 충분히 반영하고 있다고 유추한다. 통계학에서는 다양한 통계적 검정기법을 통해서 관측된 결과가 나타날 확률, 즉 유의확률 p-값(p-value)을 계산하고 이를 바탕으로 어떤 결과가 통계적으로 유의한지 혹은 유의하지 않은지를 결정한다. 관측한 표본으로부터 계산한 p-값을 미리 정한 어떤 기준값, 즉 유의수준(significance level)과 비교하여 p-값이 유의수준보다 작으면 통계적으로 유의하다고 판단하고 p-값이 유의수준보다 크면 통계적으로 유의하지 않다고 얘기한다. 여기에서 p-값이 유의수준보다 작다는 얘기는 관측된 표본으로부터의 결과가 우리가 기준으로 정한 유의수준보다 작을 만큼 매우 드문 경우라는 것을 의미한다. 이는 관측된 결과가 결코 우연에 의해서 생긴 것이 아니라는 것을 나타낸다. p-값이 작을수록 표본으로부터 얻은 결과가 유의적일 가능성은 커진다. p-값과 비교를 위해 사용되는 유의수준으로는 0.05, 즉 5%가 많이 사용된다(이와 함께 0.01도 많이 사용된다). 이 기준을 적용할 경우, 우리는 관측된 결과의 p-값이 5% 미만이 나왔을 때 유의적이라고 얘기하고, 그렇지 않은 경우 유의적이지 않다고 얘기한다.

예를 들어, 대학 성적과 회사원 연봉 간의 관계에 관심이 있다고 하자. 일반적인 통계적 유의성검정은 다음과 같은 절차 및 논리적 흐름에 따라 수행된다. 우선 직장을 다니는 대졸 회사원 모집단으로부터 무작위 확률표본을 선정하여 관심변수, 즉 대학 성적과 연봉을 측정한다. 그런 다음 그 표본 데이터를 이용하여 두 변수 간의 상관계수를 계산한다. 계산 결과 두 변수 간의 상관계수가 0.678이라고 하자. SPSS와 같은 통계 패키지는 일반적 통계적 유의성검정 절차에 따라 모집단에서 그 변수들이 실제로 아무런 연관관계를 갖지 않는다는 가정하에(즉 모집단의 상관계수 0) 그러한 큰 상관계수(즉 표본의 상관계수 0.678)를 얻게 될 확률(즉 p-값)을 알려준다. 이 확률이 정말 낮다면(0.05 미만), 우리는 이를 유의적이라 하고 그 두 변수는 표본에서뿐만 아니라 모집단에서도 실제 관련이 있다고 주장할 수 있다. 그러나 그 확률이 높다면, 우리는 그 변수들이 모집단에서는 서로 연관관계가 없고 표본에서는 우연에 의하여 그러한 값이 나온 것으로 간주하여 모집단에서 상관계수가 0이라는 가정을 부인하지 못한다.

이처럼 어떤 관측 결과가 유의적인지 여부를 결정하기 위해서는 표본 데이터로부터 관측된 값이 모집단에서 발생할 확률을 알아야 하고, 이를 위해 일반적으로 모집단을 대신할 수 있는 가상의 이론적 확률분포(예: t분포)가 이용된다. 관측된 표본의 결과가 주어진 확률분포상에서 나타날 가능성이 얼마인지를 계산하여 이를 토대로 관측된 결과의 유의성을 검정하게 된다. 그런데 이때 이러한 이론적 확률분포를 이용하기 위해서는 우리가 분석에 사용하는 관측값이 모집단으로부터의 무작위 표본(random sample)이어야 하며 서로 독립적(independent)이어야 한다.[2] 예를 들어, 한 대학교에서 신입생들의 평균 키를 통계적으로 예측하기 위하여 신입생 명부에서 50명의 학생을 무작위로 선택하고 이들의 키를 기록하였을 때, 이 50명의 학생은 그 대학교 전체 신입생이라는 모집단으로부터 무작위적으로 선택된 표본이고 이들의 키 속성값은 서로 독립적이다.

하지만 소셜네트워크분석에 사용되는 네트워크 데이터는 이러한 전통적 통계분석에 사용되는 속성 데이터와는 성격이 다르다(Borgatti et al. 2013; Hanneman and Riddle 2005). 소셜네트워크의 데이터는 대체로 모집단으로부터의 무작위 표본이 아니며 각 개별 관측값은 상호의존적(interdependent)이다. 네트워크 데이터는 무작위 표본이 아닌 경우가 많으며 심지어 전혀 표본이 아니기도 하다. 네트워크 데이터는 오히려 그 자체가 모집단인 경우도 있다. 예를 들어, 증권거래소에 상장되어 있는 기업들 간의 협업 네트워크를 연구하고 있다면, 이 네트워크 데이터는 표본이 아닌 모집단이 된다. 또한 네트워크 데이터는 기본적으로 관계 데이터이기 때문에 관측값들이 서로 독립이 아니다. 예를 들어, 네트워크 데이터에서 춘향과 몽룡 간의 연결관계는 하나의 관측값이다. 또한 춘향과 방자 간의 연결관계 역시 또 다른 하나의 관측값이다. 이 두 관측값은 서로 독립적일 수 없다. 왜냐하면 춘향은 두 사람과의 관계에 모두 포함되어 두 관측값에 동시에 영향을 미치기 때문이다. 인접 매트릭스의 한 행의 셀 값은 모두 한 명의 액터와 관련된 관측값이다. 만일 그 액터가 매우 사교적 성격을 갖고 있다면 이러한 액터의 성향은 그가 맺고 있는 모든 관계에 영향을 미치며, 이는 인접 매트릭스의 행에 있는 모든 셀 간의 독립성이 유지될 수 없다는 것을 의미한다. 사실 우리는 소셜네트워크분석을 통해 이러한 액터들 간의 상호의존성의 패턴을 이해하고 이들 패턴이 어떻게 특정 네트워크 구조나 속성으로 전환되는지에 관심을 갖는다. 따라서

2 서로 독립적이라는 의미는 하나의 결과가 다른 결과에 영향을 미치지 않는다는 뜻이다. 예를 들어, 동전을 던지는 각 개별 행위는 서로 독립이다. 동전을 던져서 나오는 결과값(숫자 또는 그림)은 앞서의 행위에 영향을 받지 않기 때문이다.

이러한 소셜네트워크 데이터의 특성으로 인해 우리는 전통적 통계기법에서 사용되는 통계적 유의성검정 절차를 이용할 수 없다. 즉 소셜네트워크분석에서는 데이터의 성격상 일반적 통계적 검정 절차를 따를 수 없는 한계를 갖는다. 여기에서는 이러한 한계를 극복하기 위해 사용할 수 있는 퍼뮤테이션검정과 부트스트래핑 기법을 살펴본다.

퍼뮤테이션검정

퍼뮤테이션검정(permutation test)은 무작위로 배열한 표본 데이터로부터 귀무가설이 사실이라는 가정하에서 표본통계량 분포를 생성한 후 이를 바탕으로 통계적 검정을 수행한다. 퍼뮤테이션검정은 특정 확률분포(즉 정규분포, t분포, F분포, χ^2분포 등의 이론적 분포(theoretical distribution))를 가정하지 않는 비모수검정(non-parametric test) 기법이다.

퍼뮤테이션(순열)이란 숫자의 재배열을 의미한다. 예를 들어, 다음은 1부터 5까지의 숫자를 재배열한 것이다.

(1, 2, 3, 4, 5)
(1, 3, 2, 4, 5)
(2, 4, 5, 1, 3)
(3, 2, 1, 5, 4)
…

여기에서 각 순열은 모두 동일한 다섯 개의 숫자를 포함하고 있으나, 순서는 모두 다르다. 일반적으로 n개의 숫자가 있을 때 이를 재배열하는 경우의 수는 모두 $n!$개가 존재한다. $n! = n \times (n-1) \times (n-2) \times \cdots 1$이며, 따라서 위의 예와 같은 다섯 개의 숫자를 재배열하는 가능한 방법은 120(=5×4×3×2×1)가지가 존재한다. 각 순열에는 모든 숫자가 그대로 사용된다. 즉 모든 정보가 각 순열에 그대로 유지된다. 유일하게 변하는 것은 숫자들의 순서, 즉 구조이다.

퍼뮤테이션은 데이터의 재배열을 의미하며, 소셜네트워크 관점에서 본다면 재배열되는 데이터는 다름 아닌 네트워크 데이터 매트릭스의 셀 값이다(Prell 2012). [그림 10-1]은 원래의 네트워크에서 네트워크 데이터 매트릭스가 재배열될 때 어떤 모습으로 변하는지를 보여준다. [그림 10-1]의 상단은 원래의 데이터를 기초로 그린 그래프이다. 이 그래프를 재배열하면 [그림 10-1]의 하단과 같은 그래프를 얻을 수 있다. 이 재배열된 그래프는 구조는 그대로 동일하게 유지되나, 행과 열에 할당된 노드들은 다르다.[3] 즉 동일한 구조의 네트워크 내에서 액터들이 원래와 다른 위치에 할당된다. 예를 들어, 원래의 그래프에서 노드 D는 노드 B, C, E, F와 연결관계를 갖고 있으나, 재배열된 그래프에서는 노드 B, C, G와 연결관계를 갖는다.

이러한 퍼뮤테이션의 개념은 일반적 통계적 유의성검정 방법을 사용할 수 없는 소셜네트워크의 유의성검정에 활용될 수 있다. 그 절차는 다음과 같다. 우선 원래의 네트워크 매트릭스에서 검정하고자 하는 특정 관계를 나타내는 통계량을 계산한다. 예를 들어, 동성 간 친구관계의 비율이 관심의 대상인 통계량이라면 원래의 네트워크에서 동성 간 친구관계 연결

그림 10-1 ▌원래의 그래프와 재배열된 그래프

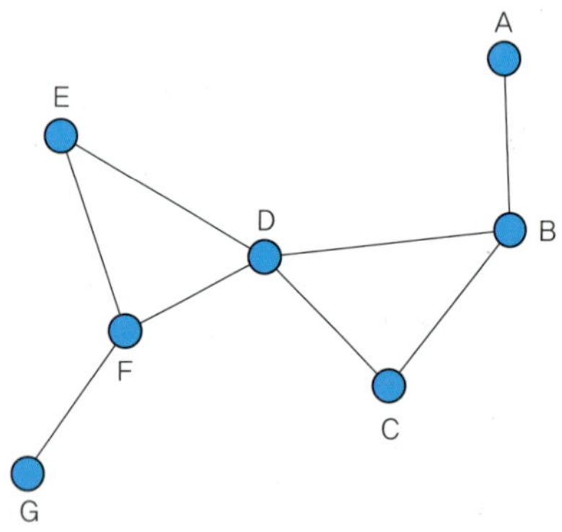

원래의 그래프

	A	B	C	D	E	F	G
A	0	1	0	0	0	0	0
B	1	0	1	1	0	0	0
C	0	1	0	1	0	0	0
D	0	1	1	0	1	1	0
E	0	0	0	1	0	1	0
F	0	0	0	1	1	0	1
G	0	0	0	0	0	1	0

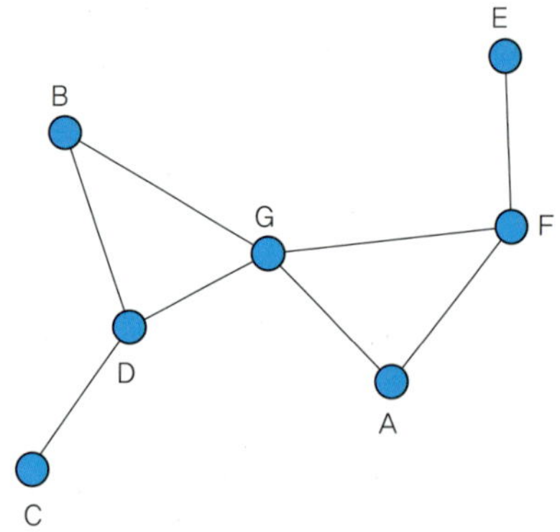

재배열된 그래프

	A	B	C	D	E	F	G
A	0	0	0	0	0	1	1
B	0	0	0	1	0	0	1
C	0	0	0	1	0	0	0
D	0	1	1	0	0	0	1
E	0	0	0	0	0	1	0
F	1	0	0	0	1	0	1
G	1	1	0	1	0	1	0

3 즉 네트워크 데이터 매트릭스에서 1과 0의 개수는 동일하나 이들의 셀 위치는 달라진다.

개수를 측정하여 그 비율을 계산한다. 그런 다음 원래의 네트워크 매트릭스를 반복하여 재배열한다. 이때 각 재배열된 매트릭스로부터 관심의 대상인 통계량, 즉 동성 간 친구관계의 비율을 계산한다. 이러한 과정을 네트워크 매트릭스의 퍼뮤테이션 개수만큼 반복한다. 이렇게 얻어진 동성 간 친구관계 비율을 작은 값에서 큰 값의 순서대로 배열한다. 이렇게 배열된 통계량의 분포는 경험적 분포(empitical distribution)로서 일종의 확률분포가 된다. 이 확률분포상에서 원래의 네트워크 데이터로부터 계산한 동성 간 친구관계 비율 이상이 발생할 확률을 계산한다. 그러면 이 값이 통계적 검정을 위한 유의확률이 된다.

재배열된 매트릭스들로부터 얻은 결과들의 분포에서 원래의 네트워크 데이터로부터 얻은 결과가 발생할 가능성이 클수록(즉 유의확률이 클수록) 원래의 매트릭스로부터의 결과는 우연에 기인한 것일 가능성이 높아진다. 반대로 원래의 관측된 네트워크 데이터로부터의 결과가 일련의 반복적으로 재배열된 데이터 매트릭스들에서는 매우 드물게 발생한다면(즉 유의확률이 작다면) 원래의 네트워크 데이터로부터의 결과는 매우 드문 경우여서 우연에 의해서 발생할 가능성이 거의 없다라고 볼 수 있다. 따라서 원래의 네트워크 데이터로부터 얻은 결과, 예를 들어, 관측된 동성 간 친구관계의 비율은 "통계적으로 유의하다"라고 주장할 수 있다. 이러한 퍼뮤테이션의 개념을 바탕으로 한 통계적 유의성검정 방법은 하나의 네트워크 내에서의 관계뿐만 아니라 두 개 이상의 여러 네트워크 간의 관계를 검정하는 데도 활용될 수 있다.

부트스트래핑

전통적 통계적 검정방법을 사용할 수 없을 때 퍼뮤테이션검정은 가설검정을 위한 좋은 대안이 될 수 있다. 퍼뮤테이션검정은 가설을 검정하는 데 사용할 수 있는 유의확률을 계산할 때 특히 유용하다. 그러나 요구되는 가정으로 인해 퍼뮤테이션검정을 이용하여 신뢰구간을 추정하기는 어렵다. 부트스트래핑은 신뢰구간의 추정에 보다 적합한 비모수검정 기법이다.

부트스트래핑(bootstrapping)은 현재 갖고 있는 데이터로부터 표본을 반복적으로 복원추출(sampling with replacement)하여 추정하고자 하는 통계량(예: 평균)의 경험적 분포를 생성한다. 우리가 수집한 표본크기 n인 표본을 가상의 모집단으로 간주하고 이 가상의 모집단으로부터 표본크기와 동일한 n개의 관측값을 갖는 표본을 반복적으로 재추출(resampling)한다. 이렇게 추출된 표본을 부트스트랩 표본이라고 한다. 복원과정을 거친 재추출 방식으로 표본 추출이 이루어지기 때문에 동일한 관측값들이 하나의 부트스트랩 표본에 여러 번 포함될 수도 있다. 경우에 따라서는(매우 드문 경우이기는 하지만) 하나의 부트스트랩 표본이 모두 동일한 관측값으로 구성될 수도 있다. 이러한 방식으로 무수히 많은 부트스트랩 표본을 만들어내면, 이 부트스트랩 표본들을 이용하여 관심을 갖는 통계량의 분포, 예를 들면, 부트스트랩 표본평균의 분포를 만들 수 있고 표본평균의 표준편차, 즉 표준오차를 이러한 분포상에서 계산할 수 있다.[4] 이렇게 구해진 표준오차는 가설검정 및 신뢰구간 추정을 위한 검정통계량을 계산하는 데 이용된다.[5] 부트스트래핑은 특정 이론적 분포에 대한 가정 없이 이러한 방식으로 생성한 경험적 분포를 이용하여 신뢰구간 추정과 가설검정을 수행한다.

[그림 10-2]는 부트스트래핑 과정을 보여준다. [그림 10-2]에서 볼 수 있는 것처럼 부트스트래핑은 n개의 관측값을 포함하고 있는 원래의 표본을 마치 모집단처럼 간주하고 이 가

그림 10-2 ▌부트스트래핑

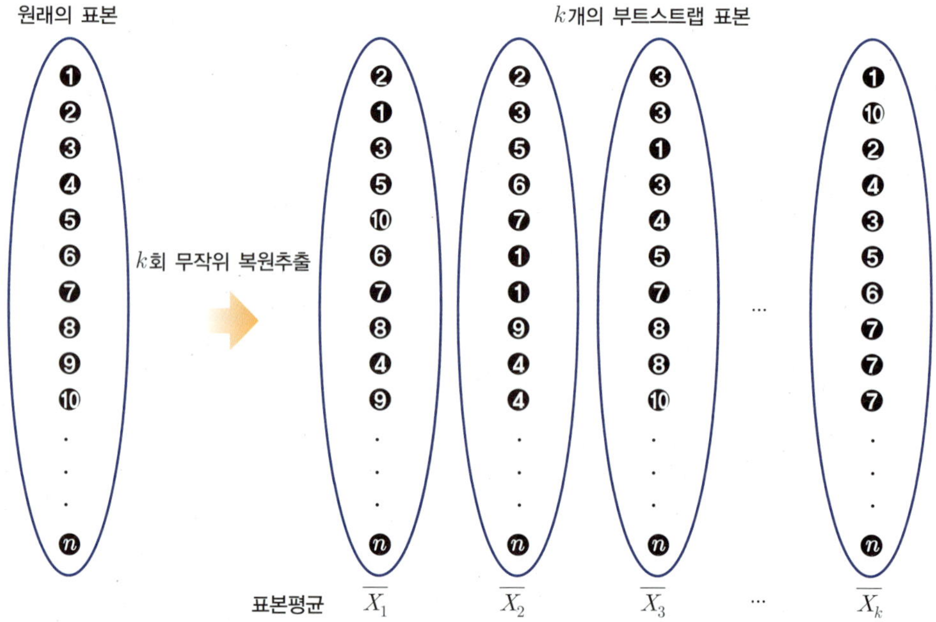

4 이렇게 생성한 경험적 분포는 표본평균의 분포인 표집분포(sampling distribution)가 된다. 표집분포는 중심극한정리에 의해 평균이 모집단의 평균과 같고 표준오차가 $\frac{\text{모집단표준편차}}{\sqrt{\text{표본크기}}}$인 정규분포를 따른다.

5 정규분포를 가정할 때 검정통계량 $Z = \frac{\text{관측값(표본평균)} - \text{모집단평균(표본평균의 평균)}}{\text{표준오차(표본평균의 표준편차)}}$ 이다.

상의 모집단으로부터 복원과정을 거치면서 표본크기 n을 갖는 부트스트랩 표본을 k만큼 반복해서 추출한다. 그러면 k개의 부트스트랩 표본에 대한 k개의 표본평균들로 이루어진 분포를 그릴 수 있으며, 이 분포로부터 표본평균들의 표준편차를 계산하여 검정통계량 계산을 위한 표준오차로 이용할 수 있다. 부트스트랩 표본의 크기 k에 대해서는 특별히 정해진 가이드라인은 없으나 클수록 안정적인 결과를 산출하는 것으로 알려져 있다. 이러한 부트스트래핑은 소셜네트워크의 유의성검정을 위해 사용될 수 있다. 네트워크 데이터 매트릭스로부터 무수히 많은 부트스트랩 표본을 추출한 후 이로부터 네트워크 통계량의 분포를 생성하여 다양한 가설검정에 활용한다.

일표본 평균검정

네트워크 데이터에서 평균은 데이터의 유형에 따라 다른 의미를 갖는다. 이진 그래프에서 평균은 연결관계가 존재하는 비율 또는 확률을 나타내며, 이는 결국 밀도를 의미한다. 계량 그래프에서 평균은 그래프 내 모든 연결관계의 평균 관계강도를 의미한다. 단일 네트워크를 대상으로 한 밀도 또는 평균 관계강도에 대한 가설검정은 전통적 통계분석기법의 일표본 평균검정(one-sample t test)과 같은 의미를 갖는다. 즉 하나의 표본평균을 이용하여 모집단의 평균에 대한 가설검정을 수행한다. 다만 속성 데이터의 평균이 아니라 관계 데이터의 평균이라는 점에서 차이가 있다. 예를 들어, 네트워크 밀도가 0이라는 귀무가설하에서 연결관계가 실제 존재할 것이라는 대립가설을 검정할 수 있다. 또한 전체 네트워크의 연결관계 비율이 0.5라는 귀무가설을 검정할 수 있으며, 평균 관계강도가 3이라는 귀무가설을 검정할 수 있다.

피렌체의 16개 가문 간의 비즈니스관계 네트워크(Padgett and Ansell 1993; Wasserman and Faust 1994; PadgettBiz.##h 파일)를 이용하여 밀도에 대한 일표본 평균검정을 수행해보자. 여기에서는 피렌체의 가문들이 서로 비즈니스 연결관계를 가진다는 가설을 검정하려고 한다. 이러한 가설을 검정하기 위하여 [그림 10-3]과 같은 밀도에 대한 가설검정을 수행하였다.

피렌체의 가문들 간에 비즈니스관계가 존재한다는 것을 검정하기 위해서는 모집단에서의 네트워크 밀도가 0('Parameter value is')이라는 가정하에서 표본으로부터 관측된 네트워크 밀도 0.125('Density of PadgettBiz.##h is')가 나타난 것이 우연에 의해서 발생한 것

그림 10-3 | 일표본 평균검정

```
COMPARE DENSITY W/ HYPOTHESIZED VALUE
--------------------------------------------------------------------

Random seed:                                    21908

Parameter value is: 0.0000
Density of PadgettBiz.##h is: 0.1250
Difference is: 0.1250
Variance of ties for PadgettBiz.##h: 0.1098
Classical estimate of SE: 0.0214

Number of bootstrap samples: 5000
Estimated standard error for density of PadgettBiz.##h: 0.0393
z-score: 3.1840
Average bootstrap density: 0.1337
Proportion of absolute differences as large as observed: 0.0020
Proportion of differences as large as observed: 0.0020
Proportion of differences as small as observed: 0.9982
```

UCINET 메뉴에서 『Network>Compare Densities>Against Theoretical Parameter』를 선택한다. 『Compare Network Density with Theoretical Parameter』 대화상자에서 『Network』에 데이터 파일 이름을 지정한다(여기에서는 PadgettBiz.##h). 『Expected Density』에는 관측된 값과 비교하여 검정하고자 하는 모수의 값을 입력한다(여기에서는 0). 『Number of Samples』에는 표집분포를 구성하기 위하여 생성할 표본의 개수를 지정한다(여기에서는 5000). 차례대로 지정한 후 『OK』 버튼을 클릭한다.

인지를 알아야 한다. 즉 관측된 밀도와 모집단 밀도의 차이 0.125('Difference is')가 흔히 발생할 수 있는 일상적인 것인지 아니면 드문 것인지를 알 필요가 있다. 만약 이러한 차이가 모집단의 밀도가 0이라는 귀무가설하에서 좀처럼 관측하기 어려운 수치라면 우리는 모집단의 밀도가 0이라는 귀무가설을 기각한다.

[그림 10-3]의 가설검정 결과를 자세히 살펴보자. 일반적인 통계적 검정 절차에 따라 표본평균의 표준오차를 계산하면, 표준오차는 $0.0214\left(=\frac{s}{\sqrt{n}}=\frac{\sqrt{0.1098}}{\sqrt{240}}\right)$[6]가 된다('Classical estimate of SE'). 이 표준오차를 이용하여 계산된 검정통계량은 5.841 $\left(=\frac{\overline{X}-\mu}{\text{표준오차}}=\frac{\overline{X}-\mu}{s/\sqrt{n}}=\frac{0.125-0}{0.0214}=\frac{0.125}{0.0214}\right)$[7]이며, 이 값을 t검정에서의 t값으로 해석하면 계산된 검정통계량은 자유도 239를 갖는 t분포에서 매우 유의적인 수치이다.[8]

그러나 앞서 설명한 대로 네트워크 데이터에는 이러한 이론상의 확률분포를 이용할 수 없다. 따라서 부트스트래핑을 이용하여 표본평균(즉 여기에서는 밀도)들로 구성된 표집분포를

6 여기에서 s는 표본의 표준편차, n은 표본크기를 나타낸다. 표본크기 n은 관측값의 개수를 나타내며, 16개의 노드로 이루어진 이진 네트워크에는 0 또는 1의 값을 갖는 240개(=16×15)의 관측값이 있다.

7 $\overline{X}$는 표본의 평균, μ는 모집단의 평균을 나타낸다.

8 자유도 239에서 유의수준 0.05에 대응되는 t값은 t= ± 1.96이므로 현재 관측된 t값 5.841이 발생할 확률은 매우 작다.

직접 도출한다. 이를 위해 노드들을 무작위적으로 재배열하는 방식으로 5,000개의 네트워크를 생성하고('Number of bootstrap samples') 이 5,000개 네트워크들의 밀도를 계산한다. 그런 다음 그러한 밀도들로 구성된 표집분포를 생성하면, 이 표집분포의 평균(표본평균의 평균)은 0.1337('Average bootstrap density')이 되고 표준오차(표본평균의 표준편차)는 0.0393('Estimated standard error for density of PadgettBiz.##h')이 된다.[9] 이렇게 구한 표준오차를 이용하여 계산한 검정통계량은 $3.18\left(=\frac{\overline{X}-\mu}{\text{표준오차}}=\frac{0.125}{0.0393}\right)$이다('z-score'). 절대값으로 이 값보다 큰 값이 나올 확률은 0.002로서 유의수준 5%를 기준으로 할 때 통계적으로 유의하다('Proportion of absolute differences as large as observed'). 이 확률은 일반적인 통계검정에 사용되는 p-값에 해당한다. 따라서 모집단에서의 네트워크 밀도가 0이라는 귀무가설을 기각하고, 피렌체 가문들 간에는 비즈니스관계가 존재한다고 결론 내릴 수 있다.

우리는 위에서 두 가지 방식으로 계산된 표준오차를 살펴보았다. 추론통계에서 사용되는 일반적 표준오차 공식에 의해 계산된 표준오차(0.0214)는 부트스트래핑을 통해 계산된 표준오차(0.0393)에 비해 많이 작다. 이는 일반적 표준오차 계산 공식이 모든 관측값들(즉 모든 연결관계들)은 독립적이라는 가정을 바탕에 깔고 있기 때문이다. 그러나 연결관계는 서로 독립이 아닌 동일한 16개 액터들에 의해 생성되기 때문에 이것은 합리적인 가정이 아니다. 실제 액터에 기반한 실제 데이터를 이용하여 계산된 표준오차가 발생할 수 있는 실제 표집(sampling)의 변동성을 더 잘 설명해준다. 부트스트래핑에 의하여 주어진 노드들로부터 무작위적으로 추출하는 방식으로 구성된 네트워크 표본이 이러한 실제 상황을 보다 더 잘 반영하고 있다고 볼 수 있다. 일반적으로 표본의 변동성에 대한 기대값, 즉 표준오차를 계산하는 전통적 공식은 네트워크 데이터에 대해서는 비현실적으로 작은 값을 도출한다. 따라서 이렇게 계산된 표준오차를 이용하게 되면 검정통계량이 상대적으로 커지게 되고, 이로 인해 기각해서는 안 될 귀무가설을 기각하게 되는 통계적 오류가 증가할 수 있다.

대응표본 평균검정

우리는 동일한 액터들로 구성된 두 네트워크의 평균이 동일한지 여부에 관심을 가질 수 있

9 부트스트랩 표본은 실행할 때마다 달라지기 때문에 표본평균의 평균 및 표준오차는 실행 시마다 다른 값을 가질 수 있다.

다. 이는 동일한 액터들로 구성된 두 네트워크 간의 모집단 평균의 차이에 대한 가설검정을 의미한다. 이진 그래프의 경우에는 연결관계가 존재하는 확률 또는 밀도의 차이에 대한 검정이며, 계량 그래프의 경우에는 평균 관계강도의 차이에 대한 검정을 의미한다. 예를 들어, 조언관계와 친구관계를 나타내는 두 네트워크가 있을 때, 이 중 어느 네트워크의 밀도가 더 높은지에 관심을 가질 경우 이러한 검정방법을 사용할 수 있다. 이런 유형의 검정방법은 표본의 값들이 쌍을 이루고 있고 이들 쌍을 이룬 값들이 비교대상이 되는 전통적 통계분석기법에서의 대응표본 평균검정(paired-samples t test)에 해당한다.

피렌체의 16개 가문 간의 결혼관계 네트워크와 비즈니스관계 네트워크(PadgettMrg.##h, PadgettBiz.##h 파일)를 이용하여 밀도에 대한 대응표본 평균검정을 수행해보자. [그림 10-4]는 두 네트워크의 밀도에 대한 대응표본 평균검정을 수행한 결과이다. [그림 10-4]의 분석결과는 전통적 검정방법과 부트스트래핑 방법을 모두 보여준다. 두 네트워크의 밀도의 차이, 즉 평균의 차이는 0.0417이다('Difference in density is'). 일반적인 통

그림 10-4 ▌대응표본 평균검정

```
BOOTSTRAP PAIRED SAMPLE T-TEST
--------------------------------------------------------------------------------

Random seed:                              -30149

Density of PadgettMrg.##h is: 0.1667
Density of PadgettBiz.##h is: 0.1250
Difference in density is: 0.0417

Number of bootstrap samples: 5000
Variance of ties for PadgettMrg.##h: 0.1395
Variance of ties for PadgettBiz.##h: 0.1098
Classical standard error of difference: 0.0322
Classical t-test (indep samples): 1.2928
Estimated bootstrap standard error for density of PadgettMrg.##h: 0.0357
Estimated bootstrap standard error for density of PadgettBiz.##h: 0.0399
Bootstrap standard error of the difference (indep samples): 0.0535
95% confidence interval for the difference (indep samples): [-0.0632, 0.1465]
bootstrap t-statistic (indep samples): 0.7789
Bootstrap SE for the difference (paired samples): 0.0438
95% bootstrap CI for the difference (paired samples): [-0.0443, 0.1276]
t-statistic: 0.9504
Average bootstrap difference: 0.0286
Proportion of absolute differences as large as observed: 0.3407
Proportion of differences as large as observed: 0.1790
Proportion of differences as small as observed: 0.8212
```

UCINET 메뉴에서 『Network>Compare Densities>Paired(Same Nodes)』를 선택한다. 『Compare Densities (Paired Networks)』 대화상자에서 『1st Network』와 『2nd Network』에 비교할 데이터 파일 이름을 지정한다(여기에서는 PadgettMrg.##h와 PadgettBiz.##h). 『Number of Samples』에는 표집분포를 구성하기 위하여 생성할 표본의 개수를 지정한다(여기에서는 5000). 차례대로 지정한 후 『OK』 버튼을 클릭한다.

계적 검정 절차에 의한 평균 차이의 표준오차는 0.0322('Classical standard error of difference')이고, 부트스트래핑에 의한 표준오차는 0.0438('Bootstrap SE for the difference(paired samples)')이다. 앞서 일표본 평균검정에서 본 것처럼 전통적 방법이 표집의 변동성을 나타내는 표준오차를 과소추정하고 있으며, 이로 인해 두 네트워크 간 밀도의 차이가 없다는 귀무가설을 기각할 가능성을 과도하게 증가시킬 수 있다. 부트스트래핑에 의한 검정통계량은 0.9504('t-statistic')로서 양측검정의 경우 p-값은 0.3407('Proportion of absolute differences as large as observed')이고 단측검정의 경우 p-값은 0.1790('Proportion of differences as large as observed')이 되어, 두 네트워크 간의 밀도의 차이가 존재하지 않는다는 귀무가설을 기각하지 못한다. 즉 두 네트워크의 밀도가 동일하다는 가정하에서 두 네트워크로부터 추출된 표본으로부터 현재의 관측된 밀도의 차이 0.0417은 흔하게 발생하므로, 두 네트워크의 밀도는 다르다고 말할 수 없다.

두 집단 평균검정

소속 집단이 액터의 네트워크적 특성에 미치는 영향은 종종 흥미로운 연구 주제가 된다. 예를 들면, 어떤 사람의 성별이 그 사람의 중심성 정도에 영향을 미치는지 살펴볼 수 있다. 여기에서 성별은 액터의 소속 집단을 나타내며 중심성 정도는 액터의 네트워크 속성에 해당한다. 액터들은 성별에 따라 두 개의 집단으로 구분되기 때문에 이는 결국 두 개 집단 간에 중심성에 있어서 차이가 존재하는지를 검정하는 것과 같은 문제가 되며, 전통적 통계분석에서 사용하는 두 집단 독립표본 평균검정(two-independent samples t test)을 수행하는 것과 동일하다.

미국 서부 해안지역에 위치한 소규모 하이테크 제조기업의 조언관계 네트워크 데이터를 이용하여 두 집단 평균검정을 수행해보자(Krackhardt 1987; Wasserman and Faust 1994; Krack-High-Tech-Adv-deg.##h, Krack-High-Tech-Attr2.##h 파일). 이를 위해 21명의 관리자들을 근속연수에 따라 평균을 기준으로 두 개의 집단으로 구분하였다. 여기에서 분석하고자 하는 것은 내향 연결중심성에 있어서 두 개 집단 간에 차이가 존재하는가이다. 이를 검정하기 위하여 10,000회의 매트릭스 재배열을 통해 두 평균 간 차이의 표집분포를 구성하였다. [그림 10-5]는 하이테크기업 네트워크 데이터에 대한 두 집단 평균검정을 수행한 결과이다.

그림 10-5 ▌두 집단 평균검정

```
TOOLS>STATISTICS>T-TEST
--------------------------------------------------------------------------------

Dependent variable:                         "Krack-High-Tech-Adv-deg.##h" Col 2
Independent variable:                       "Krack-High-Tech-Attr2.##h" Col 1
# of permutations:                          10000
Random seed:                                524

Basic statistics on each group.

                          1        2
                    Group 1  Group 2
                   -------- --------
  1         Mean      7.769   11.125
  2      Std Dev      3.468    3.855
  3          Sum    101.000   89.000
  4     Variance     12.024   14.859
  5          SSQ    941.000 1109.000
  6        MCSSQ    156.308  118.875
  7     Euc Norm     30.676   33.302
  8      Minimum      4.000    5.000
  9      Maximum     15.000   18.000
 10     N of Obs     13.000    8.000
 11    N Missing      8.000   13.000

SIGNIFICANCE TESTS

     Difference         ...One-Tailed Tests...       Two-Tailed
       in Means     Group 1 > 2     Group 2 > 1            Test
 ============== ============== ============== ==============
         -3.356          0.969          0.039          0.0688
```

UCINET 메뉴에서 『Tools>Testing Hypotheses>Node-level>T-Test』를 선택한다. 『T-Test』 대화상자에서 『Dependent (Y) Variable』에 종속변수에 해당되는 벡터가 포함된 데이터 파일과 벡터의 위치를 지정한다(여기에서는 Krack-High-Tech-Adv-deg.##h와 Col 2: 연결중심성 데이터 파일과 내향 연결중심성 값이 들어 있는 두 번째 열 벡터). 『Independent Variable』에 독립변수에 해당되는 벡터가 포함된 데이터 파일과 벡터의 위치를 지정한다(여기에서는 Krack-High-Tech-Attr2.##h와 Col 1: 근속연수에 따른 집단 구분 속성 데이터 파일과 속성값이 들어 있는 첫 번째 열 벡터). 『No. of Random Permutations』에 매트릭스의 재배열 횟수(여기에서는 10000)를 지정하고 『OK』 버튼을 클릭한다. 연결중심성 데이터 파일은 『Network>Centrality and Power>Degree』를 수행한 후 『Output Dataset』에 파일 이름을 지정하여 생성한다. 집단 구분 속성 데이터 파일은 『Data>Data Editors>Matrix Editor』를 이용하여 생성한다. 평균 근속연수보다 작은 근속연수를 갖는 액터는 1, 평균보다 큰 근속연수를 갖는 액터는 2로 입력한다.

[그림 10-5]의 분석 결과는 우선 각 집단별로 기초적인 기술통계량을 보여준다('Basic statistics on each group'). 집단의 번호는 집단을 구분하는 속성 데이터 파일(독립변수 파일)에서 첫 번째 액터의 소속 집단에 따라 결정된다. [그림 10-6]의 집단 구분 속성 데이터 파일을 보면 첫 번째 액터는 평균 근속연수보다 작은 근속연수를 갖는 집단이다('1'로 코딩되었다). 따라서 평균 근속연수보다 작은 근속연수를 갖는 집단이 'Group 1'로 지정되고, 평균 근속연수보다 큰 근속연수를 갖는 집단은 'Group 2'로 지정된다.

그림 10-6 ▌집단 구분 속성

```
     1
     T
     e
     n
     u
     r
     e
     _
 1   1
 2   2
 3   2
 4   1
 5   1
 6   2
 7   2
 8   1
 9   1
10   1
11   2
12   1
13   1
14   1
15   1
16   1
17   2
18   1
19   1
20   2
21   2
```

> UCINET 메뉴에서 『Data>Display』를 선택한다. 독립변수에 해당되는 집단 구분 속성 데이터 파일(여기에서는 Krack-High-Tech-Attr2.##h)을 지정한다.

[그림 10-5]의 기술통계량분석 결과를 보면, 근속연수가 상대적으로 긴 집단의 평균 내향 연결중심성(11.125)이 근속연수가 짧은 집단의 평균 내향 연결중심성(7.769)보다 크다. 이를 모집단으로 일반화시킨 검정 결과는 'Significance tests'에서 확인할 수 있다. 두 집단 간 내향 연결중심성의 차이가 없다는 귀무가설하에서 절대값으로 3.356만큼의 집단 간 중심성 차이가 발생할 확률은 6.88%이다('Two-tailed test'). 양측검정의 결과는 5% 유의수준하에서 비유의적인 것으로 나타났고, 따라서 모집단에서 두 집단 간 차이가 존재한다고 말할 수 없다. 하지만 단측검정을 하게 되면 p-값이 3.9%로서 유의적이 된다('One-tailed tests Group 2>1'). 즉 모집단에서 Group 2의 내향 연결중심성이 Group 1의 내향 연결중심성보다 크다고 말할 수 있다. 근속연수가 긴 집단은 짧은 집단보다 내향 연결중심성이 더 크다.

다중 집단 평균검정

앞에서 살펴본 두 집단 간의 평균검정은 두 개를 초과하는 여러 집단 간의 평균검정으로 확장할 수 있다. 이러한 검정을 위해 전통적 통계분석에서 사용하는 분산분석(ANOVA: Analysis of Variance)과 유사한 기법을 네트워크 데이터에 적용할 수 있다. 하이테크 제조기업의 조언관계 네트워크 데이터를 이용하여 다중 집단 평균검정을 수행한 결과는 [그림 10-7]과 같다(Krack-High-Tech-Adv-deg.##h, Krack-High-Tech-Attr.##h 파일). 여기에서는 다섯 개 소속 부서 간에 액터들의 내향 연결중심성에 있어서 차이가 존재하는지 검정한다. 관측된 p-값은 0.012('Significance')로서 유의수준 5%하에서 집단 간의 차이는 유의적이다. 즉 부서 간에 액터들의 내향 연결중심성에 있어서 차이가 존재한다.

그림 10-7 | 다중 집단 평균검정

```
TOOLS>STATISTICS>ANOVA
--------------------------------------------------------------------------------

Dependent variable:                        "Krack-High-Tech-Adv-deg.##h" Col 2
Independent variable:                      "Krack-High-Tech-Attr.##h" Col 4
# of permutations:                         5000
Random seed:                               17345

         ANALYSIS OF VARIANCE

          Source              DF             SSQ    F-Statistic    Significance
 ============== ============== ============== ============== ==============
       Treatment               4          172.74         4.3671          0.0120
           Error              16          158.22
           Total              20          330.95

R-Square/Eta-Square: 0.522
```

UCINET 메뉴에서 『Tools>Testing Hypotheses>Node-level>Anova』를 선택한다. 『Anova』 대화상자에서 『Dependent (Y) Variable』에 종속변수에 해당되는 벡터가 포함된 데이터 파일과 벡터의 위치를 지정한다(여기에서는 Krack-High-Tech-Adv-deg.##h와 Col 2: 연결중심성 데이터 파일과 내향 연결중심성 값이 들어 있는 두 번째 열 벡터). 『Independent Variable』에 독립변수에 해당되는 벡터가 포함된 데이터 파일과 벡터의 위치를 지정한다(여기에서는 Krack-High-Tech-Attr.##h과 Col 4: 집단 구분을 위한 속성 데이터 파일과 부서 속성값이 들어 있는 네 번째 열 벡터). 『No. of Random Permutations』에 매트릭스의 재배열 횟수(여기에서는 5000)를 지정하고 『OK』 버튼을 클릭한다.

상관분석과 회귀분석

동일한 액터들로 구성된 두 네트워크에서 액터들 간의 관계가 두 네트워크에 걸쳐 서로 관련이 있는지를 검정하는 것은 종종 유용한 정보를 제공한다. 이는 한 네트워크에서 어떤 두 액터 간에 연결관계가 존재하면 다른 네트워크에서도 그 둘 간에 연결관계가 존재할 것인지, 혹은 두 액터가 한 네트워크에서 강한 연결관계를 가지면 다른 네트워크에서도 역시 강한 연결관계를 가질 것인지를 검정하는 것이라 할 수 있다. 예를 들면, 정치적으로 밀접한 관련을 갖는 국가들은 경제적 교역 면에서도 활발하게 교류할 가능성이 높은지를 분석할 수 있다. 이는 정치적 연결관계 네트워크와 경제적 연결관계 네트워크가 서로 관련을 갖는지 검정하는 것이며, 전통적 통계분석에서는 상관분석(correlation analysis)과 회귀분석(regression analysis)이 이러한 검정에 사용된다. 네트워크 데이터에 대해서도 유사한 방법을 이용할 수 있다.

상관분석

QAP(Quadratic Assignment Procedure)는 두 네트워크 간의 관련성을 검정하는 대표적 기법으로, 앞서 설명한 퍼뮤테이션검정의 개념을 이용하여 통계적 유의성을 검정한다(Hubert 1987; Krackhardt 1987). 액터들은 복수의 연결관계를 서로 주고받기 때문에 두 네트워크 매트릭스 간의 관련성을 조사하고자 할 때는 네트워크 데이터에 내재된 상호의존을 고려해야 할 필요가 있다. 연결관계변수의 관측된 결과가 독립적이지 않기 때문에 전통적인 상관분석이나 회귀분석은 상관계수나 회귀계수에 대한 부정확한 검정 결과를 가져온다(표준오차의 과소추정 때문에)(van Duijn and Huisman 2011). QAP 상관분석(QAP correlation)은 네트워크 데이터에 있어서의 이러한 문제에 대처하기 위하여 개발되었으며, 두 매트릭스 간에 상관관계가 존재하지 않는다는 귀무가설을 검정한다.

두 매트릭스 간의 상관관계의 정도는 피어슨 상관계수를 이용하여 측정한다. 두 매트릭스 X와 Y 간의 상관계수는 두 매트릭스 중 하나의 매트릭스, 예를 들면, 매트릭스 X의 한 셀의 값과 또 다른 매트릭스인 매트릭스 Y의 대응되는 동일한 셀의 값을 비교함으로써 계산된다.[10] 이렇게 구해진 두 매트릭스 간 상관계수에 대한 통계적 유의성을 검정하기 위해서는 이러한 상관계수가 우연에 의해서 발생할 가능성이 얼마나 되는지를 추정해야 한다. 이를

10 이는 매트릭스 연산의 관점에서 보면, 두 매트릭스 각각의 모든 행과 열을 두 개의 긴 열로 만들어 이 두 열에 대해 상관계수를 계산하는 것과 같다.

위해 두 매트릭스 중 하나의 매트릭스는 그대로 둔 채 다른 매트릭스의 행과 열을 무작위적으로 재배열한 후 두 매트릭스 간의 상관계수를 다시 계산한다. 예를 들어, 매트릭스 X는 그대로 둔 채 매트릭스 Y를 무작위적으로 재배열하고 이 두 매트릭스 간의 상관계수를 계산한다. 이러한 매트릭스의 재배열과 상관계수의 재계산과정을 무수히 많이 반복하게 되면, 예를 들어, 5,000번 반복하게 되면 재배열된 매트릭스들로부터 얻은 결과들이 갖는 5,000개 상관계수의 분포를 얻을 수 있다. 이러한 매트릭스의 재배열 작업은 무작위적으로 이루어지기 때문에 재배열 후 새롭게 생성되는 매트릭스들은 원래의 데이터 매트릭스와는 물론 서로 간에도 독립적이다. 즉 이러한 분포는 두 매트릭스 간에 상관관계가 없다는 귀무가설 하에서 만들어진 분포로서, 원래의 두 매트릭스로부터 계산된 상관계수가 상관관계가 없다는 가정하에서 얼마나 나타나기 희박한 경우인지 혹은 충분히 나타날 가능성이 있는 것인지를 판단할 수 있는 기준이 된다.

재배열된 매트릭스들로부터 얻은 상관계수들의 분포를 이용하면 이 분포상에서 원래의 두 매트릭스로부터 얻은 상관계수값 이상이 나타날 확률을 구할 수 있으며, 이 값이 두 관측 매

그림 10-8 ▌QAP 상관분석

```
QAP CORRELATION
--------------------------------------------------------------------------------

Data Matrices:                          PadgettMrg
                                        PadgettBiz
# of Permutations:                      5000
Random seed:                            25015
Method:                                 Fast: no missing values allowed
Parallel:                               YES

QAP results for PadgettBiz * PadgettMrg (5000 permutations)

                                1          2          3          4          5          6          7          8          9
                        Obs Value Significa    Average    Std Dev    Minimum    Maximum Prop >= 0 Prop <= 0      N Obs
                        --------- --------- ---------- ---------- ---------- ---------- --------- --------- ----------
    Pearson Correlation    0.3719    0.0010     0.0002     0.0919    -0.1690     0.4395    0.0010    0.9998  5000.0000


QAP Correlations

                   1     2
               Padge Padge
               ----- -----
  1 PadgettMrg 1.000 0.372
  2 PadgettBiz 0.372 1.000

QAP P-Values

                   1     2
               Padge Padge
               ----- -----
  1 PadgettMrg 0.000 0.001
  2 PadgettBiz 0.001 0.000
```

UCINET 메뉴에서 『Tools>Testing Hypotheses>Dyadic(QAP)>QAP Correlation』을 선택한다. 『QAP Correlation』 대화상자에서 상관계수를 구할 데이터 매트릭스들을 선택하고(여기에서는 PadgettMrg.##h와 PadgettBiz.##h) 『OK』 버튼을 클릭한다.

트릭스로부터 얻은 상관계수에 대한 p-값이 된다. 예를 들어, 원래의 두 관측 매트릭스 간의 상관계수가 0.7이라고 가정해보자. 재배열을 5,000번 실행한 후 상관계수 0.7 이상인 경우가 총 20번 관찰되었다면, p-값은 0.004$\left(=\frac{20}{5,000}\right)$가 된다. 이 값이 5%보다 작으므로 원래의 두 매트릭스 간의 상관계수값은 두 매트릭스 간의 관계가 전혀 없다는 가정하에서는(즉 두 매트릭스 간의 상관관계가 없다는 귀무가설하에서는) 매우 나타나기 드문 경우이고, 따라서 두 매트릭스 간의 이러한 관계는 우연에 의해서 나타날 가능성이 매우 희박하다고 주장할 수 있다. 즉 두 매트릭스는 서로 밀접한 관련을 갖는다고 결론 내린다.

피렌체의 16개 가문 간의 결혼관계 네트워크와 비즈니스관계 네트워크를 이용하여 상관분석을 수행해보자(PadgettMrg.##h, PadgettBiz.##h 파일). [그림 10-8]은 두 네트워크 간의 상관분석을 수행한 결과이다. 두 네트워크 간 상관계수는 0.3719로 계산되었다('Obs Value'). 5,000번의 매트릭스 재배열('5000 permutations') 작업을 수행한 후 두 네트워크 간 상관관계가 없다는 귀무가설하에서 이러한 값이 관측될 확률 p-값은 0.001이다('Significa'). 따라서 관측된 상관계수 0.3719는 통계적으로 유의하다. 상관계수를 계산하기 위한 매트릭스의 재배열은 무작위적으로 일어나기 때문에 QAP 상관분석을 실행할 때마다 우리는 조금씩 다른 p-값을 얻게 된다(그러나 상관계수는 항상 같다). 안정적인 p-값을 얻기 위해서는 매트릭스 재배열 횟수를 증가시킨다. 재배열 횟수가 클수록 p-값의 변동성은 작아진다.

회귀분석

QAP는 매트릭스 간의 상관계수를 검정하는 절차와 유사한 방식으로 네트워크 매트릭스 간의 회귀분석을 수행할 수 있는 절차를 제공한다. 이때 하나의 매트릭스가 종속변수가 되며, 나머지 하나 이상의 매트릭스는 독립변수로서의 역할을 한다. QAP 회귀분석은 SPSS와 같은 전통적인 통계 소프트웨어 패키지에서 제공되는 회귀분석 결과와 유사한 형식의 분석 결과를 제공한다. 따라서 그와 유사한 방식으로 결과를 해석할 수 있다. [그림 10-9]는 피렌체의 16개 가문 간의 결혼관계 네트워크와 비즈니스관계 네트워크에서 비즈니스관계 네트워크를 종속변수로 하고 결혼관계 네트워크를 독립변수로 하여 **MR-QAP 회귀분석(Multiple Regression-QAP)**을 수행한 결과이다(PadgettMrg.##h, PadgettBiz.##h 파일).

'Model Fit'를 보면 독립변수의 설명력은 0.138('R-Squre')이며, 유의확률 p-값은 0.0005('P-Value')로서 회귀모델은 통계적으로 유의하다. 'Regression Coefficients'를

그림 10-9 ▌QAP 회귀분석

```
MULTIPLE REGRESSION QAP VIA DOUBLE DEKKER SEMI-PARTIALLING
--------------------------------------------------------------------------------

# of permutations:                      2000
Diagonal valid?:                        NO
Random seed:                            420
Dependent variable:                     PadgettBiz
Partition variable (if any):
Predicted values:                       PadgettBiz-mrpred
Residual values:                        PadgettBiz-mrResid
Model fit stats:                        PadgettBiz-mrfit
Model coefficients:                     PadgettBiz-mrcoef
Independent variables:                  PadgettMrg


MODEL FIT

               R-Square    Adj R-Sqr      P-Value          Obs        Perms
           ------------ ------------ ------------ ------------ ------------
     Model      0.13829      0.13467      0.00050    240.00000   2000.00000


REGRESSION COEFFICIENTS

                Un-Stdized Stdized Coef      P-value     As Large     As Small      Std Err
              ------------ ------------ ------------ ------------ ------------ ------------
  PadgettMrg       0.33000      0.37187      0.00100      0.00100      1.00000      0.08279
   Intercept       0.07000      0.00000      0.00000      0.00000      0.00000      0.00000
```

UCINET 메뉴에서 『Tools>Testing Hypotheses>Dyadic(QAP)>MR-QAP Linear Regression>Double Dekker Semi-Partialling MRQAP』를 선택한다. 『MRQAP Matrix Multiple Regression via Double-Dekker Semi-Partialling』 대화상자에서 『Dependent Variable』에 종속변수 역할을 하는 데이터 매트릭스(여기에서는 PadgettBiz.##h)를 지정하고 『Independent Variables』에 독립변수 역할의 데이터 매트릭스(여기에서는 PadgettMrg.##h)를 선택한 후 『OK』 버튼을 클릭한다.

보면 독립변수의 회귀계수는 0.330('Un-Stdized')이고, p-값은 0.001('P-Value')로서 회귀계수 역시 통계적으로 유의하다.[11] 따라서 피렌체 가문 네트워크에서 가문 간의 결혼관계는 비즈니스관계에 유의적인 영향을 미친다.

11 회귀계수 0.330은 독립변수가 한 단위 증가할 때 종속변수가 평균적으로 0.330 단위 증가한다는 것을 나타낸다. 하지만 이것은 각 케이스가 0.330만큼 증가한다는 것을 의미하지는 않는다. 이것은 결혼관계를 갖는 1,000개의 액터쌍에서 결혼관계를 갖지 않을 때보다 비즈니스관계 케이스를 330개 더 기대할 수 있다는 것을 뜻한다.

속성과 네트워크 간 관련성 분석

액터의 속성과 액터의 연결관계 간의 관련성은 종종 흥미로운 분석대상이다. 이는 액터의 속성 데이터와 액터의 네트워크 데이터 간의 관계를 탐색하는 것을 의미한다. 예를 들면, 동성 간의 친구 연결관계가 이성 간의 친구 연결관계보다 더 많다고 할 수 있는지를 통계적으로 검정한다. 규모(매출액, 종업원 수)가 비슷한 기업들 간의 협력관계가 그렇지 않은 기업들 간의 협력관계보다 더 많은지를 살펴보는 것도 이러한 문제에 해당한다. 이러한 속성 데이터와 네트워크 데이터 간의 관련성을 검정하는 문제는 속성 데이터로부터 네트워크 데이터를 추출함으로써 네트워크 데이터 간의 관련성을 검정하는 문제로 쉽게 변환된다. 액터의 속성이 범주형(예: 성별, 부서)인지 혹은 연속형(예: 나이, 규모)인지에 따라 적용하는 기법에 있어서 약간의 차이가 있다. 미국 서부 해안지역에 위치한 하이테크 제조기업의 네트워

그림 10-10 ▌범주형 속성 데이터의 변환: 동일부서 매트릭스

```
CONVERT ATTRIBUTE TO MATRIX
--------------------------------------------------------------------------------

Input file:                             Krack-High-Tech-Attr
Dimension:                              Column
Variable:                               DEPT
```

	1	2	3	4	5	6	7	8	9	10	11	12	13	14	15	16	17	18	19	20	21
1	1	1	0	1	0	0	0	0	0	0	0	0	0	0	0	1	0	0	0	0	0
2	1	1	0	1	0	0	0	0	0	0	0	0	0	0	0	1	0	0	0	0	0
3	0	0	1	0	1	0	0	0	1	0	0	0	1	1	1	0	0	0	1	1	0
4	1	1	0	1	0	0	0	0	0	0	0	0	0	0	0	1	0	0	0	0	0
5	0	0	1	0	1	0	0	0	1	0	0	0	1	1	1	0	0	0	1	1	0
6	0	0	0	0	0	1	0	1	0	0	0	1	0	0	0	0	1	0	0	0	1
7	0	0	0	0	0	0	1	0	0	0	0	0	0	0	0	0	0	0	0	0	0
8	0	0	0	0	0	1	0	1	0	0	0	1	0	0	0	0	1	0	0	0	1
9	0	0	1	0	1	0	0	0	1	0	0	0	1	1	1	0	0	0	1	1	0
10	0	0	0	0	0	0	0	0	0	1	1	0	0	0	0	0	0	1	0	0	0
11	0	0	0	0	0	0	0	0	0	1	1	0	0	0	0	0	0	1	0	0	0
12	0	0	0	0	0	1	0	1	0	0	0	1	0	0	0	0	1	0	0	0	1
13	0	0	1	0	1	0	0	0	1	0	0	0	1	1	1	0	0	0	1	1	0
14	0	0	1	0	1	0	0	0	1	0	0	0	1	1	1	0	0	0	1	1	0
15	0	0	1	0	1	0	0	0	1	0	0	0	1	1	1	0	0	0	1	1	0
16	1	1	0	1	0	0	0	0	0	0	0	0	0	0	0	1	0	0	0	0	0
17	0	0	0	0	0	1	0	1	0	0	0	1	0	0	0	0	1	0	0	0	1
18	0	0	0	0	0	0	0	0	0	1	1	0	0	0	0	0	0	1	0	0	0
19	0	0	1	0	1	0	0	0	1	0	0	0	1	1	1	0	0	0	1	1	0
20	0	0	1	0	1	0	0	0	1	0	0	0	1	1	1	0	0	0	1	1	0
21	0	0	0	0	0	1	0	1	0	0	0	1	0	0	0	0	1	0	0	0	1

UCINET 메뉴에서 『Data>Attribute to Matrix』를 선택한다. 『Convert Attribute to Matrix』 대화상자에서 『Input Attribute Dataset』에 속성 파일을 지정하고 『Dimension』과 『Value』에 해당 속성을 선택 지정한다(여기에서는 Krack-High-Tech-Attr.##h, Column, DEPT를 차례로 지정한다). 『Similarity Metric』에서 매트릭스의 셀 값을 결정하기 위한 속성 간 비교방법을 선택한다(여기에서는 'Exact Matches'). 범주형 속성의 경우 'Exact Matches'를 선택한다.

크 데이터와 속성 데이터를 이용하여 속성과 네트워크 간의 상관분석을 수행해보자(Krack-High-Tech-Fri.##h, Krack-High-Tech-Rep.##h, Krack-High-Tech-Attr.##h 파일).

우선 범주형 속성 데이터의 경우부터 살펴보자. 같은 부서에 속한 구성원들은 업무적으로나 정서적으로 서로 공유하는 것이 많기 때문에 친구로 발전할 가능성이 높다. 하이테크 제조기업의 부서 속성 데이터와 친구관계 네트워크 데이터를 이용하여 이러한 관련성을 검정해보자. 이를 위해 [그림 10-10]과 같이 우선 액터의 부서 속성으로부터 액터 간의 관계 매트릭스를 생성한다. 생성된 '동일부서' 매트릭스의 $(i,\ j)$셀은 액터 i와 액터 j가 같은 부서에 속하면 1이 되고 그렇지 않으면 0의 값을 갖는다.

이제 우리는 QAP 상관분석을 이용하여 동일부서 매트릭스와 친구관계 매트릭스 간의 상관계수를 계산할 수 있다. 상관분석 결과는 [그림 10-11]과 같으며 상관계수는 0.2021, 이에 대한 유의확률 p-값은 0.0016이다. 따라서 두 매트릭스 간에는 유의적 관계가 존재한다.

연속형 속성 데이터의 경우를 살펴보자. 전통적인 관료제 조직에서는 연공서열에 따라 직급이 올라간다. 그래서 이러한 조직에서는 보통 상급자(즉 보고를 받는 사람)가 하급자(즉 보고를 하는 사람)보다 나이가 많은 경향이 있다. 그러나 최근의 하이테크기업 환경에서는 반드시 그렇지는 않다. 단순히 연령에 의해서보다는 능력에 따라 승진이 결정되는 경우가

그림 10-11 ▌QAP 상관분석(부서와 친구관계)

```
QAP CORRELATION
--------------------------------------------------------------------------------

Data Matrices:                         Krack-High-Tech-Attr-sameDEPT
                                       Krack-High-Tech-Fri
# of Permutations:                     5000
Random seed:                           8086
Method:                                Fast: no missing values allowed
Parallel:                              YES

QAP results for Krack-High-Tech-Fri * Krack-High-Tech-Attr-sameDEPT (5000 permutations)

                             1         2         3         4         5         6         7         8         9
                     Obs Value Significa   Average   Std Dev   Minimum   Maximum Prop >= 0 Prop <= 0     N Obs
                     --------- --------- --------- --------- --------- --------- --------- --------- ---------
   Pearson Correlation  0.2021    0.0016   -0.0002    0.0582   -0.1576    0.2288    0.0016    0.9998 5000.0000


QAP Correlations

                                      1     2
                                  Krack Krack
                                  ----- -----
 1 Krack-High-Tech-Attr-sameDEPT  1.000 0.202
 2           Krack-High-Tech-Fri  0.202 1.000

QAP P-Values

                                      1     2
                                  Krack Krack
                                  ----- -----
 1 Krack-High-Tech-Attr-sameDEPT  0.000 0.002
 2           Krack-High-Tech-Fri  0.002 0.000
```

빈번하며, 따라서 이런 조직에서는 상급자가 하급자보다 반드시 나이가 많은 것은 아니다. 하이테크 제조기업의 나이 속성 데이터와 보고관계 네트워크 데이터를 이용하여 이러한 관련성을 검정해보자. 이를 위해 [그림 10-12]와 같이 우선 액터의 나이 속성으로부터 액터 간의 관계 매트릭스를 생성한다. 생성된 '연령차이' 매트릭스의 (i, j)셀은 액터 i와 액터 j 간의 나이차이를 나타낸다. 즉 (i, j)셀 값은 액터 i의 나이에서 액터 j의 나이를 뺀 값이다.

이제 우리는 QAP 상관분석을 이용하여 연령차이 매트릭스와 보고관계 매트릭스 간의 상관계수를 계산할 수 있다. 보고관계 매트릭스에서 (i, j)셀은 액터 i가 액터 j에게 보고하는 관계를 나타내며, 그 관계가 성립하면 1 아니면 0의 값을 갖는다. 따라서 연공서열을 중요시하는 전통적 조직이라면 이 보고관계 매트릭스와 연령차이 매트릭스 간에는 음의 상관관계(negative correlation)가 존재해야 한다. 왜냐하면 하급자인 액터 i는 상급자인 액터 j

그림 10-12 ▌ 연속형 속성 데이터의 변환: 연령차이 매트릭스

```
CONVERT ATTRIBUTE TO MATRIX
--------------------------------------------------------------------------------

Input file:                              Krack-High-Tech-Attr
Dimension:                               Column
Variable:                                AGE
```

	1	2	3	4	5	6	7	8	9	10	11	12	13	14	15	16	17	18	19	20	21
1	0	-9	-7	0	1	-26	-22	-1	-29	-4	-13	-1	-15	-10	-7	6	3	0	1	-5	-3
2	9	0	2	9	10	-17	-13	8	-20	5	-4	8	-6	-1	2	15	12	9	10	4	6
3	7	-2	0	7	8	-19	-15	6	-22	3	-6	6	-8	-3	0	13	10	7	8	2	4
4	0	-9	-7	0	1	-26	-22	-1	-29	-4	-13	-1	-15	-10	-7	6	3	0	1	-5	-3
5	-1	-10	-8	-1	0	-27	-23	-2	-30	-5	-14	-2	-16	-11	-8	5	2	-1	0	-6	-4
6	26	17	19	26	27	0	4	25	-3	22	13	25	11	16	19	32	29	26	27	21	23
7	22	13	15	22	23	-4	0	21	-7	18	9	21	7	12	15	28	25	22	23	17	19
8	1	-8	-6	1	2	-25	-21	0	-28	-3	-12	0	-14	-9	-6	7	4	1	2	-4	-2
9	29	20	22	29	30	3	7	28	0	25	16	28	14	19	22	35	32	29	30	24	26
10	4	-5	-3	4	5	-22	-18	3	-25	0	-9	3	-11	-6	-3	10	7	4	5	-1	1
11	13	4	6	13	14	-13	-9	12	-16	9	0	12	-2	3	6	19	16	13	14	8	10
12	1	-8	-6	1	2	-25	-21	0	-28	-3	-12	0	-14	-9	-6	7	4	1	2	-4	-2
13	15	6	8	15	16	-11	-7	14	-14	11	2	14	0	5	8	21	18	15	16	10	12
14	10	1	3	10	11	-16	-12	9	-19	6	-3	9	-5	0	3	16	13	10	11	5	7
15	7	-2	0	7	8	-19	-15	6	-22	3	-6	6	-8	-3	0	13	10	7	8	2	4
16	-6	-15	-13	-6	-5	-32	-28	-7	-35	-10	-19	-7	-21	-16	-13	0	-3	-6	-5	-11	-9
17	-3	-12	-10	-3	-2	-29	-25	-4	-32	-7	-16	-4	-18	-13	-10	3	0	-3	-2	-8	-6
18	0	-9	-7	0	1	-26	-22	-1	-29	-4	-13	-1	-15	-10	-7	6	3	0	1	-5	-3
19	-1	-10	-8	-1	0	-27	-23	-2	-30	-5	-14	-2	-16	-11	-8	5	2	-1	0	-6	-4
20	5	-4	-2	5	6	-21	-17	4	-24	1	-8	4	-10	-5	-2	11	8	5	6	0	2
21	3	-6	-4	3	4	-23	-19	2	-26	-1	-10	2	-12	-7	-4	9	6	3	4	-2	0

UCINET 메뉴에서 『Data>Attribute to Matrix』를 선택한다. 『Convert Attribute to Matrix』 대화상자에서 『Input Attribute Dataset』에 속성 파일을 지정하고 『Dimension』과 『Value』에 해당 속성을 선택 지정한다(여기에서는 Krack-High-Tech-Attr.##h, Column, AGE를 차례로 지정한다). 『Similarity Metric』에서 매트릭스의 셀 값을 결정하기 위한 속성 간 비교방법을 선택한다(여기에서는 'Difference'). 연속형 속성의 경우 'Difference', 'Product', 'Sum' 등 다양한 방법을 선택할 수 있다.

보다 나이가 적어야 하기 때문이다. 그러나 우리가 현재 분석하고 있는 기업은 이러한 전통적 관료적 기업과 다른 하이테크기업이기 때문에 연공서열 승진체계가 미약할 것으로 예상되며, 따라서 두 매트릭스 간의 상관관계는 없을 것으로 기대한다. 상관분석 결과는 [그림 10-13]과 같으며 상관계수는 -0.065로서 음의 상관관계를 보였으나 이에 대한 유의확률 p-값은 0.199로서 유의적이 아니다. 따라서 우리의 예상대로 두 매트릭스 간에는 유의적 관계가 존재하지 않는다. 즉 이 분석대상 하이테크기업에서는 승진과 연령은 서로 관계가 없다.

연구자들 간 이메일시스템(EIES: Electronic Information Exchange System) 사용의 영향을 연구하기 위한 네트워크 데이터를 이용하여 QAP기법을 좀 더 자세히 살펴보자(Freeman and Freeman 1979; Wasserman and Faust 1994; van Duijn and Huisman 2011; Freeman.##h, Freeman-Attr.##h 파일). EIES 네트워크 데이터에는 두 시점에서 측정한 연구자들 간의 친분관계(acquaintanceship) 네트워크가 포함되어 있다. 친분관계는 방향/계량 네트워크로 표현되었으며, 0부터 4까지의 5점 척도로 측정되었다. 구체적으로 0은 '전혀 모른다', 1은 '들어봤으나 만난 적은 없다', 2는 '만난 적이 있다', 3은 '친구 사이다', 4는 '매우 가까운 친구 사이다'를 나타낸다. EIES를 이용한 전자적 커뮤니케이션 영향 연구 프로젝트에 참여한 50명의 연구자 가운데 끝까지 연구에 참여했던 32

그림 10-13 ▌QAP 상관분석(연령과 보고관계)

```
QAP CORRELATION
--------------------------------------------------------------------------------

Data Matrices:                          Krack-High-Tech-Attr-diffAGE
                                        Krack-High-Tech-Rep
# of Permutations:                      5000
Random seed:                            6906
Method:                                 Fast: no missing values allowed
Parallel:                               YES

QAP results for Krack-High-Tech-Rep * Krack-High-Tech-Attr-diffAGE (5000 permutations)

                                1          2          3          4          5          6          7          8          9
                        Obs Value Significa    Average    Std Dev    Minimum    Maximum Prop >= 0 Prop <= 0     N Obs
                        --------- --------- ---------- ---------- ---------- ---------- --------- --------- ---------
    Pearson Correlation   -0.0645    0.1988    -0.0012     0.0721    -0.2581     0.1564    0.8040    0.1988 5000.0000

QAP Correlations

                                     1      2
                                Krack- Krack-
                                ------ ------
  1 Krack-High-Tech-Attr-diffAGE 1.000 -0.065
  2          Krack-High-Tech-Rep -0.065  1.000

QAP P-Values

                                    1     2
                                Krack Krack
                                ----- -----
  1 Krack-High-Tech-Attr-diffAGE 0.000 0.199
  2          Krack-High-Tech-Rep 0.199 0.000
```

명의 연구자들이 네트워크 데이터에 포함되었다. 참여 연구자들은 당시로서는 신기술에 해당하는 EIES를 이용하여 이메일을 주고받을 수 있었다. 주고받은 메시지의 개수가 실험이 지속되었던 8개월간 기록되었으며, 이 커뮤니케이션 데이터는 방향/계량 네트워크로 표현되었다. 친분관계 네트워크 데이터는 연구의 시작시점(T1)과 종료시점(T2)에서 각각 수집되었다.

친분관계와 커뮤니케이션관계 이외에 연구자들의 두 가지 속성 데이터가 추가로 수집되었다. 연구자들의 연구 결과가 인용된 횟수가 측정되었으며 이는 연구자의 지위(status)를 나타내는 것으로 간주한다. 연구자들의 연구분야 역시 속성 데이터로 수집되었다. '사회학(=1)', '인류학(=2)', '수학/통계학(=3)', '기타(=4)' 등 네 가지 범주로 구분되었다. 메시지의 개수와 인용횟수는 일부 연구자들 간의 너무 큰 편차로 인해 그대로 사용하지 않고 이 값들의 제곱근을 취하여 분석에 사용하였다. QAP분석을 위하여 연구자들의 인용횟수를 이용한 두 가지 네트워크 매트릭스를 추가로 구성하였다. 연구자들 간 인용횟수의 단순 차이(한 연구자의 인용횟수에서 다른 연구자의 인용횟수를 뺀 것)를 셀 값으로 갖는 네트워크 매트릭스를 구성하였고, 이를 연구자들 간 지위의 차이에 따른 '계층(hierarchy)'을 나타내는 것으로 정의하였다. 연구자들 간 인용횟수의 단순 차이에 절대값을 취하여 또 하나의 네트워크 매트릭스를 생성하였고, 이를 연구자들 간의 '거리(distance)'로 해석하였다. 이렇게 해서 총 다섯 개의 네트워크 데이터(친분T1, 친분T2, 커뮤니케이션, 계층, 거리)와 총 두 개의 속성 데이터(인용횟수, 연구분야)가 QAP분석을 위해서 이용되었다.

QAP분석을 수행하기 전에 EIES 네트워크의 모습을 간단히 살펴보자. [그림 10-14]는 관계강도 3과 4에 대해서만 관계를 표시한 T2 시점에서의 친분관계 네트워크이다. 노드의 모양으로 연구분야를 표현하였으며, 노드의 크기는 인용횟수, 즉 지위를 나타낸다. 오른쪽 상단의 원형은 17명으로 구성된 사회학자 그룹이다. 인용횟수가 작은 연구자부터 중간 정도의 연구자까지 다양하게 분포하고 있다. 가장 큰 인용횟수를 갖는 연구자(연구자 3)는 다이아몬드형으로 표현된 왼쪽 상단의 기타 그룹이다. 이 그룹 내에는 단지 두 개의 연결관계만 있어서 다른 그룹들에 비해 조밀하지 않은 네트워크 구조를 보이고 있다. 동일한 네트워크 규모를 갖는 왼쪽 하단의 인류학자 그룹과 비교해보면 밀도의 차이가 확연히 드러난다. 끝으로 오른쪽 하단은 수학자/통계학자 그룹으로서, 한 명은 주로 사회학자와 연결관계를 갖고 있고, 다른 한 명은 주로 인류학자들과, 그리고 나머지 한 명은 다른 세 개 그룹과 골고루 연결관계를 갖고 있다.

⋙ 그림 10-14 ▌T2 시점에서의 EIES 친분관계 네트워크(관계강도 3 이상)

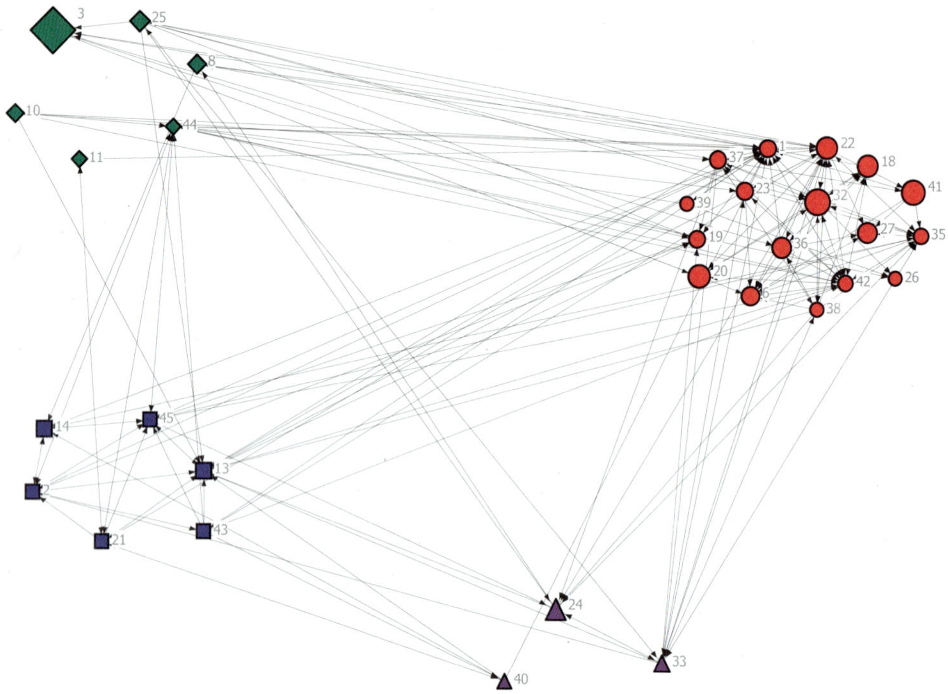

NetDraw 메뉴에서 『Layout>Group By Attribute>Categorical Attribute』를 선택한다. 『Group By Categorical Attribute』 대화상자에서 그룹화에 사용할 Attribute(여기에서는 'Discipline')를 선택하고 『Go!』 버튼을 클릭한다. 화면 오른쪽 하단의 패널에서 '>2'가 되도록 '+' 버튼을 클릭하여 관계강도 3 이상만이 그래프에 표현되도록 한다. 노드의 속성을 색상, 모양, 크기 등으로 표현하기 위해서는 『Properties>Nodes>Symbols>Color>Attribute-based』, 『Properties>Nodes>Symbols>Shape>Attribute-based』, 『Properties>Nodes>Symbols>Size>Attribute-based』를 선택한다. 여기에서는 노드의 색상과 모양에 의해 연구분야를 구분하였고, 노드의 크기에 의해 인용횟수를 나타냈다(사회학은 원형, 인류학은 사각형, 수학/통계학은 삼각형, 기타는 다이아몬드형으로 구분되었다).

EIES 네트워크 데이터를 이용하여 연구 프로젝트 기간 동안에 연구자 간에 주고받은 메시지의 양으로 나타낸 커뮤니케이션 정도(커뮤니케이션 네트워크)가 T2 시점에서의 친분관계(친분T2 네트워크)에 미치는 영향을 분석해보자. 여기에 연구자들의 인용횟수의 차이(계층 네트워크와 거리 네트워크)나 T1 시점에서의 친분관계(친분T1 네트워크)가 커뮤니케이션 정도에 미치는 영향을 추가로 분석한다. QAP분석을 위해 먼저 다섯 개 네트워크(친분T1, 친분T2, 커뮤니케이션, 계층, 거리) 간의 QAP 상관계수를 구한다. [그림 10-15]는 UCINET의 상관계수 출력 결과이며, 이를 [그림 10-16]과 같이 정리하였다.

그림 10-15 ▌QAP 상관분석(EIES 네트워크, UCINET 출력)

QAP Correlations

		1 Freema	2 Freema	3 Freema	4 Freema	5 Freema	6 Freema	7 Freema	8 Freema
1	Freeman-Time1	1.000	0.809	0.307	-0.069	-0.130	0.240	-0.036	-0.003
2	Freeman-Time2	0.809	1.000	0.460	-0.059	-0.184	0.347	-0.039	-0.088
3	Freeman-Number-of-Messages-sqr	0.307	0.460	1.000	-0.036	-0.199	0.876	-0.046	-0.208
4	Freeman-Attr-sqr-mat-d	-0.069	-0.059	-0.036	1.000	0.000	-0.005	0.927	0.000
5	Freeman-Attr-sqr-mat-ad	-0.130	-0.184	-0.199	0.000	1.000	-0.142	0.000	0.903
6	Freeman-Number-of-Messages	0.240	0.347	0.876	-0.005	-0.142	1.000	-0.012	-0.143
7	Freeman-Attr-mat-d	-0.036	-0.039	-0.046	0.927	0.000	-0.012	1.000	0.000
8	Freeman-Attr-mat-ad	-0.003	-0.088	-0.208	0.000	0.903	-0.143	0.000	1.000

QAP P-Values

		1 Freem	2 Freem	3 Freem	4 Freem	5 Freem	6 Freem	7 Freem	8 Freem
1	Freeman-Time1	0.000	0.000	0.000	0.031	0.063	0.000	0.165	0.468
2	Freeman-Time2	0.000	0.000	0.000	0.044	0.018	0.000	0.145	0.187
3	Freeman-Number-of-Messages-sqr	0.000	0.000	0.000	0.110	0.006	0.000	0.028	0.000
4	Freeman-Attr-sqr-mat-d	0.031	0.044	0.110	0.000	0.967	0.430	0.000	1.000
5	Freeman-Attr-sqr-mat-ad	0.063	0.018	0.006	0.967	0.000	0.011	1.000	0.000
6	Freeman-Number-of-Messages	0.000	0.000	0.000	0.430	0.011	0.000	0.271	0.002
7	Freeman-Attr-mat-d	0.165	0.145	0.028	0.000	1.000	0.271	0.000	1.000
8	Freeman-Attr-mat-ad	0.468	0.187	0.000	1.000	0.000	0.002	1.000	0.000

UCINET 메뉴에서 『Tools>Testing Hypotheses>Dyadic(QAP)>QAP Correlation』을 선택한다. 『QAP Correlations』 대화상자에서 상관계수를 구할 매트릭스들을 차례대로 선택하고 『OK』 버튼을 클릭한다. 여기에 사용된 데이터 매트릭스는 다음과 같이 생성한다.

(1) 'Freeman-Time1'과 'Freeman-Time2'는 각각 T1 시점과 T2 시점에서의 친분관계 네트워크이다. 'Freeman-Number-Of-Messages'는 보낸 메시지의 개수로 표현된 커뮤니케이션관계 네트워크이다. 이 세 개의 파일은 'Freeman' 데이터 파일로부터 추출되었다. 'Freeman' 데이터 파일은 세 개의 관계를 포함하고 있다. 『Data>Unpack』 명령을 이용하여 세 개의 관계를 별도의 파일로 생성한다.

(2) 'Freeman-Number-of-Messages-sqr'는 'Freeman-Number-of-Messages'에 제곱근을 취한 데이터 파일이다. 『Transform>Matrix Operations>Within Dataset>Cellwise Transformations』를 선택한다. 『Within Dataset Cellwise Transformations』 대화상자에서 『Input Dataset』에 'Freeman-Number-of-Messages', 『Output Dataset』에 'Freeman-Number-of-Messages-sqr'를 지정하고 『Transformations』에서 'Square Root'를 선택한다. 『For Square Matrices』에는 'Diagonal Valid'를 선택한다.

(3) 'Freeman-Attr-mat-d'와 'Freeman-Attr-mat-ad'는 'Freeman-Attr' 파일의 'Citations' 속성으로부터 생성되었다. 'Freeman-Attrr-mat-d'는 연구자들 간 인용횟수의 차이를 셀 값으로 가지며 'Freeman-Attr-mat-ad'는 차이의 절대값을 셀 값으로 갖는다. 『Data>Attribute to Matrix』를 선택한다. 『Convert Attribute to Matrix』 대화상자에서 『Input Attribute Dataset』에 'Freeman-Attr'를 지정하고 『Dimension』에 'Column', 『Value』에 'Citations'를 선택한다. 『Similarity Metric』에 'Difference' 또는 'Absolute Difference'를 지정한다.

(4) 'Freeman-Attr-sqr-mat-d'와 'Freeman-Attr-sqr-mat-ad'는 'Freeman-Attr' 파일의 'Citations' 속성을 제곱근하여 생성한 'Freeman-Attr-sqr' 파일의 'Citations' 속성으로부터 생성되었다. 『Data>Attribute to Matrix』를 선택한다. 『Convert Attribute to Matrix』 대화상자에서 『Input Attribute Dataset』에 'Freeman-Attr-sqr'를 지정하고 『Dimension』에 'Column', 『Value』에 'Citations'를 선택한다. 『Similarity Metric』에 'Difference' 또는 'Absolute Difference'를 지정한다.

그림 10-16 QAP 상관분석(EIES 네트워크)

	친분T1	친분T2	커뮤니케이션	계층	거리
친분T1	–	0.809* (0.000)	0.240* (0.000)	−0.036 (0.165)	−0.003 (0.468)
친분T2	–	–	0.347* (0.000)	−0.039 (0.145)	−0.088 (0.187)
커뮤니케이션	0.307* (0.000)	0.460* (0.000)	0.876* (0.000)	−0.012 (0.271)	−0.143* (0.002)
계층	−0.069* (0.031)	−0.059* (0.044)	−0.036 (0.110)	0.927* (0.000)	0.000 (1.000)
거리	−0.130 (0.063)	−0.184* (0.018)	−0.199* (0.006)	0.000 (1.000)	0.903* (0.000)

주 1. * $p<0.05$; 괄호 안은 p–값임

2. 대각선 아래쪽은 제곱근으로 변환된 매트릭스를 이용하여 계산된 상관계수임

3. 대각선은 원래의 매트릭스와 제곱근으로 변환된 매트릭스 간의 상관계수임

T1 시점에서의 친분관계 강도와 T2 시점에서의 친분관계 강도 간의 상관관계가 가장 높았다(0.809). 또한 T1 시점보다는 T2 시점에서의 친분관계의 강도가 주고받은 메시지의 개수와 더 강한 상관관계를 나타냈으며(0.347>0.240), 이는 제곱근으로 변환하여 계산한 결과에서도 마찬가지였다(0.460>0.307). 친분관계와 액터들 간 인용횟수의 차이('계층') 및 차이 절대값('거리') 간에는 두 시점에서 모두 음의 상관관계를 보여주었으며, 제곱근으로 변환한 경우에만 유의적(친분T1과 거리 간은 이 경우에도 비유의적)으로 나타났다. 친분관계와 거리 간의 유의적인 음의 상관관계(−0.184)는 인용횟수의 차이가 작은 경우에 친분관계가 더 잘 형성된다는 것을 나타낸다. 다시 말해 인용횟수에 있어서 차이가 많이 나는 연구자들은 서로 간의 친분관계 형성에 부정적이라는 것을 의미한다. 친분관계와 계층 간의 유의적인 음의 상관관계(−0.069, −0.059)는 상대방보다 인용횟수가 작은 경우에 있어서 친분관계를 더 과시하고 있음을 나타낸다. 이는 연구자들은 인용횟수의 관점에서 자신보다 더 높은 순위에 있는 연구자들과의 친분관계를 자신보다 더 낮은 순위에 있는 연구자들과의 친분관계보다 더 높이 평가하는 경향이 있음을 의미한다. 이러한 결과는 신분효과(status effect) 혹은 열망효과(aspiration effect)를 보여준 것으로 해석할 수 있다. 커뮤니케이션과 거리 간의 음의 상관관계(−0.143, −0.199)는 연구자들 간의 거리가 작을수록(즉 인용횟수가 서로 비슷할수록) 커뮤니케이션의 빈도가 더 많아짐을 보여준다.

T2 시점에서의 친분관계를 종속변수(결과변수)로 하여 MR-QAP 회귀분석을 수행하였다. [그림 10-17]은 UCINET의 출력 결과이며, 이를 [그림 10-18]과 같이 정리하였다. 계층 매트릭스와 거리 매트릭스가 포함된 모델 1을 보면, 거리(-0.086)가 계층(-0.017)보다

그림 10-17 ▌MR-QAP 회귀분석(EIES 네트워크, UCINET 출력)

MODEL FIT

	R-Square	Adj R-Sqr	P-Value	Obs	Perms
Model	0.037	0.035	0.011	992	2000

REGRESSION COEFFICIENTS

	Un-Stdized	Stdized Coef	P-value	As Large	As Small	Std Err
Freeman-Attr-sqr-mat-d	-0.01730	-0.05887	0.04398	0.95652	0.04398	0.01041
Freeman-Attr-sqr-mat-ad	-0.08573	-0.18422	0.01999	0.98051	0.01999	0.03946
Intercept	1.93869	0.00000	0.00000	0.00000	0.00000	0.00000

MODEL FIT

	R-Square	Adj R-Sqr	P-Value	Obs	Perms
Model	0.222	0.220	0.001	992	2000

REGRESSION COEFFICIENTS

	Un-Stdized	Stdized Coef	P-value	As Large	As Small	Std Err
Freeman-Attr-sqr-mat-d	-0.01270	-0.04321	0.12694	0.87356	0.12694	0.01086
Freeman-Attr-sqr-mat-ad	-0.04502	-0.09673	0.07446	0.92604	0.07446	0.03019
Freeman-Number-of-Messages-sqr	0.15361	0.43916	0.00050	0.00050	1.00000	0.03032
Intercept	1.49030	0.00000	0.00000	0.00000	0.00000	0.00000

MODEL FIT

	R-Square	Adj R-Sqr	P-Value	Obs	Perms
Model	0.706	0.705	0.001	992	2000

REGRESSION COEFFICIENTS

	Un-Stdized	Stdized Coef	P-value	As Large	As Small	Std Err
Freeman-Attr-sqr-mat-d	-0.00007	-0.00024	0.50525	0.49525	0.50525	0.00673
Freeman-Attr-sqr-mat-ad	-0.02050	-0.04405	0.07146	0.92904	0.07146	0.01485
Freeman-Number-of-Messages-sqr	0.07908	0.22608	0.00050	0.00050	1.00000	0.01543
Freeman-Time1	0.70872	0.73435	0.00050	0.00050	1.00000	0.05006
Intercept	0.60429	0.00000	0.00000	0.00000	0.00000	0.00000

UCINET 메뉴에서 『Tools>Testing Hypotheses>Dyadic(QAP)>MR-QAP Linear Regression>Double Dekker Semi-Partialling MRQAP』를 선택한다. 『MRQAP Matrix Multiple Regression via Double-Dekker Semi-Partialling』 대화상자에서 『Dependent Variable』에 종속변수에 해당되는 데이터 파일(여기에서는 Freeman-Time2.##h)을 지정하고 『Independent Variables』에 모델별로 매트릭스들을 차례대로 선택한 후 『OK』 버튼을 클릭한다.

그림 10-18 ▌MR-QAP 회귀분석(EIES 네트워크)

	모델 1	모델 2	모델 3
절편	1.939	1.490	0.604
계층	−0.017* (0.044)	−0.013 (0.127)	−0.000 (0.505)
거리	−0.086* (0.020)	−0.045 (0.074)	−0.021 (0.071)
커뮤니케이션	–	0.154* (0.001)	0.079* (0.001)
친분T1	–	–	0.709* (0.001)
R^2	0.037	0.222	0.706

주 1. * $p<0.05$; 괄호 안은 p-값임
2. 종속변수: 친분T2

친분관계에 더 강한 영향을 미친다. 커뮤니케이션 매트릭스가 포함된 모델 2에서는 계층과 거리의 영향이 축소되었으며, 비유의적으로 바뀌었다. 이는 강한 커뮤니케이션의 영향을 반영한 것이며, 이로 인해 설명력 또한 증가하였다($R^2 = 0.222$). 시점 T1에서의 친분관계 매트릭스를 설명변수로 추가하게 되면 설명력은 급격히 증가한다($R^2 = 0.706$). 커뮤니케이션 매트릭스의 영향은 다소 줄어들게 되나 여전히 유의적인 영향을 미친다. 계층과 거리 매트릭스는 비유의적이며, 계층 매트릭스의 경우에는 영향력이 거의 사라졌다. MR-QAP분석을 통해 초기의 친분관계가 나중의 친분관계에 가장 큰 영향을 미침을 알 수 있었으며, 커뮤니케이션 역시 친분관계 형성에 있어서 중요한 역할을 수행함이 검증되었다.

동종선호검정

동일한 속성을 공유하는 사람들은 그렇지 않은 사람들에 비해 연결관계를 형성할 가능성이 높다. 이러한 현상을 동종선호(homophily)라고 한다.[12] 동종선호이론에 따르면 액터들은 속성을 기반으로 다른 액터들을 선택하여 사회적 관계를 형성한다. 예를 들어, 고향이 같은

12 동종선호 또는 동종애(love of the same)란 사회적으로 유사성이 큰 사람들, 예를 들면, 사회적 지위, 직업, 성향, 성별, 인종, 종교 등 사회적 속성이 서로 유사하거나 같은 사람들이 서로 친근감을 느끼는 경향을 말한다. 이를 유유상종(類類相從)이라고도 한다.

사람들은 그렇지 않은 사람들보다 친구관계를 형성할 가능성이 더 높다. 액터의 속성과 네트워크 형성 간의 관계는 확산(diffusion)의 관점에서도 설명할 수 있다. 확산이론에 따르면 사람들의 생각이나 태도는 이미 그러한 생각이나 태도를 갖고 있는 다른 사람들과의 상호작용으로부터 영향을 받아 결정된다. 예를 들어, 주변에 보수적인 사람이 많이 있으면 나도 보수적인 성향을 갖게 될 가능성이 커진다. 이처럼 속성과 네트워크 간의 관계는 동종선호와 확산의 관점에서 모두 설명이 가능하다. 차이점이 있다면 두 관점은 인과관계의 방향이 서로 다르다는 것이다. 동종선호에서는 속성이 네트워크 형성에 영향을 미치지만, 확산의 경우에는 네트워크 관계가 속성에 영향을 미친다. 그러나 종단적 데이터(longitudinal data)가 아닌 이상 실증적으로 이 둘 간의 차이를 구별하기는 쉽지 않다.

네트워크 내에 이러한 동종선호나 확산의 현상이 존재하는지 통계적으로 검정할 수 있다. 우리는 앞에서 이미 액터의 속성과 액터의 연결관계 간의 연관성을 검정하는 절차를 살펴보았다. 속성 데이터로부터 네트워크 데이터를 추출함으로써, 속성 데이터와 네트워크 데이터 간의 연관성을 검정하는 문제를 네트워크 데이터 간의 연관성을 검정하는 문제로 변환한 후 QAP 상관분석이나 QAP 회귀분석을 이용하였다. 대부분의 경우에는 이러한 접근방법으로 충분하지만, 여기에서는 조금 다른 관점에서 속성과 네트워크 간의 관계를 검정하는 방법을 살펴본다. 동종선호나 확산이론에 따르면, 동일한 속성을 공유하는 액터들 간에는 많은 연결관계가 존재할 것이고 그렇지 않은 액터들 간에는 연결관계가 적을 것이다. 따라서 액터의 속성과 연결관계 간의 연관성 검정은 액터의 속성에 따라 구분되는 집단에 있어서 집단 내 및 집단 간의 연결관계 개수의 차이가 존재하는지를 검정하는 문제로 볼 수 있다. 이는 전통적 통계분석에서 사용하는 독립성검정(independence test), 즉 카이제곱검정(χ^2 test)을 수행하는 것과 유사하다.

집단 내/집단 간 관계분석

네트워크 내에 두 가지 유형의 액터들이 있을 경우, 동종선호나 확산이론의 가설이 성립된다면 두 집단 내부의 밀도는 두 집단 간의 밀도보다 높아야 한다. 18명의 캠프 참여자들 간의 인적교류 네트워크를 이용하여 성별이 네트워크 형성에 미치는 영향을 통계적으로 검정해보자(Borgatti et al. 2013; Camp.##h, Camp-Attr.##h 파일). [그림 10-19]는 캠프 네트워크 데이터 및 속성 데이터이다. 성별(Gender: 여성 1, 남성 2)과 캠프에서의 역할(Role: 여성 참가자 1, 남성 참가자 2, 강사 3)이 속성 데이터로 주어졌다.

그림 10-19 ▌캠프 네트워크 데이터 및 속성 데이터

		1 HOLLY	2 BRAZEY	3 CAROL	4 PAM	5 PAT	6 JENNIE	7 PAULINE	8 ANN	9 MICHAEL	10 BILL	11 LEE	12 DON	13 JOHN	14 HARRY	15 GERY	16 STEVE	17 BERT	18 RUSS
1	HOLLY				1	1				1			1		1				
2	BRAZEY											1					1	1	
3	CAROL				1	1		1											
4	PAM	1		1			1	1	1										
5	PAT	1		1			1	1											
6	JENNIE				1	1			1										
7	PAULINE			1	1	1			1					1					
8	ANN				1		1	1											
9	MICHAEL	1									1		1		1	1			
10	BILL									1			1		1				
11	LEE		1														1	1	
12	DON	1								1	1				1				
13	JOHN							1								1			1
14	HARRY	1								1	1		1						
15	GERY									1				1			1		1
16	STEVE		1									1				1		1	1
17	BERT		1									1					1		1
18	RUSS													1		1	1	1	

		1 Gender	2 Role
1	HOLLY	1	1
2	BRAZEY	1	1
3	CAROL	1	1
4	PAM	1	1
5	PAT	1	1
6	JENNIE	1	1
7	PAULINE	1	1
8	ANN	1	1
9	MICHAEL	2	2
10	BILL	2	2
11	LEE	2	2
12	DON	2	2
13	JOHN	2	2
14	HARRY	2	2
15	GERY	2	3
16	STEVE	2	3
17	BERT	2	3
18	RUSS	2	3

[그림 10-20]은 캠프 네트워크에서 성별로 구분된 두 집단 내 및 두 집단 간 연결관계 밀도의 차이를 통계적으로 검정한 결과이다. 네트워크 매트릭스는 성별에 따라 총 네 개의 블록으로 분할되고, 각 블록별로 관측된 연결관계 개수('Observed')와 기대되는 연결관계 개수('Expected')가 계산되었다.[13] 기대 연결관계 개수는 성별과 연결관계 간에 연관성이 없을 경우(즉 속성과 네트워크 간 관계가 독립적일 경우)에 우리가 기대할 수 있는 각 블록의 연결관계 빈도를 의미한다. 만약 성별과 연결관계 간에 아무런 연관성이 없다면 기대빈도와 관측빈도는 비슷할 것이고, 그렇지 않다면 두 값의 차이는 클 것이다. 관측빈도와 기대빈도의 차이가 통계적으로 의미가 있을 만큼 충분히 클 경우 우리는 성별과 연결관계 간에 연관성이 존재한다고 주장할 수 있다. 이를 위해 우선 성별과 연결관계가 서로 독립적이라는 가정하에서 10,000회의 매트릭스 재배열(전체 밀도와 블록 크기는 동일하게 유지)을 통해 관측빈도와 기대빈도 차이의 표집분포를 생성한다. 그리고 현재 네트워크의 관측빈도와 기대빈도 차이 이상 또는 이하의 큰 차이가 발생할 확률을 표집분포상에서 계산한다. 계산된 유의확률 p-값은 각각 0.003, 0.001, 0.002로서 일반적 유의수준 0.05에 비해 매우 작으므로, 이러한 관측빈도와 기대빈도의 차이는 성별과 연결관계 간의 연관성이 없다는 가

13 네 개의 블록은 '여-여', '여-남', '남-여', '남-남' 간 연결관계를 나타낸다. 각각 1-1, 1-2, 2-1, 2-2로 표시되며, 여기에서 1-2와 2-1은 동일한 연결관계를 나타내는 블록이므로 1-2 블록만 계산된다.

>>> 그림 10-20 ▌두 집단의 밀도 차이 검정

```
CATEGORICAL AUTOCORRELATION: JOIN-COUNT STATISTICS
--------------------------------------------------------------

Adjacency dataset:                  Camp
Attribute:                          "Camp-Attr" col 1
# of Permutations:                  10000
Random seed:                        4990

Warning: Row Attribute vector has been recoded.
Here is a translation table:

  Old Code     New Code
  ========     ========
      1     =>     1
      2     =>     2

Number of iterations = 10000

                     1          2          3          4          5
              Expected   Observed Differenc P >= Diff P <= Diff
            ---------- ---------- ---------- ---------- ----------
  1  1-1       6.405     12.000      5.595      0.003      0.999
  2  1-2      18.301      7.000    -11.301      0.999      0.001
  3  2-2      10.294     16.000      5.706      0.002      1.000
```

UCINET 메뉴에서 『Tools>Testing Hypotheses>Mixed Dyadic/Nodal>Categorical Attributes>Join-Count』를 선택한다. 『Join-Count Statistics』 대화상자에서 『Input Dataset』에 분석대상 관계데이터 파일(여기에서는 Camp.##h)을 지정하고 『Partition Vector』에 집단을 구분하는 속성 벡터(여기에서는 성별을 나타내는 벡터 Camp-Attr.##h, Col 1)를 지정한 후 『OK』 버튼을 클릭한다.

정하에서는 발생하기 어려운 경우라고 판단할 수 있다. 따라서 성별에 따른 집단 내 및 집단 간 밀도의 차이는 존재하며, 성별은 인적교류 네트워크 형성에 영향을 미친다.

집단의 개수를 세 개 이상으로 확장하여 좀 더 일반화된 분석을 하는 것도 가능하다. [그림 10-21]은 캠프 네트워크에서 역할에 따른 세 개 집단을 대상으로 집단 내 및 집단 간 밀도 차이를 검정한 결과이다. 'Observed/Expected'는 관측빈도가 기대빈도에 비해 얼마나(몇 배나) 많은지 혹은 적은지를 보여준다. 대각선 블록(즉 집단 내 연결관계)은 비대각선 블록에 비해 관측빈도가 기대빈도보다 더 많아서, 역할과 연결관계 간의 연관성을 짐작할 수 있게 한다. 10,000회의 매트릭스 재배열을 거쳐 관측빈도와 기대빈도 간 차이를 이용한 카이제곱통계량('Observed chisquare value=23.564')과 유의확률 p-값('Significance =0.0006')이 계산되었다. p-값이 일반적 유의수준 0.05에 비해 매우 작으므로 우리는 캠프 네트워크에서 역할에 따른 집단 내 및 집단 간 밀도의 차이는 존재하며, 역할은 인적네트워크 형성에 영향을 미친다고 결론 내릴 수 있다.

그림 10-21 ▌다중 집단의 밀도 차이 검정

```
RELATIONAL CONTINGENCY TABLE ANALYSIS -- DIRECTED NETWORKS/UNDIRECTED MODEL
--------------------------------------------------------------------------------

Network dataset:                        Camp
Attribute:                              "Camp-Attr" COL 2
# of Permutations:                      10000
Random seed:                            15132

Input data is undirected.
Warning: Attribute vector has been recoded.

Here is a translation table:

  Old Code     New Code     Frequency
  ========     ========     =========
      1     =>     1            8
      2     =>     2            6
      3     =>     3            4

Number of ties: 35.000

Cross-classified Frequencies

           1  2  3
           1  2  3
          -- -- --
   1  1   12  5  2
   2  2    5  6  5
   3  3    2  5  5


Expected Values Under Model of Independence

              1     2     3
              1     2     3
          ----- ----- -----
   1  1    6.41 10.98  7.32
   2  2   10.98  3.43  5.49
   3  3    7.32  5.49  1.37


Observed/Expected

             1    2    3
             1    2    3
          ---- ---- ----
   1  1   1.87 0.46 0.27
   2  2   0.46 1.75 0.91
   3  3   0.27 0.91 3.64


Average permutation frequency table

            1     2     3
        ----- ----- -----
   1     6.40 10.95  7.35
   2    10.95  3.43  5.50
   3     7.35  5.50  1.36

Observed chisquare value = 23.564
Significance = 0.000600
Number of iterations = 10000
```

UCINET 메뉴에서 『Tools>Testing Hypotheses>Mixed Dyadic/Nodal>Categorical Attributes>Relational Contingency Table Analysis』를 선택한다. 『Categorical Autocorrelation – Frequency Model』 대화상자에서 『Input Dataset』에 분석대상 관계데이터 파일(여기에서는 Camp.##h)을 지정하고 『Attribute』에 집단을 구분하는 속성 벡터(여기에서는 역할을 나타내는 벡터 Camp-Attr.##h, Col 2)를 지정한 후 『OK』 버튼을 클릭한다.

블록모델분석

앞에서 살펴본 다중 집단의 집단 내/집단 간 관계분석은 집단 내의 연결관계와 집단 간의 연결관계가 무작위적으로 배열된 네트워크에서는 찾아볼 수 없는 유의적으로 다른 관계패턴을 보인다는 것을 통계적으로 검정한다. 그러나 이는 네트워크 전체적인 관점에서 집단 내 또는 집단 간의 관계패턴이 차이가 있다는 것을 보여줄 뿐이지 구체적으로 개별 집단별 관계패턴의 차이를 보여주지는 않는다. 즉 어느 하나의 집단이라도 무작위적 연결관계 패턴과 차이가 있다면 그 네트워크는 집단 내의 연결관계와 집단 간의 연결관계에 있어서 차이가 있다고 간주된다. 어떤 집단의 구성원들은 자신들의 집단 내에서만 연결관계를 유지하고 있을 것이고, 다른 집단의 구성원들은 그들 집단 밖의 구성원들과만 상호작용하고 있을 것이지만, 그러한 개별적인 집단 내 및 집단 간 연결관계 패턴의 유의성은 확인할 수 없다. 여기에서는 개별 집단별 관계패턴의 존재 여부를 통계적으로 검정하는 방법을 살펴본다.

구조적 블록모델분석 우선 네트워크 내에 블록 내 관계패턴과 블록 간 관계패턴의 의미 있는 차이를 보여 주는 블록구조가 존재하는지 분석해보자. 이는 집단에 의해 형성되는 모든 블록들에 대해 연결관계 패턴이 서로 동일한지 검정하는 것과 같다. 만일 연결관계 패턴이 모두 동일하다면 네트워크 내에는 의미 있는 블록구조가 존재하지 않는다는 것을 나타낸다. [그림 10-22]는 캠프 네트워크에서 역할에 따른 세 개 집단을 대상으로 각 집단에 의해 만들어지는 블록 간 밀도 차이를 검정한 결과이다.

먼저 각 블록의 밀도를 확인할 수 있다('Density Table'). 세 집단 모두 집단 간에 비해 집단 내의 구성원들끼리 많은 연결관계를 갖고 있다. 다음으로 회귀분석 결과가 제시되었다. 종속변수는 각 액터쌍 간의 연결관계 여부(즉 1 또는 0)이고 독립변수는 3×3 블록 분할의 각 블록을 범주로 하여 만들어지는 여덟 개의 더미변수이다.[14] 액터쌍이 어떤 블록에 포함되어 있으면 해당 블록을 나타내는 더미변수는 1이 되고 그렇지 않으면 0의 값을 갖는다. 여기에서는 마지막 블록(3-3 블록)이 기준범주로 사용되었으며, 따라서 액터쌍이 3-3 블록에 포함되어 있으면 여덟 개 더미변수는 모두 0의 값을 갖는다. 'Model Fit'를 보면 블록 간의 차이가 연결관계 존재 여부의 변동성(분산)을 20%('R-square', 0.200) 설명하고 있고, 회귀모델은 유의적이다('Probability', 0.0016)(즉 블록은 연결관계의 형성에 유의한 영향을 미친다). 따라서 모든 블록들의 밀도가 동일하다는 귀무가설을 기각할 수 있다. 'Regression

14 아홉 개의 범주가 있기 때문에 필요한 더미변수의 개수는 여덟 개이다.

그림 10-22 ▌구조적 블록모델의 밀도 차이 검정

```
NETWORK AUTOCORRELATION WITH CATEGORICAL ATTRIBUTES
--------------------------------------------------------------------------------

Network/Proximities:                        Camp
Attribute(s):                               "Camp-Attr" Col 2
Method:                                     Structural Blockmodel
# of Permutations:                          5000
Random seed:                                672

Warning: Attribute vector has been recoded.
Here is a translation table:

  Old Code    New Code
  ========    ========
      1    =>     1
      2    =>     2
      3    =>     3

Density Table

                 1     2     3
                 1     2     3
             ----- ----- -----
   1  1  0.429 0.104 0.063
   2  2  0.104 0.400 0.208
   3  3  0.063 0.208 0.833

Density table saved as dataset densitytable

Expected values saved as dataset anovadensity_expectedvalues

Number of permutations performed: 5000

MODEL FIT

R-square Adj R-Sqr Probability    # of Obs
-------- --------- ----------- -----------
   0.200     0.181      0.0016         306

REGRESSION COEFFICIENTS

              Un-stdized       Stdized                 Proportion  Proportion
 Independent Coefficient Coefficient Significance    As Large    As Small
 ----------- ----------- ----------- ------------ ----------- -----------
   Intercept    0.833333    0.000000       0.0056      0.0056      0.9980
         1-1   -0.404762   -0.372614       0.0140      0.9858      0.0140
         1-2   -0.729167   -0.631324       0.0010      0.9992      0.0010
         1-3   -0.770833   -0.561572       0.0030      0.9974      0.0030
         2-1   -0.729167   -0.631324       0.0010      0.9992      0.0010
         2-2   -0.433333   -0.306784       0.0142      0.9888      0.0142
         2-3   -0.625000   -0.400042       0.0068      0.9944      0.0068
         3-1   -0.770833   -0.561572       0.0030      0.9974      0.0030
         3-2   -0.625000   -0.400042       0.0068      0.9944      0.0068
```

UCINET 메뉴에서 『Tools>Testing Hypotheses>Mixed Dyadic/Nodal>Categorical Attributes>ANOVA Density Models』를 선택한다. 『ANOVA/Density – Categorical Autocorrelation』 대화상자에서 『Network or Proximity Matrix』에 분석대상 관계데이터 파일(여기에서는 Camp.##h)을 지정하고 『Actor Attribute』에 집단을 구분하는 속성 벡터(여기에서는 Camp-Attr.##h, Col 2)를 지정한 후 『OK』 버튼을 클릭한다. 『Model』에는 'Structural Blockmodel'을 선택한다.

Coefficients'를 보면 각 블록에 속한 액터들이 연결관계를 가질 확률을 예측할 수 있다. 예를 들어, 기준범주인 3-3 블록에 속한 액터들(모두 강사)이 연결관계를 가질 확률은 0.833이다('Un-stdized Coefficient' 열).[15] 1-1 블록에 속한 액터들(모두 여성)과 2-2 블록에 속한 액터들(모두 남성)이 연결관계를 가질 확률은 각각 0.428(=0.833-0.405)과 0.400(=0.833-0.433)이다. 이 대각선 블록 이외의 비대각선 블록 소속의 액터들이 연결관계를 가질 확률은 이보다는 모두 작다(0.062 ~ 0.208). 따라서 이 네트워크는 의미 있는 블록구조를 갖고 있는 것으로 판단된다.

동종선호 블록모델분석 구조적 블록모델의 밀도 차이 검정은 집단에 의해 정의되는 블록들이 의미 있는 블록구조를 형성할 만큼 서로 다른 관계패턴을 갖고 있는지에 관심을 갖는다. 따라서 모든 블록의 블록 내 및 블록 간 연결관계 패턴을 무작위적 연결관계 패턴과 비교하여 그 통계적 유의성을 검정한다. 반면에 동종선호 블록모델분석은 네트워크 내에 동종선호 현상이 존재하는지에 관심을 갖는다. 집단별로 동일한 동종선호 경향을 가정하는지 또는 집단별로 서로 다른 동종선호 경향을 가정하는지 여부에 따라 불변 동종선호(constant homophily) 블록모델분석과 가변 동종선호(variable homophily) 블록모델분석으로 나누어볼 수 있다.

불변 동종선호 블록모델분석의 경우 네트워크를 크게 두 개의 블록(즉 집단 내 블록들의 집합과 집단 간 블록들의 집합)으로만 나누어 이들 간의 밀도를 대상으로 통계적 유의성을 검정한다. [그림 10-23]은 각 집단이 동일한 동종선호 경향을 갖는다는 가정하에서 동종선호 블록모델의 밀도 차이를 검정한 결과이다. 종속변수는 각 액터쌍 간의 연결관계 여부(즉 1 또는 0)이고 독립변수는 액터쌍이 집단 내 블록에 포함되었는지의 여부를 나타내는 더미변수이다. 액터쌍이 3×3 블록 분할의 대각선 블록(1-1, 2-2, 3-3 블록)에 포함되어 있으면 1의 값을 갖고 그렇지 않고 비대각선 블록에 포함되어 있으면 0이 된다. 여기에서 기준범주는 비대각선 블록이 된다. 'Model Fit'를 보면 회귀모델은 유의적이며('Probability', 0.0000), 따라서 대각선 블록(집단 내 블록들)의 밀도와 비대각선 블록(집단 간 블록들)의 밀도가 동일하다는 귀무가설을 기각할 수 있다. 즉 집단 내 밀도와 집단 간 밀도는 차이가 있으며, 이는 네트워크 내에 동종선호 구조가 존재한다는 것을 의미한다. 'Regression Coefficients'를 보면 어떤 두 액터가 집단 내 블록(즉 대각선 블록)에 포함되어 있을 경우

15 모든 더미변수가 0인 경우가 기준범주의 예측값이며, 이는 곧 절편(intercept)에 해당한다.

연결관계를 형성할 확률은 0.469(=0.115+0.354)로서 집단 간 블록(즉 비대각선 블록)에 포함되어 있을 경우 연결관계를 형성할 확률 0.115에 비해 네 배 이상 더 높다. 따라서 이 네트워크에는 동종선호 구조가 존재한다.

그림 10-23 ▌ 불변 동종선호 블록모델의 밀도 차이 검정

```
NETWORK AUTOCORRELATION WITH CATEGORICAL ATTRIBUTES
--------------------------------------------------------------------------------

Network/Proximities:                    Camp
Attribute(s):                           "Camp-Attr" Col 2
Method:                                 Constant Homophily
# of Permutations:                      5000
Random seed:                            65

Warning: Attribute vector has been recoded.
Here is a translation table:

  Old Code     New Code
  ========     ========
      1    =>     1
      2    =>     2
      3    =>     3

Density Table

             1     2     3
             1     2     3
         ----- ----- -----
   1  1  0.429 0.104 0.063
   2  2  0.104 0.400 0.208
   3  3  0.063 0.208 0.833

Density table saved as dataset densitytable

Expected values saved as dataset anovadensity_expectedvalues

Number of permutations performed: 5000

MODEL FIT

R-square Adj R-Sqr Probability    # of Obs
-------- --------- ----------- -----------
   0.155     0.155      0.0000         306

REGRESSION COEFFICIENTS

              Un-stdized       Stdized                 Proportion  Proportion
 Independent Coefficient Coefficient Significance      As Large    As Small
 ----------- ----------- ----------- ------------ ----------- -----------
   Intercept    0.115385    0.000000       0.9998      0.9998      0.0000
    In-group    0.354003    0.393230       0.0000      0.0000      0.9998
```

UCINET 메뉴에서 『Tools>Testing Hypotheses>Mixed Dyadic/Nodal>Categorical Attributes>ANOVA Density Models』를 선택한다. 『ANOVA/Density – Categorical Autocorrelation』 대화상자에서 『Network or Proximity Matrix』에 분석대상 관계데이터 파일(여기에서는 Camp.##h)을 지정하고 『Actor Attribute』에 집단을 구분하는 속성 벡터(여기에서는 Camp-Attr.##h, Col 2)를 지정한 후 『OK』 버튼을 클릭한다. 『Model』에는 'Constant Homophily'를 선택한다.

그림 10-24 ▌가변 동종선호 블록모델의 밀도 차이 검정

```
NETWORK AUTOCORRELATION WITH CATEGORICAL ATTRIBUTES
--------------------------------------------------------------------------------

Network/Proximities:                    Camp
Attribute(s):                           "Camp-Attr" Col 2
Method:                                 Variable Homophily
# of Permutations:                      5000
Random seed:                            627

Warning: Attribute vector has been recoded.
Here is a translation table:

  Old Code     New Code
  ========     ========
      1    =>     1
      2    =>     2
      3    =>     3


Density Table

               1     2     3
               1     2     3
           ----- ----- -----
    1  1   0.429 0.104 0.063
    2  2   0.104 0.400 0.208
    3  3   0.063 0.208 0.833


Density table saved as dataset densitytable


Expected values saved as dataset anovadensity_expectedvalues


Number of permutations performed: 5000


MODEL FIT

R-square Adj R-Sqr Probability    # of Obs
-------- --------- -----------  -----------
   0.188     0.183      0.0000          306


REGRESSION COEFFICIENTS

              Un-stdized      Stdized                Proportion   Proportion
 Independent Coefficient  Coefficient Significance     As Large     As Small
 ----------- -----------  ----------- ------------  -----------  -----------
   Intercept    0.115385     0.000000       0.9998       0.9998       0.0000
     Group 1    0.313187     0.288312       0.0000       0.0000       0.9998
     Group 2    0.284615     0.201497       0.0080       0.0080       0.9918
     Group 3    0.717949     0.331782       0.0018       0.0018       0.9980
```

UCINET 메뉴에서 『Tools>Testing Hypotheses>Mixed Dyadic/Nodal>Categorical Attributes>ANOVA Density Models』를 선택한다. 『ANOVA/Density – Categorical Autocorrelation』 대화상자에서 『Network or Proximity Matrix』에 분석대상 관계데이터 파일(여기에서는 Camp.##h)을 지정하고 『Actor Attribute』에 집단을 구분하는 속성 벡터(여기에서는 Camp-Attr.##h, Col 2)를 지정한 후 『OK』 버튼을 클릭한다. 『Model』에는 'Variable Homophily'를 선택한다.

불변 동종선호 블록모델분석은 각 집단이 모두 동일한 동종선호 경향을 갖는다고 가정하기 때문에 개별 집단별 동종선호 정도의 차이는 확인할 수 없다. 가변 동종선호 블록모델분석은 각 집단이 서로 다른 동종선호 경향을 가질 수 있다는 전제하에서 동종선호 블록모델의 밀도 차이를 검정한다. [그림 10-24]는 검정 결과이다. 종속변수는 각 액터쌍 간의 연결관계 여부(즉 1 또는 0)이고 독립변수는 액터쌍이 세 개 집단 내 블록과 그 외 집단 간 블록에 포함되었는지 여부를 나타내는 세 개의 더미변수이다. 액터쌍이 대각선의 세 블록, 즉 1-1, 2-2, 3-3 블록에 포함되어 있으면 해당 블록을 나타내는 더미변수는 1이 되고 그렇지 않으면 0의 값을 갖는다. 여기에서는 비대각선 블록이 기준범주로 사용되었으며, 따라서 액터쌍이 비대각선 블록에 포함되어 있으면 세 더미변수 값은 모두 0이 된다. 'Model Fit'를 보면 회귀모델은 유의적이다('Probability', 0.0000). 'Regression Coefficients'를 보면 두 액터가 세 집단 내 블록에 포함된 경우 연결관계를 가질 확률은 각각 0.428(=0.313+0.115), 0.400(=0.285+0.115), 0.833(=0.718+0.115)이다. 집단 간 블록에 포함된 액터들이 연결관계를 가질 확률 0.115보다 크다. 따라서 네트워크 내에 동종선호 구조가 존재한다고 볼 수 있으며, 개별 집단별로 동종선호 경향에 있어서도 차이가 있다.

연속형 동종선호분석

앞에서 살펴본 것처럼 동종선호 가설은 대체로 범주형 속성에 의해 구분되는 집단을 대상으로 한다. 이러한 동종선호 가설을 연속형 속성으로 일반화할 수 있다. 즉 속성값이 서로 비슷한 액터들이 네트워크 내에서 연결관계를 가질 가능성이 높은지 검정한다. 24개 국가 간 공산품 무역거래 데이터를 이용하여 연속형 동종선호분석을 수행해보자(Wasserman and Faust 1994; Trade-ManufacturedGoods.##h, Trade-Attr.##h 파일). 네트워크 데이터 및 속성 데이터는 [그림 10-25]와 같다.

Moran 통계량과 Geary 통계량, 이 두 가지 통계량을 이용하여 연속형 속성과 네트워크 간의 동종선호 현상을 검정할 수 있다. [그림 10-26]은 Moran 통계량을 이용하여 국가별 에너지 소비량의 유사성과 공산품 무역거래 네트워크 간의 관계를 검정한 결과이다. Moran 통계량은 일반적인 상관계수처럼 해석할 수 있다. 즉 +1에 가까울수록 강한 정(+)의 상관관계가 있다는 것을 나타내며, −1에 가까울수록 강한 부(−)의 상관관계가 있다는 것을 의미한다. 0에 가까울수록 상관관계가 존재하지 않는다는 것을 나타낸다. 여기에서 Moran 통계량은 부(−)의 상관관계('Autocorrelation', −0.129)를 나타내고 있고, 통계적으로 유의하다

그림 10-25 ▌국가 간 무역거래 네트워크 데이터 및 속성 데이터

		1 Algeria	2 Argentina	3 Brazil	4 China	5 Czechoslovakia	6 Ecuador	7 Egypt	8 Ethiopia	9 Finland	10 Honduras	11 Indonesia	12 Israel	13 Japan	14 Liberia	15 Madagascar	16 NewZealand	17 Pakistan	18 Spain	19 Switzerland	20 Syria	21 Thailand	22 UK	23 US	24 Yugoslavia
1	Algeria				1	1								1											1
2	Argentina	1		1	1		1			1		1	1	1				1	1	1		1		1	
3	Brazil	1	1		1	1	1	1		1	1	1	1	1	1		1	1	1	1	1	1	1	1	1
4	China	1	1	1		1		1	1	1	1	1		1	1	1	1	1	1	1	1	1	1	1	1
5	Czechoslovakia	1	1	1	1		1	1	1	1	1	1		1	1		1	1	1	1	1	1	1	1	1
6	Ecuador			1																				1	
7	Egypt					1			1	1				1					1	1			1	1	1
8	Ethiopia																		1				1		
9	Finland	1	1	1	1	1	1	1	1		1	1	1	1			1	1	1	1	1	1	1	1	1
10	Honduras																							1	
11	Indonesia	1			1	1		1		1				1			1	1	1	1		1	1	1	1
12	Israel		1						1	1				1			1		1	1		1	1	1	1
13	Japan	1	1	1	1	1	1	1	1	1	1	1	1		1	1	1	1	1	1	1	1	1	1	1
14	Liberia																								
15	Madagascar																						1		
16	NewZealand	1			1			1				1		1				1	1			1	1	1	1
17	Pakistan				1	1				1		1		1	1		1		1	1	1	1	1	1	
18	Spain	1	1	1	1	1	1	1		1	1	1	1	1	1	1	1	1		1	1	1	1	1	1
19	Switzerland	1	1	1	1	1	1	1	1	1	1	1	1	1	1	1	1	1	1		1	1	1	1	1
20	Syria																								
21	Thailand			1	1					1		1	1	1			1	1	1	1	1		1	1	1
22	UK	1		1	1	1	1	1	1	1	1	1	1	1	1	1	1	1	1	1	1	1		1	1
23	US	1	1	1	1	1	1	1	1	1	1	1	1	1	1	1	1	1	1	1	1	1	1		1
24	Yugoslavia	1	1		1	1		1	1	1		1	1	1			1	1	1	1	1	1	1	1	

		1 GNP	2 School	3 Energy
1	Algeria	3.300	33	814
2	Argentina	1.600	56	2161
3	Brazil	2.100	32	1101
4	China	1.500	43	618
5	Czechoslovakia	0.700	44	6847
6	Ecuador	3.400	40	692
7	Egypt	2.500	52	595
8	Ethiopia	2	11	24
9	Finland	0.400	90	6351
10	Honduras	3.400	30	292
11	Indonesia	2.300	28	266
12	Israel	2.600	72	2813
13	Japan	1.100	91	4649
14	Liberia	3.500	20	502
15	Madagascar	2.600	12	74
16	NewZealand	1.500	81	4816
17	Pakistan	3	15	224
18	Spain	1.100	87	2944
19	Switzerland	0.100	55	5223
20	Syria	3.700	46	964
21	Thailand	2.500	29	370
22	UK	0.100	82	5363
23	US	1	97	11626
24	Yugoslavia	0.900	83	2402

그림 10-26 ▌ 연속형 동종선호분석 : Moran 통계량

```
TOOLS>AUTOCORRELATION>QUANTITATIVE
--------------------------------------------------------------------

Proximities:                          Trade-ManufacturedGoods
Attribute(s):                         "Trade-Attr.##h" Col 3
Method:                               Moran
# of Permutations:                    1000
Center attribute?                     YES
Random seed:                          240

NOTE: Larger values indicate positive autocorrelation.
      A value of -0.043 indicates perfect independence.

         Autocorrelation:      -0.129
           Significance:        0.000

     Permutation average:      -0.043
          Standard error:       0.028
     Proportion as large:       1.000
     Proportion as small:       0.000
```

UCINET 메뉴에서 『Tools>Testing Hypotheses>Mixed Dyadic/Nodal>Continuous Attributes>Moran/Geary Statistics』를 선택한다. 『Interval Autocorrelation』 대화상자에서 『Network or Proximity Matrix』에 분석대상 관계데이터 파일(여기에서는 Trade-ManufacturedGoods.##h)을 지정하고 『Actor Attribute』에 집단을 구분하는 속성 벡터(여기에서는 에너지소비량을 나타내는 벡터 Trade-Attr.##h, Col 3)를 지정한 후 『OK』 버튼을 클릭한다. 『Method』에는 'Moran'을 선택한다.

그림 10-27 ▌ 연속형 동종선호분석 : Geary 통계량

```
TOOLS>AUTOCORRELATION>QUANTITATIVE
--------------------------------------------------------------------

Proximities:                          Trade-ManufacturedGoods
Attribute(s):                         "Trade-Attr.##h" Col 3
Method:                               Geary
# of Permutations:                    1000
Center attribute?                     YES
Random seed:                          736

NOTE: Smaller values indicate positive autocorrelation.
      A value of 1.0 indicates perfect independence.

         Autocorrelation:       1.342
           Significance:        0.004

     Permutation average:       1.003
          Standard error:       0.185
     Proportion as large:       0.004
     Proportion as small:       0.996
```

UCINET 메뉴에서 『Tools>Testing Hypotheses>Mixed Dyadic/Nodal>Continuous Attributes>Moran/Geary Statistics』를 선택한다. 『Interval Autocorrelation』 대화상자에서 『Network or Proximity Matrix』에 분석대상 관계데이터 파일(여기에서는 Trade-ManufacturedGoods.##h)을 지정하고 『Actor Attribute』에 집단을 구분하는 속성 벡터(여기에서는 에너지소비량을 나타내는 벡터 Trade-Attr.##h, Col 3)를 지정한 후 『OK』 버튼을 클릭한다. 『Method』에는 'Geary'를 선택한다.

('Significance', 0.000). 따라서 Moran 통계량에 의한 검정 결과에 따르면, 국가 간 에너지 소비량이 비슷할수록(즉 에너지 소비량의 차이가 작을수록) 공산품 무역거래관계를 가질 가능성이 커진다.

[그림 10-27]은 Geary 통계량을 이용한 검정 결과이다. Geary 통계량은 상관관계가 없을 때 1의 값을 갖는다. 1보다 작은 값은 정(+)의 상관관계를 나타내고, 1보다 큰 값은 부(-)의 상관관계를 의미한다. 여기에서 Geary 통계량은 부(-)의 상관관계('Autocorrelation', 1.342)를 나타내고 있고, 통계적으로 유의하다('Significance', 0.004). 따라서 Moran 통계량에 의한 검정 결과와 마찬가지로, 국가 간 에너지 소비량이 유사할수록 공산품 무역거래관계를 가질 가능성은 증가한다.

사례연구

㈜가우스전자 특허팀에서는 특허 방어 및 제휴전략 수립의 기초자료로 활용하기 위하여 미국 시장에서의 기업 간 특허인용관계를 분석하기로 하였다. 특허인용은 한 특허가 다른 특허를 인용하는 것을 의미한다. 특허 출원인은 특허 출원 및 심사단계에서 선행기술에 대하여 기술해야 하며 선행기술의 출처를 명시하도록 의무화하고 있다.

우선 미국 S&P500 기업 중 정보통신기술 업종에 속하는 74개 기업을 표본으로 기업 간 특허인용관계를 분석하였다. 74개 기업이 2009년과 2010년에 등록한 특허를 대상으로 이들 특허를 인용한 관계를 기업 간 네트워크로 표현하여 2009년의 특허인용 네트워크와 2010년의 특허인용 네트워크를 생성하였다(박준형・곽기영 2013; Patent2009.##h, Patent2010.##h 파일). 네트워크 구성 시 각 기업이 소유한 특허를 기업 간에 서로 한 번이라도 인용하면 기업 간 서로 관계를 갖는 것으로 가정하였다.

그림 10-28 ▌ 2010년 특허인용 네트워크

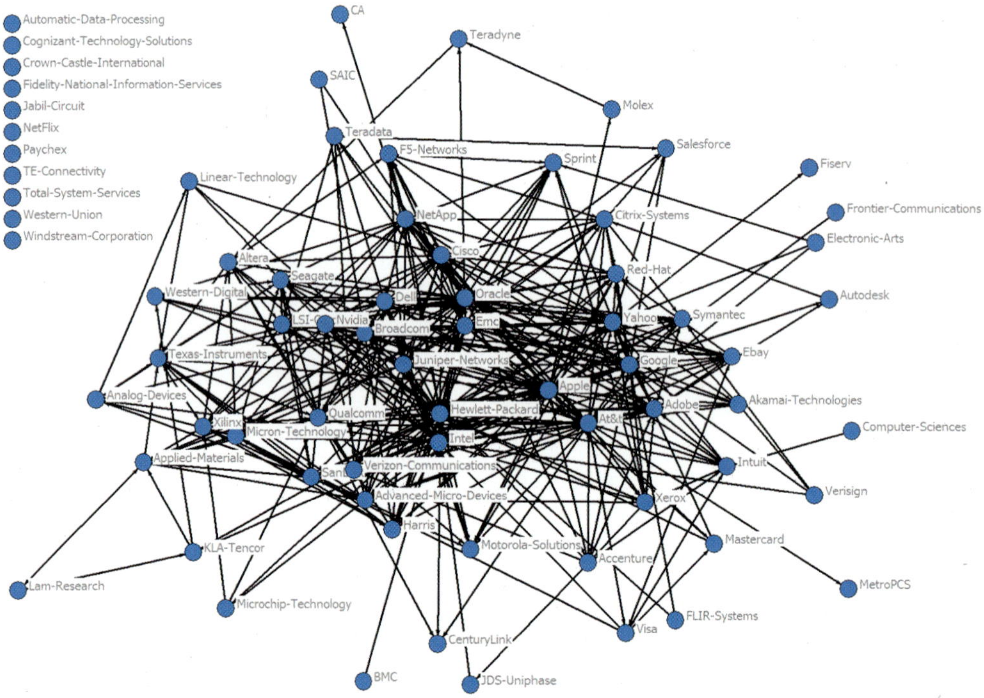

그림 10-29 ▌특허인용 네트워크 상관분석

QAP results for Patent2010 * Patent2009 (5000 permutations)

	1 Obs Value	2 Significa	3 Average	4 Std Dev	5 Minimum	6 Maximum	7 Prop >= 0	8 Prop <= 0
Pearson Correlation	0.5165	0.0002	-0.0006	0.0316	-0.0847	0.1471	0.0002	1.0000

QAP Correlations

	1 Paten	2 Paten
1 Patent2009	1.000	0.516
2 Patent2010	0.516	1.000

QAP P-Values

	1 Paten	2 Paten
1 Patent2009	0.000	0.000
2 Patent2010	0.000	0.000

2009년의 특허인용 네트워크와 2010년의 특허인용 네트워크 간의 연관성을 분석하기 위하여 두 네트워크 간의 QAP 상관분석을 수행하였다. 2009년의 특허인용 네트워크와 2010년의 특허인용 네트워크 간에는 비교적 높은 상관관계(0.516)가 나타났으며, 통계적으로 유의하였다(p-값=0.0002).

2010년의 특허인용 네트워크를 종속변수로 하고 2009년의 특허인용 네트워크를 독립변수로 하여 MR-QAP 회귀분석을 수행하였다. 2009년의 특허인용 네트워크는 2010년의 특허인용 네트워크에 통계적으로 유의한 영향을 미쳤으며(회귀계수=0.454, p-값=0.0005), 26.7%(R^2=0.267)의 설명력을 보여주었다.

그림 10-30 ▌특허인용 네트워크 회귀분석

MODEL FIT

	R-Square	Adj R-Sqr	P-Value	Obs	Perms
Model	0.267	0.267	0.001	5402	2000

REGRESSION COEFFICIENTS

	Un-Stdized	Stdized Coef	P-value	As Large	As Small	Std Err
Patent2009	0.45375	0.51648	0.00050	0.00050	1.00000	0.02744
Intercept	0.03564	0.00000	0.00000	0.00000	0.00000	0.00000

UCINET 활용

01 일표본 평균검정

- 『Network>Compare Densities>Against Theoretical Parameter』를 선택한다.
- 『Compare Network Density with Theoretical Parameter』 대화상자에서 『1st Network』에 데이터 파일 이름을 지정한다.
- 『Expected Density』에는 관측된 값과 비교하여 검정하고자 하는 모수의 값을 입력한다.
- 『Number of Samples』에는 표집분포를 구성하기 위하여 생성할 표본의 개수를 지정한다. 이상의 항목을 차례대로 지정한 후 『OK』 버튼을 클릭한다.

그림 10-31 ▌『Compare Network Density with Theoretical Parameter』 대화상자

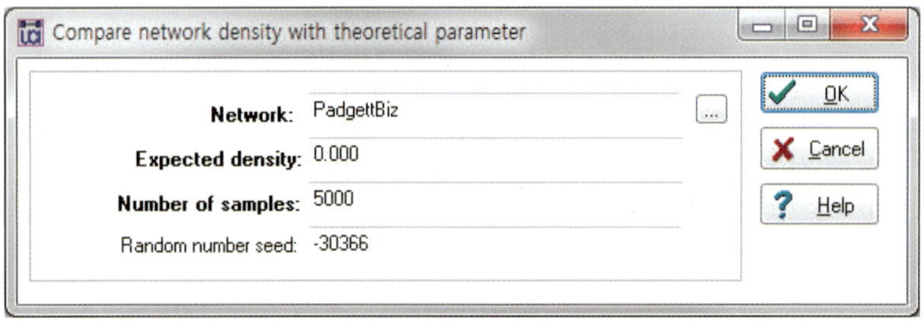

02 대응표본 평균검정

- 『Network>Compare Densities>Paired(Same Nodes)』를 선택한다.
- 『Compare Densities(Paired Networks)』 대화상자에서 『1st Network』와 『2nd Network』에 비교할 데이터 파일 이름을 지정한다.
- 『Number of Samples』에는 표집분포를 구성하기 위하여 생성할 표본의 개수를 지정한다. 이상의 항목을 차례대로 지정한 후 『OK』 버튼을 클릭한다.

그림 10-32 ▌『Compare Densities(Paired Networks)』 대화상자

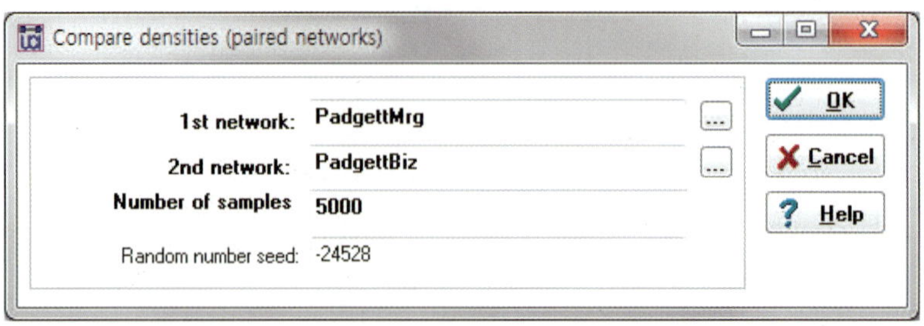

03 두 집단 평균검정

- 『Tools > Testing Hypotheses > Node-level > T-Test』를 선택한다.
- 『T-Test』 대화상자에서 『Dependent (Y) Variable』에 종속변수에 해당되는 벡터가 포함된 데이터 파일과 벡터의 위치를 지정한다.
- 『Independent Variable』에 독립변수에 해당되는 벡터가 포함된 데이터 파일과 벡터의 위치를 지정한다.
- 『No. of Random Permutations』에 매트릭스의 재배열 횟수를 지정한다. 이상의 항목을 모두 지정한 후 『OK』 버튼을 클릭한다.

그림 10-33 ▌『T-Test』 대화상자

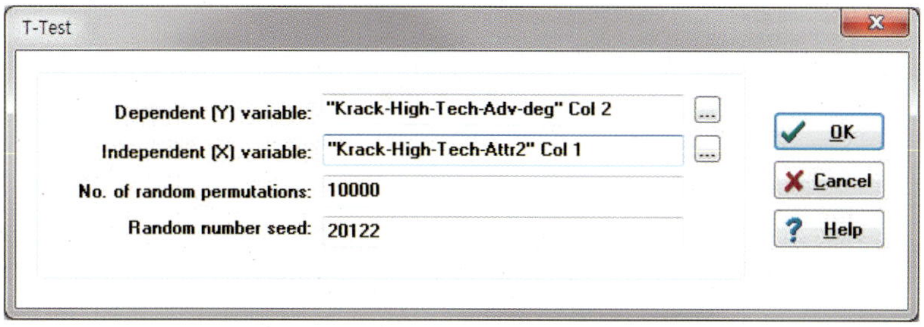

04 다중 집단 평균검정

- 『Tools > Testing Hypotheses > Node-level > Anova』를 선택한다.
- 『Anova』 대화상자에서 『Dependent (Y) Variable』에 종속변수에 해당되는 벡터가 포함된 데이터 파일과 벡터의 위치를 지정한다.
- 『Independent Variable』에 독립변수에 해당되는 벡터가 포함된 데이터 파일과 벡터의 위치를 지정한다.
- 『No. of Random Permutations』에 매트릭스의 재배열 횟수를 지정한다. 이상의 항목을 모두 지정한 후 『OK』 버튼을 클릭한다.

그림 10-34 ▌『Anova』 대화상자

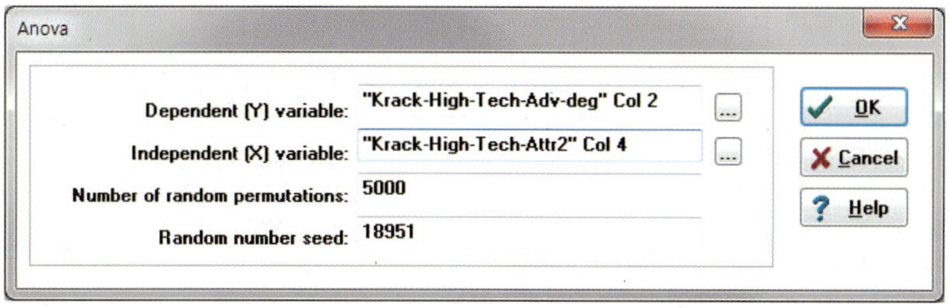

05 QAP 상관분석

- 『Tools>Testing Hypotheses>Dyadic(QAP)>QAP Correlation』을 선택한다.
- 『QAP Correlation』 대화상자에서 상관계수를 구할 매트릭스들을 차례대로 선택하고 『OK』 버튼을 클릭한다.

그림 10-35 ▌『QAP Correlation』 대화상자

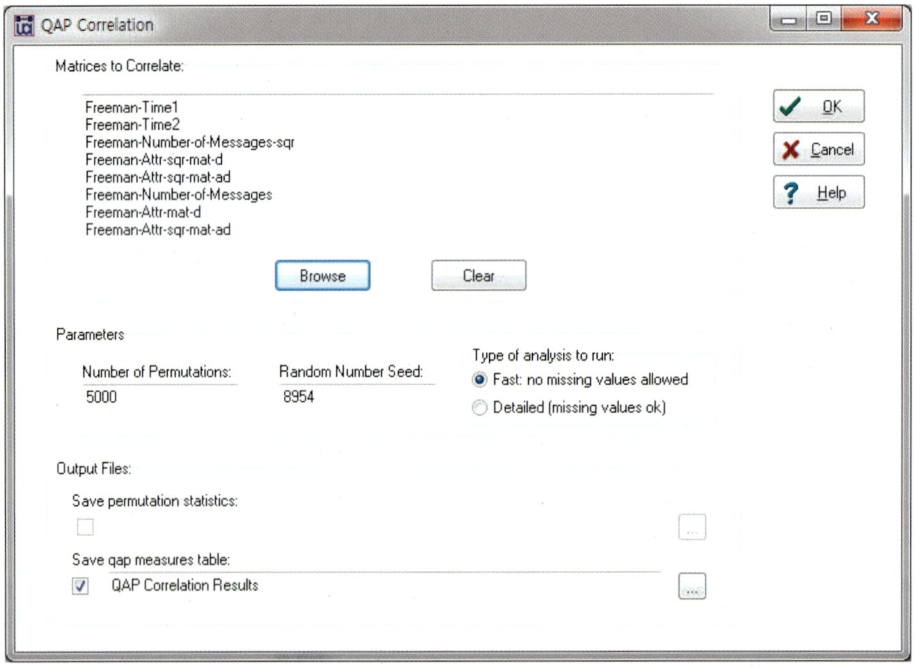

06 MR-QAP 회귀분석

- 『Tools>Testing Hypotheses>Dyadic(QAP)>MR-QAP Linear Regression>Double Dekker Semi-Partialling MRQAP』를 선택한다.
- 『MRQAP Matrix Multiple Regression via Double-Dekker Semi-Partialling』 대화상자에서 『Dependent Variable』과 『Independent Variables』를 차례대로 선택한 후 『OK』 버튼을 클릭한다.

그림 10-36 ▌『MRQAP Matrix Multiple Regression via Double-Dekker Semi-Partialling』 대화상자

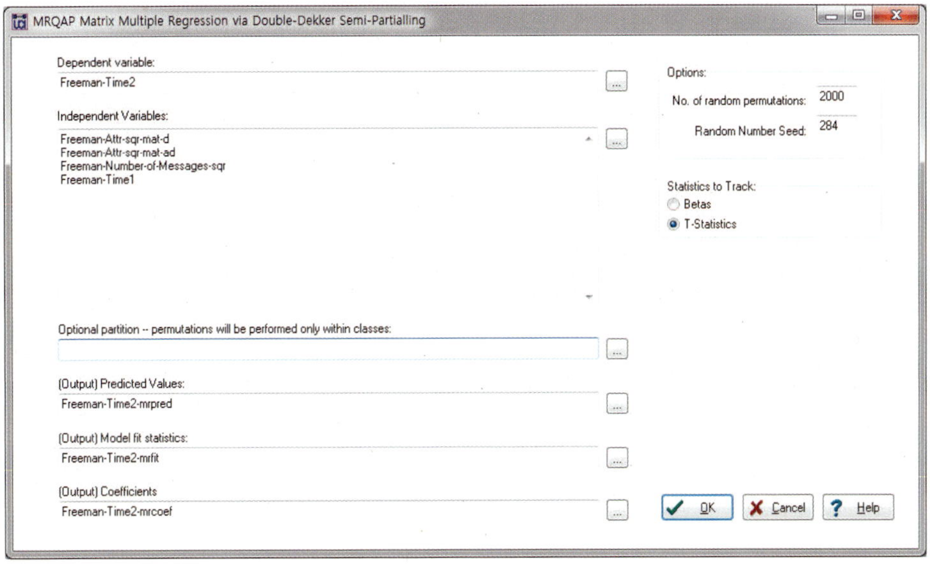

07 매트릭스 변환

- 『Transform > Matrix Operations > Within Dataset > Cellwise Transformations』를 선택한다.
- 『Within Dataset Cellwise Transformations』 대화상자에서 『Input Dataset』과 『Output Dataset』에 파일을 지정하고 『Transformations』에서 필요한 변환작업을 선택한다.

그림 10-37 ▌『Within Dataset Cellwise Transformations』 대화상자

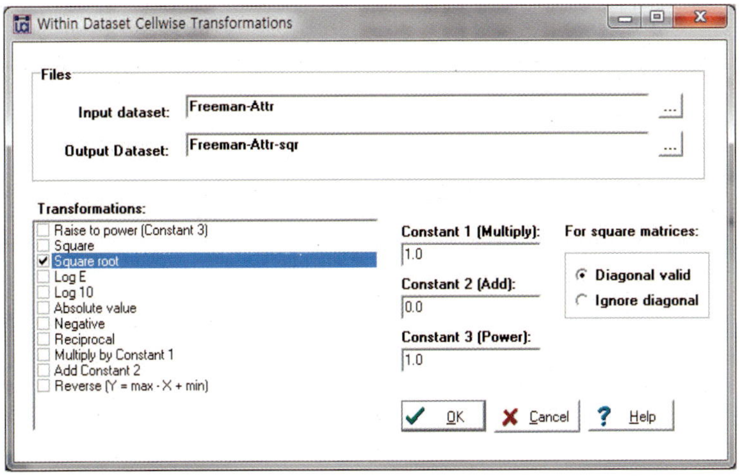

08 속성으로부터 매트릭스 추출

- 『Data>Attribute to Matrix』를 선택한다.
- 『Convert Attribute to Matrix』 대화상자에서 『Input Attribute Dataset』에 속성 파일을 지정하고 『Dimension』과 『Value』에 해당 속성을 선택 지정한다.
- 『Similarity Metric』에서 매트릭스의 셀 값을 결정하기 위한 속성 간 비교방법을 선택한다. 범주형 속성의 경우 'Exact Matches'를 선택한다.

그림 10-38 ▌『Convert Attribute to Matrix』 대화상자

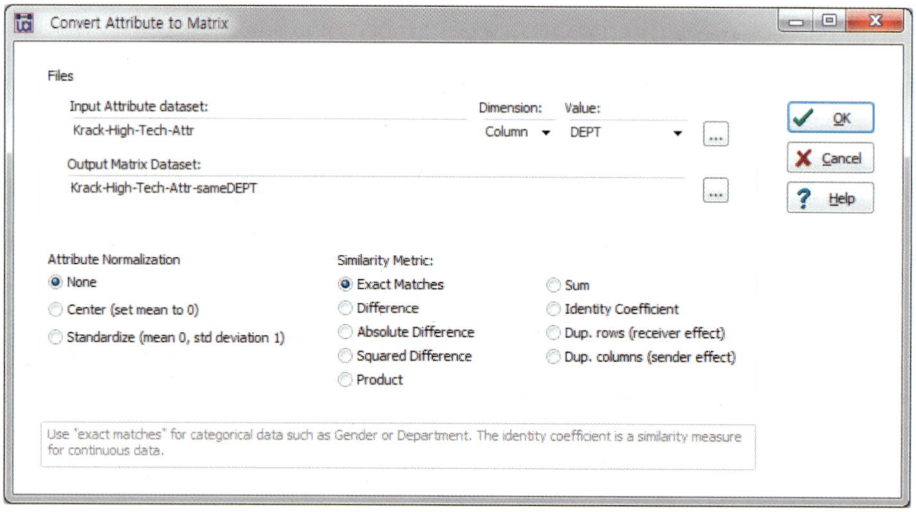

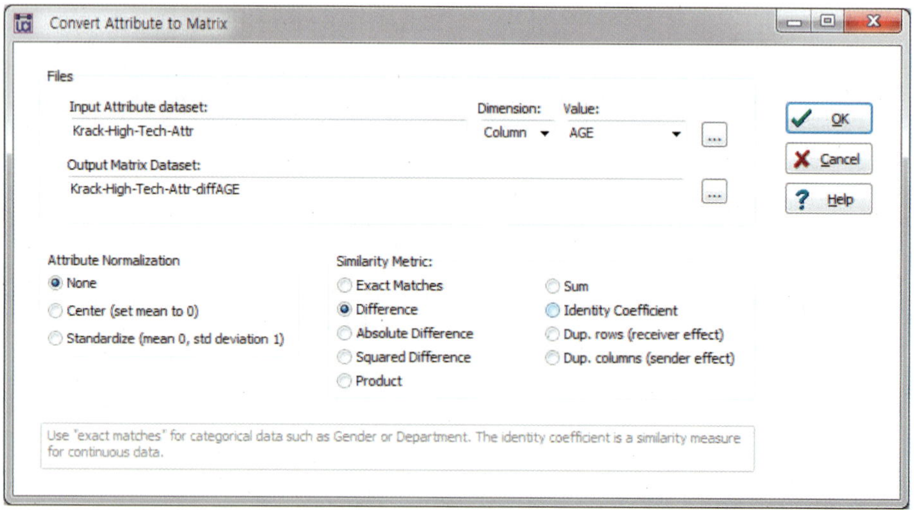

09 집단 내/집단 간 관계분석: 두 집단의 밀도 차이 검정

- 『Tools > Testing Hypotheses > Mixed Dyadic/Nodal > Categorical Attributes > Join–Count』를 선택한다.
- 『Join–Count Statistics』 대화상자에서 『Input Dataset』에 분석대상 관계데이터 파일을 지정하고 『Partition Vector』에 집단을 구분하는 속성 벡터를 지정한 후 『OK』 버튼을 클릭한다.

그림 10–39 ▌『Join–Count Statistics』 대화상자

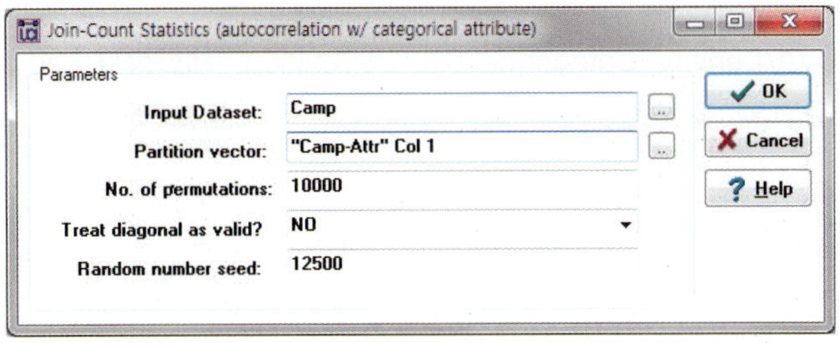

10 집단 내/집단 간 관계분석: 다중 집단의 밀도 차이 검정

- 『Tools > Testing Hypotheses > Mixed Dyadic/Nodal > Categorical Attributes > Relational Contingency Table Analysis』를 선택한다.
- 『Categorical Autocorrelation – Frequency Model』 대화상자에서 『Input Dataset』에 분석대상 관계데이터 파일을 지정하고 『Attribute』에 집단을 구분하는 속성 벡터를 지정한 후 『OK』 버튼을 클릭한다.

그림 10–40 ▌『Categorical Autocorrelation』 대화상자

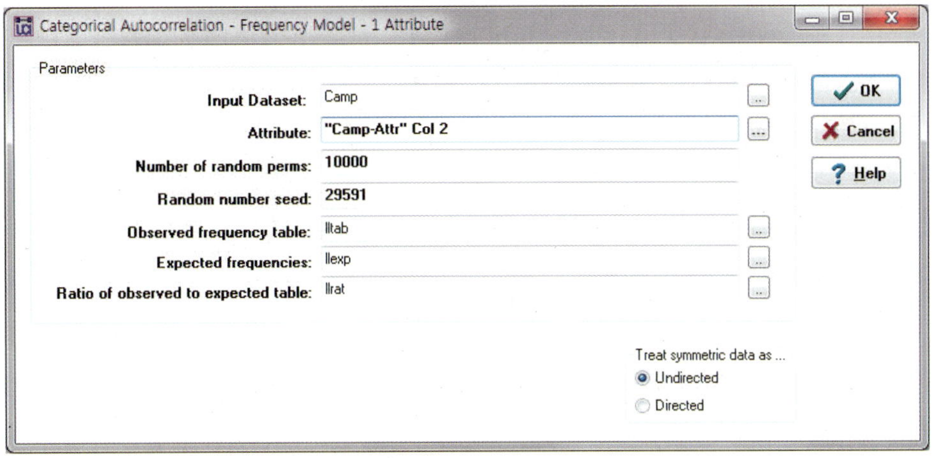

11 블록모델분석

- 『Tools>Testing Hypotheses>Mixed Dyadic/Nodal>Categorical Attributes>ANOVA Density Models』를 선택한다. 『ANOVA/Density – Categorical Autocorrelation』 대화상자에서 『Network or Proximity Matrix』에 분석대상 관계데이터 파일을 지정하고 『Actor Attribute』에 집단을 구분하는 속성 벡터를 지정한 후 『OK』 버튼을 클릭한다.
- 『Model』에는 'Structural Blockmodel', 'Constant Homophily', 'Variable Homophily' 등을 선택할 수 있다.

그림 10-41 ▌『ANOVA/Density–Categorical Autocorrelation』 대화상자

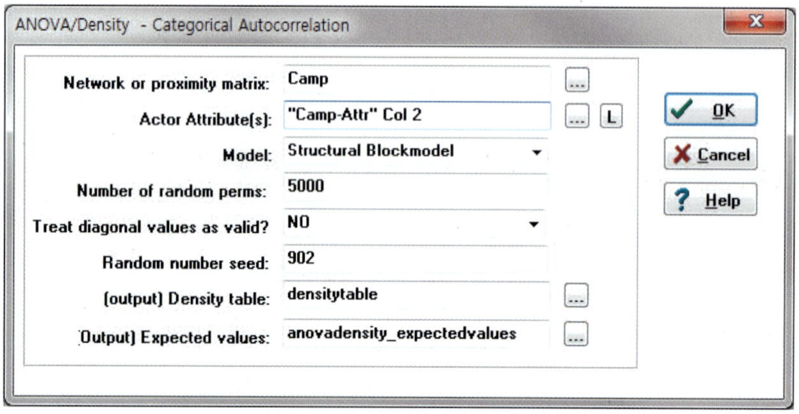

12 연속형 동종선호분석

- 『Tools>Testing Hypotheses>Mixed Dyadic/Nodal>Continuous Attributes>Moran/Geary Statistics』를 선택한다. 『Interval Autocorrelation』 대화상자에서 『Network or Proximity Matrix』에 분석대상 관계데이터 파일을 지정하고 『Actor Attribute』에 집단을 구분하는 속성 벡터를 지정한 후 『OK』 버튼을 클릭한다.
- 『Method』에는 'Moran'과 'Geary'를 선택할 수 있다.

그림 10-42 『Interval Autocorrelation』 대화상자

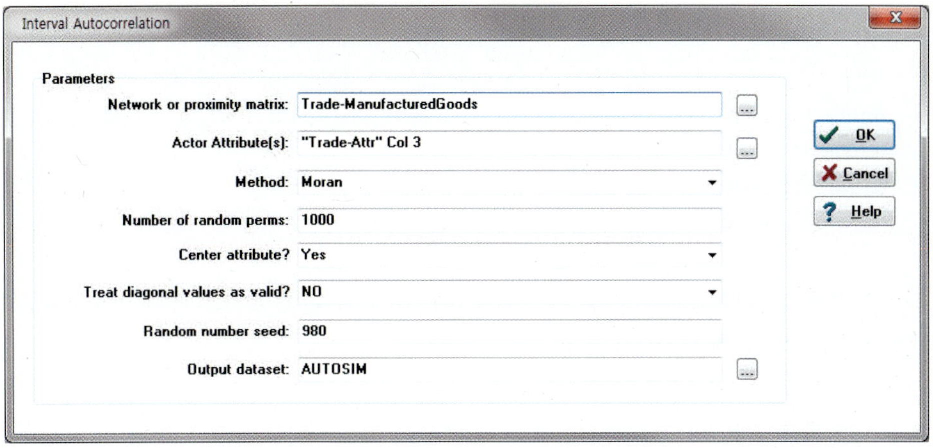

연습문제

01 하이테크 제조기업으로부터 21명으로 구성된 조언관계 네트워크를 구축하였다. 다음 질문에 답하시오(Krack-High-Tech-Adv.##h 파일).

① 조언관계 네트워크의 밀도를 구하시오.

② 관측된 밀도를 토대로 이 기업의 조언관계 네트워크 밀도가 1인지를 검정하시오.

02 하이테크 제조기업으로부터 21명으로 구성된 친구관계 네트워크를 추가로 구축하였다. 다음 질문에 답하시오(Krack-High-Tech-Fri.##h 파일).

① 친구관계 네트워크의 밀도를 구하시오.

② 이 기업의 조언관계 네트워크 밀도와 친구관계 네트워크 밀도가 동일한지 검정하시오.

03 위에서 사용한 친구관계 네트워크와 조언관계 네트워크에 대하여 다음 질문에 답하시오(Krack-High-Tech-Fri.##h와 Krack-High-Tech-Adv.##h 파일).

① 두 네트워크 간 QAP 상관분석을 수행하시오.

② 조언관계 네트워크를 종속변수로 하고 친구관계 네트워크를 독립변수로 한 MR-QAP 회귀분석을 수행하시오.

11

CHAPTER

소셜네트워크의 시각화

- NetDraw
- Gephi
- NodeXL
- NetMiner
- Pajek

CHAPTER

11 소셜네트워크의 시각화

액터들 간의 관계 정보를 그래프를 이용하여 시각적으로 표현하게 되면 소셜네트워크 구조를 보다 쉽게 이해할 수 있다. 잘 표현된 그래프는 네트워크 구조의 중요한 특징을 잘 포착해 주기 때문이다. 예를 들어, 노드들이 모두 끊김 없이 잘 연결되어 있는지, 어떤 노드들이 많은 연결관계를 갖고 있는지, 어떤 노드들이 그룹을 형성하고 있는지, 어떤 노드가 중개자 역할을 수행하는지 등을 그래프를 통해 쉽게 파악할 수 있다.

그러나 그래프가 모든 경우에 항상 유용한 것은 아니다. 액터의 수가 많거나 액터 간의 관계가 많으면 그래프는 너무 복잡해져서 전체 네트워크 구조를 이해하는 데 그다지 큰 도움이 되지 않을 수 있다. 이럴 경우 이 책에서 다루고 있는 수리적 계산방법을 이용한 다양한 소셜네트워크분석 지표들이 네트워크 구조를 이해하는 더 효과적인 수단이 된다. 하지만 그렇다고 해서 그래프를 이용하는 것이 전혀 도움이 되지 않는 것은 아니다. 수리적 접근과 시각적 접근을 함께 사용하면 네트워크 구조를 보다 쉽고 구체적으로 이해할 수 있다. 예를 들어, 네트워크의 규모가 너무 커서 액터의 중개자 역할을 파악하는 데 그래프가 그다지 큰 도움이 되지 않을 때, 액터의 매개중심성 지표를 먼저 계산한다. 그런 다음 매개중심성 지표값이 높은 액터들을 포함하는 그래프를 이용하여 액터의 중개자 역할을 시각적으로 확인할 수 있다. 여기에서는 네트워크분석 및 시각화(visualization) 도구인 NetDraw, Gephi, NodeXL, NetMiner, Pajek를 이용하여 소셜네트워크의 시각적 표현방법을 살펴본다.

NetDraw

NetDraw는 UCINET에 포함되어 있으며, 네트워크의 시각화 기능을 제공한다. NetDraw는 ##h/##d(UCINET), DL(UCINET), NET(Pajek) 형식의 데이터를 지원하며 NetDraw 고유의 데이터 형식인 VNA를 제공한다. 여기에서는 NetDraw의 다양한 시각화 기능을 살펴본다(Analytic Technologies 2016; Borgatti et al. 2013; Borgatti 2002; Borgatti et al. 2002; Hanneman and Riddle 2005; Prell 2012).[1]

NetDraw의 실행

NetDraw는 UCINET의 『Visualize>NetDraw』 메뉴를 통해 실행할 수 있다. NetDraw는 [그림 11-1]의 초기 화면에서 볼 수 있는 것과 같이 File, Edit, Layout, Analysis, Transform, Properties, Options, Help 등 여덟 가지 메뉴를 제공한다.

미국 서부 해안지역에 위치한 소규모 하이테크 제조기업의 네트워크 데이터를 이용하여 그래프를 생성해보자(Krackhardt 1987; Wasserman and Faust 1994; Krack-High-Tech.##h, Krack-High-Tech-Attr.##h 파일). 이 기업은 하이테크 기계류를 생산하고

그림 11-1 ▌NetDraw 초기 화면

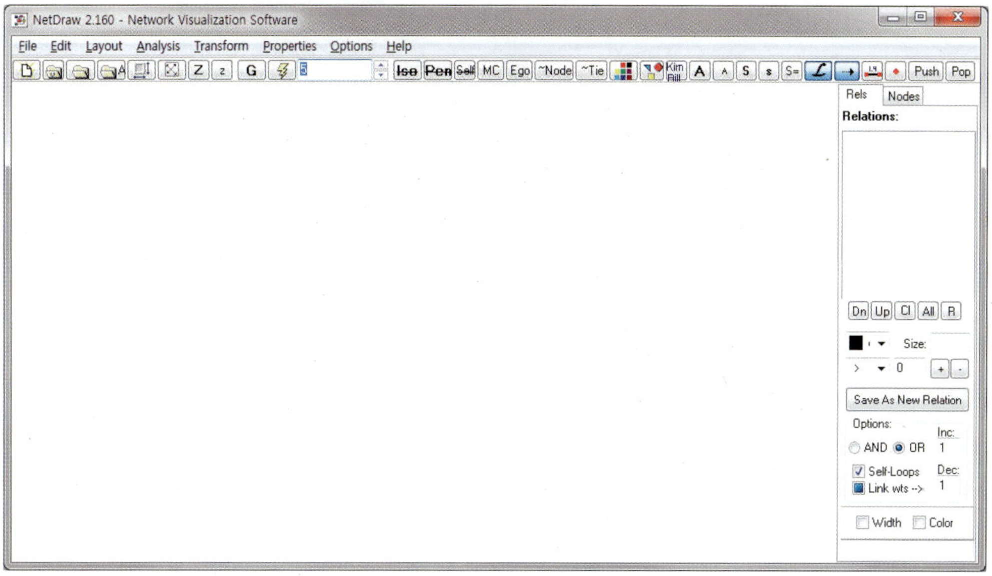

1 여기에서는 NetDraw 버전 2.160을 기준으로 설명한다.

약 100명의 종업원과 21명의 관리자를 보유하고 있다. 21명의 관리자를 대상으로 이들 간의 조언관계, 친구관계, 보고관계가 방향/이진 네트워크 데이터로 수집되었다. 또한 이 네트워크 데이터에는 나이('AGE'), 근속연수('TENURE'), 직위('LEVEL'), 부서('DEPT') 등 네 개의 속성이 포함되어 있다. 직위는 세 개의 계층으로 구분되어 1은 CEO, 2는 부사장, 3은 관리자를 나타낸다. 총 다섯 개의 부서가 0, 1, 2, 3, 4로 구분되어 있으며, 0은 CEO를 나타낸다. NetDraw 메뉴에서 『File > Open > Ucinet Dataset > Network』를 선택하고 네트워크 데이터로 'Krack-High-Tech.##h'를 지정하면, [그림 11-2]와 같은 초기 그래프가 생성된다. 생성된 그래프는 『File > Save Diagram As』를 선택하여 EMF(metafile), BMP(bitmap), JPG(jpeg) 형식의 파일로 저장할 수 있다.

그림 11-2 ▌『File > Open > Ucinet Dataset > Network』

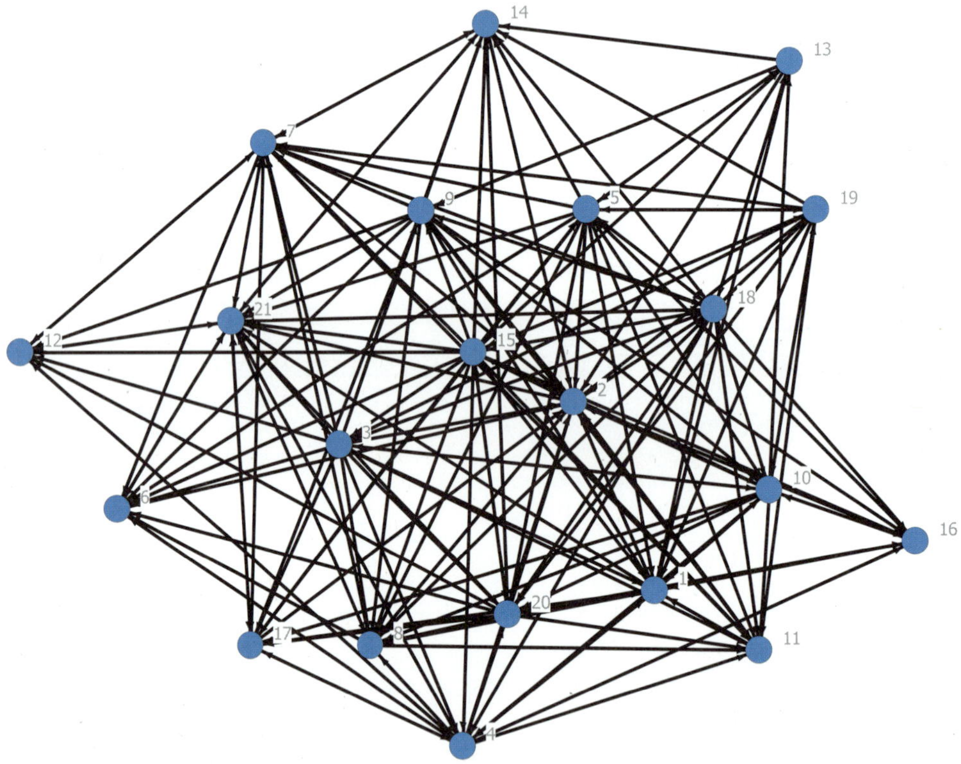

노드 스타일링

노드의 속성을 색상, 크기, 형태 등 그래프 특성으로 표현할 수 있다. 속성을 그래프에 반영하기 위해서는 네트워크 데이터를 오픈한 후에, 추가로 속성 데이터를 오픈해야 한다. NetDraw 메뉴에서 『File > Open > Ucinet Dataset > Attribute Data』를 선택한다. 여기에서는 속성 데이터로 'Krack-High-Tech-Attr.##h'를 지정한다.

- 『Properties > Nodes > Symbols > Color > Attribute-based』: 노드의 속성에 따라 색상을 부여한다. 모두 다섯 개의 서로 다른 색상을 이용하여 총 다섯 개의 부서(CEO 포함)를 구분하였다([그림 11-3]).

그림 11-3 『Properties > Nodes > Symbols > Color > Attribute-based』: 부서

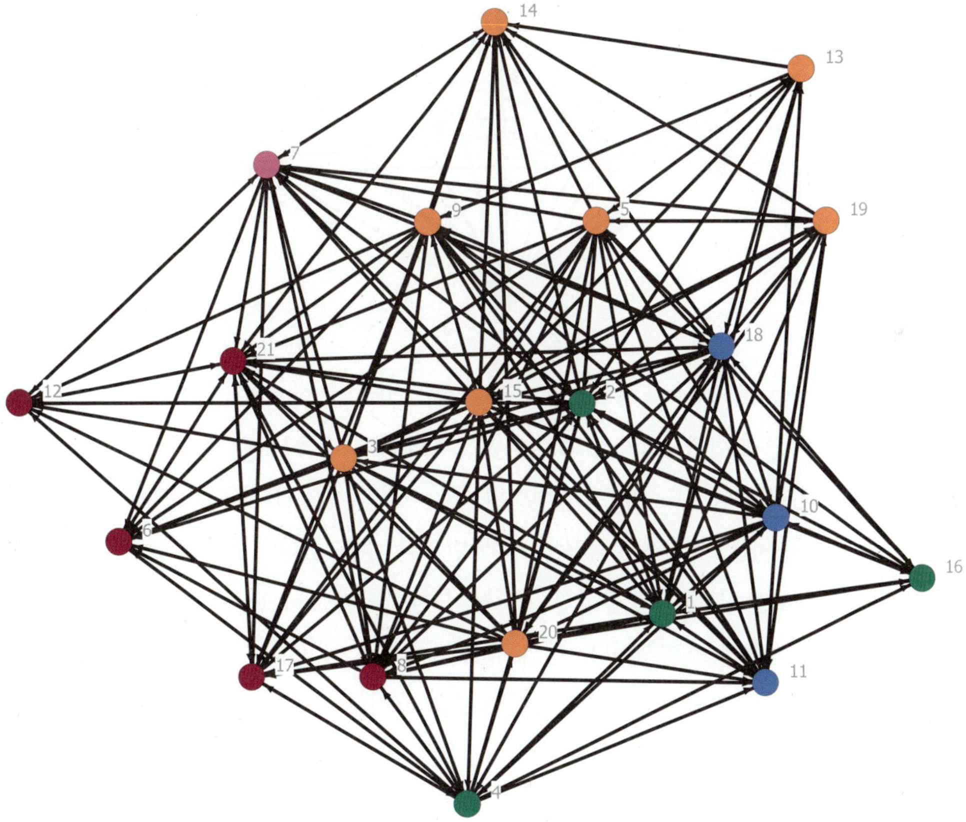

그림 11-4 ▌『Properties > Nodes > Symbols > Size > Attribute-based』: 근속연수

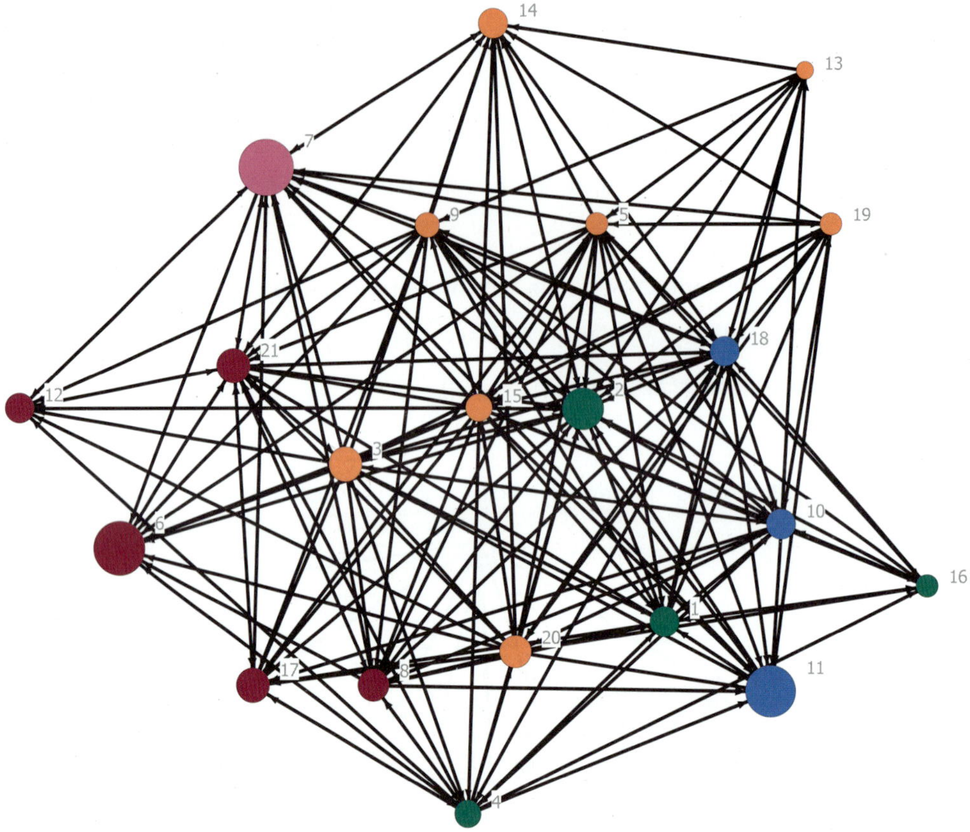

『Properties > Nodes > Symbols > Size > Attribute-based』: 노드의 속성에 따라 크기를 다르게 한다. 노드의 크기가 최소 8에서 최대 24까지 근속연수에 비례하여 조정되었다([그림 11-4]). 소셜네트워크분석 결과 산출된 지표를 노드의 속성에 포함시킨 후 이를 노드의 시각적 속성에 반영할 수도 있다. 『Analysis > Centrality Measures』를 선택하면 중심성 지표들이 계산되며 NetDraw는 계산된 지표들을 노드의 속성으로 포함시킨다. 이와 같은 방식으로 네트워크 지표가 노드의 속성에 포함되면 노드의 중심성에 비례하여 노드의 크기를 조정할 수 있다. 노드의 크기가 최소 8에서 최대 24까지 매개중심성에 비례하여 조정되었다([그림 11-5]).

그림 11-5 ▎『Properties > Nodes > Symbols > Size > Attribute-based』: 매개중심성

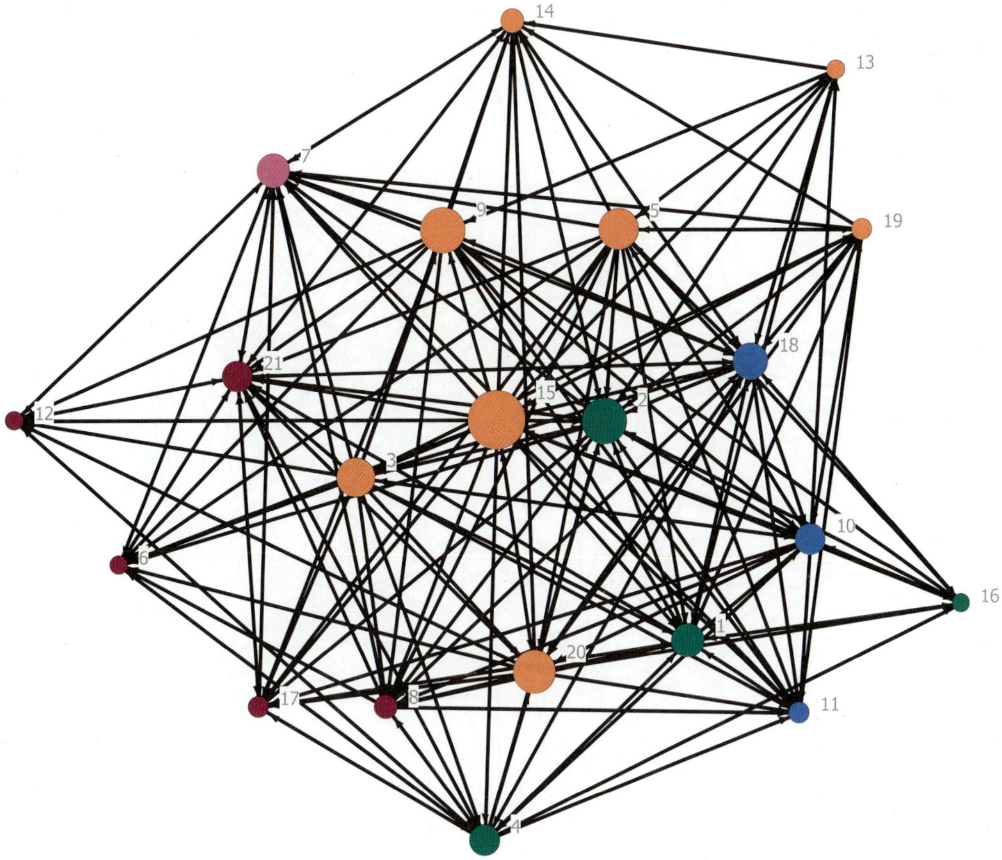

- 『Properties > Nodes > Symbols > Shape > Attribute-based』: 노드의 속성에 따라 도형의 모양을 다르게 한다. 직위에 따라 노드의 모양을 다르게 하여, CEO는 원형으로, 부사장은 사각형으로, 관리자는 삼각형으로 나타냈다([그림 11-6]).

그림 11-6 ▌『Properties > Nodes > Symbols > Shape > Attribute-based』: 직위

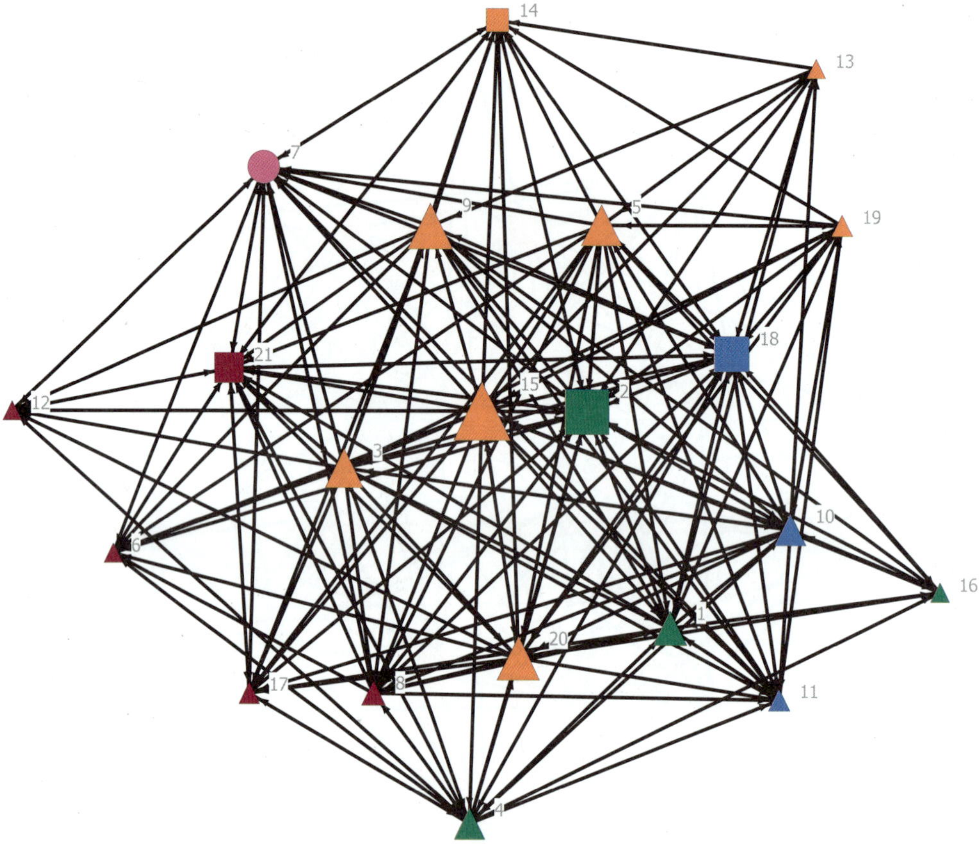

라인 스타일링

노드의 속성을 표현한 것과 유사한 방식으로 연결관계 라인의 속성을 색상, 두께, 형태 등 그래프 특성으로 표현할 수 있다.

- 『Properties > Lines > Color > Node Attribute-based』: 관계의 속성에 따라 색상을 부여한다. 노드 속성을 토대로 같은 속성을 갖는 노드 간의 관계와 다른 속성을 갖는 노드 간의 관계를 색상으로 구분한다. [그림 11-7]에서 같은 부서에 속하는 액터 간의 관계는 파란색으로, 다른 부서에 속하는 액터 간의 관계는 빨간색으로 표현되었다.
- 『Properties > Lines > Size > Tie Strength』: 계량 데이터의 경우, 관계강도에 따라 라인의 두께를 다르게 한다. 예를 들어, 클럽 간에 공통으로 보유하는 회원수를

그림 11-7 『Properties > Lines > Color > Node Attribute-based』: 노드 속성

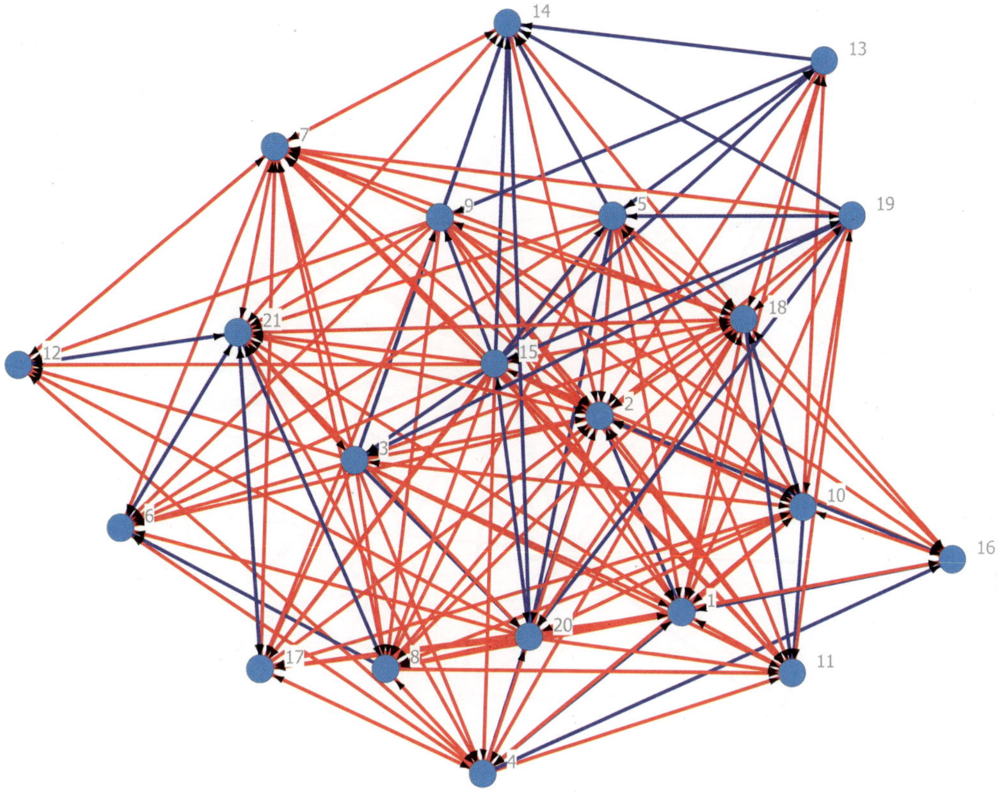

바탕으로 생성된 계량 매트릭스를 관계강도에 따라 라인의 두께를 다르게 할 수 있다(Galaskiewicz 1985; Wasserman and Faust 1994; Galask-Aff-Club.##h 파일). [그림 11-8]에서는 라인의 두께가 최소 2에서 최대 10까지 관계강도에 비례하여 조정되었다.

그림 11-8 『Properties > Lines > Size > Tie Strength』: 관계강도

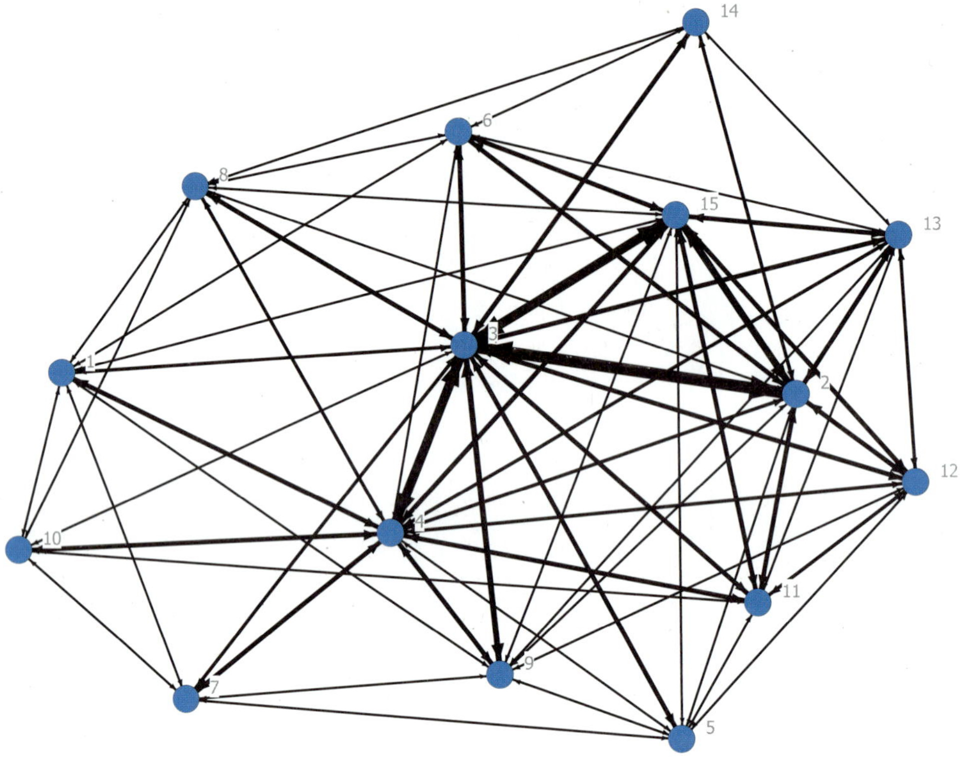

필터링

필터링은 특정 속성을 갖는 노드를 그래프상에서 제거하는 것을 말한다. 필터링을 위해서는 그래프 캔버스 오른쪽의 'Nodes' 탭을 선택한다. 리스트 박스에서 필터링하고자 하는 속성을 선택한 후, 속성값 리스트 중 그래프상에서 제거하고자 하는 속성값의 체크를 해제한다. [그림 11-9]의 그래프와 같이 CEO와 부사장들 간의 네트워크만 보고자 한다면 직위 속성을 선택한 후 관리자를 나타내는 속성값 3의 체크박스를 선택하여 체크를 해제한다. 『Analysis』 메뉴를 통해 다양한 네트워크 지표들을 계산하고 이를 노드의 속성에 포함시켰다면, 이 또한 필터링할 수 있는 대상이 된다. 연결중심성이 15 이상인 노드만을 그래프상에 표현하고자 하면 [그림 11-10]과 같이 15 이상의 연결정도 속성값만을 체크 상태로 남겨둔 채 나머지 속성값들의 체크를 해제한다.

그림 11-9 ▌필터링 : 직위

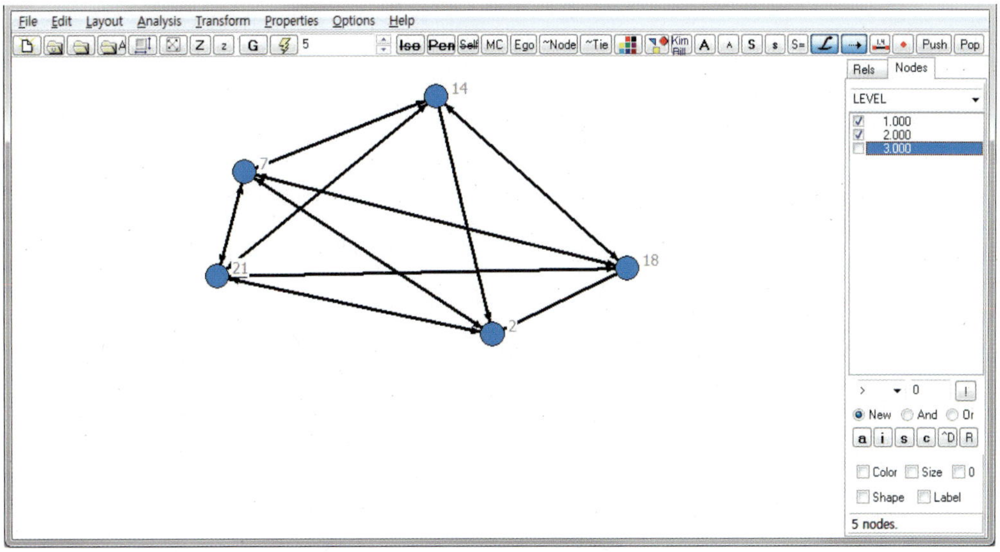

그림 11-10 ▌필터링 : 연결중심성

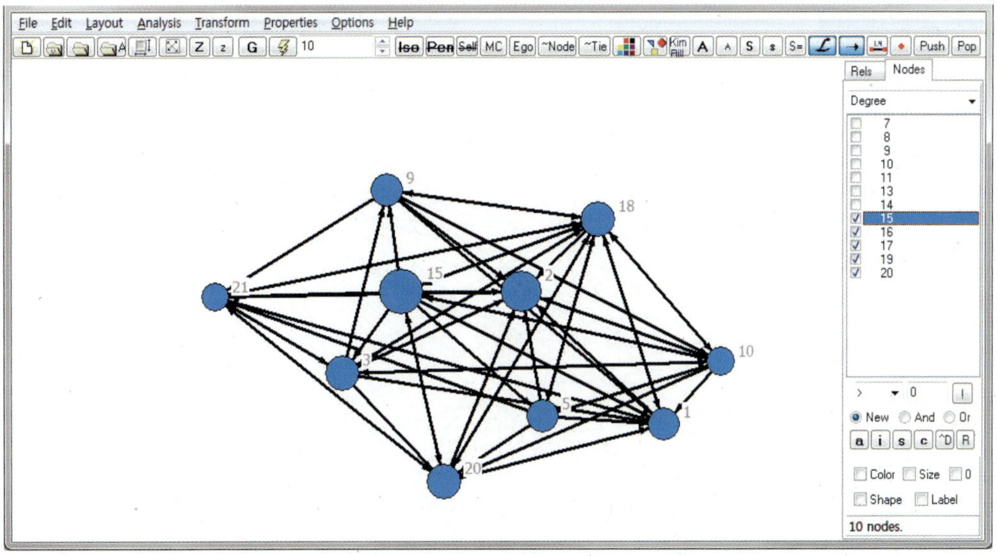

레이아웃

네트워크 그래프상에 노드들을 배치하는 것을 레이아웃(layout)이라 한다. NetDraw는 그래프를 구성하는 노드와 라인을 다양한 방식으로 화면의 X축과 Y축상에 배치한다.

- 『Layout>Random』: 노드를 X축과 Y축상에 무작위적으로 배치한다. 따라서 배치된 노드와 라인의 위치는 특별한 의미를 갖지 않는다([그림 11-11]).
- 『Layout>Attributes as Coordinates』: 노드의 속성값을 X축과 Y축의 좌표값으로 할당하여 노드들을 배치한다. 이 배치법은 연결관계의 패턴이 노드의 유형 내 및 유형 간에 어떻게 차이가 나는지 탐색하는 데 유용하다. 0에서부터 4까지의 부서 속성값을 X축에 할당한 후 해당 노드들을 배치하면 [그림 11-12]와 같다. [그림 11-13]의 그래프는 X축에 매개중심성을 지정하고 Y축에 근속연수를 지정한 후 매개중심성과 근속연수에 따라 노드들을 배치하였다. X축은 오른쪽으로 갈수록 큰

그림 11-11 ▌『Layout>Random』

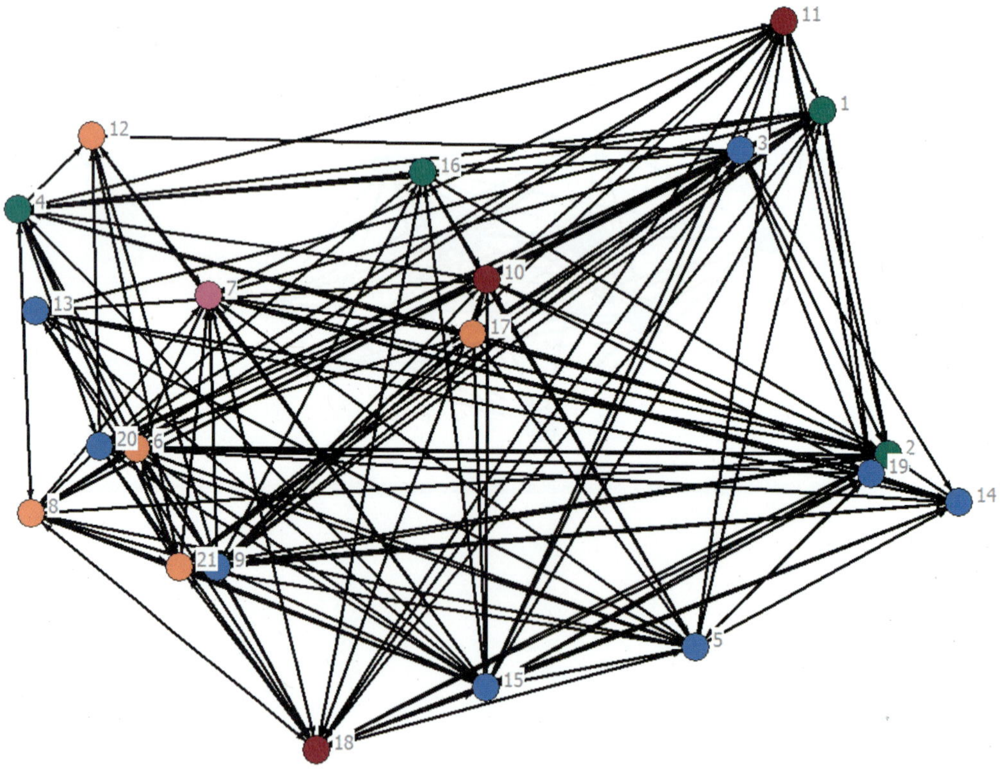

속성값을 갖는 노드가 배치되며, Y축은 아래로 갈수록 큰 속성값을 갖는 노드가 배치된다. 그래프를 보면 근속연수가 길다고 해서 매개중심성이 높은 것은 아니라는 것을 보여준다. 매개중심성이 높은 노드 15나 노드 9의 근속연수는 상대적으로 길지 않은 편이라는 것을 시각적으로 확인할 수 있다.

그림 11-12 『Layout > Attributes as Coordinates』: 부서

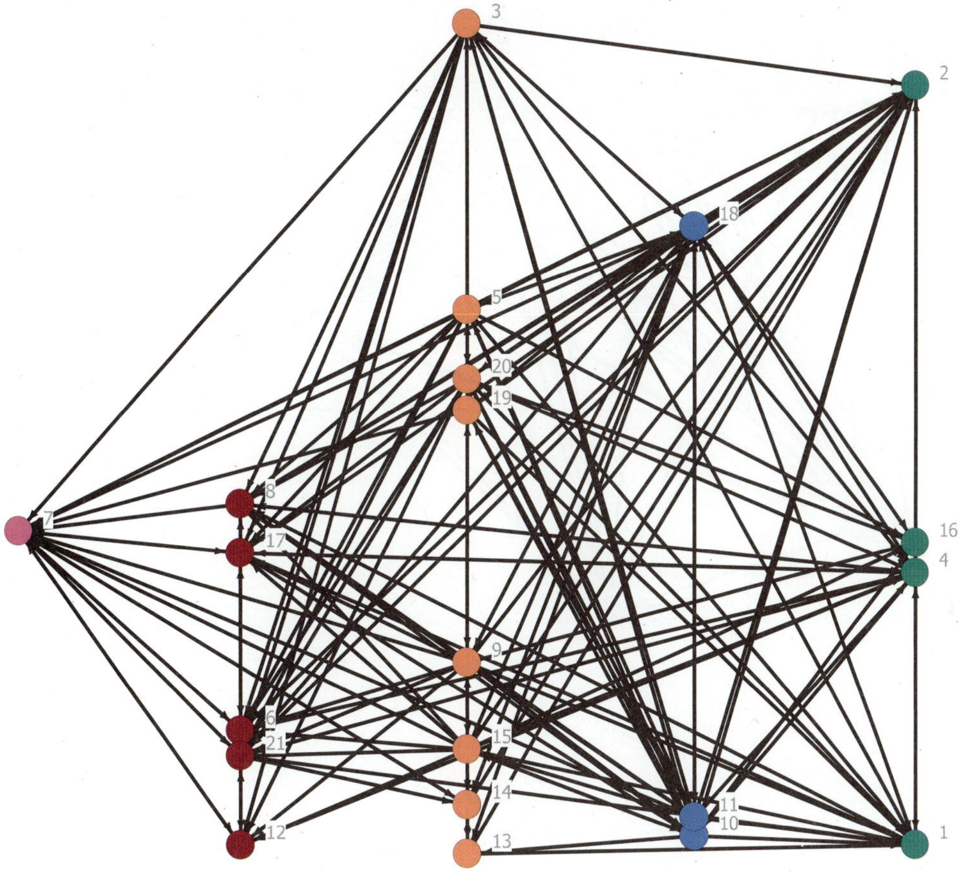

그림 11-13 ▌『Layout > Attributes as Coordinates』: 매개중심성/근속연수

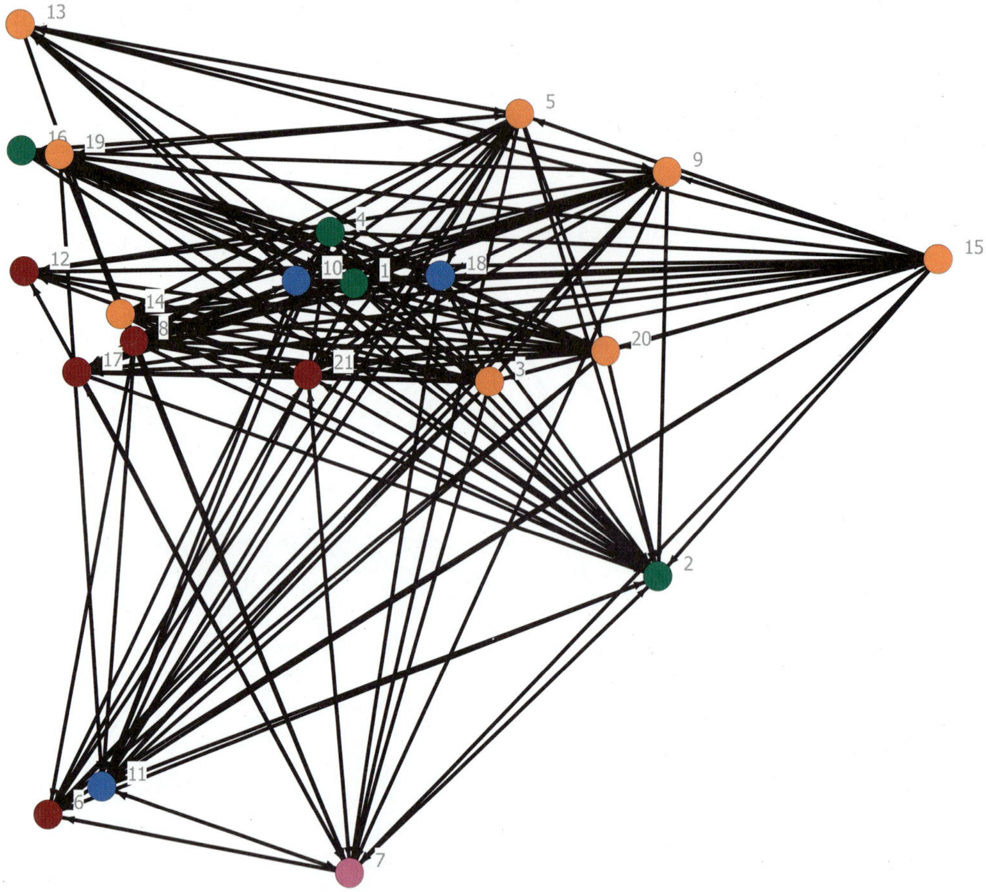

그림 11-14 ▌『Layout>Group by Attribute』: 부서

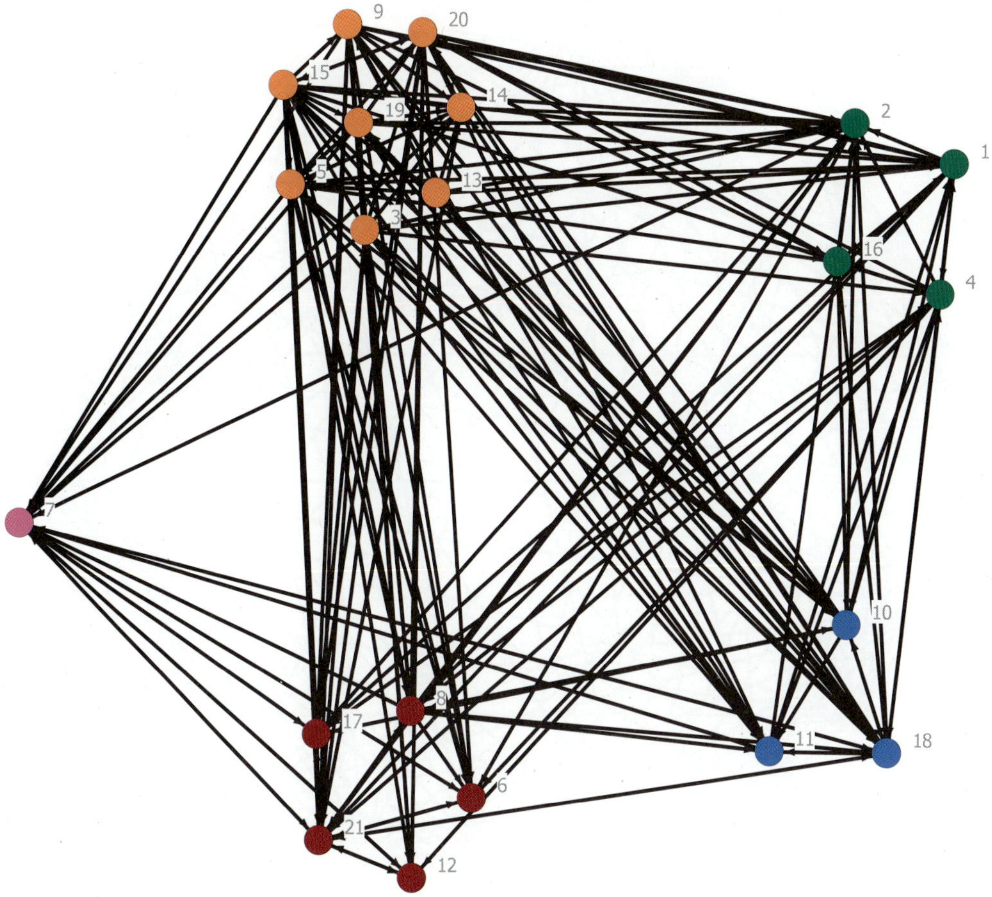

> 『Layout>Group by Attribute』: 노드의 속성값을 기준으로 노드들을 집단별로 배치한다. [그림 11-14]는 부서 속성을 이용하여 부서별로 노드들을 배치한 결과이다.

그림 11-15 ▌『Layout > Circle』

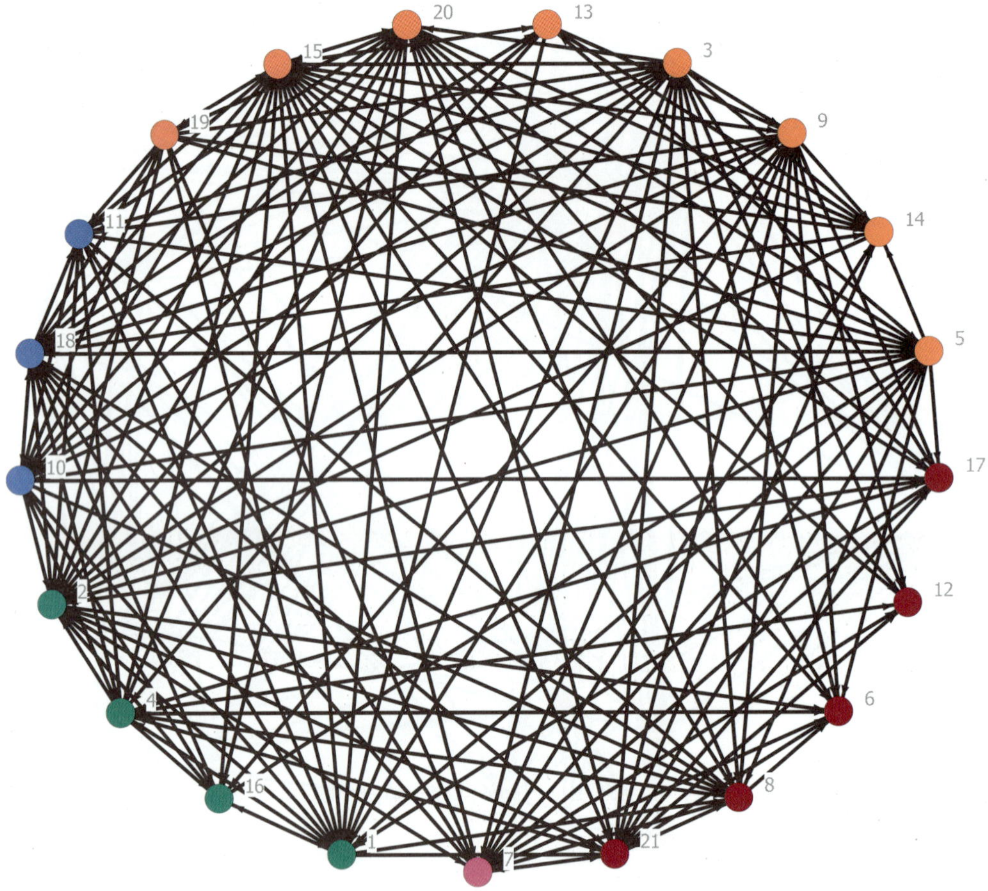

- 『Layout >Circle』: 원주상에 노드들이 서로 동일한 거리를 갖도록 배치한다. 이 배치법을 이용하면 연결관계가 많은 노드들을 쉽게 찾을 수 있다. 또한 같은 속성을 갖는 노드들을 가까이 함께 배치할 수 있기 때문에 노드의 유형 내 및 유형 간 연결관계 밀도의 차이가 쉽게 드러난다. [그림 11-15]는 원주상에 동일한 부서에 속하는 노드들을 함께 배치하였다.
- 『Layout >Non-Metric MDS of Geo Distances』: 지금까지 살펴본 배치법에서는 노드들 간의 거리가 임의적으로 정해지기 때문에 거리를 노드들 간의 가까운 정도로 해석할 수 없다. X축과 Y축의 방향 역시 임의적으로 설정되기 때문에 어떤 의미 있는 정보를 제공하지 못한다. MDS(Multi-Dimensional Scaling)는 노드들

그림 11-16 『Layout > Non-Metric MDS of Geo Distances』

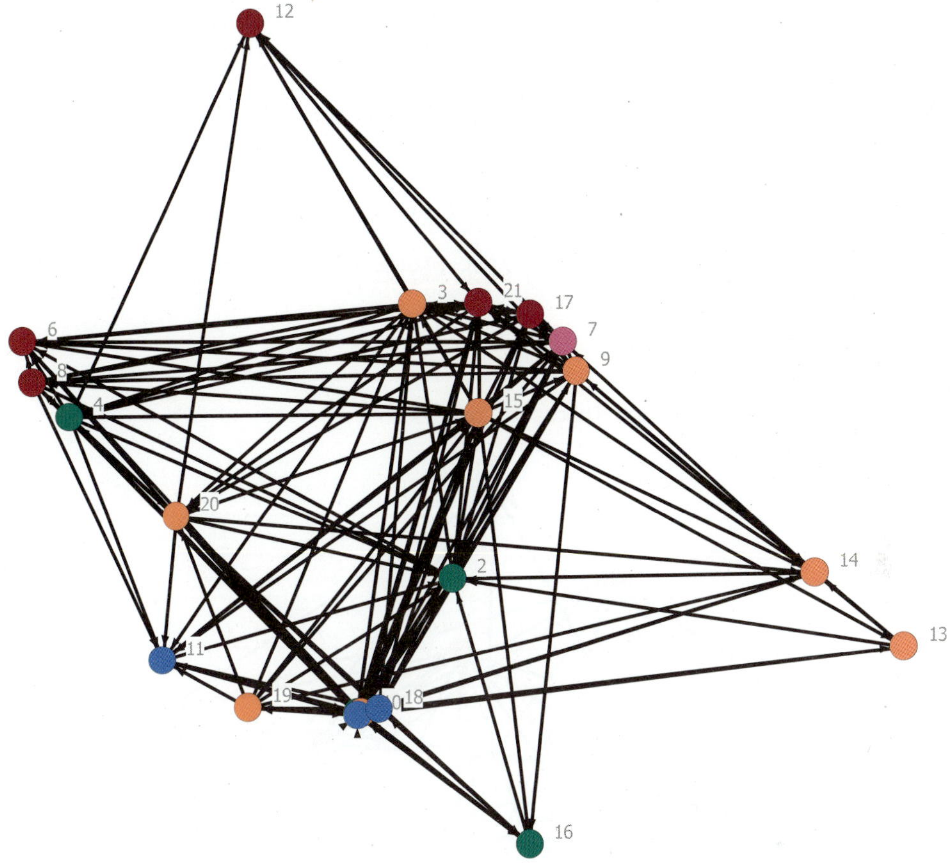

을 그래프에 배치할 때, 노드들 간의 거리 및 방향에 의미를 부여한다. MDS는 다차원 공간(여기에서는 2차원 공간)에 유사한 노드들이 가능한 서로 가까이 모여 있도록 배치한다. 연결관계의 강도가 존재하는 계량 그래프의 경우에는 강한 연결관계를 갖는 노드들은 서로 유사하다고 간주하여 가까이 배치하고 그렇지 않은 노드들은 서로 멀리 떨어지게 배치한다. 연결관계의 강도가 표현되지 않는 이진 그래프의 경우에는 최단경로거리를 이용한다. 어떤 두 노드가 짧은 최단경로거리를 가지면 두 노드는 유사하다라고 정의한다. 짧은 최단경로거리를 갖는 노드들은 서로 가까이 배치하고 긴 최단경로거리를 갖는 노드들은 서로 멀리 떨어지게 배치한다. [그림 11-16]에서, 왼쪽에 모여 있는 노드 6과 노드 8은 최단경로거리가 상대적으로 매우 짧다는 것을 나타낸다. 반면에 왼쪽과 오른쪽으로 멀리 떨어져 있는 노드 6과 노드 13은 최단경로거리가 상대적으로 길다는 것을 보여준다.

- 『Layout>Graph Theoretic Layout』: 스프링 임베딩(spring embedding)은 반복적인 최적화과정을 통해 네트워크 구조가 잘 드러나도록 노드들을 배치한다. 이를 위해 스프링 임베딩 알고리즘은 노드와 라인을 배치할 때 몇 가지 원칙을 적용한다. 가장 작은 경로거리를 갖는 노드들이 서로 가장 가깝게 위치하도록 하고, 연결되지 않은 노드 간에는 서로 멀리 위치하도록 하며, 노드가 서로 겹치지 않게 하고, 라인상에 노드가 위치하지 않도록 하며, 라인은 서로 교차하지 않도록 배치한다([그림 11-17]).

그림 11-17 ▌『Layout>Graph Theoretic Layout』

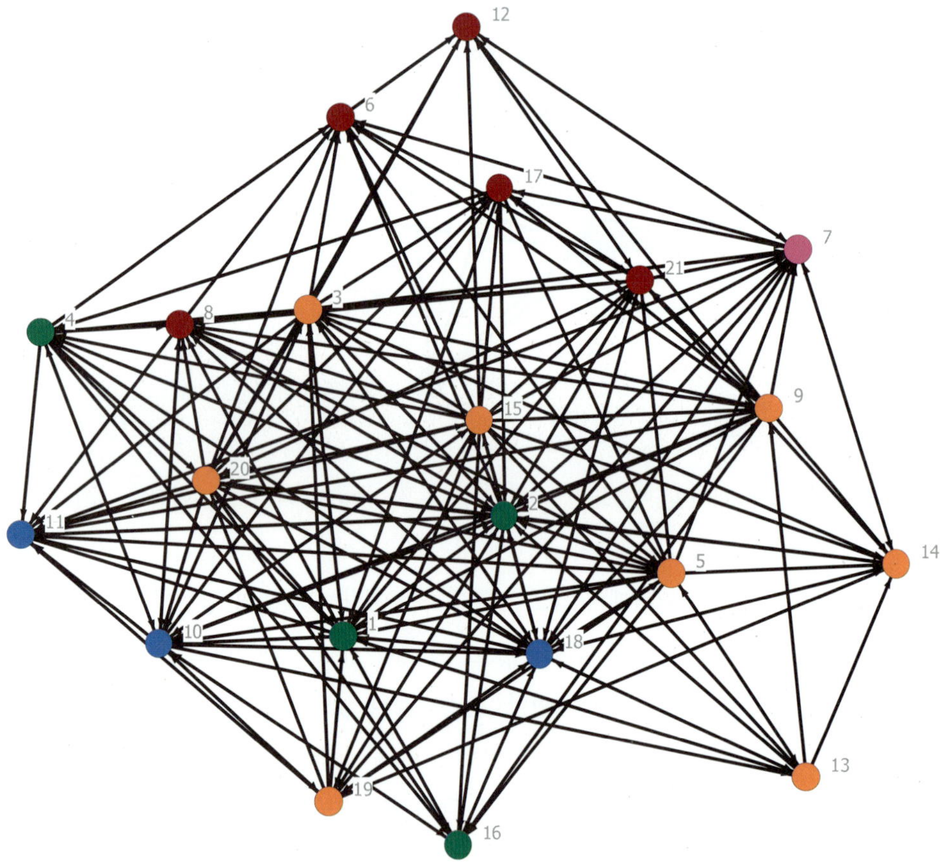

Gephi

Gephi는 기초적인 네트워크분석 기능과 함께 탁월한 네트워크 시각화 기능을 제공하는 공개 소프트웨어이다. 여기에서는 뉴질랜드 인근 바다에 서식하는 62마리 돌고래들 간의 교류를 관찰한 네트워크 데이터를 이용하여 Gephi의 시각화 기능을 살펴본다(Bastian et al. 2009; Lusseau, et al. 2003; Plotkowiak 2012; Gephi 2016; Dolphins.gml 파일).[2]

Gephi의 실행

Gephi 웹사이트(https://gephi.org)에서 소프트웨어를 내려받아 설치한다. Gephi를 설치하기 위해서는 Java JRE(Java Runtime Environment)가 사전에 설치되어 있어야 한다(http://www.java.com/getjava). Gephi를 설치한 후 실행하면 [그림 11-18] 및 [그림 11-19]와 같은 화면을 볼 수 있다. Gephi는 Overview, Data Laboratory, Preview 등 세 개의 섹션으로 구성되어 있으며, 화면 상단의 버튼을 통해 세 영역에 접근할 수 있다. 대

그림 11-18 ▌Gephi 초기 화면: Overview

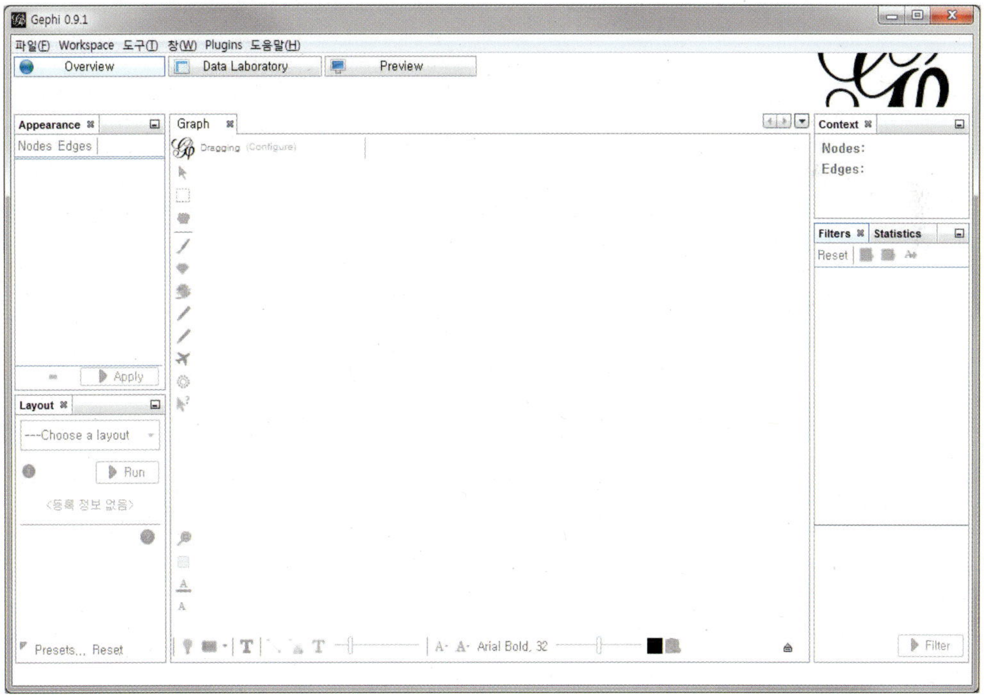

2 여기에서는 Gephi 버전 0.9.1을 기준으로 설명한다.

그림 11-19 ▌Gephi 초기 화면 : Data Laboratory/Preview

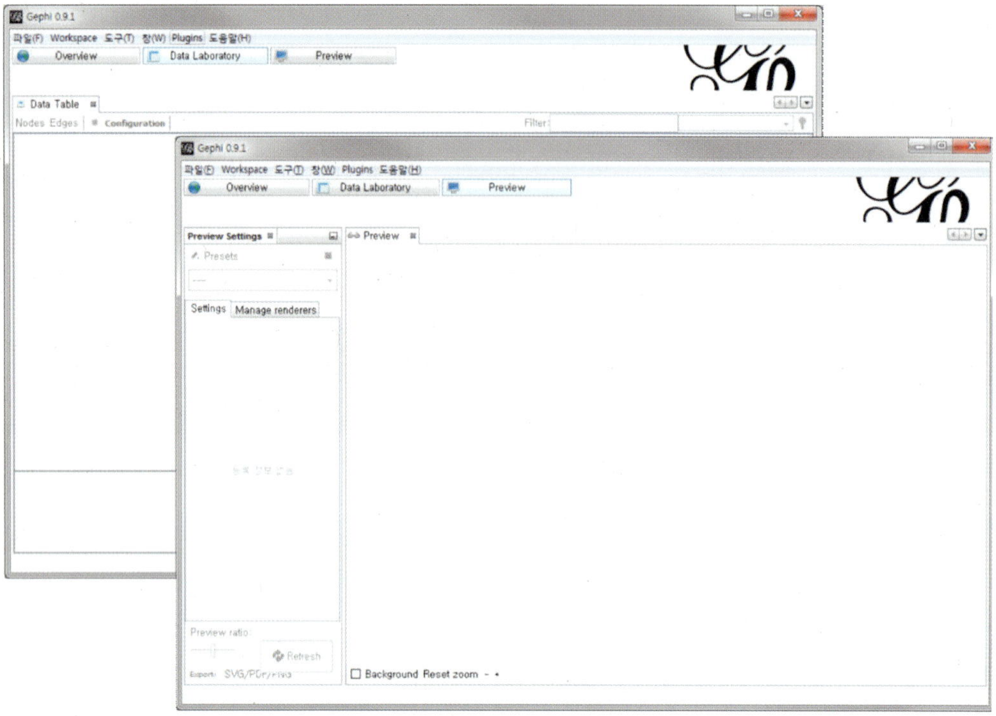

부분의 작업은 Overview 섹션에서 이루어지며 작업 내용을 반영한 완성된 그래프는 Preview에서 확인할 수 있다. Ovierview 섹션은 크게 다섯 개의 창으로 구성되어 있다. 좌측 상단 및 하단에 『Appearance』 창과 『Layout』 창이 있으며 중앙에 『Graph』 창이 위치하고 있다. 우측에는 『Context』 창과 『Filters/Statistics』 창이 자리하고 있다. 이러한 기본창 이외에 『창』 메뉴를 이용하여 화면상에 새로운 창을 추가할 수 있다.

파일 오픈

Gephi를 이용하여 네트워크 데이터를 시각화하기 위해서는 우선 네트워크 데이터를 읽어들여야 한다. 『File >Open』을 선택하여 돌고래 데이터 파일을 오픈한다. Gephi는 GML 형식의 파일뿐만 아니라 다양한 형식의 데이터 파일을 지원한다. Gephi가 지원하는 파일 형식은 GDF(GUESS), GraphML(NodeXL), GML, NET(Pajek), GEXF, CSV, DL(UCINET), VNA(NetDraw) 등이 있다. 파일을 불러들이면, [그림 11-20]과 같은 다듬어지지 않은 최초의 네트워크 그래프가 생성된다.

그림 11-20 ▌파일 오픈

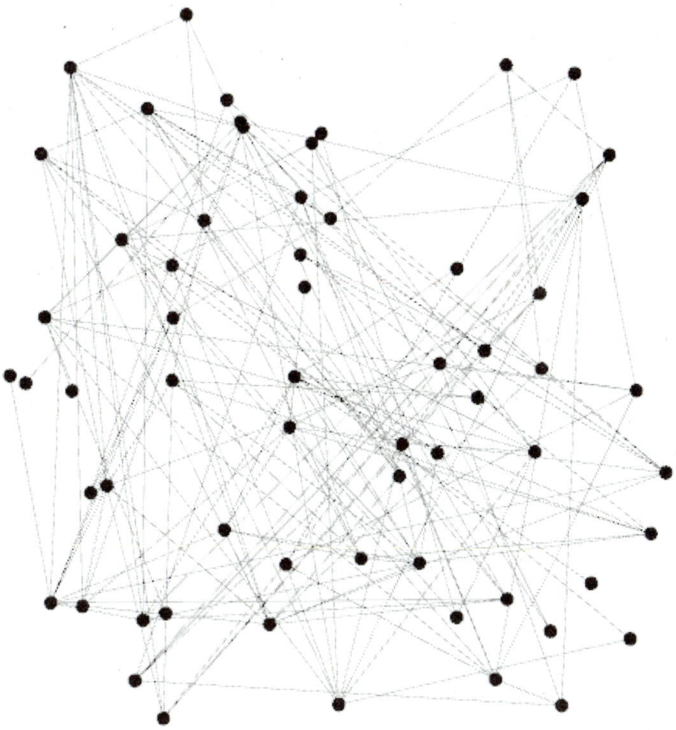

레이아웃

화면 좌측 하단의 『Layout』 창에서 'Force Atlas'를 선택한 후 'Run' 버튼을 클릭한다. 'Force Atlas' 배치방법은 연결된 노드들을 서로 가까이 위치하도록 배치하는 동시에, 연결되지 않은 노드들은 주변으로 밀어낸다. 노드들의 배치가 안정화되면 'Stop' 버튼을 클릭한다([그림 11-21]). Gephi는 다양한 레이아웃 알고리즘을 제공한다. 예를 들어, 'Expansion'을 선택하면 배치된 네트워크의 크기를 확장할 수 있다.

그림 11-21 ▌레이아웃

노드 스타일링

색상이나 크기를 이용하여 노드의 네트워크적 특성을 구별할 수 있다. 연결정도에 따라 노드의 색상을 다르게 표현해보자. 『Appearance』 창 'Nodes' 탭의 'Attribute'에서 'Degree'를 선택하여 노드의 연결정도에 따라 색상이 변하도록 한다. 이를 위해서는 'Color' 아이콘을 클릭한 후 'Color' 슬라이드바 양끝 아래의 삼각형을 더블클릭하여 연결정도의 범위에 따른 색상을 지정한 후, 'Apply' 버튼을 클릭한다. 여기에서는 'Color' 슬라이드바의 왼쪽 끝은 파란색으로 지정하고 오른쪽 끝은 빨간색으로 지정한다. 각 노드는 연결정도가 작을수록 파란색에 가깝게 나타나며, 연결정도가 클수록 빨간색에 가까운 색으로 나타난다([그림 11-22]).

이번에는 매개중심성의 정도에 따라 노드의 크기를 달리하여 보자. 이를 위해서는 우선 네트워크 내 노드들의 매개중심성을 계산해야 한다. 『Statistics』 창에서 'Avg. Path Length' 옆의 'Run' 버튼을 클릭한다. 이어서 나타나는 팝업 창에서 'Undirected'를 선택하고 'OK' 버튼을 클릭한다. 'Graph Distance Report'가 출력되는 것을 확인한 후 'Close' 버튼을 클릭한다. 『Appearance』 창 'Nodes' 탭의 'Attribute'에서 'Betweenness Centrality'

그림 11-22 ▌노드 색상 지정

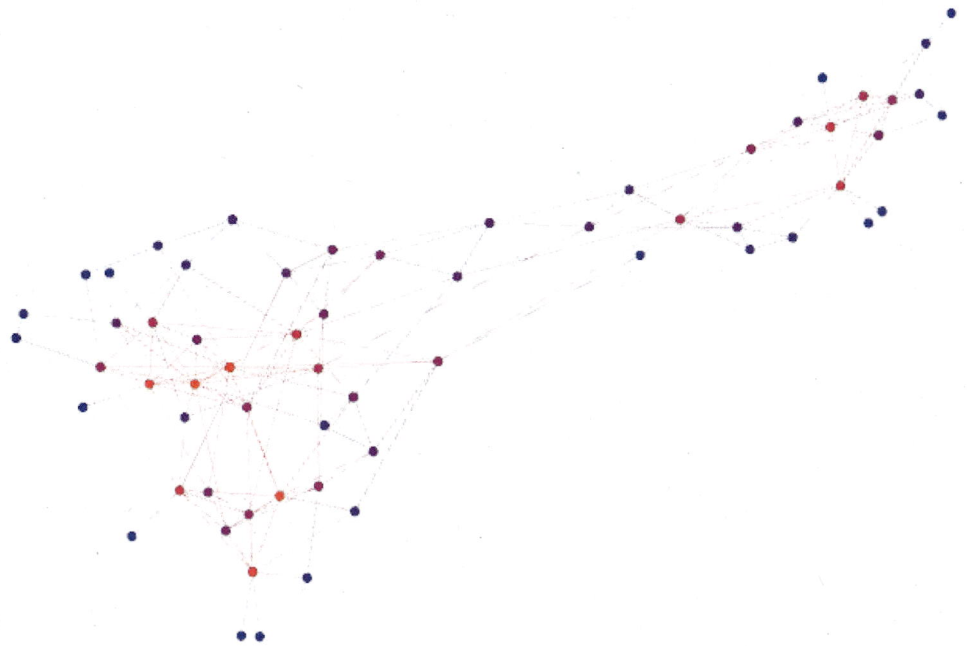

그림 11-23 ▌노드 크기 지정

를 선택한다. 'Size' 아이콘을 클릭한 후 'Min size'를 10, 'Max size'를 50으로 설정하고 'Apply' 버튼을 클릭한다. 매개중심성이 클수록 노드의 원의 크기는 크게 표현된다([그림 11-23]).

레이블

노드의 레이블을 나타내기 위해서는 『Graph』 창 하단의 툴바에 있는 검은색 'T' 아이콘을 클릭한다. 검은색 'A' 아이콘을 클릭하여 사이즈 모드를 설정할 수 있다. 슬라이드바를 이용하여 폰트 사이즈를 조정할 수 있으며, 슬라이드바 옆의 폰트 이름을 클릭하면 폰트 스타일을 변경할 수 있다([그림 11-24]).

그림 11-24 ▌레이블

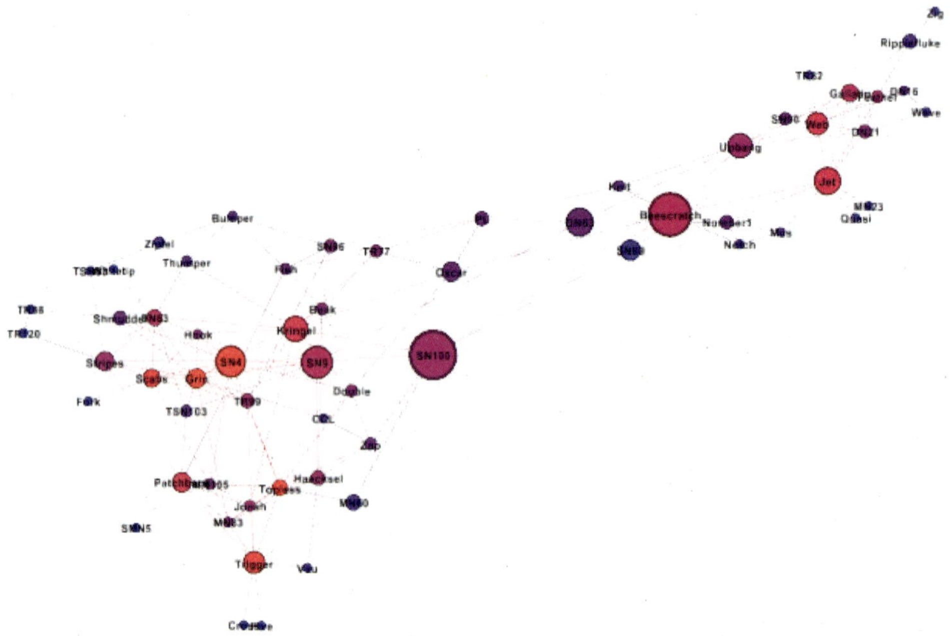

클러스터링

노드들의 클러스터링(clustering)을 위해서는 『Statistics』 창에서 'Modularity' 옆의 'Run' 버튼을 클릭한다. 이어서 나타나는 팝업 창에서 'Randomize'를 선택하고 'OK' 버튼을 클릭한다. 'Modularity Report'가 출력되는 것을 확인한 후 'Close' 버튼을 클릭한다. 추출된 클러스터별로 색상을 달리 지정해보자. 이를 위해 『Appearance』 창 'Nodes' 탭의 'Attribute'에서 'Modularity Class'를 선택한다(이때 'Color' 아이콘이 선택되어 있어야 한다). 클러스터별 색상을 확인한 후 필요할 경우 'Palette' 버튼을 눌러 색상을 변경할 수 있다. 색상을 지정한 후 'Apply' 버튼을 클릭한다([그림 11-25]).

그림 11-25 ▌클러스터링

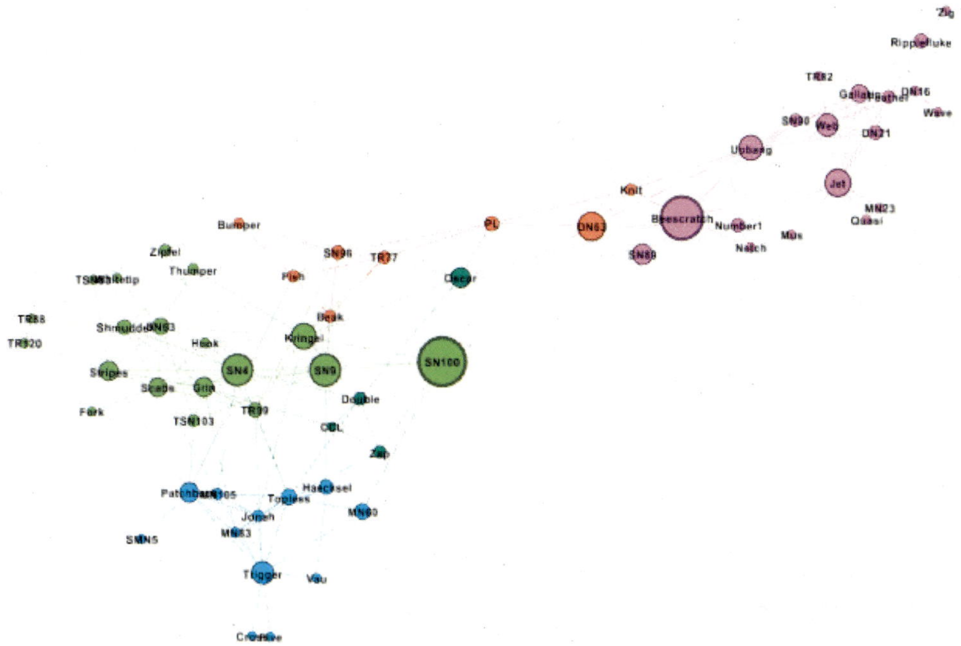

그림 11-26 ▌필터링

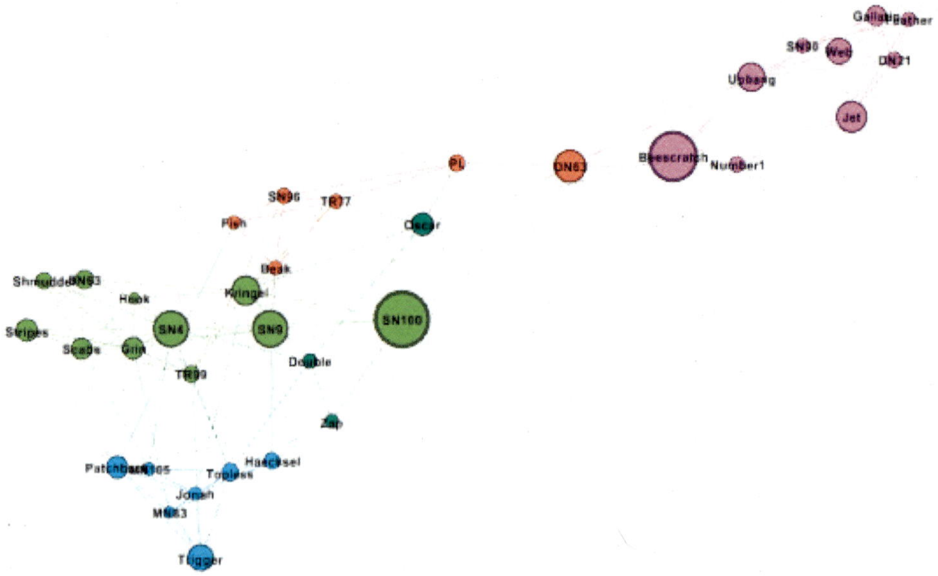

필터링

중요한 노드들이 그래프상에 잘 나타나게 하기 위해서는 연결관계가 적은 상대적으로 덜 중요한 노드들을 그래프에서 제거할 필요가 있다. 즉 필터링 작업을 수행한다. 이를 위해서는 『Filters』 창에서 'Topology' 폴더를 연 후, 'Degree Range'를 'Queries' 패널의 'Drag filter here'로 옮긴다. 하단의 'Degree Range Settings'에서 슬라이드바를 오른쪽으로 원하는 만큼 이동시킨 후, 'Filter' 버튼을 클릭한다. 슬라이드바를 오른쪽으로 이동시킬수록 다른 노드들과의 연결관계가 작은 노드들이 그래프에서 제거되어 간다([그림 11-26]).

레이블 위치 조정

때로는 레이블에 가려서 노드가 보이지 않는 경우가 있다. 이럴 경우 레이블들이 겹치지 않도록 하기 위해서는 『Layout』 창에서 'Label Adjust'를 선택하고 'Run' 버튼을 클릭한다([그림 11-27]).

그림 11-27 ▌레이블 위치 조정

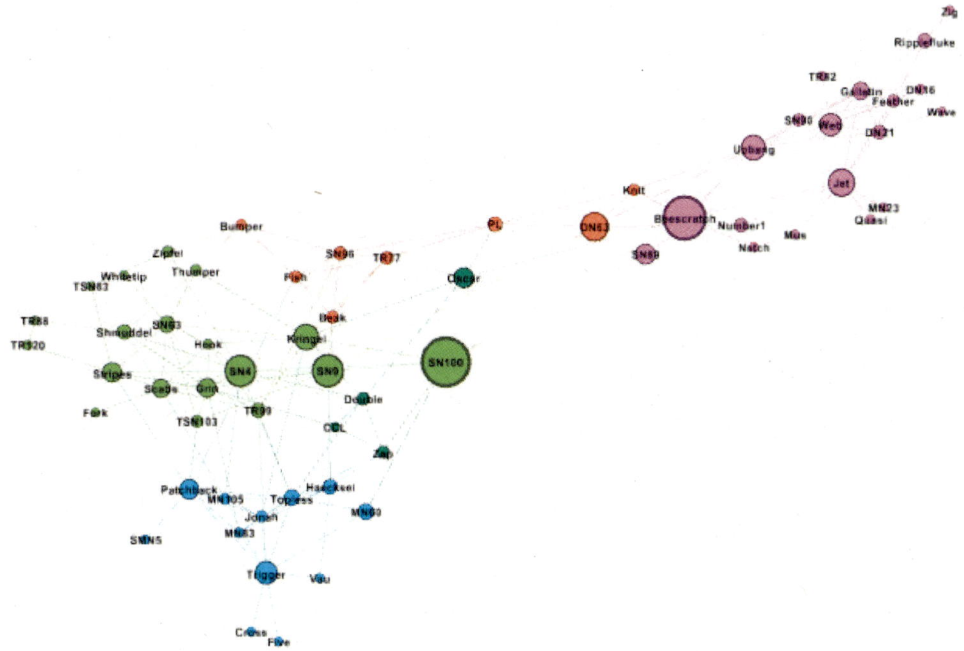

프리뷰

지금까지 작업한 내용을 반영한 최종 완성된 그래프를 생성하기 위해서는 상단의 'Preview' 버튼을 클릭한다. Preview 영역에서는 노드, 라인, 레이블 등을 스타일링할 수 있는 다양한 옵션이 제공된다([그림 11-28] 및 [그림 11-29]). 예를 들어, 노드 레이블을 보이게 하기 위해서는 'Node Labels' 아래의 'Show Labels' 박스를 체크한다. 노드 레이블을 노드 크기에 비례하여 나타내려면 'Proportional size'를 체크한다. 원하는 그래프 모양이 만들어질 때까지 옵션 항목들을 조정한다. 항목들의 변경이 이루어질 때마다 'Refresh' 버튼을 클릭해야 변경 내용을 반영할 수 있다. 상단의 'Presets'에 미리 설정된 그래프 형식을 이용하는 것도 좀 더 간편하게 다양한 그래프 형식을 생성하는 방법일 수 있다. 왼쪽 하단의 'SVG/PDF/PNG' 버튼을 클릭하여 최종 완성된 그래프를 SVG, PDF, PNG 형식의 파일로 변환할 수 있다.

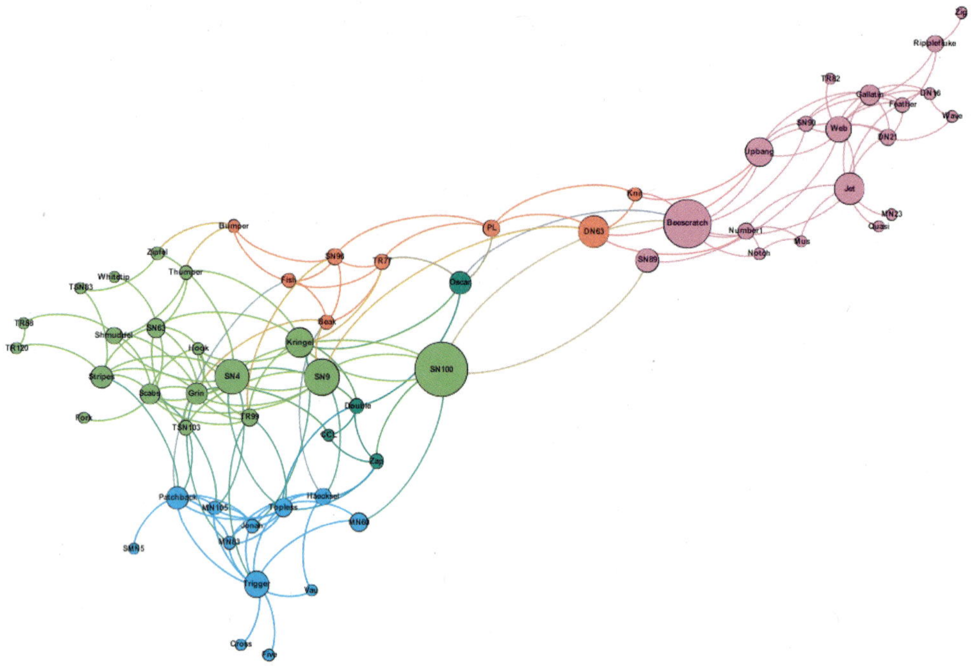

그림 11-28 ▌프리뷰 1

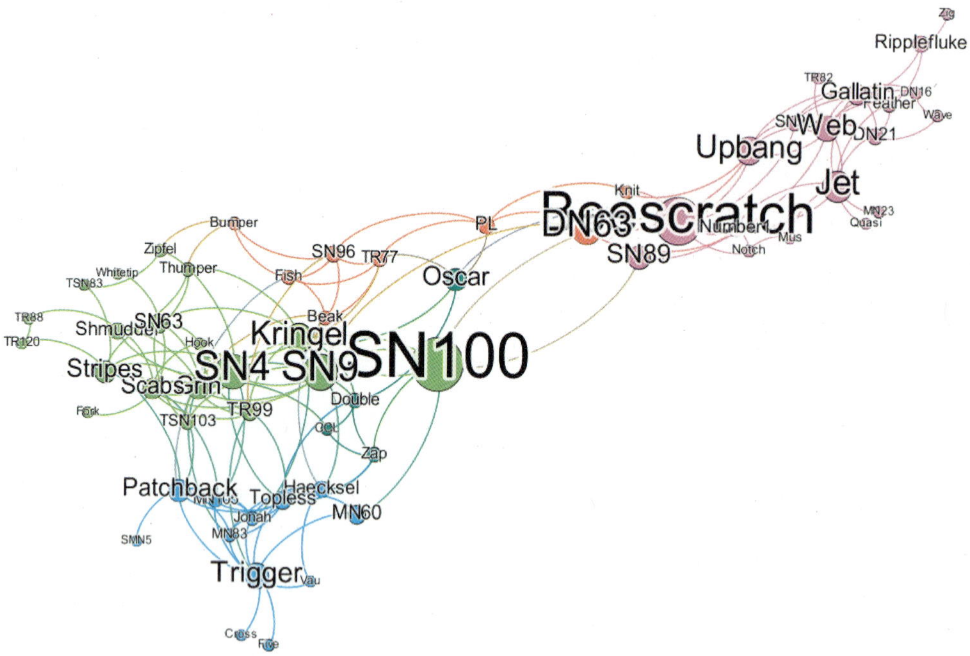

그림 11-29 ▌프리뷰 2

NodeXL

NodeXL은 네트워크분석과 시각화 기능을 제공하는 공개 소프트웨어로서 마이크로소프트 엑셀(Microsoft Excel)을 기반으로 하고 있다(Hansen et al. 2011; NodeXL 2015). 빅토르 위고(Victor Hugo)의 소설 레미제라블(Les Miserables)에 등장하는 인물들 간의 네트워크 데이터를 이용하여 NodeXL의 시각화 기능을 살펴본다(Knuth 1993; Lesmis_NodeXL.xlsx 파일).[3]

NodeXL의 실행

마이크로소프트의 Codeplex 사이트(http://nodexl.codeplex.com)에서 NodeXL 소프트웨어를 내려받아 설치한다. NodeXL을 설치한 후 윈도우 시작 버튼을 누르고 『모든 프로그

그림 11-30 ▌NodeXL 초기 화면

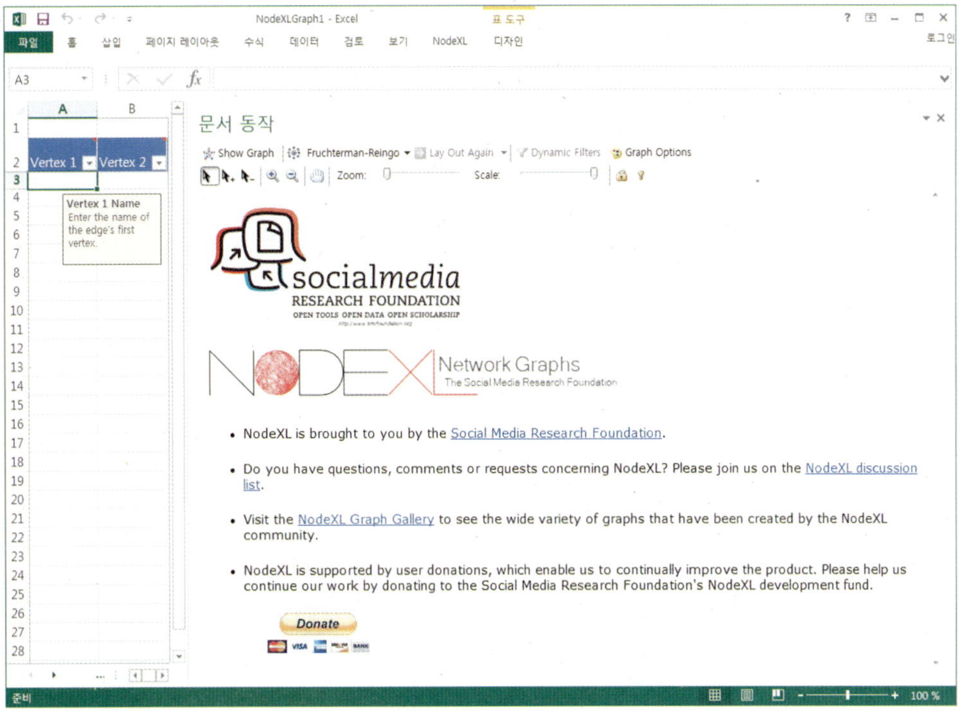

3 NodeXL에는 유료 버전과 무료 버전이 있다. NodeXL Pro는 유료 버전으로서 기능에 제한이 없으며, NodeXL Basic은 무료 버전으로서 일부 기능에 제한이 있다(예를 들면, 중심성 지표 가운데 연결중심성만을 계산할 수 있다). 여기에서는 NodeXL Pro 출시 직전에 공개된 NodeXL 1.0.1.336을 사용하였다. 현재 이 버전은 NodeXL Pro로 대체되어 유료로 제공되고 있다.

램>NodeXL Excel Template』을 실행하면 [그림 11-30]과 같은 화면을 볼 수 있다. NodeXL 템플릿 초기 화면의 상단에는 일반적인 엑셀 메뉴와 함께 NodeXL 리본메뉴가 있고, 왼쪽에는 네트워크 데이터 워크시트가 놓여 있으며 오른쪽에는 『문서 동작(Document Actions)』이라는 그래프 창이 위치한다.

데이터 입력

NodeXL에서 네트워크 데이터는 엣지리스트(edgelist) 형식으로 입력된다. 즉 워크시트의 각 행은 하나의 연결된 노드쌍을 나타낸다. 'Vertex 1'과 'Vertex 2' 열에 직접 노드명을 입력할 수도 있고 이미 만들어진 데이터 파일을 불러올 수도 있다. NodeXL은 다양한 형식의 데이터 파일을 지원한다. NodeXL은 Pajek(NET)이나 UCINET(DL)과 같은 다른 소셜네트워크분석 소프트웨어에서 생성된 데이터를 불러올 수 있으며 XML 기반의 그래프 파일 형식인 GraphML을 지원한다. 또한 NodeXL은 엑셀의 워크시트로부터 네트워크 데이터를 복사하여 NodeXL의 워크시트에 붙여넣기 하는 방식으로 'Vertex 1'과 'Vertex 2' 열을 채워넣을 수 있다.

NodeXL 파일의 확장자는 엑셀과 동일한 '.xlsx'이며 일반적인 엑셀 파일과 동일한 방식으로 오픈한다. 즉 NodeXL 파일을 더블클릭하거나 NodeXL을 수행한 후 『파일>열기』 메뉴를 통해서 오픈할 수 있다. NodeXL 소프트웨어가 설치되어 있으면 마이크로소프트 엑셀 프로그램은 비록 확장자가 동일하다 하더라도 NodeXL에서 생성된 파일과 일반적인 엑셀

그림 11-31 ▌데이터 입력

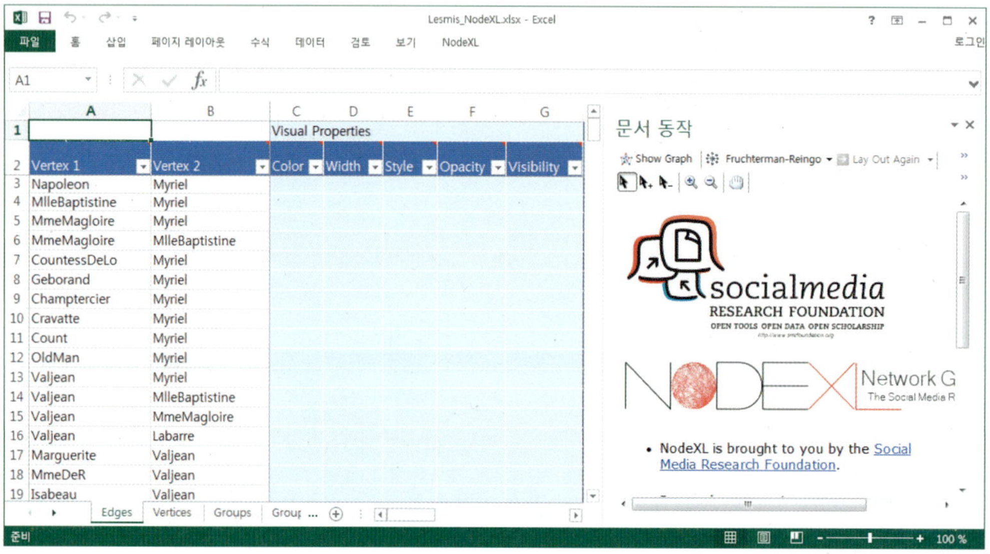

파일을 구분한다.

레미제라블 NodeXL 파일을 오픈하면 [그림 11-31]과 같은 엣지리스트 형식의 네트워크 데이터가 나타난다. '문서 동작' 부분을 클릭한 채 끌어내면 그래프 창을 워크시트 왼쪽이나 위, 아래로 이동이 가능하며 [그림 11-32]와 같이 데이터 워크시트에서 분리하여 엑셀 윈도우 밖으로 꺼내는 것도 가능하다.

레미제라블 네트워크는 등장인물들이 소설 속의 각 장(chapter)에 함께 등장하는 횟수를 토대로 인물들 간의 연결관계를 나타낸다. 소설 속 인물들이 함께 등장하는지의 여부만이 연결관계 설정의 기준이 되므로 비방향 그래프이며, 등장인물들이 함께 나타나는 장은 하나 이상이 될 수 있기 때문에 계량 그래프이다. 따라서 이 네트워크는 비방향/계량 그래프로 표현된다. [그림 11-33]의 데이터 워크시트에서 'Edges' 탭은 라인(즉 edge)에 대한 정보를 나타내며, [그림 11-34]의 데이터 워크시트에서 'Vertices' 탭은 노드(즉 vertex)에 대한 정보를 보여준다. 예를 들어, 'Edges' 탭에서 13번째 행의 'Vertex 1'과 'Vertex 2'는 장발장(Valjean)과 미리엘(Myriel) 주교를 나타내며, 'Edge Weight' 값 5는 소설 속 다섯 개 장에서 두 인물이 함께 등장하고 있음을 의미한다. 'Edge Weight'는 연결관계의 강도를 나타내는 것으로 해석할 수 있다. 레미제라블 네트워크 데이터에는 총 77개의 노드와 254개의 라인이 존재한다.

그림 11-32 ❚ 그래프 창의 이동

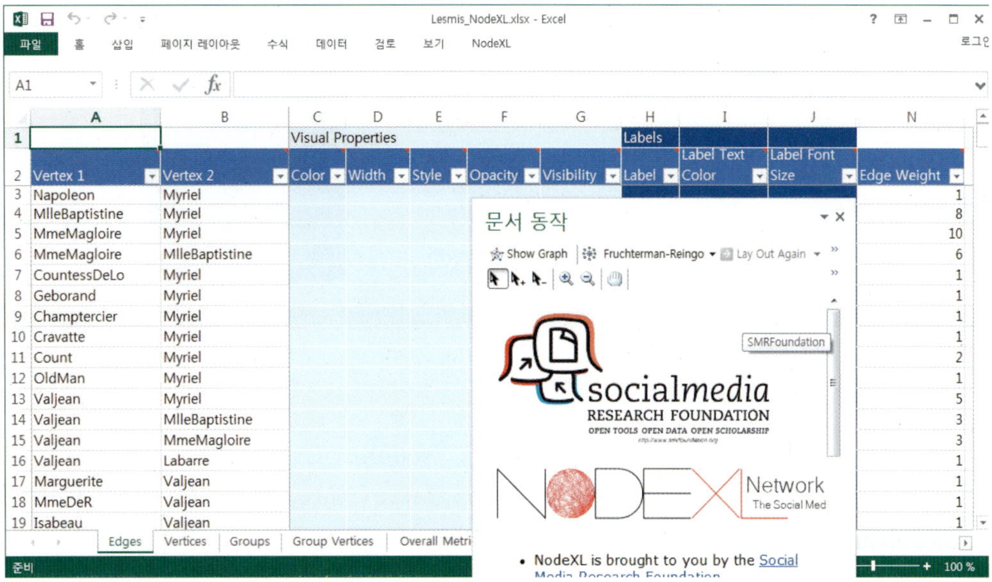

그림 11-33 ▌ Edges 탭

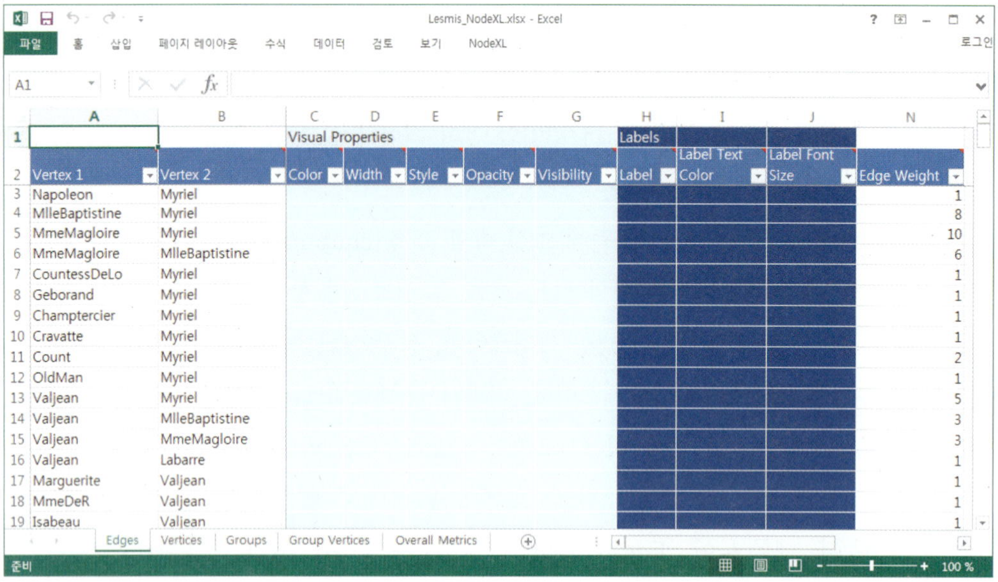

그림 11-34 ▌ Vertices 탭

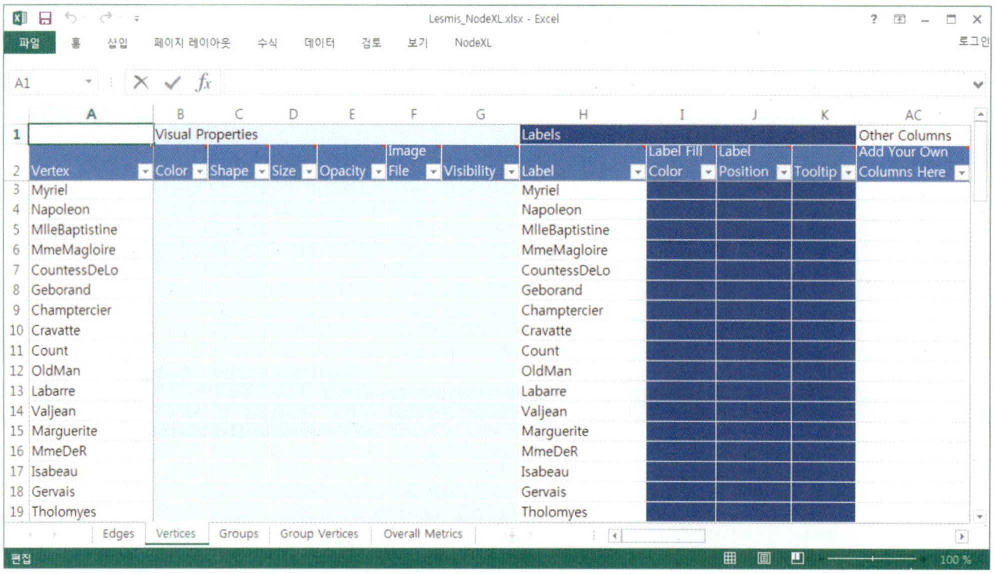

그래프 생성

그래프 창에서 'Show Graph' 버튼을 클릭하거나 『NodeXL >Graph >Show Graph』를 실행하면 네트워크 그래프가 생성된다. 그래프 창 상단의 메뉴 버튼에서 레이아웃, 필터링, 그래프 옵션 등을 선택할 수 있다. 데이터 워크시트의 'Edges' 탭에서 Color, Width, Style,

Opacity, Visibility를 설정하여 라인의 색상, 두께, 모양, 투명도, 숨김 여부 등의 라인 속성을 지정할 수 있다([그림 11-35]). 이와 유사하게 'Vertices' 탭에서 Color, Shape, Size, Opacity, Imge File, Visibility를 설정하여 노드의 색상, 모양, 크기, 투명도, 이미

그림 11-35 ▌그래프 생성 및 라인 속성 유형

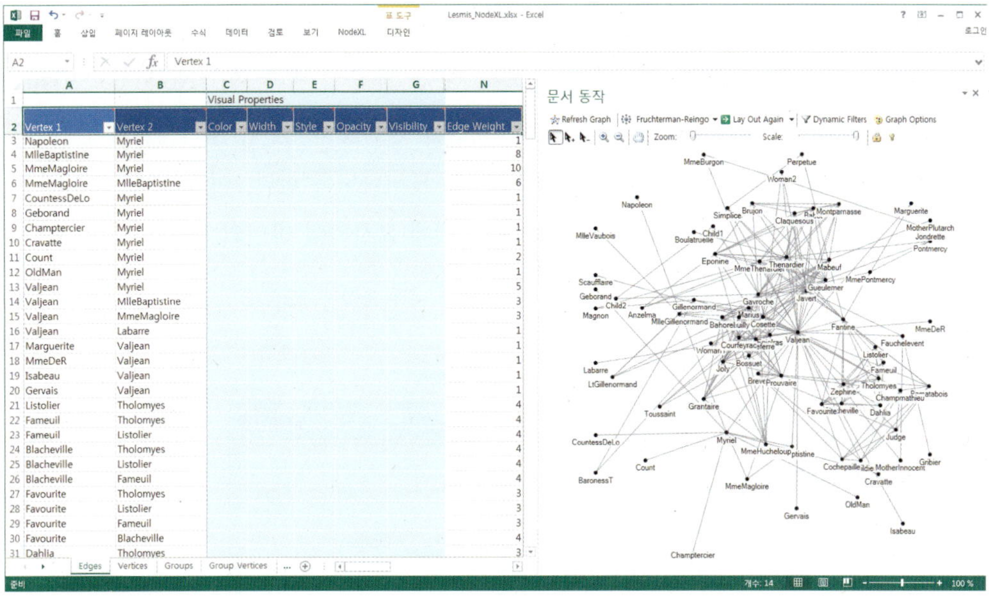

그림 11-36 ▌그래프 생성 및 노드 속성 유형

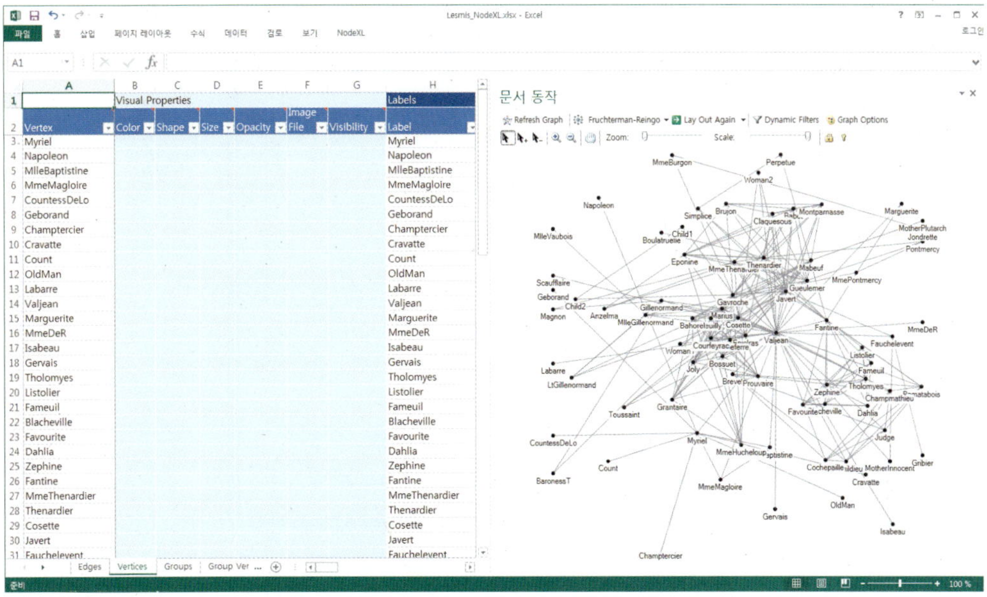

지 파일 삽입, 숨김 여부 등의 노드 속성을 지정할 수 있다([그림 11-36]). 데이터나 속성을 변화시켰을 경우에는 그래프 창 상단의 'Refresh Graph' 버튼을 클릭하여 변경사항을 그래프에 반영한다.

라인 스타일링

먼저 라인의 색상을 지정해보자. 색상은 표준 CSS(Cascading Style Sheets) 색상 이름을 이용하여 'Color' 열에 직접 입력한다.[4] 또는 해당 셀을 선택한 후 『NodeXL>Visual Properties>Color』 버튼을 클릭하여 원하는 색상을 선택할 수 있다. 여기에서는 검은색인 라인 색상을 다른 색으로 변경하여 선들이 보다 잘 드러나도록 한다. 이를 위해 'Color' 열의 맨 위 빈 셀에 'Purple'을 입력하고 아래 모든 셀에 복사하여 라인의 색상을 모두 보라색으로 만든다.

그림 11-37 ▌『Autofill Columns』 대화상자: Edges

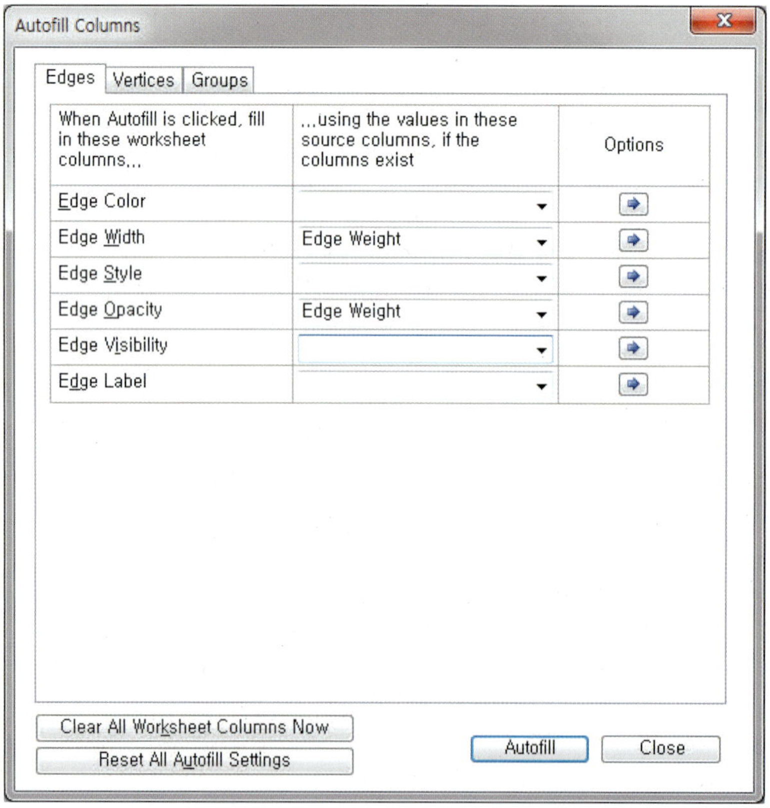

4 http://www.w3schools.com/colors/colors_names.asp 참고.

다음으로 연결관계의 강도에 따라 라인의 두께와 투명도가 다르게 나타나도록 한다. 이렇게 하면 강한 연결관계를 갖는 인물들 간의 관계와 그렇지 않은 인물들 간의 관계를 시각적으로 잘 구별할 수 있다. 이를 위해 『NodeXL>Visual Properties>Autofill Columns』를 선택한다. 이후 나타나는 『Autofill Columns』 대화상자에서 'Edges' 탭을 선택한다([그림 11-37]). 'Edge Width' 행의 '…using the values in these source columns, if the columns exist' 리스트 박스에서 'Edge Weight'를 선택한다. 『Options>Edge Width Options…』를 선택한 후 나타나는 『Edge Width Options』 대화상자에서 최소값을 1로, 최대값을 4로 지정하고 'Use a logarithmic mapping' 박스를 체크한다([그림 11-38]). 값들의 편차가 너무 클 경우에는 그 편차를 완화시켜 줄 수 있는 로그를 이용한 변환이 유용하다. 지정이 완료되면 『Autofill Columns』 대화상자에서 'Autofill'을 클릭한다. 연결관계의 강도가 클수록 라인의 폭이 두껍게 표현된다.

'Edge Opacity' 행에 대해서도 리스트 박스에서 'Edge Weight'를 선택한다. 『Options>

그림 11-38 ▌『Edge Width Options』 대화상자

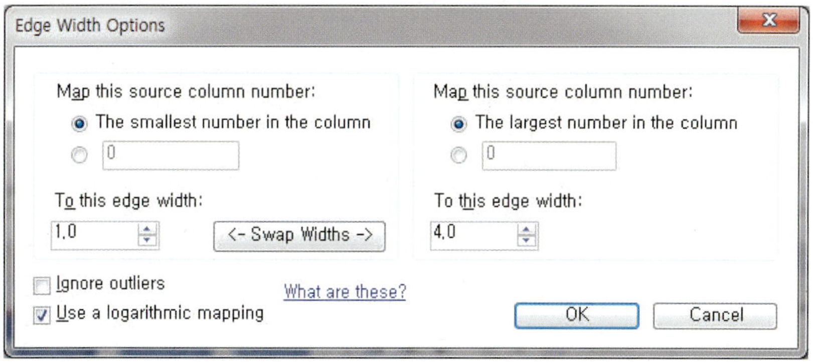

그림 11-39 ▌『Edge Opacity Options』 대화상자

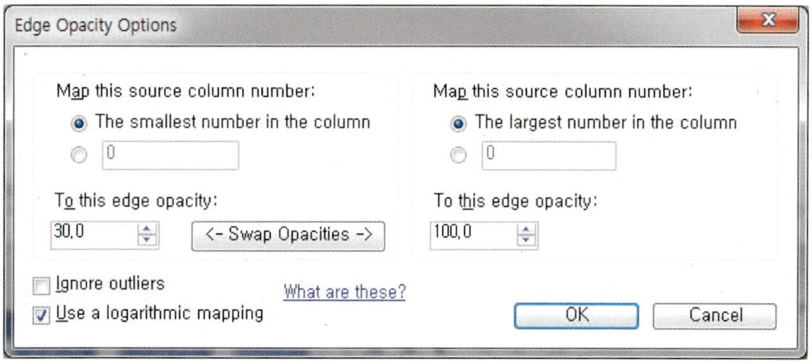

그림 11-40 ▌라인 스타일링

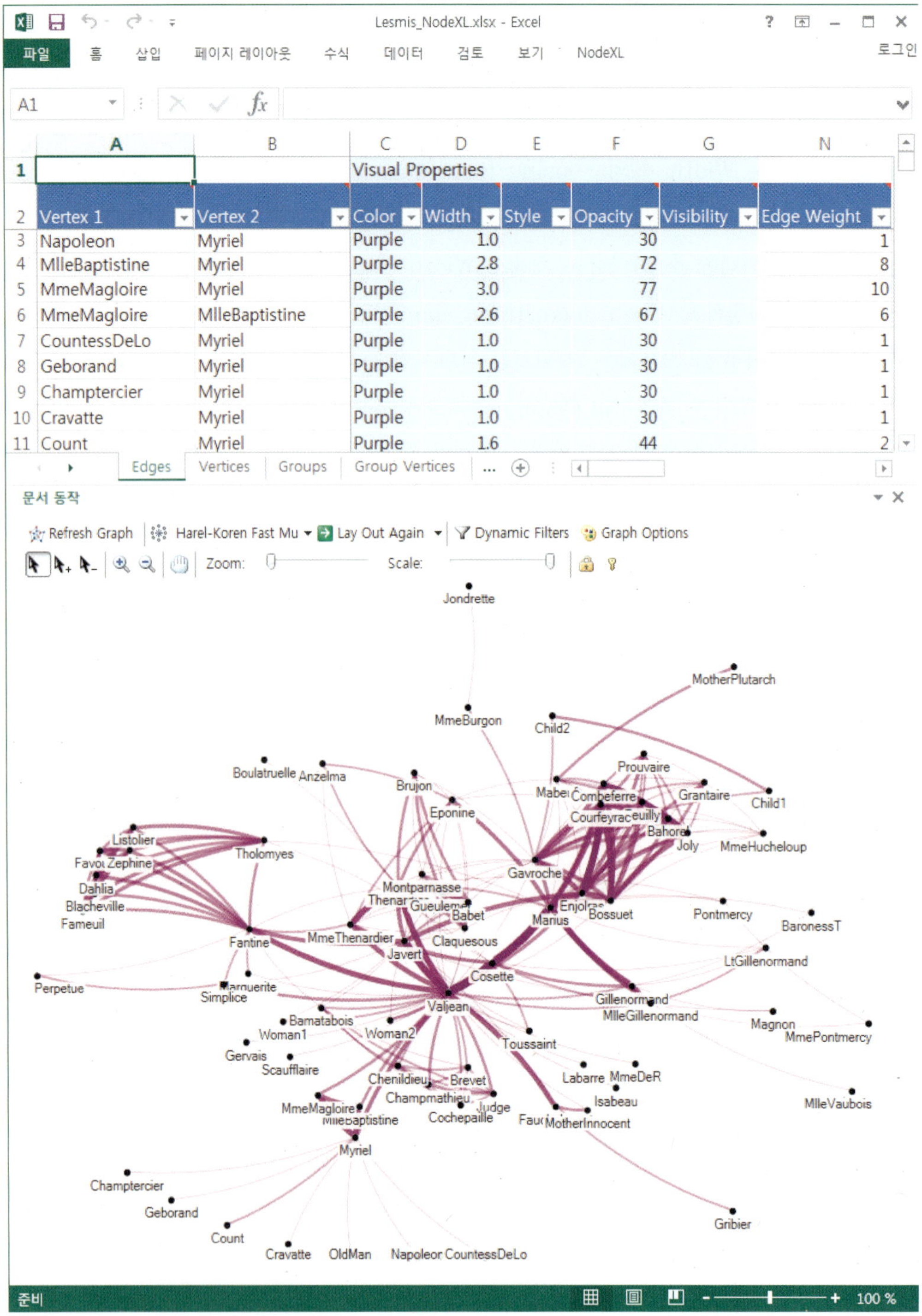

	A	B	C	D	E	F	G	N
1			Visual Properties					
2	Vertex 1	Vertex 2	Color	Width	Style	Opacity	Visibility	Edge Weight
3	Napoleon	Myriel	Purple	1.0		30		1
4	MlleBaptistine	Myriel	Purple	2.8		72		8
5	MmeMagloire	Myriel	Purple	3.0		77		10
6	MmeMagloire	MlleBaptistine	Purple	2.6		67		6
7	CountessDeLo	Myriel	Purple	1.0		30		1
8	Geborand	Myriel	Purple	1.0		30		1
9	Champtercier	Myriel	Purple	1.0		30		1
10	Cravatte	Myriel	Purple	1.0		30		1
11	Count	Myriel	Purple	1.6		44		2

Edge Opacity Options…』를 선택한 후 나타나는 『Edge Opacity Options』 대화상자에서 최소값을 30으로, 최대값을 100으로 지정하고 'Use a logarithmic mapping' 박스를 체크한다([그림 11-39]). 연결관계의 강도가 클수록 라인의 색상이 진하게 나타난다.

그래프 창의 메뉴에서 'Harel-Koren Fast Multiscale' 레이아웃을 선택한다. 'Graph Options' 버튼을 클릭한 후 'Edges' 탭에서 'Curvature'를 'Curved', 'Medium'으로 지정한다. 레이아웃은 실행시킬 때마다 그 모양이 변하기 때문에 [그림 11-40]과 동일한 그래프를 얻지 못할 수도 있다. 'Refresh Graph'나 'Lay Out Again' 버튼을 클릭하면 다른 모양의 그래프를 생성할 수 있으며, 몇 차례 반복하다 보면 [그림 11-40]과 유사한 그래프를 얻을 수 있다. [그림 11-40]의 그래프를 보면 인물들 간의 관계의 강도가 시각적으로 쉽게 파악된다. 함께 등장한 빈도가 높은 코제트(Cosette)와 장발장, 마리우스(Marius)와 코제트, 마리우스와 장발장, 자베르(Javert)와 장발장 간의 라인이 다른 라인에 비해 더 두껍고 진한 색으로 표현되어 있다. 생성된 그래프를 파일로 저장하기 위해서는 그래프 위에서 마우스 오른쪽 버튼을 클릭하여 'Save Image to File'을 선택한다.

노드 스타일링

각 노드의 네트워크 지표를 계산한 후 이를 노드의 속성으로 지정하고 그래프로 표현해보자. 각종 네트워크 지표를 계산하기 위해서는 『NodeXL>Analysis>Graph Metrics』를 선택한다. 이어서 나타나는 『Graph Metrics』 대화상자에서 전반적인 네트워크 지표('Overall graph metrics')와 함께, 연결중심성('Vertex degree'), 매개중심성과 근접중심성('Vertex betweenness and closeness centralities'), 아이겐벡터중심성('Vertex eigenvector centrality'), 클러스터링 계수('Vertex clustering coefficient') 등의 지표를 선택한다([그림 11-41]). 'Calculate Metrics' 버튼을 클릭하면, 선택된 네트워크 지표들이 계산되어 네트워크 데이터 워크시트의 'Vertices' 탭의 열로서 저장된다.

연결관계의 속성을 라인의 두께나 투명도와 같은 시각적 속성으로 나타낸 것과 마찬가지 방식으로 『NodeXL>Visual Properties>Autofill Columns』를 이용하여 네트워크 지표들을 노드의 시각적 속성으로 나타낸다. 여기에서는 노드의 연결중심성을 노드의 크기로 변환하고, 노드의 매개중심성을 노드의 투명도로 나타낸다. 그리고 툴팁(tooltip)에는 노드의 클러스터링 계수가 나타나도록 한다. 툴팁은 노드 위에 마우스를 올리면 텍스트 박스에 해당 노드의 속성값이 나타나도록 하는 것을 말한다. 『Autofill Columns』 대화상자의 'Vertices'

그림 11-41 ▌『Graph Metrics』 대화상자

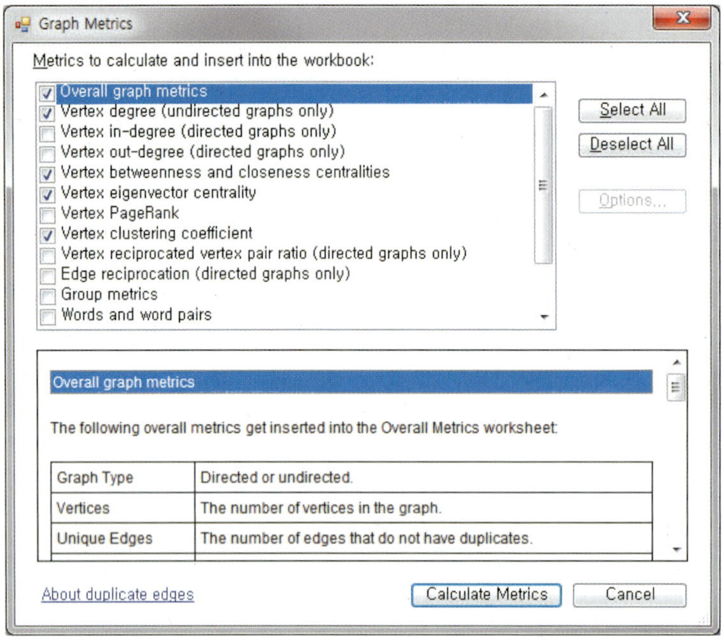

그림 11-42 ▌『Autofill Columns』 대화상자: Vertices

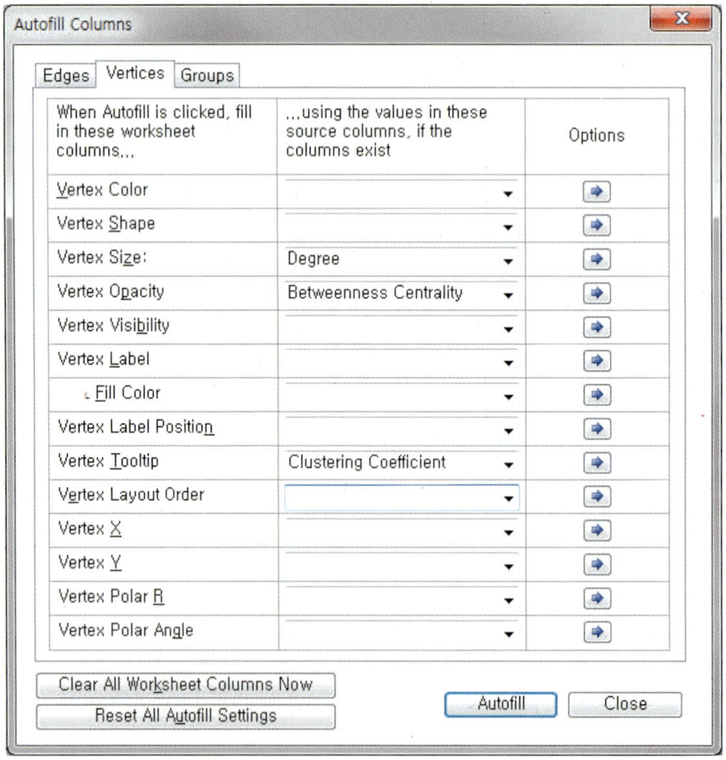

탭을 선택한다. 'Vertex Size', 'Vertex Opacity', 'Vertex Tooltip' 행의 '…using the values in these source columns, if the columns exist' 리스트 박스에서 각각 'Degree', 'Betweenness Centrality', 'Clustering Coefficient'를 선택한다([그림 11-42]).

『Options>Vertex Size Options…』를 선택한 후 나타나는 『Vertex Size Options』 대화상자에서 최소값을 2로, 최대값을 72로 지정하여 연결중심성 크기에 따라 노드의 크기가 다르게 나타나도록 한다. 연결중심성이 클수록 노드는 크게 표현된다([그림 11-43]). 이어서 『Options>Vertex Opacity Options…』를 선택한 후 나타나는 『Vertex Opacity Options』 대화상자에서 최소값을 50으로, 최대값을 100으로 지정하여 매개중심성 크기에 따라 노드의 투명도가 다르게 나타나도록 한다([그림 11-44]). 장발장을 비롯한 몇몇 인물의 매개중심성이 다른 인물들에 비해 상대적으로 너무 크기 때문에 이들 이상값(outlier)들을 포함시켜 투명도를 계산할 경우 다른 인물들이 잘 드러나지 않을 가능성이 있다. 이런 경우 'Ignore outliers'를 체크하면 이상값들(예: 장발장 1624.469, 미리엘 504.000)은 모

그림 11-43 ▌『Vertex Size Options』 대화상자

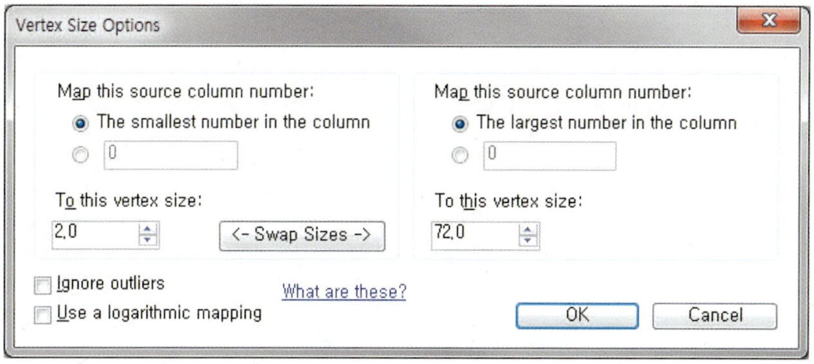

그림 11-44 ▌『Vertex Opacity Options』 대화상자

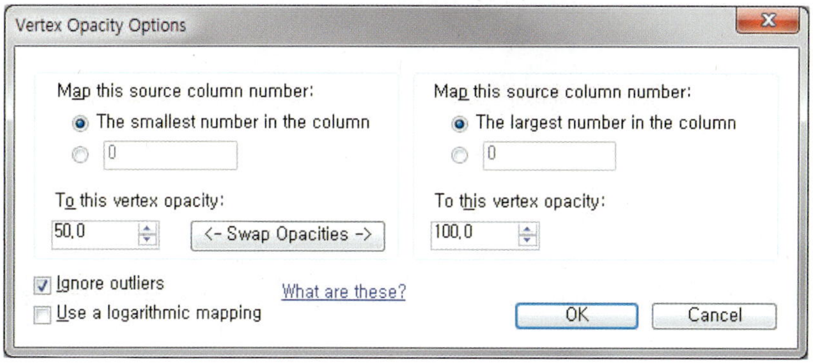

그림 11-45 ▌노드 스타일링

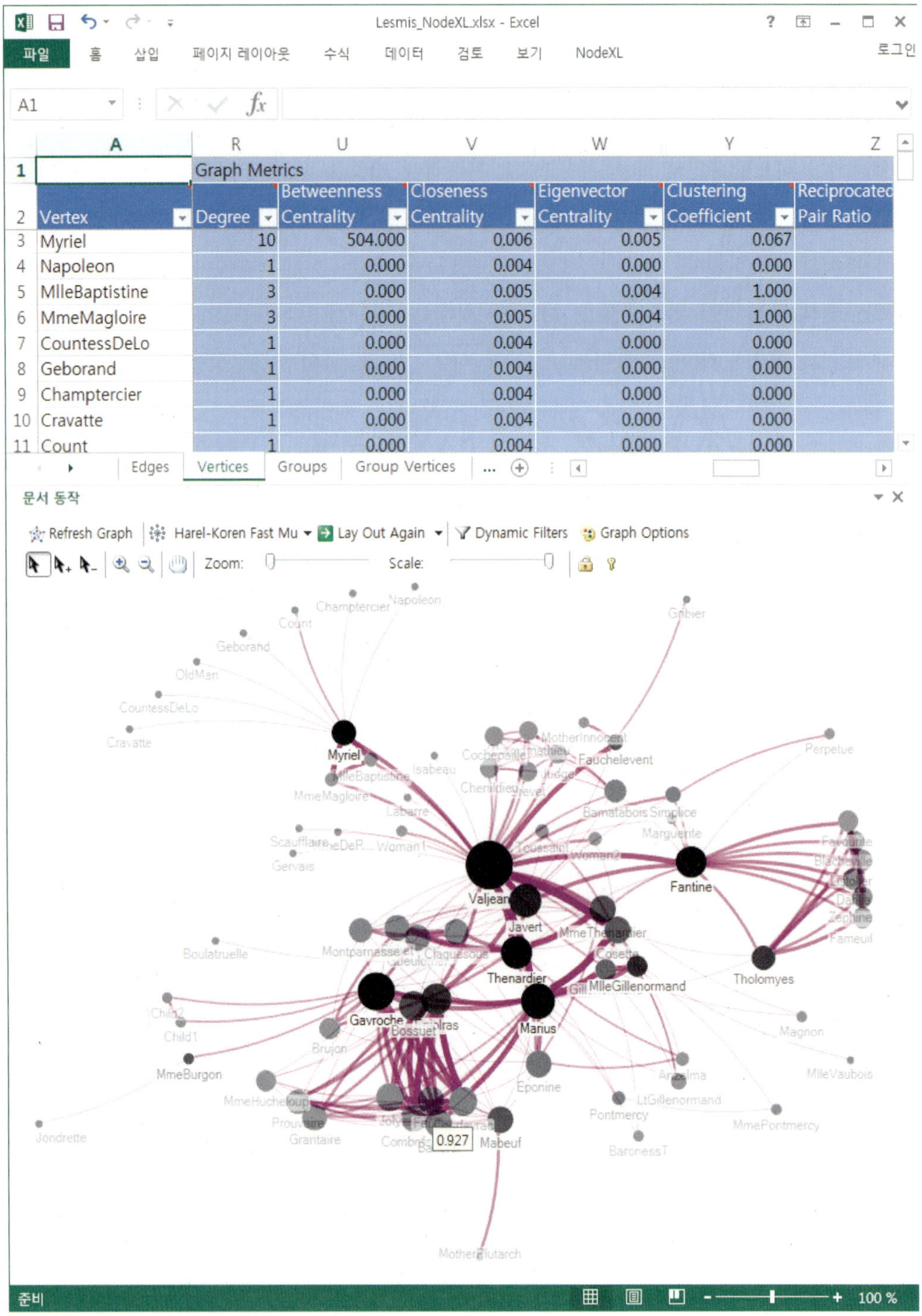

두 이상값이 아닌 값들 중 가장 큰 값(여기에서는 213.468)으로 대체되어 이들의 영향이 배제된다.[5] 매개중심성이 클수록 노드는 진하게 표현된다.

레미제라블 네트워크 데이터를 이와 같은 방식으로 시각적으로 표현하면 등장인물들의 특성을 보다 잘 이해할 수 있다. 예를 들어, 장발장은 주인공답게 가장 큰 연결중심성과 매개중심성을 갖고 있다. [그림 11-45]의 그래프를 보면 이러한 특성이 잘 반영되어 장발장은 그래프상에서 가장 크고 진한 색의 노드로 표현되어 있다. 미리엘 주교는 상대적으로 작은 연결관계를 유지하고 있어서 연결중심성은 낮은 편이다. 그래서 다른 주요 등장인물에 비해 노드의 크기는 작은 편이다. 그러나 매개중심성은 상대적으로 높아서 노드는 진한 색으로 표현되었다. 그래프 하단 좌측의 조밀하게 모여 있는 노드들은 학생 혁명군을 나타낸다. 마우스 커서를 그 노드들 중의 하나에 올려 놓으면 0.927이라는 높은 클러스터링 계수가 나타나는 것을 볼 수 있으며, 이는 해당 인물이 다른 학생 혁명군 인물들과 매우 밀도 높은 친구 집단을 형성하고 있음을 나타낸다. 학생 혁명군 노드들은 이처럼 대부분 높은 클러스터링 계수를 갖고 있으며, 이는 이들이 다른 등장인물들과는 거의 함께 나타나지 않는다는 것을 의미하기도 한다. 마리우스는 예외적인 경우로, 높은 연결중심성과 매개중심성을 갖고 있으며 이는 그래프상에서도 시각적으로 확인할 수 있다. 어린 혁명군 가브로슈(Gavroche)는 학생 혁명군 및 다른 주요 등장인물들과 직접적 연결관계를 갖고 있는 것을 그래프상에서 확인할 수 있으며, 이는 가브로슈의 높은 아이겐벡터중심성으로 나타난다.

네트워크 지표 간 관계 시각화

지금까지 노드의 네트워크 지표를 노드의 크기나 투명도와 같은 노드의 시각적 속성에 반영하는 방법을 살펴보았다. 네트워크 지표를 X축과 Y축에 배치하여 두 값이 서로 어떠한 연관관계를 갖는지 시각적으로 살펴보는 것도 때로는 유용할 수 있다. 예를 들어, [그림 11-46]의 그래프에서 각 노드의 크기는 아이겐벡터중심성의 크기를 반영하고 있으며, 각 노드의 X축과 Y축 위치는 노드의 연결중심성과 매개중심성에 의해 결정된다.

5 NodeXL에서는 평균을 중심으로 한 개의 표준편차만큼 떨어진 값을 이상값으로 간주한다. 『NodeXL > Show/Hide > Graph Elements > Legend』를 선택한 후 그래프 창 하단의 'Vertex Properties'에서 투명도를 계산하기 위하여 사용된 매개중심성의 범위를 확인할 수 있다.

그림 11-46 ▌네트워크 지표 간 관계 시각화

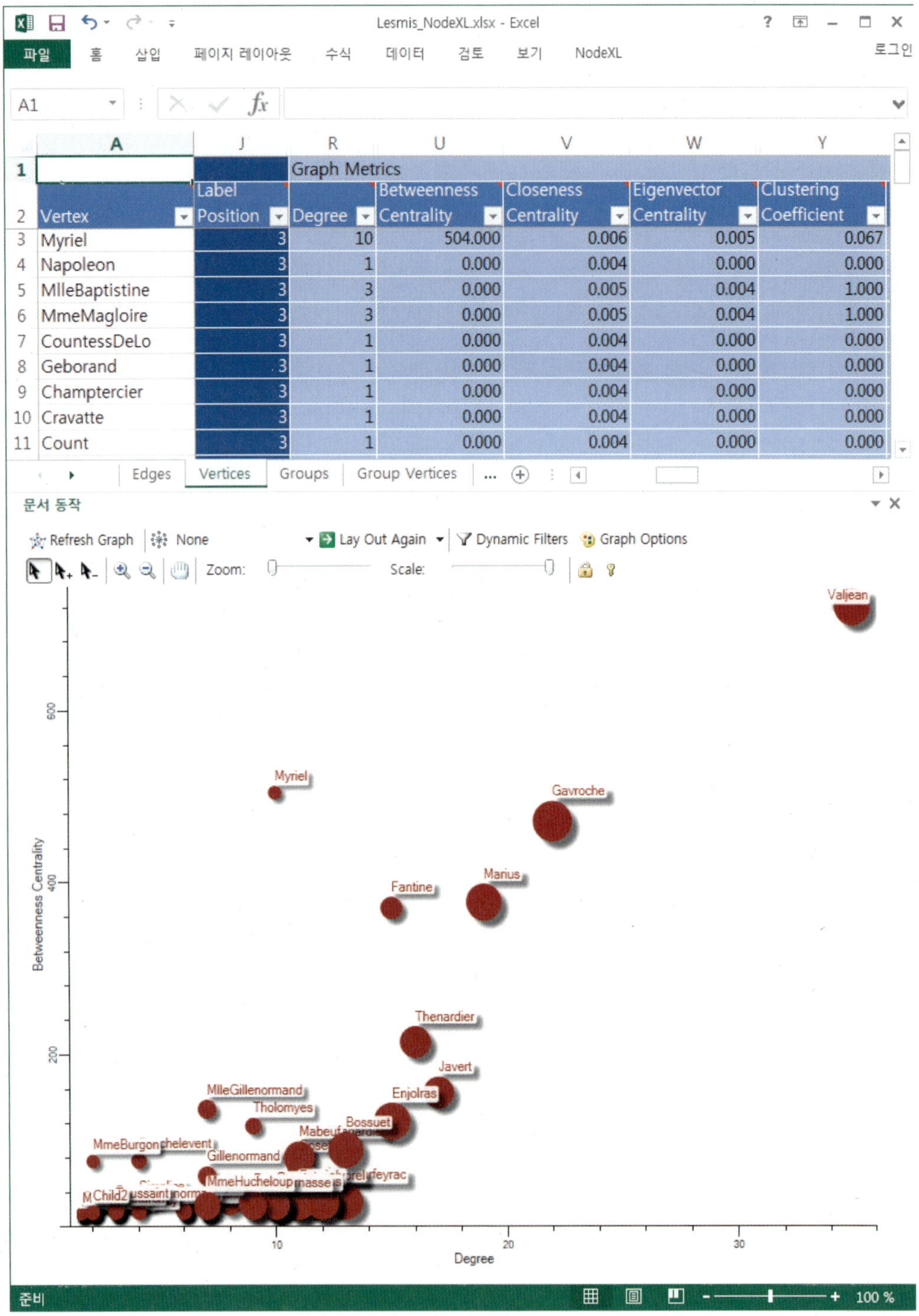

그림 11-47 ▍『Autofill Columns』 대화상자 : 좌표축

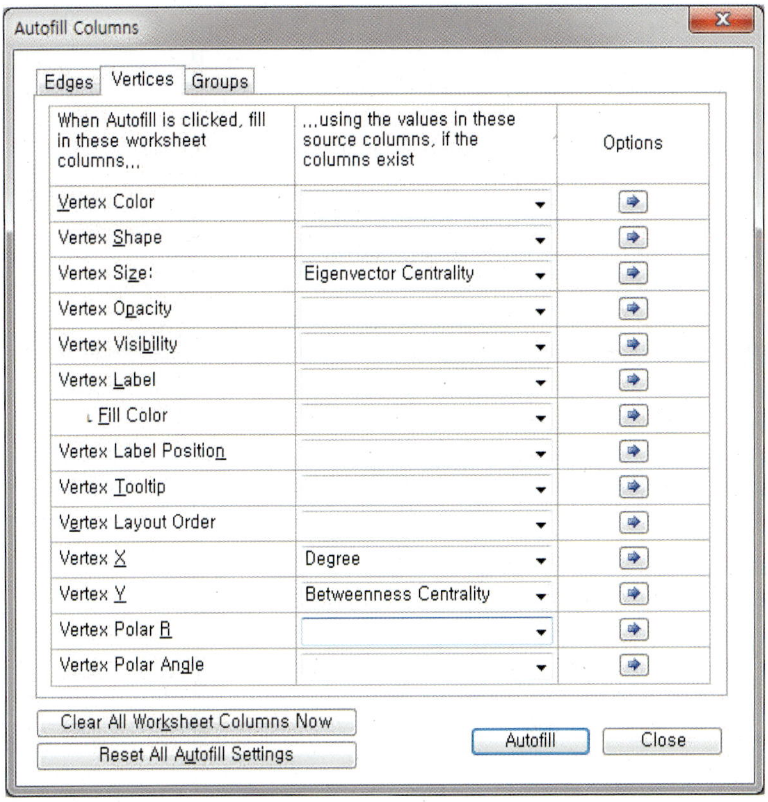

네트워크 지표를 X축과 Y축에 배치하기 위해서는 『NodeXL>Visual Properties> Autofill Columns』를 이용한다([그림 11-47]). 『Autofill Columns』 대화상자의 'Vertices' 탭을 선택한 후, 'Vertex X'와 'Vertex Y' 행의 '…using the values in these source columns, if the columns exist' 리스트 박스에서 각각 'Degree'와 'Betweenness Centrality'를 선택한다. 'Vertex Size'에는 'Eigenvector Centrality'를 지정한다.

[그림 11-48], [그림 11-49], [그림 11-50]과 같이 'Vertex X', 'Vertex Y', 'Vertex Size'의 세부 선택사항을 지정한다. 이상값이 존재할 경우에는 최대값을 지정하여 그래프의 가독성을 높일 수 있다. 예를 들어, [그림 11-49]의 『Vertex Y Options』 대화상자와 같이 매개중심성 값의 범위를 0에서 750까지로 제한(즉 Y축의 최대값을 750으로 지정)하여 이상값인 장발장과 나머지 다른 노드들이 그래프상에서 서로 너무 떨어져 있지 않도록 한다. 이 경우 장발장의 매개중심성은 실제 수치와 관계없이 750으로 그래프상에 표현된다.

그림 11-48 ▌『Vertex X Options』 대화상자

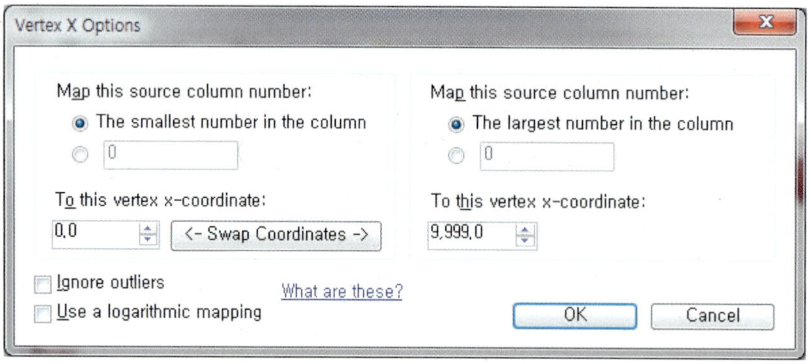

그림 11-49 ▌『Vertex Y Options』 대화상자

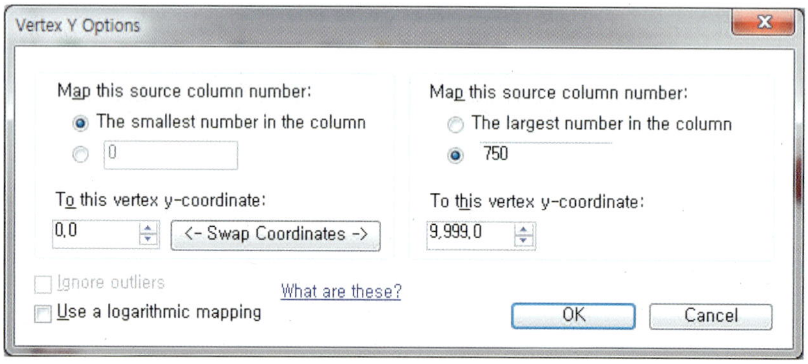

그림 11-50 ▌『Vertex Size Options』 대화상자

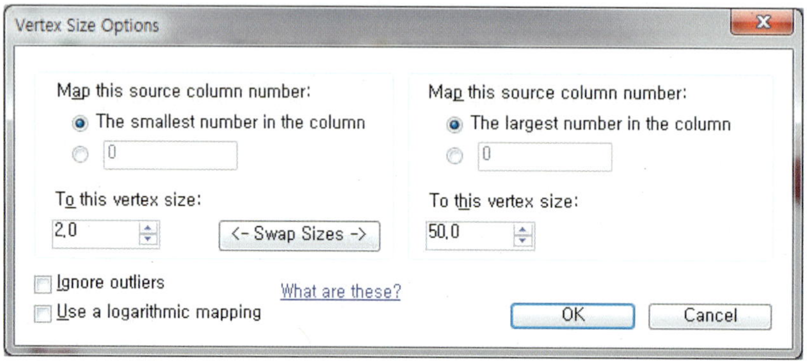

그래프 창에서 'Graph Options' 버튼을 클릭한 후 'Effects'를 'Drop shadow(slow)'로 지정한다. 그래프상에서 라인을 보이지 않게 하기 위해서는 'Edges' 탭의 'Visibility' 열에 'Hide'를 입력한다. 레이블의 위치는 'Label Position' 열에 지정할 수 있다. 지금처럼 '3'

을 입력하면 레이블이 노드의 우상단에 위치하게 된다. 모든 설정이 끝나고 나면 'Refresh Graph' 버튼을 클릭하여 설정사항을 그래프에 반영한다. [그림 11-46]과 같이 X축과 Y축을 그래프상에 보이게 하기 위해서는 『NodeXL>Show/Hide>Graph Elements>Axes』를 선택한다.

필터링

필터링은 데이터를 탐색하고, 중요한 액터나 연결관계를 찾아내고, 그래프의 가독성을 높여 좀 더 설득력 있는 그래프를 만들고, 불필요한 데이터를 그래프상에서 제거하는 목적으로 수행된다. 『NodeXL>Analysis>Dynamic Filters』를 선택하여 동적으로 노드와 라인을 그래프상에서 제거할 수 있다. 『Dynamic Filters』 대화상자는 필터링에 사용되는 다양한 슬라이더를 제공한다. 슬라이더의 왼쪽 숫자는 데이터 워크시트상의 최소값이며 오른쪽의 숫자는 최대값이다. 슬라이더 위에는 각 값에 대응되는 노드나 라인의 개수를 보여주는 빈도분포 그래프가 있다. 예를 들어, [그림 11-51]의 'Edge Weight' 슬라이더의 왼쪽 숫자 1은 'Edge Weight' 최소값이 1이라는 것을 보여주며, 오른쪽 숫자 31은 최대값이 31이라는 것을 나타낸다. 슬라이더 윗쪽의 빈도분포 그래프를 보면 거의 모든 라인이 1 또는 2의 'Edge Weight' 값을 갖고 있는 것을 알 수 있다. 슬라이더를 왼쪽에서 오른쪽으로 옮기면

그림 11-51 ▎『Dynamic Filters』 대화상자

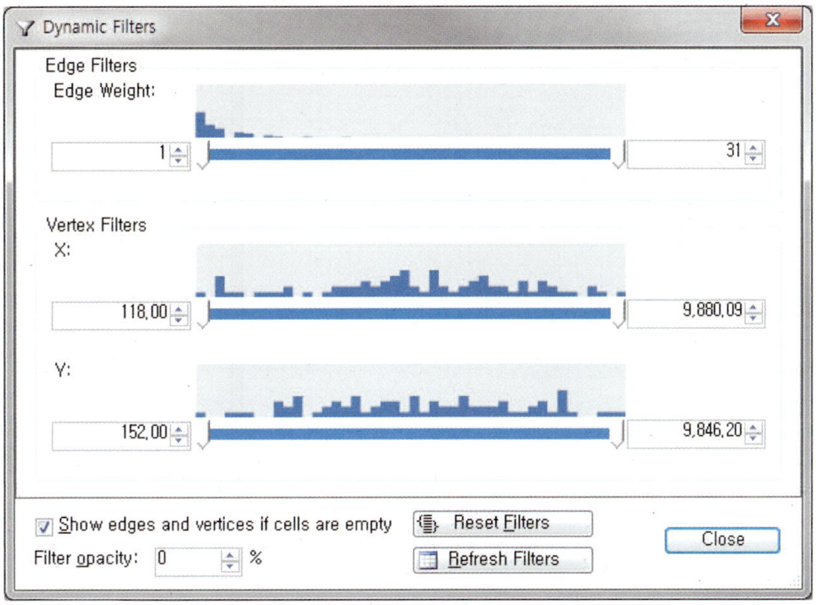

서 라인 또는 노드를 순차적으로 제거해나갈 수 있다. 'Edge Filters' 그룹에 포함되어 있는 슬라이더는 라인을 제거한다. 라인 제거 후 고립노드가 생길 경우 해당 노드도 함께 제거된다. 'Vertex Filters' 그룹에 포함되어 있는 슬라이더는 노드를 제거한다. 노드가 제거되면 연결된 라인도 함께 제거된다. 'Vertex Filters' 그룹에는 X축 및 Y축 위치를 나타내는 슬라이더 필터가 기본적으로 제공되며, 이 슬라이더 필터를 이용하면 그래프상의 위치를 기준으로 노드가 제거된다.

새로운 네트워크 지표가 계산되거나 'Edges'나 'Vertices' 데이터 워크시트에 새로운 데이터 열이 추가될 경우 새로운 필터가 생성된다. 예를 들어, 연결중심성 지표를 계산한 후 『Dynamic Filters』 대화상자를 다시 열어 보면, [그림 11-52]와 같이 'Degree' 슬라이더가 생긴 것을 확인할 수 있다.

'Edge Weight' 슬라이더를 왼쪽에서 오른쪽으로 이동시켜 숫자를 1에서 2로 변경하면 'Edge Weight'가 2 이상인 라인들만이 그래프상에 나타난다. 즉 'Edge Weight'가 1인 라인들은 그래프상에서 필터링되어 사라진다. 하지만 필터링되어 그래프상에서 사라진 라인(또는 노드)이라 하더라도 네트워크 데이터 파일에서는 지워지지 않는다.

그림 11-52 새로운 필터의 추가

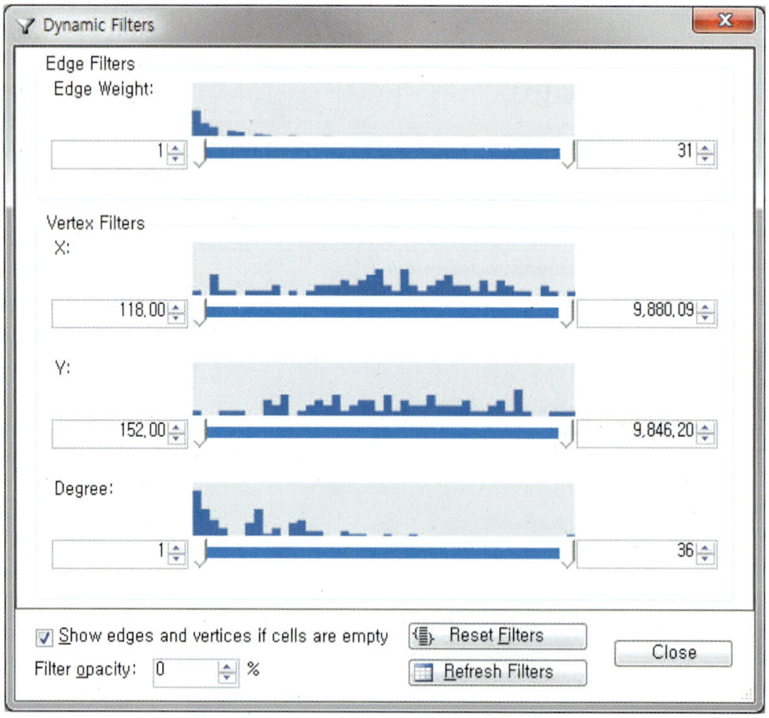

슬라이더를 왼쪽에서 오른쪽으로 조금씩 이동시키면 [그림 11-53]과 같이 필터링 값에 따라 그래프의 모양이 단계적으로 변해 가는 모습을 관찰할 수 있다. 여기에서 ❶에서 ❻까지의 그래프는 각각 그래프상에 나타나는 최소 'Edge Weight'가 1 ~ 6인 그래프를 나타낸다. 이러한 필터링 작업은 전체 네트워크 구조를 시각적으로 신속하게 파악하는 데 도움을 준다.

그림 11-53 ▎라인 필터링 : Dynamic Filters 이용

그림 11-54 ▌ 라인 필터링 : 투명도 조절

『Dynamic Filters』 대화상자 하단의 'Filter opacity'를 이용하여 투명도를 조절하면 필터링되는 라인 및 노드들의 윤곽을 보이게 할 수 있다. 슬라이더를 움직여 'Edge Weight'를 6으로 만들고 'Filter opacity'를 50%로 지정하면, [그림 11-54]와 같이 필터링된 라인 및 노드는 흐리게 나타나며, 반면에 'Edge Weight'가 6 이상인 라인 및 노드들은 진한 색으로 강조된다.

필터링하는 또 다른 방법은 『NodeXL>Visual Properties>Autofill Columns』를 이용하는 것이다. 예를 들어, 노드의 연결중심성이 15 이상인 노드들만을 대상으로 하고 싶다면, 우선 『Autofill Columns』 대화상자의 'Vertices' 탭을 선택한 후, [그림 11-55]와 같이 'Vertex Visibility' 행의 '…using the values in these source columns, if the columns exist' 리스트 박스에서 'Degree'를 선택한다. 『Options>Vertex Visibility Options…』를 선택한 후 나타나는 [그림 11-56]의 『Vertex Visibility Options』 대화상자에서 'Greater than or equal to'에 15를 지정한다. 그러면 [그림 11-57]과 같은 노드 필터링 결과를 볼 수 있다.

그림 11-55 ▌『Autofill Columns』 대화상자 : 필터링

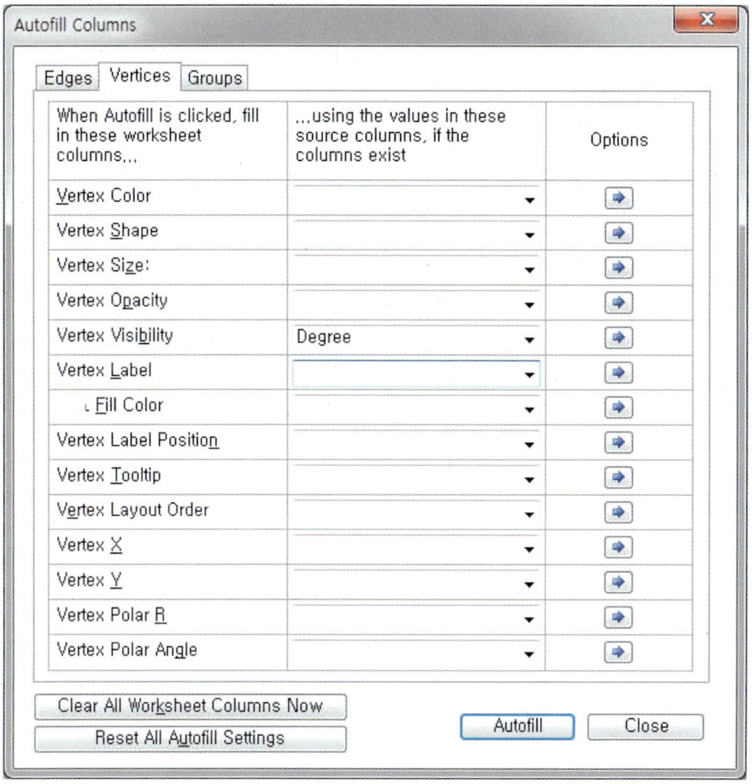

그림 11-56 ▌『Vertex Visibility Options』 대화상자

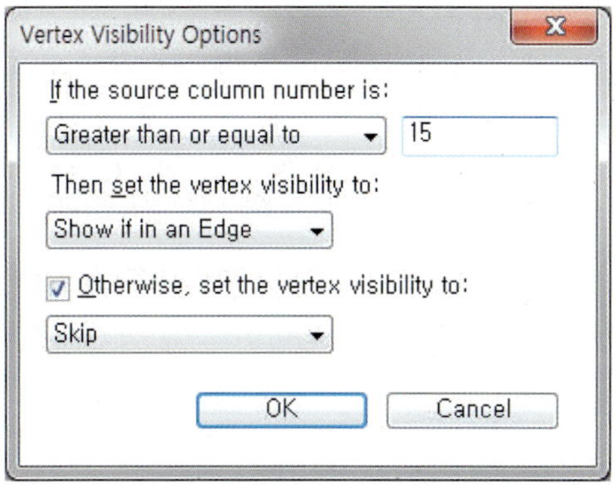

그림 11-57 ▌노드 필터링 : Autofill Columns 이용

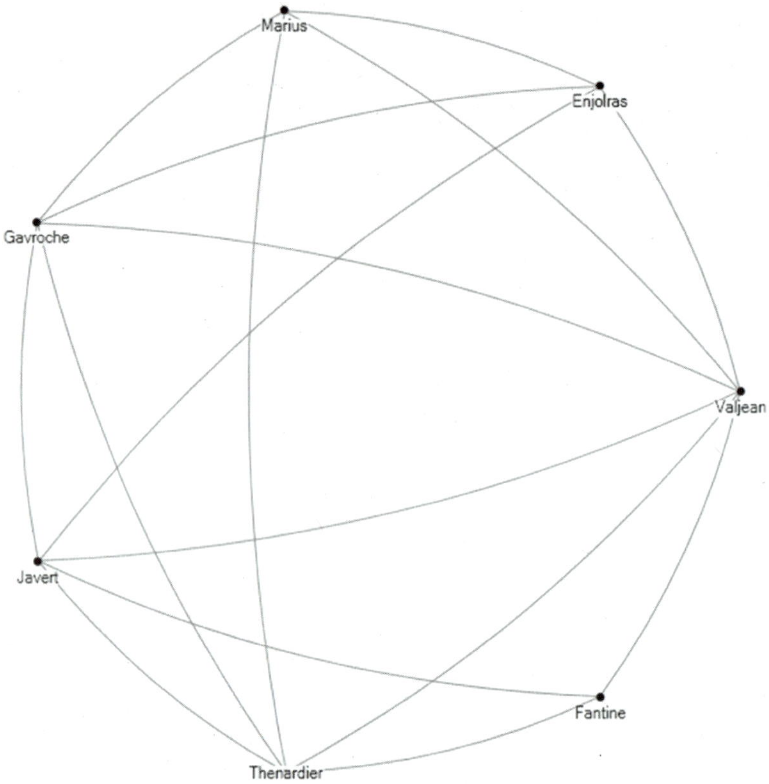

『NodeXL>Analysis>Dynamic Filters』를 이용하여 필터링하는 것과 달리, 이 방법을 이용하여 필터링하면 필터링된 노드나 라인은 단순하게 그래프상에서만 숨겨지는 것이 아니라 실제로 그래프상에서 제거된다. 즉 필터링되지 않은 노드들만이 그래프상에 불러들여진다. 그래서 필터링된 노드나 라인은 이후의 각종 분석의 대상에서 제외된다. 예를 들어, [그림 11-57]과 같은 필터링 결과를 얻은 후 『NodeXL>Analysis>Graph Metrics』를 선택하여 네트워크 지표를 계산하면 현재 그래프상에 나타난 노드 및 라인만이 지표 계산의 대상이 된다.

서브그래프 이미지

NodeXL은 각 노드의 에고 네트워크 이미지를 생성하는 기능을 제공한다. 네트워크 이미지를 생성하기 위해서는『NodeXL>Analysis>Subgraph Images』를 선택한다. 이어서 나타나는 『Subgraph Images』 대화상자에서 에고 네트워크에 포함될 인접 노드의 수준을 결정

할 수 있다. [그림 11-58]과 같이 'Levels of adjacent vertices to include in each subgraph'에 1.5를 지정하면, 에고, 에고와 직접 연결된 알터, 그리고 알터들 간의 연결관계까지를 포함하는 서브그래프가 생성된다. 이는 전형적인 에고 네트워크를 의미한다. 만약 2.0을 지정하면 한 단계 더 나아가 에고를 중심으로 알터의 알터까지 연결되는 서브그래프가 생성된다. 서브그래프가 생성되면 [그림 11-59]와 같이 데이터 워크시트에 'Subgraph'라는 열이 생성되고 각 노드의 셀에 해당 노드를 에고로 하는 서브그래프 이미지가 삽입된다.

그림 11-58 ▌『Subgraph Images』 대화상자

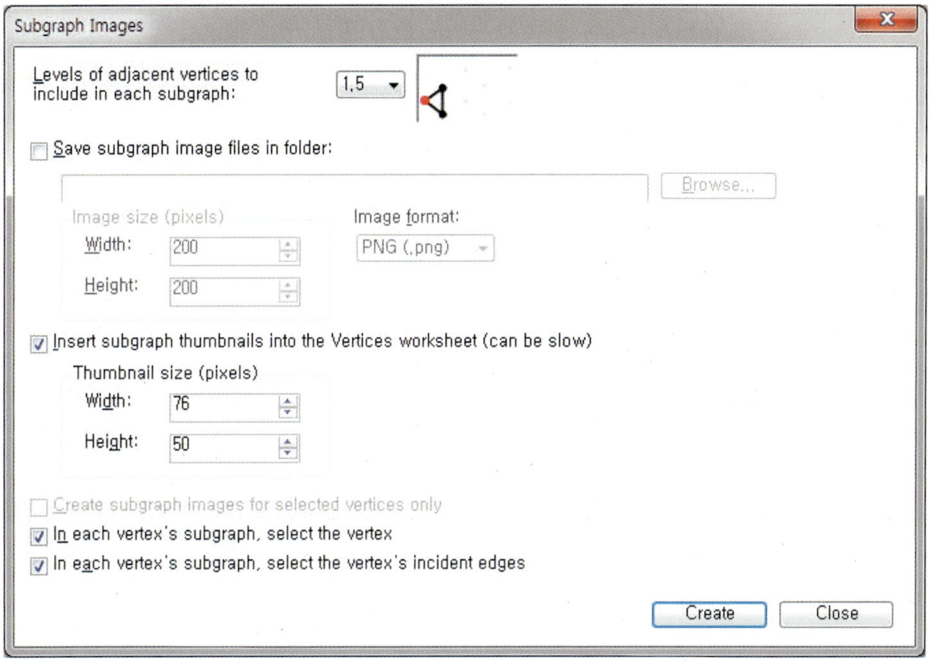

그림 11-59 ▍서브그래프 이미지

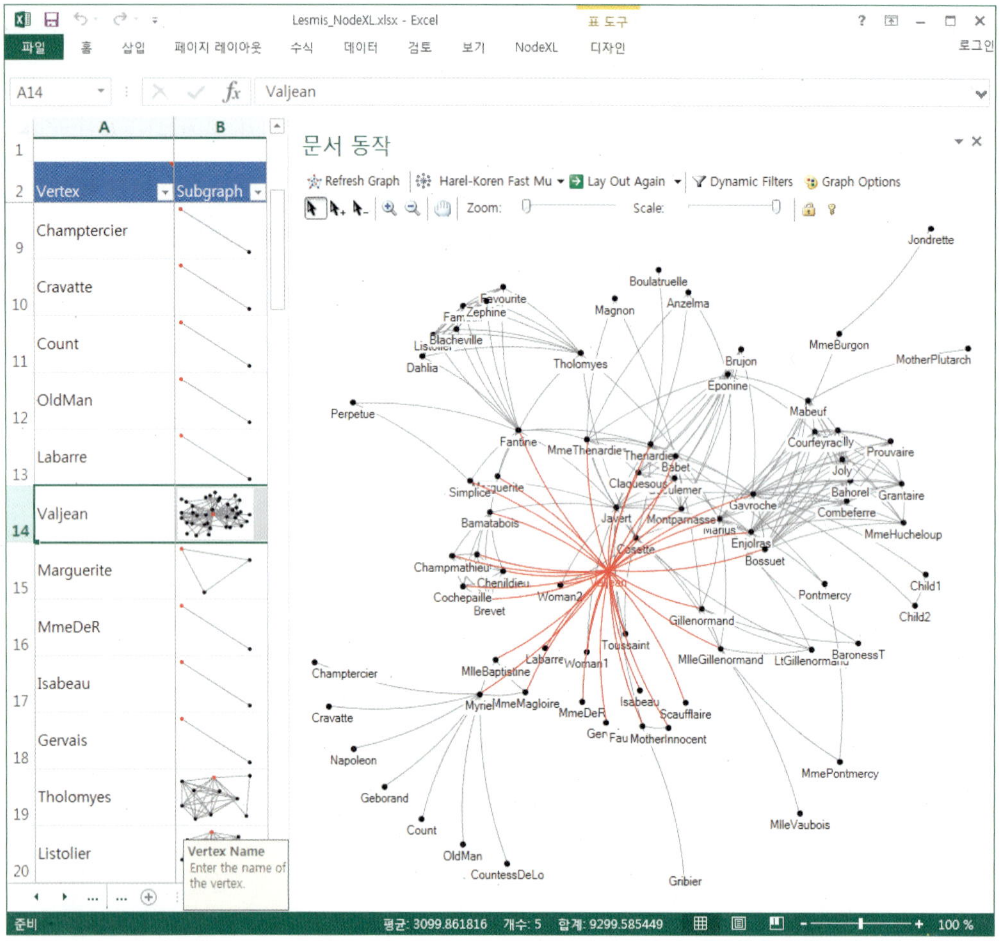

클러스터링

NodeXL은 『NodeXL>Analysis>Groups』 메뉴에서 다양한 그룹 식별 기능을 제공한다. 『NodeXL>Analysis>Groups>Group by Cluster…』를 선택하면 노드들의 클러스터링 그룹을 생성할 수 있다. 『Group by Cluster』 대화상자는 [그림 11-60]과 같이 선택 가능한 몇 가지 클러스터링 알고리즘을 제공한다.

그림 11-60 ▌『Group by Cluster』 대화상자

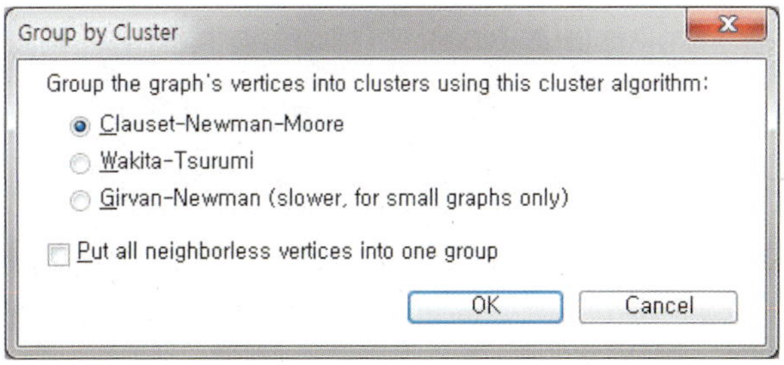

그림 11-61 ▌클러스터링

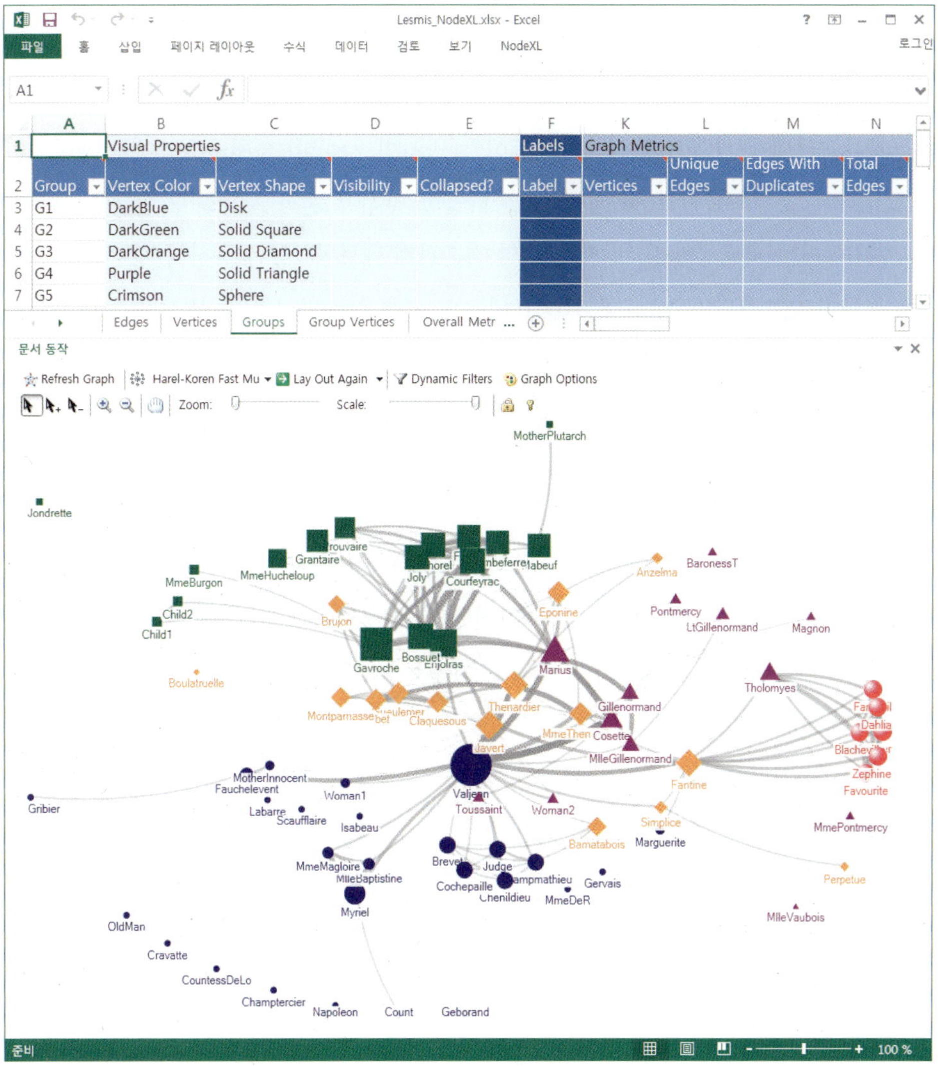

'Clauset-Newman-Moore' 알고리즘을 선택하여 클러스터링을 수행하면, 총 다섯 개의 클러스터가 생성된다. 클러스터링을 수행하고 나면 데이터 워크시트의 'Groups' 탭과 'Group Vertices' 탭에 클러스터링 데이터가 생성된다. 'Groups' 탭에는 클러스터 이름과 각 클러스터별 색상 및 도형이 자동으로 지정된다. 클러스터들이 보다 잘 드러나도록 색상 및 도형을 수정할 수 있다. 'Group Vertices' 탭에서는 각 클러스터별로 할당된 노드들을 확인할 수 있다. [그림 11-61]과 같은 그래프를 도출하기 위하여 클러스터 색상 및 도형을 수정하였으며, 연결중심성과 'Edge Weight'의 값에 따라 각각 노드의 크기와 라인의 두께 및 투명도가 결정되도록 하였다.

NetMiner

NetMiner는 국내의 네트워크분석 소프트웨어 개발사인 사이람(Cyram)에 의해 개발되었다. NetMiner는 소셜네트워크분석과 관련된 다양한 분석 모델과 시각화 기법들을 구현하고 있다. 여기에서는 피렌체의 16개 가문 간의 결혼관계 네트워크를 이용하여 시각화 기능을 중심으로 간단히 살펴본다(Cyram 2016; Padgett and Ansell 1993; Wassermlan and Faust 1994; Padgett.nmf 파일).[6]

NetMiner의 실행

NetMiner를 실행시킨 후 『File>Open』 메뉴를 통해 프로젝트 파일(Padgett.nmf 파일)을 오픈하면 [그림 11-62]와 같은 초기 화면을 볼 수 있다. NetMiner는 NMF 형식의 파일뿐만 아니라 다양한 형식의 데이터 파일을 지원한다. NetMiner가 지원하는 파일 형식은 TXT/CSV(텍스트), XLS(Excel), GML, NET(Pajek), DL(UCINET) 등이 있다. NetMiner는 한 개의 파일 내에서 속성 데이터와 두 종류의 네트워크 데이터(1-모드 네트워크 및 2-모드 네트워크 데이터)를 한꺼번에 관리한다. NetMiner에서는 이들 데이터의 집합을 데이터셋(data set)이라고 부른다.

화면 좌측의 'Families [16 * 3]'은 노드 및 관련된 속성 데이터를 나타내며, NetMiner에서는 이를 메인 노드셋(main nodeset)이라고 한다. '[16 * 3]'은 16개의 노드와 세 개의 속성이 포함되어 있다는 것을 의미한다. 'Families [16 * 3]'을 더블클릭하면 [그림 11-63]

6 여기에서는 NetMiner 버전 4.2.1.150320을 기준으로 설명한다.

과 같은 노드 및 관련된 속성 데이터를 볼 수 있다.

그림 11-62 ▌NetMiner 초기 화면

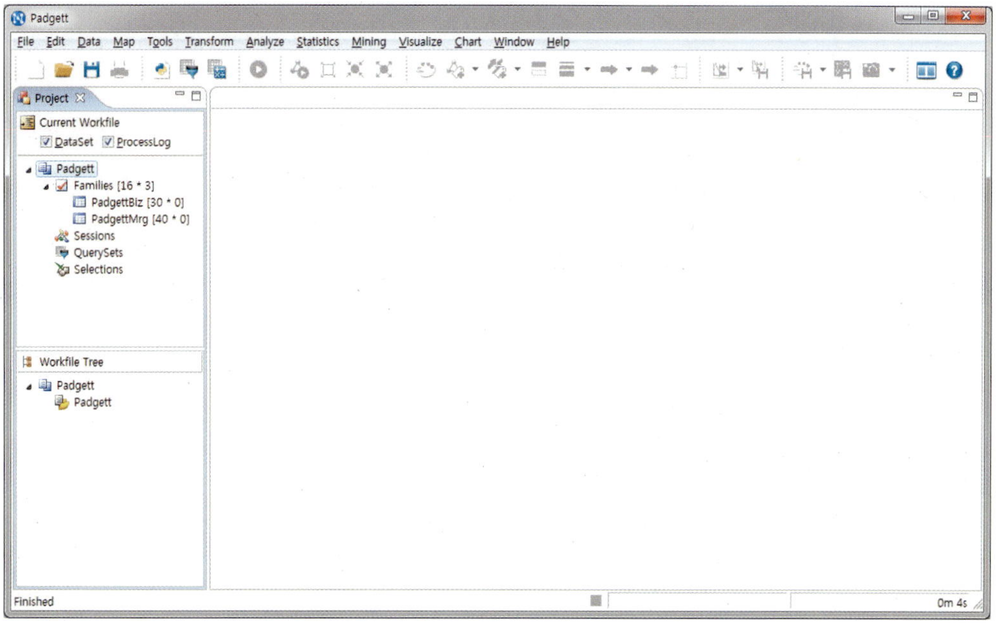

그림 11-63 ▌메인 노드셋 데이터

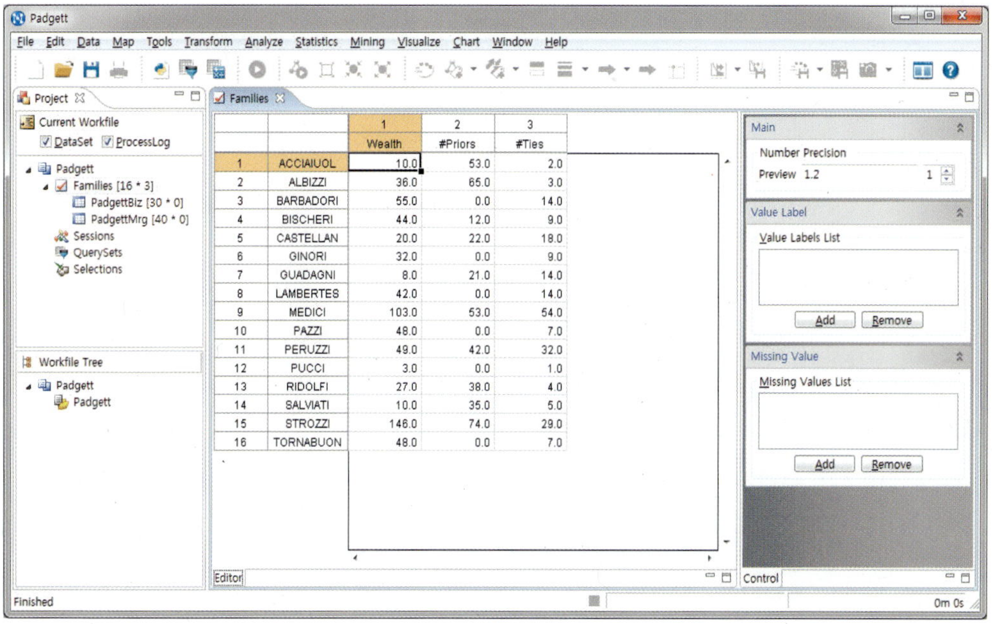

그림 11-64 ▌1-모드 네트워크 데이터

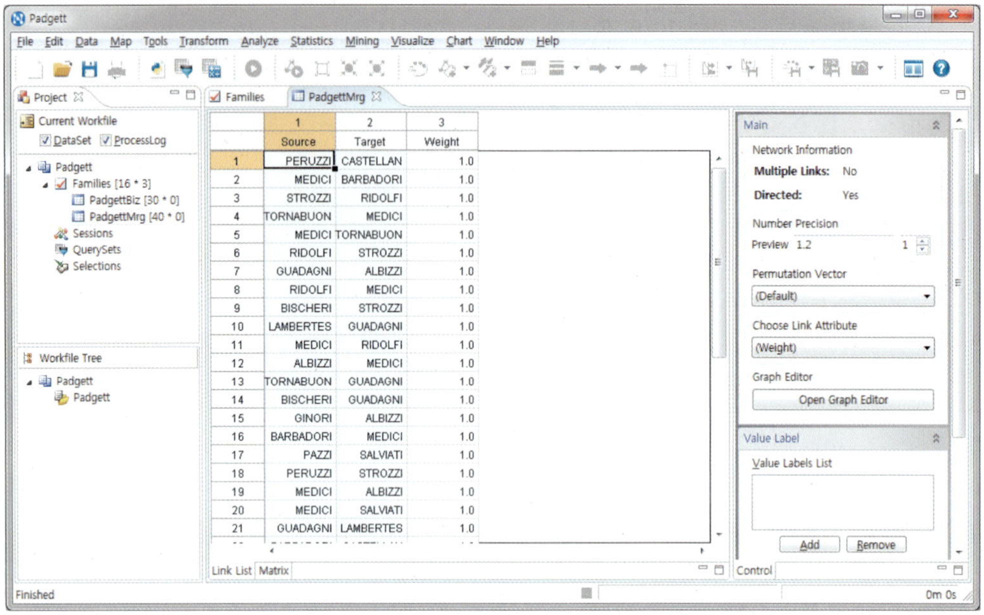

메인 노드셋 하단의 트리 구조에는 메인 노드셋에 속한 노드들 간의 1-모드 네트워크 데이터가 나타난다. 예를 들어, 'PadgettMrg [40 * 0]'은 메인 노드셋의 노드들로 구성된 피렌체 가문 간의 결혼관계 1-모드 네트워크로서, 이 네트워크는 40개의 연결관계를 형성하고 있음을 보여준다. 이를 더블클릭하면 [그림 11-64]와 같은 네트워크 데이터를 볼 수 있다.

그래프 생성

『Visualize>Spring>2D』를 선택하여 스프링형 레이아웃 알고리즘으로 그래프를 생성한다. 『Visualize>…』 메뉴는 그래프상에 노드들을 배치하는 다양한 레이아웃 알고리즘을 제공한다. 그래프가 생성되면 오른쪽에 그래프와 관련된 세부사항을 지정할 수 있는 패널이 활성화된다. 그래프로 생성할 1-모드 네트워크를 선택하고(PadgettMrg 네트워크 데이터), 레이아웃 알고리즘의 세부 옵션을 지정한다(Spring>Kamada & Kawai). 하단의 『Run Layout』 버튼을 클릭하면 [그림 11-65]와 같은 그래프가 생성된다. NetMiner는 분석이나 시각화 작업을 수행한 결과를 데이터셋과 함께 관리하며, 이를 프로세스 로그(process log)라고 한다. 'Sessions' 하단의 트리 구조에서 'Spring 2D'라는 그래프 생성 작업이 수행되었다는 것을 확인할 수 있다.

그림 11-65 ▌그래프 생성

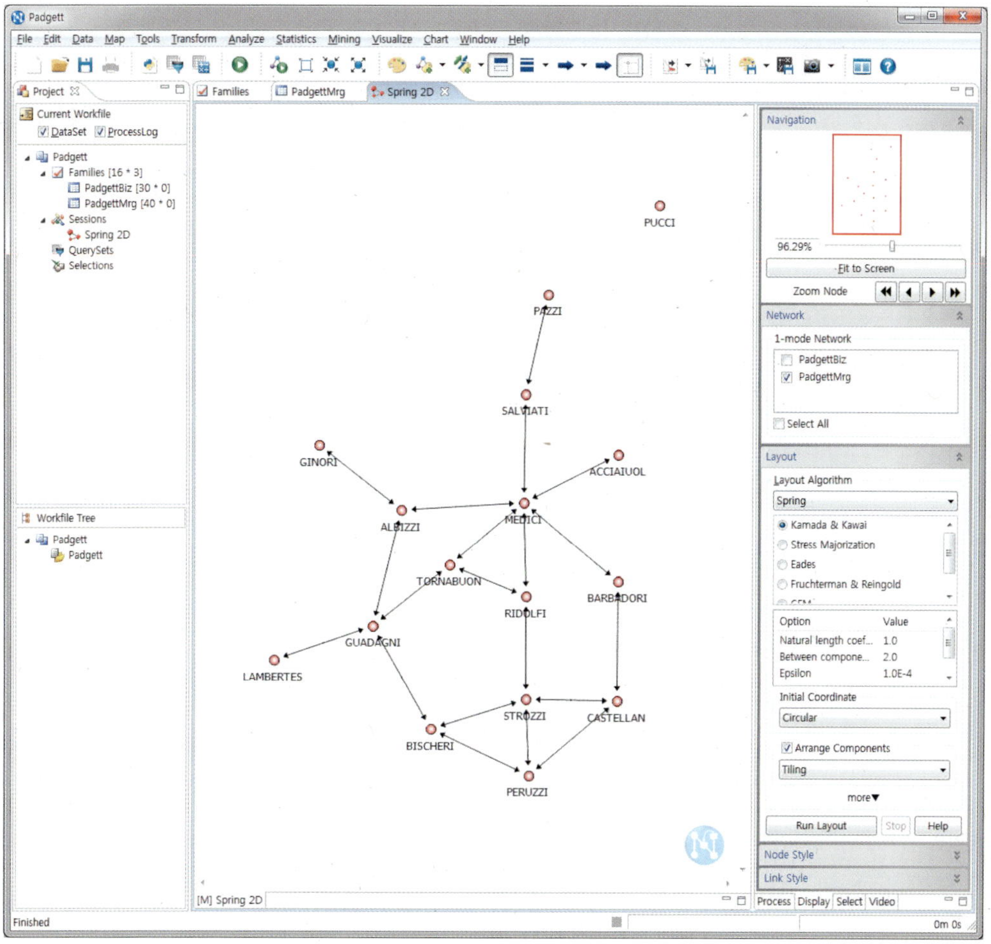

노드 스타일링 및 라인 스타일링

NetMiner에서는 노드 및 라인의 속성에 따라 색상, 모양, 크기 등을 지정할 수 있다. 또는 특정 노드나 라인을 선택하여 스타일링을 지정하는 것도 가능하다. 피렌체 가문 간의 결혼 관계 네트워크에서 부의 상대적 크기에 따라 노드의 크기가 다르게 나타나도록 지정해보자. 즉 부의 크기가 클수록 이에 비례하여 노드의 크기가 커지도록 한다. [그림 11-65]의 오른쪽 패널에서 『Node Style』을 클릭하여 메뉴를 확장한 후 『Node Attribute Styling』 버튼을 클릭한다. [그림 11-66]의 『Node And Link Attribute Styling』 대화상자의 『Size』 탭에서 『Variable』에 'Node Attribute'와 'Wealth'를 선택한다. 『Setting』에는 'Min 10', 'Max 50'을 지정한다. 『Apply』 버튼을 클릭하면 [그림 11-67]과 같은 노드의 속성이 반

그림 11-66 ▎『Node And Link Attribute Styling>Node Attribute Styling』 대화상자

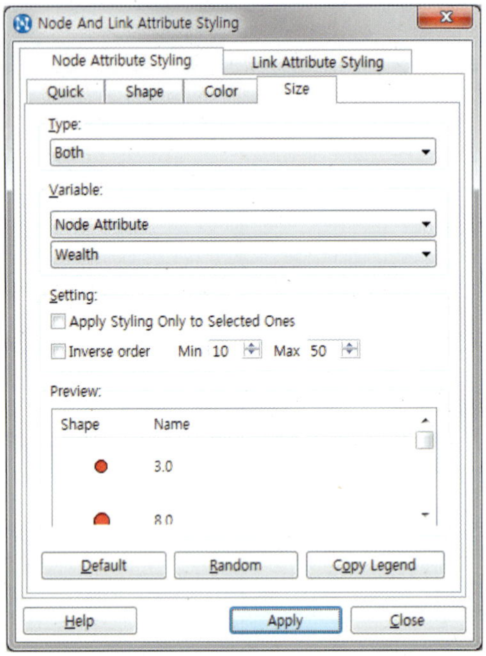

영된 그래프가 생성된다.

라인의 색상, 모양, 크기(두께)를 변경해보자. [그림 11-65]의 오른쪽 패널에서 『Link Style』을 클릭하여 메뉴를 확장한 후 『Link Attribute Styling』 버튼을 클릭한다. [그림 11-68]의 『Node And Link Attribute Styling』 대화상자의 『Quick』 탭에서 『Variable』에 'All Links'와 'Default'를 선택한다. 『Preview』 아래의 'All Links'를 더블클릭하여 나타나는 『Link Style』 대화상자에서 'Color', 'Dashes', 'Weight'를 [그림 11-69]와 같이 지정한다. 『Apply』 버튼을 클릭하면 [그림 11-70]과 같은 라인의 스타일 지정이 반영된 그래프가 생성된다.

그림 11-67 ▌노드 스타일링

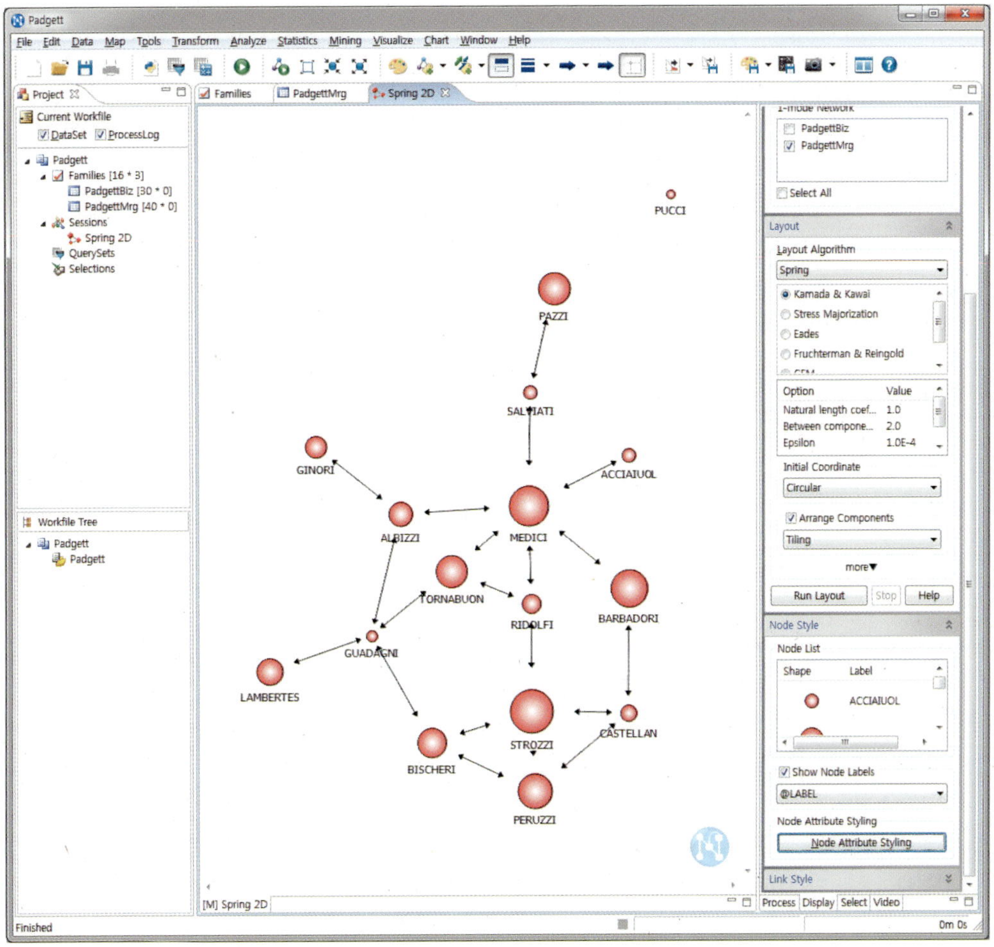

그림 11-68 ▌『Node And Link Attribute Styling > Link Attribute Styling』 대화상자

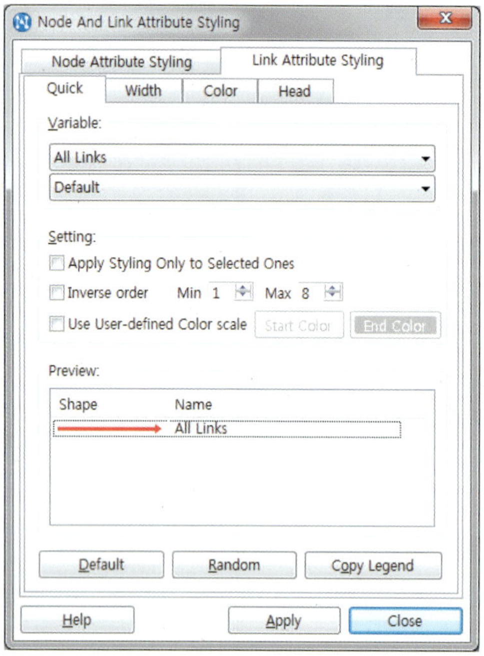

그림 11-69 ▌『Link Style』 대화상자

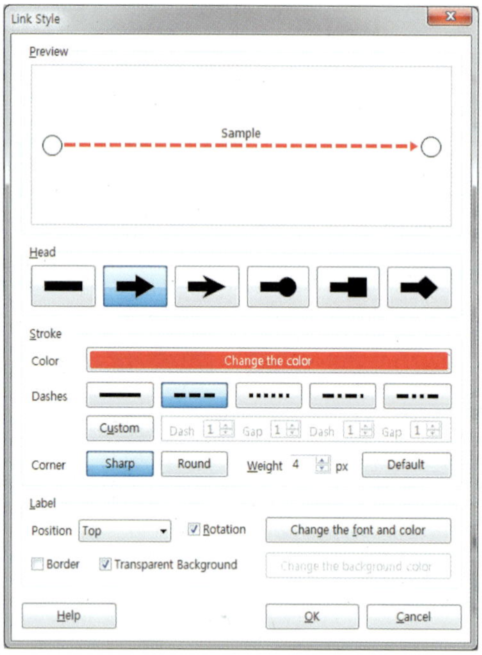

그림 11-70 ▌라인 스타일링

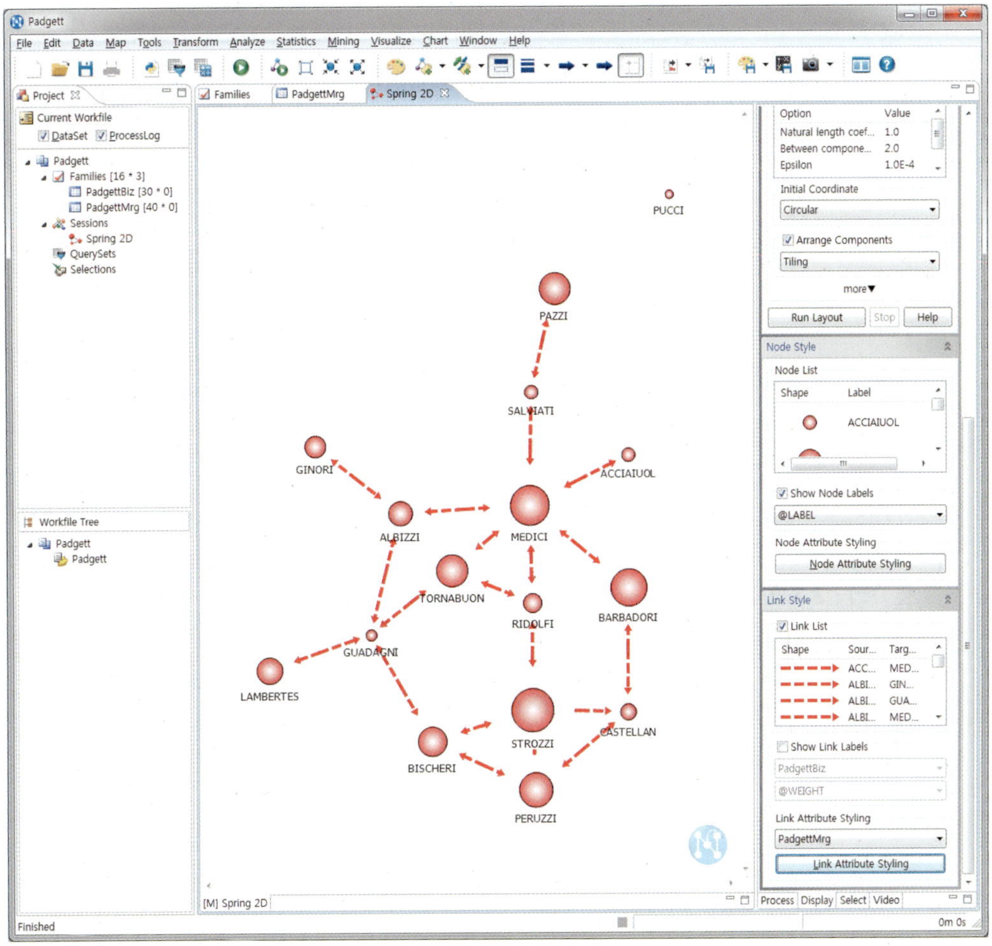

분석 결과에 기반한 그래프 생성

NetMiner의 『Analyze』 메뉴는 다양한 소셜네트워크분석 기능을 제공한다. NetMiner는 분석 기능을 통해 산출된 분석 결과물 중의 하나로 네트워크 그래프를 제공한다. 『Analyze』 메뉴를 통해 생성된 네트워크 그래프는 분석 결과를 그래프상에서 탐색적으로 확인하는 데 활용될 수 있다. 예를 들어, 『Analyze>Connection>Shortest Path』 메뉴를 선택하여 노드들 간의 최단경로분석을 수행하면(PadgettMrg 네트워크 데이터), '[R] Main', '[T] Distance Matrix', '[M] Spring'의 세 개의 결과 패널에 세 가지 결과물이 출력된다. '[R] Main' 패널에는 분석과정 및 결과에 대한 요약 보고서가 출력된다. '[T] Distance Matrix' 패널에는 [그림 11-71]과 같이 노드들 간의 최단경로거리가 테이블 형태로 출력된다.

그림 11-71 ▌최단경로거리

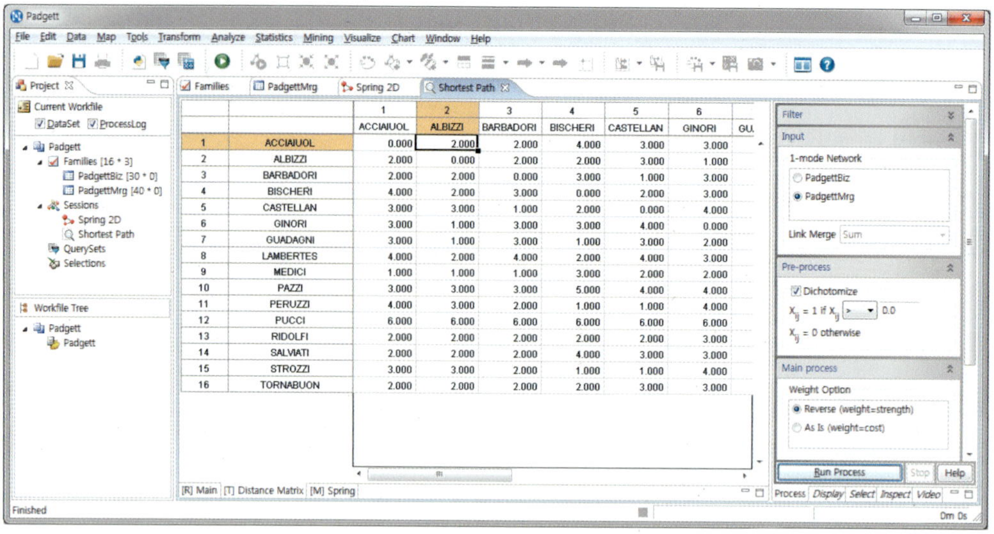

그림 11-72 ▌최단경로

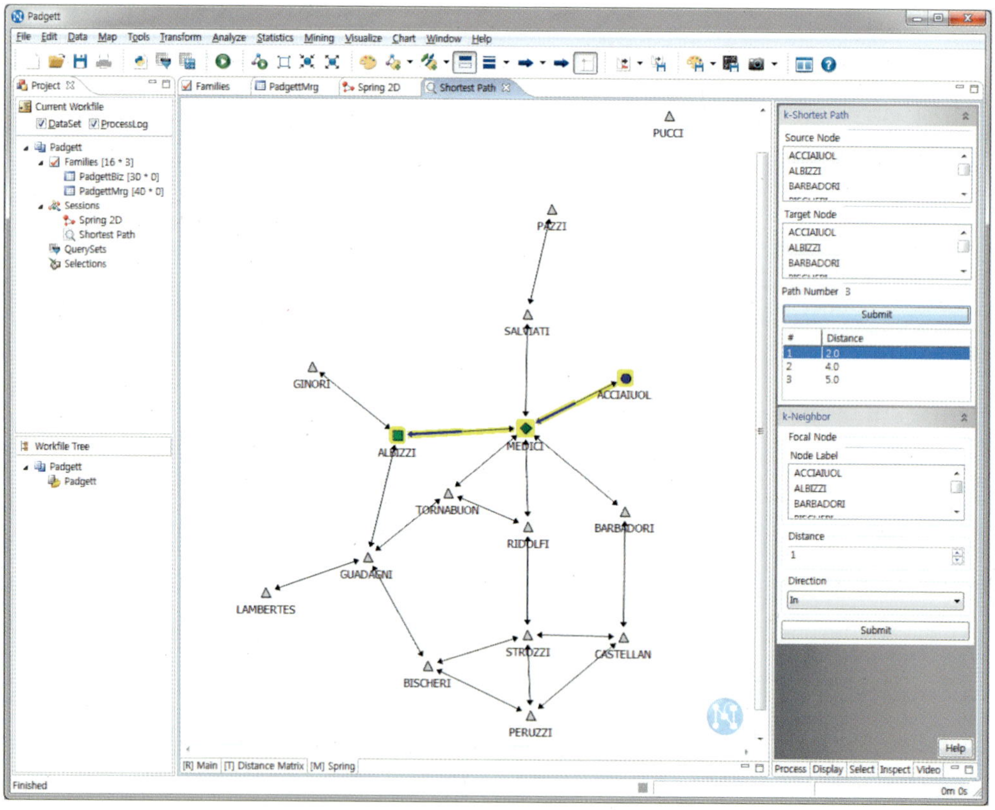

최단경로거리를 그래프상에서 탐색해보자. '[M] Spring' 패널을 선택한 후 오른쪽 하단의 'Inspect' 탭을 선택한다. 『k-Shortest Path』의 'Source Node'에 Acciauoli 가문을 선택하고 'Target Node'에 Albizzi 가문을 선택한 후 『Submit』 버튼을 클릭한다. 그러면 버튼 아랫 부분에 두 노드 간의 가능한 경로와 경로거리가 나타나고 '[M] Spring' 패널에는 선택한 경로가 표시된다. Medici 가문을 통한 경로길이 2의 최단경로를 그래프상에서 확인할 수 있다([그림 11-72]).

NetMiner는 분석 유형에 따라 그에 맞는 네트워크 그래프를 자동으로 생성한다. 연결중심성분석을 수행하고 그 결과를 그래프상에서 확인해보자. 『Analyze > Centrality > Degree』 메뉴를 선택한다. 분석하고자 하는 네트워크 데이터를 선택하고 『Run Process』를 클릭한다(PadgettMrg 네트워크 데이터). '[R] Main', '[T] Degree Centrality Vector', '[M] Spring', '[M] Concentric'의 네 개의 결과 패널에 네 가지 결과물이 출력된다. '[R] Main' 패널에는 분석과정 및 결과에 대한 요약 보고서가 출력된다. '[T] Degree Centrality

그림 11-73 ▌연결중심성 1

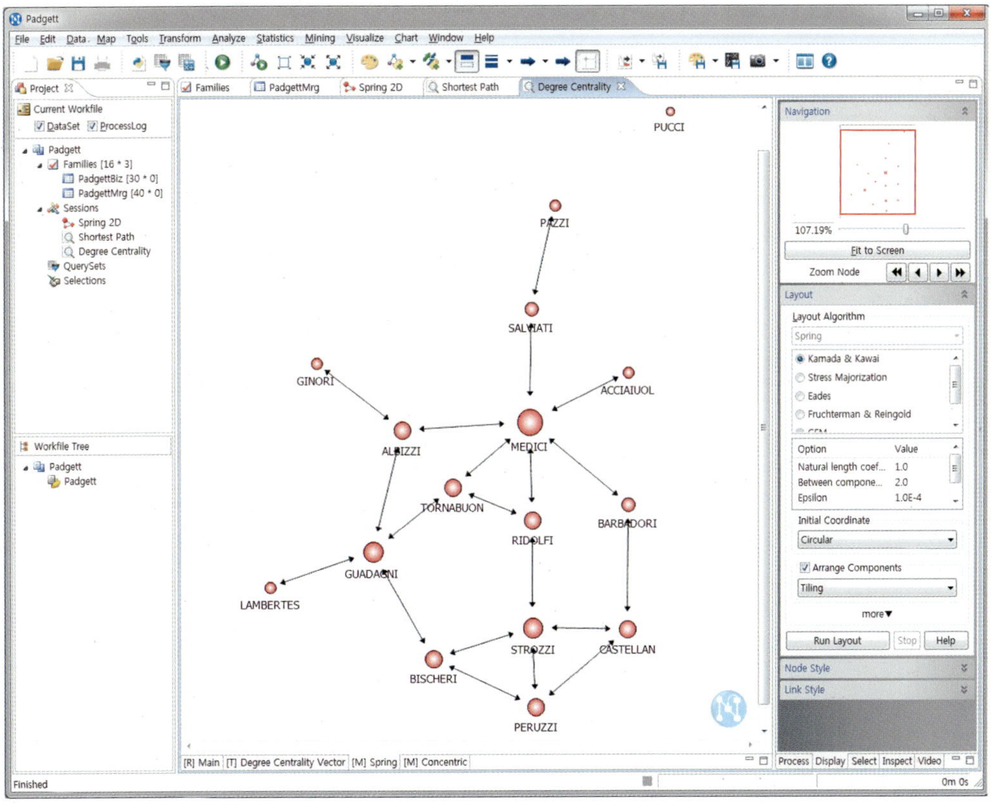

Vector' 패널은 각 노드별로 표준화된 연결중심성 지표를 보여준다.7 이렇게 계산된 연결중심성 지표를 메인 노드셋에 저장하여 노드의 속성으로 활용할 수 있다. 이를 위해서는 '[T] Degree Centrality Vector' 패널의 테이블 위에서 마우스 오른쪽 버튼을 클릭한 후 『Add to Workfile>Node Attribute』 메뉴를 선택한다. 연결중심성분석을 수행하면 그 결과로서 두 가지 네트워크 그래프가 생성되어 '[M] Spring' 패널과 '[M] Concentric' 패널에 출력된다. '[M] Spring' 패널에서는 연결중심성의 크기에 비례하여 노드의 크기가 조정된 그래프를 볼 수 있다([그림 11-73]). '[M] Concentric' 패널에는 연결중심성의 크기에 따라 동심원형으로 노드들이 배치된 그래프가 생성된다([그림 11-74]). 이 그래프는 앞서 최단경로 분석 시에는 생성되지 않았던 그래프이다. 이처럼 NetMiner는 각각의 분석 유형에 따라 그 맥락에 맞는 적절한 분석 결과 및 그래프를 제공한다.

시각화 작업을 통해 생성된 그래프를 클립보드로 복사하거나 별도의 파일로 저장하여 문

그림 11-74 ❙ 연결중심성 2

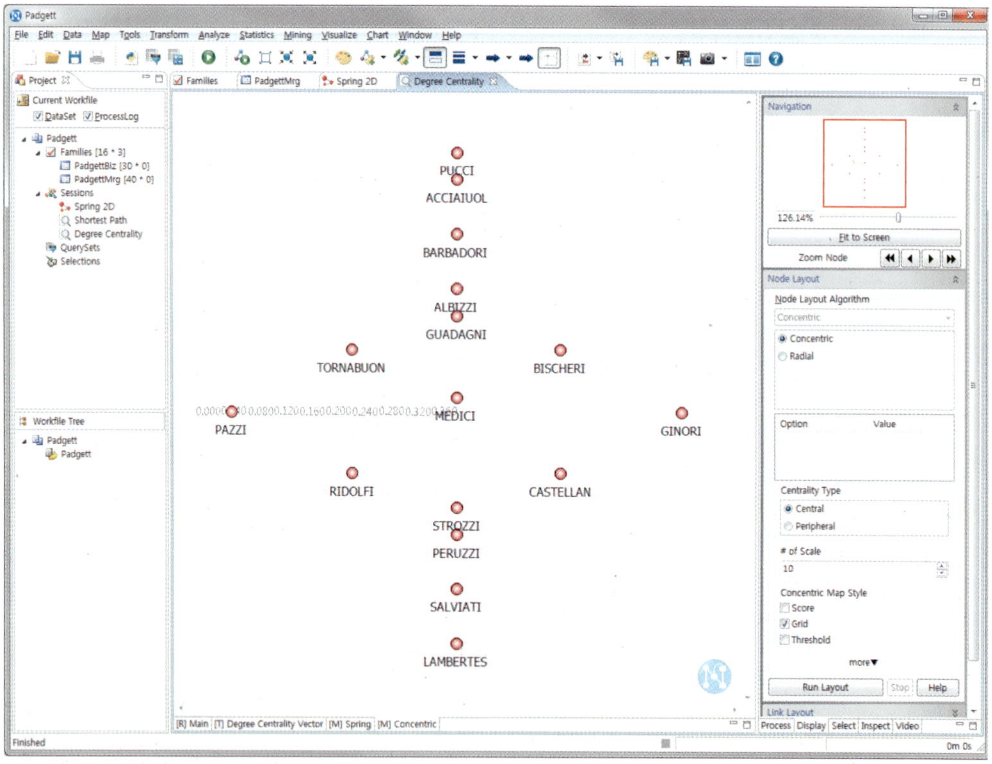

7 비표준화된 노드별 연결정도를 구하려면 『Analyze>Neighbor>Degree』 메뉴를 선택한다.

서 작업에 활용할 수 있다. 『Map>Capture Map>To File』 또는 『Map>Capture Map>To Clipboard』를 선택하여 파일로 저장하거나 클립보드에 복사한다. 메뉴바의 카메라 모양 아이콘도 동일한 기능을 수행한다.

Pajek

Pajek는 네트워크분석과 시각화 기능을 제공하는 공개 소프트웨어이다. Pajek는 수천 수만 개의 노드를 갖는 대규모 네트워크의 분석과 시각화에 특히 탁월한 것으로 알려져 있다. Pajek는 슬로베니아어로 '거미'를 뜻하며 'Pah-yek'로 발음한다. 여기에서는 금속제품에 대한 80개 국가 간 수입관계 네트워크를 이용하여 시각화 기능을 중심으로 간단히 살펴본다(Nooy et al. 2009; Pajek 2016; Imports_manufactures.net, Continent.clu, GDP_1995.vec 파일).[8]

Pajek의 실행

Pajek의 웹사이트(http://pajek.imfm.si)에서 Pajek 소프트웨어를 내려받아 설치한다. Pajek를 설치한 후 실행하면 [그림 11-75]와 같은 초기 화면을 볼 수 있다. Pajek는 네트워크 데이터와 속성 데이터를 확장자가 다른 별도의 텍스트 파일로 저장한다. 네트워크 데이터는 '.net' 확장자의 파일 형식으로 저장하며, 네트워크 데이터를 설명하는 속성은 '.clu'(partition), '.vec'(vector), '.per'(permutation), '.cls'(cluster), '.hie'(hierarchy) 등의 확장자를 갖는 파일 형식으로 다룬다. 이들 데이터 파일들은 Pajek 초기 화면에서 볼 수 있는 『Networks』, 『Partitions』, 『Vectors』, 『Permutations』, 『Cluster』, 『Hierarchy』 블록을 통해서 읽어들이거나, 저장하거나, 편집할 수 있다. Pajek 파일은 텍스트 파일 형식이기 때문에 일반적인 워드프로세서나 텍스트 파일 편집기(예: 메모장, UltraEdit)를 이용하여 읽거나 편집할 수 있으며, 노드 간의 관계는 엣지리스트 형식으로 표현된다.

8 여기에서는 Pajek 버전 4.10을 기준으로 설명한다.

그림 11-75 ▌ Pajek 초기 화면

그래프 생성

Pajek를 실행시킨 후 『File>Network>Read』 메뉴나 『Networks』 블록의 'Read Network' 아이콘을 통해 네트워크 데이터를 오픈하면 [그림 11-76]과 같이 드롭다운 리스트박스에

그림 11-76 ▌ 네트워크 데이터 오픈

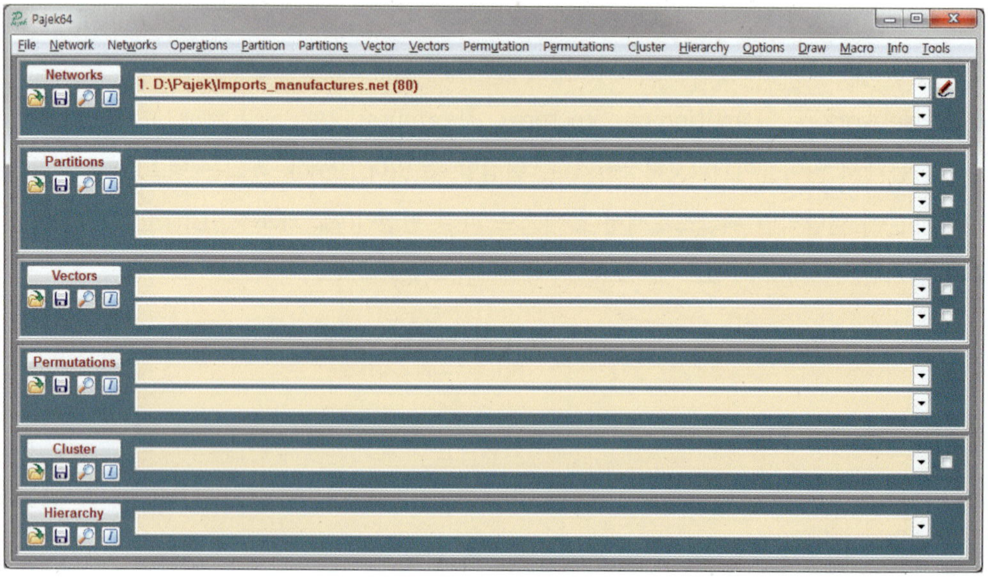

현재 분석대상인 네트워크 데이터 파일이 나타난다(Imports_manufactures.net 파일). 파일 이름을 더블클릭하면 데이터를 볼 수 있다. 파일 이름 마지막의 '(80)'은 네트워크 데이터에 80개의 노드가 포함되어 있음을 의미한다.

『Draw > Network』 메뉴를 선택하면 [그림 11-77]과 같은 네트워크 그래프가 생성된다. 총 80개 국가 간의 금속제품 수입관계를 시각적으로 확인할 수 있다. 『Options > Size > of Vertices』 메뉴를 이용하여 노드 크기를 조정할 수 있다(여기에서는 노드 크기로 8을 입력하였으며, 0을 입력하면 Pajek에 의해 자동으로 노드 크기가 조정된다). 화살표는 한 국가에서 다른 국가로의 교역의 흐름을 나타내며, 화살표상의 숫자는 금속제품의 수입금액(단위: 1,000달러)을 의미한다. 라인상에 값이 나타나게 하기 위해서는 『Options > Lines > Mark Lines > with Values』를 선택한다. 노드의 레이블, 즉 국가명을 노드 옆에 표시하려면 『Options > Mark Vertices Using > Labels』를 선택한다. 노드 레이블의 색상은 『Options > Colors > Font > Vertices > Select』를 선택하여 지정할 수 있으며, 흰색 바탕에

그림 11-77 **금속제품 수입관계 네트워크**

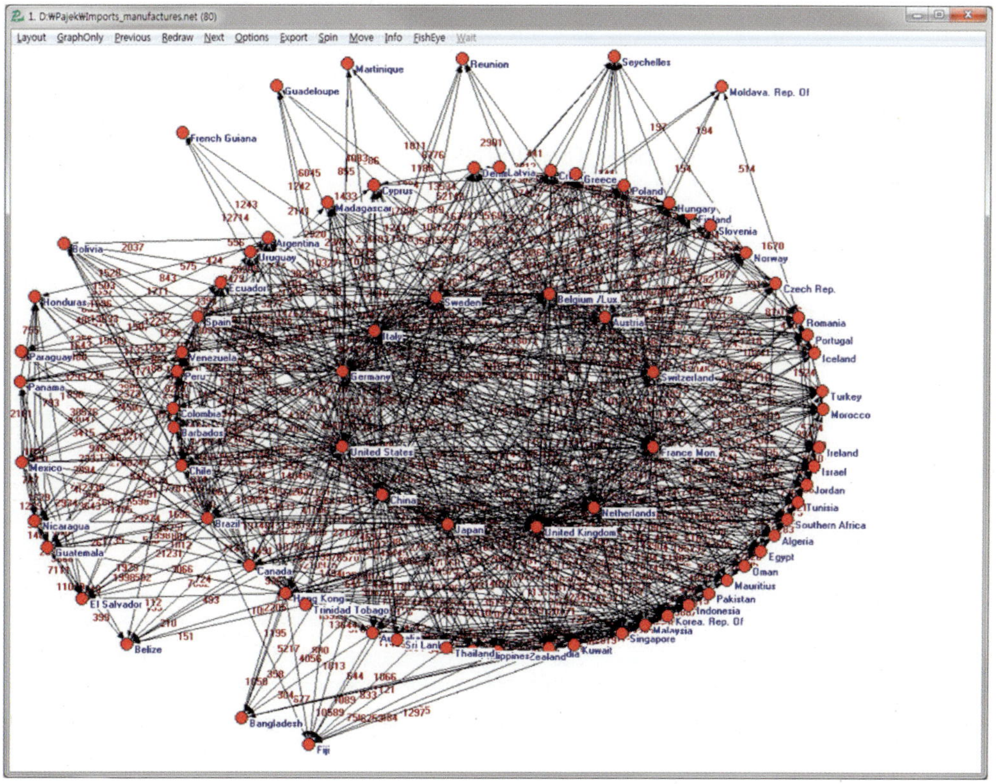

노드 레이블을 나타내려면 『Options>Layout>Labels wih Transparent Background』의 선택을 해제한다. 생성된 그래프를 보면 80개 국가는 크게 세 가지 범주로 나누어져 세 개의 동심원상에 배치되어 있다. 가장 안쪽의 가운데 동심원상의 국가들은 주변 동심원상의 국가들에 비해 자신들끼리 많은 교역을 하고 있으며, 또한 주변 국가들에 많은 수출을 하고 있다.

파티션 시각화

파티션(partition) 데이터를 이용하여 각 국가들이 속한 대륙을 그래프상에 표현해보자. 이를 위해서는 네트워크 데이터에 대응되는(즉 동일한 노드 개수를 갖는) 파티션 데이터가 추가로 오픈되어야 한다. 파티션 데이터는 『File>Partition>Read』 메뉴나 『Partitions』 블록의 'Read Partition' 아이콘을 통해 오픈한다([그림 11-78]; Continent.clu 파일). 파티션은 네트워크 노드들의 범주를 의미하며 정수를 이용하여 나타낸다. 『File>Partition>View/Edit』 메뉴나 『Partitions』 블록의 'View/Edit Partition' 아이콘을 통하여 [그림 11-79]와 같이 파티션 데이터를 볼 수 있다. 여섯 개의 대륙이 1에서 6까지의 정수를 이용하여 정의되었고, 80개 국가별로 소속 대륙이 지정되었다(1: 아프리카, 2: 아시아, 3: 유럽, 4: 북미, 5: 오스트레일리아, 6: 남미). 예를 들어, 첫 번째 노드인 Algeria는 아프리카 대륙에 속하므로 'Val'에 1이 지정되었다.

그림 11-78 | 파티션 데이터 오픈: 대륙 파티션

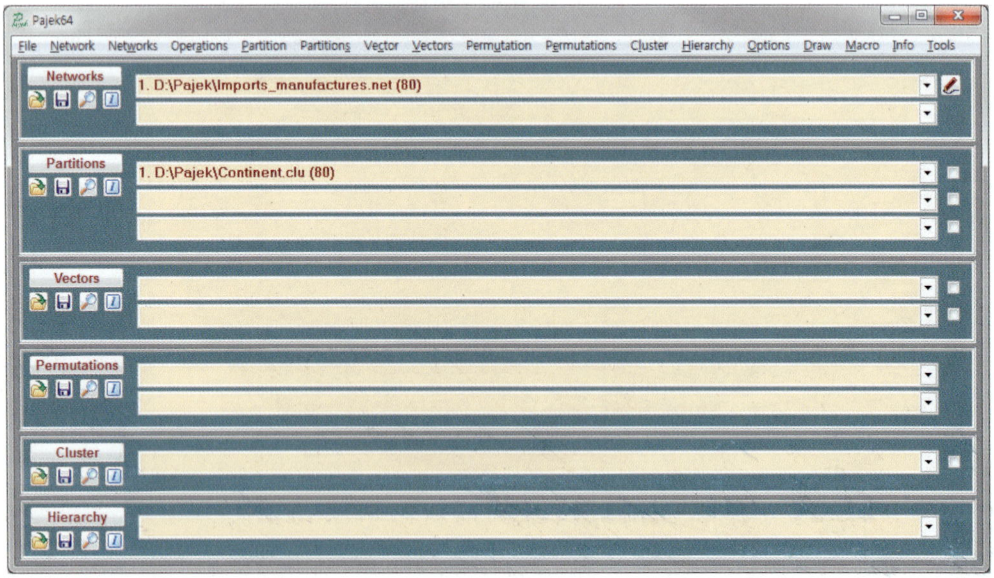

그림 11-79 ▌파티션 데이터 : 대륙 파티션

Editing Partition: 1. D:₩Pajek₩Continent.clu (80)

Redisplay

Vertex	Val	Label
1	1	Algeria
2	6	Argentina
3	5	Australia
4	3	Austria
5	6	Barbados
6	2	Bangladesh
7	3	Belgium /Lux.
8	4	Belize
9	6	Bolivia
10	6	Brazil
11	4	Canada
12	6	Chile

대륙 파티션 데이터를 적용하여 금속제품 수입관계 네트워크 그래프를 다시 그려보면 [그림 11-80]과 같다(『Draw > Network + First Partition』). 국가별 소속 대륙이 여섯 개의 색상으로 표현되었다.

그림 11-80 ▌금속제품 수입관계 네트워크 : 대륙 파티션

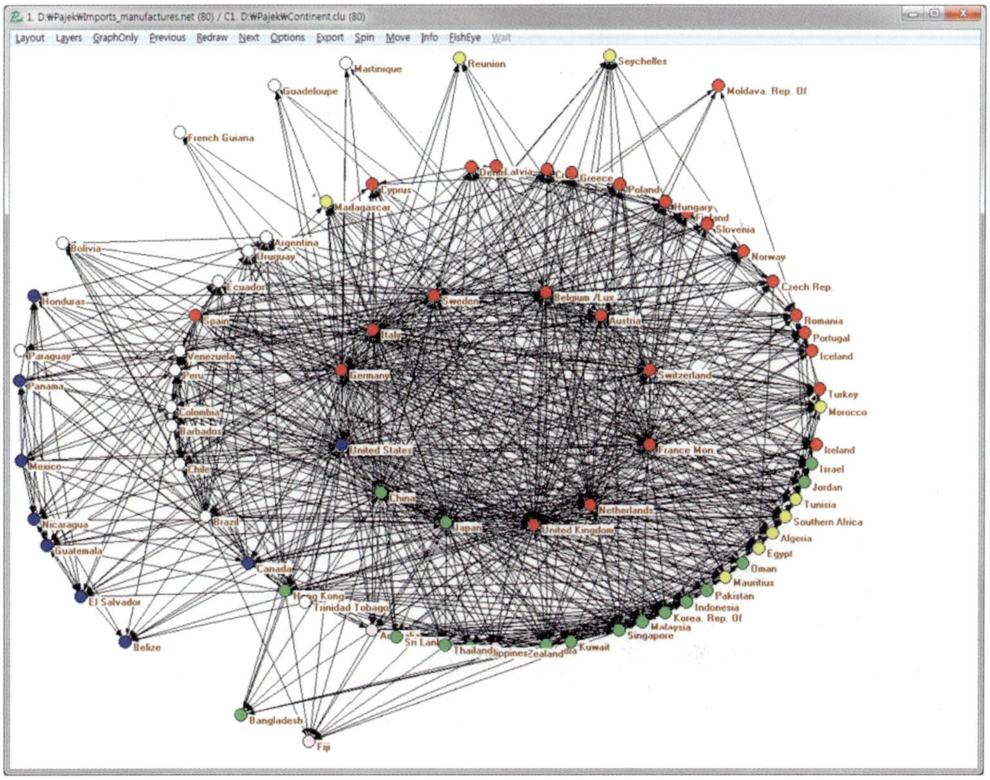

파티션은 네트워크의 노드들을 클러스터로 분할한다. 다시 말해 파티션은 네트워크를 지정된 파티션 개수만큼의 영역으로 분할한다. 따라서 우리는 파티션 정보를 바탕으로 네트워크 그래프를 축소시켜 시각적으로 단순화시킬 수 있다. Pajek는 세 가지 방법으로 그래프를 축소할 수 있는 방법을 제공한다. 첫째, 각 클러스터의 노드들을 하나의 새로운 노드로 대체하여 그래프를 축소시킬 수 있다. 즉 클러스터가 개별 노드화되어 클러스터 간의 관계가 그래프상에 나타난다. 둘째, 하나의 클러스터만을 대상으로 노드들을 추출하여 그래프를 축소시킬 수 있다. 즉 지정한 하나의 클러스터 내 노드들 간의 관계가 그래프상에 나타난다. 셋째, 하나의 클러스터는 그대로 둔 채 나머지 클러스터들을 축소시킬 수 있다. 즉 지정한 클러스터의 개별 노드와 다른 클러스터 간의 관계구조가 나타난다.

먼저 파티션 정보를 바탕으로 클러스터 간의 관계를 네트워크 그래프로 표현해보자. 여기에서 클러스터 간의 관계는 대륙 간의 교역관계를 의미한다. 한 대륙에 속한 모든 국가들은 그 대륙 전체를 대표하는 하나의 새로운 노드로 대체된다. 또한 국가 간의 모든 라인은 해당 국가가 속한 대륙 간의 관계를 대표하는 하나의 새로운 라인으로 대체된다. 예를 들어, 유럽 대륙의 국가에서 아시아 대륙의 국가로 향하는 모든 라인은 유럽 대륙 노드와 아시아 대륙 노드 간의 하나의 라인으로 대체된다. 대륙 간 라인의 값은 두 대륙에 속한 국가들 간의 원래 라인 값의 합으로 표현되며, 이는 두 대륙 간 수입금액의 총합을 나타낸다.

클러스터 간의 관계를 그래프로 표현하기 위해서는 네트워크 데이터와 대륙을 나타내는 파티션 데이터가 오픈되어 있는 상태에서 『Operations>Network+Partition>Shrink Network』를 선택한다. 이어서 나타나는 『Shrink according to Partition』 대화상자에서 선택사항을 지정한다([그림 11-81]). 'Minimum Number of Lines between Clusters'는 클러스터 간에 존재해야 하는 최소 라인의 개수를 지정한다. 여기에서는 1을 지정한다. 'Cluster that will not be Shrunk'에는 축소하지 않을 클러스터를 지정한다. 여기에서는 0을 지정하며, 이는 모든 클러스터를 축소한다는 것을 의미한다. 선택사항을 모두 지정한

그림 11-81 『Shrink according to Partition』 대화상자 1

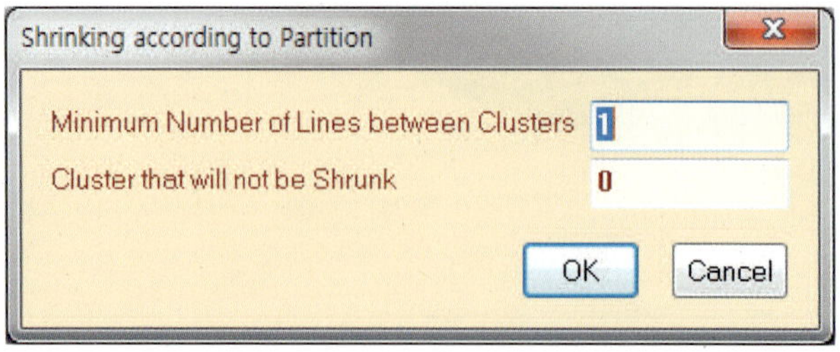

후 『OK』 버튼을 클릭하면 [그림 11-82]와 같이 축소된 새로운 네트워크 데이터와 파티션 데이터가 생성되어, 『Networks』 블록과 『Partitions』 블록의 드롭다운 리스트박스에 추가

그림 11-82 ▌대륙 간 수입관계 네트워크 및 파티션 데이터 생성

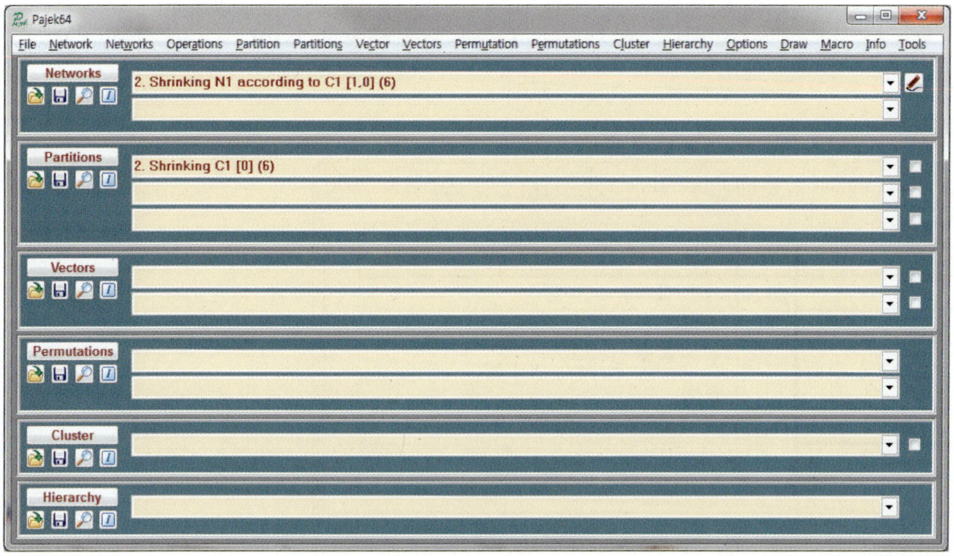

그림 11-83 ▌대륙 간 수입관계 네트워크

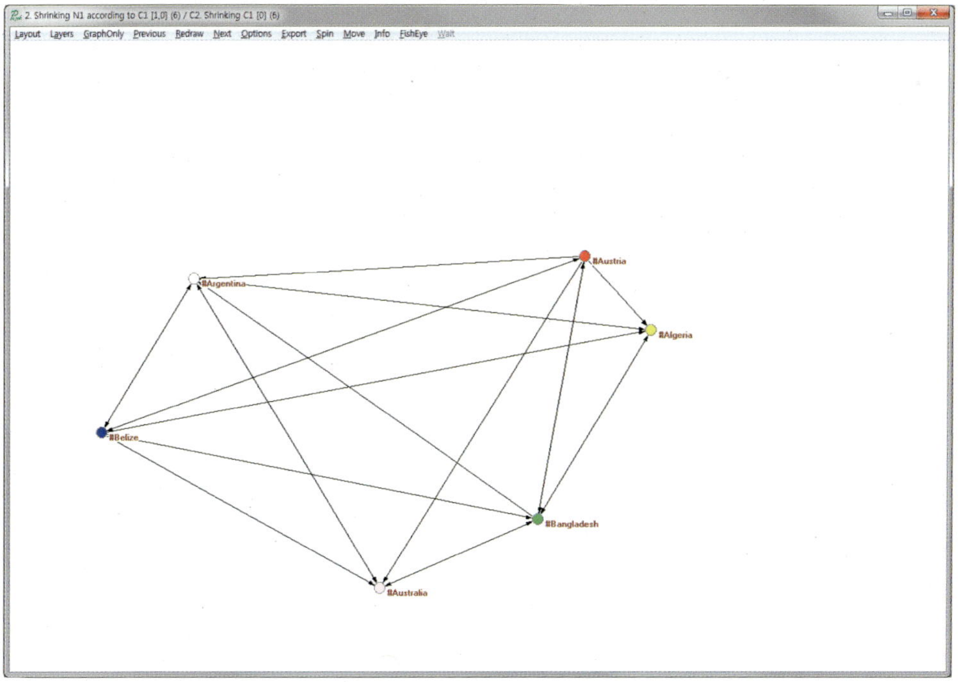

된다. 『Draw>Network+First Partition』 메뉴를 선택하면 [그림 11-83]과 같은 대륙 간 수입관계 네트워크 그래프가 생성된다.

[그림 11-83]의 여섯 개 노드는 각각 여섯 개의 대륙을 나타낸다. Pajek는 새롭게 생성된 노드의 이름을 각 클러스터에 속한 첫 번째 노드의 이름에 '#'를 붙여서 자동으로 부여한다. 따라서 의미 있는 새로운 이름으로 파티션을 수정할 필요가 있다. 『File>Partition>

그림 11-84 ❚ 파티션 데이터 수정 1

Editing Partition: 2. Shrinking C1 [0] (6)

Redisplay

Vertex	Val	Label
1	1	아프리카
2	6	남미
3	5	오스트레일리아
4	3	유럽
5	2	아시아
6	4	북미

그림 11-85 ❚ 대륙 간 수입관계 네트워크 : 파티션 데이터 수정 후

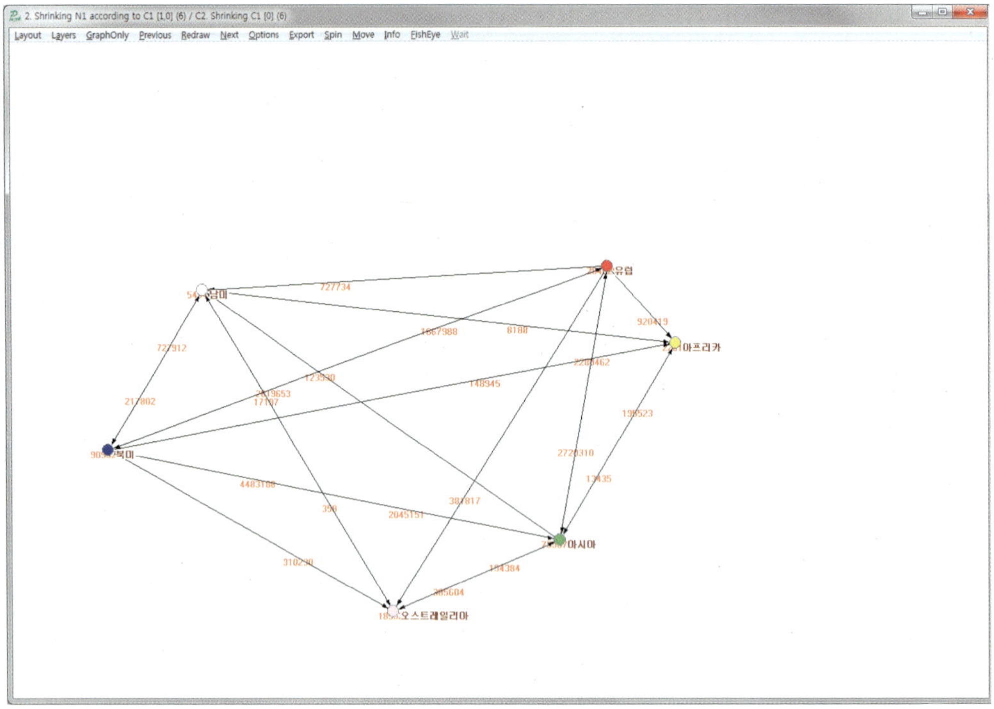

View/Edit』 메뉴나 『Partitions』 블록의 'View/Edit Partition' 아이콘을 이용하여 [그림 11-84]와 같이 파티션 데이터를 수정한다. 그런 다음 다시 네트워크 그래프를 생성하면 [그림 11-85]와 같이 대륙의 이름이 부여된 그래프를 얻을 수 있다(라인상에 값이 나타나게 하기 위해서는 『Options >Lines >Mark Lines >with Values』를 선택한다).

이번에는 하나의 클러스터만을 대상으로 노드들을 추출하여 그래프를 축소시켜 보자. 이를 위해서는 네트워크 데이터와 대륙을 나타내는 파티션 데이터가 오픈되어 있는 상태에서 『Operations >Network +Partition >Extract SubNetwork』를 선택한다. 이어서 나타나는 『Select Clusters』 대화상자에서 추출하고자 하는 클러스터를 선택한다([그림 11-86]). 여기에서는 아시아 대륙의 국가들을 추출하기 위하여 아시아 대륙을 나타내는 2를 입력한다. 『OK』 버튼을 클릭하면 [그림 11-87]과 같이 새로운 네트워크 데이터와 파티션 데이터

그림 11-86 ▌『Select Clusters』 대화상자

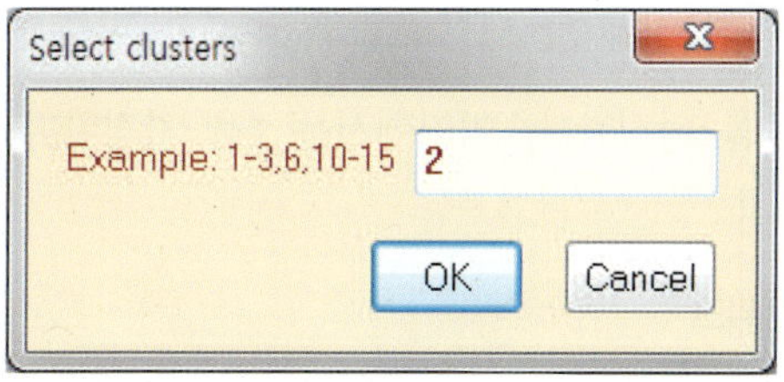

그림 11-87 ▌아시아 국가 간 수입관계 네트워크 및 파티션 데이터 생성

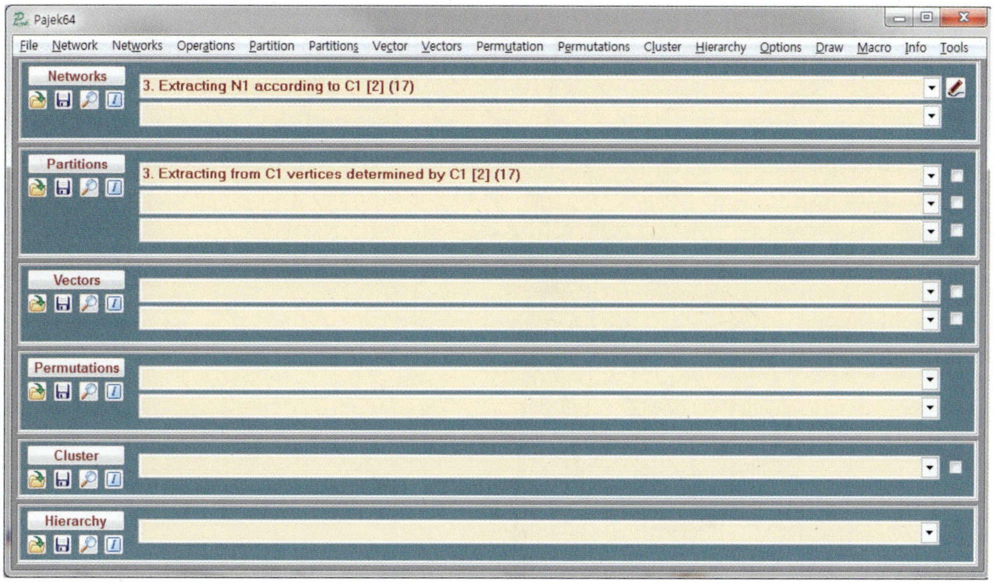

가 생성되어, 『Networks』 블록과 『Partitions』 블록의 드롭다운 리스트박스에 추가된다. 『Draw > Network + First Partition』 메뉴를 선택하면 [그림 11-88]과 같은 아시아 대륙에 속한 국가들 간의 수입관계 네트워크 그래프가 생성된다.

대륙 간 네트워크 그래프는 대륙 간의 교역관계를 파악할 수 있게 한다. 하나의 대륙을 대상으로 노드들을 추출하면 한 대륙 내에서의 교역관계를 이해할 수 있다. 한 대륙에 속한 국가들과 나머지 다섯 개 대륙 간의 교역관계는 이 두 가지 관점의 네트워크 축소방법을 결합하여 탐색한다. 즉 하나의 클러스터는 그대로 둔 채 나머지 클러스터들을 축소시킨다. 이러한 방식으로 네트워크를 축소하면 지정한 클러스터의 개별 노드와 나머지 다른 클러스터들 간의 관계구조를 파악할 수 있다.

이러한 결합된 관계구조를 그래프로 표현하기 위해서는 네트워크 데이터와 대륙을 나타내는 파티션 데이터가 오픈되어 있는 상태에서 『Operations > Network + Partition > Shrink Network』를 선택한다. 이어서 나타나는 『Shrink according to Partition』 대화상자에서 선택사항을 지정한다([그림 11-89]). 'Minimum Number of Lines between Clusters'는 클러스터 간에 존재해야 하는 최소 라인의 개수를 지정한다. 여기에서는 1을 지정한다.

그림 11-88 ▮ 아시아 대륙 국가 간 수입관계 네트워크

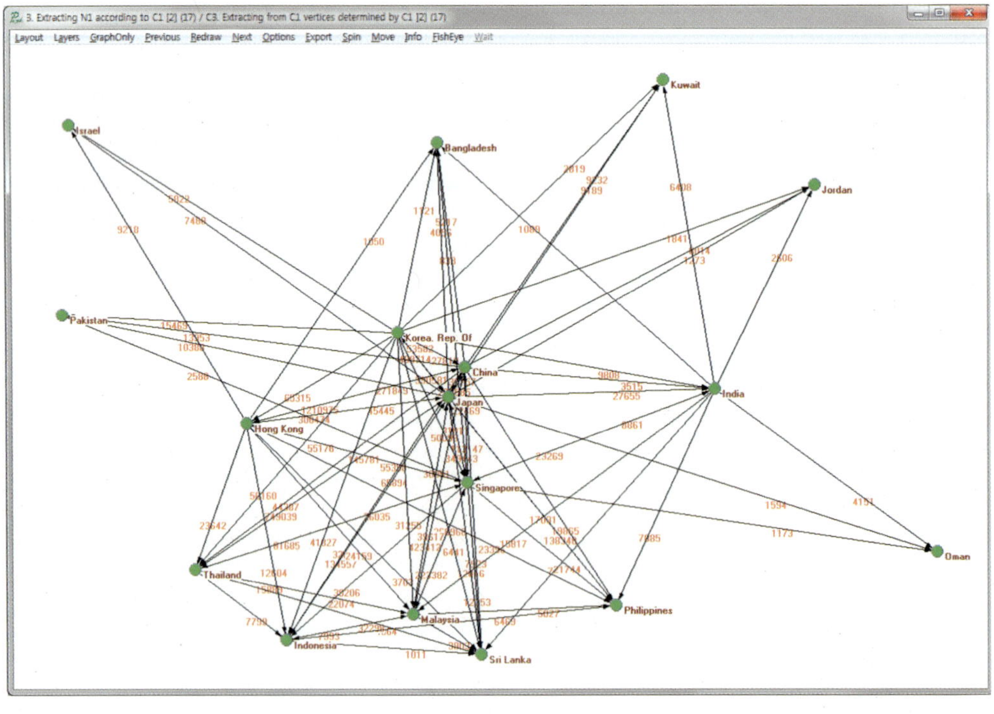

'Cluster that will not be Shrunk'에는 축소하지 않을 클러스터를 지정한다. 여기에서는 2를 지정하여 아시아 대륙을 축소대상에서 제외한다. 선택사항을 모두 지정한 후 『OK』 버튼을 클릭하면 [그림 11-90]과 같이 축소된 새로운 네트워크 데이터와 파티션 데이터가 생성되어, 『Networks』 블록과 『Partitions』 블록의 드롭다운 리스트박스에 추가된다. 아시아 대륙을 제외한 나머지 대륙들에 대한 이름을 [그림 11-91]과 같이 수정한 후, 『Draw>Network+First Partition』 메뉴를 선택하면 [그림 11-92]와 같은 아시아 대륙에 속한 국가들과 나머지 대륙 간 수입관계 네트워크 그래프가 생성된다.

그림 11-89 ▌『Shrink according to Partition』 대화상자 2

그림 11-90 ▌아시아 국가와 나머지 대륙 간 수입관계 네트워크 및 파티션 데이터 생성

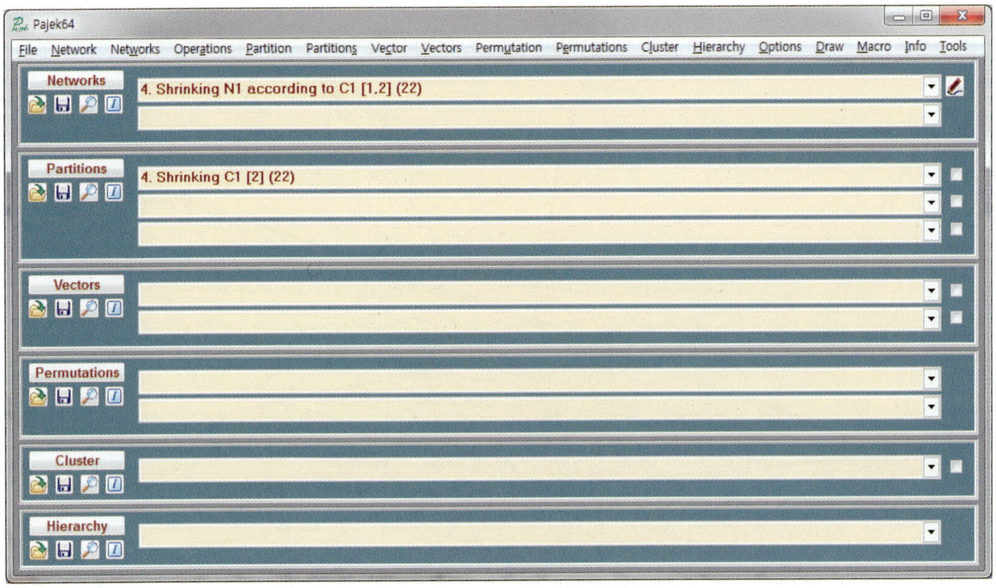

>>> 그림 11-91 ▌파티션 데이터 수정 2

Editing Partition: 4. Shrinking C1 [2] (22)

Redisplay

Vertex	Val	Label
1	1	아프리카
2	6	남미
3	5	오스트레일리아
4	3	유럽
5	4	북미
6	2	Bangladesh
7	2	China
8	2	Hong Kong
9	2	India
10	2	Indonesia
11	2	Israel
12	2	Japan
13	2	Jordan
14	2	Korea. Rep. Of
15	2	Kuwait
16	2	Malaysia
17	2	Oman
18	2	Pakistan
19	2	Philippines
20	2	Singapore
21	2	Sri Lanka
22	2	Thailand

>>> 그림 11-92 ▌아시아 국가와 나머지 대륙 간 수입관계 네트워크

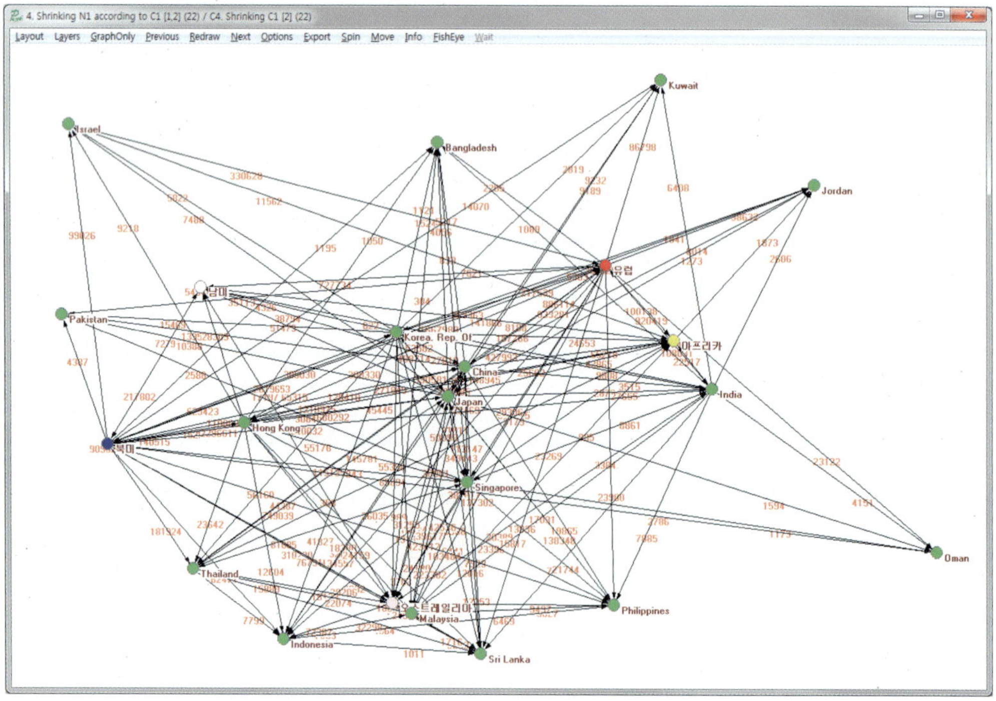

벡터 시각화

파티션이 범주나 유형과 같은 노드의 비연속적 속성을 나타낸다면, 벡터(vector)는 노드의 연속적 속성을 나타낸다. 따라서 벡터는 정해진 범위 내의 어떠한 값이든 가질 수 있으며, 실수를 이용하여 나타낸다. 예를 들어, 국가의 일인당 GDP나 면적 등이 이러한 속성에 해당한다. 이러한 벡터로 표현되는 속성은 파티션으로 표현된 비연속적 속성과는 구별된다. 연속적 속성은 대륙 범주와 같은 비연속적 속성과 달리 노드들을 클러스터링하는 데 적합하지 않으며, 따라서 벡터 정보를 바탕으로 네트워크 그래프를 축소시켜 시각적으로 단순화시키는 목적으로 사용될 수는 없다. 연속적 속성은 노드의 고유의 값을 나타내기 때문에 보통 노드의 크기에 반영되어 네트워크 그래프를 시각화하는 데 이용된다.

여기에서는 총 80개 국가 간의 금속제품 수입관계 네트워크에서 국가의 일인당 GDP가 클수록 노드의 크기가 크게 나타나도록 그래프를 생성해보자. 이를 위해서는 네트워크 데이터에 대응되는(즉 동일한 노드 개수를 갖는) 벡터 데이터가 추가로 오픈되어야 한다. 벡터 데이터는 『File > Vector > Read』 메뉴나 『Vectors』 블록의 'Read Vector' 아이콘을 통해 오픈한다([그림 11-93]; GDP_1995.vec 파일).

일인당 GDP 벡터 데이터를 적용하여 금속제품 수입관계 네트워크 그래프를 그려보자(『Draw > Network + First Vector』). 노드의 크기는 벡터 데이터의 값에 비례하여 조정된

그림 11-93 ▌ 벡터 데이터 오픈 : 일인당 GDP 벡터

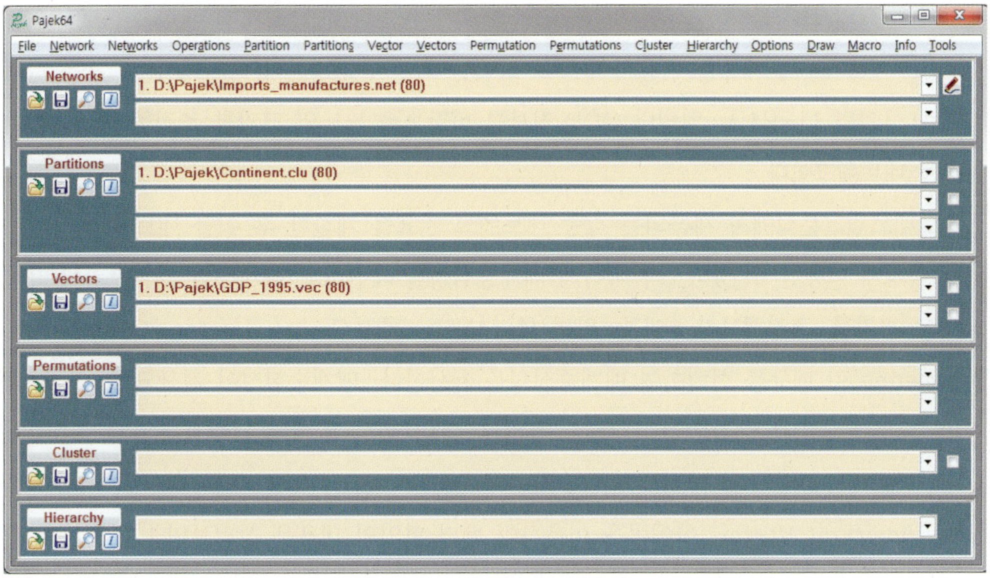

그림 11-94 ▌ 금속제품 수입관계 네트워크 : 일인당 GDP 벡터

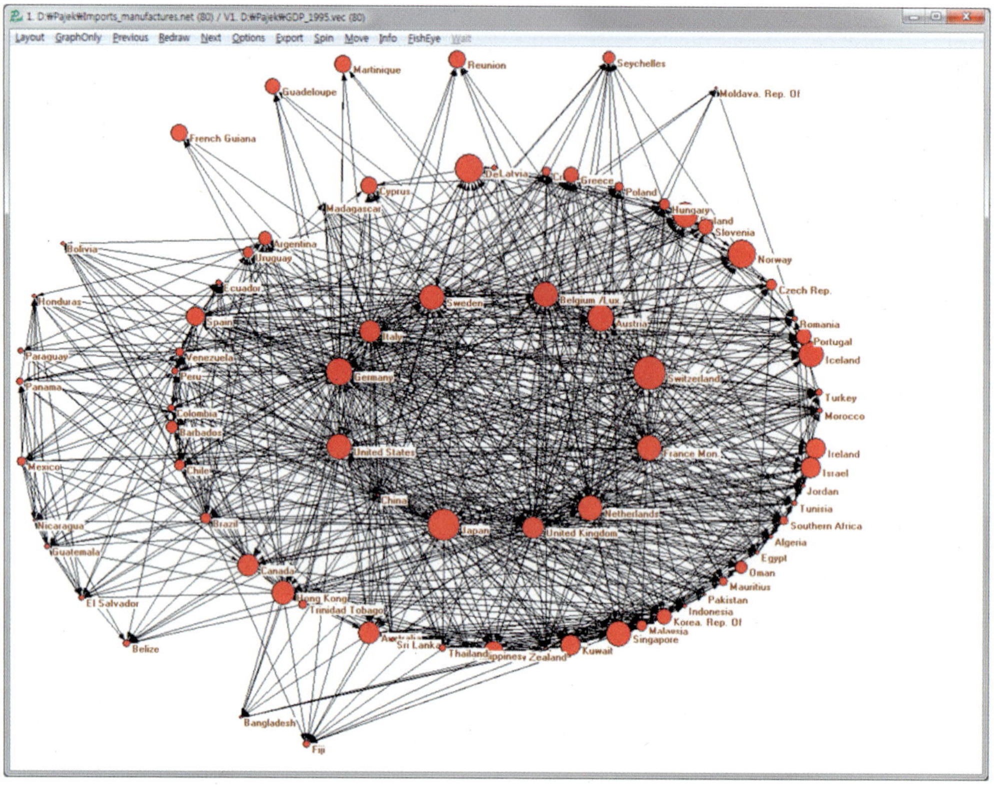

다. 그런데 여기에서 일인당 GDP는 115에서 43,034까지의 범위를 갖기 때문에, 이에 비례하여 노드의 크기를 조정하면 일부 노드의 크기가 지나치게 커지게 된다. 『Options > Size > of Vertices』 메뉴를 이용하여 노드 크기를 적절히 조정한다(여기에서는 0.1을 입력하였다). [그림 11-94]는 일인당 GDP 정보를 바탕으로 노드의 크기를 조정한 국가 간 수입관계 네트워크이다.

소셜네트워크분석에서 제공되는 각종 네트워크 지표를 계산한 후 이를 네트워크 그래프의 시각화에 이용할 수 있다. 각 국가의 매개중심성을 계산하여 매개중심성의 크기에 따라 노드의 크기를 조정해보자. 이를 위해서는 『Network > Create Vector > Centrality > Betweenness』 메뉴를 선택하여 매개중심성을 계산한다. 매개중심성이 계산되면 80개 국가별 매개중심성이 담겨있는 새로운 벡터 데이터 파일이 생성되어 [그림 11-95]와 같이 『Vectors』 블록에 나타난다. 『File > Vector > View/Edit』 메뉴나 『Vectors』 블록의 'View/Edit Vector' 아이콘을 이용하여 벡터 파일의 내용을 살펴보면 [그림 11-96]

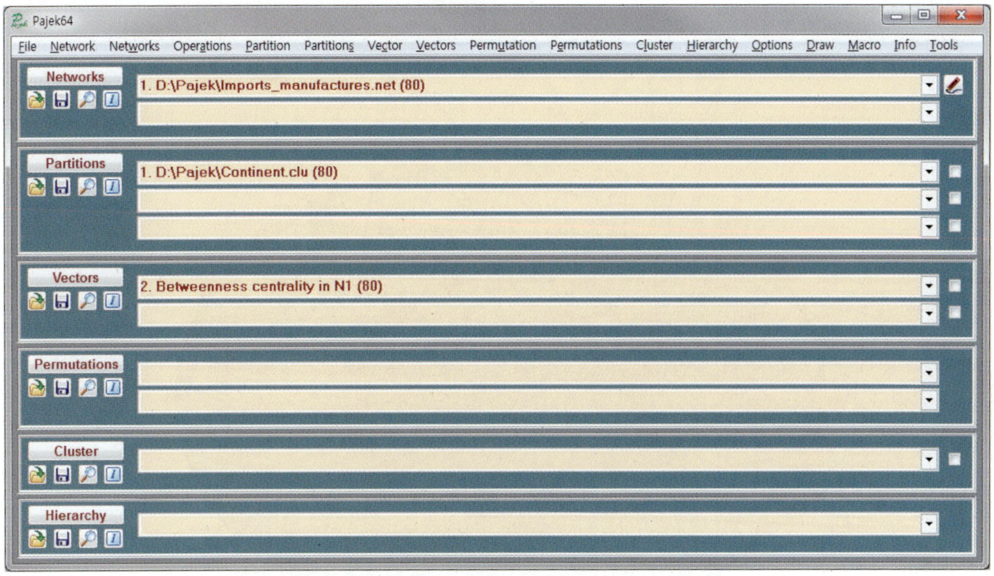

>>> 그림 11-95 ▌벡터 데이터 생성: 매개중심성

Editing Vector: 2. Betweenness centrality in N1 (80)

Redisplay

Vertex	Val	Label
1	0.000000	Algeria
2	0.109847	Argentina
3	0.014754	Australia
4	0.010457	Austria
5	0.000961	Barbados
6	0.000000	Bangladesh
7	0.006410	Belgium /Lux.
8	0.000000	Belize
9	0.002201	Bolivia
10	0.122810	Brazil
11	0.001428	Canada
12	0.105144	Chile

>>> 그림 11-96 ▌벡터 데이터: 매개중심성 벡터

과 같이 각 국가별로 매개중심성이 계산되어 있는 것을 확인할 수 있다.

매개중심성 벡터 데이터를 적용하여 금속제품 수입관계 네트워크 그래프를 그려보자(『Draw>Network+First Vector』). 노드의 크기는 벡터 데이터의 값에 비례하여 조정되며, 여기에서는 『Options>Size>of Vertices』 메뉴를 이용하여 노드를 적당한 크기로 조

그림 11-97 ▌금속제품 수입관계 네트워크: 매개중심성 벡터

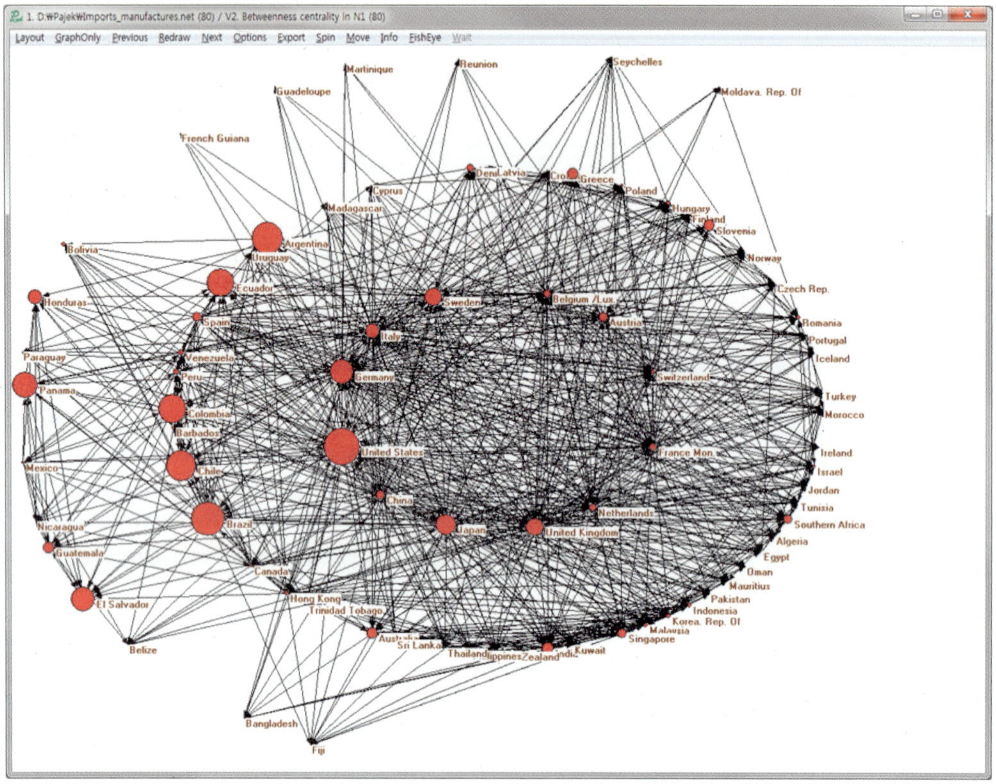

정하였다. [그림 11-97]은 매개중심성의 크기를 바탕으로 노드의 크기를 조정한 국가 간 수입관계 네트워크이다. 매개중심성이 큰 국가는 상대적으로 크게 그래프상에 표현되었다.

사례연구

영화 〈해리 포터 시리즈〉는 J.K. 롤링의 총 일곱 개의 에피소드로 이루어진 동명 판타지 소설을 원작으로 한 작품이다. 해리 포터 소설의 마지막 에피소드인 〈해리 포터와 죽음의 성물(Harry Potter and Deathly Hallows)〉은 두 편의 영화로 만들어져 1부와 2부로 나뉘어 개봉되었다. 여기에서는 영화 〈해리 포터와 죽음의 성물 1부〉에 등장하는 총 54명의 인물들 간의 연결관계를 토대로 소셜네트워크를 구성하였고 NetDraw를 이용하여 그래프로 표현하였다(Harry-UCINET.##h 파일, [그림 11-98]).

등장인물들의 매개중심성 크기를 노드 크기로 환산한 후 NetDraw와 Pajek를 이용하여 그래프로 표현하였다(Harry-UCINET.##h 파일, [그림 11-99]; Harry-Pajek.net 파일, [그림 11-100]). 주인공인 해리 포터(Harry Potter)는 가장 큰 매개중심성을 갖고 있어서 노드의 크기가 가장 크게 표현되었다. 그의 절친한 친구인 헤르미온느(Hermione Granger)와 론(Ron Weasley)의 매개중심성은 그 뒤를 따르는 것으로 나타났다. 해리 포터와 대결 구도를 갖는 볼드모트(Lord Voldemort)와 해리 포터의 후원자인 덤블도어(Albus Dumbledore) 역시 비교적 큰 노드로 표현되어 높은 매개중심성을 갖고 있는 것으로 보인다.

그림 11-98 ▌ 해리 포터 네트워크(NetDraw)

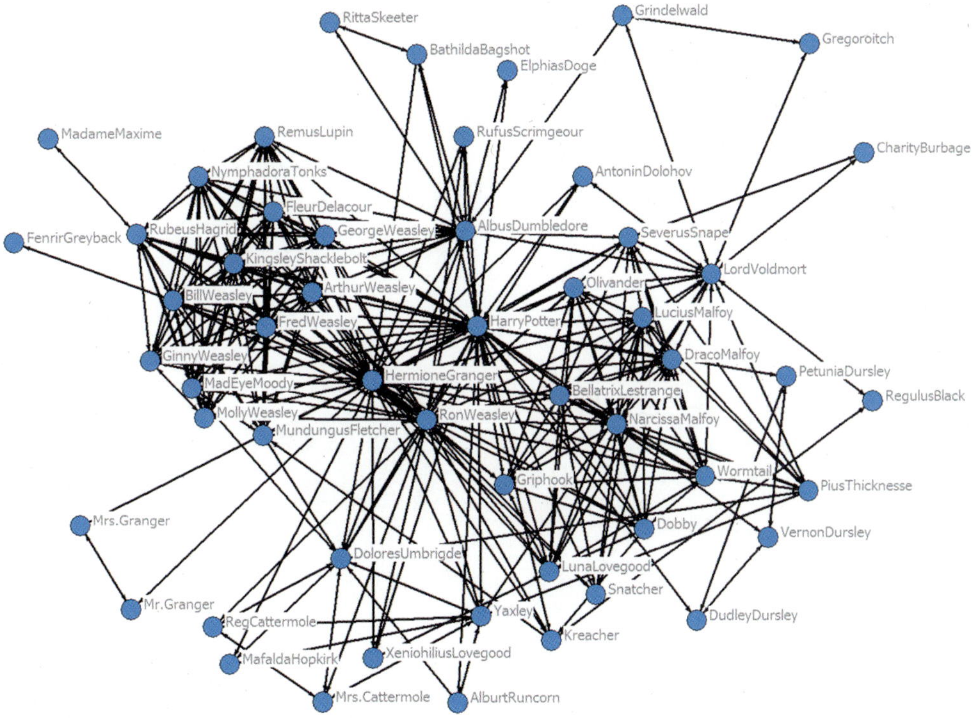

그림 11-99 ▌해리 포터 네트워크: 매개중심성 1(NetDraw)

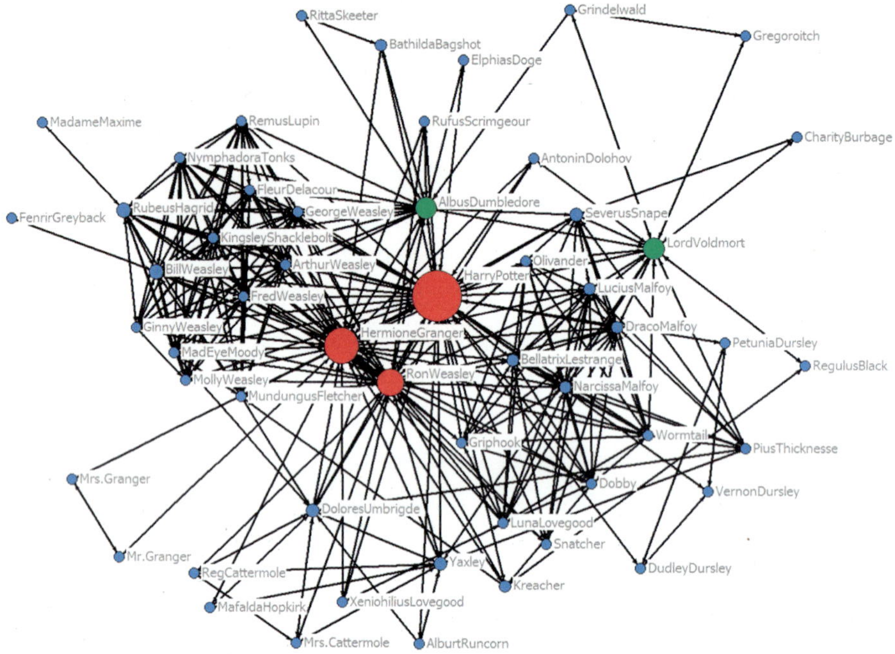

그림 11-100 ▌해리 포터 네트워크: 매개중심성 2(Pajek)

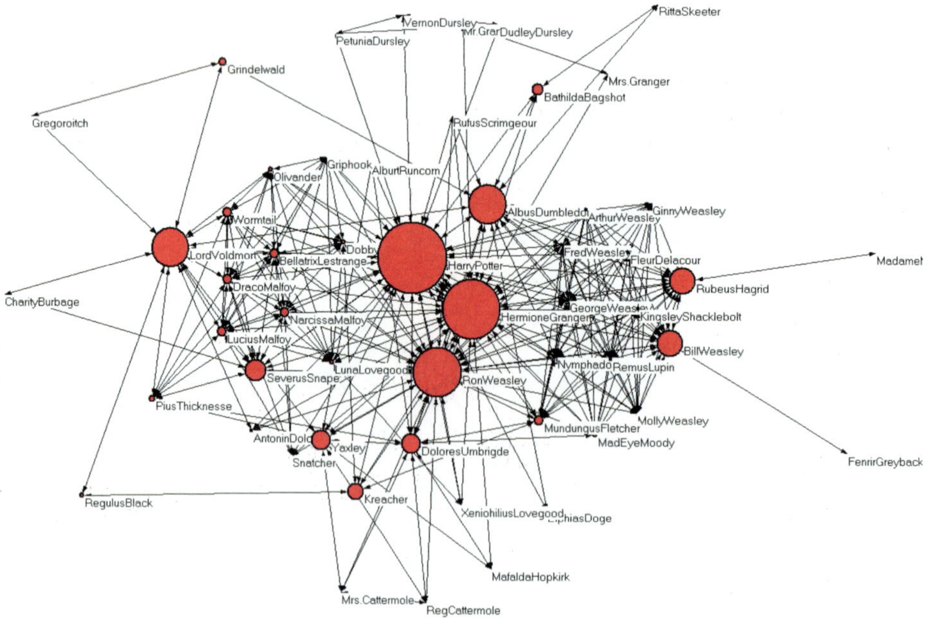

Gephi를 이용하여 영화 속 등장인물들을 클러스터링하였다(Harry-Gephi.dl 파일, [그림 11-101]). 크게 세 개의 그룹이 확인되었다. 하나는 영화 속에서 가장 핵심적인 역할을 수행하는 해리 포터와 그의 친구들로 이루어진 그룹이고(그래프 중앙), 다른 하나는 해리 포터와 대결 구도를 가지면서 이야기를 이끌어 가는 볼드모트와 그의 추종자들인 '죽음을 먹는 자들(The Death Eaters)'이다(그래프 상단). 나머지 하나는 볼드모트와 '죽음을 먹는 자들'에 대항하기 위하여 조직된 '불사조 기사단(The Order of Phoenix)' 그룹이다(그래프 하단).

그림 11-101 ▌ 해리 포터 네트워크 : 클러스터링(Gephi)

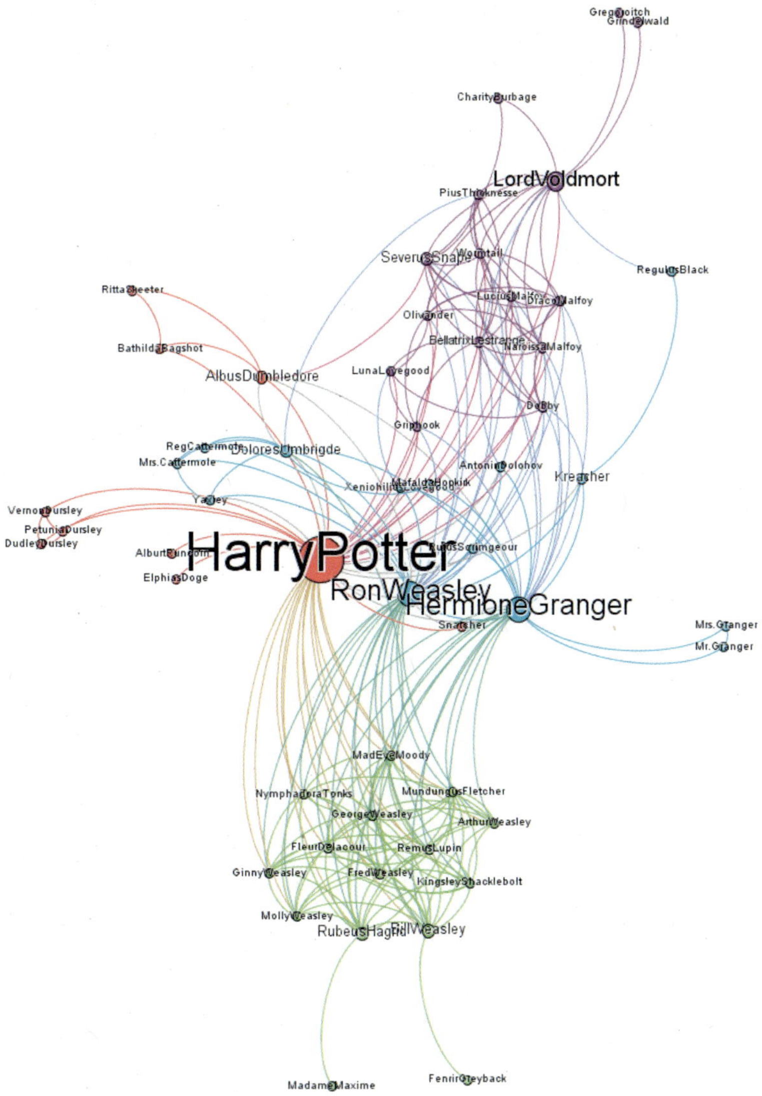

NodeXL을 이용하여 네트워크 지표 간의 관계를 살펴보았다(Harry-NodeXL.xlsx 파일, [그림 11-102]). 노드의 크기는 아이겐벡터중심성을 이용하여 나타냈다. X축에는 연결중심성을 지정하고 Y축에는 매개중심성을 지정한 후 영화 속 등장인물을 그래프상에 배치하였다. 영화 속 주요 등장인물인 해리 포터, 헤르미온느, 론, 볼드모트, 덤블도어 등은 연결중심성과 매개중심성이 모두 높다는 것을 확인할 수 있다.

그림 11-102 ▌ 해리 포터 네트워크 : 네트워크 지표 간 관계(NodeXL)

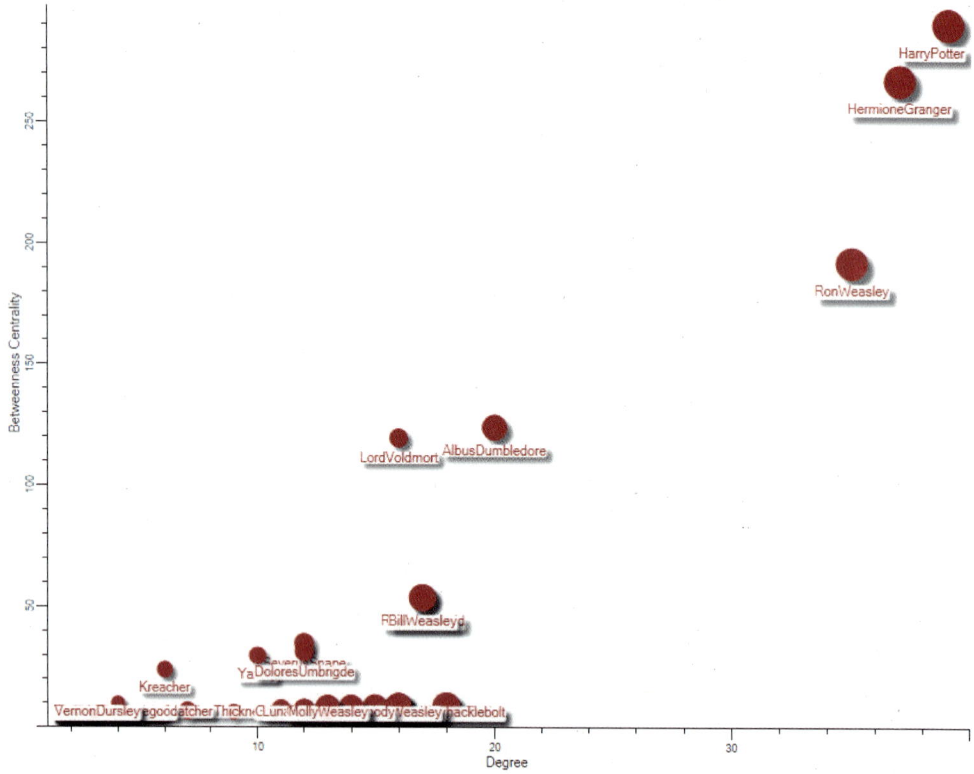

NetMiner를 이용하여 영화 속 등장인물들을 아이겐벡터중심성에 따라 동심원형으로 배치하였다 (Harry-NetMiner.nmf 파일, [그림 11-103]). 주인공인 해리 포터, 그리고 그의 친구들인 헤르미온느와 론이 동심원의 가장 중앙 부분에 위치하고 있는 것을 확인할 수 있다.

그림 11-103 ▌해리 포터 네트워크 : 아이겐벡터중심성(NetMiner)

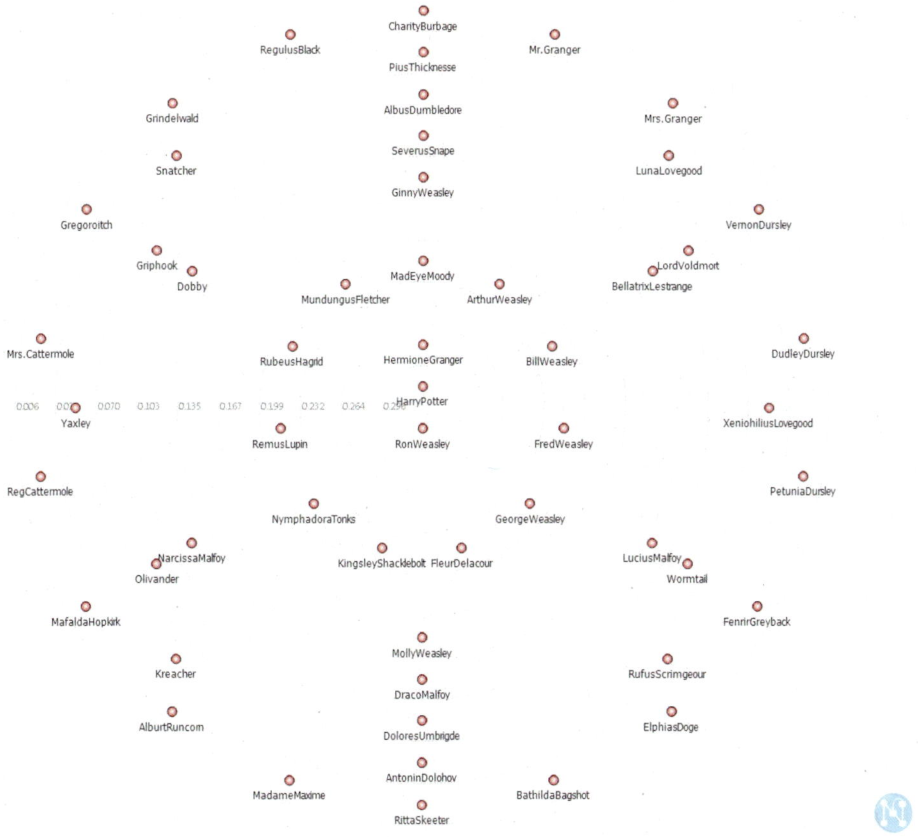

부록

APPENDIX

소셜네트워크분석
Social Network Analysis

- 부록 A UCINET 사용 설명
- 부록 B UCINET 데이터 입력
- 부록 C 연습문제 풀이

APPENDIX

부록 A UCINET 사용 설명

UCINET은 다양한 소셜네트워크분석 기법을 활용할 수 있는 환경을 제공한다. 여기에서는 UCINET을 활용하기 위한 기본적인 사용방법을 소개한다(Analytic Technologies 2016; Borgatti et al. 2002; Hanneman and Riddle 2005; Prell 2012).[1]

UCINET 메뉴 구조

UCINET은 [그림 A-1]의 초기 화면과 같이 File, Data, Transform, Tools, Network,

그림 A-1 | UCINET 초기 화면

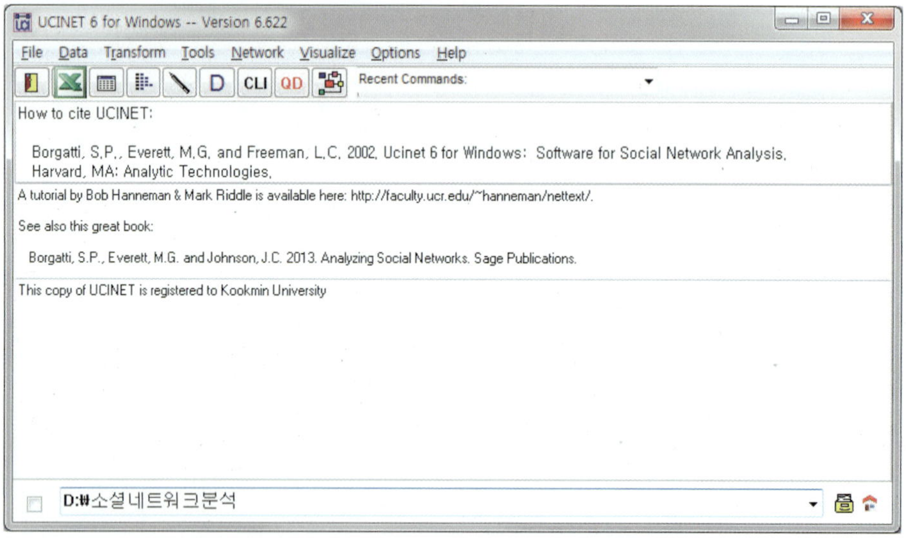

1 여기에서는 UCINET 버전 6.622를 기준으로 설명한다.

그림 A-2 ▌UCINET 주요 메뉴

메뉴	설명
File	데이터 파일의 복사, 이름 변경, 삭제 등의 기능 수행
Data	데이터의 생성, 이동, 추출, 결합 등의 기능 수행
Transform	데이터의 변형과 관련된 기능 수행
Tools	분석을 위한 각종 도구 제공, 군집분석 및 가설검정 수행
Network	소셜네트워크분석 기능 수행
Visualize	소셜네트워크의 시각화 기능 수행

Visualize, Options, Help 등 여덟 가지 메뉴를 제공한다. 이 중 주요 메뉴 여섯 가지에 대한 개략적인 설명을 [그림 A-2]와 같이 정리하였다.

UCINET 수행 절차

UCINET은 [그림 A-3]에서 볼 수 있는 것처럼 두 종류의 입력을 받아서 두 종류의 출력을 생성한다.

그림 A-3 ▌UCINET 수행 절차

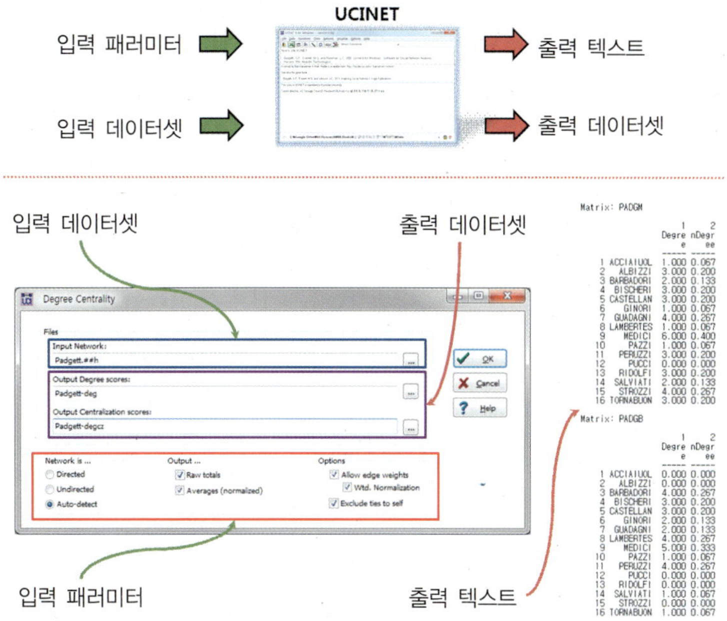

UCINET을 이용한 소셜네트워크분석을 수행하기 위해서는 우선 입력요소로서 네트워크 데이터셋이 필요하다. 대부분의 분석은 하나의 데이터셋을 필요로 한다. 그러나 하나의 데이터셋이라 하더라도 동일한 액터에 대해서 여러 유형의 관계 정보(예: 결혼관계/비즈니스 관계, 친구관계/조언관계/보고관계)를 담게 되면 내부에 복수 개의 데이터 매트릭스가 포함될 수 있다. 대부분의 분석은 하나의 데이터셋으로 충분하지만, 특정 분석(예: Join, QAP 회귀분석)에서는 복수 개의 데이터셋을 필요로 한다.

패러미터 지정은 UCINET분석을 수행하기 위한 두 번째 입력요소이다. 패러미터 지정을 통해 분석이 수행되는 방식을 지정한다. 예를 들어, [그림 A-3]은 연결중심성을 계산하기 위한 패러미터 지정을 보여준다. 입력 데이터셋과 출력 데이터셋의 이름을 지정하고, 연결 관계의 방향, 출력 형태, 관계강도 허용 여부, 대각선 값의 처리방법 등을 지정한다.

출력요소로는 패러미터 지정 시 지정한 출력 데이터셋이 있다. 출력 데이터셋에는 분석을 수행한 결과가 저장된다. UCINET은 분석한 결과를 나타내는 출력 데이터셋에 자동으로 이름을 부여한다. 예를 들어, 출력 데이터셋 'Padgett-deg'에서 '-deg'는 UCINET에서 연결중심성분석을 나타내는 이름으로 제공되는 것이고, 앞의 'Padgett'는 입력 데이터셋 이름이다. 출력 데이터셋의 이름은 사용자가 변경할 수 있다.

또 다른 출력요소로서 UCINET은 출력 텍스트를 제공한다. 출력 텍스트는 텍스트 파일(.txt)의 형태로 생성되며, 화면에 자동으로 출력된다. 수행된 결과는 『File>View Previous Output』을 통해 확인할 수 있다.

데이터 파일 복사/변경/삭제

UCINET 데이터는 두 개의 파일로 구성된다. 하나는 데이터에 대한 정보를 담고 있는 헤더(header) 파일로서 '.##h'를 확장자로 사용한다. 또 다른 하나는 실제 데이터를 담고 있는 데이터 파일로서 '.##d'를 확장자로 사용한다. 데이터 생성 시 이 두 개의 파일은 동시에 생성되며, 분석을 위해서는 이 두 개의 파일은 항상 함께 존재해야 한다. 그러나 분석을 위해서 파일을 불러들이거나 저장할 때는 헤더 파일만이 참조되어 사용된다.

UCINET 데이터 파일은 이처럼 특별한 형식으로 저장되기 때문에 UCINET 환경 내에서 파일을 다루는 것이 안전하고 때로는 편리하다. UCINET은 자체적으로 기본적인 파일 다루기 기능을 제공한다. UCINET에서 제공되는 기능을 사용하면 하나의 데이터 파일을 구성하는 '.##h' 파일과 '.##d' 파일을 동시에 다룰 수 있는 장점이 있다. 만약 외부 운영체제 환경에서 UCINET 데이터 파일을 다룰 때는 반드시 두 개 파일을 모두 함께 다루어야 한다. UCINET은 파일을 복사하거나, 파일을 삭제하거나, 파일 이름을 변경할 수 있는 기능을 제공한다. 이 기능들은 운영체제에서 일반적으로 제공되는 것과 같은 기능을 두 개의 UCINET 파일을 대상으로 동시에 수행한다.

- 『File>Copy UCINET Dataset』: 파일을 복사한다.
- 『File>Rename UCINET Dataset』: 파일 이름을 변경한다.
- 『File>Delete UCINET Dataset』: 파일을 삭제한다.

데이터 파일을 불러들이거나 저장하는 기본 작업 폴더를 설정할 수 있다. 이렇게 설정된 디폴트 폴더에는 UCINET 데이터 파일과 분석 결과 파일이 저장된다.

- 『File>Change Default Folder』: 디폴트 작업 폴더를 설정한다.

데이터 파일 생성

UCINET은 데이터 파일을 생성하는 다양한 방법을 제공한다(자세한 내용은 부록 B UCINET 데이터 입력 참고).

- 『Data>Data Editors』: UCINET의 데이터 편집기를 이용하여 직접 데이터를 입력한다. UCINET은 세 종류의 데이터 편집기를 제공한다(Excel Matrix Editor, Matrix Editor, DL Editor).

그림 A-4 ▌『Data > Data Editors > Excel Matrix Editor』

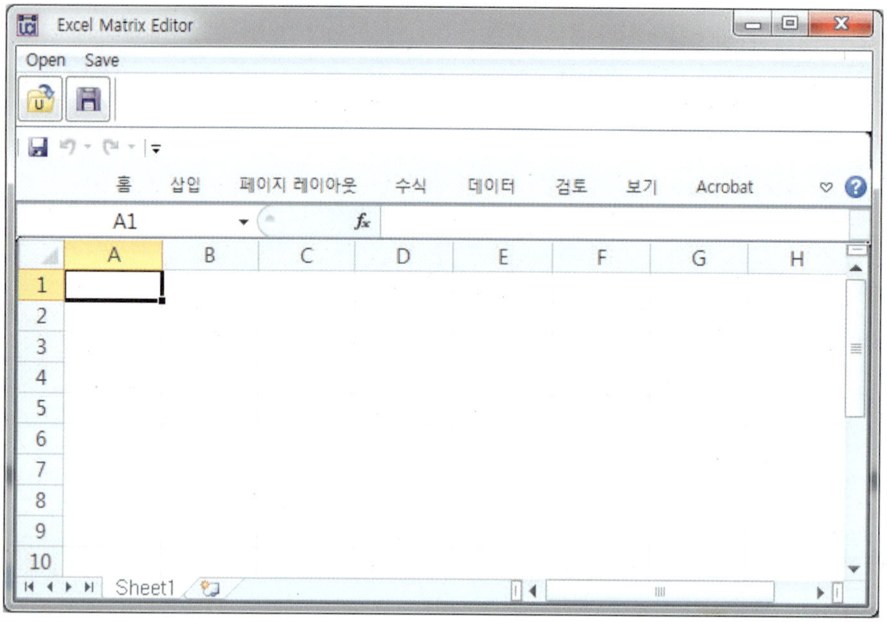

그림 A-5 ▌『Data > Data Editors > Matrix Editor』

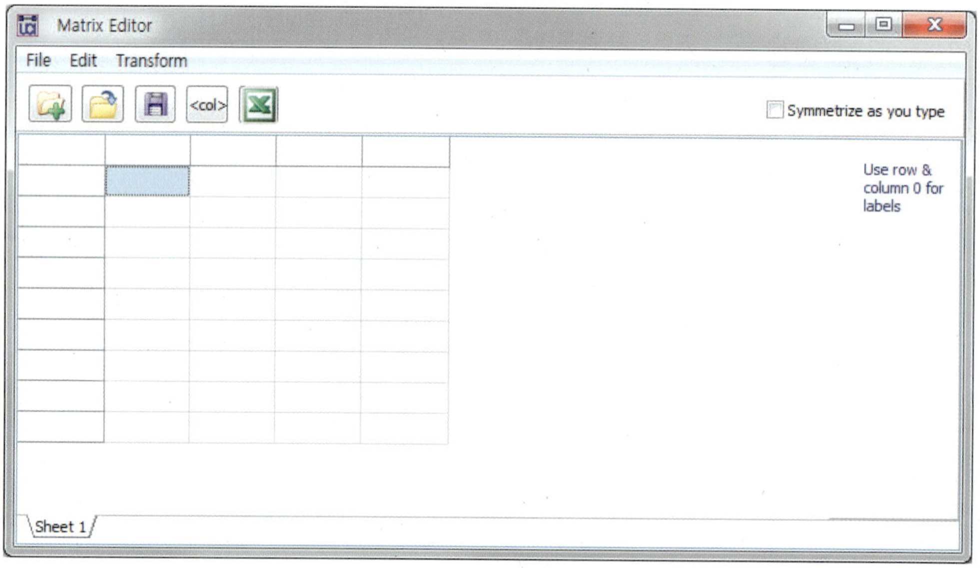

그림 A-6 ▌『Data>Data Editors>DL Editor』

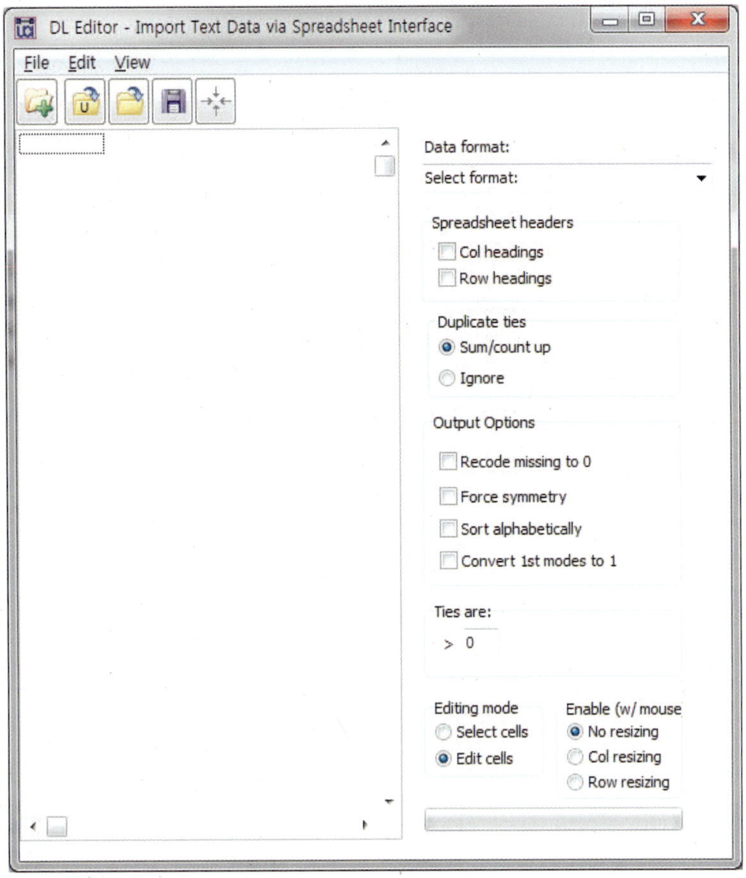

- 『Data>Import Excel>Matrices』: 스프레드시트 형식(엑셀 파일 형식)의 데이터를 UCINET 데이터 파일로 변환한다.

그림 A-7 ▌『Data > Import Excel > Matrices』

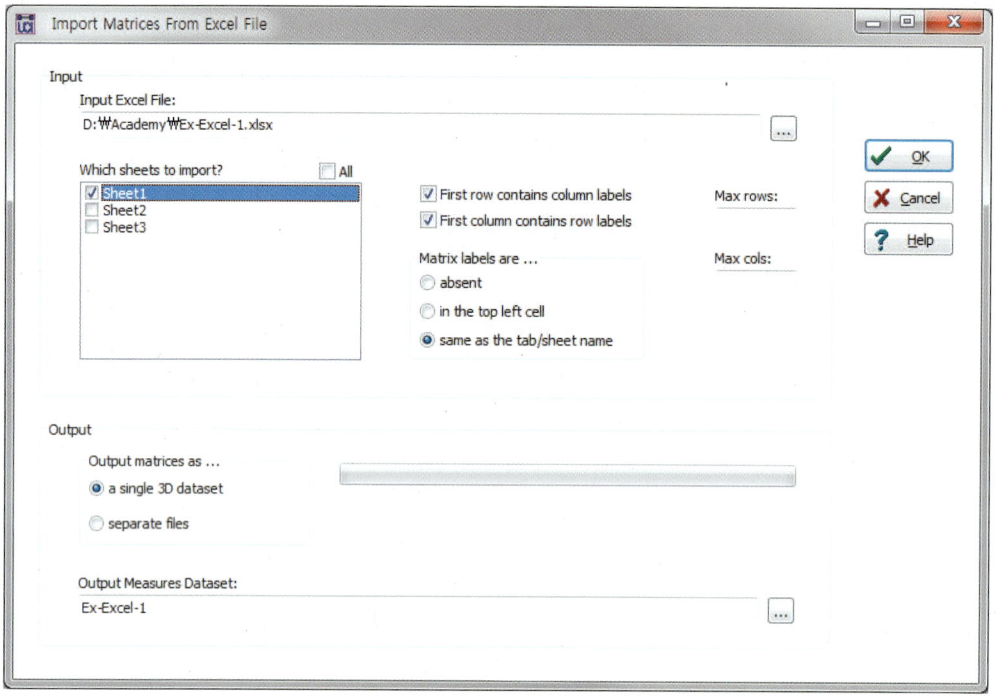

> 『Data > Import Text File』: 텍스트 형식(DL, VNA, NET 등)의 데이터를 UCINET 데이터 파일로 변환한다(DL 형식의 경우, 『Data > Import Text File > DL』).

그림 A-8 ▌『Data > Import Text File > DL』

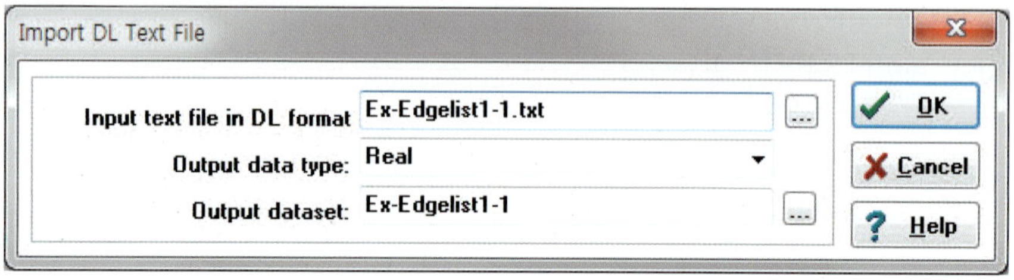

생성된 데이터 파일은 다음과 같은 세 가지 방식으로 그 내용을 확인할 수 있다.

> 『Data > Browse』: 데이터의 내용을 스프레드시트 형식으로 출력한다. 큰 규모의 데이터 파일에서 일부분만을 보고자 할 때 유용할 수 있다.

그림 A-9 ▌『Data > Browse』

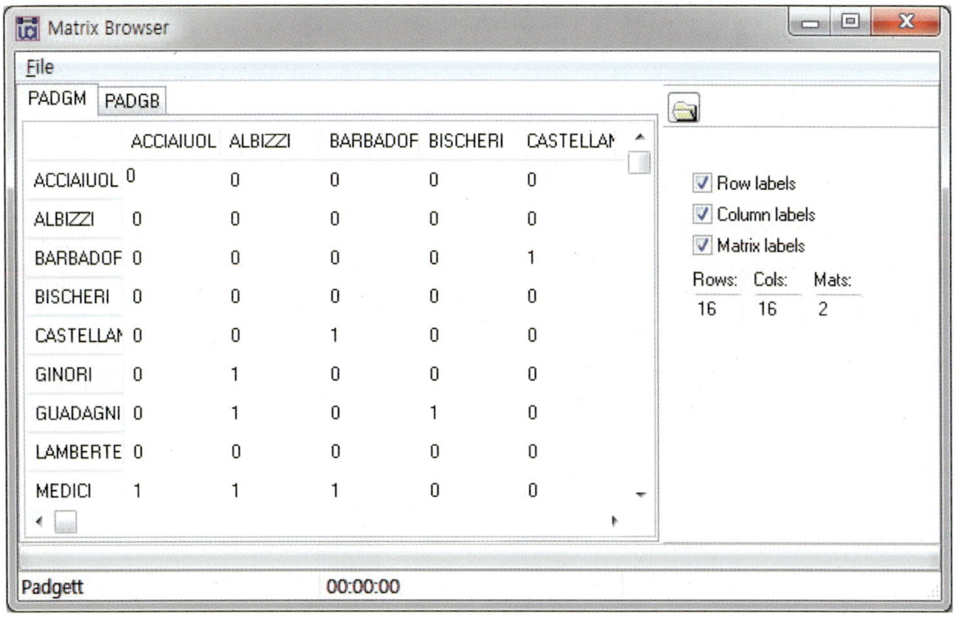

› 『Data > Display』: 데이터 내용을 텍스트 형식으로 출력한다. 셀 값의 출력 방식을 지정할 수 있다. 예를 들면, 0을 보여주지 않거나 다른 문자로 대체하여 출력할 수 있다.

그림 A-10 ▌『Data > Display』

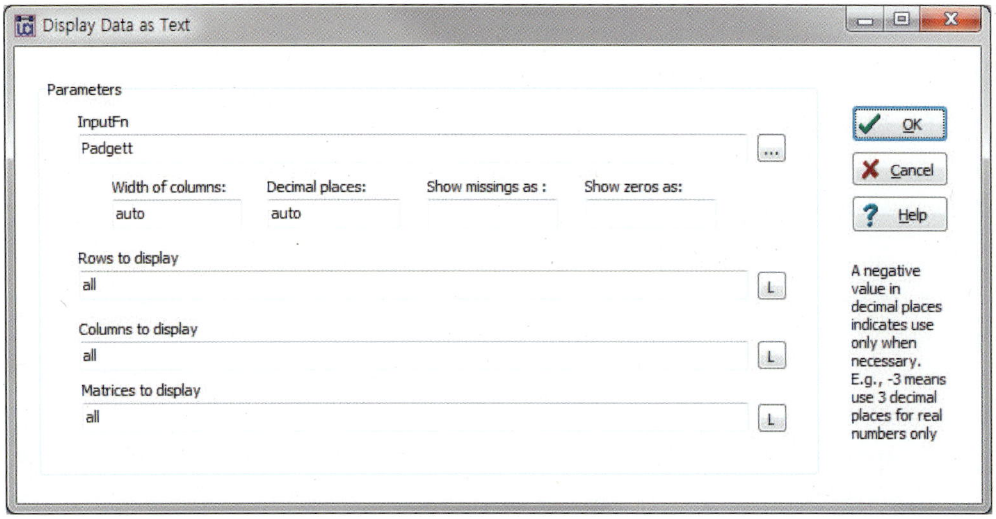

- 『Data>Header Browser/Editor』: 데이터 파일에 관한 기본적인 정보(행, 열, 매트릭스의 개수)를 제공한다. 이 명령어를 통해 레이블을 볼 수 있으며, 외부 파일로부터 행 및 열 레이블을 불러들일 수 있다. 또한 데이터 파일에 대한 타이틀을 포함시킬 수 있다.

그림 A-11 ❙ 『Data>Header Browser/Editor』

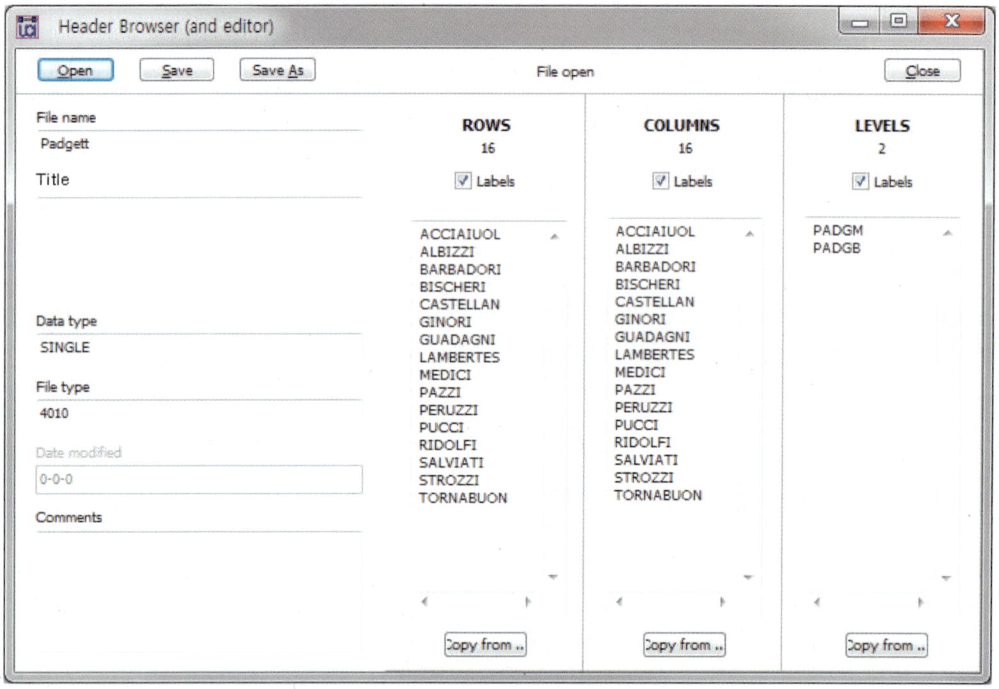

데이터 값 변환

UCINET은 데이터 값을 변환하는 다양한 방법을 제공한다

- 『Transform>Recode』: 데이터 값을 다른 값으로 변환한다. 이 명령어를 실행하면 [그림 A-12]에서 볼 수 있는 것처럼 두 개의 탭이 나타난다. 'Files' 탭에는 변환할 데이터 파일, 변환할 행과 열, 대각선 값에 대한 변환 여부, 변환된 결과 파일 등을 지정한다. 'Recode' 탭에는 변환 규칙을 지정한다. 예를 들어, 0, 1, 2의 값을 0으로 변환하고, 3, 4, 5의 값을 1로 변환하고자 하면, [그림 A-12]의 하단과 같이

그림 A-12 『Transform>Recode』

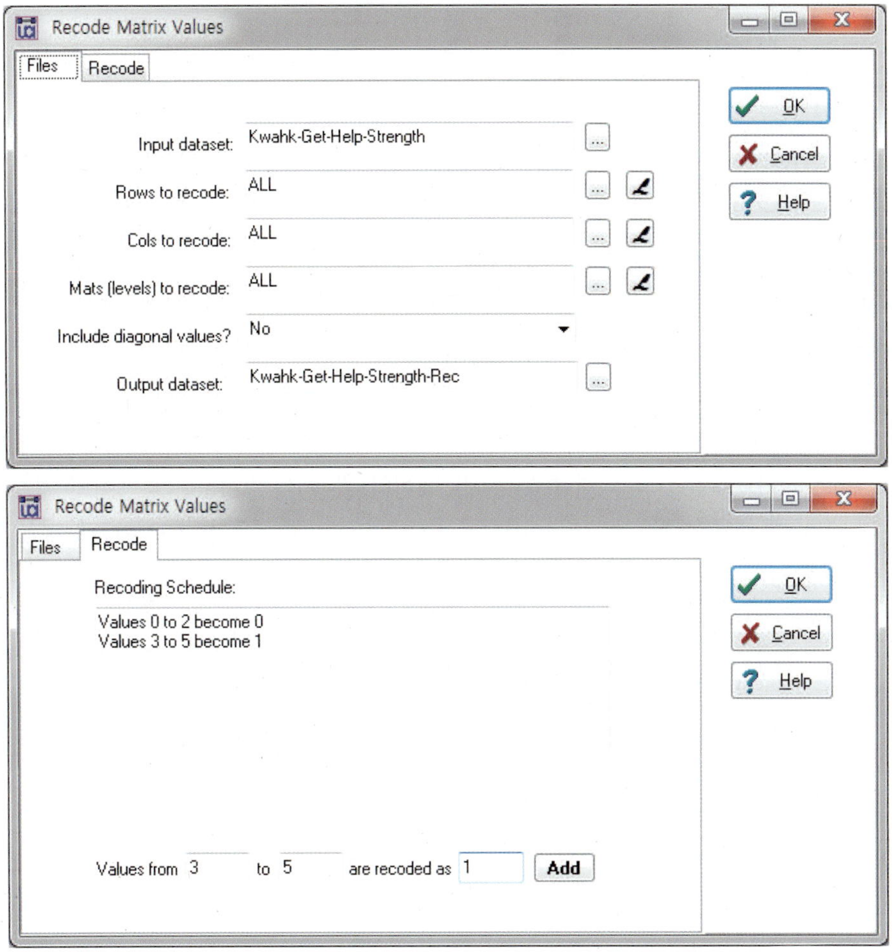

지정한다.

- 『Transform>Reverse』: 데이터 값을 역순으로 변환한다. 즉 가장 큰 값은 가장 작은 값으로 변환되며, 가장 작은 값은 가장 큰 값으로 변환된다. 다른 값들은 차례대로 순서에 맞춰 역순으로 변환된다. 예를 들어, 1, 2, 3, 4, 5는 5, 4, 3, 2, 1로 변환된다. 구조적 등위성분석을 위해서는 액터들 간의 유사도 또는 거리(즉 상이도)를 측정해야 한다. 이때 이 명령어를 이용하면 유사도 값을 상이도 값으로 변환할 수 있으며, 상이도를 나타내는 거리는 유사도의 척도로 변환할 수 있다.

그림 A-13 ▌『Transform > Reverse』

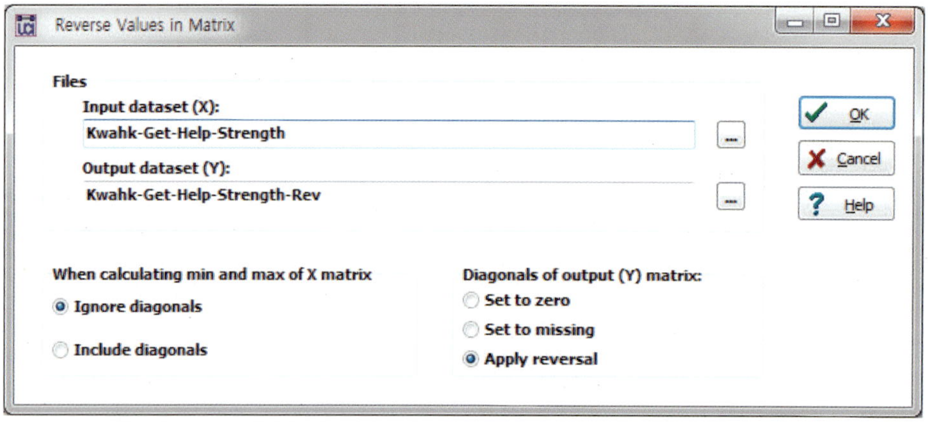

- 『Transform > Dichotomize』: 계량(valued) 데이터 값을 이진(binary) 데이터 값으로 변환한다. 즉 액터들 간의 관계강도를 측정한 경우(예: 0 ~ 5), 이 데이터를 관계의 존재 유무만을 나타내는 데이터로 변환한다(예: 0 또는 1). 계량 데이터를 이진 데이터로 변환하면 사실 많은 정보를 잃게 된다. 그럼에도 불구하고 이렇게 변환해야 하는 이유는 많은 소셜네트워크분석 기법들이 이진 데이터를 대상으로 개발되었기 때문이다. 이진 데이터를 대상으로 고안된 소셜네트워크분석 기법에 계량 데이터를 사용할 경우, UCINET은 임의로 계량 데이터를 이진 데이터로 이분화하기 때문에 잘못된 분석 결과를 도출할 수 있다. 따라서 계량 데이터는 필요할 경우 분석의 목적에 맞게 적절히 이분화과정을 거칠 필요가 있다. 기준값(cut-off value)과 기준 연산자(cut-off operator)를 이용하여 계량 데이터를 이분 데이터로 이분화한다. 예를 들어, 0에서 5까지의 값으로 관계강도를 측정하였고 이 값들을 0에서 2까지는 0으로, 3에서 5까지는 1로 이분화하고 싶다고 하자. 그러면 [그림 A-14]와 같이 기준 연산자로 'Greater Than'을 선택하고 기준값으로 '2'를 선택한다.

그림 A-14 ▌『Transform>Dichotomize』

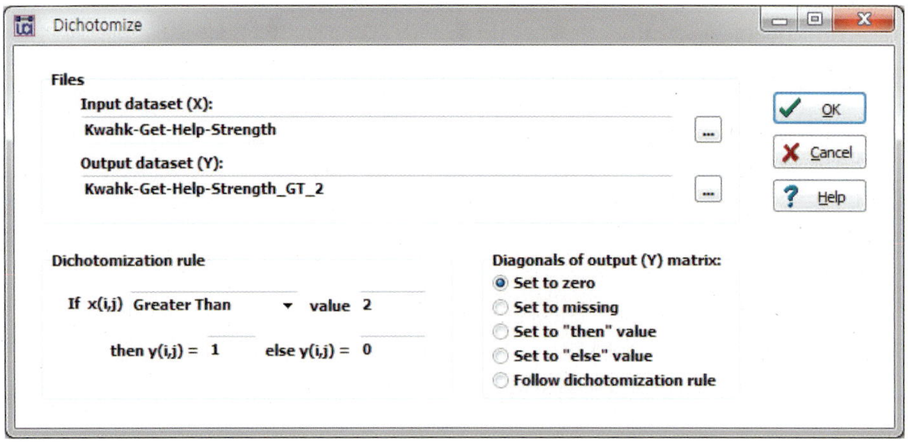

❯ 『Transform>Diagonal>Set Diagonal』: 대각선 데이터 값을 변환한다. 소셜네트워크분석에서 대각선 셀 값은 대부분 큰 의미가 없는 경우가 많다. 그래서 대체로 0 또는 1의 값으로 설정한다. UCINET에서 제공되는 많은 소셜네트워크분석 기법들은 대각선 셀 값을 단순히 무시하거나 또는 분석에 대각선 셀 값을 포함할지를 물어본다.

그림 A-15 ▌『Transform>Diagonal>Set Diagonal』

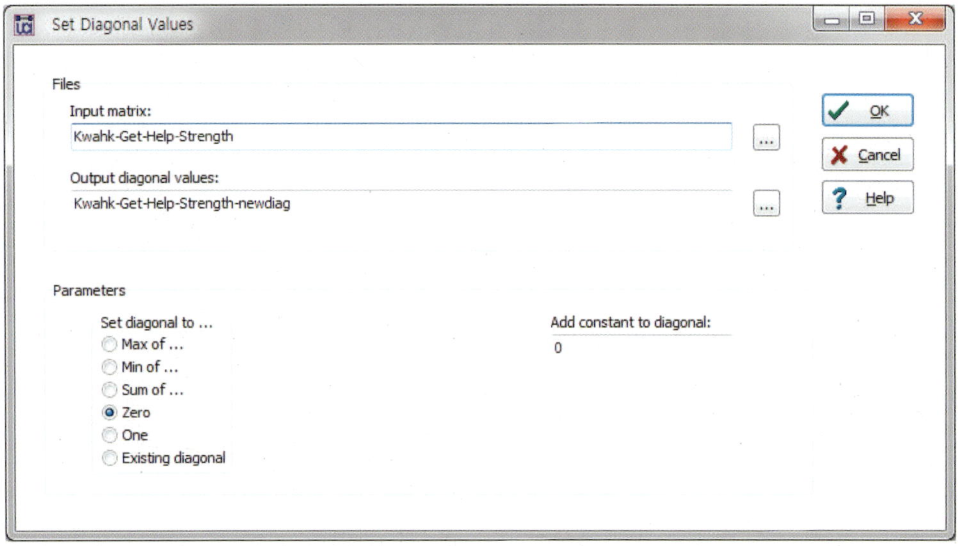

❯ 『Transform>Symmetrize』: 방향 비대칭(directed asymmetric) 데이터를 비방향 대칭(nondirected symmetric) 데이터로 변환한다. UCINET에 의해 제공되는 대부분의 네트워크 지표들은 대칭 데이터에 대해서 정의된다. 따라서 현재 갖고 있는 데이터가 비대칭일 때 대칭 데이터에 대해서만 정의되는 지표를 계산해야 할 필요가 있다면, 이 명령을 이용하여 비대칭 데이터를 대칭 데이터로 변환한다. 이러한 변환방법에는 다양한 종류가 있으며, 이 중에서 현재 분석 목적에 가장 적합한 변환방법을 선택한다.

- Maximum: 비대칭인 두 셀 값 가운데 더 큰 값으로 두 셀의 값을 대체한다. 예를 들어, 셀 (1, 3)의 값은 5이고 셀 (3, 1)의 값은 2일 경우 두 셀 모두 5로 입력한다. 이는 두 액터 A와 B 간의 관계강도는 A가 느끼는 관계강도와 B가 느끼는 관계강도 중 더 강한 값으로 나타낸다는 의미이다.
- Minimum: 비대칭인 두 셀 값 가운데 더 작은 값으로 두 셀의 값을 대체한다. 두 액터 A와 B 간의 관계강도는 두 연결관계 강도 중 약한 쪽을 선택한다. 일반적으로 가장 많이 사용되는 변환방법이다.
- Average: 비대칭인 두 셀 값을 평균한 값으로 두 셀의 값을 대체한다. 두 액터 A와 B 간의 관계강도는 두 연결관계 강도의 평균값이 된다.
- Sum: 비대칭인 두 셀 값을 합한 값으로 두 셀의 값을 대체한다. 두 액터 A와 B 간의 관계강도는 두 연결관계 강도의 합이 된다. 이 방법은 관계의 방향에 관계없이 모든 관계강도가 포함된다는 점에서 의미가 있다.
- Difference: 비대칭인 두 셀 값 간 차이의 절대값으로 두 셀의 값을 대체한다. 따라서 완전히 상호 호혜적(reciporcal) 관계는 두 셀 값이 0이 된다. 어느 한쪽이 0의 값을 갖는 완전 비대칭인 관계의 경우 두 셀 값은 둘 중 강한 관계강도의 값이 된다.
- Product: 비대칭인 두 셀 값을 곱한 값으로 두 셀의 값을 대체한다. 상호 호혜적 연결관계를 강한 관계로 간주하고 싶다면, 'Sum'이나 'Product'를 이용한 대칭화 방법이 적절한 대안이 될 수 있다.
- Division: 비대칭인 두 셀 값의 비율 값으로 두 셀의 값을 대체한다. 즉 하나의 셀 값을 다른 셀 값으로 나눈 값이 두 셀의 새로운 값이 된다. 두 액터 간 연결관계의 강도가 유사한 상호 호혜적 연결관계는 관계강도가 약한 것으로 평가되고, 두 액터 간 비대칭의 정도가 심하여 어느 한 방향으로 강한 연결관계를 가지면 관

계강도가 강한 것으로 간주된다.

- Lower Half/Upper Half: 대각선을 중심으로 매트릭스의 한쪽 절반의 셀 값을 다른 쪽 절반의 셀 값으로 대체한다. 나가는 연결관계, 즉 송신자의 네트워크 속성에 초점을 맞추면 'Upper Half'를 선택하여 매트릭스 아래쪽 절반을 위쪽 절반의 셀 값으로 대체한다. 반대로 들어오는 연결관계, 즉 수신자에 관심이 있다면 'Lower Half'를 선택하여 매트릭스 위쪽 절반을 아래쪽 절반의 셀 값으로 대체한다.
- Upper > Lower 또는 Upper >= Lower 또는 Upper =Lower 또는 Upper <= Lower 또는 Upper < Lower: 매트릭스의 위쪽 절반의 셀 값과 아래쪽 절반의 셀 값을 비교하여, 참이면 '1'로 거짓이면 '0'으로 대체한다.

그림 A-16 ▌『Transform>Symmetrize』

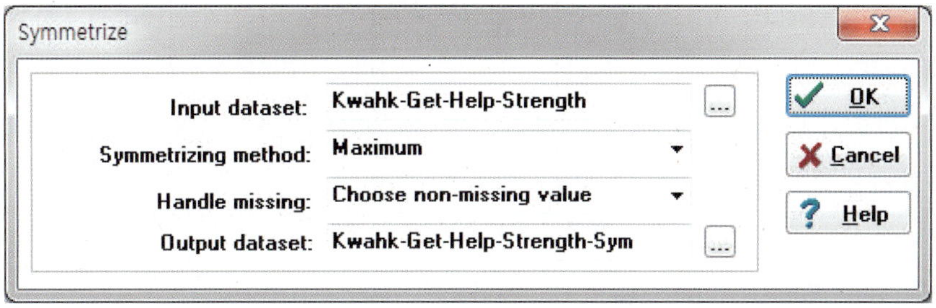

『Transform>Transpose』: 행과 열을 서로 바꾸어 전치행렬을 생성한다. 즉 행의 값들은 열의 값들이 되고, 열의 값들은 행의 값들로 대체된다. 방향/비대칭 매트릭스에 적용하면, 모든 라인들의 화살표 방향이 반대로 바뀐다. 예를 들어, "누가 누구로부터 조언을 구하는가?"를 조사한 조언관계 네트워크에 적용하면, 화살표의 방향은 '조언'이 흐르는 방향으로 바뀌게 되고 "누가 누구에게 조언하는가?"를 나타내는 매트릭스로 변환된다.

그림 A-17 ▌『Transform>Transpose』

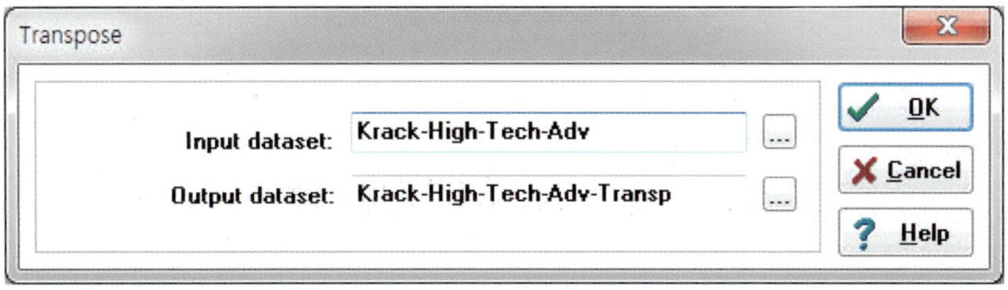

데이터 추출/제거/병합

경우에 따라서는 전체 액터들이 아닌 일부 액터에만 초점을 맞출 필요가 있다. 예를 들어, 중요하지 않은 액터를 분석에서 제외하는 경우도 필요하다. 또는 별도의 분석을 위해 일부 액터 집합을 선택할 수도 있다. UCINET은 기존의 데이터 집합으로부터 일부 액터만을 포함하는 새로운 액터 집합을 생성하는 다양한 기능을 제공한다.

- 『Data>Filter/Extract>Main Component』: 가장 큰 컴포넌트에 속하는 액터들과 그들 간의 연결관계를 추출한다. 하나의 네트워크 내에 여러 개의 컴포넌트가 있으면 그 중 가장 큰 컴포넌트만이 남겨진다. 즉 하나의 네트워크 내에 고립노드(isolate)들이 존재하거나 가장 큰 컴포넌트 그룹과 연결관계가 없는 서브그래프가 있으면, 이들은 모두 제거되고 가장 큰 컴포넌트 그룹만 추출된다. 많은 소셜네트워크분석 기법들은 액터들이 모두 연결되어 있을 것을 요구한다. 그러나 현실세계에서의 네트워크는 그렇지 않을 수 있다. 그럴 경우 가장 큰 컴포넌트만 추출하여 그것을 대상으로 분석을 수행하는 것도 한 방법이 될 수 있다.

그림 A-18 ▌『Data>Filter/Extract>Main Component』

- 『Data>Filter/Extract>Ego-network』: 지정한 한 액터 또는 액터 리스트의 액터들과 인접한 이웃 액터들을 별도의 데이터 집합으로 추출한다. 에고 네트워크는 에고(ego)라 불리는 하나의 중심이 되는 액터와 그 액터와 연결된 알터(alter)라 불리는 다른 액터들, 그리고 이들 알터들 간의 연결관계로 구성된다.

그림 A-19 ▌『Data>Filter/Extract>Ego-network』

- 『Data>Remove>Remove Isolates』: 고립노드가 제거된 새로운 데이터 집합을 생성한다. 고립노드는 다른 어떤 액터와도 연결관계를 갖지 않는 액터를 말한다.

그림 A-20 ▌『Data>Remove>Remove Isolates』

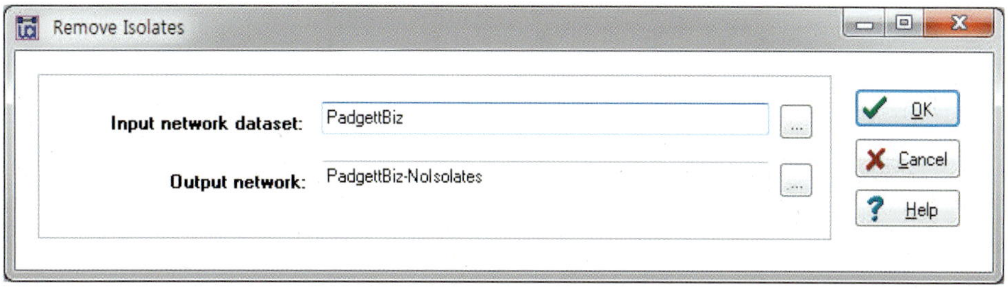

- 『Data>Remove>Remove Pendants』: 펜던트(pendant)가 제거된 새로운 데이터 집합을 생성한다. 펜던트는 오직 하나의 연결관계만 갖는 액터를 말한다. 펜던트는 많은 연결관계를 갖는 중심적인 역할을 하는 다른 액터에 마치 목걸이처럼 매달려 있는 모습을 하게 된다. 소셜네트워크분석을 수행할 때 핵심적인 네트워크에 초점을 맞추고자 한다면, 고립노드의 제거와 함께 이러한 펜던트를 제거하는 것이 필요할 수 있다.

그림 A-21 ▌『Data>Remove>Remove Pendants』

› 『Data>Unpack』: 두 개 이상의 데이터 매트릭스를 포함하고 있는 하나의 데이터 파일로부터 매트릭스를 분리하여 별도의 데이터 집합을 생성한다. 예를 들어, 하나의 데이터 집합에 결혼관계와 비즈니스관계 정보가 모두 포함되어 있다면, 이 명령어를 이용하여 이들 두 개의 관계 데이터를 별도의 파일로 생성할 수 있다.

그림 A-22 | 『Data>Unpack』

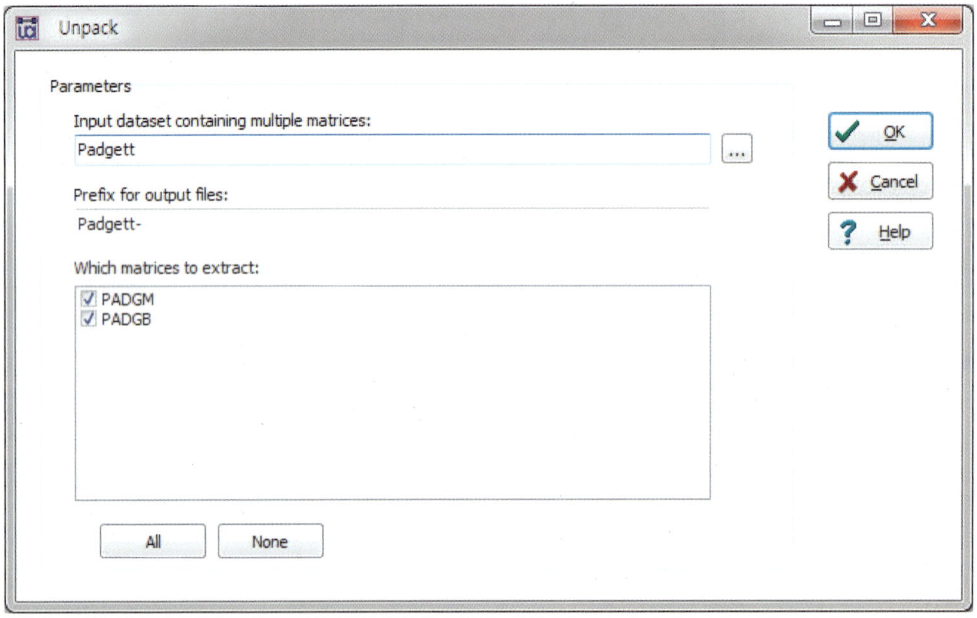

› 『Data>Join』: 『Data>Unpack』 명령어와 반대로 독립된 데이터 집합들을 결합하여 하나의 새로운 데이터 파일을 생성한다. 행 또는 열을 결합할 수 있다. 매트릭스 결합은 복수의 관계 데이터를 하나의 파일로 생성해준다.

>>> 그림 A-23 ▎『Data > Join > Join Matrices』

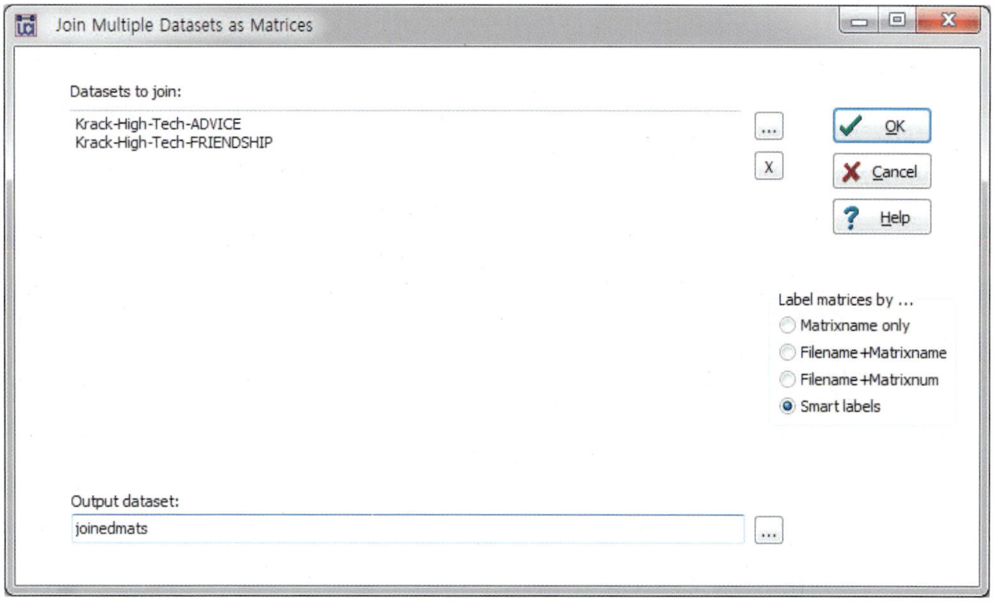

속성 데이터의 관계 데이터로의 변환

분석목적상 속성 데이터를 이용하여 관계 데이터를 생성해야 할 필요가 종종 있다. 예를 들면, 어떤 두 액터의 특정 속성 간의 차이를 계산하여 그 두 액터 간 관계의 거리, 즉 상이성 정도를 나타내는 네트워크를 생성한다.

- 『Data > Attribute to Matrix』: 속성 데이터를 이용하여 관계 데이터 매트릭스를 생성한다. UCINET은 속성값을 이용하여 관계 데이터를 생성하는 다양한 방법을 제공한다.
  - Exact Matches: 두 액터가 동일한 속성값을 가지면 두 액터 간의 관계 데이터 값은 1이고 되고, 그렇지 않으면 0이 된다. 성별이나 부서와 같은 범주형 변수는 이 방법을 사용한다.
  - Difference(Absolute Difference, Squared Difference): 두 액터의 속성값의 차이가 관계 데이터 매트릭스의 셀 값이 된다.
  - Product: 두 액터의 속성값을 곱하여 관계 데이터 값을 생성한다.
  - Sum: 두 액터의 속성값의 합이 관계 데이터 매트릭스의 셀 값이 된다.

그림 A-24 ▌『Data>Attribute to Matrix』

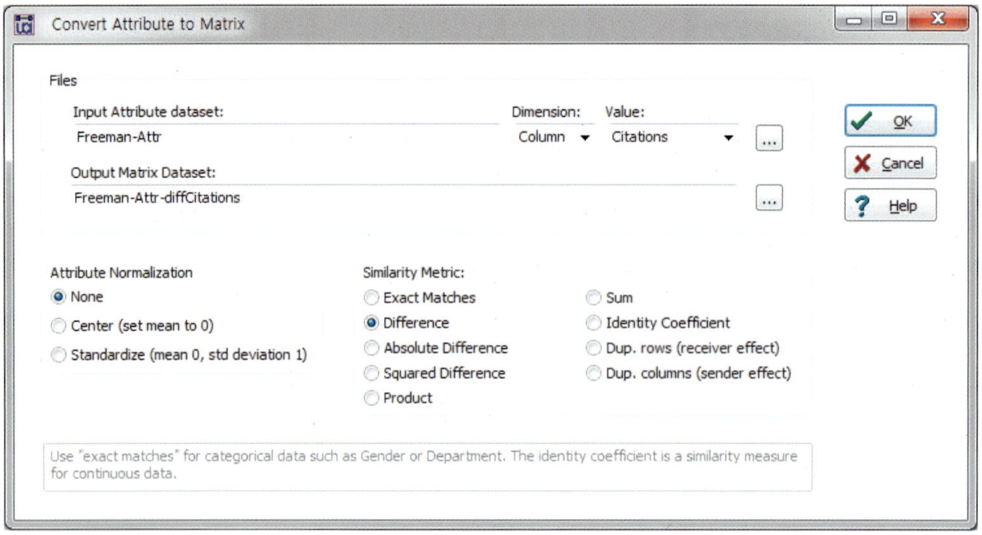

2-모드 매트릭스의 1-모드 매트릭스로의 변환

- 『Data>Affiliations(2-mode to 1-mode)』: 액터(또는 케이스)와 이벤트(또는 속성)로 이루어진 액터×이벤트 장방형 2-모드 매트릭스를 행에 의해 생성되는 액터×액터의 1-모드 매트릭스 또는 열에 의해 생성되는 이벤트×이벤트의 1-모드 매트릭스로 변환한다. UCINET은 1-모드 매트릭스 생성을 위한 다양한 방법을 제공한다. 다음과 같은 2-모드 매트릭스로부터 다음 두 가지 방법을 이용하여 액터×액터의 1-모드 매트릭스를 도출해보자.

	E1	E2	E3	E4	E5
A1	0	1	0	1	1
A2	0	1	1	0	1

- Sums of Cross-Products: 액터×액터 1-모드 매트릭스의 경우 행에 있는 A1의 각 셀 값과 대응되는 A2의 각 셀 값을 곱하여 모든 열에 대하여 더한다(이벤트×이벤트 1-모드 매트릭스의 경우에는 열의 각 쌍별로 셀 값을 곱하여 모든 행에 대하여 더한다). 위의 매트릭스에 대해 적용해보면, (0×0)+(1×1)+(0×1)+(1×0)+(1×1)=2가 된다. 즉 액터 A1과 A2는 두 개의 이벤트를 공유하며, 생성된 액터×

액터의 1-모드 매트릭스의 (A1, A2)셀 값 또는 (A2, A1)셀 값은 2가 된다.

- Sums of Cross-Minimums: 액터×액터 1-모드 매트릭스의 경우 행에 있는 A1의 각 셀 값과 대응되는 A2의 각 셀 값 가운데 작은 값을 선택하여 모든 열에 대하여 더한다. 위의 매트릭스에 대해 적용해보면, 0+1+0+0+1=2가 된다. 이진 데이터의 경우 'Sums of Cross-Products' 방법이나 'Sums of Cross-Minimums' 방법 모두 동일한 결과를 산출한다.

그림 A-25 ▌『Affiliations: Convert 2-mode to 1-mode Data)』

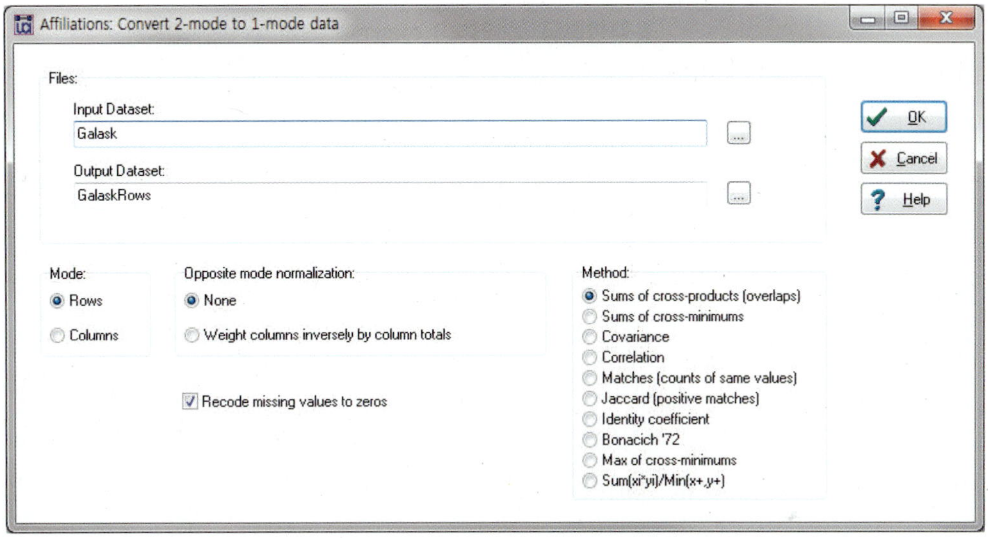

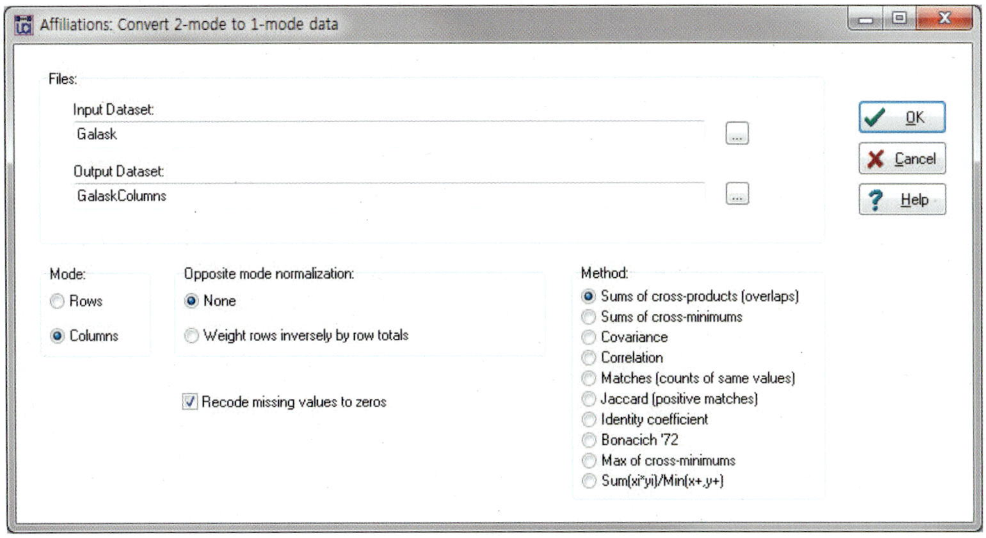

APPENDIX

부록 B UCINET 데이터 입력

UCINET을 이용하여 소셜네트워크를 분석하기 위해서는 우선 UCINET 데이터가 준비되어 있어야 한다. 컴퓨터에 저장된 전자적 데이터(예: 쇼핑몰이나 소셜미디어 데이터)를 제외하면, 네트워크 데이터는 일반적으로 응답된 설문서 형태나 책, 연감, 잡지 등으로부터 얻어진 데이터 시트 형태(예: 연감에 포함된 국가 간 교역 데이터)로 제공된다. 이런 경우 데이터가 제공되는 매체는 종이로 만들어진 '인쇄물'이고, 따라서 그 데이터를 분석하기 위해서는 컴퓨터에 파일 형태로 입력해야 한다. 일단 파일 형태로 만들어진 데이터는 UCINET의 다양한 'Import' 기능을 이용하여 UCINET 데이터 형식으로 변환된다. 여기에서는 일반적으로 많이 사용되는 두 가지 파일 형식(DL과 엑셀)을 UCINET 데이터로 변환하는 과정을 살펴본다(Analytic Technologies 2016; Borgatti et al. 2002).

DL 파일 형식

DL(Data Language)은 데이터의 형식을 정의하는 언어이다. DL을 이용하여 UCINET에 네트워크 데이터를 입력하기 위해서는 우선 워드프로세서(예: 메모장, UltraEdit)를 이용하여 네트워크 데이터를 DL 파일 형식(DL filetype)으로 작성한다. 그런 다음 이를 텍스트 파일(.txt, .dl)로 저장한 후 [그림 B-1]과 같이 UCINET에서 불러들인다(『Data>Import Text File>DL』). DL 형식은 크게 헤더(header) 부분과 데이터 부분으로 나누어지는데 처음 부분(헤더 부분)에 데이터에 대한 정보를 입력하고, 나머지 부분(데이터 부분)에 네트워크 데이터 자체를 입력한다. UCINET 데이터 생성은 일반적으로 DL 파일 형식을 사용할 것을 권장한다. DL 파일 형식은 다양한 형태의 네트워크 데이터를 만드는 데 있어서 가장

그림 B-1 ▌ DL 파일로부터 데이터 불러오기

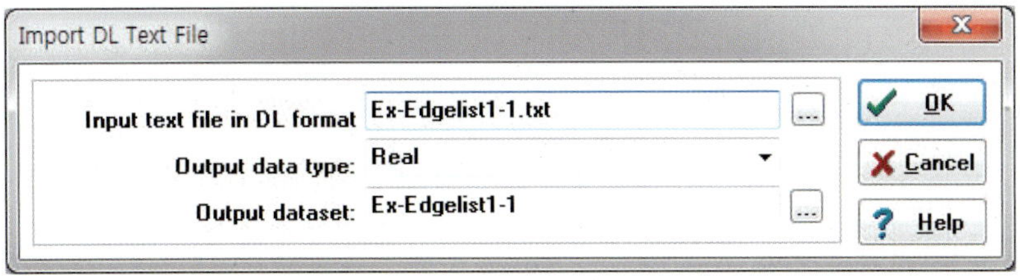

효과적이고 유연한 방법으로 알려져 있다. UCINET에서는 다양한 DL 형식들이 이용가능하다.

풀매트릭스 형식

풀매트릭스 형식(fullmatrix format)을 이용할 경우 데이터는 인접 매트릭스 형태로 입력된다. 데이터 값은 스페이스로 구분되어야 하며, 콤마나 다른 구두점들은 허용되지 않는다. 예를 들어, [그림 B-2]는 행의 개수와 열의 개수가 같은 정방형·1－모드 매트릭스를 풀매트릭스 형식으로 입력한 예이다. 첫 줄에는 'DL'을 입력하여 이 파일이 'Data Language' 형식의 파일임을 보여준다. 'Format=Fullmatrix'는 데이터가 일반적인 매트릭스 형태로 입력된다는 것을 나타낸다. 풀매트릭스 형식은 DL 파일의 기본 형식이기 때문에 이 부분은 생략

그림 B-2 ▌ 풀매트릭스 형식－1

	A	B	C	D	E
A	0	1	1	1	0
B	1	0	0	0	1
C	1	0	0	1	0
D	1	0	1	0	1
E	0	1	0	1	0

```
DL N=5
Format=Fullmatrix
Data:
0 1 1 1 0
1 0 0 0 1
1 0 0 1 0
1 0 1 0 1
0 1 0 1 0
```

될 수도 있다. 이어서 노드의 개수를 입력한다. 'N=5'는 네트워크 내에 다섯 개의 노드, 즉 다섯 개의 행과 다섯 개의 열이 있다는 것을 나타낸다. 'Data:'는 데이터에 관한 정보를 입력하는 헤더 부분이 끝났다는 것을 나타내며, 이 이후 부분부터는 네트워크 데이터를 입력한다. 데이터 값은 하나 이상의 스페이스 또는 엔터에 의해 구분된다.

노드에 대한 레이블(label)은 [그림 B-3]의 첫 번째와 같이 헤더 부분에 추가할 수 있다. 'Labels:'는 이어지는 단어들이 행과 열의 레이블이라는 것을 나타낸다. 레이블은 기본적으로 최대 18글자(character)까지 가능하며, 스페이스, 콤마, 엔터 등에 의해 구별된다. 하나의

그림 B-3 ▌풀매트릭스 형식 - 2

```
DL N=5
Format=Fullmatrix
Labels:
A, B, C, D, E
Data:
0 1 1 1 0
1 0 0 0 1
1 0 0 1 0
1 0 1 0 1
0 1 0 1 0

DL N=5
Format=Fullmatrix
Labels:
A, B
C
D, E
Data:
0 1 1 1 0
1 0 0 0 1
1 0 0 1 0
1 0 1 0 1
0 1 0 1 0

DL N=5
Format=Fullmatrix
Labels embedded
Data:
A B C D E
A 0 1 1 1 0
B 1 0 0 0 1
C 1 0 0 1 0
D 1 0 1 0 1
E 0 1 0 1 0
```

레이블명 내에는 스페이스가 포함될 수 없으며, 스페이스를 포함시키려면 "Big Data"와 같이 인용부호로 감싸야 한다. 레이블은 [그림 B-3]의 두 번째와 같이 여러 행에 걸쳐 입력하는 것도 가능하다. 레이블은 [그림 B-3]의 세 번째와 같이 데이터와 함께 입력할 수도 있다. 'Labels embedded'는 행 레이블과 열 레이블이 모두 데이터와 함께 입력되었다는 것을 나타낸다.

그림 B-4 ▌풀매트릭스 형식 – 3

	A	B	C	D	E
C1	1	1	1	1	0
C2	1	1	1	0	1
C3	0	1	1	1	0
C4	0	0	1	0	1

```
DL NR=4 NC=5
Format=Fullmatrix
Data:
1 1 1 1 0
1 1 1 0 1
0 1 1 1 0
0 0 1 0 1
```

그림 B-5 ▌풀매트릭스 형식 – 4

```
DL NR=4 NC=5
Format=Fullmatrix
Row labels:
C1 C2 C3 C4
Col labels:
A B C D E
Data:
1 1 1 1 0
1 1 1 0 1
0 1 1 1 0
0 0 1 0 1
```

```
DL NR=4 NC=5
Format=Fullmatrix
Labels embedded:
Data:
A B C D E
C1 1 1 1 1 0
C2 1 1 1 0 1
C3 0 1 1 1 0
C4 0 0 1 0 1
```

행의 개수와 열의 개수가 다른 비정방형, 즉 장방형·2-모드 매트릭스의 경우에는 [그림 B-4]와 같이 헤더에 행의 개수와 열의 개수를 구분하여 입력한다. 'NR=4'와 'NC=5'는 네트워크 내에 행의 개수와 열의 개수가 각각 네 개와 다섯 개가 있음을 나타낸다. 레이블은 [그림 B-5]의 첫 번째와 같이 행의 레이블과 열의 레이블을 구분하여 입력하거나, 두 번째와 같이 데이터와 함께 입력할 수 있다.

관련된 여러 데이터 매트릭스를 하나의 데이터 파일에 입력하는 것이 편리할 때가 있다. [그림 B-6]은 'Marriage' 관계와 'Business' 관계를 나타내는 두 개의 네트워크 데이터 매트릭스를 하나의 DL 파일에 입력한 것이다. 'NM=2'는 두 개의 매트릭스가 포함되어 있다는 것을 의미한다. 'Matrix labels:'는 이어지는 단어들, 즉 'Marriage'와 'Business'가 두 매트릭스 각각의 레이블이라는 것을 나타낸다.

그림 B-6 ▌풀매트릭스 형식 – 5

	AGroup	BGroup	CGroup	DGroup
AGroup	0	1	0	1
BGroup	1	0	1	0
CGroup	0	1	0	1
DGroup	1	0	1	0

Marriage

	AGroup	BGroup	CGroup	DGroup
AGroup	0	1	1	1
BGroup	1	0	0	0
CGroup	1	0	0	1
DGroup	1	0	1	0

Business

```
DL N=4 NM=2
Labels:
AGroup,BGroup,CGroup,DGroup
Matrix labels:
Marriage, Business
Data:
0 1 0 1
1 0 1 0
0 1 0 1
1 0 1 0

0 1 1 1
1 0 0 0
1 0 0 1
1 0 1 0
```

노드리스트 형식

네트워크 내에 연결관계가 많지 않은 경우에는 네트워크 데이터 매트릭스의 대부분이 0으로 채워진다. 이와 같은 경우에 노드리스트 형식(nodelist format)이나 뒤에서 살펴볼 엣지리스트 형식(edgelist format)을 이용하면 데이터를 편리하게 입력할 수 있다. 노드리스트 형식은 노드리스트1 형식(nodelist1 format)과 노드리스트2 형식(nodelist2 format)이 있다. 노드리스트1 형식은 정방형·1-모드 매트릭스에 사용되며, 노드리스트2 형식은 장방형·2-모드 매트릭스에 이용된다. 노드리스트 형식은 [그림 B-7]과 같이 한 노드에 대해 그 노드와 연결된 모든 노드들을 차례로 입력한다. 예를 들어, 첫 번째 데이터 라인은 노드 1('A')이 노드 3('C') 및 노드 4('D')와 연결되어 있다는 것을 나타낸다. 만일 연결된 노드가 많아서 한 줄에 입력해야 할 노드가 너무 많다면, [그림 B-7]의 두 번째 형식과 같이 다음 행에 이어서 입력할 수 있다. 노드 2는 노드 1 및 노드 4와 연결되어 있으며, 이를 두 줄에 걸쳐 나타냈다.

그림 B-7 ▌ 노드리스트 형식-1

	A	B	C	D
A	0	0	1	1
B	1	0	0	1
C	0	1	0	1
D	1	0	0	0

```
DL N=4
Format=Nodelist1
Labels:
A B C D
Data:
1 3 4
2 1 4
3 2 4
4 1
```

```
DL N=4
Format=Nodelist1
Labels:
A B C D
Data:
1 3 4
2 1
2 4
3 2 4
4 1
```

그림 B-8 ▌노드리스트 형식 – 2

```
DL N=4
Format=Nodelist1
Labels embedded
Data:
A C D
B A D
C B D
D A
```

그림 B-9 ▌노드리스트 형식 – 3

	E1	E2	E3	E4
A	0	0	1	1
B	1	0	0	1
C	0	1	0	1

```
DL NR=3 NC=4
Format=Nodelist2
Labels embedded
Data:
A E3 E4
B E1 E4
C E2 E4
```

[그림 B-8]과 같이 레이블을 데이터와 함께 입력하는 것도 가능하다. 행의 개수와 열의 개수가 다른 장방형 매트릭스는 노드리스트2를 이용하여 [그림 B-9]와 같이 입력한다.

엣지리스트 형식

엣지리스트 형식은 각 노드에 연결된 모든 노드들을 나란히 입력하는 대신에 각 연결링크를 하나씩 입력한다. 엣지리스트 형식은 **엣지리스트1 형식(edgelist1 format)**과 **엣지리스트2 형식(edgelist2 format)**이 있다. 엣지리스트1 형식은 정방형·1-모드 매트릭스에 사용되며, 엣지리스트2 형식은 장방형·2-모드 매트릭스에 이용된다. [그림 B-10]과 같이 한 줄에 하나의 링크씩 입력한다. 레이블은 별도로 입력할 수도 있으며, 데이터 자체에 포함할 수도 있다.

그림 B-10 ▌ 엣지리스트 형식 - 1

	A	B	C	D
A	0	0	1	1
B	1	0	0	1
C	0	1	0	1
D	1	0	0	0

```
DL N=4
Format=Edgelist1
Labels:
A B C D
Data:
1 3
1 4
2 1
2 4
3 2
3 4
4 1
```

```
DL N=4
Format=Edgelist1
Labels embedded
Data:
A C
A D
B A
B D
C B
C D
D A
```

엣지리스트 형식은 연결링크를 입력하고, 이어서 그 링크에 대한 값을 입력할 수 있다. 만일 관계의 강도를 나타내는 계량형 매트릭스라면 노드쌍 옆에 관계강도를 이어서 입력한다. [그림 B-11]의 계량형 매트릭스는 엣지리스트 형식을 이용하여 관계강도를 나타낼 수 있다. 예를 들어, 첫 번째 데이터 라인은 노드 1('A')과 노드 3('C')이 관계강도 5로 연결되어 있다는 것을 나타낸다.

▶ 그림 B-11 ▌ 엣지리스트 형식 - 2

	A	B	C	D
A	0	0	5	3
B	1	0	0	5
C	0	2	0	3
D	3	0	0	0

```
DL N=4
Format=Edgelist1
Labels:
A B C D
Data:
1 3 5
1 4 3
2 1 1
2 4 5
3 2 2
3 4 3
4 1 3
```

행의 개수와 열의 개수가 다른 장방형 매트릭스는 엣지리스트2 형식을 이용하여 [그림 B-12]와 같이 관계강도와 함께 입력할 수 있다.

▶ 그림 B-12 ▌ 엣지리스트 형식 - 3

	E1	E2	E3	E4
A	0	0	5	3
B	1	0	0	5
C	0	2	0	3

```
DL NR=3 NC=4
Format=Edgelist2
Row labels:
A B C
Col labels:
E1 E2 E3 E4
Data:
1 3 5
1 4 3
2 1 1
2 4 5
3 2 2
3 4 3
```

```
DL NR=3 NC=4
Format=Edgelist2
Labels embedded
Data:
A E3 5
A E4 3
B E1 1
B E4 5
C E2 2
C E4 3
```

엣지리스트2 형식에서 동일한 연결링크를 반복하여 입력하면 연결링크의 값이 합산되어 나타난다. [그림 B-13]의 첫 번째 데이터 라인과 두 번째 데이터 라인처럼 동일한 링크에 대하여 각각 값을 입력하면, 노드 A와 노드 E3 간의 연결링크에 대한 값 5와 2가 합산된 7이 연결링크의 값으로 나타난다.

그림 B-13 ▌엣지리스트 형식 - 4

	E1	E2	E3	E4
A	0	0	7	3
B	1	0	0	5
C	0	2	0	3

```
DL NR=3 NC=4
Format=Edgelist2
Labels embedded
Data:
A E3 5
A E3 2
A E4 3
B E1 1
B E4 5
C E2 2
C E4 3
```

엑셀 파일 형식

엑셀 파일 형식(Excel filetype)은 마이크로소프트 엑셀(Microsoft Excel)을 이용하여 생성되었거나 다른 소프트웨어 패키지에서 엑셀 데이터 형식으로 저장된 데이터 파일을 말한다. 엑셀 파일 형식의 데이터는 여러 가지 방식으로 UCINET 데이터 형식으로 변환될 수 있다. 우선 엑셀 데이터 파일을 직접 불러오는 방법이 있다. UCINET 메뉴에서 『Data>Import Excel>Matrices』를 선택한다. [그림 B-14]처럼 『Import Matrices From Excel File』 대화상자에서 불러들일 엑셀 파일명과 저장될 UCINET 데이터 파일명을 선택 및 지정한다.

두 번째 방법은 복사와 붙여넣기(cut and paste) 기능을 이용하는 것이다. [그림 B-15]처럼 엑셀의 스프레드시트에서 복사한다. 『Data>Data Editors>Matrix Editor』를 선택한 후 [그림 B-16]과 같이 UCINET의 스프레드시트 첫 번째 셀에서 붙여넣기한다. 그런 다음 『File>Save As』에서 다른 이름으로 저장한다.

그림 B-14 ▌엑셀 파일 형식으로부터 데이터 불러오기

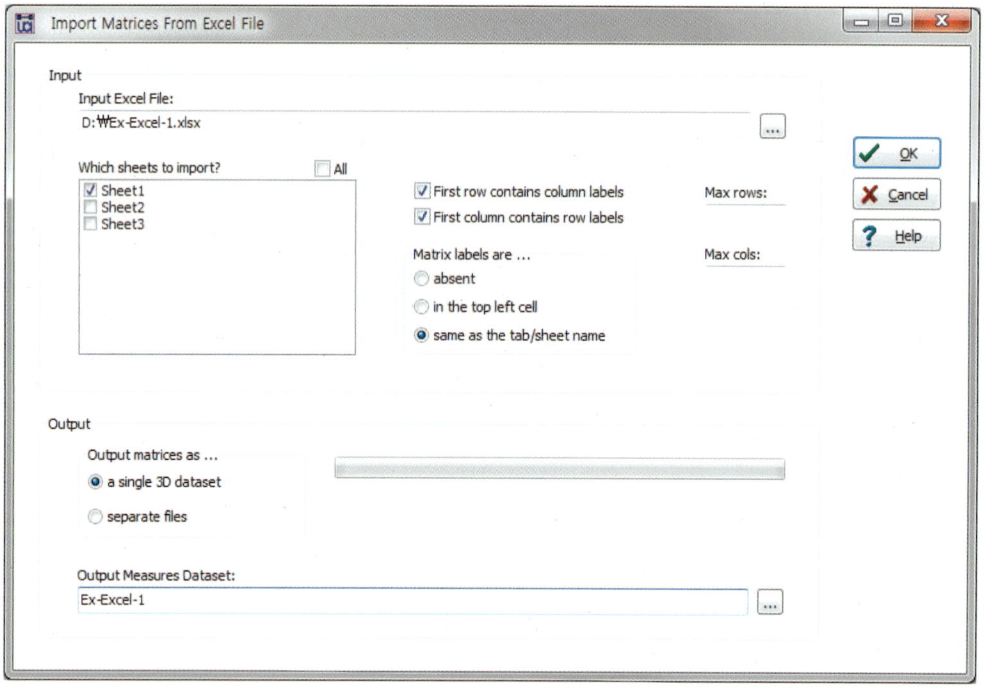

그림 B-15 ▌엑셀의 스프레드시트에서 복사

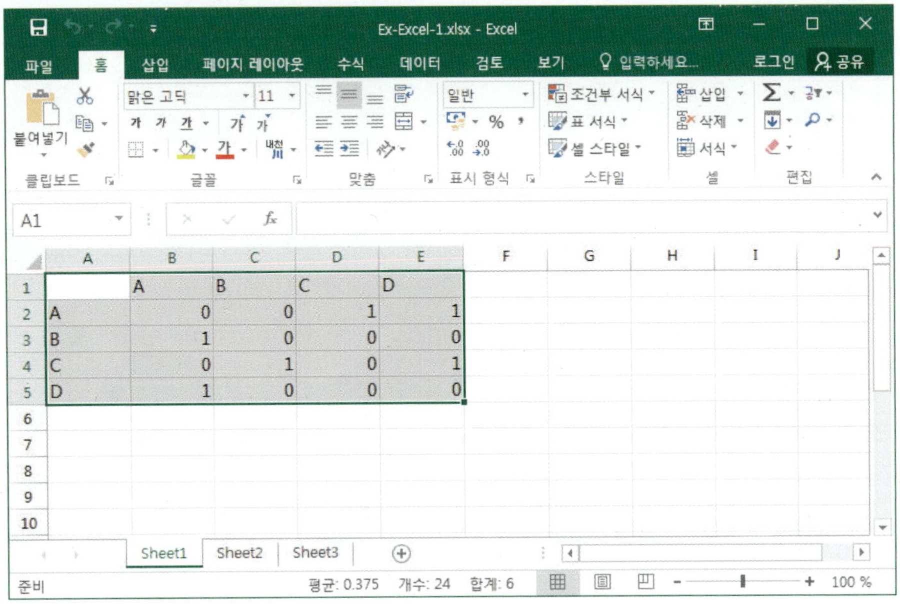

그림 B-16 ▌UCINET의 스프레드시트에서 붙여넣기

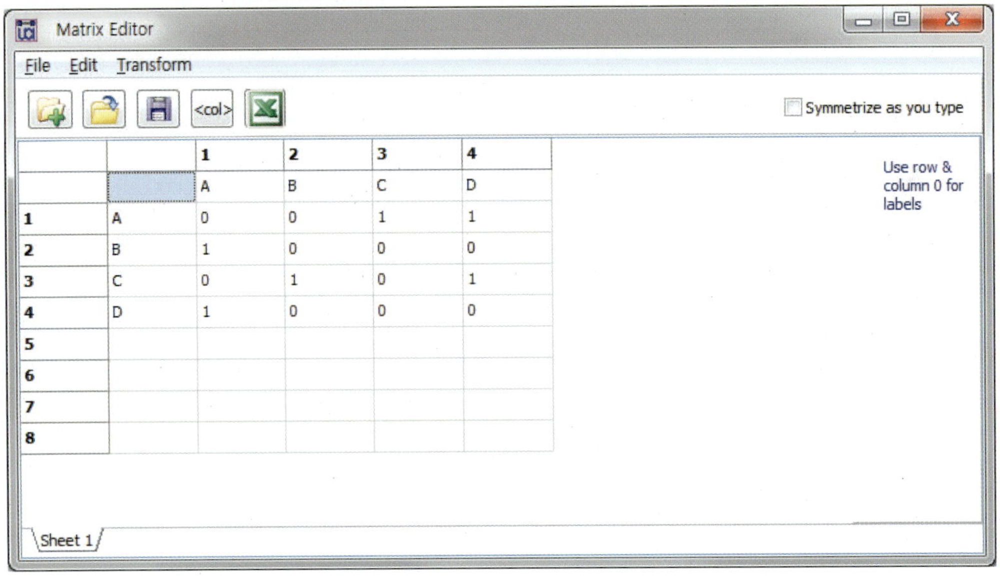

UCINET은 DL 파일 형식의 데이터에 비해 엑셀 파일 형식의 데이터를 다루는 데 있어서 매우 민감하다. 따라서 사용 중인 UCINET의 버전과 엑셀 파일의 버전에 따라서는 데이터의 완벽한 변환이 이루어지지 않을 수 있다.

APPENDIX

부록 C 연습문제 풀이

제1장 | 소셜네트워크분석의 개요

01 철도노선, 지하철노선, 도로망, 항공노선 등은 본질적으로 네트워크적 성격이 매우 강하다.

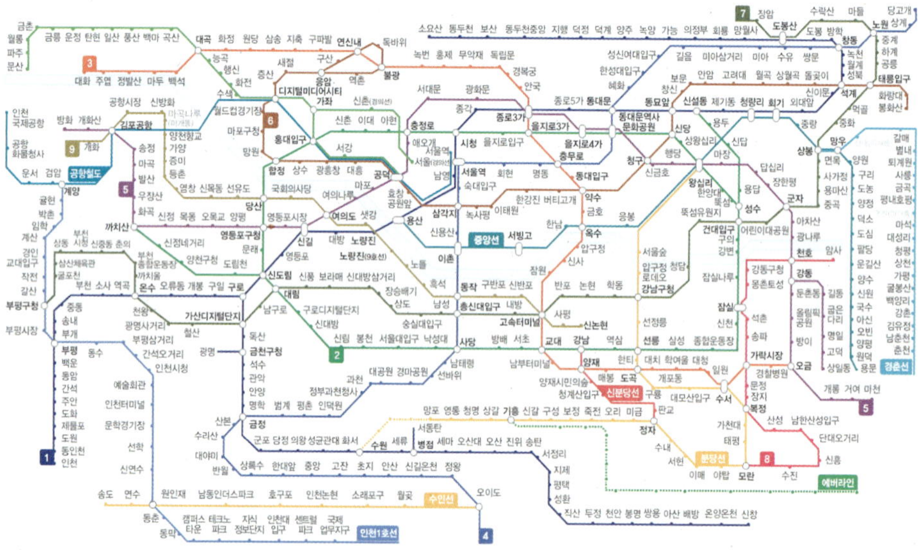

자료: http://211.54.2.51/station/linemap.action

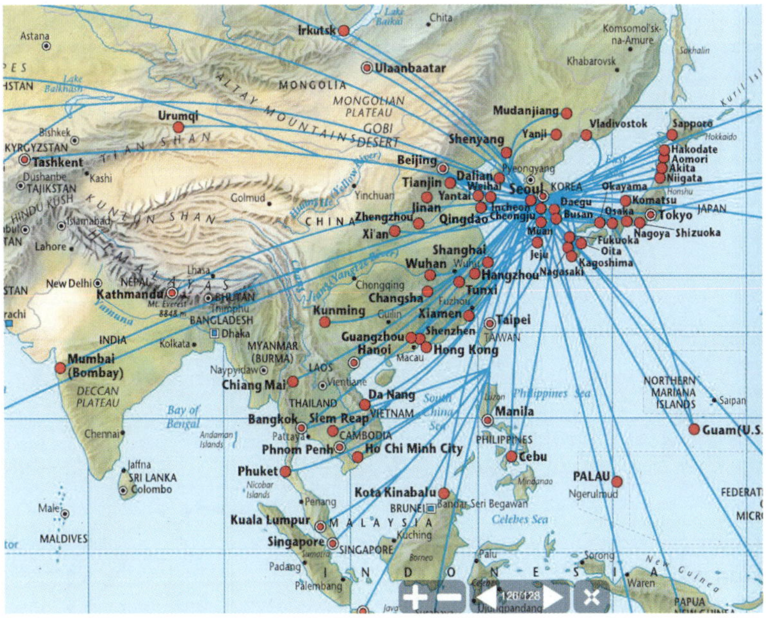

자료: http://www.airlinetrends.com/wp-content/uploads/2012/06/Korean-Air_network-Asia_june2012.jpg

인터넷 연결망과 전력망은 물론 전형적인 네트워크 형태이다.

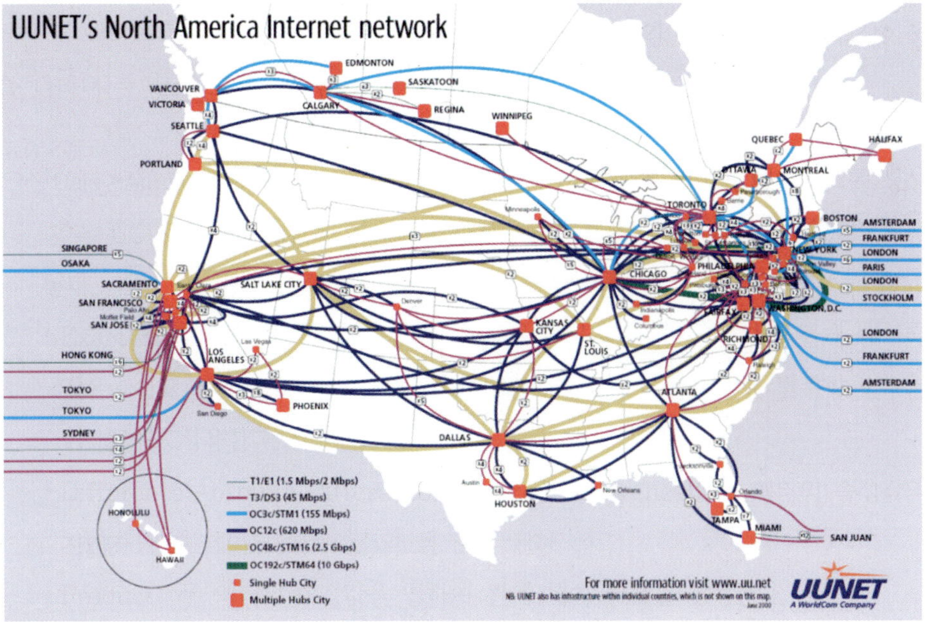

자료: http://www.nthelp.com/images/uunet.pdf

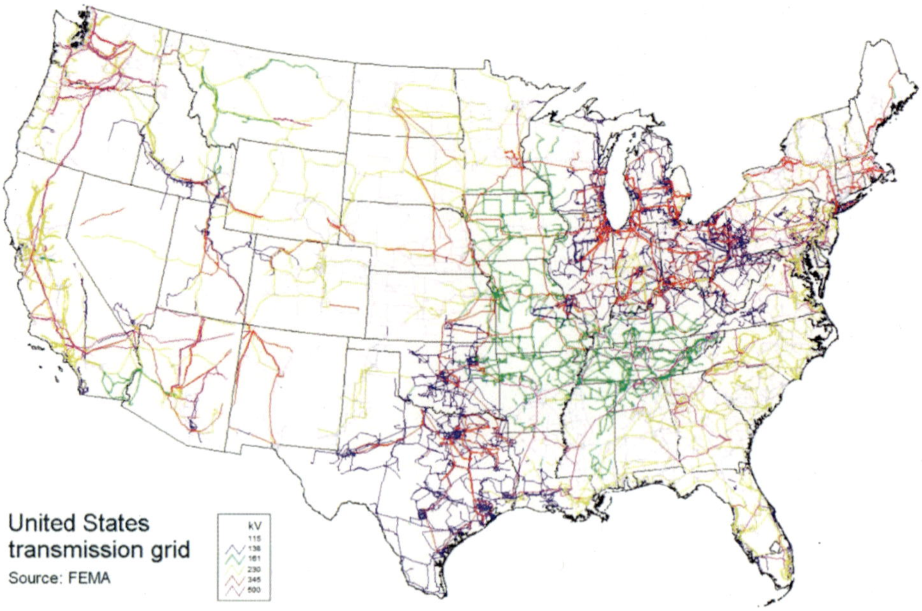

자료: http://www.geni.org/globalenergy/library/national_energy_grid/united-states-of-america/graphics/UnitedStatesPowerGrid.jpg

경제학자 및 네트워크 과학자들은 수출 제품 간의 관련성을 토대로 네트워크를 구축하여 국가의 산업구조 및 발전과정을 분석하기도 한다.

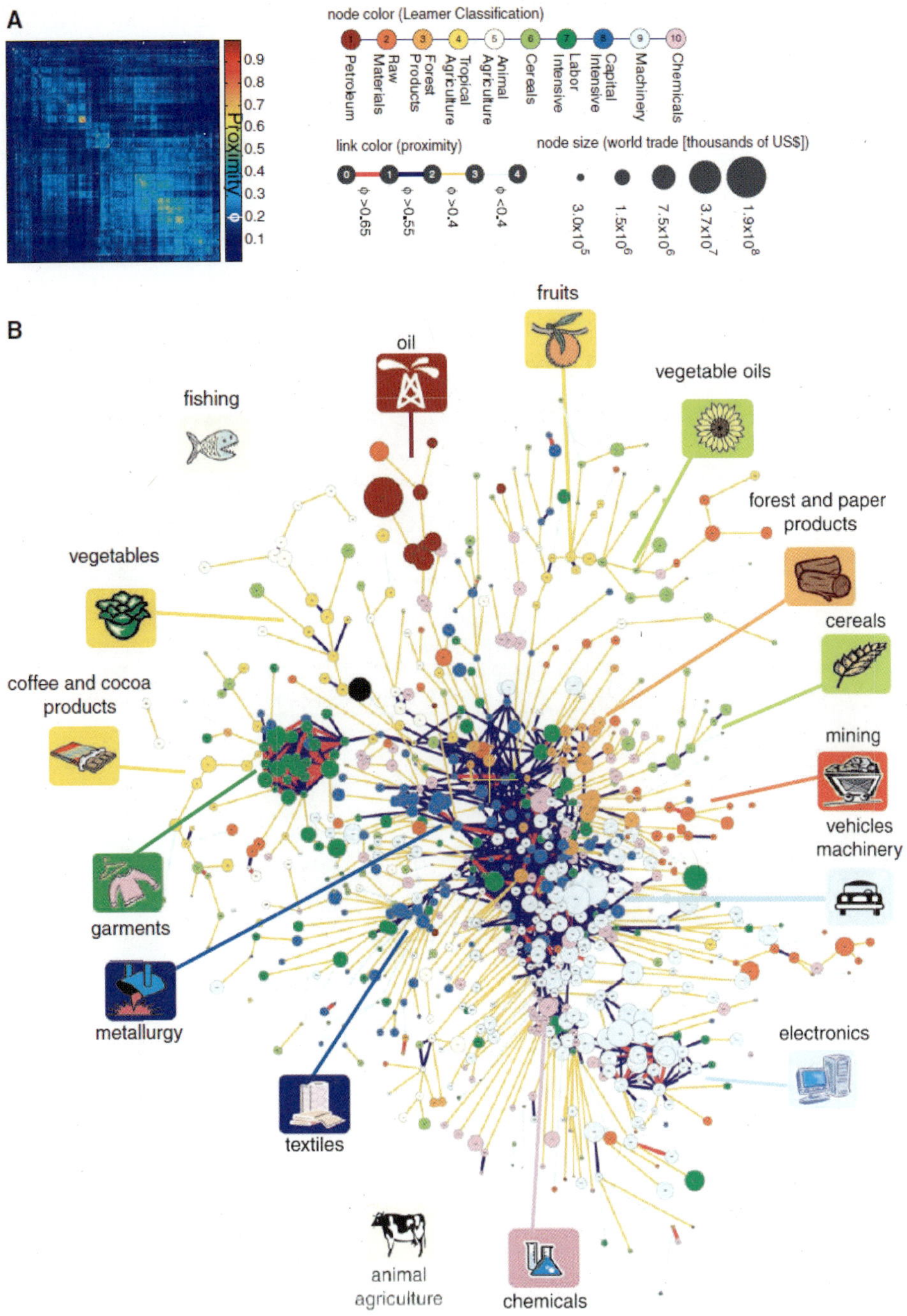

자료: http://www.barabasilab.com/pubs/CCNR-ALB_Publications/200707-17_Science-ProductSpace/200707-17_Science-ProductSpace.pdf

18세기 프러시아의 옛 도시 쾨니히스베르크(Königsberg)에는 네 개 지역을 연결하는 일곱 개의 다리가 놓여 있었다. 당시 시민들 사이에는 같은 다리를 두 번 이상 지나지 않고 이들 일곱 개의 다리를 모두 건널 수 있는지가 화제였다. 수학자 오일러(Euler)는 이 문제를 네트워크(네 개의 노드와 일곱 개의 라인)로 표현하여 같은 다리를 두 번 이상 지나지 않고는 일곱 개 다리를 모두 건널 수 없다는 것을 증명하였다. 이것이 소셜네트워크분석 분야에 중요한 이론적 기반을 제공한 그래프이론(graph theory)의 시작을 열었다.

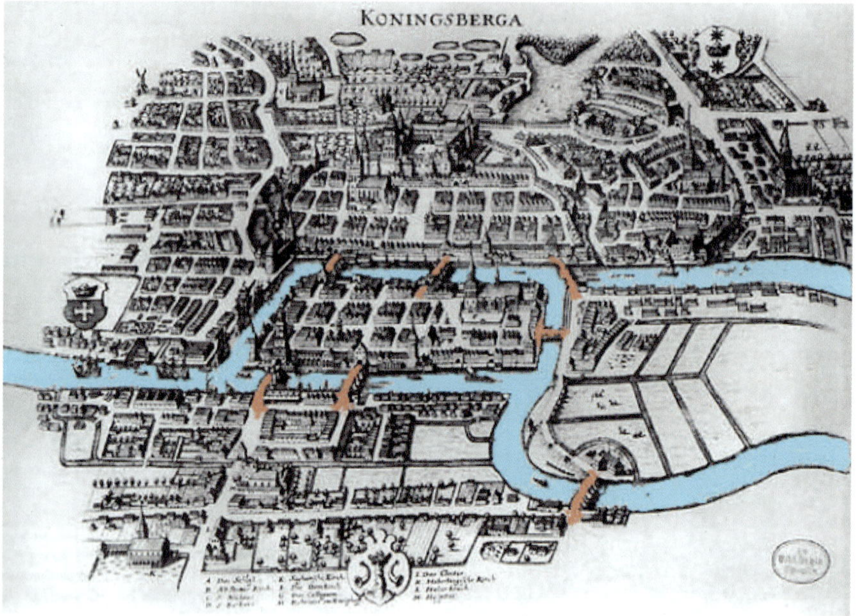

자료: https://margaritamayoralvilla.wordpress.com/2013/04/15/leonhard-euler-and-the-seven-bridges-of-konigsberg-the-beginning-of-graph-theory

웹사이트 'http://www.visualcomplexity.com'을 방문하면 다양한 네트워크 유형을 검색해볼 수 있다.

02 필자는 베이컨 수가 6을 넘는 영화배우를 아직 발견하지 못하였다. 베이컨 수가 큰 영화배우를 찾은 독자는 필자에게 이메일로 알려주시기 바란다.

제2장 | 소셜네트워크의 표현

01 ① UCINET의 Matrix Browser를 이용하여 네트워크 데이터와 속성 데이터 매트릭스를 출력하면 다음과 같다.

Choonhyang.##h 파일(친구관계 매트릭스)

	방자	향단	몽룡	춘향
방자	0	0	1	1
향단	1	0	0	1
몽룡	0	1	0	1
춘향	1	0	0	0

Choonhyang-Attr.##h 파일(속성 매트릭스)

	나이	성별	학력
방자	32	1	1
향단	23	2	1
몽룡	31	1	3
춘향	25	2	2

②

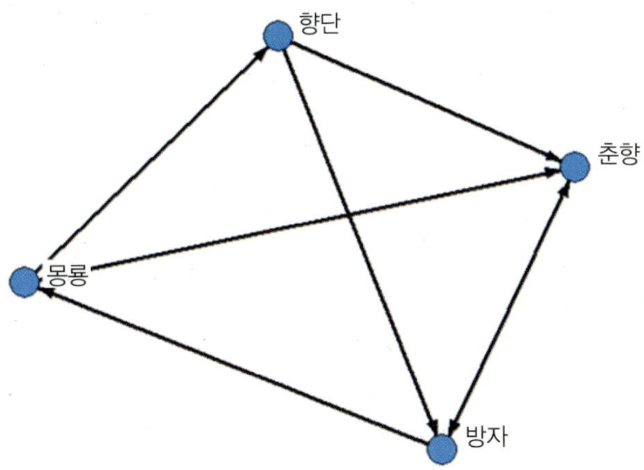

③ 남자(방자와 몽룡)는 파란색으로, 여자(향단과 춘향)는 빨간색으로 나타냈으며, 학력에 따라 노드의 모양(고등학교는 원형, 대학교는 사각형, 대학원은 삼각형)을 다르게 표현하였다. 또한 각 도형은 나이에 따라 상대적으로 다른 크기를 갖도록 하였다.

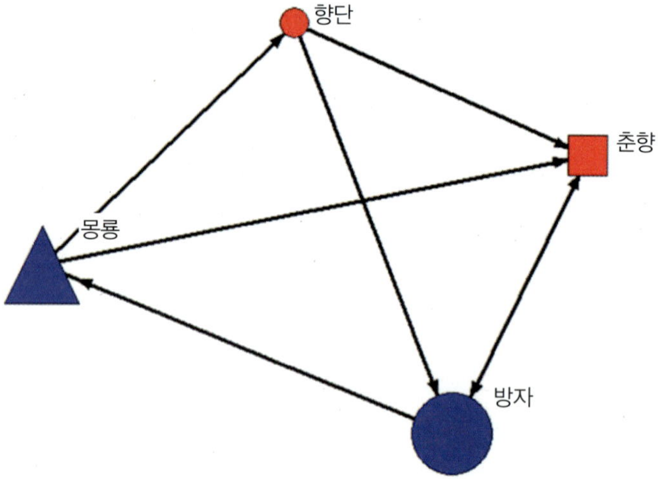

02 ① Company-Culture.##h 파일

	A	B	C	D	E
가	1	1	1	1	0
나	1	1	1	0	1
다	0	1	1	1	0
라	0	0	1	0	1

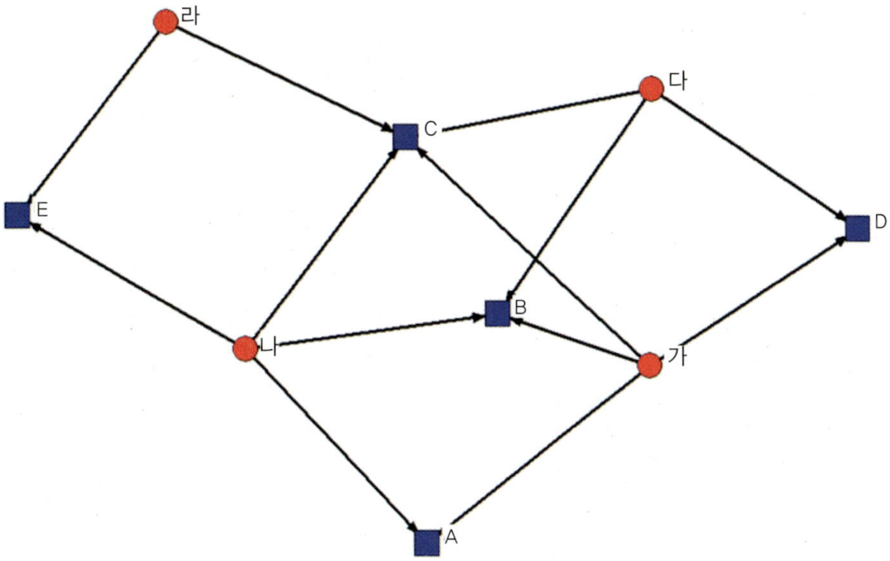

② Company.##h 파일

	가	나	다	라
가	4	3	3	1
나	3	4	2	2
다	3	2	3	1
라	1	2	1	2

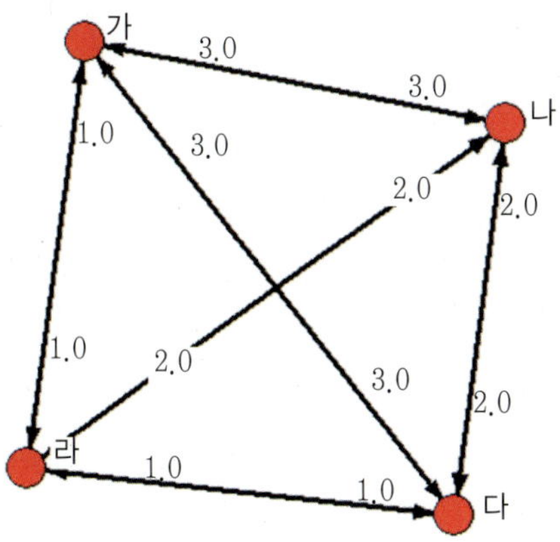

③ Culture.##h 파일

	A	B	C	D	E
A	2	2	2	1	1
B	2	3	3	2	1
C	2	3	4	2	2
D	1	2	2	2	0
E	1	1	2	0	2

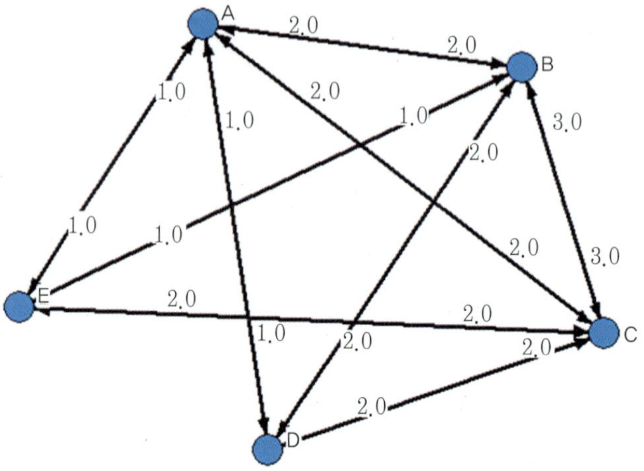

03

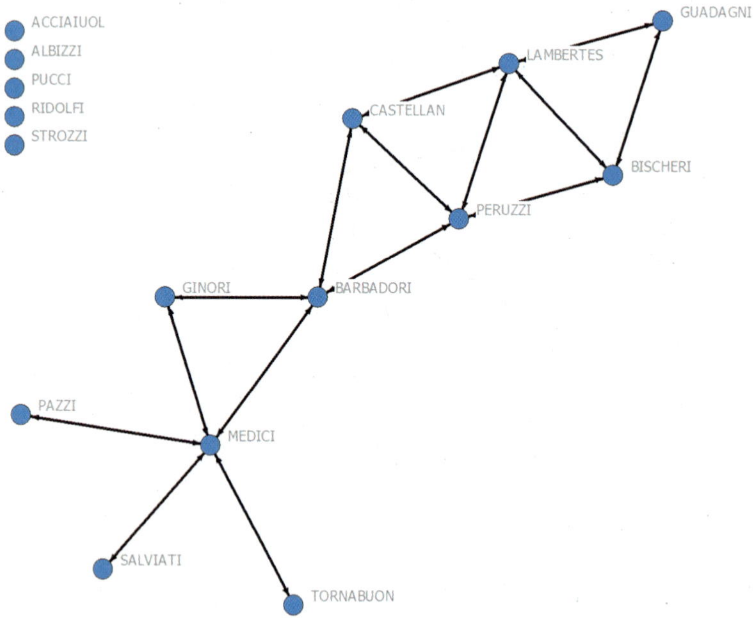

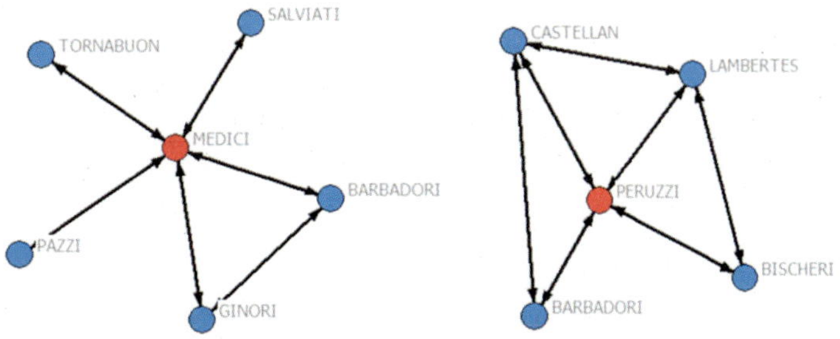

제3장 | 소셜네트워크 데이터의 수집

01 ① Alliance(nodelist).txt 파일

DL N=7
Format=Nodelist1
Labels:
CO1 CO2 CO3 CO4 CO5 CO6 CO7
Data:
1 2 4 6
2 1 4 5
3 4 7
4 1 2 3 5 6
5 2 4 6 7
6 1 4 5
7 3 5

② Alliance(edgelist).txt 파일

DL N=7
Format=Edgelist1
Labels:
CO1 CO2 CO3 CO4 CO5 CO6 CO7
Data:
1 2

1 4
1 6
2 1
2 4
2 5
3 4
3 7
4 1
4 2
4 3
4 5
4 6
5 2
5 4
5 6
5 7
6 1
6 4
6 5
7 3
7 5

02 ① 라인의 값(즉 관계강도)을 표현하기 위하여 엣지리스트 DL 형식을 이용한다.

GetHelp.txt 파일

DL N=10
Format=Edgelist1
Labels embedded
Data:
AJ DK 2
AJ EJ 3
AJ FR 5

AJ GY 3
AJ HJ 3
BS CH 3
BS GY 1
BS ID 3
BS JH 4
CH BS 2
CH EJ 5
DK AJ 4
DK EJ 5
DK HJ 3
DK ID 2
FR AJ 3
FR CH 2
FR EJ 5
FR HJ 5
GY BS 3
GY EJ 3
GY HJ 3
HJ EJ 3
ID BS 5
ID DK 3
ID EJ 5
JH BS 1

② GetHelp.##h 파일

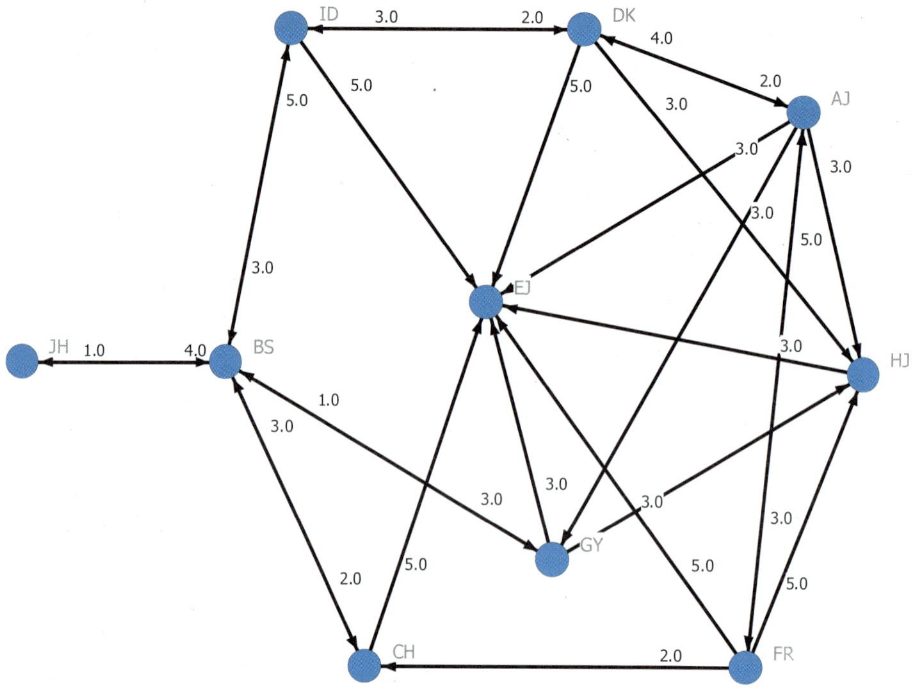

03 ① Customer-Book(nodelist).txt 파일

DL NR=10 NC=7
Format=Nodelist2
Labels embedded
Data:
C001 B001 B002 B003 B006
C002 B004 B005
C003 B002 B004
C004 B003 B005 B006 B007
C005 B002 B006
C006 B003
C007 B001 B002 B003 B004 B006
C008 B001 B007
C009 B003 B006

C010 B001 B003 B005 B007

② Customer–Book(edgelist).txt 파일

DL NR=10 NC=7
Format=Edgelist2
Labels embedded:
Data:
C001 B001
C001 B002
C001 B003
C001 B006
C002 B004
C002 B005
C003 B002
C003 B004
C004 B003
C004 B005
C004 B006
C004 B007
C005 B002
C005 B006
C006 B003
C007 B001
C007 B002
C007 B003
C007 B004
C007 B006
C008 B001
C008 B007
C009 B003
C009 B006
C010 B001

C010 B003

C010 B005

C010 B007

③ Customer-Book(nodelist).##h 또는 Customer-Book(edgelist).##h 파일

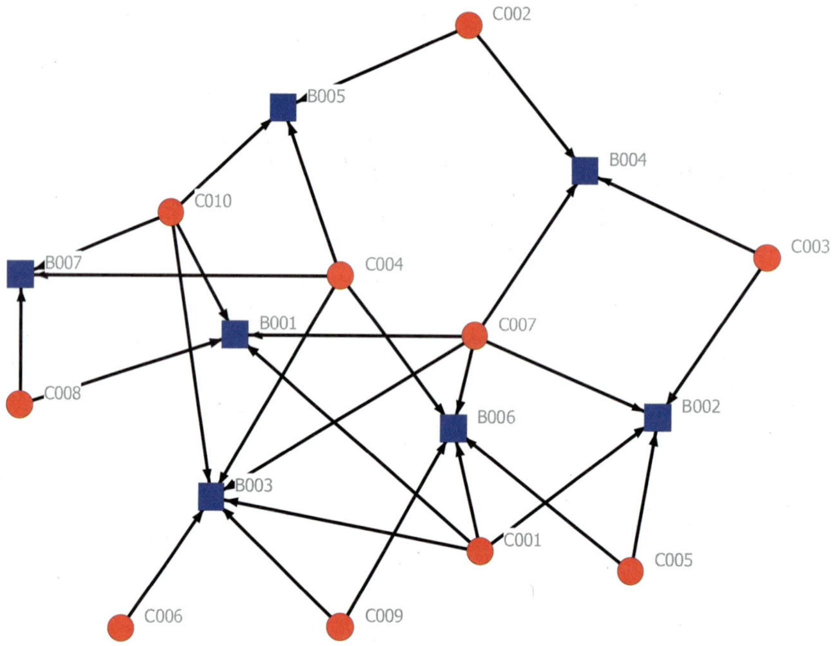

제4장 | 연결과 응집성

01 ① Invest.txt 파일

DL N=5

Format=Nodelist1

Labels:

A B C D E

Data:

1 2 3 4 5

2 5

3 2

4 3 5

5 4

② Invest.##h 파일

네트워크 전체

Statistics

		1
1	Observations	20
2	Missing	0
3	Minimum	0
4	Maximum	1
5	Sum	9
6	Average	0.450
7	SSQ	9
8	Standard Deviation	0.497
9	Variance	0.248
10	MCSSQ	4.950
11	Euclidean Norm	3

외향 연결정도

Statistics

		1 Observations	2 Missing	3 Minimum	4 Maximum	5 Sum	6 Average	7 SSQ	8 Standard Deviation	9 Variance	10 MCSSQ	11 Euclidean Norm
1	A	4	0	1	1	4	1	4	0	0	0	2
2	B	4	0	0	1	1	0.250	1	0.433	0.188	0.750	1
3	C	4	0	0	1	1	0.250	1	0.433	0.188	0.750	1
4	D	4	0	0	1	2	0.500	2	0.500	0.250	1	1.414
5	E	4	0	0	1	1	0.250	1	0.433	0.188	0.750	1

내향 연결정도

Statistics

		1 A	2 B	3 C	4 D	5 E
1	Observations	4	4	4	4	4
2	Missing	0	0	0	0	0
3	Minimum	0	0	0	0	0
4	Maximum	0	1	1	1	1
5	Sum	0	2	2	2	3
6	Average	0	0.500	0.500	0.500	0.750
7	SSQ	0	2	2	2	3
8	Standard Deviation	0	0.500	0.500	0.500	0.433
9	Variance	0	0.250	0.250	0.250	0.188
10	MCSSQ	0	1	1	1	0.750
11	Euclidean Norm	0	1.414	1.414	1.414	1.732

기업 간 상호출자관계 네트워크는 방향/이진 그래프로서 다섯 개의 노드(g=5)를 갖고 있다. 이 네트워크의 연결정도의 합은 9이다(첫 번째 매트릭스의 'Sum' 행). 모든 가능한 연결관계 개수(첫 번째 매트릭스의 'Observations' 행) 대비 실제 연결관계 개수(첫 번째 매트릭스의 'Sum' 행)의 비율은 0.45($=\frac{9}{20}$)이다(첫 번째 매트릭스의 'Average' 행). 이는 완벽하게 서로 연결된 네트워크 대비 실제로 연결된 정도가 45.0%라는 것을 나타낸다.

A, B, C, D, E 기업의 외향 연결정도는 각각 4, 1, 1, 2, 1이며 내향 연결정도는 각각 0, 2, 2, 2, 3이다(두 번째 및 세 번째 매트릭스의 'Sum' 열 및 행). 네트워크의 크기를 고려한 표준화된 외향 연결정도는 각각 1, 0.25, 0.25, 0.5, 0.25이며 표준화된 내향 연결정도는 0, 0.5, 0.5, 0.5, 0.75이다(두 번째 및 세 번째 매트릭스의 'Average' 열 및 행).

02 에고 A의 밀도

$$D=\frac{L}{\frac{g(g-1)}{2}}=\frac{8}{\frac{5(5-1)}{2}}=0.8$$

에고 B의 밀도

$$D=\frac{L}{\frac{g(g-1)}{2}}=\frac{2}{\frac{5(5-1)}{2}}=0.2$$

03 들어오는 연결관계만 갖고 있는 7번 관리자와 9번 관리자를 제외한 나머지 관리자들은 모두 서로 도달가능하다. 이 네트워크에서 가장 긴 경로거리는 5이다(16번 및 18번 관리자와 13번 관리자 간). 따라서 관리자들 간 친구관계 네트워크의 직경은 5가 된다. 관련 지표들은 다음과 같다.

도달가능성

	1	2	3	4	5	6	7	8	9	10	11	12	13	14	15	16	17	18	19	20	21
1	0	1	1	1	1	1	1	1	1	1	1	1	1	1	1	1	1	1	1	1	1
2	1	0	1	1	1	1	1	1	1	1	1	1	1	1	1	1	1	1	1	1	1
3	1	1	0	1	1	1	1	1	1	1	1	1	1	1	1	1	1	1	1	1	1
4	1	1	1	0	1	1	1	1	1	1	1	1	1	1	1	1	1	1	1	1	1
5	1	1	1	1	0	1	1	1	1	1	1	1	1	1	1	1	1	1	1	1	1
6	1	1	1	1	1	0	1	1	1	1	1	1	1	1	1	1	1	1	1	1	1
7	0	0	0	0	0	0	0	0	0	0	0	0	0	0	0	0	0	0	0	0	0
8	1	1	1	1	1	1	1	0	1	1	1	1	1	1	1	1	1	1	1	1	1
9	0	0	0	0	0	0	0	0	0	0	0	0	0	0	0	0	0	0	0	0	0
10	1	1	1	1	1	1	1	1	1	0	1	1	1	1	1	1	1	1	1	1	1
11	1	1	1	1	1	1	1	1	1	1	0	1	1	1	1	1	1	1	1	1	1
12	1	1	1	1	1	1	1	1	1	1	1	0	1	1	1	1	1	1	1	1	1
13	1	1	1	1	1	1	1	1	1	1	1	1	0	1	1	1	1	1	1	1	1
14	1	1	1	1	1	1	1	1	1	1	1	1	1	0	1	1	1	1	1	1	1
15	1	1	1	1	1	1	1	1	1	1	1	1	1	1	0	1	1	1	1	1	1
16	1	1	1	1	1	1	1	1	1	1	1	1	1	1	1	0	1	1	1	1	1
17	1	1	1	1	1	1	1	1	1	1	1	1	1	1	1	1	0	1	1	1	1
18	1	1	1	1	1	1	1	1	1	1	1	1	1	1	1	1	1	0	1	1	1
19	1	1	1	1	1	1	1	1	1	1	1	1	1	1	1	1	1	1	0	1	1
20	1	1	1	1	1	1	1	1	1	1	1	1	1	1	1	1	1	1	1	0	1
21	1	1	1	1	1	1	1	1	1	1	1	1	1	1	1	1	1	1	1	1	0

최단경로거리(연결되지 않은 액터는 'Missing values' 처리)

Frequencies

		1 Freq	2 Prop
1	1	102	0.243
2	2	168	0.400
3	3	81	0.193
4	4	27	0.064
5	5	2	0.005
6	NA	40	0.095

6 rows, 2 columns, 1 levels.

Average: :2.1
Std Dev: :0.9

	1	2	3	4	5	6	7	8	9	10	11	12	13	14	15	16	17	18	19	20	21
1	0	1	3	1	3	3	3	1	3	3	3	1	4	3	3	1	2	2	3	3	2
2	1	0	3	2	3	3	3	2	3	3	3	2	4	3	3	2	2	1	3	3	1
3	2	2	0	3	2	3	2	3	3	4	2	2	3	1	2	3	3	3	1	2	3
4	1	1	2	0	2	2	2	1	2	2	2	1	3	2	2	1	1	2	2	2	2
5	2	1	2	2	0	2	2	2	1	2	1	2	2	1	2	2	1	2	1	2	1
6	2	1	2	2	2	0	1	2	1	2	2	1	3	2	2	2	1	2	2	2	1
7							0														
8	2	2	3	1	3	3	3	0	3	3	3	2	4	3	3	2	2	3	3	3	3
9									0												
10	2	2	1	2	1	3	3	1	1	0	2	1	3	2	3	1	2	2	2	1	2
11	1	1	1	1	1	2	2	1	1	2	0	1	1	2	1	2	1	1	1	2	2
12	1	2	2	1	2	2	2	2	2	2	2	0	3	2	2	2	1	2	2	2	1
13	2	2	2	2	1	3	3	2	2	3	1	2	0	2	2	3	2	2	2	3	2
14	2	3	2	3	2	2	1	3	2	4	2	3	3	0	1	3	3	3	2	3	3
15	1	2	1	2	1	1	2	2	1	3	1	2	2	1	0	2	2	2	1	2	2
16	1	1	4	2	4	4	4	2	4	4	4	2	5	4	4	0	3	2	4	4	2
17	1	1	1	1	1	1	1	1	1	1	1	1	2	1	1	1	0	2	1	1	1
18	2	1	4	3	4	4	4	3	4	4	4	3	5	4	4	3	3	0	4	4	2
19	1	1	1	2	1	2	2	2	2	3	1	1	2	1	1	2	2	2	0	1	2
20	2	2	2	2	2	3	3	2	2	3	1	2	2	3	2	3	2	1	2	0	3
21	2	1	2	2	2	2	2	2	2	2	2	1	3	2	2	2	1	1	2	2	0

21 rows, 21 columns, 1 levels.

최단경로개수

	1	2	3	4	5	6	7	8	9	10	11	12	13	14	15	16	17	18	19	20	21
1	1	1	2	1	2	2	2	1	2	2	2	1	2	2	2	1	2	1	2	2	2
2	1	1	1	1	1	1	1	1	1	1	1	2	1	1	1	1	1	1	1	1	1
3	1	1	1	3	1	2	1	2	4	3	1	1	1	1	2	1	3	3	1	1	3
4	1	1	1	1	1	1	1	1	1	1	1	1	1	1	1	1	1	1	1	1	3
5	4	1	3	2	1	1	2	2	1	1	1	4	1	1	4	1	1	3	1	2	1
6	3	1	1	2	1	1	1	1	1	1	1	1	1	1	1	1	1	2	1	1	1
7	0	0	0	0	0	0	1	0	0	0	0	0	0	0	0	0	0	0	0	0	0
8	1	1	1	1	1	1	1	1	1	1	1	1	1	1	1	1	1	1	1	1	3
9	0	0	0	0	0	0	0	0	1	0	0	0	0	0	0	0	0	0	0	0	0
10	2	2	1	2	1	2	4	1	1	1	2	1	2	2	8	1	2	1	2	1	2
11	1	1	1	1	1	2	1	1	1	1	1	1	1	5	1	3	1	1	1	2	4
12	1	4	1	1	1	1	1	3	1	1	1	1	1	1	1	3	1	1	1	1	1
13	1	2	1	1	1	3	3	1	2	2	1	1	1	1	1	4	2	1	2	4	1
14	1	5	1	2	1	1	1	2	1	3	1	4	1	1	1	1	3	1	1	1	2
15	1	5	1	2	1	1	2	2	1	3	1	4	1	1	1	1	3	1	1	1	2
16	1	1	3	1	3	3	3	1	3	3	3	1	3	3	3	1	3	1	3	3	1
17	1	1	1	1	1	1	1	1	1	1	1	1	1	1	1	1	1	4	1	1	1
18	1	1	1	1	1	1	1	1	1	1	1	2	1	1	1	1	1	1	1	1	1
19	1	1	1	3	1	1	1	2	3	3	1	1	1	1	1	1	3	3	1	1	3
20	1	2	1	1	1	2	1	1	1	1	1	1	1	5	1	3	1	1	1	1	5
21	3	1	1	2	1	1	1	1	1	1	1	1	1	1	1	1	1	1	1	1	1

플로우개수

	1	2	3	4	5	6	7	8	9	10	11	12	13	14	15	16	17	18	19	20	21
1	0	5	3	4	3	2	3	4	3	1	3	4	1	3	3	4	3	4	3	3	4
2	2	0	2	2	2	2	2	2	2	1	2	2	1	2	2	2	2	3	2	2	2
3	2	2	0	2	2	2	2	2	2	1	2	2	1	2	2	2	2	2	2	2	2
4	5	5	3	0	3	2	3	5	3	1	3	4	1	3	3	4	3	4	3	3	4
5	6	6	5	5	0	2	3	5	6	1	5	6	1	5	4	4	6	4	5	3	5
6	4	4	4	4	4	0	3	4	5	1	4	4	1	4	4	4	4	4	4	3	4
7	0	0	0	0	0	0	0	0	0	0	0	0	0	0	0	0	0	0	0	0	0
8	1	1	1	1	1	1	1	0	1	1	1	1	1	1	1	1	1	1	1	1	1
9	0	0	0	0	0	0	0	0	0	0	0	0	0	0	0	0	0	0	0	0	0
10	6	6	5	5	6	2	3	5	6	0	5	6	1	5	4	4	6	4	5	3	5
11	8	10	5	5	6	2	3	5	6	1	0	8	1	5	4	4	6	4	5	3	5
12	4	4	3	4	3	2	3	4	3	1	3	0	1	3	3	4	3	4	3	3	4
13	2	2	2	2	2	2	2	2	2	1	2	2	0	2	2	2	2	2	2	2	2
14	1	1	1	1	1	1	2	1	1	1	1	1	1	0	1	1	1	1	1	1	1
15	6	6	5	5	6	2	3	5	6	1	5	6	1	5	0	4	6	4	5	3	5
16	2	2	2	2	2	2	2	2	2	1	2	2	1	2	2	0	2	2	2	2	2
17	8	10	5	5	6	2	3	5	6	1	5	8	1	5	4	4	0	4	5	3	5
18	1	1	1	1	1	1	1	1	1	1	1	1	1	1	1	1	1	0	1	1	1
19	8	8	5	5	6	2	3	5	6	1	5	8	1	5	4	4	6	4	0	3	5
20	2	2	2	2	2	2	2	2	2	1	2	2	1	2	2	2	2	2	2	0	2
21	3	4	3	3	3	2	3	3	3	1	3	3	1	3	3	3	3	4	3	3	0

제5장 | 중심성과 파워

01 ① Centrality16node.txt 파일

```
DL N=16
Format=Nodelist1
Labels embedded
Data:
A D E F G H
B G I J K L
C L M N O P
D A
E A
F A
G A B
H A
I B
J B
K B
L B C
M C
N C
O C
P C
```

② Centrality16node.##h 파일

```
FREEMAN DEGREE CENTRALITY
--------------------------------------------------------------------------------

Input dataset:                          Centrality16node (Centrality16node)
Output degree dataset:                  Centrality16node-deg (Centrality16node-deg)
Output centralization dataset:          Centrality16node-degcz (Centrality16node-degcz)
Treat data as:                          Auto-detect
Output raw scores:                      YES
Output normalized scores:               YES
Allow edge weights:                     YES
Exclude diagonal:                       YES

Network 1 is directed? NO

Degree Measures

              1     2
          Degre nDegr
              e    ee
          ----- -----
    1 A   5.000 0.333
    2 B   5.000 0.333
    3 C   5.000 0.333
    4 D   1.000 0.067
    5 E   1.000 0.067
    6 F   1.000 0.067
    7 G   2.000 0.133
    8 H   1.000 0.067
    9 I   1.000 0.067
   10 J   1.000 0.067
   11 K   1.000 0.067
   12 L   2.000 0.133
   13 M   1.000 0.067
   14 N   1.000 0.067
   15 O   1.000 0.067
   16 P   1.000 0.067

16 rows, 2 columns, 1 levels.

Graph Centralization -- as proportion, not percentage

             1
        Degree
        ------
      1 0.2381

1 rows, 1 columns, 1 levels.
```

③ Centrality16node.##h 파일

```
CLOSENESS CENTRALITY MEASURES
--------------------------------------------------------------------------------

Input network dataset:                  Centrality16node (Centrality16node)
Output measures:                        Centrality16node-Clo (Centrality16node-Clo)
(Freeman) Set undefined distances to:   N (number of nodes)
(Freeman) Output options:               Divide totals into N-1 (Freeman normalization)
(Valente-Forman) Handle undefined distances:Set reverse distance to zero
(Valente-Forman) Output options:        Divide averages by diameter
(Reciprocal) Handle undefined distances:Set reciprocal distance to zero
(Reciprocal) Output options:            Averages
```

		1 FreeClo	2 ValClo	3 RecipClo
1	A	0.349	0.689	0.526
2	B	0.455	0.800	0.578
3	C	0.349	0.689	0.526
4	D	0.263	0.533	0.347
5	E	0.263	0.533	0.347
6	F	0.263	0.533	0.347
7	G	0.405	0.756	0.489
8	H	0.263	0.533	0.347
9	I	0.319	0.644	0.378
10	J	0.319	0.644	0.378
11	K	0.319	0.644	0.378
12	L	0.405	0.756	0.489
13	M	0.263	0.533	0.347
14	N	0.263	0.533	0.347
15	O	0.263	0.533	0.347
16	P	0.263	0.533	0.347

16 rows, 3 columns, 1 levels.

④ Centrality16node.##h 파일

FREEMAN BETWEENNESS CENTRALITY

Input dataset: Centrality16node (Centrality16node)

Important note: This routine cannot handle valued data, so it binarizes your data automatically.
It DOES handle directed (non-symmetric) data, so it does NOT symmetrize.

Un-normalized centralization: 925.000

		1 Betweenness	2 nBetweenness
2	B	75.000	71.429
1	A	50.000	47.619
3	C	50.000	47.619
12	L	50.000	47.619
7	G	50.000	47.619
6	F	0.000	0.000
5	E	0.000	0.000
8	H	0.000	0.000
9	I	0.000	0.000
10	J	0.000	0.000
11	K	0.000	0.000
4	D	0.000	0.000
13	M	0.000	0.000
14	N	0.000	0.000
15	O	0.000	0.000
16	P	0.000	0.000

DESCRIPTIVE STATISTICS FOR EACH MEASURE

		1 Betweenness	2 nBetweenness
1	Mean	17.188	16.369
2	Std Dev	26.099	24.856
3	Sum	275.000	261.905
4	Variance	681.152	617.825
5	SSQ	15625.000	14172.337
6	MCSSQ	10898.438	9885.205
7	Euc Norm	125.000	119.048
8	Minimum	0.000	0.000
9	Maximum	75.000	71.429
10	N of Obs	16.000	16.000

Network Centralization Index = 58.73%

02 ① Centrality6node.txt 파일

DL N=6

Format=Nodelist1

Labels embedded

Data:

A B

B A C D

C B D E F

D B C F

E C F

F C D E

② Centrality6node.##h 파일

```
FREEMAN BETWEENNESS CENTRALITY
--------------------------------------------------------------------------------

Input dataset:                          Centrality6node (Centrality6node)


Important note: This routine cannot handle valued data, so it binarizes your data automatically.
                It DOES handle directed (non-symmetric) data, so it does NOT symmetrize.

Un-normalized centralization: 15.000

                        1            2
              Betweenness nBetweenness
             ------------ ------------
    2  B            4.000       40.000
    3  C            3.500       35.000
    4  D            1.000       10.000
    6  F            0.500        5.000
    1  A            0.000        0.000
    5  E            0.000        0.000

DESCRIPTIVE STATISTICS FOR EACH MEASURE

                               1            2
                     Betweenness nBetweenness
                    ------------ ------------
    1        Mean          1.500       15.000
    2     Std Dev          1.633       16.330
    3         Sum          9.000       90.000
    4    Variance          2.667      266.667
    5         SSQ         29.500     2950.000
    6       MCSSQ         16.000     1600.000
    7    Euc Norm          5.431       54.314
    8     Minimum          0.000        0.000
    9     Maximum          4.000       40.000
   10    N of Obs          6.000        6.000

Network Centralization Index = 30.00%
```

03 ① Star.txt 파일

DL N=7
Format=Nodelist1
Labels embedded
Data:
N1 N2 N3 N4 N5 N6 N7
N2 N1
N3 N1
N4 N1
N5 N1
N6 N1
N7 N1

Circle.txt 파일

DL N=7
Format=Nodelist1
Labels embedded
Data:
N1 N2 N7
N2 N1 N3
N3 N2 N4
N4 N3 N5
N5 N4 N6
N6 N5 N7
N7 N6 N1

Line.txt 파일

DL N=7
Format=Nodelist1
Labels embedded
Data:
N1 N2 N3

N2 N1 N4

N3 N1 N5

N4 N2 N6

N5 N3 N7

N6 N4

N7 N5

② 스타 네트워크: Star.##h 파일

```
FREEMAN DEGREE CENTRALITY
--------------------------------------------------------------------------------

Input dataset:                          Star (Star)
Output degree dataset:                  Star-deg (Star-deg)
Output centralization dataset:          Star-degcz (Star-degcz)
Treat data as:                          Auto-detect
Output raw scores:                      YES
Output normalized scores:               YES
Allow edge weights:                     YES
Exclude diagonal:                       YES

Network 1 is directed? NO

Degree Measures

              1     2
          Degre nDegr
              e    ee
          ----- -----
    1 N1  6.000 1.000
    2 N2  1.000 0.167
    3 N3  1.000 0.167
    4 N4  1.000 0.167
    5 N5  1.000 0.167
    6 N6  1.000 0.167
    7 N7  1.000 0.167


7 rows, 2 columns, 1 levels.

Graph Centralization -- as proportion, not percentage

              1
         Degree
         ------
       1 1.0000

1 rows, 1 columns, 1 levels.
```

서클 네트워크: Circle.##h 파일

```
FREEMAN DEGREE CENTRALITY
--------------------------------------------------------------------

Input dataset:                          Circle (Circle)
Output degree dataset:                  Circle-deg (Circle-deg)
Output centralization dataset:          Circle-degcz (Circle-degcz)
Treat data as:                          Auto-detect
Output raw scores:                      YES
Output normalized scores:               YES
Allow edge weights:                     YES
Exclude diagonal:                       YES

Network 1 is directed? NO

Degree Measures

              1     2
          Degre nDegr
              e    ee
          ----- -----
    1 N1  2.000 0.333
    2 N2  2.000 0.333
    3 N3  2.000 0.333
    4 N4  2.000 0.333
    5 N5  2.000 0.333
    6 N6  2.000 0.333
    7 N7  2.000 0.333


7 rows, 2 columns, 1 levels.

Graph Centralization -- as proportion, not percentage

             1
        Degree
        ------
      1 0.0000

1 rows, 1 columns, 1 levels.
```

라인 네트워크: Line.##h 파일

```
FREEMAN DEGREE CENTRALITY
--------------------------------------------------------------------

Input dataset:                          Line (Line)
Output degree dataset:                  Line-deg (Line-deg)
Output centralization dataset:          Line-degcz (Line-degcz)
Treat data as:                          Auto-detect
Output raw scores:                      YES
Output normalized scores:               YES
Allow edge weights:                     YES
Exclude diagonal:                       YES

Network 1 is directed? NO

Degree Measures

              1     2
          Degre nDegr
              e    ee
          ----- -----
    1 N1  2.000 0.333
    2 N2  2.000 0.333
    3 N3  2.000 0.333
    4 N4  2.000 0.333
    5 N5  2.000 0.333
    6 N6  1.000 0.167
    7 N7  1.000 0.167


7 rows, 2 columns, 1 levels.

Graph Centralization -- as proportion, not percentage

             1
        Degree
        ------
      1 0.0667

1 rows, 1 columns, 1 levels.
```

③ 스타 네트워크: Star.##h 파일

```
CLOSENESS CENTRALITY MEASURES
--------------------------------------------------------------------------------

Input network dataset:                   Star (Star)
Output measures:                         Star-Clo (Star-Clo)
(Freeman) Set undefined distances to:    N (number of nodes)
(Freeman) Output options:                Divide totals into N-1 (Freeman normalization)
(Valente-Forman) Handle undefined distances:Set reverse distance to zero
(Valente-Forman) Output options:         Divide averages by diameter
(Reciprocal) Handle undefined distances:Set reciprocal distance to zero
(Reciprocal) Output options:             Averages


              1     2     3
          FreeC ValCl Recip
             lo     o   Clo
          ----- ----- -----
   1 N1   1.000 1.000 1.000
   2 N2   0.545 0.583 0.583
   3 N3   0.545 0.583 0.583
   4 N4   0.545 0.583 0.583
   5 N5   0.545 0.583 0.583
   6 N6   0.545 0.583 0.583
   7 N7   0.545 0.583 0.583

7 rows, 3 columns, 1 levels.
```

서클 네트워크: Circle.##h 파일

```
CLOSENESS CENTRALITY MEASURES
--------------------------------------------------------------------------------

Input network dataset:                   Circle (Circle)
Output measures:                         Circle-Clo (Circle-Clo)
(Freeman) Set undefined distances to:    N (number of nodes)
(Freeman) Output options:                Divide totals into N-1 (Freeman normalization)
(Valente-Forman) Handle undefined distances:Set reverse distance to zero
(Valente-Forman) Output options:         Divide averages by diameter
(Reciprocal) Handle undefined distances:Set reciprocal distance to zero
(Reciprocal) Output options:             Averages


              1     2     3
          FreeC ValCl Recip
             lo     o   Clo
          ----- ----- -----
   1 N1   0.500 0.667 0.611
   2 N2   0.500 0.667 0.611
   3 N3   0.500 0.667 0.611
   4 N4   0.500 0.667 0.611
   5 N5   0.500 0.667 0.611
   6 N6   0.500 0.667 0.611
   7 N7   0.500 0.667 0.611

7 rows, 3 columns, 1 levels.
```

라인 네트워크: Line.##h 파일

```
CLOSENESS CENTRALITY MEASURES
--------------------------------------------------------------------------------

Input network dataset:                    Line (Line)
Output measures:                          Line-Clo (Line-Clo)
(Freeman) Set undefined distances to:     N (number of nodes)
(Freeman) Output options:                 Divide totals into N-1 (Freeman normalization)
(Valente-Forman) Handle undefined distances:Set reverse distance to zero
(Valente-Forman) Output options:          Divide averages by diameter
(Reciprocal) Handle undefined distances:Set reciprocal distance to zero
(Reciprocal) Output options:              Averages


            1     2     3
        FreeC ValCl Recip
           lo     o   Clo
        ----- ----- -----
  1 N1  0.500 0.833 0.611
  2 N2  0.462 0.806 0.597
  3 N3  0.462 0.806 0.597
  4 N4  0.375 0.722 0.547
  5 N5  0.375 0.722 0.547
  6 N6  0.286 0.583 0.408
  7 N7  0.286 0.583 0.408

7 rows, 3 columns, 1 levels.
```

④ 스타 네트워크: Star.##h 파일

```
FREEMAN BETWEENNESS CENTRALITY
--------------------------------------------------------------------------------

Input dataset:                            Star (Star)


Important note: This routine cannot handle valued data, so it binarizes your data automatically.
                It DOES handle directed (non-symmetric) data, so it does NOT symmetrize.


Un-normalized centralization: 90.000

                        1            2
              Betweenness nBetweenness
             ------------ ------------
  1  N1                15          100
  2  N2                 0            0
  3  N3                 0            0
  4  N4                 0            0
  5  N5                 0            0
  6  N6                 0            0
  7  N7                 0            0

DESCRIPTIVE STATISTICS FOR EACH MEASURE

                        1            2
              Betweenness nBetweenness
             ------------ ------------
  1       Mean      2.143       14.286
  2    Std Dev      5.249       34.993
  3        Sum     15.000      100.000
  4   Variance     27.551     1224.490
  5        SSQ    225.000    10000.000
  6      MCSSQ    192.857     8571.429
  7   Euc Norm     15.000      100.000
  8    Minimum      0.000        0.000
  9    Maximum     15.000      100.000
 10   N of Obs      7.000        7.000

Network Centralization Index = 100.00%
```

서클 네트워크: Circle.##h 파일

```
FREEMAN BETWEENNESS CENTRALITY
--------------------------------------------------------------------------------

Input dataset:                          Circle (Circle)


Important note: This routine cannot handle valued data, so it binarizes your data automatically.
                It DOES handle directed (non-symmetric) data, so it does NOT symmetrize.


Un-normalized centralization: 0.000

                       1            2
             Betweenness nBetweenness
            ------------ ------------
    1  N1              3           20
    2  N2              3           20
    3  N3              3           20
    4  N4              3           20
    5  N5              3           20
    6  N6              3           20
    7  N7              3           20


DESCRIPTIVE STATISTICS FOR EACH MEASURE

                              1            2
                    Betweenness nBetweenness
                   ------------ ------------
    1       Mean          3.000       20.000
    2    Std Dev          0.000        0.000
    3        Sum         21.000      140.000
    4   Variance          0.000        0.000
    5        SSQ         63.000     2800.000
    6      MCSSQ          0.000        0.000
    7   Euc Norm          7.937       52.915
    8    Minimum          3.000       20.000
    9    Maximum          3.000       20.000
   10   N of Obs          7.000        7.000

Network Centralization Index = 0.00%
```

라인 네트워크: Line.##h 파일

```
FREEMAN BETWEENNESS CENTRALITY
--------------------------------------------------------------------------------

Input dataset:                          Line (Line)


Important note: This routine cannot handle valued data, so it binarizes your data automatically.
                It DOES handle directed (non-symmetric) data, so it does NOT symmetrize.


Un-normalized centralization: 28.000

                       1            2
             Betweenness nBetweenness
            ------------ ------------
    1  N1          9.000       60.000
    2  N2          8.000       53.333
    3  N3          8.000       53.333
    4  N4          5.000       33.333
    5  N5          5.000       33.333
    6  N6          0.000        0.000
    7  N7          0.000        0.000
```

```
DESCRIPTIVE STATISTICS FOR EACH MEASURE

                            1            2
                  Betweenness nBetweenness
                  ------------ ------------
 1        Mean          5.000       33.333
 2     Std Dev          3.464       23.094
 3         Sum         35.000      233.333
 4    Variance         12.000      533.333
 5         SSQ        259.000    11511.110
 6       MCSSQ         84.000     3733.333
 7    Euc Norm         16.093      107.290
 8     Minimum          0.000        0.000
 9     Maximum          9.000       60.000
10    N of Obs          7.000        7.000

Network Centralization Index = 31.11%
```

04 ① Centrality15node.txt 파일

DL N=15

Format=Nodelist1

Labels embedded

Data:

A B D E F G H

B A C

C B I J K L M

D A

E A

F A

G A

H A

I C N O

J C

K C

L C

M C

N I

O I

② Centrality15node.##h 파일

```
FREEMAN DEGREE CENTRALITY
--------------------------------------------------------------------------------

Input dataset:                          Centrality15node (Centrality15node)
Output degree dataset:                  Centrality15node-deg (Centrality15node-deg)
Output centralization dataset:          Centrality15node-degcz (Centrality15node-degcz)
Treat data as:                          Undirected
Output raw scores:                      YES
Output normalized scores:               YES
Allow edge weights:                     YES
Exclude diagonal:                       YES

Degree Measures

              1     2
          Degre nDegr
              e    ee
          ----- -----
     1 A  6.000 0.429
     2 B  2.000 0.143
     3 C  6.000 0.429
     4 D  1.000 0.071
     5 E  1.000 0.071
     6 F  1.000 0.071
     7 G  1.000 0.071
     8 H  1.000 0.071
     9 I  3.000 0.214
    10 J  1.000 0.071
    11 K  1.000 0.071
    12 L  1.000 0.071
    13 M  1.000 0.071
    14 N  1.000 0.071
    15 O  1.000 0.071

15 rows, 2 columns, 1 levels.

Graph Centralization -- as proportion, not percentage

              1
         Degree
         ------
       1 0.3407

1 rows, 1 columns, 1 levels.
```

③ Centrality15node.##h 파일

```
CLOSENESS CENTRALITY MEASURES
--------------------------------------------------------------------------------

Input network dataset:                  Centrality15node (Centrality15node)
Output measures:                        Centrality15node-Clo (Centrality15node-Clo)
(Freeman) Set undefined distances to:   N (number of nodes)
(Freeman) Output options:               Divide totals into N-1 (Freeman normalization)
(Valente-Forman) Handle undefined distances:Set reverse distance to zero
(Valente-Forman) Output options:        Divide averages by diameter
(Reciprocal) Handle undefined distances:Set reciprocal distance to zero
(Reciprocal) Output options:            Averages


              1     2     3
          FreeC ValCl Recip
             lo     o   Clo
          ----- ----- -----
     1 A  0.452 0.757 0.619
     2 B  0.500 0.800 0.548
     3 C  0.519 0.814 0.655
     4 D  0.318 0.571 0.392
     5 E  0.318 0.571 0.392
     6 F  0.318 0.571 0.392
     7 G  0.318 0.571 0.392
     8 H  0.318 0.571 0.392
     9 I  0.389 0.686 0.506
    10 J  0.350 0.629 0.411
    11 K  0.350 0.629 0.411
    12 L  0.350 0.629 0.411
    13 M  0.350 0.629 0.411
    14 N  0.286 0.500 0.351
    15 O  0.286 0.500 0.351

15 rows, 3 columns, 1 levels.
```

④ Centrality15node.##h 파일

```
FREEMAN BETWEENNESS CENTRALITY
--------------------------------------------------------------------------------

Input dataset:                          Centrality15node (Centrality15node)


Important note: This routine cannot handle valued data, so it binarizes your data automatically.
                It DOES handle directed (non-symmetric) data, so it does NOT symmetrize.


Un-normalized centralization: 810.000

                        1            2
              Betweenness nBetweenness
             ------------ ------------
    3  C           67.000       73.626
    1  A           55.000       60.440
    2  B           48.000       52.747
    9  I           25.000       27.473
    4  D            0.000        0.000
    5  E            0.000        0.000
    7  G            0.000        0.000
    8  H            0.000        0.000
    6  F            0.000        0.000
   10  J            0.000        0.000
   11  K            0.000        0.000
   12  L            0.000        0.000
   13  M            0.000        0.000
   14  N            0.000        0.000
   15  O            0.000        0.000

DESCRIPTIVE STATISTICS FOR EACH MEASURE

                              1            2
                    Betweenness nBetweenness
                   ------------ ------------
    1       Mean         13.000       14.286
    2    Std Dev         22.961       25.232
    3        Sum        195.000      214.286
    4   Variance        527.200      636.638
    5        SSQ      10443.000    12610.796
    6      MCSSQ       7908.000     9549.571
    7   Euc Norm        102.191      112.298
    8    Minimum          0.000        0.000
    9    Maximum         67.000       73.626
   10   N of Obs         15.000       15.000

Network Centralization Index = 63.58%
```

⑤ Centrality15node.##h 파일

```
EIGENVECTOR CENTRALITY
--------------------------------------------------------------------------------

Input dataset:                          Centrality15node (Centrality15node)
Output centrality scores:               Centrality15node-eig (Centrality15node-eig)
Output eigenvalues:                     Centrality15node-eigval (Centrality15node-eigval)

Important note: This routine automatically symmetrizes by maximum.

Positive eigenvalues of Centrality15node

                1       2       3
          Eigenva Pct Var Cum Pct
              lue   iance
          ------- ------- -------
       1    2.685  43.202  43.202
       2    2.294  36.902  80.105
       3    1.237  19.895     100
       4    0.000   0.000     100
       5    0.000   0.000     100
       6    0.000   0.000     100
       7    0.000   0.000     100
       8    0.000   0.000     100

8 rows, 3 columns, 1 levels.
```

```
Eigenvectors of Centrality15node

           1
        Eigen
        vecto
            r
        -----
   1 A 0.441
   2 B 0.363
   3 C 0.534
   4 D 0.164
   5 E 0.164
   6 F 0.164
   7 G 0.164
   8 H 0.164
   9 I 0.275
  10 J 0.199
  11 K 0.199
  12 L 0.199
  13 M 0.199
  14 N 0.102
  15 O 0.102

15 rows, 1 columns, 1 levels.

Descriptive Statistics

                                  1
                             Eigenv
                              ector
                             ------
   1               Minimum    0.102
   2               Average    0.229
   3               Maximum    0.534
   4                   Sum    3.433
   5    Standard Deviation    0.120
   6              Variance    0.014
   7                   SSQ        1
   8                 MCSSQ    0.214
   9        Euclidean Norm        1
  10          Observations       15
  11               Missing        0
  12 Std. Deviation (n-1)     0.124
  13        Variance (n-1)    0.015
  14          Binary valued       0
  15             Negatives        0
  16         Integer valued       0
  17          Weighted Obs       15
  18                              0

18 rows, 1 columns, 1 levels.

Eigenvector centralization percentages

                        1
                   ------
   1 Centralization 63.005

1 rows, 1 columns, 1 levels.
```

05 ① Centrality10node.txt 파일

DL N=10

Format=Nodelist1

Labels embedded

Data:

A B C D

B A E F

C A G H

D A I J

E B

F B

G C

H C

I D

J D

② Centrality10node.##h 파일

$\beta=0$

```
BETA CENTRALITY / BONACICH POWER
--------------------------------------------------------------------------------

Input dataset:                          Centrality10node (Centrality10node)
Output dataset:                         BonacichPower-Exact (BonacichPower-Exact)
Beta value                              0
Beta parameter:                         0
Computational method:                   Exact (slow for large networks)


Beta value is 0


Bonacich Power

             1     2
          Beta Norma
         ----- -----
   1 A   3.000 1.464
   2 B   3.000 1.464
   3 C   3.000 1.464
   4 D   3.000 1.464
   5 E   1.000 0.488
   6 F   1.000 0.488
   7 G   1.000 0.488
   8 H   1.000 0.488
   9 I   1.000 0.488
  10 J   1.000 0.488
```

$\beta=-0.4$

```
BETA CENTRALITY / BONACICH POWER
--------------------------------------------------------------------------------

Input dataset:                          Centrality10node (Centrality10node)
Output dataset:                         BonacichPower-Exact (BonacichPower-Exact)
Beta value                              -0.4
Beta parameter:                         -0.4
Computational method:                   Exact (slow for large networks)


Beta value is -0.4


Bonacich Power

              1      2
         Beta C Normal
         ------ ------
   1 A   -3.000 -1.000
   2 B    5.000  1.667
   3 C    5.000  1.667
   4 D    5.000  1.667
   5 E   -1.000 -0.333
   6 F   -1.000 -0.333
   7 G   -1.000 -0.333
   8 H   -1.000 -0.333
   9 I   -1.000 -0.333
  10 J   -1.000 -0.333
```

제6장 | 구조적 공백과 중개자

01 ① StructuralHole5node.txt 파일

DL N=5

Format=Nodelist1

Labels embedded

Data:

A B C D E

B A E

C A

D A E

E A B D

② StructuralHole5node.##h 파일

Structural Hole Measures

	1 Degree	2 EffSize	3 Efficienc	4 Constrain	5 Hierarchy	6 EgoBet	7 Ln(Constr	8 Indirects	9 Density	10 Numholes
1 A	4.000	3.000	0.750	0.535	0.092	7.000	-0.626	0.417	0.333	8.000
2 B	2.000	1.000	0.500	1.125	0.000	0.000	0.118	0.500	1.000	0.000
3 C	1.000	1.000	1.000	1.000	1.000	0.000	0.000	0.000		0.000
4 D	2.000	1.000	0.500	1.125	0.000	0.000	0.118	0.500	1.000	0.000
5 E	3.000	1.667	0.556	0.840	0.074	1.000	-0.175	0.556	0.667	2.000

Dyadic Redundancy

	1	2	3	4	5
1 A	0.00	0.25	0.00	0.25	0.50
2 B	0.50	0.00	0.00	0.00	0.50
3 C	0.00	0.00	0.00	0.00	0.00
4 D	0.50	0.00	0.00	0.00	0.50
5 E	0.67	0.33	0.00	0.33	0.00

Dyadic Constraint

	1 A	2 B	3 C	4 D	5 E
1 A	0.00	0.11	0.06	0.11	0.25
2 B	0.56	0.00	0.00	0.00	0.56
3 C	1.00	0.00	0.00	0.00	0.00
4 D	0.56	0.00	0.00	0.00	0.56
5 E	0.44	0.20	0.00	0.20	0.00

02 ① StructuralHole7node.txt 파일

DL N=7

Format=Nodelist1

Labels embedded

Data:

A B E F G

B A D G

C G

D B G

E A G

F A G

G A B C D E F

② StructuralHole7node.##h 파일

Structural Hole Measures

	1 Degree	2 EffSize	3 Efficienc	4 Constrain	5 Hierarchy	6 EgoBet	7 Ln(Constr	8 Indirects	9 Density	10 Numholes
1 A	4.000	2.500	0.625	0.684	0.168	3.000	-0.380	0.563	0.500	6.000
2 B	3.000	1.667	0.556	0.840	0.074	1.000	-0.175	0.556	0.667	2.000
3 C	1.000	1.000	1.000	1.000	1.000	0.000	0.000	0.000		0.000
4 D	2.000	1.000	0.500	1.125	0.000	0.000	0.118	0.500	1.000	0.000
5 E	2.000	1.000	0.500	1.125	0.000	0.000	0.118	0.500	1.000	0.000
6 F	2.000	1.000	0.500	1.125	0.000	0.000	0.118	0.500	1.000	0.000
7 G	6.000	4.667	0.778	0.400	0.095	18.000	-0.916	0.486	0.267	22.000

Dyadic Redundancy

	1	2	3	4	5	6	7
1 A	0.00	0.25	0.00	0.00	0.25	0.25	0.75
2 B	0.33	0.00	0.00	0.33	0.00	0.00	0.67
3 C	0.00	0.00	0.00	0.00	0.00	0.00	0.00
4 D	0.00	0.50	0.00	0.00	0.00	0.00	0.50
5 E	0.50	0.00	0.00	0.00	0.00	0.00	0.50
6 F	0.50	0.00	0.00	0.00	0.00	0.00	0.50
7 G	0.50	0.33	0.00	0.17	0.17	0.17	0.00

Dyadic Constraint

	1 A	2 B	3 C	4 D	5 E	6 F	7 G
1 A	0.00	0.10	0.00	0.00	0.10	0.10	0.39
2 B	0.20	0.00	0.00	0.20	0.00	0.00	0.44
3 C	0.00	0.00	0.00	0.00	0.00	0.00	1.00
4 D	0.00	0.56	0.00	0.00	0.00	0.00	0.56
5 E	0.56	0.00	0.00	0.00	0.00	0.00	0.56
6 F	0.56	0.00	0.00	0.00	0.00	0.00	0.56
7 G	0.15	0.09	0.03	0.05	0.04	0.04	0.00

03 Structural Hole Measures

	1 Degree	2 EffSize	3 Efficienc	4 Constrain	5 Hierarchy	6 EgoBet	7 Ln(Constr	8 Indirects	9 Density	10 Numholes
1 ACCIAIUOL	1.000	1.000	1.000	1.000	1.000	0.000	0.000	0.000		0.000
2 ALBIZZI	3.000	3.000	1.000	0.333	0.000	6.000	-1.099	0.000	0.000	6.000
3 BARBADORI	2.000	2.000	1.000	0.500	0.000	2.000	-0.693	0.000	0.000	2.000
4 BISCHERI	3.000	2.333	0.778	0.611	0.052	4.000	-0.492	0.333	0.333	4.000
5 CASTELLAN	3.000	2.333	0.778	0.611	0.052	4.000	-0.492	0.333	0.333	4.000
6 GINORI	1.000	1.000	1.000	1.000	1.000	0.000	0.000	0.000		0.000
7 GUADAGNI	4.000	4.000	1.000	0.250	0.000	12.000	-1.386	0.000	0.000	12.000
8 LAMBERTES	1.000	1.000	1.000	1.000	1.000	0.000	0.000	0.000		0.000
9 MEDICI	6.000	5.667	0.944	0.236	0.045	28.000	-1.443	0.167	0.067	28.000
10 PAZZI	1.000	1.000	1.000	1.000	1.000	0.000	0.000	0.000		0.000
11 PERUZZI	3.000	1.667	0.556	0.840	0.074	1.000	-0.175	0.556	0.667	2.000
12 PUCCI	0.000	0.000				0.000		0.000		0.000
13 RIDOLFI	3.000	2.333	0.778	0.611	0.052	4.000	-0.492	0.333	0.333	4.000
14 SALVIATI	2.000	2.000	1.000	0.500	0.000	2.000	-0.693	0.000	0.000	2.000
15 STROZZI	4.000	3.000	0.750	0.535	0.092	7.000	-0.626	0.417	0.333	8.000
16 TORNABUON	3.000	2.333	0.778	0.611	0.052	4.000	-0.492	0.333	0.333	4.000

Dyadic Redundancy

	1	2	3	4	5	6	7	8	9	10	11	12	13	14	15	16
1 ACCIAIUOL	0.00	0.00	0.00	0.00	0.00	0.00	0.00	0.00	0.00	0.00	0.00	0.00	0.00	0.00	0.00	0.00
2 ALBIZZI	0.00	0.00	0.00	0.00	0.00	0.00	0.00	0.00	0.00	0.00	0.00	0.00	0.00	0.00	0.00	0.00
3 BARBADORI	0.00	0.00	0.00	0.00	0.00	0.00	0.00	0.00	0.00	0.00	0.00	0.00	0.00	0.00	0.00	0.00
4 BISCHERI	0.00	0.00	0.00	0.00	0.00	0.00	0.00	0.00	0.00	0.00	0.33	0.00	0.00	0.00	0.33	0.00
5 CASTELLAN	0.00	0.00	0.00	0.00	0.00	0.00	0.00	0.00	0.00	0.00	0.33	0.00	0.00	0.00	0.33	0.00
6 GINORI	0.00	0.00	0.00	0.00	0.00	0.00	0.00	0.00	0.00	0.00	0.00	0.00	0.00	0.00	0.00	0.00
7 GUADAGNI	0.00	0.00	0.00	0.00	0.00	0.00	0.00	0.00	0.00	0.00	0.00	0.00	0.00	0.00	0.00	0.00
8 LAMBERTES	0.00	0.00	0.00	0.00	0.00	0.00	0.00	0.00	0.00	0.00	0.00	0.00	0.00	0.00	0.00	0.00
9 MEDICI	0.00	0.00	0.00	0.00	0.00	0.00	0.00	0.00	0.00	0.00	0.00	0.00	0.17	0.00	0.00	0.17
10 PAZZI	0.00	0.00	0.00	0.00	0.00	0.00	0.00	0.00	0.00	0.00	0.00	0.00	0.00	0.00	0.00	0.00
11 PERUZZI	0.00	0.00	0.00	0.33	0.33	0.00	0.00	0.00	0.00	0.00	0.00	0.00	0.00	0.00	0.67	0.00
12 PUCCI	0.00	0.00	0.00	0.00	0.00	0.00	0.00	0.00	0.00	0.00	0.00	0.00	0.00	0.00	0.00	0.00
13 RIDOLFI	0.00	0.00	0.00	0.00	0.00	0.00	0.00	0.00	0.33	0.00	0.00	0.00	0.00	0.00	0.00	0.33
14 SALVIATI	0.00	0.00	0.00	0.00	0.00	0.00	0.00	0.00	0.00	0.00	0.00	0.00	0.00	0.00	0.00	0.00
15 STROZZI	0.00	0.00	0.00	0.25	0.25	0.00	0.00	0.00	0.00	0.00	0.50	0.00	0.00	0.00	0.00	0.00
16 TORNABUON	0.00	0.00	0.00	0.00	0.00	0.00	0.00	0.00	0.33	0.00	0.00	0.00	0.33	0.00	0.00	0.00

Dyadic Constraint

	1 ACCI	2 ALBI	3 BARB	4 BISC	5 CAST	6 GINO	7 GUAD	8 LAMB	9 MEDI	10 PAZZ	11 PERU	12 PUCC	13 RIDO	14 SALV	15 STRO	16 TORN
1 ACCIAIUOL	0.00	0.00	0.00	0.00	0.00	0.00	0.00	0.00	1.00	0.00	0.00	0.00	0.00	0.00	0.00	0.00
2 ALBIZZI	0.00	0.00	0.00	0.00	0.00	0.11	0.11	0.00	0.11	0.00	0.00	0.00	0.00	0.00	0.00	0.00
3 BARBADORI	0.00	0.00	0.00	0.00	0.25	0.00	0.00	0.00	0.25	0.00	0.00	0.00	0.00	0.00	0.00	0.00
4 BISCHERI	0.00	0.00	0.00	0.00	0.00	0.00	0.11	0.00	0.00	0.00	0.25	0.00	0.00	0.00	0.25	0.00
5 CASTELLAN	0.00	0.00	0.11	0.00	0.00	0.00	0.00	0.00	0.00	0.00	0.25	0.00	0.00	0.00	0.25	0.00
6 GINORI	0.00	1.00	0.00	0.00	0.00	0.00	0.00	0.00	0.00	0.00	0.00	0.00	0.00	0.00	0.00	0.00
7 GUADAGNI	0.00	0.06	0.00	0.06	0.00	0.00	0.00	0.06	0.00	0.00	0.00	0.00	0.00	0.00	0.00	0.06
8 LAMBERTES	0.00	0.00	0.00	0.00	0.00	0.00	1.00	0.00	0.00	0.00	0.00	0.00	0.00	0.00	0.00	0.00
9 MEDICI	0.03	0.03	0.03	0.00	0.00	0.00	0.00	0.00	0.00	0.00	0.00	0.00	0.06	0.03	0.00	0.06
10 PAZZI	0.00	0.00	0.00	0.00	0.00	0.00	0.00	0.00	0.00	0.00	0.00	0.00	0.00	1.00	0.00	0.00
11 PERUZZI	0.00	0.00	0.00	0.20	0.20	0.00	0.00	0.00	0.00	0.00	0.00	0.00	0.00	0.00	0.44	0.00
12 PUCCI	0.00	0.00	0.00	0.00	0.00	0.00	0.00	0.00	0.00	0.00	0.00	0.00	0.00	0.00	0.00	0.00
13 RIDOLFI	0.00	0.00	0.00	0.00	0.00	0.00	0.00	0.00	0.25	0.00	0.00	0.00	0.00	0.00	0.11	0.25
14 SALVIATI	0.00	0.00	0.00	0.00	0.00	0.00	0.00	0.00	0.25	0.25	0.00	0.00	0.00	0.00	0.00	0.00
15 STROZZI	0.00	0.00	0.00	0.11	0.11	0.00	0.00	0.00	0.00	0.00	0.25	0.00	0.06	0.00	0.00	0.00
16 TORNABUON	0.00	0.00	0.00	0.00	0.00	0.00	0.11	0.00	0.25	0.00	0.00	0.00	0.25	0.00	0.00	0.00

Medici 가문은 Ridolfi, Tornabuoni 가문과 각각 0.17씩의 중복을 가지므로 중복성은 0.34이다. 따라서 유효규모는 5.66(=6 − 0.34)이 되며 효율성은 0.94$\left(=\frac{5.66}{6}\right)$가 된다. Medici 가문이 Acciaiuoli, Albizzi, Barbadori, Ridolfi, Salviati, Tornabuoni 등 여섯 개의 가문으로부터 받는 제약은 각각 0.03, 0.03, 0.03, 0.06, 0.03, 0.06이며, 따라서 제약성은 이를 모두 더한 0.24이다.

제7장 | 서브그룹

01 ① Subgroup6node1.txt 파일

```
DL N=6
Format=Nodelist1
Labels embedded
Data:
A B C
B A C D E
C A B
D B E F
E B D F
F D E
```

② Subgroup6node1.##h 파일

```
BLOCKS:

Block    1:  B D E F
Block    2:  A B C

Articulation points

                 1
          CutPoint
          --------
    1 A          0
    2 B          1
    3 C          0
    4 D          0
    5 E          0
    6 F          0
```

이 네트워크에는 두 개의 노트와 한 개의 컷포인트가 존재한다. 액터 B, D, E, F와 액터 A, B, C가 노트(블록)를 형성하고 있으며, 액터 B는 노트 1과 노트 2를 연결하는 컷포인트로서의 역할을 수행한다.

③

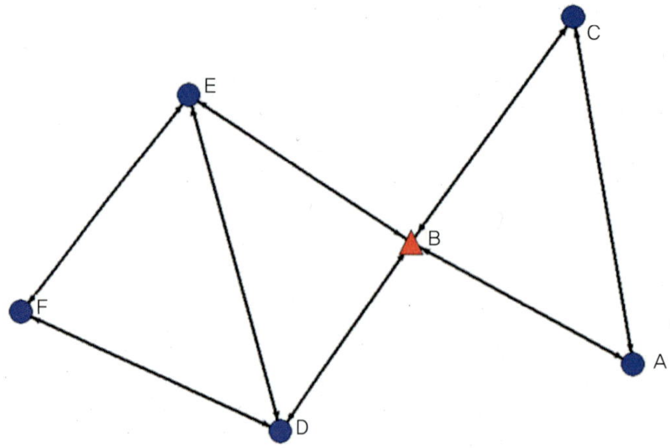

02 ① Subgroup6node2.txt 파일

DL N=6

Format=Nodelist1

Labels embedded

Data:

A B

B A C D E

C B D E

D B C E F

E B C D

F D

② Subgroup6node2.##h 파일

```
K-CORE PARTITIONING

          A B C D E F

Degree    1 2 3 4 5 6
------    - - - - - -
     3    . XXXXXXX .
     1    XXXXXXXXXXX
```

```
Coreness values for each node

       1
       -
   A   1
   B   3
   C   3
   D   3
   E   3
   F   1
```

이 네트워크는 모든 노드가 1-코어의 요건을 충족하고 있으며, 그 중 액터 B, C, D, E는 3-코어를 형성한다.

03 ① Subgroup6node3.txt 파일

DL N=6

Format=Nodelist1

Labels embedded

Data:

A B E F

B A C D E

C B D E F

D B C E

E A B C D

F A C

② Subgroup6node3.##h 파일

```
2 cliques found.

   1:  B C D E
   2:  A B E

Clique Participation Scores: Prop. of clique members that each node is adjacent to

          1     2
      ----- -----
   A  0.500 1.000
   B  1.000 1.000
   C  1.000 0.667
   D  1.000 0.667
   E  1.000 1.000
   F  0.250 0.333
```

```
Actor-by-Actor Clique Co-Membership Matrix

        1 2 3 4 5 6
        A B C D E F
        - - - - - -
  1 A   1 1 0 0 1 0
  2 B   1 2 1 1 2 0
  3 C   0 1 1 1 1 0
  4 D   0 1 1 1 1 0
  5 E   1 2 1 1 2 0
  6 F   0 0 0 0 0 0

HIERARCHICAL CLUSTERING OF OVERLAP MATRIX

        C D A B E F

Level   3 4 1 2 5 6
-----   - - - - - -
2.000   . . . XXX .
1.000   XXX XXXXX .
0.750   XXXXXXXXX .
0.000   XXXXXXXXXXX
```

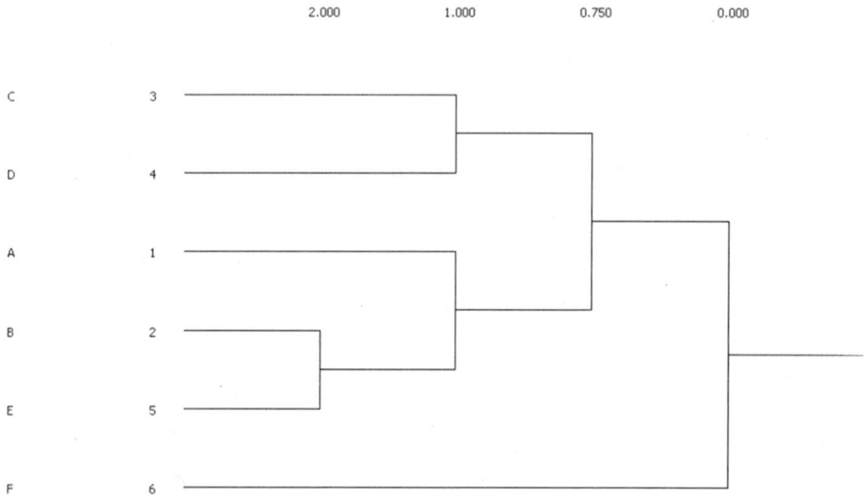


```
Clique-by-Clique Actor Co-membership matrix

        1 2
        - -
  1     4 2
  2     2 3

HIERARCHICAL CLUSTERING OF OVERLAP MATRIX

Level   1 2
-----   - -
2.000   XXX
```

이 네트워크에는 액터 B, C, D, E와 액터 A, B, E로 구성된 두 개의 클릭이 존재한다.

04 ① Subgroup6node4.txt 파일

DL N=6

Format=Nodelist1

Labels embedded

Data:

A B C

B A C D

C A B E

D B F

E C F

F D E

② Subgroup6node4.##h 파일

```
2 2-cliques found.

  1:  A B C D E
  2:  B C D E F

        1 2 3 4 5 6
        A B C D E F
        - - - - - -
  1 A   1 1 1 1 1 0
  2 B   1 2 2 2 2 1
  3 C   1 2 2 2 2 1
  4 D   1 2 2 2 2 1
  5 E   1 2 2 2 2 1
  6 F   0 1 1 1 1 1

HIERARCHICAL CLUSTERING OF OVERLAP MATRIX

        A B C D E F

Level   1 2 3 4 5 6
-----   - - - - - -
2.000   . XXXXXXX .
1.000   XXXXXXXXX .
0.833   XXXXXXXXXXX
```

이 네트워크에는 경로거리 2 이하인 액터 A, B, C, D, E, 액터 B, C, D, E, F로 구성된 두 개의 2-클릭이 존재한다.

③ Subgroup6node4.##h 파일

```
1 2-clans found.

   1:  B C D E F

         1 2 3 4 5 6
         A B C D E F
         - - - - - -
    1 A  0 0 0 0 0 0
    2 B  0 1 1 1 1 1
    3 C  0 1 1 1 1 1
    4 D  0 1 1 1 1 1
    5 E  0 1 1 1 1 1
    6 F  0 1 1 1 1 1

HIERARCHICAL CLUSTERING OF OVERLAP MATRIX

        A B C D E F

Level   1 2 3 4 5 6
-----   - - - - - -
1.000   . XXXXXXXXX
0.000   XXXXXXXXXXX
```

액터 B, C, D, E, F는 경로거리 2 이하를 가지면서 직경이 2를 넘지 않는 2-클랜을 구성한다.

05

```
HIERARCHICAL LAMBDA SET PARTITIONS

        A           B       L   C     T
        C           A   G   A B A   S O
        C A   R S   R   U   M I S P A R
        I L   I T   B G A M B S T E L N
        A B P D R P A I D E E C E R V A
        I I U O O A D N A D R H L U I B
        U Z C L Z Z O O G I T E L Z A U
        O Z C F Z Z R R N C E R A Z T O
        L I I I I I I I I I S I N I I N

            1 1 1 1               1 1 1
Lambda  1 2 2 3 5 0 3 6 7 9 8 4 5 1 4 6
------  - - - - - - - - - - - - - - - -
     3  . . . . . . . . . . XXXXXXX . .
     2  . . . . . . XXXXXXXXXXXXXXXXX . .
     1  . . . . . XXXXXXXXXXXXXXXXXXXXX
     0  XXXXXXXXXXXXXXXXXXXXXXXXXXXXXXX
```

Maximum Flow Between Pairs of Nodes

		1 AC	2 AL	12 PU	13 RI	15 ST	10 PA	3 BA	6 GI	7 GU	9 ME	8 LA	4 BI	5 CA	11 PE	14 SA	16 TO
1	ACCIAIUOL	16	0	0	0	0	0	0	0	0	0	0	0	0	0	0	0
2	ALBIZZI	0	16	0	0	0	0	0	0	0	0	0	0	0	0	0	0
12	PUCCI	0	0	16	0	0	0	0	0	0	0	0	0	0	0	0	0
13	RIDOLFI	0	0	0	16	0	0	0	0	0	0	0	0	0	0	0	0
15	STROZZI	0	0	0	0	16	0	0	0	0	0	0	0	0	0	0	0
10	PAZZI	0	0	0	0	0	16	1	1	1	1	1	1	1	1	1	1
3	BARBADORI	0	0	0	0	0	1	16	2	2	2	2	2	2	2	1	1
6	GINORI	0	0	0	0	0	1	2	16	2	2	2	2	2	2	1	1
7	GUADAGNI	0	0	0	0	0	1	2	2	16	2	2	2	2	2	1	1
9	MEDICI	0	0	0	0	0	1	2	2	2	16	2	2	2	2	1	1
8	LAMBERTES	0	0	0	0	0	1	2	2	2	2	16	3	3	3	1	1
4	BISCHERI	0	0	0	0	0	1	2	2	2	2	3	16	3	3	1	1
5	CASTELLAN	0	0	0	0	0	1	2	2	2	2	3	3	16	3	1	1
11	PERUZZI	0	0	0	0	0	1	2	2	2	2	3	3	3	16	1	1
14	SALVIATI	0	0	0	0	0	1	1	1	1	1	1	1	1	1	16	1
16	TORNABUON	0	0	0	0	0	1	1	1	1	1	1	1	1	1	1	16

Lambertes, Bischeri, Castellan, Peruzzi 가문(액터 8, 4, 5, 11)이 가장 큰 람다값(람다값 3)을 갖는 람다집합을 구성하고 있다. 이들 네 개 가문은 가장 큰 최대플로우를 갖는다.

제8장 | 지위와 역할

01 ① StructuralEqiv15node.txt 파일

DL N=15

Format=Nodelist1

Labels embedded

Data:

X A B C

A D E

B F G

C F G

D H I

E J

F K L

G M N

② StructuralEqiv15node.##h 파일

Structural Equivalence Matrix

	1 A	2 B	3 C	4 D	5 E	6 F	7 G	8 H	9 I	10 J	11 K	12 L	13 M	14 N	15 X
1 A	0.00	2.00	2.00	2.00	1.73	2.65	2.65	2.00	2.00	2.00	2.00	2.00	2.00	2.00	2.00
2 B	2.00	0.00	0.00	2.45	2.24	2.24	2.24	2.00	2.00	2.00	2.00	2.00	2.00	2.00	2.00
3 C	2.00	0.00	0.00	2.45	2.24	2.24	2.24	2.00	2.00	2.00	2.00	2.00	2.00	2.00	2.00
4 D	2.00	2.45	2.45	0.00	1.73	2.65	2.65	1.41	1.41	2.00	2.00	2.00	2.00	2.00	2.45
5 E	1.73	2.24	2.24	1.73	0.00	2.45	2.45	1.73	1.73	1.00	1.73	1.73	1.73	1.73	2.24
6 F	2.65	2.24	2.24	2.65	2.45	0.00	2.00	2.24	2.24	2.24	1.73	1.73	2.24	2.24	2.65
7 G	2.65	2.24	2.24	2.65	2.45	2.00	0.00	2.24	2.24	2.24	2.24	2.24	1.73	1.73	2.65
8 H	2.00	2.00	2.00	1.41	1.73	2.24	2.24	0.00	0.00	1.41	1.41	1.41	1.41	1.41	2.00
9 I	2.00	2.00	2.00	1.41	1.73	2.24	2.24	0.00	0.00	1.41	1.41	1.41	1.41	1.41	2.00
10 J	2.00	2.00	2.00	2.00	1.00	2.24	2.24	1.41	1.41	0.00	1.41	1.41	1.41	1.41	2.00
11 K	2.00	2.00	2.00	2.00	1.73	1.73	2.24	1.41	1.41	1.41	0.00	0.00	1.41	1.41	2.00
12 L	2.00	2.00	2.00	2.00	1.73	1.73	2.24	1.41	1.41	1.41	0.00	0.00	1.41	1.41	2.00
13 M	2.00	2.00	2.00	2.00	1.73	2.24	1.73	1.41	1.41	1.41	1.41	1.41	0.00	0.00	2.00
14 N	2.00	2.00	2.00	2.00	1.73	2.24	1.73	1.41	1.41	1.41	1.41	1.41	0.00	0.00	2.00
15 X	2.00	2.00	2.00	2.45	2.24	2.65	2.65	2.00	2.00	2.00	2.00	2.00	2.00	2.00	0.00

```
HIERARCHICAL CLUSTERING OF EQUIVALENCE MATRIX

          F G A D I H E J L K M N B C X

                        1 1 1 1 1     1
Level     6 7 1 4 9 8 5 0 2 1 3 4 2 3 5
-----     - - - - - - - - - - - - - - -
0.000     . . . . XXX . . XXX XXX XXX .
1.000     . . . . XXX XXX XXX XXX XXX .
1.414     . . . XXXXX XXX XXXXXXX XXX .
1.520     . . . XXXXX XXXXXXXXXXX XXX .
1.575     . . . XXXXXXXXXXXXXXXXX XXX .
1.983     . . XXXXXXXXXXXXXXXXXXX XXX .
2.000     XXX XXXXXXXXXXXXXXXXXXX XXXXX
2.039     XXX XXXXXXXXXXXXXXXXXXXXXXXXX
2.344     XXXXXXXXXXXXXXXXXXXXXXXXXXXXX
```

유클리드 거리를 이용하여 측정한 유사도를 바탕으로 구조적 등위성 계층을 탐색하였다. 둘 이상의 액터로 구성된 완벽한 구조적 등위성 계층은 Level 0에서 볼 수 있는 액터 집합 {H, I}, {K, L}, {M, N}, {B, C}이다.

③ StructuralEqiv15node.##h 파일

```
Number of unique bundles of relationships: 2

HIERARCHICAL CLUSTERING

          A B C D E F G H I J K L M N X

                            1 1 1 1 1 1
Level     1 2 3 4 5 6 7 8 9 0 1 2 3 4 5
-----     - - - - - - - - - - - - - - -
    3     XXXXX XXXXXXX XXXXXXXXXXXXX .
    2     XXXXXXXXXXXXX XXXXXXXXXXXXX .
    1     XXXXXXXXXXXXXXXXXXXXXXXXXXXXX


Actor-by-actor similarities

                         1 1 1 1 1 1
       1 2 3 4 5 6 7 8 9 0 1 2 3 4 5
       A B C D E F G H I J K L M N X
       - - - - - - - - - - - - - - -
  1 A  3 3 3 2 2 2 2 1 1 1 1 1 1 1 1
  2 B  3 3 3 2 2 2 2 1 1 1 1 1 1 1 1
  3 C  3 3 3 2 2 2 2 1 1 1 1 1 1 1 1
  4 D  2 2 2 3 3 3 3 1 1 1 1 1 1 1 1
  5 E  2 2 2 3 3 3 3 1 1 1 1 1 1 1 1
  6 F  2 2 2 3 3 3 3 1 1 1 1 1 1 1 1
  7 G  2 2 2 3 3 3 3 1 1 1 1 1 1 1 1
  8 H  1 1 1 1 1 1 1 3 3 3 3 3 3 3 1
  9 I  1 1 1 1 1 1 1 3 3 3 3 3 3 3 1
 10 J  1 1 1 1 1 1 1 3 3 3 3 3 3 3 1
 11 K  1 1 1 1 1 1 1 3 3 3 3 3 3 3 1
 12 L  1 1 1 1 1 1 1 3 3 3 3 3 3 3 1
 13 M  1 1 1 1 1 1 1 3 3 3 3 3 3 3 1
 14 N  1 1 1 1 1 1 1 3 3 3 3 3 3 3 1
 15 X  1 1 1 1 1 1 1 1 1 1 1 1 1 1 3
```

Level 3에서 {A, B, C}, {D, E, F, G}, {H, I, J, K. L, M, N}, {X}의 네 개의 보편적 등위성 계층을 생성하였다.

02 ① StructuralEquiv5node.txt

DL N=5

Format=Nodelist1

Labels embedded

Data:

A B C E

D B C E

② StructuralEquiv5node.##h

```
Structural Equivalence Matrix

            1     2     3     4     5
            A     B     C     D     E
        ----- ----- ----- ----- -----
  1 A    0.00  1.73  1.73  0.00  1.73
  2 B    1.73  0.00  0.00  1.73  0.00
  3 C    1.73  0.00  0.00  1.73  0.00
  4 D    0.00  1.73  1.73  0.00  1.73
  5 E    1.73  0.00  0.00  1.73  0.00

HIERARCHICAL CLUSTERING OF EQUIVALENCE MATRIX

        A D C B E

Level   1 4 3 2 5
-----   - - - - -
0.000   XXX XXXXX
1.732   XXXXXXXXX
```

유클리드 거리를 이용하여 측정한 유사도를 바탕으로 구조적 등위성 계층을 발견하였다. 액터 집합 {A, D}와 {B, C, E}는 완벽한 구조적 등위성 계층을 형성하고 있다.

③ StructuralEquiv5node.##h

```
Initial Correlation Matrix

            1     2     3     4     5
            A     B     C     D     E
        ----- ----- ----- ----- -----
  1 A    1.00 -0.32 -0.32  1.00 -0.32
  2 B   -0.32  1.00  1.00 -0.32  1.00
  3 C   -0.32  1.00  1.00 -0.32  1.00
  4 D    1.00 -0.32 -0.32  1.00 -0.32
  5 E   -0.32  1.00  1.00 -0.32  1.00
```

```
PARTITION DIAGRAM

        A D C B E

Level   1 4 3 2 5
-----   - - - - -
    2   XXX XXXXX
    1   XXX XXXXX


Relation 1
Blocked Matrix

        1 4   3 2 5
        A D   C B E
       -------------
 1 A |     | 1 1 1 |
 4 D |     | 1 1 1 |
      ---------------
 3 C |     |       |
 2 B |     |       |
 5 E |     |       |
      ---------------


Density Matrix

        1 2
        - -
   1    0 1
   2    0 0

R-squared = 1.000
```

두 개의 등위적 계층으로 분할되어 액터 집합 {A, D}와 {B, C, E}가 등위적 계층으로 파악되었다.

④ StructuralEquiv5node.##h

```
Errors per block

       1 2
       - -
    1  0 0
    2  0 0

Block Assignments:

    1:  B C E
    2:  A D

Blocked Adjacency Matrix

        3 2 5   4 1
        C B E   D A
       -------------
 3 C |       |     |
 2 B |       |     |
 5 E |       |     |
      ---------------
 4 D | 1 1 1 |     |
 1 A | 1 1 1 |     |
      --------------


Density Table

          1    2
        ---- ----
    1   0.00 0.00
    2   1.00 0.00
```

액터 집합 {A, D}와 {B, C, E}가 구조적 등위 계층을 형성하였다. 각 블록에 대한 에러('Errors per block')는 모두 0으로서, 도출된 블록은 완벽한 구조적 등위성을 보여주고 있다.

03 ① StructuralEquiv6node.txt

DL N=6

Format=Nodelist1

Labels embedded

Data:

A C D

B C D

C D

E C

F D

② StructuralEquiv6node.##h

```
Number of permutations examined:     720
Number of automorphisms found:         2
Hit rate:                            0.277778%

ORBITS:

Orbit #1:  A B
Orbit #2:  C
Orbit #3:  D
Orbit #4:  E
Orbit #5:  F
```

총 720개(=6!)의 모든 가능한 순열을 탐색한 끝에 다섯 개의 동형적 등위계층을 발견하였다.

04

```
Correlation = 0.7683

Core/Periphery Class Memberships:

      Core:  China Egypt Finland Indonesia Japan NewZealand Spain Switzerland Thailand UK US Yugoslavia
 Periphery:  Algeria Argentina Brazil Czechoslovakia Ecuador Ethiopia Honduras Israel Liberia Madagascar Pakistan Syria

                      1 1     2 1   2 2 2 1 1       1       2 1 1 1 1
                      3 1 9 4 3 8 7 1 2 4 9 6   2 8 4 3 5 6 1 0 5 0 7 2
                      J I F C U S E T U Y S N   A E L B C E A S M H P I
                     --------------------------------------------------
13          Japan |     1 1 1 1 1 1 1 1 1 1 1 | 1 1   1 1 1 1 1     1 1 |
11      Indonesia |   1   1 1 1 1   1 1 1 1 1 |         1           1   |
 9        Finland |   1 1   1 1 1 1 1 1 1 1 1 | 1       1 1 1       1 1 |
 4          China |   1 1 1   1 1 1 1 1 1 1 1 | 1 1     1           1   |
23             US |   1 1 1 1   1 1 1 1 1 1 1 | 1 1 1 1 1 1 1 1 1 1 1 1 |
18          Spain |   1 1 1 1 1   1 1 1 1 1 1 | 1     1   1 1 1   1 1 1 |
 7          Egypt |   1 1 1 1 1 1   1 1 1 1   |         1   1       1 1 |
21       Thailand |   1 1 1 1 1 1 1   1 1 1 1 |         1           1 1 |
22             UK |   1 1 1 1 1 1 1 1   1 1 1 |   1 1 1 1 1 1 1     1 1 |
24     Yugoslavia |   1     1 1 1 1 1 1   1   |   1     1   1 1     1 1 |
19    Switzerland |   1 1 1 1 1 1 1 1 1 1   1 | 1     1 1 1 1 1     1 1 |
16     NewZealand |   1 1 1 1 1 1 1 1 1 1 1   | 1       1   1 1     1 1 |
                     --------------------------------------------------
 2      Argentina |   1 1 1 1 1 1   1   1 1   |       1 1 1 1         1 |
 8       Ethiopia |   1       1 1 1   1   1   |         1   1 1       1 |
14        Liberia |   1       1 1 1   1 1 1   |               1     1 1 |
 3         Brazil |   1 1 1 1 1 1 1 1 1 1 1 1 | 1       1 1 1   1   1 1 |
 5 Czechoslovakia |       1     1 1   1 1 1   |               1         |
 6        Ecuador |       1   1       1       |                         |
 1        Algeria |     1 1 1   1       1     |         1               |
20          Syria |   1         1     1 1     |         1   1           |
15     Madagascar |   1       1 1     1       |                         |
10       Honduras |   1       1 1     1 1 1   |         1               |
17       Pakistan |   1 1   1 1 1   1 1   1   |         1               |
12         Israel |       1   1 1     1 1 1   | 1         1             |
                     --------------------------------------------------
```

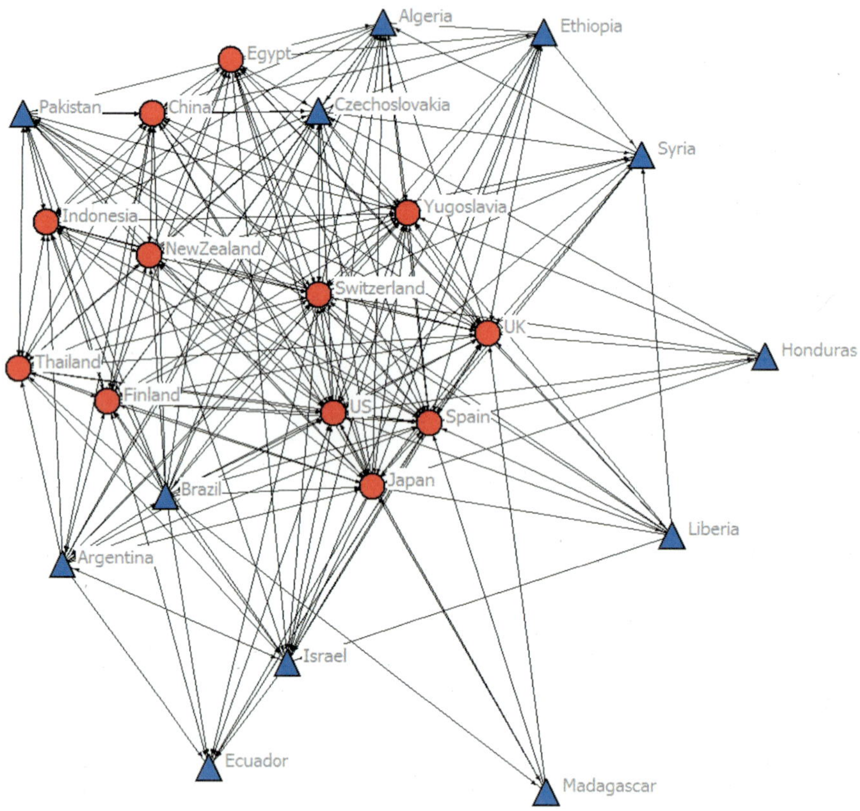

이산형 중심-주변모델분석을 수행하였고, 12개 국가가 중심블록으로 식별되었다.

제9장 | 2-모드 네트워크분석

01

2-Mode Centrality Measures for ROWS of Customer-Book(edgelist)

	1 Degree	2 2-Local	3 Eigenvect	4 Closeness	5 Betweenne
1 C001	0.571	0.271	0.470	0.758	0.115
2 C002	0.286	0.086	0.112	0.556	0.034
3 C003	0.286	0.100	0.144	0.532	0.018
4 C004	0.571	0.243	0.398	0.758	0.157
5 C005	0.286	0.129	0.219	0.581	0.014
6 C006	0.143	0.086	0.148	0.556	0.000
7 C007	0.714	0.314	0.523	0.862	0.267
8 C008	0.286	0.100	0.167	0.556	0.014
9 C009	0.286	0.157	0.275	0.610	0.010
10 C010	0.571	0.229	0.375	0.714	0.123

2-Mode Centrality Measures for COLUMNS of Customer-Book(edgelist)

	1 Degree	2 2-Local	3 Eigenvect	4 Closeness	5 Betweenne
1 B001	0.400	0.160	0.399	0.647	0.136
2 B002	0.400	0.160	0.352	0.579	0.117
3 B003	0.600	0.360	0.569	0.733	0.280
4 B004	0.300	0.090	0.203	0.579	0.101
5 B005	0.300	0.090	0.230	0.579	0.082
6 B006	0.500	0.250	0.490	0.688	0.167
7 B007	0.300	0.090	0.244	0.524	0.045

02

① 2-Mode Centrality Measures for ROWS of Galask

	1 Degree	2 2-Local	3 Eigenvect	4 Closeness	5 Betweenne
1	0.200	0.103	0.178	0.730	0.013
2	0.200	0.074	0.127	0.699	0.028
3	0.133	0.069	0.128	0.670	0.005
4	0.200	0.108	0.213	0.684	0.004
5	0.200	0.077	0.140	0.684	0.019
6	0.200	0.092	0.174	0.670	0.016
7	0.267	0.105	0.187	0.747	0.049
8	0.200	0.049	0.069	0.556	0.012
9	0.267	0.056	0.086	0.586	0.024
10	0.133	0.072	0.127	0.670	0.004
11	0.200	0.100	0.187	0.684	0.010
12	0.133	0.041	0.061	0.546	0.004
13	0.267	0.110	0.192	0.747	0.031
14	0.467	0.174	0.341	0.802	0.067
15	0.333	0.131	0.261	0.714	0.024
16	0.333	0.113	0.211	0.714	0.048
17	0.400	0.138	0.278	0.730	0.046
18	0.333	0.095	0.178	0.714	0.033
19	0.333	0.121	0.201	0.765	0.060
20	0.333	0.149	0.289	0.765	0.032
21	0.200	0.097	0.168	0.730	0.019
22	0.200	0.090	0.168	0.699	0.015
23	0.267	0.118	0.235	0.699	0.014
24	0.333	0.128	0.239	0.765	0.051
25	0.200	0.097	0.188	0.684	0.008
26	0.200	0.097	0.188	0.684	0.008

2-Mode Centrality Measures for COLUMNS of Galask

	1 Degree	2 2-Local	3 Eigenvect	4 Closeness	5 Betweenne
1	0.115	0.013	0.080	0.482	0.007
2	0.423	0.179	0.391	0.600	0.069
3	0.846	0.716	0.673	0.871	0.488
4	0.462	0.213	0.333	0.643	0.182
5	0.115	0.013	0.091	0.482	0.005
6	0.154	0.024	0.144	0.491	0.008
7	0.154	0.024	0.070	0.474	0.016
8	0.154	0.024	0.096	0.491	0.017
9	0.231	0.053	0.162	0.519	0.022
10	0.115	0.013	0.052	0.466	0.007
11	0.154	0.024	0.167	0.491	0.007
12	0.192	0.037	0.170	0.500	0.014
13	0.192	0.037	0.169	0.509	0.016
14	0.115	0.013	0.080	0.443	0.003
15	0.346	0.120	0.336	0.574	0.049

CEO 가운데는 14번 CEO의 중심성이 가장 높은 것으로 나타났으며, 이벤트 중에서는 3번 이벤트가 가장 중심적이었다.

② Starting fitness: 0.035
Final fitness: 0.358
Correlation to ideal: 0.358

Blocked Adjacency Matrix

	15	2	3	11	12	6	14	13	1	9	4	5	10	7	8
14	1	1	1	1	1			1			1				
15	1	1	1			1		1							
3			1		1										
4	1	1	1												
5			1				1	1							
6		1	1				1								
20	1	1	1	1							1				
11		1	1							1					
22	1		1												1
23	1	1	1			1									
17	1	1	1	1	1							1			
25		1	1					1							
26		1	1		1										
18	1				1			1		1	1				
16		1	1			1	1								1
24	1		1			1			1		1				
8											1		1	1	
1			1							1	1				
19			1						1	1	1			1	
7			1	1							1		1		
2			1									1		1	
9									1		1		1		1
10			1							1					
21			1								1				1
12											1			1	
13			1							1	1	1			

Density matrix

	1	2
1	0.430	0.089
2	0.100	0.357

16명의 CEO와 8개의 이벤트로 구성된 서브그룹과 10명의 CEO와 7개의 이벤트로 구성된 서브그룹이 도출되었다. 두 서브그룹의 밀도는 각각 0.430과 0.357이다.

03 ①

		1 Amsterdam	2 Atlanta	3 Bangkok	4 Barcelona	5 Beijing	6 Berlin	7 Boston	8 Brussels	9 Budapest	10 Buenos Aires	11 Caracas	12 Chicago	13 Copenhagen	14 Dallas	…	40 Prague	41 Rome	42 San Francisco	43 Sao Paulo	44 Santiago	45 Seoul	46 Shanghai	47 Singapore	48 Stockholm	49 Sydney	50 Taipei	51 Tokyo	52 Toronto	53 Warsaw	54 Washington,DC	55 Zurich
1	Amsterdam	38	12	26	27	21	13	18	33	22	24	21	24	21	19		23	18	28	28	24	26	19	32	27	35	26	31	37	22	17	29
2	Atlanta	12	18	9	8	8	10	10	15	8	9	9	18	12	15		7	10	14	11	9	11	8	10	12	14	12	16	15	8	16	11
3	Bangkok	26	9	39	24	29	13	13	28	23	26	22	24	14	15		22	20	27	27	24	27	25	36	19	35	31	34	29	22	18	25
4	Barcelona	27	8	24	33	19	12	8	29	21	22	22	18	18	14		21	19	21	27	23	21	17	29	21	27	22	28	28	20	12	25
5	Beijing	21	8	29	19	32	11	13	25	21	23	19	21	13	14		20	18	24	22	20	24	20	31	15	30	25	28	24	20	14	23
6	Berlin	13	10	13	12	11	19	10	16	12	15	13	15	10	11		10	12	16	16	14	12	7	15	13	17	13	18	17	12	15	14
7	Boston	18	10	13	8	13	10	26	17	10	13	10	18	11	14		11	9	23	14	12	16	11	18	15	22	15	17	20	12	18	16
8	Brussels	33	15	28	29	25	16	17	54	27	26	25	29	22	22		26	21	33	33	27	27	18	36	27	38	29	40	38	26	28	31
9	Budapest	22	8	23	21	21	12	10	27	33	22	22	19	16	12		28	16	21	27	22	22	17	30	21	26	23	28	25	25	15	24
10	Buenos Aires	24	9	26	22	23	15	13	26	22	34	27	25	16	17		22	16	28	32	28	25	18	31	21	30	28	33	30	22	15	31
11	Caracas	21	9	22	22	19	13	10	25	22	27	30	22	17	14		21	16	24	30	27	20	15	26	21	26	24	29	27	22	14	29
12	Chicago	24	18	24	18	21	15	18	29	19	25	22	42	15	27		18	18	35	27	23	24	16	27	20	33	28	36	34	20	30	27
13	Copenhagen	21	12	14	18	13	10	11	22	16	16	17	15	24	13		18	11	19	21	18	17	11	20	23	23	15	19	23	15	10	22
14	Dallas	19	15	15	14	14	11	14	22	12	17	14	27	13	29		13	15	25	20	16	16	11	19	17	22	19	23	24	15	23	21
15	Dusseldorf	27	13	21	19	16	14	18	27	16	17	15	20	19	15		17	15	22	20	19	22	17	23	22	30	20	24	30	16	17	22
16	Frankfurt	32	17	29	30	26	17	18	39	27	31	29	34	21	23		25	23	35	37	29	30	20	45	25	41	34	48	39	26	23	41
17	Geneva	21	9	20	16	17	9	12	19	18	20	17	21	11	14		17	15	23	23	20	20	15	26	14	26	23	26	24	16	14	24
18	Hamburg	19	12	14	16	11	14	11	21	14	15	15	16	17	11		14	13	18	17	15	16	10	16	18	22	15	19	23	13	13	20
19	Hong Kong	31	13	35	27	29	17	20	40	30	31	28	33	19	20		28	21	41	36	27	33	25	55	27	48	39	55	38	27	30	39
20	Houston	15	10	15	11	16	10	15	16	14	19	16	22	10	16		15	13	22	19	16	18	13	20	13	20	19	22	20	14	16	20
21	Istanbul	20	7	20	19	18	9	14	23	22	19	17	17	17	11		25	11	20	23	18	21	16	26	21	25	19	22	23	20	12	21
22	Jakarta	27	11	29	24	24	14	15	31	24	27	24	24	17	17		21	18	25	31	26	32	21	33	21	35	32	34	30	21	17	30
23	Johannesburg	22	13	23	15	21	12	16	22	20	25	20	24	19	17		22	14	27	27	22	26	19	29	22	30	24	31	27	20	15	26
24	Kuala Lumpur	20	10	27	19	20	12	13	20	18	23	21	21	14	11		17	15	21	23	20	26	21	29	16	29	28	28	26	16	12	22
25	London	38	17	39	33	32	19	26	54	33	34	30	40	24	27		36	24	50	41	33	37	27	61	32	56	41	66	48	34	42	47
26	Los Angeles	23	17	30	18	26	13	21	33	22	26	22	35	19	23		22	15	41	27	24	29	23	36	22	39	31	40	33	21	38	29
27	Madrid	34	12	29	33	25	15	16	41	29	31	30	28	23	21		29	22	33	39	33	32	21	42	28	40	32	44	41	27	18	37
28	Manila	25	8	29	22	24	11	13	23	22	26	22	22	15	16		22	16	25	27	24	26	21	30	19	31	28	28	28	21	14	27
29	Melbourne	29	13	25	23	21	15	17	30	18	26	20	26	19	20		19	16	29	27	23	25	18	31	24	35	26	30	34	17	19	28
30	Mexico City	27	11	27	23	23	16	16	31	27	33	30	28	19	19	…	26	18	33	36	30	27	18	37	27	36	30	40	35	25	20	37
31	Miami	14	9	18	15	14	12	9	21	18	21	21	21	13	15		16	10	20	22	19	16	12	22	18	21	19	30	21	17	18	21
32	Milan	34	14	29	29	26	17	18	40	27	30	28	30	21	21		27	24	37	38	30	30	19	41	26	41	30	47	42	28	21	38
33	Minneapolis	9	9	7	7	7	8	7	11	8	9	8	10	9	9		7	6	9	9	7	9	7	9	9	9	9	10	10	7	11	9
34	Montreal	20	12	18	14	15	13	17	20	15	21	18	23	16	18		17	15	24	22	19	19	13	22	19	26	19	25	29	18	16	24
35	Moscow	25	10	27	23	24	15	15	33	24	26	23	22	15	16		27	21	28	28	23	20	18	36	21	27	21	36	27	27	23	29
36	Munich	16	10	14	14	11	16	11	17	12	16	13	17	12	11		12	14	18	17	15	16	9	17	13	20	15	20	21	12	13	18
37	New York	36	18	39	32	32	19	24	51	32	34	30	42	23	28		34	24	53	41	33	37	27	60	30	54	41	66	46	31	50	47
38	Osaka	11	10	13	10	11	10	9	12	11	12	12	15	9	10		10	12	14	14	14	14	11	12	9	15	13	15	15	11	13	13
39	Paris	37	18	34	33	29	18	22	50	30	31	28	37	22	26		30	24	39	38	31	35	23	47	30	49	37	54	45	31	35	40
40	Prague	23	7	22	21	20	10	11	26	28	22	21	18	18	13		37	16	22	27	22	21	16	30	23	26	20	27	25	29	15	26
41	Rome	18	10	20	19	18	12	9	21	16	16	16	18	11	15		16	24	19	19	17	16	13	21	13	20	16	23	21	18	14	19
42	San Francisco	28	14	27	21	24	16	23	33	21	28	24	35	19	25		22	19	54	32	26	25	17	35	24	39	27	40	36	22	34	32
43	Sao Paulo	28	11	27	27	22	16	14	33	27	32	30	27	21	20		27	19	32	42	31	28	18	37	26	35	30	38	35	26	18	36
44	Santiago	24	9	24	23	20	14	12	27	22	28	27	23	18	16		22	17	26	31	33	24	16	27	22	29	24	31	30	21	16	31
45	Seoul	26	11	27	21	24	12	16	27	22	25	20	24	17	16		21	16	25	28	24	37	24	33	18	35	33	33	31	18	14	28
46	Shanghai	19	8	25	17	20	7	11	18	17	18	15	16	11	11		16	13	17	18	16	24	27	26	12	24	25	23	20	14	10	17
47	Singapore	32	10	36	29	31	15	18	36	30	31	26	27	20	19		30	21	35	37	27	33	26	61	26	45	37	51	36	28	19	41
48	Stockholm	27	12	19	21	15	13	15	27	21	21	21	20	23	17		23	13	24	26	22	18	12	26	32	29	20	26	29	22	17	26
49	Sydney	35	14	35	27	30	17	22	38	26	30	26	33	23	22		26	20	39	35	29	35	24	45	29	56	37	46	43	24	24	39
50	Taipei	26	12	31	22	25	13	15	29	23	28	24	28	15	19		20	16	27	30	24	33	25	37	20	37	41	36	31	20	18	29
51	Tokyo	31	16	34	28	28	18	17	40	28	33	29	36	19	23		27	23	40	38	31	33	23	51	26	46	36	66	40	27	30	41
52	Toronto	37	15	29	28	24	17	20	38	25	30	27	34	23	24		25	21	36	35	30	31	20	36	29	43	31	40	48	25	22	36
53	Warsaw	22	8	22	20	20	12	12	26	25	22	22	20	15	15		29	18	22	26	21	18	14	28	22	24	20	27	25	36	18	24
54	Washington,DC	17	16	18	12	14	15	18	28	15	15	14	30	10	23		15	14	34	18	16	14	10	19	17	24	18	30	22	18	54	17
55	Zurich	29	11	25	25	23	14	16	31	24	31	29	27	22	21		26	19	32	36	31	28	17	41	26	39	29	41	36	24	17	48

'Sums of Cross-Minimums' 방법을 이용하여 55개 도시 간 1-모드 네트워크로 변환하였다(Global-City.##h 파일).

② 연결중심성

		1 Degree	2 nDegree
1	Amsterdam	26.000	0.481
2	Atlanta	0.000	0.000
3	Bangkok	28.000	0.519
4	Barcelona	15.000	0.278
5	Beijing	14.000	0.259
6	Berlin	0.000	0.000
7	Boston	1.000	0.019
8	Brussels	35.000	0.648
9	Budapest	16.000	0.296
10	Buenos Aires	28.000	0.519
11	Caracas	17.000	0.315
12	Chicago	22.000	0.407
13	Copenhagen	0.000	0.000
14	Dallas	5.000	0.093
15	Dusseldorf	9.000	0.167
16	Frankfurt	36.000	0.667
17	Geneva	8.000	0.148
18	Hamburg	0.000	0.000
19	Hong Kong	40.000	0.741
20	Houston	0.000	0.000
21	Istanbul	7.000	0.130
22	Jakarta	26.000	0.481
23	Johannesburg	18.000	0.333
24	Kuala Lumpur	13.000	0.241
25	London	45.000	0.833
26	Los Angeles	29.000	0.537
27	Madrid	37.000	0.685
28	Manila	21.000	0.389
29	Melbourne	24.000	0.444
30	Mexico City	34.000	0.630
31	Miami	6.000	0.111
32	Milan	37.000	0.685
33	Minneapolis	0.000	0.000
34	Montreal	7.000	0.130
35	Moscow	23.000	0.426
36	Munich	0.000	0.000
37	New York	44.000	0.815
38	Osaka	0.000	0.000
39	Paris	43.000	0.796
40	Prague	19.000	0.352
41	Rome	0.000	0.000
42	San Francisco	30.000	0.556
43	Sao Paulo	34.000	0.630
44	Santiago	19.000	0.352
45	Seoul	26.000	0.481
46	Shanghai	6.000	0.111
47	Singapore	39.000	0.722
48	Stockholm	16.000	0.296
49	Sydney	39.000	0.722
50	Taipei	28.000	0.519
51	Tokyo	40.000	0.741
52	Toronto	37.000	0.685
53	Warsaw	16.000	0.296
54	Washington,DC	9.000	0.167
55	Zurich	32.000	0.593

매개중심성

		1 Betweenness	2 nBetweenness
25	London	103.600	7.240
37	New York	59.600	4.165
39	Paris	50.867	3.555
19	Hong Kong	31.570	2.206
51	Tokyo	30.773	2.150
49	Sydney	27.305	1.908
47	Singapore	27.049	1.890
52	Toronto	17.886	1.250
32	Milan	17.556	1.227
27	Madrid	15.456	1.080
8	Brussels	14.490	1.013
16	Frankfurt	13.510	0.944
30	Mexico City	11.895	0.831
42	San Francisco	9.667	0.676
26	Los Angeles	8.983	0.628
43	Sao Paulo	8.299	0.580
50	Taipei	6.196	0.433
3	Bangkok	6.127	0.428
55	Zurich	5.664	0.396
12	Chicago	4.733	0.331
1	Amsterdam	3.369	0.235
10	Buenos Aires	2.261	0.158
40	Prague	1.996	0.140
45	Seoul	1.660	0.116
35	Moscow	1.022	0.071
22	Jakarta	0.881	0.062
29	Melbourne	0.294	0.021
44	Santiago	0.118	0.008
9	Budapest	0.063	0.004
53	Warsaw	0.063	0.004
28	Manila	0.043	0.003
6	Berlin	0.000	0.000
7	Boston	0.000	0.000
31	Miami	0.000	0.000
5	Beijing	0.000	0.000
21	Istanbul	0.000	0.000
11	Caracas	0.000	0.000
38	Osaka	0.000	0.000
33	Minneapolis	0.000	0.000
34	Montreal	0.000	0.000
41	Rome	0.000	0.000
2	Atlanta	0.000	0.000
4	Barcelona	0.000	0.000
17	Geneva	0.000	0.000
18	Hamburg	0.000	0.000
14	Dallas	0.000	0.000
20	Houston	0.000	0.000
48	Stockholm	0.000	0.000
36	Munich	0.000	0.000
23	Johannesburg	0.000	0.000
24	Kuala Lumpur	0.000	0.000
46	Shanghai	0.000	0.000
13	Copenhagen	0.000	0.000
54	Washington,DC	0.000	0.000
15	Dusseldorf	0.000	0.000

연결중심성과 매개중심성 모두 런던, 뉴욕, 파리 순으로 높은 것으로 나타났다(Global-City_GE_25.##h 파일).

③ 2-Node Centrality Measures for ROWS of Global

		1 Degree	2 2-Lccal	3 Eigenvect	4 Closeness	5 Betweenne
1	Amsterdam	0.500	0.373	0.134	0.770	0.004
2	Atlanta	0.196	0.159	0.055	0.675	0.001
3	Bangkok	0.630	0.432	0.156	0.819	0.009
4	Barcelona	0.500	0.364	0.131	0.770	0.004
5	Beijing	0.587	0.402	0.145	0.802	0.008
6	Berlin	0.283	0.213	0.075	0.700	0.002
7	Boston	0.304	0.215	0.076	0.706	0.003
8	Brussels	0.739	0.426	0.155	0.865	0.021
9	Budapest	0.587	0.400	0.144	0.802	0.009
10	Buenos Aires	0.587	0.426	0.153	0.802	0.006
11	Caracas	0.522	0.392	0.141	0.778	0.004
12	Chicago	0.500	0.357	0.127	0.770	0.006
13	Copenhagen	0.326	0.262	0.093	0.713	0.001
14	Dallas	0.304	0.227	0.079	0.706	0.002
15	Dusseldorf	0.370	0.283	0.100	0.726	0.002
16	Frankfurt	0.696	0.461	0.167	0.846	0.011
17	Geneva	0.413	0.309	0.111	0.740	0.003
18	Hamburg	0.326	0.258	0.091	0.713	0.002
19	Hong Kong	0.826	0.485	0.177	0.906	0.024
20	Houston	0.391	0.281	0.100	0.733	0.004
21	Istanbul	0.478	0.345	0.124	0.762	0.004
22	Jakarta	0.522	0.388	0.139	0.778	0.004
23	Johannesburg	0.478	0.356	0.128	0.762	0.004
24	Kuala Lumpur	0.478	0.361	0.130	0.762	0.003
25	London	0.978	0.529	0.193	0.987	0.042
26	Los Angeles	0.717	0.425	0.154	0.856	0.020
27	Madrid	0.652	0.445	0.161	0.828	0.009
28	Manila	0.522	0.399	0.143	0.778	0.004
29	Melbourne	0.478	0.353	0.126	0.762	0.004
30	Mexico City	0.630	0.444	0.160	0.819	0.007
31	Miami	0.457	0.295	0.105	0.755	0.006
32	Milan	0.696	0.447	0.162	0.846	0.012
33	Minneapolis	0.196	0.155	0.053	0.675	0.001
34	Montreal	0.413	0.316	0.112	0.740	0.003
35	Moscow	0.674	0.416	0.151	0.837	0.014
36	Munich	0.326	0.247	0.087	0.713	0.002
37	New York	0.978	0.527	0.192	0.987	0.048
38	Osaka	0.239	0.208	0.073	0.688	0.001
39	Paris	0.761	0.477	0.173	0.875	0.016
40	Prague	0.587	0.398	0.144	0.802	0.009
41	Rome	0.391	0.294	0.105	0.733	0.003
42	San Francisco	0.630	0.406	0.146	0.819	0.012
43	Sao Paulo	0.587	0.422	0.152	0.802	0.006
44	Santiago	0.500	0.379	0.136	0.770	0.004
45	Seoul	0.478	0.370	0.132	0.762	0.003
46	Shanghai	0.413	0.316	0.113	0.740	0.003
47	Singapore	0.739	0.473	0.172	0.865	0.013
48	Stockholm	0.391	0.306	0.109	0.733	0.002
49	Sydney	0.630	0.436	0.157	0.819	0.008
50	Taipei	0.522	0.389	0.140	0.778	0.004
51	Tokyo	0.804	0.479	0.174	0.895	0.019
52	Toronto	0.609	0.438	0.158	0.811	0.006
53	Warsaw	0.565	0.381	0.137	0.794	0.012
54	Washington.DC	0.500	0.249	0.088	0.770	0.017
55	Zurich	0.565	0.414	0.149	0.794	0.005

런던, 뉴욕, 홍콩 순으로 연결중심성이 높은 것으로 나타났다. 매개중심성은 뉴욕, 런던, 홍콩 순으로 높게 나타나 연결중심성과 비슷한 결과를 보여주었다. 두 개의 모드를 동시에 고려했을 경우 홍콩이 파리보다 중심적 도시로 나타났다.

제10장 | 소셜네트워크의 통계적 검정

01 ①

	1 Density	2 No. of Ties	3 Std Dev	4 Avg Degree	5 Alpha
1 Krack-High-Tech-Adv	0.452	190	0.498	9.048	0.945

이 기업의 조언관계 네트워크의 밀도는 0.452이다.

②

```
Parameter value is: 0.0000
Density of Krack-High-Tech-Adv is: 0.4524
Difference is: 0.4524
Variance of ties for Krack-High-Tech-Adv: 0.2483
Classical estimate of SE: 0.0243

Number of bootstrap samples: 5000
Estimated standard error for density of Krack-High-Tech-Adv: 0.0611
z-score: 7.4080
Average bootstrap density: 0.4307
Proportion of absolute differences as large as observed: 0.0002
Proportion of differences as large as observed: 0.0002
Proportion of differences as small as observed: 1.0000
```

관측된 밀도에 대한 검정통계량은 $7.4080\left(=\dfrac{\overline{X}-\mu}{s/\sqrt{n}}=\dfrac{0.4524}{0.0611}\right)$이다. 모집단의 네트워크 밀도가 0이라는 가정하에서 절대값으로 이보다 큰 값이 관측될 확률은 0.0002로서 통계적으로 매우 유의적이다. 따라서 이 기업의 조언관계 네트워크의 밀도가 0이라는 귀무가설을 기각한다.

02 ①

	1 Density	2 No. of Ties	3 Std Dev	4 Avg Degree	5 Alpha
1 Krack-High-Tech-Fri	0.243	102	0.429	4.857	0.871

이 기업의 친구관계 네트워크의 밀도는 0.243이다.

②
```
Density of Krack-High-Tech-Adv is: 0.4524
Density of Krack-High-Tech-Fri is: 0.2429
Difference in density is: 0.2095

Number of bootstrap samples: 5000
Variance of ties for Krack-High-Tech-Adv: 0.2483
Variance of ties for Krack-High-Tech-Fri: 0.1843
Classical standard error of difference: 0.0321
Classical t-test (indep samples): 6.5282
Estimated bootstrap standard error for density of Krack-High-Tech-Adv: 0.0588
Estimated bootstrap standard error for density of Krack-High-Tech-Fri: 0.0427
Bootstrap standard error of the difference (indep samples): 0.0727
95% confidence interval for the difference (indep samples): [0.0671, 0.3519]
bootstrap t-statistic (indep samples): 2.8839
Bootstrap SE for the difference (paired samples): 0.0706
95% bootstrap CI for the difference (paired samples): [0.0711, 0.3480]
t-statistic: 2.9660
Average bootstrap difference: 0.1935
Proportion of absolute differences as large as observed: 0.0036
Proportion of differences as large as observed: 0.0022
Proportion of differences as small as observed: 0.9980
```

두 네트워크의 밀도 차이 0.2095에 대한 검정통계량은 2.9660이다. 유의확률은 0.0036으로서 두 네트워크의 밀도가 동일하다는 귀무가설을 기각할 수 있다.

03 ① QAP results for Krack-High-Tech-Fri * Krack-High-Tech-Adv (5000 permutations)

	1 Obs Value	2 Significa	3 Average	4 Std Dev	5 Minimum	6 Maximum	7 Prop >= 0	8 Prop <= 0
Pearson Correlation	0.1546	0.0242	-0.0000	0.0735	-0.2359	0.2996	0.0242	0.9832

QAP Correlations

	1 Krack	2 Krack
1 Krack-High-Tech-Adv	1.000	0.155
2 Krack-High-Tech-Fri	0.155	1.000

QAP P-Values

	1 Krack	2 Krack
1 Krack-High-Tech-Adv	0.000	0.024
2 Krack-High-Tech-Fri	0.024	0.000

두 네트워크 간 상관계수는 0.155이고, 통계적으로 유의하다(p-값=0.024).

② MODEL FIT

	R-Square	Adj R-Sqr	P-Value	Obs	Perms
Model	0.024	0.022	0.015	420	2000

REGRESSION COEFFICIENTS

	Un-Stdized	Stdized Coef	P-value	As Large	As Small	Std Err
Krack-High-Tech-Fri	0.17943	0.15459	0.01199	0.01199	0.98851	0.08311
Intercept	0.40880	0.00000	0.00000	0.00000	0.00000	0.00000

독립변수인 친구관계 네트워크의 비표준화 계수는 0.17943으로서 종속변수인 조언관계 네트워크에 통계적으로 유의한(p-값=0.01199) 영향을 미친다.

| 참 | 고 | 문 | 헌 |

제1장 | 소셜네트워크분석의 개요

강민형·허용석 2012. "지식이전 선행요인에 관한 다차원 분석: 사회적 자본 이론과 사회연결망 이론의 결합," *Asia Pacific Journal of Information Systems* (22:3), pp. 75–97.

강은영·곽기영 2011. "웹사이트 중복회원 관리: 소셜 네트워크 분석 접근," 지능정보연구 (17:1), pp. 153–169.

곽기영 2017. 통계데이터분석, 제2판, 서울: 경문사.

김대식·곽기영 2013. "소셜네트워크분석 접근법을 활용한 글로벌 금융시장 네트워크 분석," 한국경영과학회지 (38:4), pp. 11–33.

김창식·곽기영 2015. "조직구성원의 네트워크 위치가 지식공유에 미치는 영향," 지식경영연구 (16:2), pp. 67–89.

김창식·곽기영 2011. "국내 골프리조트기업의 제휴 네트워크 특성이 기업성과에 미치는 영향: 소셜 네트워크 관점," 경영연구 (29:2), pp. 23–50.

김효준·곽기영 2011. "조직 내 중심성이 IT 활용능력에 미치는 영향: 소셜 네트워크 관점," 정보시스템연구 (20:1), pp. 147–169.

박병선·곽기영·김선웅·최홍식 2012. "사회연결망 분석기법을 활용한 기업지배구조와 기업성과 연구," 경영과학 (29:2), pp. 167–183.

박준형·곽기영 2013. "특허 인용 관계가 기업성과에 미치는 영향: 소셜네트워크분석 관점," 지능정보연구 (19:3), pp. 127–139.

전수현·곽기영 2016. "고객 간 관계 네트워크가 조직성과에 미치는 영향: 페이스북 기업 팬페이지를 중심으로," 지능정보연구 (22:2), pp. 57–79.

조윤호·방정혜 2011. "Applying Centrality Analysis to Solve the Cold-Start and Sparsity Problems in Collaborative Filtering," 지능정보연구 (17:3), pp. 99–114.

최슬비·곽기영·안현철 2016. "사용자 간 신뢰관계 네트워크 분석을 활용한 협업 필터링 알고리즘의 예측 정확도 개선," 지능정보연구 (22:3), pp. 113–127.

최일영·김재경 2009. "제품 네트워크 분석을 이용한 고객의 구매제품 특성 비교 연구," 한국경영과학회지 (34:4), pp. 57–72.

Ahuja, M. K., Galletta, D. F., and Carley, K. M. 2003. "Individual Centrality and Performance in Virtual R&D Groups: An Empirical Study," *Management Science* (49:1), pp. 21–39.

Andre, M., Ijaz, K., Tillinghast, J. D., Krebs, V. E., Diem, L. A., Metchock, B., Crisp, T., and McElroy, P. D. 2006. "Transmission Network Analysis to Complement Routine Tuberculosis Contact Investigations," *American Journal of Public Health* (96:11), pp.

1-8.

Anklam, P. 2007. *Net Work: A Practical Guide to Creating and Sustaining Networks at Work and in the World*, Woburn, MA: Butterworth-Heinemann.

Barabasi, A.-L., and Albert, R. 1999. "Emergence of Scaling in Random Networks," *Science* (286), pp. 509-512.

Barabasi, A.-L., and Bonabeau, E. 2003. "Scale-Free Networks," *Scientific American* (May 2003), pp. 60-69.

Borgatti, S. P., Everett, M. G., and Johnson, J. C. 2013. *Analyzing Social Networks*, Thousand Oaks, California: SAGE Publications Inc.

Borgatti, S. P., and Halgin, D. 2011. "On Network Theory," *Organization Science* (22:5), pp. 1168-1181.

Borgatti, S. P., Mehra, A., Brass, D., and Labianca, G. 2009. "Network Analysis in the Social Sciences," *Science* (323:5916), pp. 892-895.

Bott, E. 1957. *Family and Social Network*, London: Tavistock Publications.

Brass, D. J., Butterfield, K. D., and Skaggs, B. C. 1998. "Relationships and Unethical Behavior: A Social Network Perspective," *Academy of Management Review* (23:1), pp. 14-31.

Brown, R. 1952. *Structure and Function in Primitive Society: Essays and Addresses*, Glencoe, IL: Free Press.

Burt, R. S. 1983. *Corporate Profits and Cooptation: Network of Market Constraints and Directorate Ties in The American Economy*, New York: Academic Press.

Burt, R. S. 1992. *Structural Holes: The Social Structure of Competition*, Cambridge, MA: Harvard University Press.

Burt, R. S. 2004. "Structural Holes and Good Ideas," *American Journal of Sociology* (110:2), pp. 349-399.

Chang, M. L. 2005. "With a Little Help from My Friends (and My Financial Planner)," *Social Forces* (83:4), pp. 1469-1497.

Cowan, R., and Jonard, N. 2004. "Network Structure and the Diffusion of Knowledge," *Journal of Economic Dynamics and Control* (28), pp. 1557-1575.

Cross, R., and Parker, A. 2004. *The Hidden Power of Social Networks: Understanding How Work Really Gets Done in Organization*, Boston, MA: Harvard Business Review Press.

Cross, R., Parker, A., and Borgatti, S. 2000. "A Birds-eye View: Using Social Network Analysis to Improve Knowledge Creation and Sharing," *Knowledge Directions* (2:1), pp. 48-61.

Cross, R., Laseter, T., Parker, A., and Velasquez, G. 2006. "Using Social Network Analysis to Improve Communities of Practice," *California Management Review* (49:1), pp. 32-60.

Fischer, C. S. 1948. *To Dwell Among Friends: Personal Networks in Town and City*, Chicago, IL: University of Chicago Press.

Flemming, L., Colfer, L.J., Marin, A., and McPhie, J. 2011. "Why the Valley Went First:

Aggregation and Emergence in Regional Collaboration Networks," in *Market Emergence and Transformation*, J. Padgett and W. Powel (eds.), *Princeton*, NJ: Princeton University Press.

Goh, K.-I., Cusick, M. E., Valle, D., Childs, B., Vidal, M., and Barabasi, A.-L. 2007. "The Human Disease Network," *PNAS* (104:21), pp. 8685-8690.

Granovetter, M. S. 1973. "The Strength of Weak Ties," *American Journal of Sociology* (78:6), pp. 1360-1380.

Hollingshead, C. E. 1949. *Elmtown's Youth and Elmtown Revisited*, London: John Wiley & Sons Inc.

Jolly, A. M., Muth, S. Q., Wylie, J. L., and Potterat, J. J. 2001. "Sexual Networks and Sexually Transmitted Infections: A Tale of Two Cities," *Journal of Urban Health* (78:3), pp. 433-445.

Kang, M., Kim, Y.-G., and Bock, G.-W. 2010. "Identifying Different Antecedents for Closed vs Open Knowledge Transfer," *Journal of Information Science* (36:5), pp. 585-602.

Kenis, P., and Knoke, D. 2002. "How Organizational Field Networks Shape Interorganizational Tie-Formation Rates," *Academy of Management Review* (27), pp. 275-293.

Kilduff, M., and Krackhardt, D. 1994. "Bringing the Individual Back in: A Structural Analysis of the Internal Market for Reputation in Organizations," *Academy of Management Journal* (37:1), pp. 87-108.

Knoke, D., and Yang, S. 2008. *Social Network Analysis*, Thousand Oaks, California: SAGE Publications Inc.

Knuth, D. E. 1993. *The Stanford GraphBase: A Platform for Combinatorial Computing*, Reading, MA: Addison-Wesley (http://www-personal.umich.edu/~mejn/netdata)

Krebs, V. E. 2002. "Mapping Networks of Terrorist Cells," *Connections* (24:3), pp. 43-52.

Kwahk, K.-Y. 2011. "Investigating the Coping Mechanism towards Technochanges: A Perspective of Social Network Theory," in *Proceedings of Hawaii International Conference on System Sciences-44 (HICSS-44)*, Poipu, Kauai, Hawaii, USA, January 4-7.

Laumann, E., Marsden, P., and Prensky, D. 1983. "The Boundary Specification Problem in Network Analysis," in *Applied Network Analysis*, R. Burt and M. Minor (eds.), Beverly Hills, CA: SAGE. pp. 18-34.

Lazer et al. 2009. "Computational Social Science," *Science* (323), pp. 721-723.

Leavitt, H. 1951. "Some Effects of Certain Communication Patterns on Group Performance," *The Journal of Abnormal and Social Psychology* (46:1), pp. 38-50.

Levy, J. A., and Pescosolido, B. A. 2002. *Social Networks and Health*, London: JAI Press.

Lorrain, F. P., and White, H. C. 1971. "Structural Equivalence of Individuals in Social Network," *The Journal of Mathematical Sociology* (1:1), pp. 49-80.

Luce, R. D., and Perry, A. 1949. "A Method of Matrix Analysis of Group Structure," *Psychometrika* (14:1), pp. 95-116.

Lusseau, D., Schneider, K., Boisseau, O. J., Haase, P., Slooten, E., and Dawson, S. M. 2003. "The Bottlenose Dolphin Community of Doubtful Sound Features a Large Proportion of Long-lasting Associations," *Behavioral Ecology and Sociobiology* (54), pp. 396–405

Marin, A., and Wellman, B. 2011. "Social Network Analysis: An Introduction," in *The SAGE Handbook of Social Network Analysis*, J. Scott and P.J. Carringto (eds.), Thousand Oaks, California: SAGE Publications Inc., pp. 11–25.

Milgram, S. 1967. "The Small World Problem," *Psychology Today* (1:1), pp. 61–67.

Moreno, J. L. 1934. *Who shall Survive?: A New Approach to the Problem of Human Interrelations. Nervous and Mental Disease Monograph Series*, Washington, DC: Nervous and Mental Disease Publishing Co.

Nadel, S. F. 1957. *The Theory of Social Structure*, Glencoe, IL: Free Press.

Nooy, W., Mrvar, A., and Batagelj, V. 2009. *Exploratory Social Network Analysis with Pajek*, Cambridge: Cambridge University Press.

Obstfeld, D. 2005. "Social Networks, the Tertius Iungens Orientation, and Involvement in Innovation," *Administrative Science Quarterly* (50), pp.100–130.

Pool, I. de S., and Kochen, M. 1978/79. "Contacts and Influence," *Social Networks* (1:1), pp. 5–51.

Prell, C. 2012. *Social Network Analysis: History, Theory, and Methodology*, Thousand Oaks, California: SAGE Publications Inc.

Sageman, M. 2004. *Understanding Terror Networks*, Philadelphia: University of Pennsylvania Press.

Schilling, M. A., and Phelps, C. 2007. "Interfirm Collaboration Networks: The Impact of Large-scale Network Structure on Firm Innovation," *Management Science* (53:7), pp. 1113–1127.

Scott, J. 2012. *Social Network Analysis: A Handbook*, Thousand Oaks, California: SAGE Publications Inc.

Sparrowe, R. T., Liden, R. C., Wayne, S. J., and Kraimer, M. L. 2001. "Social Networks and the Performance of Individuals and Groups," *Academy of Management Journal* (44:2), pp. 316–325.

Sykes, T., Venkatesh, V., and Gosain, S. 2009. "Model of Acceptance with Peer Support: A Social Network Perspective to Understand Employees' System Use," *MIS Quarterly* (33:2), pp. 371–393.

Wasserman, S., and Faust, K. 1994. *Social Network Analysis: Methods and Applications*, New York: Cambridge University Press.

Watts, D. J., and Strogatz, S. H. 1998. "Collective Dynamics of 'Small-World' Networks," *Nature* (393), pp. 440–442.

White, H. 1963. *An Anatomy of Kinship: Mathematical Models for Structures of Cumulated Roles*, Englewood Cliffs, NJ: Prentice-Hall.

Zelizer, V. A. 1994. *The Social Meaning of Money*, New York: Basic Books.

제2장 | 소셜네트워크의 표현

박병선·곽기영·김선웅·최흥식 2012. "사회연결망 분석기법을 활용한 기업지배구조와 기업성과 연구," 경영과학 (29:2), pp. 167-183.

Borgatti, S. P., Everett, M. G., and Johnson, J. C. 2013. *Analyzing Social Networks*, Thousand Oaks, California: SAGE Publications Inc.

Galaskiewicz, J. 1985. *Social Organization of an Urban Grants Economy*, New York: Academic Press.

Hanneman, R., and Riddle, R. 2005. *Introduction to Social Network*, http://faculty.ucr.edu/~hanneman/nettext.

Knoke, D., and Yang, S. 2008. *Social Network Analysis*, Thousand Oaks, California: SAGE Publications Inc.

Marsden, P. V. 1987. "Core Discussion Networks of Americans," *American Sociological Review* (52), 122-131.

Moreno, J. L. 1934. *Who shall Survive?: A New Approach to the Problem of Human Interrelations, Nervous and Mental Disease Monograph Series*, Washington, DC: Nervous and Mental Disease Publishing Co.

Padgett, J. F., and Ansell, C. K. 1993. "Robust Action and the Rise of the Medici, 1400-1434," *American Journal of Sociology* (98), pp. 1259-1319.

Scott, J. 2012. *Social Network Analysis: A Handbook*, Thousand Oaks, California: SAGE Publications Inc.

Wasserman, S., and Faust, K. 1994. *Social Network Analysis: Methods and Applications*, New York: Cambridge University Press.

제3장 | 소셜네트워크 데이터의 수집

김창식·곽기영 2015. "조직구성원의 네트워크 위치가 지식공유에 미치는 영향," 지식경영연구 (16:2), pp. 67-89.

Borgatti, S. P., Everett, M. G., and Johnson, J. C. 2013. *Analyzing Social Networks*, Thousand Oaks, California: SAGE Publications Inc.

Borgatti, S. P., and Cross, R. 2003. "A Relational View of Information Seeking and Learning in Social Networks," *Management Science* (49:4), pp. 432-445.

Brandes, U., and Lerner, J. 2008. "Visual Analysis of Controversy in User-Generated Encyclopedias," *Information Visualization – Special Issue on Visual Analytics Science and Technology* (7:1), pp. 34-48.

Brass, D. J. 1985. "Men's and Women's Networks: A Study of Interaction Patterns and Influence in an Organization," *Academy of Management Journal* (28:2), pp. 327-343.

Burkhardt, M. E. 1994. "Social Interaction Effects Following a Technological Change: A Longitudinal Investigation," *Academy of Management Journal* (37:4), pp. 869-898.

Burt, R. S. 1985. "General Social Survey Network Items," *Connections* (8), pp. 119–123.

Cairns, R. B., Perrin, J. E., and Cairns, B. D. 1985. "Social Structure and Social Cognition in Early Adolescence: Affiliative Patterns," *Journal of Early Adolescence* (5:3), pp. 339–355.

Casciaro, T., Carley, K. M., and Krackhardt, D. 1999. "Positive Affectivity and Accuracy in Social Network Perception," *Motivation and Emotion* (23:4), pp. 285–306.

Coleman, J. S. 1961. *The Adolescent Society: The Social Life of the Teenager and Its Impact on Education*, New York: Free Press.

Coleman, J. S., Katz, E., and Menzel, H. 1966. *Medical Innovation: A Diffusion Study*, Indianapolis: Bobbs–Merrill.

Cornwell, B. L., Schumm, P., Laumann, E. O., and Graber, J. 2009. "Social Networks in the NSHAP Study: Rationale, Measurement, and Preliminary Findings," *Journal of Gerontology: Social Sciences* (64B:S1), pp. i47–i55.

Cross, R., and Cummings, J. N. 2004. "Tie and Network Correlates of Individual Performance in Knowledge–Intensive Work," *Academy of Management Journal* (47:6), pp. 928–937.

Davis, J. A., Smith, T. W., and Marsden, P. V. 2007. *General Social Surveys: Cumulative Codebook: 1972–2006*, Chicago: NORC.

Fischer, C. S. 1982. "What Do We Mean by 'Friends'? An Inductive Study," *Social Networks* (3), pp. 287–306.

Freeman, L. C. 1986. "The Impact of Computer Based Communication on the Social Structure of an Emerging Scientific Specialty," *Social Networks* (6), pp. 201–221.

Freeman, L. C., and Webster, C. 1994. "Interpersonal Proximity in Social and Cognitive Space," *Social Cognition* (12:3), pp. 223–247.

Freeman, L. C., Freeman, S. C., and Michaelson, A. G. 1989. "How Humans See Social Groups: A Test of the Sailer–Gaulin Models," *Journal of Quantitative Anthropology* (1), pp. 229–238.

Galaskiewicz, J. 1985. *Social Organization of an Urban Grants Economy*, New York: Academic Press.

Huckfeldt, R., and Sprague, J. 1995. *Citizens, Politics, and Social Communication: Information and Influence in an Election Campaign*, New York: Cambridge University Press.

Ibarra, H. 1993. "Network Centrality, Power, and Innovation Involvement: Determinants of Technical and Administrative Roles," *Academy of Management Journal* (36:3), pp. 471–501.

Keating, N. L., Ayanian, J. Z., Cleary, P. D., and Marsden, P. V. 2007. "Factors Affecting Influential Discussions among Physicians: A Social Network Analysis of a Primary Care Practice," *Journal of General Internal Medicine* (22:6), pp. 794–798.

Knoke, D. 2001. *Changing Organizations: Business Networks in the New Political Economy*, Boulder, CO: Westview Press.

Knoke, D., and Kuklinski, J. H. 1982. *Network Analysis*, Beverly Hills, CA: SAGE.

Knoke, D., and Yang, S. 2008. *Social Network Analysis*, Thousand Oaks, California: SAGE Publications Inc.

Kogovšek, T., Ferligoj, A., Coenders, G., and Saris, W. E. 2002. "Estimating the Reliability and Validity of Personal Support Measures: Full Information ML Estimation with Planned Incomplete Data," *Social Networks* (24:1), pp. 1-20.

Krackhardt, D. 1987. "Cognitive Social Structures," *Social Networks* (9:2), pp. 109-134.

Krackhardt, D., and Porter, L. W. 1985. "When Friends Leave: A Structural Analysis of the Relationship between Turnover and Stayers," *Administrative Science Quarterly* (30), pp. 242-261.

Krackhardt, D., and Stern, R. N. 1988. "Informal Networks and Organizational Crises: An Experimental Simulation," *Social Psychology Quarterly* (51), pp. 123-140.

Kumbasar, E., Rommey, K., and Batchelder, W. 1994. "Systematic Biases in Social Perception," *American Journal of Sociology* (100), pp. 477-505.

Kwahk, K.-Y. 2011. "The Impacts of Social Networks on Individual Adaptation to Technochanges,"*Asia Pacific Journal of Information Systems* (21:1), pp. 29-47.

Laumann, E. O. 1973. *Bonds of Pluralism: The Form and Substance of Urban Social Networks*, New York: Wiley Interscience.

Laumann, E., Marsden, P., and Prensky, D. 1983. "The Boundary Specification Problem in Network Analysis," in *Applied Network Analysis*, R. Burt and M. Minor (eds.), Beverly Hills, CA: SAGE, pp. 18-34.

Laumann, E., Marsden, P., and Prensky, D. 1989. "The Boundary Specification Problem in Network Analysis," in *Research Methods in Social Network Analysis*, L. C. Freeman, D. R. White, and A. K. Rommey (eds.), Fairfax, VA: George Mason University Press, pp. 61-87.

Lewis, K., Kaufman, J., Gonzalez, M., Wimmer, A., and Christakis, N. 2008. "Tastes, Ties, and Time: A New Social Network Dataset Using Facebook.com," *Social Networks* (30), pp. 330-342.

Lin, N., and Dumin, M. 1986. "Access to Occupations through Social Ties," *Social Networks* (8), pp. 365-385.

Lin, N., Fu, Y.-C., and Hsung, R.-M. 2001. "The Position Generator: Measurement Techniques for Investigations of Social Capital," in *Social Capital: Theory and Research*, N. Lin, K. Cook, and R. S. Burt (eds.), New York: Aldine de Gruyter, pp. 57-81.

Marsden, P. V. 1987. "Core Discussion Networks of Americans," *American Sociological Review* (52), 122-131.

Marsden, P. V. 2005. "Recent Development in Network Measurement," in *Models and Methods in Social Network Analysis*, P. J. Carrington, J. Scott, and S. Wasserman (eds.), New York: Cambridge University Press, pp. 8-30.

Marsden, P. V. 2011. "Survey Methods for Network Data," in *The SAGE Handbook of Social*

Network Analysis, J. Scott and P. J. Carrington (eds.), Thousand Oaks, California: SAGE Publications Inc., pp. 370−388.

Moreno, J. L. 1934. *Who shall Survive?: A New Approach to the Problem of Human Interrelations, Nervous and Mental Disease Monograph Series,* Washington, DC: Nervous and Mental Disease Publishing Co.

Morrissey, J., Tausig, M., and Lindsey, M. 1985. *Network Analytic Methods for Mental Health Service System Research: A Comparison of Two Community Support Systems (No. 6)*, Washington DC: National Institute of Mental Health Series BN.

Padgett, J. F., and Ansell, C. K. 1993. "Robust Action and the Rise of the Medici, 1400−1434," *American Journal of Sociology* (98), pp. 1259−1319.

Prell, C. 2012. *Social Network Analysis: History, Theory, and Methodology*, Thousand Oaks, California: SAGE Publications Inc.

Rapoport, A., and Horvath, W. J. 1961. "A Study of a Large Sociogram," *Behavioral Science* (6), pp. 279−291.

Scott, J. 2012. *Social Network Analysis: A Handbook*, Thousand Oaks, California: SAGE Publications Inc.

Singleton, L. C., and Asher, S. R. 1977. "Peer Preferences and Social Interaction among Third−Grade Children in an Integrated School District," *Journal of Educational Psychology* (69:4), pp. 330−336.

Useem, M. 1979. "The Social Organization of the American Business Elite and Participation of Corporation Directors in the Governance of American Institute," *American Sociological Review* (44), pp. 553−572.

Van der Gaag, M., and Snijders, T. 2005. "The Resource Generator: Measurement of Individual Social Capital with Concrete Items," *Social Networks* (27), pp. 1−29.

Wasserman, S., and Faust, K. 1994. *Social Network Analysis: Methods and Applications*, New York: Cambridge University Press.

Wellmann, B. 1979. "The Community Question: The Intimate Networks of East Yorkers," *American Journal of Sociology* (84:5), pp. 1201−1231.

제4장 | 연결과 응집성

Borgatti, S. P., Everett, M. G., and Johnson, J. C. 2013. *Analyzing Social Networks*, Thousand Oaks, California: SAGE Publications Inc.

Hanneman, R., and Riddle, R. 2005. *Introduction to Social Network*, http://faculty.ucr.edu/~hanneman/nettext.

Holland, P. W., and Leinhardt, S. 1970. "A Method for Detecting Structure in Sociometric Data," *American Journal of Sociology* (76), pp. 492−513.

Knoke, D., and Yang, S. 2008. *Social Network Analysis*, Thousand Oaks, California: SAGE Publications Inc.

Krackhardt, D. 1987. "Cognitive Social Structures," *Social Networks* (9:2), pp. 109–134.

Padgett, J. F., and Ansell, C. K.1993. "Robust Action and the Rise of the Medici, 1400–1434," *American Journal of Sociology* (98), pp. 1259–1319.

Scott, J. 2012. *Social Network Analysis: A Handbook*, Thousand Oaks, California: SAGE Publications Inc.

Wasserman, S., and Faust, K. 1994. *Social Network Analysis: Methods and Applications*, New York: Cambridge University Press.

Watts, D. J., and Strogatz, S. H. 1998. "Collective Dynamics of 'Small–World' Networks," *Nature* (393:6684), pp. 409–410.

제5장 | 중심성과 파워

Barash, V., and Golder, S. 2011. "Chapter 10. Twitter: Conversation, Entertainment, and Information, All in One Network," in *Analyzing Social Media Networks with NodeXL: Insights from a Connected World*, D. H. Hansen, B. Shneiderman, and M. A. Smith, Burlington, MA: Morgan Kaufmann., pp. 143–164.

Beauchamp, M. 1965. "An Improved Index of Centrality," *Behavioral Science* (10), pp. 161–163.

Bonacich, P. 1979. "Power and Centrality: A Family of Measures," *American Journal of Sociology* (92), pp. 1170–1182.

Bonacich, P. 2007. "Some Unique Properties of Eigenvector Centrality," *Social Networks* (29), pp. 555–564.

Borgatti, S. P., Everett, M. G., and Johnson, J. C. 2013. *Analyzing Social Networks*, Thousand Oaks, California: SAGE Publications Inc.

Cook, K. S., Emerson, R. M., Gilmore, M. R., and Yamagish, T. 1983. "The Distribution of Power in Exchange Networks: Theory and Experimental Results," *American Journal of Sociology* (89), pp. 275–305.

Freeman, L. C. 1979. "Centrality in Social Networks: I. Conceptual Classification," *Social Networks* (1), pp. 215–239.

Hanneman, R., and Riddle, R. 2005. *Introduction to Social Network*, http://faculty.ucr.edu/~hanneman/nettext.

Knoke, D., and Yang, S. 2008. *Social Network Analysis*, Thousand Oaks, California: SAGE Publications Inc.

Padgett, J. F., and Ansell, C. K. 1993. "Robust Action and the Rise of the Medici, 1400–1434," *American Journal of Sociology* (98), pp. 1259–1319.

Prell, C. 2012. *Social Network Analysis: History, Theory, and Methodology*, Thousand Oaks, California: SAGE Publications Inc.

Scott, J. 2012. *Social Network Analysis: A Handbook*, Thousand Oaks, California: SAGE Publications Inc.

Wasserman, S., and Faust, K. 1994. *Social Network Analysis: Methods and Applications*, New York: Cambridge University Press.

제6장 | 구조적 공백과 중개자

Borgatti, S. P., Everett, M. G., and Johnson, J. C. 2013. *Analyzing Social Networks*, Thousand Oaks, California: SAGE Publications Inc.

Burt, R. S. 1992. *Structural Holes: The Social Structure of Competition*, Cambridge, MA: Harvard University Press.

Burt, R. S. 2005. *Brokerage and Closure: An Introduction to Social Capital*, Oxford: Oxford University Press.

Gould, R. V., and Fernandez, R. M. 1989. "Structures of Mediation: A Formal Approach to Brokerage in Transaction Networks," *Sociological Methodology* (19), pp. 89–126.

Hanneman, R., and Riddle, R. 2005. *Introduction to Social Network*, http://faculty.ucr.edu/~hanneman/nettext.

Krackhardt, D. 1987. "Cognitive Social Structures," *Social Networks* (9:2), pp. 109–134.

Marsden, P. V. 2002. "Egocentric and Sociocentric Measures of Network Centrality," *Social Networks* (24:4), pp. 407–422.

Padgett, J. F., and Ansell, C. K. 1993. "Robust Action and the Rise of the Medici, 1400–1434," *American Journal of Sociology* (98), pp. 1259–1319.

Prell, C. 2012. *Social Network Analysis: History, Theory, and Methodology*, Thousand Oaks, California: SAGE Publications Inc.

Wasserman, S., and Faust, K. 1994. *Social Network Analysis: Methods and Applications*, New York: Cambridge University Press.

제7장 | 서브그룹

곽기영 2017. 통계데이터분석, 제2판, 서울: 경문사.

Borgatti, S. P., Everett, M. G., and Johnson, J. C. 2013. *Analyzing Social Networks*, Thousand Oaks, California: SAGE Publications Inc.

Everett, M. G., and Borgatti, S. P. 1998. "Analyzing Clique Overlap," *Connections* (21), pp. 49–61.

Girvan, M., and Newman, M. E. J. 2002. "Community Structure in Social and Biological Networks," *Proceedings of the National Academy of Sciences (PANS)* (99), pp. 7821–7826.

Granovetter, M. S. 1973. "The Strength of Weak Ties," *American Journal of Sociology* (78:6), pp. 1360–1380.

Hage, P., and Harary, F. 1983. *Structural Models in Anthropology*, Cambridge: Cambridge University Press.

Hanneman, R., and Riddle, R. 2005. *Introduction to Social Network*, http://faculty.ucr.edu/

~hanneman/nettext.

Harary, F. 1969. *Graph Theory*, Reading, MA: Addison-Wesley.

Knoke, D., and Yang, S. 2008. *Social Network Analysis*, Thousand Oaks, California: SAGE Publications Inc.

Mokken, R. J. 1974. "Cliques, Clubs, and Clans," *Quality and Quantity* (13), pp. 161-173.

Moody, J., and White, D. R. 2003. "Structural Cohesion and Embeddedness: A Hierarchical Concept of Social Groups," *American Sociological Review* (68), pp. 103-127.

Padgett, J. F., and Ansell, C. K. 1993. "Robust Action and the Rise of the Medici, 1400-1434," *American Journal of Sociology* (98), pp. 1259-1319.

Prell, C. 2012. *Social Network Analysis: History, Theory, and Methodology*, Thousand Oaks, California: SAGE Publications Inc.

Scott, J. 2012. *Social Network Analysis: A Handbook*, Thousand Oaks, California: SAGE Publications Inc.

Seidman, S. B. 1983. "Network Structure and Minimum Degree," *Social Networks* (5:3), pp. 269-287.

Seidman, S. B., and Foster, B. L. 1978. "A Note on the Potential for Genuine Cross-Fertilization between Anthropology and Mathematics," *Social Networks* (1), pp. 65-72.

Wasserman, S., and Faust, K. 1994. *Social Network Analysis: Methods and Applications*, New York: Cambridge University Press.

제8장 | 지위와 역할

곽기영 2017. 통계데이터분석, 제2판, 서울: 경문사.

김창식·곽기영 2015. "조직구성원의 네트워크 위치가 지식공유에 미치는 영향," 지식경영연구 (16:2), pp. 67-89.

Boorman, S. A., and White, H. C. 1976. "Social Structure from Multiple Networks. II. Role Structures," *American Journal of Sociology* (81), pp. 1384-1446.

Borgatti, S. P., and Everett, M. G. 1992. "Notions of Position in Network Anaylsis," *Sociological Methodology* (22), pp. 1-35.

Borgatti, S. P., and Everett, M. G. 1993. "Two Algorithms for Computing Regualr Equivalence," *Social Networks* (15), pp. 361-376.

Borgatti, S. P., and Everett, M. G. 1999. "Models of Core/Periphery Structures," *Social Networks* (21), pp. 375-395.

Borgatti, S. P., Everett, M. G., and Johnson, J. C. 2013. *Analyzing Social Networks*, Thousand Oaks, California: SAGE Publications Inc.

Burt, R. S. 1978. "Cohesion versus Structural Equivalence as a Basis for Network Subgroups," *Sociological Methods and Research* (7), pp. 189-212.

Hanneman, R., and Riddle, R. 2005. *Introduction to Social Network*, http://faculty.ucr.edu/

~hanneman/nettext.

Knoke, D., and Yang, S. 2008. *Social Network Analysis*, Thousand Oaks, California: SAGE Publications Inc.

Krackhardt, D. 1987. "Cognitive Social Structures," *Social Networks* (9:2), pp. 109–134.

Krugman, P. R. 1991. "Increasing Returns and Economic Geography," *Journal of Political Economy* (99), pp. 483–499.

Lorrain, F. P., and White, H. C. 1971. "Structural Equivalence of Individuals in Social Network," *The Journal of Mathematical Sociology* (1:1), pp. 49–80.

Prell, C. 2012. *Social Network Analysis: History, Theory, and Methodology*, Thousand Oaks, California: SAGE Publications Inc.

Rombach, M. P., Porter, M. A., Fowler, J. H., and Mucha, P. J. 2014. "Core-Periphery Structure in Networks," *Siam Journal on Applied Mathmatics* (74:1), pp. 167–190.

Scott, J. 2012. *Social Network Analysis: A Handbook*, Thousand Oaks, California: SAGE Publications Inc.

Snyder, D., and Kick, E. L. 1979. "Structural Position in the World System and Economic Growth, 1955–1970: A Multiple-Network Analysis of Transnational Interactions," *American Journal of Sociology* (84:5), pp. 1096–1126.

Wasserman, S., and Faust, K. 1994. *Social Network Analysis: Methods and Applications*, New York: Cambridge University Press.

White, D. R., and Reitz, K. P. 1983. "Graph and Semigroup Homophilisms on Networks of Relations," *Social Networks* (5), pp. 193–235.

제9장 | 2-모드 네트워크분석

Borgatti, S. P. 2008. "2-Mode Concepts in Social Network Analysis," in *Encyclopedia of Complexity and System Science*, http://www.steveborgatti.com/research/publications.

Borgatti, S. P., Everett, M. G., and Johnson, J. C. 2013. *Analyzing Social Networks*, Thousand Oaks, California: SAGE Publications Inc.

Borgatti, S. P., and Everett, M. G. 1997. "Network Analysis of 2-mode Data," *Social Networks* (19), pp. 243–269.

Borgatti, S. P., and Halgin, D. S. 2011. "Analyzing Affiliation Networks," in *The SAGE Handbook of Social Network Analysis*, J. Scott and P. J. Carringto (eds.), Thousand Oaks, California: SAGE Publications Inc., pp. 417–433.

Taylor, P. J., and Walker, D. R. F. 2016. "World Cities and Global Firms," http://www.lboro.ac.uk/gawc/datasets/da6.html.

제10장 | 소셜네트워크의 통계적 검정

곽기영 2017. 통계데이터분석, 제2판, 서울: 경문사.

박준형·곽기영 2013. "특허 인용 관계가 기업성과에 미치는 영향: 소셜네트워크분석 관점," 지능정보연구 (19:3), pp. 127-139.

Borgatti, S. P., Everett, M. G., and Johnson, J. C. 2013. *Analyzing Social Networks*, Thousand Oaks, California: SAGE Publications Inc.

Freeman, S. C., and Freeman, L. C. 1979. "The Networks Network: A Study of the Impact of a New Communications Medium on Sociometric Structure," *Social Science Research Reports* (46), Irvine: University of California.

Hanneman, R., and Riddle, R. 2005. *Introduction to Social Network*, http://faculty.ucr.edu/~hanneman/nettext.

Hubert, L. J. 1987. *Assignment Methods in Combinatorial Data Analysis*, New York: Marcel Dekker.

Krackhardt, D. 1987. "QAP Partialling as a Test of Spuriousness," *Social Networks* (9:2), pp. 171-186.

Padgett, J. F., and Ansell, C. K. 1993. "Robust Action and the Rise of the Medici, 1400-1434," *American Journal of Sociology* (98), pp. 1259-1319.

Prell, C. 2012. *Social Network Analysis: History, Theory, and Methodology*, Thousand Oaks, California: SAGE Publications Inc.

van Duijn, M., and Huisman, M. 2011. "Statistical Models for Ties and Actors," in *The SAGE Handbook of Social Network Analysis*, J. Scott and P. J. Carringto (eds.), Thousand Oaks, California: SAGE Publications Inc., pp. 459-483.

Wasserman, S., and Faust, K. 1994. *Social Network Analysis: Methods and Applications*, New York: Cambridge University Press.

제11장 | 소셜네트워크의 시각화

Analytic Technologies 2016. http://www.analytictech.com/networks.

Bastian, M., Heymann, S., and Jacomy, M. 2009. "Gephi: An Open Source Software for Exploring and Manipulating Networks," *International AAAI Conference on Weblogs and Social Media*.

Borgatti, S. P. 2002. *NetDraw Software for Network Visualization*. Lexington, KY: Analytic Technologies.

Borgatti, S. P., Everett, M. G., and Johnson, J. C. 2013. *Analyzing Social Networks*, Thousand Oaks, California: SAGE Publications Inc.

Borgatti, S. P., Everett, M. G., and Freeman, L. C. 2002. *UCINET for Windows: Software for Social Network Analysis*, Harvard, MA: Analytic Technologies.

Cyram 2016. http://www.cyram.com.

Gephi 2016. https://gephi.org.

Galaskiewicz, J. 1985. *Social Organization of an Urban Grants Economy*, New York: Academic Press.

Hansen, D. H., Shneiderman, B., and Smith, M. A. 2011. *Analyzing Social Media Networks with NodeXL: Insights from a Connected World*, Burlington, MA: Morgan Kaufmann.

Hanneman, R., and Riddle, R. 2005. *Introduction to Social Network*, http://faculty.ucr.edu/~hanneman/nettext.

Krackhardt, D. 1987. "Cognitive Social Structures," *Social Networks* (9:2), pp. 109–134.

Knuth, D. E. 1993. *The Stanford GraphBase: A Platform for Combinatorial Computing*, Reading, MA: Addison–Wesley (obtained from http://www–personal.umich.edu/~mejn/netdata).

Lusseau, D., Schneider, K., Boisseau, O. J., Haase, P., Slooten, E., and Dawson, S. M. 2003. "The Bottlenose Dolphin Community of Doubtful Sound Features a Large Proportion of Long–lasting Associations," *Behavioral Ecology and Sociobiology* (54), pp. 396–405.

NodeXL 2015. http://nodexl.codeplex.com.

Nooy, W., Mrvar, A., and Batagelj, V. 2009. *Exploratory Social Network Analysis with Pajek*, Cambridge: Cambridge University Press.

Padgett, J. F., and Ansell, C. K. 1993. "Robust Action and the Rise of the Medici, 1400–1434," *American Journal of Sociology* (98), pp. 1259–1319.

Pajek 2016. http://pajek.imfm.si.

Plotkowiak, T. 2012. http://www.slideshare.net/plotti/exploratory–facebook–social–network–analysis–with–gephi.

Prell, C. 2012. *Social Network Analysis: History, Theory, and Methodology*, Thousand Oaks, California: SAGE Publications Inc.

Wasserman, S., and Faust, K. 1994. *Social Network Analysis: Methods and Applications*, New York: Cambridge University Press.

부록 A | UCINET 사용 설명

Analytic Technologies 2016. http://www.analytictech.com/networks.

Borgatti, S. P., Everett, M. G., and Freeman, L. C. 2002. *UCINET for Windows: Software for Social Network Analysis*, Harvard, MA: Analytic Technologies.

Hanneman, R., and Riddle, R. 2005. *Introduction to Social Network*, http://faculty.ucr.edu/~hanneman/nettext.

Prell, C. 2012. *Social Network Analysis: History, Theory, and Methodology*, Thousand Oaks, California: SAGE Publications Inc.

부록 B | UCINET 데이터 입력

Analytic Technologies 2016. http://www.analytictech.com/networks/dataentry.htm.

Borgatti, S. P., Everett, M. G., and Freeman, L. C. 2002. *UCINET for Windows: Software for Social Network Analysis*, Harvard, MA: Analytic Technologies.

| 찾 | 아 | 보 | 기 |

국문

영문

| 저자약력 |

곽기영

곽기영 교수(kykwahk@kookmin.ac.kr)는 국민대학교 경영대학과 비즈니스IT전문대학원에 재직 중이다. 서울대학교 경영대학을 졸업하였으며 KAIST에서 석사 및 박사 학위를 취득하였다. 한국경영학회, 한국경영정보학회, 한국경영과학회, 한국지식경영학회, 한국지능정보시스템학회, 한국정보시스템학회, IADIS 등으로부터 논문상을 수상하였다. 삼성SDS에서 정부기관 및 기업들을 상대로 정보전략계획, 비즈니스 프로세스 리엔지니어링, e-비즈니스 등과 관련된 프로젝트를 수행하며 IT 컨설턴트로 재직한 경험이 있으며 CISA(Certified Information Systems Auditor), PMP(Project Management Professional), CGEIT(Certified in the Governance of Enterprise IT) 등의 국제자격을 보유하고 있다.

소셜네트워크분석(제2판)

2014년 3월 20일 1판 1쇄 발행
2019년 9월 5일 2판 2쇄 발행

저　자 | 곽기영
발행인 | 이수영
발행처 | 도서출판 청람
　　　서울시 마포구 독막로 288(대흥동, 세양상가 109호)
전　화 | 02)3272-2601~2
팩　스 | 02)3272-2603
이메일 | crbooks@daum.net
홈페이지 | http://www.crbooks.co.kr
등　록 | 2000년 8월 26일 제6-0509호

ISBN 978-89-5972-558-8 93320　　[정가 35,000원]

이 저서는 2015년 대한민국 교육부와 한국연구재단의 지원을 받아 수행된 연구임(NRF-2015S1A3A2046711).
이 저서는 2016년 한국경영정보학회로부터 전문서적 이론부문 우수도서로 선정되었음.